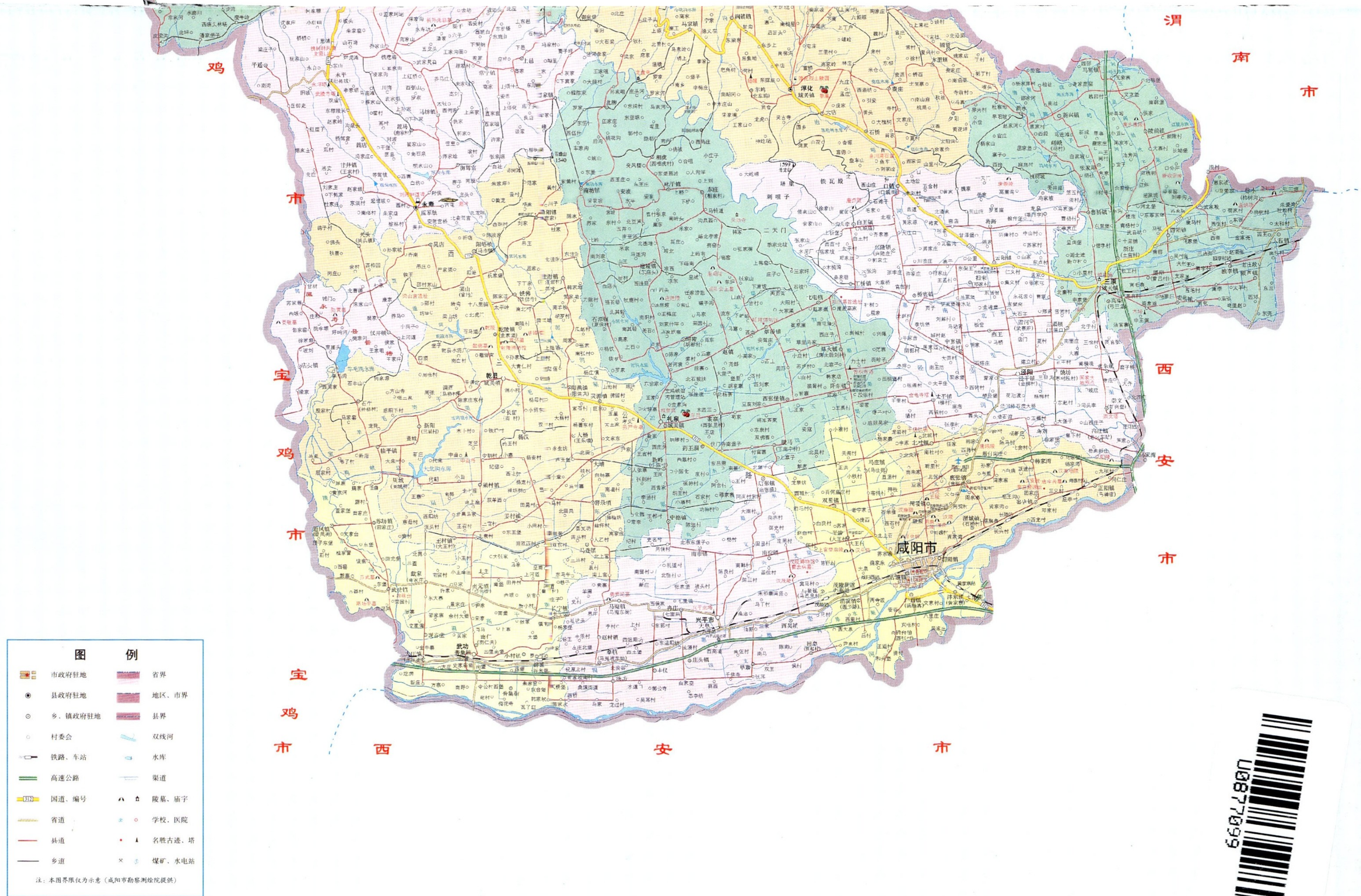
咸阳市
兴平市
渭南市
西安市
宝鸡市
宝鸡市
西安市
图例
市政府驻地
县政府驻地
乡、镇政府驻地
村委会
铁路、车站
高速公路
国道、编号
省道
县道
乡道
省界
地区、市界
县界
双线河
水库
渠道
陵墓、庙宇
学校、医院
名胜古迹、塔
煤矿、水电站
注：本图界限仅为示意（咸阳市勘察测绘院提供）

咸陽年鑒

2005 XIANYANG NIANJIAN

贰零零伍

咸阳市人民政府主办

咸阳年鉴编纂委员会编

三秦出版社

图书在版编目(CIP)数据

咸阳年鉴(2005)/《咸阳年鉴》编纂委员会编. —西安:三秦出版社,2005.11

ISBN 7-80736-002-X

Ⅰ.咸... Ⅱ.咸... Ⅲ.咸阳市—2005—年鉴

Ⅳ.Z524.13

中国版本图书馆 CIP 数据核字(2005)第134786号

咸阳年鉴(2005)

咸阳市人民政府主办

《咸阳年鉴》编纂委员会 编

出版发行	三秦出版社
	新华书店经销
社　　址	西安市北大街131号
电　　话	(029)87205106
邮政编码	710003
印　　刷	深圳朗前印刷设计有限公司
开　　本	880×1230 1/16
印　　张	28 1/4
插　　页	28
字　　数	1100千字
版　　次	2005年11月第1版
	2005年11月第1次印刷
印　　数	1—2000
标准书号	ISBN 7-80736-002-X/K·3
定　　价	169.00元

咸阳 XIANYANG

城市区位： 位于陕西省关中平原腹地，处在陕西“一线两带”（陇海兰新铁路线、关中国家级高新技术产业开发带、星火产业带）的中心区域，与省会西安零距离相接，共同构成西安——咸阳大都市圈。

城市区划： 辖1市2区10县

城市人口： 489万人

城市面积： 10196平方公里

城市荣誉： 全国中等明星城市（1982年）
甲级对外开放城市（1983年）
全国卫生先进城市（1990年）
国家历史文化名城（1993年）
全国双拥模范城市（四连冠，1994年/1997年/2000年/2004年）
首批中国优秀旅游城市（1998年）
全国创建文明城市先进城市（2002年）
全国综合治理优秀地级市（2004年）
中国魅力城市（2004年）
西北最大的电子工业基地和重要的纺织工业基地
西北最大的国际航空港
国家大型商品粮基地市
陕西最大的优质苹果生产基地和畜牧产品基地
……

旅游胜地： 汉唐帝王陵，著名的有乾陵、茂陵、昭陵、阳陵，三原城隍庙、彬县大佛寺、中国大地原点等

文化特色： 秦始皇统一六国建都于此，12个封建王朝的京畿重地、古丝绸之路第一站

璀璨历史

秦中自古帝王州。秦地最胜，无如咸阳。公元前350年，秦孝公在此筑城立阙，因山水俱阳而称“咸阳”。公元前221年，“千古一帝”秦始皇横扫六合，一统中华，在这里定都建制。咸阳堪称“中国第一帝都”。 咸阳是 12个朝代的京畿重地，历史赋予它周秦雄风，汉唐气韵，金戈铁马，史诗文韵。境内有乾陵、昭陵、茂陵、阳陵等帝王陵27座。全市共有各类文物景点4951处，馆藏文物4.5万多件（其中国家一级文物476件），构成了中华民族几千年文明历史的天然博物馆。

鎏金铜马

兽面纹五珥鼎（淳化大鼎）

秦咸阳宫遗址博物馆

彩绘骑马武士俑

乾陵

旅游胜地

咸阳历史悠久，古迹荟萃，旅游资源得天独厚。著名景区（点）有国家AAAA级旅游风景区乾陵、茂陵，国家AAA级旅游风景区昭陵、咸阳博物馆、三原博物馆、彬县大佛寺，国家AA级旅游 景点杨贵妃墓、乾陵黄土民俗村，以及列入全国百个红色旅游经典景区的马栏革命旧址等。全市有旅游星级饭店27家（其中四星级1家，三星级11家），旅行社19家。

昭陵石雕

三原城隍庙

茂陵

农业大市

咸阳市是国家大型商品粮基地市，陕西最大的优质苹果生产基地和畜牧产品基地，农业生产形成了粮、果、菜、畜四大支柱产业，农业产业化取得明显成效。

养殖业

优质水果

小麦丰收

大棚菜

果汁加工

工业建设

咸阳市是西北最大的电子工业基地和重要的纺织工业基地。全市形成了电子、能化、食品、纺织、医药等五大支柱产业，拥有彩虹集团、咸阳偏转、长庆石化、渭河发电、步长制药、西北一棉等著名企业。

石化工业

电力工业

煤炭工业

电子工业

城市建设

咸阳市城市建设围绕“大绿”、“大水”、“大气”三个重点，加快建设现代化大城市。“大绿”，即创建国家环保模范城市，全面提高城市绿化覆盖率；“大水”，即以“两河一区”建设为重点，营造城市亲水环境；“大气”，即以大手笔、大气魄规划建设城市，塑造城市广阔、豪放、简洁、明快的独特风格，全方位提高城市品位。

商业市场

第三产业

改革开放以来，咸阳市商贸流通、金融保险、通讯服务、交通运输、房地产开发、餐饮娱乐等第三产业快速发展，成为经济增长的新亮点。

新店开业

碧水茗居住宅小区一角

新兴路饮食一条街

皮影

舞龙

秦风秦韵

咸阳是中华文明发祥地之一，受中国传统文化熏陶极深。这里是秦风秦韵之乡，文明礼仪之邦，民风淳朴，注重礼仪，民俗独特，民俗文化源远流长，文化内涵十分丰富。库淑兰剪纸、旬邑唢呐、秦都牛拉鼓、礼泉皮影等都闻名遐迩。

已故民间工艺美术大师——剪花娘子库淑兰

库淑兰剪纸作品——剪花娘子

争创中国魅力城市

颁奖现场

2004年，咸阳市从全国600多个中小城市中脱颖而出，荣获中央电视台“中国魅力城市”光荣称号。

组委会颁奖词：中国版图的圆心城市，中国魅力城市咸阳！

早在汉唐以前，咸阳就已经完成了城市性格的塑造。先民开创的周秦雄风，延续成后来的汉唐气韵。咸阳人热情、诚实，崇尚一言九鼎，明礼诚信，维持着城市的王者风范。12个王朝的京畿重地，咸阳！

魅力口号：中国第一帝都——咸阳

央视魅力城市展示盛典现场

魅力推荐人：著名作家陈忠实

城市管理者、市长张立勇

城市瑰宝展示

昭陵六骏

领导视察

省委书记李建国（右二）来咸指导工作

省长陈德铭（左四）在新阳光蔬菜批发市场调研

重要会议

市委四届三次全会

市五届人大二次会议

政协五届二次会议

重 大

西咸经济一体化两市领导联席会

咸阳杨陵农业产业一体化双方领导联席会议

关中“一线两带”建设第三次市长联席会议在咸阳召开，省长陈德铭（右三）参加会议

活动与友好往来

市委书记宋洪武（左）出访韩国时与义城郡郡守丁海杰会晤

市长张立勇（前左）在北京会见冰岛总统格雷姆松

巨粉娥生前照片

巨粉娥先进事迹报告会

书画艺术

（作者简介见P274页）

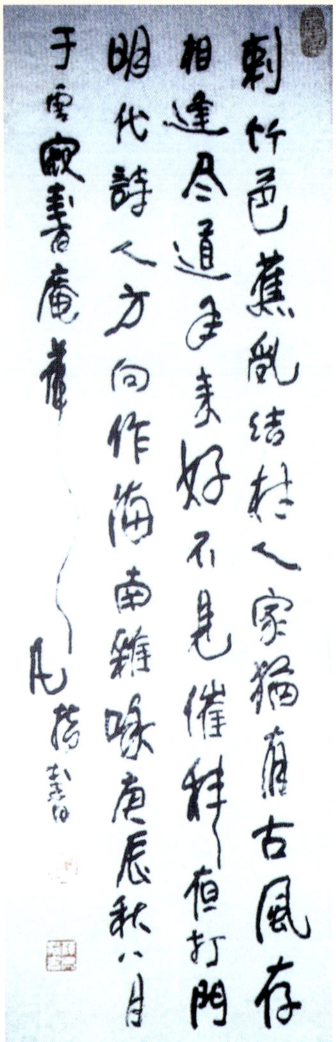

薛 凡 书

刘德昌 书

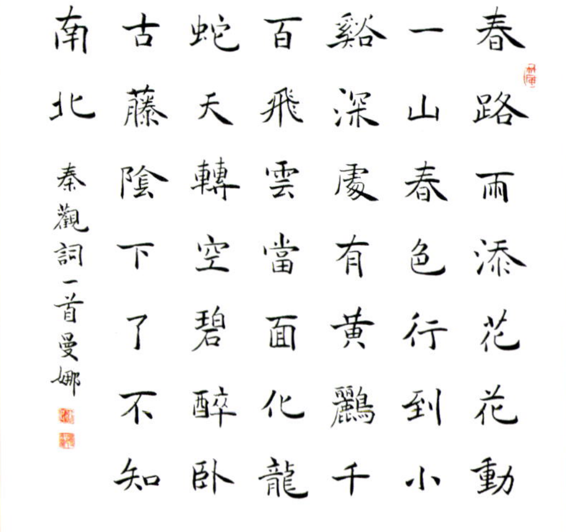

徐曼娜 书

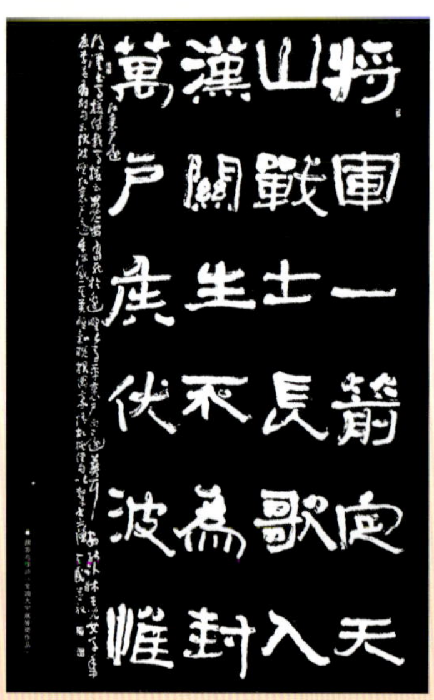

陈天民 书

晓月图 窦仲化 画

陈云龙 篆刻

淡彩牡丹 刘智怀 画

苍鹰震幽宫 刘德伟 画

和平之春 任 杰 画

群侍图 介 眉 画

市上领导会见外商

汇源果汁在咸投资建厂

银川至武汉高速公路咸阳段开工

投资热土

咸阳是一块发展的热土。市委、市政府实施全民招商战略，在全省率先建立“一厅式”政务办公大厅，制定了一系列优惠政策，优化发展环境，吸引了一大批著名企业来咸投资兴业。

咸阳湖建设工地、

咸阳市
地方志办公室

主任 尹学成

领导班子

学习巨粉娥先进事迹，为山区植保事业捐款

证 书

授予 咸阳年鉴 “中国年鉴资源全文数据库核心年鉴”称号，特发此证。

中国版协年鉴研究会
2004年12月[illegible]日

奖 状

《咸阳年鉴（2003）》
荣获首届中国地方志年鉴奖二等奖。
特颁此证，以资鼓励。

中国地方志指导小组办公室 中国地方志协会
二〇〇四年十二月二十二日

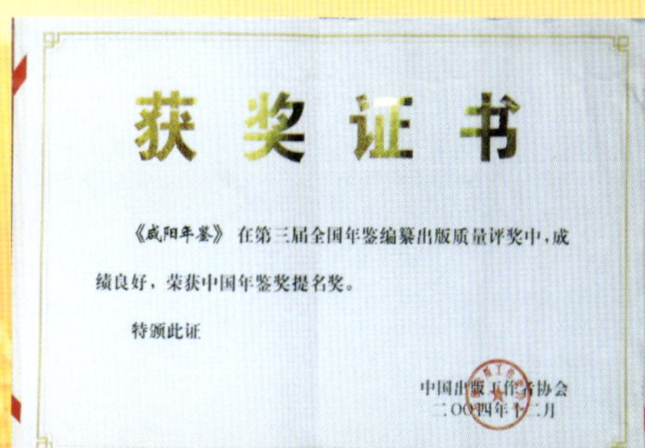

获奖证书

《咸阳年鉴》在第三届全国年鉴编纂出版质量评奖中，成绩良好，荣获中国年鉴奖提名奖。

特颁此证

中国出版工作者协会
二〇〇四年十二月

咸阳市人口和计划生育委员会

国家人口计生委主任张维庆（右一）在长武县检查指导人口与计生工作时与计生中心户长亲切交谈

市委书记宋洪武深入基层检查指导人口与计生工作。

在庆祝建国55周年“计生杯”歌咏比赛中荣获一等奖。图为市长张立勇（右）在颁发奖杯。

市委副书记徐新荣（左三）、副市长车建营（左二）深入基层检查指导人口与计生工作。

市人口与计生委党组书记、主任费洪贻（右四）在向省精神文明检查团汇报。

全面启动“婚育新风进万家关爱女孩在咸阳”行动。

组织开展婚育新风进万家特级自乐班大赛。

业务培训

积极参加市直机关文化活动。

宣传服务到乡村。

开展扶贫帮困献爱心活动。

局长曹兴魏在北京参加全国再就业表彰大会

局长曹兴魏从全国再就业表彰大会载誉归来

咸阳市劳动和社会保障局

咸阳市劳动和社会保障局是主管全市劳动和社会保障行政事务的市政府组成部门。近年来，市劳动和社会保障局按照市委、市政府的部署，不断发扬埋头苦干、无私奉献的精神,加压奋进、求真务实，为建设西部强市和全面小康咸阳做出了应有的贡献。2004年全市全年城镇新增就业4.8万人，下岗失业人员再就业1.8万人，“四〇五〇”人员再就业5700人，城镇登记失业率3.7%。全年劳务输出51.9万人次，在外务工人员达到90万人次，年创收36亿元；养老、失业、医疗、工伤、生育五大社会保险的覆盖面 继续扩大，社会保险体系得到进一步 完善；劳动保障执法力度不断加大，劳动者的合法权益得到切实有效的维护。2004年，咸阳市被省政府评为全省劳务输出工作先进市；市再就业工作领导小组办公室被国务院评为全国再就业先进工作单位，市劳动和社会保障局先后荣获市级文明部门、“创选评”最佳单位、市级劳动保障部门完成计划任务先进集体、全省综合统计工作先进单位和全省技工院校招生工作先进单位等一系列荣誉称号。

省劳动保障厅厅长鬲向前（前排右）、市长张立勇（前排中）、副市长李三原（左一）检查咸阳市下岗职工大棚蔬菜建设情况

张立勇(左二)市长检查指导工作

劳动和社会保障部副部长步正发（右）来咸阳市检查指导工作

政府扶持、辛勤劳动、市场化经营换来了丰收的硕果

曹兴魏局长代表市劳动和社会保障局在“扶贫帮困献爱心”仪式上捐款

政策宣传

积极做好困难企业下岗职工的解困工作

文体活动

咸阳市残疾人联合会

市政府残工委副主任、
市残联理事长赵书学

2004年，咸阳市残疾人联合会在市委、市政府的正确领导下，全市残疾人康复、教育、就业、维权等工作均处于全省前列。继长武、旬邑、淳化等五个县残疾人服务设施的建成，使全市11个县级残疾人服务设施相继发挥服务功能。投资72.5万元，为250户贫困残疾人解决了住房问题，对101户农村特困残疾人进行了生产、生活救济。通过帮包带扶扶持低收入贫困残疾人11920名。争取600万康复扶贫贷款，辐射带动546名残疾人摆脱贫困，全面实现城镇贫困残疾人“应保尽保”。实施白内障复明手术2112例，为0至18周岁白内障患者全部实施了免费复明手术，使咸阳市成为全省第一个无青少年白内障患者地级市。给71名肢体人免费装配了假肢，为200名聋儿免费配发了助听器，为600名低视力患者配发了助视器，对155名精神类残疾人进行了救助，优惠供应残疾人用品用具2083件。通过集中、按比例安置、个体从业等形式，共安排1110名残疾人就业，收缴残疾人就业保障金400万元，有力地提高了全市残疾人就业率。结合中省“扶残助学”和“中西部盲童入学”项目，使88名盲童和聋儿接受了义务教育，协助有关部门为全市4472名残疾人提供技能培训。

市委书记宋洪武、市长张立勇参加助残日活动

市委副书记胡志强出席市残疾人综合服务中心开工仪式

市委常委、常务副市长李三原出席自立工程启动仪式

与县区签定目标任务书

肢残人参加计算机操作培训

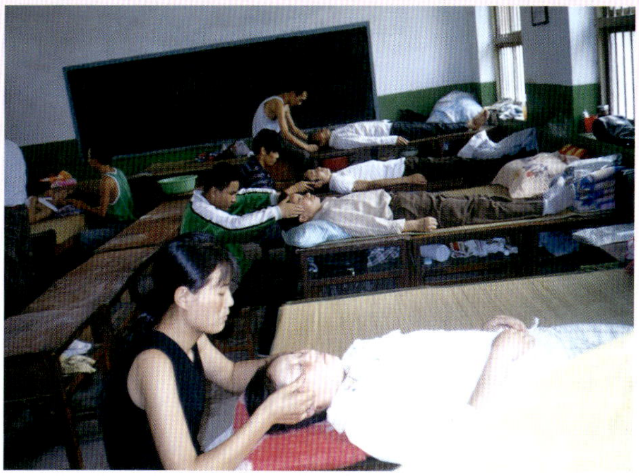

盲人学员参加按摩技能培训

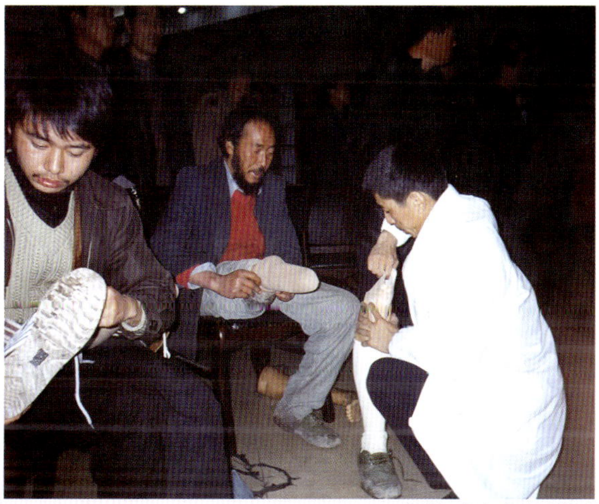

为肢残人安装假肢

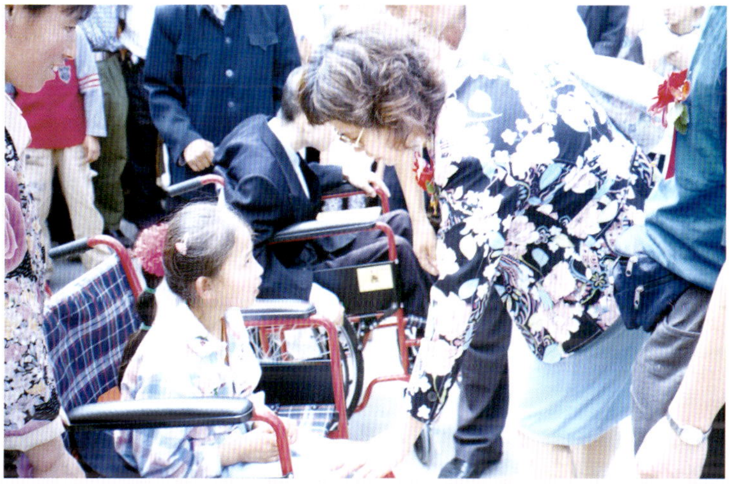

香港萧旺、李满福夫妇为残疾人捐赠轮椅

聋儿用舞蹈表达康复后的喜悦

咸阳市地方税务局直属征收分局

局长 张平浩

领导班子

咸阳市地方税务局直属征收分局担负着管理全市市级以上企事业单位地方税收和各项基金的征收管理工作，集中管理了全市重点税源。建局10年来，在市局党组的领导下，直属分局广大干部团结拼搏，敬业奉献，以文明征管、严格执法和热情服务树立良好形象，得到广大纳税人和社会各界的理解和支持，组织收入一年一大步，年年攀新高。从建局初年组织收入6000万元，到2004年完成工商税收达3.2亿元，社保费及各项基金3亿元，税收收入连年大幅度增长，实现了历史性跨越，已累计组织各项收入30多亿元。直属征收分局坚持以人为本，加强队伍建设，坚持依法治税，强化征收管理，围绕夯实基础、全面规范、整体提高的工作思路，以扎实勤恳的作风争创一流的业绩，以团结拼搏的精神争取更大的胜利。精神文明创建活动取得了越来越多的成绩，获得市级文明单位、连续四年获得全省地税系统“最佳单位”的称号。面对昔日的辉煌，分局全体干部豪情满怀、斗志昂扬，决心以更大的努力，阔步迈向新的目标，夺取更大的成绩。

向纳税人致敬

市局领导下企业检查工作

税收工作会议

体育活动

文艺演出

参加植树

局长 梁俊宇

长武县地方税务局

长武县地方税务局成立于1994年9月，下设直属征收分局，稽查局和4个税务所，承担着全县1300多户纳税人的地方税收及基金的征管工作。组建10年来，累计为国家征收税款4200万元。先后被市委、市政府授予文明单位，讲文明树新风先进集体，爱国主义教育先进集体，扶贫攻坚先进单位，连年被县委、县政府评为财税工作先进单位，目标管理先进集体，基层税务所全部进入县级文明单位行列。

领导班子

现代化的办税服务厅

永寿县地方税务局

永寿县地方税务局组建于1994年10月，现有干部42名，负责全县75户企业、41户私营企业、822户个体工商业户、1622户农村零散户的征收管理；收入从建局初单纯的160万元税收任务发展到2004年税收、基金、养老、失业等收入1253万元，累计组织各项收入近8000万元。被授予省级文明单位、市地税系统最佳单位，实现了县级文明行业、市级达标规范化税务所、档案管理省一级单位三个“满堂红”。

局长 吴晓兵

领导班子

税法宣传

税法宣传千人签名活动

咸阳市国土资源局

由原咸阳市土地局、矿产资源管理局合并组建的咸阳市国土资源局自2002年成立以来，积极推进国土资源使用制度改革。在加快国土资源市场配置，实行土地收购储备，改革征地制度，保障经济发展用地，落实耕地占补平衡，强化国土资源执法监察，加快矿产资源开发利用，推进国土资源信息化管理方面取得了显著成绩。先后多次受到市委、市政府、陕西省国土资源厅和省政府的表彰奖励。2004年，咸阳市国土资源局被评为全国国土资源系统先进集体。宋加琦局长在北京人民大会堂参加了颁奖仪式，并受到曾培炎副总理的亲切接见。

宋加琦局长在拍卖宗地现场签订成交确认书

员培琪副局长（中）与工作人员研究地热开发利用规划

国土资源局利用"4·22"世界地球日上街宣传地质灾害防治知识

贾喜谦副局长（前）深入土地复垦现场检查指导工作

宋加琦局长（第四排右八）在北京人民大会堂参加全国国土资源系统先进集体颁奖仪式

咸阳市国土资源局副局长、市土地储备中心主任 宇学文

咸阳市土地储备中心

咸阳市土地储备中心领导班子：主任宇学文（右二）、副主任李烈（左一）、李锡夏（左二）、曹冬弟（右一）

领导班子集体研究土地收购储备计划

咸阳市土地储备中心成立于2002年，主要负责咸阳市城区范围新增经营性用地的征收和存量土地的收购储备及其上市出让工作，主要职能是受市人民政府委托，代表政府实施对经营性用地一级市场的垄断，为城市建设积聚土地级差收益。三年来，土地储备中心领导干部团结一致，努力创新，在人员少，储备资金少的不利情况下，创造性地开展工作。主动寻求与银行合作，共争取贷款额度近6亿元，储备经营土地260余公顷，出让交易额近8亿元，累计上缴财政土地运营收益3.5亿元，为营造“咸阳湖”、建设魅力咸阳做出了积极的贡献。

咸阳市水利局

党组书记、局长 刘文龙

局领导班子研究工作（左起：副局长解鹏、助理调研员于景深、副局长李忠贤、局长刘文龙、副局长侯斌孝、总工程师宁振荣、副局长张红星）

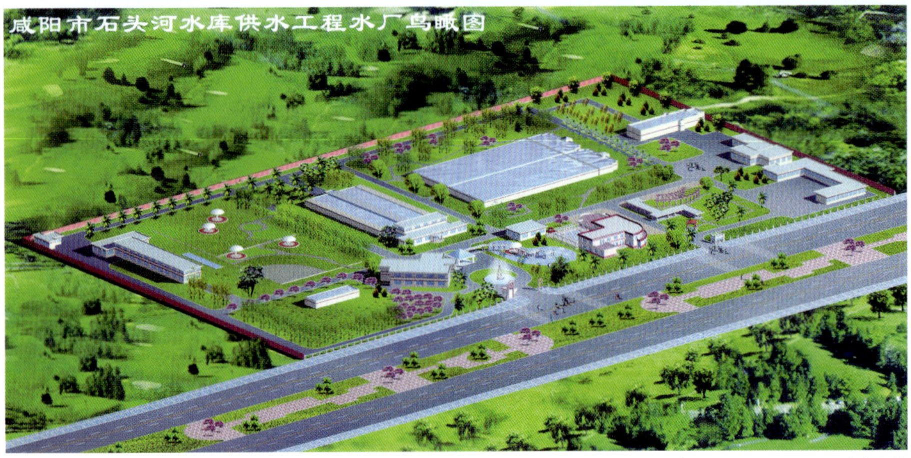

引石过渭供水工程估算总投资5.68亿元，设计水平年（2015年）咸阳、兴平、武功新增供水能力34.5万吨/天。项目可研阶段工作已全面完成，省发改委、省水利厅已正式批准立项。通过竞标拍卖，中环保水务投资有限公司获得以BOT方式建设咸阳市引石过渭供水工程项目权。图为石头河水库供水工程水厂效果图

积极实施项目带动战略，抓好水利各项前期工作，为加快发展提供了有利条件。亭口水库工程控制流域面积4110平方公里，设计总库容2.93亿立方米，估算总投资8.97亿元。图为黑河亭口水库枢纽工程效果图

渭河咸阳城区段综合治理工程（咸阳湖）治理区全长4.7公里，蓄水面积124公顷，建成后将极大地改善咸阳人居发展环境。2004年2月28日，工程1号橡胶坝先期开工建设；10月1日，主体工程全面开工。图为渭河咸阳城区段综合治理工程效果图

《咸阳年鉴》编纂委员会

供稿单位特邀审稿

（以篇目先后顺序排列）

李社民	韩保福	杨美乐	张　存	王永康
王福选	严希民	刘国志	鱼　霖	郝俊凯
何振琪	严志祥	张　峰	南素华	汪　源
高小玲	裴育民	梁玉栋	韩晓长	寇述政
陈铁琪	高春毅	苏养才	尹学成	张溪凯
路　鹏	秦菊林	孟庆智	严宪文	蔡健民
党新安	曹广忠	薛建辉	周文魁	何彩娥
张永强	肖　芳	李仲武	刘恩让	张春峰
张　力	张万春	李学斌	郭中秋	郭彦超
顾德镳	吴建勋	丁志荣	刘文龙	张文辉
惠家平	强守宏	冯武轩	何　章	董忠武
宋加琦	张国兴	季志林	王克勇	王安民
惠存虎	田晓东	周军义	郝俊民	吕　毅
马文玉	罗志勇	林　波	焦贵荣	刘聪博
李长孝	罗永成	赵公祥	郑　军	耿省心
沈毛平	荀世忠	王明新	任常智	杨俊礼
郭永亮	刘　辉	郭德厚	曹兴魏	尚中央
毛占峰	梁　达	徐西权	张　国	岳生锋
张斌中	许　杰	赵新友	李　鹏	王小科
赵子文	焦　华	魏文博	胡静乐	贺建强
苏吾生	段平祥	刘百顺	陈文龙	李社民
赵民哲	韩　炜	樊延平	刘　鹏	王福洵
赵国瑞	张旭东	费洪贻	赵书学	任义长
严维佳	彭新盛	马俊民	陈俊锋	王普藩
方文旭	秋青山	刘　涛	黄启平	郭伯权
杨宏章	郑光照	钱劳动		

编 辑 说 明

一、《咸阳年鉴》是由咸阳市人民政府主办,《咸阳年鉴》编纂委员会编辑的地方性综合年鉴。旨在全面系统地反映咸阳市上年度全市政治、经济、社会、自然等方面的基本面貌、发展状况和各项事业所取得的新进展、新成就,出现的新矛盾、新问题、新探索,为各界人士认识咸阳、研究咸阳提供全面实用、准确权威的地情资料,为建设西部强市和全面小康咸阳提供服务。

二、本卷分类目、分目、子分目、条目4个层次,共38个类目、221个分目、80个子分目、1398个条目。条目是记载信息的基本单位,条目标题用黑体加【】号。大事记中"△"表示"同日"或"同月"的含义。

三、本卷除检察、审判、军事、电力、公路、邮政、电信、金融、审计等内容外,其他内容均不含杨陵区;领导人名录,均以2004年底任职为准。人物·荣誉类目中的信息资料,由于实行分级分类管理,虽尽力从多渠道收集,但仍可能有遗漏。

四、《咸阳年鉴》对机构单位名称等,原则上第一次出现时用全称,以后用习惯性简称。

五、本卷年鉴稿件来自13个县市区人民政府、市级130多个部门以及80多户中省驻咸企事业单位,由专人撰写,并经单位领导审阅。由于编纂时间较短,加之编辑力量有限,稿件又来自各个专业部门,难免存在不足和缺陷,敬请广大读者批评指正。

目　　录

特　　载

大 事 记

咸阳概况

专　　辑

中国共产党咸阳市委员会

纪律检查·行政监察

人民代表大会

人民政协

民主党派·工商联

人民团体

军　　事

政　　法

城乡建设·环境保护

国土资源开发与管理

开发区建设

农业·农村经济

工　　业

乡镇企业·非公有制经济

交通·邮政

信息产业

信息化建设

国内贸易

概述

粮油商业

果品营销

日用消费品商业

食盐专营

医药商业

烟草专卖

对外经济贸易

旅 游 业

经济综合监督管理

教　育

科学技术

文化·文博

社会生活

人物·荣誉

县市区概况

文件·政令·题录

统计资料

附　　录

市民生活便览

旅游指南

办事指南

紧急常用及特种电话

彩 码 色 插 页

（页码单编）

CONTENTS

SELECTED REMARKS
CHRONICLE OF EVENTS

BRIEF INTRODUTION TO XIANYANG

SPECIAL EVENTS

XIANYANG MUNICIPAL COMMITTEE OF CPC

DISCIPLINE INSPECTION AND ADMINISTRATIVE SUPERVISION
XIANYANG MUNICIPAL PEOPLE'S CONGRESS

XIANYANG MUNICIPAL PEOPLE'S GOVERNMENT

XIANYANG MUNICIPAL COMMITTEE OF CPPCC

DEMOCRATICE PARTIES AND
THE CHAMBER OF INDUSTRIES AND COMMERCE

MASS ORGANIZATIONS

MILITARY AFFAIRS

POLICE AND LEAGAL AFFAIRS

URBAN AND RURAL CONSTRUCTION AND ENVIRONMENTAL PROTECTION

DEVELOPMENT AND MANAGEMENT OF STATE LAND AND RESOURCES

CONSTRUCTION OF DEVELOPMENT ZONES

AGRICULTURE AND RURAL ECONOMY

INDUSTRY

TOWNSHIP ENTERPRISES AND NON-PUBLIC OWNSHIP ECONOMY

TRAFFIC AND POST

INFORMATION TECHNOLOGY

DOMESTIC COMMERCE AND TRADE

FOREIGN TRADE AND ECONMY

TOURISM

COMPLEX ECONOMY SUPERVISION AND MANAGEMENT

FINANCE AND TAXATION

BANKING AND INSURANCE

EDUCATION

SCIENCE AND TECHNOLOGY

CULTURE AND CULTURAL RELICS

PRESS AND PUBLICATIONS

PUBLIC HEALTH AND SPORTS

SOCIAL LIFE

OUTSTANDING PERSONS

BRIEF INTRODUCTION TO COUNTIES, DISTRICTS AND CITIES

DOCUMENTS AND GOVERNMENT DECREES

STATISTICAL DATA

APPENDIX

特　　载

加压紧逼　跨越发展

——宋洪武同志在市委四届三次全体(扩大)会议上的讲话

(2004 年 12 月 8 日)

同志们:

这次市委全会的主要任务是,贯彻党的十六届四中全会、中央经济工作会议和省委十届五次全会精神,听取 2004 年市委常委会的工作报告,安排部署 2005 年的工作。下面,我受市委常委会的委托,向全会报告工作,并就 2005 年的工作提出建议。

一、关于 2004 年常委会的工作报告

今年以来,市委常委会以科学发展观为指导,认真贯彻中央和省委的各项决策部署,紧紧围绕建设西部强市和全面小康咸阳的奋斗目标,统揽全局抓大事,一心一意谋发展,着力营造加压紧逼、跨越发展的浓厚氛围,全市经济社会发展态势振奋人心。

(一)*坚持战略思维,发展思路更加清晰*。作为全市的领导核心,市委常委会深感执政兴市的责任重大,围绕贯彻落实市委三届八次全会确定的"高举党的旗帜,强化区位优势,加速'四化'进程,构建西部强市"的基本思路,始终坚持谋划全局,审时度势,科学决策。在去年底召开的市委工作会议上,常委会从咸阳欠发达的实际出发,明确提出了"解放思想,加压紧逼,奋力实现经济社会发展的新跨越"的总体要求。认真贯彻中央提出的全面、协调、可持续的科学发展观,在今年 3 月召开的市第四次党代会上,明确提出建设西部强市和全面小康咸阳的宏伟目标,强调不仅要把咸阳建成西部经济强市,还要建成西部科技、教育、文化和旅游强市。为了把党代会的决策部署落到实处,由市委、市政府分管领导带队,围绕事关全局的重点工作深入调查研究,市委常委(扩大)会议专题听取汇报,进一步细化了"四轮驱动"、招商引资的工作思路和目标任务。中央宏观调控政策出台后,常委会坚决和中央、省委保持高度一致,提出要正确处理宏观调控与加快发展的关系,一方面不折不扣地落实宏观调控政策,另一方面毫不动摇地加快发展,使全市经济在清理整顿中保持了快速健康增长。这一系列重大部署,是常委会正确应对复杂局面,集中全市党员智慧,实行民主科学决策的结果,使建设西部强市和全面小康咸阳的思路更加完善,有力地推动了各项工作的深入开展。

(二)*坚持重点突破,发展步伐明显加快*。市委常委会在指导工作上坚持抓主要矛盾和矛盾的主要方面,全局重点抓经济,经济工作抓重点,努力寻求重点突破。市委在常委分工时,明确由 4 位副书记分别负责推进"四轮驱动"和招商引资工作,并专门成立了 7 个促进委员会,集中优势兵力打歼灭战。继去年全市生产总值增长 11.9% 之后,今年预计增长速度可达 13.1%,是近 8 年来的最高增速。东靠西联深入实施,相继签署了《西安咸阳经济一体化战略规划纲要》和《咸阳杨凌农业产业一体化五年计划》,西安咸阳地铁一号线、西咸经济一体化共建区规划和通讯并网工作进展顺利,与杨凌签订的 87 个合作项目有 65 个得到实施,"两个一体化"进入全方位合作、深层次推进的新阶段。八方借力成效明显,市委、市政府主要领导先后带队赴浙江5市、香港和台湾等地叩门招商,招商引资小分队四面出击,引进了北京汇源、杭州娃哈哈等一大批知名企业。今年前11个月全市到位资金总额同比增长62.9%,固定资产投资创历史最高水平。"四轮驱动"进展顺利,依托龙头企业带动果、畜、菜等特色产业发展,今年粮食生产是历史上的第二个高产年;国有企业改革实现新的突破,西北医疗器械公司、市天然气公司等46户企业先后退出国有,长庆石化500万吨原油加工、彩虹集团大屏幕彩管生产线技改工程等重大项目相继上马,彬长旬东煤田开发步伐加快,市县工业保持了强劲的增长势头;咸阳历史上规模最大的城建项目——"咸阳湖"工程进展顺利,沣河新区、关中环线咸阳段等一批基础设施重点项目加快推进,大城市的框架逐步拉开;电子政务加快发展,农业、金融、税收、交通等领域信息化建设初具规模。同时,认真落实"五个统筹",教育、科技、文化、卫生、计划生育事业和精神文明建设稳步推进,生态环境建设进一步加强,取得了防治"禽流感"的胜利,我市被评为首届"中国魅力城市"。

(三)坚持执政为民,群众生活不断改善。常委会始终牢记为谁执政、为谁当家的问题,坚持把为民谋利作为一切工作的出发点和落脚点,高度关注城乡群众的衣食冷暖,把执政为民的要求落实到每一项具体工作中。认真落实中央一号文件精神和促进农民增收的各项政策,全市农民人均现金收入增长10%,首次高于城镇居民收入增速。重视抓好就业这个民生之本,积极实施"四〇五〇"工程,大力开展劳务输出,今年新增就业人员3.48万人,劳务输出48万人次。坚持为城市和农村群众分别办好"十件实事",扎扎实实地帮助他们解决道路、饮水、医疗、技术培训等方面的实际问题。始终把维护群众生命财产安全摆在重要位置,面对各种突发事件和自然灾害,认真组织开展抗灾救灾,切实加强安全生产,全市没有发生一起特大安全事故。高度重视解决弱势群体的生产生活困难,认真抓好北部五县和旱腰带地区的扶贫开发,全面落实"两个确保"、"两个保证"和"低保"政策,让加快发展的成果惠及全市人民。部署开展了"扶贫帮困送温暖"活动,着力为城乡困难群众办好"十件实事",目前已捐款101.86万元,在全市上下掀起了扶贫帮困送温暖的热潮。

(四)坚持"三个倍加",社会大局保持稳定。牢固树立稳定是第一责任的意识,坚持从政治和全局的高度抓稳定工作,切实担负起保一方平安的政治责任。围绕建设"安全咸阳",全面落实维护稳定工作责任制,刑事案件发案率明显下降。把抓好信访工作作为密切联系群众的重要途径,广泛开展变群众上访为干部下访活动,实行处理信访问题联席会议、领导包抓信访案件等制度,有效解决了一批群众反映强烈的热点难点问题。咸阳华润群体性事件发生后,我们从维护稳定的大局出发,高度重视,主动介入,全力配合省工作组做好工作,采取稳妥周密果断的措施,使事件得到了成功处置。坚持总揽全局、协调各方,支持人大、政府、政协、军分区和各人民团体放手开展工作,充分调动和发挥方方面面的积极性,形成了团结兴咸的强大合力。

(五)坚持加压紧逼,干部作风逐步转变。常委会坚持从抓干部作风入手,在全市唱响加压紧逼、跨越发展的口号。去年市委三届九次全会以现场观摩评比的形式在基层召开,各县市区普遍反映效果很好,比出了压力,比出了干劲。今年市委又召开了促进发展现场观摩会,使加压紧逼的要求进一步经常化、制度化。为了改进作风抓落实,我们大力精文减会,提倡少开会、开短会,少发文、发短文,取消上报年终总结、单项工作年终检查和领导外出迎送仪式,市委、市政府的会议、文件数量大幅度减少,使各级领导干部能够轻装上阵干工作,腾出精力促发展。大力推行"九个一"联系点和"三三制"工作制度,各级干部至少有三分之一的时间深入基层抓落实。深入开展农村基层干部作风教育整顿和市直机关干部纪律作风教育活动,有效地促进了干部作风转变。坚持定期通报县市区发展态势,改进目标管理责任制考核办法,各县市区、各部门基本上做到了不用扬鞭自奋蹄,在全市形成了加压紧逼、争先恐后、求真务实、埋头苦干的良好风气。

(六)坚持党要管党,党的建设全面加强。我们以提高执政能力和领导水平为核心,以常委班子自身建设为重点,不断加强和改进党的建设。市委理论学习中心组通过专家辅导、专题讨论等方式,切实增强学习效果,带动全市上下兴起了学习贯彻"三个代表"重要思想的新高潮。严格执行《干部任用条例》,围绕配强配好各级领导班子,坚持以好的作风选作风好的人。继去年顺利完成县市区换届之后,今年又圆满完成了市级领导班子换届、市级部门和部分县市区领导班子调整。市委四届二次全会首次推行县市区和市级部门正职票决制,干部人事制度改革迈出了新步伐。通过举办专题培训班、选派干部到沿海城市挂职驻点招商等途径,大规模、全方位地加强干部培训工作,促使广大干部在推进发展的第一线经受锻炼、增长才干、争做贡献。深入开展"基层工作年"等党建主题活动,重视抓好社区和非公有制经济组织的党建工作,基层组织建设进一步加强。坚持从严治党方针,认真贯彻两个《条例》,实行廉政承诺、述职述廉制度,开办《咸阳新闻内参片》,切实加强舆论监督,推动了党风廉政建设和反腐败斗争的深入开展。

回顾即将过去的一年,既是市委常委会坚持加压紧逼、推进跨越发展的一年,也是不断探索加强执政能力、提高领导水平的一年。我们在各种挑战和困难比较多的情况下,开拓进取,励精图治,形成和巩固了政通人和、加快发展的大好局面,为今后的发展奠定了坚实基础,积蓄了强大后劲。实践证明,只要紧紧依靠市委全委会的集体领导,把全市广大干部群众的智慧和力量凝聚起来,加压紧逼,跨越发展,建设西部强市和全面小康咸阳的目标就一定能够早日实现。

在肯定成绩的同时,我们清醒地看到,虽然这两年咸阳纵向比发展很快,但经济社会发展还面临不少困难和问题。一是经济总量、发展速度与沿海发达地区和省内一些兄弟市仍有较大差距,面临的竞争压力越来越大。二是经济运行的质量和效益仍不够理想,经济增长在一定程度上还依赖于高投入、高耗能。财政收入增长缓慢,部分群众生活仍然比较困难。三是随着改革发展的不断深入,各种社会矛盾日益凸现,维护稳定的压力加大。四是部分干部工作作风不实,精神状态不佳,没有真正把心思用到干事创业上,有的甚至以权谋私、与民争利。五是各级党组织的执政能力和领导水平需要不断提高,驾驭市场经济、解决复杂问题的能力有待进一步加强。对于存在的问题,必须高度重视,切实解决。

二、关于2005年工作的建议

2005年是“三年之后看咸阳”的关键一年。能不能在新的一年里继续保持快速发展的良好势头,迈出更大的发展步伐,关键在于能不能真正做到加压紧逼、跨越发展。加压紧逼、跨越发展,是从我市欠发达的实际出发,贯彻四中全会精神、提高执政能力的具体举措;是创新领导方式、改进干部作风的有效途径;是落实市第四次党代会战略部署、加快建设西部强市和全面小康咸阳的根本保证。加压紧逼是手段,跨越发展是目的。只有加压紧逼,才能实现跨越发展。全市各级要认真贯彻十六届四中全会和中央经济工作会议精神,坚持以科学发展观统领经济社会发展全局,切实把加压紧逼、跨越发展的总体要求贯穿于各项工作的全过程,真正逼出压力,逼出动力,逼出一种干事创业的好作风,推动新的一年经济社会发展再上新台阶。

加压紧逼、跨越发展,必须抢抓机遇、负重奋进。“只有抓住一次机遇,才能赢得一次跨越”。当前,我国经济正处在新一轮增长周期的上升期,咸阳发展面临着千载难逢的战略机遇。一方面,中央实施西部大开发、对西部地区加大扶持力度的态势不会改变;由于煤电油运供求紧张,国家加强宏观调控的态势不会改变;东部发达地区出于自身发展需要,加快向西部进行资本流动和产业转移的态势也不会改变。这为我们发挥资源优势、推动结构调整、加快发展步伐提供了广阔的空间。另一方面,我们已经具备了加快发展的雄厚基础和良好条件,一批重大项目正在并将继续发挥强有力的拉动作用,咸阳实现大跨越、大发展的时机已经成熟。如果我们抓住机遇、奋发进取,完全有可能在新的一年里取得更大的发展,咸阳也完全有可能迎来一个更快更好的发展时期。正是基于这种考虑,市委常委会提出,2005年全市经济增长预期目标要确保12.5%,力争达到13.5%以上。机遇面前勇者胜。只有抓住机遇,才能快人一步,抢先一拍。在新的一年里,要从常委班子成员带头做起,紧紧围绕跨越发展的目标,自加压力,负重奋进。要牢固树立时不我待的机遇意识。面对稍纵即逝的发展机遇,切实增强紧迫感和危机感,牢牢掌握工作的主动权。要不断增强敢于争先的竞争意识。只有勇于争先才能永不落后。各县市区、各部门都要按照全国进百强、全省创十佳、全市争第一的标准,确定更高的发展目标,敢同强的比、敢向高的攀、敢和勇的争、敢与快的赛,努力形成一浪高过一浪的竞争热潮。

*加压紧逼、跨越发展,必须抓住关键、重点突破。*没有根本措施的跟进,就没有重点工作的推进;没有重点工作的强力推进,就不会有全局工作的跨越发展。全市各级要继续按照市第四次党代会的战略部署,紧紧围绕“四轮驱动,构建强市”的工作重点,抓住关键环节,全力实施重点突破。四轮驱动,工业为先。要始终坚持工业立市的方针,把推进工业化作为加速“四化”进程的突破口,迅速扩张我市工业经济总量。当前,重点是在六个方面有所作为:一是加大招商引资力度,千方百计多引工业项目,努力在外引内联、借力发展上有所作为;二是切实深化国有企业改革,尽快把“真改、深改、快改”的要求落到实处,在盘活存量、激发活力上有所作为;三是进一步提高对民营崛起战略的认识,尽快把民营工业扶持发展起来,在挖掘潜力、壮大规模上有所作为;四是大力推进工业产业结构调整和优化升级,依靠高新技术改造提升传统产业,培育一批具有核心竞争力的大企业、大集团,在壮大支柱、打造品牌上有所作为;五是加强与中省企业和外来企业的联系,帮助和促进他们在迅速扩张、做大做强上有所作为;六是高度重视工业大项目建设,加快长庆石化二期配套工程、彩虹集团大屏幕彩管生产线技改工程、马屋电厂、东郊热电厂等一批重大项目建设步伐,并尽快包装一批新的项目,跑省进京,多方争取,在上大项目、大上项目上有所作为。各县市区都要自觉把工业作为县域经济的主攻方向,作为富民强县的根本大计,集中力量发展工业、突破工业、振兴工业。要继续坚持把“三农”问题作为重中之重,全面落实中央一号文件精神,在确保粮食安全的同时,突出抓好龙头企业发展、产业结构调整、西宝高速沿线农业高新技术产业带和“绿色家园”建设等重点工作,加快推进咸阳杨凌农业产业一体化,进一步发展壮大果、

畜、菜三大支柱产业，疏通农产品销售、流通渠道，以产业化带动工业化，促进农业增产、农民增收和农村发展。抓住今冬明春的有利时机，切实搞好农田水利基本建设，继续推进农业综合开发，不断增强农业抗御自然灾害的能力。要以“大绿、大水、大气”为目标，以“亮化、美化、净化”为重点，突出人文特色，加强城市规划，合理分工布局，全面提高城市建设、管理和经营水平，精心打造跨越发展的平台。要继续大力抓好旧城改造和“两河一区”建设，争取西咸经济一体化共建区、上林苑、渭河上林大桥等重大城建项目建设取得大的进展，确保明年5月底前完成“咸阳湖”水上工程，全力塑造“环境优美、生态良好、人居和谐、特色鲜明”的城市形象。新的一年，要切实加强以公路为重点的交通基础设施建设，一手大抓银武大通道、关中环线咸阳段建设和主干道的升级改造；一手大抓县乡和乡村道路建设。要千方百计做好西平铁路前期工作，力争早日上马。要抓住信息应用这个关键，立足于面向群众、服务群众，大力发展电子政务、电子商务，进一步壮大电子信息产业，着力打造国家级信息产业园。市委、市政府成立的7个促进委员会要充分发挥职能作用，积极主动地开展工作，不断加大对工作的推进力度。各县市区、各部门都要结合实际确定工作重点，跟进措施，真正形成重点工作强势推进、全局工作跨越发展的良好态势。

*加压紧逼、跨越发展，必须改革创新、攻坚克难。*推动跨越发展，一定要发扬改革创新精神，勇于破除各种妨碍发展的观念、做法和体制机制弊端。目前我市的改革正处在攻坚克难的重要关头。过不了改革这道坎，影响发展全局的深层次矛盾和问题就难以解决，发展活力就难以焕发出来。各级各部门要进一步解放思想，更新观念，以思想的大解放、工作的大创新实现改革的大突破。要把国企改革作为重中之重，按照“真改、深改、快改”的要求，对改革不彻底、经营困难的企业逐一摸排，由市县两级领导班子成员负责包抓，抽调干部组成国企改革工作组，一个企业一个企业地强力推进，打一场国企改革的攻坚战，确保明年基本完成国有资本从一般竞争性领域退出任务。要扎实推进国有资产管理体制改革，按照“权利、义务和责任相统一，管资产和管人、管事相结合”的原则，加快组建市国有资产管理委员会。要不断深化行政管理体制改革、事业单位改革和县乡机构改革，实行精兵简政，转变政府职能。要积极推进投融资体制改革、农村税费改革等各个领域的改革，实现经济体制改革和其他各方面改革综合配套、有机衔接、相互促进，最大限度地释放经济社会发展的内在活力。在推进改革中，一定要妥善处理改革发展稳定的关系，把改革的力度和社会可承受的程度结合起来，既要敢于攻坚、积极进取，又要兼顾各方、稳步推进，充分调动社会各界理解改革、支持改革、参与改革的积极性和主动性，形成改革创新、跨越发展的强大动力。

*加压紧逼、跨越发展，必须以人为本、为民谋利。*坚持以人为本、执政为民，是科学发展观的核心内容，也是我们加压紧逼的根本目的。加压紧逼绝不能逼出假指标、逼出空数字，而是要逼出为民造福、为民谋利的热情和干劲，逼出群众欢迎、社会公认的实在业绩。各级领导干部要牢固树立科学的发展观和正确的政绩观，始终把为民、富民、安民、乐民作为首要职责，以一种夜不能寐、寝食难安的责任意识，从群众最急、最盼、最难的事情做起，真正把科学发展观落实到跨越发展的实践中，体现在维护和发展好人民群众的根本利益上。以人为本，为民谋利，要促进人的全面发展。明年，我市要创建全国文明城市、全国卫生城市和全国环保模范城市。这是我们优化发展环境的重要举措，也是推进城镇化的重要内容。要以“三个创建”为龙头，高度重视环境保护工作，加强城市环境综合治理，认真解决“脏、乱、差”问题，努力创造一流的人居环境和创业环境。全市各级都要切实增强紧迫感和责任感，以志在必得的决心、背水一战的勇气和分秒必争的精神，举全市之力，集全市之智，迅速掀起“三个创建”新高潮，确保“三个创建”目标如期实现。要围绕建设西部科技、教育、文化和旅游强市，认真落实“五个统筹”，大力培育咸阳特色文化，全面发展社会各项事业，实现经济社会协调发展。以人为本，为民谋利，要关心困难群众生活。各级党员领导干部要时刻把群众的冷暖放在心头，满怀感情为群众办实事、解难事、做好事。要继续扎实办好“十件实事”，进一步扩大“三条保障线”的覆盖面，加大移民搬迁力度，认真解决困难群众就业、住房、就医、子女上学等方面的突出问题，加快建立扶贫帮困的长效机制。以人为本，为民谋利，要维护人民群众合法权益。始终坚持稳定压倒一切的方针，把维护稳定作为第一责任，作为领导干部政绩考核的重要内容，严格实行维护稳定工作责任制、安全生产“一票否决”制和领导干部包抓信访案件制度，重视加强基层基础工作，正确应对群体性事件，加大矛盾纠纷的预防、排查和调处力度，妥善协调各方面的利益关系，切实做到顺民心、畅民意、化民怨、解民忧，努力维护大局稳定。要坚持“三个倍加”，充分调动市级各大家包括各民主党派、人民团体在内的各个方面的积极性，加快构建社会主义和谐社会。

*加压紧逼、跨越发展，必须改进作风、狠抓落实。*我们的思路和重点已经非常明确，关键是要改进作风、狠抓落实。应当看到，我市干部作风总体上是好的，但在少数干部身上也存在一些不容忽视的问题。有的疲疲塌塌，对市委、市政府的部署和要求置若罔闻、阳奉阴违；有的工作飘浮，抓工作靠喊，解决问题靠

政 府 工 作 报 告

——2005 年 3 月 28 日在咸阳市第五届人民代表大会第二次会议上

咸阳市市长　张立勇

各位代表：

现在，我代表市人民政府向大会报告工作，请予审议，并请市政协各位委员和其他列席人员提出意见。

一、2004 年工作回顾

2004 年是本届政府的开局之年。一年来，在市委的坚强领导下，在市人大、市政协的监督支持下，全市各级政府以邓小平理论和“三个代表”重要思想为指导，树立和落实科学发展观，认真贯彻落实国家宏观调控政策，以建设西部强市和全面小康咸阳为目标，加快推进“四化”战略，全市经济社会发展呈现出多年少有的好势头。市五届人大一次会议确定的各项目标基本实现。

综合实力不断增强。全市生产总值完成 338.6 亿元，比上年净增 50 亿元，增长 13.1%，增速创近 8 年新高，经济总量居全省第二位。全年全社会固定资产投资完成 161.7 亿元，增长 37.8%；其中 50 万元以上项目完成投资 147.2 亿元，增长 53.1%，高出全省平均增长速度 29.8 个百分点。区域财政总收入 32.2 亿元，同口径增长 8.2%；地方财政收入 12.6 亿元，同口径增长 16.4%。其他经济指标均完成或超额完成计划。

改革开放全方位推进。东靠西联战略稳步实施，西・咸经济一体化进入新阶段，西安咸阳城市快速轨道交通规划上报国家发改委审批，西安咸阳大同城票据交换系统运营良好，两市电话升位并网得到国家信息产业部批复。与杨凌示范区的合作不断深入，先后实施农业产业化项目 65 个，为我市注入农业发展资金 1.7 亿元，引进先进技术和科技成果 38 项，建成了一批农科专家示范基地。国企改革取得新突破，80 户市属企业退出国有序列，西北医疗器械厂整体出售，市天然气公司和自来水公司国有股权成功转让。完成了第三轮行政审批制度改革，在全省率先实行了企业并联审批试点。财税、金融、住房、社会保障等各项改革迈出新步伐。招商引资再创新高，全年引进合同项目 800 个，合同引进资金 183.9 亿元，实际

拖，形式主义、官僚主义严重；有的吃拿卡要，滥用职权，甚至做出欺压百姓、违法乱纪的事情。这些问题与我们加压紧逼、跨越发展的要求极不相符，对建设西部强市和全面小康咸阳的事业危害极大，必须引起大家的高度重视。全市各级党组织要深入贯彻党的十六届四中全会精神，始终坚持党要管党、从严治党的方针，以执政能力建设为重点，以作风建设为突破口，全面加强党的建设，真正做到以提高执政能力促进工作落实，以工作落实的成效检验执政能力建设。要坚持领导带头，做狠抓落实的表率。喊破嗓子，不如做出样子。各级领导干部要坚持重实际、办实事、求实效，特别是要到困难大的地方去排忧解难，到矛盾多的地方去理顺情绪，到工作难开展的地方去打开局面，到出现新情况、新问题的地方去总结经验，以勤政为民的自觉行动带出真抓实干的良好作风。要健全工作机制，激发狠抓落实的动力。在总结过去工作经验的基础上，不断创新方式方法，建立健全目标考核机制、观摩评比机制、督促检查机制、舆论监督机制。特别对招商引资、重大项目建设等工作，要采取有针对性的措施，一件一件抓落实，一环一环严督查，一项一项求突破。要加强队伍建设，形成狠抓落实的导向。以开展党员先进性教育活动为契机，组织广大党员干部认真学习牛玉儒、巨粉娥等先进事迹，大力弘扬奋发有为、苦干实干的时代精神，在推动跨越发展中发挥先锋模范作用。进一步加大干部人事制度改革力度，加强各级领导班子和基层组织建设，大力开发人才资源，创新人才工作机制。要坚持在抓落实中培养干部、锻炼干部，以发展论英雄，凭实绩用人才，严肃查处不作为、乱作为的行为，形成正确的用人导向，激励各级干部、各类人才想干事、敢干事、干成事，为建设西部强市和全面小康咸阳做出应有的贡献。

到位资金113.3亿元,较上年增长77.7%,签约项目开工率91%。招商引资对全市经济增长贡献率达到11.1%,拉动全市GDP1.8个百分点。

“三农”问题得到高度重视。认真落实中央一号文件精神,取消农业特产税和农业税税率降低1个百分点,对旱腰带地区特困户减免农业税,增加支农资金,设立支农贷款贴息,落实粮食生产直补,加快优质小麦生产基地建设,大力调整农业和农村经济结构,强化农业基础设施建设。这些政策措施力度之大,农民得到实惠之多,是多年来少有的,极大地调动了广大农民的生产积极性。全市粮食、果业、蔬菜、乳品产量、产值均居全省第一。全市安排财政支农资金2.1亿元。减免两税直接为农民减负1.9亿元。农民人均纯收入较上年增长10%,增幅首次超过城镇居民,也是90年代以来首次出现的两位数增长,整个农村一片丰收景象!

工业化迈出新步伐。能化、电子、医药、食品、纺织五大支柱产业进一步壮大,全市规模以上工业完成产值291.1亿元,增长18.2%。能化工业实现产值95.5亿元,增长27.6%,总量和增速均居五大支柱产业之首,成为工业增长的主引擎。彬长煤田开发步伐加快,当年完成投资13.4亿元。彬县下沟煤矿300万吨和旬邑燕家河煤矿90万吨技改工程已经完成,彬县火石嘴煤矿300万吨二期技改工程、年产120万吨的长武亭南煤矿、年产400万吨的彬县大佛寺煤矿建设进展顺利。全市原煤产量达到750万吨,成为全省第二大产煤市!

城镇化进程明显加快。全年新修城市道路、桥梁24.3公里,完成投资6.8亿元,相当于前十年的投资总和。渭河(咸阳湖)、沣河综合治理工程进展顺利。渭河1号、2号橡胶坝基础工程已经完成,两岸护坡及河道疏浚正在紧张施工,沣河治理工程与渭河同步抓紧进行。玉泉西路、迎宾大道、人民西路、文林北路、世纪西路、渭河三号桥、咸通路立交桥、世纪大道沣河桥等八路三桥城市重点工程建成通车。阳光大道、崇文路、钓台路、河南街路、段家路及相关跨桥正在加紧施工。长虹路、果子市街等13条背街小巷改造如期完工,城市亮化、绿化、气化、净化任务全面完成。新增城市绿地42.2万平方米,人均绿地面积达到7.1平方米,绿化覆盖率达到36.7%。新增天然气用户1.1万户,市区天然气覆盖率达到90%。新增集中供热面积55万平方米,城市居民集中供热率达到40%。城市公交增加投资2200万元,新增公交车67辆。人民路上行驶的双层公交车成为城市一道流动的风景线。旬邑县、兴平市、武功县、三原县、彬县等县市小城镇建设力度大、效果好。全市城镇化率达到35%,较上年提高2个百分点。

服务业出现新亮点。信息基础设施建设步伐加快,全市有66户企业被列为省级信息化示范企业,市县两级政务公众信息网站全部建成,17个市级部门的网站开通。特色旅游规模不断扩大,全年实现旅游综合收入28.5亿元,增长11%。咸阳机场旅客吞吐量达到636万人次,较上年增加197万人次。足疗产业发展到340家,从业人员9500人,向外地输送足疗保健技师900人。餐饮业发展空前活跃,市区初步形成了新兴路、人民西路、团结路、中华广场等4个餐饮企业聚集区。房地产开发增势强劲,完成投资16.6亿元,增长28.9%;城镇商品房竣工面积95万平方米,增长4%。房屋空置率0.3%。非公有制经济快速发展,完成总产值467亿元,增长13%。商贸流通日益活跃,社会消费品零售总额完成90.3亿元,增长12.6%。金融运行健康平稳,为全市经济社会发展提供了有力的支持。

人民生活进一步改善。全市农民人均纯收入2100元,净增192元。城镇居民人均可支配收入8257元,增长8.9%。为市民、农民和残疾人办的10件实事基本落实。扶贫开发工作成效显著,累计解决了23.6万人的温饱问题,39.5万人摆脱了贫困,旱腰带地区农民人均纯收入较上年增加200元。全年劳务输出51.9万人次,在外务工人员达到90万人次,年创收36亿元。以为城乡困难群众办好10件实事为重点,在全市集中开展了扶贫帮困送温暖活动,赢得了社会各界的好评。社会弱势群体得到高度关注。就业和再就业工作取得新进展,在全省率先开辟“田间工厂”,安置下岗职工再就业。全年新增就业人员4.8万人,其中下岗失业人员再就业1.82万人,“四〇五〇”人员再就业5700人,城镇登记失业率3.7%。养老、医疗、失业、工伤、生育等保险覆盖面继续扩大。

各项社会事业全面发展。教育事业持续推进,普通高中标准化建设和中小学危漏校舍改造完成计划任务,国家现代远程教育工程建成启用,三原县成为全省第二个教育强县。全市初中学生接受高中阶段教育升学率达到78%,万人拥有大学生115名,在全国同等城市中名列第3位。高考升入本科院校学生突破万人。卫生改革不断深化,公共卫生体系建设步伐加快,彬县新型农村合作医疗试点取得成功。全市医疗机构病床数达到1.27万张,千人拥有病床数2.63张,在全国同等城市中排名第11位。文化事业不断繁荣,文化市场管理特别是网吧整治得到加强,秦都区、兴平市、乾县、旬邑县被省政府命名为文化先进县。引智工作成效显著,人才队伍建设进一步加强。实施重大科技产业项目143个,全市民营科技企业发展到1700户。全民健身蓬勃开展,竞技体育水平不断提高。人口与计划生育工作得到进一步加强,我市被确定为全国人口和计划生育综合改革试点市,人口自然增长率3.57‰。高度重视环境保护工作，市民生活质量位居全省十城市之首。在中央电视台举办的中国魅力城市评比大赛中，我市从全国600个中小城市中脱颖而出，被评为首届中国魅力城市！也是西北地区惟一获此殊荣的城市！

民主法制建设不断加强。“四五”普法扎实推进，依法治市迈出新步伐。精神文明创建活动深入开展，“双拥”共建工作取得新成绩。市政府坚持定期向人大及其常委会报告工作，向政协通报情况，市人大代表建议和政协委员提案办复率达到100%。实行处理信访突出问题及群体性事件联席会议、领导包抓信访案件和干部下访制度，配合省上妥善处理了咸阳华润群体性事件，一批群众反映强烈的热点难点问题得到有效解决，信访量明显下降。清理历年拖欠工程款2.62亿元，兑现农民工工资3456万元。安全生产进一步加强，安全形势不断好转。围绕创建“安全咸阳”，不断加强社会治安防控体系建设，深入开展严打整治，社会秩序保持稳定，人民群众安全感普遍增强。

新型政府建设初显成效。认真贯彻《行政许可法》，加强行政许可层级监督制度建设，坚持依法行政，建设法治政府。大力精文减会，2004年以市政府名义召开的会议比上年减少56次，精简47%；以市政府名义下发的文件减少32个，精简32%。市县两级共节约会议、文件、检查经费1470万元。建设透明政府，开放市政府常务会议，从去年6月份以来，先后有6次、135名市民到会旁听，所提48条建议和意见全部办理完毕。建设廉政、勤政政府，制定并严格执行了市政府领导班子不超标准配车、副职不配秘书、外出乘飞机坐经济舱等勤政廉政十条禁令，自身建设进一步加强。廉政建设和反腐败斗争深入开展，一批案件得到查处。

此外，审计、统计、外事侨务、民族宗教、对台事务、气象、地震、人防、工商管理、技术监督、烟草、邮政、电信、档案、地方志、老龄等各项工作也都取得了新的成绩。

各位代表，过去的一年，咸阳发生了许多令人振奋的新变化，全市形成了政通人和、团结稳定、加快发展的大好局面。这是市委正确领导的结果，是市人大、市政协监督支持的结果，凝结着全市人民的辛劳和智慧。在此，我代表市人民政府，向全市广大工人、农民、知识分子、机关干部、教师、医务人员、文化艺术工作者和离退休老同志、青少年朋友，向人民解放军驻咸部队指战员、武警官兵和公安干警，向各位人大代表、政协委员、各民主党派、工商联、各人民团体，向中省驻咸各单位及所有来咸投资者，向一直关注、支持咸阳发展的新闻界的朋友们，表示衷心的感谢和崇高的敬意！

总结2004年工作，我们清醒地认识到，经济社会发展中还存在不少不容忽视的困难和问题。一是经济运行质量有待进一步提高。农业基础仍然薄弱，农民收入持续较快增长的内在机制和基础还不牢固；建设资金短缺，重点项目资金缺口达8亿元；招商引资产业项目偏少；第三产业发展相对滞后；财政状况依然困难。二是经济发展中的一些长期性问题和深层次矛盾依然存在。全市三次产业结构为22:44:34，第一产业比例偏大，工业构成中电子工业产品单一，能化、纺织工业产业链不长，医药、食品工业缺乏规模优势。尤其是城乡二元结构矛盾比较突出，县域经济发展特色不鲜明。三是社会发展仍不够均衡。城乡群众收入差距进一步拉大，部分城乡群众和社会弱势群体生活还比较困难；全市还有4.2万名下岗失业人员未能实现再就业；农民群众看病难、看病贵的问题仍然比较突出；出生人口性别比达到116.5，尚未得到有力控制；部分学校布点不合理，一些乡村学校缺少英语教师，进城务工人员、农村群众子女就学难问题依然存在；县市区历年欠发干部职工和教师的工资仍有1.98亿元没有兑现；城市环卫、文化、体育等设施不完善；城市管理还存在不少问题，市容卫生、广告管理、交通秩序还不令人满意，尤其是一些城镇和城乡结合部脏乱差现象比较严重；蔬菜果品安全检测点不多，存在质量问题的豆制品、小食品在市场上仍时有发现，一些饮食摊点卫生状况不好；社会治安状况仍不尽如人意。

与此同时，我们也注意到政府工作中还存在一些不容回避的缺点和不足：政府职能转变滞后，行政审批事项仍然过多，社会管理和公共服务职能发挥不够充分；一些干部特别是领导干部开拓创新的能力、加快发展的能力还不强；一些部门和单位服务意识不强，工作效率不高，形式主义、官僚主义、铺张浪费甚至吃拿卡要的现象依然存在，人民群众和投资商还不满意；一些公务员缺乏群众意识，工作上敷衍了事，方法上简单粗暴，对待群众态度冷漠。

还有，在去年政府工作报告中提出的为市民办的10件实事中，市广播电视中心、孤儿生活服务中心、城市生活垃圾无害化处理场、市区18座二类以上公厕，因为我们的工作没有做好，没有如期完成。这里专此给人民代表大会报告，请予批评。

上述问题，我们将高度重视并继续采取措施认真加以解决。我们真诚期望各位代表和委员，各民主党派、工商联和无党派人士以及广大人民群众给予批评和监督，帮助我们把各项工作做得更好，把咱们咸阳的事情办得更好！

二、加压奋进，拼搏争先，努力实现经济社会发展新跨越

2005年是三年之后看咸阳的关键一年，也是落实科学发展观，全面完成“十五”计划，衔接“十一五”发展的重要一年。**今年政府工作的总体要求是：以邓小平理论和“三个代表”重要思想为指导，认真贯彻党的十六大和十六届三中、四中全会精**

神,以科学发展观统领全局,高举党的旗帜,强化区位优势,加速“四化”进程,构建西部强市,加压紧逼,跨越发展,进一步深化改革,扩大招商引资,加快经济结构调整,壮大非公有制经济,提高城乡人民收入,促进经济社会相统筹,努力构建经济发达、文化繁荣、环境优美、生态良好、社会稳定、人民安居乐业的和谐咸阳。

全市国民经济和社会发展主要预期和调控目标是:生产总值达到380亿元,增长12.5%,力争13.5%以上;全社会固定资产投资200亿元,增长24%;社会消费品零售总额102亿元,增长13%;招商引资到位资金120亿元;地方财政收入11.55亿元,同口径增长12%;城镇居民人均可支配收入9000元,增长9%;农民人均纯收入2270元,增长8%;人口自然增长率控制在5‰以内;城镇登记失业率控制在4%以内。

围绕上述目标任务,必须着重抓好五个方面的工作:

(一)强化农业基础地位,切实加强“三农”工作

为农村和农民办好20件实事。①全市免征农业税,为农民减负13249万元。②对5个粮食主产县种粮农民直接补贴2381万元,对40万亩春播地膜玉米种植农民直接补贴400万元,结合种子工程实行良种补贴。③国家、省、市、县补助配套资金4500万元,支持秦都区、渭城区、武功县、兴平市、三原县、泾阳县、乾县、礼泉县等8个县市区优质小麦基地县建设。④实施退耕还林25万亩,兑现农户种苗费、补助资金1730万元,全面兑现1999年～2004年退耕还林补助资金9472万元。⑤对4个县区农民购置大中型农机具补贴200万元,扶持农民更新大中型农机具200台套。⑥投资1200万元,用于旱腰带地区扶贫开发。⑦采取专业短期培训、农村中小学远程教育、讲师团授课等方式,培训农村技术骨干1600名,培训农民20万人次。⑧建设100个种植养殖科技示范园,其中粮食10个、果业40个、畜牧30个、蔬菜20个。⑨市财政安排贷款贴息300万元,帮助农民贷款1亿多元,扶持贫困户发展种植业、养殖业和劳务输出。⑩新建9个县级农业信息专业网站、50个基层农业信息综合服务站。⑪建13个农村科普示范基地,使每个县市区至少有1个农村科普示范点。⑫投资1450万元,完成1560户、7000人的移民搬迁任务。⑬投资3200万元,改造中低产田10万亩,其中新打和修复机井200眼,新修机耕路150公里,营造农田防护林1万亩。⑭以南部县区为重点,投资200万元,新增玉米秸秆综合利用机械1000台套,完成玉米秸秆综合利用100万亩。⑮投资3590万元,建成各类引水工程77处,解决147个村、12万人的饮水困难。⑯投资1000万元,新建、改建村级公路200公里,解决100个行政村的行路难问题。⑰投资1070万元,新建沼气池8000口、改厕15000个。⑱全市农村劳务输出新增20万人,在外务工人员稳定在90万人次,实现劳务收入30亿元以上。⑲投资240万元,在全市推行农村医疗救助制度,给农村身患大病群众提供医疗救助。⑳投资200万元,利用臭氧高科技方法治疗农村育龄妇女生殖道疾患,使发病率降低到40%以下。

推进农业产业化经营。稳定提高粮食生产能力,全年粮食总产达到180万吨。推进果业生产标准化、畜牧生产工厂化、蔬菜生产无害化,基本完成优质出口苹果基地、时令鲜果基地和干杂果基地、优质牧草基地和肉牛肉羊基地、优质蔬菜基地等5个“100万亩”基地建设任务。巩固优质烟叶生产基地。完善农业科技推广服务体系。重视做好重大动植物疫病的防控工作。健全农产品质量安全管理体系,建设蔬菜、水果农药残留监测点30个。继续扶持光明乳业,蒙牛乳品,神果奶粉,张裕葡萄酒,锦丰、白象、华丰方便面,鲁洲糖,娃哈哈、通达、汇源、海升、富安、安德利果汁等现有龙头企业;围绕特色产业和优势产品,再新建一批产业化骨干企业,带动农民增收。

加强农业和农村基础设施建设。进一步加大农业综合开发力度。完成黑松林水库、冯村水库、杨家河水库除险加固工程。启动农村安全饮水项目,争取今明两年完成投资1.06亿元,解决26.5万人的安全饮水问题。重视农田水利基本建设,发展节水灌溉15万亩,新修“四田”6万亩,治理水土流失面积300平方公里。抓好生态工程建设,建设绿色家园示范村300个。

加大扶贫开发工作力度。实施整村推进,突出水、电、路等基础设施建设,改善贫困地区基本生产生活条件。大力发展畜牧、杂果、蔬菜、中药材等特色产业,稳定解决贫困群众的温饱和增收问题。高度重视旱腰带地区扶贫开发,实施公路通达和找水工程,着力解决水、路两大制约瓶颈。落实省、市对重点县和旱腰带地区的扶持政策,抓好50个扶贫开发样板村建设,高标准完成100个重点村建设和移民搬迁任务。

全市各级政府都要把解决“三农”问题作为全部工作的重中之重,全面落实中央一号文件精神,不断加大政策扶持、资金投入、科技支持力度,更加关注农业、关心农村、关爱农民,努力让农业强起来、农村活起来、农民富起来!

(二)全面落实工业为先战略,加快新型工业化进程

加快工业重型化。按照市场化配置资源的要求,加快推进彬长旬东煤田综合开发,争取在煤电、煤化工等项目以及矿区后续资源的勘探上实现较大突破。重点抓好彬长矿区年产400万吨孟村煤矿、8×60万千瓦大唐彬长电厂、3亿立方米亭口水库煤电水一体化项目、150万吨甲醇、煤矸石电厂等煤化工和煤电转化项目前期工作。加快大佛寺、亭南煤矿建设,继续实施火石嘴、台家

山煤矿等8个技改项目,全年原煤产量达到900万吨,力争1000万吨。同时,全力争取80万吨乙烯项目落户我市。抓好彩虹集团超大屏幕玻壳配套生产线、长庆石化500万吨原油扩建、兴化集团热电联产、西橡轮胎生产线以及西郊热电厂等项目建设。积极规划建设兴平机械加工及西部汽车零部件制造基地,加快武功四达汽车项目引资重组。支持彩虹集团、长庆石化、渭电集团、金山电器、宝塔山油漆等优势企业做大做强,积极引导中小企业发展配套经济,提升工业整体竞争力。

强力推进国企改革。继续坚持"真改、深改、快改",以建立现代企业制度为核心,以国有退出为主要实现形式,灵活运用股份制、出售、买断经营、破产等方式,分类推进国有企业改革,年内完成秦龙泵业公司、财苑宾馆、咸阳纸厂等剩余国有企业改制任务。加快国有粮食购销企业产权制度改革,改造和重组国有独资或国有控股粮食购销企业。进一步完善国有资产管理体制,健全对企业经营者的激励约束机制,努力实现国有资产保值增值。

以信息化带动工业化。加快建设科技强市。继续推进"一线两带"咸阳段建设,抓好三原、泾阳、武功、乾县、兴平制造业信息化示范区,以66户省级示范企业为重点,加强中小企业信息技术推广应用。大力发展高新技术产业,全力争取咸阳国家显示器件产业园项目批准实施,积极培育信息设备制造业和软件产业。实施重大科技产业项目100个,建设生产力促进中心和科技企业孵化基地20个,新培育科技企业50家。加快推进秦都、三原、泾阳、礼泉、乾县等国家和省级星火密集区建设。积极实施名牌战略,年内争创省级名牌3个~5个。抓好咸阳华润设备更新、陕西蓝星浮法玻璃生产线等48个重点技改项目,完成投资35亿元。

大力推进民营崛起战略。全面贯彻《国务院关于鼓励支持和引导个体私营等非公有制经济发展的若干意见》,坚定不移地把非公有制经济作为立市经济、主体经济、富民经济来抓,推动非公有制经济实现新跨越。坚持一手抓"招商",一手抓"造商",鼓励全民创业、全民致富,在全社会形成浓厚的"民本位"和"商本位"氛围。建立非公有制企业发展基金,完善信用担保体系,下大气力解决非公有制企业融资难问题。大力推进体制、科技、管理创新,建立健全技术支持、市场信息、人才培训等社会化服务体系。对守法经营、诚信纳税的非公有制经济人士,要在政治上关心爱护,在精神、物质上奖励支持,在影视报刊上加强宣传,使全社会对他们高看一眼,厚待三分,保护和调动好他们的创业积极性,激发全社会创造财富的热情。年内非公有制经济占GDP的比重提高到50%以上,全市民营科技企业技工贸总收入突破60亿元。

(三)坚持招商引资第一要务不动摇,努力实现固定资产投资的稳定增长

强化产业项目招商。坚定不移地实施全员招商、叩门招商两大战略,重点引进煤炭深加工、汽车和汽车零部件、石油化工等规模大、产出高、带动强的产业项目,着力引进上亿元大项目和世界500强企业。加快高新区"二次创业"步伐,加强区内道路、水、电、气等基础设施建设,加快化工区、纺织工业基地、空港产业基地建设,使之尽快成为我市招商引资的新平台和新的经济增长点。今年招商引资产业项目要达到70%以上。认真做好项目策划、包装、储备工作,确保今年有一批重大项目开工建设,明年有新的项目接续。

全力打造第三大台商聚集区。抓住台资企业由珠三角、长三角向西部进行第三次产业转移的机遇,把吸引台资作为今年招商引资工作的重点和突破口来抓,通过积极努力,使我市尽快成为继东莞、昆山之后第三个台商投资聚集区。依托毗邻西安的优越区位、充足的能源供应等优势,出台优惠政策,统一产业规划,重点在电子、化工、农副产品深加工方面加强对接。要组团赴台湾考察、招商、交朋友,要在东莞、苏州、昆山、厦门等地设立办事处等专门招商机构,要强化宣传,广造舆论,强力推介,千方百计把台商吸引到咸阳来。

着力优化投资发展环境。加快咸阳至陕甘界高速公路、关中公路环线咸阳段、渭河一号桥改造等重点公路桥梁项目建设。实施县际公路改建项目,改造建设一批汽车客货运输场站。要继续努力,推动西平铁路项目早日开工,打造招商引资硬环境。要严格落实《关于加强党政机关干部管理优化投资发展环境的暂行规定》,推行首问负责制、限时办结制和责任追究制,从严查处"三乱"行为和破坏投资环境的案件,既追究当事人责任,更要追究领导的责任,并重奖举报人。认真落实企业20个平静工作日制度,加快建立执法预警机制,进一步规范执法行为。坚持以诚招商,以信留商,塑造咸阳人"重承守诺、一言九鼎"的新形象。向来咸投资者颁发"咸阳市中外友人绿色通道证",在全社会努力营造"亲商、安商、富商"的良好氛围。

(四)以"三个创建"为总抓手,为魅力城市增添新的魅力

举全市之力创建国家卫生城市、环保模范城市和全国文明城市。开展"三城同创"活动,是提升城市形象和综合竞争力,优化人居和创业发展环境,提高群众生活质量的必然要求。要突出四个重点:一是突出基础设施建设。加快城市污水处理厂、垃圾处理厂、粪便处理场以及公厕等项目建设,全面完成创建工作硬件任务。同时抓好体现咸阳特色的标志性建筑的规划建设,丰富完善城市景观和街景小品,提升魅力城市品位。二是突出环境保护。全力打好水、气、渣、噪环境综

合整治与生态建设五个硬仗。坚决关闭搬迁重点污染企业,坚决关停“五小”企业,严肃查处乱排污、超标排污,确保城市生活污水处理率、工业废水排放率、城市水质达标率等关键指标达标。三是突出环境综合整治。大力推行属地负责制、专项承包制,拉网过筛,集中治理,努力改善小饮食、小网吧、小理发、小舞厅、小旅馆、小浴室等“六小”行业的卫生状况。以农贸市场、背街小巷、建筑工地、城乡结合部等卫生死角为重点,采取拆、改、建等形式,彻底消除违章搭建、占道经营、乱涂乱画、乱倒垃圾等现象,使市容市貌得到明显改观。四是突出群众参与。坚持紧紧依靠、大力宣传、充分发动群众,深入开展全民“三创”知识和以“改陋习、树新风、共建美好家园”为重点的市民文明素质教育,广泛深入开展“住小区、爱小区、管小区”等活动,争创文明家庭、文明楼道、文明小区、文明单位、文明市场。要通过扎实认真的创建活动,让人民群众吃上放心食品、喝上干净水、呼吸清洁空气,使我们的天更蓝,水更绿,城更美,人更靓!

规划、建设和管理好中心城市。一是加强城市规划工作,提升城市发展的前瞻性和科学性。围绕把中心城市“做大、做优、做强”,突出“大绿、大水、大气”,着力体现“秦风、秦韵、秦文化”,高起点、高标准编制完成咸阳总体规划及沣河新区、明城保护、绿地系统、道路交通等专项规划。切实抓好规划执法,确保规划严格执行。二是加快以渭河、沣河综合治理工程为重点的“两河一区”建设,打造加快发展的新平台。加快渭河、沣河综合治理工程建设,5月底前完成渭河工程水工部分和沣河工程堤防建设任务,并抓紧做好两岸拆迁及景观建设。三是加快以路桥为重点的基础设施建设,增强城市服务功能。开工建设渭河上林苑大桥及上林苑路,新建崇文路上跨西宝高速公路大桥。打通河南街路南段、里仁路南段、西华路北段、渭阳西路西延段、建设路西段、彩虹路北段等6条断头路,加快阳光大道、钓台路、崇文路工程进度。精心抓好为市民所办实事项目的落实。对文汇东路、新兴北路、宝泉路转盘、毕原路西段、珠泉路东段、马家院巷、甜水井巷、勤俭北巷、勤俭东巷、货场路等17条城市道路和背街小巷实施路面及排水改造;修补安定路、胜利街、咸通路、玉泉东路、渭阳西路、联盟三路、中山街、法院街、仪凤街、县门巷、易俗巷、辘轳把巷等22条道路人行道,方便群众出行。开展街景整治,重点对人民路、渭阳路、乐育路、团结路、西兰路等5条城市道路和城市广场,实施绿化、亮化、美化、净化改造。抓好永绥街、北大街、胜利街、西宁街等旧城区和新字村、西工地、清泰街等一批城中村改造,提升城市形象。狠抓天然气二期气化工程、自来水全面通达工程以及北区、沣河新区集中供热续建工程,新建天然气汽车加气站3座,加快使用天然气燃料车辆改装工作。四是加快实施“两级政府、三级管理”的城市管理体制,提高城市管理水平,着力构建巩固“三创”成果的长效机制。要深化城市投融资体制改革,提高经营城市水平。同时,要进一步强化城市绿化意识,抓好城区绿化,拆墙透绿、见缝插绿,使城区人均绿地面积达到8平方米,绿化覆盖率达到38.4%以上。

重视小城镇建设。坚持城乡联动和城镇协调发展,努力形成产业集聚、功能互补、快捷便利的区域城镇体系。在重视县城建设的同时,继续抓好秦都马庄、渭城底张、三原西阳、泾阳云阳、武功苏坊、兴平马嵬、礼泉阡东、乾县峰阳、永寿仪井、彬县新民、淳化方里、旬邑张洪、长武相公等18个国家和省市县试点镇建设。加强小城镇建设的规划和管理,完善功能布局,规范土地配置,提高小城镇产业聚集能力和社会化服务水平。

(五)狠抓服务业现代化,促进区域经济大融合

加快服务业现代化进程。大力发展会计中介、法律服务、信息传媒、金融保险等新兴服务业,改造提升交通运输、餐饮娱乐等传统服务业,加快发展连锁经营、物流配送、电子商务等新型流通方式,吸引更多的国内外知名服务企业落户。积极支持家世界、人人乐、国美电器、苏宁电器、爱家公司、晶众家乐等企业加快发展。完善农村流通网络,开展农资、日用品等连锁配送业务。大力深化“西咸一体化,安居在咸阳”主题,鼓励房地产规模开发,着力打造“人居咸阳”品牌。全市房地产开发完成投资20亿元,开工住宅建筑面积119万平方米。实施外贸多元化战略,全年外贸出口总额达到1.2亿美元。

加快推进西·咸经济一体化和咸·杨农业产业一体化。着手规划与西安连接的城市地铁和轻轨。争取西安铁路枢纽北环线及郑西客运专线咸阳段项目早日开工建设。高起点编制完成西咸共建区规划,并尽快启动实施。年内力争实现咸阳、西安两地电话升位并网。开通咸阳火车站—西安大雁塔西咸公交1号线。深化我市与西北农林科技大学、杨凌职业技术学院“市校合作”,办好泾阳、乾县、彬县三个专家大院,建设西宝高速和咸宋路沿线生态农业、观光农业及设施农业示范基地,打造咸阳·杨凌农业特色品牌。

加快建设旅游强市。依托周陵、秦王宫、阳陵、茂陵、昭陵、乾陵等资源,全力打造周秦汉唐文化精品,发展历史文化旅游。开发爷台山、郑国渠、石门山、后稷教稼台等资源,推出生态观光、果品采摘、农家乐等旅游项目,不断提升绿色生态旅游水平。依托云阳红军总部旧址、安吴青训班、马栏革命旧址等资源,积极发展红色旅游。加快推进西咸“旅游同线”,强化宣传促销,与西安、宝鸡、天水、平凉五市联动,拓展旅游市场。完成国家优秀旅游城

市复核验收。全年接待国内外游客900万人次，旅游综合收入突破30亿元。

三、坚持以人为本，促进协调发展，着力构建和谐社会

努力办人民满意教育。加快建设教育强市，全力抓好教育10件实事。一是对全市农村贫困学生、市特殊教育学校学生实行“两免一补”（免教科书费、免杂费，补助寄宿生生活费）35万人次，总金额1800万元；二是投资5000万元，改造农村中小学危房10万平方米；三是投资1050万元，年内改造薄弱中小学校100所，建设寄宿制学校和学生食堂饮水项目20个，撤并农村中小学100所；四是投资7000万元，实施高中标准化建设和职教中心建设项目16个，全市高职中招生规模扩大1万名以上，初中毕业生接受高中阶段教育升学率达到80%以上；五是市本级新增教育投入332万元，各县市区教育经费比上年增加0.5～1个百分点，确保教育财政投资、学生人均教育经费、教师工资和学生平均教育经费“三个增长”，并设立教育专项资金专户；六是培训中小学校长330名，教师8000名，进一步提高广大教师素质教育能力；七是新建、升级市教育信息中心和市教育电视台，集中进行信息化培训，使全市70%以上的中小学教师掌握教育信息技术，85%以上的中小学生受益；八是完成实验小学综合教学楼、西藏民院附属中学、滨河学校等新建工程，完成天王、金山等学校教学楼改扩建工程，缓解城区学生就学压力；九是开工建设咸阳职业技术学院；十是做好实验中学新校区建设项目前期工作，力争今年开工。同时，要积极创建教育强县区、强乡镇。大力发展学前教育、民办教育和成人教育。进一步规范教育收费。加强校园安全和周边环境整治。改革教育评价体系，全面推进素质教育。多方努力，力争用两年时间解决县市区教师工资陈欠问题！此外，要深入开展“百名高层次人才咸阳行”活动，加强人才队伍建设。

发展人民需要的卫生事业。一是全面完成乡镇卫生院上划县级管理工作。加强县级医疗卫生机构装备和乡镇卫生院基础设施建设，完成9个县区10所乡镇卫生院建设任务。二是巩固彬县新型农村合作医疗试点工作，扩大受益面。抓好失地农民的医疗保险试点工作。三是加强公共卫生体系建设，完成各县市区疾控中心项目、11个县市传染病区和市二院门诊综合楼建设任务，市疾控中心、市传染病医院、市急救中心年内投入使用。四是切实规范各类医疗服务，遏制药价虚高，降低医疗费用。五是加强地方病防治工作和中澳农村卫生合作项目建设。通过努力，使群众病有所医、医有所保、费能承受，让群众切身感受到党和政府的温暖，感受到咸阳这个大家庭的温馨！

健全人民企盼的社会就业保障体系。统筹做好下岗失业人员、城镇新增劳动力、大中专学生就业、复转军人安置和农村劳动力转移工作。落实财政扶持、小额贷款和费用减免等就业再就业促进政策，进一步扩大足疗等产业规模，大力开发大棚菜种植等农业就业岗位，不断拓宽就业渠道。全年新增就业人数3.4万人，其中下岗失业人员再就业1.2万人，“四〇五〇”人员再就业3800人。推进养老、失业、医疗、工伤、生育保险扩面，加快下岗职工基本生活保障向失业保险制度并轨。落实城市居民最低生活保障制度，努力做到分类施保、应保尽保。义务兵家属优待金不低于当地农民人均收入的80%。为市级农民劳模、离退休劳模发放荣誉津贴和困难补助金。高度重视失地农民的生活安置，逐步建立失地农民社会保障制度。强化劳动执法监察，所有在咸施工企业必须向农民工支付不低于咸阳市最低工资标准的月工资。要严肃查处拖欠、克扣农民工工资行为，逐步实现农民工工资由银行代发。

满怀深情地关心社会弱势群体。多方筹措资金，确保“五保户”生活水平不低于当地一般村民。进一步扩大社会弱势群体法律援助覆盖面。各县市区成立困难职工援助中心。加快阳光一村廉租房收尾工程建设，确保200户居民按期入住。继续抓好《妇女儿童规划》的实施，关心妇女、儿童的生活，积极防范和化解家庭暴力。进一步改进和加强未成年人思想道德建设，做好关心下一代工作，严厉惩处容留未成年人的不法网吧，着力构建学校、家庭、社会三结合的育人网络。加强老龄工作，切实保护老年人的合法权益。按时发放高龄老人保健费，积极探索特困老人长效救助办法。为残疾人办好10件实事，帮助残疾人全面参与社会生活，切实改善残疾人生存状态。①投资10万元，扶持1.5万名残疾人解决温饱问题，开展实用技术培训3000名，指导700名残疾人就业。②投资62.5万元，改善250名农村残疾人住房条件。③投资4万元，创建残疾人“温馨家园”社区2个。④投资20.8万元，实施白内障复明工程，使2000名白内障患者重见光明。⑤投资16万元，为100名聋儿免费配发助听器，资助60名特困聋儿进行语言训练。⑥投资11.4万元，在礼泉、兴平开展社会化、综合化、开放式的精神病防治工作。⑦投资31.5万元，免费为全市18周岁以下肢体残疾人装配假肢，为60名特困成年残疾人减半费用装配假肢。⑧投资20万元，筹建市康复教育学校。⑨投资17万元，资助160名贫困残疾少年儿童入学，对今年新考入大中专院校的贫困残疾学生，给予一次性无偿资助。⑩投资39万元，为各县市区残联配备工作服务用车。

大力发展内涵丰富的先进文化。加快建设文化强市，推出一批在全省乃至全国有重大影响、具有咸阳特色的文化精品。重视发展文化产业，积极挖掘和发展文化生产力。举办咸阳首届文化艺术节。推进文化信息资源共享工程。加大对市、县两级博物馆、文化馆、图书馆等公益性文化基础设施的投入,加强社区文化活动室、农村基层文化站建设,创建先进文化乡镇20个。积极抢救保护咸阳民间文化,支持皮影、陶塑、剪纸等民间工艺和唢呐、牛拉鼓、蛟龙转鼓等民间艺术发展。强化文物保护和综合开发,积极组织文物外展,提高咸阳知名度和影响力。抓好广播电视工作,建设市广电中心。年内解决119个自然村通广播电视问题。开展数字电视业务,加快小城镇及农村有线电视入网工程。做好第二届市县两级续修志工作,编纂出版《咸阳年鉴》和《咸阳大辞典》。广泛开展全民健身活动,积极推进体育产业化进程。成功举办咸阳市第八届运动会,认真备战省第十三届运动会。

建设可持续发展的节约型社会。实行最严格的耕地保护制度,确保基本农田总量不减少、质量不下降、用途不改变。鼓励集约、节约用地,提高土地利用率。切实做好人口与计划生育工作,深化"婚育新风进万家,关爱女孩在咸阳"行动,稳定低生育水平。积极开展无痛人流,严禁非法鉴定胎儿性别。推广清洁生产和节能技术,大力发展循环经济。加强食品安全监管,从严查处食品和蔬菜生产经营中的违法违规行为。深入开展质量兴市活动,促进我市产品质量、工程质量、服务质量整体水平不断提升。以打假治劣为主线,继续整顿规范经济秩序。全面完成第一次经济普查,重视和加强县域经济考核以及1%人口抽样调查工作。认真做好"十一五"规划以及20个专项规划的编制工作。

建设人民安居乐业的安全咸阳。加强依法治市,推进"四五"普法。加强小区管理,建设和谐小区。要从解决群众最关心的就业、保障、入托入学、看病、养老等问题入手,完善社区服务体系,使居民难有所帮、残有所助、孤有所托、老有所养。要以对人民高度负责的精神,严格执行安全生产各项法律法规,抓好煤矿和非煤矿山、交通、学校、公众场所、特种设备、危险化学品等重点行业、重点部位的安全工作,坚决杜绝重特大事故的发生。特别要把煤矿安全作为突出任务,完善煤矿安全监管体制,加大投入,切实改善煤炭生产安全状况。重视防震减灾工作,健全完善地质、气象灾害监测预防体系,减轻灾害损失。坚决打击各种刑事犯罪和经济犯罪,集中开展以抢劫抢夺、入室盗窃和赌博等为重点的专项治理活动。完善社会治安中心户长工作机制,强化矛盾纠纷和治安隐患排查、调解。健全应急处置工作预案,提高应对突发事件的能力。加强和改进信访工作,依法、及时、妥善地处理好群众反映的问题。深入开展军民共建活动,抓好人防工作,支持驻咸部队和武警部队全面建设。做好全市第一次社区居委会换届和第六次村委会换届选举工作。重视做好对台和侨务工作。全面落实党的民族宗教政策,积极动员各族各界群众建设安全咸阳、平安咸阳、和谐咸阳!

四、切实加强政府自身建设,全面提高执政能力

加强政府自身建设,以良好的形象凝聚人心,以扎实的工作鼓舞斗志,是全市人民的殷切期望,是建设西部强市和全面小康咸阳的重要保证。我们一定要认真践行"三个代表"重要思想,以开展保持共产党员先进性教育活动为契机,按照科学执政、民主执政、依法执政的要求,加快职能转变,加强队伍建设,切实改进作风,不断提高执政能力和执政水平。

提高加快发展的能力。要始终把加快发展作为政府工作的第一要务,保持奋发有为,积极向上的精神状态,脚踏实地谋发展,埋头苦干比奉献。要不断深化对市场经济规律的认识,努力做到科学发展。要做好上情与下情、机遇与优势的对接,不断开创各项工作新局面。要坚持求真务实、真抓实干,继续大力精文减会,把各项任务细化、实化,一抓到底,务求实效。今年市政府会议再压缩20%,文件压缩30%,市级部门和县区的会议、文件分别压缩30%,全市行政审批事项压缩60%。

提高改革创新的能力。大力推进乡镇机构改革,切实转变职能,精减机构和人员编制,分流富余人员,加强乡镇机构编制和人员管理,不断减轻财政负担。加快事业单位改革,创新用人机制,增强发展活力。各级政府要不断创新思想观念和行政方式,坚持一事之前先问市场,凡能交给市场去办的事情,政府决不包揽;凡能花钱直接办的事情,决不拿钱"养人"去办。要不断创新发展理念,做到用招商引资的钱发展经济、用市场化运作的钱搞城市建设、用财政的钱改善人民生活!

提高为民服务的能力。坚持维护群众利益高于一切,关心群众疾苦重于一切,解决群众困难先于一切!坚持把调查研究作为决策的必须环节,把社情民意作为决策的重要依据,建立和完善重大问题集体决策制度、专家咨询制度、社会公示和听证制度,努力做到问政于民,议政从民,实政益民。政策出台之前要听公众意见,出台之后要听公众的反映,彻底打开老百姓的利益诉求之门!要以公开为原则,不公开为例外,全面推行政务公开。要加快电子政务建设,实行政府工作网上公开。要完善开放市政府常务会议制度,欢迎市民旁听政府常务会议,直接参与政府的决策过程,不断增强政府工作的透明度,提高政府决策的科学性。

提高依法行政的能力。认真贯彻《行政许可法》和国务院《全面推进依法行政实施纲要》,推行行政执法过错责任追究制、领导干部出庭应诉制,做到有权必有责、用权受监督、侵权要赔偿、违法要追究。要依法接受人大及其常委会的监督,坚决贯彻人大及其常委会决议,坚持重大事项向人大常委会报告制度。积极支持人民政协履行政治协商、民主监督、参政议政职能。认真办理人大代表议案、建议和政协委员提案。充分发挥工会、共青团、妇联等人民团体联系群众的桥梁和纽带作用。切实加强公务员队伍思想、工作、作风建设,进一步提高依法行政的能力。

提高廉洁从政的能力。全面落实廉政建设责任制,坚持教育为先、制度为重、监督为实。坚持权力与责任挂钩,权力与利益脱钩,强化监察、审计,从源头上预防和遏制腐败。充分发挥法律监督、民主监督、群众监督和舆论监督的作用,切实纠正行业不正之风。坚决查处违法违纪案件。强化制度约束,堵塞管理漏洞,降低行政成本,力戒奢侈浪费,带头过紧日子。为老百姓着想,为老百姓办事,不做老百姓看不惯、不满意的事!市政府全体组成人员向大会、向代表、向全市人民保证,决不违规收送现金、有价证券和支付凭证,决不跑官要官,决不放任、纵容配偶、子女及身边工作人员违规从业,决不利用婚丧嫁娶等事宜收钱敛财,决不参与赌博!

各位代表,我们正处在建设西部强市和全面小康咸阳的关键时期,任务光荣而艰巨。让我们高举邓小平理论伟大旗帜,全面贯彻“三个代表”重要思想,在市委的正确领导下,坚定信心,迎难而上,开拓进取,扎实工作,在新的起点上努力开创咸阳改革开放和跨越发展的新局面!

大 事 记

1月

5日

咸阳市2004年科技、文化、卫生、法律“四下乡”活动在乾县梁山乡启动。

△ 咸阳市“引石过渭”供水工程输水设施建设运营合同签订。同时,国中(咸阳)水务有限公司也正式成立。工程总投资7.2亿元,预计2005年底建成。2月27日,举行了“引石过渭”供水工程奠基仪式。

8日~9日

在全国拥军优属拥政爱民工作会议上,咸阳市再次荣获“全国双拥模范城”称号,武功县获“全国双拥模范县”称号,泾阳县民政局被评为全国爱国拥军模范单位。

9日

沣河咸阳段综合治理工程可行性研究报告通过初审。

15日

彩虹集团公司超大屏幕彩管生产线扩建项目在彩虹彩色显像管总厂开工。

18日

咸阳市、平凉市、庆阳市市长联席会议在咸阳市召开,会议就促进西(安)平(凉)铁路建设达成共识。

29日

市委、市政府在建行大厦召开市招商引资动员暨表彰奖励大会,总结和安排招商引资工作。

2月

2日

全国农民专业合作经济组织试点工作会议与会人员到武功县河道乡观摩养猪合作社发展情况。

3日

市委、市政府决定,命名表彰咸阳市第六批有突出贡献专家43人。

4日

全市高致病性禽流感防治工作紧急会议召开,会议要求认清形势,强化措施,严防死守,坚决打赢防治高致病性禽流感的阻击战。

7日

2004年“中国百姓生活游”西安·咸阳活动启动仪式在茂陵博物馆举行。

8日

咸阳市沣河综合治理工程开工。工程预计总投资9800万元。先期治理范围南起陈杨寨办事处的南季村,北至沣东镇沣胜庄,全长5.439公里。

12日

市委、市政府召开全市爱国卫生工作电视电话会议,会议要求全市各级党委、政府要按照“加强领导、密切配合,依靠科学、依法防治,群防群控、果断处置”的指导方针,迅速掀起以防治禽流感为中心的春季爱国卫生运动新高潮。

14日

渭河咸阳城区段综合治理工程建设项目审查会在河南郑州召开,项目顺利通过黄河水利委员会的审批。

26日

市四届人大常委会召开第三十一次会议,会议决定实施渭河和沣河咸阳城区段综合治理。

28日

咸阳湖建设工程开工典礼隆重举行,省市有关领导、有关部门和企业代表、社会各界及市民代表,中央电视台及省级各大新闻媒体的记者等1000余人参加了典礼,市委书记宋洪武宣布开工令,市长张立勇致辞。

3月

2日

“中国教育和科研计算机网(CERNET)咸阳城市节点”成立,这是西部地区首个城市节点,对加快全市教育信息化、提高科技水平具有重要作用。

6日

泾阳声威建材有限公司一期工程建成点火投产。一期工程投资2.2亿元,可达到日产2500吨水泥熟料生产能力。

△ 全市5000多名共产党员在秦都区沣东镇北槐村南西宝高速公路两边共同栽植“先锋林”,当天植树12000多棵。

△ 咸阳市被国家教育部、发改委和财政部确定为“农村中小学现代

远程教育工程”试点市。

18 日

凌晨 4 时 30 分,312 国道咸阳境内长武亭口坡道(1496 千米 +900 米)发生一起特大交通事故,造成 6 人当场死亡,1 人送医院抢救无效死亡,伤 14 人,其中重伤 1 人。事故发生后,市委、市政府组织各方力量全力抢救伤员,安排部署善后处理工作。

24 日

咸阳市《西进丛书》首发式暨新闻发布会在咸阳图书馆举行。这是咸阳作家群首次有组织地向社会亮相。

26 日 ~29 日

中共咸阳市第四次代表大会召开。会议通过了关于中共咸阳市第三届委员会的报告、关于中共咸阳市纪律检查委员会报告的决议,选举产生了中共咸阳市第四届委员会和中共咸阳市纪律检查委员会。市委四届一次全会选举产生新一届市委领导机构,选举宋洪武、张立勇、裴育民、徐新荣、张志军、李三原、郑治全、方玮峰、李效民、张秀英、郭中秋为第四届市委常委会委员;选举宋洪武为市委书记,张立勇、裴育民、徐新荣、张志军为市委副书记。全会通过了中共咸阳市纪律检查委员会第一次全体会议选举结果,选举裴育民为市纪委书记,陈俊哲、王淳化、穆正烈为市纪委副书记。

△ 省委决定,胡志强任中共咸阳市委委员、常委、副书记。

27 日

2004 年全省“农村体育年”活动在渭城区底张镇启动。

4 月

6 日

参加第八届中国东西部合作与投资贸易洽谈会的中外媒体采访团一行对咸阳步长集团和彩虹集团进行了现场采访。

7 日

秦都区政府与哈萨克斯坦共和国东干族协会经贸合作签约仪式在秦宝宾馆举行。

8 日

第八届中国东西部合作与投资贸易洽谈会上,咸阳市代表团签约项目 165 个,总投资 98.55 亿元,引资 96.89 亿元。

7 日 ~8 日

全省果园管理及统防统治现场会在旬邑县召开,与会者参观了旬邑县、彬县的苹果示范园。

16 日

省长贾治邦到泾阳县燕王乡庆家村田间地头宣讲中央一号文件。

18 日

咸阳第二届国际服装文化艺术节在新落成的陕西服装艺术学院新校区隆重举行。

△ 陕西长庆专用车制造有限公司揭牌仪式暨专用车生产基地奠基仪式在清华科技园咸阳园区举行。

19 日

咸阳市国家优质小麦生产基地建设项目开工仪式在羊毛湾水库灌区举行。总投资 4500 万元。

22 日 ~26 日

政协咸阳市五届一次会议召开。会议通过了《政协咸阳市第五届委员会第一次会议政治决议》、《关于政协咸阳市四届常委会工作报告的决议》、《关于政协咸阳市四届常委会提案工作报告的决议》和《政协咸阳市五届一次会议提案审查委员会关于提案审查情况的报告》。会议选举杨光明为政协咸阳市第五届委员会主席,选举冯志强、严志祥、严宪文、郑建新、邢玉瑞、党新安、蔡健民为副主席。

23 日 ~28 日

市五届人大一次会议召开。会议通过了关于政府工作报告的决议,关于咸阳市 2003 年国民经济和社会发展计划执行情况与 2004 年国民经济与社会发展计划的决议,关于咸阳市 2003 年财政预算执行情况和 2004 年财政预算的决议,关于咸阳市人民代表大会常务委员会工作报告的决议,关于咸阳市中级人民法院工作报告的决议,关于咸阳市人民检察院工作报告的决议。会议选举宋洪武为市人大常委会主任,选举应志治、何建民、哈锐、吴养民、苏进荣、孟庆智为副主任。会议同时选举产生了市人民政府市长、副市长,市中级人民法院院长和市人民检察院检察长。选举张立勇为市长,李三原、李永民、车建营、牛继鹏、上官吉庆为副市长,选举顾德镳为法院院长、刘世民为检察院检察长。

5 月

11 日

全省计划生育百车千村送健康活动在兴平市启动,免费为农村育龄妇女开展生殖健康普查。

12 日

全国政协委员、《大公报》董事长兼社长王国华为团长率香港媒体高层访问团来咸参观访问。

△ 在中央电视台西部频道举办的“我所喜爱的西部名城”评奖活动中,咸阳市榜上有名。

18 日

西部最大的农机汽车商城——西部农机汽车商城在渭城区苏家寨开业,商城占地 13.33 公顷,总投资 8200 万元。

△ 汇源集团咸阳饮料食品有限公司正式投产运营。

20 日

全省审改工作暨企业登记并联许可改革现场会在建行大厦举行,会上,介绍了咸阳市试点工作的做法和经验。

29 日

咸阳市“千人牵千手,爱心献社会”希望工程助学活动启动。

6 月

3 日

市委、市政府在人民广场举行“婚育新风进万家,关爱女孩在咸阳”行动启动仪式。

10 日

韩国义城郡代表团来咸访问，并就有关经贸项目进行了洽谈。

△ 咸阳市玉米新品种“隆玉 5 号”通过了陕西省品种审定委员会审定，同意在关中地区大面积推广。

17 日

全国农技推广先进工作者、省著名农业专家、长武县植保植检站站长、高级农艺师巨粉娥因公殉职。

23 日

市委召开四届二次全会，会议充分发扬党内民主，深化干部人事改革，以投票表决的方式，任命了 47 名正县级领导干部。

△ 咸阳经济发展合作促进会成立。

28 日

咸阳联通 CDMA 移动通信网三期工程建成。工程投资 2.5 亿元，网络全面覆盖了市、县、乡和 90% 以上的行政村，全面覆盖了公路、铁路沿线和旅游景点，网络城区覆盖率接近 100%，乡镇覆盖率超过 98%。

7 月

4 日 ~6 日

全省基层检察院建设工作会议在咸阳市召开。

6 日 ~7 日

中西部地区足疗理论暨足部保健行业管理研讨会在咸阳市召开，市长张立勇介绍了咸阳足疗保健产业发展情况。

12 日

西安·咸阳经济一体化两市领导联席会议在咸阳市召开，会议通过了《西安·咸阳实施经济一体化战略规划纲要》，两市签署了联席会议备忘录。

20 日

韩国著名的围棋高手曹薰铉到淳化县看望他所资助的贫困学生。

21 日 ~8 月 1 日

市委书记宋洪武、市长张立勇率咸阳市代表团赴浙江嘉兴、杭州、宁波、台州、金华五市叩门招商。先后举行 4 场项目推介会，共签约合同项目 109 个，总投资 60.92 亿元，合同吸纳资金 58.82 亿元。

21 日 ~23 日

全国 14 省(市、自治区)22 市(区)政协第 23 次工作研讨会暨经济协作会议在咸阳市召开。

8 月

2 日

市长张立勇会见日本成田市市长小林攻，双方表示把经济领域的合作作为努力的方向。

6 日

咸阳市“视觉第一中国行动”复明工程启动仪式在市第一人民医院举行。这项工程将为农村白内障患者，特别是 18 岁以下青少年儿童白内障患者实施复明手术提供资助。

7 日 ~8 日

“咸阳帝陵文化高层论坛暨咸阳城市形象定位研讨会”召开，省市领导和 100 多位专家、学者参加了会议。会议对全方位启动咸阳五陵原申报世界文化遗产、把咸阳推向世界起到重要的促进作用。

20 日

陕西玻璃厂与山东蓝星集团威海蓝星玻璃股份有限公司合作协议签约仪式在省政府综合楼举行。协议计划总投资 2.7 亿元，建设 2 条浮法在线镀膜玻璃生产线。

25 日

全省秸秆禁烧和综合利用现场会在咸阳市召开，会上介绍了咸阳市秸秆禁烧和综合利用工作的经验。

9 月

7 日

中共咸阳市委作出《关于追授巨粉娥同志“优秀共产党员”称号的决定》。

9 日

“咸阳金秋采摘节”启动，拉开咸阳市旅游黄金周“三节一活动”帷幕。9 月 25 日 ~26 日，还相继举办“2004 年咸阳首届旅游美食养生节”、“首届咸阳旅游商品展销节”和“乾坤杯旅游纪念品设计大赛”等。

△ 中共咸阳市委作出《关于在全市党员干部中开展向巨粉娥同志学习的决定》。

16 日

巨粉娥先进事迹报告会举行，市直机关 400 余名干部聆听了报告。

19 日

渭河三号大桥暨世纪西路、玉泉西路和咸通路立交桥通车典礼隆重举行。

24 日

咸阳市举行庆祝建国 55 周年歌咏比赛，来自全市各系统的 16 支代表队参加了决赛。

30 日 ~10 月 4 日

咸阳市第五届房地产展示交易会举行，参展企业达 46 家，成交各类房屋 9.72 万平方米，实现成交额 1.478 亿元。

本月 咸阳市获“2004 年度中国魅力城市”称号，这是西北地区惟一获此殊荣的城市。

10 月

1 日

渭河咸阳城区段综合治理主体工程开工。

10 日

全国党建研究会会长张全景来咸调研党建工作。

△ 台湾企业家考察团来咸进行经贸考察。

11 日

咸阳市友好经济代表团赴韩国进行访问和经贸考察。

13 日

长武县四大重点工程(即亭南煤矿、长宁公路、陕西长润通达果汁有限公司长武分公司果汁生产线、陕西雍和牧业责任公司投建的千亩奶源基地)竣工投产。

25 日

咸阳·杨凌农业产业一体化双

方领导联席会议在秦宝宾馆举行。会议全面回顾了工作进展情况,审议通过了《咸阳市·杨凌区农业产业一体化2004年~2008年计划》,签署了《备忘录》,签订了涉及总资金5.55亿元的15个科技推广示范和农业产业化项目。

27日

以法国勒芒市市长布拉尔为团长的勒芒市政府代表团来咸考察访问,主要目的是进一步促进经济技术和工业领域合作与发展。28日,市长张立勇与勒芒市市长布拉尔签订了《中国咸阳·法国勒芒友好城市合作交流备忘录》。

29日

17时30分,渭河成功完成导截流,标志着渭河咸阳城区段综合治理建设工程已进入高潮。

本月 娃哈哈集团与三原县签订合同,投资2000万美元,在三原县建设热罐饮品生产线。

11月

5日~9日

第十一届中国杨凌农业高新技术成果博览会召开。咸阳市共签约项目182个,涉及金额29.6亿元。同时,还有26.8万名农民和农技人员赴会寻经取宝。

7日

西部省际公路银(川)武(汉)线陕甘界至咸阳高速公路开工。项目线路全长164.1公里,为全封闭、全立交、双向四车道高速公路。

19日

咸阳大明宫国际购物广场项目签约。项目位于世纪大道北侧,占地15公顷,总投资2.5亿元。

22日

咸阳、香港经贸合作投资说明会在香港举行,签约项目18个,合同吸纳资金8亿多元。

23日

全省诚信建设经验交流暨现场会在咸阳市召开。咸阳市政府等单位作了经验交流。

24日

由市邮政局策划设计的《魅力咸阳·城市瑰宝》主题个性化邮票及邮资纪念封发行,以邮票形式宣传魅力城市。

27日

咸阳市"扶贫帮困送温暖"活动万人签名暨捐助仪式在人民广场举行。当日参加捐款的单位46个,捐款者13000多人,共捐款25万多元。

30日

渭河上林大桥(渭河四号桥)投资建设项目签约。大桥位于市区东部,总投资2亿元,由中港第四航务局采用BOT方式全额投资建设并经营。

12月

6日

"全国特色文化广场"——中华广场挂牌暨"中华广场欢乐苑"启动仪式举行。

18日

金泰·丝路花城举行开工典礼。项目占地37.4公顷,总建筑面积54万平方米,总投资12亿元。

19日

旬邑县民间剪纸艺术家"剪花娘子"库淑兰因病逝世,享年84岁。1996年3月联合国教科文组织授予她"中国民间工艺美术大师"称号。

31日

咸阳市全国经济普查开始。这次经济普查的标准时点为2004年12月31日,调查年度为2004年,普查对象为从事第二产业、第三产业活动的所有法人单位、产业活动单位和个体经营户。市长张立勇发表了《搞好经济普查,建设魅力咸阳》的讲话。

本月 旬邑县被中国科协命名为"全国科普示范县"。

(石忙刚　郭美娟)

2004 年咸阳市十大新闻

一、咸阳市认真落实中央一号文件精神和农民增收的各项政策,全市农民人均纯收入 2100 元,增长 10%,首次高于城镇居民收入增速。

二、市第四次党代会、市五届人大一次会议、市政协五届一次会议选举产生出新一届市级领导班子,确定了"高举党的旗帜,强化区位优势,加速四化进程,构建西部强市"的发展思路。

三、全市全年实现生产总值 338.56 亿元,比上年增长 13.1%,增速为近 8 年新高。

四、实施全民招商战略,全市招商引资到位资金首次突破 100 亿元,达 113.2 亿元。

五、国有企业改革取得重大突破,80 户企业完成改制任务。其中 78 户全部退出国有资产。

六、渭河咸阳城区段综合治理工程全面开工建设,这是咸阳历史上规模最大的城建项目。

七、公民旁听市政府常务会议。自 6 月 25 日以后,市政府把决策的知情权、监督权、参与权交给市民,106 名市民提出 44 条意见,其中 40 条被政府采纳。

八、咸阳市采取得力措施加强和改进未成年人思想道德建设,为未成年人所办的十件实事全部完成。

九、市委作出向优秀共产党员巨粉娥学习的决定,全市迅速掀起了一个学先进、赶先进的学习热潮。

十、在中央电视台举办的 2004 年度中国魅力城市评比活动中,咸阳市在 200 多个参评城市中脱颖而出,荣获"中国魅力城市"称号。

——摘自《咸阳日报》2005 年 1 月 1 日第 1 版

2004 年咸阳市十大科技新闻

一、咸阳市提出建设西部科技强市的战略目标。在 2004 年召开的市第四次党代会上,市委书记宋洪武在工作报告中明确提出建设西部科技强市。这是在充分考虑咸阳市区位优势及科技资源优势的基础上,围绕建设西部强市提出的重大战略目标。

二、西咸经济一体化、咸杨农业产业一体化科技合作取得了新成效。60 多项部省级科技成果在咸阳市转化,十大农业专家科技示范基地开始建设,近百项合作项目开始实施。

三、科学研究取得了新成果。高活性乳酸菌奶粉等 9 项科技成果获省科技进步奖,喘泰颗粒新药等 50 项科技成果获市科技进步奖。"隆玉 5 号"玉米新品种通过省级审定,秦优九号油菜、长武 134 小麦育种等科技成果达到国内先进水平。

四、数字咸阳建设工作开局良好。以宽带城域网为主的信息基础设施建设进一步加强,已启动的数字咸阳建设项目进展顺利,开发出科技项目申报、管理系统,初步建立了咸阳市城市地理信息系统数据库。召开了"数字城市发展与信息技术应用报告会"和"城市地理信息技术应用研讨会"。

五、咸阳市 39 个科技项目列入国家计划。超越离合器等 9 个项目列入国家火炬计划,金属复合橡胶材料等 11 项列入国家重点新产品计划。"两步法合成黄豆苷元新工艺"等 6 项科技成果受到国家科技型中小企业创新基金支持。

六、国际科技合作取得了新成效。全年聘请国外专家 45 人次,执行合作研究项目 25 项,农业推广项目 9 项,解决工农业生产技术、管理难题 58 个,居全省第一。

七、制造业信息化工程全面实施。全市 66 家制造业企业进入省级示范企业行列,占全省同类企业数的四分之一。兴平市、泾阳县、三原县、乾县被确定为全市首批制造业信息化示范区域,标志着信息技术应用由重点行业向区域推广。

八、全市科技中介服务体系初步形成。市生产力促进中心被科技部评为国家级示范生产力中心。三原县、泾阳县等县区和机械建材等行业相继建立了 13 家生产力促进中心,建成科技企业孵化器(基地)9 家。

九、"一线两带"建设进入新阶段。关中星火产业密集区咸阳段建设规划和实施方案通过省级验收,旬邑县、永寿县、武功县被命名为省中药现代化科技行动示范县,兴平市被命名为示范园区。

十、民营科技企业再上新台阶。全市民营科技企业达 1700 户,实现技工贸收入 54.25 亿元,其中过亿元的 9 户,过千万元的 83 户,过百万元的 311 户。

——摘自《咸阳日报》2004 年 12 月 31 日第 1 版

咸 阳 概 况

地理环境与自然资源

【地理环境】 咸阳市地处陕西省关中盆地的中部，东与铜川市、渭南市为邻，西与宝鸡市接壤，北同甘肃省的庆阳市、平凉市毗连，南接西安市，南北长123公里～145公里，东西宽65公里～106公里，总面积10196平方公里。咸阳市地势北高南低，呈阶梯状，高差明显，界限清晰，黄土高原、平原居主导地位。东北部的石门山峰海拔1885.3米，为全市最高点。全市最低处在东南部的三原县大程镇清河出境地，海拔362米。北部是著名的黄土高原南缘的一部分，海拔1000米～1800米，面积6374.2平方公里。大体以泾河为界，西南部是黄土丘陵沟壑区，东北部是残原黄土沟壑和土石低中山，面积1137.5平方公里，海拔1400米～1800米。南部为渭河盆地，属关中平原的一部分，面积2684.3平方公里，地势平坦，水土流失轻。盆地又可分为泾渭冲积平原和黄土台原，从北向南呈阶梯状分布。境内山系山脉集中分布在中北部，主要有子午岭余脉的马栏山、石门山，中部嵯峨山、笔架山、北仲山、九嵕山和五峰山自南而北依次排列。咸阳市农垦历史悠久，市境南部平原除栽培树种外，自然植被分布较少；渭北黄土高原上仅在旬邑县的马栏、石门山区保留一定面积的天然次生林，在淳化县北部的黄花山，泾阳县北部的嵯峨山、北仲山以及永寿县的槐平山区残存极少量的天然次生林，而绝大部分地方天然植被已被人工植树所代替。森林覆盖率为17.5%。地形地貌南北迥然不同，立地条件相异，从而形成各类光、热、水、土组织类型，是发展综合农业的优良基地。

【水资源】 ①境内水资源主要由河川径流和地下水所组成。全市多年平均自产地表径流5.43亿立方米，地下水不重复量3.66亿立方米，另外还有入境客水量60.79亿立方米。大气降水量是地表径流及地下水补给的主要来源之一。年平均降雨量567.9毫米，年降水总量58.60亿立方米。境内年降水量的分布呈南少北多之势。②河流水系属黄河流域渭河水系。渭河干流从南缘流过，在市境汇入的主要支流有漆水河、新河、沣河、泾河、石川河，其中泾河最大，形成了泾河、渭河两大水系。市内10平方公里以上的河流和沟道有158条，100平方公里以上的河流有26条。③地下水资源南富北贫。南部潜水是地下水的主要部分，分布广泛，但富水程度差异较大。潜水埋藏浅，易于开发，循环交替快，易于调蓄。由于近年连续干旱，地表水供给不足，地下水开采过度，致使有的河流和池塘干涸，地下水位持续下降。全市水资源人均占有量和耕地平均占有量较低，分别为全省的20.5%和18.53%，在全省十地市中排第九位。过境客水较多，但利用难度较大。地表水与地下水分布极不平衡。

【土地资源】 全市土地总面积101.96万公顷，按地貌特征可分为土石山地、丘陵地、原地和川道地四大类。属暖温带半湿润落叶阔叶林灌丛褐土带向北部暖温带半干旱草原黑垆土带的过度地区。北山以北属黑垆土带，北山以南属褐土带。耕地面积2003年末38.82万公顷，占总土地面积的38.01%；园地12.01万公顷，占11.78%；林地20.21万公顷，占19.82%。人工种草保留面积6.81万公顷，垦殖指数为2.1%，远高于全国和全省平均水平。水浇地面积占到总耕地面积的50%，高于全国全省平均水平。有效灌溉面积约占全省的五分之一，主要分布在南部各县市区。全市土地资源南北差异较大，经济发展水平自南向北逐渐下降。南部土地条件较好，地势平坦，土壤肥沃，垦殖指数高，农业相对发达。北部以黄土高原丘陵沟壑为主，还有少量山地，垦殖指数低，林牧用地比重较大，土地资源的利用深度和农业发展水平较低。

【生物资源】 咸阳市气候温暖，雨量适度，地形复杂，土地广阔，为生物的繁衍提供了良好的条件。植物资源丰富，优势树种有辽东栎、山杨、白桦、油松等。大面积的人工林以刺槐为主,四旁绿化以杨树为主。林木总蓄积量为500万立方米。人工种草保留面积6.81万公顷。中草药资源比较丰富,开发历史悠久,已发现品种多达626种,分布遍及全市。野生药材138种,人工种植药材33种。此外,野生果类植物、野生油料植物、纤维植物、香料和化工原料植物等均有一定蕴藏量,但开发利用还很不充分。野生动物资源有鸟类14目30科140余种,兽类6目14科约40种。经济价值高的野生动物有狸、獾、鼬及鸣禽等。

【矿产资源】 境内已发现的矿产资源主要有煤、铁、石灰石、石英砂岩、陶土、油页岩及石油等,主要集中在北中部台坳区,其中经济价值最大的是煤炭资源。煤炭资源集中在彬县、长武县、旬邑县、淳化县、永寿县的部分地区。已探明储量为101亿吨,预测为150亿吨左右。煤种主要为不粘结煤、长焰煤,为中灰粉、低硫、低磷至中磷、低发热值至高发热值的低变质烟煤,是较好的动力煤和气化用煤。石灰石是咸阳市仅次于煤炭的主要矿产,储量非常丰富。主要分布在中部的乾县、永寿县、礼泉县、泾阳县、三原县境内的北部山地一带,东西延长75公里,质量佳、厚度大,储量估计有3000亿立方米。矿石的碳酸钙含量97%以上,氧化钙含量55%以上,是生产水泥、电石、轻质碳酸钙等产品和烧制石灰的优级矿石。

【气候气象】 咸阳市地处暖温带,属大陆性季风气候,四季冷热干湿分明,气候温和,光、热、水资源较丰富,有利于农、林、牧、渔各业发展。全年平均降水量为537毫米~650毫米,全年平均温度9.0℃~13.2℃,全年太阳辐射为4.61×10^9焦耳/平方米~4.99×10^9焦耳/平方米。热量条件南北差异明显,年均气温南部一般比北部高4.2℃。累计年光照时数平均为2017.2小时~2346.9小时,6月、7月、8月3个月的日照时数占全年的32%左右,对夏收作物的成熟和秋作物的生长发育很有利。北部初霜来得早,终霜结束晚,无霜期为172天~205天;南部初霜来得晚,终霜结束早,无霜期为212天~223天。

【2004年气候影响评价】 2004年(2003年12月~2004年11月),咸阳市气候变化是由上年多雨的异常气候逐步转入正常气候,年总降水量接近历年平均值略偏少,平均气温前半年偏高,后半年偏低,全年日照充足。分月情况为:冬前气温偏低,降水偏多;初冬,气温偏高,降水偏多;隆冬,气温偏高,降水偏少;冬末,气温偏高,降水偏多;初春,气温偏高,降水南多北少;仲春,气温偏高,降水偏少。从初冬到仲春气温逐月偏高,又一次形成了明显的冬暖气候。春末,气温偏高,降水偏少;初夏,平均气温略偏高,降水偏少,短时高温天气,对工农业生产有一定影响;盛夏,气温略偏低,降水偏少;夏末,气温偏低,降水偏少。局部暴雨较频繁。初秋,气温略偏高,降水偏少;深秋,气温偏低,降水偏少。从盛夏到深秋,又一次形成了明显的凉夏气候。即全年为冬暖夏凉型气候。在年气候的总背景下,灾害性天气局部突出,主要是冬前的寒冷,冬暖、冬旱,春末冻害,初夏高温,夏末暴雨等。由于各地全年光、热、水资源匹配比较协调,2004年咸阳市夏粮生产取得了大丰收,秋季经济作物及瓜果蔬菜又取得了好收成,属农业气象条件较好年份。

【气候要素时空分布】 ①降水:2004年,咸阳市各地年总降水量395毫米~532毫米,较历年平均偏少7%~32%,尤其是旬邑县、彬县、永寿县、泾阳县、礼泉县偏少22%~32%,其余县区偏少7%~20%。年内各月降水时空分布不均,尤其是1月、4月、5月,降水偏少,形成短时缺水干旱。元月各地降水仅1毫米~4毫米,由于上年雨水特多,干旱对小麦影响不大。4月各地降水6毫米~13毫米,较历年同期偏少70%~88%。5月各地降水16毫米~45毫米,较历年同期偏少21%~74%。对小麦抽穗,开花产生轻微的影响。6月~7月各地降水正常略偏少,对秋田生产未造成严重影响。8月~9月各地降水正常,适宜农作物生长需求。10月~11月降水正常略偏少,适宜秋收、秋播工作。②气温:年内各月平均气温1月~6月偏高,7月~11月正常偏低。冬前气温偏低,农作物受冻。秋末11月全市各地平均气温为1.2℃~6.3℃。大部分县区较历年同期偏低1℃,其中旬邑县、永寿县偏低2℃~3℃。极端最低气温达-9.7℃(长武)。初冬至初夏气温偏高。初冬12月全市平均气温为-3.1℃~1.9℃,普遍较历年同期偏高1℃,其中淳化县偏高2℃。隆冬元月,全市平均气温为-4.4℃~0.5℃,较历年同期偏高1℃,其中淳化县、兴平市偏高2℃。冬末2月,全市平均气温为0.4℃~5.2℃,较历年同期偏高3℃~4℃,其中淳化县、永寿县偏高4℃。初春3月,全市平均气温5.3℃~10.2℃,较历年同期偏高2℃~3℃,其中淳化县偏高3℃。仲春4月,全市平均气温为13.6℃~16.8℃,较历年同期偏高3℃~4℃度,其中永寿县、长武县、淳化县偏高4℃。春末5月,全市平均气温为16.0℃~20.3℃,普遍较历年同期偏高1℃,其中淳化县、兴平市、武功县偏高2℃。初夏6月,全市平均气温为19.6℃~25.2℃,普遍较历年同期略偏高,其中武功县、礼泉县偏高1℃。盛夏至秋末气温偏低。盛夏7月,全市平均气温为21.3℃~26.7℃。除泾阳县、秦都区偏高1℃外,其余县市较历年同期略偏低。夏末8月,全市平均气温为19.6℃~24.3℃。普遍较历年同期偏低1℃,其中礼泉县偏低2℃。初秋9月,全市平均气温为17.5℃~19.6℃。除长武县、旬邑县较历年同期偏低外,其余县市气温正常略偏高。深秋10月,全市平均气温为8.0℃~12.7℃。普遍较历年同期偏低1℃,其中长武县、礼泉县偏低2℃。秋末11月,全市平均气温为1.4℃～6.6℃，较历年同期略偏低。其中长武县、旬邑县、市区偏低1℃。③日照：2003年12月至2004年11月，日照时数北部五县为2201小时～2521小时，南部县市区为1912小时～2414小时。全市全年日照充足，较常年同期偏多，彬县、泾阳县、礼泉县较历年同期偏多300多小时，其余县市区偏多38小时～209小时。初冬12月日照时数为87小时～196小时，与历年同期比较，长武县、旬邑县、淳化县、乾县、市区、兴平市、武功县偏少外，其余县偏多。元月日照时数为115小时～183小时，除永寿县、泾阳县、市区偏多外，其余各县市偏少。2月日照时数为123小时～228小时，均较历年同期偏多。3月日照时数为154小时～208小时，均较历年同期偏多。4月日照时数为222小时～269小时，均较常年同期偏多。5月日照时数为224小时～297小时，均较历年同期偏多。6月日照时数为181小时～255小时，除长武县偏少外，其余县市区均偏多。7月日照为162小时～253小时，除长武县偏少外，其余均接近历年同期平均值。8月日照时数为125小时～184小时，均较常年同期偏少。9月日照时数为134小时～182小时，除武功县、乾县、长武县略偏少外，其余县市区均偏多。10月日照时数为122小时～183小时，除武功县略偏少外，其余县市区均偏多。11月日照时数为147小时～204小时，均较历年同期偏多。④初终霜冻：初霜冻较常年偏早，北部五县2003年10月普遍出现霜冻，南部县市区在11月上旬出现霜冻。晚霜冻结霜日期也较常年偏早，南部县市区普遍在2004年3月上旬结束霜冻，北部五县在4月上旬结束霜冻。

【天气气候事件及影响】 ①秋末冷空气来的早。11月冷空气来的早，咸阳市平均气温较历年同期偏低1℃～2℃，11月上旬最低气温北部达－9.5℃，中旬普遍在－2℃～7.9℃，下旬在－2.7℃～9.7℃，小麦分蘖期和蔬菜收获受到一定影响。②初冬至冬末出现冬暖。2003年12月至2004年2月，又一次出现明显冬暖，月平均气温较历年同期偏高1℃～4℃，特别是2月中旬较历年同期偏高5℃～7℃。冬暖对冬作物生长发育、经济作物及牲畜安全越冬有利，但冬暖造成大面积小麦、油菜生长过旺，过早地消耗地力和养分，且降低了作物抗寒能力，影响产量和品质。③干旱。元月全市降水1毫米～4毫米，南部县市区降水仅1毫米，出现轻度干旱。4月全市降水6毫米～12毫米，长武县、淳化县、永寿县降水仅6毫米，较历年同期偏少88%，出现较轻度干旱。5月中、下旬全市降水量7毫米～10毫米，较历年同期偏少80%～90%，造成春播作物、苹果、梨严重受旱。6月中、下旬全市降水4毫米～20毫米，较历年同期偏少90%，造成夏播困难。7月上旬，全市降水0毫米～9毫米，较历年同期偏少80%～90%，旱地玉米等经济作物生长受到严重威胁，部分玉米被旱死。④高温。2004年6月下旬发生的高温天气，是近30年未曾出现的。全市从6月20日开始至6月28日，平均持续7天～8天35℃以上高温，高温对夏播工作带来了严重困难，对经济作物造成了一定损失。⑤冰雹。2004年咸阳市冰雹云形成次数30多次，最早发生在6月8日淳化县境内，6月15日发生在旬邑县、淳化县等县境内，6月16日发生在永寿县、长武县、礼泉县等县境内，7月17日发生在兴平市境内，由于各县人工影响天空办公室防御及时，年内冰雹均未造成重大损失。⑥大风。2004年全市出现6级以上（含6级）大风日数14站次，5月上旬市区发生1次，5月中旬长武县、旬邑县、彬县、乾县、礼泉县各发生1次，武功县发生2次。5月下旬，武功县发生1次，6月上旬旬邑县发生1次，6月下旬市区发生1次，7月中旬彬县、乾县各发生1次，10月中旬乾县发生1次。7月17日16时15分至16时25分发生在兴平马嵬坡至庄头镇的冰雹大风天气，风速估计达25米/秒（9级），直径60厘米～75厘米的大树被连根拔起，有的拦腰折断，部分简易房屋被风吹塌，电力、通讯设施受到不同程度损坏，20分钟降水量达20毫米。冰雹直径10毫米，冰雹带宽约4公里，长15公里。玉米、果树等作物受灾严重。受灾面积2666.67公顷，其中玉米1866.67公顷，绝收533.33公顷，果树受损800公顷。⑦冻害。5月4日旬邑县境内由于受冷锋东移影响，最低气温达－2℃，太平地段幼果期苹果受害，落果达30%以上，受害达20%以上，刚刚出土的玉米、土豆也遭受冻害。灾情分布：原中心重于沟坡地段，公路沿线重于其他区域。⑧暴雨。2004年，咸阳市暴雨天气集中，灾情惨重，8月9日～20日，武功县、乾县、长武县、礼泉县、永寿县、泾阳县、淳化县等县连续遭受两次暴雨灾害，灾情较重，7个县42个乡镇、8.43万人受灾，紧急转移435人，因灾死亡1人（礼泉），受伤4人（泾阳），倒塌房屋窑洞1218间孔，农作物受灾面积7100公顷，水毁耕地140公顷，造成直接经济损失2772万元。这几次降水大部分在50毫米以上，最大77毫米（礼泉），部分群众家中进水严重。特别是8月12日礼泉县大暴雨，引发北部山区出现滚山水，山洪水势凶猛，造成昭陵乡赵家、刘家、马家及烟霞乡下韩村等村群众家中进水，部分房屋倒塌。综上所述，2003年12月～2004年11月气候对咸阳市工农业生产、人民生活带来了一定的负面影响，但从总体情况来分析，2004年的气候是由上年异常多雨气候逐步演变而来，除发生轻度干旱及局部大风、冰雹、暴雨等灾情外，未出现区域性暴雨、冰雹及地质灾害，天气气候相对比较平稳，对农业生产还是较为有利。

（王斌生）

行政区划与人口

【行政区划】 2004年,咸阳市下辖秦都区、渭城区、兴平市、武功县、乾县、礼泉县、泾阳县、三原县、永寿县、彬县、长武县、旬邑县、淳化县,共10县2区1市。全市共有107个镇、62个乡、13个街道办事处。

秦都区下辖6个镇和6个街道办事处。分别是马庄镇、沣东镇、钓台镇、渭滨镇、马泉镇、双照镇和西兰路街道办事处、人民路街道办事处、吴家堡街道办事处、古渡街道办事处、陈杨寨街道办事处、渭阳西路街道办事处。

渭城区下辖6个镇和4个街道办事处。分别是底张镇、窑店镇、渭城镇、正阳镇、周陵镇、北杜镇和新兴路街道办事处、中山街街道办事处、文汇路街道办事处、渭阳街道办事处。

兴平市下辖4个乡、7个镇和3个街道办事处。分别是阜寨乡、田阜乡、汤坊乡、丰仪乡、马嵬镇、桑镇、西吴镇、赵村镇、南市镇、庄头镇、南位镇和东城街道办事处、西城街道办事处、店张街道办事处。

武功县下辖4个乡、8个镇。分别是戴家乡、河道乡、南仁乡、普集街乡和小村镇、普集镇、武功镇、游风镇、苏坊镇、贞元镇、长宁镇、大庄镇。

乾县下辖8个乡、12个镇。分别是梁山乡、新阳乡、大墙乡、周城乡、漠西乡、大杨乡、关头乡、石牛乡和城关镇、梁村镇、临平镇、薛录镇、姜村镇、峰阳镇、王村镇、马连镇、阳洪镇、注泔镇、灵源镇、阳峪镇。

礼泉县下辖4个乡、11个镇。分别是新时乡、药王洞乡、骏马乡、昭陵乡和城关镇、史德镇、阡东镇、赵镇、南坊镇、叱干镇、石潭镇、建陵镇、烟霞镇、烽火镇、西张堡镇。

泾阳县下辖4个乡、12个镇。分别是燕王乡、蒋路乡、崇文乡、龙泉乡和泾干镇、口镇、云阳镇、桥底镇、永乐镇、王桥镇、太平镇、三渠镇、白王镇、高庄镇、中张镇、兴隆镇。

三原县下辖4个乡、10个镇。分别是高渠乡、渠岸乡、嵯峨乡、徐木乡和城关镇、大程镇、西阳镇、鲁桥镇、陵前镇、新兴镇、独李镇、陂西镇、马额镇、安乐镇。

永寿县下辖6个乡、7个镇。分别是永太乡、渠子乡、上邑乡、永平乡、御驾宫乡、渡马乡和监军镇、店头镇、常宁镇、仪井镇、马坊镇、窦家镇、甘井镇。

彬县下辖8个乡、8个镇。分别是新堡子乡、香庙乡、太峪乡、韩家乡、炭店乡、西坡乡、车家庄乡、底店乡和城关镇、北极镇、新民镇、永乐镇、水口镇、小章镇、龙高镇、义门镇。

长武县下辖6个乡、5个镇。分别是冉店乡、芋元乡、彭公乡、地掌乡、枣园乡、亭口乡和昭仁镇、相公镇、巨家镇、丁家镇、洪家镇。

旬邑县下辖4个乡、10个镇。分别是排厦乡、原底乡、赤道乡、清原乡和城关镇、太村镇、职田镇、张洪镇、土桥镇、底庙镇、湫坡头镇、郑家镇、丈八寺镇、马栏镇。

淳化县下辖10个乡、5个镇。分别是铁王乡、卜家乡、秦河乡、大店乡、车坞乡、石桥乡、固贤乡、秦庄乡、十里原乡、胡家庙乡和城关镇、方里镇、润镇、马家镇、官庄镇。

(殷　旭)

【总人口】 据公安部门统计,2004年底咸阳市总人口为4897520人,其中市区人口为848451人。总人口中男性2552284人,女性2345236人,男女性别比例为108.8:100。全市农业人口3879001人,非农业人口1018519人,分别占总人口的79.2%和20.8%。据计生部门统计,全市全年人口出生率为8.49‰,死亡率为4.92‰,人口自然增长率为3.57‰。

【人口分布】 2004年末,市区人口为848451人,占总人口的17.32%,县市人口为4049069人,占总人口的82.7%。全市人口密度为每平方公里480人,其中市区为1612人,秦都区人口密度最大,每平方公里1742人,旬邑县人口密度最小,每平方公里151人。

表1　2004年末咸阳市总户数总人口及人口密度统计表

指标名称	总户数(户)	总人口(人)	人口密度(人/平方公里)
全市	1304306	4897520	480
市辖区	244623	848451	1612
秦都区	127757	450721	1742
渭城区	116866	397730	1487
兴平市	148043	561639	1105
武功县	97491	414795	1060
乾　县	139581	558515	558
礼泉县	129122	458078	453
泾阳县	124645	498487	641
三原县	121343	403880	699
永寿县	49677	187860	212
彬　县	83089	325194	274
长武县	45162	172824	304
旬邑县	68348	270437	151
淳化县	53182	197360	202

(王瑞红)

国民经济与社会发展

【概况】 2004年全市完成生产总值(GDP)338.6亿元,比上年净增50亿元,按可比价计算,比上年增长13.1%,较上年加快1.2个百分点,是近8年来的最高水平。其中第一产业增加值74.88亿元,增长10.6%;第二产业增加值147.40亿元，增长17.6%；第三产业增加值116.28亿元，增长8.7%。三次产业结构为22：44：34，三次产业分别拉动经济增长2.1、7.9、3.1个百分点，人均GDP为6956元，按当前市场汇率计算，约合840美元，首次突破800美元。①市场物价小幅上涨。全市商品零售价格总指数为103.4%。居民消费价格总指数为103.4%，主要农副产品涨价是拉动价格上涨的主要因素。食品类价格指数高达107.9%，其中粮食类122.9%、肉禽及其制品类122.9%、蛋类120%、油脂类109.8%。交通和通讯类价格微幅下降，价格指数为99.8%。农业生产资料价格指数为112.9%，是三种价格指数中涨幅最高的，其中商品畜、饲料、化肥和农用机油的涨幅最高，分别是130%、123.6%、121.6%和113.6%。②就业规模继续扩大。2004年末全市城镇单位从业人员39.45万人，其中在岗职工38.5万人，在岗职工年平均工资10832元。全市城镇新增就业4.8万人，下岗失业人员再就业1.82万人，"四〇五〇"人员再就业5700人，年末城镇登记失业人数2万人，城镇登记失业率为3.7%。大力实施劳务输出产业化战略，劳务输出工作取得新突破，全年劳务输出51.9万人。③"东靠西联"进程加快。西安咸阳经济一体化迈出实质性步伐，西安咸阳地铁一号线规划已报国务院审批，西安咸阳大同城票据交换业务正式开通，通讯并号升位方案已通过国家信息产业部批准。咸阳杨凌农业产业一体化成绩显著，与杨凌合作实施农业产业化项目65个，引进先进技术和科技成果38项。

【农业和农村经济】 农业生产快速发展。2004年全市农林牧渔业总产值为121.66亿元，按可比价计算，比上年增长11%。其中农业产值为92.72亿元，增长12.23%；林业产值1.23亿元，下降19.2%；牧业产值27.04亿元，增长7.6%；渔业产值0.67亿元，增长13.2%。①种植业喜获丰收。粮食播种面积44.25万公顷，比上年增长0.1%，粮食总产199.98万吨，比上年增长12.2%，仅低于1993年的历史最高产量202万吨，是历史上第二个高产年；油料播种面积3.03万公顷，增长1.3%，总产量4.78万吨，增长0.4%。②农业结构调整成效显著。全市积极实施"优果、兴牧、增菜"工程，果畜菜三大产业得到快速发展。全市水果面积达到17.9万公顷，增长4%，水果总产265万吨，增长18.4%，果品质量显著提高。蔬菜种植面积6.25万公顷，增长5%，蔬菜总产达到218.89万吨，增长9%，其中大棚菜发展到4067公顷，蔬菜产值占农业产值的比重为32%。全市肉类总产量14.2万吨，比上年增长11%；奶类产量35.7万吨，增长20.6%；禽蛋产量8.5万吨，增长3.3%。年末大牲畜存栏44.8万头，比上年末增长12.0%；其中奶牛存栏12.3万头，增长19.7%，生猪存栏143.5万头，增长13.7%；羊存栏77.5万只，增长9.7%。一些新兴的种植业快速发展，全市中药材种植面积0.32万公顷，产量1.03万吨，花卉种植业产值700万元。③农业基础设施得到加强。农田有效灌溉面积达23.3万公顷，新增有效灌溉面积0.3万公顷，发展节水灌溉面积1.2万公顷。人畜饮水工程投资3248万元，解决了13.1万人饮水困难。农业机械总动力191.7万千瓦，比上年增长3%。

【工业和建筑业】 工业生产快速增长。2004年全市规模工业总产值291.1亿元，增长18.2%。部省属工业总产值152.9亿元，比上年增长11.4%；市县区属工业增速明显加快，市县区属工业总产值138.2亿元，比上年增长26.7%，比部省属工业增速高出15.3个百分点。①五大支柱产业主导作用增强。能化、电子、食品、纺织、医药"五大支柱"产业产值占到全市规模工业总产值的83%。其中能化工业实现产值95.5亿元，同比增长27.6%，成为"五大支柱"中产值和增速的两个第一；电子工业在高基数上实现产值87.9亿元，增长5.7%；食品27.4亿元、纺织19.8亿元、医药12.2亿元，分别增长20.2%、9.1%和22.3%。原煤、水泥、彩色显像管等主要产品产量均增长20%以上。②工业经济效益有所提高。规模以上工业企业经济效益综合指数为126.3%，比上年上升9.8个百分点。其中产品销售率为97.3%，上升0.1个百分点；总资产贡献率为7.9%，上升1.4个百分点；资本保值增值率94.1%，下降9.3个百分点；资产负债率67.2%，上升0.5个百分点；流动资产周转次数1.6次，加快0.15次；成本费用利润率4.5%，下降0.3个百分点；全员劳动生产率达到70328元/人，上升35.5%。③建筑业发展迅猛。全市资质等级以上建筑企业实现总产值155.2亿元，比上年增长37.7%；房屋建筑施工面积552.2万平方米，房屋建筑竣工面积199.7万平方米。

【固定资产投资】 固定资产投资强劲增长。2004年，全市全社会固定资产投资161.67亿元，比上年增长37.8%，其中基本建设投资100.8亿元，比上年增长38%，占全社会固定资产投资的62.3%；房地产市场理性发展，房地产开发完成投资16.56亿元，增长42.9%；更新改造投资力度不断加大，完成投资26.37亿元，比上年增长48.3%。①市县区投资贡献份额增大。市县区以下单位投资138.5亿元，占全社会投资的85.7%，比上年提高了11.1个百分点。②第二产业投资增速明显加快。在全社会固定资产投资中，第一产业投资7.8亿元，同比增长9.9%；第二产业投资64.3亿元，增长69.7%，其中工业投资62.9亿元，增长73.5%；第三产业投资89.6亿元，增长23.8%。③生态环境建设投资大幅上升。市委、市政府坚持科学发展观，以建设绿色生态咸阳为目标，在保持国民经济持续快速增长的同时，用于退耕还林还草、水土保持、污水处理、河流治理、城市园林等生态建设的投资不断加大,实现了经济社会的协调发展。2004年全市用于生态环境建设的投资达6.2亿元,比上年增加2.8亿元,增长83%,占投资总额的4.2%,比上年提高0.7个百分点。生态环境建设投资呈上升趋势。④重点建设项目进展顺利。人民西路、世纪西路、文林北路、渭河三号桥、咸通路立交桥、迎宾大道等城市基础设施项目已全部建成,渭河、沣河综合治理工程全面开工建设,沣河1号橡胶坝和渭河1号橡胶坝基础工程已经完成。大佛寺煤矿、亭南煤矿、53厘米彩管技改、礼泉汇源果汁等一批重大产业项目正在建设之中。

【交通和邮电】 ①公路建设成绩卓著。全市公路建设投资7.9亿元,其中国省道路网建设投资5.1亿元,国道312线咸阳世纪大道沣河桥加宽改造工程、省道208大程至瓦头堡改建工程、省道305南寺至甘肃界改线工程已建成通车,关中公路环线咸阳段、银武大通道咸阳段已开工建设。农村公路建设投资2.8亿元,长宁路、彬麟路、旬耀路、泾淳路、乾普路、礼淳路、永扶路、淳耀路等8条县际公路全面建成。②交通运输稳步发展。全市公路客运量4220万人次,比上年增长5.7%;旅客周转量26.1亿人公里,增长5.4%;货运量2226万吨,增长3.5%;货物周转量27.6亿吨公里,增长5.9%。③邮电通信业健康发展。全市邮电业务总量10.5亿元,比上年增长8.9%,其中邮政业务总量增长1.6亿元,增长3.4%,电讯业务总量8.9亿元,增长9.9%。年末全市固定电话用户82.3万户,其中乡村电话27.1万户,"小灵通"用户13.2万户,"大灵通"用户0.9万户。移动电话用户76.5万户,互联网拨号上网用户12万户。

【国内贸易】 消费市场稳中趋活,餐饮业增势强劲。2004年,全市社会消费品零售额达到90.28亿元,同比增长12.58%。其中:城市消费品零售额43.10亿元,同比增长12.55%;县的消费品零售额24.22亿元,同比增长13.3%;县以下消费品零售额22.96亿元,同比增长11.9%。分行业看,批发零售贸易业零售额65.9亿元,同比增长8.1%;餐饮业零售额23亿元,同比增长28.1%;其他行业零售额1.3亿元,同比增长8.2%。在社会消费品零售额中,限额以上零售额8.7亿元,同比增长32.1%。消费结构升级明显,数码产品、化妆品、服装、建材类商品热销。

【对外经济及外事旅游】 ①外贸进出口有所下降。2004年,全市外贸进出口总值2.55亿美元,同比下降8.6%,其中出口总值1.65亿美元,同比下降14.1%,进口总值0.9亿美元,同比增长3.8%。产品出口市场增加,遍及六大洲95个国家和地区,比上年增加了18个。其中出口总值排名在前五位的分别是香港、马来西亚、日本、韩国和泰国。在出口产品中,机电产品、纺织品所占比重最大,分别达到59.3%和33.8%;三资企业出口增长最快,三资企业出口0.26亿美元,增长89.4%。出口队伍不断壮大,全市拥有进出口经营权的企业(不含三资企业)98户,新增20户,有出口实绩的46户。②招商引资工作成效显著。2004年全市共签订招商引资合同项目800个,合同引进资金183.9亿元,实际到位113.3亿元;合同利用资金上亿元的项目31个,全市已有418个项目建成,签约项目开工率达到91%。③实际利用外资有所增加。全市新批外商投资企业21户,总投资额0.47亿美元,合同利用外资0.3亿美元,实际利用外资0.25亿美元。④对外经济技术合作成绩显著。对外承包工程、劳务合作合同完成营业额740.2万美元,同比增长33.6%。年末国外劳务人数1550人,同比增长13.6%,国外劳务市场不断扩大,主要集中在亚洲和非洲,由原来的11个国家和地区扩展到20个,涉及到14个行业21个工种。⑤外事工作取得新进展。2004年,全市共接待来自日本、韩国、比利时、法国、美国等国家和地区的外宾20批204人次,办理因公出国出境118批252人次。咸阳市已与日本、韩国、澳大利亚、法国和美国等5个国家的6个城市建立了友好城市关系。⑥旅游业形势看好。2004年,咸阳市以"中国第一帝都"的形象和厚重的历史文化,被中央电视台评为首届中国魅力城市。全市共接待国内外游客896万人次,比上年增长3%,其中海外游客人数3.8万人,增长26.7%;旅游综合收入28.5亿元,增长11%,其中国际旅游收入1359万美元,增长32.3%。旅游市场管理得到加强。全市有星级饭店27个,星级饭店客房2368间,A级名胜风景区和文物保护区8个。

【财政 金融和保险】 ①财政收入稳步增长。咸阳区域内实现财政收入32.2亿元,同口径增长8.2%。地方财政收入完成12.61亿元,同口径增长16.4%;其中工商税收完成7.16亿元,同口径增长12.27%;农牧业税和耕地占用税完成1.66亿元,同口径增长29.45%;地方财政支出26.86亿元,增长12.77%。②金融业稳健运行。年末全市金融机构人民币各项存款余额402.82亿元,比年初增加39.12亿元。其中城乡居民储蓄存款余额304.18亿元;人民币各项贷款余额238.65亿元,比年初增加5.32亿元。其中短期贷款150.30亿元,中长期贷款73.66亿元。全年银行现金收入1090.6亿元,现金支出1105.7亿元,货币净投放15.1亿元,较上年少投放2.6亿元。③保险市场轻度萎缩。2004年全市保费收入7.4亿元,比上年下降0.4%。其中财产险保费收入1.4亿元,下降1.8%;寿险、意外伤害险保费收入6亿元,与上年持平。全年支付各类赔款1.2亿元,其中财产保险赔款0.7亿元,寿险、意外伤害保险赔款0.5亿元。

【科学技术和教育】 ①教育事业全面发展。2004年,中小学布局调整工作初见成效,全市已撤并学校135所,其中全撤35所,部分撤并100所。普通高中标准化建设投资5440万元,建筑面积6.3万平方米;中小学危房改造投资7005万元,危改面积18.7万平方米。年末有高等学校11所,中等专业学校7所,中等职业技术学校38所,普通中学348所,小学2668所;有专任教师5.4万人,其中高等学校0.3万人,中等专业学校0.1万人,中等职业技术学校0.2万人,普通中学2.1万人,小学2.8万人;在校学生109.1万人,其中高等学校、中等专业学校、中等职业技术学校、普通中学、小学在校学生依次为5.9万人、1.1万人、3.6万人、43.2万人、55.4万人。初中和小学辍学率控制在3%和1%之内。民办教育快速发展。全市有各类民办教育机构768所,教职工9752人,在校学生14.1万人。②科技事业取得新进展。全市拥有各类专业技术人员12万人。重大科技产业化项目实施步伐加快。全年征集各类科技项目350个,其中上报国家和省级科技项目78个,安排市级科技发展项目117个,有9个项目列入国家火炬计划,有9个项目列入国家星火计划。科技成果较为显著。锂离子电池、数字化影像牙科设备等8项科技成果达到国内先进水平,9项科技成果获省科学技术奖,50项科技成果获市科学技术奖。信息化建设进展顺利。积极实施制造业信息化“12345”工程,数字化咸阳建设一期工程26个项目进展顺利。全市民营科技企业发展到1700户,实现技工贸总收入54.3亿元,其中年产值上亿元的有9户,上千万元的83户,上百万元的有311户。全市共组织各类科技讲座活动300多场次,印发科技书籍、技术资料15万余份。全市有产品质量监督检验机构1个,监督抽检产品18类,455批次,产品抽查合格率86.0%;法定计量技术机构12个,全年强制检定计量器具1.2万台件。

【文化 卫生和体育】 ①文化事业繁荣活跃。积极开展文化系统“创选评”竞赛活动,不断增强文化企业活力,丰富城乡人民生活。举办了“咸阳之夏”广场文化艺术展演、“镜头中的咸阳”摄影大赛、“庆国庆、爱我咸阳”书画展等丰富多彩的文化活动。文化市场管理不断加强,号召建设“绿色网吧”,聘请了152名网吧义务监督员,全市共取缔黑网吧25家,停业整顿35家,查处违法网吧72家,取缔无证照印刷企业3家;查缴非法音像制品0.6万张,收缴非法出版物0.4万本。②广播电视事业日益繁荣。全市拥有广播电视台12座,广播节目10套,电视节目14套,调频发射机319部,电视发射机690部,有线电视用户已达到19.4万户。在确保“村村通”的基础上,完成了“自然村通”的规划工作。③卫生事业稳步发展。年末全市共有各类卫生机构349个,其中医院、卫生院300个,卫生疾病预防控制中心14个,妇幼卫生保健机构14个。拥有医院、卫生院床位1.3万张,各类卫生技术人员1.5万人。执业医师、执业助理医师0.7万人,注册护士0.5万人。拥有乡镇卫生院189个,床位1989张,卫生技术人员0.3万人。全市传染病报告总发病率400.3/10万,碘盐覆盖率99.3%,食品卫生抽检合格率92.8%。全年无偿献血3.4万人次。农村合作医疗试点工作进展顺利,省级试点县彬县共筹集资金824万元,为5.1万人报销医药费用481.9万元。禽流感、结核病、艾滋病、出血热以及地方病防治工作成绩显著。④体育事业成绩喜人。2004年,在国际比赛中,咸阳市射击运动员史红艳获2铜1银;在国家比赛中,咸阳市射箭运动员张敏获2金1铜;在省级比赛中,获金牌55人次,银牌66人次,铜牌75人次。承办了全国足球甲级联赛西安安馨园队主场比赛和陕西省首届健美操大赛咸阳赛区的比赛,开展了丰富多彩的全民健身运动。

【资源 环境】 ①耕地面积继续减少。全年建设占用耕地445公顷,因灾废弃耕地41公顷,因农业结构调整减少耕地4872公顷,其中生态退耕减少耕地1188公顷。土地整理复垦开发补充耕地3317公顷。全年净减少耕地2177公顷。②水资源供求关系偏紧。当年人均水资源264.6立方米。年末全市有大型水库1座,总库容1.2亿立方米;中型水库5座,总库容0.5亿立方米;小型水库60座,总库容0.8亿立方米。全年总用水量9.2亿立方米。其中城镇生活用水1.2亿立方米,工业用水1.5亿立方米,农业用水6.5亿立方米。③河流水质南北分明。北部五县渭河支流、泾河及其支流水质较好,为Ⅰ至Ⅲ类水质。南部渭河及其支流水质较差,有不同程度污染,为Ⅴ类水质,其水质由于境内武功县、兴平市、秦都区、渭城区等沿岸城镇工业废水和生活污水及5条已污染支流的泻入,由西向东逐渐变差,主要污染物指标不同程度超标;南部泾河水质较好,为Ⅱ至Ⅳ类,但河水泥沙含量较高。冶峪河、漆水河、三水河等支流因沿途造纸、化工等废水的排入,造成不同程度的污染。④矿产资源勘探取得新进展。2004年,全市国土资源调查及地质勘查新发现矿产地2处,有2处矿产资源查明新增储量。新增1种矿产并查明资源储量,其中煤2742万吨。已发现的矿种为25种,已查明资源储量的矿种共计6种。其中能源矿产3种,金属矿产1种,水气矿产1种,非金属矿产1种。⑤城市环保工作得到加强。2004年,全市加大对工业废气、汽车尾气、煤烟污染、扬尘污染的治理力度,使城区空气质量达到二级和好于二级的天数294天,较上年增加111天;综合污染指数由2003年的4.79下降到2.75。建成环境噪声达标区面积34平方公里,全市建成烟尘控制区面积47.7平方公里。⑥生态环境建设力度加大。全市完成整片人工造林2万公顷,其中退耕还林1.7万公顷,天然林保护工程完成0.2万公顷,"三北"四期造林工程完成0.1万公顷。飞播造林0.5万公顷,育苗0.15万公顷。"绿色家园"示范村建设全面启动,森林资源保护、森林防火工作得到加强。

【人口 社会保障】 ①人口保持低生育、低增长。年末全市总人口为489.8万人,其中农业人口387.9万人,占总人口79.2%;非农业人口101.9万人,占总人口20.8%。人口出生率8.49‰,死亡率4.92‰,自然增长率3.57‰。②人民生活水平有所提高。全市城镇(城区)居民人均可支配收入8257.31元,比上年增长8.9%,其中工薪收入7210.56元,增长6.8%。城镇(城区)居民人均消费性支出6438.65元,增长6.6%,其中人均食品消费支出增长18.7%,衣着支出增长8.8%,家庭设备用品及服务支出下降31%,医疗保健支出增长8.4%,交通和通讯支出增长20%,教育文化娱乐服务支出增长18.2%。全市农村居民人均纯收入2100元,比上年增长10%。全市取消农林特产税和农业税降低一个百分点,使全市农民人均税费支出净减少43.4元,农民人均税费支出37.2元,比上年下降53.8%。③社会保障体系日益完善。年末全市参加失业保险职工人数40.5万人,参加养老保险职工人数26.4万人,参加基本医疗保险职工人数35.1万人。全年共为10.8万名企业离退休人员发放养老金7.0亿元,为1.2万名下岗职工发放基本生活保障金0.5亿元,其中生活费0.3亿元。④社会福利事业稳步发展。2004年末,全市共有3.6万户、9.1万人纳入城市最低生活保障,全年共发放低保金5678万元,做到了动态化管理下的应保尽保。民政系统办的社会福利企业安置520名残疾人就业,下拨救灾款1808万元,修复住房1269间,救灾棉衣棉被0.6万床套,捐赠衣物12.8万件,共救济灾民12.5万人次。

(李 宏)

政治文明和精神文明建设

【政治文明建设】 2004年,咸阳市坚持和完善社会主义民主制度,加强社会主义法制建设,改善领导方式和执政方法,改革和完善决策机制,深化行政管理体制、司法体制和干部人事制度改革,全力维护社会稳定,全市呈现出民主团结、生动活泼、安定和谐的政治局面。一是坚持和完善社会主义民主制度。进一步健全民主制度,丰富民主形式,保证人民依法实行民主选举、民主决策、民主管理和民主监督。坚持人民代表大会制度,保证人民代表大会及其常委会依法履行职能。加强同各民主党派合作共事,全面贯彻党的民族和宗教政策,依法管理民族和宗教事务。逐渐完善村民和城市居民自治。二是进一步加强社会主义法治建设。认真学习贯彻《行政许可法》等法律法规,加快推进依法行政。深入开展"四五"普法宣传,提高了全民法律素质,增强了公职人员的法制观念和依法办事的能力。三是不断改革和完善领导方式和执政方法。按照党总揽全局、协调各方的原则,规范市委与市人大、市政府、市政协以及市级各人民团体的关系,支持人大依法履行国家权力机关的职能,支持政府履行法定职能,支持政协围绕团结和民主两大主题履行职能。切实加强对工会、共青团和妇联等人民团体的领导,支持他们依照法律和各自章程开展工作。四是进一步改进和完善决策机制。五是深化行政管理体制改革,进一步转变政府职能,提高行政效率。进一步完善司法体制,保证审判机关和检察机关依法独立地行使审判权和检察权。加强对司法工作的监督,保证司法公正。六是进一步深化干部人事制度改革。加强对干部特别是领导干部的监督,坚持教育、制度和监督并重,努力从源头上、制度上预防和治理腐败。认真推行政务公开制度。七是全力维护社会稳定。加强政法工作,全面落实社会治安综合治理各项措施;高度重视信访工作,妥善处理群体性突发事件,努力建设"安全咸阳",全市社会大局保持稳定。

(郑江鹏)

【思想政治学习】 ①深入学习贯彻"三个代表"重要思想和十六大精神。一是建立完善理论学习制度。市委坚持把精神文明建设作为干部思想政治教育的一项重要内容,进一步修订了各级中心组学习制度,为确保学习效果奠定了基础。二是兴起理论学习新高潮。各级党委中心学习组坚持每月组织一次专题理论学习活动。市委理论学习中心组每月由一名市委领导作专题发言,以讲党课的方式进行辅导,并围绕建设西部强市和全面建设小康咸阳的目标任务组织开展调研活动。各级党组织坚持"三会一课"制度,并采取邀请专家学者作报告、举办学习班、组织宣讲活动等多种形式,在全市上下掀起了理论学习的新高潮。市、县两级邀请省、市领导和专家学者作"三个代表"重要思想辅导报告200场次,受教育的干部群众约10万人次。②加强党风廉政教育。市上层层落实党风廉政及反腐败工作的各项任务。加强廉政教育,强化监督制约,开办《咸阳新闻内参片》,切实加强舆论监督。③加强法制教育。一是以宪法修正案为学习主要内容,推进领导干部学法用法。4月20日,市委中心学习组邀请西北政法学院教授董和平作了宪法修正案专题讲座。9月初,举办了全市宪法学习骨干培训班,培训骨干60余名,在全市掀起了学习宪法新高潮。二是加强法律知识培训。在机关,以实施《行政许可法》为突破口,邀请法律专家对全市64家市级部门和13个县市区34名县级领导干部进行了培训;组织开展了由11.6万人参加的行政许可法知识答题竞赛活动和2004年度干部法律知识考试，有33名市级领导、1000多名县处级干部、13251名科级及科级以下干部参加了考试。在农村，以《农村基层民主法制建设讲话》为主要内容，对1000名村支书、村委会主任和乡村司法调解员进行了培训和考试。三是加强青少年法制教育。大力开展法律进社区、进校园活动，印发普法宣传资料30余万份。

【未成年人思想道德建设】 市上制定出台了《关于加强和改进未成年人思想道德建设的实施细则》以及《目标任务分解表》，把未成年人思想道德建设工作纳入全市经济和社会发展的总体规划和单位目标责任制考核之中，建立健全社会、学校、家庭三位一体的思想道德教育网络。根据省委要求，着力抓好十件实事的落实工作。一是强化网吧管理。坚持日常管理和集中整治相结合的方法，一方面成立了市网吧行业协会，推动了网吧从业资格认定制度，启动了"绿色网吧"创建活动；另一方面组织部门在全市开展网吧专项整治活动，依法取缔25家黑网吧，对72家违法网吧依法进行了处罚，网络文化市场的秩序明显改观。二是坚持开展"扫黄打非"活动，取缔流动书刊摊点17家，收缴非法书刊4300本、盗版音像制品6000件、非法电子出版物255盘。查处非法教辅读物案件2起，收缴非法教辅材料5000多册。三是加强各类文化经营场所的管理。对学校周围200米以内经营的网吧、电子游戏厅和经营性娱乐场所进行了清理取缔，优化了校园周边环境。四是充分发挥公共娱乐场所的阵地作用。全市229个爱国主义基地，不断加强辅导员、讲解员队伍建设，丰富展览内容，普遍实行了为未成年人免费开放制度。积极开辟未成年人教育的第二课堂，全年共免费接待中小学生10万人次，收到了良好的社会效益。五是强化栏目拉动。市级各大新闻媒体，充分发挥舆论主力军作用，大力宣传各地在加强和改进未成年人思想道德建设工作方面的先进经验。同时，密切联系青少年的思想实际，开设了《加强未成年人思想道德建设访谈》、《成长的故事》、《校园的时空》等固定栏目，并在《百姓视线》、《百姓心声》等栏目中，增设了有关加强和改进未成年人思想道德建设的内容，为加强和改进未成年人思想道德建设营造了良好的舆论氛围。六是全力减轻学生课业负担，积极倡导健康有益的假日活动。一方面开展了对假期学生集体补课的专项检查，让学生有充足时间，参与家务活动、社会实践活动；另一方面，组织开展了丰富多彩的假日活动。成立了咸阳市未成年人思想道德教育讲师团，通过开展培训等活动，陶冶了中小学生的道德情操。七是办好家长学校，提高家教水平。在全市13个县市区创建了26所示范学校，建立了一支由教育、关工委、妇联、司法及一大批有社会责任感、关心青少年成长、热心家庭教育的理论专家组成的家教骨干队伍，并组织对全市110名家教骨干的专业培训。八是大力繁荣少儿文艺事业。首先，通过多方努力，使中央电视台少儿频道和中央教育频道在咸阳顺利开通。其次，鼓励作家、艺术家深入实际，多创作思想内容健康、富有艺术感染力的少儿作品。同时，加强面向未成年人的展播和推介工作。再次，加大了对少儿艺术演出的扶持力度，加强少儿文艺创作和演出队伍建设，为少年儿童提供展示自己才能的舞台。九是认真解决特殊群体子女的教育问题。一方面，克服困难，努力为贫困地区在校学生以及城市流动人口子女减免借读费、杂费、书本费。据统计，秋季就为北部山区贫困学生免费提供教科书2万套，减免贫困学生学杂费60多万元。另一方面，在每一所学校建立了行为不良学生档案和帮教制度，把对行为不良学生的帮教任务纳入校长、行政人员、班主任和各科教师德育考评之内，与工作奖惩相挂钩，把帮教任务真正落到实处。十是树立典型，示范带动。在全市范围内开展了咸阳市第二届"十佳少年"、"十佳少先队辅导员"和"十佳志愿辅导员"评选表彰活动，通过抓点带面，示范带动，有力地促进了全市未成年人思想道德建设工作健康发展。

【公民道德建设】 ①夯实基础抓宣教。一是结合庆祝建国55周年，在全市上下广泛深入地开展了以"弘扬和培育民族精神，全面建设小康社会"为主题的思想道德教育活动。二是围绕国企改革等重大事件，开展了形势教育和"五爱"教育活动，教育广大干部群众认清形势、抢抓机遇，识大体、顾大局、遵法纪，热爱咸阳、热爱企业、建设家乡。三是组织开展第二个"公民道德建设宣传日"活动。大力宣传"二十字"公民基本道德规范、"二十字"社会公德、"二十字"职业道德、"二十字"家庭美德，使之家喻户晓，人人皆知。在全市上下形成了增强道德知识、重视道德修养、遵守道德规范的社会氛围。②抓住关键重实践。一是积极开展各种社会公益活动。组织实施了"希望工程"、"青年志愿者"、"扶残助残"、"春蕾计划"、"无偿献血"、"保护母亲河植绿护绿"等公益活动。二是重视弱势群体和困难群体的帮扶工作。积极实施"四〇五〇"工程，大力开展劳务输出。全年新增就业人员4.8万人，下岗失业再就业1.82万人，"四〇五〇"人员再就业5700人，全市城镇登记失业控制在3.7%以内；劳务输出51.9万人。积极实施移民搬迁和扶贫送温暖工程，着力为城乡困难群众办"十件实事"。全市建设扶贫开发重点村160个，实施移民搬迁7030人，社会各界为困难群众捐款101.86万元。三是深入开展学习先进活动。以开展党员先进性教育为契机，在全市范围内开展了学习牛玉儒、巨粉娥活动，大力弘扬奋发有为、苦干实干的时代精神，形成了积极向上的良好风尚。③突出重点抓诚信。以政府、企业、行业和公民个人信用为支撑,以加强政务信用、商务信用和社会信用为切入点,大力加强诚信建设。一是构建社会信用体系。市委、市政府把诚信建设作为促进发展的生命线,市信用城市建设领导小组制定下发了《咸阳市企业信用规则》和《咸阳市企业信用等级评定办法》,从评定原则、评定标准、考评办法等方面,对企业信用评定进行了明确规定。建立了全市企业和公民个人信用记录、信用征集、信用信息咨询服务等社会化网络体系。二是集中开展诚信教育和实践活动。在全市上下广泛开展了以"诚信是做人的根本"为主题的宣传教育活动,编印了《诚信颂》和《咸阳市诚信守则》两个教材和《咸阳市创选评系统诚信建设经验材料汇编》。举办了咸阳市创选评系统共铸诚信演讲比赛。并通过举办辅导会、报告会、讨论会、文艺晚会等方式,精心筹划组织了一系列寓教于"乐"、寓教于"为"、寓教于"讲"和寓教于"管"的诚信实践活动,使"诚信就是财富、信用就是形象、信用就是生产力"的观念深入人心。在全市上下树立起以讲诚信为荣、不讲诚信为耻的社会意识。三是深入开展共铸诚信活动。在政府机关,按照"取信于民,服务社会"的总体要求,推行政务公开,建设阳光型政府。市政府建立了重大决策专家咨询和公示制度。对涉及全市经济社会发展大局的重大决策、重点工程和重要事项,邀请专家学者进行充分论证,并通过电视、报刊等媒体向社会发布,广泛征求社会各界的意见和建议。率先在全省实行公民旁听政府常务会制度;坚持市长接待日制度,面对面解决群众反映的实际问题。在窗口服务行业,推行优质规范服务,落实服务承诺,重点解决了虚假承诺等问题,使他们真正做到诚信经营、文明服务。严厉打击违规中介活动,重点解决合同欺诈等问题,规范了中介市场和中介行为。在建设行业,全面推行工程公开招投标及工程项目监理制度,重点解决了工程招标暗箱操作、工程质量监管不严和拖欠农民工工资等问题,规范了建筑市场秩序,改善了建筑工地环境。在个体工商户中,广泛开展文明经商、守法经营、依法纳税活动,重点解决了欺行霸市等问题,进一步规范了市场秩序。在金融行业,健全完善信贷管理和授信管理办法,创新服务手段,重点解决了高息揽存和账外经营等问题,进一步提高了金融服务水平。在科技、教育和学术界,大力倡导实事求是的科学精神和严谨的治学态度,健全学术规范,强化学术监督,重点解决沽名钓誉和投机取巧等歪风,进一步营造求实创新的学术风气。在文化行业,加大对保护知识产权法律法规的宣传力度,重点解决弄虚作假和侵权盗版等问题,有力地维护了文化市场的正常秩序。四是严厉惩处失信行为。结合开展"百城万店无假货"、创建"诚信一条街"和市场经营秩序整顿活动,不断加大对企业失信行为的查处和惩罚力度,重点解决企业制假售假、违法经营、哄抬物价的问题。全市共检查市场281个、经营户14000家,查处假劣药械案件2489件,捣毁违法加工窝点27个,检查汽车市场企业662户,对60户不符合要求的"五小企业"进行了取缔清理,使市场秩序得到明显好转。全市无集中性的制造、销售假冒伪劣的窝点和市场,党政干部无参与走私贩私现象。通过一系列活动,打造了诚信咸阳、魅力咸阳的品牌,树立了咸阳人诚信守信、一言九鼎、文明开放的新形象。省政府主要领导对咸阳市的诚信建设给予充分肯定,省文明委在咸阳召开了全省诚信建设经验交流暨现场会,对诚信建设工作给予高度评价。

【群众性精神文明创建】 ①全力抓好创建文明城市活动,城市品位明显提高。一是按照《文明城市测评体系》的要求和标准,科学规划,全面推行创建责任制。市上将《测评体系》中8个方面所涉及的43项工作任务逐条分解到有关县区和市直有关部门、单位,确定了完成时限和责任人。二是以创建文明小区、安全小区、花园小区、文化小区、卫生小区为支撑,进一步推进科教、文体、法律、卫生、道德规范"五进社区"工作。全市已建成社区市民学校276所、社区医疗机构180所、社区文体活动站249所、社区健身活动点600个、社区法律咨询服务中心80多个,群众自发组织的秦腔自乐班、腰鼓队、锣鼓队、花棍队、舞蹈队已有300多个。三是加强城市建设。渭河、沣河综合治理工程全面开工建设,"咸阳湖"工程进展顺利,沣河新区、关中环线咸阳段等一批基础设施重点项目加快推进,现代化大城市的框架基本拉开。渭河三号桥、咸通路立交桥、世纪西路、玉泉西路等城市重点路桥工程建成运营。长虹路、城区西道巷、谷家巷、果子市街等13条背街小巷改造工程如期完成。新纺一路、玉泉路等12条道路亮化和西宝高速城区段4条道路绿化工程全面建成,为魅力城市增添了光彩。四是强化城市管理。不断完善"一级规划、两级建设、三级管理"的城市规划建设管理体制。同时以治脏、治乱、治污、治尘为重点,坚持开展城市的市容卫生、交通秩序和文化秩序整治工作。集中解决了乱倒垃圾、占道经营、违章建筑、违反交规等问题。②扎实开展创建文明机关活动,机关的作风状况有了明显的改观。一是改革行政审批。坚持以深化行政审批制度改革为突破口,压缩审批事项,规范审批手续,努力实现政府机关职能从行政审批型向公共服务型的转变。二是转变工作作风。在市直机关深入开展了干部纪律作风教育活动,有效地促进了机关干部作风的根本转变。三是继续开展"十佳公仆"评比活动。由各县市区和市直各大口推荐的24个候选人中选出第八届"十佳公仆"10名。整个过程公开透明,深受群众欢迎。③深入开展创建文明行业活动,全市发展环境得到进一步优化。市上聘请了100多名行风监督员，对全市各行各业的行风进行监督。全市各行业及下属单位共设立行风举报箱1384个、监督电话1221个，聘请行风监督员9721名。④扎实推进创建文明村镇活动，农村的面貌和农民的素质发生明显变化。一是认真贯彻中央一号文件和落实促进农民增收的各项政策，农民人均收入2100元，同比增长10%，首次高于城镇居民收入增速。二是深入开展"文明镇、文明村、星级文明户"三级联创活动。全市共创建文明镇87个、文明村1038个、十星级文明户68万个。三是继续开展"改陋习、树新风"活动，大力加强改水、改路、改厕、改灶、改圈等"五改"工作，着力改善农村的路、水、电、邮、通讯、广电等基础设施，切实解决农村杂草乱垛、粪土乱堆、垃圾乱倒、污水乱排等问题。全市城镇自来水率达86.9%，通电、通路、通邮、通车、通电话、通广播电视率均达100%，农村的脏乱差问题得到有效遏制。四是不断深化文化、科技、卫生、法律"四下乡"和婚育新风进万家活动。全年全市各级共送文艺下乡226场次，送书下乡12.3万册，送电影下乡338场次；举办科技大集32场，培训农民68万人次；下乡医务人员866人次，诊治病人69280人次；成立农村法律协调组织1286个。人口出生率8.49‰，人口自然增长率为3.57‰。五是积极推进农村精神文明建设三大扶贫工程。由中央文明委资助的长武、淳化2个县文化中心和7个乡镇点文化站已建成并投入使用。"西部开发助学工程"使55名贫困学生圆了大学梦，34名贫困中学生进了宏志班。

（王　澍）

专　辑

贯彻落实中央一号文件精神

【概况】 《中共中央、国务院关于促进农民增加收入若干政策的意见》(即中央一号文件)下发后,咸阳市对宣传贯彻工作高度重视。2月27日,市委中心学习组会议以及随之召开的市党代会、人代会、政协会等全市重要会议,都把学习宣传和贯彻落实一号文件精神作为重要内容,进行了精心安排。市委、市政府专门下发了《关于做好2004年农业和农村工作的意见》。4月19日,省宣讲组到达三原、泾阳、武功、乾县、兴平等5个省级粮食基地县。当日,三原县就迅速召开了动员培训大会,启动宣讲工作。4月21日,市上召开了动员大会,市、县、乡三级都成立了由主管书记任组长、各有关部门领导为成员的一号文件集中宣讲工作领导小组,召开了声势浩大的动员培训会,制发了详细的安排实施意见和工作方案。市级机关抽调了230名有农村工作经验和政策理论水平的同志组成宣讲工作组,下县市区、乡宣讲。省、市两级驻县宣讲督导组成员,除协助当地党委政府抓好面上督导工作外,大部分下到了基层,包乡包村入户宣讲。多数县市区还实行了县级领导包乡镇、部门领导包片包村、乡镇干部包村包组、村党员干部包户的"四包"责任制,以确保文件宣讲活动覆盖到每个县、乡、村的每一位农户。到4月22日,全市已安排抽调市、县、乡干部共6000多人,组成3643个包村小组,下村宣讲,村庄覆盖率达到了100%,农户覆盖率达到了90%以上,把全市宣讲工作推向了高潮。同时,贯彻落实中央一号文件精神,采取得力的政策措施,取消农业特产税和农业税税率降低1个百分点。对旱腰带地区特困户减免农业税。增加支农资金,设立支农贷款贴息,落实粮食生产直补,加快优质小麦生产基地建设,大力调整农业和农村经济结构,强化农业基础设施建设。全市安排财政支农资金2.1亿元。减免两税直接为农民减负1.9亿元。农民人均纯收入2100元,较上年增长10%,增幅首次超过城镇居民,也是1990年以来首次出现的两位数增长。

【领导带头宣讲】 在贾治邦省长4月16日深入泾阳县农村宣讲带动下,咸阳市、县、乡领导,各级包县包乡的部门领导,以及驻县市区、乡宣讲组领导,纷纷深入村庄、农户宣讲文件,开展调查研究。4月21日上午,省财政厅厅长刘维隆、副厅长姜锋等,来到省财政厅包抓的武功县开展宣讲调研工作,并到该县小村镇东峪村向数百群众面对面宣讲,就有关问题进行调研,在全市产生了良好的示范效应。4月29日~30日,市上的人大、政协"两会"刚闭幕,市委书记宋洪武,市委副书记、市长张立勇,市委副书记裴育民、徐新荣、张志军等市上领导就分头深入渭城区、兴平市、秦都区等县市区的一些乡镇和村庄,检查指导宣讲工作,亲自向农民宣讲,并带领市农发办、农业局、科技局、信用联社等部门的主要负责人现场解决有关问题。各县市区领导以及省、市驻县宣讲组领导也都有多次集中和入户宣讲的生动实例。

【创新宣讲方式】 除走村入户面对面宣讲、趁雨天农闲组织群众集中宣讲、开通有线广播宣讲、板报标语宣讲、巡回各村播放宣传VCD(陈锡文讲解文件)等方式外,市、县、乡各级还不断创新方式,搞活宣讲,增进效果。一是运用现代传播手段烘托气氛,增强宣讲的感染力。市、县、乡宣讲工作机构及时编发《宣讲简报》,交流经验,促进工作;市县广播、电视、报纸等新闻媒体和一些政府网站纷纷制作宣讲节目(网页),开辟宣讲专栏,解读文件内容,报道各地事迹;武功县、乾县的一些乡镇还根据文件内容编演相声、快板、小品、戏曲等节目,极大地增强了宣讲工作的覆盖面和感染力。二是编印文件宣传资料发放到户,增强宣讲的持久力。除市农业局先期编印《中央一号文件精神宣传读本》16000册下发到乡镇村组,张贴

《2004年国家鼓励农民发展粮食生产的政策措施》3000张外，市、县、乡三级在宣讲中也纷纷结合实际，编印宣传资料向农户发放。如泾阳县就把县上减负增收的具体措施整理归纳，与一号文件9个部分22个要点合在一起，印成《中央一号文件精神学习宣传要点》11万份，发至全县农村各户。三是宣讲文件与促进生产相结合，增强宣讲工作的吸引力。泾阳县提出宣讲工作要与产业调整、科技推广、招商引资"三结合"，各乡镇纷纷根据自身实际，同时开展技术推广等活动。燕王乡把田间管理、设施大棚的技术要点，印成明白卡，与《文件宣传要点》一起发给农户；兴隆镇主动与县畜牧中心联系，巡回各村播放奶牛养殖技术；云阳镇则积极开展蔬菜技术培训活动。市驻乾县石牛乡殷家村的宣讲干部，还针对农忙时节群众大都在田间果园劳动的特点，主动参与农户生产，在劳动中向群众宣传，受到群众赞扬。

【督促检查宣讲工作】 市、县、乡三级都对各宣讲组、宣讲员的工作提出了明确的质量和时限要求，并采取了多种方式对包乡、包村宣讲组、宣讲员的工作进行督促检查，保证一号文件宣讲工作全面深入、扎实有效地贯彻落实。市上要求市驻县宣讲组突出抓好宣讲政策、督导培训、调查研究三项任务。同时充分发挥市委督查室、市政府督查室和有关职能部门的作用，加强对宣讲贯彻工作的监督检查。乾县要求每个宣讲组都要扎实开展"八个一"活动（即召开一次群众大会、举办一期科技培训班、规划一个畜牧养殖小区、帮助一个贫困户、帮一个劳力找输出门路、建立完善一个果树示范园、开展一次村容村貌整治活动、形成一份调查报告），并组织了四个督查组随机抽查。市驻乾县宣讲组也随之要求各组员的工作必须通过县上验收，结束后还要提交工作总结。而淳化县则设计了严格细致的量化考核指标，对各乡镇宣讲、生产和人员建设3个方面工作进行全面检查验收，并对几个未达标的乡村和干部进行了通报批评。4月22日～26日，省驻咸宣讲督导组会同市有关部门，分三路对各县市区宣讲工作进行全面查访。其中省督导组重点对5个省级粮食基地县进行了随机抽查，发现问题及时纠正，促进宣讲全面开展。在各级党委政府和全体宣讲人员的共同努力下，一号文件集中宣讲活动进展顺利，成效显著。全市宣讲入村率达100%，入户率达90%以上，部分县市区和乡镇甚至达到了"双百"，广大农户生产积极性尤其是种粮积极性明显提高。南部县市区一些苹果非优生区的农户退果还粮的步伐进一步加快。泾阳县高庄镇的农民，在宣讲过程中，纷纷要求承包集体机动地种植粮食。

【稳定扩大粮食生产】 ①认真落实种粮直补政策。市上和乾县、兴平、武功、泾阳、三原5个粮食直补县市都成立了粮补工作机构，尽早完善补贴方案和配套政策，加紧核算补贴面积和补贴款额，保证在夏收前将补贴资金兑现在农民手中。同时，积极落实中、省确定的退耕还林由粮补改钱补政策，按每亩100公斤小麦、每公斤1.4元的补助标准，及时足额地将补贴款发放到退耕农民手中，稳定现有退耕还林成果，鼓励农民提高粮食生产水平。②加紧完善粮食储备制度。5月1日，全省放开粮食购销市场后，按照市级2500万公斤、县级2500万公斤的规模，建立市县两级粮食储备体系；按照面粉5天、大米10天、食油60天的标准，建立应急成品粮储备；强化市场准入，加强市场监控，平抑市场粮价，防止谷贱伤农。③切实保护基本农田。严格控制各类建设用地占用基本农田。加快实施农业综合开发、"沃土工程"、旱作节水农业等培肥地力项目，提高耕地地力等级，建设高标准基本农田。④努力推广良种良法。加快良种统繁统供，加强农民技术培训。

【推进农业和农村经济结构战略性调整】 ①继续实施"畜牧富民、优果、蔬菜增收"三大工程。加快建设6.67万公顷优质苹果出口基地、6.67万公顷时令鲜果基地、6.67万公顷优质蔬菜生产基地、6.67万公顷优质牧草基地、100万头肉牛肉羊和50万头奶畜生产基地，发展各具特色的优势农业产业带，真正使果、畜、菜等特色产业成为农民增收的支柱产业。②大力推进农业产业化。抓紧修订完善农业产业化龙头企业发展规划，加大政府对光明乳业、神果乳业、通达果汁、汇源果汁等15户重点产业化龙头企业的扶持力度，争取有2户企业跨入国家级产业化龙头企业行列，增强农业发展的带动力，延长农民增收的产业链。③努力加快农村城镇化进程。通过实施生态环境保护、农村人畜饮改水、农村公路通达以及农村综合条件改善五大工程，提高农村基础设施建设水平以及生产生活条件。同时，积极鼓励城乡个体工商户和私营企业投资农村基础设施、公用事业及其他行业，努力繁荣小城镇经济，实现农业产业化和农村城镇化的良性互动，促进县域经济不断壮大，为农民就近增收提供更宽广的经济空间。

【加大市县财政支农力度】 除要求各涉农部门积极争取中省支农资金，把上级政策和资金用足用活用好外，市委研究决定：市本级财政支农资金在比上年增加20%的基础上，年均按10%的幅度递增，县级财政支农资金根据各自财力情况适当增加；落实国家批准建设的咸阳市优质小麦生产基地项目配套资金450万元，其中市财政落实300万元，市计委落实150万元；市上从土地出让金中拿出300万元，各县市区从土地出让金中拿出6%，用于农业土地开发；市级粮食风险基金除用于应急成品粮食储备外，余留部分的50%用于支持粮食生产;市财政每年安排专项资金300万元,用于支农贷款贴息,扶持旱腰带地区发展种植业、养殖业和劳务输出。

【深化农村体制改革】 ①稳妥推进税费改革。市上决定,取消除烟叶税外的所有农业特产税,年均降低农业税税率一个百分点;继续对旱腰带地区人均收入500元以下的特困户免征农业税,到2006年底全部减免旱腰带地区农业税。其中,秦都区、渭城区计划3年内全部取消农业税。同时,采取有效措施,切实治理农村"乱收费、乱摊派、乱罚款"行为。②加强农资市场监督。从4月20日开始,由市农村工作领导小组办公室牵头,市农业、供销、工商、技术监督、物价等部门联合行动,对全市化肥、农药、农膜、农机具等农资市场进行了拉网式检查整顿,严厉打击坑农害农行为,以稳定农资价格,保障农资供应,保证农资质量。

【推进扶贫开发】 ①妥善安置失地农民。咸阳市在城市化的过程中,出现了大量的失地农民。仅沣河新区建设一期工程,就搬迁8个村庄、3659户、13271名农民。为了切实保护这些失地农民利益,咸阳市在借鉴外地经验的基础上,提出了一整套的安置方案:一是试行留地安置,即征地单位按土地面积的10%~20%的比例留给被征地村组土地,由后者作为二、三产业用地。二是推行社会保障安置,即把失地农民纳入城镇养老、医疗、失业、最低生活等社会保障体系。三是货币安置,即严格按国家标准足额付给农民征地补偿款,并引导农民投资兴业。四是劳务安置,即成立专门机构,对失地农民进行技能培训,组织他们劳务输出,并在一些城市公益性岗位上安排失地农民就业。②继续加大扶贫开发力度。积极争取北部山区特困村和特困户列入省扶贫开发计划,集中力量抓好渭北旱腰带地区扶贫开发工作,加快贫困群众脱贫致富步伐。

(王　珍)

实施"全民招商"战　略

【概况】 2004年,全市各级大力贯彻实施"加压紧逼,跨越发展"的战略措施,努力改善投资环境,通过精心组织招商引资活动,强化对招商引资工作的考核,狠抓已签约项目落实,吸引了众多的客商来咸阳投资。2004年全市共分配招商引资到位资金任务100亿元,经过全市干部群众的努力,共签订招商引资合同项目800个,合同利用资金183.88亿元,实际到位资金113.27亿元(含续建项目到位资金39.08亿元),实际到位资金完成全年任务的113.27%,招商引资对全市经济增长的贡献率达到11.1%,拉动全市经济增长1.8个百分点。在全市签约的800个项目中,一产项目66个,合同引进资金13.15亿元,实际到位资金3.79亿元;二产项目329个,合同引进资金92.48亿元,实际到位资金36.16亿元;三产项目405个,合同引进资金78.25亿元,实际到位资金34.25亿元。这些项目有418个建成投产,311个正在建设,71个正在前期筹建之中,签约项目开工率达91.13%。全市引进资金在亿元以上项目31个,1个建成,13个正在建设;引进资金在5000万元以上的项目105个,2个建成,69个正在建设;引进资金在3000万元以上的项目141个,16个建成,98个正在建设。

【招商引资主要活动】 2004年,市委、市政府组织了一系列招商引资活动。元月29日(农历正月初八,春节收假第一天),召开了全市招商引资动员及表彰奖励大会。会议提出了"加压紧逼,跨越发展"的战略措施,第一次将招商引资工作任务按照干部的职务、各单位编制人数进行分配。4月,在西安市成功组织召开了咸阳投资环境说明会,邀请了400多名西安地区的客商参加了会议。之后又组织参加了第八届中国东西部投资与合作贸易洽谈会、投资环境说明会和第八届西洽会,共签约项目165个,吸纳资金98.58亿元。7月,市上组成了以市委、市政府主要领导任团长的党政代表团、经贸代表团赴浙江省的金华、杭州、台州、嘉兴、宁波等5市进行叩门招商,每到一地都举办项目推介会,拜访当地知名企业,宣传咸阳良好的投资环境,五市共签约合同项目127个,总投资64.08亿元,吸纳资金61.99亿元。11月27日,在香港成功举办了咸阳香港经贸合作投资说明会,邀请近百名客商和新闻记者出席了会议,共签订合同项目23个,总投资14.9亿元,吸纳资金13.91亿元。

【投资环境治理】 2004年,市委、市政府进一步加大治理投资环境的力度,加大宣传力度,强化检查督促。一是由市电视台和有关部门在一些职能部门进行暗访,并拍摄录像,对拍摄的暗访录像在全市领导干部会议上进行公开放映;以有审批、管理权限的职能部门为重点,在全市大力开展机关纪律作风整顿活动,收到了良好的效果。二是在全市实行20个平静工作日制度。要求涉及企业检查的政府各工作部门,将无严格时间限定的检查一律放在每月的后10天,让企业每月有20个不受干扰的平静工作日,并对每月后10天的检查进行严格控制,不得要求企业主要负责人陪同。三是政务大厅对各项运行机制进行了改革,实行了一条龙服务。投资者只要将有效齐备的文件,递入受理窗口,所有审批手续由各部门内部协调配合,按流程分头办理,并且实行限时办结。对企业注册实行的是

"一门受理,转告相关,并联审批,限时办结,效能监督"的原则,由过去企业注册要到好多窗口进行办理,变为现在只在一个窗口办理。四是继续实行市级领导包抓重大项目工作责任制。2004年,市委、市政府主要领导带头,将全市74个重大项目进行包抓,落实了工作责任。要求包抓项目的市级领导要加强联系,积极主动地帮助项目单位解决项目建设中遇到的困难和问题。与此同时,各县市区也积极实行领导包抓重大项目工作责任制。一些领导经常深入项目单位解决问题,加快了项目建设速度。这些措施的实施,进一步改善了投资环境,形成了"尊商、重商、亲商、安商"的良好风气。前来咸阳市的客商络绎不绝。全年前来咸阳市考察的企业和客商遍及全国20多个省市和美国、日本、德国、新加坡、新西兰、香港、台湾等10多个国家和地区。

【创新招商方式】 为了积极适应形势的变化,全市把转变招商引资工作方式作为一件大事来抓,初步实现了招商引资从集中推介为主向以小分队招商和集中推介并重、以小分队招商为主的转变。2004年,全市派出了三批共61个招商小分队,分赴东南沿海等地进行叩门招商。这些成员到达所在城市后,积极开展工作,大力宣传咸阳的投资环境、资源优势、优惠政策、招商项目,取得了显著的成绩。第一、第二批招商小分队共签订招商引资合同项目62个,合同引进资金11.05亿元。各县市区和市直各部门也都派出招商小分队,有针对性的叩门招商。全市2004年有200多个招商小分队奔走在全国各地,东部沿海的每一个城市都有咸阳市的小分队在活动。市政府招聘了22名招商引资代理人,专门为咸阳市招商引资工作牵线搭桥。市政府要求所有驻外机构都要加挂招商的牌子,企业的驻外办事处也都要一律挂招商牌子,兼顾招商引资工作。一些县市区也在外设立招商办事处,聘请招商引资代理人。市县各级开始形成全方位招商、多层次引资的良好格局。

【资源招商】 咸阳市有着丰富的资源优势,近年来大打优势资源牌,吸引了一大批客商来咸阳投资。北部的长武县、彬县、旬邑县充分发挥煤炭资源优势,引进浙江虎豪、河北中达、山东王晁等企业开发煤炭资源;中部的乾县、礼泉县、泾阳县、三原县等地石灰石储量约440亿吨,吸引了浙江声威在泾阳县总投资11.7亿元,建设年产500万吨水泥项目;河北冀东水泥集团在泾阳投资6亿元,建设熟料水泥生产线;浙江三狮集团也计划投资15亿元,建设水泥生产线;礼泉县、淳化县、彬县、长武县利用果业优势,引进了汇源果汁、恒兴果汁、通达果汁、杭州娃哈哈集团等10家果汁生产企业;农业方面吸引香港大禹发展有限公司在三原县投资2.4亿元,建设万头奶牛养殖基地;陕西种业集团在泾阳县投资1.9亿元,建设安吴农场万头奶牛养殖项目;南部地热资源横跨武功县、兴平市、秦都区、渭城区等县市区,面积达800平方公里,储量约373亿立方米,可开采量100亿立方米,已吸引冰岛国多次来咸阳市进行考察。

【产业招商】 全市各级各部门始终坚持以产业为主的主攻方向,把招商引资的重点放在引进产业项目和大项目上,产业招商初显成效,产业链开始形成。泾阳县依托北部沿山建材产业带,引进陕西丽深公司建设年产50万吨碎石生产项目;吉元集团引进西安利德公司投资8000万元,建设无氧铜杆项目;泾阳县养殖业发达,吸引了陕西圣奥动物制药等几家兽药厂为其配套;三原县民生集团投资的陕西天佑果蔬制品有限公司,吸引了台湾裕东公司和山西永裕有限公司共同进行扩大再投资;彬县秦能电力有限公司(朱家湾电厂)引进陕西天柱水泥制造有限公司,利用炉渣建设20万吨水泥厂,走绿色发电之路;武功东方纸业集团引进宝鸡客商投资纸张漂白剂项目等。

【知名企业引进】 自咸阳市实施全民招商引资工作以来,引进了一大批知名企业投资咸阳市的支柱产业,为壮大和提升骨干产业和特色产业的实力和竞争力注入了活力。截至年底,在食品和农业产业化方面,杭州娃哈哈、内蒙古蒙牛、山东鲁糖、上海金丝猴已经顺利落户咸阳市;在国企改制和工业化方面,长庆油田专用车生产线项目、2万吨钢构生产线项目、年产6000万只电子配件生产线项目、广东福利龙30万吨硝基复合肥生产线项目以及深圳盛和阳整体收购西北医疗、泉州纺联整体接收秦原化纤厂、山东蓝星集团成功参与陕西玻璃厂改制、山东王晁煤电集团参与咸阳市煤炭资源开发都成为令人振奋的新亮点。而渭河3号桥的建成、4号桥的签约、广东新晟投资咸阳市污水处理厂、天然气公司55%股权的成功转让,以及金泰花园等大型商业房地产综合开发项目的开工,苏宁电器、大明宫建材、美家建材连锁等大型知名流通企业的进入,加快了咸阳市城市建设步伐及城区第三产业的发展。

【干部培训】 招商引资在咸阳市是近年来发展起来的新生事物,全市上下普遍存在着招商引资知识缺、经验不足的问题。针对这种情况,市招商局领导班子就如何尽快普及招商引资知识、培训招商引资人才等问题,多次进行研究,制订了干部培训计划。2003年12月,市上领导带领干部专门去山东东营学习,利用大的招商引资活动专门学习外地市一些先进的经验。从8月开始,按照市委安排,对抽调的外出招商小分队人员进行了培训。培训内容包括招商引资项目包装及咸阳市重点招商引资项目、相关法律法规、投资环境介绍、市情介绍、审批程序、咸阳市工业和农业基础情况、招商引资工作中应注意的礼仪、招商引资策略与技巧等。培训教师除了招商局领导和从事具体招商的工作人员外,还邀请了相关部门领导、专业人士讲课。培训方法丰富多样,招商局领导赴三原县、彬县等县市区进行培训,还利用市委党校,同组织部、统战部三家联合举办全市县级民主人士培训班,进行招商引资知识讲座,收到了良好的效果。

【招商引资考核】 2004 年,市招商局继续坚持月通报、季调度、半年考核、年终总评的考核工作机制。7 月,招商局对全市 13 个县市区和市直部门的招商引资项目进行了考核,现场察看项目 100 多个,审查项目资料 300 多份,核减不符合招商引资项目 30 个;10 月底,市招商局又核查了 13 个县市区的近 400 个项目,查出了 20 多个项目不属于招商引资范围,对 100 多个项目的到位资金进行了重新核定;年底,根据市委、市政府安排,成立了两个检查组,采取听汇报、查资料、现场踏勘、在群众中调查等办法,对全市 13 个县市区和市直各部门进行年终考核检查。在平时的工作中,采取各种办法进行督查,一是编发《招商引资简报》。每月在《咸阳日报》上通报各县市区和各部门招商引资工作进展情况,全年共编发简报 16 期,在《咸阳日报》上通报 12 期。二是坚持每周对赴长三角、珠三角、浙江叩门招商、七届和八届西洽会等重大招商活动、赴香港签约项目落实情况以两办督查室名义进行通报。对咸阳市派出的第一、第二批 46 个招商小分队工作进展情况,以送阅件形式报送有关领导和部门,共编发五次招商活动、香港签约项目和招商小分队工作情况送阅件各 12 期。三是 7 月份对招商引资工作没有实现零突破的 40 多个部门主要领导下发了督办通知书,要求限期完成招商引资任务。

【招商引资奖励】 在认真检查考核的基础上,市委、市政府对 2004 年的招商引资工作进行了总结,对在招商引资工作中有突出贡献的县区和部门进行了奖励。在 13 个县市区中,秦都区、渭城区获得一等奖,分别奖励 10 万元;三原县、礼泉县、旬邑县、泾阳县、彬县获得二等奖,各奖励 8 万元;武功县、永寿县、长武县、兴平市、乾县、淳化县获得三等奖,各奖励 5 万元。市直超额完成招商引资任务的 76 个部门中,市政府办、市财政局、市城市建设管理局、市招商局、市委办获得一等奖,各奖励 5 万元;市广电局等 8 个单位获得二等奖,各奖励 3 万元;市乡企局等 15 个部门获得三等奖各奖励 1 万元;团市委等 8 个部门获得四等奖各奖励 0.5 万元;市旅游局等 17 个单位获得五等奖各奖励 0.4 万元;市盐务局等 23 个单位获得六等奖各奖励 0.3 万元。同时对在全市招商引资工作中表现突出的马亚鹏等 103 名先进个人进行了表彰奖励。

【客商投诉】 2003 年初,市委、市政府在成立招商局的同时就成立了咸阳市客商投诉中心,确定了编制、办公地点、工作职责,保证了经费。并在《咸阳日报》、咸阳电视台上公布客商投诉电话、客商服务电话,做出服务承诺,监督各级职能部门。2004 年 9 月,在全市市级机关开展了机关作风纪律整顿工作,重点放在有审批权限的职能部门。为了能使客商投诉有一个完满的结果,让客商满意,市客商投诉中心确定了专门的工作人员负责客商投诉热线。一有客商投诉立刻进行登记,一个小时内了解情况,进行调查,在 10 个工作日内给客商明确答复,想方设法尽己所能,让客商满意。截至年底,市客商投诉中心共收到客商投诉 9 件,比上年同期减少 2 件,办结 8 件。

(魏喜存)

表 2　2004 年咸阳市招商引资部分重点项目一览表

单位:万元

单位	项目名称	投资方	投资方式	总投资	引进资金	到位资金	产业性质
泾阳县	建设年产 500 万吨水泥(二期)项目	浙江声威建材有限责任公司	独资	117000	117000	22000	二产
彬　县	彬县大佛寺井田建设项目	彬长矿区开发有限公司	独资	50000	50000	13000	二产
礼泉县	北京汇源集团咸阳饮料食品有限公司	北京汇源饮料食品有限公司	独资	29000	29000	29000	二产
旬邑县	宋家沟煤矿租赁经营	山东王晁煤电集团有限公司	独资	24000	24000	6310	二产

续表 2－1　　　　　　　　　　　　　　　　　　　　　　　　　　　　单位：万元

单位	项　目　名　称	投　资　方	投资方式	总投资	引进资金	到位资金	产业性质
市政府办公室	陕西蓝星玻璃有限公司改制	山东蓝星玻璃公司	合资	26000	22400	7600	二产
永寿县	原料药生产线技改扩建	美国德壹医疗品（上海）有限公司	合作	20000	18000	1295	二产
旬邑县	台家山煤矿扩建	河北中达集团公司	独资	18000	18000	15000	二产
旬邑县	旬邑黑沟煤矿资产重组并改扩建	浙江虎豪集团	独资	18000	18000	6540	二产
秦都区	西大华特生物工程项目	陕西西大华特科技实业有限公司	独资	15000	15000	1050	二产
彬　县	火石嘴煤矿二期扩建	河北中达集团公司	合作	12700	12700	12700	二产
礼泉县	通达梨桃汁生产	东部井发（集团）有限公司	独资	12000	12000	12000	二产
彬　县	彬县通达果汁厂二期扩建	深圳东部集团	独资	12000	12000	6770	二产
秦都区	油田专用车生产	陕西长庆客车专用车制造有限公司	独资	10000	10000	7000	二产
渭城区	晶众家乐超市咸阳三号店建设	陕西晶众经贸有限公司	独资	10000	10000	7000	三产
兴平市	方便面生产线项目	广东锦丰实业有限公司	独资	9000	9000	7200	二产
兴平市	年产 30 万吨硝基复合肥生产线	广东福利龙复合肥有限公司	独资	8602	8602	7300	二产
秦都区	电子网版项目	香港瑞博电子有限公司	合资	8000	8000	8000	二产
秦都区	秦都区农副产品交易中心	新疆大湾房地产开发有限公司	独资	7000	7000	7000	三产
渭城区	合作组建同景有限公司	成都共同愿景投资管理公司	合作	11700	7000	7000	三产
秦都区	水厂路商业步行街	四川宇隆房地产开发有限公司	独资	5200	5200	5000	三产
礼泉县	电子原件系列产品加工	广东番禺巨星国华电子厂	合资	5600	5000	4000	二产
武功县	彩印包装生产项目	台湾帝辰公司	合资	6000	4500	4500	二产
渭城区	年产二万吨钢构生产线	陕西金济有限公司	独资	4500	4500	4500	二产
秦都区	幕墙电器制品项目	西安海联房屋建设开发有限公司	独资	4000	4000	3000	二产
三原县	肌醇生产	浙江台州肌醇厂	合作	5000	3800	3800	二产
三原县	娃哈哈三原基地	杭州娃哈哈集团有限公司	独资	17000	17000	10000	二产
三原县	硫酸钾肥生产线	陕西景盛硫酸钾肥有限公司	独资	3600	3600	1600	二产

续表 2-2 单位:万元

单位	项 目 名 称	投 资 方	投资方式	总投资	引进资金	到位资金	产业性质
泾阳县	液态奶生产线	陕西红旗乳业有限公司	独资	3500	3500	3500	二产
泾阳县	蒙牛酸奶生产	蒙牛乳业	独资	3000	3000	3000	二产
泾阳县	格林德兽药厂	咸阳保安兽药有限公司	独资	2500	2500	2500	二产
秦都区	美家装饰建材市场	台州市美家装饰建材仓储超市有限公司	独资	6000	2000	2000	三产
秦都区	东一海鲜城	宝宇大连海鲜鱼港	独资	1800	1800	1800	三产
泾阳县	兽药厂	陕西圣奥动物药业有限公司	独资	1600	1600	1600	二产
政府办	咸阳金泰花园	陕西金泰恒业房地产有限公司	独资	80000	80000	30000	三产
共青团咸阳市委	富绅百佳购物广场	西安富绅家具有限公司	独资	3600	3600	3600	三产

表 3 咸阳市重点招商引资项目一览表

类 型	名 称	内 容	总投资	合作方式	项目单位	联系人	电话
基础设施类	西(安)平(凉)铁路	西(安)平(凉)铁路东起西安铁路枢纽陇海线临潼新丰镇编组站,西至甘肃平凉市,线路总长度368.37公里,工程总投资49.98亿元。其中咸阳市境内线路长度为209公里(全为新建),投资35.78亿元。建设标准为国铁Ⅰ级,按单线铁路设计,选用内燃机车,预留电化条件	49.98亿元境内投资35.78亿元	合作入股	咸阳市发展和改革委员会	王富晖	3313435
基础设施类	彬(县)宝(鸡)运煤专线	彬长矿区位于咸阳市西北部的彬县和长武县境内,矿区面积670平方公里,已探明储量69亿吨。省政府已决定对此进行大规模开发建设。为配合矿区开发,保证宝鸡二电厂燃煤供应,拟建设彬宝运煤专线。全长134.23公里,其中咸阳市境内42.188公里。本项目按照二级公路标准设计,设计车速80公里/小时,路基宽度12米	6.6亿元	BOT投资	咸阳市交通局	张智作 李陕学	3214673

续表 3－1

类　型	名 称	内　　容	总投资	合作方式	项目单位	联系人	电话
基础设施类	兴平市渭河大桥	该项目起自西宝高速公路兴平收费站立交桥北侧，跨西宝高速公路经南佐村东、念留村东到渭河北岸，修建渭河大桥跨渭河到达户县境内，东接108国道，路基宽度12米，路面宽度9米，路线全长13.027公里，其中大桥全长1087米，两端连接线共长11.94公里	1.15亿元	合作独资	兴平市交通局	岳宇瑞	8822162
基础设施类	咸阳空港产业基地	拟建设空港产业园。南北宽2.48公里，东西长4.8公里，园区实际用地为8.6平方公里，重点发展现代物流配送、进出口加工、高新技术、文化旅游、第三产业、生活居住等	17.5亿元	融资贷款投资	陕西咸阳航空港产业基地服务中心	刁联营	3127140
基础设施类	咸阳市纺织工业基地	拟在秦都区钓台镇规划建设纺织工业园。项目占地面积规划5平方公里。第一期实施2平方公里，分为三个功能区：生产区、住宅区、商贸区。园区设污水处理厂，实现集中治污；建热电厂，统一供热供气。园区道路、供水、供电、供热（气）、信息网络及通讯等基础设施统一规划，高标准绿化一步到位。建设和经济规模：纺锭130万枚，年产各类纱14.54万吨，各类布机15200台，年产各类坯布5.891亿米，印染能力3.4亿米，针织2400万件（套），年产服装及装饰用品2400万件（套）	约6亿元		秦都区人民政府	赵朔亮	3229180
基础设施类	咸阳市高新区新区建设	拟在咸阳高新区新规划的5.45平方公里区域内建设咸阳市高新区新区。新区建设主要包括“一区四园”建设。“一区”为新规划区，“四园”为高科产业园、生化医药园、创业园、综合服务园。项目总占地面积545.84公顷	69.1亿元	合作入股土地置换	咸阳市高新区管委会	刘　忝	3313823
基础设施类	咸阳市垃圾处理厂	垃圾处理厂规划位于咸阳市西郊，西宝高速公路与西兰路引线处，计划用地10公顷，建设规模为日处理垃圾500吨	8500万元	BOT合资	咸阳市城市建设管理局	吴灏烈	2860565

续表 3－2

类　型	名 称	内　　容	总投资	合作方式	项目单位	联系人	电话
基础设施类	泾阳县垃圾处理厂	拟建设垃圾处理厂一座,计划占地面积 10 公顷,日处理城市垃圾 500 吨,其中包括建设日产 2000 吨有机肥生产线和沼气回收系统。建设日焚烧 20 吨特种垃圾焚烧炉一座(STC 型)	5000 万元	合作 合资 独资	泾阳县城建局	石有望	6222106
基础设施类	礼泉县垃圾处理厂	该工程位于县城东北(裴寨乡王崖底村村北),建设规模为日处理垃圾 260 吨	3800 万元	合资 独资	礼泉县建设局	高　潮	5621367
基础设施类	泾阳县污水处理厂	一期工程日处理污水总量 2 万吨;二期工程日处理污水总量 3 万吨。拟建于距县城 2 公里以外泾河岸旁,处理达标后的污水就近排入泾河	3500 万元	BOT 方式建设	泾阳县环境保护局	师延军	6227681
基础设施类	三原县污水处理厂	拟建设三原县污水处理厂。一期工程日处理污水 2 万吨	3511 万元	引资 合资 合作	三原县环境保护局	刚新军 许建良	2272669
基础设施类	咸阳市北区集中供热二期工程	工程建成后可增加供热面积 70 万平方米。为确保工程如期竣工,现需招商引资 3000 万元	4080 万元	合资 联营 出让 股权	咸阳市北区集中供热有限公司	王荣文	3326587
基础设施类	渭河咸阳城区段综合治理景观建设	渭河咸阳城区段综合治理景观建设项目跨渭河分为左右两岸,左岸系老城区,右岸为新城区。依据左右两岸及渭河 1、2 号桥自然构成的地形状态,将全区划分为两条轴线、五大区域。左岸为亲水历史人文景观轴线,右岸为生态绿化自然景观轴线			咸阳市城乡建设规划局	杜增印	3571131
基础设施类	咸阳两寺渡公园	该项目位于咸阳市西郊渭河沿岸,公园主要以绿化为主,配以游乐设施,建筑面积 2.8 万平方米	4600 万元	合作 合资 独资	咸阳市城市建设管理局	刘宝兴	2860565
工业生产类	大轿车生产线	四达机械制造公司研制开发了“四达”、“威狮”牌大、中、轻型客车及特种车系列,生产线总资产 1.1 亿元,现有主要生产设备 300 台(套),具有年产大、中型客车与专用特种车 3000 辆的生产能力		整体 收购 合资 合作	四达机械制造公司	王铁华	7406006

续表 3－3

类　型	名称	内　　容	总投资	合作方式	项目单位	联系人	电话
工业生产类	500 万条半钢丝子午线轮胎生产线	本项目产品为半钢丝轿车子午胎和轻卡子午胎，生产规模为半钢丝子午胎 500 万条/年产，分两期建设，一期规模为 200 万条/年产	8.3 亿元	合资合作	西北橡胶总厂	李俊升	3622763
工业生产类	气轮机大叶片深加工生产线	拟建设年产 1 万片成品大叶片深加工生产线	6300 万元	合资合作	红原航空锻铸工业公司	刘书杰	2421427
工业生产类	数字化大屏幕彩电及显示器用偏转磁芯自动化生产线技术改造	建设年产数字化大屏幕彩电用偏转磁芯 700 万只（其中 400 万只外销），彩色显示器用偏转磁芯 300 万只（其中 225 万只外销）	10702.5 万元		陕西金山电气集团	李先生	3379018
工业生产类	低压交流控制开关项目	拟建设低压无弧控制开关生产线，该产品样机已通过天水长城低压实验研究所（国家授权单位）鉴定	2000 万元	合资合作	陕西柴油机重工有限公司	刘卫歧 郭兴安	8313612
工业生产类	皮革化工材料生产	以公司专利技术生产环境友好型多金属醋酸盐皮革化工材料。主要开发产品为多金属醋酸盐白湿皮鞣剂和固色增深剂	1400 万元	合作	咸阳银河无机材料有限公司	徐斌 蒋震	8163120 8163013
工业生产类	数据设备专用逆变电源生产	该产品可将直流电转化为可供关键数据设备使用的交流电，在停电时，提供独立可靠电源，保证数据设备正常运转和数据安全	1500 万元	合资	咸阳辰合电气有限公司	徐斌 蒋震	8163120 8163013
工业生产类	新型橡塑助剂生产	主要用于天然橡胶和各种合成橡胶，大幅度提高橡胶制品的物理性能，对环境无污染	1000 万元	合作	咸阳三精科工贸有限公司	徐斌 蒋震	8163120 8163013
工业生产类	KNF 系统防雷栅生产	公司围绕自动化过程控制的电子设备、精密仪器、通讯网络，研制了系列防雷栅，技术水平达到国内领先水平	1000 万元	合资合作	咸阳坤宁微电子研究所	徐斌 蒋震	8163120 8163013
工业生产类	暖气热力智能计费系统	该系统采用单片机控制技术、利用介质流量温差热能效应原理，对暖气热力进行计量	3800 万元	合作合资	陕西北方科技实业公司	徐斌 蒋震	8163120 8163013
工业生产类	智能压力变送器生产线	该项目主要是将电容式传感器和压阻式传感器输出的电容与电阻信号进行转换，并输出数字信号	3500 万元	合资独资	咸阳工业自动化仪表厂	张高潮	8418296 8418093
工业生产类	混凝土搅拌机生产线	拟建设年产 1000 台（套）HZ550 型混凝土搅拌机生产线	1100 万元	合资合作	陕西省建筑工程机械厂	赵全战	8361818

续表3－4

类　型	名 称	内　　容	总投资	合作方式	项目单位	联系人	电话
工业生产类	电感器件生产	项目年设计生产偏转线圈1640对、电感线圈820万只、电子变压器340万只、电子镇流器200万只	15000万元	参股 控股 联营 OEM加工	泾阳嘉华实业有限公司	何　帆	2932172
工业生产类	年产15000吨无氧铜杆生产线	该项目利用电解铜生产的无氧铜杆,具有高导电性、高传输性及很强的延展性能,其广泛应用于F、H级漆包线、复合漆包线等微细与超微细漆包线及电气装备电线电缆、电力电缆、通信电缆与光缆等产品制造	3000万元	合资 合作 参股 联营等	泾阳吉元电工集团有限公司	杨孝军	2932333 2932050
工业生产类	3800吨特种复合漆包线生产线	该项目计划年产耐电晕漆包线900吨,自粘漆包线1200吨,耐冷煤漆包线1700吨	4780万元	合资 合作 参股 联营	泾阳永盛电磁线有限公司	李建虎	2932099 2932092
工业生产类	橡胶隔震支座生产线	该项目被国家建设部列为科技成果推广项目。该项目新增设备36台套,新建厂房3000平方米,新建办公、仓库及附属设施1200平方米。形成年产隔震橡胶支座6万件生产能力	4615万元	合资 合作	咸阳高新技术产业开发区管委会	刘　焘 苗　婷	3313823 3340403
工业生产类	新型电线电缆开发生产	拟建设年生产无氧铜杆5000吨,年生产电线电缆专用铝杆5000吨,年生产裸电线、布电线、交联电力电缆、聚氯乙烯绝缘电力电缆、控制电缆、计算机电缆、矿用橡套电缆(高低压)50000千米生产线	1.2亿元	合资 合作	咸阳秦虎电线电缆有限公司	王进长 王天赐	2316688
工业生产类	皮革生产线扩建	拟将生产规模扩建为年处理30万张兰湿皮,加工5万件皮衣	2000万元	合资 合作 融资	陕西三原兵马俑集团公司	马敬西	2591168
工业生产类	整体搬迁暨建设高档服装面料生产线	本项目将西北二棉集团陕西现代纺织有限公司现有3万锭化纤生产线整体搬迁至陕西省咸阳市纺织工业园内,并在园内再建一条3万锭高档服装面料生产线	13000万元	股份 联营	西北二棉集团陕西现代纺织有限公司	王　鹏	3263606 13891088829
工业生产类	高档棉纺织生产线	建立5万吨高档棉纱生产线,年产JC40S纯棉筒纱9000吨	875万美元		陕西第二毛纺织厂	朱　杰	3556506

续表3－5

类 型	名 称	内 容	总投资	合作方式	项目单位	联系人	电话
工业生产类	新型纺纱生产线改造	更新5万锭国产新型纺纱设备，扩大高支、高密纯棉精梳防羽布、直贡缎、导电布系列产品出口。该项目建设工程周期为2年。建成后，年产4500余吨优质纱，可增加3000余万米坯布。生产的纱为风轮公司自用纱	8505万元	投资入股	陕西风轮纺织股份有限公司	李建群	3173171
工业生产类	汽车真空助力器主缸总成生产线	项目建成后，年产真空助力器主缸总成20万套，汽车制动总泵15万套	1263万元	合资合作	兴平市兴达交通机械有限公司	赵俊峰	8822992
工业生产类	轿车制动部件技术改造	项目改造完后，可新增年产30万辆轿车制动部件（含制动盘、制动鼓、制动钳）生产能力	8430万元	合资	华兴航空机轮刹车系统有限责任公司	刘建西	8249753
能源化工类	彬长矿区煤化工项目	包括以煤为原料的150万吨/年甲醇装置，50万吨/年MTO（甲醇制烯烃）装置及部分烯烃类化工产品生产装置	184.7亿元	合作合资入股等	咸阳市发展和改革委员会	王富辉 董志刚	3313435
能源化工类	年产15万吨甲醇煤化工项目	建设煤气化装置、气体净化装置、甲醇低压合成系统、精馏系统等，达到年产甲醇15万吨的能力	60000万元	融资合作开发	陕西兴化集团有限责任公司	张岁利	8838102
能源化工类	淳化县姜家河煤矿	该矿含煤两层，平均厚度1.78米，煤层结构简单，易于开采，总储量为3304万吨。该项目建成后年产煤35万吨	5000万元	合作合资独资	淳化县经济发展局	席景峰	2772575
能源化工类	彬县蒋家河煤矿	对彬县蒋家河矿区约6000万吨煤炭资源进行开发建设。建设年产原煤45万吨的生产线及其他矿区附属设施	1.68亿元	独资	彬县发展计划局	李 军	4922605
能源化工类	彬县陶土资源开发	彬县陶土资源丰富，蕴藏量大，已探明的陶土储量达8.4亿吨，可开采量6.8亿吨。拟建设墙面砖、地面砖和陶瓷工艺品、日用品等产品生产线	3000万元	合作合资独资	彬县招商局	伊雪峰	4929777 4921828
能源化工类	淳化县陶瓷粘土开发	拟建一座年产1200吨的陶瓷粘土产品生产厂	2000万元	合资独资股份制	淳化县经济发展局	席景峰	2772575
能源化工类	长武县粉煤灰综合利用	项目利用大唐彬长电厂产生的充足的粉煤灰资源，建设一套粉煤灰分选系统和新型墙体材料生产线。年处理粉煤灰80万吨，生产空心玻璃微珠1.5万吨，分离精煤建材用灰16万吨，生产空心砌块40万立方米	9500万元	独资合作	长武县发展计划局	焦鹏昭	4202665

续表3－6

类　型	名 称	内　　　容	总投资	合作方式	项目单位	联系人	电话
能源化工类	五防轻体隔墙板生产线	该项目是由咸阳市经贸委2000年立项审批的新型环保类项目,项目年利用农作物秸秆生产轻体隔墙板250万张	1000万元	引资合资合作	陕西三原新豪装饰材料有限公司	孙玉宽	2466275
能源化工类	万吨新型环保生物柴油项目	拟利用油脂加工过程中回收的副产物油脚及食用油在食用过程中形成的垃圾油脂生产生物柴油	1240万元	合资合作	陕西宝塔山油漆股份有限公司	李松财 张　强	13909109185 13309109419
能源化工类	万吨泔水油精馏脂肪酸项目	该公司拟采用清华大学和天津大学先进的精馏、分离技术从泔水油中提炼脂肪酸	3500万元	合资合作	陕西宝塔山油漆股份有限公司	李松财 张　强	13909109185 13309109419
资产重组及闲置资产开发	陕西如意电气总公司整体并购	拟出让的资产有:土地8.19公顷,生产区房屋及办公楼、技术楼(按建筑面积计算)43640.42平方米,主要大型机器设备9台(套),参(控)股公司的股份		并购出让	陕西如意电气总公司	高志军	3611027
资产重组及闲置资产开发	西北正大人造板机器有限公司资产重组	该公司位于咸阳市乾县城内,企业占地13.33公顷,建筑面积30000平方米;资产总额8311万元,负债总额6600万元。制造中密度纤维板、真空覆铜板、刨花板、连续压机生产线等成套设备		收购兼并	咸阳市经济委员会	张秀馥 吴　昭	3210486
资产重组及闲置资产开发	咸阳电子材料厂资产重组	咸阳电子材料厂位于咸阳市茂陵北街,占地8.53公顷,资产总额8403万元,负债总额12490万元,企业主导产品有电解铜箔及直线运动轴承等产品		租赁承包整体开发投资合作收购兼并	咸阳市经济委员会	张秀馥 吴　昭	3210486
资产重组及闲置资产开发	陕西同辉网络通信有限公司股权转让	陕西同辉网络通信有限公司股权转让	融资额3000万元	控股权转让	咸阳偏转集团公司	王传庚	3628851
资产重组及闲置资产开发	咸阳威力克能源有限公司股权转让	咸阳威力克能源有限公司27%股权转让	融资额4050万元	控股权转让	咸阳偏转集团公司	王传庚	3628851
资产重组及闲置资产开发	陕西环宇易信软件公司股权转让	陕西环宇易信软件股份公司40%股权转让	融资额1000万元	控股权转让	咸阳偏转集团公司	王传庚	3628851
资产重组及闲置资产开发	咸阳偏转集团永大管业有限公司股权转让	偏转永大管业有限公司股权转让		控股权转让	咸阳偏转集团公司	王传庚	3628851

续表 3－7

类 型	名 称	内 容	总投资	合作方式	项目单位	联系人	电话
资产重组及闲置资产开发	三原城区供水工程	工程利用冯村水库地理优势，引清峪河水和深井水入城，解决城区生产、生活用水及12万人的饮水问题。建设规模为年供水438万吨，已全面通水运行，现转让经营权	4270万元	转让经营权	三原县水利局	裴叶根 蔡英俊 余炳忠	2282496 13809148585 13992064328
资产重组及闲置资产开发	原永寿县卷烟厂产权出让	永寿县卷烟厂关闭后，人员已全部买断。现已形成固定资产约1.5亿元，其中土地18.87公顷，建筑面积为4.47万平方米	1500万元	合作独资	永寿县经济发展局	杜永平	7663349
资产重组及闲置资产开发	长武县招待所整体出让	拟将县招待所全部资产整体出售或进行股份制改造		独资合资	长武县经济发展局	高锋	4206305
资产重组及闲置资产开发	咸阳市中小企业信用担保中心股份制改造	拟对咸阳市中小企业信用担保中心进行股份制改造		参股控股	咸阳市中小企业信用担保中心	秋党琦	3259094
资产重组及闲置资产开发	咸阳宾馆产权转让	该项目是一座以宾馆为中心，辅以餐饮、娱乐、会议接待、综合服务为一体的多功能三星级宾馆，主体工程已建成，完成投资3720万元	6600万元	参股合作协商	咸阳市经济委员会	赵英锐	3210407
资产重组及闲置资产开发	咸阳饮食服务公司新世纪大酒店资产重组	整体出让新世纪大酒店		整体出让产权置换资产重组	咸阳饮食服务(集团)有限公司	韩金国	3215441
资产重组及闲置资产开发	咸阳市二水厂邻街土地出让	地处市区渭阳西路80号，企业占地面积6.87公顷，可供开发商用办公楼		产权出让合资经营	咸阳市西郊给水工程筹建处	邵 伟	3313247
资产重组及闲置资产开发	陕西第二毛纺织厂闲置厂房、空地开发	拟利用现有闲置厂房对外开展合资、合作经营，同时也可进行租赁合作		股份合作场地租赁	陕西第二毛纺织厂物业经营管理公司	朱 杰	3556506
资产重组及闲置资产开发	咸阳市土地储备中心储备土地出让	该中心储备土地共有三块。世纪西路和渭河三号桥两侧土地面积40公顷，用途为商业、办公、住宅。世纪大道北侧中心地段土地面积14.2公顷，用途为商业、办公、住宅。市区人民西路繁华地段南侧，土地面积1.2公顷，用途为商业、办公、住宅		产权出让	咸阳市土地储备中心	宇学文	3157708
农业及食品医药类	咸阳市果品加工	在旬邑县城郊租地2公顷，建果品清洗、分选、打蜡、分装生产线2条，年生产能力4.3万吨	2479万元	合资合作	陕西省咸阳市果业集团公司	程养善	3226942

续表3－8

类　型	名称	内　　容	总投资	合作方式	项目单位	联系人	电话
农业及食品医药类	三原清河食品工业园	该园是集旅游度假、农业观光、一二类工业生产于一体的综合性产业园。工业园现面向中外全面招商		合作 合资 独资	三原县招商引资局	裴叶根 蔡英俊 王波会	2282496 13809148585 13992064328
农业及食品医药类	三原高效农业观光示范园	该园位于三原县裕原路西侧，面积4.5平方公里，南北长3公里，东西宽1.5公里，有耕地354.13公顷，交通方便，自然条件及农业条件优越		合作 合资 独资 租赁等	国家财政支持农业科技推广示范(三原)园区管委会	王博学	2316334 13809108917
农业及食品医药类	三原无公害蔬菜生产基地	三原县是陕西省蔬菜生产基地县。拟招投资高效设施无公害蔬菜生产企业入驻三原县食品工业园	2000万元以上	合作 独资	三原县蔬菜果业局	侯世祥 郭　虎	2270998
农业及食品医药类	泾阳县蔬菜脱水及净菜加工	拟建设1000吨/年冷冻脱水生产线一条，500吨/年热内干燥脱水生产线一条；10000吨/年净菜加工生产线一条	4585万元	合资 合作 投资	泾阳新纪元农林高科有限公司	杨孝军	2932333 13909105005
农业及食品医药类	旬邑县苹果贮藏库	拟在县城和主产区区位优势强、交通方便的地区布置建设5万吨果品冷藏气调库群	3500万元	独资 合资 合作	旬邑县果业中心	许虎林	4422080 13991020325
农业及食品医药类	旬邑县中药材规范化种植基地	拟在旬邑县中药材基地区域内为各医药企业提供最佳的药源基地、发展种植符合GAP标准的中药材万亩以上，并有企业闲置的厂房合作建设加工基地，进行中药材深加工	2000万元	独资 合资 租赁	旬邑县科学技术局 旬邑县中药产业办	宫战胜	4422356 13992007506
农业及食品医药类	陕西鑫元绿色饮品有限公司扩建	在公司现生产规模基础上进行扩建，年产高档饮料3000吨，普通饮料2000吨和饮用水20000吨	1800万元	合作 控股	陕西鑫元绿色饮品有限公司	张建设	3213905 3213906
农业及食品医药类	彬县柿饼加工生产线	拟建年产2000吨柿饼加工生产线	1500万元	合资 合作	彬县乡镇企业局	田正平	4922601
农业及食品医药类	牧草加工项目	拟对县域北部万亩天然草场进行牧草加工畜牧业综合开发	2000万元	合作 合资 独资 承包	淳化县农业局 淳化县畜禽公司	党亚明	2772565
农业及食品医药类	长武县万头黄牛养殖基地	利用两年时间引进繁育黄牛1万头，建设优质牧草(苜蓿)基地，新建冷配中心一处，完善疫病防治、检疫化验体系等	3000万元	合资 合作	长武县农业局	魏建超	4203926

续表 3－9

类　型	名称	内　　容	总投资	合作方式	项目单位	联系人	电话
农业及食品医药类	礼泉县万头肉牛育肥屠宰加工	拟建5座秦川牛育肥场，年总出栏10.8万头优质育肥牛；建饲料厂、肉牛屠宰加工厂、牛肉熟制品厂、皮革加工厂、皮鞋厂各一座	2.46亿元	合资合作	陕西礼泉秦牛实业有限公司	闫振邦	5621229
农业及食品医药类	非油炸营养方便面	该集团开发的非油炸营养方便面项目是国家农业部在陕西省推广的高新技术项目。该项目第一期工程建设2条非油炸营养方便面生产线	1600万元	控股参股	陕西华龙企业集团	桂晓东	3271888
农业及食品医药类	针剂生产线	拟在现有规模的基础上，建成年产6亿支针剂生产线	3000万元	合资合作	陕西白鹿制药股份有限公司	章群羊	2392523 13891007826
农业及食品医药类	口服液生产线	利用现有的GMP口服液生产线合资经营，该生产线在2002年已通过国家GMP认证	900万元	参股	陕西华龙企业集团	桂晓东	3271888
农业及食品医药类	保健食品生产线	改建三条保健食品生产线	1200万元	控股参股	陕西华龙企业集团	桂晓东	3271888
农业及食品医药类	银杏叶黄酮甙提取厂	拟建银杏叶黄酮甙提取厂，年产黄酮甙20吨	4000万元	合资	陕西秦源银杏产品开发公司	张连友 张进友	8572202
农业及食品医药类	复方沙棘籽油栓生产	该产品系国内首例以沙棘籽油为主要原料的国家三类（中药）新药。采用国内先进的ZS－1型全自动栓剂生产线	3000万元企业自有资金2200万元	合资合作	陕西海天制药有限公司	徐斌 蒋震	8163120 8163013
农业及食品医药类	口服液、酒剂生产线改造	项目投入可使两条生产线得到全面改造，改造后的生产规模将在现有基础上翻番	6000万元	合资开发销售合作	陕西康惠制药有限公司	邵忙收	3330666
服务及商贸类	咸阳高等职业技术学院	咸阳高等职业技术学院是将原陕西省乾县师范学校、陕西省彬县师范学校、陕西省仪祉农业学校、咸阳市体育运动学校四所市属公办中等专业学校合并为一所综合性高等职业技术学院。新校区规划在沣河新区大学园区内，占地40公顷，年计划学生人数8000名。建筑总面积167040平方米	2.25亿元	合作	咸阳市教育局	张文博 闫应民	3328038 3328125

续表 3－10

类　型	名 称	内　　容	总投资	合作方式	项目单位	联系人	电话
服务及商贸类	咸阳市技师学院	咸阳市技师学院是在现咸阳市技工学校基础上筹建。位于咸阳世纪大道旁的沣河新区,下设技师、技工和短期培训三个部	17100万元引资8900万元	合作合资	咸阳市技工学校	任景峰 刘卫东	3346353 13609216805 13891083021
服务及商贸类	咸阳市实验高级中学	咸阳市实验中学是陕西省重点中学,新校区建设工程项目设90个教学班,可供5000名学生就读;学校按省级示范普通高中标准规划和建设,总建筑面积8万平方米	1.9亿元	合作方式	咸阳市教育局	张文博	3328038
服务及商贸类	兴平市南位完全中学	拟新建校园占地面积4.67公顷,建筑面积22626平方米	663万元	联办租赁	兴平市教育局	陈生瑞	8822445
服务及商贸类	咸阳市人民剧院改扩建工程	拟在原址建设沿街三层仿古门面房、文化娱乐综合楼、文化艺术培训中心楼,总建筑面积9602平方米	2205万元	联合开发联合经营	咸阳市人民剧院	刘建社	13992092391
服务及商贸类	咸阳新区现代综合医院	该项目规模为18层(含地下二层)22000平方米,设置病床800张,分二期建设:先期开设病床500张,二期达到800张	1.2亿元	合资BOT	咸阳市第一人民医院 咸阳市妇幼保健院	吴学让 胡军虎	3288253 3280086
服务及商贸类	咸阳市骨伤病医院	新建骨伤病医院计划设置床位500张	8960万元	BOT 合资 合作	咸阳市地方病防治研究所	杨顺华	13809102495
服务及商贸类	咸阳市第二人民医院资产重组	位于咸阳市人民东路78号,占地(不含住宅)4公顷,工作用房建筑面积16596平方米(未含新建26015平方米门诊综合大楼),是咸阳市惟一的三级综合医院		投资合作 整体开发 租赁承包	咸阳市第二人民医院	苏旅明	13335302000 3288856
服务及商贸类	兴平市中医医院联办项目	该院位于兴平城区,建筑面积3000多平方米;有B超等医用设施		承包 联办	兴平市卫生局	郭星恒	8822351 13571084238
服务及商贸类	咸阳东方商厦	东方商厦位于咸阳市人民路北门口十字,商厦主体5层,局部6层,建筑面积12000平方米	3000万元	合作	咸阳商贸集团(有限)公司	刘松龄 王永生 刘耀华	3212572 3213046
服务及商贸类	咸阳市农机大市场	拟在原市场基础上建设“咸阳市农机大市场”	2500万元	合作 合资 独资	咸阳市农机管理中心	关　辉	3122136

续表 3－11

类　型	名 称	内　　容	总投资	合作方式	项目单位	联系人	电话
服务及商贸类	咸阳果业集团果品农资连锁超市	该项目拟在咸阳市建设一个农资配送中心，在各县建立10多个果农超市，采取租赁改造等方式，在各乡镇建约100个果品农资专业销售连锁店	800万元	合资合作	咸阳果业集团有限公司	高友林 董文辉	3362448
服务及商贸类	泾阳县云阳蔬菜批发市场扩建工程	拟建设交易大厅、停车场、综合服务大楼、电子结算系统，有机蔬菜销售网络和农资配套市场	4600万元	合资合作	陕西泾云现代农业股份有限公司	焦志学 何　毅	13335306883 13609185329
服务及商贸类	泾阳县蔬菜配送中心建设	建设年保鲜储运销售能力1万吨的配送中心	380万元	合资合作	陕西泾云果蔬保鲜储运销售公司	焦志学 何　毅	13335306883 13609185329
旅游类	渭河生态旅游度假区	拟在咸阳渭河北岸滩涂地带建设“渭河下游（咸阳段）生态综合治理工程”，充分发挥生态资源和西咸交通便捷优势，把河堤路沿线的渭河滩建设成集观赏、休闲、娱乐、健身为一体的生态休闲旅游胜地	8000万元	合作合资资产置换	咸阳市旅游局	赵兴丰	3210782
旅游类	中华人民共和国大地原点公园及中国测绘博物馆	该项目依托大地原点主体建筑建设展览馆两幢，中心广场一处，复制汉代罗经石；建设主题公园，按照中国地图形状设计，总面积96万平方米，根据中国现有行政区划，将公园分为34个区，每区建设1至3个当地著名的旅游景点和风景名胜微缩景观，体现民族特色。园内道路按现有国道设计，河流重点建设长江、黄河、珠江等大型河流微缩景观；配套建设四星级宾馆、商业街、中华民族文化街	5.47亿元	合资合作经营	泾阳县人民政府	申海民	6224760
旅游类	咸阳沣禾苑五星级大酒店建设	拟在世纪大道以南、沣河东岸、西宝高速公路以北处选址建设五星级大酒店	1.5亿元	引资	陕西沣禾苑文化产业有限公司	王战峰	3816712 13319260116
旅游类	渭城区芋子沟自然风景旅游度假山庄	芋子沟位于渭城区正阳镇韩家湾，有天然地下浸水，沟坡两侧有桃、梨、苹果、柿子、大枣等杂果园。拟建造富有地方特色的风景旅游区，有宾馆、游园、农业生态园林博物馆、别墅区、多功能区等	1.5亿元	合作合资	渭城区文物旅游局	任建生	3718133 3718283

续表3-12

类 型	名 称	内 容	总投资	合作方式	项目单位	联系人	电话
旅游类	咸阳历史博物馆	新建咸阳历史博物馆是省、市政府批准立项建设,市政府列入计划的重点工程。它是依托咸阳特定的历史文化渊源,以反映秦汉断代史为主的一座现代化多功能综合展览馆	6000万元	合资 合作 其他	咸阳市文物局	王雨安	3312072
旅游类	大汉雄风文化园	大汉雄风文化园—茂陵博物馆扩建项目包括:在茂陵博物馆地址上扩大面积以增加馆藏文物的展示,同时,在博物馆的南侧建大汉雄风文化园	4.14亿元 一期 1.66亿元	合资 合作	兴平茂陵博物馆	王志杰	8456438
旅游类	陕西吴氏庄园影视旅游山庄	拟恢复吴氏庄园原貌,建筑群中包含吴氏家庭史展馆,吴宓学术史展馆和安吴青训班史展馆。在庄园东北部古柏林、石牌坊林建影视拍摄场地。庄园入口处建筑与庄园风格相谐调,建民居形式的吃住娱购、停车服务区。规划一处水面,进行水上拍摄和水上娱乐项目,并在水面附近建摄影仿古一条街	8000万元	合作 合资 独资	泾阳县文物旅游局	申海民	6224760
旅游类	咸阳火炮展览馆	拟建火炮发展史展馆、实物展示区、娱乐参与区和配套服务区	600万元	独资 合作 股份	咸阳市旅游局	赵兴丰	3210782
旅游类	郑国渠风景旅游度假区	拟建郑国渠首及历代引泾工程博物馆;张家山景区道路、绿化、水电等配套工程;历代引泾工程遗址标志碑亭等。开发筛珠洞矿泉水、库区水上游乐等	1.2亿元	合作 合资 独资	泾阳县文物旅游局	申海民	6224760
旅游类	旬邑县石门山森林公园旅游度假区开发	该项目拟综合开发自然景观,恢复改造文物景点,修建道路、原始草木屋、三星级宾馆等旅游服务设施	5000万元	合资 独资	旬邑县文体事业局	燕培植	4422489
旅游类	旬邑县唐家清代民居民俗村建设	唐家大院民俗展览馆扩建工程、唐家民俗馆碑廊修复工程	1280万元	独资 合资	旬邑县文体事业局	燕培植 王玉贤	4422489 13992060681
旅游类	爷台山自然风景区旅游开发	拟利用爷台山森林资源和革命战争遗址景观优势,在主峰及周边区域建设革命传统(爱国主义)教育游览区,在第一侧峰建设红色休闲娱乐区,在第二、三侧峰建设模拟实战娱乐区	2500万元	合作 合资		魏 伟	13335409950 13992038241

续表 3－13

类 型	名称	内 容	总投资	合作方式	项目单位	联系人	电话
旅游类	三原县“池阳湖”综合利用开发	拟建设水上乐园、星级宾馆、高级住宅、避暑山庄、餐饮娱乐、养殖种植等综合利用开发	3亿元	合作 合资 独资	陕西省泾惠渠管理局	程哲	2253620 13509101110
旧城改造类	民院十字东南角开发	项目位于市区民院十字立交桥以东，陇海铁路以北，文汇路以南，物资局种子公司以西。该项目总用地约 1 公顷（以规划道路红线界定）。依据城市总体规划的要求，该地块用地性质为商业和居住用地		拍卖 挂牌		孙 楠	3227466 3227468
旧城改造类	利民建材市场开发改造	项目位于市区秦都影剧院以东，荔枝湾大酒店以南，西兰路以西，市供电局以北。用地面积约1.27公顷（以规划道路红线界定）。依据城市总体规划的要求，该地块用地性质为商业服务业用地		拍卖 挂牌		张朝生 杜增印 孙 楠	8181622 3571131
旧城改造类	甘糖站甘百站开发改造	项目位于市区朝阳一路以南，东风路以东，甘百站家属区以北，甘糖铁路专线以西。总用地面积约 5.69 公顷（以规划道路红线界定）。该地块的性质拟改为商业和居住用地		拍卖 挂牌		孙 楠	3227466 3227468
旧城改造类	核工业西北二一〇厂生活区开发改造	位于市区人民西路 60 号。总用地面积约 0.9 公顷（以规划道路红线界定）。依据城市总体规划和人民路景观规划的要求，该地块用地性质为商业和居住用地		拍卖 挂牌		张朝生 杜增印 冯战柱	8181622 3571131
旧城改造类	核工业西北二一〇厂区开发改造	位于市区人民西路 59 号。总用地面积约 3.15 公顷（以规划道路红线界定）。依据城市总体规划和人民路景观规划的要求，该地块用地性质为商业用地		拍卖 挂牌		张朝生 杜增印 冯战柱	8181622 3571131
旧城改造类	陈杨寨转盘十字西南角开发改造	项目用地位于市区陈杨寨转盘十字西南角。总用地面积约 5.59公顷（以规划道路红线界定）。依据城市总体规划的要求，该地块用地性质主要为会展、商办用地		拍卖 挂牌		张朝生 杜增印 冯战柱	8181622 3571131

续表3－14

类　型	名 称	内　　　容	总投资	合作方式	项目单位	联系人	电话
旧城改造类	陕西天王公司沿西兰路地段开发改造	项目总用地面积约1公顷(以规划道路红线界定)。依据城市总体规划及城市发展的要求,该地块用地性质为居住用地		拍卖挂牌		冯战柱 朱　艳	3229163 3229144
旧城改造类	陕西一毛第二生活区开发改造	项目总用地面积约0.4公顷(以规划道路红线界定)。依据城市总体规划要求,该地块用地性质为商业用地		拍卖挂牌		冯战柱 朱　艳	3229163 3229144
旧城改造类	咸阳造纸厂第一生活区开发改造	咸阳造纸厂第一生活区位于人民西路与咸通路交叉口东南角。总用地面积约0.8公顷(以规划道路红线界定)。依据城市总体规划的要求,该地块用地性质为商业服务用地		拍卖挂牌		冯战柱 朱　艳	3229163 3229144
旧城改造类	珠泉路东口西北角开发改造	项目总用地面积约2.3公顷,其中含公共绿地约0.2公顷(以规划道路红线界定)。依据城市总体规划的要求,该地块用地性质为居住用地		拍卖挂牌		冯战柱 朱　艳	3229163 3229144
旧城改造类	咸阳市第二印染厂开发改造	项目总用地面积约合0.95公顷(按规划道路红线界定)。依据城市总体规划的要求,该地块用地性质为商业用地		拍卖挂牌		张朝生 杜增印 冯战柱	8181622 3571131
旧城改造类	陕西天王公司沿人民路地段开发改造	陕西天王公司沿人民路地段总用地面积约合1.63公顷(按规划道路红线界定)。依据城市总体规划的要求,该地块用地性质为商业和居住用地		拍卖挂牌		张朝生 杜增印 冯战柱	8181622 3571131
旧城改造类	咸阳纺织机械厂生活区开发改造	项目用地东靠市区中民大厦,西与铸字机械厂相接、南至人民路以南约82米,北接人民路。依据城市总体规划及控制性详细规划的要求,该地块用地性质为商业用地		拍卖挂牌		张朝生 杜增印 冯战柱	8181622 3571131
旧城改造类	西阳村开发改造	项目位于市区渭阳西路以南,长虹路以东。按规划道路红线界定该地块总用地约14.156公顷。依据城市总体规划的要求,该地块用地性质为居住用地		拍卖挂牌		冯战柱 朱　艳	3229163 3229144

续表3－15

类　型	名称	内　　容	总投资	合作方式	项目单位	联系人	电话
旧城改造类	南安村开发改造	项目位于市区长征路以南，彩虹路与经电路之间。总用地面积约9.73公顷（以规划道路红线界定）。依据城市总体规划的要求，该地块用地性质为居住用地		拍卖挂牌		冯战柱 朱　艳	3229163 3229144
旧城改造类	秦都区七里铺村地块开发改造	项目位于市区咸通路西侧，中医学院附属医院以北，彩虹生活区以东。总用地面积约4.08公顷（以规划道路红线界定）。依据城市总体规划的要求，该地块用地性质为居住用地		拍卖挂牌		冯战柱 朱　艳	3229163 3229144
旧城改造类	陕西第二毛纺厂厂区开发改造	项目用地东靠陕西一毛毛条分厂、西与咸阳新纺机相接、南靠陇海铁路线、北接玉泉路。总用地面积约7.9公顷（按规划道路红线界定）。依据城市总体规划要求，该地块用地性质为工业用地		协议出让		张朝生 杜增印 冯战柱	8181622 3571131
旧城改造类	市区珠泉路东口西南角地段开发改造	项目总用地约0.75公顷（按规划道路红线界定）。依据城市总体规划要求，该地块用地性质为商业和居住用地		拍卖挂牌		冯战柱 朱　艳	3229163 3229144
旧城改造类	国棉二厂生活区开发改造	项目用地东靠秦都区西兰路办事处，西与二厂路相临，北临人民西路。总用地面积约1.51公顷（按规划道路红线界定）。依据城市总体规划要求，该地块性质为商业和居住用地		拍卖挂牌		冯战柱 朱　艳	3229163 3229144
旧城改造类	陶研院场地开发改造	项目用地东靠陶研路、西与陕西纺织器材研究所相临、南临渭阳西路、北靠建设路。总用地约0.73公顷（按规划道路红线界定）。依据城市总体规划要求，该地块用地性质为商业用地		拍卖挂牌		冯战柱 朱　艳	3229163 3229144
旧城改造类	陶瓷厂生活区开发改造	项目用地东靠陕西第一毛纺织厂，西临思源路，南靠水厂路，北接人民路。总用地约1.78公顷（按规划道路红线界定）。依据城市总体规划要求，该地块用地性质为商业和居住用地		拍卖挂牌		冯战柱 朱　艳	3229163 3229144

续表 3－16

类　型	名 称	内　　容	总投资	合作方式	项目单位	联系人	电话
旧城改造类	河头堡开发改造	项目位于胜利街南侧,东临原陕西中医学院,西至市水利局及卫生局用地。总占地面积约3.84公顷。依据城市规划要求,该项目用地性质为居住用地,沿街可改造为商业用地		拍卖挂牌		冯战柱 朱　艳	3229163 3229144
旧城改造类	北安村开发	项目位于市区中华路以南,彩虹南路以东,富安路以西,秦电西路以北。总用地约15.67公顷。依据城市规划要求,该地块用地性质为居住,沿街可改造为商业用地。沿中华路与彩虹南路道路十字应留出不小于0.5公顷的城市公共绿地		拍卖挂牌		冯战柱 朱　艳	3229163 3229144

注:根据《咸阳市招商引资项目册》制表。

西咸经济一体化

【概况】 2004年,西咸经济一体化工作深入开展,按照"规划同筹、交通同网、信息同享、市场同体、产业同布、科教同兴、旅游同线、环境同治"的要求,经济社会进一步融合,民间交往进一步密切,相互合作进一步广泛,经济一体化工作取得明显成效。

【规划同筹】 两市规划部门携手合作,按照规划同筹的总体目标开展了一系列工作。在做好规划编制衔接的同时,在具体项目的布局、审批上已开始进入实质性合作阶段。2月8日、9日,咸阳市召开总体规划纲要评审会,邀请西安市政府、西安市规划局、西安市规划院派员来咸指导,为两市城市总体规划的有效衔接创造了条件。两市规划部门在国道312西安段、新的330千伏高压走廊线位、西咸轨道交通、咸阳市东郊石化工业区扩建等重大项目建设上进行了认真衔接。同时,咸阳市勘测部门按市上要求,调整咸阳市地理坐标系统,规划局在城市规划修编中采用新的坐标系统,为两市统一技术指标、统一地理坐标系统、统一信息操作平台,实现规划的精确对接做好了充分准备。另外,渭河四号桥选址工作已经完成并且已与中港第四航务局签订了投资建设经营协议;两市直达交通通道中阳光大道已开工建设;广城路已完成规划设计,滨河南路正在做前期规划工作。由西安、咸阳共同编制的《西安·咸阳实施经济一体化战略规划纲要》已经两市政府分别下发实施。联席会议之后,市计委向市政府上报了《关于西咸经济一体化"共建区"建设规划编制方案的请示》,并对编制"共建区"规划提出若干意见。市规划局已委托同济大学规划设计院完成了沣河新区的总体规划,纳入其中的"共建区"规划正在与西安方面积极衔接。

【交通同网】 在对西安、咸阳两市对接的17条国、省、县、乡公路现场踏勘的基础上,两市交通部门协商编制完成了《西安咸阳经济一体化交通同网公路建设规划》。投资1.5亿元的G312西咸界至三桥段改建工程和投资2003万元的国道312线咸阳世纪大道沣河桥加宽改造工程已建成通车;投资8.2亿元的S107关中环线建设已经启动,预计2005年底建成通车;投资2亿元的S106线三原至高陵段公路改建工程已进入施工图设计阶段,由西安市交通局统一组织实施,预计2005年底建成通车;投资6569万元的机场西门至G312段接线工程正在积极争取之中。11月8日,西部省际公路银(川)武(汉)线陕甘界至咸阳高速公路开工。11月30日,咸阳市与中港第四航务局在咸阳举行渭河上林大桥(渭河四号桥)投资建设经营协议签字仪式,标志着咸阳城市建设的又一标志性建筑——渭河四号大桥建设进入全面启动阶段。这也是咸阳近十年来市政基础设施建设招商引资的最大项目。交通部门1月19日顺利开通咸阳至西安、咸阳至临潼、咸阳至长安等三条客运线路,极大地方便了沿线群众。9月2日，西安市公共交通总公司和咸阳市公共交通公司在咸阳市签订了《西安、咸阳两地实施公交一体化合作意向书》，双方同意先期开辟由西安至咸阳两条公交线路（简称西咸公交1、2号线）。

【信息同享】 1月1日，正式开通了西安·咸阳大同城票据交换业务。5月10日至6月10日，咸阳市开展了西咸大同城票据交换业务宣传月活动，其中5月22日为全市集中宣传日。在两市政府和电信部门的共同努力下，咸阳市电话号码升8位并入西安本地网工作取得了明显进展。3月，完成咸阳市《西咸通信并网可行性研究论证报告》的起草工作，并上报陕西省通信管理局及西安市政府。4月1日，省通信管理局召集省电信公司、省移动公司、省联通公司、西北网通公司、省铁通公司、西咸两市各通信公司及西安市邮电规划设计院等单位20多位领导、专家召开讨论会，对《西咸通信并网可行性研究论证报告》进行研讨，专家提出比较中肯的修改意见。4月中旬，省通信管理局将修改后的《西咸通信并网可行性研究论证报告》上报信息产业部，省通信管理局在报告中明确表态，同意西咸通信并网。9月13日，国家信息产业部在西安召开了“西安—咸阳本地电话网并网论证会”，邀请国内专家及各大电信运营商，就咸阳市电话升8位及并入西安本地网有关事宜进行了专题论证，原则同意咸阳市电话并入西安市本地网。信息产业部清算中心提出了IP卡用户资费标准及实施方案的完善两个问题。省通信管理局对资费标准问题已作答复，对实施方案进行了完善，并于12月5日上报信息产业部电信管理局。

【产业同布】 8月，市委书记宋洪武批示：“在西咸经济一体化中，咸阳配角经济的口号不仅要喊响，还要落实”。随后，市计委提出了咸阳市大力发展配角经济的具体措施。市经贸委也与省机械行业办、省发改委进行了联系，对西安汽车工业情况进行了摸底调研，并和西安秦川汽车有限责任公司、西安西沃客车有限公司、法士特等单位取得联系。10月22日，咸阳纺织工业迁移工程规划评审会在秦宝宾馆举行。专家对中国纺织建设规划院设计的规划方案进行了认真评审，原则通过。11月，西航集团公司总经理马福安一行来咸考察，在市委书记宋洪武、市长张立勇的陪同下，对咸阳航空和机械加工工业进行考察后，合作兴趣很浓。随后，咸阳市组织市深井泵厂、空气压缩机厂等6户企业到西航进行考察。经过充分洽谈，双方认为合作前景广泛。另外，咸阳市兴平西部汽车零部件配套加工制造业基地、纺织工业基地、西安—咸阳医药产业基地等规划编制工作正在抓紧进行。

【市场同体】 按照“共建统一商品流通环境”的总体要求，两市相关部门密切合作，取得明显成效。所有农作物及其产品实行检疫“一票到底”制，相互认同，如需检疫也不得重新收费。8月27日，省农业厅组织召集西安市农业局、咸阳市农业局、西安市动物检疫站、莲湖区动物检疫站、未央区动物检疫站、咸阳市畜牧站、兴平市动物检疫站等多家单位，召开了西安市场咸阳猪肉重复检疫协调会，重点解决建立猪肉产品产地检疫“一票通”制度，西安市场不得重复检疫收费。从10月开始，咸阳市猪肉进入西安市场已经实现“一票通”，西安方面已不再重复检疫收费。咸阳市“绿康”牌无公害蔬菜商标已申报到有关部门，正在积极争取之中。为了促进蔬菜销售，三原县无公害蔬菜开发服务公司与西安新天地绿色食品有限公司签订了千棚万亩蔬菜订单生产，已带动6个乡镇600多户蔬菜大户，发展5个品种11个系列的鲜菜，平均每亩收入15000元。12月11日，“发展秦都现代服务业项目推介会”在秦宝宾馆召开，会上，秦都区政府和西安商业联合会正式签订合作发展协议书。12月14日，西安市民建会员企业家考察团一行17人来咸进行考察交流，市政协副主席蔡健民、市民营企业家协会会长郑勇陪同。

【科教同兴】 两市在建立的科技信息平台上互留接口，将通过Internet相连，形成专网。为了整合资源，共同推进制造业信息化工作，咸阳市邀请西安的软件公司来咸做推广工作，用友ERP、北航海尔CAD等软件已在咸阳市企业应用。利用西安创新环境好的特点，咸阳市支持信息产业的科研人员赴西安进行研发，已注册西安同信科技、环宇易信软件、同辉网络、同光信息技术公司。西安旅游中专与渭城职业中学联合办学，秦都区职教中心先后与陕西职业技术学院、西安市职业技术中等专业学校联合办学，共同开办专业课，扩大了学校专业设置。12月15日，西北大学与咸阳市勘查测绘院共同组建的“西北大学教学实习基地”举行签字揭牌仪式。两市配合查处了多起盗版和非法出版物等案件，净化了文化市场。共同举办书画、摄影、民间艺术等展览，扩大了两市文化交流。卫生方面，按照资源共享的原则，实行了专业人才远程培训和医疗机构间的共建联合。在重点疾病的预防控制、突发公共卫生事件的快速反应和处置方面的合作正在进一步沟通之中。

【旅游同线】 1月16日，两市旅游局在昭陵饭店举行第三次例会，双方总结回顾2003年两市的旅游合作所取得的成绩及存在的问题，筹划探索2004年两市发展旅游合作的新举措。2月7日，两市旅游局在茂陵博物馆共同举办“中国百姓生活游”西安咸阳活动启动仪式。5月以后，两市旅游局开展旅游市场联合整治，规范了旅行社市场经营秩序。另外在共同开发市场方面开展了多方面的合作,取得了积极成效。开辟了西安—三原—淳化—旬邑农家乐线路和西安—咸阳博物馆—茂陵—乾陵旅游线路。西安、咸阳双方就在机场设立西安咸阳旅游服务咨询中心事宜达成一致,共同建设,经费分摊。

【环境同治】 两市环保部门制定了《西安—咸阳沣河、皂河水污染治理规划》,并上报了省政府。6月2日,省政府常务会议专门研究《西安—咸阳沣河、皂河水污染治理规划》,由省政府牵头进入实施。9月27日,贾治邦省长主持召开省政府常务会议,研究通过了省环保局制定的《渭河水污染防治综合整治方案》。10月10日,省环保局主持召开《渭河水污染防治综合整治实施方案》运行工作会议,《西安·咸阳沣河、皂河水污染治理规划》为第一阶段主攻目标。到年底,沣河、皂河和太平河主要污染排放量与2003年相比,已减少20%,主要监测值指标已低于上年同期监测值。2004年西咸环境同治工作任务如期完成。

【西咸经济一体化两市领导联席会召开】 7月12日,由西安、咸阳两市市委、市政府共同举办、备受社会各界广泛关注的西安咸阳经济一体化两市领导联席会议在秦宝宾馆举行。两市市委、市政府、市人大、市政协和30多个对口部门主要负责人及中央、省、市共15家新闻单位共计120多人参加了会议。会议由咸阳市市委常委、常务副市长李三原主持。会议通过了《西安·咸阳实施经济一体化战略规划纲要》,西安市市长孙清云和咸阳市市长张立勇签署了《2004年西安·咸阳经济一体化两市领导联席会议备忘录》,西安市委副书记、常务副市长陈宝根宣读了《备忘录》,西安市计委党组书记、副主任刘维健介绍了西咸经济一体化工作进展情况以及下一步工作设想,咸阳市计委主任刘国志就《西安·咸阳实施经济一体化战略规划纲要》(草案)向大会作了说明。省委副书记、西安市委书记袁纯清和咸阳市委书记宋洪武就一体化工作分别作了重要讲话。

【战略目标和步骤】 《西安·咸阳实施经济一体化战略规划纲要》以咸政发(2004)42号文件印发各县市区政府及市直各相关部门,其战略目标和步骤是:西咸经济一体化以咸阳的市区和西安的未央区为重点,先期启动,连接两市城区,逐步带动两市周边县区的发展。从2003年开始,用13年的时间,分三个阶段,实施西咸经济一体化战略。第一阶段,从2003年到2005年,共3年的时间,为打基础阶段。重点围绕"八同",突出抓好基础设施建设、生态环境建设,加快推进城市一体化进程,夯实经济一体化建设的基础。到2005年,两市生产总值年均增长13%以上,达到1600亿元以上,占全省的57%以上;二、三产业占全省的比重由2002年的47.8%增加到53%以上;地方财政收入达到110亿元;农民人均纯收入达到3100元,城镇居民人均可支配收入8640元;城镇人口达到523万人,城市建成区面积达到370平方公里。两市经济综合实力进一步提高,产业布局调整有突破性进展,生态环境小气候初步形成,实现全国环境保护模范城市目标,为一体化建设奠定坚实基础。第二阶段,从2006年到2010年,共5年时间,为见成效阶段。重点围绕经济一体化目标,突出整合两市优势资源和推进产业结构优化升级,加快高新技术、商贸、旅游和制造业基地等一批重大项目建设步伐。到2010年,两市生产总值达到2800亿元,五年平均增长12%,占全省的60%以上,二、三产业占全省的比重增加到60%以上;地方财政收入达到210亿元;农民人均纯收入达到4100元,城镇居民人均可支配收入11500元;城镇人口达到580万人,城市建成区面积达到500平方公里。经济一体化的市场体制基本形成,产业布局更趋合理,结构优化升级。相邻地域的城市建成区规模扩大,经济载体能力进一步增强。实现城市一体化、经济一体化、交通一体化和环保一体化目标。第三阶段,从2011年至2015年,共5年时间,为发展提高阶段。在前两个阶段的基础上,再经过5年的奋斗,城市融为一体,经济实力达到发达地区水平,居西部城市首位,经济更加发展,民主更加健全,科技更加进步,文化更加繁荣,社会更加和谐,人民生活更加殷实。

(罗升强　张军红)

庆祝建国55周年

【庆祝活动丰富多彩】 围绕庆祝建国55周年,市委宣传部、市文化局、市文联共同组织举办庆祝建国55周年"镜头中的咸阳"摄影大赛,收集作品300余幅,其中有2人获得一等奖。市委宣传部、市委理论讲师团、市委党校、市委党史研究室、市社科联、咸阳日报社联合召开了庆祝中华人民共和国成立55周年理论研讨会。9月下旬,市委统战部组织召开了庆祝建国55周年各界人士座谈会。从8月到10月底,《咸阳日报》、咸阳电台、咸阳电视台分别开办"为共和国添光彩"、"辉煌55年"、"咸阳风采录"等专栏和专题节目,集中展示全国及全市55年来各条战线取得的辉煌成就。集中组织发表一批庆祝中华人民共和国成立55周年的回忆文章、专访和理论文章。同时,加大对庆祝活动的宣传报道力度,及时报道各种庆祝活动,营造浓郁的舆论氛围。国庆期间,为烘托节日气氛,全市主要大街和建筑物都悬挂了国旗、彩旗,开启了夜景照明设施,广场和主街道都布置了鲜花、彩旗等。市电影公司加大了优秀影片的发行放映工作力度,组织各大影院开展“庆祝建国55周年优秀影片放映周”活动;市电视台组织了一批优秀影视片在国庆期间播放;市新华书店积极开展了建国55周年的图书、图片发行工作;市区渭滨公园、古渡公园、市图书馆、博物馆都延长了开放时间,举办了丰富多彩、健康有益的群众文化娱乐活动,最大限度地满足节日期间群众精神文化需求,渭滨公园、古渡公园还组织开展了节日游园活动;各县市区、市直各部门、驻咸各部队、各厂矿企事业单位、各大中小学也都以庆祝建国55周年为契机,组织开展了走访慰问老红军、老八路、老党员、知识分子、劳动模范等先进人物的活动,并通过举办成就展、书画展、群众性歌咏比赛、座谈会、报告会、参观爱国主义教育基地等活动,对广大干部群众和解放军指战员、武警官兵,特别是青少年深入进行爱国主义教育,激发爱国、爱市热情,坚定建设西部强市和小康咸阳的信心。

【歌咏比赛】 7月,市上专门下发了《关于搞好庆祝建国55周年活动的通知》,对全市各项庆祝活动进行了安排部署,要求按照小型、多样、实效、节俭的原则,精心组织形式多样的群众文化活动。从8月开始,全市广泛开展了歌咏比赛活动。庆祝建国55周年“祖国颂”歌咏比赛活动历时2个多月,各县市区、各系统、各行业约有50多万人参与活动,充分体现了群众性、广泛性的特点。经过预赛、复赛,国庆前夕,由市委宣传部、市直机关工委、市文化局共同组织,市直16支代表队参加了在市体育馆举行的决赛。经过激烈角逐,市财贸系统等3支代表队获得一等奖,市老干部代表队获得特别奖。市上领导宋洪武、张立勇等参加了演唱比赛并为获奖队颁奖。

(李君郁)

开展“扶贫帮困送温暖”活动

【概况】 2004年11月~2005年2月,咸阳市开展了大规模、大范围的“扶贫帮困送温暖”活动。市委办、市政府办联合印发了《咸阳市扶贫帮困送温暖活动实施方案》,制定了具体措施。活动由市委常委、市委秘书长李效民和副市长上官吉庆牵头抓总,市委办公室、市政府办公室等28个单位主要负责人为成员。活动办公室设在市政府办公室农业科(救灾办),下设3个小组。一是国企困难职工帮扶小组,由市劳动和社会保障局牵头,市总工会、市经贸委参与,负责做好国有企业下岗职工的帮扶工作;二是城镇困难群众帮扶小组,由市民政局牵头,市委组织部等部门参与,负责做好下岗失业人员、城市“低保”对象和失地农民等困难群众的帮扶工作;三是农村困难群众帮扶小组,由市扶贫办牵头,市农业局等部门参与,负责做好农村困难群众的帮扶工作。各县市区、各牵头部门把各项任务分解到有关部门,明确日程安排、任务标准、时限要求和主要负责人。截至2004年12月20日,全市共捐款179万元,捐衣物211078件、棉衣23138件、棉被3830床、药品30件、方便面500大箱、粮食145050公斤、食油1247公斤、食盐1000公斤、化肥25吨、其他物资折款28.69万元。

【举行“扶贫帮困送温暖”活动万人签名暨捐助仪式】 11月27日,由市委宣传部、市民政局、市文明办共同组织,在市人民广场举办“扶贫帮困送温暖”活动万人签名暨捐助仪式。市上领导和市直机关、部分驻咸企事业单位干部职工、驻咸部队官兵以及大中专学校的师生一万多人参加了活动。据统计,当日参加捐款的单位有146个,参加捐款的个人达13000人,总捐款25万元。

【国企困难职工帮扶工作】 市劳动局把“扶贫帮困送温暖”活动同劳动保障工作紧密结合,全力推动帮扶工作深入开展。一是确保下岗职工基本生活费和企业离退休人员养老金按时足额社会化发放,努力做到“不少一人,不拖一天,不欠一分”。二是认真宣传贯彻《陕西省企业工资支付条例》,扎实开展“诚信维权”活动,对建筑施工、餐饮等拖欠农民工工资较为集中的行业展开“拉网式”检查,确保农民工“劳而有获”。三是继续举办“下岗职工再就业培训班”,免费为下岗职工进行多种实用技术培训,免费为下岗职工提供职业介绍,并为有创业意向而缺乏启动资金的下岗职工提供小额担保贷款资助。四是大力开发保洁、保绿、治安协警、交通协管等公益性岗位及大棚菜种植等农业岗位,优先安置家庭困难的下岗职工上岗。

【“两联一包”扶贫帮困送温暖百日竞赛活动】 2004年,根据全市“扶贫帮困送温暖”活动统一部署,市扶贫办组织动员在咸贫困地区开展“两联一包”扶贫工作的省、市、县党政军机关、企业事业940个,从2004年11月19日至2005年2月底,在全市贫困乡村开展了“两联一包”扶贫帮困送温暖百日竞赛活动。2004年11月19日,在乾县关头乡举行了全市“两联一包”扶贫帮困送温暖百日竞赛活动启动仪式。29个在乾县的市级“两联一包”扶贫单位共为包扶村困难群众现场捐款89149元、衣服2264件、棉被160条、大米1550公斤、面粉4300公斤、食油895公斤、食盐500公斤、化肥25吨,拉开了全市“两联一包”扶贫帮困送温暖百日竞赛活动的序幕。启动仪式之后,各级领导带头,各包扶单位积极行动,纷纷深入包扶村调查摸底,制定措施,对困难群众普遍实行领导包户、科室包户的办法,及时送温暖,扎实办实事,取得了良好的社会效果。活动期间,各级共为贫困地区困难群众捐赠现金58万元、衣物12.3万件、棉被3500条、大米3.9万公斤、面粉10.3万公斤、食用油2145公斤、食盐1000公斤、化肥25吨,捐赠科普知识资料1800册,救助困难群众5.2万人,解决了贫困群众的燃眉之急,为他们度过一个欢乐、祥和、舒适的春节创造了条件,对贫困地区稳定和发展起到了积极的促进作用。

【做好灾民救助工作】 2004年,咸阳市遭受低温冷冻、大风、暴雨、冰雹等多种自然灾害,全市有11个县市不同程度受灾,受灾人口82.81万人,直接经济损失2.44亿元。灾害发生后,全市积极开展救灾工作。一是各级民政部门及时深入灾区,统计核查灾情,按照应急预案,组织转移安置灾民,实施救助,确保了灾民有吃有穿有住。二是筹措资金,开展灾后重建工作。市上筹措下拨了60万元重建资金,并就灾后重建工作进行了安排部署。各县市区按照省上灾民建房的政策规定,及时落实补助资金,制定重建方案,落实工作责任。至年底,全市已重建房屋2739间,占需恢复重建的73%。三是对冬令灾民生活进行了全面调查。10月上旬,全市民政系统深入灾区,逐村逐户详细调查冬令需救济情况,建立了规范的《冬令需救济人口台帐》,编制了《救助人员花名册》。全市冬令期间需要救济18.1万人,需救济粮540万公斤,需救济衣被7.81万件。四是对冬令灾民开展救助工作。市上下发了《关于做好冬令灾民救济工作的通知》,统一印制了《灾民救助卡》。咸阳市各级在上级冬令补助款未下拨的情况下,积极和财政、粮食部门进行协商,做好冬令救灾粮的供应发放工作。市财政还安排救灾资金45万元,采购了5988床(套)救灾棉衣被,这些衣被和社会各界捐赠的17.27万件衣物,已全部发放到受灾群众手中。四是全市各级积极开展了走访慰问困难群众活动,共慰问1694户,发放慰问金50.82万元、面粉4.215万公斤、棉衣被1448床(套)、食用油2415公斤。

(阎宏录　高宝峰　殷　旭)

向巨粉娥同志学习活动

【巨粉娥】 巨粉娥,女,汉族,大学文化程度,高级农艺师。1950年8月出生于长武县巨家镇巨家村,1974年元月入党,1977年毕业于西北农学院植保系,自愿回到家乡长武县农科所从事植保植检工作,1989年12月起任长武县植保植检站站长。2004年6月17日因公殉职,年仅54岁。巨粉娥参加工作27年来,忠诚党和人民的事业,长期扎根山区,献身植保事业,为加快农业科技推广和应用,促进家乡农业发展和农民脱贫致富而呕心沥血,辛勤工作,无私奉献,在平凡的工作岗位上做出了不平凡的业绩。她多次参与国家、省、市多项农技推广及研究项目,先后48次获国家、省、市科技进步成果奖励。由她负责的县植保站被评为全省"十佳植保站"、"全国农作物病虫测报先进集体",是全国重大病虫区域测报站、省级重点病虫测报站和咸阳市惟一的季节性公路植物检疫检查站。她本人曾被国家农业部、人事部等六部委授予"全国农业科技推广先进工作者"称号,被推选为省第十次党代会代表、省第十次妇代会代表,市第四次党代会代表、市第三次妇代会代表,多次受到各级政府和社会有关方面的表彰。

【做出开展向巨粉娥学习的决定】 巨粉娥是咸阳妇女界一个典型。她不幸去世后,在当地干部群众中引起了强烈的反响,群众自发地从四面八方前来吊唁,省、市各有关方面的领导也前来吊唁。她的动人事迹被广泛传颂。长武县委、县政府根据这一情况,及时向咸阳市委主要领导作了汇报。市委书记宋洪武充分肯定了巨粉娥的先进事迹,明确指示,在全市党员干部中开展向巨粉娥学习活动。2004年9月,在充分调查核实的基础上,市委作出了《关于追授巨粉娥同志"优秀共产党员"称号的决定》和《关于在全市党员干部中开展向巨粉娥同志学习的决定》,要求全市各级党组织要把开展向优秀共产党员巨粉娥学习活动,作为思想政治工作的一件大事来抓,加强领导,精心组织,迅速掀起学先进、见行动、比贡献的热潮。

【组成巡回事迹报告团】 市委宣传部、组织部及时组建了巨粉娥先进事迹报告团。报告团历时半个月,巡回报告14场次,听众万余人。报告团成员发扬巨粉娥精神,克服困难,马不停蹄,一天跑两三个县区,进行巡回报告。巨粉娥生前助手、巨粉娥的女儿和长武县电视台的记者三名主要报告人站在不同的角度,对巨粉娥的感人事迹进行了报告。每场报告都生动精彩,催人泪下,使各级干部接受了一次扎根基层、无私奉献的人生观教育,牢记宗旨、一心为民的党性教育,爱岗敬业、严谨求实的科学精神教育,朴实无华、廉洁勤政的优良作风教育。报告受到了各级干部的一致好评和热烈欢迎。

【新闻宣传活动】 为了全面报道巨粉娥的先进事迹,市上集中开展了新闻宣传活动。市委宣传部印发了《关于开展向巨粉娥同志学习的宣传报道意见》,组成专门的调查采访组,由一名副部长带队,深入巨粉娥工作生活过的基层一线,进行调查采访。《咸阳日报》、咸阳电台、电视台等新闻媒体,按照市委的统一部署,制定了详细的报道方案,组织记者深入基层,深入实际,进行采访,认真做好巨粉娥的宣传报道工作。《咸阳日报》在头版刊登《中共咸阳市委关于在全市党员干部中开展向巨粉娥同志学习的决定》和《中共咸阳市委关于追授巨粉娥同志“优秀共产党员”称号的决定》，刊发《庄稼人心中的丰碑》长篇通讯，组织发表了系列评论员文章。咸阳人民广播电台播发了巨粉娥先进事迹的长篇通讯。咸阳电视台在《咸阳新闻》节目中摘要播发市委两个《决定》，并穿插巨粉娥的生活片段。各新闻媒体充分报道了市上召开的巨粉娥先进事迹报告大会，刊播了各地各部门领导同志和科技工作者的学习体会文章及生前友好访谈、回忆文章等，制作一批反映全市各级广泛开展学习巨粉娥活动的动态节目和消息。据统计，市级新闻媒体宣传巨粉娥事迹的稿件达100多篇(条)。10月25日~29日，由省委宣传部新闻处处长带队，省级多家媒体20多名记者深入长武采访巨粉娥事迹，《陕西日报》、《当代陕西》、陕西电视台、陕西人民广播电台、《华商报》、《三秦都市报》先后多次在头版重要位置或黄金栏目黄金时段宣传巨粉娥，使巨粉娥的感人事迹家喻户晓。同时，省委宣传部组织省上专家学者以及省市有关单位和领导，召开了巨粉娥先进事迹座谈会，《陕西日报》整版刊发了座谈会发言摘要，并向中宣部推荐了这一典型。这在咸阳多年来先进人物的宣传上还是第一次。

（李君郁）

附：

中共陕西省委关于追授巨粉娥同志“优秀共产党员”称号的决定

（2005年1月18日）

巨粉娥，女，汉族，生于1950年8月，长武县巨家镇巨家村人，大学文化程度，高级农艺师。1974年1月加入中国共产党。1977年1月从西北农学院植保系毕业，主动要求回到家乡长武县农科所从事植保植检工作。1985年起先后任长武县植保植检站代理站长、副站长、站长。2004年6月17日，在赴省植检站联系苹果非疫区建设项目返回长武途中，不幸遭遇车祸，因公殉职，年仅54岁。

巨粉娥同志参加工作27年来，坚持扎根山区、献身植保事业，为加快农业科技推广和应用、促进家乡农业发展和农民脱贫致富，呕心沥血、无私奉献，顽强拼搏、开拓进取，在平凡的岗位上做出了不平凡的业绩。她所领导的长武县植保植检站获国家部委和省、市、县党委政府及有关部门表彰奖励18次，被评为“全国农作物病虫测报先进集体”、全省“十佳植保站”。她先后荣获26项国家、省、市科技进步成果奖，被国家农业部、科委、人事部、水利部、林业部、农发办六部委授予“全国农业科技推广先进工作者”称号，被推选为省第十次党代会代表、省第十次妇代会代表。

巨粉娥同志用自己默默奉献的一生，忠实履行了一个共产党员和基层干部的神圣职责，赢得了干部群众的拥护和爱戴。在她的身上，集中体现了新时期共产党员的优秀品质和崇高境界，充分体现了共产党员的先进性。巨粉娥同志是践行“三个代表”重要思想的典范，是我省基层干部的一面旗帜，是广大科技工作者的楷模，是全省党员干部群众学习的榜样。为表彰先进，树立典型，省委决定，追授巨粉娥同志“优秀共产党员”称号。

省委号召，全省各级党组织和广大党员干部要向巨粉娥同志学习，以巨粉娥同志为榜样，认真贯彻落实党的十六大和十六届三中、四中全会及省委十届五次、六次全会精神，忠实践行“三个代表”重要思想，牢固树立和落实科学发展观，始终保持共产党员的先进性，解放思想、振奋精神，爱岗敬业、埋头苦干，为全面建设小康社会、加快建设西部经济强省做出新的更大的贡献！

中共陕西省委关于在全省党员干部中开展向优秀共产党员巨粉娥同志学习的决定

（2005年1月18日）

巨粉娥同志生前是长武县植保植检站站长，高级农艺师。巨粉娥同志1977年1月从西北农学院植保系毕业后，多次放弃到城市工作的机会，一直在偏远贫困的长武山区从事植保专业技术推广和研究工作。27年来，她矢志不移、扎根基层，情系群众、无私奉献，严谨求实、爱岗敬业，顽强拼搏、开拓创新，在平凡的岗位上做出了不平凡的贡献。她常年三分之二的时间都奔波在田间地头、穿梭于沟沟峁峁，指导群众学习科学知识，向群众传授致富技能。她每年给群众讲课达百余场次、培训农民500余人，年均为农民减少病虫害损失600多元，近年来帮助3000多户、10000多人摆脱了贫困。她多次参加中、省、市农技推广研究项目，获国家部委和省、市、县党委政府及有关部门表彰奖励26次。长武县植保植检站在她的领导下，获国家部委和省、市、县党委政府及有关部门表彰奖励18次，被评为“全国农作物病虫测报先进集体”、全省“十佳植保站”、全省为数不多的全国重大病虫区域测报站、省级重点病虫测报站和咸阳市惟一的季节性公路植物检疫检查站。她因此被群众誉为“农业的守护神”、“病虫害的克星”和“‘三个代表’的忠实实践者”，并被国家农业部、科委、人事部、水利部、林业部、农发办六部委授予“全国农业科技推广先进工作者”称号，被推选为省第十次党代会代表、省第十次妇代会代表。

巨粉娥同志的先进事迹蕴伟大于平凡之中，集中体现了新时期共产党人立党为公、执政为民的优秀品质，体现了农业科技工作者传播知识、服务"三农"的高尚追求，体现了当代基层干部勇于进取、忘我奉献的精神风貌，具有鲜明的时代特征。巨粉娥同志是我党的优秀分子，是忠实实践"三个代表"重要思想的典范，是我省基层干部的一面旗帜，是全省广大党员、科技工作者和干部群众学习的榜样。为表彰先进，弘扬正气，省委决定，在全省党员干部中开展向优秀共产党员巨粉娥同志学习活动。

向巨粉娥同志学习，就是要学习她坚定信念、扎根基层，为党和人民的事业无私奉献的人生追求，勇于到最艰苦的地方、最困难的地方和矛盾问题较多的地方建功立业；学习她牢记宗旨、一心为民的崇高品质，时时处处把群众利益放在首位，时时刻刻把群众安危冷暖放在心上，真正做到权为民所用，情为民所系，利为民所谋；学习她爱岗敬业、严谨求实的科学精神，勤勤恳恳、兢兢业业，不辱使命、不负重托，在平凡的岗位上做出不平凡的贡献；学习她廉洁勤政、严于律己、朴实无华的优良作风，清清白白为官，踏踏实实干事，堂堂正正做人；学习她顽强拼搏、勇于开拓的进取精神，知难而进、艰苦奋斗，与时俱进、开拓创新，不断把各项工作推向前进。

开展向优秀共产党员巨粉娥同志学习活动，对于广大党员干部坚定理想信念，树立正确的世界观、人生观和价值观，坚持正确的权力观、地位观、利益观，保持共产党员先进性和基层组织战斗力，不断开创陕西社会主义现代化建设新局面，具有十分重要的意义。全省各级党组织要把开展向优秀共产党员巨粉娥同志学习活动，作为开展以实践"三个代表"重要思想为主要内容的保持共产党员先进性教育活动的一项重要内容，加强领导、精心组织、广泛发动，迅速掀起热潮。要认真组织党员干部对照巨粉娥同志先进事迹，找差距、明方向，不断提高思想政治素质，争做巨粉娥式的共产党员。要学以致用，增长谋事的智慧、丰富成事的方法，在解决本地区本部门本单位关乎群众切身利益问题上见成效，推动各项工作扎扎实实地、富有成效地开展。各级领导干部要起示范带头作用，深入基层、深入群众、解决实际问题，通过思想作风的改变，进一步密切党群干群关系，努力使学习活动取得实实在在的效果。要广泛宣传巨粉娥同志的先进事迹，深入挖掘其精神内涵和典型意义，切实发挥好先进典型的教育、示范、引导作用，把学习活动逐步推向深入。全省党员干部要以巨粉娥同志为榜样，团结带领广大人民群众，认真贯彻落实党的十六大和十六届三中、四中全会及省委十届五次、六次全会精神，解放思想，与时俱进，扎实工作，开拓创新，以实实在在的工作业绩，为全面建设小康社会、加快建设西部经济强省作出新的更大的贡献！

中国魅力城市——咸阳

【参选"中国魅力城市"】 中央电视台于2004年4月启动了"中国魅力城市"评选活动，向全国600多个除省会城市、副省级城市及港澳台以外的中小型城市发出邀请，并组织起由20多名对城市相当有研究的专家组成的评审团参与评定。接到邀请后，市委、市政府高度重视，认为咸阳具备取得"中国魅力城市"的先决条件。咸阳是一座古老而神奇的城市，曾经是秦始皇横扫六合统一中国的中国第一帝都，又是汉、隋、唐等几个封建王朝的京畿重地，历史悠久、文化积淀厚重。近年来，咸阳市以其科学的城市规划，优雅的城市环境，以及独特的民俗文化风情享誉海内外。市委、市政府决定竞争魅力城市称号。10月12日，历时3个多月艰苦努力与激烈角逐，咸阳市以深厚的历史文化积淀和博大的人文精神以及现代文明的无限魅力征服了所有的评委与观众，荣获中央电视台首届"中国魅力城市"称号，在全社会引起强烈反响，极大地激发了广大市民的自豪感和自信心，全市上下兴起了"人人争做魅力市民，共同建设魅力咸阳"的热潮。

【全力展示咸阳魅力】 城市魅力其实就是城市的个性，没有个性的城市就没有魅力。按照这一理念，咸阳的魅力被概括为："咸阳具有周秦雄风、汉唐气蕴、金戈铁马、史诗文韵，走进咸阳，你就走进了中国地藏博物馆，走进咸阳，你就走进了中华文明的发祥地"。同时，把"中国第一帝都"确定为咸阳市的魅力口号。按照中央电视台的参选程序，城市魅力展示分为电视宣传片展示、魅力推荐人推荐和城市瑰宝展示三个方面八个环节。经过多次策划、反复研究，咸阳电视台精心制作了三条电视短片，突出了咸阳丰厚的历史文化这一主题，把周秦汉唐各朝代在咸阳的历史文化给予充分展示，着力表现了先民塑造的周秦雄风、汉唐气蕴，着力表现了咸阳的沉雄大气、王者风范、民族精神以及所表现的神秘色彩，着力表现了咸阳人热情真诚、明礼诚信、一言九鼎的大家风范，同时，突出展现城市精神。在魅力推荐环节中，市长张立勇作了精彩演说，他阐述魅力咸阳的五大论据，真实、科学、可信、幽默，赢得了阵阵掌声；魅力推荐人、中国作协副主席陈忠实以其渊博的历史知识和准确的语言对咸阳进行了最有力的推荐；魅力大使黄晓燕则靠自己的真情实感，表达了对咸阳的深厚感情，这种情感感染了观众。

【城市瑰宝】 城市瑰宝选择了西周

圆鼎—淳化大鼎、秦代统一货币秦半两和盛唐石刻浮雕艺术珍品昭陵六骏。这三件宝物分别是咸阳不同历史时期的艺术珍品，同时宝物背后还有许多感人的故事。这一系列的展示正如陈忠实在推荐中讲的："知道我们这个民族和国家是由秦始皇在咸阳完成统一大业的时候，就感受到咸阳在我们这个国家和民族整个历史上决定性的意义，你亲自到那片土地上感受的东西，不是文字，而是那块土地，是一种沉雄大气"。

【胜利捧回魅力奖杯】 10月12日晚16时，在被世人称为"天下第一雄关"的居庸关下，在中央电视台评选出的20个首届"中国魅力城市"颁奖晚会现场，灯火通明，彩灯高悬，展示20个魅力城市风貌的巨幅照片悬挂在舞台顶部。当主持人宣布到陕西省咸阳市荣获首届魅力城市时，会场上响起了经久不息的掌声。中央电视台著名主持人敬一丹在主持词中这样说：中国版图的圆心城市咸阳，早在汉唐以前，就完成了城市性格的塑造，先民开创的周秦雄风延续成后来的汉唐气韵。咸阳人热情诚实，明礼诚信，崇尚一言九鼎，维持着城市的王者风范。当咸阳市市长张立勇登上领奖台、手举"中国魅力城市"的奖杯时，现场再次响起热烈的掌声。10月13日上午，市长张立勇从北京载誉归来接受记者采访时说："这次我市能够当选'中国魅力城市'，是全市人民的骄傲和自豪，是全市人民努力奋斗的结果，同时，非常感谢全国人民对我们的厚爱。因此我们将按照科学发展观，弘扬热情诚实、明礼诚信的城市人文精神，推崇一言九鼎的大家气度，让全市都来关心、热爱、宣传我们的城市，更好地建设管理好城市，让这座历史文化名城更具现代气息，更具魅力。"

【开展"魅力咸阳"宣传教育活动】

咸阳市荣获首届"中国魅力城市"称号，极大地鼓舞了全市广大干部群众。由市委宣传部牵头，在全市范围内迅速掀起了"中国魅力城市——咸阳"宣传教育活动的热潮。这次宣传教育活动从10月开始，到春节前结束，分四个阶段进行。先后在市直机关党员干部中深入开展了"咸阳被评为魅力城市，党员干部怎么办？"讨论活动；在全体市民中深入开展了"人人都是咸阳形象，人人争做魅力市民"活动；在全市各级工会组织、共青团员和妇女中深入开展了以创建"五好家庭"、"青年文明号"、"青年志愿者"和"爱厂爱家"等宣传教育活动；在全市政法系统深入开展了"文明执法，热情服务"活动；在窗口行业和服务单位深入开展了以"我是咸阳形象"为主题的宣传教育活动。同时，邀请省、市专家教授和部分市直部门召开了魅力城市咸阳座谈会，加强了对"魅力城市咸阳"的理论引导。制作了《魅力咸阳》邮册（光盘）2000册，与市邮政局共同策划发行了《魅力咸阳》主题邮票、纪念邮资封及主题明信片。加大了正面形象宣传，对咸阳市区的广告牌进一步统一规划，在重要街段、十字路口和各大广场显著位置分别树立能够体现咸阳魅力城市特色的巨幅宣传牌。对市区内主要街道的重点店铺门面的牌匾提出了高品位的美化要求，充分体现魅力咸阳的文化特色，着力营造魅力咸阳的良好氛围。在中、省新闻媒体上集中展示、宣传了咸阳城市魅力。《咸阳日报》、咸阳广播电台、咸阳电视台通过开辟专栏，举办专题节目，组织新闻工作者深度报道各县市区、市直各部门在宣传教育活动中的新举措和新成效，宣传了一批先进典型，在全市形成了人人爱护古都咸阳，齐心共建魅力咸阳的浓厚舆论氛围。同时，还对有损咸阳形象的单位和个人及时给予曝光和处理。

（李君郁）

附：

魅力咸阳宣传资料

【咸阳——中国第一帝都】 咸阳，一方物华天宝，钟灵毓秀的土地。素有"九州膏腴，关中粮仓"之美誉。地处八百里秦川腹地，风景秀丽，四季分明。这里正是中国大地原点所在。

咸阳，一方古老而又神奇的土地。早在2200多年前，秦始皇统一中国后，咸阳便成了全国政治、经济、文化的中心。之后又相继成为汉、隋、唐等12个封建王朝的京畿重地，是驰名天下的古"丝绸之路"第一站。

走进咸阳，就会感受到咸阳厚重的历史。在咸阳原上，皇帝陵墓接踵而立，西汉17位皇帝，有9位皇帝葬在咸阳，唐18位帝王亦有9位埋在咸阳，咸阳被誉为中国的"金字塔之都"和"天然历史博物馆"。女皇武则天与唐高宗李治的合葬墓乾陵依山而建，设计绝妙，堪称帝王诸陵之冠；唐太宗李世民的昭陵，占地2万多公顷，陪葬墓达167座，是世界上面积最大、陪葬墓最多的帝王陵园；汉景帝阳陵的规模开发，将是继秦始皇兵马俑之后又一世界文化奇迹；汉武帝茂陵、汉景帝阳陵等，都以其独有的魅力吸引着海内外的游客。

美丽的阿房宫在后代成了朝代兴亡的象征。汉时，它成了皇家上林苑的一部分，是皇家狩猎的地方。著名的阿房宫铜人也被挪到了汉长乐宫。而到了南北朝时期，这里还修建了不少寺庙，"阿城"成了著名的道场，正所谓"多少楼台烟雨中"。

【文明发祥—积淀】 咸阳，一方历史悠久、文化积淀厚重的土地，不仅存留了大量的历史古迹，同时繁衍和丰富了中华民族的灿烂文化。西周文化从这里起源，诸子百家在这里生发并著达于世。

据统计,历朝历代的文人雅士直书咸阳的诗篇多达2000余首。"咸阳宫阙郁嵯峨,六国楼台艳绮罗。自是当时天帝醉,不关秦地有山河","渭城朝雨浥轻尘,客舍青青柳色新。劝君更尽一杯酒,西出阳关无故人"等诗句都已成为千古绝唱。无论是观光旅游还是投资兴业,走进咸阳,你就感受到中华民族文化的博大与精深。这里有举世无双的汉代大型石刻,有独一无二的唐陵壁画,有天下第一的唐乾陵无字碑等等。同样悠久的历史,孕育了丰富多彩的民间文化。这里有享誉海内外的库淑兰剪纸,有韵味悠长的旬邑唢呐,有粗犷豪放的秦都牛拉鼓等等,这些都无不散发出独有的艺术魅力。

【古都今日】 咸阳,一方百业俱兴、流光溢彩的土地。这里是西北地区最大的电子工业基地、全国闻名的纺织工业基地和医疗保健品生产基地,是西北地区惟一的大型商品粮基地和全国大型优质苹果生产基地。

咸阳,一方涌动着投资与开发热潮的土地。近年来,咸阳市将发展、建设咸阳作为推进咸阳现代化的一个重点,下大力气改善环境,提高城市品位,积极推进西安、咸阳经济一体化,咸阳、杨凌农业产业一体化。在不远的将来,咸阳将真正成为一座"大水、大绿、大气"的城市,真正实现与西安的完全融合,形成功能齐全,优势互补,实力雄厚,前景壮观的"西咸都市经济圈"。

【魅力大使黄晓燕谈咸阳:古城神韵】 有人说,如果以一个圆心做360度的旋转给华夏版图画一个圆,那么这个圆心就是咸阳。公元前221年,中国第一个统一的封建中央集权制国家秦在这里诞生,咸阳堪称中国第一帝都,此后咸阳成为12个朝代的京畿重地,历史赋予它周秦雄风,汉唐气韵,金戈铁马,史诗文韵。走进咸阳,你就走进了天然的历史博物馆,走进咸阳,你就走进了灿烂文化的发源地。

一座五陵原长眠着28位封建帝王,星罗棋布的陵墓被誉为是中国的"金字塔群"。一座古老文明与现代文明相结合的开放城市,使咸阳成为国家级历史文化名城,首批中国优秀旅游城市和全国甲级对外开放城市。改革开放又使咸阳成为西部大开发的桥头堡,成为西部地区最大的电子工业基地,西北地区惟一的大型商品粮基地和陕西最大的优质苹果生产基地。

历史曾经选择了咸阳,咸阳也曾绚烂了历史,以我的青春年少难以表达它的厚重和神奇,生长在这片土地上,我有着和父辈们一样的勤劳勇敢和质朴,我会用我的青春和智慧去感悟、去建设生我养我的这片土地!

【魅力推荐人陈忠实谈咸阳:知古鉴今】 第一次了解咸阳,应该是我上初中学中国历史以后,知道我们的这个民族和国家是由秦始皇在咸阳完成了统一大业的时候,就感受到咸阳在我们这个国家和民族整个历史上决定性的意义,对咸阳就有一种任何地方都不可替代的感情。

咸阳人民的最大特点就是:热情、诚实、诚信。这正是我们社会缺少的一个东西——诚信。举个具体的例子,我到咸阳农村体验,那个村子里我所接触到的农民,从干部到群众,都给人一种感觉,没有太多的语言,但说一句都顶一句。用一种最朴实、最真诚的语言和你完成交流,你所能感受到的永远是踏实。

咸阳给我感觉的,作为一个作家,感受中最具魅力的东西就是从历史教科书上学了文字的东西之外,还很有必要到那片土地上,去感受我们这个民族。起码在唐代以前,在这块土地上所完成的这个民族的伟大业绩。

作为作家,必须亲自在那片土地上去直接感受的东西不是文字,而是那块土地,就是说你站在武则天的陵前的时候,那种统治就让你感受到中国女人的伟大,这是不可替代的。你站在茂陵刘彻的陵前的时候,我们不是感受一个君王,我在那里更多是感受中国在汉代所完成的,让今天的人看上去仍然是最现代的、极具艺术的石雕。大气、浪漫、思维的开阔性,一个作家要完成创造,需要到那个石雕前感受一番,才能完成新的最富于创造性的艺术。

感受我们这个民族在历史上的沉雄大气,只有到那些开拓过民族的伟大疆业的人的那个地方,你才能感受我们这个民族曾经有过的辉煌,曾经有过的沉雄之气。你也就会感慨,我们怎么会到清朝把北京弄成那个样子,你会想到我们现在应该怎么去做,知古鉴今,鉴今的这种感觉太强烈了!

【城市管理者张立勇谈咸阳:世界上最好的城市】 我认为咸阳是世界上最好的城市,我有五大论据:

一是,因为咸阳是离世界最近的地方。因为咸阳有国际航空港,我们国家的四大国际空港之一。咸阳是中华人民共和国的大地原点,所以从咸阳这个地方,出发乘飞机到世界任何一个地方都是最佳的距离。

二是,咸阳是中国改革开放最早的地方。从商鞅变法开始,包括到后来的秦始皇统一货币、统一文字,都是一种制度创新。

三是,咸阳是中国农业文明的发祥地。我们知道后稷,教我们种庄稼的后稷就是咸阳人,如果不然,你想想搞不好我们现在还是在吃草根树皮呢!

四是,它是历史文化积淀最深厚的地方。要是和山东比:孔老夫子在山东,是山东人的骄傲,但是他的思想是克己复礼,那个"礼"就是周文王之礼,周文王就埋在咸阳;还有那个儒、道等百家争持不下的时候,为什么儒家能一枝独秀,关键是有一个重要的人物向汉武帝建议:

独尊儒术，这个人是谁呢？董仲舒，就在我们的咸阳茂陵史村住着。

五是，我们咸阳不仅有电子信息产业、制药业、食品工业、能化工业、纺织工业这几大支柱，而且我们有一个新兴的产业，叫足疗产业。咸阳不仅有历史的魅力，更有现代的魅力，欢迎大家来咸阳！

【咸阳三件宝】 ①淳化大鼎。西周铜鼎当中最大最重的圆鼎，它的名字叫淳化大鼎。这个鼎是在1979年于咸阳市淳化县出土的一件罕见的大鼎。这个鼎高是122厘米，口径是83厘米，重达226公斤。

此鼎是西周时制造的，鼎的双耳下方有两条相对的夔龙，在它的口沿下方也有夔龙，是6条，这6条都是两两相对的。夔龙是古代的一种兽，这个鼎如果按照历史讲的话，那么在西周的时候，在古文献当中曾经记载过，夏朝有铸造酒鼎的传说。当时，它是一种王权的象征，谁要拥有它，谁就掌握了统一天下的最高的权力。

夏朝灭亡之后传到了商，商灭亡之后，又被周王室所拥有，以至于流传到现在仍在使用的两个词，“问鼎中原”、“一言九鼎”等等，都是这个意思。

现在这个鼎矗立在咸阳市的南大门，一进门就可以看得到。咸阳市民以这个鼎为荣，一言九鼎，明礼诚信！

②秦半两。八枚古钱币，反映的是秦代统一，距现在有2000多年历史。秦统一流通货币，就是秦半两。这在钱币史上是一个划时代的改革，起到非常重要的作用。

③昭陵六骏。“昭陵六骏”是闻名中外的浮雕艺术珍品。昭陵六骏，它是出土于唐太宗李世民的昭陵。这六匹骏马，都是他的坐骑，而且跟他出生入死。每一匹马都有一个生动的传说，而且它们都立下赫赫的战功。六骏当中，惟一有一匹马当中有人物形象，那是一个将军。

现在只有四骏藏于陕西省历史博物馆，另外两骏在1914年的时候流失海外，现藏于美国的宾夕法尼亚大学博物馆，目前咸阳市申请要回这两匹骏马，让它们回到自己的故乡，希望两匹骏马早日回到故土！

【组委会颁奖词】 中国版图的圆心城市，中国魅力城市咸阳！

早在汉唐以前，咸阳就已经完成了城市性格的塑造。先民开创的周秦雄风，延续成后来的汉唐气韵。咸阳人热情、诚实，崇尚一言九鼎，明礼诚信，维持着城市的王者风范。13个王朝的京畿重地，咸阳！

中国共产党咸阳市委员会

概　　述

【概况】 2004年,中国共产党咸阳市委员会高举马克思列宁主义、毛泽东思想、邓小平理论和“三个代表”重要思想伟大旗帜,以科学发展观为指导,认真贯彻中央和省委的各项决策部署,紧紧围绕建设西部强市和全面小康咸阳的奋斗目标,统揽全局抓大事,一心一意谋发展,着力营造加压紧逼、跨越发展的浓厚氛围,全市经济社会发展态势振奋人心。全年完成国民生产总值338.6亿元,增长13.1%,增速为8年来最高水平。

【发展思路更加清晰】 市委按照“高举党的旗帜,强化区位优势,加速‘四化’进程,构建西部强市”的基本思路,始终坚持谋划全局,审时度势,科学决策。从咸阳欠发达的实际出发,明确提出了“解放思想,加压紧逼,奋力实现经济社会发展的新跨越”的总体要求。认真贯彻中央提出的以人为本,全面、协调、可持续的科学发展观,在市第四次党代会上,明确提出建设西部强市和全面小康咸阳的宏伟目标,强调要精心实施东靠西联、全民招商、科技兴咸、民营崛起四大战略,加快建设人文咸阳、诚信咸阳、富足咸阳和安全咸阳,不仅要把咸阳建成西部经济强市,还要建成西部科技、教育、文化和旅游强市。为了把党代会的决策部署落到实处,由市委、市政府分管领导带队,围绕事关全局的重点工作深入调查研究,市委常委(扩大)会议专题听取汇报,进一步细化了“四轮驱动”、招商引资的工作思路和目标任务。中央宏观调控政策出台后,市委坚决和中央、省委保持高度一致,正确处理宏观调控与加快发展的关系,一方面不折不扣地落实宏观调控政策,深入开展清理整顿,另一方面坚持变调控为机遇,积极优化投资结构,毫不动摇地加快发展,使全市经济保持了快速健康增长。这一系列发展思路和重大部署,既符合中央和省委、省政府的政策精神,又符合咸阳的实际,找准了加快咸阳发展的关键,使建设西部强市和全面小康咸阳的思路更加完善,有力地推动了咸阳的发展。

【经济发展步伐明显加快】 市委在指导工作上坚持抓主要矛盾和矛盾的主要方面,全局重点抓经济,经济工作抓重点,努力寻求重点突破。在常委分工时,明确由4位副书记分别负责推进“四轮驱动”和招商引资工作,并专门成立了7个促进委员会,集中优势兵力打歼灭战。一是东靠西联深入实施。相继签署了《西安·咸阳经济一体化战略规划纲要》和《咸阳·杨凌农业产业一体化五年计划》,多方面的合作取得了新的实质性进展。西安·咸阳地铁一号线、西咸经济一体化共建区规划和通讯并网等工作进展顺利,与杨凌签订的87个合作项目有65个得到实施,“两个一体化”进入全方位合作、深层次推进的新阶段。二是八方借力成效明显。始终把招商引资作为加快发展的第一要务,全民动手,八方借力,全力推动跨越发展。市委、市政府主要领导先后带队赴浙江5市、香港和台湾等地叩门招商,市、县两级坚持三分之二的时间和干部力量抓招商,组成45个招商引资小分队四面出击,并抽调县级后备干部分赴沿海城市驻点招商,在全市不断掀起招商引资的热潮。内蒙古蒙牛、香港华润、山东淄矿、北京汇源、杭州娃哈哈等一批知名企业和重大项目相继落户咸阳,为全市经济发展注入了强大生机和活力。三是“四轮驱动”进展顺利。全力推进农业产业化。坚持把“三农”工作摆在重中之重的位置,认真贯彻中央一号文件精神,按照“多予、少取、放活”的方针,千方百计促进粮食增产和农民增收,加快由农业大市向农业强市迈进。共为兴平市、武功县、乾县、泾阳县、三原县5个粮食直补县发放直补资金2381万元,通过取消农业特产税和降低农业税率减轻农民负担1.9亿元,极大地调动了种粮农民的积极性,全市粮食种植面积出现恢复性增长。2004年粮食总产达到200.5万吨,居全省首位,单产创历史最高水平,是历史上的第二个丰收年。把培育壮大龙头企业作为加速农业产业化的关键举措,重点扶持了汇源果汁、光明乳业等一批辐射带动能力强的龙头企业,推动了农产品的深加工和转化增值。全市粮食转化能力达到65万吨,鲜果转化能力达到100万吨,鲜奶加工能力达到40万吨。由于龙头企业的带动和坚持不懈地抓结构调整,全市粮、果、畜、菜四大产业不断向区域化布局和规模化生产的方向发展。全市水果面积达到18万公顷,总产265万吨,实现产值29亿元,其中苹果产量223.6万吨,均居全省第一;大牲畜存栏量每年增长13%以上,畜牧业生产能力居全省第二;蔬菜总面积6.25万公顷,总产221.9万吨,产值30亿元,均居全省首位。四大主导产业提供的收入占到农民人均纯收入的58.8%。大力发展劳务经济,引导和支持农村剩余劳动力外出务工。全市农民工资性收入占到农民人均纯收入的27.8%。2004年农民人均纯收入2100元,同比增长10%,是1990年以来首次出现的两位数增长。不断加速工业化进程。坚持工业立市的指导思想,把推进工业化作为富民强市的第一方略,坚持一手抓存量,充分挖掘本地区发展工业的潜在能力;一手抓增量,借助外力加快工业发展,积极走新型工业化道路。明确提出"真改、深改、快改"的要求,抽调干部组成工作组,进驻企业推动改革。西北医疗器械集团公司、市天然气公司等47户企业退出国有。精心实施民营崛起战略,非公有制经济占到全市生产总值的47%。进一步优化工业布局,加快建设北部煤炭电力工业产业带、中部建材食品工业产业带和市区及陇海铁路沿线电子、医药、纺织、机械及高新技术产业带。全面启动彬长旬东煤田开发,亭南煤矿、大佛寺煤矿等矿井建设和改造步伐加快,彬长矿区煤电水一体化和煤炭转化配套项目进展顺利。坚持以信息化带动工业化,大力推进企业技术创新。彩虹集团大屏幕彩管生产线技改工程、长庆石化年产500万吨原油加工等一批重大项目相继上马。能化、电子、医药、食品、纺织五大支柱产业产值占到规模工业总产值的83.3%,其中能化工业完成产值94.2亿元,同比增长28%,产值首次超过电子成为全市工业的第一支柱。工业经济运行效益明显提高,经济效益综合指数达到132%,是近年来的最好水平。全面提高城镇化水平。按照省第十次党代会把咸阳建成大城市的要求,突出大绿、大水、大气,坚持高起点规划、高质量建设、高水平经营、高效能管理,努力把咸阳中心城市做大、做优、做强。为了迅速拉大城市框架,进一步提升城市品位,集中精力抓好沣河、渭河综合治理及沣河新区("两河一区")建设,力争城市面积在现有48平方公里的基础上新增42平方公里。切实加强城市基础设施建设,城市配套功能明显增强。加大城市绿化、亮化、美化工程建设力度,完成多条城市主干道路绿化任务,城市绿化覆盖率达到36.7%。在抓好中心城市建设的同时,重视加强县城和重点小城镇的市政基础设施建设,全市城镇化水平大大提高。不断推进信息化。电子政务加快发展,农业、金融、税收、交通等领域信息化初具规模。大力发展第三产业。坚持以旅游业为龙头,带动商贸流通和现代服务业全面发展,批发零售、餐饮娱乐、足疗、康复保健等产业发展势头迅猛。

【各项社会事业全面进步】 一是切实加强精神文明建设。大力发展教育、文化、卫生等社会事业,深入开展群众性精神文明创建活动。积极推动基础教育、职业教育和高等教育全面发展,全市普通高校招生本科上线率名列全省前茅。大力发展文化产业,加强农村文化基础设施建设,兴平市、秦都区、乾县、旬邑县等4个县市区被省政府命名为文化先进县。不断深化计划生育综合改革,稳定低生育水平,人口自增率控制在5‰以内。全面推进卫生体制改革,农村新型合作医疗试点工作进展顺利。2004年咸阳市被评为首届"中国魅力城市"。二是认真抓好生态环境建设。围绕创建国家环保模范城市和国家卫生城市的目标,精心实施蓝天、碧水、宁静三大工程,大力开展城乡环境卫生集中整治活动,市容市貌明显改观,被省政府评为全省城乡环境综合整治先进城市。重视抓好农村改厕改水工作,农村卫生环境和农民群众生产生活条件得到改善。认真实施山川秀美工程,深入开展"绿色家园"创建活动,坚持一手抓绿色通道建设,一手抓绿化重点村建设,初步形成了"林在村中,村在林中,绿色通道和整片林带相辉映,点线面相结合"的绿化格局,被评为全省绿化先进城市。切实抓好农田水利基本建设,累计投资2.14亿元,新增灌溉面积3173.33公顷,治理水土流失面积507平方公里。三是切实关心困难群众生活。把就业和再就业作为民心工程来抓,全年新增就业人员3.48万人,劳务输出48万人次,城镇登记失业率控制在3.8%以内;加强社会保障工作,"两个确保"(即保证机关事业单位干部职工工资足额发放,保证离退干部的离退休费按时发放和离休干部医疗费按规定实报实销)继续保持了"四个百分之百"(即企业离退休人员养老保险金100%按时足额发放,100%社会化发放,下岗职工基本生活费100%按时足额发放,100%社会化发放),灾困群众生活得到及时妥善安排。2004年城镇居民人均可支配收入突破8000元大关,达8257元,比上年净增455元。扶贫开发取得新进展,累计实施移民搬迁1.4万人,旱腰带扶贫开发取得新进展,2004年域内农民人均纯收入993元,较上年增加200元。部署开展了"扶贫帮困送温暖"活动,着力为城乡困难群众办好"十件实事"。

【社会大局保持稳定】 市委牢固树立稳定是第一责任的意识,坚持从政治和全局的高度抓稳定工作,切实担负起保一方平安的政治责任。围绕建设"安全咸阳",全面落实维护稳定工作责任制,刑事案件发案率明显下降。坚持把抓好信访工作作为密切联系群众的重要途径,广泛开展requires群众上访为干部下访活动,实行处理信访问题联席会议、领导包抓信访案件等制度,有效解决了一批群众反映强烈的热点难点问题。坚持总揽全局、协调各方,支持人大、政府、政协、军分区和各人民团体放手开展工作,充分调动和发挥方方面面的积极性,形成了团结兴咸的强大合力。始终把维护群众生命财产安全摆在重要位置,面对各种突发事件和自然灾害,认真组织开展抗灾救灾,取得了防治"禽流感"的重大胜利。切实加强安全生产,全市没有发生一起特大安全事故。

【党的建设全面加强】 市委认真学习贯彻"三个代表"重要思想和十六届四中全会精神,以提高执政能力和领导水平为核心,以常委班子自身建设为重点,不断加强和改进党的建设。一是进一步掀起学习贯彻"三个代表"重要思想和十六届四中全会的高潮。坚持从加强党委中心组学习抓起,市委理论学习中心组通过专家辅导、专题讨论等方式,切实增强学习效果。市级领导深入各自的联系点调查研究,宣讲四中全会精神,指导基层学习贯彻,广大党员干部政治素质不断提高。二是着力加强领导班子和基层组织建设。严格执行《党政领导干部选拔任用工作条例》,围绕配强配好各级领导班子,坚持以好的作风选作风好的人。在省委的领导下,市委周密部署,精心组织,坚持"四化"方针和德才兼备原则,圆满完成了市级领导班子换届。换届后的市级领导班子平均年龄49.5岁,最小的38岁,大学以上学历25人,占83.3%,其中研究生8人,班子结构更加合理,凝聚力、战斗力进一步增强。先后两次对市级部门和部分县市区领导班子进行了调整。进一步推进干部人事制度改革,积极推行民主推荐、民主测评、考察预告、任前公示、试用期和干部考察责任制等制度。市委四届二次全会首次推行县市区和市级部门正职票决制,干部人事制度改革迈出了新步伐。通过举办专题培训班、选派干部到沿海城市挂职驻点招商等途径,大规模、全方位地加强干部培训工作,促使广大干部在推进发展的第一线经受锻炼、增长才干、争做贡献。深入开展"基层工作年"等党建主题活动,重视抓好社区和非公有制经济组织的党建工作,基层组织建设进一步加强。坚持从严治党方针,实行廉政承诺、述职述廉制度,开办《咸阳新闻内参片》,切实加强舆论监督,推动了党风廉政建设和反腐败斗争的深入开展。三是下大力气改进干部作风。坚持从抓干部作风入手,通过精文减会、现场观摩、作风整顿、实行20个平静工作日制度等措施,使加压紧逼、跨越发展的要求进一步经常化、制度化。为了改进作风抓落实,大力精文减会,提倡少开会、开短会,少发文、发短文,取消上报年终总结、单项工作年终检查和领导外出迎送仪式,会议、文件数量大幅度减少,使各级领导干部轻装上阵干工作,腾出精力促发展。大力推行"九个一"联系点和"三三制"工作制度,各级干部至少有三分之一的时间深入基层抓落实。深入开展农村基层干部作风教育整顿和市直机关干部纪律作风教育活动,有效地促进了干部作风转变。坚持定期通报县市区发展态势,改进目标管理责任制考核办法,各县市区、各部门基本上做到了不用扬鞭自奋蹄,在全市形成了加压紧逼、争先恐后、求真务实、埋头苦干的良好风气。

(郑江鹏)

中国共产党咸阳市委员会

书　　记　宋洪武
副 书 记　张立勇　裴育民　徐新荣　张志军　胡志强
常务委员　宋洪武　张立勇　裴育民　徐新荣　张志军　胡志强　李三原　郑治全　方玮峰　李效民　张秀英　郭中秋
秘 书 长　李效民
副秘书长　张　存　王生龙　薛　沛　余天西　严希民　陈普选　王福选

市委工作机构

市委办公室

主　　任　李效民

市委"610"办公室

主　　任　薛　沛

保密委员会办公室

主　　任　张　存

市委组织部

部　　长　方玮峰
副 部 长　何振琪　寇述政　韩渭云　郭来道

基层组织建设办公室

主　　任　郭来道
副 主 任　王微波　张成炜

市委宣传部

部　长　张秀英
副部长　鱼　霖　刘　鹏　王永康　蒙文星　王芳闻

精神文明建设委员会办公室

主　任　王永康
副主任　陈新年

市委统战部

部　长　严志祥
副部长　路　鹏　侯春记

高成平

台湾工作(事务)办公室

主　任　路　鹏

副主任　卫根奎

市委政策研究室(市农村工作领导小组办公室)

主　任　王福选

副主任　苟小平　张转社　王　劲

农村奔小康办公室

主　任　苟小平

市委政法委员会

书　记　郭中秋

副书记　张　力　白登友

市社会治安综合治理委员会办公室

副主任　付宏博

市直机关工作委员会

书　记　张　峰

副书记　孔德明　王志民

市机构编制委员会办公室

主　任　寇述政

副主任　陈铁琪

市委老干部工作局

局　长　刘兰生

副局长　刘文华

市委直属事业机构

市委党校

校　长　张志军

副校长　南素华　朱永洲　刘曙辉　聂周勇　马春荣

市委党史研究室

主　任　汪　源

副主任　张根定

市档案馆(局)

馆(局)长　高小玲

副馆(局)长　姚开会

咸阳日报社

社　长　贠国彪

总　编　王福海

副总编　安宏杰　罗　健

组织工作

【换届工作顺利完成】　市级领导班子于2004年3月任期届满,省委考察组于2月8日~20日,到咸进行了换届前的干部考察工作。2月9日,召开了全市领导干部大会,参加人数217人(市级干部48人)。会上,市级领导班子成员进行了书面述职,与会干部对市委、人大、政府、政协、纪委领导班子成员和法院院长、检察院检察长进行了民主测评、民主评议。同时全额、定向民主推荐了新一届市委、人大、政府、政协、纪委领导班子成员和法院院长、检察院检察长人选。会后,考察组又采取个别谈话方式,与132人(其中市级干部35人)进行了个别谈话,详细听取大家对市级领导班子的总体评价,了解和掌握班子成员在德、能、勤、绩、廉等方面的表现情况,并重点听取了对新一届市级领导班子和法院院长、检察院检察长的人事安排意见。根据大会全额、定向民主推荐和个别谈话推荐情况,省委确定了24名拟进市级领导班子人选考察对象,并深入到考察对象所在县市区或部门进行了具体的考察了解。根据工作需要,考察组于3月5日~11日补充考察了2名同志。考察过程采取发考察预告、个别谈话、书面征求意见、实地考察等形式进行。省委根据考察情况,确定了新一届市级领导班子及法院院长和检察院检察长人选,3月底全部予以正式任命。市级领导班子换届工作顺利完成。

【市委全委会首次"票决"领导干部】　6月23日,中共咸阳市委召开四届二次全会,首次对47名正县级拟任人选和推荐人选进行无记名投票表决。这次票决工作是中央下发《党的地方委员会全体会议对下一级党委、政府领导班子正职拟任人选和推荐人选表决办法》后,咸阳在干部选拔任用工作中第一次采取全委会票决的形式对干部进行任用。47名人选中,既有县市区党政正职推荐人选,又有市级部门主要负责人拟任人选,范围之广、人数之多在全省尚属首次。为了组织好这次全委会票决工作,市委坚持把优中选优作为选拔干部的首要原则,着力挑选靠得住、有本事、作风硬的优秀干部,精心组织会议表决,严格按规定程序进行运作,票决工作取得了圆满成功。47名提名人选以高票获得通过,其中全票15人。这次全委会票决工作的成功实施,扩大了党内民主,增强了党委成员的民主意识和责任意识,从制度上确保了民主集中制原则在干部工作中的落实;进一步深化了干部人事制度改革,落实了干部群众对干部选拔任用工作的知情权、参与权、选择权和监督权;同时也形成了正确的用人导向,激发了干部群众干事创业的积极性。

【发展党员工作】　发展党员工作坚持以制度创新作为突破口,着重在完善程序、规范运作、扩大民主、接受监督等方面制度的建立健全和改革创新上狠下功夫,取得了明显成效。从2001年开始,经过3年多的探索和实践,形成了确定培养对象组织和群众双推荐、理论和实绩双考核、理论和岗位双培训、基层党委和县级党委(组织部)双预审、接收和转正过程双公示、个人和组织工作失误双追究的做法,初步建立了发展党员工作的制度体系。3年来,全市共发展党员13153名,其中生产和工作一线的占82.29%,35岁以下的占73.86%,妇女占26.31%,高中以上文化程度的占80.56%。受地市级以上表彰奖励的各类先进模范人物中,党员占到了85%以上,党员队伍的结构比例有了较大改善,整体素质有了明显提高。

【农村基层组织建设迈上新台阶】 ①认真开展基层组织建设调研工作。年初,下发了《关于开展农村党的建设"三级联创"宣传调研月活动的通知》,围绕理顺村"两委会"关系、建立"三级联创"综合评价体系以及农村税费改革后如何改进乡村两级组织的运转方式等13个方面的课题,深入乡村进行调研。针对存在问题,初步拟定了《进一步加强和改进农村基层组织建设的规划(2004~2008)》。全市形成调研文章182篇,其中34篇汇编成册下发,用于指导基层组织建设工作。②扎实整建后进村党组织。各县市区抽调党政机关干部1712人,组成工作组,对全市的860个村进行了整建。其中,经济发展滞后村189个,两委会关系不协调村84个,长期不稳定村42个,无集体经济收入村403个,两委会班子不健全村142个。在整建工作中,各县市区把选准配强村党支部班子和书记作为关键来抓,在村党支部班子建设和书记的选配上采取三项新举措:一是选拔"经济能人"和"返乡干部"任村官;二是在部分地方实行先进村党支部"兼并"后进村党支部;三是在村干部选配中严格实行"两推一选"。③深入开展"三级联创"活动。全市各级党组织把"三级联创"活动作为基层组织建设的载体,将涉农部门和基层站所纳入联创活动之中,充分发挥相关部门在农村社会经济发展中的作用,形成了上下联动、齐抓共管、多方协作的工作格局。全市已创建"五个好"乡镇党委131个,占乡镇总数的78%,"五个好"村党支部1919个,占村总数的52%。④积极转变乡镇职能。根据农村新形势和新任务,开展了以转变职能、改进作风、优化服务为重点的乡镇党委建设。各乡镇党委在干部管理上引入竞争激励机制,积极探索人员分流的新方法和新途径。成立了专业协会、计生服务队、科技服务队、信息服务队等机构,深入村组农户,为农民群众提供服务。⑤努力创新党员教育活动形式。各县市区把农村党建工作和产业结构调整、经济发展紧密结合起来,不断创新和探索基层组织建设和党员教育管理的形式和内容。在全市13个县市区普遍开展了党员科技示范基地、党员科技示范户、无职党员设岗定责、"双培双带"等活动,评选"十佳支部书记"评优树模活动、"双强"村级班子和支部书记、党员劳动致富竞赛等活动。在工作思路上,实现了由就党建抓党建向围绕经济抓党建、抓好党建促经济、服务经济建设的转变;在工作方式上,实现了由行政推动向示范引导和强化服务的转变。

【培训干部工作】 认真贯彻中央和省委关于大规模培训干部的总体部署,制订下发了《关于做好大规模培训干部工作的实施意见》,通过党校培训、专题培训和举办报告会等形式,迅速在全市推开大规模培训干部工作。年内将市委党校主体班次由每年2期调整为4期,共培训县级干部181人、乡镇领导干部200人。协调有关部门举办了计生干部、市级行政企事业单位主要负责人、党外干部、城建干部等多个专题培训班。加大青年干部培训力度,先后举办两期青年干部培训班、两期选调生培训班,对市级机关35岁以下、具有国民教育本科以上学历的77名优秀青年干部和117名选调生进行了全面培训。进一步丰富培训形式。重点是突出"短、专、快"的特点,办好各类专题报告会。先后邀请一批在相关领域有较大影响的专家、教授,举办了党的十六届四中全会精神、招商引资、城市经济与发展、第四次修宪、数字化城市建设、环境保护等专题报告会,培训县、科级干部2500多人次。

【加强企业领导班子建设】 结合贯彻落实《关于进一步规范国有企业改制的意见》,及时深入企业开展领导班子思想作风建设专题调研,并提出改进和加强的意见。本着小调整、尽量兼职的原则,年内对19户市属国有企业领导班子进行了调整充实,把一批懂经营会管理、能驾驭复杂局面的年轻干部充实到主要领导岗位,班子结构得到优化,共涉及34人,其中,新提拔正职6人、副职2人,免职6人。对符合条件的企业及时配备了总会计师,完善了法人治理结构,加强了对国有企业资产管理和财务管理。

【村级活动阵地建设】 咸阳市把农村"两委会"办公室和党员活动阵地建设作为加强农村基层组织建设的重要举措。坚持因地制宜、因村制宜,采取自建、包建、联建、帮建等多种形式,多方筹措资金,积极组织实施,取得了显著成效。一年来,全市各级共投入建设资金1009.57万元,投入物资价值237.08万元,新建和改建阵地1432个。秦都区、渭城区、兴平市、彬县、旬邑县5个县市区全部完成建设任务,泾阳县、永寿县、长武县完成了建设任务的93%以上,全市有活动阵地的村达3474个,占行政村总数的95%。全市农村无"两委会"办公室和党员活动阵地的村由建设前的1602个减少到170个,建设率为89.4%。

【党员电化教育工作】 认真贯彻省委关于"基层工作年"的部署,把党员电化教育网络向村级延伸作为一项重要工作来抓。市县划拨党费扶持,引导带动乡村拿出配套资金,市县乡村四级共建村级播放点。同时,通过向省上争取,联系有关中省驻咸单位对口捐赠,筹集30万元,向有关县市区的行政村配发DVD碟机440台、彩电30台,帮助村上完善硬件教育设施。年内共新建村级播放点800个,村级播放网点普及率较上年净增22%,创1997年开展此项工作以来年度最高增幅。全市已累计有2553个行政村建立了党员电化教育播放点，普及率达到70%，实现了村级播放网点建设的快速发展。

【“12380”干部举报专用电话开通】 3月30日，按照中组部、省委组织部更新组织部门举报系统的部署，市委组织部设立并开通了“12380”举报电话，实现了干部举报电话号码与全国的统一。“12380”举报专用电话主要受理反映干部现实表现及干部选拔任用中存在问题的举报，旨在落实群众对干部选拔任用工作的知情权、参与权、选择权、监督权，防止和纠正用人上的不正之风。电话开通以来，已受理群众举报62件，逐步形成了“便利、安全、高效”的举报工作机制。

【“树组工干部形象”教育活动】 全市组织系统深入开展的以公道正派为主要内容的“树组工干部形象”集中学习教育活动，提出了建设以发展型为统揽的学习型、服务型、落实型组织部机关，以及“业务精、作风硬、纪律明、形象清”的组工干部队伍的目标。在继续坚持将集中学习贯穿始终，将查摆问题、整改落实贯穿始终的同时，将制度建设作为一项重要工作，并以此为抓手，不断提高机关建设和干部队伍建设水平。组织人员重新修订机关制度5类37项，涉及工作、学习、机关管理、党建和廉政建设等方面，编成《中共咸阳市委组织部制度汇编》一书，下发到每个工作人员。年内组织集中学习14次，集体讨论6次，分专题轮流“讲学”8次，机关学习蔚然成风。组织开展了以密切联系群众、进一步转变作风为主要内容的组工干部“六个一”活动，大力推行“亮化办公”、首问负责和文明接待制度，组工干部的思想工作作风发生了显著变化。

（程建田）

宣传工作

【理论武装工作】 全市各级党委和宣传部门把树立和落实科学发展观作为理论武装工作的重中之重，进一步修订、完善了各级党委中心组学习制度，制订了理论学习计划，加强了理论学习的检查和考核，为400多名领导干部建立了理论学习档案。成立了十六届四中全会精神宣讲团，深入各县市区进行巡回宣讲辅导，召开了社科理论界和各系统学习十六届四中全会精神座谈会，举办了“坚持科学发展观、加快咸阳大发展”理论征文活动，有力地推动了学习宣传活动的深入开展。

【新闻宣传工作】 围绕经济建设这个中心，先后组织新闻媒体对“西安·咸阳经济一体化”、“咸阳·杨凌农业产业一体化”、“沣河新区、咸阳湖建设工程”等重点工作、重大活动、重要会议进行了全方位的宣传报道，收到了良好的宣传效果。5月和9月先后组织了“加压紧逼，跨越发展”和“民营崛起战略”巡礼采访团，对全市经济社会发展和民营经济发展进行了集中报道。组织省市新闻媒体对咸阳总体工作特别是招商引资、城市建设、山川秀美、农业产业化等进行了全面深入的采访报道。2004年，全市在省以上媒体发稿1839篇(条)，比上年同期增长5%，市广播电台、电视台在省广播电台、电视台发稿量均居全省第一，营造了“一心一意谋发展，聚精会神搞建设”的良好舆论氛围。

【思想政治工作】 思想政治工作按照面向基层、狠抓落实的要求，以改进方法、创新机制为着力点，扩大阵地，健全网络，典型引导，发挥了凝聚人心、化解矛盾、理顺情绪、振奋精神的重要作用。在全市社区组织实施了创新思想政治工作的“11455”(围绕居民安居乐业这一目标，成立社区思想政治工作服务这一中心，实现教育内容、工作方法、活动载体和管理机制四个创新，建立报告员、志愿者、楼组长、业主委员会和离退休党员五支队伍，建立学习型、安全型、服务型、文化型、环保型五型社区)工程，完成了对全市100个思想政治工作联系点工作经验汇编集《生命线》的印制工作。组织宣传了巨粉娥、朱崇兴、朱建平、刘炜等一批学习贯彻“三个代表”重要思想的先进典型。市委作出向巨粉娥学习的决定后，市委宣传部立即在全市各新闻媒体上开辟专栏，对巨粉娥的先进事迹进行系列报道，并及时组织了巨粉娥先进事迹报告团，深入全市13个县市区进行了巡回报告，产生了巨大的社会效应，一个学习巨粉娥、争做先进共产党员的热潮正在全市形成。省委已将巨粉娥作为全省重大先进典型予以宣传，并向中宣部进行推荐。

【精神文明创建活动】 突出公民道德建设这条主线，贴近实际，注重实效，深入开展以创建学习型城市和诚信为主题的教育实践活动。建立了诚信建设的相关制度，在企业建立起“诚信联盟”，探索出一条以典型示范带动诚信建设的路子，“五大创建”活动稳步推进。着力抓了科教、文体、法律、卫生、道德规范“五进社区”，涌现出了一大批文明社区、文明机关、文明行业、文明村镇、文明校园等先进典型，有力地推动了群众性精神文明创建活动的深入开展。成立了咸阳市未成年人思想道德教育讲师团，启动了咸阳市“加强未成年人思想道德建设，推行网络文明工程”，完成了为未成年人办的十件实事。

【文化艺术工作】 按照抓创作、推精品，抓活动、促繁荣的基本思路，全市文化艺术工作者积极创新，扎实工作，为全面建设小康咸阳营造了良好的文化氛围。文化艺术战线工作者勤奋工作,锐意进取,全年创作完成戏剧2部,创作出版丛书9部,创作出版长篇小说10部。文学、歌曲、舞蹈、书法、摄影、电视专题片等文艺创作均取得明显成果。同时,广泛开展了多种形式的群众文化活动,精心组织各类文艺演出,特别是庆祝建国55周年歌咏比赛,各代表队演出阵容整齐,组织协调有力,表演内容健康向上,激发和调动了广大干部群众的爱国热情和热爱咸阳、建设美好家乡的激情和斗志。组织开展了文化、科技、卫生、法律"四下乡"活动,全市各级累计为基层送戏、送文艺演出3000余场次,有9万人次参与了送戏下乡活动。切实加强了文化市场管理,全年组织"扫黄打非"集中行动8次,重点查缴非法出版物、盗版音像制品和治理整顿非法电子游戏厅,进一步净化了文化市场。

【对外宣传工作】 市委、市政府把2004年确定为"全方位宣传咸阳年"。围绕这一总体部署,市委宣传部及时制定下发了《全方位宣传咸阳年活动的安排意见》,建立健全了全市对外宣传工作网络和新闻发言人等工作制度。积极加强与中省和海外新闻媒体的联系,向省内外、海内外大力宣传咸阳悠久的历史、丰富的资源和发展的优势,提升了咸阳的知名度,为招商引资搭建了平台。组织策划了"邀请中外记者采访团参加咸阳市招商引资项目说明会"、"长三角地区新闻媒体看西咸和赴浙江五地市招商会"等一系列对外宣传活动。组织召开了"咸阳帝陵文化高层论坛暨咸阳城市形象定位"、"中国魅力城市咸阳"两个较高规格的专家论谈会。在中、省新闻媒体上集中展示、宣传了咸阳的城市魅力。邀请中央电视台和凤凰卫视栏目组拍摄了"咸阳系列节目"。全年在境外、海外、域外媒体发表各类文章106篇。为申报"魅力城市"做了大量的组织、协调、争取工作。发行了《魅力咸阳》主题邮票、纪念邮资封及主题明信片,为推介咸阳,宣传咸阳,提升咸阳的知名度营造了良好的舆论氛围,有力地推进了全市对外开放和招商引资工作,宣传工作发挥了"文化搭台,经济唱戏"的良好作用。

(李君郁)

统战工作

【民主党派工作】 2004年,市委统战部认真贯彻《中共陕西省委关于坚持和完善中国共产党领导的多党合作和政治协商的实施意见》,协助市委先后召开党外人士政治协商会、通报会和座谈会9次,召开各民主党派、工商联、侨联负责人联系会议10次。组织民主党派、工商联、侨联负责人到宝鸡市学习民主政治建设的经验和做法,在学习和调研的基础上,坚持和完善了《市级各民主党派、工商联与市政府有关部门对口联系制度》、《市级民主党派、工商联、侨联联系会议暂行办法》等。分别召开了对口联系工作会议、特约人员和特邀单位负责人会议,交流了工作情况,推进了各民主党派、工商联与政府部门对口联系和民主监督工作的不断深入,也为参政议政创造了良好的环境。召开了市级统战系统全体人员会议、各界人士庆祝建国55周年座谈会、民主党派组织发展工作座谈会等会议。协助市民建完成了换届任务,实现了新老交替和政治交接。全年各民主党派共吸纳新成员111名,6个民主党派成员总数达1967名,为促进民主政治建设、维护全市改革发展稳定的大局做出了贡献。为了充分发挥统一战线人才荟萃、智力密集、联系广泛的优势,积极组织市级各民主党派、工商联、无党派人士围绕市委、市政府的中心工作和群众关心的热点问题,深入基层开展调查研究、建言献策、参与招商、扶贫帮困和"三下乡"活动。同时开展调研报告评选活动,促进了民主党派提案、议案数量的增加和质量的提高。

【民族宗教工作】 民族工作在宣传党的民族政策和《陕西省民族工作条例》的基础上,坚持以促进民族"团结、进步、稳定"为目标,进一步巩固和开展"平等、团结、互助"的新型民族关系,有力地维护了全市的民族团结。市委统战部被市委、市政府评为"民族团结进步模范先进单位",被陕西省政府授予"陕西省民族团结进步模范集体"。宗教工作主要是力求把全省宗教工作座谈会会议精神落到实处,召开了全省宗教工作座谈会会议精神通报会。重视爱国宗教团体建设,成立了市县统战部门牵头的宗教协调领导小组,制订了宗教工作联系会议制度实施方案。积极协助有关部门,加大对境外宗教反华势力渗透的打击力度,处理了一起苗头性事件,依法取缔了韩国基督教组织在咸阳市建立的"黄土民俗村"地方培训基地,受到了中央有关部门的通报表扬,巩固了团结稳定的大好局面。

【非公有制经济人士思想工作】 加强了与非公经济人士的联系沟通,走访了部分非公企业,听取了部分非公经济人士代表的意见和建议。加强了对非公经济人士的培训,组织开展"致富思源、富而思进"教育活动,宣传党的统战政策和学习有关法律法规知识,引导非公经济人士关注发展,回报社会,积极参加市上举行的"扶贫帮困送温暖"活动。为促进非公企业健康发展,协助建立了市工商联领导定点联系民营企业制度,指导工商联加强了组织建设,增强工商联领导班子的战斗力,使工商联做好非公人士统战工作中的抓手作用更加有效。

【党外干部和党外知识分子工作】 坚

持“打基础、重培养、促选拔”的方针,认真贯彻落实全省、全市培养选拔党外干部会议精神,重点加强了新一代党外代表人物队伍建设和党外干部实职安排工作。在党外干部、党外知识分子、民主党派成员、非公有制经济人士、少数民族和民族界人士、台侨人士等6个方面,初步形成了一支具有较高素质的党外干部人才库,有非党县级干部71名,科级干部230多名。同时,注意加强与党外干部所在单位党组织的联系,做好跟踪考察培养工作。选派了7名党外干部参加中、省社会主义学院和市委党校学习,分两期对全市71名党外县级领导干部统一培训了1次。全市现有党外副市长1名,副县市区长10人,市人大党外副主任1人,市政协党外副主席5人,市直部门党外领导干部7人。

【海外统战工作】 以台侨工作为突破口,推动海外统战工作实现大发展。认真贯彻落实全省台办主任和省委对台工作会议精神,召开了全市台办主任会议,为市委重新调整对台工作领导小组组成人员,为明确各成员单位职责分工做了基础性的工作。举行“台海局势报告会”,传达贯彻中央、省委对台工作会议精神,部署对台工作任务。开展了涉台理论调研和入岛宣传工作。全年在各种报刊及网站发稿9篇,撰写涉台调研材料15篇,各级党校向科级以上干部讲授有关知识、举办各类培训班23期。协助中国华艺音像有限公司与台湾长乐公司的“重点对台宣传电视片”《万里江山—大陆寻奇(陕西篇)》摄制组在咸的采访拍摄,协助中央电视台两岸万事通节目组对市果业部门的专题采访。全年接待台胞台属131人次,为38人赴台办理了有关手续,解决子女上学入托等实际困难17件。认真学习贯彻第七次全国归侨侨眷代表大会精神和省侨联五届二次全委(扩大)会议精神,充分发挥“侨”的优势。市侨联向海外和港澳地区发送慰问信、各类贸易邀请函、招商项目册等1000余册,邀请10余个国家50余名外商参加市委、市政府在西安举办的投资环境说明会。积极开展为侨服务工作,进行了《归侨侨眷权益保护法》宣传活动,依法维护归侨侨眷的合法权益。建立了与归侨侨眷联系制度,实施“侨心工程”,倾心支持贫困学生。积极争取省侨联的支持,通过福建省侨联“林金生基金”,对三原县20名贫困学生实施时间为9年、总金额为4.5万元的无偿资助,2004年已拨付资助金5000元。同时,开展了在咸投资的港、澳、台胞及海外人士情况调查摸底,并走访了部分在咸投资的海外客商,将在咸港澳台侨人士及其眷属基本组织起来。

【统战理论调研和信息工作】 组织统一战线广大成员深入学习政策理论知识,重点是党的十六届三中全会、四中全会和市第四次党代会精神。分别组织民主党派、工商联负责人,县市区委统战部部长,民族宗教界代表人士,台胞台属等各方面成员,广泛开展学习座谈活动。全市统战干部积极撰写学习体会和研究文章,在各种报刊刊发稿件20余篇,全年编发《咸阳统战》34期,形成调研报告40余篇。

【推荐民主党派人士参加政协工作】 政协咸阳市委员会换届工作是新世纪第一次换届工作,市委、市政府高度重视,社会各界广泛关注。经政协咸阳市委员会党组会、主席会、常委会议讨论通过,最后产生正式委员391名。其中四届留任138人,新进委员253人。政协咸阳市五届委员界别人数更趋合理,涵盖面更加广泛;各民主党派委员所占比例有所增加。政协咸阳市五届委员中民主党派成员达91名,比四届委员多16名,6个民主党派和工商联领导成员和骨干基本上都作了安排。委员知识结构、年龄结构有一定的改善。具有大专以上学历的委员319人,具有高、中级技术职称的委员195人;五届委员平均年龄46岁,比四届低2.8岁,较好地体现了委员新老合作、梯次结构合理的原则。

【招商引资工作】 招商引资工作是新时期赋予统战部门的新任务,统战部门在招商引资方面具有独特的优势和作用。市委统战部先后3次参与或组成招商小分队,到上海、广东、浙江、台湾等地招商,推介项目。召开了咸台经贸合作洽谈会,40余名台商参加了会议。先后走访和接待了上海翔茂企业有限公司副总经理吴炎智,上海中茂新能源应用有限公司副总经理赵鉴明,台湾向阳公益基金会廖正豪,台湾玻璃工业公司总经理林伯丰,台湾安庆国际幼教股份有限公司董事长刘荣达;浙江嘉兴市台资企业协会会长蔡清东、台湾龙一关系企业集团总裁卢英杰等百名台资企业代表来咸考察投资。天福集团投资的项目正在建设,龙一关系企业投资驾驶员考试中心项目正在督办,台玻集团公司投资项目正在考察洽谈。超额完成了招商引资任务,实现到位资金1115万元。

【认真办理政协委员的提案】 根据市党群口、政法口政协提案交办会议的要求,结合实际,市委统战部成立了提案办理领导小组,按照各科职能,将9件提案划分落实到科室,提出具体要求,规定了完成时限。承办科室积极与第一提案人联系沟通,了解提案意图,共商解决办法。按照要求和时限,9件提案已全部办理完毕,回访率和满意率均达到100%。

(邓文奎)

政策研究工作

【重大调查研究活动】 2004年,市

委政策研究室紧紧围绕市委四届三次全会提出的“加压紧逼、跨越发展”这个主题,对五个方面的重大问题进行了调研,为市委的科学决策提供了参考。一是深入开展了国有企业股份制改革调研。按照省委政研室的安排,由市委副书记胡志强负责,市委政研室牵头,组织协调市直有关部门和各县市区,对全市近年来国有企业产权制度改革情况进行了调研,形成的调研报告受到了省委政研室的肯定。二是开展了培育产业集群调研。会同省社科联和西北大学经管学院的专家,深入兴平市、武功县、乾县、礼泉县等县市,对全市产业集群的培育和发展情况进行了抽样调研,形成了《培育产业集群,壮大县域经济》的调研报告,为加快工业化进程提供了决策依据。三是开展了产业园区建设调研。根据市委常委会的安排,组织人力对咸阳高新区、渭城民营科技园区、纺织工业基地、空港工业园的发展情况进行了全面调查,形成了《同时的起步,不同的结果——我市高新区的成长为什么如此缓慢》一文,对高新区发展缓慢的原因进行了深刻剖析,提出了对策建议,并在《咸阳调研(送阅件)》上刊发。四是开展了关于城市规划方面的调研。会同市城乡建设规划局、市房产管理局等部门,对市城市规划、房地产开发等方面存在的问题进行了调查,形成了《咸阳规划工作面临的困扰》、《我市商业地产规划失控亟待重视》、《咸阳房地产业发展之我见》、《城市规划与房地产业的发展》等多篇专题调研报告,分别在《咸阳调研》和《咸阳日报》刊发,收到良好的社会效果。五是开展了区域发展战略调研。以加快西咸经济一体化进程为目标,组织有关人员对市区域发展战略情况进行了深入调研,形成了《积极构建西咸都市圈》等文章,其中《以积极主动的姿态促进西咸经济一体化》一文得到了市委的认可,批示送市委、市政府各主管领导及相关部门参阅。

【专题调查研究活动】 一是开展了农业产业化调研。由市委主管领导负责,市委政研室具体牵头,组织有关科室业务人员,分别深入市直农口各部门和三原县、武功县等地,就农业产业化发展情况进行了调研,形成了市委主管领导在市委全委扩大会上《关于农业产业化发展情况的发言》。二是开展了乡镇经济社会发展情况的调研。选择全市两个具有代表性的乡镇,就乡镇经济社会发展情况进行了专题调研,形成的调研报告分别在《咸阳调研(送阅件)》和《咸阳日报》上进行了刊发。三是对全市青年农民科技培训情况进行了深入调研。在调查报告的基础上,形成了市委、市政府《关于推进青年农民科技培训工作的实施意见》。四是开展了畜牧产业化的调研。按照省委政研室的安排,组织力量,对全市的畜牧产业化建设进行专题调研,并形成了《我市畜牧产业化建设调研报告》,重点针对影响畜牧产业化存在的障碍提出了对策建议,在上报省委政研室的同时在《咸阳调研》上刊发。五是开展了化解乡镇债务的调研。根据市委书记办公会的安排,由市委政研室牵头,除组织各县市区全面调查摸底外,又抽调精干人员深入彬县、礼泉县、兴平市、乾县等四县八乡有重点地对乡镇债务进行了调研,形成了《咸阳市化解乡镇债务的调查》,摸清了乡镇的数量,具体分析了债务形成的原因和结构,总结了一些县乡镇化解债务的成功做法,并对如何化解乡镇债务提出了有操作性的建议,受到市上领导的高度评价。宋洪武书记、张立勇市长和裴育民副书记均在《全市乡镇债务情况的调研报告》上批示,要把化解乡镇债务作为2005年度全市农村工作几件大事之一。另外,还先后围绕农村合作经济组织建设、中央一号文件贯彻、农技人才队伍建设、农业资金投入情况、农村劳动力转移、失地农民生存状况等课题进行了深入调研,形成了《保持农民收入持续增长的关键是不断转移农村劳动力》、《发展特色农业,增加农民收入》等多篇调研文章,以《咸阳调研(送阅件)》形式送市级领导参阅。

【协调指导农业和农村工作】 一是年初代市委、市政府起草下发了《关于做好2004年农业和农村工作的意见》,即市委2004年1号文件。先后几次组织力量对各县市区的农业和农村工作进行了检查,对发现的问题及时提出了对策性建议,协调涉农部门予以解决,促进了农业经济健康发展和农村社会全面进步。二是组织了全市宣讲中央一号文件活动。牵头抽调市、县、乡三级干部6000名,组成了643个宣讲组下村宣讲,发放《宣传提要》卡片、传单上百万份,编发宣讲简报36期,陪同省督导组赴各县市区巡回检查3批次,全市宣讲入村率达100%,入户率达90%以上,在全市各县市区掀起了一个宣讲一号文件、减轻农民负担的高潮。《陕西省宣讲中央一号工作动态》对咸阳市宣讲工作进行了专题通报表扬,省驻咸阳宣讲督导组和省农村工作领导小组也对咸阳市宣讲工作给予高度评价。三是组织实施了“三夏”农资市场执法检查活动。协调组织市农业、工商、技术监督、物价等9个单位20多名负责人,深入到全市13个县市区,采取不打招呼的方式进行了全面突击检查。在检查过程中,对出现的问题当场交由县市区业务部门依法进行处理,并要求将结果上报市级相关部门。检查结束后,写成了《咸阳市农资市场执法检查情况反映》,指出了存在问题,提出了整改措施。通过全面检查,查获假、劣农药370余件,立案查处28起,限期整改136户,维护了市场公平竞争环境和良好的市场经营秩序,维护了广大农民的合法权益。四是组织了基层干部的培训工作。组织了3批县市区委农工部长、研究室主任参加省农村基层干部培训班。五是抓农业和农村工作示范点工作。落实2004年县市区和市级涉农部门领导在推动农业和农村工作中包抓示范点119个,在县市区发展特色经济中,继续推行"四个一"工作机制,落实项目26个。六是抓农村改革试验工作。为不断深化农村改革,进行新的探索,调整了全市农村试验区布局与课题。根据农村发展实际情况,对市级试验区布局与课题进行了相应调整,在原课题的基础上,新增了两个市级试验项目,将原有的武功县奶牛产业化试验项目继续延伸。

【小康建设工作】 一是小康示范新村建设继续坚持做好综合协调工作,集中力量,重点加强市级小康示范新村建设。协调市财政局落实了2004年小康示范新村建设扶持资金,重点对24个村在街道硬化、绿化、基础设施建设等方面进行了资金扶持。二是继续抓好村容村貌的整治和美化工作。2月,与市林业局联合下发了《关于继续做好小康示范新村绿化美化工作的通知》,随后及时进行督促检查,狠抓落实。全市59个市级小康示范新村每村至少落实了绿化、美化苗木3000株。同时将小康示范新村建设同绿色家园建设结合起来,增加了示范村绿化投资,提高了示范新村的绿化、美化档次。会同市财政局对2003年度小康示范新村扶持资金使用和落实情况进行了检查,解决了部分县小康示范新村扶持资金落实中遇到的困难和问题。三是抓好已建成小康村的巩固提高工作。继续按照倒排查10%的比例,督促各县市区对已建成的小康村按农民人均纯收入变化情况进行分类排队,全市共抓了300个小康村的巩固提高工作,通过采取多种措施,带动促进已建成小康村群众的小康生活水平不断提高。四是坚持以改善生产生活条件为主要目标,努力提高农村小康水平。以整修村庄道路,提高硬化标准为重点,加大村容村貌整治力度,加强水利、通讯、活动阵地等农村基础设施建设。全市80%以上的小康村通过开展巩固提高工作,对村容村貌进行了整治。对小康示范新村建设、村容村貌整治、巩固提高和小康创建工作开展经常性检查,及时了解掌握工作开展情况。据统计,全市全年共整修农村道路、街道2000多公里。

(李 军 王 珍)

机关党的工作

【机关党的思想建设】 2004年市直机关共有共产党员5413名、党委17个、党总支29个、党支部313个。各级党组织把深入学习"三个代表"重要思想作为一项长期的战略任务,不断增强学习的自觉性和坚定性,按照中央和省、市委的要求,结合学习胡锦涛"七一"讲话,在深度和广度上下功夫,不断取得新的成效。为配合学习,市直机关工委购买了《中国共产党党内监督条例》和十六届四中全会《决定》各5000多本,党员人手一本。还举办了优秀党员郭耀山和巨粉娥先进事迹报告会。

【机关党的组织建设】 一是继续抓了新《党章》、《条例》和省委《实施细则》的落实工作。二是坚持和完善了各项制度。2月19日召开了市直机关第七次机关党的工作会议。2004年新成立党委4个、总支2个、支部2个,有12个基层党组织进行了换届改选。全年接收新党员101名,预备党员转正91名。先后对60名新党员和97名入党积极分子进行了培训。7月1日召开了市直机关纪念"七一"暨表彰大会,表彰奖励了2003年度6个先进机关党委、13个先进机关党总支、15个先进机关党支部、45名优秀党务工作者、138名优秀共产党员。11月8日~11日,对100名党务干部进行了培训,交流了机关党建工作经验。通过培训和交流,增强了机关党务干部责任意识和做好机关党建工作的自觉性。三是以机关支部建设为重点,进一步加强了基层党组织建设。采取了培训示范支部、支部工作研讨交流等方式,激发基层党支部的工作热情,提高了创新能力、自主活动能力和围绕中心开展工作的能力。

【机关党的作风建设】 一是各基层党组织坚持不懈地开展党的宗旨、性质教育,"三个代表"重要思想教育。5月,举办了"加强党风廉政建设,弘扬求真务实之风"征文活动,共征集论文23篇,共评出一等奖3个、二等奖6个,其余征文都获优秀奖。二是切实加大了查办案件力度,全年处理违纪党员4个。三是按照市委的统一部署,于9月2日~12日开展了以创建"四型"机关为目标的纪律作风集中教育整顿活动。通过整顿,市直机关纪律得到加强,作风明显改善,为推动咸阳经济社会快速发展创造了良好的环境。

【机关精神文明建设】 一是继续落实《市直机关创建文明机关管理办法》。6月29日,授予市国税局等4个单位为"文明机关",命名了"文明家庭"46户。二是组织开展了积极向上、健康有益的群众性文体活动。4月16日~5月19日,举办了市直机关庆"五一"运动会,1000多名运动员参加了拔河、篮球等项目的比赛。9月下旬,工委与市委宣传部、市文化局共同举办了庆祝建国55周年歌咏比赛,既活跃了机关文化生活,又增强了机关党组织的吸引力和凝聚力。

(侯宁平)

老干部工作

【概况】 到2004年底,全市共有离休干部2660名。其中第二次国内革命战争时期参加革命的44名,抗日战争时期参加革命的269名,解放战争时期参加革命的2347名;地厅级和享受地厅级待遇的127人,县处级和享受县处级待遇的959人,一般干部1574人;分布在市直单位的676人,县市区的1984人。

【政治待遇】 全市各级老干部工作机构为老干部购置、印发各种学习文件和辅导资料8000多册,举办各类报告会、辅导讲座、座谈会125场次,保证了老干部学习教育活动的有效开展。同时,坚持和完善老干部工作"五项制度",全年共组织老干部外出参观学习335人次、视察重点项目建设和工农业生产18批次。各级向老干部通报重大情况、邀请老干部代表列席重要会议、参加重大活动、定期组织老干部阅文、重大节日走访慰问老干部已形成制度。

【生活待遇】 以清欠老干部"两费"(离休费、医药费)和建立完善"三个保障机制"(离休费保障机制、医药费保障机制、财政支持机制)作为年度工作重点,市县两级采取领导抓、抓领导,市级部门包抓县市的工作责任制,强力推进"两费"清欠和"三个保障机制"建立启动工作。至12月底,全市共落实兑现老干部"两费"610多万元,老干部"两费"拖欠基本扫清;市本级和13个县市区老干部生活待遇"三个保障机制"均已建立,秦都区、渭城区、永寿县、武功县、彬县、兴平市、三原县、泾阳县、长武县、乾县等10县市区"三个机制"已启动运行,有力地保证了老干部生活待遇的落实。同时,市委老干局与市委组织部、市财政局、市劳动和社会保障局、市经贸委等部门联合对市属58户企业运行情况进行调研,并就这些单位老干部"两费"落实情况向市政府写出专题调研报告。经市政府同意,市财政拨专款94.2万元,解决了市属特困企业老干部"两费"拖欠。为加强改制企业老干部服务管理工作,市委组织部、市委老干局、市财政局、市劳动和社会保障局、市经贸委联合下发了《关于改制、破产企业离休干部服务管理工作的意见》,为落实这些企业老干部政治和生活待遇提供了政策保证。全年市委老干局共受理老干部来信来访167件211人次,协调落实老干部反映的问题115件,其中省委老干局和市上领导批转的来信14件全部办结,有效地维护了老干部队伍的稳定。

【发挥作用】 围绕全面建设小康咸阳和西部强市的总体目标,全市各级党委、政府特别是老干部工作机构,加强引导,积极组织,充分发挥老干部的政治经验和人才资源优势,为全市经济发展和社会进步做贡献。市委老干局结合全市老干部队伍实际状况,对发挥作用工作的组织领导、社会领域、工作思路等方面进行了广泛深入的调研,完成了《新形势下老干部发挥作用工作探析》调研报告,受到了省委老干局的充分肯定。市委老干局先后4次组织担任过实职的市级老领导参加干部考察、党风廉政建设检查考核、重要决策征求意见等重大活动;全市各级聘请400多名老干部参加基层组织建设、党风廉政建设、社会治安综合治理、创建文明社区等项工作;有160多名老干部被各级卫生、环保、综治等部门聘为义务监督员;参加全市各级关教组织工作的有600多名老干部,他们利用自身丰富的人生阅历,对青少年进行革命传统、爱国主义和法治德治教育,帮助青少年健康成长。

【活动场所建设和文化娱乐活动】 为保证老干部学习、活动有一个良好的环境,全市各级各部门在建好管好用活老干部活动中心和老年大学上狠下功夫。市老干部活动中心从加强人员管理入手,不断强化服务意识,工作质量明显提高,日接待老干部近千人次;市老年大学健全领导班子,加强教学力量,完善教学设施,规范教学秩序,扩大教学规模,已开设分校7所、教学点2个,设置专业15个、教学班47个,在校学员3000多人。三原县、武功县、泾阳县、乾县老干部活动中心基础设施进一步完善,旬邑县、淳化县和市经贸委、市供销社等单位对原老干部活动中心(室)进行了修缮和扩建,永寿县、长武县、礼泉县和市公安局、市交通局等为老干部活动中心(室)新添了设备,使老干部活动中心(室)的综合功能得到较好发挥。三原县、长武县、秦都区老年大学不断总结办学经验,改进教学方法,提高教学质量,办学规模和水平都有了新的发展。市县两级老干部门结合开展纪念建党83周年和邓小平诞辰100周年活动,分别召开老干部座谈会,举办老年歌咏比赛、社区义演、书画展等活动,进一步丰富了老干部的精神文化生活。由市老干部活动中心和市老年大学共同组建的市老年艺术团,参加全省纪念建党83周年文艺调演活动并获奖。

(许亚伟)

党校工作

【概况】 2004年,按照市委、市政府的部署安排,市委党校分别于2月17日~3月26日、4月6日~5月21日,举办了县级领导干部进修班两期,学员共95人;举办乡镇领导干部进修班两期,培训学员100人,学期2个月。9月20日~11月

5 日、11 月 8 日～12 月 24 日，学校举办了两期秋季县级领导干部进修班，学员共 80 人；举办乡镇领导干部进修班两期，共培训学员 93 人。8 月中旬举办优秀中青年干部进修班，培训学员 80 人。通过学习和研究，引导、帮助学员深入领会十六大精神和“三个代表”重要思想的精神实质，增强驾驭市场经济的能力，提高对全面建设小康社会和建设西部强市的认识，提高运用马克思主义立场、观点、方法认识问题和解决问题的能力，提高学员思想水平和政治水平，树立正确的世界观、人生观、价值观，增强全心全意为人民服务的公仆意识。暑假期间，承办了全市公务员选调生的培训，培训学员共 115 人。省委党校咸阳教学部“西北五省（区）在职研究生班”第一期公共管理班于 2004 年 9 月在党校开班，共招收学员 101 人，学制三年，研究生班的开办使党校素质教育的层次得到进一步提高。2004 年，中央函授学院等各类学历教育的招生情况较往年略有下降，中函招生 1006 人，走读班招生 205 人。

【教学改革】 2004 年，市委党校认真贯彻学习十六届四中全会精神和“三个代表”重要思想，坚持用科学发展观指导党校各项工作。结合新形势对党校教育提出的新要求，按照“稳定骨干、改善结构、培养后俊、提高素质”的总体要求和“以培养提高年轻教师和骨干教师为重点，创名牌教师和名牌学科，加强师资队伍建设”的精神，研究制定了《关于任课教师试讲考评的若干规定》和《关于教师进修培训工作的规定（试行）》。在加强对教师的考核评定基础上，改进对教师的培训工作，提高整体教学水平。10 月 30 日，在渭城区委党校举办全市党校系统观摩教学活动，交流教学经验，促进了全市党校系统教学改革的深入开展。12 月 21 日，召开了全市党校系统教学法研讨会，聘请陕西省教育学院武天兴教授作了关于教学法的专题讲授。

【理论研究】 2004 年，党校科研工作紧紧围绕重大理论问题和现实问题，围绕市委、市政府的重大决策和中心工作，明确方向，实施“精品工程”战略，进一步提高科研水平，以科研促教学、促发展，服务于咸阳建设西部强市。7 月，组织召开了纪念邓小平诞辰 100 周年及全市党校系统理论研讨会，加强理论交流。组织撰写的陕西省哲学社会科学课题研究报告《加入 WTO 对西部企业市场的影响及对策》已结项。在陕西省党校系统第 18 次理论研讨会上，市委党校被评为“征文组织先进单位”，选送的论文中，获一等奖一篇、三等奖三篇。陕西省党校系统邓小平理论研究中心 2003 年度课题成果验收中，市委党校完成的《中西方政治文化比较与中国政治文明建设道路的选择》获一等奖，《“核心在坚持党的先进性”的理论探新》获课题成果三等奖。在省委党校系统科研成果奖励基金第四次评奖活动中，《咸阳市情与发展战略》获著作类三等奖，《民营科技企业发展与风险投资制度创新》获论文、调研报告类一等奖，《国内外地热资源开发利用的现状及发展战略》获一等奖。

（刘　琳）

保 密 工 作

【保密宣传教育活动】 2004 年是《中华人民共和国保守国家秘密法》实施 15 周年。5 月，市国家保密局以此为契机，在全市精心组织开展了保密宣传教育月活动。活动以普及保密知识、服务经济发展、确保国家秘密安全为主题，以涉密网络、通讯、办公自动化管理工作中存在的泄密隐患和失泄密案例为主要内容。活动月期间，省保密局局长郝维祥，市委副书记裴育民，市委常委、常务副市长李三原，市委常委、市委秘书长李效民等领导，亲临现场观看市保密局制作的宣传展板，并对宣传活动进行检查指导。各县市区、市级各部门也结合实际，采取一些贴近工作、灵活多样的活动方式，使整个宣传教育活动有声有色，收到了较好的宣传效果。

【保密依法行政】 2004 年，市国家保密局认真贯彻“积极防范、突出重点”的方针，切实抓好保密法制建设、保密督查、保密执法三个关键环节，使全市保密工作逐步向制度化、规范化迈进。《行政许可法》实施后，市保密局及时对原有的规章制度进行认真地清理、修订和完善，对国家和省、市颁布的有关保密法规进行搜集整理，归纳成 5 类 21 条，印发各级保密工作部门依照执行。进一步明确各级保密工作部门行政执法的职责权限和责任，规范了办事程序，强化了保密管理工作。

【保密督促检查】 ①加强国家统一考试保密管理工作。按照积极参与、主动服务、加强管理的原则，市国家保密局会同有关部门深入渭城区、三原县、礼泉县、永寿县等县区进行保密检查。重点检查存放试卷的保密防范措施是否到位、值班制度是否健全、责任是否明确到人、保密规定落实是否到位。对检查中发现的问题及时予以纠正，并通报全市引以为戒，确保了高考工作顺利进行。②加强定点复制国家秘密载体单位的管理工作。重点检查定点复制单位保密制度落实情况，严肃查处未办理《许可证》擅自复制国家载体的问题。全市共检查印刷、复印、打字点 500 多个，抽查了秦都区、渭城区、兴平市、三原县等县市区的 15 个定点复制单位。从检查情况看，大多数定点复制单位符合要求，保密制度健全、管理严格规范。对一些保密措施不到位、管理松散的定点单位，随即吊销《许可证》，令其限期整改，由市县两级保密部门联合验收合格后方可受理复制业务。

【计算机信息系统网络安全】 全市接入互联网专线总数890户,其中以ADSL方式接入274户,以LAN方式接入616户,全部在监测范围之内。全市党政机关7550台计算机全部实现有效管理,用于上互联网的1506台计算机不存储涉密信息,用于办公的4112台计算机不上公众信息网,既上网又办公的1932台计算机基本实现物理隔离。为了加强管理工作,市上成立了计算机网络安全保密管理工作领导小组,组成单位有市保密局、市委办、市政府办、市电子政务办、市公安局、市安全局。市委、市政府批转了市保密局和市电子政务办联合拟定的《咸阳市计算机信息系统安全保密管理实施意见》,明确网络安全保密管理坚持"谁主管、谁负责"原则,市县两级签订《涉密计算机管理责任书》,做到"涉密信息不上网,上网信息不涉密",层层落实责任,建立任务到岗、责任到人、一级抓一级、一级管一级的保密工作责任机制。同时健全和完善了《咸阳市涉密计算机管理制度》、《咸阳市涉密计算机工作人员职责》、《咸阳市涉密计算机场所基本要求》等项制度,规范操作程序和内部管理,促进网络安全保密工作制度化、规范化建设。

(张　军)

党史资料征集与研究

【党史专题征编】 ①组织开展《中共咸阳历史》第一卷的编写工作。根据中央党史研究室关于编写地方党史正本的要求,编写组人员在认真熟悉、掌握民主革命时期中共咸阳党史资料、中国共产党28年革命历史进程和历史经验,反复研读《中国共产党历史》第一卷,注意吸收和把握近年来党史研究领域的新观点、新表述的基础上,采纳有关领导、专家的意见,制订了该书的撰写提纲。4月份开始撰写,于年底完成了初稿。《中共咸阳历史》第一卷约25万字,分党的创立和大革命时期、土地革命战争时期、抗日战争时期和解放战争时期4编。该书客观、全面地反映1925年至1949年咸阳党组织的建立和发展,咸阳人民在中国共产党领导下所进行的土地革命斗争、抗日救亡运动和人民解放战争,以及发生在咸阳的重大革命事件等,展现咸阳人民大无畏的革命英雄主义气概和不屈不挠的革命斗争精神。②完成了《咸阳六十年代国民经济调整》专题资料的征编工作。8月至9月,组织人员到市档案馆查阅有关档案和报刊资料,计查阅档案200多卷、报纸280余份,征集历史文献、报刊资料8万余字。在此基础上,结合当时咸阳的实际情况,撰写出《咸阳六十年代国民经济调整综述》,概要记述上世纪60年代初期咸阳地区在农业、工业、财贸、文教、卫生等方面进行国民经济调整的情况及取得的成就。

【党史研究工作】 2004年,党史研究室紧紧围绕党的十六大报告提出的重大理论问题和实践问题,密切联系咸阳经济社会发展的实际和当前工作中的"热点"问题,确定课题进行研究,发挥党史资政育人在经济社会和党的建设中的理论推动作用,为加强党的执政能力建设服务。先后撰写《加强党内监督的历史思考》、《弘扬求真务实之风,加强党风廉政建设》、《党史工作要为党的执政能力建设服务》、《咸阳市走工业化道路的分析与思考》等论文。其中一些论文在市上举办的征文活动中获奖,并在《咸阳日报》或《陕西党史》上发表。同时,还组织各县市区党史部门工作人员和专家、学者等积极撰稿,全年共计征稿16篇,大部分已被《陕西党史》或《咸阳日报》刊用。

【党史宣传工作】 党史研究室充分利用重大节日和纪念日,采取多种形式开展党史宣传教育活动。8月22日,是邓小平诞辰100周年纪念日。为了搞好纪念活动,与咸阳电视台联合制作了电视专题片《邓小平在咸阳》,在《泾渭涛声》栏目播出。在庆祝建国55周年之际,联合市委宣传部、市委党校、市委理论讲师团、咸阳日报社和社科联共同举办了庆祝建国55周年理论研讨会。与会的专家学者以坚持科学发展观为主题,回顾国家革命、建设和改革所取得的伟大成就,交流探讨马克思主义理论对推动咸阳经济社会发展的重要作用,为咸阳实现跨越式发展、建设小康社会提供理论支持和精神动力。"七一"前夕,党史研究室应邀为机关、学校作党史专题报告或上党课,对党员干部和青少年进行党性教育和革命传统教育,加深他们对党的认识,牢固树立跟党走、建设有中国特色社会主义的信念。

(陈　娥)

档案工作

【档案馆信息化建设】 2004年,市档案馆配齐了信息化建设所需的基本硬件设施。拥有计算机8台,打印机2台,扫描仪、复印机各1台。并借调和聘请了计算机专业人员帮助工作。至年底,185个全宗、42000条案卷级目录已进入数据库。同时,经过多方协调,全市县市区馆都配备了计算机、打印机,有的还配备了复印机、扫描仪等。为了加快推进县区馆信息化建设步伐,市档案馆(局)拿出3万元为各县市区馆购置安装了科怡档案管理软件,并培训了工作人员,确保了县市区档案信息化建设工作的正常开展。市档案馆(局)为咸阳门户网站提供了档案馆(局)介绍,现任领导简介,馆藏、现行非涉密性文件介绍,便民服务、档案法规问答等相关内容近万余字,同时制作了本市档案信息网页,改进了服务手段,扩大了档案工作的影响。

【档案法制化建设】 为了迎接市人大对全市档案执法情况的审议,推进档案法制化进程,市档案局积极主动向市人大汇报工作,得到市人大的大力支持。9月,市人大教科文卫委员会召开了贯彻执行《中华人民共和国档案法》调研会,听取了全市贯彻落实《档案法》的情况汇报。10月,市人大视察调研组深入渭城区、泾阳县、淳化县、兴平市、乾县、永寿县6个县市区视察调研。10月27日,在市五届人大常委会第三次会议上,高小玲局长汇报了贯彻落实《中华人民共和国档案法》的情况。针对存在的问题,市档案局由领导带队,配合市政府督查室,深入三原县、礼泉县、秦都区、长武县等县区,对市人大建议的落实情况进行检查,就存在的问题与县区政府主管领导现场解决,有力地促进了全市档案工作。

【档案基础业务建设】 ①进一步优化馆藏结构。经过反复论证,重新核定划分了市档案馆所存185个文书档案的全宗号,统一编制了2万余卷的案卷号和500本案卷目录号。对馆藏图书资料进行了重新分类、鉴定,8300余册已登记排列上架。制定了图书资料检索工具,接收进馆的图书资料234册,使馆藏结构日趋合理化。②进一步改善服务手段。在全市档案系统提倡首问责任制,要求日常工作要做到"文明、礼貌、规范、周到"八字服务方针。面对查档者,做到来有迎声,问有答声,走有送声,使其满意而归。全市全年共接待查档人员5724人(次),提供各类档案资料16212卷(册),最大限度地满足了社会各界对档案利用的要求。③进一步强化业务指导工作,提高业务技能。本着"统一领导、分级管理"和精干效能的原则,市档案局重新调整了市级单位档案业务协作组,使协作组由14个减少到10个,成员单位从184个减少为99个,从而使档案业务指导职能得到更集中有效的发挥。对2003年度归档工作的检查,采取分片包干、责任到人的办法,有效地调动了各方面的工作积极性。乾县县委、县政府在下发了《关于开展文书归档及档案执法大检查活动的通知》后,成立了县委、县政府主管领导分别任正副组长的活动领导小组,有力地促进了归档工作的开展。旬邑、淳化等县狠抓乡镇档案的归档工作。全年市县两级归档受检单位的合格率达到90%以上,档案的标准化程度有了很大提高。④进一步探索新领域档案工作。年初中央一号文件下发以后,市档案局把加强和建立农业和农村档案,为农业和农村工作服务作为一项重要内容来抓。5月,旬邑县领导亲自带队,干部分片包干,逐村对档案工作进行检查指导,使村上档案员明了归档程序,掌握归档技巧,有力地推动了村级建档工作的深入开展。其他县区村级建档工作都有一定的发展,乾县大王村和三原县南关村档案室已达到省一级水平。市档案局与秦都区档案局一起,在秦都区珠泉社区进行了社区建档试点,为全市社区建档工作探索了一条有效途径。同时,对于股份制企业、民营企业的建档工作,市档案局会同有关县区进行了摸底调研,并就档案业务建设方面提出了符合实际的建议。⑤进一步加强档案目标管理工作。市县两级业务指导人员多次上门指导,亲自示范,使咸阳公路局、永寿县自来水管理站、兴平地税西城所等90个单位的机关档案室晋升为省三级标准,部分单位通过省A级以上标准认证。同时,市档案馆通过一年的努力,按照省AAA级档案馆建设标准,做好了各项准备工作。旬邑县档案馆于2004年11月17日,经市档案目标管理工作考评小组的严格考评,被认定为档案工作目标认证AA级单位。⑥积极推进馆库建设。经过多方努力,永寿县档案馆于7月建成竣工,泾阳县档案馆馆址已基本确定。

【档案干部队伍建设】 市档案局把加强干部队伍业务素质建设作为重点进行安排,选派1名同志参加了省档案局组织的档案行业标准培训;3月,组织了市直机关及各县市区馆(局)档案人员业务知识和微机输入技能培训,培训人员150多人次;9月,结合下发的《咸阳市市级机关立卷归档年检办法》和转发的《陕西省档案目标管理认证办法》,利用10天时间,举办了两期培训班,分别对县市区馆(局)长进行了培训,除学习掌握传统的各门类档案整理知识外,重点系统学习了《陕西省档案目标管理认证办法》、《咸阳市执法认证评分细则》、《咸阳市市级机关立卷归档年检办法》及档案分类大纲编写方案、归档范围及保管期限等知识。同时,市档案局还协助西北橡胶总厂等单位开展了档案业务培训,市县两级全年培训档案业务人员3800多人次。

(张　薇)

纪律检查·行政监察

【三届七次全体会议】 中共咸阳市纪委三届七次全体会议于3月19日召开。参加会议的市纪委委员应到26人,实到22人。会议听取了市委常委、市纪委书记裴育民宣读的市纪委向市第四次党代会的工作报告,并对《报告》进行了认真的讨论。一致认为,市纪委向市第四次党代会的工作报告,对过去五年全市党风廉政建设和反腐败工作的总结以及在实践中形成的经验和体会,简明扼要,客观全面,实事求是,高度概括。对今后五年全市党风廉政建设和反腐败工作建议,充分体现了"为民、务实、清廉"的要求和求真务实的精神。会议一致同意咸阳市纪委向市第四次党代会的工作报告。通过了市纪委三届七次全会决议。

【四届一次全体会议】 中共咸阳市纪委四届一次会议,于3月19日在秦宝宾馆召开。参加会议的市纪委委员26人,会议选举产生了中共咸阳市纪委常务委员和书记、副书记。裴育民受中国共产党咸阳市第四次代表大会主席团的委托,主持了中共咸阳市纪委四届一次全体委员会议。

【领导干部廉洁自律】 2004年,全市纪检监察机关按照吴官正提出的"加强反腐倡廉宣传教育,完善反腐倡廉'大宣教'工作格局"的要求和省纪委宣教工作会议精神,深入开展了学习"三个代表"重要思想和理想信念教育活动。以开展教育活动为载体,组织全市党员干部认真学习文件,撰写体会文章,召开讨论会,观看反腐倡廉电教片,开展了"建立教育、制度、监督并重的惩治和预防体系"理论研讨征文和学习竞赛活动。共举办两个《条例》辅导培训72班次,培训党员干部7000多人次,举办党纪条规知识竞赛100多场次,教育面近万人。市纪委、监察局还举办了全市党纪条规电视知识竞赛,13个县市区和市直部门参加了竞赛,咸阳市在全省举行的党纪条规电视知识竞赛中获得二等奖。在规范领导干部廉洁从政行为方面,严格落实中央、省纪委提出的各项规定,督促各级领导干部严格遵守四项纪律,市委常委会全体成员向全市人民做出五项廉政承诺,市政府组成人员就车辆配备、廉政建设、转变作风等做出公开承诺。在6个县区进行警示训诫试点,共对108人进行了警示训诫,其中科级干部44人,并推广了秦都区、渭城区、永寿县试点经验。在全市开展了为期1个月的作风纪律教育整顿活动,重点解决基层干部,特别是基层领导干部法制观念淡薄、工作方法简单粗暴等8个方面的问题。对兴平市、永寿县、武功县个别乡村干部在征收税费过程中作风粗暴等问题进行了查处,对负有领导责任的兴平市南市镇副镇长杨某、永寿县豆家镇副镇长王某、武功县大庄镇镇长张某进行了政纪处分。召开全市领导干部廉洁自律工作会议,市纪委对狠刹"四股歪风"专项整治活动和"四项清理"工作进行了全面安排部署。全市共清理党政领导干部55人拖欠公款29万元,清理违反规定兼任国有企业领导职务的县处级干部7人,清理出违规购买乘坐超标车162辆,涉及县处级以上领导干部14人,纠正127辆,清理收回多占公房490余套。认真落实四项谈话制度,全市各级纪委负责人同下级党政主要负责人谈话488人,任前廉政谈话218人,警示提醒290人,诫勉督导61人,训诫纠错31人,其中县级干部5人。

【查办案件工作】 全市各级纪检监察机关坚持把查办违法违纪案件作为反腐败斗争的重点,不断加大工作力度,认真落实办案措施,积极拓宽案源渠道,突出抓了贪污、贿赂、挪用公款以及领导干部严重违反组织人事纪律、失职渎职和侵犯群众利益等案件的查处。全年全市纪检监察机关共受理信访举报1715件,初核951件,立案802件(县级8件,科级54件),处分754人(县级7人,科级53人)。其中,市纪委监察局初核36件,了结28件,立案12件,结案11件,处分11人。

【纠正部门和行业不正之风】 一是认真纠正医药购销中的不正之风。全市共取缔无证经营户6家,清理销毁假劣和过期药品、医疗器械总案值113.5万元。进一步规范了药品市场秩序，第五期集中招标采购药品1300种，让利患者近1000万元。全市公立医院普遍推行和完善了门诊医药费电脑查询和住院费用“一日清单”制度，受到了患者的好评。二是切实减轻农民负担和企业负担。结合学习贯彻中央一号文件，通过税费改革，降低农业税和取消农业特产税等措施，共减轻农民负担1.6亿元；查处加重农民负担的典型案件3件，党政纪处分3人。三是积极抓好投资环境治理整顿工作。在市直部门全面推行对企业实行20个平静日制度，对确定的16个企业负担监测点进行了检查回访，聘请了60名企业负责人为优化发展环境义务监督员。从9月起，集中3个月时间，再次开展优化投资发展环境专项整治活动，严肃查处了市规划局在咸阳移动公司通信广场宝安店开业之际，以该店未办广告审批手续为由，将该店开业的宣传广告强行清理，并用高位剪刀戳破8个彩球事件，给市规划局有关人员予以处分。在全市各县市区开展了行风政风评议活动，发出征求意见表3000多份，全市社会各界反响较大。市级26个优化环境重点部门在《咸阳日报》向社会公开承诺，市移动、电信等五大通信公司公开接受广大市民的行风测评和监督质疑，并就群众提出的问题制定了整改措施，取得了良好的社会效果。四是着力治理公路“三乱”和中小学乱收费。市纠风办坚持每月上路明察暗访2次，并对境内3个超限检查站进行了监督检查，查处公路“三乱”案件11件，党政纪处分13人。切实落实治理教育乱收费工作责任制，市教育局在开学期间向每县派驻收费监督员2名，监督收费政策的落实；组织力量对全市中小学收费情况进行4次专项检查，清退违规收费62.8万元，减轻学生费用负担225万元。五是积极清理整顿乱着装问题。下发了《咸阳市清理整顿统一着装工作实施方案》，环保、土地、城管等部门已全部脱装，脱装人员6035人，收回制式服装和仿制服装2397套（折价51万元），全部用于救灾；收回制式标志5153套，全部予以销毁，此项工作得到省检查组充分肯定。

【执法监察工作】 结合中、省部署的执法监察工作，全市各级纪检监察机关在积极开展重点建设项目、环境保护、安全生产、扶贫资金管理使用情况等专项执法监察的同时，着重对重点建设工程项目招投标情况进行了监督检查。先后对投资规模较大的渭河咸阳城区段综合治理工程、关中公路环线礼泉至阎良段改建工程、沣河新区阳光大道工程等成立专门监督检查机构，制定纪律规定，与20多个设计、施工、监理企业签订了廉政责任书，并进行全程监督和分阶段检查，促进了工程的顺利进行。认真开展退耕还林（草）执法监察，各县市区按照省市关于继续开展退耕还林（草）执法监察的通知要求，针对存在问题，进行了自查和整改。组织市国土局、农业局、审计局，重点对8个县区1999年以来征用农民集体所有土地补偿费管理使用情况进行了专项检查，纠正和解决了存在问题。

【源头治理腐败】 在管好“权”方面，继续抓了第三轮行政审批改革的后续工作和企业登记并联许可改革试点工作。全市第三轮行政审批制度改革已经完成，共精简行政审批项目235项，保留项目281项，精简率为47.6%，与第一轮精简前955项相比，精简率为72.88%。企业登记并联审批由25个部门缩减为18个部门，精简率为28%。前置审批事项由114项缩减为80项，精简率为29.9%。5月，省上在咸阳市召开了全省审改工作暨企业登记并联许可改革现场会，咸阳市介绍了经验，受到好评。在管好“钱”方面，全面推行政府采购制度，全年全市预算采购额9373万元，实际采购额8529万元，节约采购资金844万元，节支率为9.1%；全市纳入收费统管单位850个，专户统管率达94%，缴入财政专户的行政事业性收费及罚没收入4583万元。在管好“人”方面，严格执行《党政领导干部选拔任用工作条例》，普遍实行了干部考察预告、差额考察、民主推荐、竞争上岗、任前公示等制度。结合市上换届，对47名拟任正县职领导岗位干部进行了全委会票决。在管好“事”方面，进一步建立和完善有形建筑市场，全年全市进入交易中心公开招投标的工程项目283个、面积218.39万平方米、造价总金额17.76亿元。积极推行经营性土地使用权出让招标拍卖制度，全市经营性土地使用权招标拍卖挂牌出让38宗（其中拍卖8宗，挂牌30宗），涉及金额1.56亿元。

【党风廉政建设责任制】 根据2004年全市党风廉政建设的整体部署，市纪委制定下发了《2004年全市党风廉政建设和反腐败工作目标管理责任制一览表》，将全年工作分为9大项42条，提出具体目标任务和工作要求。各县市区、各部门也对反腐倡廉工作任务层层分解细化，逐级夯实责任，加强监督检查，加大追究力度，确保了责任制工作的严肃性和有效性。2004年，共有66名党员干部受到党风廉政建设责任追究，其中县级干部6人，科级干部38人，受党政纪处分27人。

【作风纪律教育整顿】 4月份以后，省市新闻媒体陆续对兴平市、乾县、礼泉县、泾阳县四县市基层单位在饭店吃饭长期欠账、买油桃打白条、盖办公楼拖欠工程款等严重侵犯群众利益的问题进行了曝光。7月，市委决定由市纪委牵头，会同组织部门在全市乡、村两级集中开展了为期1个月的作风教育整顿活动。这次教育整顿的重点对象是乡镇党政班子及班子成员、行政村两委会班子及支部书记和村委会主任。教育整顿的重点问题是宗旨意识不牢,政策法制观念淡薄,工作方法简单粗暴;哄骗群众,不讲诚信,欠账不还以及后任不理前任账;盲目决策,搞政绩工程,形象工程,劳民伤财,贪图虚名;工作拖拉,消极应付,不负责任;工作无所适从,无所作为,经济发展缓慢;不严格执行领导干部廉洁自律规定,公款吃喝,铺张浪费;不严格遵守职业道德和行风建设要求,吃拿卡要,乱收费、乱摊派、乱罚款,滋民扰民,加重农民负担,损害群众利益;财务管理混乱,政务、村务不公开或公开不经常、不规范。这次教育整顿共分集中学习、提高认识,征求意见、对照检查,认真整改、建章立制,民主测评、检查验收四个阶段。通过教育整顿,使基层领导班子和广大基层干部的宗旨意识进一步增强,思想作风、工作作风进一步改进,依法办事能力和工作水平进一步提高,党群干群关系进一步密切,农村经济进一步发展,社会秩序进一步稳定。

(屈孟浩)

中共咸阳市纪律检查委员会

书　记　裴育民

副书记　陈俊哲　王淳化　穆正烈

常　委　裴育民　陈俊哲　王淳化　穆正烈　张建辉　何武杰　王建民　董世忠　焦文治

秘书长　王建民

人民代表大会

【概述】 2004年,市人大常委会认真履行宪法和法律赋予的职责,积极促进全市经济社会发展和民主法制建设进程。一是依法行使监督权。常委会把听取和审议有关事项以及审议意见的办理作为强化审议监督的重要环节,强化监督效果。全年共审议有关法律法规实施情况及"一府两院"有关工作12项,形成审议意见6份。二是正确行使决定权。常委会先后就代表选举、机构设置、城区治理、代表资格确定、人事任免等7个方面的工作分别作出决议和决定。三是认真行使任免权。继续坚持拟任命人员任前法律知识考试、任命前同常委会组成人员见面并作表态发言制度,全年共任命人员102人次,免职17人次,接受辞职6人,决定撤职3人。另外还终止代表资格2人,选举省人大代表1人。同时,为了加强对任命干部的依法监督,继续开展了述职评议工作。四是积极发挥代表作用。市人大常委会把做好代表工作作为加强人大工作基础、提高人大工作整体水平的一项重要任务,采取多种形式加强同代表的联系,积极为代表履行职责、发挥作用创造条件。五是努力配合上级人大做好立法工作。按照全国和省人大常委会的要求,市人大常委会先后组织有关部门、单位和专家学者,对《中华人民共和国畜牧法》(征求意见稿)、《中华人民共和国农业机械化促进法(草案)》、《陕西省企业工资支付条例》、《出租汽车客运条例》、《村庄集镇规划建设条例》、《陕西省测绘条例(修订草案)》、《陕西省城市市容卫生条例(草案)》等法律法规草案进行了讨论,提出了修改意见,并及时综合上报供上级人大立法参考。六是不断加强自身建设。2004年,市人大常委会高度重视自身建设,在政治学习、制度建设、宣传工作等方面取得了新进展。

【市五届人大一次会议】 咸阳市第五届人民代表大会第一次会议于2004年4月23日~28日在咸阳举行。会议应到代表420名,实际到会411名。预备会议表决通过了市五届人大一次会议议程和市五届人大一次会议主席团和秘书长名单。会议听取和审议了咸阳市人民政府工作报告、咸阳市2003年国民经济与社会发展计划执行情况和2004年国民经济与社会发展计划(草案)的报告、咸阳市2003年财政预算执行情况和2004年财政预算(草案)的报告、咸阳市人大常委会工作报告、咸阳市中级人民法院工作报告、咸阳市人民检察院工作报告,通过了上述6个报告的决议,审查批准了咸阳市2004年国民经济与社会发展计划、咸阳市2004年市级财政预算。选举宋洪武为咸阳市第五届人民代表大会常务委员会主任,选举应志治、何建民、哈锐、吴养民、苏进荣、孟庆智为常委会副主任,选举贺国华为常委会秘书长,选举常委会委员33人,选举产生了咸阳市第五届人民代表大会内务司法委员会、财政经济委员会、教育科学文化卫生委员会;选举张立勇为咸阳市人民政府市长,李三原、李永民、车建营、牛继鹏、上官吉庆为副市长;选举顾德镳为咸阳市中级人民法院院长、刘世民为咸阳市人民检察院检察长。会议期间,代表对全市有关方面工作提出建议、批评和意见158件,交由"一府两院"办理。

【市四届人大常委会会议】 2004年,咸阳市第四届人民代表大会常务委员会召开常委会会议3次(即第三十次会议至第三十二次会议)。①第三十次会议于1月13日~14日召开。会议听取和审议了市人民政府关于《城市规划法》贯彻执行情况的报告,市人民政府和市中级人民法院关于市四届人大六次会议代表建议、批评和意见办理情况的报告,听取了市人民政府关于咸阳市总体规划修编进展情况的汇报,作出了《咸阳市人民代表大会常务委员会关于咸阳市第五届人民代表大会代表名额和选举问题的决定》、《咸阳市人民代表大会常务委员会关于将代表工作委员会更名为人事代表选举工作委员会的决定》、《咸阳市人民代表大会常务委员会关于确认逮捕市四届人大代表胡小平的决定》。②第三十一次会议于2月26日召开。会议听取和审议了市人民政府关于实施渭河及沣河咸阳城区段综合治理的报告,并相应作出了《关于对咸阳市人民政府〈关于实施渭河及沣河咸阳城区段综合治理的报告〉的决定》;决定了有关人事任命。③第三十二次会议于4月11日召开。作出了《咸阳市第四届人民代表大会常务委员会关于召开咸阳市第五届人民代表大会第一次会议的决定》、《咸阳市第四届人民代表大会常务委员会关于接受庄长城同志辞去职务的请求的决定》,审议通过了《咸阳市第五届人民代表大会第一次会议列席人员名单》、《咸阳市第四届人民代表大会常务委员会工作报告(草案)》,审议了《咸阳市第四届人民代表大会常务委员会代表资格审查委员会关于咸阳市第五届人民代表大会代表的代表资格审查报告》,通过了《咸阳市第四届人民代表大会常务委员会公告》,公布了咸阳市第五届人民代表大会代表名单。

【市五届人大常委会会议】 2004年,咸阳市第五届人民代表大会常务委员会召开常委会会议4次(即第一次会议至第四次会议)。①第一次会议于6月28日召开。会议审议通过了市人大常委会2004年工作要点、市人大常委会代表资格审查委员会关于李可军、曹崇岭代表资格终止的报告;确认了市人大常委会主任会议关于对市五届人大常委会代表曹民权采取强制措施的报告;决定了有关人事任免。②第二次会议于8月19日~20日召开。会议学习了《中华人民共和国预算法》;听取和审议了市人民政府关于咸阳市2004年上半年国民经济和社会发展计划执行情况的报告、2004年上半年财政预算执行情况的报告、贯彻实施《中华人民共和国农村土地承包法》情况的报告;决定了有关人事任免。③第三次会议于10月26日~27日召开。会议听取和审议了市中级人民法院关于执行工作情况的报告,市人民政府关于《中华人民共和国环境保护法》贯彻实施情况的报告,关于代表建议、批评和意见办理情况的报告,关于《中华人民共和国档案法》贯彻实施情况的报告;听取了市人民政府关于旱腰带地区扶贫开发及为农村和农民所办十件实事进展情况的报告、关于城市重点建设工程和城建十件实事进展情况的报告;决定了有关人事任免。④第四次会议于12月22日~23日召开。会议听取和审议了咸阳市2003年财政决算报告;听取了市人民政府关于2003年市本级财政预算执行情况和其他财政收支情况的审计报告、关于公安基层派出所建设和执法工作情况的报告;评议了市人民政府副市长车建营、市中级人民法院副院长韩振习、市人民检察院副检察长郭彦超的述职报告;审议通过了《咸阳市人民代表大会常务委员会关于办理市人大代表议案、建议、批评和意见的规定》;补选应志治为省十届人民代表大会代表。

【行政执法监督】 2004年,市人大常委会对《城市规划法》、《农村土地承包法》、《环境保护法》、《档案法》在咸阳市贯彻执行情况进行了检查,并进行了审议。会议指出在贯彻执行《城市规划法》中存在学习宣传不到位,规划监督管理力度不够,从城市规划上考虑解决失地农民生存和发展问题的办法不多,近一半小城镇没有合法的、科学的规划,审批把关不严,基础设施建设水平低等问题,并提出许多要从城区规划的大处着眼,尽快抓好新一轮规划修编工作;要从统筹城乡社会经济发展的战略高度,积极稳妥地抓好小城镇的规划和建设工作;要以实现城市的可持续发展为规划和建设的目标,充分发挥城市规划在配置土地资源、改善居住和生态环境、保护历史文化名城等方面的作用;要增强依法行政的自觉性,不断加大规划执法力度等建议。会议指出了在贯彻实施《农村土地承包法》过程中存在着学习宣传法律不够广泛深入,管理关系不顺、机构不健全,农民的土地承包经营权在一些地方还没有得到完全落实,稳定农村土地承包关系与农民宅基地、农村公益事业及国家建设用地的矛盾在一些地方比较突出,侵害农民土地承包权益的事件也时有发生等一些不容忽视的问题和薄弱环节,建议市政府要继续加大《农村土地承包法》的宣传与培训力度,不断完善和稳定农村土地承包经营关系,建立健全农村土地承包管理和仲裁机构,加强《农村土地承包法》的执法检查。在审议《环境保护法》和《档案法》的贯彻执行情况时,针对部分市民的环保意识不强、认识不到位,《环保法》的宣传力度不够大,执法手段不硬、执法力度不大、环保人员素质参差不齐、环保基础设施建设相对滞后以及市界外污染输入严重的问题,会议提出了要进一步加大水污染企业的治理力度,加快污水处理厂和垃圾处理厂的建设,严格落实各部门的法律责任,大力推行环境污染问责制度,全面监控污染排放,改善大气质量,务必尽早甩掉"黑帽子"。指出了贯彻实施《档案法》宣传不够深入,档案管理硬件条件差,资金投入不足,基层档案工作薄弱的问题。要求市政府认真解决档案工作中存在的困难和问题,加强档案硬件设施建设,注重收集重大活动的档案,重视基层档案管理,督促市县档案行政部门加大执法力度。

【代表工作】 为了加强和改进代表工作,市人大常委会积极创造条件,为代表提供服务。一是把全国、省、市、县、乡五级代表按照便于组织、就近编组的原则重新进行混合编组。全市共编制代表小组220个,确定了代表小组联络人,明确了小组活动的方式和要求。二是继续为代表订阅《中国人大》、《法制与社会》、《民声报》等学习资料,为代表加强学习和履行职责创造条件。三是认真督促办理代表议案、建议、批评和意见。从交办、答复、检查、落实等环节入手，对代表建议、批评和意见办理情况进行了检查，听取和审议了“一府两院”办理情况的报告，其中交由市政府办理的156件，市中院办理的2件，到年底全部答复代表。四是分片集中培训市人大代表。利用4天时间，对全市新任市人大代表分兴平、彬县、泾阳、市区四个点进行了集中培训，邀请专家学者讲授了《宪法》、《组织法》、《选举法》、《代表法》、人民代表大会制度、人大代表的权利和义务等相关知识。五是组织开展代表集中视察活动。分别于11月8日~10日、11月23日~25日，接待了51名在陕十届全国人大代表来咸视察，组织咸阳选举和驻咸部队的省人大代表的集中视察。重点围绕建设工程和基础设施建设、农业产业结构调整和农民增收以及农村扶贫减灾等工作进行了较为全面深入的视察，提出建议、意见20多条。常委会组织工作扎实、周到、细致，受到全国、省人大代表和省人大领导的好评。全国、省人大代表视察之后，常委会又及时安排了市五届人大代表的视察工作，对视察的时间、重点内容提出了具体要求。

【信访工作】 2004年，常委会在进一步理顺工作关系、不断健全和完善接待、批示、转办、督办工作程序的基础上，加强了来信来访的日常接待和案件的受理、处理和督办工作。共受理人民群众来信来访1987人次，其中处理来信519件；接待来访1468人次，其中集体上访37批397人次。来信全部交由“一府两院”办理，要结果的22件案件，已办结并报结果的10件。反映的问题部分已经得到了公正处理，其中一些问题比较突出的案件，经过充分研究论证，列为重点案件督促有关部门限期办理，维护了司法公正，促进了依法行政，保障了当事人的合法权益。

【理论研究及宣传工作】 组织开展了一系列人大制度建立50周年纪念活动，在《咸阳日报》上刊发了常委会主任纪念文章；召开纪念座谈会和人大工作研讨会，交流论文11篇；制作《咸阳人大二十年，看民主法制建设路》电视专题片；组织县市区人大纪念活动的宣传报道。为省人大工作理论和研讨会组织和准备材料16篇，其中4篇被收入省人大论文汇编，16篇均获不同等次奖励。在全市组织开展了2004年“宣传人民代表大会制度好新闻”评选活动。通过初选、复评，共评出一等奖2篇、二等奖3篇、三等奖5篇。分别参加了全国20城市人大工作座谈会、全省人大宣传工作会议、全省十市人大秘书长联席会第五次会议、全省人大信访工作会议以及省人大宗教工作座谈会、全国人大农业与农村委员会主任刘明祖主持召开的城乡结构问题座谈会、省农业和农村工作座谈会等，就代表工作、宣传工作、宗教工作等进行了研讨和交流。

【常委会自身建设】 常委会始终把加强自身建设放在重要位置，通过各种形式不断提高常委会的工作水平和机关的服务质量。一是不断加强学习。常委会始终把学习作为提高素质、开展工作、履行职责的首要任务和重要基础，在继续完善有关制度的基础上，采取各种形式，积极开展政治理论、法律知识、业务知识及市场经济和现代科技知识的学习。先后组织学习了十六届四中全会决定、省委人大工作会议精神和有关重要文件、“三个代表”重要思想有关重要论述、关于社会主义市场体制若干问题的决定、胡锦涛总书记树立科学发展观的讲话、市委四届三次全委会精神，学习了《宪法》修正案、《档案法》、《环境保护法》、《预算法》、《农村土地承包法》等法律法规。同时，根据换届后许多新的工作人员初到人大工作的实际，有重点地组织学习了人大与“一府两院”的关系、人大的职权、人大代表的权利与义务、人大工作程序等以及电子政务和计算机知识。二是切实加强制度建设。常委会从制度建设入手，先后制定、修订、完善了内务司法委员会和人事代表选举工作委员会工作规则，关于办理市人大代表议案、建议、批评和意见的规定等有关规则、制度、办法23个，整理编印了《咸阳市人大机关制度汇编》。继续坚持了常委会组成人员出席会议签到通报制度，代表列席常委会会议制度，公民旁听常委会会议制度等，使常委会工作在规范化、公开化，增强透明度等方面有了新的进展。三是不断加强机关组织建设和队伍建设。四是做好扶贫帮困活动。积极帮助群众脱贫致富，为永寿县南咀村、彬县龙源村、旬邑县前义阳村、永寿县上孙家村、永寿县杨家山、长武县代岭村、泾阳县山庄村等协调解决资金，帮助解决建校、引水、修路、线路改造、移民搬迁等重点问题，引导、支持发展具有地域优势、资源优势、市场优势的特色产业。一年来，常委会加强了对外联系和交流，大力宣传咸阳，扩大工作交流，增进友好往来，共接待各地人大来访101批782人次。

（徐　鹏　董金玲）

咸阳市第五届人民代表大会常务委员会

主　　任　宋洪武

副 主 任　应志治　何建民　哈　锐　吴养民　苏进荣　孟庆智

秘 书 长　贺国华

副秘书长　梁玉栋

市人大常委会办公室

主　　任　梁玉栋

副 主 任　杨晓霞　徐　鹏　王潘贵　王锁民

内务司法委员会

主任委员　朱耀斌

副主任委员　刘景旭

财政经济委员会

主任委员 王志玉
副主任委员 郝雅丽

教科文卫委员会

主任委员 张春美
副主任委员 郑宏科

代表资格审查委员会

主任委员 张亚贤

人事代表选举工作委员会

主 任 周尉明
副主任 高永生

城乡建设与环境资源保护工作委员会

主 任 马根亮
副主任 刘亚萍

农业与农村工作委员会

主 任 李学敏
副主任 张永亮

信访督办室

主 任 刘志斌
副主任 王福堂

人民政府

概述

【概况】 2004年,是本届政府的开局之年,也是建设西部强市和全面小康咸阳取得丰硕成果的一年。一年来,市政府以邓小平理论和"三个代表"重要思想为指导,牢固树立和落实科学发展观,认真贯彻落实国家宏观调控政策,按照市委确定的"高举党的旗帜,强化区位优势,加速'四化'进程,构建西部强市"的基本思路,依靠和带领全市人民,加压紧逼,扎实工作,全市经济发展呈现出多年少有的良好势头,各项社会事业全面发展。全市生产总值完成338.6亿元,比上年净增50亿元,增长13.1%,增速创近8年新高,高出全省0.2个百分点,经济总量居全省第二位。

【高度重视"三农"问题】 认真落实中央一号文件精神,取消农业特产税,农业税税率降低1个百分点,对旱腰带地区特困户减免农业税,增加支农资金,设立支农贷款贴息,落实粮食生产直补,加快优质小麦生产基地建设,加大农业土地开发,大力调整农业和农村经济结构,强化农业基础设施建设,采取更直接、更有力的政策措施,支持粮食生产和农业发展。全年安排支农资金2.1亿元。通过取消农业特产税和农业税税率降低1个百分点,直接为农民减负1.9亿元。这些政策措施力度之大,农民得到实惠之多,是多年来少有的,极大地调动了广大农民的生产积极性。全年实现农林牧渔业产值121.7亿元,增长11%。积极推进农业结构调整和产业化经营,粮食总产达到200.5万吨,增长12.2%,粮食单产创历史最高水平,总产为历史上的第二个高产年,咸阳荣获全省粮食生产先进市称号。蔬菜、水果总产分别为218.9万吨和265万吨,增长9%和18.4%。大牲畜存栏44.8万头,增长12%。肉、奶、蛋类总产量较上年均有较大幅度的增长。全市粮食、果业、蔬菜、乳品产量、产值均居全省第一。产业化经营进一步发展,礼泉汇源、乾县银桥、长武通达、三原天佑等一批农业产业化项目建成投产。

【工业化迈出新步伐】 全市规模以上工业完成产值291.1亿元,增长18.2%。全市规模以上工业企业经济效益综合指数为126.3%,是近年来的最好水平。能化、电子、医药、食品、纺织五大支柱产业进一步壮大,分别实现产值95.5亿元、87.9亿元、12.2亿元、27.4亿元和19.8亿元,占规模以上工业总产值的83%;其中能化工业总量和增速均居五大支柱产业之首,成为工业增长的主引擎。彬长煤田开发步伐加快,当年完成投资13.4亿元。彬县下沟煤矿300万吨和旬邑燕家河煤矿90万吨技改工程已经完成,彬县火石嘴煤矿300万吨二期技改工程、年产120万吨的长武亭南煤矿、年产400万吨的彬县大佛寺煤矿建设进展顺利。全市原煤产量达到750万吨,实现产值15.84亿元,分别增长63%和91.4%,咸阳成为全省第二大产煤市。工业技术进步加快,全年完成技改投资26.4亿元,增长54.9%。

【城镇化进程明显加快】 全年新修城市道路、桥梁24.3公里,完成投资6.8亿元,相当于前十年的投资总和。渭河(咸阳湖)、沣河综合治理工程进展顺利。渭河1号、2号橡胶坝基础工程已经完成,两岸护坡及河道疏浚正在紧张施工,沣河治理工程与渭河同步抓紧进行。玉泉西路、迎宾大道、人民西路、文林北路、世纪西路、渭河3号桥、咸通路立交桥、世纪大道沣河桥等"八路三桥"城市重点工程建成通车。阳光大道、崇文路、钓台路、河南街路、段家路及相关跨桥正在加紧施工。长虹路、果子市街等13条背街小巷改造如期完工。城市亮化、绿化、气化、净化任务全面完成,新增城市绿地面积42.2万平方米,人均绿地面积达到7.1平方米,绿化覆盖率达到36.7%;新增天然气用户1.1万户,市区天然气覆盖率达到90%;新增集中供热面积55万平方米,城市居民集中供热率达到40%;城市公交增加投资2200万元,新增公交车67辆。旬邑县、兴平市、武功县、三原县、彬县等县市以县城镇为龙头,以试点镇和中心镇为突破口,加强道路、排水、绿化等基础设施建设,城镇聚集功能和辐射带动作用不断增强。全市城镇化率达到35%,较上年提高2个百分点。城市管理进一步加强,咸阳市被评为"全省城乡环境综合整治先进城市"。

【信息化建设步伐加快】 信息基础设施建设步伐加快,全市有66户企业被列为省级信息化示范企业,彩虹集团、偏转集团在2004年全国电子信息百强企业中分别排名第22位和第70位。农业、金融、税收、教育、交通、国土资源等信息系统建设初具规模。电子政务建设进展较快,市县两级政务公众信息网站全部建成,有17个市级部门的信息网站开通,初步形成了市县两级网络互联互通的网络构架。

【改革开放全方位推进】 按照"真改、深改、快改"的指导思想,以建立现代产权制度为核心,以国有退出为主要实现形式,灵活运用股份制、出售、买断经营、破产等方式,分类推进,国有企业改革取得新进展。80户市属企业退出国有序列,西北医疗器械厂整体出售,市天然气公司和自来水公司国有股权成功转让。第三轮行政审批制度改革全面完成。精简行政审批项目235项,在全省率先实行了企业并联审批试点。基本完成了政府机构改革任务,事业单位机构改革各项准备工作加快进行。农村税费改革不断深化,金融、住房、社会保障等各项改革迈出新步伐。大力实施全民招商和叩门招商战略,招商引资再创新高,全年引进合同项目800个,合同引进资金183.9亿元,实际到位资金113.3亿元,较上年增长77.7%。其中合同利用资金亿元以上的项目31个,已有418个项目建成投产,311个项目正在建设,签约项目开工率达到91%。招商引资对全市经济增长贡献率达11.1%,拉动全市GDP1.8个百分点。外贸进出口总额达到2.55亿美元,其中出口总值1.65亿元。实际利用外资2512万美元,增长16.4%。

【东靠西联战略稳步实施】 认真实施《西安咸阳实施经济一体化战略规划纲要》和《咸阳杨凌农业产业一体化五年计划》,"两个一体化"进入了深层次合作、全方位推进的新阶段。西咸经济一体化进展顺利,与西安在城建、交通等方面的对接迈出实质性步伐,高(陵)渭(城)路、沣河桥加宽改造工程已建成通车,顺利开通了咸阳至西安、临潼、长安3条客运线路,西咸公交1号线(咸阳火车站至西安大雁塔)已经达成开通协议。在已上报国家发改委审批的西安城市快速轨道交通规划中为咸阳预留了接口。西安咸阳大同城票据交换系统运营良好,交换业务不断扩大。两市电话升位并网得到国家信息产业部批复。加强了与杨凌示范区的深度合作,先后实施农业产业化项目65个,为全市注入农业发展资金1.7亿元,引进先进技术和科技成果38项。

【固定资产投资稳定增长】 正确把握国家宏观调控政策的精神实质,集中开展了以清理投资项目、"五小"企业、土地市场和加强薄弱环节为重点的"三清理"、"六加强"工作,克服困难并保证了对农业、教育、能源交通和国家鼓励类产业的投资。全年全社会固定资产投资完成161.7亿元,增长37.8%,其中50万元以上项目完成投资147.2亿元,增长53.1%,高出全省平均增长速度29.8个百分点。重点项目建设进展顺利,81个重点项目完成投资43.56亿元,声威水泥一期工程、迎宾大道、汇源果蔬生产线、通达果汁厂、泾阳果蔬及无色果糖生产线等34个项目建成或基本建成,26个新开工项目中有21个项目按计划开工建设,开工率达到80%。

【财政金融运行健康平稳】 坚持依法治税,强化税收征管,优化支出结构,狠抓财源建设,保证了改革和建设的顺利进行。区域财政总收入32.2亿元,同口径增长8.2%;地方财政收入12.61亿元,同口径增长16.4%,增收1.78亿元(剔除农业税和农业特产税改革因素);地方财政支出完成26.86亿元,同比增长12.8%。严格预算约束,严控财政支出,较好地保证了生态环境、公用事业和"两个确保"、"两个保证"等重点支出,提高财政资金使用效益。继续深化财政各项改革。全面完成了市以下财政体制调整,调动了县区抓收入的积极性。乡镇工作人员工资全部收归县级管理,保证了基层人员工资发放。预算试点单位扩大到25个,整体工作实施顺利。政府集中采购规模和范围进一步扩大,全年市级实现集中采购金额1.5亿元,节约资金约1349.8万元。全面落实"收支两条线"管理规定,在"票款分离"、"罚缴分离"的基础上,实现了网上划款。会计核算制度不断完善,会计委派制和"村账乡管"工作进展顺利。进一步完善国有资产管理体制,健全了对企业经营者的激励约束机制。金融运行健康平稳,为全市经济社会发展提供了有力地支持。至12月底,全市金融机构各项存款余额402.8亿元,较年初增加39.1亿元;各项贷款余额238.6亿元,较年初增加5.3亿元。

【服务业出现新亮点】 会计中介、法律服务、信息传媒、金融保险、社区服务等新兴服务业加快发展,不断改造提升交通运输、餐饮等传统服务业。特色旅游规模不断扩大,全年接待国内外游客896万人次,实现旅游综合收入28.5亿元,分别增长3%和11%。西安咸阳国际机场旅客吞吐量达到636万人次,较上年增加197万人次。足疗产业健康发展，足疗店发展到340家，从业人员9800人，向外地输送足疗保健技师900多人。餐饮业发展空前活跃，市区初步形成了新兴路、人民西路、团结路、中华广场等4处餐饮企业聚集区。倡导“西咸一体化，安居在咸阳”的理念，鼓励房地产规模开发，着力打造“人居咸阳”品牌，房地产开发增势强劲，完成投资16亿元，增长38%；城镇商品房竣工面积95万平方米，增长4%；房屋空置率0.3%。非公有制经济快速发展，完成总产值467亿元，增长13%。商贸流通日益活跃，社会消费品零售总额完成90.3亿元，增长12.6%。

【各项社会事业全面发展】 科技产业化水平有了新的提高，实施重大科技产业项目143个，全市民营科技企业发展到1700户，实现技工贸总收入54.3亿元。教育事业持续推进，普通高中标准化建设完成投资5440万元，竣工面积6.3万平方米；中小学危房改造投资7005万元，危改面积18.7万平方米；撤校并点103所，国家现代远程教育工程建成启用，三原县成为全省第二个教育强县。全市初中学生接受高中阶段教育升学率达到78%，万人拥有大学生115名，高考升入本科院校学生突破万人。卫生改革不断深化，公共卫生体系建设步伐加快，彬县新型农村合作医疗试点取得成功。全市各类医疗机构病床数增加1000张，达到1.3万张，千人拥有病床数由2.42张增加到2.63张，在全国同等城市中排名第11位。文化事业不断繁荣，文化市场管理特别是网吧整治得到加强，秦都区、兴平市、乾县、旬邑县被省政府命名为文化先进县。引智工作成效显著，人才队伍建设进一步加强。全民健身蓬勃开展，竞技体育水平不断提高。人口与计划生育工作得到进一步加强，咸阳市被确定为全国人口和计生综合改革试点市，人口自然增长率为3.57‰。高度重视环境保护工作，市民生活质量位居全省十城市之首。在中央电视台举办的中国魅力城市评比大赛中，咸阳市从全国600个城市中脱颖而出，被评为首届中国魅力城市，也是西北地区惟一获此殊荣的城市。

【人民生活进一步改善】 全市农民人均纯收入2100元，增长10%，农民人均纯收入增幅首次超过城镇居民，也是20世纪90年代以来首次出现的两位数增长。城镇居民人均可支配收入8257.31元，增长8.9%。分别为市民、农民和残疾人办的10件实事基本落实。扶贫开发工作成效显著，连续五年名列全省前茅，全年建设扶贫开发重点村177个，实施移民搬迁7030人，累计解决了23.6万人的温饱问题，39.5万人摆脱了贫困；旱腰带地区农民人均纯收入达到993元，较上年增加200元，有5万人解决温饱，11.39万人脱贫。劳务产业加速发展，形成了“咸阳足疗”、“电子青工”、“纺织女工”和“果业农工”等品牌，全年劳务输出51.9万人次，在外务工人员达到90万人次，年创收36亿元。咸阳市被省政府评为劳务输出工作先进市。社会弱势群体得到高度关注。在全市城乡广泛深入地开展了扶贫帮困送温暖活动。就业和再就业工作取得新进展，在全省率先开辟“田间工厂”，安置下岗职工再就业。全年新增就业人员4.8万人，其中下岗失业人员再就业1.82万人，“四〇五〇”人员再就业5700人，城镇登记失业率3.7%。养老、医疗、失业、工伤、生育等保险覆盖面继续扩大，参保人数分别达到26.38万人、35.09万人、40.49万人、13.69万人、9.39万人。全市共有3.6万户、9.1万人纳入城市最低生活保障，全年共发放低保金5678万元，做到了动态化管理下的应保尽保。

【民主法制建设不断加强】 精神文明创建活动深入开展，“双拥”共建工作取得新成绩。“四五”普法扎实推进，依法治市迈出新步伐，全社会法治化管理水平稳步提高。加强执法队伍建设，加大行政执法监督工作力度，政府系统行政执法人员的法制观念和执法水平不断提高。市政府自觉接受人民代表大会及其常务委员会的法律监督和政协的民主监督，认真落实各项决议，坚持定期向人大及其常委会报告工作，向政协通报情况，市人大代表建议和政协委员提案办复率达到100%。加强同各民主党派、工商联、无党派爱国人士和群众团体的联系，增强了政府决策的民主化和科学化。实行处理信访突出问题及群体性事件联席会议、领导包抓信访案件和干部下访制度，配合省上妥善处理了咸阳华润群体性事件，一批群众反映强烈的热点难点问题得到有效解决，信访量明显下降。清理历年拖欠工程款2.62亿元，兑现农民工工资3456万元。安全生产进一步加强，安全形势不断好转，万人死亡率连续两年位居全省最低。围绕创建“安全咸阳”，不断加强社会治安防控体系建设，深入开展严打整治，社会秩序保持稳定，人民群众安全感普遍增强。

【新型政府建设初显成效】 认真贯彻《行政许可法》，积极落实《全面推进依法行政实施纲要》，坚持依法行政，建设法治政府。建立了企业20个平静工作日制度。大力精文减会，2004年以市政府名义召开的会议比上年减少56次，精简47%；以市政府名义下发的文件减少32个，精简32%。市县两级共节约会议、文件、检查经费1470万元。在政府工作中注意认真听取各民主党派、工商联、无党派人士和专家学者的意见，支持工会、共青团、妇联等人民团体的工作。建设透明政府，开放市政府常务会议，从6月份以来，先后有135名市民6次到会旁听，所提48条建议和意见全部办理完毕。建设廉政、勤政政府，制定并严格执行了市政府领导班子不超标准配车、副职不配秘书、外出乘飞机坐经济舱等勤政廉政十条禁令,政府自身建设进一步加强。廉政建设和反腐败斗争深入开展,全面落实党风廉政建设责任制,全市监察机关全年立案802件,共处分754人,挽回经济损失118万元。

(张宣朝)

咸阳市人民政府

市　　长　张立勇
副 市 长　李三原　李永民　车建营　牛继鹏　上官吉庆　王建国
市长助理　李省龙　刘文理　贺书田　杨占文
秘 书 长　刘文理
副秘书长　韩晓长　李国政　李兴文　苏养才　杨劝林　冯武轩　李学斌　王绍飞　罗奕凯　严希民　陈普选　张昭东　马建炜

市政府组成部门

市政府办公室

主　任　刘文理
副主任　侯卫东

经济体制改革办公室

主　任　李兴文
副主任　王　胜

政务大厅办公室

主　任　李国政
副主任　王荣禧

法制办公室

主　任　吴建勋

发展计划委员会

主　任　刘国志
副主任　郭德厚　乔春菊　杨成广　王志刚

物价局

局　长　郭德厚
副局长　程亚安　王军社

经济贸易委员会

主　任　田晓东
副主任　郑东继　刘　通　许双会

商务办公室

副主任　王明新　曹立昌　陈志敏　陈建刚

煤炭办公室

主　任　郝俊民
副主任　袁光宇　陈东阳

重工业办公室

副主任　许万寿　强延庆

轻纺工业办公室

主　任　吕　毅
副主任　严宗昌　汤国瑞

安全生产监督管理局

局　长　梁　达

科学技术局

局　长　沈毛平
副局长　高义辉　林胜利

财政局

局　长　何新来
副局长　张志云　万　民　岳生锋　谢金鹏　孙忍厚

国有资产管理局

局　长　岳生锋

审计局

局　长　张　国
副局长　郑天瑞　赵乃斌

统计局

局　长　杨美乐
副局长　贺建权

人事局

局　长　寇述政
副局长　雷华森　陈铁琪　刘文峰

劳动和社会保障局

局　长　曹兴魏
副局长　朱玉田　李选文　李成奇

监察局

局　长　陈俊哲
副局长　邵建珍　何武杰　张建辉

公安局

局　长　郭中秋
政　委　邱战文
副局长　邢俊强　季德理　李士俊　张聚臣

国家安全局

局　长　李学斌

司法局

局　长　张万春
副局长　周金龙　朱建英　郭永强　魏定平

民政局(民族宗教事务局)

局　长　韩保福
副局长　马希宽　段建民　窦文炳　周少华

城乡建设规划局

局　长　冯望云
副局长　丁志荣　范志忠　南振才　来成丰　解　爽

城市建设管理局

局　长　张文辉
副局长　董忠武　李约民　张振华　王　靖　何崇彦

城市综合管理办公室

主　任　董忠武
副主任　吴灏烈

国土资源局

局　长　宋加琦
副局长　宇学文　贾喜谦　黄志社　员培琪

环境保护局

局　长　许忠信
副局长　赵德运　刘新民　何　章

房产管理局
局　长　强守宏
副局长　张颂东　王俊发
房改办公室
主　任　冯武轩
副主任　张积选
住房公积金管理中心
主　任　刘书贤
副主任　李晓强

交通局
局　长　罗志勇
副局长　曹忠仁　严志强
　　　　李陕学　铁　炜

对外贸易经济合作局
局　长　刘　辉
副局长　王　蕴　景怀明

粮食局(粮食储备局)
局　长　任常智
副局长　王金友

农业局
局　长　季志林
副局长　李正纲　汪忠新
　　　　张宗山
农机管理中心
主　任　樊春辉
副主任　王安民

水利局
局　长　刘文龙
副局长　李忠贤　侯斌孝
　　　　张红星　解　鹏

林业局
局　长　惠存虎
副局长　郭安义　李　军
　　　　王学柱

教育局
局　长　刘聪博
副局长　刘明夫　王锁院
　　　　李　强　陈校林
　　　　谭尊相

文化局(新闻出版局)
局　长　韩　炜
副局长　赵民哲　张跃飞
　　　　侯爱玲

卫生局
局　长　赵国瑞
副局长　米振海　陈志会
　　　　董克权

人口与计划生育委员会
主　任　费洪贻
副主任　朱东民　孙致忠
　　　　乔禄瑞

广播电视局
局　长　刘　鹏
副局长　荀世忠　南　洪
　　　　杜建国

体育局
局　长　张旭东
副局长　文仲辉　张建刚

旅游局(外事办公室)
局　长　高春毅
副局长　马树华　杨　军
　　　　王民主

信访局
局　长　苏养才
副局长　靳慎荣　李西川
　　　　许鹏昊

政府议事协调机构的常设办事机构

人民防空办公室
主　任　张春峰
副主任　侯振义　李晓燕

农业综合开发领导小组办公室
主　任　郝俊凯
副主任　虎振文

扶贫开发领导小组办公室
主　任　郝俊凯
副主任　潘新泉

市政府直属事业机构

招商局
局　长　严希民
副局长　万晓林　任　涛

文物局
局　长　樊延平
副局长　史宇阔　庞联昌
　　　　刘满良

地方志编纂委员会办公室
主　任　尹学成
副主任　杜建儒　任博远

乡镇企业局(非公有制经济管理局)
局　长　马文玉
副局长　许兆诚　向兴斌
　　　　董瑞民　黄金军

地震局
局　长　陈文龙
副局长　姜安宁

盐务管理局
局　长　杨俊礼
副局长　徐耀兴　张党建

接待处
处　长　陈普选
副处长　邢小萍　门亚莉

市政府派出机构

高新技术产业开发区管委会
主　　任　牛继鹏
常务副主任　张国兴
副 主 任　杨荣政　李存民
　　　　　王志民　李　琦
　　　　　晁泾山

民政工作

【概况】 2004年,全市各级民政部门切实履行社会行政事务管理职责,建立健全社会保障制度,积极推进城乡政权建设和社区建设,认真落实优抚安置政策,加快社会福利社会化步伐,强素质、创实绩,较好地完成了全年各项工作任务。至年底,全市民政行政机关在职人员572人,有军干所(管理中心)10个、综合性社会福利院1个、县级老年服务中心7个、街道办事处老年活动中心6个、社区居委会老年活动站77个、敬老院52个、光荣院14个、福利企业23家、烈士陵园13个、救助管理站12个、殡仪馆5个、经营性公墓园6个。全市主要民政对象492078人,其中城市低保对象90909人,优抚对象220000人(其中享受优抚补助的重点对象17362人),社会救济对象180628人,军队离退休人员541人。全市民政事业费总支出12778.5万元。其中城市居民最低生活保障资金支出5677万元,救灾支出1808万元,抚恤事业费2755万元,军休安置经费1598.37万元。

【社区建设】 2004年,社区建设全面发展,形成了一批具有主体性、自治性的社区组织,社区居民通过社区组织充分参与社区管理,扩大了自治的程度和范围,改善了社区工作关系。加强社区工作制度建设,理顺社区对辖区内居民的管理服务职能,强化监督和制约机制,社区居委会与社区居民、驻社区单位、社区中介组织、服务组织的关系明显改善,进一步增强了居民对社区的认同感、归宿感。针对新形势下群众思想的新特点、新变化、全市各社区开展了多种社区文化活动。认真落实"社区图书室援建"项目,深入开展和建设学习型社区,全市共有47个援建图书室已获批准。积极筹备组队参加"全国社区文明建设知识"竞赛。秦都区、渭城区和2个街道办事处、10个社区荣获"全省社区建设示范单位"称号,树立了一批社区建设工作典型,有力地促进和推动了社区建设的发展进程。针对全市社区基础设施建设比较薄弱、服务功能不够完善等问题,以市政府名义起草下发了《关于开展城市社区基础设施共建活动的意见》,督促各县市区加强社区基础设施建设,促进了社区建设工作的深入发展。

【农村基层民主政治建设】 1月,在渭城区渭城镇坡刘村召开了"村民评议村官"现场会,省民政厅、市基层办等部门主要领导现场观摩指导。现场会取得了预期效果,活动经验在全市推广。全市有50%以上的农村都开展了"村民评议村官"活动,90%以上的村开展了不同形式的民主监督活动。村务公开工作日趋规范。根据国务院、省政府的要求和开展村务公开工作的需要,专门成立了由市纪委、市委组织部、市政府办公室、市监察局等部门参与的村务公开协调小组,规范公开内容,加强对全市村务公开工作的领导和监督。全面提高村务公开工作的水平和质量,确保村务公开工作经常化、制度化、规范化开展。认真贯彻落实并及时印发了《关于学习贯彻中办17号文件精神的通知》,要求各县市区认真学习文件内容,领会实质,进一步深化和规范村民自治工作,完善和健全村务公开民主管理制度,加强农村基层民主政治建设。从全市农村改革发展的实际出发,及时丰富和拓展了村务公开的内容,将土地征用补偿及分配、农村机动地和"四荒地"发包、村集体债权债务、税费改革、村内"一事一议"、筹资筹劳、新型农村合作医疗、种粮直接补贴、退耕还林款兑现、资助村集体的政策落实等内容列入村务公开范围。组织市村务公开协调小组成员单位对全市村务公开工作开展情况进行了督查调研。全市农村基本上实行了村务公开,做到了公开、公平、公正,达到了民信、民服、民乐。

【双拥优抚安置】 ①认真贯彻落实全国双拥工作会议精神,推动全市双拥工作不断创新发展。市双拥办深入到上届省级双拥模范县,与其共同研究制订双拥工作创新发展的方案和措施,促使"老先进"探索新路子,争取新成绩。同时,抓好礼泉县争创双拥模范县的指导工作,掀起了轰轰烈烈的争创活动,促进了全县拥军优抚安置政策的落实。②优抚工作着眼于社会稳定大局,全力解决原8023部队退伍军人问题。市县两级做了大量深入细致的工作,对全市转业退伍军人进行排查,搞清了原8023部队退伍军人的人数、分布单位及村组,摸出了全市组织上访活动的重点人。在全市建立了"一对一、人盯人"的思想转化工作领导责任制,遏制了原8023部队退伍军人集体进京赴省入疆上访势头,促进了全市社会和谐稳定。组织全市在乡原8023部队退伍军人做了身体核辐射检查,对因核辐射致残的9人进行了评残,为致病的22人落实了带病回乡退伍军人待遇。督促检查各项拥军优抚政策的落实,重点解决好农村义务兵家属优待金按时发放问题。采取多种形式,对各县市区抚恤补助金发放情况进行了督察,对优抚对象反映强烈的问题进行了重点督察,力求尽快解决问题,全面落实各项拥军优抚政策。全年省市县三级共拿出100万元,专项用于在乡重点优抚对象医疗困难资助。进一步加大对部分困难优抚对象的救助工作力度,结合"扶贫帮困送温暖"活动,采取了一次性增发补助、临时救助、纳入低保享受多重保障、纳入灾民生活救助等方式,有效保障了优抚对象的生活,达到或超过当地生活水平。结合课题调研,对全市2004年农村义务兵家属优待工作进行了督察指导，要求各县市区抓好资金到位工作，保证及时兑付优待金。围绕伤残人员换发证件工作，建立了全市重点优抚对象信息管理数据库，为下一步优抚业务信息管理作好准备。③安置工作进展较为顺利。全市共接收退伍军人3370人，转业士官209人，其中需安排工作的1411人。面对安置任务重、安置渠道越来越窄的新形势，各级坚持从维护社会稳定和支持军队、国防现代化建设高度出发，认真执行国家安置政策，积极探索安置工作的新路子，加快了安置进度，较好地完成了全市安置任务。至年底，全市已安置退伍军人732人，安置率为52%。全市共发放退伍义务兵待分配期间生活补助费100余万元，有力保障了退伍军人待安置期间的基本生活。《优待安置证》发放工作顺利完成。退伍军人安置遗留问题得到较好解决，有20家单位的208名退伍军人上岗就业。经过严格督查，永寿县对2000年和2001年的退伍军人在最短时间内拿出了分配方案，将退伍军人安置上岗。军休干部两项待遇得到较好落实。元旦、春节和“八一”期间，组织开展了对全市军队离退休人员的慰问活动。定期组织军休人员传达学习上级有关文件和会议精神，使他们了解和掌握国家当前的政治形势和方针政策。为丰富军休人员的文化生活，各军干所之间、军休人员和工作人员之间开展了经常性地书法、体育比赛活动。9月，组队参加了全省第六届军休干部门球赛，取得了良好成绩。市军干一所被评为“军队离休干部服务管理工作先进单位”。根据上级安排，对全市7个军干所急需建设和维修项目进行了摸底调查，共筛选出11个急需维修改造项目，上报申请资金532.5万元。军队退休干部接收顺利，由部队移交咸阳市的5户第五批军队退休干部、1户病退干部和11户无军籍职工已妥善安置。就军队离退休干部遗属的生活费、医疗费问题和无军籍职工工资待遇问题，与人事、财政等部门进行了协商，取得了一定进展。军事供应工作坚持“为部队服务，为国防建设服务”的宗旨，顺利完成了新老兵的接送和转运任务。

【社会事务管理】 农村专业经济协会登记工作基本完成。下发了《关于开展农村专业经济协会登记管理工作的通知》，放宽了登记条件，简化了登记程序，降低了准入门槛。全市共登记农村专业经济协会97家。民间组织年度检查工作顺利完成。其中，市级社会团体104家年检合格95家，不合格9家，经整改2家拟不予重新登记；市级民办非企业单位53家，合格49家，不合格4家，经整改2家拟予以注销。社会团体换发新版证书工作全面完成。经审查给市级年检合格的102家社会团体换发了新版社会团体法人证书，县市区的换证工作也已结束。民间组织监督管理工作得到进一步加强。建立了联络员制度，定期和业务主管单位联系，及时掌握民间组织的活动等情况，同时对民间组织重大活动进行审查，并积极参与其活动。完善市级民间组织的日常管理工作。对申请成立登记的民间组织严格把关，认真审查。市级共成立社会团体8家，筹备成立6家，分支机构1家；登记成立民办非企业单位18家。按照《行政许可法》和《民政部行政许可办法》的要求，对全市民间组织登记管理程序和工作制度提出了初步修订和完善意见。

【区划地名勘界工作】 完成了兴平市撤市设区和市政府驻址搬迁的材料上报工作，兴平撤市设区已经省民政厅同意上报国务院。根据市政府关于市区道路设标要求，抽调人员对市区近十年来命名和需更名的街、巷、路、桥、广场进行了实地勘查，与市规划局就命名问题进行了沟通，组织召开了两次专家学者论证会，提出了拟命名和更名意见，并上报市政府。完成了地名信息数据库建库工作，10类地名信息数据库信息数据搜集、整理、入库工作已完成前3类。配合民政部区划地名司完成了兴平撤县设市十年工作成就和乾县撤县设市的前期调研。

【殡葬改革工作】 在清明节和“寒衣节”前后，出动宣传车、设立宣传点，宣传殡葬法规、文明祭祀、移风易俗等内容，共悬挂条幅50条，散发宣传单3万份，使广大群众受到了教育。配合省民政厅完成了对5个骨灰公墓年检。全市全年火化尸体4752具，安葬骨灰1100穴，分别比上年递增5%和6%。

【婚姻登记工作】 各级民政部门坚持“谁主管，谁负责”的原则，加强领导，狠抓检查监督工作的落实。对全市婚姻登记收费情况进行了一次全面检查。及时下发了《关于启用新式婚姻证件和禁止借婚姻登记乱收费的通知》。秦都区、泾阳县婚姻登记处被评为“全省婚姻登记先进单位”，泾阳县婚姻登记处被评为“全国婚姻登记先进单位”。对全市婚姻登记工作人员执法能力进行了全面考核。为全市婚姻登记工作的法制化、规范化奠定了良好的基础。进一步规范了收养登记管理工作。全市社会收养登记18人，妥善解决了一批孤儿的生活教育问题。

（殷　旭）

扶贫开发

【概况】 2004年，全市各级党委、政府和扶贫工作部门，坚持以人为本的思想和科学发展观，在加大重点县扶贫开发工作力度的同时，继续坚持以旱腰带地区扶贫开发为重点，全面实施整村推进战略，着力解决全市农村经济社会发展不平衡问题,实现了整体推进。全市呈现出旱腰带地区扶贫开发掀起高潮,重点县扶贫开发力度不断加大的新格局。全市有11.72万贫困人口解决了温饱,18.58万贫困人口脱了贫。贫困地区农民人均纯收入达到1260元,较上年净增200元。2004年全市扶贫开发工作再次名列全省前茅,市扶贫办连续五年被评为全省扶贫开发工作先进单位。

【旱腰带地区扶贫开发】 坚持以解决旱腰带地区贫困人口温饱和增加收入为目标,以重点村建设为主战场,以解决干旱缺水问题、加大移民搬迁力度和发展优势特色产业为重点,全面加强基础设施建设,加快产业结构调整步伐,不断扩大劳务输出,大力推进旱腰带扶贫开发深入开展。2004年,全市共向旱腰带地区投入各类扶贫资金2.41亿元,其中市级财政扶贫资金1380万元;较上年增加380万元;市级财政扶贫贴息贷款6780万元。建设重点村64个,解决了3.1万人的饮水困难、5.8万人的行路难问题和5400名学生的上学难问题;移民搬迁贫困群众750户3620人;域内新增果园5000公顷、奶牛5.6万头、草地4466.67公顷;果品、乳品、建材加工龙头企业由原来的21家增加到31家;劳务输出8.8万人。旱腰带地区农民人均纯收入达到993元,较上年增加200元,有5万人解决了温饱,11.39万人脱了贫。

【重点村建设实施整村推进】 坚持"综合治理、整村推进、群众参与、项目支撑,政策倾斜、资金捆绑、相对集中,分类指导、分步实施"的原则,大力推行重点村建设与移民搬迁、新村建设、产业开发、生态环境建设、农村精神文明建设"五个结合"的方针,进一步加大资金的捆绑力度,确保重点村建设的资金聚合和整村推进。2004年,全市共建设重点村177个,超出省下达计划的10%;新修道路305公里,整修村庄道路55公里;新修学校53所;打井建站61处,解决了5.8万人的饮水问题,使扶贫开发重点村的基础设施建设、生产生活条件和精神文明建设明显加强。

【扶贫移民搬迁】 按照"统一规划、适当超前、因地制宜、量力而行、分步分户实施"和"搬得出、住得稳、能致富"的原则,坚持把移民搬迁与重点村建设、小城镇建设、生态环境建设和产业结构调整有机结合,以整村组迁移和远距离、大跨度搬迁、相对集中安置为主要形式,推进全市扶贫移民搬迁。全年全市共移民搬迁贫困群众1474户7030人,其中旱腰带地区750户3620人,完成省上下达任务的171.7%。

【加大扶贫开发投入】 扶贫开发投入大幅度增加。一是积极争取中省年度财政扶贫资金4805万元,较上年净增1515万元;二是争取中省扶贫信贷资金1.55亿元,较上年净增2000万元;三是市财政在2003年投资1000万元的基础上,2004年又拿出1200万元财政资金,集中用于旱腰带地区移民搬迁和基础设施建设,拿出300万元财政资金贴息投放扶贫贷款1.13亿元集中用于全市贫困地区产业开发;四是动员中、省、市"两联一包"扶贫单位和社会各界年内共向贫困地区捐资、引资2964万元。全年共计争取投入各类扶贫资金3.6亿元,较上年增长29%,是投入力度最大的一年。

【促进产业结构调整】 产业结构调整和龙头企业建设步伐加快。围绕贫困地区产业结构调整和群众增收这一主题,按照"市场导向,项目覆盖,龙头带动,贷款扶持"的思路,从扶持培育贫困地区发展龙头企业入手,培植新的经济增长点,促进贫困户增收和区域经济快速发展。一是大力扶持贫困户发展果、畜、奶、菜等优势特色产业;二是争取省上扶贫贷款5000万元,扶持了40个农副产品加工企业;三是争取省上1000万元以上的龙头企业大项目6个,提升了贫困地区龙头企业加工能力和生产经营水平,带动了贫困地区果、畜、奶、菜等特色优势产业的发展,有力地促进了贫困户增收脱贫。

【贫困地区群众技能培训】 坚持"政府主导、市场运作、企业用人、政府买单"的原则和培训、输出、就业、脱贫相结合的方针,以培训一人、输出一人、就业一人、脱贫一户为目标,以贫困地区劳动力转移就业前的引导性培训和职业技能培训为重点,大力推进全市贫困地区劳动力转移技能培训工作,取得了突破性进展。一是举办了全市扶贫开发劳动力转移技能培训动员会暨授牌仪式,就贫困地区劳动力转移技能培训专题进行安排部署,确定咸阳市扶贫职业技术培训学校等4所学校为全市劳动力技能培训基地,实行挂牌管理,搭建了全市贫困地区劳动力技能培训的平台。二是制定出台了《咸阳市扶贫开发劳动力转移技能培训基地管理办法》,对贫困地区劳动力的推荐培训、就业安置、跟踪服务等各个环节确定了规范化的管理措施。2004年,全市共培训输出贫困户劳动力3300人,是上年的6倍。基本做到了培训、输出、就业、脱贫相结合,实现了培训一人、输出一人、就业一人、脱贫一户的目标。三是加大农业实用技术培训力度,提高贫困人口素质。市、县、乡三级共培训贫困群众15.6万人次。全省惟一的300万元科技扶贫示范试点项目——长武县奶牛胚胎移植和红地球葡萄栽植项目已建成,较好地发挥了示范带动作用。

【社会扶贫】 2004年,继续坚持不脱贫不脱钩和定单位、定人员、定任务、定措施的"四定"的原则,在做好各级党政军机关、企事业单位在咸"两联一包"(省市县各级党政机关、企事业单位联系一个贫困县、联系一个困难乡、包扶一个贫困村）扶贫工作的同时，积极动员非政府组织和国际力量参与咸阳扶贫开发，拓宽了全市社会扶贫工作的领域，取得了显著成绩。中、省、市、县1178个包扶单位和社会各界，全年共为全市贫困乡村捐资、引资2964万元，捐物折合人民币210多万元，新建、修缮学校15所，帮助修建乡村道路370.5公里，架设农电线路186.3公里，修建人饮工程60处。同时积极争取韩国国际协力团技术援助项目落户淳化县，实现了全市外资扶贫零的突破。

（阎宏录　高宝锋）

民族·宗教工作

【民族工作】　大力发展城市民族经济，组织全市少数民族企业家参加了首届全国清真食品产业研讨会和省民委举办的各类培训活动。珠海华丰食品（咸阳）有限公司、咸阳食为先食品有限公司、陕西嘉世明兴平永林食品有限公司、陕西心特软食品有限公司被国家民委、财政部、中国人民银行正式确定为“少数民族特需用品（清真食品类）生产定点企业”。配合省民委完成了清真食品管理立法调研活动，联合工商、质监、公安、教育等部门开展了清真食品大检查活动，整顿了清真食品生产经营市场秩序，对不符合《陕西省清真食品生产经营管理办法》的部分企业进行了整改。完成了2003年度少数民族发展资金项目，协调有关单位，各方面争取资金50万元，用于旬邑县马栏镇九年制学校教学楼项目及民族团结桥项目建设；向上级部门争取少数民族发展资金10万元，用于长武县回民小学建设项目。开展了民族团结进步模范评比表彰活动，19个模范集体、33名模范个人被市委、市政府授予民族团结进步模范称号。3个集体、2名个人被省政府授予民族团结进步模范称号。积极开展“民族团结进步进社区”活动，渭城区新兴路社区被省民委、省民政厅评为“民族团结进步示范社区”。

【宗教工作】　深入贯彻全国、全省宗教工作座谈会精神，完成了全市246个宗教活动场所的年检工作。对94名宗教教职人员进行了资格考试，并对其中考试合格的20名教职人员上报省上颁发资格证书。对境外基督教在市境内非法组织的宗教活动进行了制止，抵御了境外势力的渗透活动。开展了对境外基督教渗透、基督教私设聚会点、原教派问题以及民族宗教工作机构建设情况的调研活动。协助省基督协会、基督教三自爱国运动委员会完成了23名教职人员的按立工作；考察推荐了17名民族宗教界人士担任市政协委员，完成了政协提案的办理工作，配合市政协进行了宗教活动场所规范化管理视察工作。开展了宗教教职人员的培训活动，全市宗教界先后有80人次参加了省、市宗教部门组织的培训。开展了全市“创建文明寺观教堂”评比和表彰活动，对活动中表现突出的21个先进集体、19名先进个人进行了表彰。

（殷　旭）

人事工作

【人事宏观调控】　2004年，市人事局不断强化人事宏观调控。对全市43个部门和13个县市区2003年度人事计划执行情况进行了全面检查，和市机构编制委员会办公室共同分解下达了《咸阳市2004年增人计划》，采取《控编通知单》、《增人计划卡》和《工资基金台账》三管齐下的管理办法，确保计划的落实。健全完善了工资基金台账，以机关事业单位人员和工资总量控制为重点，加强工资基金管理，有效地遏制机关事业单位人员过快增长。

【公务员队伍建设】　市人事局把重点放在全面提升公务员素质上。围绕《行政许可法》的实施，协同市政府法制办举办了3期培训班，培训县级干部345名，培训市县两级公务员16900名，组织了14000名公务员参加《行政许可法》知识考试。完成了2003年度市级143个机关事业单位年度考核任务，审定优秀等次312名，不合格3名。坚持“凡进必考”制度，配合省上为县市区检察、公安、法院系统考试录用工作人员57名，强化了基层政法队伍建设。

【专业技术人员管理】　狠抓了高层次人才队伍建设，对1997年至2000年度入选的“三五人才”，采取综合考核和阶段考核的办法，严格标准，认真审核，动态管理，滚动发展，取消了22名不合格人选。审批了2003年度44名市级“三五人才”，完成了2004年度第三层次“三五人才”上报工作。强化专业技术职称考试手机屏蔽手段，严防利用手机作弊，组织各类专业技术资格考试15700多人次，无违纪发生，维护了考试的严肃性和公正性。

【职业经理人才队伍建设】　建立了职业经理人才数据库，对每个成员性别、年龄、文化、学位、工作简历、任职年限、专业特长、专业培训、继续教育、家庭成员、爱好志向等10多个项目建立了子目录，做到心中有数。至年底，进库人数420人，为职业经理人才的合理流动和作用发挥提供了平台。

【事业单位人事制度改革】　根据统筹规划、积极稳妥的方针，按照突出重点、分类指导、完善政策、综合配套的工作思路，本着“先易后难、难为重点、分步实施、整体推进”的步骤,在卫生系统实行全员聘用制,在教育系统全面推行校长负责制、教职工聘任制、岗位责任制、结构工资制的"四制改革"。文化、广电系统事业单位继续深化聘约化管理,稳步推进人事制度改革。

【深化工资分配制度改革】 制订了《关于深化事业单位收入分配制度改革的指导意见》,对财政拨款事业单位实行工资总额和经费包干制度,增人不增资、减人不减资,结余经费按比例纳入工资总额分配。在分配方式上,实行按岗定酬、按任务定酬等7种分配制度。至年底,全市已有2079个事业单位进行了分配制度改革,推进面达到98.4%。

【完善机关事业单位养老保险制度】 完成了2003年度全市机关事业单位养老保险基金财务决算,下达了2004年度养老保险基金收支计划,不断扩大参统面,加大了养老保险基金征缴力度,做到应收尽收,确保离退休人员离退休费按时足额发放。加强基金管理,对2002年、2003年度养老保险手册进行了年检。至10月底,全市共收缴养老保险金7919.9万元,拨付离退休费6452.16万元,结余1467.74万元。

【人才市场建设】 咸阳市人才市场和陕西省乡镇企业人才市场,在坚持常年开放的基础上,每周六定期举办一次人才交流会。至年底,共举办各种人才交流会62次,其中专场招聘会24次、大型交流会3次、周六人才交流例会35次,接待招聘单位640家、求职人员26000多人次,提供就业岗位4760个、达成流动意向3100人。对咸阳人才网站进行了改版升级,网上人才交流日趋活跃。咸阳人才网累计访问量223501次,收集求职简历45945份,发布招聘信息16536条。人事代理稳步上升,全年净增单位委托代理10家,新增档案952份。

【引进国外智力工作】 2004年,先后聘请了日本、意大利、德国、奥地利、法国等外国专家,执行了肝、胆、胰运动机能研究,大型数控机床的维修编程操作与培训以及果品贮藏保鲜等25个专家项目,为企业和广大果农解决了关键性技术难题,执行率达到75.8%,居全省第[illegible]。征集2005年度引智项目122个,其中专家项目96个,农业引进推广项目26个。

【目标管理责任制工作】 通过全面检查、严格考核、综合测算,圆满完成了2003年度全市目标管理责任制年终考核工作,评选出先进县市区一、二等奖9个,市级优秀单位29个,良好单位25个,先进个人225名。下达了2004年目标管理责任制考核任务。为了发挥目标管理责任制的抓手作用,市人事局对考核办法进行了重大修改。一是加大了民主测评的力度。对市级职能部门的考核,分别征求100名人大代表和100名政协委员以及省级业务主管部门的意见。二是加大了督查监控力度。对县市区工作的考核,主要围绕市委、市政府确定的"一招四化"目标,运用新闻媒体、统计公报、内部信息等多种形式定期进行通报。三是加大了现场跟踪检查力度。6月,对市级123个重点项目进行现场检查,10月,召开县市区和市级部门目标管理责任制现场观摩会,总结经验,查找问题,限期整改,推动全市目标责任制工作的健康发展。

【农村乡土人才队伍建设】 2004年,全市乡土人才开发,重点在扩大数量、提高质量、规范管理、完善机制、典型示范上下功夫。制定出台了《咸阳市乡土人才培养选拔管理使用办法》,创新乡土人才培养机制、选拔机制、使用机制和管理机制,建立健全了乡土人才库。对评出的100名拔尖乡土人才授予"咸阳市农村优秀乡土人才"荣誉称号,编印《优秀乡土人才风采录》。市县两级都制作了乡土人才专题电视片,大力弘扬乡土人才先进典型。全市已培养选拔乡土人才80748人,其中县级乡土人才2075人,乡级12122人,村级66551人;受到国家和省上表彰的19名,受到市委、市政府表彰的51名。

【大中专毕业生就业有了新平台】 为了给全市大中专毕业生就业提供平台,市人事局及时通过互联网向毕业生发布用人信息。3月,举办了2004年咸阳市大中专毕业生供需见面洽谈会,会前动员以民营经济为主体的235家单位参加,提供就业岗位3740多个,达成意向3420人,签订协议1130份,及时为咸阳快速发展的非公有制经济提供了人才支持。5月,从应届大学生中通过考试考核为全市中小学选招教师136人。组织全市5376名大中专毕业生向广东、浙江等地进行劳务输出,缓解了大中专毕业生就业压力。

【军转干部安置和企业军转干部解困工作】 2004年,全市接收军转干部325人,其中计划安置205人,自主择业120人,分别比上年增加84%和62%。5月,市人事局会同市委组织部对205名计划安置军转干部进行了为期12天的适应性培训。在保证"功绩制"和"一照顾三优先"安置政策的前提下,实行考试与考核相结合,指令性安置与双向选择相结合,组织推荐与个人意向相结合的方法,安置工作基本达到"三满意"。及时为自主择业军转干部做好退役金发放和医疗保险等各种服务。同时,从维护稳定的大局出发,积极妥善解决企业军转干部解困工作。通过对全市历年分配到企业的军转干部全面细致的调查摸底,建立了较完整的企业军转干部解困资料库。全市共有企业军转干部1762人,其中在岗498人,离退1002人,内部退休134人,下岗128人,符合困难补助860人。经过核对和审查,已对市级符合困难补助的534人兑现解困资金113.5万元。

（仇志学）

机构编制工作

【市政府机构改革】 2004年,按照改革总体部署,市政府机构改革从6月开始,在充分调研的基础上,制订了《咸阳市政府机构改革方案》,经市机构编制委员会、市政府常务会、市委常委会研究,11月上报省委、省政府。一是将市发展计划委员会改组为市发展和改革委员会(市物价局),仍为市政府组成部门。将原市经济贸易委员会承担的工业行业规划、产业政策、产业结构调整、企业技术改造投资管理、重要工业品和原材料进出口计划编制等职能划入市发展和改革委员会。撤销市政府办公室内设的市经济体制改革委员会办公室,其承担的经济体制改革职能划入市发展和改革委员会。保留市政府研究室,仍为市政府办公室内设机构。二是撤销市对外贸易经济合作局、市经济贸易委员会下设的市商务办公室、市物资总公司,组建市商务局,为市政府组成部门,承担内外贸易统一管理职能和市贸促会的职能。将原市发展计划委员会承担的重要商品供求总量平衡及组织实施农产品进出口计划等职能、原市经济贸易委员会承担的市场流通方面的管理职能划入新组建的市商务局。市对外开放领导小组办公室的职能由市招商局承担。三是撤销市经济贸易委员会以及市经济贸易委员会下设的市重工业办公室、市轻纺工业办公室,组建市经济委员会,为市政府组成部门。撤销市财政局内设的市国有资产管理局,设立市国有资产监督管理委员会(简称国资委),与市经济委员会一套机构,两块牌子,负责全市监测调节工业经济运行及国有企业资产监督管理职能,并履行国家出资人职责和承担企业改制工作。将原市财政局承担的经营性国有资产管理职能,市劳动和社会保障局承担的审核企业工资总额和主要负责人的工资标准职能,市体改办承担的审核推荐上市公司职能,划入市经济委员会(市国资委)。四是撤销原市经济贸易委员会归口管理的市安全生产监督管理局,设立新的市安全生产监督管理局,为市政府直属行政机构。将原市经济贸易委员会承担的危险化学品和烟花爆竹生产经营单位的安全生产监督管理职能、市卫生局承担的作业场所职业卫生监督检查职能,划入市安全生产监督管理局。五是将市乡镇企业局改为市经济委员会管理的事业单位,在乡镇企业局挂市中小企业促进局牌子。将原市经济贸易委员会下设的市煤炭工业办公室调整为经济委员会管理。六是做好国土资源行政管理体制改革工作。根据《国务院关于做好省级以下国土资源行政管理体制改革有关问题的通知》和省政府统一部署,调整和理顺国土资源部门行政管理体制和干部管理体制,规范国土资源管理机构设置,推进依法行政,实现国土资源永续利用。七是分设市民族宗教事务局,为市政府组成部门。八是将市人口与计划生育委员会更名为市人口和计划生育委员会。九是在市药品监督管理局的基础上,组建市食品药品监督管理局,仍由省食品药品监督管理局垂直管理。市食品药品监督管理局继续行使药品监督管理的职能,并负责对食品、化妆品、保健用品安全管理的综合监督和组织协调,依法组织开展对重大事故的查处。十是撤销隶属市政府办公室的市电子政务办公室、市发展计划委员会下属的市综合信息中心,组建市信息化工作办公室,为市政府直属事业机构,挂市信息化促进委员会办公室的牌子,负责全市推进经济社会信息化工作。将市发展计划委员会承担的市信息化促进委员会办公室职能,市科技局承担的数字化咸阳领导小组办公室职能划归新组建的市信息化工作办公室。这次改革,涉及市政府职能调整的部门17个,撤并的部门和单位15个,新组建的部门和单位7个。改革后,市政府机构设置为:办公室及组成部门33个,直属行政机构1个,议事协调机构的常设办事机构2个,直属事业机构8个,派出机构1个。按照全省城市综合行政执法会议精神,参照学习宝鸡市城市管理综合行政执法试点改革经验,进一步修改完善了咸阳市城市管理综合行政执法试点工作方案,于11月由市政府上报省政府待批。

【机构设置】 2004年,经市机构编制委员会研究,调整设置机构10个:撤销市级及秦都区、渭城区、兴平市、三原县、永寿县和彬县6个县市区住房资金管理中心,设立新的咸阳市住房公积金管理中心,编制20名,县级建制,为市政府不以盈利为目的的独立事业单位,内设综合科、资金归集管理科、投资科3个科;下设兴平、秦都、渭城、永寿、彬县5个管理部,科级建制,为市住房公积金管理中心的办事机构。组建市公安交警支队高等级公路公安交警大队,科级建制,人员编制39名。分别设立市财政局、市城乡建设规划局、市国土资源局高新区分局,科级建制,分别为市财政局、市城乡建设规划局、市国土资源局的派出机构,接受市高新区管委会和派出部门双重领导,以高新区管理为主。设立咸阳市政协机关离退休人员服务管理办公室,副县级事业单位,编制8名,隶属市政协办公室管理。将"咸阳市失业保险基金管理办公室"更名为"咸阳市失业保险经办中心",副县级建制,人员编制9名,内设综合科、业务科,隶属市劳动和社会保障局管理。设立咸阳市粮油质量监督检验所,科级事业单位,人员编制7名,隶属市粮食局管理。设立咸阳市自主择业转业军官管理服务中心,科级事业单位,人员编制4名,隶属市人事局管理。设立市统计局普查中心,科级事业单位,人员编制8名,隶属市统计局管理。市老龄工作委员会办公室由副县级升格为正县级,隶属关系等不变。在市残疾人劳动就业服务中心基础上,组建市残疾人康复就业服务中心,人员编制8名,隶属市残联管理。

【事业单位登记管理】 2004年,认真贯彻落实国家新颁布的《事业单位登记管理暂行条例》,全面安排事业单位年度检验工作,2003年事业单位年度检验率达100%。进一步完善事业单位登记管理工作,由社会中介组织对登记事业单位资产进行了审核。开展了事业单位法定代表人业务培训。

【机构编制管理】 2004年,市委、市政府下发了《关于加强机构编制管理,严格控制财政供养人员的通知》,调整了市县乡机关事业单位机构编制审批权限,由现行的"统一领导,省市县三级审批"调整为"统一领导,省市两级审批";严格控制机构编制审批,各级党政、事业机构和行政、事业编制实行总量控制,新增人员采取"减一增一"办法补充,实现财政供养人员编制零增长;乡镇机关5年内机构只减不增,人员只出不进,并实行违纪责任追究制度。按照省、市文件要求,积极采取措施,认真抓好落实,抽调专人,对全市县乡机关、事业单位的机构设置、人员编制和实有人数全面调查摸底,建立了编制管理台账,奠定了审批、管理县乡机构编制的基础。继续严格执行市委、市政府制定的一系列加强机构编制管理,严格控制机关事业单位进人的规定,认真核发控编通知单,坚持编制经费包干管理办法,兑付了2003年度市级党政群机关节编奖,认真建立和完善编制管理手册,严格实行"定编定员",切实加强机构编制管理。

(赵晓茹)

外事工作

【概况】 2004年,咸阳市外事办公室共接待来咸外宾20批204人次,办理因公出国(境)人数118批252人次,外事交往更加活跃,为全市经济社会发展做出了积极贡献。

【友好接待】 ①2月17日,以仓田定宣为团长的日本三野町代表团一行6人来咸访问。三野町与三原县多年来友好交流频繁,这次也是三野町第三次来三原县考察交流,双方拟签署建立友好交流关系协议书等。车建营副市长会见了代表团一行。②3月24日~27日,以上林春松为团长的日本宇治市代表团一行4人来咸访问。代表团向咸阳市有关学校捐赠了1500册图书,价值折合人民币约15000余元;给永寿县捐赠300万日元用于植树造林,给永寿监军赵家塬小学分校捐赠了学习用具。③4月9日,经中国书法家协会副主席钟明善介绍,以野吕雅峰为团长的日本国际艺术书院访华团一行6人来咸访问。市政府车建营副市长、市政协张卉副主席会见访华团一行,市文联组织咸阳市书法家与日本朋友交流表演书法,访华团向秦都区沣东镇捐赠了1000棵樱花树。④4月16日,以冰岛工商部长婉尔盖德·威里斯多帝尔女士为团长的冰岛政府代表团一行12人来咸考察访问。张立勇市长会见冰岛代表团。代表团还考察了天运游泳馆和505大学地热资源开发利用情况。⑤6月10日~12日,以韩国义城郡副郡首许秀万为团长的韩国义城郡代表团一行7人来咸访问。宋洪武书记、张立勇市长分别会见并宴请了代表团。代表团参观了茂陵、乾陵、兵马俑等景点,并与咸阳市有关企业就果品加工、水泥制品加工等项目进行了洽谈。⑥8月1日~3日,以日本成田市市长小林攻为团长的日本成田市政府访问团一行3人来咸访问。宋洪武、张立勇分别会见宴请访问团一行。小林攻市长一行参观考察了咸阳博物馆、茂陵等景点。⑦8月19日~22日,以大德静夫为团长的日本成田市少年之翼访华团一行62人来咸访问。代表团拜会了市政府,王建国副市长等会见访华团全体成员。成田市少年之翼访华团在咸期间,与咸阳市组织的夏令营青少年学生在市体育馆进行了体育、游戏竞赛交流活动,在渭滨公园举行焰火联欢晚会,在咸阳大剧院举办文艺联欢晚会。⑧10月27日~29日,以法国勒芒市市长让·布拉尔为团长的勒芒市政府代表团一行37人来咸考察访问。市人大主任宋洪武、市长张立勇等市上领导分别会见了代表团成员,布拉尔市长热情邀请宋洪武、张立勇等市上领导在2005年前往勒芒市考察访问。代表团还分成4个组深入到咸阳市的部分厂矿企业、大专院校、医疗机构、城建系统等进行考察、交流、访问。通过考察访问,双方愿意在经济领域和教育、文化、卫生等方面加强合作与交流。法国勒芒市与咸阳市签署了友好城市交流备忘录,与陕西宴友思集团签署了肉食品加工合作协议,与咸阳市文物局签署了2005年在法国共同举办中国咸阳汉唐文物展览活动的协议。⑨11月中旬,美国国际姐妹城市协会代表团一行15人在国家友协人员的陪同下,来陕西省考察访问,寻找对口交流城市,发展友好城市关系。11月10日晚,市政府王建国副市长在西安会见了美国国际姐妹城市协会前主席、美国纽约州罗切斯特市国际姐妹城市协会前主席南希·霍伯特女士。双方介绍了各自城市的情况。霍伯特女士转交了罗切斯特市威廉姆·约翰逊市长支持国际姐妹城市协会开展对外交流活动的信件，以及有关纽约州罗切斯特市的介绍材料。工建国副市长转达了张立勇市长对约翰逊市长的问候，赠送了咸阳市的市情介绍资料。双方表示愿意在平等互利的基础上，相互了解，增进友谊，在经济、贸易、科技、文化、教育、体育、卫生、旅游等各个领域开展合作交流，发展友好城市关系。

【友好访问】 ①7月22日～29日，以团市委书记李晓静为团长的咸阳“希望之星”青少年访日团一行30人，赴日本进行了为期8天的青少年友好访问和交流。访问期间，代表团主要与成田市“少年之翼”进行了交流，拜会了成田、宇治两市政府，参观了宇治市的一些城建设施。②8月25日～9月3日，以市人大常委会副主任应志治为团长的咸阳市友好代表团一行2人，赴日本新潟参加“中日韩地方政府交流大会”，会上应志治副主任作了发言。代表团还顺访了韩国，主要拜访友好团体，考察韩国企事业单位。③10月中旬，应韩国义城郡郡首丁海杰的邀请，以市委书记、市人大主任宋洪武为团长的咸阳市友好经济代表团一行9人，对韩国进行了为期7天的友好访问和经贸考察。访问期间，代表团拜会了义城郡议会、政府、工商协会等，并在郡首丁海杰、议长朴秉泰等人的陪同下，参观了农村、工厂、学校、医院和市容，宋洪武书记与丁海杰郡首进行了深入的会谈。双方表示，将进一步巩固和发展两市郡的友好关系，多渠道、多领域、多层次地开展实质性交流合作，特别是在继续进行公务员交流的同时，重点开展教育交流。经宋洪武书记与丁海杰郡首多次协商，双方就互派青少年交流一事形成共识，签署了合作交流协议书。在韩期间，代表团还顺访了义城郡周边城市安东、龟尾、蔚山、庆州、浦项等，考察了世界闻名、具有国际先进水平的韩国大型、特大型企业LG电子、三星电子总部、现代汽车制造厂、浦项制铁及合成产业、花卉出口基地等，拜会了韩国民营企业协会代表、釜山大南医院院长等。④11月7日～15日，以市总工会主席何彩娥为团长的咸阳市友好代表团一行4人，对日本宇治、成田两市进行了为期9天的友好访问。访问期间，代表团除拜会两市政府、议会，出席了成田市建市50周年庆典活动外，还重点考察了两市的相关企业，同两市企业界人士进行了座谈，受到了热烈欢迎，达到了加深理解、促进友谊和宣传咸阳的目的。宇治市一民间友好团体给咸阳市贫困地区小学捐赠了价值3500元人民币的体育用品。

（侯彦峰　袁治中）

信访工作

【信访受理】 2004年，全市各级信访部门全面落实各项信访工作制度，坚持服务全市工作大局，认真受理群众来信、来访、来电话反映的问题，及时化解各类社会矛盾，为全市的经济发展和社会稳定做出了贡献。全市市县两级信访部门共接待受理群众反映各类信访问题38104件人次。市信访局受理群众反映的各类问题13053件人次。其中受理来信1196件次、电话3580人次，接待群众单个上访1621人次，接待群众来市集体上访263批5292人，协助妥善处置赴省集体上访48批1302人。给市委、市政府提供有价值信息117条，及时有效地化解了可能出现的上访苗头问题1596起。

【市长接待日】 深入调查研究，不断改进市长接待日工作，全年累计接待社会各界群众代表94人，主要受理和解决反映有关基金会股金兑付、老干部待遇和群众生产生活等方面的问题和建议。市上主要领导采纳了市信访局的建议，成立了“咸阳市处理行业基金会领导小组办公室”，全年共清理股金300多万元，给股民兑付300万元，减轻了政府压力，保持了社会稳定，受到了群众的好评。

【中央及省要结果信访案件结案率名列全省第一】 2004年，中、省、市领导批示立要结果信访案件312件，经过各级信访部门和涉案单位的共同努力，中央和省立案件全部查结上报，结案率为100%，名列全省第一，受到省信访工作领导小组的贺电表彰；市立188件，按期完成了查办任务，查结率100%。

【控制集体上访】 2004年上半年，群众集体上访特别是越级集体上访仍呈上升趋势，主要反映城市拆迁改造、征地补偿、企业改制、土地纠纷、干部作风、民工工资、企业在职、离退休人员工资福利待遇、社会统筹、村级村务账务管理和行业基金会股金兑付等方面的问题及涉法信访问题。上访群众情绪偏激，超常行为时有发生。尤其是各种非法集资案和乡村干部“夹手”问题协调处理难度大。针对这种形势，各级领导和信访部门把减少和遏制群众集体上访、全力维护社会稳定作为信访工作的重中之重，采取各种措施，严肃工作纪律，狠抓工作落实。市委常务会、市政府常务会、市信访工作领导小组多次研究信访工作。针对群众集体越级上访增多的趋势，市委书记宋洪武主持召开了全市信访工作电视电话会。市委书记办公会专门研究了上京赴省人员的包查情况，决定由市级领导和县市区主要领导包抓全市64个疑难信访案件。市信访局围绕市上的中心工作，定期不定期地摸排不安定因素，研究制订工作预案，提前介入。及时深入有上访苗头的省、市企业了解情况，解决问题，有效化解了大规模连锁上街堵路活动，把大量的信访问题化解在初发阶段，解决在当地。全年提前介入化解各类信访问题447件,将有可能出现的70多批3500多人次的集体上访问题化解在基层,避免了大规模来市赴省集体上访案件的发生。对发生的集体上访案件,加大了协调督办力度,市信访局先后召开协调会425次,下涉案单位督办650多人次。配合市委、市政府有关领导和督查室先后9次下基层对全市60个重点集体上访案件和上访老户案进行了督办,由于工作到位,措施有力,群众集体上访较上年下降22%。

【处理信访突出问题及群体性事件】 8月,按照中省的统一布置,咸阳市建立了市处理信访突出问题及群体性事件联席会议制度,设农村土地征用、城镇房屋拆迁、企业改制、涉法涉诉、企业军转干部5个专项工作小组。市委先后召开书记办公会、市委常委会,认真研究工作方案和工作措施,制订出台了《关于开展集中处理信访突出问题及群体性事件第一阶段工作的意见》。市纪委、市委组织部、市监察局、市信访局联合下发了《关于对因干部作风问题引发群众集体上访实行责任追究的通知》,出台了《信访工作黄牌警告考核办法(试行)》,市委组织部、市考评委把处理信访突出问题及群体性事件工作列入目标责任制考核的重要内容,得到了省信访突出问题及群体性事件工作督办组的充分肯定。全市各级都建立了领导包查信访案件制度,做到了包案领导、案件承办人、处理方案、办结时限和稳控措施"五落实",一级包一级,层层抓落实。市处理信访突出问题及群体性事件工作按照"把矛盾化解在基层,把问题解决在基层"和"人要回去,事要解决"的要求,以解决重复访、集体访为重点,认真摸排信访突出问题,集中劝返长期滞留在京、省和市上的上访人员,切实查办信访突出案件,取得了成效。中、省、市交办案件130件已全部办结。全市全年信访形势明显好转,信访量明显下降,较上年同期下降了37%。

(袁彦德)

地方志工作

【第二轮修志工作】 市县两级修志机构认真贯彻全国第三次地方志和陕西省地方志工作会议精神,积极开展市县两级第二轮修志的试点和各项准备工作。市地方志办公室在继续讨论、修改完善《咸阳市志》篇目大纲的基础上,结合编纂《咸阳大辞典》和《咸阳年鉴》,积极收集整理资料。同时成立了地情信息科,从事市情资料信息的挖掘整理工作。各县市区在制订第二轮修志方案和篇目大纲的基础上,将资料的搜集整理工作摆在了突出位置。全省试点县——永寿县地方志办公室重新组建了机构,落实了资料征编队伍,制定并完善了篇目纲要,召开了第二轮修志动员大会,确定了各部门、各乡镇的具体任务,已经进入实质性的工作阶段。市中级人民法院等专业志试点部门也积极创造条件,研究规划,落实人员。咸阳市第二轮修志工作抓早动快,成效比较明显,在全省第二轮修志研讨会上,市地方志办公室、永寿县地方志办公室等先后作了情况交流发言。

【年鉴工作】 《咸阳年鉴》2004卷以内容创新和提高质量为目标,广泛吸收各地各类年鉴的优长,将全市60多家中省驻咸单位、大中型企业、科研院所纳入供稿范畴,不断扩大信息量。该年鉴于2004年5月份发行,成为全国较早出版的地市级综合年鉴。在中国版协年鉴研究会组织的第三届全国年鉴综合质量评比中,《咸阳年鉴》(2004)获中国年鉴奖二等奖;与此同时,《咸阳年鉴》(2003)获中国地方志指导小组、中国地方志协会首届中国地方志年鉴奖二等奖。年鉴理论研究迈出新的一步,《西部年鉴应加大招商引资部类记述力度》获第四届全国年鉴学术论著评比二等奖。县级综合年鉴的编辑出版工作也有了新的进展。《礼泉年鉴》实现了当年编辑,当年正式出版,利用年鉴将县情资料信息与县志进行衔接,汇集了历年文献资料,受到了县委、县政府的充分肯定。

【《咸阳大辞典》编纂出版工作】 在《咸阳年鉴》2004卷出版发行后,市志办迅即将工作重点转入《咸阳大辞典》编辑工作。办公室讨论修订了《〈咸阳大辞典〉辞条释文暂行规范》,并在办公室业务力量短缺的情况下,动员社会力量参与进来,特邀部分专家、学者提前介入,帮助编稿。到年底,经过全体工作人员的不懈努力,大辞典编辑工作取得了阶段性重要成果。总字数500余万字、囊括全市各个时期、各个行业、各个方面的大型资料性工具书——《咸阳大辞典》已初具雏形。2万多辞条已经按照辞书要求基本抽取到位,为早日完成《咸阳大辞典》的编纂任务奠定了良好的基础。在编纂《咸阳大辞典》过程中,各县市区积极配合,提供了大量地情文献资料,部分县区还做了进一步的增补、整理和应用。

【市县志专业志和旧志整理工作】 市县志专业志工作取得了新的成果。市志专业志工作中,除《咸阳市文物志》重新成立编写机构,组建了编写队伍,搜集和编纂了近80万初稿文字外,《咸阳市人大志》、《咸阳市电力工业志》也在积极修改、增补资料,《中国共产党咸阳市宣传志》正在着手出版前的各项准备工作,《咸阳市统计志》、《咸阳市烟草志》和《武警陕西总队第一支队志》于年底出版发行。各县专业志书的编纂出版工作也出现了新局面,列入彬县第二轮修志规划的《彬县煤矿发展史》年内出版,内容丰富,印装精美,受到了省、市有关部门的高度评价。在旧志整理方面，秦都区地方志办公室整理出版了《民国咸阳县志》，将重修咸阳县志和民国末年咸阳县志稿本汇为一体，为人们查阅和了解民国时期咸阳县的基本情况，提供了非常难得的第一手历史文献。永寿县注意发掘历史文献，着手整理民国《永寿县志》。

【援藏编修《阿里地区志》工作】 受省志办和市政府委托，市志办于2004年5月抽调第二批业务骨干赴西藏阿里地区帮助指导修志工作。援藏人员克服高原生活困难，努力发扬“团结拼搏树形象，出勤出力出成果”的方志人精神，积极参与《阿里地区志》的编纂工作。在半年的时间里，先后召开了3次业务会议，专题研究解决阿里各县、各部门报送稿中存在的问题，深入各县各部门进行现场指导，协调处理各种困难和问题。截至11月底，除个别繁难部分正在编写以外，《阿里地区志》51个修志部门中，已经有38家提供了初稿资料。援藏人员的工作作风和工作成绩受到了中共阿里地委、阿里地区行署领导的高度评价，阿里地委组织部专门致函省志办，对进阿人员进行表彰和嘉奖。

【拓宽修志领域】 全市各级方志机构努力发挥地方志工作的优势，积极拓宽地方志工作领域，服务于地方物质文明、政治文明和精神文明建设。市志办服务电子政务建设，为政府门户网站设计提供了数万字的市情信息资料。永寿、三原、乾县、武功等县已把出版地情综合百科全书纳入议事日程，《永寿县情博览》出版发行，取得了较好的社会影响，对进一步搞好续修志工作起到了重要的促进作用；《三原大辞典》在上报资料的基础上，进一步扩充范围，增大信息量，已经编纂完成并进入出版程序；乾县、武功等县也在修改完善的基础上，努力创造条件，力争早日付梓。旬邑县志办立足县情，编辑出版了《红色马栏》和《石门风光》，为宣传推介革命老区的光辉历史和当地秀美风光，提供了重要的宣传资料。

（韩选锋）

侨务工作

【深入开展《侨法》学习宣传活动】 国务院修订颁布《中华人民共和国归侨侨眷权益保护法实施办法》后，市侨联按照中央和省上的统一安排，与市人大内务司法委员会、市政协祖国统一委员会联合组织开展了《侨法》宣传月活动。9月10日专门召开了归侨侨眷学习贯彻《侨法》座谈会，邀请市人大法制工作委员会、市政协祖国统一委员会、市政府法制办和新闻媒体及涉侨涉法部门负责人参加，与会人员就如何学习贯彻好《侨法》，进行了热烈的座谈、讨论，提出了许多好的意见和建议，市政协副主席、市委统战部部长严志祥出席会议并作了重要讲话。同时，《侨法》学习宣传活动得到社会各界和广大归侨侨眷的支持和积极参与，新闻媒体对此次活动进行了报道。通过学习宣传活动，在社会上营造了良好的护侨氛围，为切实维护归侨侨眷权益奠定了基础。

【为侨服务】 ①慰问归侨侨眷和海外侨胞。元旦、春节期间，通过《咸阳日报》刊登了致归侨侨眷的慰问信，向海外侨胞、港澳同胞发送慰问信；慰问了归侨侨眷重点人士和侨界贫困户，向他们发放3400元救济金和价值11000余元的慰问品。②主动和侨界沟通。市侨联充分发挥党和政府联系侨界的桥梁和纽带作用，建立与归侨侨眷联系制度，定期不定期走访约见归侨侨眷代表，主动了解他们的生活学习和工作情况，了解他们对维权工作的意见和建议，积极向党和政府反映他们的意见和要求，帮助他们解决生活工作中的困难和问题。全年共走访、约见和接待归侨侨眷代表百余人次，收集意见和建议30余条。③侨情普查工作。市侨联按照市政府统一安排，在全市范围开展了侨情普查工作。市侨联加强对侨情普查工作指导，先后多次分赴有关县市区进行检查、督促，使整个工作进展顺利。全市13个县市区，已全部完成普查上报工作，正在进行数据汇总和建档工作。

【积极实施“侨心工程”】 继续做好“林金生基金”对三原县20名贫困生实施时间为9年、总金额为4.5万元的无偿资助工作，2004年已拨付资助金5000元，保证了贫困生正常学习，受到社会各界的好评。同时，还积极争取省侨办的支持，于上半年在彬县小章镇赵寨村投资20万元，兴建了“侨心小学”。

【对外联络和招商引资】 市侨联认真贯彻“侨务工作重点在海外”的方针，实施“走出去，请进来”战略，积极开展了对外联络工作。年初，驻会领导随省侨联考察团前往福建、广东侨务资源大省进行学习考察。在与福建泉州市侨联开展结对子的基础上，积极磋商与福建三明市侨联开展结对子活动。西部经贸洽谈会召开期间，邀请了10余个国家的50余名外商，参加了咸阳市在西安城堡大酒店举行的投资环境说明会。之后，又接待了以徐松华为团长的西班牙企业界人士来咸考察、观光，并在秦宝宾馆举行了外商投资推介会。10月初，邀请嘉兴市侨办组织部分企业家来咸考察，与市招商局和农业、劳动、国资、经贸等部门进行经贸投资对口洽谈活动，同时引荐到渭城区、彬县等地考察了投资项目。与有关方面联系协调，安排接待了来自6个国家和地区的100余人组成的“世界郭氏宗亲恳亲团”到礼泉祭祖活动。加强与广东、福建等侨务部门和侨资企业联系,开展劳务输出,向深圳环球制衣有限公司等企业,输送劳务人员,并达成市侨联长期为其在咸阳招工的协议。在招商引资方面,市侨联与泾阳县有关部门密切合作,联合引资800万元的项目——凯蒂漫洗浴广场已落户泾阳,并于12月24日正式开业。

(王凤晓)

咸阳市归国华侨联合会

副主席 胡亚莉 张溪凯 李晓华

对台工作

【对台宣传及涉台教育】 ①12月15日,在建行大厦举行"台海局势和两岸关系报告会"。邀请省台办副主任赵有奇作报告,各县市区委主管统战工作的副书记、统战部长,市级各部门负责人,市级各民主党派市委会委员,工商联、侨联、民主党派全体机关干部共120多人参加了报告会。②加大宣传入岛工作力度。8月,协助由中国华艺音像有限公司与台湾长乐公司联合制的"重点对台宣传电视片"《万里江山——大陆寻奇(陕西篇)》摄制组在咸进行采访拍摄。4月,协助中央电视台两岸万事通节目组对果业部门进行了专题采访,对全市果业招商情况进行了报道,给果品销售、深加工等方面带来了积极的影响。③开展了涉台理论调研工作。市台办向各县市区台办下发调研题目,规定调研任务,各级台办工作人员抽时间深入基层,分设专题,进行调查研究。全年在各种报刊及网站发稿9篇,撰写涉台调研材料15份。各级党校继续进行对台方针政策理论教学,向科级以上干部传授有关知识,共举办各类培训班23期。

【加大招商引资力度】 ①4月,第八届中国东西部合作与投资贸易洽谈会和中国西部吸收外商投资洽谈会在西安召开,为了宣传咸阳投资环境,扩大咸阳的对外开放,吸引台商来咸投资,市台办邀请30多位台商参加了"咸阳投资项目说明会"。并接待了《今日中国》杂志总编辑、陕西同乡会总干事、知名台胞张佐鹏。②举行咸台经贸洽谈会。10月,市台办邀请参加西安"2004年海峡两岸科技论坛"的台湾向阳公益基金会董事长廖正豪等30余名台湾企业家,来咸进行经贸考察,同时举行了"咸台经贸合作洽谈会"。考察团一行还与市计委、经贸委、非公有制发展局及咸阳20多家企业的代表负责人互换名片,洽谈交流。③市台办先后3次赴长江三角洲地区开展招商引资活动,同上海、江苏、浙江等地的台商进行了接触与沟通,并与他们建立了联系,经常互通信息,同时注意做好对台招商引资意向的跟踪服务工作。邀请了上海翔茂企业有限公司副总经理吴炎智、上海中茂新能源应用有限公司副总经理赵鉴明、台湾向阳公益基金会董事长廖正豪、台湾玻璃工业公司总经理林伯丰、台湾安庆国际幼教股份有限公司董事长刘荣达、浙江嘉兴市台资企业协会会长蔡清东、台湾龙一关系企业集团总裁卢英杰、西安陆通纳米科技有限公司董事长庄耀山、总经理何善溪等有实力的台资企业代表来咸考察投资。促使台塑集团、台玻集团、龙一关系企业达成了在咸投资意向。

【切实保护台商权益】 不断加大处理涉台投诉工作的力度,对全市部分台资企业进行了检查,就企业生产经营情况及运营中存在的问题同企业负责人、员工进行了座谈,听取对双方合作、生产销售、项目再建等工作的意见,帮助企业现场解决实际问题,受到台资企业好评。主动为台资企业排忧解难,为台商在咸投资创造良好的环境。配合省台办协调解决华亚公司等台资企业投诉案件及部分台胞个人投诉事件,妥善处理了天福文苑店与其他经营户的纠纷,保护了台商、台胞在咸的合法权益。

【咸台交流交往】 为进一步加强咸台经贸交流与合作,提高咸阳在岛内的知名度和影响力,应台湾中华文经合作交流促进会的邀请,并报经国务院台办立项同意,以市长张立勇为团长的"赴台经贸考察团"于11月25日~12月5日赴台进行经贸考察。实现了咸阳市自己组团赴台交流零的突破。

【积极为台胞台属服务】 对一些重点台属登门拜访和慰问,了解他们的工作和生活,积极为他们排忧解难。春节期间,市台办对33户重点台胞台属进行了慰问。全年共接待台胞台属131人次(其中台商75人次),因私赴台人员38人次,协助台胞台属办理赴台手续,解决其子女上学入托等实际困难17件,深受广大台胞、台属的赞誉。

(田 瑛)

人 民 政 协

【概况】 2004年,政协咸阳市委员会按照"围绕中心、服务大局、强化职能、开拓创新"的工作思路,求真务实,扎实工作,认真履行政协三大职能,为建设西部强市和全面小康咸阳做出了积极贡献。一是加强理论学习,提升整体素质。组织委员和机关干部重点学习邓小平理论、"三个代表"重要思想,学习中共十六大和十六届三中、四中全会精神,学习《政协章程》和胡锦涛在庆祝人民政协成立55周年大会上的讲话等。二是围绕党政中心,积极建言献策。围绕事关全局的信访突出问题、非公经济发展、旅游资源和旅游业发展等,开展专题协商。先后就法院执行情况、民族宗教工作、重点项目建设等问题,组织驻咸省政协委员和市政协委员,进行了专题调研视察。及时反映社情民意,加大民主监督力度。三是强化服务职能,精心组织活动。全年召开主席会议、常委会议等各种例会10次,接待全国政协、省政协及兄弟地市政协来咸考察50多次,出外学习考察10多次。成功举办了全国14省(市、自治区)22市区政协第23次工作研讨暨经济协作会议。开展了庆祝人民政协成立55周年系列活动。在委员中广泛开展了结对子扶贫帮困送温暖活动。同时积极开展招商引资,完成招商引资到位资金3738万元。四是规范委员管理,发挥委员作用。先后制定政协咸阳市第五届委员会《关于政协委员履行职责的实施办法》等5项规章制度,加强督促,在委员中开展"五个一"活动,举行主席接待日,为委员经常性活动搭建平台,极大地调动了委员的积极性。各专委会、委员活动小组共组织各种活动12次,参与委员365人次,委员共提供各类信息63条、建议52条,办实事55件,引进项目6个,协议引资5亿多元。五是加强自身建设,提升工作水平。按照"讲质量、讲效率、讲规范、讲协作"的要求,先后开展纪律作风教育整顿,严肃纪律、狠刹"四股歪风"专项整治活动,召开了各县市区政协主席工作交流座谈会。努力建设"学习型、服务型、落实型、廉政型"机关。

【政协五届一次会议】 政协咸阳市第五届委员会第一次会议于4月21日~26日在咸阳召开。应出席委员391名,实到375人。省政协副主席陆栋应邀出席会议,驻咸省政协委员、市级各部门负责人59人列席会议。主席团常务主席杨光明主持开幕式,冯志强副主席向大会作政协咸阳市第四届委员会常务委员会工作报告和提案工作报告,与会人员列席了咸阳市第五届人民代表大会第一次会议,听取并讨论了政府工作报告及其他报告。会议选举了政协咸阳市第五届委员会主席、副主席,秘书长,常务委员;通过了政协咸阳市第五届委员会第一次会议提案审查委员会关于提案审查情况的报告和政协咸阳市第五届委员会第一次会议的各项决议。会议期间,收到提案479件,立案470件。

【政协咸阳市第五届委员会常委会议】 政协咸阳市第五届委员会2004年共召开了3次常委会议。①第一次常委会议于7月8日召开。会议听取了学习贯彻《政协章程》专题辅导报告,审议通过了政协咸阳市第五届委员会副秘书长建议名单,审议通过了政协咸阳市第五届委员会专门委员会机构设置意见,审议通过了政协咸阳市第五届委员会各专门委员会主任、副主任建议名单,审议通过了政协咸阳市第五届委员会有关规章制度,审议通过了政协咸阳市第五届委员会2004年工作要点。②第二次常委会议于10月13日召开。会议学习了中共十六届四中全会通过的《关于加强党的执政能力建设的决定》和胡锦涛总书记在庆祝人民政协成立55周年大会上的讲话,听取了市政府领导关于全市信访工作情况的通报,冯志强、蔡健民副主席和4名常委作了中心发言和专题发言,常委们进行了讨论,通过了有关人事安排。③第三次常委会议于12月27日召开。会议传达学习了省政协工作会议和市委四届三次全委会议精神,听取了市政府领导关于全市旅游资源和旅游业发展情况通报,严宪文副主席和2名常委作了中心发言和专题发言,常委们进行了讨论,审议了政协咸阳市第五届委员会2005年工作要点。

【视察调研活动】 ①9月,抽调部分常委和机关干部,组成两个调研组,分别由3名副主席带队,先后深入武功县、兴平市、礼泉县等9个县市区及市直有关部门进行了为期10天的"信访突出问题"专题调研,形成《当前我市信访工作的形势、存在问题及对策》、《关于乡、村两级不良债务引起上访问题的调查报告》等6份调研报告,其中《当前我市信访工作的形势、存在问题及对策》被市委主要领导批示,要求有关部门采取措施,认真落实。②10月,组织驻咸省政协委员、市政协委员对全市重点项目建设情况进行了视察。③10月,由1名副主席带队,社会法制委员会组织部分委员对全市法院执行情况进行了专题调研。④10月,由1名副主席带队,文教体卫委员会组织部分委员分别对全市教育系统行风大整顿活动、网吧经营情况等进行了视察。⑤11月,由3名副主席带队,组织部分政协委员及旅游局、文物局、文化局等有关部门负责人,分3个组对全市文物古迹、民俗风情等旅游资源和旅游业发展情况进行了专题调研,形成《咸阳旅游资源及旅游业发展现状、存在问题及对策》等3份调研报告。⑥11月,由1名副主席带队,民族宗教祖国统一联谊委员会组织部分委员对全市民族宗教工作进行了调研。⑦配合省政协对咸阳市中药业发展情况等进行了专题调研。全年参与调研的省、市政协委员400多人次,形成调研报告23份。

【参政议政与民主监督】 ①在政协咸阳市五届一次全委会议上,委员们围绕全面建设小康社会、加快建设西部强市,不断推进咸阳政治文明、物质文明和精神文明建设等重大问题,进行协商讨论,并就一些问题在大会上发言。会后,形成《参阅件》,供市委、市政府参考。②在各次常委会议、主席会议上,就群众关心的热点、难点问题进行专题讨论。委员们共提出意见建议50多条,形成建言献策材料12份。③推荐政协委员担任执法执纪部门特邀监督员,委员参与监督活动300人次,提出意见建议200多条。同时,文教体卫委员会组织部分委员对教育、建设等部门的工作进行了民主评议。

【提案办理工作】 政协咸阳市第五届委员会第一次会议以来,政协委员、政协的各参加单位,以高度的政治责任感和使命感,坚持把促进发展作为履行职能的第一要务,紧紧围绕市委、市政府中心工作以及群众关心的问题,提出了许多有分量、有价值的提案。共收到各民主党派、工商联、各人民团体和委员提案479件(其中委员提案406件),立案470件。通过召开提案交办会、建立市政协领导督办重点提案制度等措施,加强督促检查,立案的470件提案已全部办复。其中《关于文林路路面破坏严重,尽快组织抢修的提案》,由于所提问题影响大,直接关乎人民群众切身利益,受到市政府领导高度重视,投资1600万元对文林路和市区背街小巷道路进行了改造。

【承办全国14省(市、自治区)22市(区)政协第23次工作研讨暨经济协作会议】 全国14省(市、自治区)22市(区)政协第23次工作研讨暨经济协作会议于7月21日~23日在咸阳召开。会议成员单位主席、副主席,秘书长,委办负责人,政府经济协作部门和企业负责人约150多人参加了会议,会议由杨光明主席主持。省政协副主席张生朝应邀出席了会议。会议在市委、市政府的高度重视和大力支持下,按照"联谊搭台、经贸唱戏"的办会思想,把招商引资确定为会议的重头戏,交流和研讨了新时期人民政协履行职能的经验和做法,宣传了各市经济、社会发展情况,加强了相互之间的经济联系与协作,开展了经济合作项目洽谈。政协咸阳市委员会成立了"经贸洽谈组",提前两个月着手开展项目宣传推荐和招商引资工作。先后多次走访市招商局、市计委、驻咸院校和大中型企业,精心筛选了60多个招商引资项目,装订成册发送参会的各地市政协。会议期间精心安排了经济合作项目洽谈活动,各成员单位和经济界代表本着优势互补、互利互惠、促进共同发展的良好愿望,进行了真诚友好的洽谈,促成了中民实业二期工程、崇英足疗连锁店、咸阳技师学院等项目的签约,受到了参会单位的好评。

【开展扶贫帮困送温暖活动】 以办实事、解难题、做好事为主题,以政协委员与困难群众和下岗职工、城市低保户结对子为主要形式,按照委员中的企业家和有实体的委员帮扶2~3户特困户、其他委员帮扶1户贫困户或低保户的原则进行,采取接收安置下岗职工、困难群众到本企业就业,资助帮扶对象子女上学,掌握实用技术,提供致富信息,帮助找一条脱贫路子,参谋找一个致富项目,提供启动资金等多种方式帮助困难群众脱贫,帮扶不定时间,不脱贫不断线,先后举行政协委员与帮扶对象结对子见面会6场次,300多名政协委员与困难群众和下岗职工、城市低保户结成帮扶对子,委员为帮扶对象捐款10万多元,接收安置帮扶对象就业80多人,资助帮扶对象子女上学50多名,解决实际问题182件,涌现出了李成岗、陈崇儒、释果宣等一批优秀委员典型。同时,市政协机关干部为困难群众捐资6750元。

【主席接待日】 全年共举行主席接待日2次。①10月10日,举行第一次主席接待日。杨光明主席、蔡健民副主席、陈武秘书长、市直有关部门负责人和部分委员参加了主席接待日,听取了市非公有制经济发展局关于全市非公有制经济发展情况的通报，委员们围绕全市非公有制经济发展现状、存在问题进行了发言。市政协常委、咸阳古建集团董事长李成岗提出的关于土地置换金问题，接待日后第二天有关部门就给予解决。②12月10日，举行第二次主席接待日。严宪文副主席，市直有关部门负责人和部分委员参加了主席接待日，听取了市教育局关于学校德育工作情况的通报，委员们进行了发言。

【宣传工作】 积极组织政协委员和机关干部开展政协理论研讨和政协新闻宣传工作，先后有50多篇稿件被《人民政协报》、《各界导报》、《咸阳日报》等各级新闻媒体采用。开展了庆祝人民政协成立55周年暨政协咸阳市委员会成立20周年系列纪念活动，先后在《咸阳日报》、咸阳电视台、咸阳人民广播电台等市级新闻媒体开办纪念55周年专栏、专题节目，纪念人民政协成立55周年，宣传委员在“三个文明”建设中的先进事迹。配合省市各媒体，对咸阳市4个县区政协的工作经验和部分委员的先进事迹，分别在《各界导报》、《咸阳日报》等新闻媒体进行报道。同时，注重提高内部刊物的数量和质量，编发《政协会刊》、《咸阳政协简讯》、《参阅件》、《社情民意反映》共计40多期。

（魏曙新）

政协咸阳市第五届委员会

主　　席　杨光明
副 主 席　冯志强　严志祥　严宪文　郑建新　邢玉瑞　党新安　蔡健民
秘 书 长　陈　武
副秘书长　刘国栋
办公室主任　刘国栋

综合办公室

主　　任　秦菊林

学习委员会

主　任　党新安（兼）
副主任　杨　乐（兼）　刘志岗（兼）

提案委员会

主　任　辛加龙
副主任　王志勇　邢步宜（兼）

经济科技委员会

主　任　王泳耀
副主任　赵素娥　周文魁（兼）

文教体卫委员会

主　任　张孝敏
副主任　米振海（兼）

社会法制委员会

主　任　高永希
副主任　恩玉飞　张　力（兼）

民族宗教祖国统一联谊委员会

主　任　严志祥（兼）
副主任　徐　敏　张溪凯（兼）

文史资料委员会

主　任　邢玉瑞（兼）
副主任　汪　源（兼）　高晓玲（兼）

民主党派·工商联

中国国民党革命委员会咸阳市委员会

【概况】 全年民革咸阳市委会共发展党员14人,至年底有党员225人,支部9个。党员中有省政协委员2人,市政协委员12人(常委3人),县(区、市)级政协委员31人(副主席1人),市人大代表4人(副主任1人),县(区、市)级人大代表2人。

【参政议政】 在政协咸阳市五届一次全委会上,民革咸阳市委员会共提交提案98件,立案率100%。其中《关于解决"三农"问题的建议》被列为重点提案。杨乐副主委代表市委会作了题为《关于消化乡镇债务的调查》的发言。国家邮政局聘任张建华为国家邮政局2004年~2005年度邮政服务社会监督员。

【组织建设】 ①7月18日,民革西郊支部召开第四次党员大会,选举产生第四届支部委员会。②8月15日,民革秦都二支部召开第一次党员大会,选举产生第一届支部委员会。③8月17日,民革渭城支部召开第七次党员大会,选举产生第七届支部委员会。④8月25日,民革三原支部召开第八次党员大会,选举产生第八届支部委员会。⑤9月15日,民革秦都一支部召开第一次党员大会,选举产生第一届支部委员会。⑥11月20日,民革陕西机械研究院支部召开第四次党员大会,选举产生第四届支部委员会。

【主要活动】①2月27日~3月11日,孟庆智主委参加了民革陕西省委会组织的赴台湾考察团,开展交流活动。②3月26日,孟庆智、甘健知列席了中共咸阳市委第四次党代会开幕式。③5月17日,杨乐副主委参加了民革全省宣传及参政议政交流会。④5月23日,为纪念毛泽东《在延安文艺座谈会上的讲话》发表62周年,民革党员祁九鼎举办了《西部掠影》摄影展,展出作品118幅。⑤9月6日~9日,杨乐副主委参加了市委统战部组织的县级党外领导干部培训班,并赴大连、哈尔滨等地就非公有制经济、招商引资等情况进行实地考察。⑥9月21日,张玉生副主委参加了政协咸阳市委员会召开的庆祝人民政协成立55周年座谈会,并代表民革咸阳市委会作了发言。⑦9月21日,民革咸阳市委员会参加了咸阳市政协举办的庆祝人民政协成立55周年文艺晚会。⑧9月23日~24日,张玉生副主委参加了民革陕西省委会组织的全省民革基层组织工作研讨会,在会上作了《统一思想、提高认识,作好组织发展工作》的发言,并就基层组织建设及组织发展方面存在的问题进行了交流。⑨10月18日~25日,杨乐副主委赴南宁参加了民革西部省、市、区第四次党务工作研讨会,作了《求真务实,与时俱进,做好民革党务工作》的交流发言。

(刘　敏)

民革咸阳市委员会

主　委　孟庆智
副主委　杨　乐　　段　萌
　　　　张玉生

中国民主同盟咸阳市委员会

【组织建设】 ①加强组织工作的制度化、规范化建设。完善原有工作制度,继续作好基层组织工作考核,促进民盟整体工作迈上新台阶。制定了《基层组织换届工作程序》,提供了入盟申请书范本,并为各基层组织印发了《民盟组织发展工作暂行条例》,为每位盟员印发了《中国民主同盟简史》。②壮大发展组织,从源头抓起,为民盟干部队伍建设提供人才支持。市委会坚持组织发展工作的基本方针,认真贯彻两个《纪要》精神,按照《中国民主同盟组织发展暂行条例》的要求履行程序,坚持标准,注重质量,稳步发展。注意发展学历高、素质好、潜力大的中青年知识分子。民盟咸阳市委召开四届十三次主委会和四届十四次主委会，研究发展新盟员60人。新盟员中副高级专业技术人员11人，平均年龄为37.8岁，其中文化教育、科技、医卫等重点界别占83.4%，金融、法制、非公经济等非主体界别占5%。③部分支部顺利完成换届。民盟考古支部、卫校支部、彬县支部、南郊中学支部、育才中学支部、综合支部、市直属支部完成换届任务。到年底，民盟咸阳市委共有基层组织29个，即一个县委会、6个总支、21个支部和1个小组，盟员总数为796人。④继续做好后备干部的选拔推荐工作。至年底，民盟咸阳市委的后备干部队伍形成三级人才网络，其中一级117人、二级59人、三级36人。⑤以创建"活力支部"为载体，加强基层组织建设。在全市范围内开展创建"活力支部"活动，各支部采取措施丰富活动内容，开阔工作视野，收到了明显效果。

【参政议政】 ①坚持标准，发扬民主，认真做好政协咸阳市五届委员会委员民盟界别人选的推荐工作，推荐委员14名，并向市五届人大常委会推荐1名常委人选。在政协五届一次会议上，民盟咸阳市委会主委严宪文当选为政协咸阳市委员会副主席；在市人大五届一次会议上郑彦文副主委当选为人大常委。全市盟员中有副市长1人、副县长1人，有省政协委员4人、市人大代表10人、市政协委员26人、县市区人大代表11人(其中副主任1人)、县市区政协委员56人(其中副主席4人)。在政协咸阳市五届一次全委会上，民盟咸阳市委会提交了21份高质量的集体提案，民盟委员提交了114件提案，占会议提案总数的1/4，居各民主党派提案之首。②10月16日，民盟咸阳市委召开了参政议政工作会议，民盟咸阳市委主委、副主委及民盟咸阳市委29个基层组织的负责人，共50多人出席了会议。会议对民盟咸阳市委3年来的参政议政工作进行了总结，对在参政议政工作中做出优异成绩的秦都总支等6个基层组织和董学武等12名盟员进行了表彰，民盟考古支部交流了参政议政工作的经验。③成立了文教工作委员会、农业工作委员会、经济法制工作委员会和科技工作委员会，对原来的参事研究室的工作进行分解。有效发挥基层盟员骨干的理论和实践优势，大力推进民盟咸阳市委的参政议政工作。④加强理论调研，积极组织盟员撰写理论调研文章，形成材料10多篇，其中《咸阳市乡村发展的调研与思考》、《民盟咸阳市委组织工作调查报告》等7篇调研文章上报民盟陕西省委，并向市委统战部报送了6篇理论调研文章。

【社会服务】 ①6月5日，民盟咸阳市委会和民盟三原县委联合举办书画界三原联谊会，来自全市27个支部的盟员代表和书画界盟员60多人出席了联谊会。还组织参观了于右任纪念馆和三原城隍庙。②8月5日，由民盟市委会与民盟二纺医院支部的14名医技人员组成义诊团到彬县义诊。义诊群众上千人次，发送2000多元的药品和3000多份健康宣传资料。③12月11日，利用农村古会人员集中的时机，在兴平市庄头镇白家孔村举办"三下乡"活动，为群众义诊送药，演出了歌颂党的好领导、歌颂兴平新面貌的戏剧歌舞节目，散发医疗卫生知识和法律知识宣传资料，受到各界群众特别是广大农民朋友的热烈欢迎和热情赞誉。④在世界艾滋病日，民盟卫校支部、武功支部以课堂教学、座谈讨论等活动形式，让更多的人关注艾滋病，了解艾滋病的传播途径和防治措施，推广健康的生活方式和文明的生活习惯。⑤配合民盟中央在陕甘两省进行的城乡协调发展调研，民盟渭城总支、乾县总支、武功总支、彬县支部、礼泉支部、永寿支部分别就城乡人均收入差距、城乡受教育机会差距、城乡就业机会差距、城乡公共卫生和医疗条件差距等课题进行调研并形成材料上报民盟陕西省委。⑥积极调动盟员力量参与社会办学。到年底，由民盟组织和个人兴办的学校有咸阳民盟中学、育辉艺术高中、君艺舞蹈学校、青华艺术学校等。8月18日晚，青华艺校在市人民广场举办了题为《火炬·号角》的专场音乐会。⑦抓好包村扶贫和交友帮扶工作。一是积极为扶贫村争取项目和资金。严宪文主委、郑彦文副主委先后到武功、市扶贫办、市水利局等单位为包扶村争取项目和资金。二是在秋季开学之前，民盟咸阳市委领导给包扶村20名面临失学的儿童筹资2000元，并送到孩子和家长手中。三是12月15日，民盟主委、副主委及部分市委会委员对文家湾村7个贫困家庭进行了节前慰问，并与8位特困儿童结为帮扶对子。四是积极参与"扶贫帮困送温暖"活动。据不完全统计，全年全市盟员在各种帮扶活动中捐款计175300元，捐衣物2350件，其中副主委张普成个人捐款10万元，盟员杨省团捐款5万元。

(杨强壮)

民盟咸阳市委员会

名誉主委 陈留根
主　　委 严宪文
副 主 委 陈　桦　马俊杰　郑彦文　张普成

中国民主建国会咸阳市委员会

【概况】 2004年，民建咸阳市委委围绕民建中央制定的"基层组织建设年"活动，狠抓各级组织建设。一是及时召开民建咸阳市第四次代表大会，选举产生了由13名委员组成的四届委员会，圆满完成了市委会领导集体的新老交替。二是加强对基层支部换届工作的指导。完成了民建西橡支部、西橡研究所支部、电力技校支部的换届工作。同时,民建咸阳市委在组织发展上,坚持条件,注重素质和代表性,坚持以经济界代表人士为主,搞好会员发展工作。全年发展会员12人,平均年龄36.6岁,其中企业界的高级管理人员5人、高级专业技术人员1人、中级专业技术人员6人。全市共有会员187名。

【参政议政】 市上"两会"前,民建市委会推荐13名代表性强的骨干会员为民建界别政协咸阳市委员会委员,同时,组织会员深入基层,开展调查研究,为"两会"准备提案、议案。"两会"期间,民建市委会关于全市招商引资情况的调研报告——《积极实施全民招商战略,促进我市经济社会快速发展》在政协大会上进行专题发言后,受到委员的一致好评;由民建牵头,6个党派和工商联共同提出的《关于加强民主党派、工商联和政府对口部门联系》的提案被政协五届一次会议列为"一号提案"和"重点督办提案",中共咸阳市委办公室专门发文予以落实。另外,民建市委会还提交其他集体提案3份。会员中的政协委员和人大代表共向大会提交议案、提案33件,内容涉及农业、科技、城建、旅游、医药、城管、投资环境、环保等各个方面,集中反映群众关心的热点、难点问题,引起市委、市政府及有关部门高度重视。

【主要活动】 ①市委会负责人及部分会员积极参加各类培训班,努力提高自身素养。主委蔡健民参加了民建中央在北京举办的第七期民建市级组织主委培训班,4人参加了市委统战部举办的县级党外领导干部培训班,市委会又各选派3人参加了民建省委会举办的基层组织负责人培训班及信息员培训班。②撰写理论文章。在纪念人民政协成立55周年期间,民建咸阳市委在《咸阳日报》发表了《团结奋斗,再创辉煌》的纪念文章。同时在《咸阳日报》发表《论邓小平对统一战线的贡献》。民建市委会又为《咸阳统战调研文集》报送《我市民营经济发展中存在的瓶颈及其对策建议》、《浅论农民权益》等调研文章。③民建市委会多次深入包扶村,了解村民需要,为村级经济发展出谋划策。全年民建市委会机关为扶贫村10户贫困户各送去棉被1床、棉衣1套、面粉25公斤、菜油2.5公斤、现金100元,组织会员为包扶村捐赠衣物上百件。市、县两级共结对资助8名贫困儿童上学。据不完全统计,全市会员企业共安排下岗职工465名、农村剩余劳动力210名,上缴国家税金500多万元。铜川陈家山矿难发生后,广大会员主动开展献爱心活动,向遇难家属捐款1000元。在全市开展的扶贫帮困送温暖活动中,通过各种渠道筹资捐赠现金6万多元。

(王献民)

民建咸阳市委员会

主　委　蔡健民
副主委　姚鼎新　郑　勇
　　　　张清英
秘书长　张　开

中国民主促进会咸阳市委员会

【概况】 2004年是民进中央确定的"组织建设年",民进咸阳市委以加强自身建设为重点,在参政议政、学习宣传、社会服务等方面均取得了显著的成绩。全年发展新会员14人,其中大专以上学历13人,占92.8%,高级专业技术人员4人,占28.5%。至年底,共有会员289人。

【参政议政】 ①民进市委领导多次参加中共咸阳市委、市政府召开的情况通报会、民主协商会等,就政治、经济生活中的热点、难点问题,充分发表意见,坦诚建言献策。②党新安主委率政协咸阳市委员会机关干部到永寿县进行调研,"八一"前夕,到武功县慰问部队官兵。③民进部分政协委员、人大代表参加了由市政府、市人大、市政协联合组织的提案、建议办理情况的检查督促工作。④市人大、政协咸阳市五届一次会议上,民进市委会和民进会员的人大代表、政协委员共提交提案、议案45件,内容涉及教育、法律、医卫、旅游、农业、可持续发展等方面,引起有关方面的重视。孙志珩副主委代表民进咸阳市委会作了《抓住难得机遇,担负光荣责任》的专题发言。⑤分布在全市4个县区的基层组织在所属区县的政协会上共提交提案26件,其中张广杰副主委被政协秦都区委员会评为提案先进个人,其调研报告作为优秀调研报告受到通报表扬。⑥民进市委会完成了《试论关于民主党派参政议政工作的规范化问题》、《如何适应建设社会主义政治文明的要求,坚持和完善我国的政党制度》等3篇理论文章,完成了2篇关于信访工作的调研报告。

【主要活动】 ①4月22日,民进市委会班子成员在省图书馆学术报告厅听取了民进中央副主席王佐书所作的关于《国情、省情与参政议政工作》的报告。②民进市委会在《咸阳日报》上发表纪念文章1篇、理论文章和通讯稿各1篇,向《陕西民进》投稿8篇,向民进中央选送《我与民进》征文9篇,出刊《咸阳民进》2期。③民进市委会发动会员捐款6000余元,9月1日,将80套崭新的课桌凳送到长武县地掌乡南峪村小学。④民进秦都中学支部为教学设施配备滞后的三原县安乐小学捐献价值5000元的体育器材、课桌凳等。⑤民进市委会的9名政协咸阳市委员会委员与9名下岗困难职工结成了帮扶对子。⑥民进市委会先后接待了民进宝鸡市委会、延安市委会和山西运城市委会，就党派工作进行了广泛深入的学习交流。

【民进中央来咸调研】 ①4月19日，全国人大常委、民进中央副主席王佐书来咸调研。市长张立勇会见了王佐书一行，向其简要介绍了咸阳市情及经济发展的目标举措。王佐书副主席对市委、市政府关心帮助民进工作表示感谢。党新安主委汇报了民进咸阳市委会的工作。②9月4日，全国人大常委、民进中央副主席王立平来咸阳看望了在市上挂职担任副市长的民进中央组织部副部长王建国。市长张立勇会见了王立平一行。王立平听取了关于咸阳市的历史渊源、区位优势、人文资源、招商引资等方面的情况介绍，与张立勇市长进行了坦诚友好的交谈。③民进中央组织部和民进陕西省委会先后来咸调研组织建设工作，对民进咸阳市委会的工作给予高度评价。

（蒋彬凤）

民进咸阳市委员会

主　委　党新安
副主委　张广杰　刘志岗　孙志珩
秘书长　蒋彬凤

中国农工民主党咸阳市委员会

【概况】 2004年，中国农工民主党咸阳市委员会发展党员6名，至年底有基层组织17个，党员275名。党员中有政协陕西省委员会委员2名；市人大代表4名（其中常委1名），政协咸阳市委员会委员16名（其中常委4名）；县区人大代表2名，县区政协副主席2名。市境内农工党员有15人分别担任省、市、县区有关部门特邀监督员、监察员。

【参政议政】 农工党咸阳市委在政协陕西省九届二次会议上提交提案3件。在政协咸阳市五届一次会议上农工党市委会送交提案1件，农工党员中的政协委员送交提案2件；市委会副主委曹广忠作了题为《充分发挥民主党派在我市“三个文明”协调发展中的重要作用，为建设西部强市和全面小康咸阳贡献力量》的大会发言。市委会领导张卉、曹广忠、王卫民等多次参加中共咸阳市委、市政府召开的情况通报会以及民主党派、工商联、侨联联系会、征求意见会和座谈会。各职能部门的特邀监督员、督察员参加了对公安、工商、交通、城管、旅游等系统的行风检查。市委会专门召开市委扩大会，安排部署了调研工作。各基层组织积极开展调查研究，共撰写调研报告10余篇。

【主要活动】 ①2004年春节前夕，市政协副主席、农工党市委会主委张卉，副主委曹广忠、王卫民等一行10余人到定点包扶村泾阳县兴隆镇张李村为贫困户李春文送去了米、面、油等急生活需品，带去慰问金200元；看望了咸阳拖配厂贫困职工李建华一家，带去了米、面、油、肉和棉被、棉褥等生活急需品。②3月15日，张卉主委、曹广忠副主委等带领市区各基层组织负责人和咸阳市第二人民医院的医务专家，深入定点包扶村泾阳县兴隆镇张李村指导工作。检查了张李村的村级道路建设、饮水工程和学校辅助设施建设项目，为该村争取扶贫建设资金21.5万元，已到位4.5万元。③4月1日，农工党咸阳市委召开市委扩大会，农工市委主委张卉、副主委曹广忠、王卫民和各基层组织负责人等40余人参加了会议。会议传达学习了中共咸阳市委第四次党代会精神。各基层组织负责人做了表态发言。④5月，张卉主委代表咸阳市接待了韩国义城郡政府访咸代表团。⑤5月31日，农工党市委会主要领导和机关全体人员参加了市级统战系统全体干部大会。⑥6月2日，农工党市委会召开市委扩大会，传达学习贯彻市级统战系统全体干部会议精神。⑦7月下旬，曹广忠副主委为全国24省市区政协联谊会组织举办了文艺晚会。⑧9月20日，农工党市委会开展了“国际爱牙日”宣传活动，给敬老院和定点扶贫村泾阳县兴隆镇张李村送去了电动牙刷等卫生用品。

（芮红亚）

农工民主党咸阳市委员会

主　委　张　卉
副主委　曹广忠　王卫民
秘书长　曹广忠

九三学社咸阳市委员会

【组织建设】 2004年，九三学社咸阳市委员会协助成立了九三学社陕西科技大学基层委员会、咸阳市第一人民医院小组，完成了市直机关支社换届工作和2个支社换届筹备工作，调整了铁二十局小组负责人。全年发展新社员13名，其中具有高级职称的5名。至年底，全市共有20个基层组织、198名社员。社员中有省人大代表1名、政协陕西省委员会委员2名、市人大代表2名（其中常委1名），有政协咸阳市委员会委员14名（其中副主席1名、常委4名）。修订、完善了九三学社咸阳市委会议事规则和代表大会、社员大会议事规则，修订了九三学社咸阳市委组织工作细则，制订了主委、副主委和秘书长工作职责。成立4个专门委员会，制定了《专门委员会工作若干规定》。

【参政议政】 ①九三学社咸阳市委会14名政协咸阳市委员会委员出席了政协咸阳市第五届委员会第一次会议，提交大会发言2篇、提案26

件、参考件2件,内容涉及农业、畜牧业、交通、道路、旅游、教育、招商引资等方面。邢玉瑞主委代表社市委会作了题为《实施中药材规范化种植生产(GAP)的现状、问题及对策》的大会发言。②九三学社咸阳市委会副主委李晓云,社市委会委员、陕西中药研究所研究员朱爱华,社市委会办公室副主任张红梅一行深入永寿县、旬邑县等地调研了咸阳市中药材种植、加工、销售情况,撰写了《加快实施GAP认证,促进中药材产业步伐》调研报告。③社市委会机关积极支持和协助社员进行调研,撰写理论研讨论文,共形成调研材料和论文8篇,其中有2篇报九三学社陕西省委会,2篇提供有关会议,4篇提供给有关部门。④积极组织参加中共咸阳市委、市政府、市政协、市人大和市委统战部召开的协商会、座谈会、联系会、通报会等;邢玉瑞、薛建辉先后参加了对市政府工作报告(草案)的座谈修改工作;市人大代表、市人大常委会委员李晓云多次参加市人大常委会,参加学习宪法、地方组织法、代表法、选举法学习班和各种调研活动,积极参加对各种草案的审议和对政府组成人员评议,认真履行职责。

【主要活动】 ①4月2日,九三学社咸阳市委会召开扩大会议,认真学习全国人大、政协十届二次会议文件,贯彻中共咸阳市委第四次党代会议精神,讨论通过社市委会在政协咸阳市五届一次会议上的大会发言及提案。②6月6日,九三学社咸阳市委会召开扩大会议,传达学习市级统战系统全体干部会议精神,安排部署2004年社市委宣传、组织工作。九三学社咸阳市委会全体委员、18个基层组织主要负责人及社市委会机关干部,共40余人出席了会议。③8月11日,社市委会副主委李晓云参加了中共咸阳市委统战部组织的各民主党派、工商联、侨联负责人到宝鸡参观学习活动,并到九三学社宝鸡市委会学习和交流。④9月2日,社市委会副主委李晓云带领九三学社陕西中医学院、省二纺医院、市第二人民医院的10余名医疗专家到淳化县开展义诊咨询活动,为近500人进行了诊治,受到群众称赞。⑤9月6日~28日,九三学社咸阳市委会召开纪念中华人民共和国成立55周年座谈会,会议认真学习了中共十六届四中全会精神。社市委委员、各基层组织负责人、机关工作人员及部分老社员参加了会议。⑥10月22日,九三学社咸阳市委会在咸阳康惠药业有限公司召开九三学社咸阳市老社员老年节座谈会。⑪11月25日,社员、政协咸阳市委员会委员周占琴、沙石、赵惠平、张慧、马军旗、朱爱华等参加“扶贫帮困献爱心”结对子活动,帮助困难职工。

(张红梅)

九三学社咸阳市委员会

名誉主委 陈万榜
主　　委 邢玉瑞
副 主 委 王伟平　李晓云
秘 书 长 薛建辉

咸阳市工商业联合会

【思想教育】 咸阳市工商联各级组织采取“走出去、请进来”,以办培训班、开座谈会、举办讲座等多种形式,向广大会员和非公有制经济人士积极宣传党的路线、方针和政策。组织机关干部和非公有制经济人士学习党的十六大,十六届三中、四中全会精神和“三个代表”重要思想,印发了《关于认真学习贯彻十六届四中全会精神,努力开创工商联工作新局面的通知》,教育广大会员和非公有制经济人士深刻理解十六届四中全会精神;引导广大会员和非公有制经济人士发展经济,扩大就业,促进社会稳定和进步;引导企业家关爱员工,实现双赢,努力建设和谐的新型劳动关系,大力开展光彩事业,为社会、为国家多做贡献。市县两级工商联对广大会员和非公有制经济人士进行了党的十六届四中全会精神、工商理论、经营管理、企业文化建设等知识培训,参训人数达769人次。10月29日~30日,市工商联与市中级人民法院联合举办了全市民营企业家法律知识培训,来自全市各县市区的100多名民营企业家参加了培训。在邓小平诞辰100周年、人民政协成立55周年之际,市工商联组织专人撰写《高举爱国主义、社会主义的伟大旗帜,为全面实现建设小康社会的奋斗目标而努力》、《发挥工商联职能作用,为新时期爱国统一战线注入新的活力》等文章,分别参加全国政协征文征集和市政协庆祝活动。

【参政议政】 市工商联充分发挥职能,加强调查研究,积极参政议政。①深入基层和非公企业进行调研,撰写了《解放思想,优化环境,进一步促进我市非公有制经济持续健康发展》的大会发言,郑建新会长代表市工商联在政协咸阳市五届一次会议上作了发言。②全市各级工商联组织担任政协委员、人大代表的非公有制经济代表人士积极做好政协会提案、人代会议案准备工作,共在各级政协会议上提交提案238件,在各级人代会上提交议案87件,其中市工商联组织工商联界别的政协委员、人大代表共向政协咸阳市五届一次会议提交提案123件,占提案总数的25%;向市人大五届一次会议提交议案49份。③就贯彻落实十六大和十六届三中、四中全会精神,在新形势下如何做好工商联的工作,抽调专人,组成2个调研课题小组,深入各县市区工商联和部分民营企业,在调研的基础上,撰写了《关于加强机关自身建设,努力开展工商联工作》和《关于进一步开展工商联工作的思考》等调研文章,分别上报省工商联、市委统战部等部门，并刊载于《陕西工商》杂志。④按照全国工商联和省工商联的安排和要求，分别完成了对全市民营企业参与基础设施和城市公用事业建设情况的调查、对非公企业党、团、工会组织建设情况的调查和非公企业跟踪问卷调查，并将以上调查结果上报省工商联及有关部门。⑤组织指导各县市区工商联和部分非公有制经济代表人士就非公有制经济发展中存在的热点、难点问题进行调研，积极向各级党委、政府建言献策，全年共形成调研报告28篇。

【招商引资】 2004年，市工商联围绕市委、市政府招商引资这个第一要务，充分发挥职能优势，全力以赴做好招商引资工作。顺利完成了市委、市政府在浙江省台州市举办的“咸阳·台州经贸合作及项目推介会”的各项会务工作，并配合市委、市政府赴浙江招商引资征集会员企业招商项目67个。按照市委、市政府安排派出小分队赴浙江省台州市招商，与台州市台菱电动车有限公司签订了《关于引进浙江省台州市台菱电动车有限公司进行电动汽车生产投资项目》的协议；同台州市椒江豪盛精密机械厂签订了《关于引进浙江省台州市椒江豪盛精密机械厂大型餐饮娱乐洗浴保健综合一体化服务投资项目》的合同，该项目投资3000万元，正在实施之中。积极协调帮助咸阳古建集团与河南建业集团签订在咸筹建帝都大厦的合作项目，前期投资2000万元，资金已到位。据统计全市工商联系统共落实招商引资项目16个，实际到位资金4765万元。协助会员企业咸阳陶瓷机械制造公司与外商谈成年产400吨薯芋皂素及3333.33公顷黄姜种植产业化项目，已到位资金500万元。

【组织联络】 市工商联加大了组织建设和对外联络工作的力度。全年共发展会员587名，其中企业会员191名，个人会员395名，团体会员1名；成立行业组织7个，乡镇分会5个，党的基层组织32个。同域外建立友好商会4个。9月，在铜川市召开的全省组织建设工作会议上，咸阳市工商联被评为先进单位，并作了题为《提高认识，完善制度，强化服务，认真做好工商联会员发展工作》的大会发言。进一步落实市工商联领导同会员企业联系工作责任制，市工商联领导每月深入所联系的会员企业，了解生产、经营情况及思想动态，加强同会员的感情联络。不断加强同兄弟地市工商联的联系，互通信息，交流工作；同时，还积极开展同港、澳、台工商界人士的联系，宣传咸阳市的区位优势和投资环境。

【会员服务】 市工商联紧紧抓住为会员服务、为非公有制经济服务这个立会宗旨，注重从五个方面做好服务工作。一是在政治上关心会员和非公有制经济代表人士。按照市委统战部的要求，对全市非公有制经济代表人士进行了全面的摸底调查，向政协咸阳市第五届委员会推荐工商联界别委员16名；向全联推荐的咸阳古建集团有限公司及董事长李成岗、陕西健民制药有限公司及董事长郭俊京，分别获得“2004年中国优秀民营科技企业”和“2004年中国优秀民营科技企业家”殊荣；向市上推荐市级劳模3名、市青年优秀企业家3名。二是积极维护会员和民营企业合法权益。充分发挥桥梁纽带作用，积极帮助会员与有关部门、单位联系，协调解决他们在生产、经营中遇到的纠纷和案件82件。三是帮助会员和民营企业解决融资难的问题。针对会员和民营企业在生产、经营过程中资金方面存在的困难，积极帮助他们进行资金调济，全年共为会员协调解决急用资金236万元。四是认真接待会员来访，加深与会员的感情沟通。全年各级工商联组织就有关非公有制经济发展政策、老会员生活待遇、基金会等问题，接待来访会员和非公有制人士1689人次。五是组织会员和非公有制经济人士加强与外地的交流与联系。通过组织会员和非公有制经济人士参加全国工商联、省工商联组织的各种培训班和报告会，随市政府代表团赴浙江招商引资，随省工商联代表团赴新疆进行商务考察，参加中国东西部贸易洽谈会，2004年中国民营经济发展论坛会、企业文化论坛会等活动，加强了会员和非公有制经济代表人士与各地民营企业的联系与交流。

【扶贫帮困】 2004年，咸阳市工商联各级组织，继续在广大会员和非公有制经济人士中大力开展“扶贫帮困送温暖”活动，积极参与光彩事业。全年广大会员和非公有制经济人士为贫困群众捐款捐物44.524万元(其中在全市开展的“扶贫帮困送温暖”活动中，捐款4.05万元，捐物折合3.8万元，共计7.85万元)，为社会公益事业捐助59.95万元，在贫困地区实施光彩事业项目投资623万元，安置下岗职工2016人次，安置大学毕业生450人。

（苗　青）

咸阳市工商业联合会

会　　长　郑建新
副 会 长　周文魁　王保安
　　　　　牛士芳　陈崇儒
　　　　　翟富林　张建中
　　　　　张普成　张朝堂
　　　　　史庚仁　朱永生
秘 书 长　张建中

人 民 团 体

咸阳市总工会

【交友帮扶活动】 2004年,交友帮扶活动提出了多渠道、多形式、全方位帮扶的工作思路。全市各级工会组织对困难职工情况进行全面摸底调查,建立健全了帮扶档案;开展了困难职工子女上学救助活动,全市共为600余名上中、小学的特困职工子女和单亲困难女职工子女办理了入学借读费、学杂费减免手续,减免费用超过30万元;为考入高校的500余名困难职工子女提供入学救助近20万元;在继续做好新劳模帮扶老劳模、百户民营企业主帮扶百名困难职工、千名个体工商户帮扶千名困难职工活动的同时,与市政协一起组织开展了百名政协委员帮扶百名困难职工活动。完成了全国和省市级劳动模范的调查摸底工作,健全了劳模档案;开展了对困难劳模的慰问,慰问金额达19.4万元。全年全市共帮扶困难职工1万余名,其中多数职工的生活状况和精神面貌有了明显改善。

【新建企事业组建工会组织】 全市共建立非公有制企业工会组织2621户,其中新建120户,新增会员1000多人。开展了新建企事业单位工会组织的规范化建设,以“建家”为手段,在新建企事业工会中开展了创建规范职工之家活动,使新建企业工会规范化建制率有了提高。协助做好国有企业的改制工作,上报市委下发了《关于进一步加强国有企业改制过程中工会工作的意见》。各级工会积极参与改制工作,注意从源头上维护职工利益,注重向职工宣传党的方针政策,保证了改制工作的顺利进行。全市改制的80户市属企业平稳顺利。

【维护职工权益】 市总工会配合省人大执法检查组,就《工会法》和《陕西省〈工会法〉实施办法》执行情况进行了检查。先后深入2个县区和4户企业调查了解,分层次召开座谈会,找准了存在问题,为立法机关加大执法力度提供了依据。在强调国有、集体企业的集体合同、工资协议定期向职代会或职工大会通报履行情况,接受职工监督的同时,积极在非公有制企业推行这项制度。建立市、县两级劳动关系三方协商会议制度和企事业单位劳动争议调解委员会,全市基本形成了劳动关系协调机制。在渭城区、长武县、三原县、礼泉县等8个县区建立了政府与工会的联席会议制度,协商解决了一些职工关注的热点、难点问题。努力维护职工队伍和社会稳定,完善了工会系统的信息报告制度,设立了12351职工热线,实行24小时值班;及时参与了咸阳华润和市五金弹簧厂等职工群体性事件的处置工作,维护了职工的合法权益。开展了困难职工援助工作。市困难职工援助中心在向困难职工提供生活救助、职业培训、职业介绍、法律咨询等服务的同时,举办了两次规模较大的免费职介洽谈会。全年共接待职工来信来访8737人次,培训下岗失业职工1311人次,生活救助2600多人,救助金达50万元。与50多个用人单位建立了工作联系,全年介绍安置下岗失业人员540人次。

【引导足疗保健产业健康发展】 足疗保健产业在全市已初步形成规模。全市已有足疗经营场所420余家。在足疗技术培训方面,累计举办培训班58期,培训下岗失业职工和农村剩余劳动力6000多名,4800多人实现了就业。促成有关部门制订并落实了关于足疗从业人员的证照办理、税收减免等4个方面的扶持政策,制定了《行业自律公约》。与有关部门一起用3个月时间对全市足疗经营场所进行了拉网式检查整顿,取缔了70多家不合格足疗场所,规范和净化了足疗市场。新研制的保健鞋垫等相关足疗产品已经上市。举办了中西部地区足疗保健及行业管理研讨会,国家足疗协会会长杭雄文到会并作了主题报告。市足疗协会还被邀请参加了全国足疗研讨会并向2300多名中外宾朋介绍了经验。向广州等外地输送足疗技师600多名。市总工会被全国总工会评为全国工会促进再就业工作示范单位。市足疗协会被国家民政部评为全国先进集体,成为咸阳市惟一获国家先进的协会组织。

【送温暖活动】 市总工会配合市政府完成了对市直11000名困难职工春节购物券的发放工作。与市慈善协会分别开展了救助千名困难职工活动和10万元“金叶职工扶贫资金”第二次救助活动。全市各级工会筹措送温暖资金100多万元,慰问救济近万名困难职工。职工互助保险面不断扩大,职工意外伤害赔付130多起,赔付金额15万元。

【群众性经济技术创新】 全市1000多个单位的10万余人,参加了各种形式的技术比武、技术革新、合理化建议和重点工程立功竞赛等群众性经济技术创新活动。与市经贸委在商贸流通企业开展“十佳单位”创建活动。组织参加了陕西省“建工杯”职工技能大赛。通过建立工会劳动保护法律监督组织,开展“安康杯”竞赛活动。13户非公有制企业被评为陕西省优秀民营企业。

【咸阳市第六次劳动模范先进工作者表彰大会】 4月29日,召开了咸阳市第六次劳动模范先进工作者表彰大会。会议表彰全市各条战线上涌现出的劳动模范和先进工作者共102名,其中劳动模范69名、先进工作者33名。副市长胡志强主持了表彰大会,市劳动竞赛委员会副主任、市总工会主席何彩娥宣读了表彰决定;市上领导宋洪武、张立勇等向劳动模范和先进工作者颁奖;武功县大庄镇方寨村党总支书记高志鹏、秦都区同心科技农场场长张庚莲、泾阳县炜龙农村果业公司经理刘炜等人,分别在大会介绍了经验;市委书记宋洪武在表彰大会上讲话,要求广大劳动模范和先进工作者继续弘扬开拓进取、埋头苦干、无私奉献、奋发图强的时代精神,团结和带动全市人民群众立足本职,扎实工作,为推进全市经济社会跨越式发展做出更大的贡献。

(卢太运)

咸阳市总工会

主　席　何彩娥

副主席　梁立昌　朱丽华

共青团咸阳市委

【青少年思想政治工作】 2004年,全市各级团组织通过收看收听电视广播、组织宣讲团、召开座谈会、举办报告会和主题专栏等多种形式,使青少年在实践中树立正确的世界观、人生观和价值观,坚定走建设有中国特色社会主义的信念,养成良好的思想品质和道德情操。推出了《咸阳市促进未成年人思想道德建设计划》,坚持整体推进和突出重点相结合,先后组织全市团员和少先队员开展了以“弘扬民族精神,做了不起的中国人”为主题的少先队统一行动日活动;以“培养良好道德品质和文明行为”为主题的千人签名活动;“缅怀革命先烈,弘扬民族精神”主题团队日活动以及“红领巾革命圣地延安行”活动,在全市掀起了进一步加强未成年人思想道德建设的新高潮。团中央少年部来咸调研时对咸阳少先队工作给予了高度评价。

【主要活动】 ①4月14日,在乾县师范学校举行了咸阳市少先队辅导员培训学校暨首期培训班揭牌仪式,推动少先队辅导员培训工作迈出实质性的步伐。②5月16日在永寿县常宁镇举行了以“兴起新高潮、创造新业绩”为主题的咸阳市第五届乡村青年文化节启动仪式暨青年志愿者“四下乡”服务活动,共有130多名志愿者和1万多名群众参加了活动,累计发放宣传资料万余份,摆放宣传版面100多块。③5月16日,在渭城区举行了咸阳市首批青年中心揭牌仪式,中国人寿保险公司渭城支公司等10个单位被授予咸阳青年中心首批加盟单位,咸阳市青年联合会等各界青年代表领取了青年卡。各县市区已建成青年中心4个,筹建青年中心10个。④5月31日,在陕西工业职业技术学院举行了咸阳市未成年人思想道德教育讲师团成立仪式,聘请了首批15名讲师团志愿辅导员,原军分区司令员李永强为全市1000多名中小学生作了题为《走出最好的自己》的报告。⑤8月20日至9月17日,与市人民广播电台联合举办了咸阳市未成年人思想道德教育大讲坛,讲师团志愿辅导员呼秀珍、程海燕、邢万川、马山前等在市广播电台现场宣讲并与听众交流。⑥9月18日,团市委组织市卫生学校200余名团员青年同来自全市各企事业单位、学校及驻咸部队近万人在市人民广场参加了市国防教育委员会组织开展的“勿忘国耻、爱我中华”国防教育万人签名活动。⑦9月24日,陕西工业职业技术学院合唱团经过一个多月的筹备排练,代表团市委组织的大中专院校队在全市纪念建国55周年大合唱比赛中获得三等奖。⑧10月13日,团市委联合7家单位在渭城区果子市小学召开了第二届“十佳少年”、“十佳少先队辅导员”、“十佳志愿辅导员”表彰大会。⑨10月28日,邀请市委党校刘新会副教授在陕西工业职业技术学院大礼堂为全市各大中专院校、企事业单位和各县市区团干部、学生会干部及学生代表共1200余人作了加强党的执政能力建设的专题辅导报告。⑩11月3日,组织召开了各界青年学习党的十六届四中全会精神座谈会,学习《团中央常委会关于认真学习党的十六届四中全会精神,进一步做好青年群众工作的决议》,交流学习十六届四中全会精神体会。⑪11月19日~21日,团市委、市学联联合举办了第四届“联通杯”咸阳高校乒乓球联赛,来自市区七所高等院校近百名学生参加了比赛。⑫11 月 20 日,由团市委、市学联举办的题为“在校大学生创业究竟是利大于弊还是弊大于利”的辩论大赛在西藏民族学院拉开帷幕,来自市区的10所高校的10支代表队参加了比赛。

【农村青年产业化创业行动】 围绕果、畜、菜、林等主导产业,以各级农村青年产业化创业行动示范点为依托,以实用技术培训、举办科技推广项目和培养农村青年星火带头人为重点,采取典型带动、部门联动、团委主动的办法,积极发现典型、培养典型、树立典型,带领农村青年推动农业产业化。各县市区团委分别组织开展了农业科普宣传活动。共青团武功县委聘请西北农业科技大学教授为农村青年传授养牛技术,共青团兴平市委联合兴平市农林局邀请泾阳县无公害蔬菜研究会会长张忠继和省、市农技站部分专家对500余名青年农民进行了设施农业、优质大棚菜种植技术培训。全年各级团委共举办各类实用技术培训班200多期,培训青年农民8.85万人次,抓建农村青年产业化行动龙头企业和青年大户249家,涌现出了泾阳博信牧业公司等一批典型企业。

【青工创新创效活动】 以“学习科技当能手,创造效益建功业”为主题,以开展青工技能月、青年岗位能手、青年安全示范岗等活动为抓手,在企业青工中大力开展技能培训、技术比武、革新创造等活动,共举办各类青工培训班52期,技术比武186次,培养青年岗位能手1054名,创建青工创新创效示范点69个,青工安全示范岗317个。咸阳偏转集团、咸阳石油钢管钢绳厂等团委组织青工开展献计献策和技术比武活动,给企业提出合理化建议1000余条,为企业节约生产资金100余万元。

【保护母亲河行动】 以创建“绿色文明家园”、“绿色文明村庄”、“青少年保护母亲河示范林”等为载体,组织广大团员青年大力开展植绿护绿活动。2月29日,组织市区部分大中专院校、企事业单位和泾阳县近1000多名青年志愿者,在泾阳县义务植树2000多株。植树节前后,三原县、旬邑县、乾县、淳化县、秦都区、渭城区等县市区和市直有关单位、中小学校也都在各自确定的青少年世纪林绿化点开展了植绿护绿活动。积极组织机关干部和市区企事业单位、大中专院校的青年志愿者参加“咸阳湖”植树造林义务劳动,充分发挥青年突击队的作用。全市青少年共义务植树60万株,绿化荒山1760公顷,创建保护母亲河基地13个,建成市级保护母亲河重点项目16个,省级保护母亲河重点项目5个。

【青年志愿者活动】 以科学发展观为指导,以青年志愿者行动、青年文明号创建和重大节庆活动为载体,切实满足青少年向上、向美、向善的精神文化需求,努力发挥青年开风气之先的积极作用,促进社会的和谐发展。采取集中服务与长期服务相结合,团委组织与个人自愿相结合的办法,动员青少年积极投身志愿服务活动。2月18日,组织市区大中专院校500多名青年志愿者,上街清扫马路、擦洗栏杆、捡拾垃圾。3月5日,组织开展了“千名青年志愿者,爱心扮靓咸阳城”活动,市区1000多名青年志愿者上街打扫卫生、维修家电、义务献血,走进社区上门为孤寡老人服务。兴平市、礼泉县、武功县、长武县、泾阳县等县市区团委和市自来水公司、市纺织工业学校、市卫生学校等企事业单位和大中专院校团组织都分别开展了敬老服务、义务献血、义务劳动等内容丰富的青年志愿者奉献日活动。各县市区、各大中专院校、市直各企事业单位团组织同时开展了青年志愿者无偿献血活动,共有3000余名青年志愿者集中无偿献血。

【青年文明号优质服务和创建活动】 以“立足本职守信用,优质服务创一流”活动为主线,动员全市“青年文明号”集体为优化投资环境做贡献。4月1日,组织市区青年文明号集体,开展了以“弘扬时代精神,争做文明先锋”为主题的统一行动。市地税、电信、公安、金融、电力、邮政等系统青年文明号集体中的团员青年,宣誓遵守青年文明号信用公约,向群众发放便民服务卡,公布服务标准,开展了擦洗栏杆、清理野广告等社会公益性活动。8月31日,在秦宝宾馆举办了创建市级青年文明号集体负责人培训班,来自全市工商、税务、公安、金融等10个系统的100多人参加了培训,团省委青工部部长马亦文和省文明办沙国臻分别作了关于青年文明号创建专题知识和社会主义精神文明建设的讲座,与会人员还参观了省级青年文明标兵——渭城区地税局申报大厅和咸阳石油钢管钢绳厂青年文明号创建工作情况。全市共创建省级青年文明号集体5个,市级青年文明号集体100个。

【扶贫帮困送温暖活动】 2004年,全市各级团组织共为困难群众和贫困少年儿童捐资2万余元,捐赠衣物15000件。11月19日,团市委组织机关全体人员和部分大中专院校、市直企事业单位团委书记等奔赴长武县冉店乡宝盖村看望慰问困难群众和贫困学生,并在海门希望小学院内隆重举行全市团组织“扶贫帮困送温暖”暨救助贫困学生捐赠仪式,共为贫困学生和困难群众捐赠现金17000元(其中12000元用于120名贫困小学生的资助,5000元用于困难群众的慰问),捐助新棉被50条、新棉衣50件,捐赠衣物1.5万件,生活用品和学习用品等1500件,总价值5万余元。12月7日,团市委赴武功县田桂村慰问了5户贫困户，送去了慰问品和慰问金并向该村学校捐赠希望书库1套，总价值6000余元。

【希望工程】 5月29日，在咸阳市中心广场与咸阳市烟草专卖局联合举行了咸阳市“千人牵千手，爱心献社会”希望工程助学活动启动仪式，市烟草局全体干部职工捐资18万元和全市1020名贫困学生结成了“一助一”帮扶对子。经团市委积极联系，争取广东顺德国华纪念中学、明德奖学金、正泰奖学金等在咸阳资助贫困生，全市各级团组织共筹资145.7万元，建成和正建希望小学13所、希望书库5个，救助困难学生3580名，有效地促进了贫困地区教育事业的发展。

【青春展翅工程】 以观念引导、职业培训、中介服务、劳务输出、就业援助为重点，千方百计帮助下岗青年、大中专院校毕业生、农村富余青年劳动力实现就业和再就业。继续发挥陕西商贸技工学校、咸阳市技工学校、彬县职教中心3个青年就业培训基地和广东东莞、浙江平湖、江苏昆山3个劳务输出基地的带动作用。2月16日和29日，团市委青年就业中心通过层层动员，多方联系，分别组织2批161名农村青年赴广东、江苏外出打工。3月14日，在永寿县举行了“珠三角知名企业永寿务工人员现场招聘大会暨永寿人才沿海就业直通车项目”启动仪式，有两个日资和台资企业前来招聘，当天招收外出务工青年139名。4月15日，在市技工学校举办了青年就业招聘大会，联系广东东莞市、浙江平湖市的3家外资企业前来面试，当天共有扶贫希望班和部分县市区初高中毕业生100多人被现场录用。积极为基层团组织开展劳务输出牵线搭桥，帮助共青团渭城区委向浙江平湖市输送务工青年200多名。全市各级团组织共组织输送务工青年6576名。

【青少年维权】 全市各级团组织以宣传贯彻《未成年人保护法》和《预防未成年人犯罪法》为重点，充分利用图片展览、专题报告等形式，帮助广大青少年学法、懂法、守法、用法。继续在公安、法院、检察、工商、文化等系统开展“优秀青少年维权岗”创建活动，共创建社区预防青少年违法犯罪示范点10个，培养青少年维权典型161个，协助查处侵害未成年人合法权益案件12起。团中央、文化部来咸调研时，对咸阳市预防青少年违法犯罪工作给予了充分肯定。

【引资引智工作】 7月24日，来自江苏、河南、陕西等地高校的104名大学生志愿者奔赴秦都区、泾阳县、三原县志愿服务。团市委、市青年企业家协会在中秋节为他们送去了价值近5000元的中秋月饼、御寒棉被以及日常生活用品。通过主动出击，多方联系，广泛动员团干部、青年联合会委员、青年企业家协会会员为招商引资献计出力。促成西安富绅家具有限公司与咸阳富绅商贸有限公司达成建设富绅百佳超级购物市场项目协议。项目总投资3600万元，经营面积10000平方米，吸纳全国各地供货商330多家，进店商品有15大类2万余种，安置职工600余名，其中下岗职工220名，于9月29日建成开业。完成了市上分配的690万元合同引资和到位资金任务。各基层团委通过积极联系，共引进项目10个，引进资金6904.98万元，其中百万元以上的项目5个。

（李　宏）

共青团咸阳市委

副书记　张永强　　李　函

咸阳市妇女联合会

【农村妇女“双学双比”活动】 2004年，全市各级妇联面对农业产业结构调整，根据妇女增收致富的需求，深入开展了“搭传技平台，促十万农家女学技术”活动。3月，结合“科技之春”宣传月活动，在彬县太峪乡、新堡子乡开展了妇女农业实用技术宣传培训活动。市妇联聘请彬县名优梨资源研究所所长王淑芬和新堡子乡畜牧站刘志荣向群众讲授了“水晶梨”作务技术，牛、羊养殖及防疫等方面的知识，来自彬县、礼泉县、乾县、永寿县和长武县的80多名种植、养殖重点户参加了这次活动。12月，在兴平市阜寨乡举办了农村妇女蔬菜作务技术培训班，聘请咸阳仪祉农校高级教师李建国讲授作务技术，阜寨乡100多名妇女参加了培训。全年全市新创建农村妇女学校358所，创建巾帼科技工程示范基地97个，举办各类农村妇女技术培训班1370多期，组织科技下乡宣传活动152次，受益群众16.2万人。

【城镇妇女“巾帼建功”活动】 市妇联在卫生、税务、城建、金融等窗口行业开展了立足岗位，为建设西部强市做贡献，创建“巾帼文明示范岗”竞赛活动，通过层层评选，评出了市级“巾帼文明示范岗”25个，“巾帼建功”先进个人25名，并进行了通报表彰。6月16日，市妇联在市第一人民医院举行了全国“三八”红旗手授牌仪式，为市第一人民医院眼科主任许淑云和咸阳同心农场张庚莲颁发了全国“三八”红旗手奖章。为了促进下岗女工再就业工作，市妇联按照市政府统一要求，下发了《关于组织城乡妇女参加足疗培训输出工作实施意见》，专门召开了县市区妇联主席足疗培训输出工作会议，各县市区妇联积极行动，动员组织下岗女工和回乡女青年从事足疗保健业，为把咸阳市足疗保健产业做大做强贡献了力量。

【“五好文明家庭”创建活动】 为了进一步宣传实施咸阳市妇女儿童

发展规划,大力弘扬"尊老爱幼,男女平等,夫妻和睦,邻里团结,勤俭持家"的家庭美德,全市各级妇女组织广范开展美在家庭、情在家庭、乐在家庭、学在家庭、富在家庭系列活动。3月5日,市妇联在乾县城关镇东街村举办了"敬老模范村"、"五好文明家庭"、"尊老敬老好媳妇"授牌仪式;并对在"五好文明家庭"创建活动中涌现出来的秦都区沣东镇北槐村等13个"敬老模范村"、周志愿等16户"五好文明家庭"、陈虹等21名"尊老敬老好媳妇"予以通报表彰;全市共评选表彰县级以上"五好文明家庭"960户,"尊老敬老好媳妇"310名。

【项目扶助贫困妇女】 2004年,市妇联继续以小额信贷形式,开展贫困母亲救助活动,为1759户贫困妇女协调争取小额信贷扶贫资金110万元,缔结扶贫对子986对,帮扶群众2600多人。各级妇联争取扶贫项目41个,资金307.7万元,加快了扶持贫困妇女脱贫致富的步伐。

【妇女劳务输出】 全市各级妇联把劳务输出作为新时期"双学双比"活动的一项重要内容,采取加大宣传,建立组织网络,强化技术技能培训,签订目标任务书,跟踪回访,注重维权等有效措施狠抓落实。至年底,全市妇联系统已基本建成四级劳务输出网络,即市有中心,县有站,乡村建有劳务输出工作点,村有劳务输出联络员。共建劳务输出工作点576个,设立村级劳务输出联络员860名,发布劳务信息237条,散发宣传资料5万余份,组织妇女就业技术技能培训73期,培训妇女7600余人。全市各级妇联共向山东、广东、上海、江苏、新疆等地输出务工人员3300人,帮助妇女实现增收2050万元。

【维护妇女儿童合法权益】 3月,市妇联两次上街宣传《妇女权益保障法》、《婚姻法》等有关妇女权益的法律法规。利用"三八"维权周在主要街道悬挂横幅,组织宣传车上街巡回宣传。市妇联全年共接待来信来访132件,其中婚姻家庭类79件,劳动工资类16件,已办结128件。全市11辆"母亲健康快车"为全市7100名妇女儿童进行了健康知识咨询和普查,培训了1184名乡村卫生员,免费发放药品1024盒,发放宣传单和健康手册43000份,救助贫困妇女94人。5月30日,在咸阳市"小公民在行动"启动仪式上,福园房地产公司、兴平环保节能研究所捐赠8000元资助40名贫困儿童完成学业。"六一"儿童节期间,全市共为贫困儿童捐款捐物16万元。8月,市妇联和市城乡建设规划局联合动员了10户民营建筑企业和2名企业家捐款12万元,资助12名贫困女大学生完成学业。12月21日,市妇联在市直机关幼儿园举行了全市各界妇女扶贫帮困送温暖大型捐赠仪式。市妇联执委、女企业家、各县市区妇联等近200人参加了捐赠活动。共捐款15385元、衣服3936件。

【家庭教育工作】 为了推动未成年人思想道德建设,市妇联结合实际,采取各种有效措施,大力开展了家庭教育知识宣传普及工作。一是利用广播电台、电视台等媒体和上街宣传咨询等形式进行宣传,先后在广播电台、电视台宣传8次,上街宣传5次,发放家教读物1000多本。二是与市广播电台联合,开通了"家庭教育园地"咨询热线,邀请家庭教育5位专家做嘉宾,定期向家长讲授现代家庭教育知识,并现场解答教育孩子时遇到的困难和问题。三是邀请家庭教育专家在全市各县市区以家长学校为阵地,举办家庭教育专题报告会16场,来自20多个学校的老师和家长共14200多人参加了报告会。开展了一系列"争做合格家长,争做合格人才"活动和"大手拉小手,共朝文明走"、"五小活动进家庭"道德实践竞赛活动,共发放试卷5万余份,全市参加竞赛活动的家长和孩子20余万人。同时评出优秀家长36个,合格小公民40个。四是召开家庭教育研究会会员代表大会,增补、增选了新的会员和理事。全年在社区、机关、企业单位创建示范家长学校26所。

【基层妇女组织建设】 3月,市妇联在市委党校举办了为期15天的电脑培训班。9月,在彬县举办了全市妇女干部业务培训班,共培训女干部126人。9月13日~14日,市妇联在彬县召开了"咸阳市统筹推进城乡妇女发展暨基层妇女工作经验交流会",参观了彬县基层妇女工作示范点,三原县嵯峨乡妇联等5个先进基层妇女组织介绍了经验,大会表彰了30个先进基层妇女组织和50个"五好妇代会"。2月,建立了陕西广电网络公司咸阳分公司妇女联合会。

(史 旗)

咸阳市妇女联合会

主 席 肖 芳

副主席 郑阿利

军　事

咸阳军分区

【思想政治建设】 分区各级党委坚持把学习实践“三个代表”重要思想作为首要的政治任务来抓。依据年度理论学习计划，围绕武装头脑、指导实践、推动工作的要求，突出抓了党委中心组和机关的专题学习。采取集中辅导、个人自学、交流体会、实地参观等方法，组织官兵认真学习，深入开展“学习实践‘三个代表’重要思想，积极投身中国特色军事变革教育”和弘扬艰苦奋斗精神等主题教育活动，广大官兵的理想信念更加坚定，高举旗帜、维护核心、听党指挥的观念进一步增强。组织团以上干部参加了两级军区师团职领导干部集中培训，编印团以上干部理论学习体会文辑。重视开展同“法轮功”邪教组织的斗争，注意做好隐蔽战线和新闻宣传工作，确保了官兵、职工理论和政治上的清醒与坚定，保证了部队的高度稳定和集中统一。

【军事斗争准备工作取得新成效】 咸阳军分区紧紧围绕实现“打得赢”的目标，狠抓各项军事重点工作落实。一是扎实抓好国防动员工作。积极开展国防动员潜力调查和机构的建立完善。本着突出重点、平衡负担和“大稳定、小调整”的原则，对全市民兵分队、民兵从组织布局和队伍结构上进行了调整，进一步提高了民兵队伍的科技含量、专业技术水平和全面素质。秦都区、渭城区和兴平市人武部采取“普遍登记、重点编入”的办法，依托军工企业、大专院校的人才优势，对专业技术人员按技能型和智能型进行分类，建立专家档案，收到了较好效果。深入开展国防教育，积极参加了全国“爱中华、奔小康、强国防”国防教育系列活动，组织开展“勿忘国耻，强我国防”万人签名和国防知识竞赛书面答题活动。扩大征兵改革试点成果，认真抓了网上征兵试点，圆满完成了征兵和预征驾驶员试点工作任务。分区被兰州军区评为征兵改革工作先进单位，在兰州军区征兵改革工作座谈会上介绍了经验。二是抓好年度战备和军事训练落实。各级按照“训用一致、突出重点、注重实效”的原则，狠抓了首长机关和民兵训练，注重加大对民兵反恐处突、防汛救灾等课目的针对性训练，经省军区和分区考核验收，首长机关参考率达100%，民兵参考率达98%以上，单位和个人合格率均达100%，考核成绩总评为良好。乾县人武部代表省军区在接受兰州军区的考核中取得优异成绩。咸阳军分区民兵边训练边整组的做法和经验得到省军区肯定并予以推广。积极协调驻军组织民兵预备役人员做好抢险救灾准备工作，组织召开驻军、民兵预备役防汛抢险联席会，并指导秦都区进行了实兵现地演练。突出抓好正规化建设，咸阳军分区、各县市区人武部以指挥自动化为重点的正规化建设初见成效。三是下大力抓了民兵基层建设。各级积极探索加强民兵基层建设的路子，狠抓经常性、基础性工作落实，民兵预备役基层建设得到提高和加强。秦都区沣东镇武装部被省军区表彰为基层先进单位，在省军区基层建设工作会议上作为观摩点介绍了经验，得到与会代表的高度评价。四是高度重视部队的管理。开展了正确行使民主权利的教育。狠抓各项安全制度的落实，开展了安全工作大检查，组织全区驾驶员进行了集中整顿。主动协助地方党委、政府做好志愿军老战士、企业复转干部聚集上访工作，在维护社会稳定中发挥了积极作用。

【干部队伍建设】 咸阳军分区认真贯彻十六届四中全会精神和全军党建座谈会精神，对团级党委班子进行考核帮建，提高了自身建设能力。严格落实兰州军区规定，注重教育预防和专项治理，进一步规范了党委工作程序。省军区分别授予兴平市、旬邑县人武部党委为先进党委，王德田、耿富夏为优秀党务工作者，樊文奎、张尚文为廉洁勤政领导干部。礼泉县、旬邑县人武部部长、政委被省军区评为“一对好主官”。其中旬邑县人武部部长、政委连续三年获此殊荣,双双荣立三等功。认真贯彻兰州军区、陕西省军区《关于进一步加强干部队伍教育管理若干问题的意见》,召开了分区干部职工教育管理座谈会,较好地解决了干部职工队伍建设存在的问题。积极做好编制调整和干部转业工作,进一步优化了干部队伍结构。狠抓了计划生育工作,分区计划生育工作受到了兰州军区、陕西省军区计划生育执法检查组的高度肯定。咸阳干休所所容所貌发生重大变化,老干部服务管理工作质量进一步提高。干休所政委王德田被兰州军区表彰为先进老干部工作者。

【后勤综合保障】 咸阳军分区坚持党委理财,加强标准经费管理,提高了经费使用效益。加强预算执行情况的监督控制,对各单位财务管理进行了检查审计。军粮核算管理、生活费规范化管理工作受到省军区表彰。抓了营房整治和住房清理工作,完成了分区经济适用房建设任务。旬邑县、秦都区、礼泉县、乾县、永寿县、彬县、淳化县人武部等完成了营房新建和改造任务,分区武器库新建搬迁工程正在按计划施工。加大清理遗留债务力度,基本清偿了人武部移交遗留债务。泾阳县人武部还积极主动处理了多年遗留的土地开发纠纷、退伍军人安置等棘手问题。积极妥善解决职工福利、待遇等遗留问题,保持了职工队伍的相对稳定。对第三批无军籍退休职工进行了移交安置。

【双拥共建】 大力开展"热爱咸阳,学习咸阳,宣传咸阳,奉献咸阳"活动,组织驻咸官兵和民兵参加"咸阳湖"等重点工程建设。进一步抓了"一部一村"扶贫奔小康工作,巩固提高帮扶成果。承建的11条小流域治理工程圆满完成,省级验收有10条被评为优秀工程,1条被评为优良工程。武功县人武部承建的康家坡小流域治理工程被评为优质样板工程,在兰州军区组织的参加和支援西部大开发观摩活动中作为观摩点介绍了经验,受到军地领导的一致好评。组织广大官兵为铜川陈家山矿难职工家属和贫困灾区捐款10万余元。

【召开防汛抢险联席会议】 6月19日,军分区组织召开了驻军民兵预备役防汛抢险联席会议并进行了实兵现地演练。驻咸部队和各县市区主管防汛工作的领导、人武部和市防汛抗旱指挥部成员单位负责人共80余人参加了会议并观摩了演练。会议统一了军地防汛抢险思想,健全了防汛抢险指挥机构,理顺了防汛抢险指挥协同关系,协调了抢险救灾兵力,研究了防汛抢险备战措施。预备役141师、93942部队、武警陕西省总队第一支队、秦都区民兵应急分队、基干民兵等400余人参加了演练,主要进行了加固堤坝、防顶冲护堤、修子堰防漫溢、医疗救护等项目的现地演练,进一步理顺了抢险指挥关系,熟悉了抢险组织程序,提高了抢险技能水平,为全市防汛抢险组织实施起到了示范、引路作用。

【组织预征驾驶员征集试点工作】 兰州军区预征驾驶员征集试点工作协调会后,咸阳市征兵办公室根据会议精神和省征兵办的要求,及时成立了领导机构,制订下发了《预征驾驶员征集试点工作实施计划》。依托秦都区体检站采取封闭设点、集中组织、统一编号、双人双检等方法,对参加培训的335名驾驶人员进行了体格检查。针对政审对象涉及地域广、难以集中、真实情况不易掌握等特点,实行就近集中会审与协调友邻单位同审相结合的办法,真正把每个应征青年的户口、年龄、文化、家庭、社会关系和各阶段的政治表现弄清楚,确保兵员政治质量。按照先铁路后公路、先近后远、先档案齐全后档案不整的步骤,按时、顺利起运预征驾驶员300名。12月,咸阳军分区组织的预征汽车驾驶员入伍欢送仪式盛况在中央电视台、陕西电视台、咸阳电视台先后播出,取得了良好的社会效应,受到兰州军区、省军区的好评。

【"边整组边训练"试点】 3月~5月,军分区针对民兵整组时间较长、整组与训练矛盾突出的实际,同时在秦都区和淳化县人武部进行了民兵应急分队"边整组边训练"试点。为抓好试点工作,军分区首长机关高度重视,在深入调查研究的基础上,建立健全了组织领导机构,科学制订了实施方案,多次召开形势分析会和座谈会,研究解决试点工作中存在的问题。秦都区、淳化县人武部结合任务和自身特点,总体规划了民兵整组和训练工作,科学地进行组合,实行了统一领导、统一部署、统一计划、统一落实、统一保障。秦都区在城区重点部位的西北二棉、彩虹、偏转3个集团公司中组建民兵应急分队,淳化县针对山区地形人员居住分散、交通不便的实际,在县城附近的城关、润镇、大店3个镇编组民兵应急分队,并针对不同的训练对象合理安排训练内容,增强训练针对性。通过试点较好地解决民兵整组、训练相脱节的现象,为民兵整训一体化摸索了路子,有效地推动了全区民兵整组和军事训练工作的落实。试点工作得到了省军区的肯定,并推广了咸阳军分区的经验和做法。

(王　辉　程继科)

中国人民解放军咸阳军分区

司 令 员　张建平
政治委员　王相舜
副司令员　陈占强　李国锋　王文轩
副政治委员　苗玉成　刘　坤
参 谋 长　李仲武

武警咸阳市支队

【概况】　武警咸阳市支队按照抓质量,求提高,密切内部关系,解决“五个重点问题”,实现“两个确保”的工作思路,狠抓“三项经常性”工作落实,部队建设持续稳步发展,以执勤处突为中心的各项任务圆满完成。全年有29名官兵在执勤处突、完成年度工作任务中成绩突出,荣立个人三等功。支队党委在总队举办的支队主官《纲要》培训班上介绍了抓“三项经常性”工作的经验,《武警教育》刊登了支队抓基层干部理论学习的做法。支队参加总队演讲比赛、文艺调演、咸阳市歌咏比赛等分别取得好名次,军粮管理、计划生育等工作先后受到表彰。

【广大官兵争做忠诚卫士】　按照武警陕西总队党委的统一部署,在部队深入开展以“积极适应中国特色军事变革,争做党和人民忠诚卫士”为主题的政治教育。武警咸阳市支队在秦都区中队进行了教育试点,总结推广了教育做法,为部队教育的全面展开提供了经验。支队政治处干事袁渊和司令部管理员程亮在总队“适应中国特色军事变革”演讲比赛中分别获得一等奖和三等奖,支队获得优秀组织奖。通过深入扎实的教育,广大官兵澄清了“军事变革离我们太远”等模糊认识。狠抓经常性思想工作。先后在部队开展了尊干爱兵、革命人生观、保持党员先进性教育和职能职责等经常性教育。规范了基层法纪教育、心理健康教育的内容。突出抓了新兵入伍、新老兵“磨合期”和内部关系教育。给每个战士印发了“爱兵连心卡”,指导各中队开展了以“情暖警营”送温暖活动,三原县中队尊干爱兵教育的做法被陕西总队推广。严格落实经常性思想工作制度,建立健全了人员思想档案和思想工作骨干队伍,并对思想工作骨干进行了培训。对义务兵报考军校落榜考生实行干部定人包干责任制,对身体有病的战士安排卫生队定期巡诊,帮助解决了1名战士家庭涉法问题,确保了部队内部安全稳定。先后出动200名官兵,参加了建设“咸阳湖”义务劳动、“党员先锋林”植树活动,全体党员给咸阳“党员先锋林”捐款800余元。组织250名官兵参加了“擦亮咸阳”行动,组织官兵参加义务献血活动。春节前,给扶贫村特困户送去面粉、大米、食油,捐款1800元帮助7名失学儿童入学,为扶贫村争取人畜饮水工程项目,受到当地政府和人民群众的赞扬。

【基层党建和干部队伍建设】　年初,支队对部分基层党支部班子进行了调整,派出工作组逐队指导基层中队制订《按纲建队计划》,引导官兵正确看待部队建设形势,始终保持清醒头脑。对所有党支部班子逐个进行了综合评估,确定了三原县、长武县中队为重点帮扶中队,制订了帮扶计划,明确了帮扶责任。利用半年工作总结之机,派出工作组对相对较弱的4个基层党支部进行重点帮带,增强了中队党支部的工作能力。组织17名主官参加了陕西总队网上集训。先后对党支部书记、团支部书记和中队保卫委员进行了集中培训。对194名党员进行了民主评议,评比表彰了10名优秀党员和7个先进党支部。2月中旬至3月上旬,在部队认真开展了《政治工作条例》、《纲要》学习教育活动,紧紧围绕理解精神实质,明确建设标准,查找薄弱环节,选准工作切入点的思路,组织官兵认真学习讨论。2月,集中时间在干部中开展了“讲团结、守规矩”教育。结合总部、总队网上集训,组织机关、基层干部进行了《纲要》、《预防犯罪工作条例》、《干部管理规定》等有关法规制度的再学习。利用“三八”节走访慰问了离市区较远的中队干部家属。积极做好转业干部的管理、安置工作,9名转业干部全部按时离队报到。

【以执勤处突为中心的军事任务圆满完成】　认真学习贯彻武警总部“执勤三项纪律”,支队党委两次召开专题会议,研究贯彻落实“执勤三项纪律”的具体措施。制作了“执勤三项纪律”卡片分发到每位官兵手中。各中队采取办墙报板报、课前饭前提问、集体背诵、相互监督检查、组织讨论等形式,提高学习效果,增强了学习的针对性和执行纪律的自觉性。认真贯彻总部执勤网上集训精神,及时派出工作组,对所属执勤目标进行检查,发现问题,现场纠正,对一时难以解决的问题,积极与目标单位及上级主管部门联系,召开联席会议,签订落实协议书。与目标单位召开联席会议64次,共同进行安全检查90余次,联合演练28次,维修监墙护栏600多米,改善了执勤环境,规范了执勤秩序。始终坚持中心地位不动摇,严格落实勤务制度。由部门以上领导带队,坚持不间断昼夜巡查,纠正执勤中存在的问题。投入4000余元,为每个中队制作了模拟哨楼、两官编组作业训练沙盘。3月,对所有中队的勤务值班室进行了规范,炎热季节统一为每个哨位配发了防暑降温药品,正规化执勤水平明显提高。投入1.6万元,给各县市区中队配制了训练器材。先后举办了4期干部集训、3期骨干集训,新兵训练在陕西总队会操中夺得优胜红旗,直属大队一中队战士赵永亮在总队军事比武五公里越野赛中取得第一名。秦都区、长武县、彬县、三原县、渭城区、武功县中队分别完成了抓捕脱逃的犯罪嫌疑人、抢险救灾、抓捕贩卖枪支犯罪团伙等任务,抓捕犯罪分子3人、缴获自制手枪2支、抢救遇险群众4人。出色完成了“001”、“002”、“005”、“金秋”警卫勤务和全国足球甲级联赛安全保卫任务,成功处置了咸阳华润群体性事件,受到各级党委、政府和人民群众的赞扬。

(佘立栋)

中国人民武装警察部队咸阳市支队

支 队 长 贾小良
第一政委 郭中秋
政治委员 刘恩让
副支队长 杨世孟
副政治委员 王玉亮
参 谋 长 侯常常

人民防空

【概况】 2004年,咸阳市人民防空办公室以党的十六大精神和"三个代表"重要思想为指导,以《陕西人防二次创业发展纲要》为依据,认真贯彻落实兰州军区、西北五省(区)政府《关于加强兰州战区人民防空工作的意见》精神,通过抓班子带队伍,抓培训强素质,抓工程促建设,抓宣传严执法等有力措施,圆满完成了年度目标任务。促进机关"准军事化"建设,全年共开展了2次机关纪律作风集中教育整顿。通过科室和个人自查自纠、开展批评与自我批评教育、制订整改方案及改进措施等一系列活动,着力解决政令不畅,作风不实,纪律松驰,组织涣散,办事拖拉,态度生硬等问题,使全办人员的思想作风,工作作风,生活作风都得到了明显改善。

【陕西省人防工作暨修订防空袭预案现场会】 3月22日~25日,陕西省人防工作暨修订防空袭预案现场会在咸阳召开。陕西省国防动员委员会常务副主任、省军区司令员陈时宝,省政府副秘书长李明远,陕西省人防办主任黄建军、副主任王晓福,咸阳市市长张立勇出席会议并分别作了讲话,咸阳军分区司令员张建平、全省各市人防系统主任、处(科)长共计100多人参加了会议,会议传达了国家、兰州军区以及陕西省国防动员委员会、全国人防"准军事化"会议精神,咸阳市人防办介绍了修订防空袭预案的经验,安排部署全省防空袭预案修订工作;总结了"十五"计划以来陕西省人防工作,研究讨论了《陕西人防二次创业发展纲要》,确立了当前和今后一个时期陕西人防工作的指导思想和工作重点。

【"五一八"警报试鸣日】 2003年,市政府第77次常务会议研究决定,将咸阳市防空袭警报试鸣日由原来每年的11月26日更改为5月18日。由于"非典"原因,原定的2003年5月18日警报试鸣被取消。2004年5月18日是咸阳市警报试鸣日更改后的第一个试鸣日。为确保警报试鸣圆满成功,4月20日,市人防办召开了各设防单位和有新闻媒体单位参加的警报试鸣准备工作会议,安排部署试鸣宣传工作。从4月26日开始,利用广播电台、电视台、咸阳日报等新闻媒体和宣传车、悬挂横幅等方式,对《人民防空法》、《警报试鸣公告》进行大范围的宣传。宣传期间,共发送警报通知70份、《人民防空杂志》80份,张贴试鸣公告300份,散发传单5000份,悬挂横幅15条。5月18日9时,全市警报器齐声鸣响,鸣响率达100%,音响覆盖率达95%。试鸣期间,全市社会秩序井然,无不安全事故发生。

【人防工事普查和执法检查】 为了彻底查清咸阳市战争潜力资源和人防地下工事维护管理情况,8月,市人防办组成36人的普查队,采取党组成员分组划片包干、边普查边宣传的办法,分6个组深入到市区、机关、社区、建设工地及各企事业单位,展开拉网式的工事普查和在建工程检查以及执法收费宣传等,检查涉及人防工事单位300多个。通过普查和执法检查,准确地掌握了全市人防工程的数量和质量,查出了曾经承诺修建人防工程而未建和既没有修建人防地下室又未交纳人防易地建设费,以及毁坏和破坏人防早期工事的单位28个。针对存在问题,市人防办及时召开会议,认真分析情况,研究制订追缴方案和处置措施。对逃建、漏缴费的建设单位专门进行追缴和查处,对破坏人防工事的单位实行责任追究和处罚,共追缴人防易地建设费220余万元。

(段 维)

政　　法

概　　述

【深入开展严打整治斗争】 全市政法系统坚持定期分析研究社会治安形势，及时确定工作重点，集中开展统一行动和专项整治斗争，群众普遍关注的突出治安问题得到有效遏制。公安机关通过开展“命案必破”战役和“反扒抓绺”等治安防控行动，先后破获了省上督办的“一二一〇”特大杀人焚尸案、“六一”陕西科技大学学生被杀案、“九二九”陈平杀妻案、“七九”、“八六”特大绑架案等一批有影响的案件。7月16日，市公安局和乾县公安局联合行动，一举破获了以胡联朋为首的9人重大拐卖儿童团伙案，成功解救5名被拐卖儿童。9月初，由市公安局主要领导指挥协调，组织秦都、渭城、泾阳等六县区公安机关协同作战，摧毁了以吴小健为首的犯罪集团，抓获作案成员19名，从中侦破抢劫、盗窃等刑事案件114起。相继破获了乾县“一二二〇”故意杀人案等一批大要案件，有力地打击了犯罪分子的嚣张气焰。全市共破获各类刑事案件3963起，打掉犯罪集团102个，抓获犯罪嫌疑人3105名，缴获赃款赃物折价448万余元。2004年，全市共立新发刑事案件6389起，同比下降4.36%，其中侵财案件下降4.4%。高度重视对经济犯罪的查处，破获经济犯罪案件81起，查办了一批贪污贿赂、渎职侵权等职务犯罪案件，推动了反腐败工作深入进行。检察机关依法批准逮捕1039件1689人，起诉1235件2020人。审判机关受理一审刑事案件1316件1987人，审结1216件1820人，对犯罪分子起到了极大震慑作用。组织开展了两次大规模的社会治安防控统一行动，有效治理了一批治安突出问题。共受理各类治安案件17442起，查处16922起24143人。组织公安、工商、税务、卫生、交通、城管等部门，对22处治安混乱地区进行了为期1个月的集中整治，摧毁违法犯罪团伙69个，惩处滋事扰民的歪娃恶霸237人，治安面貌明显好转，群众的安全感得到增强。严厉打击“法轮功”邪教组织和有害气功组织的违法犯罪活动，破获了一批“法轮功”及有害气功案件，抓获了一批涉案人员，收缴了大量的作案工具和反动宣传品。

【防控体系和基层综治组织建设】 大力加强治安防控体系建设，以咸阳市城区及各县市县城城关地区大街要道为主，组建专职巡警队，坚持24小时巡逻；实行划片定岗定责，由管段民警带领治安协管员，对重要地段、偏僻街巷、城郊结合部等案件多发部位进行巡查。组建村级治安巡逻队4038个，单位、宿舍楼群普遍实行封闭式管理，在住宅小区安装电视监控、电子防盗系统装置，依法引导企业提高内部安全防范能力。各级认真落实市委、市政府《关于加强乡镇街道社会治安综合治理基层组织建设的实施意见》，乡镇（街道）普遍成立了由一把手任主任，派出所、司法所和县市区综治成员部门驻乡镇（街道）单位负责人为成员的综治委，并配备了一批综合素质较高的人员为综治专干。大多数县市区已按市上规定标准，将综治经费列入财政预算。已建成社区129个，村级治保会4294个、调委会3887个；派出所141个，法庭42个，标准化司法所174个；乡镇（街道）综治机构182个，配备综治专干251人。加强群防群治队伍和治安中心户长的教育培训，强化工作考评，优化队伍结构，提高总体素质，基本形成了有人干事、能干事和干好事的工作氛围。

【人民内部矛盾纠纷排查调处工作】 制定下发了《关于开展集中处理信访突出问题及群体性事件工作的意见》、《关于对因干部作风问题引发群众集体上访实行责任追究的通知》和《信访工作黄牌警告考核办法》，把处理信访突出问题及群体性事件工作列入目标责任制考核。全年全市信访总量同比下降了15%，信访总量由原来的全省第2位下降到第5位。认真开展矛盾纠纷“百日大调解”活动，坚持春秋两季民间矛盾纠纷大排查、大调处制度,共排查各类纠纷4984件,调处4586件,防止民事案件转化为刑事案件210起,排查犯罪线索356条,制止群众械斗52起,防止集体上访118起,将大量不稳定因素化解在基层和萌芽状态。在集中处理涉法涉诉信访专项活动中,接待来访17240人次、来信4124件。中央、省上交办和市上摸排的进京赴省重点案件已全部结案,息诉罢访率为96%。坚持依法处理、按政策办事。在处理咸阳华润公司群体性事件过程中,没有发生激烈冲突和流血事件,没有产生连锁反应,受到中央和省委的充分肯定。

【预防青少年违法犯罪】 各级普遍建立了预防青少年违法犯罪组织和未成年人保护工作机构,进一步明确了成员单位的工作职责,完善规章制度,形成了上下贯通的保护未成年人和预防青少年违法犯罪工作网络。大力开展法制宣传教育,组织送法进校200余场次,发放法制宣传资料10万份。集中对驻咸大专院校和中小学校园周边治安环境进行专项整治。动员各方力量关心爱护青少年。全市关心下一代工作委员会组织已发展到8700个,95%的村、93%的社区都成立了关工小组,创建国家和省、市级"优秀青少年维权岗"61家。积极落实弱势青少年群体帮困助学措施,帮助孩子们解决实际困难,救助失学儿童300多人。

【法制宣传教育】 全市以组织实施"四五"普法规划为中心,突出依法行政和基层依法治理工作,以《宪法修正案》为主要内容,以推进领导干部学法用法为重点,进一步加大法制宣传教育力度,不断提高全市公民的法制素质。一是加强对行政人员的法制教育。先后举办了市委理论学习中心组《宪法修正案》专题讲座和《宪法》学习培训班,强化各级领导的宪法意识;11月,组织了以《干部法律知识读本》、《宪法修正案》、《行政许可法》等法律知识为内容的全市干部法律知识考核。全市万余名干部、公职人员参加了考试。二是深入开展送法下乡活动。编印了《〈宪法修正案〉辅导资料》、《〈中华人民共和国行政许可法〉宣传手册》和《〈中华人民共和国道路交通安全法〉宣传挂图》等6万余册(份),《法制宣传》、《咸阳司法》等宣传资料20万余份,深入彬县、淳化县、永寿县等偏远县,开展送法下乡活动45场次,受到了群众的欢迎。三是积极推动基层依法治理工作。对全市的村支书、村委会主任、调解员等万余名基层干部进行了轮训,并于9月份进行了全市基层干部法律知识统一考试。通过以考促学的方式,提高了农村基层干部的法律素质。结合实际制定下发了《咸阳市民主法制示范村创建标准》,同时提出了有计划、有任务、有措施的创建要求,在全市农村大力开展"民主法制示范村"创建活动,全年共创建"民主法制示范村"1100个。四是加强媒体法制宣传工作。制订下发了《关于充分发挥媒体作用,进一步推动法制宣传工作的意见》,咸阳电视台《法制聚焦》栏目,每周二、周四播出两集,咸阳人民广播电台《法制视点》栏目每周四、周五以热线咨询方式播出,《咸阳日报》坚持每周五刊出《法制专刊》,围绕党和政府中心工作,采用发生在身边的典型案例,围绕群众关注的热点、难点问题,进行法制宣传,取得了良好的效果。

【政法队伍建设】 努力实践"三个代表",不断深化以"公正执法树形象"为主题的各项教育整治活动,加强业务培训,干警整体素质进一步提高。制定了《咸阳市政法干警"十条禁令"》、《关于在全市政法系统实行领导干部队伍管理责任追究的暂行规定》等一系列纪律规定,建立了政法干警违法违纪情况报告和通报制度,组建了市委政法委督察队,对执行禁令纪律情况进行明察暗访,严肃查处违法违纪干警,积极清理违规进人和不具备执法主体资格人员。调整充实了市、县政法部门的领导班子,一批年富力强、充满活力的优秀年轻干部走上领导岗位。广泛开展大练兵和岗位培训、业务竞赛,干警政策法律水平和业务素质明显提高。积极争取资金改善基层政法单位基础设施和装备条件,关心贫困干警生活,调动了广大干警尽职履责的积极性。深化争创人民群众满意的政法单位和干警活动,组织各级政法部门和全体干警争创"十佳百优"(十佳政法单位和百名优秀干警);运用广播、电视、报刊等新闻媒体,对先进单位和优秀干警进行广泛的宣传,以正面形象鼓舞和带动广大干警。2004年,全市政法系统共有71个单位、90名干警受到市委、市政府以上表彰奖励,5个集体、5名干警荣立二等功。淳化县公安局牢记宗旨,创造性地开展"深入基层、深入群众、深入人心"的"三深入"活动,得到了人民群众的广泛认可。省委书记李建国、市委书记宋洪武等领导先后作出批示,要求认真总结推广这一好的经验,淳化县公安局在全省政法工作会议上介绍了"三深入"活动的经验。

(孙 波)

司法行政

【青少年法制教育基地建设】 4月,市委依法治市办公室、市社会治安综合治理办公室等10部门联合印发《咸阳市加强青少年法制教育基地建设实施方案》,旨在坚持课堂教育与课外教育相结合,基地教育与社会教育相结合,法制教育与思想道德教育相结合,构筑学校、家庭、社会三位一体的立体化教育网络,推进青少年法制教育,培养有理想、有道德、有文化、有纪律的合格人才。全市法院、检察、宣传、教育、公安、司法、共青团和关工委等部门通力协作,密切配合,在全市已建成长武县地掌中学、乾县看守所、三原县李靖故居、三原县东周儿童村等4个有规模、有活动、经常性的法制教育基地。

【举办《宪法》学习宣传骨干培训班】 9月7日～9日,市人大内务司法委员会和市委依法治市办公室,在咸阳天王宾馆联合举办全市《宪法》学习骨干培训班。各县市区人大法制工作委员会、普法办公室,市检察院、中级人民法院和市直有关部门80余人参加培训。陕西省警官学院白朝辉副教授讲授《宪法修正案》,市委依法治市办公室副主任马山前辅导依法治国、依法行政和依法治市的相关知识。培训班还播放了《行政许可法》、《道路交通安全法》等新颁法律法规音像辅导资料。

【基层基础工作进一步加强】 一是司法所建设取得重大突破。下发了《关于进一步加强基层司法所建设的意见》,明确司法所机构、人员、编制及管理体制。秦都区、礼泉县、彬县、长武县、三原县等五县区司法所正式组建。全市共争取国债资金104万元,支持19个乡镇司法所建设。二是人民调解工作日趋规范。加强了乡镇、村、组、调解员四级调解网络建设,全年排查调处各类纠纷4680起,防止民事案件转刑事案件210起,制止械斗22起,化解群众上访18起。三是规范基层法律服务。清理非法异地执业所,解聘13名不合格工作人员。

【成立投资者法律服务中心】 为了更好服务全市招商引资工作和咸阳经济建设,10月,成立咸阳市投资者法律服务中心。主要从事投资者法律咨询、刑事民事代理、公私财产和重大活动事项公证、担任法律顾问、调处各类矛盾纠纷、讲授法律知识等多项业务。投资者法律服务中心坚持投资者第一、纳税人至上的宗旨,全心全意为来咸阳投资建设的各界人士服务。

【司法行政调研工作成效显著】 2004年是基层工作年,全市司法行政调研工作取得突出成绩。全年先后组织人员对"四五"普法、青少年法制教育、行业依法治理等5个方面的工作进行调研。其中《创建中心户长工作机制,推进农村民主法制建设》、《创新机制,扎实工作,努力开创行业依法治理新局面》、《咸阳市青少年法制道德教育情况调查》、《严格管理,认真考核,全面落实目标责任制管理工作》等调研文章或经验材料在全国、全省、全市交流或获奖。

【特聘10名律师执法执纪监督员】 8月20日,市上召开律师执法执纪特聘监督员会议,向10位特聘监督员颁发聘书和监督员证。受聘人员来自市人大、政协和公、检、法机关。其职责是了解反映律师和律师事务所执行国家法律、法规及政策情况,反映人民群众对律师工作的意见和要求,检举律师执业中的违法违纪行为。

【全市万名干部参加法律知识考试】 11月,全市万余名干部参加年度法律知识考试。市委、市人大、市政府、市政协的33名市级领导和13个县市区及市级国家机关、人民团体、企事业单位的千余名县处级干部、13251名科级及科以下公职人员参加了统一考试。考试分开卷和闭卷两种,涉及《干部法律知识读本》、《〈行政许可法〉知识读本》等内容。考试中对13个县市区和工商、地税、经贸、技术监督、人民银行等15个重点治理部门进行了巡视检查,达到检查和督促学习的目的。

【司法部来咸阳检查工作】 ①3月1日～2日,司法部检查组在河南省司法厅副厅长马金铭带领下来咸阳检查"民主法治示范村"创建活动。省司法厅副厅长李书民、市政府常务副市长李三原陪同检查。检查组听取了咸阳民主法治示范村创建情况汇报,并深入秦都区渭滨镇香柏李村进行了实地考察。检查组对咸阳完善基层村民自治组织、建立治安中心户长制度、广泛推行村务公开等工作给予充分肯定,并希望继续努力,把工作不断引向深入。②6月2日,司法部律师公证司司长助理熊春明、国家司法考试与证书管理处处长马文化、省司法厅律管处处长鱼安刚等一行5人,来咸阳检查律师队伍教育整顿工作。检查组先后到旬邑县、泾阳县和秦都区律师事务所进行抽查,了解律师办案条件、人员素质、法律服务市场等情况,并对律师队伍集中整训和今后工作提出意见和建议。

【全国人大来咸阳调研"四五"普法】 3月22日,全国人大常委会委员、内务司法委员会委员赵地,司法部宣传司副司长孙剑英等一行4人,来咸阳调研"四五"普法、依法治市工作。市委书记宋洪武,市委常委、副市长李三原,市人大副主任王汉洲、哈锐和省司法厅副厅长李书民陪同调研。赵地一行认真听取咸阳"四五"普法、依法治市工作和青少年法制教育情况汇报,深入秦都区沣东中学进行实地考察,查看普法资料,参观教育设施。赵地一行认为咸阳"四五"普法成效显著,走在全国前列。一是市委、市人大、市政府十分重视,摆上重要议事日程;二是工作扎实细致,宣传形式多样;三是青少年法制教育成绩突出,整合资源齐抓共管。

【秦都区司法局被评为全国模范司法局】 2003年12月23日,秦都区司法局被司法部评为"全国模范司法局",省司法厅为他们荣记集体一等功。秦都区司法局围绕中心服务大局,开展依法治理、法律服务、人民调解和安置帮教工作,在人民路拓宽、世纪大道建设、重点工程拆迁和优化招商引资环境等方面很好地发挥职能作用,为维护社会稳定、促进经济发展和保障人民合法权益做出了突出贡献。

【第三次国家司法考试】 9月18日~19日,咸阳475名考生在陶瓷厂学校参加了第三次国家司法考试。陕西省司法厅副厅长陈忠槐、咸阳市人大内务司法委员会主任刘景旭等领导巡察了考试现场。全市44名考生经过努力取得司法资格。

(马山前)

国家安全

【概况】 2004年,咸阳市国家安全局充分发挥国家安全机关的职能作用,防范和打击了境内外各种敌对势力的渗透颠覆分裂破坏活动,在维护国家安全和咸阳市社会政治稳定工作中取得了新的成绩。全年共打击处理违法犯罪分子60余人。全年全局有2个专案组荣立集体三等功,1名干警受到省委、省政府表彰,3人4次荣立个人三等功。

【国家安全业务工作】 一是严厉打击了境内外各种敌对势力的渗透破坏活动,其中"一·○九""案件侦破工作受到省委主要领导的表扬。二是加大了情报信息的搜集力度,为省委、市委采取果断措施处置突发事件提供重要信息。三是加强了国家安全人民防线建设,全市13个县市区建立了国家安全工作协调领导小组,完善了国家安全人民防线网络建设。四是加强了重点单位、重要目标单位的技术安全检查,完成了市人大、政协咸阳市"两会"期间的技术安全保卫工作。

【队伍建设】 一是认真学习中共十六届四中全会精神,强化干警的理想信念教育。二是先后开展了学习任长霞事迹活动、严格守纪甘当无名英雄集中教育活动和进一步深化"执法为民"专题教育活动。三是从严管理,从严要求,加强了队伍管理,严格遵守政法机关干警"十条禁令"和国家安全干警"三项规范",坚决刹住违反禁令的不良现象。四是制定下发了党委班子廉洁从政承诺,促进了党委班子廉政建设。五是狠抓了干警知识培训,先后组织了《行政许可法》知识培训考试、信息化与电子政务知识培训和《宪法修正案》培训考试,共选派了11批18名干警参加了国家安全部(厅)组织的各类专门业务培训,提高了业务素质和整体作战能力。六是加强机关党建工作,积极开展精神文明建设创建活动,年初在全省国家安全系统举行的文艺汇演中咸阳市国家安全局文艺队获二等奖。

(王　巍)

公　安

【全力维护社会政治稳定】 2004年,全市公安机关按照上级部署,继续强化专案侦察,组织实施"天鹰计划"和"铁钳计划",严厉打击"法轮功"地下组织和有害气功组织的各类违法犯罪活动。全年全市共破获"法轮功"及有害气功案件10起,抓获涉案人员14人,其中劳动教养7人,治安处罚7人,收缴电脑等作案工具10部(件)、"法轮功"反动宣传品传单1265份、书籍资料2230本。5月下旬,市区部分企业下岗职工因取消205元基本生活保障金问题多次群访、堵路,市区两级公安机关能及时排查不稳定因素,并配合市上有关部门积极稳妥地予以处理,消除了一度比较困难的局面。2004年全市公安机关共参与处置较大规模群体性事件40多起,确保了大局稳定。

【全面开展社会治安防控行动】 全市公安机关先后组织开展了两次较大规模的社会治安防控统一行动,加大对重点场所、重点物品、重点人员的管理力度及校园周边治安环境的集中整治,努力建立动态社会治安控制网络。全年共受理各类治安案件17442起,查处16922起;查处各类违法人员24143名,收缴罚没财物折合人民币448.73万元。在全市开展的夏季社会治安整治专项行动中,针对城区治安特点和突出治安问题,市公安局成立了打击街面抢劫、抢夺、绺窃及打击自行车、手机非法交易等3个行动队,市公安局全体民警分批轮换参与行动。县市区公安局全面加强大街小巷、商场、市场等区段、场所的治安巡防,并组织民警深入社区,整合群众组织开展联防。各派出所对辖区流动、暂住人口重新进行了一次全面的清理登记,确保了全市治安秩序的持续稳定。

【加强公安交通和消防管理】 公安交管工作结合《交通安全法》的学习贯彻活动,全面加强以查处超员、超载等违章为重点的道路交通安全整治,取得了较好成效。全年全市共发生交通事故935起(含高速道路交通事故),死亡228人,受伤718人,经济损失471.5万元。公安消防工作以公众聚集场所火险整治和夏收防火工作为重点,加强查隐堵漏,全年共检查2419家重点防火单位,发现隐患1936处,发限期整改通知书679份,参与市上统一组织的检查15次。全市共发生火灾事故687起,受伤4人,死亡1人,直接经济损失283.194万元,其中死伤指数同比分别下降83%和69%。

【深入开展"大练兵"活动】 5月25日,市公安局召开全市大练兵活动动员电话会，下发《关于在全市公安机关开展大练兵活动的实施方案》。市公安局及各县市区公安局、交警支队均成立了以党委"一把手"为组长，党委成员及有关部门领导参加的大练兵活动领导小组，并成立专门的办公室，具体负责组织实施、督促指导和检查考核工作。在积极参加省公安厅培训的同时，市公安局开办公安技能战术教官培训班3期，为基层科所队培训"大练兵"骨干，200多名基层民警进行了体能和业务技能训练。7月12日，市公安局刑警支队邀请公安部刑侦专家乌国庆教授来咸授课，一线刑警共300人参加了此次培训。全年全市参加公安部大练兵培训2人，参加省公安厅大练兵培训26人，参加市级大练兵培训342人。9月，市公安局组织预防和处置群体性事件及反恐怖事件等科目演练，增强了公安队伍和民警的实战能力。11月9日、10日又组织全市公安机关大练兵基础理论知识比武竞赛、体能比武竞赛和刑警、治安、巡警业务技能比武竞赛等"五项竞赛"活动，来自全市13个县市区公安局348名民警参加了比武，将全市大练兵比武竞赛活动再次推向了高潮。

【构筑民心工程】　继续抓好"五条禁令"、"四个严禁"和"四个坚决"的贯彻落实。市公安局实行下派工作组制度，13个工作组下到各县市区宣传、督促和指导工作。在以"禁止刑讯逼供、禁止滥用枪支警械、禁止滥用强制措施"为主要内容的"三项治理"活动中，结合执法大检查，对各级公安机关办理的案件进行评查和抽查，纠正了一批程序违法问题，对个别单位内部管理存在的问题进行了整顿，坚决清理不具备执法主体资格人员。在涉法上访案件集中处理工作中，市公安局积极维护群众的合法权益，省公安厅《信访工作信息》对咸阳市公安局处理涉法上访案件的做法予以充分肯定。公正执法赢得民心，奉献爱心温暖民心。在年初开展的"爱民月"活动中，全市各级公安机关开展了一系列便民、利民、爱民实践活动，据不完全统计，共出动警力2000余人次，设立宣传咨询站98个，出动宣传车辆380车次，发放宣传资料8万余份，召开社会各界群众座谈会26次，资助特困户189户，捐款捐物总价值10万余元，走访慰问老干部和英烈家属102人，受到了群众的广泛赞誉。11月24日，市公安局又一次在全市公安机关集中开展"扶贫帮困送温暖"活动，确定天王、华润公司贫困职工，市局机关"交友帮扶"结对单位市化轻建材总公司下岗贫困职工，市公安局扶贫村乾县石牛乡五星村困难村民以及各县市区公安局确定的困难职工群众为重点扶贫对象，采取生活上扶贫、经济上扶业、精神上扶志，帮助困难群众度过难关，过上安定祥和的生活。在"扶贫帮困送温暖"活动中，共捐款1万余元。

【构筑规范工程】　认真落实《内务条令》，加强基层股所队正规化建设。7月中旬，市公安局组织了4个暗查暗访组，深入到全市公安机关94个基层单位和局机关，采取不打招呼、实地查看、随机测试、实时录像等方法进行暗查暗访，将暗查情况在党委扩大会议上播放，并通报全市。通过不断的抓教育、抓管理、抓整治，全市公安机关整体形象大为改观，广大民警精神振作，形成了"比、学、赶、超"的良好工作氛围。在加强公安装备保障方面，重点加大对公安基层基础设施建设的投入。全市启动了44个"无房派出所"建设计划，已完成12个，5个在建设之中。市公安局先后给县区局配备治安巡逻车10辆，为13个县级公安局配发了微机。全市已建成正规化建设规范单位100个、示范单位17个。在全面推行正规化建设的基础上，各县市区结合各自特点，建立了相应的队伍管理长效机制，秦都分局的等级化管理、渭城分局"月通报、季讲评"制度已在全市推广实施，公安队伍规范化建设工作深入发展。

【对外宣传工作】　7月，市公安局正式启动新闻发言人制度，成立了新闻发言人工作领导小组和新闻发言人办公室，确定了专人担任新闻发言人，为社会和公众了解、理解警察提供平台，维护警察的正面形象。9月，新闻办召开了首次新闻发布会，3位新闻发言人集体亮相，就"秦剑04"演习、严打整治情况以及社会治安状况向新闻媒体发布。此后，又对乾县拐卖儿童大案和兴平市临时聘用人员违纪等案件作了现场发布，全年全市公安机关在各类媒体上刊发公安新闻1090篇条，其中，中央级58篇条、省级346篇条、市级686篇条。共编发电视新闻报道162篇(条)，其中电视新闻专题片8部，中央电视台播出4部，省电视台播出7部，市电视台播出8部。同时，不断加大网络宣传报道力度，共向《中国警务报道》传送稿件88篇，刊用32篇；在《陕西公安网》发稿80篇条。

【严厉打击刑事犯罪活动】　全年公安机关先后组织开展了春季"反盗打抢"、"命案必破"战役、打"双抢"集中行动及秋冬季"打击入室盗窃"专项行动等严打整治活动，始终保持对刑事犯罪的高压态势。全年共破获刑事案件3963起，其中破获新发刑事案件3129起，破获八类严重影响群众生命财产安全案件925起，共抓获各类犯罪嫌疑人3105名。全市全年共发刑事案件6389起，较上年同期下降4.36%，其中侵财案件下降4.4%。在历次严打战役中，广大民警勇于攻坚，连续作战，先后破获了省公安厅督办的"二〇〇三一二一〇"特大杀人焚尸案、"六一"陕西科技大学学生被杀害案、市区"七九"和"八六"特大绑架案等。7月16日，公安机关破获了胡联朋为首的9人拐卖儿童团伙案,从河南成功解救5名被拐卖儿童。9月,由市公安局主要领导挂帅指挥,组织秦都、渭城、泾阳等六县区公安机关协同作战,打掉了"六二七"系列盗抢犯罪集团,有力地打击了犯罪分子的嚣张气焰。

【侦破命案专项行动成效显著】 3月,遵照上级公安机关的统一部署,咸阳市各级公安机关开展了侦破命案专项行动。市公安局采取有力措施,强化"命案必破"意识。成立了专门机构,制订了工作方案,并提出2004年刑侦业务工作以"侦破命案专项行动"为主线的工作思路。采取多种方法,加大命案侦破力度。对全市2000年以来的未破命案进行认真清理,对部分有条件侦破案件进行挂牌督办。加强刑侦业务培训,集中对命案信息员进行培训,加大技术装备的投入,加强现场勘查工作。通过努力,相继破获了彬县"一〇〇七"抢劫杀人案、"九三〇"故意杀人案、兴平"一一一二"故意杀人案、礼泉"一二·一"、"一二一一"抢劫杀人案等。全年共立命案115起,破获94起,破案率达81.7%,实现了省公安厅要求命案破案率达到80%的目标。

【开展春季警风警纪教育整治活动】 为了切实加强全市公安队伍建设,努力提高全体民警的政治业务素质,确保全年各项目标任务完成,全市各级公安机关从1月30日~2月4日,集中开展了以履行"三大责任"、树立"五个意识"(大局意识、政治意识、忧患意识、群众意识、法制意识)"、实现"四个转变"(士气高昂、警容严整、服务热情、执法公正)、明确"五个奋斗目标"为主要内容的春季警风警纪教育整治活动。通过学习教育,广大民警统一了思想认识,明确了"五个奋斗目标":一是社会稳定的局面更加巩固,人民群众的安全感明显增强,社会治安防控体系更加完善,预防和打击犯罪的水平显著提高。二是适应社会主义市场经济的工作机制基本建立,发现、控制、处置能力显著增强,形成统一指挥、反应灵敏、协调有序、运转高效的应急反应机制。三是执法为民思想牢固树立,执法工作更加规范,执法质量显著提高,公安法规体系基本完善,执法监督机制健全有效,切实做到严格、公正、文明执法。四是保障机制基本建立,公安工作科技含量明显提高,信息化、现代化水平实现新跨越。五是队伍正规化建设取得全面进步,公安管理体制进一步完善,纪律作风明显改进、警民关系更加密切,队伍整体素质和战斗力明显增强。

【全面开展"三深入"活动】 2004年,淳化县公安局在"立警为公,执法为民"思想指导下,从维护社会稳定的高度出发,结合实际,在全县公安机关组织开展了"深入基层、深入群众、深入人心"活动。公安民警通过深入群众家庭,与群众交朋友,为群众解决实际问题,大大改善了警民关系,群众向公安机关提意见、建议及案件线索明显增多。同时,端正了民警执法思想,规范了基层基础工作,全县刑事治安案件大幅度下降,人民群众安全感进一步增强,社会治安大局平稳,公安工作得到群众一致好评。省委、市委领导给予了高度评价。市公安局在淳化县公安局召开了"三深入"活动现场经验交流会,在全市公安系统全面推广和开展"三深入"活动,使执法为民思想深入警心,有效地贴紧了警民关系。

【处置咸阳华润群体性事件】 咸阳华润职工从9月14日至10月31日,由静坐示威、封门堵路发展到聚集游行、阻断铁路。这一事件可以说是一些职工要求的合理性与行为方式的违法性交织在一起,多数人的合理要求与少数人的无理取闹交织在一起,职工的自发行为与一些别有用心的人插手利用交织在一起,现实问题与历史问题交织在一起的较为复杂的群体性事件。特别是境外敌对势力的插手,使这一事件性质发生变化,处置难度进一步加大。10月30日,市公安局从局机关,秦都、渭城分局及泾阳、礼泉、兴平、乾县公安局,武警、消防支队调集1600余名警力,采取果断措施,清理现场,抓捕了朱西京等数名组织、策划和挑头闹事、冲击铁路、游行示威的首要分子和骨干分子,使事态很快平息。这起事件持续时间之长,参与人数之多,情况之复杂,处置难度之大都是前所未有的。在整个事件处置过程中,市公安局始终坚持在党委、政府统一领导下的工作原则,坚持适时出击、果断处置。没有出现失误,没有发生流血事件,受到了各级领导的高度赞扬。

【破获"一二一〇"特大杀人焚尸案】 2003年月12月10日,秦都区沣东镇北槐村果园发现被焚女尸,市区两级公安机关组成专案组积极开展侦破工作,采取多种侦查措施,全面展开调查。经排查,发现羁押于秦都看守所的犯罪嫌疑人顾自立(因抢劫被依法逮捕)有重大作案嫌疑。通过对该顾突审,顾如实交待了杀人焚尸的事实。被害人任某曾与该顾非法同居,并生一男孩。因有关孩子抚养问题,多次发生矛盾,后顾将任约出,用砖头杀害于果园内,并用玉米杆焚烧后逃跑。其后,公安机关还挖出该顾2003年9月下旬在渭城区周陵镇东郭旗村抢劫杀害妇女马某及其他抢劫、强奸案。

【破获"六一"抢劫杀人案】 6月1日晚,市区秦宝小区渭河滩上发生一起特大抢劫杀人案。陕西科技大学学生王某被杀。该案被公安部、省公安厅列为挂牌督办案件。市公安局成立了以市局、秦都分局主要领导亲自挂帅的专案组,抽调精兵强将开展侦破工作。通过摸排、布控等多种手段,很快确定了犯罪嫌疑人。经过72小时艰苦奋战,于6月4日将犯罪嫌疑人路涛、孟刚、郭化鹏、耿小涛相继抓获。

（上官虎）

检 察

【概况】 全市两级检察机关认真落实检察环节各项整治措施，把维护社会稳定作为首要任务，全力以赴投入“严打”斗争，与公安、法院密切配合，依法快捕快诉，从重从快打击严重刑事犯罪分子，有效地维护了社会稳定。全年共受理公安机关提请批准逮捕案件1036件1681人，同比分别上升18.4%和21.6%，批捕率为98.5%，同比上升1.6%；受理移送审查起诉1106件1874人，同比分别上升5.5%和7.9%；起诉985件1614人，同比分别上升11.4%和13.1%，起诉率为98%，同比上升1.4%。查办和预防职务犯罪工作力度不断加大，实现了“稳定办案数量，力争有所增加；提高办案质量，确保办案安全”的目标。全年共受理职务犯罪案件线索339件，初查311件，立案142件155人，通过办案为国家挽回经济损失799.66万元。其中立办贪污贿赂等职务犯罪案件125件135人，同比分别上升22.5%和19.5%，其中立查贪污贿赂大案19件，同比持平，特大案11件，同比上升37.5%；立查要案3件，同比下降50%；侦查终结129件，移送审查起诉125件，移送审查起诉率为96.9%。全市两级检察机关受理国家机关工作人员利用职务实施侵犯人权、渎职案件线索70件，初查67件，立案侦查渎职侵权案18件20人。预防职务犯罪工作取得明显效果。开展行业系统预防35项，重点工程专项预防15项，发检察建议42件，在中、省驻咸企业，税务系统以及“两河一区”工程开展预防工作。举办了第一期由全市预防职务犯罪一级网络成员单位和基层院共同参加的预防业务培训班，促进了预防工作全面深入开展。全市全年共撰写调研报告、经验材料14篇，讲法制课45次。法律咨询263人次，坚持检察长接待日制度，接待人民群众来访368人次，处理人民群众来信788件。受理刑事申诉案件16件，办结16件，立案复查9件，及时化解了矛盾，确保了社会政治稳定。同时，妥善处理了一批涉检上访案件，共摸排出49件，办结42件。诉讼监督工作取得明显成效。在侦查监督中，全年共要求公安机关说明不立案理由120件，同比上升60%，其中公安机关已立案81件85人，同比分别上升161.3%和136.1%；通知公安机关立案45件58人，同比分别上升87.5%和107.1%；公安机关已执行通知立案42件54人，同比分别上升82.6%和100%。纠正公安机关不该立案而立案的4案4人。针对公安机关办案中的违法问题发《纠正违法通知书》30件，已纠正25件。发《检察建议》30件，追捕48人，追诉20人，分别比上年上升37.1%和下降20%。在审判监督中依法向法院提出抗诉8件18人。在刑罚执行监督中，对22起超期羁押进行彻底纠正，保持全市无超期羁押案犯。对全市在押犯减刑、假释、保外就医开展了专项检查活动。共清理核查了692人，对保外手续不合法和保外脱管的5名罪犯及时通知监狱管理部门和公安机关予以纠正。在民事行政检察工作中，全年共受理民事行政申诉案件376件，立案260件，向法院依法提起抗诉60件，同比上升3.4%；提请和建议提请抗诉128件。在办理民事行政案件工作中，注意发现和查处国有资产流失案件，乾县检察院成功办理了全省首例国有资产流失案，收到了良好的社会效果。

【集中处理涉法上访案件】 为了切实处理好涉法涉诉上访问题，3月2日召开了全市检察机关集中处理涉法上访工作会议，传达学习了省检察院有关会议精神和要求，听取了各县市区检察院开展此项工作的情况汇报，逐县逐案落实责任，分析原因，制定措施，限期结案。共排查出进京上访案件10件，赴省上访案件16件。对于排查出的案件，各检察院高度重视，采取有效措施，迅速开展工作。旬邑县检察院办理杨恩英、王明兰等8人群体申诉案。经协调，县民政局发救济款3000元，县公安局为其子女上学资助1000元，人身损害赔偿4.8万元。申诉人对此结果表示满意。永寿县检察院办理赵秀梅申诉案，该赵儿媳因治安案件服毒身亡，其对公安机关不立案不服，请求追究公安人员法律责任。永寿县法院维持公安机关决定，该赵多次赴京上访。此案经市、县两级检察机关协调，由政法机关牵头达成协议，由镇政府补助7000元，并安排该赵在镇街道打扫卫生兼任马坊小学门卫（月工资200元），该赵表示不再上访。全市两级检察机关本着上访申诉人请求全部有理的全部解决，部分有理的部分解决，全部无理的耐心细致地做好善后和息诉工作的精神，集中处理了一批涉法上访案件。赴京上访的10件，已处理结案8件；赴省上访的14件，已处理结案11件。其余案件正在紧张的处理中。

【查办利用职务侵犯人权案件】 在全国开展严肃查办国家机关工作人员利用职权侵犯人权犯罪的专项活动中，全市两级检察机关迅速行动，制订方案，采取措施，加大宣传力度，确保专项活动的顺利开展。至5月底前共摸排案件线索20件，初查17件，确定重点初查12件，市检察院挂牌督办2件。6月初，又立案侦查渎职侵权案件4案4人。全市查办渎职侵权犯罪的总体发展趋势良好，为进一步查处此类案件打下了良好基础。

【人民监督员制度试点正式启动】 9

月27日,全市人民监督员工作会议召开,标志着咸阳市人民监督员制度试点工作正式启动。来自市检察院、秦都区、渭城区等8个试点市、县区的40余名人民监督员参加了会议。会议从实行人民监督员制度的意义、人民监督员具备的条件、产生的过程以及人民监督员的职责等6个方面对新产生的人民监督员进行了专业培训。

【王向等人受贿受到法律惩处】 由省人民检察院立案侦查终结王向受贿案和由秦都区人民检察院立案侦查终结李永清、杨鹤群受贿一案分别于2003年9月12日、9月10日移送咸阳市人民检察院审查起诉。市检察院并案审查查明:原陕西省对外开放办公室副主任王向(副厅级)、原陕西省第二印染厂厂长助理李永清(副厂级)、原陕西第二印染厂纪检委书记杨鹤群(副处级)受贿一案,经市中级人民法院审理后于2004年6月宣判,王向犯受贿罪判处有期徒刑6年,李永清犯受贿罪判处有期徒刑5年6个月,杨鹤群犯受贿罪判处有期徒刑5年。

【开展减刑 假释 保外就医专项检查】 2004年,全市两级检察机关监所检察部门,强化法律监督,加大监管场所执法检察力度,取得良好的效果。按照实施方案的总体要求,从5月中旬开始对14个看守所和马栏监狱2002年以来的减刑、假释、保外就医罪犯逐人造册登记,摸清情况,重点对职务犯罪进行逐人核查。经过深入细致地摸底排查,查明全市共有减刑、假释、保外就医罪犯692人。其中减刑568人(监狱557人、看守所11人),假释77人(监狱44人、看守所33人),保外就医47名(监狱9人、看守所38人);职务犯罪21人(内有大要案案犯12人),其中减刑11人,假释9人,保外就医1人。在检查中发现马栏监狱有4名保外就医罪犯病情诊断不符合规定,及时向马栏监狱发出纠正违法通知书。为了强化对减刑、假释案件的监督,7月26日~30日,市检察院、市中级法院和旬邑县检察院驻马栏监狱检察室在马栏监狱举行了首次对在押犯减刑、假释案件审理听证会。通过听证会增加减刑、假释案件的透明度,体现了公开、公平、公正的原则,防止了权钱交易和"暗室操作",对罪犯改造起到积极作用,形成监狱、检察、法院互相配合、互相监督、互相制约的机制,真正体现了执法为民的思想。

【监所又犯罪案件挖出公安干警渎职犯罪】 4月29日上午,有人向兴平市检察院驻看守所检察室检举监内有人贩毒、吸食毒品。5月8日,兴平市检察院组织干警深入监所重点对9号监舍进行突击检查,当场从在押犯宋丘纸箱内查获两大包(15小包)褐色粉末状可疑物品,随即制作搜查、提取笔录,并对涉案人员宋丘、毛建彪等人进行讯问。经咸阳市公安局技术大队对检查出的实物进行鉴定,毛重6克、净重1.3克的褐色粉末为毒品海洛因。经兴平市检察院、公安局配合侦察,监管干警安建辉在工作中放任在押犯随意用所内干警手机与外界人员联系,在所内藏留注射针管。6月3日对其以涉嫌玩忽职守立案,并于6月16日顺利侦查终结。

【韩树忠非法拘禁受惩处】 8月2日上午10时许,渭城区文物旅游局保卫科长韩树忠带领工作人员李磊、巩海峰下乡巡查,3人到渭城区窑店镇大寨村以渭城区文物旅游局文物稽查大队的名义,在未出示任何证件及法律手续的情况下,将有盗掘古墓嫌疑的该村村民刘克荣带至咸阳新世纪大酒店105号房间进行留置审查,直至8月4日下午3时非法拘禁长达51小时。此案经渭城区人民检察院对韩树忠以涉嫌非法拘禁罪立案侦查终结,向渭城区人民法院提起公诉。渭城区人民法院开庭审理认为,被告韩树忠不正确履行职务,利用职权非法限制他人人身自由,侵犯了公民人身权利,其行为已构成非法拘禁罪,判处有期徒刑一年六个月。

【预防重点工程职务犯罪】 三原县人民检察院在职务犯罪预防工作中,针对重点工程建设领域职务犯罪多发、易发的特点,把在建筑工程领域开展系统预防作为一项重要工作。采用法律知识讲座、开展法律咨询、发放宣传单、举办图片展览、发售预防职务犯罪的宣传挂图、签订预防建筑工程职务犯罪廉政责任书等,积极构筑预防职务犯罪屏障。根据建筑工程特点,围绕"公开透明"这个核心,从工程立项招标开始,检察机关提前介入,实行全程跟踪监督,使整个工程按照"公平、公正、公开、科学、择优"的原则,全程置于阳光之下。与此同时,与有关主管部门、单位密切配合,积极提供法律宣传和咨询服务,推行建筑工程"双合同制",使重点工程建设项目从立项、招标、物资采购、资金管理、竣工验收以及工程质量等方面全程预防,有效地遏制了职务犯罪案件。

(屈喜成)

咸阳市人民检察院

检 察 长 刘世民

副检察长 郭彦超 李明运 王树山 崔景文

咸阳市反贪污贿赂工作局

局　　长 王树山

副 局 长 殷 军

审　　判

【概况】2004年,全市两级法院进一步加强各项审判工作,全年共受理各类案件20279件,审(执)结18439件,结案率90.9%,比上年度上升

0.4个百分点。其中,受理一审刑事案件1316件,审结1216件,结案率92.4%;受理一审民商事案件11450件,审结10807件,结案率94.38%;受理一审行政案件185件,审结168件,结案率90.8%;受理国家赔偿案件11件,审结8件,结案率72.7%;受理申诉、申请再审案件497件,审结445件,结案率89.5%;受理当事人申请执行的案件5403件,执结4510件,执结率83.5%。市中级法院全年受理各类案件2488件,审(执)结1952件,结案率为78.4%。两级法院始终坚持"司法为民"的思想,为当事人缓、减、免诉讼费683万余元,确保经济困难的群众打得起官司。年内有57名干警完成在职本科学历教育,取得法学本科毕业证书;16名干警取得研究生进修班结业证书;87名干警参加了上级法院组织的法官续职资格专项培训,并全部通过考试取得资格证书;460名干警参加了以提高"驾驭庭审能力、法律适用能力、文书写作能力"为主要内容的"三项培训"活动,12名干警通过了全国统一司法考试,通过率比全省平均水平高出2个百分点。同时,切实抓紧基层基础和物质装备建设,有两个基层法院完成了审判综合楼建设并先后投入使用,两个法院完成新建审判办公楼主体建设,工作条件进一步改善;市中级人民法院和永寿县人民法院建成和完善了内部局域网,向办公自动化和信息化的目标迈进了一步。市中级法院全年有10项单项工作或部门工作被评为省、市先进单位,受到市委和上级法院表彰;28人次被评为市级以上先进个人;干警撰写的10篇调研文章在省级以上评比中获奖;被各家媒体正面宣传报道16篇(次)。

【开展"司法公正树形象"教育活动】 按照最高法院和省法院的统一安排,全市法院扎实认真地开展了"司法公正树形象"教育活动。整个活动从6月初开始,历时5个多月。分为动员教育、学习文件提高认识、对照检查、整改提高等四个阶段。活动中,市中院领导及活动办公室人员到各基层法院检查、指导教育活动开展情况142人次,走访人大代表、政协委员、人民群众和有关当事人1014名,走访企业、事业单位171个,召开各类座谈会33次,邀请旁听32次,旁听案件351件,发放征求意见表2060份。同时,在全市法院开展了案件评查活动。共评查各类案件6861件。市中院对2003年11月至2004年9月所结案件进行了评查,共评查案件2247件。针对案件评查中发现的问题及社会各界对法院工作的意见和建议,市中院采取了切实可行的整改措施。一是加大监督力度,完善制约机制。加强信访和审监力量,进一步健全了信访制度。树立信访一盘棋思想,规定对来访接待工作实行分级管理,逐级负责,保证责任落实。二是继续强化全市法官业务培训。市中院举办各类形式的业务培训10次,1142人次接受了培训;组织庭审观摩30次,裁判文书评查28次。三是加强廉政建设,树立廉洁形象。全年共查处干警违法违纪案件6件7人,其中开除党籍3件3人,给予行政处分的3件4人。通过开展"司法公正树形象"活动,全院各项工作都取得了新的进展,达到了省法院提出的六项指标和市中院增加的两项目标。年内受理的刑事案件无超期羁押问题,民事、行政案件无超审限问题;上诉案件的改判和发回重审率明显下降,全市基层法院上诉案件的改判率为23.86%,发回重审率为15.19%,市中院上诉案件的改判和发回重审率为15.3%,同比下降了3个百分点;案件执结率较上年度提高6个百分点;申诉、申请再审案件出现负增长,两级法院受理申诉、申请再审案件396件,同比下降7.5%。其中,中院受理申诉、申请再审案件271件,同比下降20.8%。接待来访群众617人次,同比下降0.08%;受理群众来信530封,同比下降42.1%;各基层法院民事案件调解率平均接近50%;全市法院严格执行"四个绝对不允许",未发生当事人在法院服毒、自杀等恶性事件和造成其他严重后果;全年收到对干警的投诉大幅度减少。

【加强诉讼调解工作】 从维护社会稳定、创建和谐社会的目的出发,全市法院把提高案件调解率作为民事审判的重点,纳入岗位目标管理责任制管理。领导带头深入基层,加强对调解工作的调研,研究探索提高调解率的有效途径。采取办案经费向调解案件倾斜等办法,鼓励法官"能调则调,多调少判",各院结合实际,摸索出了一些行之有效的调解方法。9月,市中院组织召开了全市法院调解工作会议,推广交流调解工作经验,表彰奖励了一批调解工作先进法庭和调解能手。永寿法院常宁法庭、渭城法院窑店法庭因调解工作成绩突出,受到了省法院的表彰。全年两级法院共受理各类民事案件12547件,审结11796件,结案率94.01%。其中各基层法院的调解(撤诉)率平均达到49.1%,中院调解(撤诉)率21.9%,同比均提高6个百分点,从而有效地减少了矛盾和纠纷,取得了社会效果和法律效果的有机统一。

【开展"三项清理"活动】 按照最高法院的统一安排和要求,全市法院认真开展了"集中清理未结执行积案"、"清理执行款物"、"清理执行卷宗"三项活动。活动中,两级法院积极采取措施,实行集中执行、交叉执行、委托执行、统一执行、提级执行等方法,大胆探索债权转股权和对债务单位实施兼并、破产等手段,对一些老大难案件采取强制执行措施,彻底解决"执行积案"。对案件相对集中、种类相同的案件开展了专项执行活动。抽调精兵强将,配备专门车辆,组成了专门合议庭,并及时向市委、市人大汇报,取得帮助和支持。在执行市商业银行彩虹路支行申请执行甘咸百纺有限责任公司贷款纠纷一案时，调动法警100余名，聘请人大代表、新闻单位现场监督，对暴力抗法者当即采取强制措施，维护了司法权威。全年受理金融执行案件71件，已执结47件。在执行广洲建筑置业综合分公司等16个单位申请执行咸阳商业大厦拖欠工程款纠纷一案时，市中院十分重视，通盘考虑，制定了详细的执行方案，及时向市人大、市政法委汇报有关情况并取得支持。采取果断措施，依法对被执行人咸阳商业大厦的资产进行处置变卖，所得价款3000余万元及时交付申请人，维护了法律的尊严和社会的稳定，收到了良好的社会效果。两级法院全年共受理申请执行案件5403件，执结4510件，执结率83.47%，执结标的总金额17424.65万元。其中市中院受理执行案件493件，执结206件，执结标的总金额9313.14万元。

【开展“清理五年以上积案”活动】 为了切实解决长期以来人民群众反映强烈的审判效率不高、案件久拖不决的问题，提高审判效率和司法公信力，全面落实“司法为民”宗旨，树立人民法院的良好形象，针对一些案件从法律规定上看程序合法、未超审限但却陷入一审—二审—再审，然后发回重审、又从头开始，在各个审判程序间循环往复的现象，市中院党组决定从7月份开始，在全市两级法院开展集中“清理五年以上积案”活动。其清理对象和范围，是指从立案之日起至2004年8月1日止，期间无论经过何种审判程序，即使所经每一程序均在法定审限内，但累计诉讼期限超过5年的未结案件。经摸底排查，全市两级法院共清理五年以上积案25件。为确保按时完成任务，市中院制定了切实可行的措施。截至12月底已办结20件，其余5件因法定事由而中止。这项活动有效地减轻了当事人上访的压力，也为群众减轻了诉累。

【建成内部局域网】 为了建立高效运作的现代化审判工作格局，提高办公自动化水平，市中院投资70多万元，购置服务器和78台电脑，通过实施微机局域连网，建成了由“内部局域网硬件平台”、“法院信息管理系统”、“LED电子公告屏”等组成的办公自动化系统。实现了案件审理模型、诉讼文书自动生成、案件跟踪、监督等全方位审判流程管理，有利于内部信息资源共享，提高了工作效率。

【审理一案调解三案】 市中院审理的蔡建民诉郑晓根合伙纠纷案，通过主办法官耐心细致地做好思想工作，最后与其他两件案件一起以调解结案。此案原告蔡建民，男，1953年8月17日生，陕西第一毛纺织厂工人。被告郑晓根，男，1949年1月1日生，西北国棉二厂工人。1992年，蔡建民与郑晓根合伙成立了咸阳粮油包装厂。1993年12月，蔡建民又与他人合伙开办了咸阳美容器械厂，并从粮油包装厂向美容器械厂转入现金38734元，蔡占该厂60%的股份，后郑也参股咸阳美容器械厂。蔡与郑约定，二人共同占有咸阳美容器械厂60%的股份，且无论投资多少，各半享有利润及承担风险。在咸阳美容器械厂经营过程中，郑晓根将其二人60%股份的一半转让给他人。蔡建民与郑晓根因股本金问题发生争议，协商未果，蔡遂于2002年6月将郑诉于秦都区法院，郑晓根即提出反诉。秦都法院并案审理后，判决郑晓根给付蔡建民8万余元。郑晓根不服一审判决，提出上诉，中院以事实不清等为由发回重审。秦都法院重审后，二人又不服，均提出上诉。至此，此案已审理了3年。蔡、郑二人再次上诉后，主办该案的中院民一庭唐鸿彬法官在审理中发现，蔡、郑二人此前还有一起长达7年，经过多次上诉、抗诉和申诉，前后审理达七次的承包纠纷案正在执行程序中；另有一起经过两级法院四次审理，历时两年的借款纠纷由中院刚刚审结但未执行。为彻底化解双方矛盾，平息蔡、郑二人的多年纠纷，主办法官没有简单地仅就蔡建民、郑晓根上诉的合伙纠纷案进行审理，开庭后多次翻阅案件卷宗，理清案情，先后五次和蔡、郑二人谈话，耐心细致地给双方讲清利害，希望双方能结束多年的各种纷争，握手言和，将精力投入到生产、生活中。二人终于同意调解结案，还希望将已进入执行程序的承包案件和中院刚审结的借款案件纳入该案中并案调解。至此，历时7年多，先后共十四次审理的三件案件得以调解结案。

【严惩破坏电力设备犯罪】 被告人王磊，男，汉族，初中文化程度，农民，1964年4月6日出生，安徽省阜阳市人。张恒，男，汉族，小学文化程度，农民，1961年6月15日出生，河南省上蔡县人。宋阳晨，男，汉族，初中文化程度，农民，1975年1月1日出生，河南省五丰县人。马卫才，男，汉族，小学文化程度，农民，1963年12月16日出生，陕西省绥德县人。王小飞，又名王超军、王谦，男，汉族，初中文化程度，农民，1972年3月15日出生，安徽省阜阳市人。从2003年3月17日晚至2003年7月5日晚，上述五名被告人伙同杜爱玲(另案处理)、亚红(在逃)，有分有合，携带扳手、钳子等工具，在泾阳县、礼泉县、三原县、扶风县、眉县等地，多次盗割破坏正在运行中的电力铝线及变压器。其中王磊参与作案13起，造成直接经济损失167221.30元，间接经济损失135458元。张恒参与作案10起，造成直接经济损失133303.20元，间接经济损失135458元。马卫才参与作案13起，造成直接经济损失167221.30元，间接经济损失135458元。宋阳晨参与作案7起，造成直接经济损失137391.40元，间接经济损失135458元。王小飞参与作案6起，造成直接经济损失2929.9元。市中院一审审理认为：被告人王磊、张恒、宋阳晨在短时间内多次破坏正在使用中的电力设备，严重危害公共安全。在共同犯罪中，三人多次共同踩点，积极实施破坏变压器和盗割铝线的犯罪行为，在共同犯罪中起主要作用，均系本案主犯。且破坏电力设备造成损失巨大、后果严重，应依法从严惩处。被告人王磊归案后能主动交待同案犯张恒的藏匿地点，协助公安机关抓获重大犯罪嫌疑人张恒，应认定有重大立功表现；王磊归案后又能如实供述公安机关并未掌握的其伙同其他被告人参与实施的其他破坏电力设备的犯罪事实，有坦白情节，可对其从轻处罚。即以被告人王磊犯破坏电力设备罪，判处死刑，缓期二年执行，剥夺政治权利终身；被告人张恒犯破坏电力设备罪，判处死刑，剥夺政治权利终身；被告人宋阳晨犯破坏电力设备罪，判处死刑，缓期二年执行，剥夺政治权利终身；被告人马卫才犯破坏电力设备罪，判处有期徒刑十五年，剥夺政治权利五年；被告人王小飞犯破坏电力设备罪，判处有期徒刑六年。

【妥善处理证券合同纠纷案】1998年4月30日，个体工商户陈世杰在西安证券登记公司开设了两个账户，经过运作后，在30333823号账户上留有现金106000元。2002年8月底，陈世杰持证在营业部取款时，方知该款已在2002年8月14日被他人冒名取走，陈遂将西部证券股份有限公司和西部证券股份有限公司咸阳西兰路营业部起诉到秦都区法院。经查，陈世杰曾于2000年7月和宁建军办理委托手续，将自己的股证、磁卡和密码及身份证交给宁建军，2001年11月底收回，一直未更换密码。陈世杰股市的现金，被宁建军以陈世杰的身份证式样取走（身份证上照片是宁建军，除地址与陈世杰身份证地址不同外，其余均相同）。一审法院认为，原告炒股将自己的"三证一密"全部交于他人，其账户上的资金，被他人以假身份证支取，对此原告并无过错，被告由于审查疏忽，致原告账上资金被支取，应承担全部责任。证券营业部具有民事诉讼主体资格，对外独立承担责任，西部证券股份有限公司不应承担民事责任。判决被告证券公司西兰路营业部一次性支付原告陈世杰被取款106000元。驳回原告陈世杰对西部证券股份有限公司的诉讼请求。驳回原告的其他诉讼请求。宣判后，被告证券公司西兰路营业部不服，向市中级法院提起上诉。市中院审理认为，股民应当承担使用密码造成交易损失的责任仅指股票交易，并不代表提现，密码的泄露并不必然导致陈世杰资金被提取的结果发生，第三人提取现金使用的身份证和证券帐户卡均与原件不符，且磁卡是补办的，所以陈世杰没有过错，不应承担责任。证券公司西兰路营业部在办理换卡手续和取款业务时，未尽到应注意的审查义务，且取款单上的签名不是陈世杰亲笔所写，因上诉人工作疏忽造成的损失，应承担全部责任，一审判处正确，上诉人的上诉理由不能成立。根据《中华人民共和国民事诉讼法》第一百五十三条第一款一项的规定，驳回上诉，维持原判。

（徐京选　李颜军）

咸阳市中级人民法院

院　长　顾德镳

副院长　吕旺忍　张尚荣　韩振习

仲裁工作

【案件办理】　咸阳仲裁委继续坚持独立、公正、高效的办案宗旨，以服务社会主义市场经济为出发点，紧紧抓住发展这个主题，全年共受理各类案件63件，争议标的金额2360万元。案件涉及房地产、经济合同、知识产权、保险、工程施工、产品质量责任等合同权益纠纷，受案数和争议标的分别比上年增长88%和58%。全年结案34件，其中裁决结案23件，调解结案3件，当事人撤回申请8件。

【法规宣传】　咸阳仲裁委联系实际，深入学习和宣传仲裁法律法规。上半年，重点是对金融、保险等企事业单位和全体经营者进行宣传学习。期间，共印发各类宣传资料1.5万余份，并通过典型案例分析，宣传仲裁制度的优越性。同时，充分利用报纸、广播、电视等新闻媒体，以灵活多样的形式，广泛地宣传仲裁法规，努力做到报纸有文章，电台有声音，电视有形象。全年共举办知识讲座13场次，向各类新闻媒体撰稿34件，扩大了仲裁法律的社会普及面。

【队伍建设】　咸阳仲裁委在加强对仲裁员常规管理的基础上，注意从金融、财会、房地产、院校等部门和市属重点企业聘任符合条件的人士担任仲裁员，以定期例会的形式将仲裁员分片集中，结合实际案例进行培训。全年共分片集中培训仲裁员158人次。同时参照人民法院对审判员的管理，重新修订了《咸阳仲裁委员会仲裁员守则》，进一步完善了监督体系，逐步培养出一支能办案、办好案的核心仲裁员队伍。

（李　勇）

咸阳仲裁委员会

主　任　李三原

副主任　吴建勋　韩振习　韦彦杰

委　员　朱耀斌　李　鹏　罗志勇　冯望云　贠国彪　张颂东　魏　强　周文魁　刘继路　李官梁　强　力

秘书长　吴建勋（兼）

城乡建设·环境保护

城乡规划

【概况】 2004年,市城乡建设规划局以城市总体规划修编、沣河新区规划以及“两河四岸”景观规划和咸阳湖生态环境景观规划为龙头,编制完成纺织工业基地规划、消防规划、沣河两岸景观规划、近期建设规划等各项规划。以小城镇建设、城镇化调研及建筑勘察设计市场为重点,加大执法检查力度,积极为重点工程、建设单位和开发企业搞好服务,各项工作取得较好成绩。

【城市总体规划修编】 咸阳市现行的城市总体规划是1994年经省政府批准实施的,远期至2010年。近年来,随着社会经济环境的快速发展,人口及用地已突破原规划规模,1994规划已不适应城市发展的需要,急需进行修编。为了高标准搞好这一工作,经过多方面考察,选定清华大学规划设计院和市规划设计院合作编制总体规划。清华大学规划设计院经过广泛调查走访,认真分析,多次交换意见,于2003年12月基本完成了总体规划修编大纲,2004年2月8日~9日,省建设厅、市政府邀请原国家建设部副部长、两院院士周干峙等20位国内著名学者参加,召开了咸阳市城市总体规划纲要评审会。与会专家对规划设计单位所做的工作和规划纲要成果给予了很高的评价,认为可以作为下一步总体规划正式编制的基础资料。同时,评委会还提出了不少具体的修改意见。会议之后,清华大学规划设计院根据专家评审意见进行了修改。

【编制城市专项规划】 在规划编制方面,除了城市总体规划外,还编制了沣河新区规划以及“两河四岸”景观规划、人民路城市主要街道景观规划、渭河防洪生态环境治理一期工程即“咸阳湖”工程景观规划等专项规划。2003年11月1日~2日咸阳湖生态环境景观规划招标方案评审会之后,确定由深圳景观规划设计公司和市规划设计院合作承担方案修改工作。2004年2月23日,市规划局组织设计单位专题向市人大汇报渭河、沣河综合治理工程规划方案。2月24日,市人大代表踏勘现场并座谈讨论。2月26日,市人大审议通过规划方案。2月27日、3月19日,市规划局两次和规划设计单位进一步交换意见,修改了方案。2004年初,清华大学提交了渭河河道水利模型,水利部江河水利咨询中心又对规划进行了较大调整,景观规划方案重新修改。4月17日,市委召开常委会及两河一区建设指挥部成员单位会议,听取咸阳湖景观规划方案汇报。会议原则同意规划设计方案,同时提出了一些修改意见和建议,要求进一步完善。为了进一步征询专家意见,民主决策、科学决策,7月22日,在西安召开了秦文化研究与开发座谈会,省旅游局及规划、旅游专家参加了会议,并就秦文化与咸阳湖景区规划提出许多建设性意见。9月15日,就“咸阳湖”修改方案专题给市委、市政府主要领导汇报,并提交了景观规划修改方案,供领导决策。

【规划管理】 规划管理的原则是严格按照审批程序及咸阳市城市总体规划进行建设项目的选址审批;按照国家有关规范和标准进行规划方案的审查落实强制性指标;对于大型项目的规划方案组织由省市专家参加的评审会或方案招标,提高规划质量;邀请人大、政协、社会各界群众监督,做到规划审批工作公开、公正进行。根据市政府确定的2004年城市建设实事项目中关于道路、管线工程的相关内容,结合城市总体规划和城市道路交通规划等各项规划,提出规划设计条件和要求。先后提出渭阳西路(高新区段)等27条城市道路规划设计条件要求和沣河新区“九路九桥”建设的规划设计条件要求。同时,拆除乱搭乱建,规范广告牌匾管理。为了美化亮化城市街景,对人民路等城市主要街道两侧建筑立面进行规划和改造。完成了人民路景观设计方案,完成了胜利街等改造规划;组织召开全市街景整治动员大会，对全市五条主要干道街景整治任务逐点进行细化分解。继续加大对市区违章建设的查处力度，拆除了抗战南路、渭城区果品公司和法院街超期临建和违法建设800平方米。同时，为了配合咸阳湖的建设，对沣河新区也纳入了管理。会同两河四岸指挥部强行拆除了黄家寨、新胜庄等违法建设，计10户1500平方米。

【规划审批审查】 2004年，市规划局进一步强化规划管理工作，严格审批程序。全年共发放建设项目选址意见书101家，建设用地规划许可证81家，总体规划用地150公顷，发放建设工程规划许可证155份。召开了5次大型规划设计方案招标会和评审会，核发控制性详细规划40份。审批完成咸阳金泰丝路花城住宅小区、彩虹中小屏幕彩管玻屏配套技改项目、阳光大道、上林路等重要城市建设项目。对于有些条件不符或不具备报建的项目，及时向建设单位讲清原因。参加了博达商厦、咸阳世纪华苑住宅小区的规划评审。年内共审批道路、管线建设工程规划许可证19件，进行建设工程项目验线8件。参与审查阳光大道、沣河桥及崇文路西宝高速立交桥设计方案。

【村镇规划修编工作】 2004年，按照省建设厅小城镇建设工作会议用3年时间完成新一轮小城镇规划修编的要求，市规划局加快乡镇一级总体规划修编工作。全市159个乡镇总体规划编制覆盖率达100%，修编率达90%以上。其中秦都区、渭城区、兴平市、长武县、乾县、永寿县、淳化县等已全部完成了乡镇规划的修编工作。村级规划编制和修编覆盖率平均在25%左右。其中秦都区、渭城区、乾县、彬县等达到了40%以上。2004年下达规划修编及报批任务共计57个镇和325个村，已全部完成了规划编制。

（尹晓华）

两河四岸和沣河新区规划建设

【概况】 为了改善生态环境，提高城市人居环境质量，促进经济社会可持续发展，市委、市政府决定实施渭河、沣河防洪及生态工程。渭河防洪及生态环境治理工程西起西宝高速公路渭河大桥，东至西安咸阳机场中线，全长约16公里，规划平均宽度1000米，总规划面积约16平方公里。沣河防洪及生态环境治理工程南起西安咸阳交界的马家庄村，北至沣、渭两河交汇处，全长约10公里，规划平均宽度约600米，总面积约6平方公里。工程主要内容是依照国家有关防汛规范加宽加高两河河堤，提高防洪标准，并利用渭河、沣河河床拦蓄大面积清水，改善城市小气候和生态环境。运用现代城市规划理念，处理好两河四岸建筑、道路、市政管线、文物保护、历史文化名城、城市景观和城市空间的关系，搞好两河四岸绿化、美化、亮化工程，形成四季常绿、三季有花、生态优美、交通便捷、历史文化内涵丰富的一道亮丽风景线。规划设想是以渭河为主线，与沣河和沙河建成三河围合的景观环，环绕新区四周。规划“两轴”、“一面”、“四园”、“八景”。两轴即以渭河、沣河为主轴线；一面即上林湿地生态景观区；四园为世纪公园、古渡公园、渭滨公园、两寺渡公园，八景为钓台夕照、渭水晚情、细柳清风、渭阳新曲、咸阳古渡、沣渭涛声、上林晨曦、杜邮春草。同时规划步行线路和湖面游船线路，将公园、鱼塘、荷池及楼、桥、亭、绿地、林带和景观连接起来。夜景采用泛光灯、轮廓灯、草坪灯、射灯等照明手段，使水面、绿地、景观交相辉映，构成绚丽多彩的城市夜空。2004年实施渭河防洪生态环境治理一期工程。一期工程，东起铁路桥，西至咸通路，规划建设长约4600米、宽约250米的人工水面。对两岸湖面以上滩地及岸坡进行绿化，北岸从东向西兴建渭滨植物园（二号桥附近）、河堤公园（一号桥附近）、堤顶公园（南安村北），湖岸两边增加绿地滩面、林带、楼亭、码头、文化长廊等自然和人文景观，增强亲水性，人水相融，碧水荡漾，再现千年古都优美环境。

【沣河新区规划】 沣河新区是建设西咸都市圈的重要连接地带，是咸阳市未来城市发展的热点地区。市规划局为了适应新的形势，按照市委、市政府的要求，通过多方论证，对原沣河新区规划进行修编，将西宝高速路以南约14平方公里土地纳入到沣河新区规划，总面积由原27平方公里扩大至42平方公里。咸阳市沣河新区分区规划评审会于10月14日由市规划局主持在秦宝宾馆举行。参加会议的单位有规划局、区委、区政府、计委、水利局、交通局、民政局、供电局、环保局、土地局、消防支队及省市专家共计40多人。与会专家在听取了同济城市规划设计研究院和咸阳市规划设计研究院的汇报后，经过认真讨论，充分发表意见，一致认为：规划指导思想正确，理论新颖，方法科学，规划空间结构及功能布局基本合理，新提出的“一心、两带、双轴、六区”的布局结构基本符合咸阳实际，规划文本内容较完善，与修编中的城市总体规划能取得较好的衔接，并符合国家编制城市分区规划的有关技术要求，是一个质量较高的城市分区规划。会议一致同意原则通过该规划文件，并希望规划编制单位依据会议意见和建议修改补充，调整后按法定程序上报审批。

（尹晓华）

咸阳湖建设

【前期工作】 咸阳湖工程前期工作历时3年，至2004年9月基本完成。为落实市委、市政府决策，确保工程设计理念超前、品味脱俗、特色鲜明、安全可靠,按照“大绿、大水、大气”理念和以防洪安全为前提的总体要求,工程建设处委托国家水利行业资质最高的水利部规划总院江河水利水电咨询中心承担渭河综合治理工程的规划设计。2003 年 9 月,该工程初步设计通过省水利厅审查。根据2003年10月25日黄委会组织的郑州专家咨询会议意见和建议,咸阳市委托黄河首席科学家、清华大学教授、黄河水利委员会副总工张洪武牵头对工程规划设计方案进行物理动床模型试验,形成工程泥沙模拟研究报告。在此基础上对工程方案进行修改、完善、优化,将三坝方案变为两坝方案,从而使工程造价降低1亿多元。2004年春节前,市委、市政府邀请黄委会、黄河上中游管理局、省水利厅有关专家在咸阳召开第二次咨询会,根据专家意见对工程规划设计方案再次修改完善。2004年2月14日,黄委会组织召开陕西渭河咸阳城区段综合治理工程防洪影响评价报告暨可行性研究报告审查会,会议认为该工程对加强河道管理,改善生态环境,增加城市景观水面和绿地面积,提高城市品位,发展城市经济是必要的,符合现代治水思路,规划设计符合要求,同意项目建设。随后,黄委会向咸阳市渭河中游防洪工程及生态建设处颁发了黄河流域河道范围内建设项目《审查同意书》。2月26日,市四届人大常委会召开第31次会议,同意市人民政府《关于实施渭河及沣河咸阳城区段综合治理报告》。2月27日,省计委对该工程可行性研究报告正式批复,批复工程总估算投资3.38亿元,计划工期2年。3月1日,《渭河咸阳城区段综合治理工程环境影响评价大纲》通过国家环境保护总局的评审。

【招投标工作】 工程招投标工作由原咸阳市“两河一区”规划建设指挥部成立工程招投标工作领导小组全面负责。招投标以程序化、科学化、合理化确保了公开、公正、公平。除河道疏浚外,渭河咸阳城区段综合治理主体工程招标年底前已基本结束,招标项目合同总价 1.75 亿元。中国铁道建筑总公司、陕西省水电工程局等十多家来自全国各地的大型企业分别在主体工程中分段中标。工程管理实行双合同制,在与各施工企业签订施工合同的同时,还签订廉政合同,由监察部门参与全程监督。

【移民拆迁征地工作】 咸阳湖工程地处咸阳城区,工程移民拆迁征地任务繁重。600米堤线内移民拆迁征地,涉及8个自然村474户、1个新村108户及集体土地上的企事业单位23户、国有土地上的企事业单位18户、长城公司住户10户需要整体搬迁。从5月起,工程建设处配合秦都区全面开始移民拆迁征地工作。9月底,65公顷工程建设用地通过省国土资源厅批复许可。11月底,共移迁群众309户1155人,拆除房屋60784.4平方米(含装饰面积),搬移集体土地上的企事业单位18户(其中8户线外),国有土地上的企事业单位12户。长城公司10户住户已全部搬离,共拆迁房屋6847.475平方米。征回土地52公顷。建设移民安置小区2个,建成住宅楼23幢,948户已具备入住条件。

【工程建设】 工程建设采取分段展开,全线推进,力求缩短工期,确保行洪安全。按照渭河咸阳城区段综合治理工程总体施工计划,2月8日,1号橡胶坝工程先期开工,北护岸工程随后动工。5月底,渭河1号橡胶坝主坝段基础、古渡公园段堤防工程基本完工。10月1日,南岸导流明渠投入运用,继中隔墙、2号橡胶坝主体工程开工后,南护岸、1号橡胶坝副坝、中水回复利用等分部工程相继开工建设。除河道疏浚外,渭河咸阳城区段综合治理工程河道内主要工程项目共有16支工程队在各自标段展开施工。市委、市政府要求渭河咸阳城区段综合治理工程建设必须做到“两个确保”,即确保质量、确保工期。工程建设者在施工中克服工期紧张、周边条件复杂等诸多困难,充分发扬“治理母亲河,建设新咸阳”的主人翁精神,创造了咸阳水利建设史上的奇迹。至2004年底,中隔墙项目建成防冲墙2397米、防渗墙2176米;2号橡胶坝工程、南护岸工程坝基浇筑、基础土方开挖和北护岸工程浆砌石施工正在进行。完成水泥搅拌桩2771延米;1号橡胶坝副坝工程两个坝段围堰填筑已经完成,正在进行基坑排水;中水回复利用工程开始征地补偿和进场前的准备工作。累计完成投资6967万元,占总投资的24%。完成土方工程288.63万立方米,石方工程3.51万立方米,砼工程5.11万立方米,钢筋制品778.23吨。工程建设中强化防汛安全意识,立足于防大汛、抗大洪,从思想、组织、措施、物资上做好防汛各项准备工作,完善防、抢、撤预案,强化施工安全管理。2004年内渭河咸阳城区段综合治理工程建设无一例事故发生。

(王　韧　王宏春)

【咸阳湖景区规划建设】 渭河综合治理工程分两大部分,即河道水利工程部分和两岸景区建设部分。市委、市政府决定由市规划局作为法人单位,承担景区建设工作。咸阳湖景区建设是咸阳市历史上规划最大、组织最复杂的城市基础设施项目。项目总长度约4.6公里,宽约1000米,总面积约4.6平方公里。咸阳湖景区总体规划由深圳景观设计公司和咸阳市规划院编制。总体规划可以概括为两大景区、六大广场、七大建筑、四大设施、两条特色街坊、五组大型雕塑。两大景区是指渭河北岸景区和南岸景区。北岸景区西至防洪渠,东至古渡公园,总面积约1.38平方公里。以北河堤为界又分为堤内景区和堤外景区。堤内景区主要是以绿化为主的休闲景区和古渡遗址保护区。堤外景区是以“先秦”、“盛秦”、“秦风”为主题的公园。南岸景区西起1号坝址,东至二号桥以东200米,长约4.6公里,总面积约1.29平方公里。以南河堤为界,分为堤内景区和堤外景区。堤内景区为以绿化为主的休闲景区,堤外景区为“新秦”主题公园。六大广场分别为桥头广场(一号桥西、建行大厦南侧)、先秦广场(一号桥东、渭滨公园西门以西)、统一广场(乐育路对面、渭滨公园入口)、秦风广场(学道门对面、渭阳路以南)、情侣广场(右岸一号桥西侧)、标志广场(白马河以西)。两条街坊是吧街(沈家小区)、古风街(渭阳东路高架桥下)。五组雕塑分别为先秦励治雕塑、玄鸟女修雕塑、盛秦雕塑、秦风生活群雕、名人雕像。七大建筑分别为古渡遗址保护馆(古渡遗址位置)、小兰池(标志广场以西)、秦都塔、五星级酒店(在秦都塔以南)、古象化石馆、地质博物馆、青少年科技中心。四大设施分别为水幕电影、大型喷泉、单轨电车、大型游乐设施。其中,需要招商引资、吸纳社会资金建设的有:两条街坊(吧街、古风街),六大建筑(小兰池、秦都塔和五星级酒店、古象化石馆、地质博物馆、青少年活动中心),两大设施(单轨电车、大型游乐设施)。其余项目都要通过政府投资实施。

(马康欢)

城市建设

【概况】 2004年,咸阳市城市建设管理局(市城管办)紧紧围绕建设全面小康咸阳的战略目标和“四轮驱动,构建强市”的工作思路,求实创新,真抓实干,加快了城市建设管理,推动了城镇化进程。全年承担市级重点工程和城市道路、城市绿化、城市亮化、城市管理、城市防汛等与人民群众工作、生活密切相关的有21个大项、39个小项城市建设管理具体任务。在时间紧、任务重、困难大的情况下,统筹安排,严密组织,狠抓落实,比较好地完成了城市建设管理各项工作任务。

【续建重点道路工程】 ①迎宾大道工程。全长7880米,红线宽50米,总投资9880万元。工程由咸阳市规划设计研究院设计,由陕西三星建工集团、咸阳市政工程公司、陕西省第二建筑公司、杨凌区建筑公司、宝鸡市政公司等单位分别中标承建。永安监理公司、陕西华茂监理公司、东风监理公司、西安普迈监理公司负责监理。于2003年9月11日开工,2004年8月完工。②世纪西路工程。全长2680米,红线宽80米,总投资5498万元。工程由中国铁道勘察第一设计院设计,铁道部第二十工程局、九冶集团公司、宝鸡路桥公司、咸阳市政工程公司等单位分别中标承建。咸阳东风监理公司、西安普迈监理公司负责监理。于2003年11月18日开工,2004年8月完工。

【新建道路工程】 ①段家路道路工程。全长1150米,红线宽50米,计划投资3153万元。工程由咸阳市规划设计研究院设计,西安市政二公司中标承建。咸阳东风监理公司负责监理。至年底,征地拆迁工作已完成,完成土方处理1.6万立方米,安装管道660米,累计完成投资1156万元,预计2005年5月完工。②河南街道路工程。全长907.931米,红线宽30米,计划投资2401万元。工程由咸阳市规划设计研究院设计,中国路桥西安分公司中标承建。西安普迈监理公司负责监理。至年底,已完成土方处理3万立方米,安装管道920米,路床碾压1.2万平方米,累计完成投资700万元,预计2005年5月完工。③玉泉西路工程。全长2856米,红线宽50米,总投资3930万元。工程由咸阳市规划设计研究院设计,陕西白云建筑公司、陕西河海水电建筑公司、陕西省机械化施工公司等单位分别中标承建。咸阳东风监理公司、陕西百威监理公司负责监理。该工程于2003年12月16日开工,2004年8月完工。

【城区道路改造】 ①人民西路改造工程。全长2322米,红线宽50米,计划投资4200万元。工程由咸阳市规划设计研究院设计,由中铁十四局集团公司、咸阳市建筑安装公司、中国十冶等单位分别中标承建。由西安普迈监理公司、陕西百威监理公司和咸阳东风监理公司负责监理。工程于2004年10月完工。②文林路北半幅改造工程。全长5404米,车行道宽14米,总投资1600万元。工程由咸阳市规划设计研究院设计,咸阳市政工程公司和咸阳路桥公司中标承建。西安普迈监理公司和咸阳东风监理公司负责监理。工程于2004年10月完工。③长虹路改造工程。全长617米,红线宽50米,总投资350万元。工程由咸阳市规划设计研究院设计,陕西省第一建筑工程公司中标承建。咸阳永安监理公司负责监理。该工程已全部完工。④朝阳一路改造工程。全长700米,红线宽25米,总投资200万元。工程由咸阳市规划设计研究院设计,咸阳市政工程公司中标承建。陕西方圆监理公司负责监理。工程已全部完工。⑤抗战北路改造工程。全长305米,红线宽30米,总投资65万元。工程由咸阳市规划设计研究院设计,咸阳市政工程公司中标承建。咸阳东风监理公司负责监理。工程已全部完工。

【城区背街小巷改造】 2004年,总投资1171万元,对西道巷、谷家巷、果子市街、惠民路、爱民路、伍家路、陈南路、陈东路、渭阳西路人行道、西兰路立交桥东人行道、毕原东路三普段、新兴路立交桥装饰工程、水厂路步行街道路排水改造工程等12

条背街小巷进行了改造。年内全部完工。

【城市亮化美化】 2004年,总投资861万元,完成了新纺一路、新纺二路、仪凤街、新建街、西兴巷、东兴巷、民生路、谷家巷、法院街、四段路、文汇西路、宝泉路、长虹路、渭阳西路、中华广场等14条道路的亮化改造任务;启动了市区路灯节能改造工程和乐育路、人民西路、西兰路、人民广场、中华广场、咸通广场等亮化美化工程。年内所有工程已全部完工。

【桥梁工程】 ①渭河三号桥。长1883米,宽28米,招商引资1.2亿元。工程由中国铁道勘察第一设计院设计,铁一院监理公司监理,铁二十局第六工程处施工。2003年5月8日开工,2004年10月建成通车。②咸通路立交桥工程。长657米,宽60米,净高4.5米,总投资2490万元。其中铁路部门投资490万元,市政府投资2000万元。工程由铁道勘察第一设计院西安分院设计,榆林通达路桥公司、咸阳市建公司中标承建。咸阳东风监理公司、西安普迈监理公司监理。年内已全部完工。③渭河四号桥工程。全长2027米,宽28米,总投资2亿元。2004年11月30日与中港第四航务局签订了投资协议书,12月28日正式签订了特许经营合同,正在抓紧进行注册公司等前期准备工作。

【城市绿化】 ①咸通景观广场工程。占地4224平方米,投资168万元,绿化面积3000平方米,已完工。②迎宾大道绿化工程。长7150米,道路两侧各30米绿化带,总投资约1000万元,至年底已完成了总工程量的50%,累计完成投资约500万元。由于土地租用问题以及国家建设用地政策的调整,工程正在进行。③西宝高速咸阳城区段林带建设工程。全长10.5公里,宽100米,占地面积86.7公顷,2004年完成造林16.7公顷,栽植速生树种37500棵。④人民路绿化改造工程。全长约3公里,面积1.5万平方米,投资约105万元,制做防护栏杆7000米,栽植酢浆草20多万窝,乔木、灌木6776株,小叶女贞造型562组,已全部完工。⑤金旭路绿化改造工程。长4000米,面积8000平方米,投资约73万元。栽植麦冬草1万公斤,小叶女贞造型127组,灌木10万株。已完工。

【公厕建设】 协调秦都区、渭城区,在城区建设二类以上公厕20座。至年底,已与两家投资商签订了"咸阳市公厕建设协议书",完成了11座公厕土地测量调拨手续和部分公厕的设计、送审工作。已完成了2座公厕的建设任务,2座公厕正在施工。

【园林绿化美化】 以建设生态园林城市为目标,积极实施城市绿化"十五"行动计划,实行"绿线"、"绿色图章"管理制度,城市园林绿化总量和美化水平有了新的提高。一是完成了2条道路新栽、9条道路改造、24条道路补栽(植)行道树、花灌木、草坪任务。共栽植乔灌木4579株,花灌木861.8万株,草坪3万平方米。二是生产各种草花20万株(盆),"五一"摆放市区约5万株(盆)。三是更新改造了中华广场草坪约2.5万平方米。四是成功举办了2004年第九届郁金香、牡丹花卉展。五是大力发展社会绿化事业,组织开展了全民义务植树活动。与市委宣传部联合开展了党员捐款栽植"先锋林"活动,与市林业局等联合开展防护林建设活动,栽植防护林100万株。开展了"园林式"单位、"花园式"单位创评活动和古都环保世纪行活动。不断在绿化、美化、彩化、香化城市上下功夫。采用见缝插绿、主体布绿、屋顶植绿等办法,动员社会力量,全民参与,实施"黄土不见天工程"。实施大树进城、鲜花上路,引进彩叶树、风景树、拆墙透绿、行道树坑绿化等绿化美化城市。并设立窗口,广泛开展绿化用地检查及绿地保护工作,进一步推动社会绿化工作向纵深发展。

【市政设施维护管理工作】 市政设施维护管理工作的目标任务是加强市区道路、排水、路灯、栏杆、桥梁、广场等设施维护力度,在市政基础设施维护中坚持做到快速到位、及时抢修、保证安全,对缺损的井盖、路灯、绿化草坪等以及溢水点坚持随时维修,对排水管道随时清掏,对损坏的路灯及时更换,所有市政道路、排水和绿化维护主要街道不超过12小时,背街小巷不超过48小时,市区亮化率达95%以上,绿化苗木成活率达98%以上。2004年,维修道路1.4万平方米,更换下水井盖521套,清掏下水井1万眼,疏通下水管道2.3万米,处理溢水点389处。检修路灯6000余盏,更换灯泡1万只,更补电线电缆3462米。对市区内所有行道树及道路绿篱进行了3个循环的整枝修剪、病虫害防治和浇水除草。全年共修剪行道树6.8万株,修剪草坪465万平方米,养护草坪2.9万平方米,维护绿篱28.8万米,刷新栏杆1.3万米,保证了市区路通、灯明、水畅、树绿。

【城市综合管理】 市城管办开展了城市环境专项整治活动。在春节、"五一"、"十一"、元旦等节假日期间,开展市容市貌整治活动,加强市容卫生管理,创造良好的投资旅游环境。清明节期间,在全市开展禁烧冥币活动,加强对主要交通十字及路段夜间管理,确保城市环境卫生整洁及交通畅通。针对垃圾运输车辆乱拉乱倒和随意抛洒,会同市公安局,联合开展了为期5个月的市区垃圾渣土运输秩序大整顿活动。同时,开展了对马路市场、夜市摊点划行归市和各种车辆定点存放等专项整治活动。开展了垃圾大清运活动。全年累计集中综合整治136次,纠违800多次,共取缔占道摊位、出店经营5000多处。“呼死你”查处野广告电话、手机1100个(次),消户清机100多部,处罚163人次。清理灯标杆野广告3.9万张。审批开挖占道430起,处理乱挖乱挂614起,清理违章605起。搬掉了20多座垃圾山,群众反映的热点难点问题得到有效解决。加大环卫设施投资力度,投资3万多元,定做了41辆垃圾清运收集专用三轮车,全部投放一线环卫工人手中。

【城区防汛】 一是加强领导,提高认识。克服麻痹思想,做到思想重视,措施得力,认真制订好防汛预案,做好天气信息预报等各个环节的工作。二是以防为主,落实责任。全面安排部署、落实工作责任,组建了检修队伍,检查维修了易涝地区、路段和桥梁,检修立交桥水泵,清掏了排水管,准备了物质器材。三是健全制度。修订完善了防、抢、撤预案,坚持24小时领导带班值班制度,保证城区安全度汛,确保广大市民生命财产安全。

(杨东兴 杨 杰 闫正坤)

公用事业

【概况】 2004年,市公用事业系统突出加快发展这个第一要务,提高行业服务水平,加快公用事业基础设施建设,解放思想,开拓创新,实现了经济和社会效益的双丰收。①全系统共完成营业收入2.89亿元,占任务的115.6%,比上年同期增长16.1%。②全系统共争取各类建设资金16500万元,到位资金11300万元。③市天然气总公司的改制按照市政府的要求,在西部产权交易中心公开挂牌,已完成招投标工作。将55%的国有产权出让给两家投资商(其中40%由在香港上市的新奥燃气控股有限公司受让,15%由咸阳长炼科贸有限公司受让),签订了转让合同,正在着手签订合资合同,制订新公司章程;市自来水公司、市西郊给水工程筹建处的清产核资审计和资产评估工作已经结束,改制方案已审批,已由国有资产管理局委托产权交易机构做公开选择投资者的各项工作;西区供热公司为适应形势的需要,2004年3月进行了增资扩股,陕西华电材料总厂以土地、锅炉、厂房等约1300万元资产入股,陕西英华实业公司以锅炉及其辅助设备等约1200万元资产入股,使企业实力大增。④天然气城市气化二期工程、城市供水管网改扩建工程、城市集中供热工程和公交停车场工程等四项重点工程建设进展顺利。全系统共完成工程投资10338万元,是年计划的134%。⑤市民求助事项受理率、办结率均达到100%,市民满意率达到96%以上;供水行业水质综合合格率达98.5%,管网压力合格率98.2%;集中供热用户室温合格率达98%;公交车(出租车)行车责任事故间隔里程分别达217万公里/次和50万公里/次,公交车车辆整洁合格率达92.56%,车厢服务合格率达90.88%。

【城市供气】 天然气城市气化二期工程完成投资2288万元,敷设中压管网37.7公里,是年计划的628%。新增居民用户11572户,是年计划的231%。一座加气站已建成投用,一座正在建设。

【城市供水】 城市供水管网改扩建工程完成投资1600万元,敷设、改造世纪西路、人民西路、迎宾大道、广成路、玉泉西路、水厂路、渭河三号桥等管网16公里,是年计划的160%。

【集中供热】 城市集中供热工程完成投资6450万元,共敷设热网管道11.6公里,是年计划的290%。新建成锅炉4台,新增供热能力125吨/小时,是年计划的357%。

【城市公交】 公交南郊停车场工程已于5月1日投入使用。此外,市公交公司投资1300万元新购回67辆高档次的大客车(其中有10辆双层客车),对第1路、第20路、第21路所有公交车和部分59路公交车进行了更新。新开辟了第22路公交线路和机场公交专线,调整了第16路、第18路和第20路公交线路。在市区所有公交车上安装了双音报站系统。市出租汽车公司投资500多万元建成的综合办公大楼已投入使用。

【安全生产】 公用事业四大行业都是安全生产的关键行业,总公司始终把安全工作放在第一位,加大督促检查力度,搞好事故隐患排查。一是夯实安全生产责任制。总公司分别与各单位签订了安全生产责任书,落实了分管领导和各公司经理、书记安全工作责任制。实行谁上岗谁负责、谁签字谁负责、谁主管谁负责,使安全运行有了可靠的责任保障。二是加强安全生产监督检查。先后6次召开总公司党委和行政办公会议,专题研究安全生产工作。先后5次组成安全生产检查小组,对所属11个公司及全市所有液化气储存站、销售点的安全生产工作进行大检查,下发了20多份整改通知书,消除了20多处事故隐患。全年未发生重大安全责任事故。

(杨国栋)

咸阳市公用事业公司

总 经 理 惠家平
副总经理 苏俊清 宋尊位 李作有

房地产业

【概况】 2004年,市房产管理工作认真贯彻国务院《关于促进房地产市场持续健康发展的通知》精神，紧紧围绕全市中心工作，以建立大开发、大市场、大服务、大房产体系为奋斗目标，坚持住房市场化的基本方向，加强宏观调控和市场监管，不断完善住房供应体系和房地产市场体系，健全住房保障制度，努力改善居住环境和居住条件，促进了住宅与房地产业继续保持强劲的增长势头。全年房产开发投资16.44亿元，比上年增长17.4%；商品房销售12.8亿元，比上年增长34.7%。充分发挥了房地产业对全市国民经济增长的拉动作用。

【房地产开发建设】 房地产开发队伍不断壮大，全市房地产开发企业已发展到135家。其中2004年新增开发企业16家，核定资质等级、升级的开发企业34家。在资质年检范围之内的56家企业通过了年度资质年检。企业诚信度普遍提高。有84家企业建立了房产信用信息档案，剩余企业已经购买了统一软件，加快了信用建设步伐。企业的内部管理不断加强，开发建设能力普遍提高，全年房地产开发施工面积和竣工面积再创新高。2004年，全市计划实施房地产开发项目100个(原计划安排项目90个，后续追加10个项目)，其中续建项目51个，新建项目49个，年内计划投资16亿元，计划施工面积165万平方米。全年房地产开发完成投资16.44亿元，完成年度计划的102.8%，比上年增长17.4%。其中商品住宅完成投资12.99亿元，占完成投资的79%，比上年增长31.88%。非住宅完成投资3.45亿元，占完成投资的21%，比上年增长4.5%。商品房施工面积230.08万平方米，比上年增长53.2%。其中商品住宅开发施工面积181.76万平方米，比上年增长34.46%；非住宅施工面积48.32万平方米，比上年增长222%。全市城镇商品房竣工面积96.3万平方米，比上年增长5.8%。其中住宅竣工面积79.93万平方米，比上年下降2.52%，占商品房竣工总面积的83%。2004年，7层以下多层住宅开发量较2003年以前明显增加。东风路、金旭路一带建设了梦馨苑小区、东风花园、朝阳苑、风和日丽等小区；玉泉路、中华路一带，建设了瑞田园、高科花园、阳光小区、荣华世家等小区；世纪大道一带，建设了佳美花园、水畔名苑、金泰丝路花城、湖滨花园等小区；文林路一带，建设了枫林花园、长青花园、天和苑等小区。商品住宅建设取得了长足发展。

【房地产市场】 2004年房地产市场活跃，交易量持续放大，交易额上升。新开盘楼盘销售旺盛。全市城镇商品房销售面积91.5万平方米，比上年增长5.8%。其中商品住宅销售面积75.9万平方米，比上年增长4.1%，占商品房销售总面积的83%；非住宅销售面积15.6万平方米，比上年增长11.8%，占商品房销售总面积的17%；商品房销售金额12.8亿元，比上年增长34.7%。二手房交易面积6.86万平方米，交易额8210.25万元，同比下降2.5%；经济适用房面积1.24万平方米，交易额972.99万元，比上年增长20.4%。商品房价格、普通商品住宅因建筑材料上涨和土地供应紧缩等因素影响，房价较上年相比有所上扬，但基本保持在购房者的承受范围之内。城区商品住宅平均售价1650元/平方米(多层1580元/平方米，高层2100元/平方米)，比上年同期增长11.5%；非住宅平均售价4678元/平方米，比上年同期下降20%；县城镇商品房住宅平均售价750元/平方米，比上年同期增长17%；非住宅平均售价2600元/平方米，比上年同期增长20%；城区二手房平均售价1000元/平方米，比上年同期增长5%；商业营业用房有部分因档次的定位、地理位置等因素的影响，市场反映平淡，有部分存量房待租待售。

【房地产权属管理】 全年完成各类房屋初始登记9612件，登记面积172.27万平方米；转移登记9702件，登记面积85.44万平方米；变更登记34件，登记面积3.87万平方米。办理房屋抵押登记3183件，抵押房屋建筑面积52.52万平方米，抵押金额5.48亿元。办理各类房屋权属证书16963本，面积184.61万平方米；办理他项权证书3205本，面积52.02万平方米，产权发证覆盖率达96%以上。

【城市房屋拆迁】 2004年，咸阳城市房屋拆迁工作认真贯彻落实国务院《城市房屋拆迁管理条例》，积极配合"咸阳湖"等重点工程项目，坚持深入拆迁现场，认真宣传拆迁政策，耐心细致地做好拆迁当事人的工作，妥善处理拆迁纠纷，积极稳妥地做好拆迁安置工作，确保被拆迁人的合法利益。在拆迁管理工作中，严格依法行政，重点处理无证拆迁、擅自扩大拆迁范围、私自转让拆迁工作项目、拆迁安置资金不到位等行为，保证了拆迁工作的正常进行和社会大局的稳定。全年共审批拆迁项目1012个，涉及被拆迁户364户，被拆迁单位45家，拆迁面积87.184万平方米，监管拆迁安置补偿资金1050万元，监管率100%。

【物业管理】 依据国务院《物业管理条例》和《陕西省城市居住区物业管理条例》，规范物业管理市场。重点加强了对物管企业的资质认定和等级评定管理，加大对物管人员的岗位培训等工作，促进物业管理工作进一步规范，管理水平不断提高，管理范围不断扩大。截至年底，具备资质的物管企业已达到41家，从业人数2600余人。已纳入规范化、专业化、社会化管理的物业项目有93个，管理面积427.81万平方米，管理户数3.58万户，人口10.91万人。同时，认真落实《咸阳市城区居住区共用部位、共用设施设备维修基金管理办法》，加强对物业管理维修基金的收缴监管。全年收缴物业管理维修基金500.4万元,已累计收缴物业管理维修基金700.9万元。

【第五届房展交易会】 经市政府同意,由咸阳市房产管理局主办,咸阳市房地产交易管理处承办,于9月30日至10月4日在市体育馆举行。本届房展会以培育住房消费、搭建供需信息平台、促进住宅与房地产业持续健康发展为目的,围绕"新咸阳、新家园"这一主题,以普通商品住宅为主,高档商品住宅和二手房为辅,出租房和商铺齐聚一堂的格局,充分展示一年来全市住宅与房地产业的成果,为房地产开发企业宣传企业形象、展示开发楼盘提供了良好机会,也为购房者选择购置房和交易过户提供了方便,达到供给需求良性互动,取得了较大经济效益和社会效益。本届房展会有46家房地产开发企业、10家物管企业和部分中介公司参加,共设展区49个,分为商品房展示区、二手房信息区政策法规咨询区,建筑材料、家庭装饰装潢配套设施展示区,规范化物业管理展示区,金融保险服务区,房展交易、过户、办证服务区。会期参展现房2219套,面积284688平方米;期房6022套,面积795564平方米;二手房910套,面积61000平方米;出租房和商铺8100平方米。实现成交各类房屋共9.72万平方米,成交金额1.478亿元。其中现房成交370套,面积5.1万平方米,成交金额7896.7万元;期房成交1441套,面积4.6万平方米,成交金额6527.2万元;二手房交易33户,面积2011平方米,成交金额228.4万元;商业经营用房成交面积208平方米,成交金额127.9万元;现场受理银行按揭贷款266.9万元。同时,在房展会期间还举行了宏观经济调控与房地产业发展论坛。邀请省房地产研究会、市国土资源、城市规划、金融和房地产开发业界人士,围绕土地供应,城市发展规划,金融支持,创建和谐、公平、诚信的房地产开发建设环境,对咸阳市房地产业进行把脉导航,共谋最佳结合点,加快全市房地产业发展步伐。

(马应海)

住房制度改革

【深化住房制度改革】 2004年,全市住房制度改革工作以科学发展观为指导,积极稳妥地推进住房制度改革各项政策的贯彻落实,经济适用房建设管理及精神文明建设,住房社会化、商品化的的步伐进一步加快。一是继续推行公有住房成本价出售。全年共审批公有住房成本价出售445套,建筑面积22922平方米。二是严格把握房改政策,积极开展房改业务。全年共审批集资建房631户,建筑面积171372平方米。三是办理产权明晰单位29个,共计2234户。四是整理住房档案183册,收集房改信息40余份。五是热情接待好群众来信来访。全年共接待房改政策咨询、来访200多个单位2000余人次。对个人、单位反映的问题认真登记,及时查处。对群众来信及省、市有关部门转来的信函都认真及时地予以答复、查处、解决,有效地维护了房改政策的严肃性。六是加快对全市整个房改工作的调查研究。组织人员对各县市区的房改工作进行了调查摸底,形成了《各县市区房改工作情况的调查报告》,得到市政府领导的肯定。

【加快开发经济适用住房】 市房改办以大力发展经济适用住房,满足城镇居民住房需求,增加住房有效供给,促进经济发展为工作重点,不断加快经济适用住房建设和集资建设住房的进程,改善居民的居住条件和生活环境。首先,市房改办把经济适用住房建设当作重头戏来抓。2004年秦阳花园二期工程竣工11万平方米,其中完成住宅楼24幢,面积10万平方米,公建配套设施1万平方米,且都交付使用。其次,切实抓好经济适用住房销售工作。全年回收资金183万元,办理经济适用住房房产证236户,并对814套住宅进行了办证测量。对各小区的公建设施进行了测量,进一步明确了产权归属。办理了五个经济适用住房小区的土地使用证。第三,各小区的遗留问题得到快速果断处理。房改办组织人力对各小区建设过程中的财务收支情况进行了决算,安居一村、二村、三村(二期)、滨河新村已决算结束,分别形成了决算报告。对群众反映的各小区一系列遗留问题召开专题会议进行研究,采取得力措施对秦阳花园建设全过程进行了调查研究,形成"秦阳花园建设情况的报告"上报市政府。与有关房地产开发公司充分协商,解决小区建设中的遗留问题。组织地热、天然气公司及永泰田、伟业两家房地产开发公司协调,将长期未移交的秦阳小学于10月27日移交给房改办;解决了秦阳花园东区348户长期未通天然气的问题;解决了秦阳花园冬季按时取暖等问题。

【物业管理工作成效显著】 2004年,市房改办下属的华安、安居两个物业公司,以服务为中心,按照公平、公正、公开的原则开展工作。2004年夏季各小区共举办消夏晚会20多场次。中华小区老年大学开设了书法、美术、音乐、古筝等四个专业班,吸收100多名中老年同志参加学习。安居物业公司获省建设系统创建行业文明优胜单位;安居三村通过市级花园式居住区验收;滨河小区获省级示范小区称号。中华小区继被评为全国物管示范小区后,2004年又被评为全国文化先进小区,被市委、市政府评为"社会治安综合治理先进集体",被省绿化委员会评为"省级园林式居住区"。

(魏尚云)

市容环卫

【深化环卫体制改革】 2004年,秦都区、渭城区政府进一步明晰区环卫职能部门和街道办事处(镇)、居委会、社区负责环境卫生管理职能,将街道办事处的保洁公司全部推向市场,由民办公司接替,办事处监职人员全部脱钩,服务与管理完全剥离,建立新的监督机制。建立了由市级宏观检查管理,区级考核检查管理,镇办责任管理,清洁公司内部监督管理的连环管理体制。市区15个清扫保洁公司合同签订率和利润都比上年明显提高;道路清扫日趋规范;垃圾清运已经完全做到了上门收集。

【治理占道经营】 一是抓规范占道市场。市城建局、城管办印发了《关于规范城区占道经营管理的通知》,限定了占道农贸市场的经营范围、经营规模和经营时间。只允许农副产品和方便市民生活的蔬菜瓜果、肉类、蛋禽豆制品经营,规模限定在30个摊位以下。二是对市场卫生管理、秩序管理和人员责任制管理都作了具体规定。三是取缔马路摊点。由秦都区、渭城区城管队伍按照各办事处分片管理,市上的城管队伍主要负责巡查和主要街道的管理,突击治理难点、热点和影响大的路段。通过市区两级城管队伍的紧密配合,使占道摊点及时得到了清理。

【治理乱贴乱画】 一是市区和各办事处组织动员辖区单位和门店,按照门前三包的责任划分,及时刷涂、清洗野广告。同时,各办事处委托清洁公司,按辖区指定专人长期随时涂刷野广告。二是组织城管人员昼夜值班,抓获喷涂办假证人员。共抓获68人次,销毁制假窝点一个,收缴假公章5枚及10多件假证件,对20部办假证手机依法停机,奖励举报人员10名,奖金1000多元。三是对市区内广告牌匾进行了规范和整顿。市政府出台了广告设置管理办法,市规划局、市城建局、市工商局以及秦都区、渭城区政府从各自职能出发,对一些影响交通视线以及设置时间过长,破烂不堪,脱皮掉色,影响城市景观的广告牌匾进行整顿。共规范整顿广告牌匾4600余块。对不符合要求乱设置的2100余块广告牌匾强行拆除。

【治理乱停乱放】 市公安交警部门在市区主要路段设立20个处罚点,重点查处机动车辆乱停乱放、非机动车辆和行人横穿马路等违章行为。全年查处乱停乱放11756处,扣车1684辆,纠正行人违章23753起,共处罚30多万元。市城建局和市交警支队在市区划定1000多个机动车辆停放点,市区取缔了30个占道和影响市容的保管站,对所有保管站进行了规范管理。

【治理乱拉乱倒】 一是加大力度查处未经审批的无资质个体户、城郊农民进城乱拉垃圾。禁止小区物业管理单位和市区单位同无资质的个体户签订垃圾拉运合同,禁止沿街门店让拉泔水车辆拉垃圾。二是从源头控制扬尘污染。市规划局组织管理人员对每个建筑工地进行检查,要求硬化工地出入口,设立洗车台,禁止带泥上路,施工现场的扬尘材料封闭堆放,防止扬尘。共创建省级文明工地15个,市级文明工地64个。市城管支队在公安交警配合下,每天坚持从晚9时至凌晨5时,在市区出入口设卡查车,从严查处垃圾乱拉乱倒、无证运输、麦草车不包扎、垃圾车不封闭沿途遗洒等违章行为。共查处违章1800多起,罚款19万余元,有效地遏制了垃圾乱拉乱倒乱遗洒现象。

【城管队伍人性化管理】 对全市城管人员统一进行了人性化管理培训。一方面要求凡对进城农民销售自产农副产品有违反市容卫生管理规定行为的,城管人员一律不得罚款;另一方面对城管人员野蛮执法,语言不文明,行为不礼貌,态度粗暴的一经发现,从严查处,绝不姑息。这一活动的开展,赢得了广大市民的好评,特别是受到了入城农民的拥护和称赞。

【城管队伍着装整顿】 按照国务院规定和省建设厅的要求,对市区城管队伍着装进行专项整顿。印发了《关于清理整顿乱着装的通知》,规定从4月28日起,所有城管人员一律脱去统一制式服装,实行挂牌上岗。共计整顿500人次,收缴各类制式服装700套,收缴各类城管标志3500多套,整顿率达到100%。

(来继位)

建筑业

【概况】 2004年,全市完成房屋建筑及市政工程招投标项目302个,总面积237万平方米,总投资19.66亿元。其中县市区招标项目137个,建筑面积91.85万平方米,投资额5.82亿元;市区市级以上招投标项目165个,建筑面积145万平方米,投资额13.83亿元。全市共有建筑施工企业95家,其中总承包施工企业59家,专业承包企业36家。总承包施工企业中共有一级资质企业3家,二级资质企业17家,三级资质企业39家。专业承包企业中一级资质企业1家,二级资质企业1家,三级资质企业34家。全市共有建设监理单位10家,其中甲级监理单位1家,乙级监理单位3家,丙级监理单位6家。全市有造价咨询机构及招投标代理机构2家。全市建筑业年平均从业人员4.4万人,年竣工工程面积140万平方米。全年创建市级文明工地65个,省级文明工地15个,创建省优质工程“长安杯”1个。工程招标率98%,应监理工程监理率100%,施工图审查率100%,施工许可证办理率99%,应监理工程监理覆盖率100%,竣工工程合格率100%,施工安全达标率80%以上。全市建筑市场秩序进一步好转,建设工程质量和施工安全管理水平进一步提高。

【整顿规范建筑市场】 2004年,全市不断加大建筑市场秩序整顿力度,依法查处了一批违法建设工程,各方责任主体自觉遵守建设法规意识增强。为强化建筑市场的执法力度,咸阳市授权市规划中队对全市建设工程程序进行执法监察,并将规划监察中队更名为规划建设监察支队。开展了建设法规宣传活动,大力宣传贯彻《建筑法》、《建设工程安全生产管理条例》等法律法规。召开了全市整顿和规范建筑市场及建设工程质量安全工作会议,与各县市区建设局签订了安全生产责任书。大力推行工程建设监理制,市区范围内的所有应监理工程项目全部实行施工监理,同时在全省率先推行施工安全监理制。开展了工程量清单计价招标的试点工作,为建设工程全面采用工程量清单计价招标积累了经验。为了规范劳务分包行为,按照省建设厅安排,全市审批了14家劳务分包企业,为全面实行建筑劳务分包管理奠定了一定基础。

【施工现场管理】 2004年,市规划局继续开展以人为本,以安全为重点,以质量为核心,以科技创新为动力的创建文明工地活动。一手抓“脏、乱、差、野”工地治理,一手抓文明工地创建。通过召开创建文明工地暨建筑施工安全生产现场会,促进创建文明工地创建工作。共创建省级文明工地15个,市级文明工地64个。创建整体水平较上年有了新的提高,施工现场面貌有了新的改善,创建文明行业初见成效。同时加大工作力度,召开了全市建设工程施工现场扬尘治理工作会议,制定施工现场扬尘治理措施。共检查施工现场近百个,严肃查处了一批施工现场扬尘治理不达标单位。

【建设工程质量安全管理】 2004年,以工程质量和施工安全为中心,继续开展结构工程质量专项治理及基坑专项治理、建设工程设备安装及水电暖安装工程质量专项治理活动。各级质量安全监督部门认真贯彻执行《建设工程质量管理条例》,逐步建设和完善了质量安全保证体系,在全市开展了建设工程实体质量检测工作。加大施工起重设备、施工用电、深基坑、外架、施工围墙、现场排水等安全专项治理活动。共检查在建工程累计350个(次),建筑面积约260万平方米。绝大部分施工企业安全管理工作基本符合规范要求,安全意识明显增强,安全生产管理力度不断加大,安全投入明显增加,施工安全管理水平有了一定提高。在全市通报批评了施工现场发生伤亡事故的乾县化宇文园小区等单位,将徐州网架公司清理出咸阳建筑市场。对违法建设的高科大厦等8个建设项目进行了依法查处。对施工扬尘治理不达标的省建七公司等7个单位进行了查处。全年共处理建设单位8家、施工企业10家、监理单位3家,有力地维护了建设法规的严肃性。

【清理建设领域拖欠工程款工作】

按照国务院、省委、省政府有关解决建设领域拖欠工程款及农民工工资问题有关文件及会议精神,咸阳市认真开展清欠工作,制定下发了《关于切实解决建设工程拖欠工程款及农民工工资问题的通知》、《关于开展清理解决拖欠农民工工资专项治理活动的紧急通知》等5个文件,就清欠的重点、目标、措施等分别提出了明确要求。市及各县市区都成立了清理建设领域拖欠工程款领导小组和办公室。在《咸阳日报》上公布了各县市区及各部门清欠办投诉电话。先后组织有关拖欠单位、市级有关部门、被拖欠企业召开8次专题会议、协调会议,督促落实清欠工作。受理群众举报投诉及上级有关部门批转的投诉材料27件,其中大部分得到落实,化解了社会矛盾。根据网上统计,全市共计拖欠工程款4.02亿元。经过上年年底及2004年1至10月份的清欠,全市清欠工程款2.3亿元。

(郭方学)

中国第九冶金建设公司

【概况】 中国第九冶金建设公司始建于1953年,公司注册地陕西省汉中市,现办公地陕西省咸阳市东郊。公司在册职工5476人,其中在岗职工3492人。有各类技术人员913人,具有高级职称127人,中级职称204人,初级职称582人。公司资产总额79929万元,注册资本金13888万元。公司主要从事工业、民用与公共建筑工程,各类冶炼工程,市政道路及公共广场工程,一般工业、公用工程及公共建筑的机电安装工程,各类钢结构(包括网架、轻钢结构)的制作与安装,各类管道工程及其配套工程,各类钢管、阀门、拦污栅等水工金属结构的制作安装及启闭机的安装,各类起重设备的安装与拆卸,以及公路及其桥梁工程,混凝土预制构件及预拌商品混凝土,建筑设计等。公司先后承建了冶金、有色、石油、化工、电力、建材、交通、医药、轻工、市政、汽车、公共建筑、民用高层建筑等行业和领域的工程项目,创建了一大批省部级优质工程、科技示范工程和文明工地。公司年施工产值12亿元以上,年竣工面积100万平方米以上,年钢结构制作能力8万吨以上,年机加工能力2万吨以上。1999年取得

ISO9000:2000质量体系认证,2004年进行"三标一体"贯标认证。公司连年被陕西省人民政府命名为"重合同、守信用"企业,并荣获全国冶金建设行业"优秀施工企业"称号。2004年,被评为全国"重合同、守信用"企业。公司实行建设公司、工程公司、施工项目部三级管理体制。企业具有房屋建筑工程施工总承包一级、冶炼工程施工总承包一级、机电安装工程施工总承包一级、钢结构工程专业承包一级、水工金属结构制作与安装工程专业承包一级、管道工程专业承包一级、起重设备安装工程专业承包二级、环保工程专业承包二级、公路工程施工总承包三级、市政公用工程施工总承包三级等资质。2004年10月,取得《中华人民共和国对外经济合作经营资格证书》。国家商务部审核同意对外经营的范围是承包境外冶金、有色工程和境内国际招标工程;境外工程所需的设备、材料出口;对外派遣境外工程所需的劳务人员。

【经营业绩】 2004年,公司主要经营指标大幅提高,超额完成年度计划。市场营销总量完成12.1亿元,超额21.64%完成年计划;完成产值10.5亿元,超额40%完成年计划;实现结算收入9.1亿元,超额51.8%完成年计划。以上三项指标均提前一年达到并超过了公司"2003~2005三年发展规划"中2005年的营销、产值、结算收入目标。工程款回收总额7.2亿元,超额37.6%完成年计划。资质业绩和产品结构调整又有了新的突破。承建的陕西眉县社会水泥厂干法水泥生产线工程及石灰石均化库86米跨厂房工程,创钢结构厂房跨度施工新业绩;在建的太钢150万吨/年不锈钢工业废水处理工程日处理量达55万吨,创市政公用工程新业绩;在建的陕西富平新华大厦8层钢结构工程开创民建多层钢结构新业绩。

【质量创优】 2004年,施工组织设计编制率、图纸会审自审率、技术交底率、工序间交接率、施工日志、技术标准覆盖率、工程质量单位合格率、交工备案率等主要技术及质量管理指标均实现100%,创建品牌、精品工程10项。创建了一项冶金部级优质工程(河南豫港龙泉铝业有限公司300千安电解槽制作安装工程);创建了一项陕西省冶金工业优质工程(汉中钢铁有限公司60万吨炼钢连铸工程);创建了两项有色金属工业优质工程(山铝股份公司电解铝改造工程和中州分公司5#石灰炉工程);获得一项国家级工法(大型阳极预焙电解槽制作工法)和两项部级工法(大型阳极预焙电解槽制作工法、箱形柱制作工法)。

(周春龙 李金星 牛之宇 刘多强)

中铁七局集团第三工程有限公司

【概况】 2004年是中铁七局三公司企业重组后的第一年。公司按照做强做大的发展目标,以经营开发为龙头,以项目管理为中心,以安全质量为基础,以机制创新为动力,大力弘扬"求真务实、开拓创新、诚信守法、团结奉献"的企业精神,全面深化内部改革,积极推进企业重组整合,着力强化经营管理,充分调动全体员工的积极性,各项工作都取得了新的突破和发展。截至年底,公司在建项目34个,其中由2003年接转项目22个,2004年新开工项目12个。2004年已完工程项目14个。完成生产经营总额7.5亿元,比上年同期增长40%。

(张　丽)

陕西省第六建筑工程公司

【概况】 陕西省第六建筑工程公司创建于1952年,隶属于陕西省建工集团总公司,是国有一级房屋建筑总承包施工企业,可承担大型工业与民用建筑、装饰工程、钢结构工程、地基与基础工程、防水工程、市政公用工程、水利水电工程、消防设施工程等。公司有员工1600多人,其中中高级专业技术人员300多人。具有雄厚的技术力量,先进的施工设备,现代化的管理手段,成熟的施工经验,建立健全了严格的质量管理体系,合同履约率100%。公司先后荣获陕西省劳动竞赛"安全杯"奖;陕西省招标工程信誉奖;西安质量信誉等级"AAA"级企业,通过了质量管理体系、环境管理体系、职业健康安全管理体系"三合一"认证;连续六年被陕西省人民政府授予"重合同守信用"企业称号,2004年被授予全国"重合同守信用"企业称号。至年底,公司已建成国家级新技术应用示范工程1个,省级新技术应用示范工程9个,省、市级文明工地50多个,国家优质工程"鲁班奖"1个,国家优质工程银奖1个,陕西省"长安杯"奖工程6个,西安市"雁塔杯"奖工程5个,陕建集团总公司"华山杯"奖工程2个。全年完成产值3.3亿元,承接任务8亿元。

【荣获中国建筑工程鲁班奖】 公司承建的西安音乐学院5号教学楼工程被中国建筑业协会评为2004年度中国建筑工程"鲁班奖"。这是该公司成立53年来工程质量荣获的最高奖项,也是咸阳地区内建筑施工企业首次获此殊荣。西安音乐学院5号教学楼地下1层,地上26层,建筑总高度104米,东西长60.9米,南北宽22.1米,建筑面积40228平方米,工程决算造价7365.64万元,其中土建5841万元,安装1524.64万元。结构类型为全现浇混凝土框架剪力墙结构,抗震设防烈度8度,抗震等级2级,耐火等级1级。工程于2002年3月2日开工,2003年8月25日竣工并交付使用。工程基础座于西安城区,湿陷性黄土地质厚度大,灌注桩承台厚2米,为大体积混凝土,防止施工出现裂缝有一定难度。工程横向19398平方米内隔墙为GRC轻质隔墙,纵向为24905平方米空心砖内隔墙,抹灰为普通抹灰,抹灰防裂缝、防空鼓有较大难度。工程外墙面砖2259180块,铺贴面积达到23540平方米,要确保质量优良,防空鼓难度很大。在施工中,针对西北地区3月份气候多变、温差大的不利因素,重点采用基坑内搭设封闭大棚防风保温保湿、薄膜棉毡多层覆盖、热水养护、电子测温等措施,严格将混凝土内外温差控制在25℃以内,解决了大体积混凝土易产生裂缝的难题。采用"二振二压"工艺和在定型钢模外侧附挂微型振动器辅助微振等措施,解决了泵送混凝土易产生裂缝和气泡的问题。对外墙面2259180块面砖,采用微机排版,粘合剂粘贴,嵌缝剂嵌缝,排砖科学,缝宽适宜,色泽一致,大面平整,勾缝深浅、宽窄一致,砖墙交叉处可见到八字形花纹,做法考究。上人屋面广场砖铺贴平整,女儿墙压顶内檐贴砖特设鹰嘴,坡度明显、顺直,做法精细。不锈钢T型透气管精巧别致,管根保护墩造型新颖。不锈钢泛水美观大方。滴水做法规整。全瓷水簸箕精致耐用。整个屋面色泽搭配合理,与外墙浑然一体,总体给人以美感。同时,工程采用了深基坑支护技术、高性能混凝土技术、高效钢筋应用技术和粗直径钢筋连接技术等八项建筑业新技术。还应用了陕西省推广的陶瓷片密封水嘴和柔性接口机制铸铁排水管两项新产品和新技术,其新技术推广应用整体水平达到省内领先。该工程竣工后,经施工、建设、设计、勘察、监理等单位及省、市质监站验收,工程各分部分项均评定为优良,质量保证资料全部合格,观感得分率95.1%,质量等级综合评定为优良。该工程先后获得的奖项有陕建集团"华山杯"、西安市"雁塔杯"、陕西省"长安杯"、陕西省新技术应用示范工程和省级文明工地。这次荣获"鲁班奖",创出了该公司工程质量获奖的最高纪录。

(刘 毅)

陕西省第十一建筑工程公司

【概况】 陕西省第十一建筑工程公司是集土建、设备安装、机械化施工、建筑运输、建筑装饰、木制品、砼制作、材料设备供应、房地产开发及路桥工程为一体的具有很强综合施工能力的建筑施工企业。其资质等级为房屋建筑工程施工总承包一级,钢结构工程专业承包一级,机电设备安装工程专业承包一级,起重设备安装工程专业承包二级,消防设施工程专业承包二级,地基与基础工程专业承包二级。公司通过了国际质量、安全、环境管理体系认证,企业质量信誉等级AAA级。2004年,公司超额完成了上级下达的各项指标,企业总产值5.28亿元,同比增长21.7%。竣工面积37万平方米,工程质量A级(合格)达标率100%,AA级(优良)达标率91.86%,AAA级(优质)达标率30.73%。公司的管理工作不断趋于合理化、科学化。公司各级领导和施工管理人员都能自觉的把管理工作与生产实际相结合,深入工地,以贯标促生产,确保了质量,管理工作取得了较大的成绩。全年共创建省级文明工地6个,市级文明工地2个,省级新技术应用示范工程1个。连续多年建成了"长安杯"、"雁塔杯"、"华山杯"等工程。公司先后被评为"陕西经济明星——建筑施工企业20强"、"陕西跨世纪立功竞赛先进单位"、陕西省"重合同守信用企业"、"中国500家最佳经济效益建筑业企业"、全国"工程施工放心企业"。公司连续被授予全国建筑施工企业设备管理先进单位,QC攻关连续3年获国家级成果奖。2004年公司被评为陕西省诚信先进单位;西安市先进建筑施工企业。公司总经理张俊峰获陕西省企业工委"优秀党员"、西安建筑施工企业优秀经理"等称号;副总经理黄永根获"全国建筑施工企业优秀项目管理者"称号。

(李永强)

西北电力建设第三工程公司

【概况】 2004年,公司首次施工产值突破2亿元大关,全年完成施工产值2.33亿元,同比增长5000万元。其中多经产值完成2188万元。全年全员劳动生产率为11.4万元/人。实现利润239万元。连续7年未发生重大伤亡、设备事故,实现了公司的安全控制目标。全年验收单位工程23项;分部、分项工程共1357项,优良率为100%,未发生工程质量事故。市场开发方面,对外实现开发8.5亿元。其中,安装工作量4.5亿元,土建4亿元。

(饶 华)

咸阳市建筑安装工程总公司

【概况】 2004年,公司坚持一手抓好经营和生产,一手抓好改制和改革,圆满地完成了各项目标任务。为了适应建筑市场变化,公司通过分析市场状态,适时召开了多次经营工作专题会议,及时研究适应市场的经营策略,充分利用总承包的资质优势,扩大经营规模。一年来,公司员工发扬顽强拼搏的精神,积极深入市场,跑项目,搞竞争。全年完成施工产值1.32亿元,承接施工任务1.88亿元,交竣工项目26个,工程合格率100%。完成竣工面积96000平方米,现场达标率90%,合同履约率100%。创省级文明工地2个,市级文明工地7个。

(刘怀毓)

城镇化建设

【概况】 2004年,全市城镇化建设工作坚持大、中、小并举,构筑市、县、镇三级城镇体系,促进城镇化水平的提高为重点,以小城镇规划建设管理为突破口,以西宝、西兰、咸宋公路为轴线,加快县级城市和重点中心镇建设。把城镇化建设作为建设西部强市的一大动力,更新观念,发挥城市规划的龙头作用,克服技术力量薄弱,业务人员不足和资金短缺等困难,建成了一批质量较高、效果较好的重点基础设施项目,使城镇整体功能和综合竞争力不断提高,城乡产业结构调整速度加快,城乡人居环境进一步改善。

【县城建设】 2004年,县城建设突出重点,建设了一批道路排水、园林绿化等市政公用设施项目,改善了城镇的投资环境和人居环境。各县市建设项目41项,共投资3.6亿元,至年底完成投资3亿元。其中道路排水投资16772.57万元;绿化投资1285万元;亮化投资830万元;供水项目投资423.5万元;天然气工程完成671万元;广场建设完成投资9827.93万元。其中彬县年初市政建设总投资6414万元,完成公刘街2500米的路基及排水工程、城区道路维修及部分巷道建设;长武县完成了西一路、西二路、醇古街等路基拆迁、补偿、征地等工程,并完成春季绿化工程及垃圾处理厂项目的前期准备工作;礼泉县投资680万元,完成了北环路道路改造、仿唐一条街1565平方米改造工程、康乐路、果粮路道路排水工程。续建项目共投资8028万元,共计完成投资7000万元。永寿县县城新建两大广场,其中永寿广场工程投资450万元,完成广场铺装、绿化、亮化等工程。兴平市、武功县、三原县天然气气化工程完成投资671万元。

【试点镇建设】 列入国家、省、市试点的16个小城镇建设进展顺利。全市重点小城镇2004年共建设项目28项,总投资6190.94万元,已完成投资约6000万元。其中列入省级重点的三原县西阳镇共计划投资500万元,用于西街、北街、南街道路排水及路灯工程,已完成西街、北街路基处理工作;旬邑县张洪镇计划建设0.7千米的北街排水、2万平方米的北街西行路面罩油工程,完成了排水工程及罩油工程,共计完成40万元;渭城区底张镇完成投资3万元的500平方米道路硬化工程、20万元的市场二期排水等配套设施建设。武功县武功镇投资24万元完成了6000平方米地砖铺投,投资7.5万元完成了城区九街十八巷的美化亮化工程,共安装102盏路灯。

【县城综合管理工作】 为了改善县城村镇"脏、乱、差"问题,年初,市城乡建设规划局与各县市签订了县城环境综合整治工作目标任务书,专门就城镇环境综合整治的目标任务、工作措施等做了具体安排和部署。制订了《咸阳市村镇规划建设管理暂行办法》、《试点村镇建设标准》、《文明村镇建设标准》、《小康村建设标准》、《关于加快小城镇建设若干问题的暂行规定》、《关于加快城镇建设的意见》等一系列地方性规定和办法。按省建设厅及市委、市政府要求,初步建成了100户室内水冲厕所试点。各县市区在环境综合整治方面采取积极措施,取得了较好成效。一是领导重视,机构健全。各县市均成立了以党政一把手为组长的治理脏乱差领导小组,领导小组下设办公室,办公室设在城建局,设有城市管理委员会、城管监察大队,具体负责全县的城市管理工作,全市共配备专职管理人员1500余人。各乡镇也成立了相应的工作机构,实行"一把手"负责制,全市上下形成了治理环境脏乱差的热潮。二是广泛宣传,营造治理氛围。利用出动宣传车、悬挂条幅、印发告市民书、编发《市容简报》和《关于进一步加强城市管理的公告》等,电视、广播等多种形式在全市城乡宣传城市管理的有关规定和要求,赢得了广大群众的理解和支持,促进了整治活动的顺利开展。三是突出重点,狠抓落实。全市总动员、全民齐参与,在全市开展了以彻底解决"脏乱差"为重点的综合整治工作。突出重点,狠抓死角清理,以背街小巷、居民小区、城乡结合部为重点,严肃规划管理,重视临街新建工程与环境的协调性,做好旧建筑外观的定期粉饰和旧楼的改造包装,坚决拆除影响市容的广告牌匾,恢复城市建筑的本来面目,持之以恒地抓好市容整治。建立健全了市、县、镇三级小城镇建设管理网络,建立管理服务机构160个,配备人员515人。部分县市区、集镇成立了村镇建设管理站或办公室,为村镇建设提供了全过程管理与服务。四是加大力度搞好县级市和县城绿化,人均绿地面积分别达到省上规定标准4.5平方米和3平方米。尤其是旬邑县加大力度,重点抓了县城的广场建设及绿化工作,以营造绿色旬邑为目标,已初步建成了绿化、美化、亮化的新县城。

(祝曼莉)

环境保护

【概况】 2004年,全市环境保护工作认真贯彻中央人口资源环境工作座谈会和省、市环保工作会议精神,按照市委、市政府"全力打造西部最佳人居环境"的总体要求,切实加快城市环境基础设施建设,抓紧实施蓝天、碧水、绿色、宁静等环境标志性工程,全面加速污染综合治理,不断加大生态建设和环境管理、环境执法、环境宣教工作力度,以水、气污染治理为重点,以创建国家环保模范城市为目标,以改善环境质量、保障人民群众身心健康为根本,努力加强环境建设和城市环境综合整治,加强环保机构、队伍和能力建设,取得了明显成绩。市区重点工程市东郊污水处理厂建设进展顺利,环保扫黑行动声势大、效果明显,市区大气环境专项整治行动成效显著。创建国家环保模范城市规划已经国家环保总局评审通过,创模28项指标已有23项达到国家标准。全年空气质量二级和好于二级的天数达到292天,占全年的80%。

【工业污染防治】 ①对重点工业废气污染源实行集中督办,限期治理。针对大唐渭河发电厂二氧化硫、烟尘超标排放问题,市政府要求大唐渭河电厂在2005年1月31日前实现达标排放,否则,坚决予以关闭。对渭河发电有限公司的二氧化硫排放提出控制要求,控制指标每年削减20%,4年完成80%的削减任务。针对市焦化厂煤烟污染严重、群众反复投诉的实际,市政府已责令市焦化厂停产治理。对市纺织机械厂翻砂车间、咸阳秦龙泵业有限公司制造车间,市政府要求在2005年3月底前搬离市区。秦都区采取强硬措施,对非金属研究所小化工厂实施停产、限期搬迁。渭城区取缔关闭了周陵镇李家寨砖厂,有效削减了城市工业废气污染。②重拳出击,遏制污染反弹。在省人大三秦环保世纪行和国家环保总局明察暗访情况反馈咸阳市后,市环保局对武功东方纸业集团、武功县氮肥厂、武功秦洋纸制品有限责任公司、咸阳焦化厂、兴平市东风纸业、解放军三五三零厂、陕西玻璃厂、秦宏造纸厂、胡家村造纸企业等13家违法排污企业,实行挂牌督办,重点立案查纠。对武功东方纸业集团实施停产治理,并依据有关法规给予了5万元的行政处罚。该企业已经建成了二期污水处理工程,对一期污水处理工程进行了维修,并已向环保部门提出申请进行调试。武功县氮肥厂被责令限期治理。武功秦洋纸制品有限责任公司被县政府予以关闭,并处罚款1万元。市焦化厂已报请市政府同意停产治理,并依据其超标排污行为加倍征收排污费5.5万元。兴平市东风纸业集团被责令停产治理,该企业投资40多万元新建了一套酸化处理设施。三五三零厂的废水超标问题,在市人大的多次有力督促下,厂方已经完成了污染治理设施的招标工作。对陕西玻璃厂污水氨氮超标问题,市环保局下发了监察通知,责令企业保证污水处理设施正常运转,并要求渭城区环保局加强监管,一旦发现违法行为,给予重处。秦都区政府对秦宏造纸厂、胡家村造纸企业擅自停运治污设施的超标排污行为实施停产治理。③取缔关闭不法排污企业。各县市区把查处"十五小"、"新五小"污染反弹作为检查的重中之重,对前几年被取缔企业进行了"回头"排查。武功县对死灰复燃的秦洋纸业有限公司、秦洋九分厂和三义造纸厂,采取强制措施,迫使其立即停产。秦都区采取联合执法,取缔了13家小炼钢厂。在执法过程中,回收公司紧随其后,对这些小炼钢设备进行回收,从根本上消除了这些企业死灰复燃的可能性。彬县取缔了1家小造纸厂、2家小炼铁厂。乾县在公安、工商等部门的配合下,一举捣毁了3家小炼铅厂。这些都有力地打击了"十五小"、"新五小"企业污染返弹。④加快产业结构调整,切实解决造纸行业结构性污染问题。渭河流域咸阳段水污染,长期以来是制约咸阳市环保工作的突出问题。造成全市水污染的三大污染源是造纸、印染和果汁行业的生产废水,尤其是造纸废水污染最为突出。市政府出台了《关于实施碧水工程的决定》,在全省首家对1.7万吨以下化学制浆造纸企业和1万吨以下利用废纸及浆板制浆造纸企业进行淘汰关闭。秦都区、武功县、兴平市等县市区政府下发文件,环保牵头,组织有关部门联合执法,对7家1万吨以下利用废纸制浆造纸企业采取断水、断电、捣毁设备等手段,进行了强制性关闭。通过整治,使造纸行业在全市产业结构中的数量大幅减少。武功县从27家减少到1家;兴平市从48家减少到6家;秦都区从46家减少到8家;渭城区由2家减少到1家;其他县区造纸企业已经全部关闭。现存造纸企业中,除武功东方集团和兴平兴包集团外,其余均为1万吨以上利用废纸制浆的黄板纸企业。⑤下大气力追查跨境、跨流域污染,联手开展环境污染同治。甘肃省庆阳地区2004年有数家造纸企业违规上马,无治污设施,污水直排泾河。对此,长武县环保局派人再次赴甘肃进行调查和暗访,已经查清了其污染企业名称、厂址、生产工艺、生产规模、治理情况等,就此专门向省环保局进行书面报告,请求省环保局协调解决。针对西安市部分造纸企业、户县惠安化工厂大量废水污染市境沣河、太平河、新河的问题,多次向省环保局反映,提出了西咸污染同治的建议,得到了省环保局的大力支持和西安市的积极响应。咸阳市与西安市共同编制的《沣皂河水系污染防治规划》经西咸两市政府和省环保局联合签发上报省政府后,省政府常务会议对此规划进行了专题研究,同意批准规划实施。针对宝鸡方面由沣河、渭惠渠和渭高干渠向咸阳市漆水河输入大量污染的问题,武功县组织专业人员,进行调查取证,完成了《武功县境内漆水河水污染情况调查报告》。依据调查报告,组织编制了咸宝环境污染同治方案。⑥切实解决群众反映强烈的环境热点问题,努力打造环保新形象。市、县两级环境监理部门坚持24小时开通环保12369投诉电话,随时受理查处群众污染投诉。泾阳县查处了砖瓦窑污染群众果园、声威水泥厂污染大棚菜事件;兴平市查处解决了群众反映强烈的兴化碱厂、冰糖厂的污染问题；彬县积极协调处理了火石嘴煤矿粉煤灰、噪音污染农户的赔偿问题，使群众的环境权益得到了有效保护。2004年，全市出动检查人员4600多人次，排查企业196家，查纠违法企业66家。其中取缔"十五小"、"新五小"死灰复燃企业22家；关闭规模以下废纸制浆造纸企业7家；查纠违反制度的建设项目9个；收缴、处置放射废源144枚。对有严重违法行为的13家企业，采取一企一策，限期整改，由市环保局直接立案查处。其中责令停产治理11家，取缔关闭1家，责令作出书面承诺、保证达标排放的1家。对违法行为较轻的26家企业市环保局下发了监察督办通知，由各县市区环保局负责查处。其中24家企业的违法行为得到纠正，2家停产治理。在2003年秦岭北麓生态环境专项整治中列入限期治理的13家企业中，至2004年底，除华昌印染有限公司、三五三零厂、海升果汁厂、通达果汁厂等4家企业正在治理之外，其余9家企业已经治理达标。全市工业污染物排放量大幅度削减，COD(化学需氧量)排放量5.17万吨，氨氮排放量0.26万吨，二氧化硫排放量12.31万吨，烟尘排放量3.89万吨，全面完成了省政府下达的总量控制计划。至年底，全市累计关闭"十五小"198家，淘汰关闭造纸企业158家(其中2万吨以上造纸企业2家；1万吨至2万吨造纸企业7家)，关闭重点印染污染企业10家，实现治理达标企业251家。全市废水排放总量约9000万吨，其中工业废水排放5400万吨，生活污水排放3600万吨，工业COD排放3.11万吨。除生活污水排放量较"九五"末增加500万吨外，全市废水排放总量较"九五"末减少3000万吨，工业废水排放量减少3500万吨，COD排放量减少3.1万吨。渭河水质污染指数2.09，较2000年下降24.28%；泾河水质污染指数0.79，较2000年下降60%；冶峪河、三水河水质彻底变清，达到地面水三类标准；沣河、清河、漆水河、胭脂河、渭惠渠水质较前均有了一定改善。

【自然生态环境保护】 全市生态环境保护工作继续坚持以实施3613生态示范工程(即3个自然保护区，6个生态示范县，13个生态示范镇，130个生态示范村)为核心，大力推行沃土计划、"生态家园富民计划"，突出"双减双保一回收"(即减少化肥、农药使用量，确保生态安全、食品安全，农膜回收)工程，取得了明显的经济、社会、环境效益。旬邑石门山、永寿翠屏山、淳化爷台山被市政府批准为市级自然保护区。礼泉县、彬县、永寿县、淳化县、旬邑县、长武县等6个生态示范县建设进展顺利，礼泉县、彬县、淳化县被列入国家级生态示范县。按照省上对国家级生态示范区25项考核指标要求，至年底，礼泉县20项指标已经达标，彬县23项指标已经达标。市级13个生态示范乡、130个生态示范村全部完成了年度建设任务。同时，市、县环保、国土、安监等部门联合对自然保护区、风景名胜区、森林公园、重要资源保护区进行生态环境专项执法检查，先后查处开山采石企业17家。做好农作物秸秆禁烧工作。市政府印发了《关于禁止焚烧农作物秸秆的通告》，划定了重点禁烧区域。各有关县市区政府迅速安排，层层落实禁烧责任，政府领导亲自带队督查。市、县环保、公安、监察等部门，组织执法人员，以咸阳机场为中心，沿西宝、西兰、西铜公路和陇海铁路进行不间断巡查。据统计，全年全市印发各类宣传资料12万多份，出动检查人员9000多人次，扑灭火源100余起，处理责任人32人，行政拘留8人，有效地保护了机场、公路沿线的大气环境，确保了陆空交通安全。在抓秸秆禁烧的同时，农业、农机、科技等部门大力推广秸秆青贮饲料、秸秆还田、秸秆气化等综合利用技术，以疏促堵、化害为利。全市新增玉米秸秆还田机械771台，完成秸秆还田作业5.47万公顷，机械加工玉米秸秆饲草68.2万吨，建成秸秆气化站10个。

【城市环境综合治理】 ①加大城市煤烟污染治理。在2002年划定6个城市无煤区的基础上，又将中华小区、咸阳师范学院空气质量自动监测点周围2公里的范围扩大为城市无煤区，禁止使用燃煤。并对无煤区和城市集中供热区域以外，禁止使用高硫煤，限定使用低硫、低灰分的优质煤炭。同时，秦都区、渭城区对市区集中供热范围内的燃煤锅炉和城市周围2公里范围内的不达标锅炉进行全面排查，不留盲区，坚决强行拆除；对餐饮业限定使用洁净能源，严格实施油烟治理；对露天烧烤推行无烟环保烧烤炉，禁止使用煤和木炭。全市累计拆除燃煤锅炉558台，拔掉了300多根黑烟囱，改用燃油燃气锅炉64台、电炉107台，使城市煤烟型污染得到了有效控制。②加大机动车尾气污染治理。由市环保局牵头，市公安局密切配合，对尾气排放不合格车辆实行强行治理，坚决禁止尾气不达标车辆上路行驶。市公用事业公司加快对机动车进行燃气改造。建成天然气汽车加气站1座，日可供上千辆车使用天然气；另外2座加气站正在建设之中。全年完成公交车(出租车)改造双燃料车100多辆，汽车尾气达标率达83%。③强化扬尘污染防治。由市环保局主抓，市城管办、市煤炭办配合，对城区所有煤炭经营企业的储煤场进行专项执法检查，督促储煤场采取用彩条布、防护罩覆盖和搭建遮挡棚等措施防治煤尘污染；由市城乡建设规划局牵头，市城管、公安、环保、城建、公用事业、房产、交通等部门密切配合，加大了对市区建筑工地施工现场检查频次，督促建筑施工企业落实覆盖、遮挡、加高隔离墙、定时洒水压尘等扬尘污染防治措施；环卫部门积极改进道路清扫保洁方式，大力推行机械化清扫，对城区主要街道坚持每日两次洒水压尘；市水利局加强了对渭河城区段河滩非法采砂的监督管理，对采沙点进行强行取缔；秦都区、渭城区由主管环保的副区长牵头，组织环保、环卫、城管、交警部门联合执法，将执法人员分为昼夜两班，对扬尘污染防治工作实行24小时不间断巡查。专项行动以来，全市查纠储煤场、煤灰场25家；检查建筑施工工地110个，责令停工整顿7个，进行经济处罚、并降低建筑施工企业资质4家；扣罚违规拉运渣土、垃圾车辆100余台，有力地刹住了违规拉土拉沙、严重污染环境的歪风。

【整治违法排污企业】 按照国家六部委、省七厅局“整治违法排污企业、保障群众健康”环保专项行动和省人大《环境保护法》执法检查的总体部署，咸阳市及时在全市范围内组织开展了大干“五六七八”月、严查环境违法再行动工作。市人大、市政府对此次环境执法检查高度重视，专门成立了领导小组，制定了实施方案，市人大有关负责人带队深入企业现场检查。国家环保总局和省人大、三秦环保世纪行检查通报了13家违法排污企业，偷开偷排、污染设施擅自停运、超标排放废水污染渭河的环境违法行为，引起各级政府领导的高度重视，市环保局及时下发监察通知，对上述企业的违法行为进行立案查处。专项行动工作开展后，环保执法人员在对“十五小”“新五小”被取缔企业进行全面复查时，发现了一些已被取缔的“十五小”、“新五小”企业有死灰复燃现象发生。各县市区采取有效措施，做到了发现一家取缔一家，有效地遏制了“十五小”和“新五小”企业的反弹。全市共查项目404个，其中工业项目247个，餐饮娱乐服务143个，农、林、牧、渔12个，放射性设施2个。环境影响报告执行率为88.6%。其中工业项目执行率高于其他行业，农林牧渔执行率只有25%。通过检查，全市停建项目2个，停产整顿2个，限期整改43个。市环保局在全市实行污染有奖举报，制定了《环境保护七项服务承诺制度》，建立了领导分片包抓县市区严查责任制。在整治工作中，全市共出动执法检查人员12389人次，检查企业2890家，立案查处违法企业33家，结案企业数达31家，处罚现金17万元。

【市区大气环境专项整治行动】 为了改善咸阳市大气环境质量，加大城区燃煤锅炉、黑烟囱的拆除力度，市环保局按照市政府《关于实施蓝天工程的决定》要求，连续两年开展了以“拆烟囱、割尾巴、治油烟”为内容的环保三项“扫黑”行动，对燃煤锅炉黑烟污染、机动车尾气污染、餐饮业油烟污染进行集中治理。同时市委、市政府还印发了整治市区大气环境的通告，主要对燃煤锅炉污染、建筑施工及道路扬尘污染、露天煤场扬尘污染、大气污染重点企业烟尘及粉尘污染等进行治理，收到了较好的效果。

【环保基础设施建设】 ①加快城市集中供热工程建设。市区集中供热工程2000年开始建设，先后组建了4个区域性集中供热公司。2004年市区集中供热工程完成投资7000万元，铺设管线15公里，新增供热面积20万平方米。其中东区供热完成投资600万元，建设20吨锅炉1台，铺设管线2公里，建成换热站2座。西区供热完成投资3000万元，铺设管线7公里，新建中心换热站1座，建设35吨硫化床锅炉1台。北区供热完成投资1600万元，铺设管线1公里，新建换热站1座，建设35吨硫化床锅炉1台。沣河新区集中供热工程完成投资1800万元，建设供热管网5公里。至年底，城市集中供热面积增加到240万平方米。通过实施集中供热工程，年节约用煤1.9万吨，减少烟尘排放554吨，减少二氧化硫排放127吨。②大力发展天然气气化工程。市天然气城市气化一期工程全面建成，已通过省计委验收。累计完成投资2.54亿元，铺设中压管网196公里，建成15万立方米储配站1座，年用气量达9872万立方米。市区天然气二期工程计划投资13760万元，年设计用气量1亿标立方米。2004年完成投资1847万元，累计完成投资9000万元，达到了建设总投资的66%。全年新铺设中压管网31公里，安装居民用户7126户。世纪大道、文林路加气站正在加紧建设。兴平市天然气工程今年完成投资1000万元，铺设管网10公里，累计完成投资5299万元，达到了建设总投资的82.8%。泾阳县、三原县、武功县等县区天然气管网已铺设完毕。全市发展居民用户10万多户，年用气量1.5亿立方米，天然气入户率95%。通过实施天然气工程，全市天然气年替代用煤量30万吨，每年可减少废气排放量30亿标立方米。③加大力度建设城市污水处理厂工程。市政府规划在市区建设5个污水处理厂。其中总投资2亿元的市东郊污水处理厂建设项目，通过招商引资，一期工程正在抓紧建设，2004年完成投资9000万元，累计完成投资1.2亿元，厂外部分已全部建成，设备安装调试预计2005年5月可全部完成。一期工程建成后日处理污水可达10万吨，可使城市生活污水处理率达60%以上。二期工程建设规模20万吨，计划2007年建成投运。市区西郊污水处理厂已经省计委批准立项，可行性研究报告正在编制之中，并已与多家投资商进行了洽谈。沣河新区(南郊)污水处理厂项目完成了项目建议书，正在申请立项。同时，市政府要求除市区外，其他11个县市都要建设城市污水处理厂。尤其是沿渭河、泾河的县市更要加快建设力度，力争早日投运，以减轻渭河、泾河的污染压力。礼泉县与深圳东部集团公司以BOT方式，投资2800万元建设城市污水处理厂，工程项目已经全部建成,正在进行试水运行。这是全省建设的首家县级污水处理厂。兴平污水处理厂也与深圳蓝凤凰公司签订了BOT合作合同,一期工程投资6000万元,日处理污水5万吨,即将开工建设。乾县、三原县污水处理厂已经市计委批准立项,武功县、泾阳县污水处理厂已经县计委批准立项,并分别与多家投资商进行了洽谈,各项前期准备工作正在紧锣密鼓地进行。礼泉县、兴平市、乾县等县市已经市物价部门批准开始征收污水处理费,为下一步污水处理厂的正常运营提供可靠的资金保证。④高起点建设渭河、沣河生态环境综合整治工程。针对渭河、沣河河道及周边生态环境日益恶化,严重影响咸阳城市形象的实际,为从根本上解决渭河对咸阳的污染,充分利用好渭河的水资源,努力改善咸阳的城市环境,市委、市政府着眼长远、超前决策,决定投入巨资对渭河、沣河进行全面综合治理。至年底,这两项工程已完成了规划设计论证、审批等前期准备工作,并已全面动工实施,抓紧建设。⑤加快医疗废物集中处置和彬县垃圾处理厂工程建设。咸阳市医疗废物集中处置中心一期工程先后完成投资1530万元,日实际处理医疗废物达到5吨。二期工程征地1.53公顷,并已完成了环境影响评价报告和可行性研究工作,正在申请省计委立项。彬县垃圾卫生填埋厂完成了施工设计,具备了开工的条件。同时,投资2.7亿元的全省固体废弃物处理中心将在礼泉县落户,项目论证评审工作已经通过。

【环境监察】 2004年,排污收费工作按照国务院新颁布的《排污费征收使用管理条例》,全面开展排污申报登记,全市申报登记、核查污染源2000余家单位。全市征收排污费1102.9万元。其中,市监理处征收排污费512.7万元;各县市区征收排污费590.2万元。泾阳县、旬邑县、三原县、彬县等县全面完成了排污费征收任务。按照市以下环保系统垂直管理的有关规定,各县市区排污费已纳入市级财政管理。环境监察检查力度加大,市县环境监理部门普遍开通了12369环保热线电话,实行污染举报有奖制度。接待群众来信来访1400件,查结率100%。承办省市领导批转件50多件,承办市、县人大建议、政协提案17件。

【环保科研与环境监测】 2004年,环保科研工作主要组织完成了《咸阳市大气环境容量核定》、《咸阳市水环境容量核定》、《咸阳市环境质量全面达标规划》、《咸阳市机动车环保检测规划》等课题研究。同时,编制完成了兴包纸业集团公司废水治理等6个项目的环境影响报告书;编制完成了沣河新区集中供热项目等59个项目的环境影响报告表;完成了渭河、泾河水质监测,西安—咸阳段入渭河水质状况调查(包括沣河、新河、太平河水质状况调查等)。全市环境监测工作共取得有效数据57250个。其中大气监测项目二氧化硫、氮氧化物、总悬浮颗粒物48756个,酸雨50个,地表水监测项目1008个,地下水监测项目氟化物、高锰酸钾指数730个,工业废水800个,噪声1199个,锅炉废气163个。完成了7家单位的建设项目"三同时"竣工验收监测。空气质量自动监测系统运行良好,每天坚持向国家监测总站、省监测站传输数据。

【环境宣传教育】 环境宣传面向决策层,面向青少年,面向企业界,面向广大群众。①立足媒体抓宣传。市级各个新闻媒体通过开办专栏、专题等形式,坚持对环保"扫黑"、秸秆禁烧、高考期间噪声巡查、环境违法严查等进行宣传报道。市人大每年组织对环保"好新闻"进行评选表彰。仅2004年,咸阳市就在国家和省、市新闻媒体刊发各类环保稿件200多篇。同时,市环保局编印的《咸阳环境》刊物,坚持每周一期,长年向各级领导送阅,坚持进行持久性宣传,有力地推动了环保工作开展。②围绕各个纪念节日抓宣传。世界环境日期间,由市委宣传部、市文明委、市环保局联合成功举办了第三届"环保杯"爱我咸阳环境演讲大赛。市人大、市政府、市政协、咸阳军分区领导亲临现场观看。市电视台全程跟踪录像,两次在黄金栏目播出。参赛选手由各县市区层层组织选拔,市上组织竞赛,参与的范围越来越广泛,声势越来越浩大,环境演讲大赛已成为咸阳市环境宣传的一大品牌。同时,科技之春宣传月期间,市、县两级环保部门走上街头,深入乡村、厂矿企业,设立宣传咨询点、举办环境警示展览、散发宣传资料、组装宣传车等,大力宣传环境法规、环保科普知识,现场受理环境污染投诉,使环保宣传的深度、广度更加宽泛,更加贴近群众生活。③以"创绿"为载体抓宣传。市政府从2001年开始,坚持把创建绿色文明示范工程作为"创模"的"细胞"工程来抓,在全市深入开展绿色学校、企业、社区、村庄、大学、医院、家庭、商场、幼儿园、旅游景区等"十大绿色"创建活动。全市建成省级绿色单位24个,市级绿色单位65个,县级绿色单位316个。④以固定性阵地为载体抓宣传。为营造浓厚的"创模"舆论氛围,全市启动实施了"创模""三个一"宣传工程。即在13个县市区建设环保宣传"一条街、一条路、一块牌"。至年底,已有礼泉县、乾县、三原县、彬县、长武县等县建成了环保宣传一条街、一条路,礼泉、淳化等县建成了一块牌。同时,建成了全省首家市级环保网站。网站设置了"网上调查"、"用户留言"、"网上投诉"等模块,方便了广大市民为环保工作建言献策和进行污染投诉。网站与国家环保总局、省环保局、咸阳政务公众信息网、咸阳信息港等网站建立友情链接,扩大了环保宣传的影响力。⑤以法制培训为载体抓宣传。在全市启动实施了环保法制教育“百、千、万”行动计划。即“四五”普法期间,每年开展百家企业厂长、经理环境法规函授班,环保系统千人环保法律知识竞赛,万名社区群众、万名中小学生环保法律知识竞赛。同时,与市委组织部共同举办了环境保护知识讲座,市级机关和秦都区、渭城区科级以上领导干部1000多人参加听讲。⑥市人大连续七年开展声势浩大的“古都环保世纪行”活动,把人大监督、环保执法、新闻监督有机结合起来,三位一体,相互促进,解决了环保工作的许多难点问题。10月,市人大五届三次委员会议专题审议了咸阳市贯彻实施《环境保护法》情况,对全市环保工作发展提出了许多很好的建议和意见。

【环保产业】 继续认真落实市政府《关于加快发展环境保护产业的若干意见》精神,梨花发泡网、废旧塑料综合利用、工业污水排放自动监控网络建设、城市天然气气化、秸秆综合利用、绿色优果、粉煤灰综合利用等七大工程项目进展顺利。在2004中国(西安)国际环保科技产业博览会上,参展的兴平环保节能研究所利用废旧塑料生产的环保燃料油,武功秦王锅炉厂“节能、环保”双效锅炉倍受省内外客户好评。市绿色环保科技公司编制的全市污水自动监控系统科研报告已经市计委立项,正在建设中。全市环保产业固定资产已达到10亿元,从业人员5000多人,总产值5亿元,实现利税5000多万元。

(张小鹏)

国土资源开发与管理

土地资源利用管理

【土地利用年度现状】 至2004年10月31日,全市土地利用年度现状为:①农用地769595.6公顷,占总面积的75.5%。其中耕地386300.12公顷,耕地年内增加4424.59公顷,减少4425.59公顷。②建设用地:面积108698.51公顷,占总面积的10.7%。其中居民点及工矿用地面积101409.34公顷,交通用地5391.42公顷,水利设施用地1897.75公顷。建设用地年内减少984.42公顷,增加559.21公顷,增减相抵净减少425.21公顷。增加的建设用地是:城市扩展用地增加231.12公顷,交通用地增加73.67公顷,建制镇和独立工矿用地增加254.42公顷。减少的建设用地主要是农村居民点用地净减734.02公顷。③未利用土地:全市未利用土地面积141340.09公顷,含其他土地15578.27公顷。2004年,未利用土地开垦为耕地140.8公顷,变为园地8.29公顷,变为林地14.87公顷。

【建设用地】 为全市重点工程调整土地利用规划面积203.73公顷,预审建设项目用地58宗,其中43宗符合产业政策,将用地规模控制在386.67公顷。共上报新增建设用地8批次,征用土地251.49公顷,其中耕地175.17公顷,为全市17个重大项目完成了用地报批。同时进一步加快市场配置国土资源工作,加大了土地储备力度,仅市规划区完成存量土地收购储备5.33公顷,完成66.13公顷征储工作。出让土地32宗32.79公顷,成交金额2.15亿元,较上年增加了30%。全年市财政完成出让金收入8100万元,土地收益4300万元,共计1.24亿元。

【土地市场秩序治理整顿】 按照国务院办公厅《关于深入开展土地市场治理整顿、严格土地管理的紧急通知》和国土资源部《深入开展土地市场治理整顿工作实施方案》要求,市政府以咸政发[2004]32号下发了《咸阳市深入开展土地市场治理整顿工作实施方案》,将治理整顿工作任务逐项明确细化,采取层层分解任务、责任包干的办法,扎扎实实地抓好落实工作。2004年全市共查处违法案件79宗,涉地面积54.53公顷(其中矿产资源违法案件2宗),收缴罚款179.19万元。其中非法占地57宗,涉地面积14.26公顷;闲置土地7宗,涉地面积37.6公顷;经上报市政府、省国土资源厅批准收回闲置土地2宗,涉地面积26.67公顷;督促建设的5宗,收闲置费25万元,涉地面积10.93公顷;非法转让6宗,涉地面积0.66公顷;破坏耕地2宗,涉地面积0.93公顷;非法批地1宗,涉地面积0.02公顷;擅自改变土地用途1宗,涉地面积0.8公顷;其他3宗,涉地面积0.27公顷。全年共收罚款30万元,收取土地闲置费4.5万元,收回闲置土地3.53公顷。认真落实群众利益无小事的要求,将解决兑付征地款问题当作清理整顿工作的重点。严格按照《关于对征用农民集体所有土地补偿费管理使用情况开展专项检查的通知意见》,进行认真检查。一是对县市区及部门制定的征地补偿文件进行了全面清理;二是重点检查了征地公告制度的落实;三是检查补偿费的核算和支付情况。全市清理拖欠和兑现农民征地款项287万元,维护了社会稳定。加快了对开发区的清理整顿力度,全市撤销开发区3个,达到了省厅治理整顿开发区的要求。

【耕地保护】 一是全面开展全市基本农田保护面积清查工作,完善保护责任制度。及时成立了基本农田保护小组,市国土资源局、市农业局联合下发了《关于在全市开展基本农田保护检查工作的通知》,按照宣传引导、督促检查、完善保护制度建设、落实保护责任的部署,扎实细致地抓好每个环节的工作。经过7个月的努力,查清了全市基本农田的利用现状,落实了保护基本农田的责任和措施。对照原基本农田保护底图,全面展开了自查。按照表、数据、图三位一体的工作程序,逐片落实核对面积。整个清查工作做到了组织落实,责任落实。省政府验收认为,咸阳工作扎实认真,达到了强化保护基本农田的目的。二是把耕地占补平衡工作作为稳定基本农田面积的主要工作来抓，千方百计落实土地复垦资金，完善制度建设，抓好资金的使用，发挥有效资金的最大效益。全年设立市级重点开发复垦项目30个，市级补助项目9个，市级筹措资金1206.73万元，共计开发可耕地581.33公顷，市级投入资金1115万元。各县市区的县级项目、乡级项目也都已完成，争取的省、部级项目正在落实。全年全市完成开发整理耕地720公顷。

【基础业务工作】 全市国土资源部门不断强化基础业务工作，截至6月底已完成市规划区地籍调查和归档工作。市规划区土地登记发证工作效率提高，全年核发证书240本，发证总面积656万平方米，较2003年增加了一倍。为企事业单位47宗用地进行了评估地价备案，并积极配合财政税务部门催缴税费600万元。在信息化建设方面，一是编制了《咸阳市国土资源系统信息化建设方案》，建立了局域网络，提高了信息共享水平。二是秦都区、渭城区、兴平市、礼泉县、彬县完成了1:1万土地利用现状数据库建设。三是9个县区完成了城镇地籍数据库建设。四是完成了全市182平方公里的城镇分等定级、基准地价评定工作。五是咸阳市土地开发潜力分布图、土地整理重点项目分布图、开发整理规划图、沣河新区土地利用规划图、城市防护林规划图和土地利用总体规划图、咸阳市土地利用现状图、城镇地籍图已实现了网上信息共享。六是全市采矿权登记管理数据库、土地资源变更和建设用地备案数据库已经建成。七是市规划区内土地市场动态监测与国土资源部联网，实现信息社会共享。基础业务工作的进一步完善，信息化建设效率的提高，为依法规范管理提供了有利条件。

（李志升）

矿产资源开发与管理

【矿产资源管理】 全市国土资源部门按照国土资源部、省市政府关于开展矿产资源勘查开发秩序整顿的要求，主要抓了以下工作：一是查封浪费资源开采的小煤窑、小采石场，共查封小采砂、采石场14个；二是勘查审批，配合省厅对旬东煤田进行划块，以备分区勘查；三是进行采矿许可证年检延续登记，及时完成了陈家坪、皇楼沟等18户采矿企业的证书年检；四是严查越界开采，对彬县火石嘴、下沟煤矿越界开采进行立案查处，维护了矿产资源开采秩序；五是启动矿产资源市场化配置，开始了采矿权挂牌出让工作；六是加快地热资源的开发利用，积极为陕西工业职业技术学院、秦阳花园住宅区办理地热井采矿许可证；七是加快了征收资源补偿费的力度，全年征收矿产资源补偿费86万元、采矿权使用费4.2万元、探矿权价款15万元。

【加快彬长旬东煤田开发】 2004年，彬长煤田开发步伐加快，当年完成投资13.4亿元。彬县下沟煤矿300万吨和旬邑燕家河煤矿90万吨技改工程已经完成，彬县火石嘴煤矿300万吨二期技改工程、年产120万吨的长武亭南煤矿、年产400万吨的彬县大佛寺煤矿进展顺利。全市原煤产量达到750万吨，成为全省第二大产煤市。

（李志升）

水资源开发利用管理

【水资源管理】 ①2004年为取水许可证5年周期换发年，全市对各县市区按用水户为单位重新备案登记建档。共登记用水户607户，其中省级5户、市级133户、县级469户。累计审批用水量20253万立方米，其中省级9920万立方米，市级5703万立方米（县域市级1193万立方米）、县级4630万立方米。②经市编委审批成立咸阳市节约用水办公室和咸阳市城区节约用水办公室，强化节水管理。计划用水管理严格按照《陕西省行业用水定额》进行用水量审批和核定，全市607个取水户取水总量为20253万立方米，较2003年度减少4227万立方米，其中城市规划区取水总量12623万立方米，较2003年取水量减少3226万立方米。③引进宝鸡市水资源处开发的关井新技术，实施城区自备井关闭工作，全年关闭自备井21眼。④开展建设项目水资源需求论证工作，为水资源取水许可审批提供科学依据。2004年完成秦能电力有限公司、市自来水公司两个单位的水资源需求论证。⑤全年征收水资源管理费386万元。

【水政宣传执法】 开展了“世界水日”、“中国水周”及科技之春宣传月、河道管理条例专项执法检查等活动。3月份、5月份河道管理部门先后在全市范围内，集中开展了河道管理秩序专项治理和河道采砂集中整顿活动，关闭违规采砂场点7处，清运河道砂堆、碍洪物10万余方，基本理顺了河道管理秩序，保证了行洪畅通。市水政监察支队查处了陕西科技大学、渭城区塔尔坡村、秦都区南安村非法凿井取水案，华北地热开发公司开凿地热井不办理取水证案等典型水事违法案件7起。全市市县两级水政部门共查处水事违法案件113起，挽回经济损失182万元。

【农村供水】 2004年市委、市政府再次将解决农村饮水困难问题列入“农村十件实事”。根据市委、市政府总体安排部署,市水利局协同市计委先后三次共争取人畜饮水工程建设投资7160万元,国补资金3969万元,计划2004年~2005年两年内解决全市24.11万人饮水困难问题。2004年全市累计开建各类供水工程144处,其中107处供水工程已竣工通水,完成工程总投资3398.85万元(其中国补资金1937万元),解决饮水困难人数13.07万人,完成任务的101%。工程建设经水利部专家组检查评估总成绩名列全省第一。年初,由市供水办牵头组织编报了《咸阳市农村饮水安全可行性研究报告》,11月,省发改委正式对咸阳市"安全饮水"项目给予立项,批准项目总规模为1.06亿元,国债资金7855万元,解决26.5万人安全饮水问题。省发改委、水利厅正积极向国家争取落实国债资金,该项目可望2005年全面启动。

【地下水动态及监测】 2004年,全市地下水位以下降为主,降幅不大。以12月26日监测值为基础,与上年同期对比,全市地下水位平均下降0.40米。泾西阶地区下降幅度较大,为0.45米;黄土丘陵沟壑区下降幅度较小,为0.37米;泾东台原区的地下水位略有上升,平均上升0.11米。2004年度地下水监测研究工作以推向深入发展为主题,在做好日常管理工作的基础上,加大监测工作的分析力度,完成了2003年度地下水监测研究技术成果报告;编发了4期地下水简报,其中水位简报3期,水质专刊1期。这项工作在全省各市中尚属首家。取水样40个,进行水质分析,并对分析成果进行整理,编发了第一期水质专刊简报。按照安排及时组织人员,编制了《咸阳市"十一五"地下水监测井网规划》(草案),为下一步工作奠定了基础。

(王 韧 王宏春)

地质灾害防治

【概况】 市委、市政府高度重视地质灾害防治工作,全市国土资源部门认真落实。一是召开专题会议,进行全面安排部署,层层落实责任。二是对监测人员进行培训,提高业务水平。三是认真编写2004年地质灾害防治预案,严格防治工作措施。四是及时组织全面检查,重点治理。向省国土厅申报了咸阳市地质灾害防治重点项目工程方案,争取国家、省上治理资金。针对彬县莲花池村发生的山体滑坡灾害,购置了专项仪器实施监测,增强了预防突发性灾害预案的准确性。五是对险情严重且暂不能治理的灾害点,采取强行组织险地群众撤离避让的措施,汛期总计发明白卡2753户,撤离险区群众2751人。六是聘请专业队伍对泾阳高庄镇滑坡、渭城龚家湾和李家崖崩塌论证治理,总投资18万元,消除不安全隐患。通过各项工作的落实,将灾害损失降到了最低程度。

(李志升)

表4 2004年咸阳市主要地质灾害情况一览表

类型	发生时间	地 点	灾情、险情简况	诱发因素	采取措施
滑坡	3月13日早7时左右	泾阳县太平镇寨头村	13日早发生黄土滑坡,10间民房被毁,1公顷多果园被埋没,2名流动人员失踪。滑坡体宽度200米,长度50米,厚度80米,体积约80万立方米,为中型黄土滑坡。滑坡处于农业耕地区	黄土斜坡地貌受长期降水浸泡产生滑坡	险区全面警戒,抢险队排除险情,搜救失踪人员
滑坡	2月15日前后	彬县城关镇莲花池村	城关镇莲花池村发生山体滑坡险情,危及塬上塬下133户群众的生命财产安全。坡体主要有两层不同性质岩体,总高度达180米左右。上部黄土基本呈台阶状分布,黄土松散垂直节理发育,坡度约50度;底部泥沙岩呈陡崖状,岩石致密坚硬,分层高度30米,坡度70度~80度。2月中旬,嘴背后山原面出现4条弧形裂缝,最大裂缝长度500米,宽度0.2米~0.3米,垂直高差0.2米~0.3米,以此推算滑坡体宽约500米,厚100米,高150米,体积约750万立方米,为大型黄土滑坡	彬县火石嘴和下沟煤矿开采对滑坡可能起诱发作用	成立应急机构和滑坡监测小组,乡镇组织群众撤离,设立预警机制,制定防、抢、撤方案

续表 4-1

类型	发生时间	地　点	灾情、险情简况	诱发因素	采取措施
地裂缝	8月9日晚7时50分~10日早11时	泾阳县云阳镇云阳中学	10日早8时，云阳镇出现3小时大暴雨，上午9时左右，云阳中学院内出现地裂缝一条，北西—东南走向，长66米，宽0.1米~0.3米，期间有一落水洞，直径1米左右，深不见底。地裂缝致使5间混砖结构房屋破损，直接经济损失达20万元	地处于礼泉—云阳断裂带，是构造作用的结果	撤离危房中的教职工，划定危险区域，禁止教工学生进入
	8月9日晚7时50分~10日早11时	泾阳县云阳镇沙沟村路家组	10日上午8时降雨之后，出现裂缝，东西走向，长220米左右，宽0.3米~0.5米，最大宽度1.80米，裂面近于直立，垂直微向南错动，落差1厘米~2厘米。当地居民住宅遭到不同程度破坏，9户人家破坏严重，经济损失15万元	地裂位于鲁桥—口镇断裂带，是构造作用的结果	搬迁危房，实施地面和建筑物裂缝监测，修排洪沟
	8月9日晚7时50分~10日早11时	三原县陵前镇双槐村	9日晚8时由暴雨转为中雨，双槐村村民发现住宅房屋裂缝，10日晨8时许又一次暴雨持续1小时，之后到11时持续中雨，出现地裂缝长200米左右，东西走向，地裂缝最后达1500米左右，宽0.1米~0.3米。其间有串珠状落水洞，深约7米。其中村民家中原填埋的水井全部塌陷深不见底。裂缝通过地19户民房遭严重破坏，经济损失达40万元	地裂位于鲁桥—口镇断裂带，是构造作用的结果	搬迁危房，实施地面和建筑物裂缝监测，修排洪沟
	8月10日大暴雨后6时~7时	永寿县仪井镇王家庄村	大暴雨后水把村旁公路（村级公路）冲了一个大洞，公路旁水池出现裂缝，长5米~6米，宽0.20米左右，公路两旁几间房屋成了危房，房内财产转移，无人员伤亡	降水	危房旁设立警示牌，人员不能入内；处理危房；修复公路；回填裂缝
	7月中旬	彬县黄土村	7月中旬前后，黄土村出现一条地裂缝。长100米，宽0.5米，致使5户及20人生命财产受到威胁，其中1户严重，已搬迁	降水	实施监测；搬迁受威胁的群众；夯实裂缝
	不详	三原县徐木乡马原村	农田（玉米地）地中裂缝300米长，东西走向，最宽处0.40米，裂缝北20余米处有一住户，无人员、财产损失	雨水	填平夯实裂缝，注意近期动态变化
崩塌	8月11日晚9时40分	淳化县城关镇西沟村	崩塌约700立方米，危及211国道和城关镇城关村二组一住房安全	降水	灾情点设立警示牌，危及人及财产及时撤出，继续监测灾点动态

开发区建设

高新技术产业开发区

【概况】 咸阳高新技术产业开发区是陕西省政府批准设立的省级高新技术产业开发区。高新区下辖电子工业园和化工工业园两个园区,总规划面积约20平方公里,已开发面积14.6平方公里。经过发展,已形成一个基础设施完善、服务机构健全、投资环境宽松、有利于高新技术产业发展的投资热土。咸阳高新区是关中高新技术产业开发带的核心层,有着明显的承东启西的区位优势。依托咸阳丰富的资源、旅游、科研、农业等优势,使高新区拥有巨大的开发潜力和广阔的发展前景。初步形成了以彩虹集团、长庆石化公司、步长制药为龙头的电子信息、能源化工、生物制药、新材料等支柱产业,已成为陕西省重要的电子工业基地和新医药、新材料、能源化工基地。按照"高效、快捷、精干、创新"的原则,高新区本着"诚信为本、招商为要、发展第一、服务至上"的宗旨,为投资兴业的客商提供一个良好的发展环境。

【咸阳高新技术产业开发区的组建】 2003年下半年,市委、市政府抢抓"一线两带"建设机遇,增强咸阳市在关中高新技术产业开发带中的竞争实力和招商引资优势,带动全市经济超常规、跨越式发展,出台了《关于加快咸阳高新技术产业开发区发展的决定》(咸发[2003]11号),整合原有两个省级开发区即高新电子区和化工工业区,组建成立咸阳高新技术产业开发区;撤消原高新(电子)区管委会党委和化工区管委会党组,新设高新区党的工作委员会,作为市委的派出机构;撤消原高新(电子)区管委会和化工区管委会,组建新的高新区管委会,作为市政府的派出机构。按照"精干、高效"的原则和"一个窗口对外"、"小机构、大服务"、"封闭式管理、开放式运行"的模式管理。管委会内设2室5局2中心;2室分别是综合办公室(即行政、党务、纪检监察、劳动人事、社会保障、组织、宣传、政策研究、社会服务等机构的合署办公)和化工工业园管理办公室;5局即招商局、经济发展局、财政分局、国土资源管理分局和城乡建设规划分局;2个中心是创业服务中心和机关服务中心。管委会下属高科建设开发有限责任公司,主要承担区内基本建设及经济开发。管委会副主任以下人员,按照"精干、高效,干部能上能下,人员能进能出,收入能高能低,职务能升能降"的原则,通过公开招聘、考试录用、竞争上岗、年度测评、优胜劣汰的用人新机制,全部实行聘任制。原高新电子区和化工区共有员工91人。人员年龄结构从25岁~60岁不等,文化程度初中到大学本科,人员结构及素质参差不齐。按照既定程序,高新区党工委通过公开报名考试录用了31人在管委会机关工作。另外,参照咸阳市2001年机构改革精神和国家有关规定,公务员中创办经济实体分流1人,辞职1人,主动提前离岗11人。对原化工开发建设总公司41名员工,除高新区管委会招聘录用了8名外,1名停薪留职,其余32名一律划归高科公司。2004年2月,在全体员工中,认真开展了以"转变观念,干事创业"为主题的"树高新形象"机关作风整顿活动。认真学习市委、市政府《关于加快咸阳高新技术产业开发区发展的决定》精神,深入贯彻市委三届九次全体(扩大)会议精神,全面领会市委、市政府组建高新区的目的和要求。通过为期一周的机关作风整顿,在机关内部基本上实现了七个方面观念和作风转变。即:由行政行为向市场行为转变;由"官本位"向服务意识转变;由机关作风向企业作风转变;由等待服务向上门服务转变;由"坐、等、要、靠"向创造条件、主动出击转变;由墨守陈规、平铺直叙向与时俱进、求新求快转变;由官僚主义和形式主义的"假、大、空"向求真务实、诚信为本转变。通过整顿活动,来培养一支政治素质过硬、业务突出、服务热情周到、工作责任心强的员工队伍,树立管委会"公心立人,服务立事,诚信立区"的新形象。高新区内共有企业200多家,其中高新技术企业39家。2004年,全区共完成工业总产值195亿元,工业增加值48亿元。

**【高新区4.5平方公里控制性详细

规划】 为了科学合理地选择区划范围,高新区管委会邀请陕西省、咸阳市规划方面的专家和学者,召开了高新区选址规划专家研讨会。确定将"过双公路以西、汉陵路以东、渭阳路西延段以南,西宝高速以北"区域作为高新区的首期开发区域。在符合咸阳市城市总体规划的前提下,完成了高新区首期开发建设区域的控制性规划。

【陕西省重点保留开发区】 国家对全国各类开发区实施清理整顿工作开始后,按照国家和省上的检查、审核要求,咸阳高新区经过认真自查,向市政府报送了高新区的有关情况,并由市政府向陕西省有关部门报送了《关于咸阳高新技术产业开发区有关情况的报告》(咸政函[2004]22 号)。经陕西省政府审查,同意将咸阳高新区作为陕西省重点保留的26个开发区之一,并被列为关中"一线两带"上的核心区。

【招商引资工作成效显著】 2004年,国家实施宏观经济调控,先后实施了对开发区和土地市场清理整顿的调控政策。在较为困难的情况下,高新区在招商引资工作中走出了一条循序渐进的路子,全年工作进展较为顺利,成效显著。据统计,全年正式签订合同项目10个,总投资4.91亿元,已开工建设项目3个,到位资金4100万元;完成立项审批等前期准备工作的项目8个,总投资2.26亿元,因土地问题尚未实施;另外有6个正在洽谈的项目,总投资2.64亿元。

【创业园建设即将竣工】 为了给入区客商创造一个良好的发展和投资建设环境,咸阳高新区投资建设了高新区创业园。园区面积约3公顷。该中心基础设施配套齐全,公共设施完善。该园的规划是:创业园工业厂房(一层12000平方米、2幢4层12000平方米)、综合办公大楼(18层计38180平方米,包括管理、服务机构办公、公用商务、会议室、商业用房)、辅助功能(单身宿舍、餐厅、活动场所)。总投资3800万元。一期建设即将完毕,厂房也已预定完。即将建设的高新创业园二期工程,总投资2980万元。规划功能是工业厂房、公寓等。至年底,初步入园建设的项目有TCL照明设备、美国贰陆公司红外镜片、河北金山实业集团公司仙人掌制品等项目,总投资约1.5亿元。

【咸阳高科建设开发有限公司的整合工作】 咸阳高新区管委会组建成立后,着手将原高新电子区和化工工业区所属的高科公司和化工开发建设总公司的资产和体制整合。在国有资产保值增值的情况下,完善了机制,加强了经营和管理工作。另外,完成了高科公司下属的旭日公司的股权变更,改革了体制,强化了经营管理工作,完成了预期的经营目标。同时,高新区为发展壮大咸阳的医药事业,使之有序发展,和咸阳高科医药公司合作,建设了咸阳医药市场。

【科技园区】 清华科技园。清华科技园咸阳园位于沣河新区世纪大道西段两侧。园区分为核心功能区、产业制造区、园区配套区、中央商务区。园区作为高新项目入驻企业的平台,通过高起点规划、基础设施建设、招商引资,逐渐成为高新技术的研发基地、高新技术产业及成果的孵化基地、高新技术和管理人才的培训基地、高新技术的产业化基地。西安交大科技园。西安交通大学科技园咸阳园位于沣河新区世纪大道东段两侧。园区分为研发中心、加工园区、保税仓库和服务配套区。园区是高新技术企业孵化、创业人才培训、高新技术产品加工制造重要基地。咸阳纺织工业基地。咸阳纺织工业基地位于咸阳渭河以南新规划的沣河新区。基地内道路、交通、供电、供水、供热、供气、信息网络、通讯等基础设施统一规划,一步到位。整个基地分为三个功能区:生产区和公用工程区、纺织品及服装交易展销中心、住宅区和商贸区。咸阳空港农业示范基地。咸阳空港农业示范基地,位于秦都区马庄镇和双照镇界内,交通十分便利。基地气候温和,雨量充沛,光照资源丰富,宜于多种农作物成长和畜禽繁殖;基地地势平坦,土地肥沃,灌溉条件良好,是国家商品粮基地,对发展农业和畜牧业有着得天独厚的优势。九子滩大学园位于沣河新区九子滩,总面积7平方公里,地理位置独特,地势平坦开阔,交通便利,五〇五大学、陕西国际商贸学院、陕西中医学院、陕西服装艺术职业学院已相继落户。随着沣河新区的建设,九子滩已成为教育投资和留学生创业的理想之地。渭滨医药和私营工业园。园区位于市区西部高新技术规划区内。现已落户的100户企业主要有橡胶、医药、精密机械、农产品加工等。园区环境优雅,交通便捷,开发空间大,适宜于中小企业投资发展。

(袁红军)

农业·农村经济

概　述

【概况】 2004年,全市农业工作认真贯彻中央一号文件精神,紧紧围绕"农业增效、农民增收、农村稳定"三大目标,以五个"百万工程"建设为重点,进一步加大产业结构调整力度,积极推进农业产业化进程。战胜了突如其来的"禽流感"和各种自然灾害,粮、果、畜、菜四大产业全面发展,粮食、果品和蔬菜生产名列全省第一,畜牧生产综合实力列全省第二。全市农业总产值达123.8亿元,增长27.8%,农民人均纯收入2100元,增长10%,实现了咸阳农业的新突破。①粮食生产喜获丰收。在粮食生产上,全市认真贯彻国家和省上有关发展粮食生产的一系列政策措施,坚持"上科技、攻单产、抓优质、增效益"的工作思路,实现了粮食生产的恢复性增长。2004年全市粮食播种面积44.25万公顷,面积与上年持平,总产199.98万吨,平均公顷产4520公斤,同比分别增长12.2%和12.1%。全市共推广优质小麦9.87万公顷,优质专用玉米3.47万公顷,分别较上年扩大1.87万公顷和1.13万公顷。粮食单产创历史最高水平,总产跃居全省第一。②果业生产再创新高。果业工作以推广果业生产四大关键技术为重点,全市共推广大改形4.73万公顷,强拉枝6.53万公顷,巧施肥6.67万公顷,果实套袋103亿只,全市果品商品率达到65%,比上年提高近7个百分点。全市水果面积发展到18万公顷,总产265万吨,较上年净增加45.5万吨,增长18.4%。其中苹果13.33万公顷,产量223.6万吨,增长20%,产值达28亿元,面积和产量均居全省第一。已建成5.33万公顷优质苹果基地、4.36万公顷时令鲜果基地、1.07万公顷加工专用型苹果基地,经国家认证的绿色果品基地面积达4.87万公顷。③畜牧产业蓬勃发展。积极组织实施"畜牧富民"工程,以奶业产业化建设为突破口,重点发展奶牛、瘦肉型猪、肉牛和肉羊生产,突出抓好实用技术推广、标准化无公害生产和草业开发等工作,全力阻击"禽流感"疫情,促进畜牧业快速健康发展。2004年畜牧业生产再创历史新高,全市肉牛存栏30.8万头,增长5.2%,奶牛存栏13.8万头,增长34%,羊存栏77.3万只,增长9.5%,生猪存栏140.4万头,增长11.3%;肉类总产13.8万吨,增长7.8%,奶类总产38.8万吨,增长29.4%,禽蛋总产8.5万吨。畜牧业综合实力位居全省前茅。④蔬菜产业效益显著。在蔬菜生产上,以蔬菜增收工程为重点,坚持"稳定大路菜,扩大精细菜,发展无公害蔬菜"的工作思路,大力推广设施化和标准化生产,形成了沿208省道和西宝高速路的"V"字形蔬菜产业带。全市共建成省级无公害蔬菜基地1466.67公顷,建成市级无公害蔬菜示范园36处。2004年蔬菜面积发展到6.25万公顷,总产218.89万吨,分别增长5%和9%。其中设施蔬菜发展到2.27万公顷,日光温室大棚4066.67公顷,蔬菜规模和总产稳居全省首位。⑤农业产业化格局基本形成。在农业产业化工作中,以推进农业产业化统揽农村经济工作全局,按照"区域化布局,专业化生产,市场化运作,社会化服务"的要求,建基地、强龙头、兴中介、促销售、增效益,努力构建以粮、果、畜、菜四大产业为支撑,产加销一条龙,贸工农一体化的产业化经营新格局。全市已建各类农业标准化示范园(基地)186个,建成农产品批发交易市场263个。发展农村专业合作经济组织277个,有农村经纪人5.1万人,规模以上龙头企业发展到63户,全市农业产业化基本形成。

【农业综合开发】 2004年,全市农业综合开发工作紧紧围绕农业增效、农民增收、农业产业结构调整的目标,进一步加强农业基础设施建设,推进农业产业化经营步伐,创新机制,规范管理,典型引路,强化措施,狠抓落实,取得了显著成绩。①土地治理项目。土地治理项目总投资6424万元,其中财政资金4354万元,群众自筹2070万元,改造中低产田9933.33公顷，改良土壤9933.33公顷，建良种基地1346.67公顷，修机耕路171公里，建成礼泉县等11个县市区农业科技示范田5333.33公顷，培训农民技术员57.1万人次，装备乡镇农技、农机及水管站9个，购置仪器52台件，修排灌站9座，新打维修机井227眼，衬砌“U”型渠193公里，渠系建筑物2090座，埋设输水暗管295公里；架设输变电线路77公里，营造防护林993.33公顷，植树35万株，建苗圃44.67公顷。②多种经营项目。多种经营项目总投资3981万元，建成武功县苏坊镇复合营养方便面加工项目、永寿县监军镇中药材种植项目、永寿县监军镇原种布尔山羊繁殖场建设项目、武功县游风风镇千头良种奶牛养殖繁育场建设项目、秦都区渭滨镇蜂窝纸板开发等6个项目。③世行科技项目。争取世行贷款科技项目3个，三年计划总投资6947.56万元，申请世行资金2359.43万元，财政资金1179.77万元，自筹3408.36万元。扶持发展神果良种奶牛基地、北方科技公司中药材种植及良种繁育基地和新阳光公司建设农副产品批发市场等产业项目。

（朱　锋）

【为农村和农民办理十件实事】 2004年，市政府为农村和农民办理十件实事。①农民技术培训、劳务输出培训百千万工程。由市农业局、教育局、科技局、劳动和社会保障局承担。全市共培训农民57.1万人次，占计划190%，其中劳务输出培训15.3万人次，占计划的153%；粮、果、畜、菜主导产业专业技术培训41.8万人次，占计划209%。市教育局在全市13个县市区开展了劳动力转移和农民实用技术培训工作，共培训农民39.3万人次，其中劳动力转移培训10.7万人次、农民实用技术培训28.6万人次。市科技局根据各县市区产业发展特点，举办农业实用技术培训班18期，培训农民2.5万人次。市劳动和社会保障局在全市建立了31个农村劳务输出培训基地，共培训农民8万人次。市农业局年初就制定下发了《2004年农民科技教育培训工作计划》，重点围绕农村“四大主导产业”和劳动力转移，举办培训班1450期，培训农民27.7万人次，培训转移农村富余劳动力9969人。②农业科技示范工程。由市农业局承担。重点抓了粮、果、畜、菜四大产业科技示范工程。在粮食方面，制定下发了粮食科技示范园（基地）建设标准，已建成粮食科技示范园（基地）14个，占计划的140%。在果业方面，制定出台了《2004年果业科技示范园建设实施方案》，建成33个示范园，占计划的110%。在畜牧方面，建成畜牧科技示范园36个，占计划的120%。在蔬菜方面，建成37个示范园，占计划的123%。③农民信息服务工程。由市农业局承担。制定了市、县、乡等各级农业信息网站（点）建设标准，已建成103个信息网站（点），占计划的103%。④农村综合条件改善工程。累计完成投资4200万元，占计划的100%。新建修复抽水站8座，新修机耕路150公里，架设输变电线路60公里，营造农田防护林666.67公顷，新打和修复机井200眼，衬砌渠道180公里，埋设地下输水管道290公里。⑤绿化生态和环境保护工程。由市林业局、农机管理中心承担。退耕还林工程已完成退耕地造林和荒山造林1.73万公顷，占计划的103.6%，其中完成退耕地造林5153.33公顷，荒山荒地造林1.22万公顷，落实兑现1999年～2003年退耕还林补助现金7868万元。秸杆综合利用项目已争取省财政资金302.5万元，建成玉米秸杆饲草加工基地8个，占计划的100%。落实产业化加工示范点125个，推广秸杆饲草加工机具1295台套，分别占计划的125%和130%。⑥农村人畜饮改水工程。由市水利局承担。开建工程144处，已建成107处，完成工程总投资3159.72万元，其中国债资金1774万元，解决了120个村、13万人饮水困难，完成了计划任务。⑦农村公路通达工程。由市交通局承担。已累计完成投资3476万元，新建村级公路303公里，解决了82个行政村行路难问题，超计划完成了任务。⑧努力扩大劳务输出。由市劳动局承担。全市劳务输出累计达到37.1万人，超额完成全年输出任务。全市常年在外务工人员达90万人。⑨贫困地区移民搬迁和灾民房屋建设工程。由市扶贫办、市民政局承担。移民搬迁工程2004年计划搬迁7000人。鉴于中、省年度扶贫移民搬迁计划到位迟的实际，市扶贫办提前安排，提早启动，采取筹资、垫资等形式，解决建房资金问题，加快了移民建房进度。已完成1500户、7000人的移民搬迁任务，占计划的100%。灾民房屋建设工程，争取到省上建房款1005万元，恢复重建倒房39287间，占需恢复重建的100%；已修复危房43590间，占需修复的100%。⑩强化粮油质量管理。由市粮食局承担。市机构编制委员会正式批复设立了“咸阳市粮油质量监督检验所”，机构组建工作基本完成，租借了办公及检化验场地，选调了部分专业技术人员，进行了短期培训，基本具备了市场粮油质量安全监管条件。十件实事的实施，稳定了农村社会秩序，改善了农民生产生活条件及生态环境，增加了农民收入，有力地促进了全市农业和农村经济的发展，符合民意，深得民心，博得了广大农民群众的欢迎和赞誉。

（李　项）

农业产业化

【概况】 在做大做优农产品生产基地的基础上，全市农业产业化工作按照用工业化理念开发农业的思路,坚持把引进、培育、扶持和壮大龙头企业作为农业产业结构调整、拉长产业链、增加附加值、加快种养业发展的第一要务,积极推进农业产业化经营。通过招商引资,上海光明、山东张裕、广东锦丰、福建华丰、北京汇源等一大批国内知名企业和重点龙头企业相继落户咸阳市,促进了产业升级,辐射和带动了优势主导产业快速发展。据统计,全市以兴平鲁洲糖为代表的粮食加工企业达740多家,年加工转化粮食65万吨,占全市粮食总产的三分之一;以乾县海升,礼泉富安、通达为代表的果汁加工企业9家,年生产能力20万吨,2004年实际生产果汁13.6万吨,转化鲜果近百万吨,占到水果产量的40%;以上海光明(泾阳)、武功神果为代表的乳制品加工企业22家,鲜奶加工能力40万吨;以宴友思为代表的肉制品企业6家,生产能力4.3万吨;以兵马俑为代表的皮革加工企业6家,加工能力30万张;以彬县紫丰、三原正大为代表的饲料及草产品加工企业62家,加工能力29万吨;以三原天佑、兴平外贸蔬菜加工厂为代表的蔬菜加工企业应运而生,弥补了全市蔬菜产业重生产、轻加工等不足。全市共有果品交易市场59个,年交易量38万吨,有各类果库8万多个,年贮藏能力98.5万吨。年交易果品40万吨的西北地区最大的果品批发市场——礼泉西北果品交易中心即将建成。全市有畜产品交易市场260个,年交易活畜260多万头;有蔬菜交易市场40个,年交易量105万吨。云阳蔬菜批发市场和陈杨寨蔬菜批发市场成为全省乃至西北地区规模和影响最大的两个产地批发市场。神果、通达、富安被认定为国家级农业产业化重点龙头企业,鲁洲糖、泾云现代公司被认定为省级重点龙头企业。

(朱　锋)

咸阳·杨凌农业产业一体化

【概况】 2004年,咸阳市和杨凌示范区签订农业产业一体化合作协议,两市区领导高度重视,及时安排部署,专门成立领导小组及其工作机构,有计划、有组织地开展各种交流与合作。咸阳·杨凌农业产业一体化合作,加速了农业科研成果和实用技术的转化与应用,解决了农民在农业产业结构调整中"不敢调"、"不会调"和"不好调"的难题,提高了农业主导产业发展的规模、科技含量和经营水平,增加了农民收入。①农业产业发展方面。两市区通过"科技人员+企业(基地)+农户"等多种模式,广泛开展合作,实施合作项目65项,为咸阳市直接注入农业发展资金1.7亿元,新上加工专用果6666.67公顷、时令鲜果1.87万公顷、蔬菜2.33万公顷、优质粮油作物1万公顷、优质牧草6666.67公顷,新增奶牛5万多头。杨凌的恒兴果汁公司、鼎盛果汁公司、中富公司、紫丰公司、秦丰公司、农业商贸公司、山川植物公司等一批龙头企业,有的落户咸阳市,有的在咸阳市建设原料生产基地。全市的粮、果、畜、菜四大产业的主导地位进一步增强,县域经济发展出现了许多新亮点。②科教合作方面。调整充实了咸阳市农业专家顾问组成员,有计划、有组织地指导两市区农业科技交流与合作。分期分批实施农业专家大院建设,为杨凌专家教授提供科技试验示范阵地。据不完全统计,有60多项省部级科技推广项目在咸阳市进行示范、推广,农业科技成果得到了进一步转化应用。建立各类教学示范基地11个,示范推广新品种、新技术、新成果110多项,举办各类专业培训班130多期,培训技术人员及农民群众22万多人次,提高了农业产业的科技含量。③生态建设方面。双方加大生态环境建设的协作力度,结合速生丰产用材林基地建设、西宝中线公路绿色通道和陇海铁路绿色通道建设、漆水河流域退耕还林工程、黄土高原水土流失及荒山荒坡治理等工程项目的实施,对口部门共同拟定实施方案,落实治理措施,为两地经济社会的可持续发展创造了良好环境。④交通网络方面。完善了咸阳到杨凌、咸阳杨凌段陇海铁路沿线、西宝高速公路沿线的道路网络建设,共同完成两地相邻县区道路和城乡间道路的对接,加快道路的升级改造,为两市区实现大范围、宽领域、全方位的合作交流提供便利的交通条件。⑤旅游开发方面。编制旅游发展规划和精品旅游线路,将杨凌的水上乐园等旅游景点纳入咸阳"一日游"精品线路,突出现代观光农业特色,共同开展旅游联合促销活动,完善互惠优先的黄金周游客疏导机制,打造旅游品牌。⑥绿色产品流通方面。制定建立绿色产品质量标准及农产品检疫制度,开通绿色通道,实现了咸阳·杨凌两地绿色农产品"一票通"。

【加强合作交流】 咸阳市进一步加大和杨凌示范区的合作力度,开展了三次大的活动。一是在6月底,协调杨凌示范区共同开展咸阳·杨凌农业产业一体化合作项目检查观摩座谈活动。两市区领导、专家教授、企业家共同检查观摩合作项目进展情况,共议思路和措施,为深化两市区的农业产业一体化合作出谋献计。二是在10月25日,举行了咸阳·杨凌农业产业一体化双方领导联席会议,回顾了实施咸阳·杨凌农业产业一体化一年多来的工作进展情况,审议通过了《咸阳市·杨凌示范区农业产业一体化2004年~2008年计划》,签署了《备忘录》。同时还签订了15个科技推广示范和农业产业化项目,使咸阳·杨凌农业产业一体化进入了一个深层次合作、全方位推进的新阶段。三是利用农高会平台,全力推进与杨凌的农业产业一体化合作。在第十一届农高会上,咸阳市签约项目85

个,签约金额18.7亿元。签约的咸阳·杨凌农业产业一体化项目共58个,其中合同项目38个、协议项目20个,签约金额11.86亿元。按签约项目种类分,种植业高科技项目34个、养殖业示范项目11个、农副产品加工项目8个、农业基础设施建设及能源建设项目4个、科技培训基地建设项目1个。

(李　项)

粮油生产

【贯彻落实一号文件精神】 认真宣传贯彻落实中央一号文件精神和省市出台的扶持发展粮食生产的一系列政策措施,大力推广间作套种,不断提高复种指数,千方百计扩大粮食作物播种面积。年初,市农业局组织一号文件讲师团,入乡进村,给广大群众宣讲中央一号文件精神。全市共举办一号文件辅导学习班118期,发放宣传资料近4万册,有3万多人参加了培训。同时,印发8000多张《2004年国家鼓励农民发展粮食生产的政策措施》,并张贴到每个村组。通过开展学习宣讲活动,进一步增强了全市各级干部服务"三农"的责任感和使命感,提高了广大农民种粮的积极性。全市春播以扩大地膜玉米为重点,夏播、秋播以增加复种面积为重点,全年粮食播种面积达到44.25万公顷,有效地稳定了粮食生产面积。

【落实粮食直补政策】 市县农业、财政部门紧密配合,在夏粮收购前将2383.16万元粮食直补资金足额兑付到兴平市、武功县、乾县、泾阳县、三原县5县市种粮农民手中;8月底前完成了旬邑县、淳化县、彬县等10个县市区399.43万元的春播地膜玉米地膜补贴资金兑付工作。同时,认真落实省政府对五个粮食生产重点县秋播小麦良种统供价格补贴政策,极大地激发和调动了广大农民发展粮食生产的积极性。

【依靠科技提高粮食产量】 在夏粮生产中,重点抓好良种统供、精少量播种、小麦重大病虫害统防统治、配方施肥等技术推广,全市夏粮公顷产达到4419公斤,较上年增加495公斤,增长12.7%,创历史最高水平。在秋粮生产中,突出抓好地膜覆盖、良种推广、硬茬播种等技术措施的落实,战胜了干旱、阴雨寡照等不利因素,秋粮平均公顷产4643公斤,比上年增产465公斤。全市2.67万公顷地膜玉米平均公顷产8250公斤以上,较平栽玉米公顷增产3000公斤左右。全市优质专用玉米种植面积达到3.47万公顷,同比增加1.13万公顷。旬邑县种植的8933.33公顷地膜玉米平均公顷产达到9030公斤,增产粮食2550万公斤。在秋播工作中,积极引进优良品种,扩大优质专用农产品种植,开发适销对路农产品生产。在夏收时,市农业局印发《致农民朋友的一封信》18万份,指导农民秋播用优种,种好粮。针对多年来存在的小麦品种"多乱杂"问题,重点加大了"种子工程"实施力度,全市共完成小麦良种统供12.42万公顷,统供率达到53.2%,推广优质专用小麦9.87万公顷,比上年扩大1.87万公顷。推广精少量播种17.33万公顷、配方施肥16.4万公顷、土壤处理和药剂拌种15.27万公顷,分别占播种面积的74%、70.3%和65.4%。秋播油菜2.62万公顷,比上年增加1106.67公顷。

(朱　锋)

烟叶生产

【烟叶生产经营】 2004年,咸阳市烤烟在渭北旱原的长武县、旬邑县、彬县、永寿县、淳化县、乾县等6个县域内种植。市县两级公司按照国家烟草专卖局对于烤烟生产制定的"市场引导、计划种植、主攻质量、调整布局"的方针,发挥地域优势,把烤烟生产作为富民、富乡、富县、富市的主导产业来抓,烟叶生产取得显著成效,咸阳烤烟生产已得到恢复性发展。和烟农签订产销合同1.1万份,烤烟种植面积3666.6公顷,收购烟叶6300吨,同比增加350吨,创近3年烟叶生产最高水平。其中上等烟叶比例22.37%、中等64.08%、下低等13.55%,每公斤均价8.46元,实现烟农收入6070.93万元,创税1275.32万元,实现利润1272万元。全市签订烟叶调拨合同6865吨。永寿县烟草公司6月上旬在全市系统率先实现烟叶零库存,8月上旬全市烟叶已实现零库存。年底前还调拨销售新产烟叶500吨。咸阳烤烟复烤厂全年加工复烤烟叶15750吨,质量合格率达到96.4%,同比提高6个百分点。实现加工收入1964万元,实现加工利润200多万元(同期亏损468万元)。还销售积压的烟叶3150吨,一举实现了扭亏增盈目标。

【落实种植面积】 2003年12月,咸阳市烟草局(分公司)印发了《2004年烟叶生产宣传提纲》,从形势与机遇、基础与优势、优惠扶持与工作重点等全方位进行宣传引导。给烟农宣传国家2004年将提高烟叶收购价格10%以上,全国烟叶生产高于2003年的15%以上,全国烟叶市场供应已到正常稍紧状态。咸阳市烟叶生产有雄厚的基础和得天独厚的自然条件,所产烟叶以配伍性强、燃烧性好、价格低廉、耐贮藏等,深受省内外用户欢迎。同时,积极争取地方政府的大力支持,制定落实一整套优惠扶持政策,市县两级公司拿出600万元,无偿供应种子、农药,奖励化肥,补贴奖金等,重点扶持发展1333.33公顷的县,333.33

公顷的乡镇和0.67公顷以上的专业户。通过宣传引导,调动广大烟农生产积极性,全市共建成烟叶生产面积66.67公顷的乡镇31个,133.33公顷以上的乡镇11个,333.33公顷以上的乡镇4个,33.33公顷以上的村15个,0.67公顷以上的户850个。全市烟叶生产逐步走向规模化种植、产业化生产的路子。

【提高生产水平】 一是3月10日前完成育苗工作。全市共育苗4.83万畦,全面推广两段式育苗、网纱防蚜和剪叶炼苗等技术。乾县全部使用两段营养袋育苗,淳化县推广了小弓棚托盘育苗,彬县、旬邑县实施集约化连片规模育苗。召开育苗流动现场会和年度生产经营工作会,推动了培育壮苗工作的均衡进展。全市成苗时间较上年提前7天~10天。二是4月中旬全面实施了平衡配方施肥和起垄覆膜。为严把施肥关,统一组织订购了1325吨专用肥料,全市种植20公顷以上的村都组织了施肥专业队,进行规范化操作,保证专用肥全部施入烟田。三是推广优良品种,禁用劣质品种。针对烟区个别杂劣品种蔓延的问题,咸阳烟草分公司专门购回优质品种545箱,无偿供应烟农。四是截至5月12日全面完成移栽任务。按照全省要求,早部署,早安排,于4月21日召开全市移栽动员会,4月27日分县召开动员会,4月28日起,全市同时全面移栽。移栽时都做到四带(带土、带水、带肥、带药)、一深(深埋茎)的技术要求。移栽工作较上年提前5天完成,受到省烟草公司的通报表扬。五是防治病虫害及时到位。为了防止烟田病虫害高发,及时组织购买了2吨病毒必克、1吨蚜虫特效杀虫剂,在烟苗出床前进行了统一喷施。在两次蚜虫适飞高峰时期,均进行了药物防治。六是改革和加强了大田管理。根据新的形势和市场对烟叶的供应要求,坚持中心花开放打顶,合理留叶,做到每株烟留叶20片~22片,不再提倡往年高打脚叶深打顶。七是狠抓以烤炉改造为重点的科学烘烤。全年改造标准化烤炉1200座、热风循环烤炉581座,全面推行准采证制度,青烟比例大幅度下降。在生产阶段共组织召开了42次会议,安排了16次检查,处理解决各类问题。

【烟叶收购】 认真贯彻国家局和省局关于烟叶收购的纪律要求,以规范秩序为重点,以保证质量为关键,严明纪律,强化管理,严格按合同收购,严禁跨省、跨县、跨区收购烟叶。继续执行烟叶质量责任永久追究制,不断完善烟叶质量体系建设。全面推广"入户预检、袋装封签"的预检制度。组织各县主管经理、烟叶股长赴安康学习培训,制订了入户预检规程和实施方案。在近200名预检员中,培训筛选了120名预检员,深入烟农逐户为他们制作分级样品。全面推行烟叶收购管理信息化,分公司、县公司和全市20个收购站,全部安装了国家局烟叶信息管理软件,实行了计算机开票,电子司磅。信息化的顺利实施,一举解决了收购中的不规范行为,杜绝了人为因素的影响。2004年还实行了烟叶大库接收新办法。从10月初开始,将各县收购的烟叶统一向咸阳复烤厂西库区集中,由咸阳烟草分公司一个标准逐包验收,并向卷烟厂家集中以咸阳品牌烟叶供货。全新的管理模式,保证了全市烟叶收购秩序良好,质量平稳,各方满意。

【烟叶调拨】 烟叶销售调拨吸取往年经验教训,以全新的管理模式,注重抓好烟叶成包及调拨等级合格率,做到诚信经营,以质量赢得厂商信赖。在调拨时,咸阳烟草分公司烟叶大库坚持逐包检验过磅,等级标准达不到要求的,降级处理,确保烟叶调出等级的纯度,使烟叶调拨合格率较往年有大幅度提高。外省的卷烟厂家,虽然调拨量小,但分公司销售调拨人员不怕麻烦,对数量和质量从不马虎,以诚信赢得厂家信赖,省外合同履行率达到100%。宁波卷烟厂签订的100吨上等烟叶调拨全部执行,而且还增补了2005年调拨计划250吨。山东青州卷烟厂在乾县关头乡建立烟叶生产基地,调拨完乾县基地的烟叶,经过做工作,厂家看到咸阳烟叶的质量和诚信度,又执行调拨烟叶450吨。延安卷烟厂在执行原来100吨的基础上,又增补执行了250吨。汉中卷烟二厂在执行原来的100吨的基础上,又增补执行了500吨。经过多方努力,全市2004年共签订省内外合同6850吨,实际向省内外调拨烟叶6975吨。

(姚伟春)

蔬菜生产

【概况】 蔬菜产业经过多年的发展,已由长期的副业从属地位提升为农业和农村经济的特色主导产业。秦都区、泾阳县和三原县的反季节精细菜基地,兴平市和武功县的辣蒜基地,三原县和泾阳县的大路菜基地,旬邑县和淳化县的马铃薯基地以及渭城区的清水莲菜基地均已形成一定规模。在实施规模扩张的同时,引进示范樱桃番茄、无刺黄瓜、金皮西葫芦、七彩椒等名优新特品种30多个。生物防治、配方施肥、彩膜覆盖、二氧化碳气肥施用、臭氧杀菌、节水灌溉等一批高新技术在蔬菜生产中开始示范推广。全市蔬菜种植面积过万亩的乡镇23个,上千亩的专业村123个,户均0.2公顷以上的种植户10万多户。

(朱　峰)

果品生产

【概况】 果品生产以推广大改形、强拉枝、巧施肥、无公害果园管理四项关键技术为重点，大力实施标准化生产，加快绿色果品基地建设，提高产业整体素质和竞争能力。已建成以礼泉、淳化、乾县、永寿、旬邑、长武、彬县7个苹果基地县为主的绿色果品基地4.87万公顷，在南部苹果非优生区建成加工专用型苹果基地1.07万公顷。南部和北部分别建成时令鲜果和干杂果基地1.63万公顷和2.67万公顷。全市共推广大改形4.73万公顷，强拉枝6.53万公顷，巧施肥6.67万公顷，果实套袋103亿只。全市果品商品率达到65%，比上年提高近7个百分点。苹果早中晚熟比例逐步趋向合理，由2∶10∶88调整为3.7∶9.3∶87。

（朱　锋）

畜牧业

【概况】 2004年，畜牧业按照“规模化生产、标准化管理、产业化经营”的工作思路，以养殖小区建设、动物疫病防治和人工种草为重点，不断扩大畜牧养殖规模。畜牧业发展由猪禽生产转向以肉牛、奶畜、肉羊为主的优势产业。猪肉在肉类结构中的比重由76.6%下调到65.3%，牛羊禽兔肉的比重由23.9%上升到34.7%，肉蛋奶比例由1.3∶1∶1.7调整到2.1∶1∶2.6。同时大力实施畜禽良种化工程。通过建立健全基层冷配站点、规范种畜禽市场、扩大良种畜禽核心群，使全市禽类、奶牛、生猪的良种覆盖率分别达到95%、80%和92%以上。优质牧草发展到5.53万公顷。同时，以实施牧草种子基地和天然草场恢复改良项目为契机，加快优质牧草基地建设。全市畜牧产业形成了六大生产基地，即以泾阳县、乾县、武功县为代表的奶牛养殖基地，以泾阳县、淳化县、三原县为代表的奶山羊养殖基地，以北部五县为主的肉牛肉羊养殖基地，以兴平市、武功县、秦都区为主的瘦肉型猪养殖基地，以兴平市、秦都区、渭城区、泾阳县为主的笼养鸡基地和以彬县、旬邑县、永寿县、淳化县为主的优质牧草基地。

【严防禽流感疫情发生】 2004年春节前后，周边国家及国内相继发生高致病性禽流感疫情，对养禽业造成严重打击，危及广大人民群众的生命安全，引起社会不安和群众的恐慌。面对严峻的防治形势，全市积极行动，周密部署，认真落实各项防治措施，严格疫情报告制度，迅速建立健全快速反应机制和疫情监测网络体系，严防高致病性禽流感疫情的发生。一是开展拉网式普查。组织3000多名防疫人员，以种禽场和千只以上的规模养禽场为重点，迅速开展了拉网式疫情普查和禽流感流行病学调查工作，做到了乡不漏村（场），村不漏户，户（场）不漏禽。二是采取免疫消毒措施。共免疫禽类动物480多万只，购置消毒器械597台，防护服2726套，用去消毒药品62吨。三是对规模养禽场封闭式饲养管理，对禽舍和粪便进行严格消毒。四是规范禽类屠宰行为。禁止在超市和人群集中的场所交易活禽（鸟）和屠宰活禽。五是在咸阳市与外省、外地市接壤的主要公路设立了24个临时公路动物检疫消毒站，封堵疫情。六是在全市开展严厉打击违法经营活禽及其产品专项执法检查活动，重点对进入市场的禽类及其产品的检疫合格证和检疫证章进行检查。七是坚持24小时值班和日报告、零报告制度，及时上报疫情动态。八是加强培训，科学防治。全市共举办宣传培训班138期，培训技术人员2.7万人次，发放宣传资料22.5万份。九是及时加强科普知识宣传。组织有关专家进行防治高致病性禽流感专题讲座，发放科普宣传画和宣传资料9万余份，张贴于城乡主要街道和养殖场。在这场阻击战中，市农业系统坚持“加强领导，密切配合，依靠科学，依法防治，群防群控，果断处置”的24字方针，各项防治工作扎实细致，措施落实到位，全市疫情稳定，保障了畜牧业的健康发展和人民群众的生命安全。为了提高动物疫病防治水平，在全市规模养殖场和养殖小区全面推行动物防疫标准化管理。在泾阳县、旬邑县开展了基层动物防疫体系改革试点工作，积极争取国家投资，加快咸阳市的动物防疫基础设施建设。

（朱　锋）

渔　业

【概况】 2004年，咸阳市继续实施科教兴渔战略，以市场为导向，调整品种结构，质量效益型渔业发展态势良好。全市水产品总产量7542吨，总产值4815万元，从业人员3460人。池塘养殖以泾河、渭河沿岸各县市区为重点，实施渔业科技推广项目，发展中高档水产品养殖；大型水库大银鱼养殖和中小型水库网箱养殖初具规模。渔业养殖生产逐步向多元化发展，观光休闲渔业发展势头良好。由市渔政站组织编写《咸阳市水产品质量检测中心可行性研究报告》上报省计委和水利厅，《咸阳市“十一五”渔业发展计划及2020年规划》、《2005～2007年渔业科技推广项目计划》上报省渔业局，为加快咸阳市渔业发展打下良好基础。

【渔业科技及品种结构调整】 完成水产名优品种养殖66公顷,大银鱼移殖200公顷,网箱养殖面积2050平方米,累计总产值1085万元。3月,从上海引进扣蟹3.4万只,投放三原水产站2公顷池塘中试养,亩产商品蟹70公斤,成蟹总产2100公斤,总产值6.4万元,利润3.8万元,效益显著。

【渔政监督管理】 截至年底,有6个县区成立了渔政监督管理机构,经过培训、考核,72名渔政人员取得国家颁发的《渔业行政执法证》,渔业行政执法体系建设进一步加强。全面推行水域滩涂养殖证制度,核发养殖证491本,发放率为88%。进一步加强水生野生动物保护工作,先后在渭城区新兴综合市场和秦都区秦宝市场查获中华花龟40只、小鲵20条,及时移交上级有关部门。

【水产品药残监控】 根据《兽药管理条例》赋予渔政监督管理机构的职责,市渔政站分别对秦都区渭滨渔场、兴平市丰仪渔场、武功县北营渔场主要养殖品种药残进行检测,品种主要为鲤鱼、草鱼和鲫鱼,共抽检9组32个样品,经省水产品质检中心化验分析,未发现含有违禁药物的样品,产品质量符合国家规定标准。

(王 韧 王宏春)

农业机械

【农机装备水平】 全市农机总动力达到191.68万千瓦,增长2.6%。拥有拖拉机1.82万台;农用三轮车7.23万辆;联合收割机2880台,新增280台。农业机械总值达到11.32亿元。饲草加工机械推广上取得了突破性进展。农田作业、农产品加工、林业、植保机械均不同程度的比上年有所增加。

【机械化作业水平】 全年完成机耕作业面积24.22万公顷,机械化播种面积34.07万公顷,机械化收获面积20.19万公顷,机械化秸秆还田6.42万公顷,机收、机播水平达到84.6%和87.7%,分别比上年分别增长了7个和1.2个百分点。

【农机检审验】 全市共检验合格拖拉机12758台、农用三轮车34909辆、联合收割机2311台,分别占车辆核牌数的94%、96%和96%。审验合格拖拉机驾驶员19552名、农用三轮车驾驶员21425名、联合收割机驾驶员932名,分别占驾驶员在册数的97%、97%和96%。

【农机科技教育推广】 全市推广玉米秸秆还田机械771台,推广玉米秸秆揉搓打捆机1295台,共完成玉米秸秆机械饲草加工68.2万吨,其中实现秸秆机械揉搓加工24.6万吨。全市组织农机科普教育21次,出动宣传车1680次,电视宣传285次,报纸宣传36次,印发各类宣传资料18万份,召开驾驶员会议296场次,召开各类现场会360场次,受教育群众42万人次。

【农机安全】 2004年,全市共发生各类农机事故6起,重伤5人,死亡1人,千台率直接经济损失0.07万元。与上年同期相比,农机事故四项指数分别下降了75%、80%、87.5%和93%,事故起数、重伤、死亡、直接经济损失四项指数千台率分别为0.28%、0.23%、0.05%和0.003%,均在控制指标以内。秦都区等10个县区全年农机安全生产无事故。

【农机法制宣传】 6月25日,《中华人民共和国农业机械化促进法》颁布,按照省农机局的统一部署,市农机管理中心精心策划,认真组织开展一系列学习和宣传活动,为进一步贯彻落实《农业机械化促进法》营造了较为良好的社会舆论氛围。一是以市政府办公室名义下发了《关于开展学习宣传〈中华人民共和国农业机械化促进法〉活动的通知》,进行专题部署,各县市区人民政府都制订了学习宣传活动具体方案。二是市农机管理中心统一印制宣传资料3万余份、标语口号100多份下发各县市区农机系统。9月,市农机管理中心还组织干部职工进行了《农业机械化促进法》学习考试活动,参与率与合格率均达到98%以上,并撰写心得体会文章52篇。三是制作电视专题片和宣传专版。市农机管理中心结合工作实际,制作了《秸秆综合利用》、《农机巡礼》专题片,分别在咸阳电视台《泾渭涛声》和《新闻联播》中播出。10月31日在《咸阳日报》开辟专版刊登宣传文章,制作宣传版面13块。同时在咸阳人民广播电台作了专题节目。四是市农机管理中心和秦都区、渭城区农机部门于11月1日在市人民广场进行《农业机械化促进法》宣传,市上领导亲临现场,解读《农业机械化促进法》。其他县市农机部门上街下乡宣传《农业机械化促进法》,受教育群众达到10万人次。宣传活动做到了报纸上有文章,电视上有图像,广播里有声音,群众手里有资料。宣传活动的开展,使社会各界对《农业机械化促进法》有了进一步的了解,从而增强了各级领导干部依法治农护农、依法兴机富民的观念,进一步调动了农民和农业经营服务组织投资农业机械的积极性,在全社会营造关注农村、关心农民、支持农机、发展农业的良好舆论氛围。

【秸秆综合利用演示会】 8月25日,省农机局、省环保局联合在泾阳县云阳镇召开了"陕西省秋季玉米秸秆禁烧及玉米机械化综合利用演示会",会议集中展示了玉米机械收获青贮、收获还田和近年来全省10

余家企业生产的秸秆揉搓打捆机械。关中5市及咸阳市各县市区的农机、环保部门负责人和泾阳县各乡镇乡镇长及养殖大户2000余人观摩了演示。副省长王寿森、市委书记宋洪武等省市领导观看了机械演示。会议对于提升咸阳市农机化地位,促进三秋秸秆综合利用工作具有重要意义。

(张光林)

水利水保

【概况】 2004年,咸阳市水利部门树立科学发展观,实践治水新思路,水利改革和发展取得了新成效。全年共下达中省水利投资计划7595万元,治理水土流失面积350平方公里,占任务的101%;新增灌溉面积2506.67公顷,占任务的107%;治理水土流失面积350平方公里,新修“四田”面积5600公顷,占任务的105%;发展节水灌溉面积1.21万公顷,占任务的100%;解决饮水困难人数13.07万人,占任务的119%;完成水产养殖产量7542吨,占任务的101%。全年共推出招商项目5个,争取中省各类水利建设资金项目16个,实际到位资金8790万元,完成年度任务的103%。

【重点水利工程建设】 ①渭河、沣河综合治理工程可研报告、环境影响评价报告通过黄河水利委员会、国家环保总局、省发改委、省水利厅立项审查,分别于2月8日、2月28日开工建设。经过紧张施工,至5月底,渭河1号橡胶坝主坝段基础、古渡公园段堤防工程基本完工;沣河橡胶坝建成,达到立坝蓄水条件。10月1日,渭河综合治理主体工程开工,南岸导流明渠投入使用。至年底,渭河综合治理工程完成投资6967万元,占总投资的24%;完成土方289万立方米、石方3.5万立方米,浇筑混凝土5万立方米,钢筋制品778吨。②引石过渭供水工程作为省城镇供水日元贷款项目,已通过正式评估。工程可研阶段的《环境影响评估》、《水保治理方案》、《过渭建筑物洪水影响评价》、《项目可研报告》均获批复。由于工程投资方香港国中控股有限公司未能按合同注入项目资本金,致使资金缺口较大,正在积极争取外商投资。③亭口水库项目建设筹备步伐加快。8月25日,省发改委与大唐集团公司签订陕西省项目开发备忘录,明确亭口水库建设由咸阳市政府与大唐集团公司协商确定。9月21日,市政府组织相关部门与大唐集团公司初次会商。随后,市水利局按照市政府指示积极与大唐集团联系,协助大唐公司完成了亭口水库项目调研,做好前期工作移交准备。12月底,大唐集团已正式委托省水电勘测设计院负责项目设计。亭口水库项目建设设计由企业承担完成的做法,开创了水利项目前期工作的新路子,为水利前期工作机制创新积累了经验。④羊毛湾灌区续建配套节水改造项目全年完成十支渠、十八支渠、十九支渠、总干渠改造工程,其中衬砌渠道支渠10.8公里、干渠2.8公里,完成投资794.8万元,恢复改善灌溉面积1933.33公顷。羊毛湾灌区改造世行贷款项目,衬砌渠道6.2公里,改造中低产田2133.33公顷,完成投资300万元,恢复改善灌溉面积733.3公顷。

【防汛工作】 2004年咸阳市汛情较常年偏早,局部暴雨、冰雹发生频繁,境内主要河流未出现超警戒流量洪水,洪涝灾害损失7800万元,属损失较轻年份。防汛工作以“安全第一,常备不懈,以防为主,全力抢险”为方针,狠抓汛前各项准备工作。一是及早动手,周密部署。4月20日,市上组织召开了全市防汛工作会议,对2004年防汛工作全面安排部署。针对新的防汛形势,5月31日、8月11日市政府两次召开市防汛抗旱指挥部成员(扩大)会议,对防汛准备工作进行再动员、再部署。主管副市长分别与各县市区主管领导签订《2004年防汛工作目标责任书》,并在《咸阳日报》上公布主要河流、水库、城镇防汛重点部位的行政包干领导和技术负责人,接受社会监督。汛前,市委、市政府领导多次到全市重点防汛部位,检查督促防汛准备工作和水毁工程建设情况,现场解决问题,全面消除度汛隐患。二是认真修订度汛预案,强化指挥调度能力。市防汛办修订了3条主要河流和城区防洪预案,严格审查审批了31座重点大中小型水库度汛计划和“防、抢、撤”方案;争取20多万元装备防汛会商室,建立了省、市防汛异地视频会商系统;制订了《咸阳市防汛指挥调度流程图》,明确了不同量级洪水、不同降雨情况下的汇报制度和指挥权限,做到了科学防洪。三是大力开展防洪工程建设,增强工程防御能力。针对2003年汛期造成的河道水毁严重情况,2004年市水利局争取水毁修复以及渭河防洪工程建设资金3715.5万元。其中年内完成投资2312.5万元,整修加固堤防19.79公里,新修、加固坝垛371座,修复水毁堤顶路3.7公里。秦都、兴平、武功等地自筹资金,整修加固了各辖区内部分渭河堤段。四是积极储备防汛物资。市防汛办根据《陕西省防汛物料储备和管理办法》规定,制订了2004年县级防汛部门物料增储计划,明确了防汛物料储备品种、最低限额和重点险工段备防石的储备数量。争取市财政资金97万元,支持各地防汛物料储备工作。其中沿渭四县下拨防汛物料储备资金65万元,由市上统一标准、统一采购、统一发放,保证了物料足额落实到位,实现了防汛物料数量、品种双突破。2004年全市共储备编织袋(草袋)50万条、石料1.63万立方米、铅丝80吨、木桩5600根、彩条布12000平方米、土工布13500平方米,购置防汛冲锋舟3艘以及大量的防汛抢险救生器材。五是落实抢险人员,强化汛情处置能力。落实抢险队伍382个、驻军官兵3000名、预备役人员和民兵21000名,并在渭河城区南岸组织开展军民防汛演练,增强了军地双方协同作战能力。

【抗旱工作】 2003年至2004年冬春连旱,2004年6月高温少雨天气持续近20天,土壤失墒严重,旱情加剧。全市秋田作物受旱面积达13.21万公顷,占秋田播种面积的74%。近1万人、1000头大家畜的饮水发生困难。市水利部门充分发挥职能作用,全面安排部署全市抗旱工作。抗旱期间,全市共启用机井14000多眼,开动抽水站450余座,出动机动抗旱设备2100多台套。同时协调宝鸡峡灌区从石头河、冯家山水库外购客水4000万立方米,解决夏灌水源不足问题。全市15支抗旱服务队全年共出动人员2100多人次,出动抗旱设备530多台套,抢修机泵设备980台件,流动浇灌面积8400公顷。2004年,全市共完成抗旱灌溉面积32.4万公顷次,其中冬灌14万公顷次,春灌5.67万公顷次,夏灌12.73万公顷次。解决了9.3万人、4.2万头大牲畜的饮水困难。挽回粮食损失约15万吨,其中夏粮9万吨,秋粮6万吨。

【水利基础设施建设】 通过实施灌区节水改造、节水增效示范县建设、咸阳市优质小麦生产基地项目、农发项目、以工代赈工程等项目新打和修复机井562眼,修建和修复抽水站32座,新修和改造渠道352公里,铺设输水管道392公里,改善灌溉面积1.4万公顷,新增灌溉面积2066.67公顷,发展节水灌溉面积1.2万公顷。2004年6月,礼泉县、泾阳县2002年度节水增效示范项目通过省级竣工验收,项目共完成投资302万元,建成高标准节水增效示范面积560公顷。在建的2003年度三原县、乾县节水增效示范项目完成投资251万元,建成高标准节水灌溉面积273.33公顷。10月初至11月底开展的灌区"三修两清一绿化"(即整修渠道、维修建筑物、检修机电设备,清理淤泥、清除杂草,绿化灌区)工作,全市累计投工21万个,出动机械车辆1800台次,共整修渠道5820公里,维修建筑物3807座,检修机电设备417台。

【水库除险加固】 投资1850万元的黑松林水库除险加固尾留工程完成投资1567万元;2003年12月动工建设,投资2975万元的冯村水库除险加固工程完成防渗墙及坝后排水棱体等工程,完成投资1957.7万元;2004年动工,投资1385万元的杨家河水库除险加固工程进展顺利,完成投资445.65万元。

【农田水利基本建设】 夏季农建新修"四田"3853.33公顷,灌区平地1033.33公顷,分别完成任务的116%和103%,在省内率先超额完成了任务,连续六年被评为全省第一名,咸阳市人民政府,淳化县、彬县、旬邑县人民政府被评为全省夏季农田水利基本建设先进单位。冬季农田水利基本建设全市累计投劳220.16万工日,出动机械2.06万台次,完成投资6037.45万元,完成土石方563.1万立方米,新修防渗渠道279.4公里,修复水毁工程334处,新增灌溉面积850.67公顷,发展节水灌溉面积4893.33公顷,新修"四田"822公顷,新增供水受益人口5.05万人,治理水土流失面积54.34平方公里。北部各县在封冻前,加大工程进度;中部各县狠抓重点工程建设,乾县县城排污工程、泔惠渠东区改造工程年底建成投入使用,云阳抽水站更新改造项目全面完工;沿渭县区实行领导、干部划片包乡抓村,落实资金和劳力,广泛发动群众,冬季农田水利基本建设工作扎实有效。

【水利工程项目储备工作】 ①完成了长武县、淳化县等6县6条小流域坝系建设规划可研编审工作,项目估算投资1.75亿元。其中,北部五县的5条坝系可研报告已上报省水利厅、省发改委。②完成彬县李家川水库、旬邑县石沟水库等6座水库除险加固初步设计咨询审查,老鸦嘴等9座水库除险加固初步设计上报水利部,等待批复立项建设。③开展了渭河干流(咸阳农防段)防洪初步设计、泾河干流防洪可研设计。④完成了县城供水、节水示范县可行性研究,编报了农村安全饮水规划、大中型灌区节水改造与配套可研报告。

【水利改革】 ①对羊毛湾等17处国有灌区和全市堤防、自来水公司、水电站等基层水管单位以及五小水利工程(小水库、小抽水站、小机井、小池塘、小渠道)分类开展了管理体制改革调研,制订了改革实施意见。年底,羊毛湾水库管理局开始体改定编定岗测算工作,全市国有水利工程管理单位体制改革拉开序幕。②水行政综合执法改革。配合省厅在淳化县、旬邑县进行了水行政执法"管理、收费、处罚"一体化改革试点。③水保生态治理管护体制改革。各级水利部门技术服务上门,规划设计到户、到流域,并从国家投资上给予一定奖励或补助,调动了"五荒"(即荒山、荒坡、荒滩、荒沟、荒沙)承包户积极性,完成"五荒"地治理110平方公里。

【沣河综合治理工程】 2004年沣河综合治理工程完成阶段性建设任务。2003年10月底,根据市委、市政府安排部署,沣河综合治理工程项目勘察规划设计工作正式启动,工程《防洪影响评价报告》、《可行性研究报告》于2004年2月4日通过省水利厅、省计委联合审查,2月7日省计委立项批复,批复工程估算投资为1.129亿元。2月28日,橡胶坝基础工程先期开工建设。随后,工程《环境影响报告书》和初步设计分别通过市环保局、省水利厅审查。5月底，沣河橡胶坝主体完工，橡胶坝袋安装试水完毕，达到了立坝蓄水条件。至2004年底，工程共完成投资1109万元。

【水土保持】 2004年全市完成水土保持综合治理面积350平方公里，占全年计划任务的101%。其中，建设基本农田5600公顷，营造水保林、经济杂果林21800公顷，种草5133公顷，封禁管护面积2467公顷；新建小型水利水保工程336处，小型淤地坝20座，沟头防护44公里。累计完成投资3100万元。①二期水保世行贷款项目2004年度完成治理面积95.11平方公里，其中梯田1683.67公顷，水地358.08公顷，水窖277个，淤地坝15座，谷坊59座，沟头防护44公里，骨干坝5座，蔬菜大棚265个，乔木林1953公顷，人工种草2817公顷，封育1359公顷，畜棚5158平方米，牲畜900头，果园90公顷，经济林1251公顷，中心果库8座，农户果库133座。②针对水保国债项目计划下达较晚的情况，采取先治后报的办法，上半年基本完成植物措施建设任务，年内完成综合治理面积18.5平方公里，新建小型淤地坝2座，完成投资262万元，占全年计划任务的100%。③完成长武县、淳化县、旬邑县、彬县、永寿县、礼泉县等6县的6条小流域坝系建设规划可研编审工作。④对全市在建项目的水土流失防治全面摸底调查。对没有编报水土保持方案的关中公路环线和9条县域公路改建项目，以及泔河水库除险加固工程等开发建设单位送达了《限期履行水土保持法律法规义务的通知》。2004年全市共征收水土流失补偿费、防治费32.8万元，复垦土地9公顷，植树5万株。

【机井管理】 2004年机井管理主要围绕"加强资质管理，确保成井质量"进行。完成了全市机井现状和机井施工单位调查工作，编制了《咸阳市机井利用现状调查表册》。启动编制《咸阳市"十一五"机井建设规划》。加强市场巡查力度，查处违法违规凿井案件4起，办理临时钻井资质证书11个。改变工作作风，下基层现场办公，禁止收取任何费用，对50家机井施工单位的钻井资质进行了年检。制定了《咸阳市机井施工单位资质申办程序》、《县级机井管理工作细则》和《县级机井管理工作年度考核标准》，促进咸阳市机井管理工作逐步走上规范化、制度化轨道。

（王　韧　王宏春）

林　　业

【概况】 2004年，全市共完成各项林业重点工程整片人工造林2.07万公顷，占年度计划的103%。其中，退耕还林工程1.59万公顷；"天保"工程公益林2306.7公顷，封山育林3000公顷；"三北"四期工程2460公顷；日元贷款造林工程补植补栽6046.7公顷。完成平原植树1110万株，占年度计划的111%；飞播造林4727公顷，占年度计划的100%；育苗1546.7公顷，占年度计划的116%。各项林业重点工程建设任务的全面完成和绿色家园活动的顺利开展，为改善咸阳市的人居环境、城乡生态环境起到了巨大的推动作用。

【贯彻中共中央国务院《关于加快林业发展的决定》】 为了深入贯彻中共中央、国务院《关于加快林业发展的决定》精神，尽快改善咸阳市的生态环境，充分发挥林业在全市经济发展和社会进步中的重要作用，实现林业跨越式发展，5月24日，中共咸阳市委、咸阳市人民政府专门制订下发了《贯彻中共中央、国务院〈关于加快林业发展的决定〉的实施意见》。《实施意见》共分9章26条，分别阐述了今后50年加快咸阳林业发展的重要性和紧迫性；加快林业发展的指导思想、基本方针和目标任务；实施重点工程带动战略，全力推进生态建设；优化林业结构，培育生态经济型产业；推进"三个转变"（明晰林业产权，促进森林资源向森林资本转变；放手发展非公有制林业，促进民间资本向民营资本转变；实施科教兴林，促进人力资源向人才资本转变），激活加快林业发展的生产要素；深化体制改革，优化加快林业发展的社会环境；强化支持保障措施，促进林业快速健康发展；坚持依法治林，确保森林资源安全；切实加强领导，为林业加快发展提供有力保障。《实施意见》明确提出，今后50年，咸阳市加快林业发展的目标是：在管好现有森林资源的基础上，通过开展大规模的人工造林、飞播造林和封山育林，实施林业重点工程，增加森林资源，增强森林生态系统的整体功能。到2010年，力争使全市森林覆盖率达到30%以上，水土流失大大减轻，生态状况明显改善；到2020年，使森林覆盖率达到并稳定在35%以上，水土流失得到基本控制，重点地区的生态问题得到基本解决，生态状况显著改善，林业产业实力显著增强；到本世纪中叶，基本实现山川秀美目标，生态状况步入良性循环，林产品供需矛盾得到有效缓解，在全市建成比较完备的森林生态体系和比较发达的林业产业体系。

【绿色家园建设在全市农村全面启动】 8月13日，咸阳市人民政府办公室制订下发了《关于在全市农村开展绿色家园活动实施意见的通知》。《通知》明确要求，从2004年起，用5年时间，要全面完成全市3776个行政村的街道、进出村道路、村中空地、农户庭院及中小学校校园的环境绿化，建设围村林和农田防护林，实现"一村一片林、村在林中、林中有村"的目标。进入秋冬季后,各县市区党委、政府和林业主管部门抓住机遇、大干快上,迅速在全市掀起了建设绿色家园的热潮。到年底,全市13个县市区在全面完成绿色家园建设实施方案和绿色家园示范村规划设计的基础上,永寿县、礼泉县、三原县、泾阳县、乾县、淳化县、旬邑县、武功县、兴平市、秦都区、渭城区等11个县市区已全面开工建设。全市已有138个行政村完成了绿色家园建设任务。其中永寿县、礼泉县、三原县、武功县、乾县5县已全面完成了2004年度绿色家园示范村建设任务。

【退耕还林确权发证工作进展顺利】 咸阳市在实施退耕还林工程中,积极推行了个体承包、大户承包的运作机制。为了使此项工程真正做到"退得下、还得上、不反弹、能致富",切实维护退耕还林户的合法权益,咸阳市从2003年起,按照国务院《退耕还林条例》的要求,在全市开展了退耕还林地林权证发放工作。至年底,全市已累计完成1999年~2002年度退耕还林发证面积3.12万公顷,共发放林权证25780份,占应发证面积3.28万公顷的95.2%。发证进度居全省第二。

【重点公益林区划界定工作全面完成】 重点公益林区划界定工作是实施天然林保护工程森林分类经营、分项施策、永续利用的一项基础工作。按照国家林业局和陕西省林业厅的安排部署,咸阳市于6月24日,对全市从事此项工作的技术人员进行了全方位技术培训,参加培训的技术人员42人。随后,市、县联合行动,组成14个重点公益林区划界定工作小组,在全市范围内开展了重点公益林区划界定工作。至7月10日,共完成重点公益林区划界定面积14.74万公顷,占全市有林地面积27.67万公顷的53%。其中,国有重点公益林区划界定面积为7.84万公顷,集体重点公益林区划界定面积为5.96万公顷,其他重点公益林区划界定面积为0.93万公顷。

【森林一类资源清查工作全面结束】 按照国家林业局和《陕西省森林资源连续清查第五次复查遥感调查工作方案》的要求,为了进一步完善和发展国家森林连续清查体系,准确掌握全市森林资源消长动态,丰富监测内容,运用卫星遥感技术对森林资源进行动态监测,咸阳市从4月20日开始,在全市抽调了21名工作经验丰富、身体素质好、熟悉本区森林资源状况的专业技术人员,组织开展了森林一类资源清查工作。通过科学建立解译标志表,认真进行卫星图片室内判读,做好遥感判读数据的微机输入,进一步完善和发展了全市的森林资源连续清查体系,丰富了监测内容,为制定和调整全市林业发展规划提供了可靠依据,为进一步优化森林资源监测体系奠定了丰富的技术和资料储备。至年底,全市共完成固定样地复位320个,卫星判读样点5233个,圆满完成了全市森林资源一类清查遥感判读工作。

【飞播造林】 2004年,全市共完成飞机播种造林4726公顷。至此,自1992年开展飞播造林以来,全市飞播造林面积已达6.96万公顷。为了确保飞播造林成效,近年来通过积极推行地面处理、药剂拌种、GPS导航等项飞播造林新技术,采取与播区县签订管护合同、固定专职护林人员、设立铁丝网围栏等新举措,使飞播造林成效逐步显现出来。据2004年对1998年、1999年和2002年、2003年度飞播成苗、成效检查结果看,出苗较好的淳化王家山,旬邑马栏陈家园子、柳树坪播区,平均亩出苗率达到了100株以上,超过了国家规定的飞播成苗标准。同时,全市在飞播造林中,还采取了飞播与人工点播、人工补植相结合的方式,大大提高了飞播造林的成效。

【非公有制林业】 咸阳市在改革现行林业经营管理体制的同时,坚持国家、集体、个体一起上的方针,积极推行个体承包、大户承包造林的新机制,制订了与之相配套的优惠扶持政策,支持鼓励、大胆放手发展非公有制林业,使非公有制林业逐步成为咸阳林业建设的经营主体。至年底,全市承包百亩以下的民营林业大户33258户,一百亩至五百亩的87户,五百亩至一千亩的28户,千亩以上的19户,万亩以上的2户,个体承包及民营林业大户承包造林的面积达到3万多公顷。其中承包面积最大、成效最好的民营林业大户泾阳县龙泉乡刘德村刘炜承包荒山荒沟846.67公顷,经过4年的艰苦奋战,现已营造生态林、经济林560公顷,总投资480万元,成为闻名全市融种植业、养殖业和森林生态旅游业为一体的民营林业大户。这批民营林业大户已成为改善全市生态环境、振兴农村经济的一支重要力量,对加快咸阳林业建设步伐,实现林业跨越式发展发挥了巨大的推动作用。

【马栏林场组建全市第一支森林消防专业队伍】 旬邑县马栏林场是咸阳市的重点林区,经营总面积7.25万公顷,占到全市林业用地总面积的22%。为了切实加强全市重点林区扑救森林火灾的实际战斗力,确保林区的森林资源安全,在省、市森林防火指挥部的大力支持下,于2月组建了马栏林场森林消防专业队。专业队有专业消防队员24名,平均年龄27岁,文化程度均在中专以上。森林消防专业队设队长、副队长各一名,通讯组1个,后勤组(主要负责火场发电、物资供应)1个,扑火组4个(每组4人)。进入森林防火期时,森林消防队员均集中在场部吃住,以备应急。马栏林场森防专业队的主要职责是承担该场林区的森林防火和本场附近其他林区的火灾扑救与联防任务。这支队伍自成立后,每月至少进行一次扑火实战演练，并坚持扑火机具的日常维护，确保完好管用。他们还坚持经常深入林区农村、机关、学校开展森林防火宣传教育活动，检查火源管理和野外用火，为消除火灾隐患、及时扑救森林火灾、确保森林资源安全发挥了重要作用。

【“候鸟二号”行动】 为了进一步在全市掀起保护森林资源、严厉打击破坏野生鸟类资源的违法犯罪活动，市林业局、市公安局成立了咸阳市组织开展打击破坏野生鸟类资源违法犯罪集中统一行动领导小组和办事机构，联合下发了《关于在全市组织开展“候鸟二号”行动的通知》，制订印发了《咸阳市打击破坏野生鸟类资源违法犯罪集中统一行动实施方案》。自3月21日～31日，在全市组织开展了代号为“候鸟二号”行动的打击破坏野生鸟类资源违法犯罪集中统一行动。全市林业公安共出动警力428人次，出动车辆198辆次，检查鸟类活动区域56处，清理宾馆、饭店199家，清理非法营运、收购、出售鸟类的市场窝点62个，严厉打击了乱捕滥猎、非法收购、营运、销售、食用各种鸟类的违法犯罪活动，保护了全市的野生鸟类资源。

【“天保二号”行动】 为了严厉打击破坏森林资源违法犯罪活动，确保全市“天保”工程顺利实施，接国林发〔2004〕15号、陕林发〔2004〕12号《关于在天然林保护工程区组织开展严厉打击破坏森林资源违法犯罪专项行动（即“天保二号”行动）的紧急通知》后，市林业局从6月6日至8月6日，在全市天然林保护区开展了代号为“天保二号”行动的严厉打击破坏森林资源违法犯罪专项行动。全市共出动林政执法人员1485人次，出动车辆435辆次，共查处各类毁林案件39起，其中，滥伐林木案21起，盗伐林木案18起，清理木材市场11个，治理木材加工厂场所54家，行政处罚95人次，罚款4.46万元，为国家挽回经济损失12万元。

（刘天毅）

工　　业

概　　述

【概况】 2004年底,全市拥有规模以上工业企业319户,总资产326.6亿元,总负债226.8亿元,平均负债率为69.4%。从业人数15.3万人。总产值291.1亿元,对经济增长的贡献率为46%。规模以上工业企业按隶属关系划分,中省属61户,市属32户,县(区)属225户。按资产总额划分,中省属204.5亿元,市属45.2亿元,县(区)属76.9亿元。按产值总量划分,中省属152.9亿元,市属70亿元,县(区)属68.2亿元。按上交税金划分,中省属8.6亿元,市属1亿元,县(区)属2.3亿元。按企业规模划分,大型7户,中型50户,小型261户。大型企业拥有资产110.3亿元,中型企业127.3亿元,小型企业89亿元。按登记注册类型划分,内资303户,港澳台商8户,外商投资7户。内资企业按所有制划分,国有122户,集体23户,股份合作13户,联营1户,有限责任50户,股份有限22户,私营72户。全市工业门类比较齐全,已形成以电子、能化、医药、食品、纺织五大支柱产业为主,机械、建材工业为副的产业格局。五大支柱产业占规模以上工业的80%强,其中电子占全省同行业的67%、纺织占全省同行业的35%。工业特点:①户数占规模工业企业总户数不到20%的中省属企业,资产总额却占到规模工业总资产的62.6%,产值总量占到规模工业总产值的52.2%,上交税金占到规模工业税金总额的72.3%;相反户数占规模工业总户数达81%的市以下企业,资产总额、产值总量及上交税金却仅占规模工业的37.4%、47.4%、27.7%,远远小于中省属工业。②大中型企业57户,且绝大多数为中省属企业,拥有资产占规模工业总资产的72.7%。而小型企业大部分为市以下企业,拥有资产仅占规模工业的27.3%。③近年来,通过不断加大国有企业改革力度,辖区内纯国有和集体性质的企业户数已下降到占规模工业总户数的45.6%,但国有经济比重在一定程度上还很大。

【工业经济运行特点】 2004年,全市工业系统全面落实市委四届三次全体(扩大)会议提出的"四轮驱动,工业为先"的战略部署,进一步坚持工业立市方针,加快推进工业跨越式发展。不断深化国企改革,加快结构调整,推进技术创新,狠抓企业管理,使全市工业经济保持了快速发展的良好势头。全市全部工业总产值完成539.9亿元,同比增长16.1%;规模以上工业完成产值291.1亿元,同比增长18.2%。均超额完成全年生产任务,创历年最高水平。工业经济效益综合指数为133.1%,比上年同期提高3.8个百分点。全市规模以上工业产销率为98%。工业经济运行的主要特点:一是中省企业生产形势好于市县区属企业。中省属工业完成总产值152.9亿元,同比增长11.4%;市县区属工业完成总产值138.2亿元,同比增长26.7%,增速高于中省15个百分点。二是重工业快于轻工业。重工业完成工业总产值208.6亿元,同比增长21.4%;轻工业完成产值82.5亿元,同比增长10.8%。三是经济效益总体水平提高。规模以上工业实现产品销售收入230.1亿元,同比增长22.1%,规模以上工业累计实现税金20.4亿元,同比增长15.9%。实现利润9.4亿元,增长19.2%。四是五大支柱产业进一步壮大。规模以上产值累计完成242.8亿元,同比增长16.2%,占规模以上工业总产值的83.4%,电子工业完成产值87.95亿元,同比增长5.7%,为拉动全市工业增长做出了突出贡献。五是股份制、外商及港澳台商投资等各种类型经济全面发展。股份制企业完成产值129.14亿元,同比增长44.4%;外商及港澳台商投资企业完成产值52.4亿元,同比增长7.5%。六是主要工业产品多数增产,产销衔接保持较高水平。全市原煤产量587.8万吨,发电85.8亿千瓦时,棉布生产28亿米,彩色显像管生产1363.7万只,彩色电视机生产150万台,偏转线圈生产1550万只。存在的主要问题:企业融资渠道不畅,资金短缺，相当一部分企业难以扩大生产，技改项目及新产品开发项目因资金不到位进展缓慢；产业结构不尽合理；缺乏一批高技术含量和高附加值的名优产品；国企改革工作困难较大，社会保障体系不健全，国有退出渠道不畅。

【工业化工作力度加大】 一是开展了全市范围的工业化调研活动。市县各级党政领导深入企业调查研究，协调解决重大问题，进一步明确了全市工业发展的思路和战略重点，加大了工业发展的推动力。二是加强生产调度和协调。各级经贸部门坚持月调度，季分析，督促生产进度，及时解决突出问题，促进工业经济平稳运行。三是多次召开银企座谈会，积极帮助企业解决资金问题。充分发挥市中小企业信用担保中心的作用，帮助企业落实贷款，在一定程度上缓解了企业资金严重短缺的困难。四是多次召开企业座谈会，加强与驻咸中省和市属重点企业联系，发挥骨干企业的带动作用，促使全市工业经济快速发展。

【安全生产工作】 2004 年，全市各级党委、政府认真贯彻落实中央关于安全生产工作的一系列重要指示精神，坚持“安全第一，预防为主”的方针，积极开展安全大检查和专项整治工作，努力加强依法监督监察工作，严肃查处各类安全事故和隐患，强化隐患整改措施，狠抓安全生产宣传教育，不断完善安全生产责任制，为全市改革开放、经济发展和社会稳定做出了应有的贡献。年内全市共发生各类人员伤亡事故 935 起，死亡 228 人，重伤 718 人，直接经济损失 471.58 万元。与上年相比，死亡人数上升 15.74%，经济损失下降 68.76%，事故起数和重伤人数分别下降 33.64% 和 16.51%。

【加快企业体制创新】 一是进一步完善国企改革各项配套政策，充分利用国家推进国企改革的大政方针，积极研究制订符合市情实际的投融资体制和较为完善的政策措施。二是进一步加快国有企业从一般竞争性领域的退出步伐，大力发展非公有制企业。继续完善各种政策措施和服务体系，强化对中小企业的政策支持力度，鼓励民营经济参与国企改制与重组，使非公有制工业比重每年以至少 5% 的进度持续增长。三是加快进行规范的公司制改革和股份制改造，实现企业投资主体化。四是建立新型国有资产监管机构、资产经营公司和基层企业三个层次的国有资产管理、监督、运营新格局。成立行业性资产经营公司，建立产权交易中心，促进国有资产有效流动。

（徐春兰）

表 5 咸阳市荣获陕西省名牌产品一览表

（排名不分先后）

企业名称	产品名称	厂址	电话
咸阳石油钢管钢绳有限责任公司	三环牌石油用钢丝绳	咸阳市东风路 35 号	3725042
陕西省兴平市鲁洲糖制品有限责任公司	鲁洲牌高麦芽糖浆	兴平市兴渝路 54 号	8736108
三原鑫源面粉有限公司	鑫牌小麦粉	三原县苍南路南段	2282517
咸阳西北医疗器械（集团）有限公司	西诺牌牙科综合治疗机	咸阳市毕原路 3 号	3286856
咸阳海天制药有限公司	沙利舒牌复方沙棘籽油	咸阳市世纪大道东段	3812860
陕西白鹿制药股份有限公司	宝嫩牌阿斯匹林肠溶片	三原县陵前镇	2393378
陕西天王兴业集团有限公司	秦岭牌纯棉特宽装饰布系列	咸阳市人民中路 33 号	3156810
陕西天王兴业集团有限公司	秦岭牌纯棉细支高密贡布系列	咸阳市人民中路 33 号	3156810
陕西秦航机电有限责任公司	秦航牌平衡轴齿轮组件	兴平市西城区	8611770
陕西省建筑工程机械厂	永立牌砼机械	兴平市西城区友谊南路	8822604
红原航空锻铸工业公司	红原牌锻铸件	三原县鲁桥镇北	2421191

续表 5－1

企业名称	产品名称	厂址	电话
咸阳纺机制造有限公司	先织牌 ZA200 系列喷气织机	咸阳市玉泉路 12 号	3212990
咸阳偏转股份有限公司	PIANZHUAN 牌彩色电视用偏转线圈	咸阳市渭阳西路 70 号	3628196
陕西北川无线电器材厂	北川牌石英晶体谐振器	咸阳市文汇东路 16 号	3786272
中国咸阳保健品厂	505 牌(505 神功元气袋、505 神功护肩、505 神功护膝)	咸阳市乐育北路 19 号	3213392
西北橡胶总厂	双西“XX”牌飞机软油箱	咸阳市西华路 1 号	3329764
陕西兴化化学股份有限公司	珍珠牌硝酸铵	兴平市东城区	8838125
陕西宝塔山油漆股份有限公司	宝塔山牌油漆	兴平市兴渝路 56 号	8817703
陕西风轮纺织股份有限公司	风轮牌精梳羽绒布	咸阳市人民东路 41 号	3213960
西北二棉集团有限公司	翠华山牌精梳纯棉系列布	咸阳市人民西路 4 号	3263686
西北二棉集团有限公司	翠华山牌精梳特宽幅系列细布	咸阳市人民西路 4 号	3263686
陕西天王兴业集团有限公司	秦岭牌精梳纯棉细布	咸阳市人民中路 33 号	3214911
陕西天王兴业集团有限公司	秦岭牌精梳纯棉防羽布	咸阳市人民中路 33 号	3214911
陕西咸阳杜克普服装有限公司	DUKEPU 牌西服	咸阳市人民西路 29 号	3217279
陕西省医疗仪器厂	露水牌体温计	三原县池阳街 142 号	2292275
陕西宴友思股份有限公司	宴友思牌熟食系列产品	三原县宴友思大街中段	2270564
陕西神果股份有限公司	哺成牌神果锌维全奶粉	武功县苏坊西街	7496022
陕西省果品加工厂	绿是牌浓缩苹果清汁	泾阳县永乐镇	6381832
彩虹集团公司	IRICO 牌彩色显像管	咸阳市彩虹路 1 号	3334424
陕西金山电气集团有限公司	金山牌偏转磁芯	咸阳市金华路 2 号	3379117
陕西华电材料总公司(国营第七〇四厂)	华电牌系列覆铜板	咸阳市金华路 1 号	3335271
陕西吉元电工股份有限公司	吉元牌电工圆线漆包铜圆线	西安北郊经济技术开发区凤城二路 13 号	6510409
咸阳步长制药有限公司	步长牌脑心通	咸阳市渭阳西路西延段	8231740
陕西金醇古酒业有限责任公司	醇古牌金醇古精品酒	长武县醇古街 1 号	4202699
陕西风轮纺织股份有限公司	风轮牌纯棉 60 及以上高支高密防羽布	咸阳市人民东路 41 号	3213960
陕西华特玻璃纤维有限公司	白云牌无碱玻璃纤维鱼竿布	兴平市西城区友谊路	8362066
西北二棉集团陕西现代纺织有限公司	雅迪丝牌涤粘中长系列布	咸阳市人民西路 4 号	3263686
陕西红星软香酥食品有限责任公司	红星牌软香酥	礼泉县朝阳大街 39 号	5625849

电子工业

【概况】 咸阳市县区属以上电子工业企业22户,规模以上电子工业企业20户,其中中省属企业8户、市属企业4户,其他企业8户。主要产品有整机、元器件和原材料三大类。电子工业的特点:一是中省属和合资企业的生产能力、技术水平均高于市县属企业;二是全市电子工业市场占有率逐步扩大,成为出口创汇的龙头;三是企业产品质量、性能、可靠性、稳定性、寿命迈上了一个新的台阶,为进一步扩大市场占有率奠定了基础。2004年,全市电子工业实现工业总产值87.95亿元,较上年增长5.7%,实现利税595997万元,比上年增长34.97%,占全市规模以上工业产值的32%。主导产品产量:彩色显像管1363.7万只,同比增长22.1%;彩色电视机150万台,同比增长14.9%。

(徐春兰)

彩虹集团公司

【概况】 彩虹集团公司是经国务院批准的国有独资公司,是国务院国资委管理的国有骨干企业之一,下属子公司20多家。公司现有总资产88亿元,员工2万余人。主要产品有:37厘米、40厘米纯平,54厘米平面直角,54厘米纯平,64厘米平面直角,74厘米纯平,64厘米纯平彩色显像管等。彩管年生产能力达1600万只,居国内同行业第一位、世界第五位。各种彩管配套产品已全面进入国内外市场,其中低玻粉外销比例超过80%,市场占有率国内第一、世界第一;荧光粉的外销比例超过70%,市场占有率国内第一、世界第三;偏转线圈的生产规模达到世界第五,外销比例达10%;销钉阳极帽外销比例达50%;会聚磁件外销比例达50%;电子枪也成功地开发了国内国际两个市场。彩虹集团已成为中国最大、自配能力最强的彩色显像管生产基地。彩虹集团先后通过了多个国家的安全质量认证,以及国际权威机构的安全体系认证、质量体系认证和环境管理体系认证。全年出口彩管300多万只。彩虹集团从建成投产至2004年底,共生产彩色显像管1.07亿只,产品累计实现销售收入近810亿元,实现利税105亿元,出口创汇11.5亿美元,取得了显著的经济效益和社会效益。

(赵亚莉 张 敏)

咸阳偏转集团公司

【概况】 咸阳偏转集团公司是以偏转线圈、锂电池生产为龙头,集电子、信息、商贸、化工、建材等产业于一体的现代化大型产业集团,是省重点优势企业,省级高新技术企业,也是世界上最大的偏转线圈生产基地。公司主要生产和销售同辉系列彩色显像管(显示器)用偏转线圈、专用设备和彩色显示器、锂电池、铝塑复合管、工程塑料、金属卤化灯,特种漆包线、磁性材料、注塑件、冲压件等产品。公司有职工1410人,在岗1362人,控股或参股子公司27户(其中咸阳大明、永新和大宇3户已停产或歇业),分布在陕西18户,山东9户。截至年底,集团公司总资产29.58亿元,完成工业总产值42亿元,实现销售收入22.7亿元,利润总额3116万元,出口创汇1.21亿美元。

【主导产业实现跨越发展】 2004年,在偏转线圈产业上,取得了突破性发展。以生产总量3716万只和股份公司1959万只的生产纪录,创下整体生产规模和单一CPTDY工厂产销量两项世界第一的新纪录,并提前一年实现了"十五"规划目标(3500万只规划)。另一主导产品锂电池,因受市场大环境的影响,各项指标完成不甚理想,仅完成计划的30%~40%。但是,经过对投资入股的康佳设备的全面改造后,年产由500万只提高到1500万只,并开发出新产品电芯七种,为下一步市场拓展奠定了一定的基础。

(王苏苏)

陕西康佳电子有限公司

【概况】 陕西康佳电子有限公司成立于1995年8月,是由深圳康佳集团股份有限公司、陕西如意电气总公司和香港康电投资发展有限公司共同组建的外商投资企业,注册资本6950万元人民币,康佳集团控股经营。公司位于咸阳市西郊,占地面积70666平方米,员工1000余人,总资产1.4亿元。公司拥有4条现代化彩色电视机生产线,全进口自动插件机18台,注塑机11台,以及为彩电生产配套的大量仪器设备。公司主要生产"KONKA 康佳"牌彩色电视机,年彩电整机生产能力达150万台。成立至今,已生产彩电780多万台,是西北地区生产规模最大的彩电整机生产企业,并通过了ISO9001:2000质量体系认证以及3C安全认证。

【生产创新高】 2004年,陕康公司生产彩电146.5万台,全面完成了董事会下达的130万台的彩电生产任务,超过了2003年130万台的年产量,创陕康公司彩电年产量历史新高。几年来,陕康公司依托康佳集团在研发、市场和品牌方面的强大优势,确立自身在生产加工环节的突出实力,不断从成本、质量、管理等方面进行提升,在市场环境竞争日益激烈,彩电生产已进入微利时代的情况下,陕康公司始终保持了良好的生产经营业绩。

(赵晓雷)

医药工业

【概况】 2004年,全市共有药品生产企业37家,医疗器械生产企业22家,医用胶囊生产企业1家,医用氧气生产企业2家。共生产25个剂型600多种药品。其中国家基本用药目录制剂品种71个。全年规模内医药生产企业完成产值12.18亿元,同比增长22.3%,占规模工业比重4.2%,利税101911万元。

(徐春兰)

表6 咸阳市药品生产企业GMP认证情况一览表

企业名称	通过剂型	企业地址	法定代表人	GMP证书编号
505药业有限公司	片剂、胶囊剂、颗粒剂、洗剂	秦都区九子滩工业园	杜 哗	B0682 陕F0065
咸阳步长制药有限公司	片剂、颗粒剂、胶囊剂、口服液	咸阳市渭阳西路西延段123号	赵 超	B0682 陕F0041
陕西金裕制药有限公司	大容量注射剂	礼泉县朝阳大街12号	强林梅	C0937
陕西白鹿制药有限公司	片剂、颗粒剂、胶囊剂、口服液	三原县陵前镇	常万全	C0993
陕西康惠制药有限公司	片剂、颗粒剂、胶囊剂	咸阳市彩虹二路	王延岭	D1336
陕西美辰药业有限公司	大容量注射剂、小容量注射剂	彬县南大街6号	陈梅英	D1369 E2223
陕西健民制药有限公司	片剂、颗粒剂、胶囊剂、小容量注射剂	乾县南门外	郭俊京	E2247 D1756
陕西华龙制药有限公司	颗粒剂、口服液(中药)、片剂、胶囊剂	武功县苏坊镇	张泉林	D1889
陕西天禄堂制药有限责任公司	片剂、胶囊剂、软膏剂、膏药、颗粒剂	咸阳市四号路北段1号	郝朝军	E2054 E2055
陕西关爱制药有限公司	口服液、糖浆剂、洗剂	秦都创业园	杨喜雅	F3007
陕西思壮药业有限公司	洗剂、搽剂、片剂、胶囊剂、颗粒剂	秦都创业园	王延岭	E2041 E2042 陕F0049 陕F0050
陕西摩美得制药有限公司	搽剂、丸剂、滴丸剂、贴剂、片剂、胶囊剂、颗粒剂、栓剂、洗剂	咸阳市民生东路65号	王保安	E2144 E2145 陕F0077
陕西君碧莎制药有限公司	胶囊剂、片剂、颗粒剂	咸阳市秦都区钓台镇	史志辉	E2327
陕西海天制药有限公司	胶囊剂、片剂、颗粒剂、栓剂、洗剂、合剂	咸阳市世纪大道	王 春	E2394 E2396 陕F0038
陕西中医学院制药厂	丸剂(水丸)、合剂	咸阳市渭阳中路1号	王德春	E2709
陕西冯武臣大药堂制药厂有限公司	片剂、胶囊剂、颗粒剂、丸剂(大蜜丸)、气雾剂、软胶囊剂、糖浆剂、软膏剂、滴丸剂	咸阳市渭阳西路西延段1号	高大富	E2765
陕西永寿制药有限责任公司	片剂、胶囊剂、口服液、小容量注射剂	永寿县药厂路2号	翟富林	F2908
陕西宏达制药厂	小容量注射剂	长武县五里铺	杨登钧	F2894
陕西功达制药有限公司	片剂、胶囊剂、颗粒剂、栓剂、软膏剂、搽剂、酊剂、干混悬剂、溶液剂(外用)	武功县代家乡	袁 博	陕F0012
陕西金象制药有限公司	胶囊剂、片剂、颗粒剂、丸剂(水蜜丸)、散剂	秦都区医药工业园	刘小良	陕F0034 陕F0035
陕西去病制药有限公司	片剂、胶囊剂、颗粒剂	咸阳市世纪西路	徐君寿	陕F0057
陕西东泰制药有限公司	胶囊剂	咸阳市四号公路1号	罗 川	陕F0062

步长集团

【概况】　步长集团是一家集医药研究、生产、销售和诊疗服务、教育、网络为一体的大型民营高科技企业。其分支机构遍布华北、华东、西南等中国主要省份，营销网络覆盖全国各地。在全国设有700余家办事处，在中国同行业中位居龙头。经过10年发展，步长集团总资产超过50亿元，拥有2个医药研究院、9个药厂、1所大学，并成为享誉国内的纳税大户。步长集团注重科研开发，其代表产品"步长脑心通"曾荣获第42届世界发明博览会尤里卡金奖，2004年又在"首届中国市场产品质量用户满意度调查"大型公益活动中，当选为"中国市场产品质量用户满意消费者首选第一品牌"。"步长稳心颗粒"是国内中药治疗心律不齐的著名产品，"步长倍通丹红注射液"、"参芍胶囊"、"龙生蛭"等产品的开发研制，使步长集团成为中国心脑血管领域的龙头企业。现已开发肿瘤、糖尿病、消化类等多种高科技产品，具备了雄厚的产业基础。步长集团10个事业部，万名专业推广人员，销售网络交叉覆盖全国所有地级市和重点乡镇，覆盖全国1.5万个医院和13万个零售药店。

（步　长）

咸阳华龙企业集团公司

【概况】　陕西省咸阳华龙企业集团有限责任公司是一个以生产经营医药品、保健品、食品、建材制品为重点的综合性企业集团公司。公司下辖陕西华龙制药有限公司、咸阳华龙医药有限公司、陕西咸阳神龙保健品有限公司、华龙精粉厂、华龙建材一厂和二厂、华龙医院、华龙私立学校等10多个企业和单位，并与珠海华丰公司的华丰方便面公司、台湾帝辰彩印厂合资企业2个。公司拥有总资产1.2亿元，有员工1600名，其中中级以上专业技术人员108名。公司有正式运行的生产线32条。主营产品正心泰颗粒药品、营养方便面、高档彩印、小麦高筋专用粉、真空平板瓦等被评为省市名牌产品。

陕西华龙制药有限公司，成立于1997年，是集科研、生产、销售为一体的通过国家GMP认证的现代化制药企业。公司占地17300平方米，拥有中药前处理、提取及片剂、硬胶囊剂、颗粒剂、口服液5条生产线。有从国内外引进成套先进的制药设备、主要检测仪器等80多台件。建立配备了与产品生产质量管理相适应的高素质管理和科研队伍，形成了一套严格的生产管理体系、质量管理体系、科研体系。公司现有"正心泰颗粒"、"小儿退热口服液"、"阿归养血颗粒"、"乾闭通尿塞通片"、"男春宝胶囊"、"六味地黄胶囊"、"轻身减肥片"等16个医药品种。其中"正心泰颗粒"对冠心病、心绞痛等病症疗效显著、快速，受到医患好评，荣获"陕西省名优产品"称号。同时，公司与全国多家高等研究机构建立了长期稳定的合作关系，发展后劲强大，研究所的5个国家级新药也在研制中。公司凭借高质量的产品和良好的商业信誉、科学的营销理念，已在全国大部分省市建立了自己的销售网络，创造了良好的经济效益和社会效益。多年来，公司坚持服务是竞争的前提，人才是竞争的能量，品牌是竞争的永恒主题，并以科技开发和市场为导向，连续多年被授予"省级科技示范企业"。

（华　龙）

食品工业

【概况】　2004年，全市食品工业坚持发挥资源优势，积极调整产业结构，开展外引内联，多方招商引资，大力开发新产品，上大项目，使新的经济增长点不断出现。全年实现工业产值45亿元。

【龙头企业增多】　一批规模大、起点高、效益好的企业集团迅速崛起。继神果、宴友思、泾云实业、三原麦芽公司、海升果汁、富安果汁建成后，又一批招商引资的企业陆续落户咸阳。继银桥奶业、蓝马啤酒、兴平鲁糖、泾阳光明奶、张裕葡萄酒之后，又有通达果汁、汇源果汁、天山面粉、杭州"娃哈哈"分别落户三原县、泾阳县、彬县、礼泉县、乾县、兴平市，为咸阳市食品工业奠定了坚实的基础，有力地带动了县域经济的发展。

【食品工业户数增多】　据不完全统计，全市100万元产值以上的企业由原来的50户增加到现在的180户。其中股份制和私营占65%、集体占20%，个人承包（国营）占15%。过亿元的企业8户，全市食品工业企业达6000多家。

【食品门类增多】　由原来传统的普通的粮油加工、乳制品、屠宰业、熟食加工、糖酒制造业等16个门类发展到高科技超临界萃取、微波、生物、膜分离、真空冷冻、干燥等技术，食品门类22个，产品品种多达600多种，形成融科技与食品一体的产品格局。

（周月莉）

石油化学工业

【概况】　全市县、乡以上石油化学工业企业32户。其中中省属企业6户、县属企业5户、其他企业21户。2004年，咸阳市石油化学工业实现工业生产总值61.64亿元,占规模以上工业生产总值的21.2%,实现工业增加值19.7亿元。主导产品产量原油加工量172.1万吨,同比增加14.7%。其中生产汽油54.82万吨,柴油76.64万吨,同比分别增加28.7%和10.6%。生产油漆1.8万吨,合成氨19.27万吨,硝酸铵、液化石油气、轮胎等产品产量较往年有所提高。整个石化行业已形成沿陇海线分布的行业格局,国有、民营、股份制等多种经济成份竞相发展。

(何念念)

中国石油天然气股份有限公司长庆石化分公司

【概况】 长庆石化分公司(原咸阳长庆石油助剂厂)是中国石油天然气股份有限公司直属地区分公司,是一个以炼油为主的石化企业。公司位于咸阳市东郊化工工业区。拥有7套生产装置。主要产品有90号汽油、93号汽油、各种优质轻柴油、航空煤油、丙烯等。在册员工705人。2004年,全面完成业绩指标,实现销售收入52亿元,上缴税金3.8亿元。

【生产经营与企业管理】 ①深入开展"技术效益年"活动。精心组织,优化运行,确保装置长周期安全平稳运行。抓好装置管理工作,针对生产运行、设备管理上存在的薄弱环节,公司组织实施了6大类92条挖潜增效措施,加工原油172万吨,增效约5380万元。②公司扁平网络化管理不断深化。《重新设计组织结构,实现扁平与网络化》论文获第八届石油企业管理"现代化优秀论文"一等奖。《扁平网络化管理模式的探索与应用》获第十七届石油企业管理现代化优秀成果一等奖第一名,《适应快速变化环境的扁平网络化管理》获第十一届全国企业管理现代化创新成果二等奖。

【产品质量和质量管理】 公司坚持"以人为本,诚信至上;质量一流,顾客满意;为用户提供优质适用的石化产品,为社会创造丰富多样的清洁能源"的质量方针。通过ISO9001质量管理体系认证,推行国际标准化管理,规范质量管理过程,将质量、技术、操作、安全、环境、消耗等各类指标分解细化,确定最佳值、达标值,对照检查,考核兑现。装置操作工艺参数不断优化,馏出口平稳率和质量合格率明显提高,产品始终保持出厂合格率100%,季度产品质量监督抽查合格率100%,被陕西省用户委员会评为"用户满意产品"。

【安全生产和环境保护】 深入开展"安全生产管理年"活动。结合体系运行,将QHSE年度目标层层分解,逐级签订了HSE业绩合同。认真开展"严管理、反三违、查隐患、保安全"活动,征集"反违章、查隐患、促整改"合理化建议,全员抓安全。所有装置均实现了长周期安全平稳运行。通过了HSE/OHS18001职业健康安全管理体系认证,安全管理被评为中国石油天然气股份有限公司先进单位。开展绿色文明企业创建工作,环保工作持续改进,污水、废气全部达标排放,成为全省惟一的"双绿"单位。

【科技创新与技术改造】 全年完成10项技改项目,总投资7391万元。主要包括:20万吨/年气分装置建设,汽油降烯烃技术,催化气压机控制系统升级,稳高压消防水改造,催化低温热利用,HD法催化柴油精制,液化气、干气脱硫等。

(刘宏远)

陕西兴化集团有限责任公司

【概况】 陕西兴化集团有限责任公司是1997年8月由原兴平化肥厂整体改制成立的,是陕西省国资委管理的国有重要大型骨干企业。有员工3228名,总资产8.5亿元。集团公司辖2个全资子公司(兴化机械厂、兴化汽运司),3个参股合资公司(新科气体公司、西安顺通化工公司、西安兴华肥业公司),1个控股股份公司(兴化化学股份公司),初步形成资本运营和化工实业共同发展的多元战略格局。公司成为集化肥、化工、军工、系列羰基铁粉、系列气体等30余种产品为一体的大型现代化化工企业集团。集团公司控股的陕西兴化化学股份公司,是兴化以其核心技术和优良资产为依托,联合17家法人共同组建的的股份制公司,总股本1.2亿元。主导产品"珍珠牌"硝酸铵曾获"省优"、"部优"产品称号,为"陕西省名牌产品","珍珠牌"商标为陕西省著名商标。兴化连年被被评为"全国设备管理先进单位",还先后荣获"陕西省企业管理先进单位"、"陕西省质量管理先进单位"、"陕西省安全生产先进单位"、"全国化工环保先进单位"、"陕西省诚信企业"、"全国思想政治工作优秀企业"、"全国化工文明单位"、"全国厂务公开优秀单位"等多项荣誉称号。兴化股份公司位列全国化工500强、效益100强行列。2004年,公司以生产经营为中心,努力克服天然气限量供应、技改与扩建同步进行、原材料紧缺、运输紧张等不利因素和困难,不仅使技扩改项目顺利完成并产生了显著效益,而且全面完成了主要产品的计划任务,多项产品产量创历史新纪录,在经济效益大幅度增长的前提下实现了企业实力的大增强。全年共完成合成氨163547吨,同比增长10.4%;硝酸铵297180吨,同比增长8.2%;纯碱57505吨,同比增长50.7%;氯化铵59433吨,同比增长54.6%;羰基铁粉55吨,同比增长8.6%;浓硝酸12995吨,同比增长271.1%;空分液体5376吨,商品二氧化碳9638吨,编织袋826万条。2004年出口硝铵11485吨,实现创汇216.02万美元,硝酸铵产销量稳居全国第一。公司全年实现销售产值5.35亿元,同比增长29.23%。集团公司实现利润801.11万元,同比增长270%。股份公司盈利5896.25万元,同比增长75.28%。

（马载宪）

电力工业

【概况】 2004年,咸阳供电局售电量完成42.46亿千瓦时,同比增长13.42%。其中,工业用电量28.85亿千瓦时,农业用电量5.48亿千瓦时,商业用电量0.99亿千瓦时,城乡居民生活用电量5.19亿千瓦时。受理批复报装接电769户/305130千伏安,同比增长94.57%;投运接电541户/124496千伏安,同比增长13.4%。综合电压合格率完成98.73%,供电可靠率达到99.94%。

【安全生产实现新跨越】 一是全局上下思想统一,认识明确,正确处理安全与发展、安全与服务、安全与效益的关系。深入落实国网公司、省公司和市委、市政府对安全生产的要求,把安全生产放在讲政治、保稳定的高度切实抓实抓好。二是结合实际,始终坚持“看住、盯牢、跟紧、尽责”的安全管理八字方针。坚持“年有目标、月有计划、周有安排、日能控制”的计划管理原则。坚持“注重前期、强化过程、突出预防、超前管理”的工作模式。坚持管理与一线的一体化,领导干部下现场和职工融为一体监督保证安全的立场。坚持“严管、重处、狠罚、重奖”的安全考核准则,走出了特色鲜明的咸电安全生产管理之路。三是紧紧围绕“保人身、保电网、保设备”这个中心,强化执行领导干部到位制。并借助安全性评价、危险点分析与预控等管理手段,开展了大量检修消缺、防污调爬、大修技改、城农网建设改造工作。广大生产工作者不畏严寒、不怕酷暑、兢兢业业、任劳任怨,用辛勤的汗水和艰苦的付出筑牢了安全生产的基础,极大地提高了电网设备的健康运行水平。四是公司党政工团团结治局、齐抓共管,安全生产四大体系及安全纠察队尽责工作。单位、班组、职工、家庭合力共保,生产运行、设备检修、电网建设、客户用电、农电管理、多经施工、车辆交通、治安消防等各个层面有效联动,共同构筑起了全员、全方位、多体系齐心协力确保安全的稳定格局。五是坚持居安思危、警钟常鸣,越是在形势好的情况下,越不放松警惕,不断加强安全思想教育,进一步强化、深化、细化了安全生产的综合管理。至2004年底顺利创造了1235天的安全生产新纪录。

【经营管理卓有成效】 咸阳供电局进一步明确企业定位,把严肃经营管理、实现经济效益最大化与企业发展紧密结合起来,创造了企业经营管理的宝贵经验。一是经营战线广大干部职工始终坚持效益至上,尽职尽责,时刻把执行政策、严明纪律、维护企业的整体形象和利益作为工作的准则和生命线。二是坚持经营指标以月保季、以季保年的原则不动摇,强化、细化指标的分析、预测和分解,严格考核,确保高标准、实事求是、全面完成。三是坚持增供扩销,大力开拓用电市场,不断为企业培育新的电量增长点。其工作策略、方法、成效均得到了省公司的高度认可。四是坚持堵漏增收,确保了国家和企业的合法利益不流失,保障了国有资产的保值增值。五是努力提升优质服务品质,赢得了社会各界和用电客户的广泛称赞。六是规范财务审计管理运作,防范企业经营风险。

【多经之路愈走愈宽】 全局坚持内控外联、做大做强的工作思路,狠抓内部管理,不断强化集团化管理机制。出台了成本管理、经营责任制考核、市场开拓奖励等一系列多经内控制度。安全管理与主业同要求、同考核,全年未发生任何影响全局安全生产的事故。经营管理全面规范、严格控制,确保了企业经营秩序的正常运转。投资管理以科学、严谨、符合市场规律为原则,亨通电力大厦等项目积极推进。同时,狠抓市场开拓,“大市场”的意识已牢牢扎根于全局广大干部职工思想深处。各职能部室积极为多经企业源源不断地创造项目条件,各生产运行单位全力支持与配合,多经干部职工群策群力、全员参与、主动出击,共同推动了多经企业内外市场的滚动壮大。各多经企业之间默契协作、相互配合,把项目的每一个环节纳入了集团运营的严格控制之下。全体多经职工在市场、安全、效益、稳定、发展等多重压力下,不畏艰辛、勤劳奉献,在省内外市场树立了“咸电亨通”品牌,锻造了快速发展的集团航母,也为咸电事业的不断发展注入了源源不断的动力和活力。

【企业管理全面提升】 2004年,咸阳供电局基础管理的重点是职工教育培训和班组建设再深入工作。教培工作以“教育培训年”活动为契机,专门编制了教育培训全年分月培训计划、操作程序和保证措施,制订了《教育培训年活动考核细则》,使教培工作有章可循、有规可依。合理配置教培人力资源,建立了各部门、单位广泛的教培体系。全面推行职工教育系列化。丰富培训手段,大力开展了现场培训和网络培训,特邀专家、厂家和局技术骨干开展规程制度、新技术和管理规范的宣贯和系列教育,全局全年参加各类培训班职工共2130人次,培训率达81%;网上培训教学片内容丰富、种类齐全,并通过办公系统与家属院宽带互联的方式,使1000余个教学片深入到职工家庭,受到了职工的普遍欢迎和认可。各专业规范化、标准化管理及作业电视教学片拍摄工作也取得实质性进展。《电能表修校》、《电测仪表修校》、《农电0.4千伏规范化作业》教学片已拍摄完成,《高压线路带电检修》、《配电线路运行、检修、安装》等教学片已具雏形。班组建设工作在继承的基础上,加快了信息化建设,为推广网络教育、加强班组微机管理创造了有利条件。对优秀班组、标兵班组实行动态管理,特别是标兵班组津贴不搞终身制,进一步促进了各个班组的管理工作。《农电0.4千伏规范化作业示范片》经省公司鉴定通过,已在全省各县局及供电营业所推广应用。《电能表修校》、《电测仪表修校》教学片已通过省公司审定,将由中国电力出版社面向全国发行。局调度所独立开发的咸阳电网调度手册电子版,提高了电网调度管理的效率。

【电网建设步伐不断加快】 坚持以市场需求为导向,以经济效益为中心,以建设坚强电网为目标,加强电网规划,加快电网建设。迎峰度夏、迎峰过冬任务圆满完成。面对电力供应趋紧、电网结构存在薄弱环节的严峻形势,对迎峰工作早抓、早落实,建立了有效的电网分析、预测制度,科学实施电网项目,加强运行管理,及时消除隐患和缺陷,全力确保人民生活以及党政机关、电台、电视台、机场、铁路、大型工矿企业等重要客户的可靠供电。迎峰过冬期进一步强化管理、加强监督、跟踪治理,确保了电网设备安全平稳度峰,有力地保证了咸阳电网的安全运行和对外可靠供电。

(南增毅)

咸阳供电局

局　长　周军义

副局长　王彦平　纪云鸿　刘军虎

陕西渭河发电有限公司

【概况】 陕西渭河发电有限公司是一个现代化特大型骨干发电企业,是由香港中旅(集团)有限公司、西北电网公司、陕西省投资集团公司三方共同投资设立的中外合作经营企业,也是建国以来陕西省最大的中外合作经营企业。公司位于咸阳市渭城区东郊,距西安市、咸阳市均约20公里,占地约7万平方米,地处陕西电力负荷中心,交通运输便利。公司成立于1997年5月8日,实行董事会领导下的总经理负责制。公司资产总额为54亿元人民币,注册资本为18亿元人民币,公司主营生产和销售电力,现生产经营的发电装机规模为4台30万千瓦发电机组。按合作协议,年基准上网电量为65.5亿千瓦时。

2004年,受煤炭价格上涨、环保标准提高、上网电价下调等因素影响,完成全年目标困难极大。面对重重困难,在公司董事会和经营班子的坚强领导下,公司上下团结拼搏,迎难而上,紧紧围绕全年各项生产经营目标,始终坚持"安全、可调、低成本运营",全面完成了各项生产经营任务,取得了新的成绩。全年共发电75.96亿千瓦时,实现上网电量71.81亿千瓦时,完成了年计划的109%,比上年增加了11.7亿千瓦时,超额完成了发电任务。全年累计实现销售收入18.75亿元,超额15%完成了利润目标。各项主要生产技术指标取得了新的成绩。供电煤耗完成348克/千瓦时,较上年降低了2克/千瓦时,较计划下降2克/千瓦时;厂用电率完成5.12%,较上年降低了0.17%,较计划下降了0.28%;发电用油1954吨,较上年减少了33吨;单位油耗完成25.72吨/千瓦时,较上年下降了5.6吨/亿千瓦时,较计划下降了14.28吨,为历年来最低。安全生产再上新台阶,年内实现了三个安全生产一百天,实现了四台机炉连续运行46天的纪录。截至年底,实现安全生产650天。同时,公司在生产管理、经营管理、文化建设与后勤服务方面也取得了可喜的进步。全年组织完成了3号机组大修及DCS、DEH/MEH改造,6号机组扩大性小修等工作,班组建设取得了阶段性成果。经营管理工作进一步细化,全年仅短期银行借款利息较上年同期减少2200多万元,可控费用较以前均有所降低,其中管理性费用较上年节约290多万元。在煤炭供应极为困难的情况下,全年累计采购煤炭360多万吨,为多发电提供了有力保障。公司的制度化、信息化建设工作不断加强,管理手段不断进步。完成了"四期"扩建工程初可研报告的评审工作。

(崔晓明)

大唐渭河发电厂

【概况】 2004年,大唐渭河发电厂全力克服缺煤、不能按计划检修、设备健康状况下降等不利因素的影响,坚持以安全生产为基础,以提高经营效益为中心,以"管理出效益,稳定求发展"为方针,解放思想,更新观念,求真务实,团结拼搏,全年共完成发电量59863万千瓦时,上网电量53196万千瓦时,比上年同期增加发电量675万千瓦时,增加上网电量383万千瓦时,完成计划发电量的101.5%,完成计划上网电量的101.3%,较好地完成了发、供电任务。但由于燃料价格不断攀升,煤质严重下滑,供电煤耗、厂用电、单位发电成本等主要指标上升,除尘器被限期改造等因素影响,使年度亏损进一步增大,经营形势非常严峻。全厂全年安全生产形势良好,截至年底,大唐渭河发电厂安全生产累计达1755天,创渭河发电厂建厂以来历史最高安全生产纪录。全厂实现了"五无"(无人身重伤及以上人身事故、无重大设备损坏事故、无人员责任事故、无火灾事故、无交通事故);实现无"非停",设备始终处于可控可调状态。

【除尘器改造】 渭河发电厂1号、2号炉除尘器过去采用的是多管复合式除尘器,除尘效率较低且达不到国家环保标准。2004年7月,咸阳市政府要求渭河发电厂在2005年1月31日前对此进行治理,不再超标排放。面对这一严峻形势,渭河发电厂成立了除尘器改造工作领导小组,明确了分工,建立了专门的除尘器改造工程组织机构,制订了详细的除尘器改造工作大纲。为配合两台除尘器改造,确保改造工作顺利进行,厂内对两台机组的大修计划进行了调整,1号机组大修推迟到10月份进行,同时安排在12月份进行2号机组大修工作,这开创了一年内同时进行两台机组大修的先河。改造后的除尘器效率达到了99.9%以上,烟囱出口含尘浓度小于50mg/Nm^3。12月22日,渭河发电厂提前1个月按市政府要求结束了长期以来向天空排放黑烟的历史。

【彬长电源建设项目完成初可研报告】 陕西省关于彬长矿区的整体规划出台后,大唐集团公司与陕西省发改委签署了彬长项目备忘录。明确了大唐集团公司控股开发彬长煤电水项目 。在大唐陕西发电公司的领导下,大唐渭河发电厂组织精兵强将,加大前期工作力度,实行"五制"原则,即目标制、责任制、分级制、沟通制、奖惩制,积极推进彬长煤电水一体化项目向前发展。9月21日,组织了彬长电源项目工程初可研报告审查会,初可研报告通过了评审。彬长煤电水一体化项目已经进入攻坚阶段。

(大　唐)

咸阳秦能电力有限公司

【概况】 2004年,咸阳秦能电力有限公司千方百计克服供煤紧张、煤价上涨等外部环境带来的不利因素,狠抓安全发供电工作。8月26日,3号机组试运行后,针对3号冷水塔暂不能投运的现状,公司大胆创新,合理调度,利用1号、2号冷水塔带3台机组运行,争分夺秒抢发电,将日发电量由过去的平均50万千瓦时提高到现在的80万千瓦时左右,从而提前提高了发电能力。在售电方面,随着3号机组的建设和投运,对公司进一步拓展售电渠道提出了新课题。为了把3号机组发电量落到实处,公司从年初起,就针对甘肃农电110千伏进入附近煤矿对企业直供电量造成的压力,采取"东西发展、南北延伸"的应对措施,于一季度完成了"秦火、秦下"35千伏线路工程,争抢对火石嘴煤矿和下沟煤矿的供电权。同时,发展了4个料石场、3个选煤厂、1个预制厂、1个缸瓦厂、1个拌合场为新直供用户,使全年直售电量达到5380万千瓦时,比上年的3567万千瓦时增长了50.82%,比年计划4000万千瓦时增加了34.52%,直供电量占到全年总售电量16811万千瓦时的32%,从而为缓解上网电量不足的压力,提高企业经济效益发挥了举足轻重的作用。2004年,公司共计完成发电量1.9亿千瓦时,售电量1.68亿千瓦时,分别比上年增长5.7%和4.98%,实现利润507万元,各项经营指标均创公司经营史上新高。

(张彦军)

煤 炭 工 业

【主要指标完成情况】 2004年,全市煤炭工业各项目标任务进度全面完成。一是原煤产量大幅增长。全市完成原煤产量756.28万吨,较上年净增244万吨,增长48%,完成全年任务600万吨的126%。实现工业产值12.1亿元,实现利税6亿元。在全省排位由上年的第三跃升为第二。二是安全生产创历史最好水平。煤炭生产在产量、效益增长的同时,安全形势稳定好转。全市全年累计发生煤矿生产伤亡事故5起,死亡6人,百万吨死亡率0.79,较上年同期的1.99下降1.29个百分点,大大低于国家下达的3.3的控制目标。安全生产连续五年无重大伤亡事故发生,保持全省先进水平。三是彬长旬东煤田开发取得了重大进展。全年开工项目29个,计划完成投资12.1亿元,实际完成投资13.4亿元,提前完成了全年投资任务。四是矿区重大建设项目进展顺利,新建和技改工程按计划进行,续建工程正在收尾。新建600万吨/年大佛寺煤矿和300万吨/年亭南煤矿加大了投资建设力度,新井建设工程按计划进行。彬县下沟煤矿300万吨/年洗煤厂8月份投入生产,下沟300万吨/年矿井改扩建、火石嘴煤矿300万吨/年三期改扩建及中达燕家河煤矿150万吨/年、碾子沟煤矿30万吨/年、宋家沟煤矿30万吨/年、台家山矿区联并改造一期60万吨/年改扩建项目、彬麟公路、旬耀公路等8个技改项目顺利完成了主要工程施工任务,已进入试运行阶段。全市煤炭生产建设规模提升到2400万吨/年以上,为煤炭工业产业结构调整、煤炭的深加工和煤炭转化打下了坚实的基础。五是招商引资任务超额完成。市政府下达市煤炭办公室全年招商引资任务1510万元,到年底实际完成1810万元。

【煤矿安全专项治理整顿工作】 2004年,市煤炭办坚持用煤矿安全专项整顿活动统揽煤矿安全生产的各项工作,始终把专项整治活动放在工作的重要位置,用专项整治推动"一通三防"(通风,防瓦斯、防火、防煤尘)、质量标准化、安全生产许可证申领和生产技术等多项工作,实现安全生产协调发展。严格按照煤矿安全生产基本条件和《安全生产法》的要求,全面提高矿井安全质量水平。全市6万吨以上的矿井全部实现了双回路供电,6万吨以下矿井的备用电源能满足保安要求。加强了对高瓦斯矿井的监管,按要求装备了瓦斯监测监控设施。取缔了硐式和高落式等落后的采煤方法,全面推广壁式、刀柱式等正规采煤方法,一些大的矿井实现了综合机械化采煤工艺。进一步完善了生产技术管理工作,图实相符并能按要求定期交换。坚持不懈地开展多种形式的安全生产大检查。始终把"一通三防"作为重中之重,全面落实瓦斯防治的12字方针,狠抓顶板管理,先后开展了6次拉网式大检查。把大检查和经常检查、一般性检查和随机抽查相结合,及时发现和处理了一批安全隐患。对不具备安全生产条件的矿井,强制停产整改,对隐患突出的矿井下发安全监察指令书。特别是河南大平煤矿瓦斯爆炸事故以后,市煤炭办及时通报,并安排两组分别由办领导带队,对全市所有煤矿进行全面排查,全办每个人分矿承包到井,责任分明。针对永寿县兴发煤矿安全管理不到位的情况,下发停产整改指令书,对其余各矿存在的安全隐患进行了通报,确保了不安全不生产。先后查出事故隐患413条,已整改401条,其余正在整改之中。全市33对生产矿井,四证齐全,安全生产许可证按要求正在申领之中。

【提高煤炭工业的产量和效益】 在招商引资和彬长煤田开发的大潮推动下,全市的多数煤炭企业已经形成了一批新的生产能力,这是咸阳市煤炭工业发展的重要支撑。市煤炭办始终坚持安全第一、预防为主和不安全不生产,生产必须安全的方针,千方百计提产达效。一是始终坚持以风定产的方针,在风量满足和五大系统正常有效的前提下,允许有能力的企业高产高效,鼓励各类企业达产达标。二是积极推进小矿井技术改造和小矿区的联并改造。平遥、台家山两个矿区的联并改造正在进行;留石村煤矿停产整改近6年之后,通过省上验收,恢复了生产。三是狠抓了生产调度工作,市煤炭办将年初确定的生产任务,按各矿井和各产煤县的实际,分解落实,划定月进度,对特殊原因造成的缺损,及时调度补充,确保总量的按期完成。同时注意抓了产销衔接和销售价格的综合平衡,实现产量和效益协调发展。

【推进彬长旬东煤田大开发】 2004年是彬长旬东煤田开发大干快上的一年。在彬长煤田开发指挥部的领导下,市煤炭办协调督促有关部门和产煤县狠抓落实,取得了重大进展。一是积极招商引资,利用外来投资对彬长旬东的小矿区进行联并改造,对中小型煤矿进行改扩建,提高全市煤矿安全现状、生产规模以及煤炭工业整体水平。对来咸的投资者,市煤炭办热情接待,陪同考察,搞好服务。在此基础上,加强了对意向和合同的落实,努力提高招商引资的实效。全年共接待前来彬长旬东煤田考察调研的投资团体70家,赴矿区实际进行具体项目考察的32家,谈成项目意向10个,签订开发合同5个,投资额39亿元,实际到位资金22.9亿元。二是加强了对重点建设项目的协调落实。在建的亭南煤矿克服了水患,恢复了井筒建设,10月已经见煤,预计2005年投产。大佛寺煤矿地面建设已基本完成,两个井筒掘进,已分别达到378米和280米。下沟煤矿和火石嘴煤矿300万吨技改正在顺利进行,下沟矿300万吨洗煤厂已经竣工投产。同时,小庄煤田、蒋家河煤田、官牌煤田的资源勘探和开发,正在按有关程序进行,孟村煤矿地质精查勘探工作已经开始。矿区基础设施建设方面,银武大通道咸阳段施工设计基本完成,彬麟公路、旬耀公路正在加紧施工,路基桥梁等基础性工程基本完成,将进入路面油化处理。银武高速公路咸阳段已经开工建设。矿区供电设施建设方面,到煤矿输电线路架设改造已经开始。矿区煤电水一体化项目前期工作进度加快,亭口水库预可研设计工作已经完成,马屋电厂前期工作已经结束,省计委就彬长矿区煤电水一体化项目招标工作准备就绪,按原计划即将进行招标,10月份上报国家审批立项,重要控制性工程即将开工。煤炭转化项目正在启动,彬长矿区120万吨/年甲醇项目预可研设计已经完成。

(刘育晖)

纺织工业

【概况】 2004年,全市纺织行业实现工业总产值19.78亿元,同比增长9.1%,占规模工业比重6.8%,创税收35339万元。受国际市场准入政策影响,年内纺织品出口受到限制,全市出口创汇较上年减少1亿元人民币。咸阳市积极筹建纺织工业基地,聚集优良资产和先进技术,加快产业升级,促进纺织、印染和服装加工向高档次、高附加值转化,提高市场竞争力和出口创汇能力。

(徐春兰)

西北国棉一厂

【概况】 2004年,西北国棉一厂克服宏观调控给纺织行业带来的冲击,在出口退税率大幅下调、棉价上涨、市场低迷的巨大压力下,狠抓管理强素质,开源节流降成本,开发品种促产销,取得了良好的经济效益。生产棉纱8870.8吨、棉布5802.4万米,实现销售收入38409.03万元,自营创汇1812.28万美元,实现利税105.78万元,其中风轮公司盈利327.94万元。

【开发调整品种】 2004年棉花市场价格暴涨暴跌、质次价高。产品价格持续低迷,加之银行改制、限制贷款、非法贸易壁垒、出口退税率下调4个百分点等,企业普遍遭受到成本骤增、产品卖不上价的双重挤压。西北国棉一厂以品种开发拓宽市场、狠抓消耗力求降低成本,积极应对市场变化,充分发挥高支高密、织物细薄的产品特色,抓新品开发不放松。开发生产了JC60支及以上高支高密、高支细薄品种等三大类81个新产品,投产34个,新产品出口合格率完成97.92%,产值达1484.06万元,增收1008.36万元。JC50支及以上品种的生产量大量增加,达到1434.07万米,占全部产量的24.72%。

【加大营销力度】 生产销售科学排产进度,以销定产、以产促销;利用各种展销会、洽谈会、招商会,广泛宣传企业和产品,设法减少中间环节,提高单价收益。积极跻身江浙热点地区,瞄准高附加值的家纺产品、服装面料、装饰用布三大市场,拓展销售空间。同时,积极利用电子商务预定购销意向,拓宽销售渠道。全年共开发客户296家,其中国外长期客户45家,加大了企业市场销售的选择空间和竞争力。全年产销率完成101.1%,货款回收100%,基本实现预定目标。

(赵亚莉 张 敏)

西北二棉集团公司

【概况】 2004年,西北二棉集团公司努力克服原料市场大起大落,产品价格下滑,能源价格上涨,出口退税下调,国际贸易摩擦增加等一系列不利因素带来的影响和压力,正确决策,开拓进取,使公司整体工作不断向前推进,内部管理进一步深化、精细,产品产量、质量稳中有升,产销率上升,销售收入增加,经济效益较上年基本持平,职工生活环境有所改善,生活质量得到提高,企业保持了良性健康的发展势头。主要生产经营指标完成情况:工业总产值全年累计完成35733.78万元(现价),累计比上年增加了15.65%;销售收入全年完成3.63亿元,累计比上年增加了10.39%,创历史最好水平;自营出口创汇全年累计完成1058.38万美元;棉纱总产量完成13474.76吨;棉布总产量完成5678.83万米。

(赵亚莉 张 敏)

咸阳华润纺织有限公司

【概况】 咸阳华润纺织有限公司是华润轻纺集团与陕西天王兴业集团有限公司合资组建的一家中外合资企业。2004年6月公司成立,主营业务:纱、线、坯布的生产、销售及出口。注册地址为陕西省咸阳市人民中路33号,注册资金1224万美元。咸阳华润公司是国家大型棉纺织骨干企业,现拥有环锭纺纱锭119886枚、气流纺1400头、布机2003台(其中无梭织机459台)。企业年产纱15000吨、线4000吨、坯布7000万米。公司产品远销日本、韩国、欧美、港澳等国家和地区。咸阳华润公司拥有清梳联、自动络筒机、宽幅无梭织机、双浆槽浆纱机等先进设备,可生产纯棉、纯涤、纯粘、涤棉、涤粘、中长等六个系列的7支(83.3号)至135支(4.3号)的普梳和精梳纱线以及132.1厘米至360厘米的平纹、斜纹、贡呢、提花等坯布产品。其中精梳纱的比例为37.5%,无梭布(按平方米计)的产量已超过50%。产品具有较强的市场应变和竞争能力,在国内外纺织品市场信誉良好。企业秉承"严密、严格、科学、持久"的管理理念,设备、工艺、操作三大管理扎实,各项专业管理协调紧密,整体功能强,企业已取得CQC颁发的2000版ISO9001质量体系认证证书。

(华 润)

陕西八方纺织有限责任公司

【概况】 陕西八方纺织有限责任公司是由陕西第八棉纺织厂整体改制而来。拥有职工3485人,环锭纺61304锭、气流纺7台1384头、各类布机1640台(其中喷气织机202台)。年生产棉纱9000多吨,坯布、牛仔布5300万米。其主导产品有棉纱,21—100支的精梳、普梳和OE纱;棉布有细布、贡缎、防羽布、竹节布、弹力布、牛仔布等。产品主要销往日本、韩国、美国、欧洲和香港等国家和地区,深受国内外客户的好评。2004年,在纺织行业形势较为严峻的情况下,八方公司实现赢利898.44万元,全年工业总产值达到2.28亿元,实现销售收入2.37亿元,出口创汇1493万美元。自1998年成立以来,已累计实现利润4501.63万元。

(杜志祥)

三五三〇印染厂

【概况】 1月~11月,产量完成2339万米,同比增长25%(月均增长42万米)。一等品率同比提高1.6%,次品率同比下降0.3%。销售收入完成10043万元,同比增长了15%。经营利润亏损411万元,实现控亏600万元目标,并同比减亏373万元(实际减亏637万元)。据测算,职工人均收入也得到增长,增幅约12%。

【产品结构调整取得初步进展】 确立了以稳定军品、发展外贸(民品)、缩减加工的产品结构调整方向;完成了营销机构调整和新的销售网点建设;完成了产品成本记录核算工作,搞清了各类产品的实际生产成本,加大了高附加值产品的承揽和销售;厂内生产、技术部门配合结构调整,在新品开发、快速反应、生产控制和质量攻关等方面取得了明显成效。全年外加工产品比例从2003年的60%下降为35%。民品、外贸比例达到51%,高盈利产品帆布生产达到160多万米,外贸迷彩生产近300万米,取得了历史性突破。

(赵育敏)

机械工业

【概况】 全市有机械工业企业78户,其中规模以上企业64户。骨干企业有咸阳纺织机械厂、陕西柴油机重工有限公司、咸阳石油钢管钢绳厂等。主要产品有纺织机械、汽车标准件、柴油发动机、人造板机设备、压缩机、潜水泵等。规模口径产值23亿元,占全市规模工业总产值的8%。

(经　贸)

咸阳纺织机械厂

【概况】 咸阳纺织机械厂在中国纺织机械(集团)有限公司的部署下,在广大职工的共同努力下,积极推进债转股工作,坚持不懈地推进企业内部改革,改善企业运营机制,实施公司化运营,积极推进房地产开发和辅业发展,创造新的利润增长点,探索出了一条适应咸阳纺机发展的有效途径。2004年,企业实现销售收入6300万元,上交国家税金475万元。债转股工作稳步推进,配合两家中介机构完成了现场资产评估。经伟股份收购三家资产管理公司4.163亿元股权工作基本完成,喷气织机主要配套的金鼎、金励、金源三个公司和经营销售部、五个驻外服务部顺利进入织机公司,实现了产业整合。完成了清产核资和债务处理工作,核销了3.16亿元不良资产,减轻了企业负担。5000平方米新厂房建设基本完工。为金盛、金源公司搬迁做好了准备,为老厂区房地产二期开发创造了条件,强化物业管理,全年商业房租金收入450万元。积极做好下岗职工生活费按时足额发放。积极推进辅业改制,在子校、医院成功实行企有民办的基础上,探索生活区社区化管理,为社区走向社会化奠定了基础。

(赵亚莉　张　敏)

陕西柴油机重工有限公司

【概况】 2004年,整个国际国内船舶市场迅速转暖,带动了船舶需求猛增,民用船舶市场也随之快速发展,并且船舶结构由小型向中、大型吨位转变。公司紧紧把握这一有利时机,瞄准民用船舶市场的发展趋势,不断加快产品结构调整。根据市场需求及发展方向,从功率覆盖、性能结构、价格结构等全面统筹,陆续向市场投放了8DK28、PC2-5、PC2-6等系列机型,并加大经营力度,调整营销策略和产品价格,规避经营风险,使市场规模迅速扩大。同时,根据市场的发展变化和用户需求,快速反应,推出了6PC2-6、8PC2-6机,受到了用户的广泛青睐,从而确立了公司在民船大功率主机市场的主导地位。公司不断拓宽经营领域,积极瞄准辅机市场,引进了世界著名的MAN公司16/24、21/31、27/38、32/40等四型柴油机专利技术。MAN机的引进使工厂实现了单一的主机生产向主辅机兼营的战略转变,加上公司在军民品方面业已形成的几大支柱性优势产品,企业核心竞争力大大增强,发展壮大有了更为广阔的空间。2004年,公司已就16/24、21/31两大系列产品累计签订了47台辅机供货合同,迈出了公司战略调整的第一步。至年底,公司合同定额超过15亿元,是过去6年合同额的总和,创下又一个历史之最。全年累计完成工业总产值42435万元,较2003年增长59.4%;实现销售收入44180万元,较2003年增长67.1%;当年新签合同136501万元,较2003年增长290%;出产柴油机72台/189207千瓦,各项主要经济指标均创历史最好水平。

【加快产能调整】 公司以提高产能为目标,加快生产管理模式的调整,由以生产调度为中心向以计划及其保障为中心的模式转变。狠抓节拍控制,强化时效管理,严格落实节点,切实增强计划的执行力和周密性。加强生产现场的管理,合理调配资源,调动一切积极因素,服务于生产大局,最大可能地实现资源共享,努力提高生产节奏和工作效率。对影响柴油机生产的机身、缸盖、缸套等重要零件,从工艺设计入手,进一步调整工艺方案,优化工艺流程,充分发挥设备的最大潜能,使生产制造过程得到了有效的控制和改进。同时,按照"小核心,大协作"的基本思路,狠抓关重件的组织生产,进一步扩大了外协件规模。

(董　刚)

航空航天工业

红原航空锻铸工业公司

【概况】 红原航空锻铸工业公司是中国航空工业第一集团公司所属大型锻铸专业化企业。其主导产品为航空锻铸件,设计能力年产9200吨,汽轮机大叶片占国内市场50%以上。2004年,企业以市场为导向,不断加强自身管理,注重产品质量,先后与美国、英国、法国、日本、德国等国的大企业建立良好的合作关系。汽轮机精锻叶片和钛合金锻件获陕西省名牌产品称号。全年完成现价工业产值1.9亿元,完成销售收入1.8亿元,上缴税金240万元。

(徐春兰)

陕西华兴航空机轮刹车系统有限公司

【概况】 2004年完成工业总产值25078万元,完成销售收入26752万元,上缴税金221万元。航空产品与非航空产品同步增长。曲轴机加生产线改建100万元,汽车制动盘、制动鼓铸造生产线180万元、汽车部泵机加生产线100万元;自行开发研制的MA60碳刹车机轮通过了鉴定试验、试飞和适航审查;进一步确立了公司在机轮刹车系统研制生产领域的中心地位。通过完善条件,形成飞机起落架系统的研制、总装、试验能力以及汽车产品若干个总成和关键部件的供应能力。非航空产品昌河"北斗星"CH6350制动系统全套产品通过生产鉴定,形成批量供货能力;昌河CH6322、CH6352型产品完成鉴定已批量供货,新型ZW403高速喷水纺织试机成功,拓展了织机市场。公司2004年完成了2000版ISO9000族标准转换,通过了中国新时代质量体系认证中心审核组的监督审核。

（徐春兰）

陕西航空电气有限责任公司

【概况】 2004年,陕西航空电气有限责任公司及各参股公司广大职工以"航空报国"为己任,以重点型号科研生产和提高企业经济效益为核心任务,确保了重点型号科研任务的顺利完成,保证了部队装备急需,巩固了航空电源研制中心地位。增强"市场观、客户观"意识教育,开展对外合作和转包生产,并抓住型号机种投入批量生产以及空调电机市场需求旺盛的有利时机,辛勤工作,努力拼搏,超额完成了各项主要经济指标。实现销售收入3.69亿元,较上年同期增长37%;实现货款收入3.9亿元,较上年同期增长60%;利润较上年同期增长48%,均创历史新高,为实现企业持续快速发展奠定了良好的基础。

（傅　颖）

建材工业

【概况】 2004年咸阳市建材工业除平板玻璃生产有所下降外,其他建材工业仍然保持增长势头。全市1200户建材企业实现工业总产值47.2亿元,较上年增长7%,其中规模以上企业完成工业总产值5.6亿元比上年增长10%。多数企业超额完成年度计划,建材企业效益持续好转。规模以上工业企业实现销售6.3亿元,产销率达97%,实现利税1980万元,较上年下降3.4%。全市建材企业产品产量有所增长,规模以上企业年产水泥130万吨,比上年增长29.4%;生产实心砖、空心砖累计415亿块,机瓦48亿块,均比上年增长1.7%、11.6%;生产平板玻璃40.6万重量箱,生产玻璃纤维纱5283吨,较上年略有下降。

【新建建材企业】 2004年,由浙江声威水泥集团在泾阳蒋路乡小磨村新建年产100万吨水泥生产线,6月6日投产,全年生产水泥28.3万吨。该集团第二条日产2500吨水泥熟料生产线也于当日奠基开工。咸阳市水泥产量随着声威集团第二生产线的建成将有大幅提升。

（马建刚）

陕西宝塔山油漆股份有限公司

【概况】 2004年,陕西宝塔山油漆股份有限公司面对涂料行业的新变化,不断调整经营思想,抓市场、强管理、降成本、促效益,有效地化解了市场压力,使生产经营活动顺利进行,各项经营指标创历史新高。在原材料价格持续上涨、运输成本大幅提升、能源成本创历史新高、国内涂料市场竞争日益激烈的情况下,完成了主要经济指标。全年实现油漆销售量22173吨,较上年增长5.42%。产品出口4100吨,创汇247万美元;实现销售收入1.68亿元,较上年增长3900万元,增长30.23%。其中:陕西宝塔山公司1.46亿元,新疆宝塔山公司2198万元。实现利润518万元,完成年计划的77.54%,较上年增长16万元,增长3.15%。全员劳动生产率77790元/人,较上年增长44%。资产保值增值率106.33%,较上年增长10.45%。综合效益指数136.68%,较上年增长32.14%。

（鲁龙华）

轻　工　业

【概况】 全市轻工业系统共有12户企业,其中市植保机械厂、市天元纸业集团有限公司、市大秦绒布印染公司、咸阳建秦线业有限责任公司、陕西省塑料厂、兴平造纸厂、市印刷厂、兴平棉浆厂9户为国有企业。五金弹簧厂、供销总公司、工美公司3户为集体企业。在册职工3000多名,在岗1000多名,资产总额3.038亿元,负债3.3234亿元,负债率为110%。2004年,全市轻工业系统不断深化企业改革,坚持"真改、深改、快改",企业的经济效益、扭亏增盈等工作取得了明显成效。完成工业总产值7237万元,比上年同期增长7%,利润-1571万元,同上年同期减亏235万元。主导产品有工业用纸、塑料管、板材、喷雾器、毛巾、再生新闻纸等产品。2004年享受最低生活保障有400多名职工。

【积极推进企业改制】 截至年底,市轻工系统已有市绒布印染厂、兴平造纸厂、市建秦纸业有限公司、五金弹簧厂、市植保机械厂5户企业退出国有(集体)渠道。对依法破产的市纺织厂,市轻纺办下发了《关于企业实施破产的指导意见》,就破产职工安置、发挥党组织和党员的作用、看好门、管好人等方面作出要求,防止国有资产流失。山东正义纺织印染有限公司收购了该厂,使170名职工得以妥善安置,该企业经济运行情况良好。市植保厂被香港华帮公司兼并,退出国有方案已批。其他未退出国有的企业,为了盘活存量资产,在厂内实行多种经营模式。省塑料厂通过体制剖析,实施分块搞活,成立5个分厂,独立经营。咸阳造纸厂在总体关闭的情况下,开展生产自救,为解决职工就业采取入股的形式成立了"天宏公司",生产工业用纸,把闲置多年的车间、设备等利用起来,使近200多人得到了就业,效益尚可,维护了企业和社会的稳定。市印刷厂同私企合资组建彩色印务有限公司。工美公司实行大楼租赁。供销公司职工通过资产变现,妥善安置了职工,该公司等待注销。

(王苏苏)

陕西兴包企业集团有限责任公司

【概况】 2004年,公司狠抓企业管理创新、技术创新、理念创新和生活纸技改扩建项目建设,较好地促进了企业的可持续发展。全年实现产值1.2亿元,实现销售收入1.08亿元,生活用纸生产能力扩大到3.6万吨,企业造纸总规模扩大到5.6万吨,企业的发展驶入了快车道。公司通过全员培训,较好地在全体员工的头脑中确立了"发展才是硬道理"、"以经济效益为中心"的经营管理理念和"我与企业共命运"的思想。在管理创新方面,进一步强化了各种规章制度的完善和实施,确立了新的激励和约束机制,完善和强化了生产目标责任考核及奖惩兑现。加强了集团公司供应体系建设,做到了大宗材料定点采购,一般材料合同采购。引进先进技术和工艺,先后与陕西科技大学合作,引进了植物秸秆机械半化学制浆工艺技术,可减少制浆成本20%、节电60%、节水70%,且大幅度减轻了废水治理负荷。还与山东晨明纸业集团合作,引进了快速蒸煮制浆技术,可提高产量20%、减少蒸煮时间50%。兴包集团还在广泛调研,充分论证的基础上,立足本企面向市场制定了管理模式集团化、生产经营专业化、产品品牌名牌化、人才资源共融化四大战略,使公司发展成为一个以生活用纸为核心产品的陕西省乃至西北最具竞争力的大型造纸企业集团。按照这一发展战略,公司2004年又投资3800万元,实施了2万吨生活纸技改扩建项目。与此同时,企业还把环保治理作为头等大事,实施了日处理造纸黑液340立方米的碱回收工程和日处理废水40000立方米的中段水扩建工程,预计2005年6月底前可全部竣工投产。工程完工后,可使生活纸的年生产能力扩大到3.6万吨,产值和销售收入可净增1.2亿元。

(王俊兴)

乡镇企业·非公有制经济

概　　述

【概况】 2004年,全市乡镇企业和非公有制经济总户数达到11.4万户,从业人数54.6万人。其中个体经济10.4万户,私营企业8105万户。全市乡镇企业和非公有制经济实现营业收入451.8亿元,同比增长14.1%;完成总产值468.5亿元,同比增长13.28%;完成工业总产值268.2亿元,同比增长12.4%。全市乡镇企业和非公企业营业收入过30亿元的县8个;过10亿元的乡镇10个,较上年增加3个;过5亿元的乡镇25个,较上年增加2个;过亿元的乡镇83个,较上年增加3个;过亿元以上的村19个;过亿元的企业17个;过5000万元以上的企业29个;过千万元以上的企业100个。非公有制经济在全市国民经济中的贡献份额达47%,在全市国民经济中的战略地位更加突出。

【规模企业稳步增长】 2004年,全市规模以上的非公有制企业达到156户,完成总产值45.4亿元,同比增长13.8%,完成营业收入41.4亿元,同比增长15.6%。增长速度分别比上年同期提高3个百分点和5个百分点,成为带动全市非公有制企业发展的主要支撑力。

【支柱产业发展迅猛】 2004年,以北部煤炭为首的采掘工业,以中部水泥、砖瓦为首的建材工业,以海升、富安、通达为龙头的果汁加工业,以步长制药、白鹿制药、华龙制药为龙头的医药工业,以银桥乳业、神果乳业为龙头的乳制品加工业,以锦丰方便面、华龙方便面为龙头的粮食加工业,以永福祥、新联等为龙头的纺织工业等六大支柱产业发展迅猛,增势强劲。果汁加工业同比增长35%,医药工业同比增长36%,乳制品加工业同比增长21.5%,采掘工业同比增长22.7%,建材工业同比增长11.8%。已成为全市乡镇企业和非公企业持续快速增长的主要支撑力量。

【招商引资成效显著】 2004年,市乡镇企业局(非公有制经济发展局)按照市招商引资工作会议精神,把招商引资工作作为发展非公经济的突破口,扩大增量,盘活存量,全力抓紧抓好。一是加快项目库建设。收集和筛选了各县市区上报的项目,从中确定了108个新、扩、改和续建项目,精心包装,有很强的操作性,其中有32个项目被市计委采纳和推介。二是积极参与各类招商活动。先后参加了第八届东西部合作与贸易洽谈会,乡企局组织小分队赴浙江五市招商等活动。三是组织咸阳市10户民营企业家赴江苏南通、无锡两市开展学习招商活动。截至年底,已落实项目到位资金2305万元,超额完成了市上下达的1500万元的任务。

【小区建设步伐加快】 2004年,市乡企局按照"规划政策引导,基础设施先行,骨干企业推动,主导产业支撑,招商引资拉动"的思路,狠抓了小区建设工作。一是对全市14个省级重点乡镇企业小区进行了整合和规划,提出了"四化"管理(即"管理科学化、产权多元化、产业规模化、产品互补化")的要求,对小区发展情况进行了全面的检查,并将发展情况以表格的形式上报省局。二是积极争取省财政支持小区建设,并为乾县乡镇企业小区、三原白鹿乡镇企业小区争取省财政无偿资金55万元,用于该乡镇企业小区的基础设施建设。三是积极组织小区内的企业家进行招商引资,先后重点参加了西安东西部洽谈会,赴浙江五市洽谈招商活动。同时,还专门组织10户民营企业家赴江苏南通、无锡两市开展招商学习活动。以上活动共签约项目32个,总投资8.68亿元,有力地推动了小区建设步伐。

【非公有制经济成为转移农村劳动力和农民增收的主要渠道】 2004年,全市非公企业共转移农村剩余劳动力54.6万人,已占到农村总劳动力的27%。农民从中获得直接工资收入25.2亿元。为农民人均提供纯收入750元,占到农民人均纯收入的40%。一年来,乡镇企业为农民提供支农建农资金2654多万元。同时,个体、私营、民营企业积极参与国企改革,积极吸纳国企下岗职工。近年来共吸纳下岗职工1.5万人,为维护改革大局做出了应有的贡献。

【农业产业化龙头企业带动作用明显增强】 到2004年底,全市营业收入产值超过500万元的农业产业化龙头企业64户,拥有固定资产原值5.7亿元,营业收入14.9亿元,上交税金4013万元,分别占乡镇企业当年全部固定资产原值的9.77%、5.06%和14.76%。其中,粮食加工企业20户,收入3.57亿元;食品制造业12户,收入6.19亿元;果品加工3户,收入1.02亿元;造纸业15户,收入3.19亿元;蔬菜批发市场2户,年交易额3.5亿元。其发展特点,一是主导产业基本形成,推动了当地经济发展。咸阳市南部8县市区,地势平坦,资源丰富,适合农作物生长和家畜饲养。粮食、果蔬生产和家畜的饲养为龙头企业的发展提供了原材料基地,形成了面粉加工、乳品业、屠宰业、果汁加工业、造纸业等主导产业,为农户增加了13.97亿元的收入,上交税金3832万元,提供从业人员工资1.44亿元,大大推动了当地经济的全面发展。二是龙头企业实力增强,产业组织形式多样。各县市区围绕主导产业,兴办了一批农副产品加工、经销、储运等企业。这些企业辐射范围广,带动力强。50个龙头工业企业占年收入500万元以上工业企业总数的43.4%,占总收入的23.3%。神果集团、海升公司、富安公司、宏达公司、精良食品有限公司等龙头企业已成为省内外知名企业。随着龙头企业的崛起,各地也创建了一些形式各异的农业产业化组织(市场带动型、企业带动型、公司+农户、协会+农户等)。三是市场建设进一步完善,领域不断拓展。农副产品销售市场的发展还带动了包装、运输、劳务、商饮服务、通信等相关企业和第三产业的发展。礼泉县的富安公司、梨花公司(主导产品发泡网)通过收集果品,搞运输、经销包装物等途径,使农民收益达2700万元以上。兴平市晁庄、界庄屠宰业的兴旺,使得该地成为全省较大的生猪大肉批发基地。大肉销往西安、咸阳、宝鸡等地,生猪调往河南、广州等地。

【信息化建设步伐加快】 2004年,全市乡镇企业和非公经济信息化工作在省、市、县三级政府的指导和支持下,取得了一定的成绩。一是信息网络建设不断完善,信息传递逐步实现网络化,初步实现了省、市、部分县区三级联网。市乡镇企业局在农业部乡镇企业信息网中为其开辟了网页。为三原县、兴平市、礼泉县、彬县、淳化县等县市区在该网站中开辟了网页,逐步将县市两级的乡镇企业及非公经济发展情况上网宣传,已经实现了省、市两级信息传递的网络化。利用网络对咸阳市的市情、经济发展情况、招商引资项目、投资环境、政策规定进行了网上宣传。与中国企业网控股有限公司合作,为咸阳市40多户非公企业开辟了独立的网站或网页,初步将企业的产品、招商引资等情况在网上进行了宣传。为世界了解咸阳非公经济和咸阳非公经济走向世界提供了一个平台。二是信息化人才培训力度加强,信息化人员素质不断提高。为了加快全市乡镇企业及非公经济的信息化工作进程,市乡企局先后两次对全市乡镇企业系统从事信息化工作人员进行了全面摸底调查,在调查研究的基础上,制定了信息化工作人员培训计划。全年共举办信息化工作人员培训班两期,培训人员80人次。从而大大地提高了信息化工作人员的业务素质,为进一步加快信息化工作奠定了基础。三是信息技术推广应用力度加大,信息产业逐步壮大。在全市乡镇企业及非公经济中,继续进行信息技术的推广应用。特别是在加快采用先进的电子信息技术提高和改造传统产业、老企业方面取得了一定成绩。已有近60户企业开始采用计算机辅助设计、制造,并逐步向重要生产设备、机构的数控化和智能化及生产线的计算机控制与管理系统的信息化改造迈进。全市规模以上乡镇企业有四分之一的企业应用了CAD(计算机辅助设计)和计算机管理,并在不同程度上应用了CMIS(计算机辅助制造)。在信息技术产业方面,已有50多户企业为国有大中型电子信息企业从事元器件生产,电子、信息产业累计完成固定资产投资4000万元。在信息服务产业和信息娱乐产业方面,网络信息服务、软件开发业、广告业、教育和人才培训等已逐步进入企业,并逐步深入。四是信息化基础工作逐步加强,基本实现了报表管理的微机化。重点加强了县一级乡镇企业主管部门信息化基础工作,完善硬件设备的配置。积极争取省财政资金,市非公经济发展局为局内配备微机13台,局领导和各科室均配备了微机,并全部联网,实现了局内办公自动化和信息发布的网络化。13个县市区都配备了微机,半数以上的县市区实现了联网,基本上达到了市、县两级乡镇企业年报表汇总的微机化和信息传递的网络化。11万户乡镇企业的统计、会计年报和定期报表汇总在市、县两级实现了微机化。会计电算化在企业报表核算中的应用推广工作进展顺利。

【固定资产投资力度不断加大】 2004年,全市乡镇企业和非公经济固定资产投资项目316个,共完成固定资产投资21.5亿元,较上年同期增长14.5%。其中,陕西银桥乾县乳业有限公司完成固定资产投资5000万元,声威水泥厂二期工程本年完成固定资产投资9000万元,通达果汁长武分公司完成固定资产投资3400万元,彬县火石嘴煤矿三期

表7 2004年咸阳市乡镇企业主要经济指标一览表

项　　目	企业个数	从业人员年末数	增加值（万元）	现价总产值（万元）	营业收入（万元）	利润总额（万元）	上交税金（万元）
总　计	114049	546689	1366049	4685018	4518428	185279	45078
一、按登记注册类型分组							
1. 内资企业小计	114049	546689	1366049	4685018	4518428	185279	45078
其中:集体企业	244	25015	6798	25180	25096	7956	1657
股份合作企业	420	24032	8196	37311	36112	972	414
联营企业	76	2792	4675	16695	16256	1093	547
有限责任公司	235	26176	15255	50850	50634	14388	3745
股份有限公司	7	3979	15035	50903	46199	1063	1041
私营企业	5256	118903	341449	1341162	1340736	59967	14617
个人独资企业	2111	60125	162315	578979	572638	14699	5014
个体工商户	96549	270602	721016	2324113	2002561	76242	15660
其他企业	9151	15065	91310	259825	228196	8899	2383
2. 港、澳、台商投资企业							
3. 外商投资企业							
三、按国民经济行业分组							
1. 农、林、牧、渔业	325	8397	6209	27147	26848	1540	163
2. 采矿业	499	13702	21144	57565	74672	5431	1387
其中:规模以上	9	4548	12568	29478	28269	1718	727
3. 制造业	22550	201977	751296	2624664	2420384	83765	24004
其中:规模以上	132	33582	98686	356896	319717	27261	15376
工业合计	23049	215679	772440	2682229	2495056	89196	25391
规模以上工业合计	141	38130	111254	386374	347986	28979	16103
4. 建筑业	4048	90042	166177	566713	572242	31691	7620
其中:资质等级以外企业	759	7683	17508	61490	64023	2215	450
5. 交通运输仓储业	33365	79753	125216	403406	421916	20109	3669
6. 批发零售业	29136	65541	156675	450607	536490	21399	4546
7. 住宿及餐饮业	12561	45517	68316	353764	241505	11483	2521
其中:餐饮业	5233	19928	26868	80976	80940	4325	770
8. 社会服务业	7620	30566	37747	86997	84587	3985	624
9. 其他	3945	11194	33269	114155	139784	5876	544
补充资料							
个体私营企业合计	103916	449630	1224780	4244254	4115935	150908	35291
规模以上企业合计	156	44989	126497	454307	414540	31976	17166
有限责任公司合计	256	27036	56361	184536	181263	17636	11727

表8　2004年咸阳市乡镇工业企业主要产品产量一览表

产　品　名　称	计量单位	生 产 量	其中:规模以上企业生产量
原煤	吨	1554000	107600
铅锌矿	吨		
铁合金	吨	4830	4320
焦炭	吨		
皂素	吨	3565	2320
食品植物油	吨	21363	6965
乳制品	吨	27332	19630
其中:液态奶	吨	5104	4895
奶粉	吨	13551	9900
饲料	吨	13402	5153
浓缩果汁	吨	38574	34253
其中:浓缩苹果汁	吨	38253	32126
淀粉	吨	7619	
面粉	吨	327931	11150
方便面	吨	10020	10020
脱水蔬菜	吨	165	
茶叶	公斤	588	412
粉条(丝)	吨	5832	
布	万米	10238	7562
机制纸及纸板	吨	942631	60008
水泥	吨	441014	303100
石板材	万平方米	55	
服装	万件	2698	
鞋	万件	37	
砖	亿块	415	105
瓦	亿片	48	11
水泥预制件	立方米	521603	388962
家具	万件	398	
人造板	立方米	166481	
塑料制品	吨	5045	

表9 2004年咸阳市乡镇企业和非公企业纳税过百万元以上企业一览表

企业名称	实际入库税金（万元）	法人代表	联系电话	县市区
陕西步长制药有限公司	4804	赵步长	3348000	秦都区
咸阳彩虹电子配件有限公司	1795	张少文	3632115	渭城区
通达果汁礼泉有限公司	797	王志刚	5993082 13369105899	礼泉县
陕西省兴平市鲁洲糖制品有限责任公司	767.2	牛继星	8736108	兴平市
彬县火石嘴煤矿有限责任公司	705.9	王华东	4765666	彬　县
陕西蓝马啤酒有限公司	647	张幸生	3810099	秦都区
咸阳彩联包装材料公司	603.4	王克勤	3316393	秦都区
陕西咸阳华龙企业集团有限责任公司	503	张泉林	7496289 13892912999	武功县
兴平市东风纸业有限责任公司	490	师双奎	8734511 13509103799	兴平市
陕西海天制药有限公司	454	王　春	3813621	秦都区
陕西白鹿制药股份有限公司	448.8	常万全	2393378	三原县
陕西宝塔山油漆股份有限公司	437.45	李松财	13909109185	兴平市
陕西海升果业发展股份有限公司乾县分公司	408	高　亮	5524798	乾　县
彬县通达果汁有限公司	359	董志仁	13902935506	彬　县
咸阳家世界超市有限公司	351	杜　厦	3150000	秦都区
陕西宏达实业有限公司	303	焦念宏	2463189 13909108967	三原县
陕西省武功东方纸业集团有限公司	280.9	高志鹏	7396481 13992006810	武功县
西安民生集团咸阳民生购物中心有限公司	265.3	詹军道	3576900 13892966616	秦都区
陕西奉航橡胶密封件有限责任公司	256.78	王　斌	8612527	兴平市
咸阳彩虹商贸食品有限公司	248	梁祖一	3715599	渭城区
彬县水帘洞煤炭有限责任公司	234.8	李彬录	13772627996	彬　县
利威尔制药有限公司	230	曲粤枫	3238711	秦都区
三原三兰水泥有限责任公司	208.43	赵东方	2337782	三原县
西安人人乐咸阳购物广场	206	卢　云	3550500	秦都区
咸阳精诚铸造公司	186	王世林	3626302	秦都区
彬县陈家坪煤炭有限责任公司	186	王宏民	13369104666	彬　县
陕西兴包企业集团有限责任公司	172.36	彭晓宏	13909103121	兴平市
咸阳创新电视配件有限公司	172	张忠信	3626688	秦都区
咸阳晶海餐饮娱乐公司	171	黄秀玲	3237786	渭城区
咸阳荣华房地产公司	170	赵春泉	3374683	秦都区
咸阳双峰房地产开发公司	166	齐学峰	3258888 13891097988	渭城区

续表 9-1

企业名称	实际入库税金(万元)	法人代表	联系电话	县市区
咸阳辉煌电子磁性材料研究所	160	马跃辉	3687090	秦都区
咸阳国美电器有限公司	154	黄秀虹	3363505	秦都区
陕西健民制药有限公司	141.4	郭俊京	5521860 13992092050	乾　县
咸阳新纺房地产开发有限公司	141	车相安	3573826	秦都区
咸阳邮讯运输有限公司	139	魏　峰		渭城区
咸阳嘉伟房地产开发公司	120	赵君发	13809101918	渭城区
咸阳城建房地产开发公司	116	吴瑞林	8136688 13509109861	秦都区
咸阳亚华电子电器厂	115	刘少峰	3763253	渭城区
泾阳银桥乳业有限责任公司	112	党双武	6530098	泾阳县
咸阳爱家商贸有限公司	110	朱德刚		秦都区
咸阳安特电子器材有限责任公司	100	贺义星	3115173	渭城区

表10　2004年咸阳市营业收入5000万元以上乡镇企业(集团)经营情况一览表

企业名称	地址	企业负责人	企业登记注册类型	企业所属行业(大类)	从业人员年平均数(人)	营业收入(万元)
中国咸阳505集团	咸阳市乐育北路	来辉武	有限公司	制造	281	42738
咸阳步长制药有限公司	咸阳市渭阳西路	赵步长	外资	制造	921	36013
兴平市晁庄实业总公司	兴平市赵村镇晁庄村	郝普选	集体	其他	1521	25512
咸阳彩虹电子配件有限公司	渭城区底张镇	赵海峰	有限公司	制造	1616	22306
北京汇源集团咸阳食品饮料公司	礼泉县城北工业园区	朱新国	有限公司	制造	305	22000
家世界咸阳分公司	咸阳市人民中路33号	陈森瑞	有限公司	商业	115	18005
陕西咸阳华龙企业集团	武功县苏坊镇	张泉林	私营企业	医药	1280	16845
陕西白鹿制药股份有限公司	三原县陵前镇	常万全	股份企业	制造	508	13766
武功县东方纸业集团	武功县大庄镇方寨村	高志鹏	集体	造纸	2103	13500
泾云企业集团	泾阳县云阳镇	焦志学	有限公司	农业	4200	13119
陕西蓝马啤酒有限公司	秦都区沣东镇	张幸生	有限公司	工业	208	13013
通达果汁礼泉有限公司	礼泉县城北工业园区	董志红	股份公司	制造	210	12000
陕西海升果业发展公司乾县分公司	乾县工业区	高　亮	股份公司	食品制造	896	11863

续表 10－1

企业名称	地址	企业负责人	企业登记注册类型	企业所属行业(大类)	从业人员年平均数(人)	营业收入(万元)
彬长煤业火石嘴煤矿	彬县火石嘴村	苗合刊	股份制	采掘	1724	11252
咸阳周陵苏家寨农机建材市场	渭城区周陵镇	吴　辉		商业	800	10006
西安市人人乐商业有限公司咸阳购物广场	咸阳市玉泉路	刘建忠	有限公司	商业	300	10000
陕西神果股份有限公司	武功县苏坊镇	张普成	股份制	乳品工业	853	9655
咸阳国美电器有限公司	咸阳市宝泉路	常艳峰	有限责任	商业	54	7422
陕西宏达实业有限公司	三原县大程镇西张村	焦念宏	私营企业	工业	735	7390
金裕制药有限公司	礼泉县朝阳大街	翁亚昭	私营企业	制造	81	7300
咸阳彩虹商贸食品有限公司	咸阳市金旭路	梁祖一	食品加工	制造	380	7125
声威水泥厂	泾阳县蒋路乡	赵顺湖	有限公司	工业	280	6443
陕西永大电工有限公司	泾阳县泾干镇	陈　永	有限公司	工业	120	6176
光明乳业泾阳有限公司	泾阳县泾干镇		有限公司	工业	208	5703
彬县通达果汁厂	彬县景村	任利东	股份制	制造	98	5577
金盾纺织公司泾阳有限公司	泾阳县泾干镇	陈康辉	有限公司	工业	750	5340
咸阳富安果汁有限公司	礼泉县城东工业园区	曾　中	有限公司	制造	170	5335
咸阳彩联包装有限公司	咸阳市渭阳西路	王克勤	有限责任	制造	700	5295
礼泉秦岭水泥有限责任公司	礼泉县烟霞镇	郭裕禄	有限公司	制造	700	5200

技改完成固定资产投资 6500 万元，淳化恒兴果汁有限公司完成投资 4800 万元。

【科技创新步伐加快】 2004 年，全市非公经济推广开发新技术、新工艺、新产品 210 种，获省部级科技进步奖 4 项，省级名牌产品 6 个，名优产品 40 个，科技先导企业 20 个，共培训职工 3.5 万人。同时，加强与大专院校、科研院所、大中型企业开展横向联合，搞好技术靠拢，使企业素质明显提高。

【非公经济为社会的贡献越来越大】 2004 年，乡镇企业和非公经济实际入库税金 4.5 亿元，较上年增长 11.5%；利润总额 18.5 亿元，较上年增长 9.75%；资金利润为 17%，较上年提高 0.5 个百分点。非公企业的财政贡献在县市区财政总收入中占到三分之一以上，成为县级财政收入的重要来源。全市实际入库税金百万元以上的企业 38 户。其中，步长制药有限公司入库税金 4804 万元，列全市非公有制企业前茅。

【私营经济形成多元化投资格局】 在国家鼓励发展个体私营经济的政策鼓舞下，全市个体私营经济迅猛发展。2004 年全市私营经济实现营业收入 411.6 亿元，占到全市个体私营经济总量的 91.1%，较上年提高 0.7 个百分点，成为全市非公有制经济的主要增长点。同时，按投资主体分类，已形成了股份合作制、联营、股份有限公司、私营企业和个体工商户等多元化发展格局。

（朱四清）

管理与服务

【实行市级领导同非公有制企业法人代表交朋友结对子制度】 为了深入贯彻市第四次党代会精神，加快实施民营崛起战略，毫不动摇地鼓励、支持和引导非公有制经济发展，进一步提升非公有制经济的政治和社会地位，着力营造有利于非公有制经济发展的良好环境，推动全市非公有制经济更好地发展，按照市委的决定，市非公有制经济发展局起草了《关于实行市级领导同非公有制企业法人代表交朋友结对子制度》。按照全市非公有制企业的实力和所做的贡献，根据年实际入库税金的多少,对非公有制企业进行排序,把前50户作为市级领导交友帮扶的企业,由每位市级领导联系1至2户。对入围企业实行动态管理,每两年按其年实际入库税金多少重新排序,未进入前50名的企业不再纳入市级领导交友帮扶范围。按照文件的精神及要求,市非公有制经济发展局及时召开了局党组会,进行了安排部署。一是就乡企局党组成员进行了分工。按照市级领导联系的企业,分别负责与市级领导的协调服务工作。同时,给每位领导确定了联络员,负责与企业的联系及有关工作。二是深入企业,准确掌握企业的发展情况和所面临的实际问题,及时沟通企业与领导的联系,为领导了解和掌握企业的发展情况当好参谋。三是搞好领导走访企业的联系工作。市委书记宋洪武、市长张立勇等市级领导先后走访企业,并为企业在生产、用地等方面解决实际问题,深受企业界的好评,收到良好效果。

【为民营企业发展营造良好的舆论氛围】 积极实施民营崛起战略,全力促进民营企业快速发展。9月,由市乡镇企业局(非公有制经济发展局)和市委宣传部共同组织了《实施民营崛起战略,大力发展非公有制经济》的宣传活动,先后奔赴13个县市区56户企业进行了深入的宣传报道。同时,在《咸阳日报》开设了各县市区书记、区长论《如何实施民营崛起战略》论坛专栏,为民营企业的发展营造一个良好的舆论氛围和政策环境。

【拓宽非公有制经济发展空间】 一是调整优化产业结构。在完善商业、饮食业等传统产业的同时,积极鼓励和引导非公有制经济进入工业、社区服务、信息咨询、旅游等新兴第三产业。二是结合推进咸·杨农业产业一体化进程,组织举办了汉阳陵农牧有限公司奶牛养殖知识讲座,促进了农业型和农业服务型经济的发展。三是引导非公有制经济走规模化、专业化道理。通过发展"一产一业、一村一品"的协作方式,发展有特色的非公有制群体,形成规模经济优势。

【全市百强民营企业观摩活动】 10月20日~22日,市非公有制经济发展局组织召开了全市百强民营企业观摩活动。全市各县市区非公有制经济主管部门和百强民营企业负责人100多人参会,先后观摩学习了步长制药有限公司、兴包集团有限公司、华龙企业集团有限责任公司等26户民营企业。通过观摩学习,进一步加强了企业与企业之间的沟通与了解,相互学习,取长补短。为实现全市民营企业产品互补化、经营规模化、管理现代化奠定了一个良好的基础。

【以科技为动力加快企业发展】 一是加快企业技术改造步伐。积极向企业推荐有市场的新技术、新产品,鼓励企业采用先进工艺和设备,改造传统生产技术。其中兴包集团、红星软香酥等一批起点高、技术含量高的技改项目相继建成或即将建成,大大提高了产品的市场竞争力。二是搭建科技服务平台,加速科技成果转化和推广工作。充分发挥陕西科技大学的科研优势和地缘优势,积极为企业搭建信息服务平台。先后两次组织企业与陕西科技大学召开了项目对接(推介)会,参与合作项目58个,达成协议并实施的项目有11个。玉米秆纸浆技术、纸厂污水处理技术已被兴包集团、东方纸业集团就地转化为生产力。三是加强人才培养,确定全市150名非公企业家作为培训重点,纳入企业人才培训计划。对120名企业家和500名农民工进行了培训。四是积极实施科学管理,指导企业建立现代企业制度。确定10户企业为建立现代企业制度的示范企业。

【积极开展扶贫帮困送温暖活动】 为了认真贯彻落实市委、市政府关于在全市集中开展"扶贫帮困送温暖"活动的有关精神,市非公有制经济发展局精心组织,认真实施,于11月30日在中华广场举行了全市民营企业"扶贫帮困送温暖"捐赠仪式。共收到90余户企业捐赠的现金13.62万元和价值30万元的物品,其中面粉1863袋、棉被1070床、衣物2432件、药品30件、大米94袋、方便面500箱。

【组织开展省级"先进民营企业"和"优秀民营企业家"评选活动】 由陕西省民营企业协会、陕西省总工会、共青团陕西省委员会、陕西省妇女联合会共同组织开展的全省"先进民营企业"、"优秀民营企业家"评选活动中,市非公有制经济发展局精心安排,认真筛选,上报了咸阳彩联包装材料有限公司、陕西方圆投资集团有限公司、咸阳步长制药有限公司、咸阳佳星电器有限公司、长武县永德宏商贸有限责任公司、咸阳永嘉房地产开发有限公司等6户企业为先进民营企业;上报了张幸生、陈康劳、卢健、胡新民、张新、陈秉辉、殷兆光、翟富林、王春、赵俊峰、马跃辉、张水泉、朱建平、王敬华、车相安、齐学峰等16人为优秀民营企业家。并于12月1日在《陕西日报》予以公示。

【第五届全国乡镇企业家评选】 根据《关于评选第五届全国乡镇企业家的通知》的文件精神,经过认真调查摸底,逐级推荐,严格把关,认真审查,上报了梁升跃、高志鹏、李朝鲜、张新4人为全国乡镇企业家候选人。同时,上报参加复评的企业家12名。经省乡企局的推荐,农业部审核,分别命名咸阳市梁升跃、高志鹏、李朝鲜、张新4人为第五届全国乡镇企业家;张泉林、张文远、李平孝、吴长义、张普成、郭涛、常万全、焦志学、王克勤等9人保留原"全国乡镇企业家"称号。

(朱四清)

交通·邮政

公　　路

【概况】 2004年,全市交通系统广大干部职工坚持以科学的发展观为指导,扎实工作,圆满完成了全年各项工作任务。截至年底,全市交通基础设施建设累计完成总投资8.2亿元,占年计划的100.9%。行业管理、企业改革、安全生产及精神文明建设等项工作取得新业绩。一是公路建养管工作实现预期目标。全市公路建设共完成投资7.895亿元,占年计划的100.9%。其中国省道路网项目完成投资5.078亿元,农村公路完成投资2.817亿元。国道312线咸阳世纪大道沣河桥加宽改造工程、省道208大程口至瓦头堡改建工程及省道305南寺至甘肃界改线工程已全面建成通车。关中公路环线咸阳段工程5.5公里试验路段全面建成,其余路段全面开工。银武大通道咸阳段顺利开工。长宁路、旬耀路、泾淳路、乾普路、礼淳路、永扶路、彬麟路、淳耀路等8条县际公路全面建成。农村公路通达工程完成投资2652万元,新修公路306公里,占计划的306%。全市共改建县乡三级公路364.8公里,新改建村级公路516公里,通229个行政村。工程质量监督管理工作得到加强。重点对关中环线试验段、国道312沣河桥改建、国道长武冉店至罗峪段及8条县际国债项目实施了有效监督,各项在建工程质量良好。公路养管工作力度加大。相继完成了国道312冉店至罗峪、省道104武功戴家、贞元过境段一批大中修工程,累计投资1400余万元。农村公路完成油路罩面160公里,修补路面坑槽7.5万平方米,修复水毁油路面17.68万平方米,改建过境路段8处29.5公里,新建涵洞21道。相继建成启动了长武、永寿、泾阳3个超限运输站,从严查处违规超限运输行为,有效遏制了超限运输泛滥的势头。全市干支线年均好路率分别达到86.7%、78.8%。市境内国道312线部级文明样板路建设成果得到巩固,新创建了国道210部级文明样板路,并圆满完成了第三次丝绸之路大会考察线路的农村客运示范点建设及沿线环境治理工作。二是运管工作迈上新水平。从5月份开始,联合公安、交警、城建、残联等部门开展了以打击带有黑社会性质的非法拼座点、非法营运“黑车”、“拐的”、“摩的”、偷逃规费等违规经营为重点的联合整治活动,取缔非法拼座点5个,查处各类非法营运车辆1500台次,追缴规费20万元,有效净化了市场环境。全年共征收上解养路费1097.2万元,运管费211.3万元,分别完成年计划的110%和100%;收取公路通行费7800万元,占年计划的105%。全年完成场站建设投资3050万元,占年计划的102%。长武汽车客运站建成营运;吴家堡汽车站完成征地拆迁和评审立项;咸阳物流中心签订征地合同。加强水运管理,建立和规范了海事管理基本档案。初步完成了交通战备的正规化建设。从业资格培训、运输管理年审工作扎实开展。全市共审验客货运输车辆1200台,审换客运线路标志牌2027个;审验维修企业607户;培训合格营业性驾驶人员4630人,进一步提高了行业从业人员的专业技能和服务水平。三是企业改制步伐加快。昌明公司被陕西三鑫集团成功兼并。秦伟公司、金伟达公司基本完成了改制方案。咸运集团、检测站也做了大量有效的前期工作。秦伟公司与四川客商协办东风汽车售后服务,并通过土地置换顺利实现厂址搬迁。另外,各企业还通过职工竞争上岗、内部承包经营、风险抵押等形式,积极引进经营新理念,强化内部管理,有效提高了企业经济效益和运行质量。全年局属企业完成营业收入1.3亿元,较上年增长1.3%。四是安全形势明显好转。以落实各项安全生产制度为重点,大力宣传《安全生产法》、《交通安全法》等法律法规,进一步健全了全系统安全生产监管体系,深入持久地开展了以道路运输、公路施工、水上安全、企业生产为重点的专项整治活动。下大气力整治了G312长武亭口坡、G211润镇沟段、S208修石渡大桥等11处危桥险路病隧及事故多发路段,取缔了一批不符合安全条件的老旧船舶,强化了对危运企业、营运车辆、从业人员的资质管理,有效预防了事故发生。五是依法治交全面加强。以《行政许可法》、《道路运输条例》、《收费公路管理条例》等法律法规的颁布实施为契机,积极开展了多形式、多层次的法制培训,切实增强了交通执法人员的法制素质。规范行政审批工作程序,完成了第三轮交通行政审批事项的清理工作,对交通行业涉及企业登记前置审批的行政许可事项经清理后全部纳入市政府政务大厅交通窗口。建成并启用了交通局政务大厅,在交通信息网上公示了交通行政许可工作程序、许可项目,有效提高了行政许可工作的透明度。同时,认真开展了行政复议和执法监督工作,依法受理交通行政复议案,有效规范了执法行为。六是行业文明建设进一步提升。在全系统坚持不懈地开展"三个代表"重要思想、十六大和科学发展观学习教育活动,并开展了富有行业特色"交通诚信建设年"和行业"创选评"活动。全系统创建省厅(局)级文明单位19个,市交通局先后被省委、省政府、市委、市政府、省交通厅评为"创选评"竞赛活动最佳单位。

【银川至武汉高速公路咸阳段开工】 11月7日,银川至武汉线陕甘界至咸阳高速公路(试验段)开工奠基仪式在礼泉县隆重举行。该路是国家规划的西部省际公路通道银川至武汉线的一部分,也是陕西省"米"字型公路主骨架的重要组成部分。工程起于陕西和甘肃两省交界的凤翔路口,经长武、亭口、彬县、太峪、渡马、永寿、靖陵、乾县、礼泉、裴寨、马庄,止于西安机场高速公路咸阳西互通式立交,路线全长约164.1公里,双向四车道,全封闭,全立交。根据地理条件,项目采用了三个技术标准,其中陕甘界至亭口段设计行车速度为80公里/小时;亭口至永寿段设计行车速度为100公里/小时;永寿至终点段设计行车速度为120公里/小时。全线设互通式立交12处,分离式立交32处,跨线桥75座,大桥、特大桥60座,通道232道,长隧道6座。设匝道收费站11处,主线收费站1处,服务区3处,停车区4处。路基土石方2076万立方米,防护及排水工程65.5万立方米,沥青混凝土路面291万平方米。全线需占地1075.2公顷,拆迁建筑物5.5万平方米。估算总投资51.5亿元(不含建设期贷款利息)。计划建设工期54个月,于2008年底建成通车。此工程的建设,对于拉近咸阳与沿海城市及大西北城市距离,进一步拓宽对外开放渠道,加速培植支柱产业和特色经济,推动咸阳经济社会跨越式发展具有十分重要的意义。

【省道107线乾县至武功通县公路武功段建成通车】 9月底,省道107线乾县至武功通县公路工程武功段全线建成通车。此项改建工程起始于武功县叉留村K23+500,途经贞元镇、武功县城,跨西宝高速止于武功县付家堡K37+300,全长13.8公里。其中K23+500—K25+400段1.9公里、K25+400—K32+220段6.8公里,分别按平原微丘区三级、二级公路标准设计,其余5.1公里对原有道路路面病害进行整治,局部罩面处理。总投资1000余万元。资金来源为国债、省补和自筹。建设工期6个月。自此,省道107线武功至乾县段全面建成通车。

【G312线冉店—罗峪段大修工程顺利完工】 8月底,G312线冉店—罗峪段大修工程顺利完工。该工程属省公路局2004年度计划内的收费路专项大修工程。采用平原微丘区二级公路技术标准,走向沿旧路不变,主要对路面进行补强重铺和对排水、防护、标志、标线等设施进行完善。工程总投资1276万元,长7.6公里。于4月18日开工。

【农村公路建设"大干一百天"活动成效显著】 8月份以来,全市公路建设部门认真贯彻全市交通系统工作会议和农村公路建设现场会议精神,积极开展农村公路大干"100天"竞赛活动,全速推进各项公路建设工程。截止10月底,8条县际公路建设项目累计完成路基土石方173.98万立方米,路面工程1931.29平方公里;桥梁工程131.53米/8座;涵洞工程2651.62米/306道;累计完成工程投资17189.21万元,占计划投资18766.5万元的91.6%。全市共完成农村公路通达工程129.85公里,完成投资1758万元,超额完成2004年的计划任务。

【淳化118个村通上了砂石路】 淳化县委、县政府把解决农村群众行路难作为贯彻中央一号文件、增加农民收入的突破口,率先在全市采用了县政府拿钱、交通部门勘验指导、乡镇具体组织实施的加快农村公路发展的新思路,在全县积极开展了乡村道路大会战。县财政一次投资600万元,先后出动各种机械1.8万台次,组织劳力6万人次,新修砂石路77条260公里,使全县118个行政村通上了砂石路,创造了山区县70%乡村道路砂石化的佳绩。

【省道107线泾阳超限运输检测站建成启用】 4月16日,省道107线泾阳超限运输检测站正式启用。该站是经省政府《陕西省人民政府关于同意设置第二批超限运输检测站的批复》(陕政函〔2003〕221号)文件批准设立的全省第二批19个超限运输检测站之一,位于泾阳县云阳镇211国道和107省道十字交叉处107省道上,是咸阳境内继永寿、长武超限运输检测站建成运行之后的第三个建成并运行的超限运输检测站。它的建成启用,标志着省政府批准的咸阳境内3个超限运输检测站全部建成,与永寿、长武超限检测站形成联动,对于治理211国道和107省道的超限运输，进一步加强整治力度，巩固治理超限运输成果，促进咸阳市国省道公路安全畅通及沿线经济发展具有重要作用。

【交通扶贫开发工作成效显著】 市交通局认真贯彻省市关于扶贫开发工作的一系列安排部署，坚持以解决广大贫困村群众行路难问题为重点，积极实施交通扶贫开发工程，北部五县扶贫、旱腰带扶贫，包扶对象村等交通扶贫工作均取得一定成效。一是成立了扶贫开发工作领导小组，建立了扶贫开发工作市县村（点）三级联络制度。及时沟通扶贫信息，掌握了解扶贫开发工作开展情况。二是在调研摸底的基础上，积极制定交通扶贫工作规划。三是努力改善农村贫困地区的通行条件。以提升北部五县县际公路通行条件、促进与外界沟通为重点，积极申报项目，争取资金，加快促进北部五县经济发展。北部五县的长宁公路、彬麟公路、永扶公路、旬耀公路、淳礼公路和南部"旱腰带"地区的三淳公路、泾淳公路已于年内全部建设，总里程271.91公里，工程总投资17870.52万元，争取国家投资13527万元。这些项目的建成，将极大改善北部五县通行条件，加速该地区经济的发展。同时，积极跑部进省，争取农村公路"通达工程"项目资金300万元，可改建农村公路130公里。

【昌明公司企业签约负债兼并协议】 12月31日，市交通局局属单位咸阳昌明公司与陕西三鑫集团举行企业兼并合同签约仪式。昌明公司是市属重点企业之一，以生产加工成套机械设备为主业，在西北地区曾有一定影响，为咸阳的经济建设做出了重要贡献。三鑫集团是陕西省著名的民营企业，有兼并重组的成功经验和雄厚的资金实力。双方本着双赢的目的，由三鑫集团对昌明公司实施负债兼并，组建新的公司。改制后，既可以扭转昌明公司冗员过多、经营困难的状况，也为企业今后发展创造了条件。

【"十一"黄金周旅客运输组织有序】 2004年"十一"黄金周期间，各级交通部门科学安排，加强管理，合理调度，全力做好旅客运输工作。先后组织运政管理人员对无证经营、超范围经营和甩客、卖客、倒客、宰客等违章经营行为进行了认真整治，全市共查处各类违章经营现象163起，查处超员车辆138辆次，分流旅客4896人。同时，组织机动运力238辆积极参加"十一"黄金周运输，确保了客运安全、及时，杜绝了旅客滞留现象。据统计，"十一"黄金周期间，全市共投放运力14740辆，26753班次，完成客运量98.54万人，客运收入481.17万元，实现了优质、安全无事故的目标。

【全方位宣传咸阳工作成效显著】 市交通局认真贯彻落实市委关于加大宣传咸阳力度工作会议精神，结合行业特点，积极开展了形式多样的宣传活动。一是进一步完善了公路分界标志。先后投资50多万元，在全市境内20条国、省、县道与外省市的22个交界处栽设了43块公路分界标志和宣传咸阳公益广告牌。二是对全市旅游景点的公路标识前均冠以"咸阳"字样。三是组织运政部门在元旦前夕对全市1200辆营运班线客车和市区1205辆出租车全部张贴了"咸阳人民欢迎您"、"开放的咸阳欢迎您"、"做文明使者、树咸阳形象"的醒目宣传标语。四是联系西安绕城高速公路管理局对西安绕城公路的入口和重要路口增设指向咸阳的标志；联系省高速集团公司将机场高速公路"渭城"收费站改名为"咸阳东"收费站，并对西宝高速公路咸阳出口收费站进行了扩建改造。

【吴家堡汽车站开工建设】 元月28日，咸阳吴家堡汽车站正式开工建设。这是继2003年以来杨凌、武功、长武汽车站建设之后，咸阳市加快道路运输基础设施建设的又一重大工程。该站位于市区北部吴家堡坡上国道312道口处，按一级客运站标准建设，占地面积2.56公顷，总建筑面积7370平方米，场地硬化面积9530平方米，其中站务用房建筑面积932平方米，停车场面积8613平方米，发送、到达车位面积917平方米，站前广场面积800平方米。估算总投资2310万元，预计建设工期2年。该站建成后，预计日发客运班次600辆，日发旅客10300人次，将成为咸阳北部县区来去咸阳和国道312途经咸阳的重要旅客集散地。

【秦伟汽车服务有限公司迁入新址】 9月29日，局属单位咸阳秦伟汽车服务有限公司自吴家堡坡头汽车站北侧搬迁至西兰路双照收费站东1公里处。咸阳秦伟汽车服务有限公司是一个集汽车及配件、修理、运输、技术服务为一体的汽车售后服务企业。公司下属配件销售公司、汽车销售公司、修理厂、神龙汽车咸阳销售服务公司、风神汽车租运有限公司、迅达快捷货运有限公司、铜川分公司等7个子公司，资产2000余万元，员工近200人，技术力量雄厚。公司年营业收入连续5年保持2000万元，连续6年被评为咸阳市交通系统先进企业。

【胡希捷来咸检查治理超限运输工作】 7月10日下午，交通部副部长胡希捷一行，在副省长洪峰，省交通厅厅长乌小健，市委书记宋洪武，市长张立勇，市委常委、市委秘书长李效民，市长助理、市政府秘书长刘文理，市交通局局长罗志勇等陪同下，来到国道312永寿超限运输检测站检查治理超限运输情况。胡希捷在过磅点，详细询问了近期车辆超载情况，又同司机们进行了交谈。在检测站工作室，他详细询问了规章制度建设情况，希望工作人员照章办事，热情服务，不断提高自身素质,把治理超限运输工作抓紧抓好,抓出成效。在治理超限运输工作中,全市集中开展了车辆超限超载治理宣传活动。先后在检测站、收费站和矿区、厂区以及主要公路入口悬挂宣传标语140余幅,散发宣传资料5万份,出动宣传车200多车次,并在媒体上定期宣传报道治超动态,全市治理超限运输工作形成了强大声势和良好的氛围。同时,按照省上安排,先后投资1100万元,迅速建成了永寿、长武、泾阳三个超限检测站,24小时全天候检测。检测站启动运行以来,共检测超限车辆12万辆,卸载、分载货物14万多吨,使超限车辆数量大幅度下降。检查后,胡希捷对咸阳市治理超限运输工作给予了充分肯定。

(王　健)

铁　　路

【铁路线路】 境内有陇海(兰州—连云港)和咸铜(咸阳—铜川)两条主要线路穿过。陇海铁路从黄家寨进入咸阳市,经市区、茂陵、兴平、马嵬坡、武功、杨陵出境,境内全长80公里,为双线自动闭塞、电力机车线路,提速后最高时速达160公里/小时;咸铜铁路在境内全长约68公里,为单线半自动闭塞、内燃机车线路,最高时速为80公里/小时。全市共有铁路专用线40余条,分布在陇海线和咸铜线上。

【铁路站点】 境内共有铁路站点16个。其中陇海线上有黄家寨站、咸阳站、咸阳西站、茂陵站、兴平站、马嵬坡站、武功站、杨陵镇站;咸铜线上有咸阳站、咸阳北站、长陵站、萧家村站、泾河站、永乐店站、三原站、独李村站、大程站。西安铁路局宝鸡车务段管辖境内陇海线上黄家寨站至杨陵镇站站点和咸铜线上的咸阳北站;境内咸铜线上的长陵站至大程站站点属西安铁路局支线公司管辖。

(石忙刚)

民　　航

陕西省机场管理集团公司

【安全保障水平进一步提高】 2004年,陕西省机场管理集团公司进一步完善安全管理制度,细化安全措施,推进了安全工作的深化。根据民航总局《关于进一步加强航空安全工作的决定》,制定了贯彻落实的具体措施。咸阳机场以航空保安审计工作为契机,完善安全管理系统,建立与国际接轨的航空保安管理体系,代表中国民航首批接受了国际民航组织的航空保安审计,得到专家小组的高度评价。加强对安全工作的监督检查,狠抓工作落实。结合咸阳机场有关保障单位在安全工作中出现的差错,对有关责任人进行了严肃处理,开展了全面的安全自查和整顿,提出了"五坚持,五反对"的安全管理原则,巩固了良好的安全态势。不断加大安全方面的投入,坚持重大投资向保障安全的项目倾斜,进一步强化了安全保障的物质基础。始终围绕重点环节,加强对所辖机场的安全管理。先后开展了各机场飞行区专项治理和适用性检查,强化了空防安全、净空保护和鸟害防治工作。咸阳机场和银川机场组织了大规模的应急救援综合演练,榆林航站将航空应急救援纳入市政府应急救援体系。通过努力,集团公司的综合应急救援能力进一步增强。

【全力进行市场开拓】 根据集团公司发展实际,果断实施航空市场开拓战略,制定了全面的市场营销方案,由集团公司领导牵头,机关与基层共同参与,全方位开拓市场。通过一年的努力,市场开拓取得了历史性突破:南航新疆公司西安分公司的组建已正式启动;西安至九寨沟和西安经广州至新加坡的航线正式开通;西安至德国纽伦堡货运包机航线已经进行了首航;海航、东航均增加在西安市场的运力投放,进一步激活了市场。集团公司主要生产指标迅猛增长,所辖5个运营机场全年共保障飞机起降9.4万架次,完成旅客吞吐量720.8万人次、货邮吞吐量7.9万吨,分别较上年增长31.4%、46.6%和18.9%。其中咸阳机场完成旅客吞吐量636.2万人次,比上年净增近200万人次,保持了客运量全国第九的排名。银川机场旅客吞吐量达69.7万人次,同比增长56.3%。

【联合重组取得重大成果】 面对属地化改革后国内机场业的竞争态势,为充分发挥机场专业化管理的优势,进一步整合航空资源,通过规模扩张增强竞争实力和抗风险能力,集团公司积极开展资本运作,推动机场的联合重组。在省委、省政府和西北管理局领导及有关部门的大力支持下,集团公司先后与甘肃、青海、宁夏三省区机场公司及所在地政府进行接触,就联合重组有关问题达成了共识。宁夏机场集团有限公司成为集团公司的全资子公司。这是民航机场属地化改革之后,地方政府管理的机场之间进行的首次联合重组,实现了互利双赢,在民航内外产生了极大影响。内部改革取得新的进展。延安、汉中、安康航站改制为有限责任公司的方案已经上报省国资委。同时,辅业公司的股权重组工作取得阶段性成果,建设公司、房地产公司和保洁公司重组后运转良好,显示了转换机制带来的活力。航空服务公司的重组改制已经完成了股东选择和股比确定工作。悦泰科技公司引入外资的重组改制工作正在积极推进。

【增收节支目标顺利实现】 针对咸阳机场新航站楼投入使用后集团公司经营资源增加、运营费用大幅上升的实际情况,集团公司加强基础管理,大力开展增收节支活动,努力挖掘资源潜力,完成了全年的效益目标。为了规范管理,集团公司对《规范化手册》作了进一步修改完善,制订了贵宾服务、公务包机、合同管理等规定。严格执行ISO9001标准,质量体系顺利通过中国新时代质量认证中心的监督审核。加强财务管理,建立了财务预算管理例会制度,对维修费使用情况进行了专项检查。实行专项费用"一支笔"审批,全年专项费用开支较计划节约近40%。加大应收帐款回收力度,全年贷款规模较年初计划减少3500万元。细化辅业公司考核和外包费用测算办法,对各辅业公司的经营情况开展调研,针对存在问题进行了及时指导和纠正。以节能降耗为突破口,建立了能源管理三级网络,制定了扎实有效的节能工作措施,层层分解指标,加强效能监察,形成了全员节能的良好氛围。完成了咸阳机场能源计量改造工程,为能源计量收费创造了条件。经过努力,咸阳机场2004年实际能源消耗支出控制在2880万元以内,与年初计划相比节约达1370万元,旅客人均能耗同比 下降23.7%。广告、贵宾服务和停车场成为集团公司增收的新亮点。广告公司完成全年收益1000万元的目标,并在首都机场2号航站楼广告经营权招标中一举中标,显示了较强的市场竞争能力。候机楼管理公司加大迅邦达贵宾服务品牌的促销力度,通过企业、政府承租冠名的形式,实现收入631万元,签订合同金额725万元。保安公司通过加强管理,完成停车场收入727万元。此外,候机楼商业经营坚持管理和服务并重,及时进行政策调整,保证商业收入足额到位,全年实现商业租赁收入3297万元。盘活不良资产,对民航安康大酒店进行资产租赁,每年可实现收入192万元。2004年,集团公司主营业务收入增势良好,全年实现收入2.9亿元,集团公司总体亏损1.21亿元,按股权投资比例合并亏损1.07亿元。辅业公司总体实现收入2.5亿元,实现净利润955万元(不含亨泰房地产公司)。

【基本建设进展顺利】 集团公司合理安排固定资产投资计划,集中财力确保安全生产必需项目的投入,全年共自筹资金安排固定资产投资计划4批,总投资2005万元。重点工程项目进展顺利。咸阳机场Ⅱ类仪表运行系统工程通过竣工验收并投入使用;候机楼连廊工程已完成主体结构;国际货物监管库房工程进展比较顺利,二期工程前期工作已经正式启动。银川机场扩建工程按期开工,延安机场改造工程顺利完工,榆林机场迁建工程立项已经批复。组织编制并上报了集团公司"十一五"发展规划,圆满完成战略规划编制第一阶段工作,为集团公司制定企业发展战略打下了坚实的基础。组织进行了咸阳机场总体规划的修改,修订了《机场使用手册》。加强机场规划管理工作,对影响机场总体规划的中航油西北公司航空加油站扩建工程等违章项目进行坚决查处,维护了机场规划的严肃性。

【服务水平进一步提升】 集团公司坚持面向客户、服务客户,建立了客户沟通机制。全年进行了4次旅客意见调查,召开了4次客户座谈会,征求意见,改进工作。加强服务工作现场监督检查,及时处理客户投诉,全年没有发生因机场原因导致的服务质量事件,旅客满意率为95.6%,驻场单位满意率达到100%。以完善机场中转功能为重点,优化服务流程。成立中转联程项目研究小组,制定中转服务保障工作规范和流程,设立了专门的旅客中转厅,配备设施,完善标识,提高了中转效率,咸阳机场的中转旅客量在全国排第四位。重视对省、市有关大型活动和专机的服务保障工作,完善了大型活动服务保障程序,加强与有关部门的联系和沟通,制定详细的服务保障方案。圆满完成了胡锦涛总书记、俄罗斯总统普京专机群等26次专机保障和省市20余次大型活动的服务保障任务,受到社会各方的好评。集团公司的服务品牌得到普遍认可。

(王 健)

邮 政

【概况】 2004年,咸阳市邮政局认真贯彻落实国家局、省局邮政工作会议精神和科学发展观,围绕全市邮政"三年发展规划"和"二次创业"总体方针目标,深入实践"三个关爱"(关爱用户、关爱职工、关爱企业),全面加快发展步伐,大力开拓业务市场,推进企业改革创新,有效提高企业管理水平,扎实开展"服务年"和专项整治活动,持续加强企业文化建设,较好地完成全年的各项主要目标任务。全年全市实现邮政业务总量15874.9万元,同比增长2.5%。完成邮政业务收入15452.72万元,完成省局计划100.02%,完成市局计划99.99%,同比增长11%,完成实绩居地(市)局首位。成本费用得到有效控制,经济效益稳步提高,不良和低效资产进一步得到盘活。全年成本费用控制在13150万元之内,实现收支差额2076.67万元,盘活资产571万元,清偿短期基建债务840万元。在岗职工劳动生产率达到12.9万元,增长10.8%。重点业务邮储稳健经营,全年净增余额2.18亿元,余额达到36.87亿元。培育的新型重点业务物流、代理保险初步实现了做强做大的发展目标,物流实现收入665万元,保费达到9040万元。2005年报刊一次性大收订完成流转额2602万元,完成计划83%。全年开发邮资封138.8万枚,企业金卡37.1万枚,居全省第一;账单7.04万件,邮送广告报402万份。全市邮政通过开展"邮政服务年"活动,推行放心、舒心、顺心"三心"服务。实施有奖投诉、查询首问责任制和承诺服务三项制度,大力改造营业网点服务设施等措施,有力促进了服务水平和服务质量的提升。全年全市用户满意度达到97.79分,获省委、省政府和省邮政系统"双创"活动最佳单位。

【推进机构和人事制度改革】 3月底,按照省局机构改革职能部门设置"四部一室"要求,本着"精简、效能、统一"和"小机关、大营销"的原则,市邮政局进行了机构改革。调整后的机关职能部门5个(办公室、人力资源部、计划财务部、市场运行部、监督检查部)。在机构改革完成后,全市加大内退工作力度,共内退21人。同时深化用人制度改革,按照管理人员定编定员标准,区分不同情况,对管理人员按考评、考核确认、空岗竞聘三个层次进行了聘任。尤其是市邮政局7个综合管理空岗岗位的公开竞聘,引起了职工的强烈反响和共鸣,推进了人事制度的改革进程。

【省邮政局马凤炯局长来咸调研指导工作】 5月27日,省局马凤炯局长、王少英巡视员等一行在林波局长陪同下专程赴泾阳、三原两局就生产经营、内部管理、资产盘活、职工生活等情况进行工作调研。10月20日~21日,省局马凤炯局长一行再次到咸阳市北部五县邮政企业进行调研。在对北部五县邮政企业近几年取得的成绩予以充分肯定之后强调,一要谋发展,发展要有新思路;二要加强企业基础管理,通过强化管理保障发展;三要认真践行"三个关爱",增强企业凝聚力;四要两个文明建设一齐抓,企业有新形象,职工要有新面貌;五要突出重点,加大对邮政储蓄等重点业务的经营力度。

【市邮协五大召开及《走进咸阳——历史成语典故》邮票册首发】 6月4日,市邮政局组织召开了市集邮协会第五次会员代表大会和邮协成立二十周年系列庆典活动。集邮成果展精选了咸阳市历年来获奖的十三部邮集,是对咸阳集邮成果的一次大检阅,也是咸阳集邮水平的一次集中展示。当天,召开了由咸阳市旅游局策划、陕西集邮公司和咸阳市邮政局联合发行的《走进咸阳——历史成语典故》邮票专题册新闻发布会。2000册《走进咸阳——历史成语典故》邮票专题册于年底基本销售完毕。

【邮政服务年】 市邮政局将2004年确定为"邮政服务年"。提出的目标措施为:贯彻"把真诚送到客户家门口"服务理念,开好服务工作现场会,突出抓好窗口服务、投递服务、上门服务三个环节,落实服务规范和分层服务,提高用户满意度,争创全省创评最佳单位。一是强化职工服务意识教育和服务技能培训;二是扎实有效地开展"双创"、服务承诺、有奖投诉、服务治理整顿等项活动,重点抓好服务承诺、有奖投诉、服务责任追究的兑现落实,切实解决服务中存在的问题;三是加强服务工作的管理和监督检查;四是加强和做好大客户服务工作;五是推进"三进工程"(进校园、进商厦、进社区);六是为"三农"服务,开展农资产品和商品分销;七是不断增强服务能力。

【组织劳模先进事迹巡回演讲】 5月12日,市邮政局组织全国邮政系统劳模先进事迹巡讲团深入了11个县(市)局进行巡讲。这次劳模巡讲不仅是劳模精神的学习会,是邮政企业发展的成果展示会,也是职工交流服务、营销理念的第二课堂。劳模在咸阳邮政的两个文明建设中作出了巨大贡献,是广大邮政干部职工的优秀代表。他们集中体现了广大邮政干部职工的四种精神:一是爱岗敬业、勇于奉献的精神;二是情系用户、贴心服务的精神;三是锲而不舍、搏击市场的精神;四是持之以恒、追求卓越的精神。

【国家局专项整治督导小组来咸检查】 6月29日,国家邮政局人教司副司长王梅带领的国家局专项整治督导小组一行,在省局马凤炯局长陪同下,来咸就专项整治经营秩序与提高服务质量情况进行检查、督导。检查组采取召开座谈会、听汇报、查资料的形式了解市邮政专项整治工作开展情况。在座谈会上,王梅副司长重申了国家局关于专项整治经营秩序的重要性、紧迫性和重大意义,指出专项整治经营秩序能加快邮政经营组织方式的转变,降低企业成本,维护邮政企业形象,促进邮政健康持续发展。督导组还就咸阳局的活动开展情况、遇到的问题和困难等情况,进行了座谈和交流。督导小组成员在听取市邮政局的专项整治活动开展情况专题汇报后,分别抽查了资费优惠审批表等基础资料,并专门在速递局、财务部检查部分项目。

【《魅力咸阳》主题邮票及纪念邮资封和明信片首发】 11月24日,由市委、市政府与市邮政局联合举办的《魅力咸阳》主题邮票及纪念邮资封、明信片首发新闻发布会在市邮政局隆重举行。这次开发的《魅力咸阳·城市瑰宝》主题个性化邮票首期发行2500版。主题邮票一套四枚,个性化主图以"淳化大鼎"、"昭陵六骏"、"秦半两"三个城市瑰宝为核心内容,并设计了篆刻印章"咸阳瑰宝",进一步强化邮票与城市的文化艺术性。主题邮折引入了"魅力咸阳"影像宣传VCD内容。纪念邮资封、纪念明信片各一套三枚,分别以三件城市瑰宝为主图,并艺术地突出了咸阳"中国第一帝都"和"昔秦皇汉武、今魅力咸阳"的宣传口号。其中纪念邮资封首期发行5万套,纪念明信片首期发行2万套。

【咸阳邮政物流配送烟草项目签约】 12月31日,咸阳市邮政局与陕西省烟草公司咸阳分公司签订邮政物流配送烟草项目协议。从2005年元月1日起到年底,咸阳烟草到11个县(市)烟草局的所有市到县的烟草配送业务全部由咸阳邮政物流承担,全年配送烟草120万件,实现配送收入66万元。

【邮政服务"三农"效果显著】 市邮政局贯彻中央一号文件精神,大力开展邮政服务"三农"。依托邮政网络优势和地方党委、政府的大力支持,全力做好洗衣粉销售、种子邮购、农药销售等为主的农资产品分销。全年销售洗衣粉21万件,销售种子76吨。同时以三原县、武功县、彬县等局为代表的全市三农服务网络正在建立完善,初步形成县、乡、村三级辐射的三农服务体系,为物流及其他代理类业务发展打下坚实基础。同时开办超市和提供农村医药配送服务。

【邮政通信能力建设得到增强】 2004年,围绕优化实物网、加快建设和完善信息网、提升网点竞争力为目标,全市克服资金紧张等压力,积极筹措资金,加快"两网"建设和网点改造步伐,较好地完成了通信能力建设任务。一是实物网建设完成了邮路调整优化提速、开通"全夜航"等,全年共投入120万元,新增19辆邮政生产用车。二是信息网建设完成了绿卡统一版本升级、信息网电路扩容提速、客服中心11185升位、基础接入点工程建设、电视电话会议系统建设、卡哈拉速递系统改造、报刊发行系统升级改造、电子汇兑网点新增等建设项目。全市新建邮政营业电子化网点30处,建成电子汇兑联网网点43处,完成12处邮储网点的联网,全市电子化邮政营业网点达到59处,电子汇兑联网网点达到91处,邮储联网网点达到74处。三是按照标准化要求,改造和建设了一批精品骨干网点。全市投入170多万元改造营业网点28处,配备储蓄网点监控设备8套,更换新型信箱(筒)19个,更新门头7处,提升了网点对外形象和市场竞争能力。

(李养峰)

咸阳市邮政局

局　长　林　波
副局长　吉　雨　薛　威　朱根舍

信 息 产 业

概 述

【信息基础设施进一步完善】 全市固定电话交换设备总容量已突破100万门,达到102万门,电话村村通达到85.2%,电话主线普及率达到15.7部/百人,在西部地级市中居于领先水平。移动通讯无线网总容量130万户,无线基站800多个,全市无线GSM网和CDMA网的覆盖率已经达到99.8%。广播、电视传输有线电视节目40套和调频广播节目10套,全市广播、电视人口覆盖率分别达到96.26%、96.73%。市区有线电视城域网升级改造工程和西—咸通信并网电话网络改造工程进展顺利。全市基本形成了以中国电信网络和广电网络为主的信息网络体系,已建成市区IP城域网和11个县市的双光环传输网。广电网络城区IP宽带骨干平台和贯通11个县市2.5G的SDH自愈环路建成开通。全市已有24个100M——1000M的骨干接入点,计算机网络总带宽达到2.655G。信息传输光缆总长度已超过皮长1万公里,形成了容量为264芯的骨干光纤环网。市区及11个县市已全部开通ADSL宽带上网业务,全市国际互联网出口带宽达到5.3G。已建成宽带小区120多个,其中彩虹小区是全省最大的宽带小区。

【信息产业持续增长】 咸阳市电子信息产品制造业在国内具有较强的竞争实力,是经济发展的支柱产业,已形成彩色显像管、偏转线圈、彩色电视机、覆铜板、粘接片、彩偏磁芯、电子元件等产品的制造体系,其中彩色显像管、偏转线圈、彩偏磁芯在国内市场占有较大的份额。全市拥有规模以上电子工业企业16户,彩虹集团公司、偏转集团公司在2004年(第18届)全国电子信息百强企业中排名分别列第22位和第70位。2004年,电子工业总产值完成87.9亿元,主要电子产品彩色显像管的产量为1363万只,彩色电视机150万台,同比增长分别为22.1%和14.94%。一批新建和技改项目进展顺利。100万只大屏幕彩管生产线项目开工建设,生益华电公司三期改造扩建工程、中小屏幕彩管用玻屏生产线、电子网版生产线建成投产。咸阳市完成国家级显示器件产业园的申报工作。信息服务业快速发展。中国电信、中国移动、中国联通、广电网络、网通、铁通、卫星通讯公司等企业已在咸阳市开展运营服务。信息服务业涌现出了一大批从事信息接入、信息提供、信息咨询和中介、信息技术服务和培训的企业。远程教育、数据通讯等新型业务正在逐步开展。有线数字电视在咸阳市正式开播,可提供8大类100多套专业化、个性化的电视节目。"大灵通"(SCDMA无线手机)业务也已开通。全市固定电话用户76万户;移动通讯用户新增22万户,在网用户已达到101万户;互联网宽带用户4万多户;有线电视用户达到20多万户。城区居民每百户拥有彩色电视机122台,电话93部,移动电话89部,家用电脑24台。其中移动电话和电脑的拥有量分别同比增长12.7%、20%。

【信息技术推广应用成效显著】 咸阳市信息技术的应用推广取得显著成效,农业、金融、税收、教育等方面的信息系统建设已初具规模。①农业方面,实施了农民信息服务工程建设,已建成市级、县级、乡镇级、龙头企业信息网站(点)共103个,为农业发展和农民致富发挥了积极作用。市气象部门建立了手机防灾减灾气象短信服务平台和全市防雷电监测网络。林业部门利用森林病虫害防治系统、森林植物检疫信息系统,建立了以市森防站为中心,以兴平、旬邑、三原3个国家级中心测报点和其他10个县市区为测报终端的森林病虫鼠害测报网络体系。②金融方面,各商业银行充分运用信息技术不断提升现代化、信息化服务水平,建立资金清算、信贷管理、城市综合网、银行卡网络等系统和内部高速局域网络系统,实行了营业网点核算、营销、服务一体化。推出网上银行、电话银行、手机银行、企业银行、自助银行等服务项目,开通了西—咸大同城票据交换业务,大大方便了企业和群众。③税务方面,围绕实施"金税工程",全市国税和地税系统分别完成了金税工程二期工程、广域网二期工程的建设,建立了市县两级网络体系。已投入运行的有纳税申报、增值税稽核、出口退税、防伪税控等数十个系统。"中国税收征管信息系统(CTAIS)"上线启用,主要税收工作实现了网络化管理。全市纳入计算机管理的纳税人7万多户,纳税额13.77亿元,基金(费)收入3.79亿元。④教育方面,咸阳市农村中小学现代远程教育工程试点项目通过国家级验收,建成教学光盘播放点188个,卫星教学收视点1910个,计算机教室193座,56.2万名农村中小学生受益,受益学生占全市初中学生的89.6%,占全市农村小学学生的78.4%。至年底,全市共建成多媒体计算机教室700多座,卫星IP数据宽带多媒体接收站2588个。有180多所中小学实现宽带接入互联网,85所中小学建成了校园网。⑤劳动和社会保障方面,实现了市县两级劳动力市场联网,养老保险实现省、市、县三级联网,医疗保险实现经办机构和定点医院的联网。利用失业保险管理信息系统,实现了对全市40多万参保职工的基本信息、基金交纳、待遇发放的全程信息化管理。⑥人口与计划生育方面,建立了广域资源网市级网络平台和育龄妇女信息数据库,计划生育广域网县级平台全部建成。其他方面,公安系统完成三级网络建设,常住人口信息、出入境综合信息、交通管理信息等10多个系统投入应用。咸阳市城市地理信息系统数据库初步建立。"咸阳统计信息网(外网)"、"咸阳日报网"、"咸阳工程造价信息网"等一批新的信息网站相继建成并开通运行。卫生、环保、民政、水利、烟草等专业信息网络建设进展顺利,在工作中发挥了重要作用。淳化县、永寿县、长武县、三原县、旬邑县、武功县等县积极推进信息技术应用,促进县域经济发展,取得了良好的成效。

【电子政务建设进展较快】 全市13个县市区政务公众信息网站建成并投入运行,部分县市区的电子政务建设二期工程建成。市级各部门积极加强信息基础设施和部门局域网的建设。市统计局、市环保局、市水利局、市教育局、市计生委等23个政府部门的网站建成。全市已有78户企业的网站实现了与市政务公众信息网链接,初步形成了市县两级网络互联互通的网络构架。电子政务市级专网平台基本建成。办公自动化取得一定进展。市电子政务办开发了市委领导批示件的网上办理系统,为市级领导以及各部门、各县市区配置专用政务邮箱,实现了批示件的网上办理。各县市区政务公众信息网站在宣传区域经济发展,进行招商引资,提供投资环境、政策法规等政务服务方面,发挥了积极的作用。在由中央国家机关56个部委(办、局)和28个省级政府信息主管部门共同发起、全国500多个地市(区、县)政府部门参加的"2004全国地市电子政务应用调查活动"中,咸阳市政务公众信息网站和秦都区、渭城区、泾阳县、彬县等4个区县的政务公众信息网站分别获得管理、综合、建设、服务、应用等优秀奖。市政务公众信息网站正在进行改版工作,积极建设"中国—咸阳"门户网站。

【运用信息技术改造和提升传统产业】 咸阳市初步建立起了信息技术中介服务应用体系,市上确定的100家制造业信息化应用示范企业带动作用明显。彩虹集团、偏转集团、西北医疗器械公司等一批国有企业和60多家乡镇及非公经济企业,广泛应用计算机辅助设计(CAD)、计算机辅助制造(CAM)、计算机辅助加工工艺(CAPP)等技术,改进管理,提高工艺,降低成本,提高效率,企业综合竞争力明显增强。至年底,全市已有67户企业成为省级信息化示范企业。兴平市、泾阳县、三原县、乾县被确定为咸阳市首批制造业信息化示范区域。陕西柴油机重工有限公司、陕西风轮纺织股份有限公司、陕西省机械研究院、咸阳西北医疗器械集团有限公司等10家企业荣获"陕西省制造业信息化应用示范优秀企业"称号。

【信息化培训进一步加强】 各县市区和各有关部门结合实际,多渠道、多方式地对干部职工进行了信息化知识和计算机操作技能的培训,共培训5000多人次。全市开设信息技术教育必修课的中小学达到570所,加强了信息化基础教育。市委组织部和市科技局举办了"数字化城市发展与信息技术应用报告会"和"城市地理信息技术应用研讨会",市级部门正科级以上和有关事业单位的负责同志共400多人参加了听讲。市委组织部和市电子政务办对全市862名县级领导干部进行了信息化和电子政务知识的考核,进一步普及、提高了领导干部信息化知识和电子政务应用水平。

（张军红）

长途线务

【概况】 咸阳市长途线务局主要业务和职责是负责维护和管理国家级、省级及全市各县市区线路的维护、维修和抢修,维护国家一级干线"西兰乌"、"呼西"长途光缆以及二级直光缆、本地农话光缆2000余公里。其中维护的国家一级干线光缆"西兰乌"、"呼西"是国家通信大动脉,是国家"八纵八横"通信网络的骨干线路,是国家通信网络的重要组成部分,担负着航天发射、军事战备、外事交往、抢险救灾的通信联络任务,对促进国民经济发展、政治稳定,改善咸阳的投资环境,确保市委、政府建设西部强市战略目标的实现起着重要作用。为了维护管理好国家一级光缆通信线路及设备,市局强化管理,加大科技含量,大力推进以机制创新、管理创新、技术创新、文化创新为核心的现代企业制度的建立。在基础建设上,实现了内部管理微机化,使日常维护管理实现了微机化、标准化和自动化。工作质量连续五年名列全省先进行列。

(罗　亮)

咸阳市长途线务局

局　长　李长孝
副局长　李贤成

通　　信

【概况】　2004年,全市无线电通信系统共有各类电台342710台。其中广播电台23个;短波电台20部;甚高频、特高频台站1880个;移动/联通基站360个,用户超过300000个;电信"小灵通"基站400个,用户60000个;网通基站11个,用户30000个;卫星地面站8个;微波站45个。市无线电管理委员会办公室不断加强无线电管理和台站管理,依法行政,强化服务意识,继续加快技术设施建设,加强无线电监测工作,维护空中电波秩序,促进无线电事业的发展,圆满完成年度各项任务。一是保护民用航空频率专项整顿活动成绩显著。从2003年11月开始到2004年7月结束,市无委办核查各类无线电设备617台,查处对讲机33台,大功率无绳电话28部,整顿工作搞得扎实而富有成效,有效地保护了民航飞行的安全。二是频率占用费收缴工作进展顺利,完成了收费任务。三是坚持值班制度,定期做电磁环境测试,掌握一手资料,及时查处有害干扰,为设台单位排忧解难,为咸阳营造正规有序的电磁环境。坚持每天四小时的值班监听制度,对受保护单位的多个易受干扰频率进行重点监测分析,及时发现干扰信号并排除干扰源。坚持每月两次电磁环境测试,对机场等重点地区坚持定期测试。对设台用户的干扰投诉,坚持"有报必查,有查必果"的原则。全年共接到无线电干扰投诉30件,查处26件。其中为咸阳机场查处干扰6起,做电磁环境测试22次,较好地掌握了咸阳电磁地区的电磁环境情况,积累了大量的资料,有效地保障了全市无线电通信顺畅和民航通信的安全。四是全面清理整顿无线电频率、台站的审批和使用,开展固定台站普查、补充完善频率台站数据库,严格台站审批,严格台站管理,充分发挥无线电通信在社会经济发展和人民生活中的作用。

(李维社)

陕西省无线电管理委员会办公室咸阳监测站

站　长　焦贵荣

电　　信

【概况】　2004年,咸阳市电信分公司电信业务稳步发展。全市固定电话用户达76万户,宽带用户达3.86万户,交换机总容量104万门,全市光缆总长度达3000公里皮长。

【宽带用户发展迅速】　2004年,咸阳市电信分公司宽带用户发展迅速。宽带业务在全市金融、教育、产品制造及酒店服务等行业得到了较好运用,各单位利用宽带网络提高了工作效率,发展了生产力。人民群众也纷纷安装宽带网,享受网络带来的各种便捷。至年底,全市宽带用户达3.86万户。全市宽带用户数量跃居西北地区各城市前列。

【服务水平显著提升】　2004年,通过完善制度、加强检查考核、开展用户回访等方式狠抓服务,使企业服务质量明显提高。全市装、移机及时率达到99.5%,平均时限为5.89天;障碍发生率为1.05%,障碍修复及时率达到98.4%,平均时限为10.73小时;IC卡完好率达到96.4%,查号准确率达到98.2%,投诉处理及时率达到100%。全市服务指标优于上级考核标准,服务水平在全市各运营商中处于前列。

【网络运行效率全面提高】　分公司作为全国网络运营维护体制改革三个试点单位之一,按照"集中监控、集中管理、少局所、大容量、少人或无人值守,精简维护人员"的总体工作思路,积极探索,勇于创新,一套适合中西部地区电信企业的运行维护改革体系日趋完善。通过在网络资源管理、网络运行监控上狠下功夫,全市网络运行效率进一步提高。5月份通过中国电信集团公司运维体制"AA"级标准验收,全年全市网络有效率完成96.32%,长途电路可用率达到99.96%。

(王宏涛)

中国电信集团陕西省电信公司咸阳市分公司

经　理　罗永成

网 络 通 信

【概况】　2004年,中国网络通信集团咸阳市分公司初步建成了覆盖城区及兴平市区的通信网络。公用电话、话吧及大灵通业务快速发展,企业固定资产已达6200万元,人员已增至近百人。电话用户突破2万户,宽带用户近3000户,销售收入突破1000万元。分公司被市考核办评为"目标管理先进单位"。

【通信能力遍及城区】 为了提高通信能力,咸阳网通先后投资1.6亿元,铺设管道680公里,布放光缆816皮长公里。经过跨越式建设,已建成1个中心局、4个分局、41个ONU点、3个RSUD的网络结构。特别是11月中旬开通36处无线基站后,无线覆盖率已达90%以上。

【网络运行优质高效】 按照"集中监控、集中管理、提高素质、统一维护"的工作思路,不断提升维护标准,强化人员素质,将维护人员向一专多能的复合型人才培养。在优化网络的基础上,精心维护,促使网络有效率达到98%,长途电路可用率达到99.26%,设备完好率达到100%。

【发展大灵通和宽带业务】 ①11月中旬,大灵通业务开通后,咸阳网通采用低调入市的方式,通过代销,积极向外宣传其优良的网络和完善的功能,很快得到广大消费者认可。不到10天时间,用户已将试销的1000部大灵通一抢而空。②宽带用户稳步增长。采用电话与宽带捆绑资费优惠的形式,针对大专院校、新增市场的商务用户,大力宣传10兆到桌面的优势,分别开展了"宽带风暴"和"大家E起来"等多次活动,并结合二次挖潜活动,使宽带业务已成为优势品牌。宽带用户总数在全省网通系统名列第二位。

(叶铁锋)

中国网通集团咸阳市分公司

经理 赵公祥

移动通信

【概况】 2004年,陕西移动通信有限责任公司咸阳分公司突出"服务与业务领先"的战略重点,树立科学的发展观,理顺运营机制,优化资源配置,实施精细管理,提升执行能力,实施六大工程,公司业务取得了长足的发展。至年底,公司用户总数达到62万余户,GSM网络建设第九期工程完成,工程新增基站90多个,全区基站总数达到400多个,树立了企业发展史上又一个新的里程碑。

【渠道建设】 分公司启动农村营销分部建设。将农村市场划分片区,成立片区营销分部,负责本地区的市场开发、客户服务管理,将渠道进一步延伸,为农村市场的拓展打下坚实基础。同时,市区大客户共划分为八大片区进行管理,为广大客户提供营销一条龙服务。咸阳宝安、兴平、乾县、彬县移动手机专卖场建成。市区"动感地带"体验店成为全省第一家开业的品牌体验店,营销渠道建设取得了丰硕的成果。

【移动固定数据业务】 分公司的移动固定数据业务起步并取得了较好的成果。先后完成了兴化、四〇八厂、市财政局等20多家单位的宽带精品业务。完成市气象局等单位的线路出租业务。固定业务的快速发展,为咸阳移动城域网的建成打下了良好的基础。

【实施精细化企业管理】 分公司从信息化、全面预算管理、人力资源管理方面着手,实施精细化管理,使企业的管理水平向世界一流通信企业迈进。在企业信息化建设工程中,一是建立了MIS系统,通过内部运营流程再造,实现企业在财务管理、物资供应管理、人力资源管理方面的新突破,实现预算管理的科学化和自动化;二是建设了网管三期工程,完善了维护管理功能,实现维护工单派送、日志填写、故障查询的电子化和信息化;三是开通了大客户管理系统及代理商管理系统,为实施精细化经营管理、数字化分析决策提供科学、高效、低成本的支撑平台和管理手段。

(郑格娟)

陕西移动通信有限责任公司咸阳分公司

总经理 郑 军

联通通信

【概况】 经过5年的超常规、跨越式发展,中国联通咸阳分公司资产总额超过8.5亿元,员工700余人,平均年龄35岁,本科、专科以上学历员工占到85%以上。公司下设11个县级分公司、分部,营业窗口遍布全市各县市区,GSM、CDMA两项业务在网用户已逾45万户。

【基础建设】 咸阳联通为咸阳人民提供了移动通信(GSM130和CDMA133网)、数据通信、国际、国内长途通信、互联网等全部综合电信业务。GSM130、131移动电话网络先后经过七期建设扩容,建成基站300多个,交换容量30万门,对全区97%以上乡镇及境内铁路、主要公路沿线实现了无缝覆盖。CDMA133移动电话网,交换容量15万门,基站达到250多个,网络覆盖率达到99.8%。全区光缆传输线路3000多公里,通达全市所有乡镇。互联网宽带可达全市所有县区乡镇。

【快速发展 技术领先】 作为新一代的移动通信技术,CDMA以绿色更健康、清晰更逼真、保密性能更好,以及无可比拟的无线数据业务等高品质的技术优势,吸引着众人的关注。开通"CDMAIX联通无限"数据业务。其中浏览搜索服务,互动视界,通过手机"一键上网"使人们畅游多姿多彩的互联网世界;无线互联网接入服务"掌中宽带",让笔记本电脑以最高153.6Kbps的速度,实现随时随地上网,带来全新上网感受,享受无限的精彩和方便;多媒体邮件业务"彩e",让手机跨越短信、MMS,一步跃入多媒体邮件新时代。它实现手机与手机、手机与任意互联网邮箱间能互传包括文字、图片、音频、视频等在内的多媒体邮件,让人们之间的沟通变得得更加缤纷多彩;超级下载服务“神奇宝典”是在 Java 和 Brew 的技术平台上,提供丰富的游戏及应用软件下载服务。公司还将推出“联通无限”的定位导航服务——“定位之星”。

【以人为本 服务创优】 咸阳联通公司始终将用户放在第一位,一切工作都从方便用户、服务用户出发,全区自建营业厅已达 20 余个,合作营业厅、便民服务网点遍及乡镇村落。公司还通过标准化营业厅建设,改善营业环境,推行“零缺陷”管理。加强服务监督,在营业厅设立客户服务中心,为用户帮困解难。开通 10010 投诉、咨询热线,24 小时受理业务。通过成立大客户俱乐部,联系“服务联盟单位”,建立大客户绿色通道,为大客户提供多种个性化、差异化的服务。在咸阳机场、火车站开辟了“联通贵宾接待室”,使用户享受全方位的贵宾服务。聘请服务质量社会监督员,加强社会监督。对经营服务中存在的各类问题,公司及时归口解决,在规定时限内,做到件件有落实,件件有回音。公司的优质服务受到了广大用户的普遍好评,乐南营业厅被授予“省级青年文明号”,公司被市消协评为“绿色、健康、科学、诚信”消费单位,被市政府授予“市级文明单位”称号。

【迁址办公】 2004 年 4 月,值咸阳联通成立 5 周年之际,公司迁址人民西路 49 号。新建成的综合通信楼投资 4000 余万元,总建筑面积近 1 万平方米,是集现代化、智能化为一体的综合通信枢纽楼。

(张　伟)

中国联合通信有限公司
咸阳分公司

总 经 理　耿省心
副总经理　吴志平　刘新民
　　　　　　陈　淼

信息化建设

科技信息网络

【“咸阳科技信息网”升级改版】 2004 年,市科技局先后组织网络管理人员赴武汉,北京考察学习。学习归来后,将咸阳科技信息网按“电子政务、科技服务、科技信息资源”三大类,划分为 20 多个一级栏目,内含 50 多个二级栏目。将静态网页全部改造成 ASP + 数据库,方便了用户浏览、加快了信息更新、使编辑更加简便,有效地提高了点击率,使“咸阳科技网”成为国内外人员了解咸阳科技的“窗口”。为了扩大网站的影响,市科技局将网站与中国农业网、威海市政府网、市生产力信息网、中科技信息网等省内外网络互联,利用网络平台介绍全市的招商引资、科技成果、高新技术产品及企业需求等内容。在咸阳制造业信息网上收录了 300 多家制造业企业及有关院校、科研院所的科技信息,推荐制造业信息技术 3500 余项。收录咸阳地区制造业企业 94 个名优特产品。发布科技成果和重大科技产业化项目 250 多项,接待省内外信息咨询检索 1300 余人次。市科技局生产力促进中心主办的《信息简报》专刊,采取出刊和网上同时发布的方式,面向社会,服务企业,让市委、市政府及时了解到科技局的工作动态。全年编辑 24 期,印发 3200 多份,推介 100 多项科技成果。

【科技信息网络宣传】 市科技局先后组织制作了《数字化咸阳建设演示》、《咸阳市制造业信息化》、《生产力促进中心工作展示》、《蓬勃发展的民营企业》和《咸阳科技》、《咸阳市民营科技企业》、《咸阳市中药现代化》等多媒体光盘,宣传企业、介绍科技,增大了科技服务的力度。在《咸阳日报》上开设了“制造业信息化工程”巡礼专栏,在咸阳电视台开设“周末视点”栏目,专题介绍数字咸阳建设和制造业信息化工程。

【引进快捷智能网站设计系统和农村科技信息系统】 市生产力促进中心先后为 20 多户企业提供网上企业形象设计。210 多户企业上网开展技术合作、商品贸易、人才交流、信息咨询等多种网上服务活动。平均每天有 300 余人次访问信息网站。发布科技成果、招商项目、中介机构、科技企业信息库、人才库、科技成果项目库等数据库信息 8000 多条,刊载企业信息 261 条。完成了“缩小数字鸿沟——西部行业”、“咸阳城市地理信息系统”、“咸阳市中小企业信息服务平台建设”、“数字咸阳框架”等项目的申报工作。其中,“数字咸阳框架”获得市科技进步三等奖。帮助企业编写和录入申报科技项目资料工作 76 项。还建立了农林科技信息系统。选择种植、养殖示范户和龙头企业 120 家,进行了布点示范。应用信息技术手段,推广普及农业先进实用技术。

(张会杰)

教育网络

【“农村中小学现代远程教育工程”试点工作】 2 月,由国家教育部、国家发展改革委员会和财政部联合组织实施的“农村中小学现代远程教育工程”试点工作在咸正式启动。11 月初,试点工作顺利通过省项目领导小组验收,12 月中旬通过国家三部委联合验收。试点项目涉及全市 13 个县市区,受益乡镇 156 个,涉及农村中小学校 2291 所,其中农村小学(教学点)教学光盘播放系统 188 个,农村小学卫星接收系统 1910 个,农村初中配备计算机教室 193 个。受益中小学分别占农村初中的

5.1%、农村小学的80%,受益初中生占全市初中学生的89.6%,受益小学生占全市农村小学学生的78.4%。项目学校总投资6007.4万元,其中中央投入资金4004.9万元,省上投入984.9万元,市县两级配套资金各508.8万元。项目的实施,从根本上提升了全市农村中小学现代教育技术和信息教育的整体水平。全市13个县市区拥有卫星接收设备的学校达到2548所,多媒体计算机教室731个,校园网85个,有1000多所中小学实现了宽带和拨号上网。特别是农村中小学现代教育技术设备从无到有,实现了前所未有的一大跨越。同时,项目学校也成为农村党员干部教育和农民实用技术培训的中心,成为群众学习知识、获取农业技术的好场所。远程教育工程已经成为一个广大农村中小学师生、党员干部和群众欢迎的服务教育、服务农民、服务基层、服务社会的综合性平台。

(王芳坤)

广电网络

【有线电视用户发展成绩突出】 咸阳广电网络分公司坚持将有线电视用户发展工作作为公司强基固本、稳步发展和扩大覆盖、丰富城乡群众文化生活的基础性工程来抓,依托省广电网络公司实施的用户发展"果枝工程",大力发展有线电视用户,取得了显著成绩。2004年,市县两级立项实施用户发展"果枝工程"15个,全年共发展用户24723户,占年初计划的117.7%,使全市有线电视用户总数突破20万户,用户规模进一步扩大。

【市区有线电视城域网升级改造工程】 年初,市政府将市区有线电视城域网升级改造工程列为2004年度"为市民办的十件实事"之一后,咸阳广电网络分公司高度重视,作为年度工作的重点,精心组织实施。截至12月底,该工程共新建市区杆路63.8公里、市郊杆路68.5公里,地埋管道204.154孔公里,敷设环网光缆26公里、支干线光缆147.605公里,开通光点243个,改造小区40个,安装光站52个,累计完成投资600多万元,完成了年度工程建设任务。该工程的实施,进一步提高了市区广电网络的运行质量和性能指标,为确保传输安全、数据业务与数字电视业务开发提供了保障。

【县市城域网升级改造工程】 市县两级分支机构认真贯彻落实省广电网络公司《关于下发〈陕西省广播电视信息网络股份有限公司城域网改造"压强工程"实施意见〉的通知》(陕广网[2004]18号)精神,坚持以建设拥有自主产权广电网络杆路或地埋管网为重点,全力实施城域网升级改造工程,至年底,除长武县、永寿县两支公司已先期完成城域网改造外,礼泉县、乾县、淳化县、兴平市、彬县、三原县、泾阳县、武功县、旬邑县等县市广电网络城域网升级改造工程共新建杆路148.7杆公里,新建地埋管道37.069孔公里,敷设光缆96.324公里。全市11个县市广电网络城域网升级改造工程基本完成,为加快全市信息化建设和"数字咸阳"建设步伐奠定了坚实基础。11月23日,省广电网络公司在礼泉县召开了全省广电网络城域网升级改造工程建设现场会,对咸阳市各分支机构的成功做法给予了充分肯定。

【有线数字电视正式开播】 12月28日,备受全市人民关注的有线数字电视正式开播。首期开播的数字电视为用户提供八大类、100多套专业化、个性化节目,集电视与信息服务于一体,融生活娱乐与学习教育于一炉。数字电视的开播,成为全市信息化、数字化建设的一个里程碑。

(强 武)

陕西省广播电视信息网络股份有限公司咸阳分公司

总 经 理 苟世忠
副总经理 薛朝慧 钟七一

电子政务

【概况】 ①5月,根据市委领导安排组织了市委会堂会议办公自动化系统招标工作,经陕西时光科技有限公司为期一月的施工,为市委会堂建成了办公自动化系统。②结合政府机关信息化建设的特点,组织编写了《咸阳市县级领导干部信息化和电子知识应知应会内容》、《咸阳市县级领导干部信息化和电子政务知识复习题》,提高了全市县级领导干部信息化知识学习的针对性。8月,配合市委组织部顺利完成全市县级领导干部信息化和电子政务知识考核工作。③9月,组织各县市区电子政务信息化工作人员赴西安捷普网络有限公司进行了互联网网络安全知识培训。④11月5日,在2004全国地方电子政务应用调查总结大会上,咸阳市荣获地市电子政务应用调查综合奖,秦都区、渭城区、彬县、泾阳县分别荣获综合奖、建设奖、应用奖、服务奖。全省10个单位获奖,咸阳市占5个。

【完善咸阳市政务公众信息网站】 ①对咸阳政务公众信息网站页面进行了改版,不断加强信息更新工作。坚持每日更新,使每天上传信息不少于15条,增加了网站信息量。②4月,组织电子政务干部学习全国各地政府网站规划、设计、开发的好思路、好作法,全新规划了政务公众信息网,并提交有关领导审核同意,下发全市各县市区、各部门征求意见80多条。10月与北大方正集团共同完成《中国咸阳门户网站需求规格说明书》,并组织省市电子政务专家进行论证,为全面升级政务网站建设打下了坚实的基础。

(唐 钧)

国内贸易

概　　述

【概况】 2004年,咸阳市消费市场在住房、装潢装饰材料、家具、新型家电和数码产品等消费热点持续升温推动下,流通规模不断扩大,消费市场持续繁荣,消费结构升级态势明显。全年实现社会消费品零售额90.28亿元,同比增长12.58%。消费市场呈现以下特点:①农村消费增速加快,城乡市场差异缩小。2004年,随着城镇化建设进程的加快,现代流通网络建设逐步向各县市拓展和延伸,各种连锁超市、便利店、专业店、专卖店已深入到城乡居民的生活之中,有效地促进了城乡消费市场的共同发展。市本级零售额43.1亿元,增长12.6%,县以下零售额23亿元,增长11.9%。农村消费增速比上年加快了3.7个百分点,这是农村经济环境好转的直接体现。②餐饮消费增势强劲,成为市场一大亮点。2004年,全市餐饮业摆脱了2003年"非典"时期的低迷状态,全年实现零售额23亿元,增长28.1%,比上年提高16个百分点,餐饮消费成为消费市场的闪亮点。③随着消费结构的升级,新的消费热点不断涌现,市场呈现多点带动局面。据限额以上企业统计,全市通讯器材类实现零售额1568万元;建材、家具、家用电器类分别实现零售额519万元、67万元、14400万元,分别增长29.8%、13.5%、15.4%。此外,服装鞋帽针纺织品类、化妆品类实现零售额16100万元、2905万元,分别增长49.5%和71.6%。从销售量看,品牌消费成为时尚。名牌产品备受青睐,市场占有率进一步扩大。电脑、手机、数码相机、服装等都有较高的增幅。④从经营方式看,连锁经营市场份额日益提高。由于家乐、国美、人人乐、爱家等大型国内连锁超市相继进入咸阳市,先进的管理模式、完善的服务体系、物美价廉的商品和舒适的购物环境逐渐改变消费者的购物理念。越来越多的消费者在购物时已习惯了首选大型超市。全市限额以上连锁超市企业全年实现零售额5.8亿元。

(李　宏)

市　属　商　业

【概况】 2004年,全市商务系统共完成商品销售总额5.88亿元,占年目标任务的147%;上缴税利558万元,占年目标任务的111.6%;完成商办工业总产值12830万元,占年目标任务的156.6%。全系统创建省商务厅表彰的"创选评"活动最佳单位4个、文明单位4个。

【企业改制工作效果明显】 按照市委、市政府的总体安排部署,市商务办严格遵循"真改、深改、快改"的工作方针和"积极稳妥、健康有序,一企一策、因企制宜,严格程序、规范运作"的原则,以国退民进为目标,把企业改制工作作为全年工作的重中之重。一是强化领导,从上至下成立改制工作领导小组;二是抓住重点,摆上位置,办党组多次召开系统改制工作专题会议,研究部署改制工作;三是加大宣传力度,采取各种形式向系统职工反复宣传改制工作方针政策,调动各层次人员改制工作积极性;四是一把手亲自挂帅,组成工作组,深入重点、难点企业抓改制;五是制定改制工作时间流程表,对改制企业清产核资、审计,资产评估,制定方案的全过程进行跟踪督导;六是对已签订目标责任书的第一批5个重点企业重点包抓,整体推进。由于领导重视,措施得力,工作到位,各方积极努力,紧密配合,改制工作取得突破性进展。市商贸集团、市商业大厦、市蔬菜公司、市饮食服务公司、市酿造厂、市人民商场、市蔬菜综合经销公司、国民健康园等50个独立核算单位已经退出国有渠道,占系统内独立核算单位96户的52%。

【招商引资任务全面完成】 市商务办为完成招商引资工作任务,及时根据市场变化情况,采取本地招商及叩门招商相结合的办法,由办领导带队、重点企业参加，先后赴浙江义乌、广西南宁等地招商引资。至年底，市直商业企业合同利用资金6920万元，完成到位资金1382万元，招商引资任务超额完成。其中，工农兵商厦签订合同3720万元、到位资金667万元，市饮食公司瑞嘉大厦签订合同3000万元、到位资金200万元，市蔬菜公司签订合同200万元、到位资金134万元，市五鑫集团签订合同500万元、到位资金381万元。

【企业管理得到加强】 针对企业经营管理中存在的薄弱环节，大胆引进先进管理机制，最大限度地发挥企业管理效能。一是盘活资产，充分发挥企业有较大数量闲置资产的优势，开展资产运营。二是努力搞好清欠工作，减少不合理资金占用。全系统年内共清欠资金500万元。三是减少非经营性开支、降低费用水平，年内节约费用300万元。四是多方处置银行债务，减轻企业负担。经多次与银行、资产公司协商，使系统内市商贸集团等5个单位的18966万元的银行债务，以1830万元进行缩水处理，增加了企业的有效资产。五是扭亏增盈，扩销提效。精心组织双节供应及“五一”、“十一”旅游黄金周促销，取得明显效果，共扩大销售1.3亿元。

【专项治理取得成效】 一是继续深入开展百城万店无假货活动，层层把关，杜绝假冒伪劣商品进入流通市场。二是按照省商务厅等三部门《关于开展酒类市场专项整治活动的通知》精神及咸阳市整顿和规范市场经济秩序领导小组制定的《咸阳市酒类市场专项整治工作实施意见》的具体要求，召开全市酒类市场集中整治专题会议，组织开展酒类生产、经销整治活动，严厉打击出售假冒伪劣酒类商品行为，建立酒类市场准入制度，逐步规范酒类市场经营秩序。三是积极开展“三绿”工程宣传月活动，提倡绿色消费、培育绿色市场，开辟绿色通道。并配合市食品药品放心办开展肉品市场专项治理，对检查中发现的问题当场查处，保证了咸阳市场肉品质量，使咸阳人民吃上放心肉。四是集中整治生猪定点屠宰市场。召开专题会议，精心安排组织。坚持标准，合理规划，将全市原有的86个定点屠宰场点压缩为70个，并加快了现有定点场点技术改造升级速度。加大工作力度，集中开展整治。按照商务部等七部门联合下发的《关于加强生猪定点屠宰管理，确保肉品安全的紧急通知》精神及全省生猪屠宰市场集中整治工作会议的安排部署，由经贸、商务、农业、工商、卫生、公安、质检等部门组成联合执法队伍，先后开展10次大的集中统一活动，对市区内重点猪肉市场、屠宰场点、50多个伙食单位进行集中检查，取缔非法场点6个，没收不合格肉品1000余公斤，罚款1500元。咸阳日报、市广播电台、咸阳电视台先后专题报道了专项整治工作，收到了良好的社会效果。同时，为了提高质检人员素质，抓好执法人员培训。全年共培训质检人员91人，培训执法人员32人。

（梁晓春）

粮油商业

【概况】 2004年，全市粮食经济工作以深化粮改为主题，以改革发展为动力，做到粮改、购销两不误。全年收购粮食5.4亿公斤，销售粮食6.8亿公斤，经销食用植物油6100吨，销售东北大米3000吨。实现销售收入9.1亿元。

【粮食购销】 2004年是咸阳市全面放开收购市场和收购价格的第一年，也是国有粮食企业改革的第一年。随着粮食供求形势的变化、市场多元主体的进入，粮食收购工作面临更大的挑战。为了适应这一新的变化，市粮食局于5月中旬召开各县粮食局长会议，就2004年粮食收购工作做了具体安排和部署。一是国有粮食企业应当尽快适应形势，积极转变思想观念，改善服务态度，加强收购措施，提高市场竞争力。实现从计划主渠道，向市场主渠道的转变。二是积极做好夏粮收购准备工作，抓好人员培训，做好腾仓并库、检修计量、检验仪器和设施等准备工作。三是搞好市场调查和分析，掌握粮源。四是多方筹措资金，确保收购资金的供应。五是创新收购方式，提高服务质量，积极开展优质服务活动，改变坐站收购方式，增加收购网点，积极推进“零距离”收购，组织人员走村串户，大户上门，把收购工作延伸到广大自然村，千方百计为售粮群众提供方便。积极创造条件实行二次结算收购，打消农民待价而售的心理。六是积极开展“订单”收购，严格履行合同，提高“订单”收购的履约率。七是充分利用现代信息网络手段，积极做好市场分析，抓住时机，主动出击，进行跨区域粮食收购。八是妥善处理好企业改革与粮食经营的关系，首先保证收购工作的顺利进行，不因企业改革而影响粮食收购工作。全年收购粮食5.4亿公斤（其中小麦3.8亿公斤），销售粮食6.8亿公斤（其中小麦4.9亿公斤），与上年相比收购量有所下降。下降原因，一是随着收购市场放开，小麦退出保护价收购，价格完全由市场供求形成，且小麦价格从开秤以来一路上扬，许多农民处在观望状态。二是2003年以来，面粉价格连续几次上涨，农民手中余粮不多，存在惜售心理。三是国有粮企改革，农发行减少信贷风险，紧缩投放资金，实行以销定贷、以效定贷等，审批手续增加，收购资金短缺。四是国有粮食企业体制改革，且小麦价格一路上涨，企业害怕承担过大风险。五是给种粮农民实行直补，农民不急等用钱,加之各级政府农业税收缴方式改变。六是粮食市场全面放开,多种主体参与收购,收购空间增大,农民选择余地增加。七是国企改革,工作重心有所偏移。

【全市粮食流通体制改革工作电视电话会议召开】 7月5日,市委、市政府召开全市粮食流通体制改革工作电视电话会议,传达全省粮食流通体制改革工作会议精神,对全市粮食流通体制改革工作进行全面部署。会议提出深化粮食流通体制改革的总体目标是:在政府宏观调控下,充分发挥市场机制在配置粮食资源中的基础性作用,放开粮食市场,放开粮食价格,健全粮食市场体系,实现粮食购销市场化和市场主体多元化;实行最严格的耕地保护制度,建立和完善对种粮农民直接补贴的机制,保护种粮农民的利益,加强粮食综合生产能力建设;深化国有粮食购销企业改革,切实转换经营机制,使国有粮食购销企业由"计划主渠道"向"市场主渠道"转变;加强粮食市场监管,维护粮食正常流通秩序;加强粮食工作市长负责制及其领导下的县市区长责任制,建立健全适应社会主义市场经济发展要求和符合咸阳市市情的粮食流通体制。深化粮食流通体制改革的基本思路是:放开购销市场,直接补贴粮农,转换企业机制,维护市场秩序,加强宏观调控。深化粮食流通体制改革的步骤和要求是:按照省政府的统一部署,结合全市实际,全面规划,分步实施,因地制宜,分别决策,加强领导,落实责任,两年完成粮食流通体制改革各项工作任务。

【加强和改善粮食宏观调控】 按照粮食工作市长负责制下的县市区长责任制要求,健全和完善粮食储备制度和调控机制,增强政府粮食宏观调控能力。按照"产区保持3个月销量、销区保持6个月销量"的要求,将市、县两级储备粮规模充实到7500万公斤,其中市级5000万公斤,县级2500万公斤,分3年完成。建立中长期粮食供求总量平衡机制和市场监测预警机制。要分级制定粮食应急保障预案,确定粮食预警调控指标。按照"面粉5天、大米10天、食油60天的日消费量"的要求,市级拟建立面粉62.5万公斤、大米125万公斤、食油100万公斤的成品粮储备。确保发生严重自然灾害或重大突发性事件等特殊时期的粮食市场供应和价格稳定。加强对粮食市场供求情况监测分析,实行粮食生产、消费、库存、价格等信息的定期发布制度。

【《咸阳市粮食安全应急预案(试行)》颁布执行】 2004年9月21日,市政府印发《咸阳市粮食安全应急预案(试行)》,《预案》分为总则、应急机构及其职责、应急资源准备、应急响应与措施、事后处理及附则共计6章22条。《预案》自2004年9月21日起执行。

【《粮食收购许可证》审批制度启动】 根据国务院《粮食流通管理条例》和国家粮食局、国家工商行政管理总局以及陕西省粮食局、陕西省工商行政管理局文件的规定,咸阳市粮食局决定于2004年11月启动《粮食收购许可证》审批制度。申请从事粮食收购的法人和其他经济组织,必须具备的资格条件:一是筹措的经营资金符合工商注册登记规定的注册资金,注册资金必须达到10万元以上;二是拥有或通过租赁具有符合国家粮食储存技术规范要求的粮食仓储设施,仓容量必须达到10万公斤以上;三是具备相应的粮食质量检验、保管能力和设施。要求凡常年收购粮食并以营利为目的,或年收购量达到5万公斤以上的个体工商户,必须取得粮食收购资格。年收购量低于5万公斤的个体工商户从事粮食收购活动,无须申请粮食收购资格。个体工商户申请粮食收购资格须具备筹措经营资金3万元以上能力。

(刘和群)

果品营销

【概况】 2004年,全市加大了果品促销力度,先后组织7个基地县参加了东盟10国及中国、日本、韩国果品企业家圆桌会议陕西果业展,与新加坡、印尼及国内客商签订果品贸易6.02万吨,价值2.08亿元的合同。组织各县果业部门和果业企业参加中国(深圳)国际水果及技术展览会,与美国、巴基斯坦、印尼及国内客商签订果品贸易合同6份,销售量2.7万吨。组织果品企业和营销大户参加北京国际农产品交易会、第十一届杨凌农高会、陕西—香港经贸合作周,多层次地开展咸阳果品宣传促销活动。同时邀请外地客商到咸阳果品产地观光考察,加大宣传力度。加大果品销售环境治理,为果品销售营造宽松环境,吸引八方客商,抢占商机与市场。截至年底,全市果品销售180万吨,其中苹果145万吨,分别比上年同期增加销售38万吨和31万吨。

(朱　锋)

日用消费品商业

咸阳商贸集团有限公司

【概况】 2004年,咸阳商贸集团有限公司以企业经营工作为中心,以加强职工诚信建设教育为主线,以提高效益为落脚点,在经营管理上下功夫,在精神文明建设上做文章,迎接种种挑战,克服重重困难,各项工作取得了明显成效。全年实现商品销售1.52亿元,完成年计划1.5亿元的101.3%,实现利税203.6万元(其中利润48.8万元),完成年计划200万元的101.8%。

【创新经营渠道】一是千方百计筹措资金,更新改造原有商业网点和设施,提高市场竞争能力。地处市中心黄金地段的百货大楼,以其优越的地理位置和超前的经营理念,近年来已成为公司经济效益增长的重要支撑点。但因其面积有限,设施陈旧而未能充分发挥其应有的潜能。公司在多次市场调研论证的基础上,出台了百货大楼后厅改建方案。在资金不足的情况下,领导班子成员带头集资。短短一个星期,集资100余万元。投资200余万元,建筑面积达1600平方米的钢架结构工程仅用了3个多月时间全面竣工。国庆期间,面貌焕然一新的百货大楼隆重开业,年增加收益80余万元。二是以增强企业活力,繁荣市场为目标,不断加大招商工作力度。近年来,在以"商品经营保吃饭,资产经营求发展"的工作思路下,公司取得了长足的发展。特别是利用库区建成的建材市场、轻工市场为企业效益稳步提高提供了坚实的保障。但随着条件的变化,两市场商品销售呈逐年下降趋势。为迅速扭转被动局面,公司把两市场的招商工作作为年内工作重心,坚持班子成员划片包干、责任到人的管理办法,两市场实行独立核算,同时把招商工作纳入目标责任制考核范围,实行奖优罚劣,从而极大地调动了市场管理人员的工作热情。通过散发传单,悬挂横幅、打电话、播放电视广告等多种媒体宣传,使两市场又再现昔日的繁荣。百货大楼、红旗商场、中纺大楼、秦都商场等单位利用空闲场地,柜台向外招租,取得了良好的收效,基本实现了企业资产的满负荷运转,为确保全年目标任务的完成提供了保证。三是结合企业改制,清理库存,盘活资金。进入商品销售旺季,公司果断决策,处理计划经济时期遗留的库存商品。采取跟集赶会,送货下乡、一次性买断等形式,前后一个多月时间,处理了多年来积压的库存底子,收回资金30多万元,为下一步盘活资产,寻求新的经营路子奠定了基础。

(宋永红)

咸阳市
蔬菜副食品总公司

【概况】 2004年,市蔬菜副食总公司始终坚持以稳定为前提、以效益为目的、以改革促发展的工作思路,积极推动各项工作的顺利开展,较好地保证了各项目标的实现。至年底,全公司共实现销售额1002.8万元,较上年同期增长10%;实现工业产值400多万元,同比增长2%;上缴国家税金29.1万元。职工养老、医疗等五大保险无一拖欠。

【企业改制工作开展顺利】 为了顺利完成改制任务,公司专门成立了由主要领导及相关部门参与的企业改制领导小组。通过宣传、学习等手段,使广大职工积极参与改革。在改制过程中,坚持把"充分安置好职工"和"有利于改制后企业的长远发展"作为改制工作必须坚持的原则和最基本的出发点,努力确保改制方案稳妥可行。经过改制领导小组近4个月的辛勤工作,方案已报市上有关部门审批。

【资产开发工作进展顺利】 市蔬菜副食总公司把加大资产开发力度作为企业效益增长的一项重要内容。为了确保商住楼工程按期竣工,公司班子对工程后期建设的质量、进度、用料等进行了严格把关,并解决了工程建设后续资金缺口问题,最终使工程于8月顺利竣工。为了加快资金回笼步伐,采取了一系列措施,开展对一至三层商场招租工作和四层以上商住楼销售工作。到年底,已收回投资400万元左右。

【企业内部稳定工作不断加强】 为克服企业改制和下岗基本生活保障人数的减少给企业稳定造成的影响,公司对企业稳定工作非常重视,努力把问题解决在基层。先后共受理职工来访30多起,接待来访职工70多人次,不使矛盾激化扩大。为解决部分职工生活困难的问题,积极为近20名职工办理了基本生活保障。通过积极有效的工作,较好地维护了企业稳定,推动了企业各项工作的顺利开展。

(张景恒)

咸阳市
糖酒副食品总公司

【概况】 咸阳市糖酒副食品总公司是一个有40年历史的国有中型商业企业,隶属咸阳市商务办,是市属县级企业。公司主要以糖、酒、副食品的批发零售为主,包括食品、饮料、加工、汽车、铁路配件等经营。公司下设零售公司及14个零售商场,16个业务经营部、2个糖酒副食品批发市场以及食品厂、饮料厂和综合批发站,拥有职工1236人,固定资产6192万元,占地面积25981平方米,2004年实现商品销售8000余万元,利税100余万元。

(韩　宁)

陕西晶众家乐
超市咸阳店

【概况】 陕西晶众实业集团有限公司成立于1998年,集团下设:连锁超市、晶海酒楼、休闲咖啡厅、粮油贸易公司等18家连锁店。拥有1.1亿元资产,总营业面积80000多平方米,员工4000余人。公司本着"挑战自我,服务社会,争创一流"的经营理念,在内部硬件设施上,实施全方位、优质化。晶众家乐超市咸阳店隶属陕西晶众实业集团有限公司。成立于2001年11月8日,地处咸阳市人民路北门口凤凰广场以北,人口密集、交通便利。咸阳店营业面积4500平方米,员工300多人。店内分为三层,一、二层为卖场,三层为办公区。一楼主要经营生鲜熟食、面包西点、日配粮油、休闲食品、烟酒饮料等;二楼主要经营大小家电、图书音像、服装鞋帽、洗涤日化、家庭五金等12000多个品种。2004年,咸阳晶众家乐超市被银行评为"AAA"企业。

(晶　众)

食盐专营

【运销计划管理】 年初,市盐务管理局与各县(市)三级公司签订了《目标管理责任书》,从碘盐覆盖率、资金回收率、计划完成率三个方面规范和落实目标责任。制定了《目标责任追究制度》,以奖惩制度促进计划销售任务完成。局领导班子各成员根据各自责任区域,通过对市场较为深入的调查研究,分阶段逐县区检查落实,帮助基层开展运销网络建设、市场净化和质量监控等项工作,促进和监督基层企业的各项经营行为。与各县市盐业部门一起,解决食盐销售和市场管理中的热点难点问题。2004年全市盐品调运总量33900吨,完成目标任务的111%;盐品销售总量33832吨,完成目标任务的110%。全年实现销售收入2050万元,上缴利税55.5万元。回收历史欠款93.8万元。

【扩销提效降低成本】 7月,积极开展扩销提效工作,努力减少流通环节,降低流通成本。在保证全市正常食盐包装加工不受影响的情况下,将市盐务局下属市盐业包装公司中七县(市)注入资金进行剥离,减轻了包装公司利润压力,降低了资金成本。在此基础上,将七县(市)盐品包装费用由原来的每吨100元调整为每吨75元,初步减轻了三级企业负担。同时使七县(市)流动资金得到充实,促进了盐品销售工作。11月,市局与榆林皓海盐化公司达成协议,委托皓海盐化公司以较低价格为全市包装加工井矿(精制)成品盐,将全市井矿(精制)成品盐包装加工费降至50元/吨,进一步降低了流通成本。

【提前一年完成全市"十五"碘缺乏病防治目标】 2004年全市市场整顿共查办各类涉盐违法案件24起,查获各类伪劣盐品132.3吨,捣毁私盐贩销黑窝点17个,经济处罚37887元。通过整顿,有效打击了涉盐违法活动,进一步净化了盐业市场,促进了合格碘盐供应,为有效防治碘缺乏病、完成"十五"期间碘缺乏病防治目标奠定了坚实基础。按照"十五"计划,省上要求咸阳市于2005年实现消除碘缺乏病目标。根据市地方病防治研究所及市上有关部门抽样调查,截至2004年11月8日,咸阳市已提前一年完成消除碘缺乏病目标计划。

(张瑞锋)

医药商业

咸阳市医药总公司

【深化企业改革】 咸阳市医药总公司紧密结合实际,积极按照市场经济的需要,坚持公有制多种有效实现形式和平等互利、优势互补的原则,不等不靠,大胆决策,在2003年对3户批发企业改制试点的基础上,又对下属4户批发企业进行了嫁接合作改造:销售公司西兰路批发部与邓功制药有限公司共同投资组建陕西君寿堂医药有限公司,将新城医药公司改造成咸阳金芙蓉医药有限公司,将渭城医药公司改造成咸阳市高新医药公司,化玻公司第六采供站与咸阳皇家医药有限公司共同组建咸阳皇鸿医药销售中心。4户企业通过改制、改造,盘活了资产,实现了资产优化重组。在积极寻求同外部单位合作的同时,销售公司加大对内部的股份制改造,职工与单位共同投资成立咸阳恒信医药有限公司,充分激活投资各方资本、市场、人才等优势资源,促进企业发展。全年商品销售净额实现4693万元,实现利税79万元。

【全面完成GSP认证工作】 按照国家"2004年6月底以前医药批发企业必须通过GSP认证,2004年底医药零售药店必须通过GSP认证"的要求,总公司及时下发了《关于进一步加快GSP认证步伐的通知》,对部分已申报待验的批零企业进行统一要求。各单位克服困难,想方设法筹措资金,改造库房,完善软件设施,开展业务培训。在各单位的努力工作下,药品公司新特药采供站、医药站、医药站东城采供站、咸阳金芙蓉医药有限公司、销售公司药品采供站、新特药公司、咸阳市高新医药公司、咸阳国一大药房、陕西丽彩医药有限公司等9个单位顺利通过认证,全面完成了GSP认证工作。

(崔光琰)

烟草专卖

【净化卷烟市场】 2004年,市烟草专卖局以强化法规宣传为先导,加大专卖稽查工作力度,彻底净化卷烟市场。在争取政府及有关部门的大力支持下,市县两级公司先后组织开展了第二个"春季风暴"、"夏季飓风”、秋风扫落叶”、“冬季寒流”及“五一”黄金周市场突击整顿和“国庆”节打私打假专项整顿等活动。多次召开西兰路沿线各局联查联防会议和专卖稽查专题会议，不断掀起围剿非法贩卖违法卷烟（烟叶）活动的高潮。全年共查处违法案件783起，其中万元以上案件105起；查获非法卷烟4877万支、烟叶278.5吨，案值518万元；取缔无证经营户357户；司法处理8人，其中劳教6人，拘役1人，判刑1人。秦都区、渭城区市场净化率均在90%以上，淳化县、旬邑县市场净化率都达到98%以上。

【强化网络建设】 2月10日，全省卷烟网络建设工作会议在咸阳召开。各地市分、县公司经理、主管网建的副经理共160多人参加了会议。与会代表参观了咸阳城区、三原县的网建工作，学习了咸阳的网络建设经验和做法。为进一步提高网建工作质量，市局（分公司）制定了全市网建联动实施方案，明确了电话订货、电子结算等10项工作指标的完成时限和详细要求。分公司又与各基层单位签订了目标责任书，并逐月对各单位网建进展情况量化督察考核。在此基础上，基层各单位都设立营销部和客户服务中心，并实行了客户经理负责制。不断优化工作流程，加强员工痕迹监理，客户销量的过程控制、客户细分管理等工作，以提高网络规范化运营水平。在送货车辆从年初的73辆减少到55辆，送货员减少了27%的情况下，访销送货数量和质量却提高了。年内还举行了万元额户建设有奖征集活动，挂牌表彰30户模范经营户。网络人员提高了服务意识，千方百计解决经营户的困难和问题，进一步密切与客户的关系。年底，全市10512户零售户，电访率达到100%，送货率100%，市区在线扣款结算户1256户，县城电子结算户1126户，占县城经营总户的75%。咸阳城网在全省行业检查验收中名列第一。

【推进诚信管理】 年内将经营户自治协会更名为“客户之家”，制定了活动章程和成员的权利义务。把原来对经营户评定等级的“A、B、C、D”改变为1星级~5星级的评定办法，并随时公示评定结果，以便督促和提高经营户的诚信经营。13个县市区均已建立“客户之家”并开展活动，零售户争星、创星的积极性高涨。其中三星级以上户数达到57.88%。据统计，全市零售户月赢利达到50万元以上，零售户对烟草公司的依存度和满意度明显提高。

【促进销量上升】 年内以规范销售卷烟为前题，以市场为导向，以客户为中心，不断加大宏观调控力度。积极与省内外卷烟工业企业连心联动，做好终端市场，达到了既定的销售工作目标。卷烟有效销售牌号97个，较上年减少了27个，名优牌号卷烟销售占到总销量的22%。全年销售卷烟13.69万箱，完成省烟草局下达计划的103.4%，同比增长3.5%；销售金额14.2654亿元，其中缴纳税金3432.68万元，实现利润5470万元。

（姚伟春　王　春）

咸阳市烟草专卖局

局　长　李振海
副局长　王克勇　孙宏哲
袁栓民

饮食服务业

咸阳饮食服务集团公司

【审计评估企业资产】 以2004年6月30日为财务审计资产评估基准日，经市财政局咸财评估［2004］1251号文件核准，咸阳饮食服务集团有限公司国有16户企业（不包括独立改制企业）总资产51801680.01元，总负债39580020.21元，企业净资产为12221659.80元。

【企业改制方案出台】 咸饮集团改制基本思路：一是整体改制与独立改制相结合。对5户集体企业独立分头改制，3户国有企业（经贸中心、大世界商场、工农浴池）分别独立改制，剩余16户国有企业整体改制。二是按照市委、市政府文件精神，对职工进行经济补偿。16户国有企业总人数702人，安置费用和改制费用1677万元。三是组建了咸阳天和餐饮服务有限责任总公司。新企业由全体职工以经济补偿金作为出资入股，并对原企业实行买断经营，并承担确认的原企业债务，实现了两个置换。

（强旭东）

足疗保健

【概况】 咸阳足疗保健工作在市委、市政府的高度重视下，在市长的直接领导下，在有关部门和社会各界的支持帮助下，经过市足疗办、市足疗保健协会和市足疗保健培训学校的共同努力，得到了快速发展。全市足疗保健行业由原来的十几个店、百余人发展到从业人员超过8000人、经营场所340多家。其中规模较大的投资额超过300万元，从业人员达200人。市区几乎所有的宾馆、饭店在原有服务内容的基础上增加了足疗保健服务项目，外省足疗连锁店也抢滩咸阳。同时，外地用人单位也经常与咸阳联系，输送足疗保健人才，有的还洽谈引进“咸阳足疗”项目。“咸阳足疗”商标正在国家工商局办理注册登记手续。

【咸阳足疗大事】 ①2002年12月24日,市政府召开第七十三次常务会议,决定把推广足部保健法作为咸阳市发展医药保健和特色旅游的又一支柱产业以及为群众,特别是下岗失业人员办实事、扩大就业门路的重要工作来抓。②2003年1月27日,在市体育场召开了咸阳市足疗保健协会暨足疗保健培训学校成立大会并举行揭牌仪式。2月17日,咸阳市足疗保健培训学校正式开课。3月4日,市总工会向全市各级工会下发了《关于做好足疗保健推广工作的通知》,下达了年内培训5000名下岗职工目标任务。5月15日,咸阳市推广足疗保健工作领导小组成立。市长张立勇任组长,宣传、经贸、劳动、卫生、旅游等部门负责人为成员。办公室设在市总工会,具体负责全市推广足疗保健工作的领导、协调和组织。8月1日,市足疗保健协会与市老干局合作,对全市101名厅级离休干部进行全年足疗保健。8月20日,乾县成立推广足疗保健工作领导小组。9月9日,市足疗保健协会被中国足部反射区健康法研究会吸收为团体会员。11月20日,淳化县成立推广足疗保健工作领导小组。③2004年2月24日,咸阳市人民政府办公室下发《关于加快发展足疗保健事业有关问题的暂行规定》。4月15日,在风轮宾馆召开了全市足疗保健产业发展工作会议。7月6日,由全国足疗保健协会主办,市总工会、市足疗保健协会承办的中西部地区足疗理论暨足疗保健行业管理研讨会在秦宝宾馆召开。中国足疗保健协会会长杭雄文作了专题报告,来自中西部地区14位专家学者分别进行了学术交流。市足疗保健协会会长何彩娥还分别与北京、广州等地用工单位签订了咸阳足疗技师劳务输出协议,有近30名学员被输送。8月20日,市足疗办、市公安局、市卫生局、市工商局联合下发了《关于对足疗和足部保健经营场所进行整顿检查的通告》,并成立了整顿检查领导小组,领导小组下设办公室。整顿检查内容:经营场所是否在醒目位置悬挂或张贴行业自律公约;是否存在不健康服务行为;足疗保健技师是否持有相关技术学校培训证书;是否办理营业执照并在规定范围内经营;是否具备相应的足疗保健服务设施。10月19日,兴平市成立推广足疗保健工作领导小组。10月26日,长武县成立推广足疗保健工作领导小组。

(虎振猛)

供销合作社

【概况】 2004年,全市供销社系统认真学习贯彻中央一号文件,以农为本,富民兴社,以提高经济效益为中心,树立科学发展观。以加大改革力度、加快开放办社、整合传统网络、参与农业产业化经营为重点,明确工作目标,制定工作措施,狠抓贯彻落实,各项工作都取得了新的进展。全系统商品购进总额17.3亿元,同比增长17%;商品销售总额17.8亿元,同比增长16%;汇总实现利润671.2万元,同比增长14.8%,改革和发展总体上呈现出持续发展的良好态势。

【参与农业产业化工作】 以积极参与和推进农业产业化经营为总抓手,引领农民合作经济组织发展,全力服务"三农"。全系统已发展农业产业化龙头企业16户,年产值过亿元,带动农户26.3万户,助农增收1.5亿元;兴办各类专业合作社150个,入社社员8600户,受益农户6万多户;发展村级综合服务站(社)850个,建立各种协会26个,其中市级协会3个,供销社在全市农村经济发展中的地位和作用日益提高。彬县新民供销社引进柿子脱涩保鲜加工技术,联结本乡8个村1400户农民,创办了柿子专业合作社,使彬县柿子广销全国,农民年增加收入200万元,并带动了当地劳务、运输、包装、餐饮住宿等相关产业的发展。新民供销社也因此发生了巨变,不仅所有经营网点全面改造,而且建成了两个专业市场和一座供销商厦,新增固定资产100多万元。长武县芋园供销社小小螺丝菜,带出大产业,螺丝菜专业合作社种植面积已经达到100多公顷,年产值320万元,产品供不应求。泾阳县桥底农民经纪人协会发挥职能作用,为当地养牛户担保贷款102万元,发展奶牛85头,销售生猪5200头,推销鲜奶1.9万吨,鲜蛋10万公斤,推销粮食90万公斤,销售果品15万公斤。乾县梁山供销社吸收当地300户农户加入农资专业合作社,年实现利税16万元。

【整合传统网络】 市供销社投资成立了秦王商贸连锁有限公司,以"秦王连锁"为品牌,全面整合系统网络资源;以咸阳田源、万丰、天洋3个农资公司为平台,成立了3个市级农资配送中心,组建了化肥、农药、农地膜、种子等农业生产资料连锁配送体系;以咸阳民乐烟花爆竹专营公司为平台,组建了烟花爆竹连锁配送体系;以秦王商贸连锁有限公司为平台,组建了日用工业品连锁配送体系;以各县市区供销社控股或参股成立了县级公司;采取"直营"、"加盟"等形式,有选择地吸纳基层社、专业合作社、村级综合服务站(社)及个体经营大户加盟三大连锁经营体系。全市以秦王连锁为龙头,农资、烟花爆竹、日用工业品三大连锁配送体系、四级网络已初具雏型。发展各类连锁加盟店916个,其中农资连锁加盟店421个,烟花爆竹连锁加盟店305个,日用工业品连锁加盟店190个。农资连锁经营额达到了7800多万元,烟花爆竹连锁经营额达到了2200多万元,日用工业品连锁经营额达到了1.23亿元。永寿县以烟花爆竹专营公司为龙头,在整合全县烟花爆竹78个固定零售网点的基础上,建立了烟花爆竹连锁经营体系,年实现利润20万元。兴平汤坊禽蛋配送中心,深入开展连锁配送,解决农民卖难问题,每天收购鲜蛋2500公斤,配送给咸阳、西安超市,深受农民欢迎。

【深化企业产权制度改革】 全系统独立核算企业由原来的303户下降为263户,其中183户基本完成了产权制度改革,改制面达到85%。市级3户企业在改制的基础上,组建了国花、田源、朝阳、万丰、天洋等5个有限责任公司,市社既不控股,也不参股。从原市农资公司脱离组建的天洋、万丰两个农资有限责任公司,白手起家,上联多家大型农资生产厂家,下设500多个农资配送直销网点,业务遍及陕、甘、宁三省区,年化肥吞吐量达10万吨以上,资本迅速扩张。其中,万丰农资公司仅3年时间,资产总额即由创建时的30万元增加到580万元,其配送销售车辆发展到15台。引进秦皇岛中阿化肥集团公司投资800多万元,修建库房和办公楼11200平方米,并与农科院技术合作,进行二期改造。改革后的秦都区西郊供销社固定资产发展到480多万元,年销售额1000万元,年利润50万元。礼泉县城关供销社年实现利润48万元。秦都区招商场年创利120万元。咸阳物资回收公司年实现利税47万元。旬邑县农业生产资料有限公司经改革改制,扭亏为盈,实现利润10.2万元。

【开放办社】 实施三大发展战略。一是实施投资主体多元化战略,通过吸纳系统内外社会法人和自然人投资入股供销社企业,打破了企业资本结构单一和封闭的状况。田源、万丰、天洋农资公司等一批企业,都不同程度与厂家、县级联营公司和固定专营店资本互融,快速扩张发展。二是实施招商引资战略,广泛吸纳社会资金,内引外联,优化投资环境,吸引各地客商投资供销社开发改造。全年全系统共签订招商引资项目26个,签约资金1.3亿元,到位资金7800万元。三原县供销社招商引资2570万元,引进湖南浏阳花炮纸筒包装厂、三原明德亭大酒店、三原蓝涛商贸有限公司、上海客都等5个项目。永寿县供销社引进资金2200多万元,新建和改建项目12个,盘活闲置资产290万元,新办企业6户,全系统资产总额达到926万元。三是实施全方位开发盘活现有资产战略。采取多种办法,全系统开发盘活社有资产65处,改造经营网点127处,建设商场超市15个,兴办各类市场14个,年新增交易额1.6亿元,安置系统内下岗职工785人。咸阳朝阳商贸有限公司,调整经营方向,实行多元经营,积极进军房地产开发,先后开发建设商住楼5.6万平方米,土地出让收入1260万元,房地产销售收入7800万元,实现利润700万元,开发的商住楼荣获咸阳市明星楼盘称号。

（徐　勇）

咸阳市供销合作社

主　任　郭永亮

副主任　陈富民　邵建学

物 资 经 营

上海大众汽车咸阳销售服务有限公司

【概况】 2004年,公司全年维修量达到15931台次,维修事故车2260台次,普修车辆13671台次,售后服务方面接待首次保养车辆2358台次、索赔车辆2312台次。对待急救车辆,公司服务部的全体员工克服各种困难,共施救车辆658台,获得了客户的好评。公司凭借精湛的技术、优良的服务态度、纯正的配件赢得市场,确定在市场中所占的份额。公司斥巨资购置了先进的设备,有四轮定位仪、VAS5052、各类专用工具、尾气测试仪、大灯调节仪等,使公司的技术含量在维修行业中不断提升。

（上　汽）

石 油 经 销

【经营业绩】 2004年,中国石油天然气股份有限公司咸阳销售分公司购进汽油、柴油、润滑油、煤油四大类油品10万吨,销售17.74万吨,较上年同期增加11.25%。实现销售收入60170万元,较上年同期增加13925万元。实现利润628万元,较上年同期增加1082万元,超额完成中国石油天然气股份有限公司陕西销售分公司下达的全年考核利润和挖潜增效利润任务。全区油库、加油站无等级事故发生。

【市场建设】 分公司确定了以城市为中心、以国道为重点的市场建设投资理念,积极发展成品油零售网点,努力培育区内石油销售市场。全年共投资2108万元,新(购)建加油站4座,续建6座,技改42座。新建的咸阳市宝泉路、乾县南关、淳化石桥站均已开业。宝泉路站在11月13日试营业以后,销量逐日上升,最高一天销量达19吨。乾县南关和淳化石桥站营业后,日均销量达2吨。引用国际流行的亚克力新型透光材料进行加油站装饰,对原咸阳西郊加油站进行了多功能改造,建成了一座陕西省惟一的“中国石油”城市现代化建设样板示范加油站,在宝泉路建成了一座“中国石油”城乡公路标准化样板加油站。这两座样板站是全省科技含量最高的新型加油站,既有净化空气、提高安全系数的废气回收系统,又有油量显示的液位仪系统,市场建设实现了当年审批立项、当年投资建设、当年竣工验收、当年投入运营、当年付清资金、当年审计决算、当年转入资产。

【质量管理】 分公司加强油品数量和质量管理,以诚信赢得顾客。年初,分公司下发了《油品损溢管理办法》。9月,印发了《加油站数质量管理办法》。要求各片区加油站做到日计量、月盘点,严把油品接卸关和质量验收关,每次入库的油品留样。10月,抽调储运安全、销售中心、零售管理部等相关科室人员,对全区加油站从账务管理、安全管理等方面全面进行了排查。发现问题及时解决,保证了中油诚信服务的口碑。在10月全省开展的加油站计量检查中,分公司加油站计量全部合格,无一例短斤少两、坑害消费者的事件发生。

(晁剑鸣)

商品交易市场

【市场日常监管机制日趋完善】 市工商行政管理局在市场日常监管工作中,变驻场式监管为巡查式监管。以实施商品准入制度为重点,把商品质量监管“关口”前移,在部分大商场、超市试行建立完善重要商品准入备案制度、商品质量查验制度、重要商品协议准入制度、商品质量安全监管办法等商品质量管理制度,堵住假冒商品进入市场的渠道。7月,根据工商监管职责和工作实际,在调查研究的基础上,按照“抓基层、抓基础、抓基本、抓落实”的工作思路,制定出了《市场基本标准日常监督管理暂行办法》、《市场基本标准监督管理责任追究暂行规定》、《市场预先警示制度实施暂行办法》、《市场商品查证验票暂行办法》等4项市场制度,并在全市全面推行。明确了市场日常监管职责,市场监管方式方法,市场开办者、经营者的职责,市场监管工作评定基本标准,市场监管工作监督检查等。对因管理措施不力、疏于监管、职能不到位、失察失职等行为引起的过错过失责任,按照过错过失范围,划分责任,实行责任追究制度。

【市场交易秩序明显好转】 2004年,全市工商系统继续坚持全面推进,突出重点,标本兼治,重在治本的工作方针,不断加大执法力度,深入开展整顿和规范市场经济秩序工作。全年共查处各类经济违法违章案件4160起。查处万元以上大案124起,涉案金额3200万元。收缴各类假冒伪劣商品18大类62个品种共80吨,捣毁制假黑窝点97个,为消费者挽回经济损失120万元。开展了打击传销和变相传销整治活动,端掉传销窝点85个,遣散传销人员4900人次,移交公安机关行政拘留36人,刑拘1人,有效地打击了非法传销的蔓延势头。

【开展创建文明市场活动】 按照《陕西省文明市场管理规范》的相关要求,省、市工商、精神文明建设部门严格考核验收。全市11个市场被评为省级文明市场、27个市级评为市场文明市场,全市达到规范化管理的市场已达98%。

(郭 健)

对外经济贸易

对外贸易

【概况】 2004年,咸阳市累计进出口总值为25491.1万美元,同比下降8.56%。其中出口总值为16525.3万美元,同比下降14.12%,完成年计划18000万美元的91.8%;进口总值为8965.8万美元,同比增长3.8%,完成年计划6000万美元的149.4%。外贸进出口主要数据分析:①从产品分类看,全市2004年机电产品出口9804万美元,同比下降14.14%,占出口总值的59.33%;纺织品出口5591万美元,同比下降1.36%,占出口总值的33.83%。②从企业类别看,全市各类性质的企业均有出口,但主体仍是国有企业,三资企业次之,私营、集体企业出口比重非常小。2004年,全市国有企业出口13869万美元,同比下降22.41%,占出口总值的83.93%;三资企业出口2563万美元,同比增长89.41%,占出口总值的15.51%。③从贸易方式看,加工贸易出口增长较快,而一般贸易大幅下降。2004年,全市一般贸易出口了9866万美元,同比下降26.94%,占出口总值的59.7%;加工贸易出口了6660万美元,同比增长16.24%,占出口总值的40.3%。④产品的出口市场又有增加,有贸易往来的国家和地区遍及六大洲95个国家和地区。其中出口市场排前五位的是香港、马来西亚、日本、韩国和泰国,其出口额分别是3960万美元、2268万美元、1699万美元、1639万美元和690万美元。⑤2004年出口队伍进一步壮大,截至年底,全市有进出口经营权的企业(不含三资企业)共有98户,新增20户。出口队伍壮大的同时,全市有出口实绩的企业也增长到了46户,为历年最多。

【努力促进出口】 一是积极开展外贸进出口经营资格的宣传。市对外经济贸易合作局为咸阳利雅得电子有限公司等20户企业申办了进出口经营权,努力培育新的出口增长源,立信商贸、力达电工和利雅得3家公司实现了当年审批、当年出口38万美元的佳绩。截至年底,全市共有外贸进出口权的内资企业98户,初步形成专业外贸公司、工贸公司、自营进出口企业、三资企业和民营企业共同出口的格局。二是抓出口重点大户。进一步完善了重点企业联系制度,加强对重点企业、重点出口商品的政策、资金、信息等方面的协调服务力度。对全市15家出口超过百万美元的企业实行跟踪服务,市外经贸局领导和业务人员经常深入企业直接听取企业意见,协调解决存在的困难和问题。三是积极帮助企业开拓国际市场,为4户出口企业争取到国家中小企业国际市场开拓资金12个项目、54万元。四是积极开展贸易促进工作。为了让企业了解信息、结识客户,市外经贸局牵线搭桥,组织企业参加春秋季广交会、东西部投资贸易洽谈会等经贸活动,为企业走向国际市场提供舞台。11月,市外经贸局组织咸阳市企业赴俄罗斯开展经贸洽谈活动,宣传咸阳的市情和投资环境,介绍咸阳市名优产品,调查了解俄罗斯市场,结交客商和朋友。经过精心组织和洽谈,咸阳市三八妇乐公司与俄罗斯企业签订了在俄合资建厂的协议和年销售200万美元三八妇乐产品的合同,为咸阳市企业"走出去"起到积极的作用。市外经贸局还先后15次向企业提供了2004年纽约中国贸易展览会等经贸交流商业信息。五是加快咸阳市出口企业的退税稽核工作,为咸阳市23户出口企业落实办理退税4300万元,调动了企业出口的积极性。六是加强宏观指导。每月对全市进出口业务统计数据进行分析,形成"全省各地市外贸进出口对比"、"全市外贸出口前十位国家(地区)排名"、"全市各进出口企业出口实绩对照表"和进出口工作存在问题、对策措施的材料,通报市领导和有关部门,促进形成抓进出口工作的合力。

(何建荣)

表 11 2004 年咸阳市外贸出口前十位国家(地区)统计表

单位:万美元

国别(或地区)	进出口总值	出口总值	同比增长%	进口总值
香港	4020	3960	-21.36	60
马来西亚	2356	2268	71.13	87
日本	6089	1699	-12.51	4389
韩国	1952	1639	-9.26	312
泰国	709	690	41.69	19
印度尼西亚	647	647	-52.16	
印度	563	563	33.65	
俄罗斯	515	515	-19.12	
土耳其	498	498	-71.98	
德国	702	346	-43.83	356

表 12 2004 年咸阳市外贸企业进出口海关统计表

单位:万美元

企业名称	进出口总额	全年出口计划	出口总额	同比增长%	占年计划%	进口总额
合计	25491	18000	16525	-14.12	91.81	8966
彩虹公司	8806	8000	3755	-51.89	46.94	5051
同辉公司	2736	1500	2531	62.46	168.73	205
生益华电	2872	1200	1866	117.99	155.50	1006
风轮公司	2052	2000	1801	-8.67	90.05	251
八方公司	2022	1500	1493	1.96	99.53	529
西北二棉	1500	1200	1132	2.18	94.33	368
咸阳偏转	1332	800	1036	30.13	129.50	296
天王公司	1203	1200	992	-6.29	82.67	211
市进出口	284	800	277	-63.30	34.625	7
通达果汁	235	800	225	-63.23	28.13	10
金山电气	269	200	218	50.59	109.00	51
克莱鲍	223	50	199	578.69	398.00	24
康可德	345	150	170	94.26	113.33	175
红原锻铸	158	200	143	-8.02	71.50	15
宝塔山	108	400	108	-71.93	27.00	

续表 12

企业名称	进出口总额	全年出口计划	出口总额	同比增长%	占年计划%	进口总额
华润纺织	93		93			
西北医疗	246	50	86	131.78	172.00	160
澳华瓷业	65	60	65	76.78	108.33	
立信商贸	55		55			
永福祥	45	120	45	-12.67	37.50	
富安果汁	72	350	41	-82.69	11.71	31
华润印染	29		29			
威力克	168	10	29		290.00	140
咸阳钢管	21	10	21	861.07	210.00	
永大电工	51	10	19	146.87	190.00	33
数字通讯	15	10	15		150.00	
华兴机轮	15	10	15	300.51	150.00	
荷立医疗	21	10	11	35.26	110	10
医疗仪器	10	10	10	1272.44	100	
步长制药	8	10	8	41.72	80	
红旗乳业	7		7			
三五三〇	6	20	6	-52.17	30	
咸阳凯发	6	10	6		60	
利威尔	5	10	5	-19.58	50	
力达电工	4		4			
彩虹股份	293		4			290
顶立机械	2	10	2	-68.63	20	
康星电子	2		2			
陕柴油机	1	10	1	228.70	10	
昌龙染织	1	10	1	58.84	10	
利雅得	1		1			
康佳电子	24					24
帝辰彩印	79					79

对外经济技术合作

【对外工程承包劳务合作】 2004年,咸阳市对外工程承包劳务合作完成营业额740.21万美元,同比增长33.6%,完成年目标任务的134.6%;外派劳务616人次,同比增长79.07%,完成年目标任务的158%;期末在外劳务1550人,同比增长13.6%。劳务派往的市场主要在亚洲和非洲。由原来的塞班、日本、新加坡、台湾、博茨瓦纳、苏丹等11个国家和地区扩大到现在的20个国家和地区;劳务输出的行业领域由原来的电子、建筑、纺织、服装缝纫拓展到现在的14个行业21个工种。

【国际援助】 2004年,全市正在实施的国际无偿援助项目4个,使用受援资金1181.62万元。一是国际计划项目,2004年度在彬县和淳化县实施,使用受援资金251.5万元。完成了涉及卫生工作人员能力建设、儿童教育和健康、儿童早期保健和发展、供水和环境卫生五大领域中的38个子项目。二是中国/比利时陕西贫困地区社会经济综合发展项目,在三原县实施,使用受援资金20.12万元。在病人治疗管理项目领域完成管理和治疗病人1288例,培训乡村两级督导医师、全科医生1440人。三是中国/澳大利亚陕西农村卫生综合项目,在永寿县、彬县、长武县、旬邑县和淳化县5县实施,使用受援资金约900万元。建立了市县管理信息系统网络,对3个健康促进示范村进行了改水、改厕和修建公共浴室,开展了社区健康促进活动,给村民发放了防护设备和健康知识活页,开展了对中心乡院长管理、全科医生、流动服务队、村医、协调员、骨干师资等14项637人次的培训,给5个流动服务队又配备5台流动服务队专用车辆和专用设备,为各中心乡卫生院配备了第二批价值600多万元的综合医疗设备,为325个村诊所配备了价值88万元的小型诊疗设备。四是中国/意大利秦都职教培训中心项目,在秦都区实施,使用受援资金10万元。2004年度投入资助了两批共750个贫困生,实施了第一批培训计划,3名教师已赴意大利接受英语和电子专业的培训。

【对外工程承包劳务合作发展的因素】 一是劳动力出口的传统市场得到巩固。咸阳市外派劳务主要集中在塞班、新加坡、韩国、蒙古等20个国家和地区。对这些国家和地区的劳动力出口稳定增加,推动了咸阳市对外劳务输出。二是承包工程带动劳务输出。中铁二十局、省建十一公司、省建六公司、省水电工程局等在尼日尔、蒙古、老挝、博茨瓦纳等国承建工程,直接带动了劳务输出。三是咸阳市自2002年获得外派劳务经营权后,广泛联络,积极开拓国际市场,起到了带动作用。四是政府支持,典型引路取得明显成效。五是技术人才储备具有优势。陕西广播电视设备厂、陕西省柴油机厂、陕西省毛纺一厂、泾阳县再就业服务中心等选送的电子装配工、纺织工、修布工、铸工、电焊工已成为省内外外经公司选派劳务的优选对象。六是利益驱动,认识提高。咸阳市在国外的劳务人员人均年收入大约在4.4万元人民币以上。通过一批批的劳务人员“走出去”致富的现身说法,使一大批青年开阔了视野,走出了国门。

【努力疏通对外劳务输出渠道】 一是加大对内对外宣传力度。选择劳务资源丰富的单位和外经公司召开项目推介会,搭建境外劳务供求平台。组织中陕国际公司在陕西省柴油机厂召开了日本市场项目说明会,应聘者及家属参会达70多人,取得了积极的效果。二是采取定向培训,保证了外派劳务数量的增加。咸阳市派往约旦、塞班、纳米比亚等地的缝纫工由自发应聘实现了根据订单要求进行培训的转变,提高了录用率。三是加强了信息服务。筛选一些国际工程承包展览会和境外投资的信息,如中国—东盟10国博览会、北京2004年全球建筑峰会等,提供给咸阳市的外经企业及相关的机械制造、制药、纺织、电子、果业等企业。并根据企业反馈的意见和要求,及时收集相关政策信息传递给企业。鼓励企业广开思路“走出去”考察境外市场,寻求合作商机。四是帮助企业申权保权,了解他们的困难和问题,及时给以帮助和协调。市外经贸局了解到九冶公司因交不起90万元的风险备用金而准备放弃外经经营权时,主动到省厅请求能够保留,并积极指导和帮助企业准备材料,使公司申领到外经经营资格证书,为企业走出去进行工程承包创造了条件。

(何建荣)

利用外资

【概况】 2004年,全市新批外商投资企业21户,总投资4691.23万美元,合同外资2987.11万美元,完成年目标任务的119.5%;实际利用外资2511.93万美元,完成年目标任务的139.6%。其特点:一是外商独资项目增多,在全年已经批准的21户企业中,独资企业12户,占新批项目数57.1%。二是外商投资仍以香港为主。其中香港9户,美国2户,台湾3户,加拿大2户,新加坡2户,毛里求斯、斯洛伐克和英属维尔京群岛各1户。三是外商投资以二产制造业为主。其中20户为制造产业,占新批项目数95%。1户为第三产业。四是外商投资企业资金到位情况好。资金到位达 2512 万美元。五是外商独资企业投资规模小，大多数项目投资额在百万美元以下。

【加强项目跟踪落实】 一是充分利用参加东西部洽谈会、中国投资贸易洽谈会和网络等途径宣传咸阳、推荐项目、为企业牵线搭桥。二是积极组织收集外商投资信息，提前介入，主动服务，帮助解决项目落实过程中遇到的困难，力争项目顺利落户咸阳。市外经贸局在获知香港环球投资有限公司、咸阳集中供热公司和彩虹集团公司合作集中供热项目后，及时介入服务。在香港公司办理办事处手续期间，便让其准备合作公司材料，节省了时间，达到事半功倍的效果，企业对此十分满意。在办理百晟水净化公司并购手续时，主动协助企业准备材料，上省厅协调，使其在较短时间内领取了批准证书。后由于并购失败，企业又提出变更并购方，市外经贸局又及时与省厅联系，寻找解决途径，为企业顺利办理了变更手续。三是关注现有外资企业发展，围绕企业发展做好服务工作，主动出击，上门服务。对企业生产生活中存在的问题和困难，及时帮助企业出主意、想办法解决问题，努力促进企业发展壮大，吸引更多的外资落户咸阳。顶立公司反映的阳光大道规划将占用厂地问题，市外经贸局及时和有关部门联系，帮助企业寻找厂地，并将信息反馈给企业。获知生益华电公司由于天然气供气不足，影响正常生产，将造成重大经济损失时，及时向市天然气公司反映企业的困难，说明情况，请市天然气公司给予帮助，使问题得到了妥善解决。

【提高依法行政的能力】 一是组织人员认真学习《行政许可法》及相关法律、市政府《关于印发咸阳市人民政府行政许可层级监督暂行办法的通知》、《关于印发咸阳市行政许可听证程序暂行办法的通知》等文件，积极组织参加《行政许可法》的学习讲座，熟悉法律，了解规定。并按照《行政许可法》的基本精神和要求，调整工作思路，做到知法、懂法、依法行政，努力营造良好的行政环境。二是积极向市外经贸局前来办事和咨询客商宣传《行政许可法》及相关的法律知识。并利用下企业的机会，宣传、介绍《行政许可法》的基本内容，指导企业依法准备材料、依法报批、依法维护合法权益。三是按照市政府法制办《关于贯彻实施〈行政许可法〉法律文书式样的通知》精神，积极编制《行政许可通知书》、《补办件通知书》、《不予许可通知书》等《行政许可法》配套的法律文书及制度，逐步建立完善的行政许可制度。

（何建荣）

表 13　2004 年咸阳市新批外商投资企业一览表

企业名称	总投资（万美元）	经营范围	地址
陕西裕亨太康菜业有限公司	338.24	生产脱水蔬菜	乾县县城东新街
咸阳麦迪利克新材料有限公司	30	研制、开发生产表面活性剂、石油添加剂，控释植物养料，半透膜，光控阀，自净多功能涂料等新型特种材料产品	咸阳市化纤路
咸阳帝辰彩印制品有限公司	724.86	印刷品的包装，装潢和印刷	武功县工业园区
陕西中金康彩医药有限公司	362.43	医药包装材料的生产	咸阳市金旭路
咸阳钜和木业有限公司	100	生产加工装饰板，家具工艺品等系列木制品	泾阳县永乐镇
咸阳登凯荣餐饮服务有限公司	16.9	餐饮娱乐及相关配套服务项目	咸阳市新兴南路
陕西新世纪电子有限公司	102.69	生产数字电视卫星接收机	咸阳市咸兴路
咸阳思梦发制衣有限公司	15.5	生产加工服装	咸阳市中华小区

续表13

企业名称	总投资(万美元)	经营范围	地址
咸阳威明雨具有限公司	15	生产加工各种雨衣,雨伞	咸阳市沈兴北路
咸阳亲亲食品有限公司	84.6	生产烘焙、膨化食品,果冻,调味品,加工农产品	三原县清河工业园区
咸阳荣达电子有限公司	30	生产电视机用偏转线圈零部件	咸阳市西郊阳光大道中段
咸阳耐特制动设备有限公司	51.3	生产机动车盘式刹车片,鼓式刹车片	咸阳市咸通南路
咸阳金达利服装有限公司	44.9	生产加工服装	咸阳市文汇西路
咸阳三晋设备制造有限公司	20	生产装配高低速手机及相关配件	咸阳市毕原路
咸阳国凌绿色食品有限公司	620	生产加工土豆细粉,食用仙人掌干粉及农副产品加工	三原县城
咸阳美奇裤业有限公司	32.2	男女西裤	咸阳市文汇西路
咸阳万得利运动服装有限公司	30	运动服装	咸阳市中华路
咸阳百晟水净化有限公司	459.1	废水处理,垃圾处理,水净化技术的确定开发生产	咸阳市咸兴路
陕西安利电工有限公司	181.2	生产铜排、梯排,漆包线、纸包线、玻璃丝包线,电机配件	泾阳县蒙家桥
咸阳伊莱斯石油化工有限公司	229.56	生产甲醇、清洁汽油、柴油及助剂、石脑油、重柴油等	咸阳市秦耀路
鲁洲生物科技(陕西)有限公司	270	加工玉米等农副产品	兴平市兴渝路

旅　游　业

概　　述

【概况】 2004年,全市共有A级景区(点)8家(其中4A级2家,3A级4家,2A级2家)。咸阳市新增加三星级饭店2家(咸阳女皇大酒店、长安海航之星宾馆),全市旅游星级饭店达到27家(四星级1家,三星级15家,二星级11家)。全市新批3家旅行社(咸阳游四方旅行社、咸阳九洲旅行社、咸阳秦龙兴旅行社)。全市共有旅行社19家(国际旅行社1家,国内旅行社18家)。全年全市共接待国内外游客896万人次,实现旅游综合收入28.53亿元。

【加强旅游区域合作】 市旅游局加强与西安、杨陵及周边省市旅游部门的交流。年初,与西安市旅游局共同召开了西咸旅游同线工作第三次例会,就推出特色旅游产品、在机场设立旅游咨询点、联合整顿旅游市场、促成旅游行业单位合作和共同举办"中国百姓生活游"活动达成了共识。2月,两市旅游局在茂陵成功举办了"百姓生活游"启动仪式,共同推出了一系列特色旅游项目。"十一"旅游黄金周期间,两市联合举办了"首届咸阳旅游商品展销节暨乾坤杯旅游纪念品设计大赛"和"旅游同线"联谊会,两市旅游行业单位就加强合作交流进行了业务对接和探讨。

(侯彦峰　袁治中)

行业管理

【景区(点)】 为加强景区(点)的综合环境治理,每逢黄金周前夕,市旅游局都要联合公安、工商、物价、卫生、交通等部门,对全市各景区(点)进行全面检查,对景区(点)"黑导"、"黑车"、无证经营、强买强卖、围追兜售等不法行为进行严肃查处,为游客提供健康、顺畅、安全、舒适的旅游环境。同时在各旅游景区开展了创建"最佳文明景区、最佳文明环境、最佳文明服务、最佳游客满意率"竞赛活动,进一步提高了景区(点)的软硬件环境。为了强化旅游行业"诚信经营"的观念,市旅游局与市文明办联合下发了"铸诚信、树新风"的通知,广泛开展诚信服务、优质服务竞赛活动,并在年底举办了"铸诚信迎新年"文艺晚会,包括全市8家A级景区在内的30多家行业单位,演出了精彩的节目,展示了市旅游企业良好的精神面貌。

【旅行社】 2004年,市旅游局加强了2003年度旅行社各项经营指标的年检年审工作,全市有19家旅行社参加了年检年审,年检年审通过率为100%。为了进一步规范旅游市场秩序,市旅游局对违规经营、游客投诉比较多的咸阳青年旅行社,依法吊销了经营许可证,净化了旅游市场,加快了旅行社优胜劣汰的进程。此外,还对一些投诉、纠纷进行了认真调查处理。针对旅行社组团出游多、地接客源少的现状,市旅游局深入旅行社进行调研,找到了问题的症结,采取了促进市内旅行社、饭店、景区间合作、下达地接任务等办法,使旅行社地接游客人数明显增加,提高了全市旅游综合效益。

【饭店业】 2004年,市旅游局按照国家颁布的新的星级饭店评定标准,对全市的星级饭店进行了认真严格的复核。从复核的情况看,各星级饭店对管理和星级标牌的意识进一步增强,全市饭店管理已逐步走上了规范化、标准化、制度化的轨道。3月,市旅游局组织星级饭店的管理层参加了新的《旅游饭店星级划分与评定标准》培训,全面提高了星级饭店开展标准化管理和建设的能力。从7月1日开始,按照国家星级饭店评定的新标准以及换牌复检的要求,市旅游局对全市27家星级饭店普遍进行了复查评定。10月,利用"黄金周"的有利时机,在人民广场举办由各星级饭店参加的"首届咸阳美食养生节",展示了企业的形象,加深了行业之间的沟通。11月中旬,市旅游局为全市27家星级饭店统一更换了新的星级标牌。

(侯彦峰　袁治中)

景区(点)建设与项目开发

【景区(点)净化工程建设】 2004年,市旅游局从省上争取到70万元旅游景区星级厕所建设资金,分别在咸阳博物馆、泾阳张家山郑国渠首、兴平杨贵妃墓、旬邑唐家民俗馆等景区建设星级厕所各一座,并全部通过了省上验收。

【旅游项目开发】 为了进一步完善全市旅游产品结构,扩大旅游产业规模,2004年,重点开发建设了古沙河桥风情园、旬邑唐家民俗馆和古象化石展览馆、泾阳太壶寺和安吴青训班革命旧址展馆、三原于右任故居等旅游项目,产生了良好的经济效益和社会效益。另外策划的咸阳渭河生态旅游度假区、火炮世界、秦咸阳宫(秦城)、保健旅游综合开发、沣河景区旅游综合开发等项目,正在设计论证。

(侯彦峰　袁治中)

宣传促销

【概况】 市旅游局利用参加2004年中国国内旅游交易会、陕港经贸合作周、东西部经贸洽谈会和河南郑州、平顶山、甘肃平凉、新疆吐鲁番旅游推介会及考察交流等时机,通过设立旅游产品展位、发放宣传资料、接待旅游咨询和举办旅游产品推介会等多种形式,大张旗鼓地宣传咸阳的旅游资源和旅游产品。3月,咸阳市组团参加了陕西旅游歌曲擂台大赛,市代表队获得团体铜奖。同时获旅游形象代言人和旅游形象宣传片单项铜奖,两名歌手获比赛铜奖和优秀选手奖。"十一"旅游黄金周前举办了有省内十多家新闻媒体参加的新闻发布会,突出宣传咸阳市"吃住咸阳最实惠,游遍陕西最快捷"的旅游区位优势。市旅游局还先后接待了中国驻部分国家大使西部考察团,台湾媒体西部考察团,全国侨联和港澳记者西部旅行考察团以及长江三角洲经济带媒体采访团,积极协助他们对咸阳市的旅游业进行深入采访报道,让外界进一步了解咸阳、认识咸阳。

(侯彦峰　袁治中)

旅游黄金周

【概况】 为了提高咸阳旅游业的知名度和吸引力,提高假日旅游的经济效益,2004年,市旅游局在三个黄金周期间,举办了一系列的重大旅游宣传促销活动。春节、五一、十一三个旅游黄金周,全市累计接待海内外游客105.99万人次,同比增长21%,旅游综合收入3亿元,同比增长25.4%。

【首届咸阳旅游商品展销节暨"乾坤杯"旅游纪念品设计大赛】 为了抓住旅游黄金周的有利时机,丰富旅游内容,发展咸阳旅游商品,满足广大游客的购物需求,为咸阳旅游商品生产经营单位搭建良好的宣传销售平台,由咸阳市政府、西安市旅游局和咸阳市旅游局联合举办的首届咸阳旅游商品展销节暨"乾坤杯"旅游纪念品设计大赛于9月26日在咸阳市步行街冯武臣大药堂隆重开幕。副省长洪峰,市委书记宋洪武、市长张立勇、市政协主席杨光明等省市领导出席开幕式并为咸阳旅游精品超市剪彩。此次展销节在全省首创旅游商品超市展销模式。参加活动的有13个县市区旅游局,西安、咸阳国际国内旅行社近60家,参展商品厂家和单位67家,商品4000多件,包括旅游用品、旅游工艺品、旅游食品、旅游纪念品等400多类,会议还邀请了甘肃庆阳、陕西榆林等地市旅游界的朋友前来参会。参加开幕式及观摩的来宾和市民近万人,销售商品10万多元。参加首届咸阳旅游商品展销节的西安、咸阳两市旅游局及旅行社负责人齐聚一堂,召开西咸"旅游同线"联谊会,会上两市旅游局领导就旅游合作事宜进行了探讨交流,两市80多家旅行社负责人就互送客源、盘活旅游市场达成了合作意向,迈开了西咸"旅游同线"的新步伐。会上,甘肃省庆阳市旅游局与咸阳市旅游局签订了旅游合作协议。

【首届咸阳"蓝马杯"旅游美食养生节】 9月25日,首届咸阳"蓝马杯"旅游美食养生节在人民广场隆重召开,市长张立勇等市上领导参加了开幕式。参加这次节庆活动的有100多家食品厂家、宾馆饭店和足疗保健单位,参展旅游企业近60家,商品1000多种,包括中秋月饼、地方特产、特色菜肴、足疗保健等共5个展区,主展区设在市人民广场,并在市内26家星级饭店设立分展区。参加开幕式及观摩的来宾和市民近3万人,销售商品50多万元。

【金秋采摘节】 2004年9月11日,淳化县政府和华商报社联合举办的"金秋采摘节"拉开了序幕。礼泉县、乾县、永寿县、彬县、淳化县、旬邑县等果品生产大县与西安、咸阳两地旅行社合作开展了一系列丰富多彩的采摘旅游活动,为发展全市农业旅游、增加农民收入、推动农村产业结构调整做出了贡献。淳化采摘节开幕式当日就接待游客2.3万人次,实现经济收入3万余元。

(侯彦峰　袁治中)

经济综合监督管理

宏观调控

【经济社会发展宏观调控目标】 2004年，全市生产总值计划322亿元，增长12%，其中第一产业增长5%，第二产业增长15.2%，第三产业增长12%；农业总产值101.7亿元，增长5%；规模以上工业总产值283亿元，增长12%；全社会固定资产投资155亿元，增长32%；地方财政收入12.1亿元，比上年决算增长10%；社会消费品零售总额71.5亿元，增长10%；城镇居民人均可支配收入8400元，增长10.7%；农民人均纯收入2022元，增长6%；接待国内外旅客900万人次，增长3.4%，旅游综合收入29亿元，增长12.8%。人口自然增长率控制在5‰以内。城镇登记失业率控制在4%以内。

【国民经济和社会发展的主要任务】 ①高度重视“三农”问题，促进农民增收和农村繁荣；②坚持走新型工业化路子，向西部工业强市迈进；③全力抓好重大项目建设，保持固定资产投资快速增长；④统筹国内国外两个市场，继续实施全民招商战略；⑤积极推进两河一区建设，加快城镇化进程；⑥统筹区域发展，实施东靠西联战略；⑦扩大就业，促进消费，不断提高人民生活水平；⑧统筹经济社会协调发展，促进各项社会事业全面进步。

【计划任务完成情况】 2004年，全市生产总值完成338.56亿元，同比增长13.1%，增速为近8年来新高。其中第一产业增长10.6%；第二产业增长17.6%；第三产业增长8.7%。农业总产值121.66亿元，增长11.04%。粮食总产199.98万吨，水果总产265万吨，蔬菜总产218.89万吨。全部工业总产值完成539.9亿元，增长16.1%，其中规模以上工业总产值完成291.1亿元，增长18.2%。全社会固定资产投资完成161.67亿元，增长37.8%，其中50万元以上项目完成投资144亿元，增长48%。地方财政收入完成12.61亿元，与上年同口径比较，增长16.40%。外贸出口总额完成1.65亿美元，较上年下降14.1%。全市社会消费品零售总额90.28亿元，比上年增长12.58%。城镇(区)居民人均可支配收入8257.31元，增长8.9%。农民人均纯收入2100元，增长10%。旅游业全年接待国内外游客896万人，旅游综合收入28.53亿元。人口自然增长率3.57‰。城镇登记失业率3.8%。

【加强宏观调控】 为了确保国民经济健康运行，市发展计划委员会常年坚持开展调查研究，及时掌握经济运行态势，积极实施宏观调控。一是经常深入县市区、部门，对影响经济社会发展的全局性问题进行调查了解，并协助基层加以解决，特别是针对部分国有大中型企业生产及农民人均纯收入增速减缓等问题，组织人力深入企业和农村开展调查研究，查因溯源。根据调查研究结果，提出了相应的对策措施，取得了较好的效果。二是做好国民经济运行情况分析监测工作，坚持按季度对全市经济运行走势进行预测分析，对国家宏观调控下咸阳市经济发展中存在的问题及对策向市委、市政府提供了参考建议。三是抓好西部大开发和一线两带规划实施，积极推进全市经济发展。为了使规划落到实处，市计委组织人力对全市西部大开发和一线两带情况进行全面检查总结，并向省、市进行汇报。针对规划实施过程中存在的问题，提出意见和建议，促进了规划的顺利实施。

【固定资产投资】 固定资产投资在结构调整中保持较快增长势头。2004年以来，尽管国家宏观调控政策给全市固定资产投资规模、速度带来一定影响，但全市固定资产投资仍保持了强劲的增长势头，继续发挥着对全市经济增长的重要拉动作用。全社会固定资产投资完成158亿元，同比增长34.7%。其中50万元以上项目共完成固定资产投资144亿元，同比增长48%。50万元以上项目固定资产投资中,基本建设投资完成105亿元,增长44%;房地产开发投资完成13亿元,增长15%;更新改造投资完成21亿元,增长20%。

【重点项目】 各县市区各部门按照“加压紧逼、跨越发展”的总要求,紧紧围绕建设西部强市为目标,扎实工作,全市重点建设项目运行态势良好。2004年全市共确定建设重点项目81个,按年度工程进度分为:收尾建成项目29个,续建项目26个,新开工项目26个。其中29个收尾建成项目共完成投资15.6亿元,帝都花园、咸通路立交桥、迎宾大道、泾阳声威水泥一期工程、汇源果蔬饮料生产线等22个项目建成或基本建成;26个续建项目共完成投资15.6亿元,旬邑110千伏输变电、玉泉西路等4个项目建成;26个新开工项目共完成投资16亿元,已有安谷园小区、河南街小区、华宇大厦、杨家河水库除险加固工程、水厂路商业步行街、县城供水工程等22个项目开工建设。其中丰泽纸箱包装生产线、陕台合资彩印包装制品生产线、长武通达果汁厂、电力高层商贸楼、彩虹集团大屏幕彩管生产线、电子网板生产线、卫生国债县级疾控中心项目、教育国债高中扩招项目等8个项目当年开工当年建成或基本建成。全市重点项目建设总体运行良好,基本上达到了年度计划进度要求。2004年重点项目建设运行的特点:一是督促协调力度明显加大,项目建设到历史最好水平。市委、市政府把重点项目建设作为推进西部大开发、建设西部经济强市的突破口来抓,3月、4月分别多次召开了重点项目协调会,及时了解重点项目建设情况,协调解决具体问题,督促开工,安排部署工作,促进了重点项目建设的顺利实施。市级联系重点项目领导多次深入重点项目建设现场,督促进度,协调解决项目建设中遇到的具体困难和问题。市计委、水利、城建、交通等各项目建设主管单位自加压力,想方设法拓宽投融资渠道,积极筹措建设资金,为项目开工建设创造了有利条件。二是严格执行基本建设程序,实行“四制”(即项目法人负责制、招投标制、工程质量终身负责制、监理制),工程质量和安全情况较好。在重点项目建设过程中大多数重点项目都能按照基本建设程序科学运行,严格实行“四制”。各施工单位加强内部管理,完善管理制度,强化工程质量意识和安全意识。三是转变职能,依法行政,项目建设环境进一步改善。全市各级项目管理职能部门都能以大局为重,提高服务意识,取消了一批没有法律依据和过时的审批审核事项,简化了办事手续,提高了办事效率。各级政府和各相关部门积极为重点项目建设保驾护航,妥善处理重点项目与所在地群众的纠纷和争议。市级各新闻媒体同时加大了对重点项目的宣传力度,及时跟踪报道重点项目建设进展情况,努力营造一个社会关心重点项目,人人支持重点建设的良好氛围,进一步优化了投资环境,对加快重点项目建设步伐起到了积极的促进作用。

【重大项目前期工作】 重大项目前期工作取得新进展。银武大通道、关中环线、渭河四号桥、上林苑商住区等一批重大项目完成前期工作,进入实施阶段。西平铁路省上与铁道部签署框架性协议,控制性工程即将开工建设,2008年建成通车;西安铁路枢纽货运北环线项目,铁道部第一设计院已完成设计方案;马屋电厂项目已进入项目可行性研究报告阶段;150万吨甲醇及配套的小庄煤矿争取在2005年上半年完成可行性研究报告;52万吨甲醇项目可行性研究报告已上报省发改委;引石过渭供水工程,省发改委已批复可行性研究报告,进入初步设计工作阶段,争取2005年3月开工建设;10万吨天然气甲醇生产装置,已进入可行性研究报告阶段。市上筛选了200个策划包装项目以咸政办发[2004]174号下发各县区、各部门,明确任务,落实责任,为下一步招商工作和项目储备奠定了基础。重大项目前期工作的加快,为2005年和今后一个时期全市的发展,奠定了坚实的基础。

【经济结构调整】 2004年以来,全市上下认真贯彻中央一号文件精神,全面落实扶持农村经济发展、促进农民增收的各项政策措施,农村经济环境明显好转,农民生产积极性高涨,农业生产出现了重要转机。全市实现农林牧渔业总产值115亿元,同比增长8%。其中,“粮果畜菜”农业四大主导产业实现产值110亿元,占到总产值的96%。全年粮食总产达到199.98万吨,增长12.2%,是历史上第二个高产年。全市蔬菜、水果总产为218.89万吨和265万吨,增长10.5%和18.4%。畜牧业生产势头良好,全市肉、奶、蛋总产量分别为13.4万吨、28.3万吨和9万吨,同比分别增长8%、29%和8%。大牲畜存栏42.3万头,增长13%。工业生产快速增长。全市全部工业总产值完成534亿元,同比增长14%。其中,规模工业实现产值291亿元,同比增长18.2%。工业运行的显著特点主要呈现在:一是地方工业增长快于中省工业。中省属工业完成产值152.9亿元,同比增长为11.4%。地方工业完成产值138.2亿元,同比增长26.7%,增速高于中省15.3个百分点。二是能化工业引领支柱产业快速增长。能化工业实现产值95.5亿元,同比增长27.6%,跃升为全市工业的第一大支柱产业。电子工业在高基数上实现产值87.9亿元,增长5.7%。食品、医药、纺织工业分别增长27.4%、22.3%和9.1%。原煤、发电量、彩色电视机、水泥等主要产品产量均增长20%以上。三是实现利润较快增长,效益指数创新高。全市规模工业产品销售收入和利润总额均增长20%以上,规模工业经济综合效益指数达到132%,是近年来的最好水平;服务业规模不断壮大,各行业全面增长。运输、旅游、餐饮、娱乐及贸易业等第三产业发展势头良好。全市接待国内外游客896万人次,增长3%。旅游综合收入达到28.53亿元,增长11%。社区服务、医疗保健等新兴服务业不断发展,服务项目不断增加。

【招商引资】 至年底,全市共签订招商引资合同项目800个,合同引进资金183.88亿元,实际到位资金113.27亿元。其中,合同利用资金亿元以上的项目31个,5000万元以上的项目105个,全市实际利用外资2511.93万美元。2004年招商引资工作的特点:一是各级领导高度重视,全市上下联动,招商引资长效机制初步形成。二是宣传动员力度不断加大,招商引资氛围日趋浓厚。三是不断创新招商引资方式,开展形式多样富有成效的招商活动。四是充分发掘优势,强化资源招商。五是产业招商、以商招商初显成效,产业链开始形成。六是努力发挥中介机构、驻外机构作用,拓宽招商引资渠道。七是狠抓项目落实,实行领导包抓制。八是市直部门充分发挥职能,全力开展招商引资。九是投资环境不断优化,服务意识不断增强。

(张军红)

统　　计

【概况】 2004年,统计工作质量全面提升,经济普查、基本统计、分析研究、咨询服务等各项工作均取得好成绩。在四年一度全省统计系统"双先"评比中,市统计工作获得先进集体荣誉称号;在全省评比的27项统计业务工作中,全市有24项获奖,获奖总数在全省名列前茅,其中有5项工作获全省第一,13项工作获全省第二,6项工作获全省第三。年度统计综合考评工作获全省先进单位。2004年,市县两级共有30多人次获得省市级先进个人荣誉称号。县区统计工作质量进一步提高,在全市年度统计综合评比中,有6个县区被评为全市统计综合考评先进单位。

【各项普查和专项调查】 2004年,市县两级按照国家和省上的统一布置安排,集中开展了全国第一次经济普查的前期准备工作。在经济普查工作中,一是认真做好普查"四落实"工作。贯彻陈德铭省长关于落实经济普查经费的批示和省财政厅关于落实经济普查经费的文件精神,咸阳市率先提出了县市区按GDP一定比例拨付普查经费的意见,得到了省局的采纳并在全省推广。市统计局积极协调各县市区政府解决经济普查经费,基本落实到位。二是采取多种形式积极宣传经济普查工作。在各大新闻媒体上发布了《咸阳市政府关于开展第一次经济普查的通告》和张立勇市长《搞好经济普查建设魅力咸阳》的重要讲话,开辟普查宣传专栏,通过"倒计时"、"一二二五"普查宣传日活动进行宣传动员,使经济普查的社会认知度进一步提高。三是认真开展了组建机构、制定方案、综合试点、清查摸底、登记填报、综合会审、督查督办等工作。为保证经济普查工作全面完成,市政府先后六次召开会议予以部署安排,与各县市区政府签订了普查工作目标责任书,确保普查数据真实可靠。此外,还先后开展并完成了全市千分之一人口抽样调查、妇女儿童两纲监测调查、社会发展水平调查、社会公众安全感调查、第二次非公有制经济调查和县域经济社会发展考核前期准备等工作。

【统计服务】 一是实现了服务方式的重大创新。及时整编提供富有特色的统计信息资料。市统计局在定期印发《月度主要经济指标》、《咸阳统计资料》、《统计公报》、《咸阳经济要情》、《送阅件》、《西部城市资料》、《统计年签》的基础上,新编了《咸阳市情》彩色折页。对原《统计资料提要》进行全面改版,扩充了内容,印制了便携的《咸阳统计手册》。市统计局先后在市委、市政府大院制作了2003、2004年度各县市区GDP、招商引资、财政收入等重要经济指标的大型彩色喷绘统计图表,得到了国家统计局领导的高度赞扬。10月,市上两会期间制作了反映五年来全市GDP、农业、工业、投资、消费、居民生活、交通旅游等发展成就的统计图表,分10次在《咸阳日报》刊发;与《咸阳日报》、市电视台联合开办《辉煌五十五年》专栏和《各县市区经济发展比试台》栏目,引起了社会关注;为市委四届三次全会制作了五个统计图表展版,受到了与会人员的肯定和好评。二是统计调研分析取得丰硕成果。市县统计部门充分发挥优势,及时把握经济运行动态,瞄准热点、难点问题开展分析研究,统计分析数量和质量大大提高,调研分析成果创历年之最。市统计局及城市、企业、农村三支调查队共撰写统计分析资料169篇,各类《送阅件》13期,各类信息529篇,80%以上被有关部门、报刊、电台和国家、省网及咸阳政务网采用。在7月召开的市委常委扩大会议上,撰写的上半年经济运行分析及6月份月报信息卡印发给全体与会人员。市上主要领导依据统计资料对13个县市区的经济指标排序进行讲评,对市统计局的工作给予了充分肯定。市统计局组织撰写的《加快咸阳经济发展的对策和建议》一文,得到市委、市政府领导的高度重视,并被编印成书,文内许多观点和提法被市党代会、人代会采用。各县市区统计分析研究水平也有了较大提高。分别有7篇分析报告在2004年全市优秀统计分析评比中获奖。统计分析报告已成为各级领导分析和判断社会经济运行情况和实施科学决策的重要依据。

【统计执法】 全市各级大力开展《统计法》宣传,严肃查处统计违法案件,增强了全社会的统计法制意识及统计人员的执法意识,统计工作环境日益改善,促进了各项统计工作任务的完成和统计数据质量的提高。全市共印发宣传资料1万余份,立案查处统计违法案件67件,市统计局直接查办26件,立案8件。全市共罚款21.95万元,其中市统计局罚款13.5万元,查办案件数量比上年有较大增加,实现了执法不留空白县的目标。武功县、长武县、秦都区、彬县、泾阳县等县区执法力度大,成效显著。

【信息化建设】 一是市统计局实现了业务人员人手一机。筹集15万元购置了一批较高档次计算机和部分网络设备,实现了全局业务人员人手一机。二是信息网络建设快速推进。建成了咸阳统计信息网外网,实现了与政府信息网的连接。各县市区都建立了内网,增设了主页,建立了邮件服务系统和网上工作平台,统计信息网真正成为统计信息和统计宣传的窗口。在省统计局统计信息网信息采用中,咸阳市的统计信息采用数量名列全省第二,在全省信息化建设工作中走在前列。

【方法制度改革】 一是严格执行《陕西省统计制度方法改革总体方案》,全力组织完成了全省统一确定纳入统计年报和定期统计报表范围的改革任务;二是继续认真开展用价格指数缩减法计算工农业发展速度的试行工作;三是进行了新的《国民经济行业分类标准》的组织实施工作,保证了定期统计报表新旧标准顺利交替,确保了新核算体系顺利运行。

(李　宏)

物　　价

【概况】 2004年,价格工作紧紧围绕全市经济工作中心,积极履行"定规则,当裁判,搞服务,促发展"的价格工作原则。充分发挥价格工作体现价值、配置资源、调节供需、维护稳定的职能作用;面对复杂的市场价格形势,适时调整工作重点,实行价格调控和监管,全市居民消费价格指数为103.4%,为稳定人民生活、确保全市价格稳定做了大量的工作。

【价格监测】 市物价局以市场价格监测为突破口,组织得力人员对与人民生活密切相关商品实行定点监测。通过对市场价格走势的监测分析预警,把价格波动的影响降到最低点。及时设立了咸阳市价格监测机构,在全市设立37个价格监测点,对197种重要工农产(商)品价格进行经常性的监测,分析价格变动情况,适时实行市场调控。坚持调查分析上报居民消费价格指数,分析居民消费价格指数变动情况,做好预测预报上报。针对价格形势变化和居民消费价格上涨过快的实际情况,适时向市委、市政府领导写出六期《送阅件》,提出监管意见,实行价格监控。8月以后居民消费价格指数一路走低,为污水处理费出台创造了条件。市政府根据市物价局的价格形势分析报告,安排市政府办公室先后两次就粮食价格异常波动召开协调会议,对粮食市场实施有效监管,保证粮食价格基本稳定。市人大、政协"两会"召开前,常务副市长李三原带领物价局和有关部门负责人对市场价格进行专项检查;在禽流感发生时期,加强重要商品价格日报制度;对农资价格进行跟踪调查分析,保护农民种粮的积极性。全年价格未发生大的波动。

【价格监管】 全市价格系统维护社会各阶层价格利益,控制价格上涨。在农资价格波动较大的情况下,通过市场调查研究,在分析讨论的基础上出台了化肥营销6%的进销差率,及时干预农资价格,使货源不断档,销售价格基本合理,维护了农民的利益。从严审核出台了咸阳市第五批1210种药品招标采购价格,实际价格比报价降低了10%～20%,可节省患者支出7200万元。审批了机场专线票价,方便了市民。召开了自来水价格听证会,提出自来水、城市污水处理费、城市集中供热价格改革方案;实施了国家及省上能源、电力价格改革具体方案;审批了兴平市、乾县污水处理费征收方案,制定了羊毛湾灌区水费标准。

【收费秩序治理】 各级物价部门对全市所有收费项目作了全面清理,逐项目、逐标准进行审核,取消不合理收费164项,吊销收费许可证144个。全市共审验收费许可证3618个,其中市本级468个,审查收费金额2.6亿元,退还用户资金141.14万元,罚款并上交财政金额26.8万元。核定了10个居民住宅小区物业管理收费标准和停车场收费,核准了6个医疗单位的收费标准。实行国家机关事业单位阳光收费工程,对全市440个国家机关事业单位全部印发收费公示牌,坚决取消省以下价格管理部门及市上价格管理部门自己出台的收费标准和收费项目,把规范的收费项目和标准向社会公布,强化社会监督,从源头上治理乱收费。开展治理国家机关事业单位收费专项治理,严厉查处国家机关事业单位乱收费,规范收费行为,全市收费秩序明显好转。

【价格执法】 物价检查工作严厉查处价格违法行为,维护群众价格利益。先后开展涉农价费专项检查、教育收费重点检查、医疗收费和药品价格重点检查、汽车市场专项整顿、国家机关事业单位收费检查、石油市场价格整顿、烟草市场、收费公示及价格举报工作。全市共查处各类价格违法案件1277件,查处违法金额501.5万元,退还消费者236.5万元,没收非法所得265.50万元,罚款57.5万元,上缴财政322.5万元,经济制裁590万元。建立和完善了价格举报制度,实行24小时值班,"12358"物价举报热线电话畅通无阻。全年共受理价格举报1242件,立案调解1091件,上级交办举报案件35件,查处违法资金143万元,退还用户103.5万元,没收非法所得39.5万元,罚款10.5万元,案件办结率达到100%,有力地遏制了价格上涨势头。推广明码标价和明码实价工作,明码标价和明码实价率分别达到95%和90%。

【价格调研】 市物价局按照"四五"普法的要求,组织全系统干部进行法律法规培训,重点学习行政许可法,组织了考试;召开了价格听证会,宣传价格法规。以价格调研为先导,探索价格改革和新时期价格管理和监督新路子,根据各自的工作范围选择课题,开展价格工作创新调研,探索价格监管新思路,撰写调研理论文章,指导价格工作。全市共写出各类价格调研文章30余篇,在省以上刊物上发表10余篇,国家级刊物上发表5篇。10月,受国家发改委特邀参加了全国部分城市定价可诉性研讨会,调研工作受到充分肯定。《试论物价检查机构改革》论文荣获全省评比一等奖,较好地指导了价格工作的开展;利用媒体宣传价格工作和价格改革成果,全年共在各类报刊上发表消息、通讯、信息35篇,较好地宣传了价格工作。

【价格服务】 市价格认证中心开展司法鉴定73起,价格认证7件,车辆定损460件,总标的171万元。完成了工农产品成本调查上报任务,实行了教育成本审核,对12所高等院校和各类学校收费成本进行审核,为控制学校收费提供了可靠的依据。实行农产品商品价格信息发布制度,指导农民调整产业结构,合理安排农业生产,指导果品销售,共发布农产品价格信息35起,增加农民收入。在服务"三农"中始终把促进农民增收作为出发点和落脚点,认真制定和落实对于农民的价格政策,清理涉及农民的收费,努力减轻农民负担,促进农村经济发展。

(周毓辉)

劳 动 管 理

【加强劳动合同管理】 2004年,全市把推行劳动合同作为从源头稳定劳动关系和建立劳动关系自我协调机制的关键环节来抓,加大对劳动合同制度推行的监督检查力度,开展了劳动合同执法大检查,重点督促了非公有制经济单位以及建筑施工、餐饮业等单位与农民工签订劳动合同。全市全年共重新续订、鉴证劳动合同35966份,市县两级已有1135户企业签订了集体合同,其中国有企业660户,签订率98%,非国有企业475户,签订率65%。职工收入水平稳步提高,全市企业职工平均工资增长了10%。通过新闻媒体报道、散发宣传资料等方式,大力宣传了《陕西省企业工资支付条例》,并举办了学习《条例》培训班,进一步规范了企业的工资支付行为。市劳动和社会保障局被省劳动和社会保障厅评为2003年度综合统计先进单位。

【积极稳妥处理劳动争议案件】 2004年,全市劳动保障部门以妥善处理劳动争议、维护劳动者和用人单位的合法利益及维护社会稳定为出发点,切实做好群众的信访工作。对上访群众按照讲清问题、说明政策、解疑释惑、理顺情绪、化解矛盾的原则,做到热情耐心,引导群众知法守法、依法上访。5月,中、省驻咸的陕西第一毛纺厂、陕西第二毛纺厂、陕西第二针织厂、陕西第二印染厂、陕西第二棉纺织厂部分职工因退出生活保障范围而群体上访。事发后,按照市委、市政府统一部署,劳动保障部门抽调12名工作人员,分成五个工作组,由局领导带队分赴各个事发企业和现场,召开职工代表座谈会,了解情况,听取职工情况意见,有针对性做好政策解答工作,使职工明确了政策规定,稳定了思想情绪。9月,华润集团职工与企业因劳动合同签订等问题而引发了群体事件,劳动保障部门派出多批工作人员参加市上组织的工作组,立足部门职能,认真宣传政策,耐心解释劝服,切实解决问题,为工伤的职工做了伤残鉴定和病残等级鉴定,为符合病退条件的职工办理了退休手续,受到省、市工作组的肯定。努力提高劳动仲裁水平,按照《企业劳动争议处理条例》和《陕西省劳动争议处理实施办法》的要求,在立案、审理、结案等方面严格执行有关规定。2004年,全市共受理劳动争议案件133件,办结案件130件,劳动争议时效结案率达到96%。

【依法维护劳动者合法权益】 2004年,全市始终把维护劳动者的合法权益特别是农民工的维权追薪工作作为一项主要任务常抓不懈。一是大力开展学习宣传活动。开展了"维护农民工合法权益"大型普法周宣传活动。全年印发宣传材料50余万份,大力宣传国务院颁布的《劳动保障监察条例》和《陕西省企业工资支付条例》,增强用人单位依法用工和农民工依法维权的意识,为维权追薪营造了良好的舆论氛围;充分发挥各类新闻媒体的宣传作用,采取正面树立典型、反面予以曝光的方式,实施舆论监督。二是加大劳动保障执法力度。针对拖欠农民工工资问题严重的实际,成立全市清理农民工工资工作领导小组,切实加强对此项工作的领导;通过调查摸底,进一步掌握了全市拖欠农民工工资的基本情况,健全全市农民工工资支付档案;全面开展农民工工资检查活动,全年开展各类执法专项检查8次,重点对使用农民工集中的建筑施工、制造加工、餐饮服务业进行了"拉网式"检查。三是加强对农民工劳动合同的管理。针对大部分用人单位不与农民工签订劳动合同的问题,切实加强对农民工劳动合同的管理,将其作为工作的重点,全年督促用人单位补签合同41000余份。四是继续完善协调配合、齐抓共管的工作机制。加强与城建、规划、公安、信访等部门的协调配合,积极发挥工会、共青团、妇联等群众组织的积极性,形成综合治理的强大合力。对农民工的投诉或申请的仲裁,及时受理、审理,尽快依法解决,减少和避免集体性上访事件的发生。五是加强对劳动力市场的监管。劳动保障部门依据新修订的《陕西省劳动力市场条例》等有关法规,结合咸阳市实际,相继制定出台了《职业介绍机构审批管理办法》和《关于规范民工市场的意见》,同时结合国务院《劳动保障监察条例》及《陕西省劳动监察条例》等一系列法规,变依靠行政手段维权为依法维权。并分别在4月份和7月份对市区内的职业介绍机构进行了全面的规范和清理整顿。全市对976户企业进行了劳动用工年检,建立了企业用工台账。对3065户用人单位进行了民工权益保护专项检查,涉及31705人;受理举报投诉案件1520起,涉及25750人,办结1444起,结案率95%,追回劳动者被拖欠工资3456万元,取缔非法职介机构46户,有力地规范了劳动力市场秩序和企业用工行为。

(荆永宁)

工商行政管理

【市场经济秩序整顿】 全市工商系统突出抓基层、抓基础、抓基本、抓落实的工作思路,在全国工商系统创造性地推出了市场基本标准监管法,把专项整治与市场日常监管相结合,把监管的责任落实到所长、组长、每个管理人员,落实到监管的市场、摊点、门店和商品上。突出重点,标本兼治。全年开展了10次大规模的专项执法行动,对食品、奶制品、农资、石油、粮食、汽车配件、农用机械等进行了专项检查,着力整治了双节市场和五一、十一黄金周的市场秩序。全市工商系统查处各类经济违法违章案件4160起。其中一般案件1930起,简易案件2230起,查处万元以上大案124起,涉案金额3200万元。收缴各类假冒伪劣商品十八大类62个品种共80吨,捣毁制假黑窝点97个,罚没款入库850万元,为消费者挽回经济损失120万元。

【营造安全消费环境】 市县两级工商局始终坚持树立执法为民和"群众利益无小事"的思想观念,坚持打假扶优,认真开展了食品药品放心工程专项整治工作,加大对乳品市场、儿童食品专业市场、危及人民群众身体健康的"毒水果、毒罐头、毒干菜"等商品的检查力度,全市立案查处制售劣质食品案件42起。积极开展了保护注册商标专用权行动,查处各类商标违法案件27件,没收了一批假冒侵权商标。在严打假冒伪劣的同时,大力扶持名优商品和诚信单位,全市命名咸阳市著名商标16个,推荐省级著名商标16个;报省政府批准命名省级"守合同、重信用"企业22户,报市政府批准命名市级"守合同、重信用"企业27户;向省消协推荐了19户"诚信单位"和24户"诚信店";积极参与了国家工商局组织的食品饮料抽检活动,并将检测结果在《中国消费者报》公布,发布了消费警示。至11月中旬,全市共接到消费者申诉1684起,受理1620起,处理完结1614起,处理率达到96%。

【打击非法传销和非法变相传销】 针对非法传销和非法变相传销蔓延的势头,市工商局请求市政府召开了协调会议,拨出专款,抽调专人,与公安机关密切配合,全市工商系统上下联动,加大对各种传销和变相传销的打击力度,积极开展了以打击"拉人头"为主的非法传销专项行动,端掉传销窝点85个,遣散传销人员4900人次,移交公安机关行政拘留36人,刑拘A级大头目一个,已结案4件,罚款51000元,有效地打击了非法传销的蔓延势头。省工商局在咸阳召开现场会,推广了市工商局打击非法传销的做法和经验。

【预防高致病性禽流感】 在春季禽流感暴发之际,市工商局迅速成立机构,制定了《高致病性禽流感防治工作预案》。在全市范围内集中开展了专项执法检查行动,检查集贸市场169个,责令停业屠宰户269户,关闭了肉禽市场,取缔无照经营活禽及其制品83户,取缔不符合条件经营户47户,收缴过期、不合格禽制品1927袋;收缴假冒兽禽药品136袋(瓶)。与此同时,泾阳、三原、淳化等县工商局加大执法办案力度,加强对口蹄疫的预防和控制工作,查处一批偷贩病死猪、羊的案件,确保了预防和控制高致病性禽流感、口蹄疫等战役的胜利,受到了上级领导部门的好评。

【"守合同 重信用"企业创建活动】 为加强企业合同信用管理,增强诚信履约意识,积极开展"守合同、重信用"企业创建活动,全市22户企业被省政府命名为省级“守合同、重信用”企业,26户企业被市政府命名为市级“守合同、重信用”企业。同时,建立健全“守合同、重信用”企业档案数据库,将企业的生产经营情况、合同管理制度、合同履约情况及信用信誉情况建立档案数据库,结合日常监管,实行动态管理,为企业信用分类监管提供了科学依据。

【创新工商行政管理监管机制】 一是在全省率先试行企业并联审批改革,完善程序,探索经验,取得成功。5月20日,省政府在咸阳召开了全省审改工作暨企业登记并联许可改革现场会,会议总结推广了市工商局试点的企业登记并联许可改革经验。二是市工商局在调查研究的基础上,按照抓基层、抓基础、抓基本、抓落实的工作思路,在全系统推行了市场基本标准监管办法,狠抓责任落实,建立市场长效监管机制。三是积极实施商品准入制度,前移商品质量监管“关口”,堵住假冒伪劣商品进入市场的渠道。这些改革措施在全市工商系统得到落实,效果已初步显现。全市新增内资企业357户;新设立私营企业集团4户,新增私营企业676户,新增加个体工商户8276户,为全市经济发展注入了新的活力。

【开展队伍教育整顿】 按照国家工商行政管理总局和省工商局的要求,全市工商系统狠抓队伍教育整顿,始终坚持纠建并举,边整顿,边查纠。对系统2003年1月至2004年6月期间,使用一般程序查办的2712起经济违法违章案件进行了全面清理。回访案件当事人292户(人),纠正存在问题案件56起,撤消行政处罚案件2起,处理相关责任人员3人。受理群众来信、来访举报信件38件,立案查处4起。全年全系统检查发现和群众举报的所有违纪问题,进行了严肃查处,其中予以警告处分2人,行政记过1人,行政记大过和党内严重警告1人,撤职1人,免职处理10人,系统通报批评7人。清理无执法资格工人身份在执法岗位人员5名;清理消费者投诉2200件;对系统1999年以来的所有票据进行了清理缴销。全系统重新修订各类制度84个,全市工商队伍的作风纪律有了明显的好转。

（郭　健　侯晓钟）

咸阳市工商行政管理局

局　长　尚中央

副局长　张自录　魏　强

宋军良　杨国靖

质量技术监督

【概况】 市质量技术监督局以“三个代表”重要思想和十六届四中全会精神为指导,紧紧围绕建设西部经济强市的宏伟目标,坚持“稳定与发展并重”的原则,认真落实“两抓两提高”(从源头抓质量,提高工作有效性;从基层抓落实,提高依法行政水平),真抓实干,团结奋进,圆满完成了年初确定的各项工作目标。全系统业务工作量稳步攀升,执法力度进一步加大,为全市经济建设健康快速发展做出了积极贡献。

【源头抓质量成效显著】 积极推进质量兴市,市政府成立了由主管副市长任组长,市质监局、经贸委、工商、药监等26个部门领导为成员的质量兴市领导小组,制定了质量兴市中短期目标,下发了《咸阳市质量兴市实施方案》和《咸阳市2004年开展质量兴市活动各部门目标任务考核表》,将质量兴市活动落到了实处。确定工作重点,对四大特色经济(高新技术、果业、旅游、医药保健)、四大支柱产业(电子、能源化工、生化医药、食品)和三大传统产业(纺织、机械、建材)有关企业调查建档,实施分类帮扶。推进名牌战略,对筛选出的65户企业产品进行名牌培育扶持。兴平市政府在质量兴市实施方案中明确提出:对获得国家名牌产品和省级名牌产品的企业分别一次性给予50万元和20万元奖励,极大地调动了企业狠抓质量、争创名牌的积极性。在2004年公布的陕西省名牌产品中,咸阳市26个产品被重新认定,9个产品新获省名牌产品称号,8个产品通过现场评审,全市名牌达40个。积极实施食品市场准入制度,酱油、醋等老五类食品已基本完成,乳制品、肉制品等新十类食品准入正在全面开展。认真落实国家质监局提出的“两抓两提高”精神,下放监管权,制定了《咸阳市食品生产企业监督管理责任追究制度》,明确各县市区局一把手为第一责任人,将全市各企业的具体监管任务分解到职工个人,落实了责任,明确了目标,收到了良好效果,全市食品定检合格率提高15%。全市共完成食品、化工、光电、农副、建材产品检验2800批次,同比增长17%。棉花公检1245批次3.36万吨,纤维及纤维制品检验478批次1.3万吨,同比增长25%、20%。

【打假专项整治长抓不懈】 市质监局结合各县市区实际,明确了各地的打假整治重点及一把手责任,实行了打假整治责任追究制度,取得了良好效果。全市以保护人民群众生命健康安全为主题,狠抓源头打假整治,扎实开展了奶粉、食品、农资、建材、土炼油、地条钢、加油站及集贸市场等14个专项执法检查活动。办理行政执法案件2233起,其中立案677起,万元以上案件85起。取缔地条钢生产厂15家,取缔小水泥生产厂6个,捣毁食品制假窝点19个,查处涉嫌质量问题的化肥300多吨,地条钢170余吨,土炼油近100吨,进一步整顿和规范了市场经济秩序。

【安全监察一丝不苟】 市质监局先后六次召开安全监察会议,逐级落实目标责任,同各特种设备使用单位签订安全目标责任书1297份,检查特种设备2143台件,培训特种设备作业人员1771人,检验锅炉700台,容器300台,气瓶46750只,电梯260台,起重机械和厂车810辆。气瓶普查整治和产权转移是2004年安全监察工作重点,市质监局先后18次开会安排部署,精心组织,于8月底基本完成了气瓶普查和产权转移工作。全市普查登记气瓶147046只,登记率98.1%,产权转移128590只,转移率89%。以"五小企业"为重点,加大现场监察力度,对咸阳路桥公司、咸阳中油一建公司等17家企业违规安装使用特种设备行为进行了严厉查处。查出并整改隐患1230处,现场查封设备33台,保证了全市特种设备安全运行。

【基础服务得到加强】 在计量工作方面,全市强检计量器具48318台件。大力开展集贸市场和加油站专项整治,检查市场37个,加油站289个,计量器具受检率85%,集贸市场公平秤设置率80%以上。积极推行"C"标志,截至年底,全市已有8家企业通过省局计量保证能力评价核查,其中陕西金醇古酒业公司和红星软香酥公司已获得"C"标志。在标准化工作方面,着力于帮扶全市16个农业标准化示范项目建设,指导示范区抓好日常标准化工作,建立标准体系。三原鸡心黄柿子农业标准化示范项目的标准综合体已通过初审,乾县鲜食葡萄和彬县水晶梨项目已完成综合体初稿。标准登记备案56个,采标2户,审查食品标签41户。办理换发代码证3600户,年检5244户。

(马会侠)

咸阳市质量技术监督局

局　长　毛占峰

副局长　高恺刚　杨超峰

安全生产监督管理

【概况】 2004年,全市共发生各类安全生产事故1655起,死亡259人,重伤731人,直接经济损失813.58万元。与上年同期相比,事故起数、重伤人数和经济损失分别下降6.71%、1.62%和49.73%。死亡人数上升10.68%。全市未发生特大安全生产事故。发生一次死亡3人以上的重大事故10起,死亡38人。其中,10起均为重大交通事故。

【制定应急预案】 为了确保重特大事故发生后能够快速反应,把事故损失降到最低限度,市政府第7次常务会于11月11日审议通过了《咸阳市工矿企业生产安全事故应急救援预案》、《咸阳市危险化学品事故应急救援预案》及《咸阳市煤矿企业生产安全事故应急救援预案》,并以市政府名义印发全市。同时,市政府办公室、市级有关部门还先后印发了《咸阳市文化局公共文化娱乐场所重大安全生产事故应急救援预案》、《咸阳市交通局重大隐患及安全事故应急救援预案》、《咸阳市预防特种设备安全事故应急工作方案》、《咸阳市公安局重大隐患及突发安全事故应急救援预案》、《咸阳市卫生局重大隐患及突发安全事故应急救援预案》等,市安委会的其他组成部门及各县市区也相继建立了重特大安全事故应急救援预案,确保了重大事故发生后能够科学、及时地进行救援。

【开展安全生产大检查活动】 市委、市政府对全市安全生产高度重视,按照国务院、省委、省政府的通知精神,结合全市安全工作的特点和重点,早安排,早部署。按季节分阶段全年共组织开展了"双节"、"春季"、"五一"、"安全生产活动月"、"十一"、"冬季安全生产集中整治"等6次全市性的安全生产大检查。每次检查都由市政府或市安委会发文进行安排部署,大检查坚持"三结合,三为主"(即明查与暗查相结合,以暗查为主;全面检查与重点抽查相结合,以重点抽查为主;综合检查与专业检查结合,以专业检查为主)的原则,采取县区、部门负责组织,企业全面自查,部门专业复查,市县联合抽查,安监部门通报结果的方法进行,集中力量,重点对煤矿、道路交通运输、人员密集场所消防安全和危险化学品从业单位进行彻底检查。同时检查上年以来历次安全检查中查出的事故隐患整改措施落实情况、各级各部门和各单位安全生产责任制履行情况、安全生产责任事故行政责任追究情况,千方百计消除事故隐患,努力防止重特大事故的发生。特别是铜川陈家山煤矿"一一二八"特大瓦斯爆炸事故发生后,市长张立勇、市委副书记胡志强、副市长牛继鹏等领导亲自带队赴有关县区检查煤矿安全生产工作,对全市煤矿企业进行整顿,高瓦斯矿停业整顿,检查验收合格后方可生产,确保了煤矿企业的安全生产。市委、市政府领导的高度重视和身体力行,进一步推动了各县市区、各有关部门扎扎实实的开展大检查工作。市安监局在每次大检查结束时,都将安全检查中查出的事故隐患登记造册,建立数据库,及时通报全市,明确整改责任,落实整改时限,强化整改措施,并对重点隐患的整改情况进行了不定期督查,加快了事故隐患整改进程。截至年底,全市共检查单位5832个,查出隐患12385条,整改达标11716条,整改率接近95%。

【加强对重大危险源的管理和监控】 2004年,咸阳市在上年普查的基础上,结合省安委会《关于在全省开展重大危险源普查登记工作的通知》精神,牢牢揪住重大隐患排查和整改这个“牛鼻子”不放松，各县市区、各行业主管部门、安全生产监管部门按照市安委会的部署和要求，全方位，多渠道，积极开展重大危险源普查工作。各级各部门和各单位在开展安全检查时，突出重点，认真排查辖区、企事业单位内部重大事故隐患，登记建档，落实责任。截至年底，全市共排查重大隐患4处，已整改3处，正在整改1处。同时，加强对重大危险源的管理和监控。为了防止重大危险源可能引发的重特大事故，在管理和监控方面市安全生产监督管理局采取了一系列措施。一是进一步建立健全了重大危险源数据库，将所有重大危险源分类建档，确定专人负责；二是组织专家对重大危险源进行评估，确定事故发生的可能性和严重程度；三是督促市安委会主要组成部门和重点生产经营单位进一步修订、完善重大危险源事故应急救援预案；四是落实重大危险源分级监督管理责任制，定期对所辖范围内相应监管级别的重大危险源进行安全监督。

【道路交通运输安全专项整治】 一是加大了依法查处力度。全市共纠正各类交通违法52.1万起。其中超员20912起，超载60173起，农用车载人14270起，摩托车不戴头盔49911起，强超强会2405起，强制报废车辆96辆，自行车和行人违章67607起，暂扣车辆19767辆，扣证10975个，记分50890人次，拘留425人，有效地维护了良好的交通秩序，确保了全市道路的安全畅通。二是加快治理事故多发路段。对列入全省、市上的16处事故多发路段，先后多次召开专题会议，聘请专家分析论证，研究治理方案，落实管理措施和工程措施。全市共投入事故多发点段治理资金111.2万元。特别是对上年未治理结束险情最多、难点最大、长时间多次治理效果甚微的312国道长武亭口坡段，先后投资200余万元，增设各类安全警示标志23块，太阳能黄闪灯1组，设置强制安全减速带11处，安全避险区3处，减速标线201.508平方米，7毫米突起减速标线13.52平方米，反光道行348个，砂桶63个，反光膜90平方米，波形钢板护栏200平方米，示警桩571根，盖板边沟760米，改沥青罩面5.55公里。至年底，各种措施已基本到位，有效地遏制了事故多发的势头，安全形势明显好转。通过这些措施，使省政府列为全省第二批重点整治国道交通事故多发路段的312国道长武亭口坡段得到了较彻底的治理。全年对全市所确定的事故多发路段共整修路面5300米，防护墙39个，防护墩70个，防护桩95个，标志牌54个，各类警示标志27个，标线313米，重特大交通事故得到了有效遏制。三是大力开展城区交通秩序联合整治活动，城区交通秩序大为改观。

【煤矿安全生产专项治理】 一是先后组织开展了7次专项安全检查，查出各类事故隐患289条，签发整改指令书75份，责令9对矿井停产整顿。特别是铜川陈家山煤矿“一一二八”特大瓦斯爆炸事故发生后，按照省、市政府的要求，立即对彬县水帘煤矿等3家高瓦斯煤矿实行停产整顿，经验收合格后才准其开工生产。二是狠抓安全管理，逐级落实了煤矿三级安全责任制。特别是各矿主要负责人、分管安全负责人及重点岗位从业人员安全生产责任制。三是加大了安全投入，不断完善煤矿安全装备。全市累计投入煤矿安全设施、设备、器材资金达3.96亿元。四是突出抓好矿井双回路供电、安全出口和采煤方法等难点问题。至年底，全市34对矿井全部实现了双回路供电，均有2个安全出口，采煤方法符合安全生产基本要求，全市煤矿生产安全预防能力大大提高，得到了省政府和省煤炭安全专项整顿办公室的肯定。

【危险化学品安全专项治理】 一是采取举办报告会、现场咨询、知识竞赛等多种形式，广泛宣传国务院《危险化学品安全管理条例》、《安全生产许可证条例》等法律法规。二是结合实施原国家经贸委《危险化学品经营许可证管理办法》、《安全生产许可证条例》，对全市780余名危险化学品从业单位负责人和安全管理人员进行了培训，提高了他们的守法意识和安全管理知识。三是先后组织开展了四次危险化学品从业单位安全专项检查活动，共检查危险化学品生产、储存和经营企业300多家，查出事故隐患1100余条。至年底，已整改980余条。四是采取多种措施全力推进危险化学品生产经营单位进行安全评价，申报《危险化学品经营许可证》、《安全生产许可证》。至年底，全市已有286家危险化学品生产、储存、经营单位进行了安全评价，经审查合格发证的单位238家。五是强化对天然气长输管道的安全监管。年初，市政府与7个县市区签订了天然气长输管道安全管理目标责任书。先后下发了《关于靖西天然气长输管道安全隐患整改意见及有关问题的通知》、《关于切实加强石油天然气管道安全监管工作的紧急通知》，并对重大隐患整改缓慢的渭城区人民政府于11月9日发出了《咸阳市安全隐患整改市长督办令》。特别是三原白鹿加油站与天然气长输管道安全距离不够的问题，经市政府、三原县政府和市安监局等有关部门和省政府有关部门多方协调，分清了责任，落实了整改措施，使这一突出问题得到了彻底解决，重大安全隐患已经消除。

【消防安全专项整治】 一是组织开展了为期一个月的春季消防安全大检查，重点对公众聚集场所的防火安全措施、紧急疏散预案及防火责任、有关规章制度落实情况和危险化学品生产、经营、运输、储存的安全管理情况及消防安全重点单位进行了专项检查；二是对重点涉危单位进行了专项检查，严把新建、改建、迁建、扩建的审验关,把隐患消除在萌芽状态,重点对2004年以来,安全治理中遗留的火灾隐患进行了整治;三是集中开展了公众聚集场所消防安全通道专项检查,共检查单位1468家,发现火灾隐患2520处,已整改2389处,停业整改37家,下发《整改通知书》1468份,填发《火灾隐患自查整改承诺书》325份,行政处罚146家,停产停业13家,有力地保障了全市公众聚集场所的消防安全环境。

【非煤矿山专项治理】 把非煤矿山整治工作作为规范和整顿市场经济秩序的一个重要环节来抓,市县两级多次召开专题会议,制定整治工作方案,在摸清底子的基础上,一是对全市62名矿长(主要负责人)和68名爆破作业人员进行了安全培训。二是建章立制,督促企业建立健全了安全生产责任制、安全检查制度、安全培训教育制度、事故隐患整改制度、特种设备安全管理制度、重点岗位安全操作规程等规章制度。三是加大检查力度,依法取缔关闭非法开采企业。特别是针对礼泉县非煤矿山事故多发的原因进行调查后,市安监局加大了对礼泉县、泾阳县的检查力度,在县政府的积极配合下强行关闭、取缔了85个安全生产条件不符合规定、非法采矿、非法经营的采矿点。经过整治,全市41户非煤矿山企业安全管理状况明显好转,生产安全事故不断减少,四项指标全面下降。另外,市安监局还同有关主管部门一起相继开展了建筑施工、特种设备、危漏校舍、旅游景点、森林防火等专项安全检查。通过检查,规范完善了一系列安全管理制度,消除了一大批安全隐患,使这些行业的安全状况得到明显改善,为全市安全生产形势稳定起到了积极促进作用。

【严肃查处事故和隐患行政责任】 咸阳市在全面落实各级安全生产责任制的同时,依据国务院302号令和省政府74号令,在事故查处中坚持贯彻落实国务院和省政府重特大事故行政责任追究规定,严肃查处各类事故。重点对那些对国家法规、政策和上级指示贯彻执行不力、工作不落实,无视国家法令政令、行业法规,不顾主客观条件,片面追求经济效益,违反安全生产管理规定,隐患整改工作行动迟缓,措施不力或久拖不改的问题进行严肃处理。至年底,按照"四不放过"的原则,对2004年全市发生的10起重大安全生产事故,公安、安监等相关职能部门已逐一进行了调查处理,其中,追究刑事责任8人,行政处分24人。同时,对2004年全市安监局牵头调查的10起生产安全事故,逐一按规定进行了严肃查处,先后对4名事故责任人追究了行政责任。22起非煤企业生产安全事故均按规定期限全部批复结案,全市生产安全事故批复结案率达100%以上。

【深入宣传贯彻《安全生产法》】 6月,由市委宣传部、市安监局、市广电局、市总工会、团市委联合下发了《关于在全市开展2004年"安全生产月"活动的通知》,改进了"安全生产月"活动的方式和方法,通过新闻媒体、下发专项活动安排,动员各基层单位、各企业、社区采取悬挂宣传标语、彩旗、条幅、张贴宣传画、举办安全专栏、发放宣传资料等形式多样的方法,开展安全生产宣传活动。动员各级新闻媒体开辟专栏专题,通过移动、联通、网通等无线信息部门发布安全短信60万条,宣传安全生产月活动的主题,举办安全法律法规知识讲座,大力营造全社会"以人为本,安全第一"的舆论氛围。在日常工作中,加强舆论监督,大力宣传先进单位的典型经验,对那些疏于管理、事故频发的单位和个人予以曝光。2004年,关于全市安全生产方面的电视报道200余次,报纸刊发稿件近60多篇。注意利用"119"消防宣传日、工伤保险条例宣传日等活动,组织公安、劳动、安监等部门,大力宣传安全生产法律、法规和常识,努力增强公民的自我保护意识和能力。市安监局及有关安全生产的职能部门按照各自职能,从全市实际出发,认真开展了特种作业人员和企事业单位安全管理人员的安全技术培训工作。至年底,共培训考核特种作业人员948人次,复审考核发证3258人次,培训安全管理人员543人,为全市安全生产形势的稳定做出了贡献。

(时雅男)

药品监督管理

【食品放心工程】 全市食品安全运转协调工作机制初步形成。2004年,制定了《咸阳市食品放心工程领导小组办公室工作规则》,组织召开放心工程领导小组成员会议4次,联络员会议7次,电视电话会议1次。食品安全专项整治工作扎实开展。制订了《食品安全专项整治实施方案》,"五一"、"十一"黄金周前后,组织有关部门开展了食品专项整治行动。食品安全宣传深入人心。5月22日~26日,开展了为期一周的食品安全宣传周活动。在咸阳电视台和咸阳人民广播电台分别制作播出了食品安全专题节目。《咸阳日报》头版头条刊登了《"放心工程"让群众放心》的专题报道,对全市放心工程取得的成绩给予了充分肯定。兴平市开展的食品安全信用体系建设试点工作,渭城区食品安全监管三级网络基本建成,推动了全市食品安全监管机制的发展和建设。

【药械打假】 市药品监督管理局先后开展了中药材专项整治、医疗机构制剂、假劣藏药专项整治、中成药非法添加化学药品专项整治等活动。全市共出动检查执法人员

17620人(次),检查药械生产、经营企业及使用单位7648家(次),核查案件线索2972个,立案368件,办结360件,结案率97.8%,案件总标值246.7万余元;捣毁制假售假窝点27个,取缔非法药品经营户50家,清理过期失效药械2089种次,药械市场秩序进一步好转。

【GMP和GSP认证】 2004年,市药监局审核批准了15家(包括部分未认证企业)药品生产企业的延期申请,新通过GMP认证企业9家,全市共有23家企业全部或部分通过GMP认证,占应认证企业的72%,占全市制药工业总产值的90.5%。通过GSP认证企业309家,全市共有499家药品经营企业(不含59个连锁门店)通过GSP认证,其中批发和零售连锁企业37家,零售企业462家,占药品经营企业总数的88.79%。药品批发企业、零售连锁企业、县及县以上零售企业全部通过认证,县以下180家全部通过认证。

【农村药品"两网"建设】 市药监局以"全方位、规范、质量、活力"九个字为指导,充分利用卫生、计生网络点多、面广优势,扎实推进县、乡、村三级监管供应网络建设。结合各县县情,采取一县一策、一县多策的办法,因地制宜、因势利导,基本建成了以市场为导向,以批发和连锁总部为枢纽,以基层药店和农村医疗机构为基础,集购、销、配、批、连、零为一体的农村药品供应体系,药品配送形式呈直配制、转配制、代购制等多元化方向发展。在农村村卫生室中大力推行治疗、诊断、药房三分离,全市2354家村卫生室实现了三分离。药品连锁、配送进县到乡率达到100%,药品配送供应进村率达到94%。

(鲁宏博)

咸阳市药品监督管理局

局　长　徐西权

副局长　张　恒　马康民

表14　咸阳市药品批发连锁经营企业GSP认证一览表

企业名称	经营范围	地址	证书号
永寿县永康医药连锁有限公司	中成药、中药材、中药饮片、化学药制剂、抗生素、生化药品	永寿县城南街	B－SHX05－033
旬邑县药材公司医药连锁分公司	中成药、中药材、中药饮片、化学药制剂、抗生素、生化药品、生物制品	旬邑县城西关	B－SHX05－034
陕西丽彩集团咸阳丽彩医药有限公司	抗生素、中成药、化学药制剂、生化药品	咸阳市宝泉路3号	A－SHX04－208
陕西关爱医药营销有限公司	抗生素、中成药、化学药制剂、生化药品、中药材、中药饮片	咸阳市秦都区医药工业园区	A－SHX04－218
咸阳步长医药有限公司	抗生素、中成药、化学药制剂	咸阳市人民东路12号	A－SHX04－219
乾县药材公司新特药采供站	抗生素、中成药、化学药制剂、中药饮片、生化药品、中药材	乾县城内西大街98号	A－SHX04－220
甘肃医药集团驻咸阳医药采购供应站	中成药、化学药制剂、抗生素、生化药品、生物制品	咸阳市东风路23	A－SHX04－221
咸阳诚信医药有限公司	抗生素、中成药、化学药制剂、生化药品	咸阳市毕原路西段12号	A－SHX04－222
咸阳健生堂医药有限公司	抗生素、中成药、化学药制剂、生化药品、生物制品	咸阳市抗战路32号	A－SHX04－223
陕西奥星医药经销有限公司	中药材、中成药、化学药制剂、抗生素	咸阳市世纪大道路南	A－SHX04－224

续表 14－1

企业名称	经营范围	地址	证书号
陕西省咸阳医药采购供应站	抗生素、中成药、化学药制剂、生化药品、生物制品、麻醉药品、二类精神药品	咸阳市人民中路77号	A－SHX04－247
咸阳市新药特药采购供应站	抗生素、中成药、化学药制剂、生化药品、生物制品	咸阳市新兴路38号	A－SHX04－248
咸阳市医药总公司东城医药采供站	抗生素、中成药、化学药制剂、生化药品	咸阳市人民路73号	A－SHX04－249
陕西咸阳五〇五医药保健总公司	中成药、化学药制剂、抗生素	咸阳市乐育北路19号	A－SHX04－250
咸阳市医药销售公司	中成药、化学药制剂、生化药品、生物制品	咸阳市乐育南路25号	A－SHX04－251
咸阳市药品公司	中成药、化学药制剂、化学原料药、生物制品、抗生素、生化药品	咸阳市人民东路77号	A－SHX04－252
陕西省彬县药材公司	中成药、中药材、中药饮片、抗生素、化学药制剂、生化药品	彬县县城西大街20号	A－SHX04－253
咸阳医药工业集团总公司	中药材、中成药、化学药制剂、生化药品、抗生素、生物制品	咸阳市高新技术产业开发区	A－SHX04－254
乾县药材公司	中成药、中药材、中药饮片、化学原料药及其制剂、抗生素、生化药品、生物制品	乾县城内泰山庙街33号	A－SHX05－317
陕西省兴平市药材公司	中药材、中药饮片、中成药、化学药制剂、抗生素、生化药品、生物制品	兴平市南关路34号	A－SHX04－256
陕西省旬邑县药材公司	中药材、中药饮片、中成药、化学药制剂、抗生素、生化药品、生物制品	旬邑县城西关	A－SHX04－257
咸阳德福堂药业有限责任公司	化学药制剂、抗生素、生化药品、生物制品	咸阳市人民东路117号	A－SHX04－259
咸阳市医药销售公司药品采供站	中成药、化学药制剂、抗生素、生化药品	咸阳市中山街135号	A－SHX04－262
咸阳市冯武臣大药堂有限公司	抗生素、中成药、化学药制剂、生化药品	咸阳市学道门仿古商业街	A－SHX04－274
陕西省泾阳县药材公司	中药材、中成药、中药饮片、化学药制剂、抗生素、生化药品	泾阳县城北极宫	A－SHX04－275
咸阳汇源新特药有限公司	中药材、中成药、中药饮片、化学药制剂、抗生素、生化药品、生物制品	咸阳市金旭大道朝阳六路	A－SHX04－276
三原县药材公司	中药材、中成药、中药饮片、化学药制剂、抗生素、生化药品	三原县城盐店街12号	A－SHX04－279

续表 14－2

企业名称	经营范围	地址	证书号
咸阳市新城医药公司	中成药、化学药制剂、抗生素、生化药品	咸阳市中山街127号	A－SHX04－285
咸阳市渭城医药公司	中成药、化学药制剂、抗生素、生化药品	咸阳市渭阳西路52号	A－SHX04－286
陕西中药研究所新特药经销部	中成药、化学药制剂	咸阳市东风路6号	A－SHX04－305
永寿县药材公司	中药材、中药饮片、化学原料药、化学药制剂、抗生素、生化药品、生物制品	永寿县城南街	A－SHX05－315
礼泉县药材公司	中成药、中药材、中药饮片、化学药制剂、抗生素、生化药品、生物制品	礼泉县劳动东路13号	A－SHX05－316
咸阳华龙医药有限公司	中成药、化学药制剂、抗生素、生化药品	咸阳市西兰路9号金奎大厦8层	A－SHX05－318

审　计

【概况】　2004年，市县两级审计机关共完成审计项目单位871个，查出各类违规行为金额3.22亿元，应收缴财政954.1万元，已收缴入库811.1万元，查出管理不规范资金5988万元，核减工程造价518.3万元，归还原资金渠道1518万元，调账处理资金5988万元，向纪检检察机关移送各类案件4个，被各级领导批示批转的报告37份。其中市本级完成审计项目96个，查出各类违规行为金额1.45亿元，应收缴违纪资金370万元，已收缴财政241万元，归还原资金渠道672万元，查出管理不规范资金3114万元，应调账处理3161万元，被市委、市政府领导批示批转的报告11份。

【财政审计】　市本级对2003年度同级财政预算执行和其他财政收支情况进行了审计。审计出的问题：一是配套资金不到位。2003年，省市财政预算安排并拨付的全市农发专项资金8311.9万元，尚有987万元未拨付到位，应拨付的全市农税事业费602.6万元，实际只拨付456.9万元，还有科技三项费、环保专项费、城市维护费等5项费用760多万元尚未拨出。二是对遗留账目清理不及时。至2004年10月，有11886.7万元挂在暂付款科目中，增加了资金周转的难度，加剧了政府支出的压力。三是部分预算支出未及时入库。如土地出让金351.3万元、预算外资金和专项资金累计利息收入589.3万元都未清缴入库。四是预算外资金清理不彻底。如土地收益金、彩票公益金等财政性资金达579.7万元仍未纳入预算管理等。四是混淆税目问题较为突出，仅对市本级和5个县区延伸审计，查出混库、挤占上级财政收入达1000多万元。同时，各县市区审计局对当地政府2003年度财政预算执行情况进行了审计。市审计局对武功县、兴平市、乾县、渭城区和淳化县等5个县市区人民政府进行财政决算审计。查出各种违规行为金额1563万元。各县市区审计局共对58个乡镇进行了财政决算审计，也查出不少问题。

【行业和专项资金审计】　市县两级共对6个行业和专项资金进行审计。一是对检察系统进行行业审计。市审计局查出市检察院对检察业务费未实行预算和专户管理等问题。同时，对乾县检察院进行了延伸审计。二是市县两级对全市盐务行业进行了审计。市审计局对本级盐务行业审计，查出资产、负债和所有者权益不实以及隐瞒收入的问题，违纪违规金额885.57万元。同时，对三原县盐务行业进行了延伸审计。三是市审计局对“天保”工程专项资金进行审计。查出市林业局挤占县区飞播造林款32.4万元，以及未设立“天保”资金专户的问题。对泾阳县、彬县林业局延伸审计中，查出泾阳县财政滞留“天保”工程专项资金16.9万元，挤占挪用专项资金6.7万元，彬县林业局拖欠专项配套资金55万元的问题。提出了《关于加强天然林资源保护工程专项资金管理的意见》和《关于加强水利专项资金管理意见》，咸阳市政府予以转发。四是市县两级对全市国有粮食购销企业财务挂账清理情况进行了审计。全市共涉及125个独立核算单位,审计资金总量9.0791亿元。市审计局先后对咸阳一〇〇二仓库、市城区粮食储备库等4个企业进行审计。通过审计,初步认定应核减全市粮食购销企业财务挂账11977万元,政策性财务挂账核减29215万元,基本摸清了全市粮食购销企业的家底,为政府下一步对粮食企业改制奠定了基础。五是市县两级审计机关对全市救灾资金进行了审计。六是市县两级审计机关对疾病预防控制资金投入及基础建设情况进行了专项审计调查。七是外资运用项目专项审计。依据上级授权,共对疾病预防、中国结核病控制、关中灌区改造和日元贷款陕西植树造林等6个项目进行了审计,发现普遍存在的问题是滞留贷款回补资金、配套资金不能按计划及时到位,影响项目兑付及进一步实施。10月,根据省纪委、省审计厅的统一部署和安排,市审计机关共抽调28人赴安康市对农电网改造项目进行审计。审计人员分别安排在8个县市区,历时40多天,审计资金达5.96亿元,对查出的问题及时向省审计厅作了报告。

【经济责任审计】 市县两级审计机关广泛开展了经济责任审计工作。市本级一是完成对7名领导干部经济责任审计,其中对市植保厂、西北人造板机厂企业领导人员的经济责任审计,查实群众反映的拖欠工资、"三金"交付、售房款去向等问题,化解了矛盾,维护了社会稳定。二是根据上级要求,报送了《咸阳市五年来经济责任审计工作情况》、《咸阳市经济责任审计的新情况》等报告。三是指导县市区积极开展工作。据统计,全年县市区共完成经济责任审计117人。彬县先后对15名党政和企事业单位领导干部进行了经济责任审计,查出违规金额128万元。乾县对饮食服务公司等3个单位领导干部进行了经济责任审计,查处违纪资金280多万元,收缴违纪资金12万元。2004年,乾县荣获全国经济责任审计工作先进县光荣称号。

【企业审计】 全年共审计重点国有企业29家。市本级共对9个国有企业进行了审计。其中对咸阳市宇通公司审计,查出各种违规金额435.6万元。陕西省审计厅咸阳审计处在对陕西第一毛纺厂审计时,查处漏缴各种税金、白条进账、各种违规金额15万元;查处陕西省机械研究院多提折旧、多提新产品开发费、漏缴税款等问题,各种违规金额397万元;在审计咸阳市西郊供水工程筹备处时,发现2000年国家拨给城市设施专项资金1000万元,其中将700万元转拨给下属单位,违反了国家专项资金使用的有关规定,给予适当处罚;在对西北橡胶厂审计时,发现该厂未按规定多提销售费用等问题,作出了整改处理意见,受到被审计单位的好评。各县市区审计机关在企业审计中,工作力度大,成效显著。兴平市审计局通过对市运管站等7个单位审计,共查出违纪资金823万元,提出合理化建议18条。彬县先后对13个企业进行了审计,查出漏缴税金、长期负债利息等问题,依法进行了处理。

【固定资产投资审计】 重点是国债建设项目和其他重点建设项目。市县两级共安排15个审计项目。市审计局一是对五陵原旅游公路建设竣工决算审计,核减工程造价46.5万元,同时还查出市城建部门在城建工程中少计收入及支出223.5万元;二是对城市建设资金及建设项目审计,发现在城市建设方面,开工建设的项目较多,资金缺口较大,至10月,负债高达1.29亿元,加大了政府财政风险。各县市区对固定资产投资项目审计加大了工作力度。渭城区审计局全年完成固定资产投资审计项目4个,审计资金总额2274万元,查出违规行为金额45万元,核减工程造价20万元;乾县先后对15个单位审计核减工程造价140.2万元。

【内部审计】 市审计局下发了《咸阳市2004年内审工作指导意见》,并对公安、文教、卫生等部门有罚没收入、有专项资金的内审机构给予具体指导。指导陕西中医学院完成工程预(决)算52项,审计金额1120万元,核减工程造价13.04万元。据统计,内审机构全年通过审计促进增收节支5338.14万元,提出合理化建议135条,促进了单位管理,提高了经济效益。同时,市审计局提请设立咸阳市内部审计管理中心的报告,得到咸阳市编委正式批复。

(任生堂)

国有资产管理

【概况】 2004年,市国有资产管理局全面完成2003年度全市行政事业单位、国有企业、集体企业、集体金融企业和国有建设单位五大类会计决算报表的布置、收集、审核汇总和上报等各项工作。①2003年,全市行政事业单位总收入为319161万元,其中财政拨款收入238165万元(含政府性基金收入),比上年增收20783万元,增幅为9.56%;总支出合计318410万元(含政府性基金支出)。独立核算机构数为5564户,年末在职人数为157497人,离退休人数为27971人。拥有的资产总计为359105万元,负债合计为39969万元,净资产总计为319139万元。②全市424户国有企业资产总计为877808万元,负债总计为785477万元,所有者权益合计为80609万元,其中国家资本为89488万元。实现利润总额为-9096万元,净利润为-7363万元。年末国有资产总量为27865万元。③集体企业会计报表汇编户数共322户，资产总计为166159万元，负债总计为125437万元，所有者权益合计为40722，其中集体资本为35678万元。利润总额为3895万元，净利润总额为2556万元。年末从业人数为11736人。④集体金融企业会计报表汇编户数为234户，资产总计为944903万元，所有者权益总计为36998万元，其中国家资本为3000万元；利润总额为2436万元，净利润为2304万元，国有资产总量为3292万元。年末从业人数为3954人。⑤全市222户国有建设单位年末资金占用185746万元，其中基本建设支出115271万元；年末资金来源185746万元，其中基建拨款96767万元，基建借款78933万元，应付款合计9579万元，未交款57万元。在完成各类会计决算报表汇总上报的基础上，市国有资产管理局依据2003年的会计决算数据资料，加强数据的分析利用，特别是对全市的财政收支效益进行了较为透彻的分析，为全市财政管理和部门预算、国库集中支付等各项财政改革稳步向前推进提供了直接服务。

（王仪丽）

财 政·税 务

财 政

【概况】 2004年,全市各级财政部门按照中省财政工作会议确定的“做大一个蛋糕、用活两个存量、推进三项改革、完善四项制度”的总体思路,切实加强财源建设,做大财政收入蛋糕;用活国债投资存量和粮食风险基金存量,支持地方经济发展;贯彻中央一号文件,推进农村税费改革;加强预算收支管理,支持完善收入分配、社会保障、教育和公共卫生等方面的制度改革,取得了显著成绩。全市地方财政收入完成12.61万元,同口径比上年增长16.4%,财政支出26.86亿元。财政工作有力地保障了全市经济建设和各项社会事业的发展。

【财政预算执行良好】 2004年全市财政预算执行情况良好。区域内总收入完成32.2亿元,地方财政收入累计完成12.61亿元,占预算的106.1%,较上年同期增长16.4%,增收1.8亿元。分级次看,市本级收入完成4.8亿元,占调整预算的108.9%,较上年同期增长20.6%,增收8173万元;县区级收入完成7.8亿元,占预算的103.5%,较上年同期增长14%,增收9594万元。全市一般预算支出完成25.99亿元,同口径增长11.18%。分级次看,市本级支出完成7.1亿元,占预算的94.8%,较上年同期增长20%,增支1.2亿元;县区级支出完成19.8亿元,占调整预算的95.9%,较上年同期增长10.4%,增支1.9亿元。财政预算执行的主要特征:一是地方财政收入保持稳步增长,高出年初计划增长幅度8个百分点,同时实现了均衡入库,每月均衡入库数在1亿元左右,市县两级财政都较上年有不同程度增收。二是主要收入项目大幅增长。首先表现在工商税收增长较快,同比增长12.27%,增收7819万元,其中主体税种增长10.6%,增长主要来源于煤炭、建材、电子等。这主要是受固定资产投资拉动,全市建筑安装业、服务业和交通运输业营业税大幅增长;其次企业所得税完成较好,同比增长22.6%,主要是骨干企业彩虹集团经营形势比较好,拉动了全市企业所得税的增长。再次是农业四税完成情况良好。完成1.66亿元,同比增长29.45%。全市土地有偿使用收入6266万元,同比增长86.2%,主要是因为“两河一区”和“咸阳湖”开发建设,带动了渭河、沣河两岸的土地增值,使2004年土地出让金收入大幅增长。三是市本级收入增幅高于县区。市本级收入完成4.8亿元,同比增长20.6%,县区级收入完成7.8亿元,同比增长14%,市本级增幅较县区高出6个百分点。四是财政支出增长较快,全市财政支出累计完成26.86亿元,同比增长12.77%,增支3亿元。

【财政支农成效显著】 2004年全市各级财政部门认真贯彻落实中央一号文件精神,按照多予、少取、放活的原则,围绕“三农”工作大局,发挥职能,主动服务,各项支农工作取得了显著成效。一是深化农村税费改革。全市以深化三项改革和化解农村不良债务为重点,强化措施,确保各项政策落实到位。全市农业特产税全面改征为农业税,同时农业税税率下调一个百分点。其中,秦都区免征农业税、渭城区农业税税率降低两个百分点。这些政策的实施,减轻了农民负担,增加了农民收入,促进了农村经济发展。二是全面推行了粮食直补政策。全市共发放直补资金2381万元,受益农户49.2万户。三是加大了对农业的投入力度。全市安排财政支农资金2.1亿元,加强了农村基础设施建设,特别是加大了旱腰带地区的扶贫开发力度,有力促进了全市农业产业化和农村经济发展。四是制定实施了《关于咸阳市贫困地区农户财政贴息贷款实施办法》,安排支农贷款贴息300万元,扶持旱腰带及北部贫困地区发展种植业、养殖业和农村劳务输出。五是认真落实新增教育、卫生、文化支出主要用于农村的政策,全年安排6000多万元全面完成中小学远程教育网络建设。

市财政安排经费106.4万元,用于农村养殖业疫病的防治,并认真落实一系列减免税、费、基金和贴息等财税扶持政策,缓解了疫病对养殖户和相关企业造成的不利影响。2004年财政支农政策措施力度之大、落实措施之实、农民受惠之多,是多年来少有的,极大地调动了广大农民种粮的积极性,有力地促进了粮食增产和农民增收,为稳定国民经济全局和显现宏观调控成效,发挥了至关重要的作用。

【重点支出需要得到保证】 2004年,为支持全市经济快速、协调、健康发展,各级财政部门抢抓积极财政政策的历史机遇,多方争取中省各类财政补助资金和国债项目资金。全年共争取国债资金投入9465万元,基本建设资金投入4916万元,促进了全市生态环境、水利基础设施、城市集中供热等事业的发展;围绕市委、市政府的战略决策,在积极争取中省各项专款的同时,积极筹措资金,支持全市重点建设支出,落实财政资金1.8亿元,利用开行贷款3.7亿元,为"咸阳湖"、迎宾大道、世纪西路、玉泉路、人民西路改造等城建工程提供了资金保证。全年市财政拨付县市区一般性转移支付资金2.2亿元,较上年增加8859万元,增长39.7%;增加减免农业特产税和农业税财力补助1.7亿元。全市"两个确保"、"两个保证"和低保政策得到全面落实,拨付行政事业单位干部职工工资16.4亿元,实现了行政事业单位干部职工工资不发生新欠的目标。拨付下岗职工基本生活保障、"低保"、失业金1亿多元,保证了全市9.3万城市"低保"对象、7102名企业下岗职工、8124名失业人员的基本生活。

【财政改革取得突破性进展】 一年来,各级财政部门按照公共财政的要求,进一步推进财政改革,不断完善财政管理体制。一是按照省财政厅的部署,对市以下财政体制进行了全面调整,合理地划分了收入范围,优化了区域经济发展环境,调动了县区抓收入的积极性,为财政收入的增长创造了条件。同时,将乡镇工资全部收归县级统管,保证了基层人员工资发放。二是部门预算试点工作收效良好。2004年市级部门预算扩大到25个,按照综合预算、收支平衡、零基预算、统筹兼顾、保证重点的原则,经过"两上两下"审核,25个试点部门的预算施行顺利。三是政府采购规模和范围进一步扩大。全年全市集中采购金额达1.5亿元,节约支出1349.8万元,节约率8.3%。四是"收支两条线"管理得到加强。在票款分离、罚缴分离的基础上,实现了网上划款,并开展了清理整顿私设"账外账"、"小金库"等专项活动。全年市本级完成行政事业性收费2.1亿元,有效地补充了预算内经费的不足。四是会计集中核算制度进一步完善,市会计核算中心对纳入集中核算的242个单位会计资料进行了审核,共拒付各种不合理开支140笔,涉及金额120万元,起到了从源头上遏制腐败的作用。会计委派制度和"村账乡管"工作进展较快,全市179个乡镇中165个乡镇已经推行了"村账乡管"。另外,国库集中收付的准备工作正在进行,其他各项改革进展顺利。

【财政监督不断加强】 2004年,各级财政部门以依法行政,依法理财为前提,进一步加大执法力度,强化财政监督。先后组织对全市会计信息质量进行了全面专项检查,共查出各类违规违纪资金4200余万元,净化了投资发展环境;开展了农村税费改革转移支付专项资金、粮食风险基金、退耕还林、财政扶贫、社会保障、水利基本建设、中小学危房改造等7项财政专项资金检查,检查资金10.4亿元,查出违规违纪资金5500万元,堵塞了财政专户管理中存在的漏洞。在全系统举办了3期《行政许可法》培训班,清理公布了一批行政审批事项。制定出台了《咸阳市财政专项资金使用检查办法》等制度。堵塞了财政专户管理中存在的漏洞。严格法律程序,规范财政执法行为,先后对三起行政复议案件进行了复议。所有这些都为依法行政、依法理财奠定了基础,使法治财政得以彰显。

(王德厚　何　冰)

国家税务

【税收收入创历史新高】 2004年,全市国税系统坚持"依法收税,应收尽收,坚决不收过头税,坚决防止越权减免税"的组织收入原则,认真落实税收任务,严格计划考核执行,不断加强税源管理,大力清缴欠税,实现了税收收入的稳步增长。2004年,市国家税务局共组织税收收入188058万元,同比增长14.39%,增收23661万元。扣除免抵调后,考核口径税收收入184058万元,占年计划的111.33%,同比增长15.07%,增收24108万元。其中增值税入库129706万元,同比增长7.61%,增收9170万元。增值税扣除免抵调后,考核口径增值税收入125706万元,占年计划的103.99%,同比增长8.28%,增收9616万元;消费税入库27903万元,占年计划的105.95%,同比增长53.39%,增收9712万元;企业所得税入库15120万元,占年计划的270%,同比增长57.28%,增收5507万元;涉外企业所得税入库8173万元,占年计划的136%,同比下降6.70%,减收587万元;储蓄利息个人所得税6905万元,占年计划的105.88%,与上年持平。收入总量和增量都创历史新高,各税种、各级次全面实现"满堂红"。

【征管基础不断强化】 全市国税系

统以“质量管理年”活动为契机,不断规范征管基础,适时开展了各项税收管理督查活动,对各县市区局普通发票和税收票证、落实优惠政策、纳税服务、一窗式管理、CTAIS运行等综合业务进行了全面检查,有效地解决了税收征管工作中存在的各种薄弱环节和问题。认真开展了以清理漏征漏管漏登户、规范个体税收管理、扩大CTAIS上线范围为主要内容的征管基础清理整顿工作,共清理出漏征漏管漏登户6031户,增办税务登记证3315户,新增管户5447户,重新对1693户个体工商户的定税额进行了调整,月增税额15.7万元,共新建纳税档案6031户,采集和增补各种档案资料47823份。同时开展纳税等级评定工作。严格信用等级评定标准,经过严格审核,层层把关,评定出A级信用等级纳税人30户,B级信用等级纳税人5194户,C级信用等级纳税人1558户,D级信用等级纳税人137户,为实现全市国税征管工作精细化管理打下了坚实的基础。

【税收信息化建设进一步加强】 为了实现机器管税、机器管人、人机一体化管理,全系统在充分利用现有资源设备的基础上,进一步整合资源,拓展网络,税收信息化建设水平不断提高。一是CTAIS系统运行顺畅。市国税局制定了《咸阳市国家税务局税收征管业务规范》、《咸阳市国家税务局CTAIS运行工作管理制度》,印发了《CTAIS操作手册》,对运行情况进行定期检查和分析,积极稳妥地推广CTAIS系统单机版,全市24835户纳税人全部纳入CTAIS管理。二是金税工程运行质量稳步提高。按时准确上传数据,并及时规范了稽核数据预处理和稽核数据正式上传的操作步骤和事项,加大对相关人员的培训力度,明确了操作时间,强化了责任意识,确保了数据的采集质量。全市在省局各项指标考核中名列前茅。同时,加强了对海关完税凭证、废旧物资发票数据和货物运输发票数据电子信息的比对,确保采集信息准确无误。三是全面实行办公自动化。在2003年8个试点单位全面实行办公自动化的基础上,2004年其余各局也加快了办公自动化步伐,积极推广公文处理系统软件,对信息网络布线进行了改造,加强了人员的操作培训,全系统已全部实现了办公自动化。四是“一窗式”管理全面推行。在推行中做到了“六个到位”,即人员落实到位、设备落实到位、软件维护到位、人员培训到位、比对流程制定到位、办税窗口整合到位。“一窗式”管理模式的全面推行,规范了操作程序,提高了工作效率,优化了纳税服务,极大地方便了纳税人,受到纳税人的一致好评。

【税收法制化进程不断加快】 全市各级国税机关认真开展了各项税收执法专项治理活动,取得了比较明显的效果。一是立足实际,税收宣传力度不断加大。紧紧围绕“依法诚信纳税,共建小康社会”的宣传主题,开展了上街咨询宣传活动、在新闻媒体上播放税收宣传公益广告、编发手机短信、为中小学生上税法课、送涉农税收优惠政策进村组、表彰诚信纳税单位、税企共建诚信税收等活动,大张旗鼓地宣传税收,使公民依法诚信纳税意识有了一定程度的提高,诚信纳税的遵从度进一步增强。二是强化稽查,严厉打击各类涉税违法犯罪活动。在强化日常稽查的基础上,深入开展专项稽查和专案检查,以查处大案要案为突破口,以金税工程为依托,加大执法力度,强化执法手段,加大了对集贸市场、发票印刷、民政福利、建材加工、汽车市场等行业的专项集中整治工作,有力地推进了依法治税。全市共检查纳税人14740户,查补税款4600万元,入库税款4508万元,罚款782万元,滞纳金183万元。三是依法行政,全面实施行政许可法。切实做好税务行政许可工作,规范了内部业务流程,实行一窗对外,统一受理,统一送达,全年共受理各类行政许可业务370笔,没有任何违规违法行为,对依法治税和依法行政起到了积极的作用。四是让利于民,认真落实税收优惠政策。全系统认真贯彻执行各项税收优惠政策的同时,进一步提高了增值税起征点,调整后可享受优惠政策的管户多达9323户,减收税款1200万元。同时,为649户下岗失业人员新办企业免收税务登记证工本费38940元。另外2004年共办理退(免)税11104万元,提前一个月完成了省局下达“保九争十”的出口退税计划。

(贾学运)

咸阳市国家税务局

局　长　张斌中

副局长　卓艺涛　韦敏学　陈　军

地 方 税 务

【税收收入】 2004年,咸阳市地方税务局围绕强化基础、注重效率、规范管理、全面提高的工作思路,紧紧抓住组织收入这个中心,有力地促进了税收任务的完成和地税事业的长足发展,被陕西省地方税务局评为最佳单位。全年入库地方各税65919万元,占年计划63200万元的104.3%,较上年增收7608万元,增长13.05%。其中中央和省级收入10036万元,占年计划9710万元的103.16%,较上年增收1169万元,增长13.18%;市区级收入37094万元,占年计划35759万元的104%,较上年增收4076万元,增长12.34%;县级收入18790万元,占年计划17730万元的105.98%,较上年增收2357万元,增长14.34%。

【基金和社保费收入】 2004年,市地方税务局从确保社会稳定的大局出发，科学下达基金、社保费计划，层层夯实目标任务，进一步规范基金和社保费征管工作，使基金、社保费征收均创历史最好水平。全年累计征收各项基金、社保费44322.88万元，占年计划40838万元的108.53%，较上年增收5343.99万元，增长14%。其中水利建设基金收入1052.62万元，占年计划813万元的129.47%，较上年增长54.22万元，增长5.43%；帮困基金收入353.49万元，占全计划280万元的126.25%，较上年增收72.99万元，增长26.02%；残疾人保障基金收入369.7万元，较上年增收222.41万元，增长151%；文化事业费收入72.57万元，占年计划45万元的161.27%，较上年增长1.47万元，增长2.07%。养老保险费收入37945.7万元，占年计划37000万元的102.6%，较上年增收3852万元，增长11.3%；失业保险费收入4021.1万元，占年计划2700万元的148.9%，较上年增收1161万元，增长40.6%。

【税收征管】 一是狠抓征管质量考核。工作安排细致，考核工作模式化、程序化，从考核的“两率”项目看，全市平均申报率企业为93.27%，个体为94.13%，欠税增减率全市平均为-33.28%。两率均创咸阳市考核以来的最好水平。二是狠抓纳税信用等级评定。市地税局成立了纳税信用等级评定管理委员会，认真审核，严格把关，保证了信用等级评定的真实性。通过评定，有30个纳税户达到A级，使纳税信用等级评定活动在全市有了良好的开端。三是狠抓发票控管。对全市自印发票单位进行了一次全面的检查，对存在问题的5户企业下发了限期改正通知书，在城区范围内组织进行了一次发票违章行为集中打击行动，使城区发票使用秩序得到了有效的整治。四是强化清缴欠税、欠费工作力度。把经常性持续清欠和阶段性攻坚清欠相结合，有效地降低了陈欠，控制了新欠。

【税务稽查】 全市各级稽查局共检查694户，查补税款2481万元，加收滞纳金22万元，罚款85万元。一是完善“一级稽查”体制和各项工作制度，推行阳光稽查，实行预付邮资的稽查执法监督卡，收回执法监督卡65份，无一例违纪行为发生；严把审理关，审理的257起稽查案件，没有一起被复议。二是深入开展税收专项检查和交互检查。全市共检查430户，查补税款990.43万元，加收滞纳金14.71万元，罚款67.51万元，采取税收保全措施和强制执行3起，移送司法机关案件2起，刑事拘留1人。三是加大对举报案件的查处力度，注重举报案件的查处质量和效果。上半年全市共受理举报案件10起，查结10起，查补入库税款89.62万元，加收滞纳金1.35万元，罚款3.81万元。

【税收政策】 2004年，市地税局认真落实税收政策，强化服务理念，减化企业所得税减免和提前审批程序，建立健全减免税台账。为11户企业减免所得税1242.43万元；为3户企业税前弥补金额558.7万元；审批享受西部大开发15%税率企业20户，共减免税额1292.1万元；审批提取总机构管理费2户，提取金额716.1万元；审批新技术开发费税前加计扣除2户，审批国产设备投资抵免4户；审批下岗失业人员1396人，减免地方各税120.3万元，有力促进了全市经济的发展。同时，坚持对房产税、车船税、土地使用税“三税”税源实行三级动态管理，制定了《“三税”税源管理规程》，有效地实施“三税”税源动态管理。4月下旬，全省“三税”税源动态管理现场会在咸阳召开，会议对咸阳市地税管理工作给予了较高的评价。

【税收计划执行】 一是合理分配税收计划，层层分解落实，对部分县(市)局税收虚数进行了消化调整，使税收计划建立在积极可靠的基础上。二是完善修订《重点税源管理办法》，对年纳税额50万元以上的企业纳入监控范围，重点监控企业达119户，进一步扩大监控范围，使监管收入占总收入的比重达65%以上。并对全市会计、统计系统人员进行了重点税源管理软件培训，使重点税源的管理更加科学规范。三是运用经济税收统计资料和重点税源信息，建立分月增减因素档案，增加了每旬对月份收入的预测，为掌握收入进度和分析、考核收入提供了依据。四是坚持税收计划的跟踪适时调节，保证税款及时均衡入库，从而使2004年税收工作成为多年税款入库最均衡、进度最快的一年。

【优化办税服务】 一是实施“阳光地税”工程，落实了文明办税“八公开”和局务、所务公开，大力推行“一厅式”办公和“一条龙”办税服务。二是制定了《纳税服务规范》，坚持以税务函告、税务约谈为主要内容的税务预警制度，深受纳税人欢迎。三是大力推行全程服务制度，坚持首问责任制，开展多种形式的纳税服务竞赛活动，办税服务厅等重要办税场所税务人员基本做到了解答纳税人涉税咨询“一口清”，办理纳税人涉税事项“一次清”。

【信息化建设】 市地税局制定了《税收信息化管理办法》等4个制度和办法，加强内部网站和互联网站的应用维护，积极做好与纳税人互动交流有关的信息传递工作，为纳税人提供了一个良好的查询、沟通平台；完善软件，规范应用人员操作，加强对软件后台部分的二次开发，同时制订了《税收软件操作手册》，规范了征管软件操作应用程序，对15个征收局信息化主管局长进行了培训，提高了领导干部的信息化管理能力；对各局选送的100余名系统维护员及操作人员进行了培训,提高了系统维护员的综合素质。6月30日,实现了市地税局同各县(市)局的信息联网,10月初全市地税系统实现了办公自动化。

【"双基"工作】 一是形成抓"双基"的共识。市地税局把加强管理基础和基层建设作为2004年工作的重点,上半年加快解决基层办公场所、交通工具、信息化建设等管理基础问题,加快规范化、标准化税务所和征管规范化进程,建成了2个局办公楼和3个税务所。同时,从城区4局选派35名年轻干部到北部五县工作,既缓解了北部五县各局征收力量不足的矛盾,又使年轻干部得到了实际工作的锻炼。二是持续开展基层税务所达标活动。在狠抓标准化税务所建设的同时,采取"两条腿"走路的办法,在"硬件"一时无法改善的基层所,继续开展了征收管理规范化建设达标活动,通过检查认定,全系统基层税务所全部达到标准化或规范化要求。三是不断强化固定资产管理。6月份在全系统开展了固定资产清查工作,采用专人负责、实地清点、登记造册、逐一核对的方法,摸清全系统固定资产总量,并修订完善管理制度,使固定资产管理更加科学、规范。

【实施"五个紧盯"】 "五个紧盯"是对党风廉政建设的具体化。一是紧盯钱的流向,规范财务管理,并着重抓内部审计工作。二是紧盯人事变动,加强干部管理,把好廉政鉴定、举报问题查处和离任审计关,以保证干部人事工作的公开、公正、公平。三是紧盯票证管理,强化业务流程,主要是审查完税凭证、通用和行业发票的三级审核管理制度是否健全,监督机制是否完善。四是紧盯费的返还,加强内部管理,主要检查代扣代缴、代征代缴手续费的管理是否符合规范和要求,检查发票工本费、税务登记证工本费的管理和使用情况。五是紧盯税务人员行为,强化形象建设,主要抓好税务人员执法行为和行政效能的监察,不断提高工作质量、工作效率和管理水平,树立良好的地税干部形象。全年全市地税系统没有发生一例违法违纪案件。

(袁继光)

咸阳市地方税务局

局　长　许　杰

副局长　李平君　高　磊

陈　涛　屈建峰

侯满朝　黄继平

金融·保险

概　　述

【概况】 2004年,全市各级金融系统以贯彻落实全国金融工作会议精神为主线,以建设现代化西部经济强市为目标,结合各自实际,不断深化改革,改善金融服务,加大信贷投放,优化信贷结构,努力防范与化解金融风险,全市金融业继续保持了快速、健康发展的良好态势,有力地支持了地方经济建设和各项社会事业的发展。截至年末,全市金融机构各项存款余额4028159万元,较年初增长391160万元;各项贷款余额2386456万元,较年初增长53233万元;全年现金累计投放150864万元,同比减少26031万元。全市商业性金融机构整体实现扭亏为盈,共盈利2169.85万元。其中农村信用社实现盈利2508万元。

【存款稳定性逐步增强】 2004全市各项存款增势减缓,利率调高后,存款的稳定性逐步增强。截至年末,全市金融机构人民币各项存款余额首次突破400亿元大关,较年初增加39.12亿元,增长幅度为10.76%,同比少增7.29亿元,增幅下降明显。从存款结构来看,企业存款略增,年末余额77.36亿元,较年初增加1.43亿元,同比少增6.79亿元,其中活期存款较年初下降3.59亿元(上年同期增加7.17亿元),定期存款增加5.02亿元,同比多增3.95亿元;储蓄存款余额304.18亿元,较年初增加36.14亿元,基本与上年持平。存款变化的主要原因,一是2003年10月以来,由于物价上涨,存款实际是负利率,存款人存款积极性受到影响;二是国债、投资基金发行量增加,保险机构和产品增多,投资渠道扩大,储蓄存款出现分流趋势;三是企业存款受宏观调控政策影响,银根抽紧,企业流动资金相对趋紧,存款增长趋缓;四是金融机构贷款投放减缓,派生存款数量收缩。10月29日存款基准利率上调后,定期存款反弹较为明显,金融机构资金来源的稳定性增强,11月、12月,定期储蓄存款分别增加6.4亿元和3.82亿元,同比多增5.65亿元和1.95亿元。

【贷款结构进一步调整】 全市各金融机构积极采取措施,贯彻执行国家的宏观调控措施,严格控制对过热行业贷款,坚持有保有压、区别对待的信贷政策,积极满足“三农”、煤电行业、重要原材料、教育、公路、交通和各项社会事业发展的合理资金需要,效果明显。年末全市金融机构人民币各项贷款余额为238.65亿元,较年初增加5.32亿元,同比少增7.49亿元,增幅为2.28%。如果考虑中行、建行股改剥离贷款7.32亿元,农村信用社用央行票据置换不良资产等因素,贷款实际增加量略高于上年。全市贷款结构变化表现为:一是“三农”重点更加突出。年末全市农业贷款余额为32.37亿元,较年初净增加6.16亿元,占全部新增贷款的115.79%,同比多增加3.1亿元。二是中期流动资金贷款下降幅度较大。年末的余额为5.65亿元,较上年末下降9.18亿元,同比多下降7.18亿元。三是在国家宏观政策的调控下,中长期贷款增长较快的势头已得到有效遏制,中长期贷款年末的余额为73.66亿元,较年初增加5.29亿元,同比少增加5.98亿元(上年同期增加11.26亿元)。四是票据融资继上年以来增长势头不减,成为贷款增长的一大亮点。年末票据融资余额为8.87亿元,增加3.46亿元,增幅为63.96%。贷款变化的主要因素:一是各项宏观调控政策出台后,商业银行可用资金减少,风险防范意识增强,信贷门槛提高,贷款投放更趋谨慎。二是结合贯彻中央一号文件精神,金融机构特别是农村信用社充分发挥金融支农主力军的作用,以增加农民收入为目标,不断加大对农村、农业和农民的信贷投入,加快农业产业化进程,促进农村经济发展。三是地方经济对贷款的有效需求不足,好项目、大项目等商业银行青睐的信贷投放点少。四是以服务城市中小企业为主的城市商业银行受自身规模和资产负债比率影响,信贷扩张能力有限;农村信用社受行业贷款投向限制,对企业和项目发放贷款慎之又慎,贷款规模很难迅速放大。五是票据贴现业务在时间短、风险低、收益好等优势的推动下,规模迅速扩张。

【现金保持投放势头】 2004年,咸阳市金融机构累计现金收入1090.6亿元,同比增加23.85%;现金支出1105.69亿元,同比增加23.1%,收支相抵,实际投放现金15.09亿元,同比少投放2.6亿元,投放减少14.72%。

【外汇收支形势良好】 2004年,咸阳市涉外经济呈现良好的发展势头,对外贸易稳步增长,吸引利用外资成效显著,银行结售汇经常项目和资本项目保持同步顺差,外汇存款与上年持平,外汇收支运行态势良好。截至年末全市外汇存款余额4445万美元,同比增加12万美元,增长0.27%,外汇贷款余额806万美元,同比减少16万美元,下降1.94%。跨境外汇收支双向增长,全年全市各项外汇收入14985万美元,同比增长16.12%,各项外汇支出5170万美元,同比增长45.34%。实现收支顺差9815万美元。银行结汇收入略有增长,售汇支出大幅下降,结售汇顺差扩大。全市银行结售汇总额13707万美元,同比下降0.45%,结售汇顺差9935万美元,同比增加1156万美元。

(张　铁)

中国人民银行咸阳市中心支行

【支持地方经济发展】 2004年,人行咸阳市中心支行按照国家货币政策、宏观经济调控的方针大略,立足自身,正确处理宏观调控与加快地方经济发展的关系,进一步提高了货币政策的执行绩效。①结合全市经济发展战略目标,引导和优化信贷资金投放。支行制定了《咸阳市金融机构2004年信贷增长指导意见》,督促全市金融机构在限制对过热行业贷款的同时,积极扩大信贷投放,做到“区别对待、有控有保”,不搞“急刹车”、“一刀切”。着力研究制定金融业支持非公有制经济发展、支持西咸经济一体化、支持农业产业化发展等符合辖区经济金融发展实际的信贷政策,保持信贷投放适度合理增长,进一步提高了货币政策对经济的调节渗透力。②继续完善银企项目推介会制度,推动商业银行搞好贷款营销,为银企合作搭建平台。8月召开了咸阳市第三届银企合作项目推介会,签约项目66个,签约资金39.19亿元,有力支持了市上确定的重点项目、重点企业和重点产品的发展。③组织协调农户小额信用贷款、国家助学贷款、下岗再就业担保贷款、中小企业贷款的发放工作。结合贯彻中央一号文件精神,累计发放支农再贷款3000万元,促进农业贷款较快增长。④综合运用再贷款、再贴现等货币政策工具,引导商业银行贷款投向,不断扩大稳健货币政策的执行绩效。积极引导金融机构为企业提供票据融资便利,签发银行承兑汇票2.3亿元,办理票据贴现23.3亿元、再贴现1300万元。票据融通资金主要投向了能源、煤炭、电子等市政府确定的重点行业。⑤深入开展调研活动,为正确把握全市经济金融运行走势起到了重要的参谋作用。密切关注宏观经济调控政策对全市经济发展带来的影响,及时提出应对措施,提高了货币政策的科学性、前瞻性、有效性。先后完成了关于咸阳市贯彻中央一号文件精神情况的调查、西咸经济一体化调查、县域经济发展情况调查等多篇调研报告,调研中有多篇文章被各级报刊杂志刊载。

【维护金融稳定】 市中心支行以维护金融体系稳健运行为重点,充分运用金融稳定协调合作与信息共享制度,加强工作协调,探索制订有关金融稳定的监测、预警和风险救助体系,加强对金融风险的监测分析和预警,制定和实施相应的对策,同时密切关注国有商业银行体制改革和农村信用联社改革试点进程中可能出现的影响金融体系稳定的问题,加强监测,跟踪了解相关动态,积极推进金融改革工作,切实提高了维护金融稳定的能力。①调查研究,摸清底子。支行在继续做好三原资金市场遗留问题处置的同时,对全辖的风险现状重新进行全面的摸排,找出存在的风险点,并将这些风险形成的原因进行再分析、再认识,提出针对性的防范和化解工作措施。②积极探索,建立金融稳定工作协调机制。通过与银行、证券和保险机构以及与银监分局、保险业协会等监管部门磋商,拟定了咸阳市金融稳定协调领导小组工作制度,成立了由常务副市长为组长,市级各金融机构和政府相关部门为成员的金融稳定协调领导小组及其办公室,明确了领导小组的8项工作职责和开展工作方式,启动了全区金融稳定工作协调机制。③集中人力,开展金融执法大检查。利用两个月时间,抽调80名业务骨干,采取现场检查的方式,对辖区各金融机构2003年至2004年上半年的货币信贷管理情况、支农再贷款管理情况、人民币及现金管理情况、外汇管理情况、代理国库和国库经收业务管理情况、清算及账户管理情况、征信管理情况、反洗钱管理等8个方面的情况,依据有关法规和程序,进行了认真细致的检查,维护了金融政策的统一性和严肃性。

【加强金融服务】 ①进一步提升支付清算服务工作水平。开展了“大额支付系统”在地市中支接入方式的调研,积极创造条件,争取使咸阳成为首批“大额支付系统”接入城市。经过反复论证、科学规划,提出了《咸阳参加西安同城票据交换的实施意见》,委托有关单位开发了同城票据实时监测系统软件,购置了相关设备和车辆,制订了《咸阳市“西咸同城”票据管理办法》、《西咸大同城交换会计核算手续》等一系列管理办法和操作规程,于2004年1月1日正式开通了西咸经济一体化中“八同”项目之一的西咸大同城票据交换业务。组织开展了西咸大同城票据交换清算集中宣传月活动,将同城票据交换业务由市区扩大到全辖9个县市,进一步拓展了同城票据交换业务范围。②履行经理国库职责。强化国库资金管理,建立风险防范责任制,加大国库业务监督和检查力度,推动财税库横向联网。加强了国库资金风险的防范工作,对全辖2003年国库业务办理情况、代理支库的国库会计科目使用等情况进行了检查,对存在的问题进行了纠正;加强与财税部门的配合,继续做好出口退税工作。积极宣传凭证式国债知识,认真做好凭证式国债发行的统计与信息反映工作,顺利地完成了发行、兑付任务。③现金管理和货币发行工作得到加强。进一步规范了大额现金支付审批程序,对市区大额现金支付权限重新进行了授权。开展了3次不同层面的现场检查,制止了大额现金支付违规行为。继续加大反假人民币工作力度,收缴假币12.5万元。④及时准确预测经济发展和人民生活对现金的合理需求,不断改进提高现金调拨服务和人民币市场管理水平。⑤加强对商业银行创新支付结算工具和投资理财工具的组织和引导,提高金融业整体服务水平和效率。

(张　铁)

中国人民银行
咸阳市中心支行

行　长　赵新友

副行长　康　峰　李沪丽　孙　谦

中国银行业
监督管理委员会
咸阳监管分局

【概况】　中国银行业监督管理委员会咸阳银监分局从2003年12月26日开始筹备,于2004年3月5日正式对外挂牌,内设机构5科1室,8个办事处。全辖有职员73人,其中分局机关41人,监管办事处32人。咸阳银监分局是中国银行业监督管理委员会的派出机构,在陕西省银监局的领导下,按照上级授权,承担着咸阳市、杨凌示范区银行业金融机构监管的法定职责。咸阳银监分局的监管对象共有11家,即中国农业发展银行咸阳分行、中国工商银行咸阳分行、中国农业银行咸阳分行、中国银行股份有限公司咸阳分行、中国建设银行股份有限公司咸阳分行、交通银行咸阳支行、咸阳市商业银行、咸阳市农村信用合作社联合社、咸阳市邮政储汇局、中国银行股份有限公司杨凌示范区支行、中国农业银行杨凌区支行。截至2004年底,全市共有各类银行业金融机构网点856个,从业人员7372人。

【机构管理】　一是加强《金融许可证》的管理和换发工作。银监会成立后,旧版许可证换发工作涉及面广、时间要求紧、任务重,为使换证工作保质、保量如期完成,成立专门班子,强化组织领导,工作人员加班加点严格执行《金融许可证管理办法》,按照操作流程制作颁发金融许可证,确保金融许可证制作、发放和管理工作的规范化。5月底前全部完成了新版金融许可证的审核、换发、公示、公告工作。全年共换发新版许可证841个,对收回的旧证进行清理、造册和登记。二是对金融机构设立变更的合法性进行全面摸底检查。共发现违规设立和违规变更机构问题20个,对其进行了严肃处理。特别是对擅自设立和变更网点等问题,按照监管程序发出了《行政处罚意见告知书》、《行政处罚决定书》,罚款4.4万元,并在全市金融系统进行了通报。对争拉存款、扰乱金融秩序等问题,及时对有关行领导班子进行了约见谈话,制止了不正当竞争行为的蔓延。三是及时审批变更调整金融机构,支持金融改革发展。按照“分类指导、合理布局、适度竞争、满足需要”的原则,继续调整机构网点布局,对效益、安全、发展前景等达不到要求的,实施市场退出或降格;对撤销机构进行审查时,逐机构进行实地调查,确定撤销方案,拿出切实可行的意见;对确实需要增设的,进行了增设。全年共审批变更调整机构98家。

【高管人员任职资格管理】　一是以人为本,加强道德风险的监管。进一步完善了高管人员考试制度,突出对高管人员的行为监管。坚持对高管人员进行考试、考核和谈话制度,落实高管人员管理责任,高管人员外出实行请假制度,加强对不良贷款“双降”的监测考核,加大对核准制人员审查力度。二是加强对银行业机构从业人员学习金融“三法”(银监法、人行法、商行法)知识的考试和考核。在全辖区广泛深入地开展了“学三法,促监管”金融法律知识学习、宣传和培训活动,使银行从业人员的守法经营意识和工作自觉性有所提高,有力地推动了辖区金融监管工作。从3月份起用一个月时间,在全市9家市级银行机构召开了7次“三法”学习动员会,对780多名干部职工进行了辅导,培训范围扩大到县区被监管机构负责人和机关职工。11月,分局举办了“学三法,促监管”金融法律知识竞赛活动,把全市学“三法”活动推向高潮。三是对全市和杨陵区现任农村信用联社班子成员从贯彻执行国家经济金融政策、决策能力、业务水平、廉政勤政等7个方面进行了综合考核,共形成评价材料39份,对高管人员在思想上和工作上产生了积极的鞭策和促进作用,使农村信用社高级管理人员管理工作从"被动审查"走向"主动监管"的新路子。

【市场监管】 一是认真贯彻落实国家宏观调控政策。在贯彻国家宏观调控政策中,坚持不搞"一刀切",把重点放在引导房地产信贷和消费贷款的健康发展上,放在对"五小"贷款的从严控制上,及时出台了落实宏观调控加强信贷管理的指导意见。对5000万元以上单户大额贷款进行重点监测,同时对偏转集团、吉元公司等全市信贷风险影响较大的企业深入调查其改制及管理风险,及时向有关部门反映,提示搞好金融风险防范。二是开展现场检查,严格依法监管。全年共抽调业务骨干284人次,组成26个现场检查组,开展了24项现场检查。发出《处罚通知书》12份、《处罚决定书》12份,《监管意见书》62份,案例材料53份,事实与评价34份;处理群众举报8件,监管报告22份,制止了违规行为,树立了银监分局从严监管的良好形象,维护了辖内正常的金融秩序。三是积极稳步地推进了农村信用社改革。根据国务院深化农村信用社改革方案,按照"明晰产权关系、强化约束机制、增强服务功能、国家适当支持、地方政府负责"的总体要求,全市筹建农村信用社县级统一法人社工作取得了阶段性成果。会同人行咸阳中支做好辖内各县(市)农村信用社增资扩股、提高资本充足率和中央银行专项票据的申请发行工作,最初申请的11个联社已获得中央银行专项票据资金1.69亿元,开始使用专项借款的兴平、泾阳和永寿联社改为专项票据后预计也可获得资金1.17亿元。全市申报的1994年至1997年亏损农村信用社保值贴补息2073万元,已经中央财政核准并在三年内分批兑现,第一批693万元已到账。完成了全市农村信用社的清产核资工作,为农村信用社改革摸清了家底,并经省联社验收和陕西银监局审核全部符合要求。精心安排改革工作。分局领导深入到信用社检查指导工作,解决改革中遇到的困难和问题。召开了咸阳市深化农村信用社改革工作会议,进一步推动了农村信用社改革向纵深发展。至年底,10个县的统一法人社组建工作发起人大会已经召开,筹建阶段的资料也已上报。

【风险监管】 一是加大风险监管力度,为银行业稳健经营创造条件。加强重点机构的风险监管,建立和完善风险监测评价体系,对所有机构逐一分类排队,分类监管,并加强支付风险的预警监测,对有支付缺口的高风险机构实行按月监测,及时掌握风险动态,层层落实监管责任,防范风险。加强重点业务的风险监管,主要是对涉案较多、风险较大的"关联交易"、"集团客户授信"和银行承兑汇票等业务,密切关注,并经常提示风险。二是加强了贷款五级分类管理工作,促进了银行资产质量提高。密切关注各行在贷款五级分类实施过程中存在的困难和问题,督促各金融机构加强了信贷风险管理,促进资产质量提高。三是落实金融监管责任制,金融安全度和社会公众信用意识明显提高。在国有商业银行新增贷款减少和不良贷款基数大、占比高、困难多的形势下,全市不良贷款实现了"双降"。针对一季度咸阳商行不良贷款不降反升现状,分局派驻专人进行检查了解,及时发出了《监管意见书》,协助制订切实可行措施,开展清收不良贷款竞赛活动暨现场竞标大会,共有16个支行签订了"清收不良贷款协议书",涉及不良贷款796户,金额12308万元;投标成功的30余名职工现场签订了"清收不良贷款责任书",涉及53户54笔贷款,金额860余万元。咸阳市商业银行已于12月10日召开了不良贷款竞标兑现会。四是加强社会金融风险的监管,继续完善多层次、多部门治理金融"三乱"的监管责任制,加大对非法金融机构、非法金融业务的整治力度,切实搞好三家城市信用社市场退出工作。在市委、市政府和陕西银监局的领导下,成立了咸阳市中陆信用社、三原金联信用社、礼泉城市信用社市场退出协调办公室。三家信用社清算事务工作按照"依靠政府、程序合法、稳妥有序、快速推进"的工作思路,抽调专人,集中力量,加快处置工作进程。至年底,咸阳市中陆信用社职工安置工作已全部结束,礼泉、三原金联信用社的《职工安置办法》和《抵债资产处置办法》已上报当地县政府,待批准后实施。对三家城市信用社的债权、债务进行了全面细致的摸底、并对贷款企业及个人的现状逐户进行了分析,提出了清收方案。截至年末,累计清收贷款本息及资产2568万元,其中收回现金980.9万元,收回抵债资产1587.1万元。

(丁新武)

中国银行业监督管理委员会咸阳监管分局

局　长　李　鹏
副局长　叶允斌　赵云峰

中国工商银行咸阳分行

【概况】 2004年,中国工商银行咸阳分行按照"全力开辟压降不良资产和拓展市场、深化营销、促进发展两条战线,构建以省行和营业部为主体的核心经营和管理层,以二级分行和西安市各大支行为主体的区域经营和管理层,以及以县支行为主体的基本经营和管理层三个层次"的经营发展思路和"拓市场、调结构;压不良、控劣变,转观念、聚人气,强素质、增效益”的24字工作要求,抓住咸阳经济进入新一轮稳定上升周期的难得机遇,紧紧围绕资产质量攻坚和市场拓展营销两项重点工作,努力实现改革发展的新突破,使各项经营工作取得了明显进步。至年底,全行人民币各项存款余额(含同业)1059626万元,较年初增加67030万元;各项贷款755175万元,较年初增加55.154万元;中间业务收入1677万元;当年实现经营利润2487万元,较上年增加2254万元。

【清收处置不良资产成效显著】 工行咸阳分行积极开辟不良资产清收处置主战场,分层次落实清收责任,建立和完善工作机制,使分行清收处置工作取得了一定成效。一是重新组建不良资产处置中心,将城区支行和原旬邑、淳化、长武、永寿等4个撤并行的不良资产实行集中管理和处置。共接收不良客户164户,不良贷款22.5亿元,占全行不良贷款总额71%。同时在全行组建起了百人专业清收队伍,从而进一步加快了分行不良资产专业化、规模化处置的进程。二是采取全面清收、重点突破的清收策略,充分发挥领导干部挂帅清收处置大户不良资产的示范带头作用,取得了较好效果。仅上半年就清收处置的157户企业中,科级以上干部挂帅或参与清收处置50户,清收处置不良贷款2458万元,占上半年清收处置总额的52%。三是全面推行不良贷款分类管理和精细化管理。在对不良贷款客户按企业性质、所属级别、信用等级、贷款方式、贷款种类、金额大小等细分的同时,对10万元以上不良客户全面进行了现值测算,为不良贷款清收处置奠定了良好基础。四是继续加大依法收贷工作力度,在咸阳市中级人民法院的大力支持下,建立“立案、审理、执行”三位一体的服务通道,走出了执行难的怪圈,加快了依法清收处置的运作速度。五是积极与政府合作,按照“整体谈判、个案操作、集中上报”的思路,逐户对36户市级企业48462万元不良贷款提出了清收处置方案。六是按照上级行有关规定制定了还款免息、以物抵贷、企业改制维权、呆坏账核销等方面的实施细则,明确了不良贷款清收处置的工作程序、方案审批程序及职责权限,有效地解决了创新处置手段与合规操作的矛盾。七是修订和完善了《不良资产管理考核办法》。进一步突出了清收工作在行长经营目标考核中的权重,实行清收处置不良贷款与各支行经营性费用和行长绩效考核挂钩,加大对突出贡献者的奖励力度,调动了全行清收处置不良贷款的积极性。

【贷款投放进一步优化】 一是增加有效投入,努力调整结构。分行本着抓住机遇,拓展业务,提高效益,突出抓好重大项目、关键产业、重点客户的指导思想,在努力防范信贷风险的前提下,积极开拓信贷市场。到年末,流动资金占比下降,项目贷款占比增加,贷款结构进一步得到优化,经营效益也进一步得到显现。二是积极组织参与贷款调查工作,推动贷款发放进程。为了加快贷款投放速度,积极组织并参与了总行审批的重点项目评估工作。通过参与组织有关项目贷款调查工作,了解了贷款工作进度,发现了存在问题,做到及时解决工作中存在的沟通不畅、情况反映不清等问题,加快了贷款发放进程。三是抓住西咸一体化的历史机遇,加快住房信贷业务发展。进一步加强与咸阳市房产管理局、房产协会的沟通与合作,全面收集全市资质高、信誉好、规模大的优质房地产开发企业的信息资源,形成分行房地产优质客户群体,从源头上掌握开发信息、把握房地产资金流向、适时召开房地产开发企业联谊座谈会,推介住房业务品种,营销金融产品及优质服务手段,以此达到向房地产优质客户全面辐射营销的目的,抢占咸阳房地产新一轮发展热潮的先机。加快开发贷款的投入,为个人按揭业务发展打下坚实基础。积极拓展挖掘其他行优质按揭项目,不断发展分行按揭资源。同时做好二手房贷款市场的拓展工作,积极选择信誉好、实力强的优质中介公司、评估公司,着力解决二手房贷款的评估及阶段性担保事项。

【存款工作发展较快】 ①对公存款方面。一是抢抓“黄金季节”,“早动手、早安排、早介入、早见效”。一季度在全行范围内开展对公存款竞赛活动,提出对公存款净增1.5亿元、五日均净增额7500万元的目标,同时制定了《公司、机构(含同业)存款考核办法》,下发了《公司、机构(含同业)客户经理考核办法》、《咸阳分行公司业务工作要点》等,从而使人人有担子,个个有压力。二是细分存款市场,加强存量管理,强化客户关系,对优质重点客户实行扁平化、差别化管理。对分行的对公客户进行了三次大规模的摸底调查,出动十多人次,走访调查行处、分理处30多个,在对8156户客户资源进行细分的基础上,确定了重点客户,并及时了解情况掌握资金流向,防止其资金流转他行。8月,及时组织召开了全行营销工作会议,根据各行客户资源的分布情况,确定了各支行的目标客户,确定其稳存增存目标,制定营销计划,将任务分解下达到客户经理,做到了“户户有人管,存款人人抓”。9月末,增加存款21580万元。三是精心组织、积极代收学费,巩固分行教育行业的客户阵地。至9月末共计代收学费12865万元,有效地增加了对公存款。四是密切军银关系,努力寻找存款的增长点。结合分行开展的“工行网银进军营”的主题营销活动,通过上门拜访、召开军银联谊会等多种形式的庆祝活动,与军队客户建立起深厚的友谊,提升分行与其业务合作的层次。五是主动深入基层调研,加强监督检查和信息反馈。针对杨凌支行和彩虹支行的对公存款波动较大的情况作了详细的调查分析,并撰写了调查报告。同时先后向各行发存款信息十多次,并按月通报各行公司存款、机构存款、同业存款完成进度,表扬先进行处,鞭策后进行处,收到了较好的效果。②储蓄存款方面。按照省行积极构建以储蓄业务为基础、理财业务为核心、资产负债业务和中间业务全面发展的要求,做大个人金融业务,以实施"个人理财中心核心竞争力"项目为重点,促进个人金融业务的全面发展,在做好稳存增存的基础上,实现了理财业务和中间业务的新突破。第一,提高对高端客户的综合服务水平。以加大"理财金账户"营销为突破口,全面进行客户资源分析,重点针对优质企业、政府机关、大专院校以及中高收入者聚集的社区组织多种形式的营销宣传,通过"理财金账户"营销细分客户资源,竞争优质客户。以召开营销工作会议为契机,迅速在全行掀起一个营销高潮。同时将开放式基金、代理保险、代保管、个人消费贷款和电子银行等新业务,充实到"理财金账户"的服务内容中去,提高品牌业务对优质客户的吸引力。第二,努力提高个人金融中间业务收入。通过加快个人结算代付、灵通卡、ATM 等项业务的发展,拓展个人中间业务市场,增加个人中间业务收入占比,进一步提高分行个金业务的综合贡献度。第三,加快客户经理综合化营销步伐,发挥客户经理在揽储增存中的桥梁作用,把主攻方向定位在基本客户和存款大户上,通过加大营销来挖掘潜力、扩大储源。第四,不断整合个人金融业务资源,实现个人消费贷款、个人住房贷款一体化,建设个人信贷管理部门,形成统一的个人贷款中心和统一的个人贷款前后台业务分离流程。

【中间业务快速发展】 分行牢固树立"中间业务是主营业务、支柱业务"的经营观念,积极实施"中间业务推动工程",把中间业务作为绩效考核的一项重要内容,进一步提高了各级管理层和员工对中间业务重要性的认识。建立以网点为营销基础,以专业部门为营销中心,以中间业务领导小组为管理决策核心的中间业务营销管理网络,形成了营销、管理、决策整体联动的工作机制,杜绝了中间业务收入中的跑、冒、滴、漏问题。把电子银行、投资银行、代客理财、信息服务、金融衍生类等高附加值业务以及人民币结算、个人汇兑、银行承兑汇票、代理保险、代理债券、外汇、银行卡中间业务和闲置资产租赁处置等多个业务品种作为增收重点,促进业务领域延伸,切实提高收入水平。突出"金融@家"和"金融 e 通道"等知名品牌,广开营销渠道,提高市场份额和效益,努力增加中间业务收入。

(李庆林)

中国工商银行咸阳分行

行　长　王小科

副行长　曹新华　尚立本

张　禹　符会玲

牛国强　谢红艳

中国农业银行咸阳分行

【概况】 2004 年,中国农业银行咸阳分行,继续贯彻"更新观念、改进作风、求真务实、稳健经营、有效发展"的总体工作要求,强化"以市场为导向,以客户为中心,以效益为目标"的经营理念,以深化改革、创新机制为动力,以提高经营效益和实现不良贷款"双降"为目标,围绕业务经营中心,突出以加快有效发展为主题,强化贷后管理,优化资产负债业务结构,狠抓各项工作措施落实和全员作风建设,全行综合竞争实力明显增强,有效支持了地方经济的持续健康发展。

【存款和贷款】 ①各项存款增势强劲。年末,各项存款余额 774581 万元,较年初净增 133815 万元,同比多增加 76538 万元,存款增量市场份额占比 37.86%,居全市四大国有商业银行首位;其中储蓄存款余额 585706 万元,较年初净增 103377 万元,同比多增加 33711 万元,增量市场份额达到 29.81%;对公存款余额 188875 万元,较年初净增 30438 万元,储蓄存款和对公存款增量均居全市四大国有商业银行首位。②各项贷款投放速度减缓。全年累计投放贷款 16880 万元,较年初净增 30642 万元,引导类贷款净增 18977 万元,占到投放总量的 61.9%。③贷款清收盘活力度加大。年末,全行共计清收各类贷款本息 20588 万元,同比增加 7549 万元,盘活 14494 万元,五级不良贷款实现"双降",较年初下降 6019 万元和 4.47 个百分点。

【业务拓展】 个人业务优势显现。年末,除储蓄存款保持良好增势外,个人消费信贷、基金代理销售等业务空间增大,成为新的利润增长点;银行卡发卡 14 万张,完成计划 116.67%,卡存量达到 40.8 万张,卡存款余额 92094 万元,卡消费 15112 万元。公司业务、代理业务稳步拓展。年末,同业存款余额 41547 万元,较年初减少 13349 万元,全行产、寿险实现保费收入 4314.1 万元,同比增加 724 万元,全行代收代付额达到 476501 万元,同比多增加 32043 万元。中间业务发展势头迅猛。年末,全行实现中间业务收入 1569 万元,同比多增 807 万元,完成省行计划 1340 万元的 117.09%;其中银行卡手续费收入 871 万元,占中间业务收入的 56%。国际业务继续保持良好发展势头。全年累计完成国际结算量 2491 万美元,各项外汇存款 257.4 万美元,实现结售汇收入 19 万元,外汇业务市场份额逐年上升。利润突破5000万元大关。年末，全行实际利润达5047万元，其中，消化历史包袱5443万元。

（张彦斌　任向勤）

中国农业银行咸阳分行

行　长　赵子文

副行长　张　勇　　周志岐

　　　　崔明凡　　张满成

中国建设银行咸阳分行

【概况】　2004年建行咸阳分行各项业务工作、各项管理工作、各项基础工作在股份制改革中不断得到调整、优化。全行上下以贯彻总、省行工作会议精神为动力，以股份制改造为主线，以控制风险为前提，紧紧围绕利润、质量和发展三大主题，突出经营效益这个中心，立足中间业务、电子银行业务、信用卡业务、国际业务四大战略产品的发展，上下整体联动，强化市场营销，严格风险管理，完善考核机制，不断弘扬正气，注重家园文化，促进了改革和各项业务在充满各种矛盾、困难的情况下进一步发展，较好地完成了省行下达的综合经营计划指标和各项工作指标。至年底，分行一般性存款（含外币）余额658442万元，各项贷款余额138711万元。

【紧抓股份制改造主线】　2004年初，按照总、省行安排部署，分行把股份制改造作为全年各项工作的重中之重，从年初的宣传动员、前期准备、公告到挂牌，在整个过程中，按时间、有计划、分步骤、分层次开展了一系列扎实有效的活动和工作。一是在年初集中人员、集中精力对各级领导和广大员工进行了一场经营理念、经营行为、管理方式的再转变和再教育，以准确把握股份制改造的实质和标准，进一步明确建设银行股份制改造的目标取向和标准要求，与此同时，在全行建立了各部门、各岗位、各层次风险控制体系和问责制度。二是春节后，针对股份制改造中员工思想不稳定的实际情况，全行分四片组织进行了员工思想教育动员会，收到了良好效果。三是抓好公告期间的各类宣传答疑等工作，6月份公告后成立各种应急机构，组织相关人员强化培训。上述措施的实施，确保了全行股份制改造工作的平稳有序推进。通过一年来的股份制改造工作，全行各级领导、广大员工的思想观念发生了深刻变化，质量优先、风险控制、精细化操作深入人心，各级班子的战斗力、凝聚力和向心力不断增强，广大员工的敬业意识、奉献精神、营销技能、管理意识不断提高。

【不断提升价值创造力】　分行通过各种会议及宣传，使各级领导及员工从思想上深刻体会、从行动上把握价值创造力这一要点。狠抓资产负债业务的结构调整工作，促进经济增加值的提高。负债业务上提高活期存款及两年以下定期存款的比重，使存款到期利息支出为9177万元，比上年减少1664万元，存款付息率1.4%，较上年降低0.27个百分点。资产业务上加大对优质客户的营销和争夺。同时大力发展贴现业务，全行新增贴现余额占全行公司类客户实际新增贷款的55.84%，资产结构得到有效调整。全行贷款利息实收率达到78.44%，较上年提高0.78个百分点。其中贴现利息收入同比增加513万元，贴现业务净收益437.6万元。通过机构优化和人员调整提升价值创造力。全辖机构数由年初的58个减少至45个，人员数由年初的1058人减少到897人，形成了以市区、兴平、杨陵为中心，重点发展个人业务的良好局面。

【全力拓展各项业务】　一是尽力发展负债业务。2004年前两季度，由于各种矛盾、困难及相关因素的影响，全行存款尤其是对公存款持续下滑。进入三季度后，由于一、二季度一些措施的积极作用，加之各级领导和员工思想观念的逐步转变，营销举措的有力实施，全行存款持续下滑的局面得到有效遏制，尤其是对公存款，较二季度上升33960万元。个人存款方面，开展“抓源头、赛营销、夺红旗”活动。修订储蓄网点负责人管理办法，实施末位淘汰制，尝试了个银客户经理的建设，抓住开学营销的有利时机，全面出击各大、中、小学校，抓好代收学费业务。二是多策并举，大力拓展网银业务。2004年，总、省行将开办网上银行业务作为业务发展的新方向，分行对这项业务的发展极为重视。至年底，全行个人网银新增开户数累计完成13417户，完成年计划的224%；个人网银交易量达到22446.7万元，完成年计划的468%；电话银行累计完成开户数33951户，完成年计划的227%；企业网银累计开户122户，交易8576笔，金额35亿元，完成年计划的170%，成为全行业务发展新的亮点。三是发挥全行整体合力，促进中间业务发展。年初分行明确提出了中间业务重点收入指标，并采取各种有效措施不断拓展中间业务发展空间和收入渠道，至年底，实现中间业务收入868.9万元，同比增加115.5万元。

【不良剥离和责任认定】　一是切实抓好历史包袱消化工作。全年消化历史包袱6235万元。二是及时调整工作思路，将信贷管理工作的重点转移到抓制度建设、抓信贷风险防范措施的落实上来。制定了《咸阳分行2004年信贷管理工作主导思想和工作措施》、《咸阳分行信贷业务后续管理操作实施细则》。加强新发放贷款和即将到期贷款的监控，防止新的不良贷款的产生。多次召开会议，对即将到期贷款和五级分类前三类贷款逐户进行研究，并形成决议，对每户下发督办通知并进行督办。同时，精心组织抓好可疑类贷款剥离前期准备工作。一季度对可疑类贷款逐户反复进行调查、分析、比较、排队、研究,对每一户的减值准备金进行详细测算,顺利完成了可疑类贷款剥离前的档案资料整理和剥离台账的报送工作,二季度又完成了可疑类贷款剥离前的尽职调查工作。三是抓好对列入消化历史包袱的贷款项目逐户逐笔进行责任认定工作,一季度完成了对2003年列入消化历史包袱的140户可疑类和326户损失类贷款的责任认定。三季度集中人力,采取集中办公的形式,对分行涉及到可疑类债权转让的278户338笔公司类和个人类贷款逐户、逐笔重新进行了责任认定,先后经过责任认定工作组5次会议研究,顺利完成了责任认定工作。四是全面推行风险管理平台工程建设,保证风险管理平台工程顺利建立和推进。

(胡军堂)

中国建设银行咸阳分行

行　长　焦　华

副行长　陈建斌　赵全虎

中国农业发展银行咸阳市分行

【概况】 中国农业发展银行咸阳市分行是全市惟一一家国有农业政策性金融机构,下辖1个市行营业部和8个县(市)支行,全行现有职工250名,其中党员171名,占职工总人数的68.4%。业务范围主要包括:粮棉油等主要农副产品储备、收购、调销、加工贷款和简易建仓贷款的供应与管理;粮食风险基金等对粮食企业财政补贴资金的监管和代理拨付;吸收业务范围内开户企事业单位的存款;以及办理结算等政策规定的其他业务。咸阳市农发行充分发扬"严格、规范、谨慎、诚信、创新"的行业作风,在不断加强和改进收购资金封闭管理工作的同时,狠抓精神文明和职工队伍建设,各项业务取得长足发展。至年末,各项贷款余额271949万元,较年初增加了9114万元,各项存款余额28598万元,较年初增加了16740万元。

【收购资金封闭管理成效突出】 农发行咸阳市分行认真贯彻党中央、国务院关于粮棉流通体制改革的决定和粮棉购销政策,严格执行并不断完善收购资金封闭管理的制度、办法,进一步加强金融服务,积极支持粮棉油购销,努力实现政府、企业和农民"三满意",圆满完成了收购资金封闭管理任务。全年共投放粮油收购贷款61524万元,同比多投放12271万元,支持国有粮食购销企业收购粮油40920万公斤。同时,积极协助督促全市粮食企业扩大销售,全年累计销售粮油42045万公斤,同比多销售300万公斤,实现销售收入55763万元,同比增加8427万元。全年新发放的粮油收购贷款与新形成的收购值之比率均达100%;粮油贷款收回率达96.81%;信贷资金运用率达99.23%,贷款综合收息率85.34%;粮油挤占挪用贷款下降率15.67%;粮油超期结算资金下降率37%,粮油不合理占用贷款下降率9.41%,均超额完成了省行下达的目标任务。

【经营效益显著提高】 农发行咸阳市分行坚持社会效益与自身效益并重,努力防范和化解信贷风险,狠抓贷款收息工作,全年共实现贷款利息收入11925万元,贷款综合利息收回率达85.34%,较省行下达指标提高0.04个百分点。同时,坚持勤俭办行,狠抓增收节支,促使各项支出同比大幅减少,全年实现经营利润339万元,较上年增加4万元。

(井　伟)

中国农业发展银行咸阳市分行

行　长　魏文博

副行长　楚建民　郜世杰

中国银行咸阳分行

【概况】 2004年,中国银行咸阳分行按照总行股份制改革的总体部署,积极应对股份制改革带来的机遇与挑战,始终坚持"改革是动力,发展是目标,稳定是前提,风险管理是保障"的经营管理理念,通过宣传引导、开拓市场、控制风险、调整结构,对内抓管理,对外抓营销,狠抓各项工作的落实,使分行的各项工作取得了较为明显的成效。至年末,全辖区本外币各项存款余额36.12亿元,较年初新增5.17亿元,增长总量九地市行仅次于榆林和宝鸡,排名第三,完成任务比率在九地市行排名第二,特别是人民币储蓄存款新增量居全省第三,列九地市行之首,创历史最高;本外币各项贷款金额14.77亿元,较上年新增3.28亿元;实现不良资金清收518.8万元;核销划转历史呆账2.07亿元,本外币收息率为96%,本外币不良比率五级分类口径为1.17%,较年初15.67%下降了14.5个百分点;本外币营业利润3154.38万元,人均利润9.74万元。

【股份制改革工作】 2004年,中央将中国银行列为两个国有商业银行股份制改革的试点行之一。为此,分行按照总行、省行确定的股改工作总体目标和实施步骤开展卓有成效的工作。一是大力开展股改宣传教育。结合股改中员工队伍中存在的种种猜测和疑虑,有针对性地进行释疑解惑引导教育,使广大员工基本做到了能正确对待体制改革、机构变动,正确对待业务流程整合,正确对待工作岗位变动,正确对待岗位级别工资平移,正确对待升降去留。同时成立了维护稳定工作组织和思想政治工作组织,保障了各项改革的顺利进行。二是继续进行薪酬改革。在不影响员工收入状况的前提下,稳妥进行了员工从行政序列向专业岗位职务序列(13 个档)的过渡平移。三是开展了不良资产核销划转工作,组织人员加班加点,克服诸多困难,核销划转不良贷款 101 笔,金额 20759.89 万元;其中核销 59 笔,金额 7613 万元;划转 42 笔,金额 13146.89 万元,促进了资产质量的根本改善。四是进行了清产核资工作。进行了法律尽职调查和股改资产尽职调查工作,确保各项业务真实完整,权属关系清晰,不存在法律暇疵。完成了全辖所有机构网点办公用房、职工住宅楼的土地分割和房改核销及住房补贴,各宗地产的确权办证,闲置固定资产(无形资产)的专项清理、处置核销、调账、减值准备计提及资产评估工作。清产核资涉及资产 32.40 亿元,为摸清资产构成打下了良好的基础。按照国际会计报表准则要求,对 2001 ~ 2003 年度的会计报表进行了转换,组织了从业人员新会计制度业务的培训,确保了各项业务结算向新制度的顺利过渡。

【市场营销】 强化营销手段,努力开拓业务发展的新领域。一是继续坚持了分行领导抓大户,支行领导维护老户,捕捉新户,分理处主任抓小户、散户,全行员工寻找信息的营销体系,并根据客户不同需求,大力推进授信、结算、各种代理产品的有效组合,不断提高市场占有额。二是全员动员抓存款。形成全辖层层有任务、人人有压力的局面,组织开展了以“比增量、比进度、比业绩、比能力”为内容的劳动竞赛,修订了《储蓄网点综合考核办法》,注重发挥分理处的地位和作用,向业务一线加大费用倾斜,突出“开户、数量、质量”的基础性工作,全年新增对公开户数 545 户,为分行存款和客户群的持续快速增长提供了战略性的支撑,形成新的存款增长点。三是逐步调整客户结构,不断提高资产质量。着力调整信贷结构,大力发展授信业务。按照总行、省行确定的授信政策重点支持的行业,大力拓展能源、电力、交通、民航、教育等重点行业,不断培育授信业务新的增长点,增强发展后劲。分别向陕西科技大学、咸阳师范学院、陕西中医学院、陕西工业职业技术学院、咸阳机场、铁二十一局三处增加授信累计为 35500 万元。同时,在控制风险的前提下大力发展消费信贷。全年新增消费信贷 4303 万元,完成年计划的 123%;在国家宏观经济政策紧缩的情况下,坚持一手抓对优质客户的信贷投放,一手抓符合授信政策、效益好、对于分行尚未建立授信业务的重点行业、目标客户继续进行强力营销,使客户结构不断得到优化。重视公司业务项目储备库的建设。全年上报路演客户 9 个,入库 5 个,金额 45500 万元,入库率达 80%;上报项目 14 个,金额 72700 万元,为分行可持续发展打下了坚实的基础。

【中间业务】 大力发展中间业务,努力提高中间业务收入比重。坚持以零售中间业务为龙头、以国际贸易业务为主体的中间业务经营管理理念,在保持传统中间业务的基础上,加大了票据贴现、再贴现业务的争揽力度。同时,在确保无风险的前提下,还加大发展银行卡善意透支业务,全年共叙作善意透支业务 820 万元,实现收益 24 万元,培育了新的利润增长点。长城借记卡发卡 25284 张、国际卡发卡 128 张、国际结算量 6081.4 万美元、个人实盘外汇交易量 5100 万美元、票据业务交易量为 13210 万元。共代销基金 11 支,代销量 1637 万元。代理保险 607.2 万元,代理外卡收单 864 万元。

(赵建社)

中国银行咸阳分行

行　长　胡静乐

副行长　张　杰　李国勋

交通银行咸阳支行

【概况】 2004 年,交行咸阳支行认真贯彻落实中央金融宏观调控的各项方针政策,坚持走精品银行发展之路,按照“高点切入、重点营销、突出品牌、强化特色、加强管理、全面发展”的工作思路,各项业务健康快速发展,有力地支持了地方的经济建设。至年底,本外币各项存款余额 25562 万元,较上年增加 18914 万元,各项贷款余额 11148 万元,存贷市场增量占比均居全市同业先进水平。

【信贷营销】 支行把信贷投放作为信贷营销的重点工作,紧盯市场信息,积极拓宽对公业务渠道。一是紧紧围绕咸阳市重点工程项目关中环线建设,咸阳市土地储备中心世纪大道西段两侧土地储备项目,一方面加快信贷投入,二季度积极向两项目分别投放贷款 8000 万元和 5000 万元,有力地推进了两项目的建设进度;另一方面借两项目的辐射作用带动中标单位、施工企业、监理单位来支行办理业务。二是紧紧抓住咸阳市企业改制的市场信息,通过信贷支持引导改制企业来支行办理业务,三季度向陕西生益华电科技有限公司投放短期流动资金贷款 1000 万元,支持了企业的快速发展。三是紧紧盯住咸阳市招商新进客户,使用多种信贷工具,支持企业来支行办理业务。三季度向汇源果汁有限公司等企业开立信用证和银行承兑汇票 1038 万元,有力支持了企业的发展。

【银行卡业务】 太平洋卡是交通银行的特色产品,以其强大的网络优势和优异的功能深得市民的厚爱,一年来支行太平洋卡业务发展迅速。为了突出品牌、强化特色,支行加大银行卡业务的营销力度。一是深入学校、社区、商务中心宣传太平洋卡的各项优异功能,充分发动员工由近及远、由少到多地开展业务,把附近的健身中心、饭店、美容中心等中小客户的小额代发工资纳入支行批量开卡。二是借土地储备中心支付征地款之机深入陈杨办、钓台镇附近五个村宣传太平洋卡代理业务,争取征地款的就地转存。三是召开咸阳市医药经销商的太平洋卡营销推介会,广泛宣传太平洋卡在个人商务活动中的优异功能,得到咸阳市医药经销商的广泛认可。

【强化管理】 咸阳支行是交通银行在西北的首家异地支行,秉承"一流的服务、一流的效率、一流的信誉"的办行宗旨,着力打造"精品银行"。一是狠抓制度建设。在财务、信贷、内控等方面制定了50多项规章制度,有力地保证了各项业务健康有序发展。二是加强安全保卫工作。支行严格制定防盗、防抢、防火、防诈骗、保障员工生命安全的"四防一保"责任预案,明确了每位员工的安全责任,同时在库款接送、柜台防诈骗、班前班后、营业场所防盗、防火等四个环节上不断加强检查,出现问题现场整改。经常教育职工提高安全意识,确保安全营运。三是加强计算机安全管理,着重从软、硬件两个方面实施安全措施,软件方面重点加强密码管理,对各种应用系统密码严格更换登记制度,确保安全。硬件方面主要是安全防水、防火、防高温,改善计算机、自助设备安全环境。

(胥正勇)

交通银行咸阳支行

行　长　贺建强

副行长　邸小敏　胥正勇

咸阳市商业银行

【主要经营指标】 2004年,市商业银行各级认真贯彻执行国家货币金融政策和信贷产业政策,坚持以质量和效益为中心,以双降为重点,不断调整信贷结构,努力改善资产质量,进一步完善风险控制,促进了各项业务的健康、持续、快速发展,经营管理工作跃上了新台阶。至年底,全行各项存款余额174613万元,较上年增加11342万元;各项贷款余额1136914万元,较上年增加9021万元;存贷比例为63.61%;全年累计收回不良贷款639.68万元,不良贷款占比16%;全年实现利润644万元,较上年增加284万元。

【资金组织】 市商行面对激烈的市场竞争以及宏观经济政策调整对资金市场的影响,研究确立了"以服务促存款、以营销抢市场、以业务争客户"的存款工作指导思想,坚持以"巩固、发展、调整"为主线,不断改善金融服务,努力扩大企业宣传,在巩固和稳定对公存款的基础上,大力实施结构调整战略,积极发展居民储蓄。通过开展优质文明服务、"争先创优"等活动,努力改善服务质量,提高服务水平;先后推出了代理保险、出租车贴心理财专家、代收水费等业务品种,不断丰富经营品种,带动了存款业务的健康发展,资金的稳定性和效益性得到了进一步增强。年内,新增存款11342万元,各项存款余额达到174613万元。其中对公存款110149万元,较年初增加6937万元;储蓄存款64464万元,较年初增加2665万元。

【信贷基础管理】 根据国家宏观调控政策和产业政策,信贷工作以"强化管理、防范风险、夯实基础、提高质量"为重点,坚持树立安全稳健经营的思想,按照"有进有退、有保有压、区别对待"的原则,严格"存贷比"管理和信贷总量控制,及时调整信贷政策,优化信贷投向,稳健拓展业务,经营风险得到了控制,确保了经营工作平稳运行。全年累计发放贷款94770万元,其中新增投放贷款13790万元,重点支持了医药、电子、纺织等市域支柱产业、农业产业化、文化教育,以及咸阳楼建设、咸阳北区和西区供热、土地储备等市政重点项目,为市域经济发展做出了贡献。

【改善资产质量】 受经济运行大环境以及市商行历史遗留问题等因素影响,不良贷款成为沉重的历史包袱,严重制约着商行的发展。2004年全行深入开展了"清收降比"竞赛活动,通过公开招标清收、资产盘活、法律诉讼等手段,充分调动各方面的积极性,狠抓资产质量改善工作。全行累计收回不良贷款695.9万元,其中次级类493.01万元,可疑类201.04万元,损失类1.84万元;收回表外利息228.12万元,收回土地置换贷款7.63万元,核销历史呆账贷款624.7万元,清收工作取得了较好成绩。同时,进一步完善了风险拨备计划,加大历史问题解决力度,年内计提呆账准备金1211万元,核销不良贷款624万元,为资产质量改善奠定了基础。

【经营效益】 市商行努力拓展盈利渠道,增加中间业务收入,压缩经营成本开支,经营效益显著提高。全年实现利润644万元,同比增加284万元。一是从完善考核机制入手,努力增加中间业务收入。全年中间业务总收入达到了398万元。二是积极参与上海资金市场业务运作。年内实现债券投资收益508万元,较上年同期增加了335万元。三是严格落实贷款利率浮动管理制度。在政策规定范围内,对逾期贷款、贷款展期、转贷利率等进行了适当上浮,努力增加贷款利息收入。四是切实加强成本管理,大力压缩非营业性支出,营业管理费用明显回落,成本管理初显成效。

（韩顺英　刘建锋）

咸阳市商业银行

董事长　苏吾生
监事长　段永辉
行　长　范尔峰
副行长　薛　克

咸阳市农村信用合作社联合社

【概况】　2004年,全市农村信用社以改革为动力,以发展为主题,以经营为中心,坚持内强素质、外塑形象、求真务实、抢抓机遇的经营方针,坚持以人为本、稳健经营、创新发展、防范风险的经营策略,坚持扩大规模、盘活存量、调整结构、增加效益的经营措施,抓住改革、发展和“提高信贷资产质量年”两条主线,全体干部职工顽强拼搏,各项业务得到了长足发展,各项改革稳步推进,有力地促进了全市农村经济的持续、健康发展。至年末,全市农村信用社各项存款余额为582607万元,较年初增加65645万元,同比增多30813万元;各项贷款余额为437318万元,较年初净增33169万元;实现利润2508万元。

【支农工作】　全年以推广农户小额信用贷款、开展信用村镇建设为重点,全力支持农业产业结构调整。年末,全市224个农村信用社(部)全面开办了农户小额信用贷款和农户联保贷款业务,共对3603个行政村评定了信用等级,占全辖区行政村总数的95.7%,农户小额信用贷款余额达到111630万元,建立贷款档案农户为689365户,占农户总数的73.1%,评定信用户276755户,发放贷款证210986户,分别占到总农户的29.6%和22.6%。已评定信用村43个,正在评定的信用村121个。农户及农村经济组织贷款余额为302728万元,占各项贷款总额的69.2%,全年净投放36914万元,占各项贷款增量总额的111.3%。全年累计投放各项贷款251056万元,农户及农村经济组织贷款累计发放181871万元,占各项贷款累计投放总额的72.4%,为全市农村经济发展提供了有力的信贷扶持。

【体制改革】　按照国务院关于深化农村信用社改革的总体部署,农村信用社交由省政府管理,省联社于8月份正式开业,县级联社改原两级法人为一级法人,国家给予农村信用社诸多政策扶持。全市11家联社首期获得专项票据置换,最初使用专项借款的兴平、泾阳、永寿联社也已经报改争取为专项票据,且均已达到了申请条件。全市农村信用社保值贴补资金争取到位,首期补贴资金已经下拨基层社(部)。经省联社批准确定的组建县联社统一法人的10家联社,已全部完成清产核资、增资扩股、班子调整等工作,并召开了发起人大会,筹建申请已上报省银监局待批。

【基础建设】　2004年,全市筹建竣工基层信用社办公楼9个,修建杨陵联社办公综合大楼1幢,共计建筑面积1.2万平方米,并对31个营业网点进行装修,建成了一批较高档次的营业场所,提升了农村信用社竞争实力和社会知名度。新增县一级计算机门柜网络中心2个,全市县级计算机门柜网络达到3个,同城结算网络3个,天地对接网络1个,计算机网点达到298个,覆盖率达到83.4%,服务手段得到进一步改善。

（李治平）

咸阳市农村信用合作社联合社

理事长　段平祥
监事长　李斌幸
主　任　张继福
副主任　张巨成

证　　券

西部证券咸阳渭阳西路营业部

【概况】　2004年,在市场行情低靡的情况下,营业部各项经纪业务指标均较上年同期有较大幅度提高,实现交易量增加3.1%,营业收入增加10.4%,国家财政收入增幅30%,网上交易业务也得到了极大的发展,交易量占营业部比重已提升至32.8%。各项经纪业务指标在全省证券行业中名列前茅,并连续多年保持咸阳证券市场的龙头地位。营业部设立的三原服务部、礼泉服务部、榆林服务部也繁荣了当地的金融市场,为当地经济建设发展做出了贡献。在加强风险防范的前提下,做好客户开发和客户服务工作。在客户服务方面,加大创新意识,形成具有自己特色的服务理念:讲究实效,制定合理、周密的客房开发规划,给客户提供更多、更好的专业化、差异化服务,并适应形势不断调整服务方式,加大服务力度,将客户服务贯穿于工作始终。树立核心客户群,以对核心客户群的优质服务,带动其他客户群。实行客户首问制,把最大的方便留给客户。

（刘益军）

西部证券咸阳西兰路营业部

【概况】　2004年,在市场发展不利的局面下,营业部以《西部证券股份有限公司2004年经纪业务工作要点》为中心,按照“强本固基,深化管理,低成本竞争”经营管理指导思想,积极应对市场竞争,努力提高市场份额,控制经营成本,加强风险防范,提高管理及服务水平,努力完成公司下达的利润目标。通过落实陕西证监局下发的《关于加强交易委托系统和客户资金安全管理工作的通知》,加强营业部委托、资金安全管理工作,进一步完善、规范业务流程,控制关键业务环节风险;加强电脑系统的日常维护与应急措施的演习;严格遵守公司有关会计制度并接受稽核部门监督,认真履行经营职责,杜绝了各项业务所带来的风险、隐患。营业部不断策划推出针对不同的客户群体的组合服务措施,加大重点客户资讯服务力度。通过听取客户合理的建议与意见,充分了解客户的需要,有的放矢,既讲求效益,又讲求服务质量,吸引了更多投资者参与证券投资和股票交易。

(高　峰)

保　　险

中国人民财产保险股份有限公司咸阳市分公司

【概况】 2004年,中国人民财产保险股份有限公司咸阳市分公司围绕总公司提出的实现一个目标(净利润目标)、抓好两项重点(结构调整和强化管控)开展工作,坚持以提高效益为中心,以业务发展为基础,以结构调整为重点,保费收入和经营效益稳步增长。全年实现保费收入10691.4万元,实现已赚净保费8688万元,交纳各种税金599.5万元,处理各类赔案16568件,全面完成各项经营指标。

【加快发展】 一是实施进取性战略,抓住咸阳经济快速发展、扩大招商引资的历史性机遇,充分利用人保财险的品牌和服务优势,在服务上体现特色。二是充分发挥“三个中心”(承保中心、理赔·客户服务中心、财务中心)的功能优势,在控制经营风险和确保业务质量的前提下,合理运用费率调整系数,为客户提供快捷、优质的服务,使承保、理赔更加方便。三是对非车险业务在政策上扶持倾斜,把优质业务放在优先发展的位置,大力发展意外险、家财险、货运险、企财险、责任险等市场上急需的保险产品,使业务结构更趋合理。四是加强与经纪、中介、代理机构和银行的合作,抓好营销队伍的增员与培训,搭建直销、营销、中介、代理多渠道发展的平台,扩大了公司的业务覆盖面和服务领域。

【优化机车险业务结构】 机车险作为公司经营主导产品,也是市场需求量最大的险种。一是结合新的《道路交通安全法》的实施,拓宽承保面,在扩大业务规模的基础上优化车险自身结构,力争使车损险、附加险、三责险保足保全,为客户提供更多的保险保障。二是细化车险管理,严格按车辆的使用性质承保,制定下发了《承保业务管理实施细则》和《关于进一步提高业务承保质量的通知》,按照新的车险考核指标,加强对车险业务盈利能力的监控。三是加强对理赔环节的管理,加快理赔速度,提高结案率。四是大力开展拖拉机和摩托车定额保单销售活动,进一步满足了市场保险需求。

(李树生)

中国人寿保险股份有限公司咸阳分公司

【概况】 2004年,中国人寿保险股份有限公司咸阳分公司坚持树立科学的发展观,以效益为中心,以股东价值最大化为目标,转变观念,正确处理效益、速度、规模的关系,努力提高公司的利润水平,加大风险型产品销售力度,加强成本核算,在强化管理、依法合规经营和基础建设等方面走出了一条创新之路,公司整体运营能力得到了全面提升,管理工作步入正轨,面向客户、服务客户的意识逐步得到提高,企业文化建设得到加强,公司形象和信誉得到广大客户的普遍认同。全年实现保费收入43085.6万元。个人业务实现保费收入28398万元,其中鸿瑞两全保险实现保费收入6231.4万元,个人新单期交业务7803.3万元。团体寿险业务共实现保费收入2369.1万元,短期险(不含补充医疗)业务共实现保费收入2671.3万元,其中意外险保费收入1111.8万元,健康险保费收入1559.5万元。代理业务实现保费9629.6万元,补充医疗保险17.6万元。

【业务发展】 2004年,咸阳分公司围绕业务发展这条主线展开,突出新单期交和短险业务发展重点。首先,倡导全市系统各基层公司坚持用发展来解决公司前进中遇到的困难和问题,努力增强公司的竞争能力和整体实力,市场份额始终保持在85%以上,确保了市场主导地位,使发展观念得到更加牢固的树立。其次,科学制定发展目标,明确以个人业务打基础,团险业务占市场,兼代业务上规模,短险业务出效益的发展思路,持续、稳健、快速推进公司业务发展。第三,突出发展策略的实施,始终将调整业务结构作为提升发展后劲的一条主线,坚持不懈地调整个、团、代三大业务、传统业务与分红业务、趸交业务与期交业务之间的比例。第四,调动各方力量开展业务推动。员工队伍的积极性是发展业务的动力源泉,各单位通过基层党、工、团组织开展各种行之有效的劳动竞赛活动,极大地调动了广大员工的发展热情,营造了浓厚的发展氛围。分公司围绕

“抓新单、上短险、促总量”的发展战略,特别强调了个人新单期交业务的工作战略性。结合全省系统开展的“激情之春”业务竞赛,积极组织开展了“阳春鹏程行动”、“骄阳鹏程行动”等业务竞赛活动。为确保竞赛效果,各基层公司狠抓落实,将目标任务量化到团队、到人、到每天、到客户。同时,通过召开客户恳谈会、产品说明会等多种形式,以鸿鑫、康恒、两康险为主打险种着力开拓市场,带动新单期交业务全面快速发展,件均保费和人均产能大幅度提高。

【队伍建设】 在员工队伍建设方面,分公司坚持做到队伍增员经常化。各基层公司增员计划实时抓落实,不仅要求主管增员,而且业务员也必须经常化增员。通过组织一系列大型社会咨询活动,有针对性地发展队伍,队伍规模由年初的2600人增加到年底的3000余人。员工激励理性化。在员工队伍激励上从加强职业道德培训入手,教育全员牢固树立司兴我荣、以司为家的思想。在激励方式上,采取了目标激励、数据激励、领导行为激励、典型激励、关怀激励、集体荣誉激励、支持激励等理性化激励形式,收效显著。教育培训实现经常化、规范化和系统化。全年系统共举办各类培训班10余期,参训人员达1000余人。邀请省内外著名教授、讲师,对参训人员分别从增员管理、辅导管理、汇报管理、活动管理、团队精神、保险行销以及市场营销策略、电子化销售、团队经营与管理等方面传授新的营销理念。在抓教育培训规范化过程中,由过去新人先培训到现在的先有业绩再培训,主管手把手地教,组训出主意,想办法帮助新人提高业绩。员工综合素质的快速提升为业务长远发展聚集了力量。在组训、讲师队伍的培养上,公司采取统一招聘、统一培训、统一管理、统一调配的方法,通过各种大型会议、晨会、夕会以及业务组织策划来锻炼提高他们的组织管理能力。在队伍管理中,增强制度执行的透明度,进一步理顺了营销架构,给广大业务员创造了理想的职涯规划,用制度来保障和维护从业人员的切身利益,从而极大地调动了营销员及主管的积极性,业务员的出勤率、拜访量较前有了明显提高,队伍的潜能得到了充分挖掘。

【优质服务】 2004年是中国人寿保险股份有限公司体制改革后的第一年,面对日益激烈的市场竞争,中国人寿保险股份有限公司咸阳分公司着力加强客户服务体系建设,强化服务岗位操作权限管理,规范服务流程,加快出单速度,提高处理效率,使续收、保全、理赔等基础服务得到有效开展。管理机关对基层、全员对客户的服务进一步得到加强。同时,严把承保、体检、理赔质量关,建立服务考核体系,有效地促进了投诉案件的处理,提高了理赔案件的质量,推动了续期服务和客户回访工作。进一步完善了“95519”专线电话功能。全年共受理呼入电话23700起,回访电话14400次起,投诉电话175起,诉讼案件4起。查处案件317起,拒付赔款168万元,为客户提供了优质服务,树立了公司的良好社会形象。同时,业务数据质量的提高和业务分析系统的建设为领导层经营决策提供了可靠依据,信息技术的进一步强化和提升也为发展和管理提供了有力的技术保障。

（马凌飞）

中国太平洋财产保险股份有限公司咸阳中心支公司

【概况】 2004年,中国太平洋财产保险股份有限公司咸阳中心支公司经过业务结构调整,人员的重新组合,SOP管理程序的运行,经过全员的共同努力,全面完成了各项工作任务。全年实现保费收入1800万元,同比增长33%,赔款支出780万元,综合赔付率43.3%,同比下降了23%,被上级公司连续三年评为“先进集体”和“先进党支部”。2004年,再度被陕西省消费者协会评为“诚信单位”。

【业务结构调整】 2004年,公司认真学习、贯彻、执行党和国家的法律法规,上级党委和公司的方针政策,继续坚定不移地进行结构调整,取得了显著成效。咸阳中心支公司在改革中能审时度势、抓住机遇、大力发展,及时退出营运车辆险这个亏损业务领域,对内部制度管理进行了完善,加强效益险种的推广力度,积极寻找优质保源。公司在市内及郊县设立了十几家兼业代理机构,构建起强大的业务关系网。公司又提出了极具前瞻性的发展战略即“立足咸阳,面向全国”,并形成了以咸阳为中心向周边城市、省份扩展业务的战略路线,逐渐向全国范围扩大,使公司的保险份额在市场上稳步上升、规模逐年增大。

【抓好企业文化建设】 太保公司进入咸阳市场后深入人心,在广大客户心中树立了良好的形象。为把此项工作做得更好,公司不断改革创新,加强企业文化建设,组织各类社会义务劳动及公益活动,得到了社会各界的好评。公司组织了各类学习培训,还购置大量图书,年底与每个员工签订《学习合同》,有力地促进了公司的企业文化建设,将公司推向一个文明、积极向上的发展轨道。

（赖苏娥）

中国太平洋人寿保险股份有限公司咸阳中心支公司

【概况】 2004年,中国太平洋人寿保险股份有限公司咸阳中心支公司实现保费收入6486.6万元,较上年增加1418万元,同比增长29%。在赔付方面,赔付率为36.05%,赔付金额55万元,其中短期意外险赔付率26.5%,赔付金额23.9万元,个人健康险赔付率56.23%,赔付31.5万元,团体健康险赔付率81.1%,赔付金额12.3万元。

【基础管理和风险管控】 支公司加强了对核保核赔制度的管理,团体年金项目的承保、给付严格按照总公司规定逐笔申报,使大额资金风险得到完全控制。加强了理赔案例的查勘,调整充实理赔查勘力量,对大案、疑难案件严查。坚持查房制度,控制挂床和小病大养现象。制订了"赔案流转登记制度",增强了员工工作责任心,提高了工作效率。为了规范县级营销部内勤工作实务,制订了"内勤人员工作职责"及实施细则,同时组织了内勤人员业务培训;在规范经营、牢固树立诚信服务理念方面,支公司对客户的投诉高度重视,采取注重事实不回避的工作态度,提出合理有效的解决方案,提高了公司信誉。

(钟 宏)

中国平安财产保险股份有限公司咸阳中心支公司

【概况】 2004年,平安产险咸阳中心支公司的业务范围涉及纺织、电力、煤炭、建筑、通讯、外贸、运输以及金融等各大行业,同时又增加了团体意外险业务,业务辐射咸阳市区及十个县市,规模不断扩大,形成了销售网络体系,并积累了丰富的大项目承保和风险控制经验。全年公司保费收入850万元,较上年同比增长223.7%,超额完成陕西分公司下达的任务,业务结构显著改善,整体经营绩效进一步提升。

【合理高效的理赔服务】 支公司秉承"服务于客户,回报于社会"的经营理念,积极致力于构建高科技的服务平台,为客户提供专业化的产品和服务。咸阳中心支公司的车险客户服务工作已经建立了以"车险网上理赔系统"为平台,以良好的服务形象和完善的服务功能为保障,突出快速,创建专业化、差异化的车险理赔服务体系。实行每周7天、每天24小时查勘服务,随时受理出险报案、查勘现场。并实行每周7天、每天8小时赔款支付服务。

(田 炬)

中国平安人寿保险股份有限公司咸阳中心支公司

【概况】 2004年,中国平安保险股份有限公司咸阳中心支公司拥有平安客户5万余人,人寿险业务保费收入3300万元,当年理赔给付金额130万元,近2000名客户得到平安保险的服务和关怀。

【产品和服务】 6月24日,随着平安公司在香港成功上市,公司推出平安智富人生万能保险,随后又推出三款(富贵竹、长青树、无忧果)健康分红保险产品,在人寿健康险市场上再次确立平安保险的产品优势。为了建立平安良好的服务体系,平安在寿险业务成立电话服务中心95511,建立了全国统一形象的标准化服务柜面和PA18平安网站。同时,组建了一支品质优良的业务代理人,使平安的服务更加完善、更加规范。

(魏付银)

永安保险股份有限公司咸阳中心支公司

【概况】 2004年,永安保险公司咸阳中心支公司以优质服务为基础、以加强内控管理为重点、以调整结构为主线,科学管理,稳健经营。支公司引进竞争机制,部门经理实行"竞聘上岗"、员工实行"末位淘汰",有效激发了全员的工作热情。建立绩效考核机制,实行绩效挂钩、以岗定薪,充分调动员工的拓展业务的积极性。加强内部稽核,完善各项管理制度,建立误核和错案损失追究制,增强员工的责任心。同时,支公司加强企业文化建设,增强员工信心,鼓舞员工士气,提高公司凝聚力。支公司全年保费收入1200万元,为全市人民提供了9亿元的风险保障。

(安永康)

泰康人寿保险股份有限公司咸阳中心支公司

【概况】 2003年8月,泰康人寿保险股份有限公司咸阳中心支公司正式开业。公司遵循"求实创新、稳健进取"的宗旨,以"专业化、规范化、国际化"为发展方向,取得了良好的发展势头。2004年,保费收入3400万元,其特有的爱家之约产品极受市场青睐,在咸阳取得比较大的市场份额。经过全体员工的努力拼搏,中介业务实现保费收入3000万元,完成全年任务的110%。为了做好客户服务工作,公司在全国寿险业内率先推出了"一站式"服务模式,建立门店式客户服务中心,并推行"客户服务代表"制。在工行人民东路支行一楼设立了体现公司全新服务理念的"泰康新生活广场"。客户将通过泰康人寿的"新生活广场门店"、"新生活广场电话(95522)"、"新生活广场网络(www.taikang.com)"以及朝气蓬勃、健康向上、专业诚信的员工队伍,享受到更具个性化、亲和化、综合化、全天候的金融服务。公司开通24小时语音服务电话、实行100%电话回访制度、推出附加价值服务等,不仅让客户感觉到了公司的温暖,而且还有力地促进了业务的开展。泰康人寿咸阳支公司已在泾阳、乾县、兴平、彬县等地开设了4个郊县营销服务部,已拥有营销人员400余人,培养了20余名的营销管理干部。为了提高员工的整体素质,按照总公司泰康企业大学的培训理念和宗旨,不定期举行各种培训讲座,激发员工的工作积极性,为公司的长远发展打下了坚实基础。

（鱼军丽）

新华人寿保险公司咸阳支公司

【概况】 新华人寿保险股份有限公司是经国务院同意、中国人民银行总行批准,于1996年8月成立的全国性、股份制专业寿险公司,经营范围包括各类人寿保险、健康保险和人身意外伤害保险业务。公司于2000年成功地吸收外资参股,实现了资本国际化。公司现注册资本12亿元,有股东16家,其中中资股东12家,包括大型国有企业和股份制企业;4家外资股东为:瑞士苏黎世保险公司、国际金融公司、日本明治生命保险公司、荷兰金融发展公司。截至2004年8月底,新华保险年度保费收入达到了117.93亿元,新开业5家分公司。至此,新华人寿在全国开设了省级分公司34家、中心支公司150家、营销服务部562家,全面完成了机构网络布局。新华人寿内外勤员工达14万人。新华公司在快速发展的同时,坚持以效益为中心,连续八年保持盈利。新华人寿咸阳市中心支公司在开业一年的时间里,新单保费一直在咸阳五家寿险公司中排名第二,咸阳中心支公司已开设了乾县、兴平、三原、泾阳四家县级机构,并逐步将在全市各县开设机构,为全市人民提供更加完善的新华保险服务。公司的重点险种有健康天使重大疾病保险、锦绣年华养老金保险、福如东海终身寿险、成长无忧少儿重大疾病保险、成长绿荫定期寿险等。

（袁　莉）

天安保险股份有限公司咸阳中心支公司

【概况】 天安保险股份有限公司成立于1994年10月,是中国首家由企业出资组建的股份制公司。总部设立在上海浦东。2004年,在全国拥有32家分公司、400多个分支机构,500多家海外理赔检验代理人,遍布100多个国家的近100个港口和城市。天安保险股份有限公司主要经营中国保险监督管理委员会核准的企业财产损失保险、家庭财产损失保险、建筑工程保险、安装工程保险、货物运输保险、机动车辆保险、船舶保险、能源保险、短期保险、健康保险和人身意外伤害保险、责任保险、保证保险、信用保险等保险业务。天安保险股份有限公司咸阳营销部于2004年3月1日正式开业,2004年12月31日经中国保监会陕西监管局批准升格为中心支公司,是天安保险在陕西省内第一家地市级机构。现有员工32人,专科以上人员占98%,平均年龄30岁,是一支高素质、年轻化、专业化的员工队伍。咸阳中心支公司秉承“化险为夷,补天爱人”的企业精神,把“成功者管理风险”作为自己的工作定位,遵循最大诚信原则,以更及时、更全面、更专业、更道德的服务,竭力为天安客户提供优质的全程服务和周全完善的风险保障,为咸阳的经济发展保驾护航。从2004年3月1日开业至年底,共完成保费收入628万元,完成计划任务600万元的104.7%,人均保费29.9万元。

（天　安）

教　　育

概　　述

【概况】 2004年,全市教育工作坚持全面贯彻党的教育方针,实施素质教育,全面提高教育质量,狠抓学前教育,巩固提高义务教育,加快普及高中教育,大力发展职业教育,继续办好成人教育。全市教育事业持续稳步发展,优质教育资源不断壮大。市教育局被国家教育部评为语言文字工作先进单位,被省委、省政府评为全省未成年人思想道德教育先进单位,被省委教育工委、省教育厅评为全省教育系统"创选评"竞赛活动最佳单位。

【教育思想大讨论和教育行风大整顿】 8月,全市各级教育行政部门、各级各类学校利用7天～10天时间,认真组织开展了以"整作风、正教风、优校风、树形象"为主题的教育思想大讨论、教育行风大整顿活动。在教育行政部门,围绕改进机关作风,坚持依法行政,重点整顿和解决学习研究风气不浓、改革创新精神不强、服务意识淡薄、工作作风不实、文明程度不高等方面的问题;在各级各类学校,围绕规范办学行为,端正校风校纪,重点整顿和解决办学思想不够端正、办学行为不够规范、教育工作游离中心、学校管理不完善等方面的问题;在中小学教职工中,围绕加强师德师风和业务素质建设,重点整顿和解决敬业精神不强、教书育人相脱离、教学研究工作薄弱、功利思想严重、师德师风不良等方面的问题。市、县两级教育行政部门从领导到同志,从中小学校长到普通教师认真学习,深刻自查,敢于揭摆问题,开展自我剖析。通过活动,全市教育系统干部教师思想和作风方面一些突出问题得到解决,教育思想观念显著更新,工作作风显著转变,师德师风显著改观,依法治教、规范管理、文明执教、全面育人的新形象逐步树立起来,在社会上产生了良好的影响。8月中旬,召开了中省驻咸新闻媒体和市级新闻机构主要负责人座谈会,广泛征求对教育工作的意见和建议。秋季开学中,坚持"谁主管、谁负责"和"一级管一级"的原则,各级各类中小学严格收费纪律,及时公布收费项目和标准,加大对外宣传力度,增强工作透明度,自觉接受社会各界的监督。市、县教育行政部门采取领导包片、干部包县(乡)的检查办法,对中小学开学工作进行了全面检查,全市秋季中小学收费秩序是历年来最好的一年,没有发现重大违规收费行为。

【中小学危房改造】 认真实施新一轮"中小学危房改造工程"。全市2004年完成危房改造面积18.7万平方米,完成投资7004.99万元。其中2003年国债项目56个,面积45354平方米,投资2624.6万元,同时完成了"二期危改"2004年79个项目的汇总申报。

【中小学布点调整与城区学校建设】 2004年,全市规划撤并130所中小学,实际已撤并135所,其中全撤35所,部分撤并100所,超额完成年度任务。实验中学新校区建设已经市计委批复立项,选址工作正在紧张进行;咸阳高等职业技术学院建设也在紧张有序地进行;同时,市教育局积极与市规划局协调阳光小区以南、秦都区玉泉路(西段)和渭城区文林路地段学校布局规划定点问题。城区学校教育资源配置规划完成了规划图的清样,进行了城区学校供热情况调查,完成了秦宝中学等学校的供热工作。

【"两基"复查 创建教育强乡镇和强县】 全市13个县市区的"两基"通过了市政府的年检,其中9个县市区通过了市政府的"两基"复查,秦都区、渭城区、三原县、武功县、礼泉县、彬县、旬邑县等7个县区接受了省政府的"两基"复查评估验收。4月,三原县顺利通过省政府专家组的评估验收,继眉县之后成为全省的第二个教育强县。市教育局坚持成熟一个验收一个的原则,对申报市级教育强乡镇的渭城区、三原县、兴平市等5个县市区上报的13个乡镇进行了评估，共有8个乡镇达到了市级教育强乡镇的创建标准，并受到市政府的表彰和奖励。

（王芳坤）

基础教育

【概况】 2004年，全市有公办中小学3162所（含企事业学校），其中普通高中75所，职业学校38所，初级中学262所，小学2730所，公办幼儿园52所，特殊教育学校5所。全市公办中小学在校学生108.6万人，其中普通高中11.53万人，中等职业学校3万人，初级中学31万人，小学58.5万人，幼儿园（含学前教育）4.49万人，特殊教育学校627人。全市公办中小学共有专任教师50634名，其中普通高中5151名，中等职业学校1361名，初级中学15615名，小学27697名，幼儿园783名，特殊教育学校27名。

【高中标准化建设】 2004年，全市高中标准化建设实际建筑规模14.1万平方米，完成投资10162.5万元。其中列入2003年全市重点项目工程13个，规划总规模83650平方米，总投资7334万元（其中贷款2890万元，自筹3416万元，其他1028万元）。全年完成投资5305万元，10个项目已经竣工，竣工面积60650平方米。

【基础教育课程改革】 2004年，市教研室组织全体教研员深入兴平、武功等9个课改实验县市区开展课改调研、指导，形成了基础教育课程改革评估方案并下发各县市区，明确了基础教育课程改革各项内容及评估办法。对全市教育行政部门2000多名干部和课改学校校长、乡镇教育专干进行了通识培训，对全市1000多所进入课改的学校起始年级任课教师进行了岗前培训。同时，对其他学校校长和教师进行了新课程通识和新教材培训，使课改理念逐步深入人心，新的教育教学模式得到运用和实施。

【基础教育骨干体系建设】 2004年，市教育局完成了对3所市级重点高中、40所市级示范中小学、28所市级文明校园、9所市级艺术特色学校、3所市级幼儿园、8所农村乡镇示范幼儿园共88所申报骨干体系创建学校的评估验收工作；完成了对彬县中学、长武中学、永寿中学、淳化中学、旬邑中学市级重点中学确认工作，配合省厅完成了对三原南郊中学和咸阳中学省级重点高中的复验工作。指导咸阳中学通过了省级艺术特色学校验收。

（王芳坤）

高等教育

【普通高校】 2004年，全市辖区内有普通高等院校13所，市属中等专业学校5所。全市大中专院校在校学生（不含社会力量办学）46313名，其中本专科学生31269名，中等专业学校学生11313名，中等师范学校在校学生3731名。全年每万人拥有高等院校在校学生数89人，在全国同等规模（400万人～500万人）城市中位居第3位，仅次于广西桂林和江苏扬州两个城市。全市大中专院校拥有专任教师2882名，其中正高111名，副高992名，中级1068名，初级516名。

【民办高校】 2004年，全市有陕西国际商贸职业学院、陕西服装艺术职业学院、陕西托普信息技术专修学院、五〇五大学、咸阳人才培训学院等5所民办高校和民办高等教育助学机构。在校学生15920人，教职工999人。4月中旬，由省纺织协会、咸阳市政府、秦都区政府、陕西服装艺术职业学院联合举办了第二届咸阳国际服装文化艺术节，邀请全国、全省服装行业著名企业、知名人士参加，全国政协副主席万国权、省上领导安启元、市委书记宋洪武、市长张立勇等领导出席。6月6日教育部部长周济视察陕西服装艺术职业学院并签名留念。

（王芳坤）

陕西中医学院

【概况】 陕西中医学院于1959年在古城西安成立。1962年迁址于古都咸阳。学院坚持突出中医药特色的办学方向，在办好中医药类专业（中医学专业、中医骨伤科专业、针灸学专业、中药学专业、中药制药、中西医结合临床医学专业）、突出办学特色的基础上，近年新设了临床医学、医学检验、医学影像、预防医学、护理学和制药工程以及心理学（医学心理学方向）、汉语语言文学、英语（医学英语方向）、公共卫生事业与管理等专业，有本、专科专业及方向28个，部分专业招生文、理兼收；中医学专业、中药学专业、针灸学专业为省级名牌专业。1978年开办成人函授教育，对其中的中医、中药专业优秀本科毕业生授予学士学位；1978年经国务院学位委员会批准，成为第一批具有学士学位和硕士学位授权单位。到2004年，学院拥有15个学科、42个专业（方向）具有硕士学位授予权，涵盖了所有中医药类二级学科；具有研究生同等学力在职人员授予硕士学位的授予权。形成以本科教育为主，研究生教育、成人教育、职业教育、港澳台生教育和外国留学生教育等多层次、医（药）学、理工、文科、管理等学科综合发展的人才培养体系。建校46年来，为国家培养了数万名高级中医药专门人才。现有在校研究生437名，在校本、专科生7000余名，成教生1000余名,海外留学生43名,海外联合办学在校生100余名。是西北地区建校最早、规模最大、办学水平较高的一所以教学为中心,教学、科研、医疗协调发展的高等中医药院校。学院占地48公顷,分南、北两个校区,建筑面积达26万余平方米。图书馆建筑面积13500平方米,藏书56余万册,建成了集电子阅览与查询、办公自动化为一体的服务系统;新建有设施齐全的体育场。拥有10个系、3个教学部和继续教育学院;有4所直属、非直属附属医院,分布在咸阳、西安、宝鸡等地;有15所教学医院和8个药学各专业的实践教学基地。陕西中医学院制药厂是在全国中医院校建设较早的制药企业之一,是全国高校为数不多的校办中医药科技产业的主导力量。于2003年通过了GMP认证,是学院药学各专业教学基地之一,也是中医药科技产品研发的基地。陕西医史博物馆具有高校特色,馆藏文物独特且丰富。学院院本部有63个教研室、20个实验中心和11个研究室。全院(含附属医院)有教职工1400余人,其中正高职104人、副高职219人;硕士研究生导师120人;有兼职博士生导师3人,分别与北京、广州、上海等中医药大学联合培养博士研究生。学院有国家中医药管理局批准的重点学科4个,省级重点学科4个;建设有经国家药监局批准的国家级新药临床研究基地和陕西省中药饮片工程技术中心。

(屈榆生)

陕西科技大学

【概况】 陕西科技大学占地面积100公顷,设西安校区和咸阳校区。建校46年来,学校为国家培养了6万多名专门人才。现有工学、理学、文学、法学、医学、管理学等6大学科门类,39个本科专业,3个博士学位授权点,22个硕士学位授权点,还具有工程硕士、同等学力授予权,6个省部级重点学科,9个省部级重点实验室及工程中心,6个陕西省名牌专业。在校各类学生总数近1.8万人。学校设有14个学院(造纸工程学院、材料科学与工程学院、资源与环境学院、生命科学与工程学院、机电工程学院、电气与电子工程学院、管理学院、设计学院、化学与化工学院、计算机与信息工程学院、理学院、职业技术学院(咸阳)、职业技术学院(西安)、继续教育学院、1个系(外语系)、2个部(研究生部、体育部)和2个中心(现代教育技术中心、现代分析测试中心)。有专任教师900人,其中具有副高以上职称者近400人。国家杰出青年人才科学基金获得者1人,国家级有突出贡献专家4人,教育部教学指导委员会委员3人,享受国务院津贴专家35人,陕西省有突出贡献专家1人,陕西省跨世纪人才5人。学校在"六五"、"七五"、"八五"、"九五"期间,取得了显著的科研成就,一些研究成果达到国际先进水平。北方面粗质次猪皮制革技术的研究项目和提高汉口路山羊皮革质量的研究项目均获国家科技进步奖一等奖,华北路山羊皮制革技术开发项目获得国家科技进步三等奖。学校正在承担的国家级各类项目共有17项,其中国家自然科学基金项目13项,"十五"攻关3项,"十五"重大专项1项。共获得专利92项,其中发明专利14项,实用新型专利78项。共获得国家级奖励13项,省部级奖励86项,厅局级奖励100项。2004年校办企业产值和利润进入全国工科类院校科技企业百强。学校在温州建立了陕西科技大学温州研究院,从事皮革科研及应用工作;在佛山建立了陕西科技大学佛山研究院,从事陶瓷材料研究开发。学校成为陕西省乡镇企业(轻工)科技创新与技术服务中心,负责向全省乡镇企业推广先进技术和科研成果,开展多种形式的科技交流和校企合作,学校成为中国教育和科研计算机网(CERNET)咸阳城市节点单位,为陕西省内第一个非省会城市节点,也是西北地区首个非省会城市节点。轻化工程、工业设计、食品工程被陕西省教育厅评为全省名牌专业,6门课程被评为省级精品课程。2004年全国大学生数学建模竞赛获得国家二等奖1项,全国大学生机械创新设计大赛获得国家三等奖2项,全年大学生申报国家专利20项,获全国大学生高等数学竞赛和全国大学生力学竞赛省级一等奖6项。"轻工技术与工程"一级学科荣获教育部学位与研究生教育发展中心2004年全国一级学科整体水平评估第5名。被省政府授予"绿色学校"称号。

(何慧丽)

咸阳师范学院

【概况】 咸阳师范学院是一所以本科师范教育为主的省属普通高等学校。位于咸阳市北郊的文林路上。学校创建于1978年5月,原名陕西师范大学咸阳专修科,同年12月正式命名为咸阳师范专科学校。主要为基础教育培养合格的中学教师及社会需要的专门人才。2001年5月,咸阳师范专科学校与咸阳教育学院合并,组建成咸阳师范学院。学院占地40万平方米,校舍建筑面积31万平方米,设有中文、数学、物理、化学、历史、资源环境与城市科学系、土木工程系、外语、政法、计算机科学、体育、艺术、教育科学等14个系部及现代教育技术中心、基础教育课程研究中心和成人教育学院,45个本、专科专业。学院现有教职工800余人,其中专任教师400余人,教授、副教授140余人,博士、硕士110余人;有一批在省内外有一定影响的专家学者。现有全日制在校生11000人,成人教育在册学员6000人。学院坚持以育人为根本,以教师为主体,以教学为中心,以学科为重点,以改革为动力,以发展为目的的办学指导思想，把建设以师范本科教育为主，多学科协调发展，多层次、高水平、有特色的高等师范院校作为学院的定位。在20多年的办学实践中，以“厚德、博学”为校训，形成了“团结勤奋、求实创新”的校风，“严谨笃学、修德育人”的教风和“勤学善思、励志进取”的良好学风。学院始终坚持教学的中心地位，不断加大教学投入，突出师范特色，积极探索“厚基础、宽口径、强能力、高素质”的创新人才培养模式。在爱国主义教育学、秦文化与隋唐文化、中国古代教育制度、中西文学比较、数值分析、小波与图象处理、微分流行理论、离散介质电波的传播与反射、光化学分析与电化学分析、秦岭种子植物区系地理研究等领域具有一定的学科优势，取得了一系列的丰硕成果。学院教师近年来在国内公开刊物上发表学术论文3907篇，其中有305篇被《新华文摘》、《中国人民大学复印报刊资料》以及《SCI》、《EI》等权威期刊转载。出版专著237部，出版各类教材196部。获省部级优秀教学科研成果奖26项。学院现有省级科研机构4个，校级科研机构14个。《咸阳师范学院学报》面向国内外公开发行，2000年被评为省级优秀期刊。学院有物理、化学、地理、计算机、电化教育、体操、琴房、画室、文物陈列室等30个基础专业实验室。学院图书馆藏书48万册，中外文期刊1250种。建有固定教育实习基地100多个，野外专业教学实习基地14个。学院对外交流不断扩大，先后与日本京都文教短期大学、加拿大麦获森·海特学院、美国托莱多大学、法国勒芒大学建立了国际校际友好关系，并聘请勒芒大学校长为学院客座教授；与西北大学、陕西师范大学、西安体育学院等院校联合建立了硕士培训点。学院重视加强党的建设和精神文明建设，先后被评为全国语言文字工作先进集体、全国社会实践先进集体、陕西省教育系统“创佳评差”最佳单位，咸阳市文明单位、陕西省文明校园。建校20多年来，学院共为社会培养合格的基础教育师资和管理干部2万余人，许多已相继走上各级领导岗位，部分已成为地方基础教育的骨干。学院始终注重人才培养质量，毕业生一直受到用人单位的青睐，一次性就业率始终保持在90%以上。

（郭美娟）

西藏民族学院

【概况】 西藏民族学院是西藏自治区所属的一所办在内地的高等学校，是西藏创办最早的高等学校。1957年10月，中央批准将位于陕西省咸阳市的原西北工学院的校址转交西藏，作为筹建西藏公学的校址。1958年9月15日，西藏公学成立，标志着西藏的民族教育事业进入了一个新的历史发展阶段。西藏公学建校初期是一所政治学校，其任务是通过文化教育、政治思想工作、劳动生产锻炼和实际工作训练，培养忠实于祖国、忠实于社会主义、忠实于西藏劳动人民的有社会主义觉悟有文化的劳动者。在办学中，公学坚持教育与生产劳动相结合的方向和勤俭办学的方针，为后来的办学积累了宝贵的经验。1959年9月，西藏公学开办藏语文专修科，这是西藏历史上创办最早的专科专业，它成为西藏高等教育起步的一个标志。1960年，西藏民主改革取得伟大胜利，西藏进入向社会主义过渡的历史时期。为了适应西藏革命和建设事业发展的新形势，公学在继续培养政治干部的同时，开始培养西藏急需的专业技术人才。在开设藏语文专修科的基础上，又先后创办了师范、卫生、农业、畜牧兽医、会计、邮电等专业，为西藏输送了一大批专业技术民族干部，填补了西藏民族干部中缺乏专业技术人员的空白。1963年10月，公学成立专业系科，办学方向逐步向专业教育和综合院校发展。1965年7月1日，经国务院批准，西藏公学更名为西藏民族学院。中共十一届三中全会以后，学院进入了改革发展时期。学院积极适应西藏社会主义现代化建设的需要，坚持从西藏实际出发，在保持民族高等教育特色的基础上，面向现代化、面向世界、面向未来，把工作重点转移到以教学为中心的轨道上来，积极实现与现代民族高等教育的接轨，使学院的教学质量和办学水平有了很大的提高。近年来，为适应全国高教改革和西藏经济社会发展的需要，学院以教学为中心，加快了各方面的改革步伐。西藏民族学院已发展成为一所以文为主，文、理、经、管、法、医、教育相结合的多学科的现代化高等学校，是硕士学位授权单位，现有中国哲学、民族学、少数民族经济、中国古代文学等4个硕士学位授予点；开设有汉语言文学、新闻学、哲学、法学、思想政治教育、行政管理、公共事业管理、历史学、民族学、档案学、英语、会计学、统计学、财政学、临床医学、体育教育、信息管理与信息系统、广告学、工商管理、国际经济与贸易、金融学、人力资源管理等22个本科专业和一批高等职业技术专科专业，各类在校生约7000多人。学院现有教职工730多人，具有教授、副教授及其他高级专业技术职称的人员108人。他们中有享受政府特殊津贴的专家、有突出贡献的中青年学者、全国优秀教师和省区教学能手。此外，复旦大学、厦门大学、天津大学、中山大学、华东师范大学等五所对口支援高校的专家学者在学院任教。学院占地42公顷，校园环境幽雅，拥有藏书40余万册的图书馆、功能较为齐全的附属医院、计算机中心、文科实验中心、语言实验室等教学设施。西藏民族学院在45年的办学历程中，坚持把为西藏培养政治合格、业务过硬的专业技术人才作为办学的神圣职责，先后为西藏及其他省区输送了近3万名政治干部和专业技术人才。他们中有不少人已成为西藏自治区的区、地、县级领导干部,有相当一部分人已成长为西藏各行各业的专业技术骨干和高级人才。他们在西藏的社会主义革命和现代化建设事业中,在维护祖国统一、民族团结和反对分裂斗争中作出了重大的贡献,被称为一支用得上、干得好、站得稳、留得住的生力军,学院也因此赢得了“西藏干部的摇篮”的赞誉。西藏民族学院聚集了一批优秀的教学和科研人员,他们坚持面向西藏经济建设和社会发展需要,加强应用研究,突出民族学和藏学研究的指导方针,以教学促科研,以科研促教学,取得了丰硕的教学、科研成果。1978 年以来,学院教师与科研人员共发表学术论文 3000 余篇,出版论著、译著、教材 50 部,获得国家专利 6 项,承担省部级及以上研究课题 83 项,获国家和省部级奖 59 项。民族学、藏学研究在国内外学术界获得了良好的声誉。学院出版有《西藏民族学院学报》和《西藏高等教育研究》两种学术刊物。

(郭美娟)

陕西工业职业技术学院

【概况】 陕西工业职业技术学院是经教育部批准改制成立的西北地区首家实施高等职业技术教育的全日制普通高校,隶属陕西省教育厅管理。全院占地面积 34.67 公顷、建筑面积近 27 万平方米,各种现代化教学设施和手段齐备,资产总额达 1.7 亿元。自 1950 年建校以来,已向社会输送大、中专毕业生 5 万余名,是新中国成立最早的职业技术院校之一。在册学生 9000 余名,设有机械工程、电气工程、信息工程、材料工程、工商管理、人文科学、土木工程、物业管理等八个系和基础、体育艺术两部及继续教育中心、工业技术(实训)中心;开办以工科为主、经、管、文、外等学科为辅的专业或专业方向共 41 个,其中“机械设计制造及其自动化”、“工业电气自动化技术”是教育部高职高专教改试点专业,“机械设计制造及其自动化”还是教育部精品建设专业;“数控技术及应用”、“模具设计与制造”、“计算机应用与维护”是省级教改试点专业;“数控机床加工技术”、“焊接技术及自动化”是教育部、省教育厅确定的技能型紧缺人才培养工程“两年制”教改试点专业;电气工程系的“工业电气自动化技术”、“电气技术”、“供用电技术”、“应用电子技术”、“通信技术”、“楼宇自动化技术”等六个专业是省教育厅“完全学分制”改革试点的专业群。学院现有教职工 964 名,其中教授、副教授以上高级专业技术职务 91 名,中级专业技术职务 229 名;教师中具有研究生学历的占 34%,全国劳模、优秀教师 11 名,有突出贡献专家 2 名,长年聘请多名外籍教师和客座教授。校办工厂(咸阳机床厂)拥有一批熟练掌握精密机床及数控设备研制开发与制造技术的专业技术人员,其中高级工程师 15 人,工程师 49 人。学院定位为“教学培训型”高校,以技术应用性专门人才和高技能实用人才为培养目标,实施高等技术和职业教育与培训,构建“精练够用的理论教学和快捷有效的实践训练”相融合的人才培养模式。学院坚持把建设先进的实训基地作为办出高职教育特色的突破口,拥有 54 个装备齐全的综合性实验室、专业实验室和千兆光纤为主干、百兆传输到桌面的校园局域网和 22 个校外实习实训基地,奠定了坚实的教学、科研基础。学院新建成的工业技术(实训)中心建筑面积 2000 余平方米,装备各类教学仪器设备 1000 多台套,设有数控技术、电工电子与自动化技术、计算机应用与软件技术和模具设计与制造等教学实训设施,拥有车、铣、钻、镗等数控机床及数控加工中心、数控电火花成型机、三坐标测量仪等一大批高技术含量的先进设备,是集教学、科研、生产、培训于一体的多功能综合性教育培训基地。学院附设有可同时接纳 400 名学生进行生产实习的校办工厂(咸阳机床厂),该厂是国家有关部门确定的替代进口产品生产厂,其产品畅销全国并出口远销到多个国家和地区。校办工厂先后成功开发研制出 2MK9025 数控螺旋槽工具磨床、XYJ - 2003 数控球笼窗口磨床、XYJ - 2010 数控万能工具磨床等多种新产品,填补了国内空白,产品性能处于国内领先水平。同时,学院与澳大利亚 TAFE 学院联合建立了以数控技术(CNC)、计算机辅助设计与制造(CAD/CAM)等高新技术培训为主要内容的职业技术培训基地;与北航海尔软件公司联合成立了“ CNC - CAD/CAM 教育培训中心”。学院是劳动和社会保障部确定的“国家高技能人才(机电项目)培训基地”、教育部确定的“信息技术及应用远程培训教育工程培训基地”、陕西省“模具人才教育培训中心”、“机械职业技术培训中心”;学院已被教育部列为“全国数控技术紧缺人才培训基地”建设单位。

(郭美娟)

陕西能源职业技术学院

【概况】 陕西能源职业技术学院是经陕西省人民政府批准、教育部备案的国办普通高等学校,辖设咸阳、西安、临潼三校区,人文教育资源得天独厚,历经 50 年的发展,已建成园林化、现代化的崭新校区。学院占地面积 21.2 公顷,建筑面积 15 万平方米,拥有 1390 万元的教学实验仪器设备,有各类实验室 53 个,实习工厂、实习医院和校企联办实习基地 60 余家,学习和生活设施先进完善。学院有 30 余万册馆藏图书,建立了先进的电子图书阅览室,实现了图书借阅的自动化。宽带数字化校园网,架起了对外交流的立体高速公路。卫星地面接收和闭路电视、多媒体教学系统改进了传统教学模式,丰富了校园生活。有 283 名专职教师(副教授以上职称 119 人,讲师 82 人),实验教师 35 人。共发表学术论文 320 篇,主、参编国家、省部级统编教材 121 种,科研设计成果 48 项,教学、科研成果丰富。学院设有理、工、医、管、艺五大学科门类七系二部。资源工程系:下设采矿工程专业、安全工程专业、土木工程专业、测绘工程专业、地质工程专业。·机电工程系:下设机械工程专业(该专业有机械设计制造及其自动化、机械电子工程、机械工程及自动化三个发展方向)、电气工程专业(该专业有电气工程及其自动化、自动控制两个发展方向)。电子信息工程系:电子科学与技术专业、计算机科学与技术专业。经济管理系:财务管理专业(该专业有财务管理、税务、审计三个发展方向)、电子商务专业。护理系:高级护理专业、美容医学专业、药品营销专业。医疗系:临床医学专业、高级助产专业、临床康复医学专业、医学影像技术专业。艺术师范系:装潢设计与工艺专业、美术教育专业、音乐教育专业、体育专业、数学教育专业、英语专业(①商务英语②英语教育③旅游英语)、汉语言文学专业。二部为继续教育部和基础部。形成高职教育与继续教育并举、学历教育与非学历培训并存,课堂教育与远程教育共济的多层次、多规格的办学格局,并与多所高校联合办学,优秀毕业生可进入相应的本科专业继续学习。学院本着"一切为了学生,为了学生一切"的服务宗旨,疏通各种渠道,部分专业实行定单培养和预约培养,并与国内多个大中型企业签订人才供需协议,积极为毕业生就业创造条件,使绝大多数毕业生得以妥善安置。

(郭美娟)

陕西财经职业技术学院

【概况】 陕西财经职业技术学院是经陕西省人民政府批准,在国家级重点中专学校——陕西省财经学校的基础上改制的国立全日制大专层次的高等院校。学院已有 45 年的办学历史,是"全国计算机考试点"和"全国公共英语等级考试点",陕西省电大开放式教育本科在学院设办学点。学院还是中国财政音像出版社制作网成员,是财政部确定的全国财政干部定点培训基地。学院占地面积 16 公顷,环境优雅,规划整齐,布局合理,绿树成荫。图书馆纸质藏书 15 万余册,中外文期刊 600 余种。新投入使用的数字图书馆拥有电子图书 52.5 万册,师生可通过校园网在计算机上检索和阅读。学院拥有计算机 850 多台,会计电算化模拟实验室配置了与实际工作部门一致的会计财务电算化软件,方便学生模拟实习。为了主动适应市场经济对人才需求的不断变化,学院适时调整专业结构,增强办学层次,不断改革办学模式,实行多渠道、多规格、多形式的办学,扩大对外交流与合作。学院拥有教职工 284 人,专任教师 130 人,兼任教师 22 人;副教授以上职称 29 人,讲师和中级职称 79 人;具有研究生学历 12 人,具有注册会计师、经济师、税务师、审计师、统计师、工程师等"双师型"职称者 28 人。学院已形成三年制高职、五年制高职、电大等多层次、多形式的办学格局。开设有计算机应用技术、会计电算化、计算机与信息管理、电子商务、财务会计、市场营销、财政税收、保险、物业管理、旅游管理等 10 多个专业。现有在册学生 3600 多人。毕业生就业情况良好,2003 年一次就业率达 73%。学院拥有一支教学经验丰富、学术水平较高、职称与年龄结构比较合理的师资队伍。学院办有陕西省一级内部报刊《陕西财经教育》,为师生提供了科学研究、教学研讨及文学创作的园地,深受广大师生的好评。学院建立了学科带头人制度。制订了财务会计、财政学、会计电算化、计算机应用、市场营销等五个专业教学改革实施方案,其中财务会计、会计电算化、市场营销等三个专业被评为陕西省高职高专教学改革试点专业。几年来,有 70 多名教师担任全国中专和高职(大专)教材主编、副主编和编写人员,出版教材 60 多种,出版专著 20 多部。发表论文 200 余篇。为了加强信息技术建设,提升办学实力,学院加快了教育教学现代化步伐。近年来,投入大量资金,建立了校园网和数字图书馆、电子阅览室、课件制作室。将全部教室改建为多媒体教室,实行了多媒体教学的现代化,另外还有 5 个计算机教室,1 个会计模拟实验教室,为网上远程教育创造了条件。与西安交通大学联合开发了"高等院校网络环境目标集成"软件,基本实现办公自动化。为财政部制作了 6 部电视教材片,在全国正式出版发行,其中两部获奖。学院先后获得国家、省、市级 30 多项荣誉。1998 年以来,被国家人事部、财政部联合授予全国财政系统先进集体称号,中共陕西省委授予陕西省职业教育工作先进集体称号,陕西省财政厅授予先进基层党组织称号。2002 年 3 月,省委、省政府授予学院省级文明校园称号。2003 年,团中央授予学院中国志愿者优秀集体称号,中共咸阳市委授予学院党建带团建先进单位称号。

(郭美娟)

陕西邮电职业技术学院

【概况】 陕西邮电职业技术学院是在原陕西省邮电学校的基础上,经陕西省人民政府批准设立、教育部备案的以通信信息类专业为主,集教产研为一体的全日制普通高校,也是西北地区惟一一所独立设置的通信信息类高等职业技术学院。学院位于咸阳市文林路文化教学区,占地面积近 10 万平方米,建有综合楼、教学楼、实训楼、学生公寓楼以及图书馆、电子阅览室、大礼堂、400

米标准运动场、游泳池、健身房等文化体育场所。学院环境优美,设施齐备。学院以市场需求为导向,立足陕西,面向西北,以培养通信信息类中、高级技术人才为目标。学院拥有一支学科门类齐全、知识结构合理、业务能力强、思想素质高、教学经验丰富的师资队伍,“双师型”教师占专任教师的25%。现设有电信系、计算机系、经济管理系和基础部,开设有通信技术、宽带通信网络技术、计算机通信、计算机软件、市场营销等专业。学院实习实验设备价值3000多万元。建成了拥有加拿大北电公司DUS100/200、DUS10交换设备、大唐电信超大容量SP30程控交换设备、上海贝尔、华为、中兴等公司通信设备、英国GPT公司SDH光端机及配套设备、DCM14智能开关电源设备等一流的现代化的通信实习室22个,建有宽带校园网、远程教育网等计算机网络系统1个,建有校外实训基地19个。同时,院内设有陕西省电信培训中心、陕西省通信行业职业技能培训基地,通信行业特有工种技能鉴定站、北京邮电大学陕西省研究生培养基地、北京邮电大学网络学院陕西学习中心、西安电子科技大学函授站、西安邮电学院陕西函授总站等。学院已为陕西邮政、陕西电信、陕西联通、陕西移动、西北网通等通信运营企业培训员工6万多人,成为陕西邮政、陕西电信、陕西联通、陕西移动、西北网通等通信运营企业的员工培训基地。学院先后被国家教育部评为国家级重点中等专业学校,被省委、省政府评为省部级重点中专学校、省级文明校园。建校45年来,为社会培养6000多名品学兼优、深受企业欢迎的优秀毕业生,其中不少人已成为省、地(市)级通信企业的经理和技术骨干。近年,在中专生就业形势十分严峻的情况下,学院的毕业生就业率仍达到98%以上,社会效益十分显著。

(郭美娟)

职业教育和成人教育

【概况】 2004年,全市各县市区、各中等职业学校抢抓职业教育的发展机遇,认真学习贯彻国家七部委关于加强职业教育工作的有关文件,在职教招生和扩大劳务输出等方面做了很多工作。到年底,全市38所中等职业学校共招生17182人,比年初下达的任务超招1782人。一批办学条件较好的骨干学校、重点专业生源爆满;一些中考成绩比较高的初中毕业生选择了接受中等职业教育。全市中等职业学校与沿海发达地区职业学校、大型企业签订联办协议28份,接受订单教育3215名;签订安置协议24份,落实就业岗位4090个,全市各职业学校开展订单培养的比例达在校生数的40%,海尔、澳柯玛、长虹、富士康、中国集装箱集团等一大批知名企业已成为咸阳各职业学校毕业生就业的主要用工单位。2004年全市职教毕业生就业率达到93%。

【骨干体系建设】 2004年,彬县、秦都职教中心经国家教育部批准成为国家级重点职中。乾县职教中心经省教育厅批准成为省级重点职中。武功县卫生职业学校的社区医学专业、永寿职教中心的戏剧专业、乾县职教中心的电子电器专业被省教育厅批准成为省级职教骨干专业。秦都区职教中心机电一体化实验实训基地项目经国家教育部批准,落实项目资金150万元。礼泉、渭城职教中心建设实施方案已得到了国债项目的支持。全市共争取省上职教专款120万元。全市各中等职业学校共投入260余万元,建成数控、机加工、电气焊、计算机、纺织、服装等6类13个专业实训实验室,建成2个国家级骨干专业,7个省级骨干示范专业。

【成人教育】 2004年,全市完成农民实用技术和劳动力转移培训39.3万人次。其中农民实用技术培训28.6万人,劳动力转移培训10.7万人。培训农村经纪人180名,农村科技致富带头人360名,实用技术培训13.2万人,农村劳动力转移培训7.3万人,职校协同有关部门新引进科技致富项目5个。

(王芳坤)

教 师 队 伍

【新课程培训和中小学教师继续教育】 2004年,市教育局在全市范围内开展了基础教育新课程优质课评选展示活动,在全市范围内推荐选拔高中骨干教师100人,幼儿园骨干教师100人。12月份组织专家评委深入县市区听课评课,评选出130名学科带头人,其中初中50名,小学80名。全面完成了基础教育新课程培训任务。全市已完成初中教师新课程培训5533人,小学教师新课程培训13432人,高中教师继续教育2509人。举办英特尔未来教育项目培训175人。组织教师参加省级新课程学科培训114人,市级学科培训837人。完成小学英语教师培训148人次,多媒体课件制作培训475人次(小学241人次,初中234人次)。暑假期间,邀请省中美文化研究所所长安危、美国环球志愿者组织中国服务项目经理史杰谋为城区学校400余名初高中英语教师作专题讲座,取得良好效果。在教师继续教育工作中,市县各级教育部门和培训院校始终坚持方便教师、送教到县、长线在县、短线在院的原则,保证了基础教育新课程师资培训工作的顺利进行。全市教师学历达标率分别达到:高中60.10%、初中86.3%、小学96%。

(王芳坤)

社会力量办学

【概况】 2004年,全市有6所民办初高中申请成立,4所企办学校申请企有民办改制。民办学校总数达到768所,在校学生14.06万人,在校教职工达到9752人。全市民办教育机构校园占地面积401公顷,内部设备总造价1.1亿元,固定资产值超过8.7亿元。市教育局先后下发了《关于加强民办教育机构安全工作的通知》,对民办学校的安全工作进行了检查和整顿,避免了安全事故的发生。下发了《关于加强民办学校招生管理工作的通知》,对民办学校招生秩序进行了清理整治。重点检查了39个招生点的招生情况,其中查出16所院校招生手续不符合要求,当场取消了9所院校在咸招生资格。对民办教育机构发布广告和招生简章行为依法进行了规范,严格实行教育主管部门审批制度。

【学习宣传《民办教育促进法》】 在《咸阳日报》开辟专栏,宣传民办学校的先进经验和办学特色;印宣传资料1000多册,发到各县市区和民办学校进行宣传;各县市区采取多种形式集中宣传,有的举办文艺汇演,向群众散发宣传资料;有的召开民办教育研讨会,探讨民办教育改革与发展的思路;有的通过新闻媒体,举办专题讲座,拍摄专题片、宣传片播出;有的制作横幅、永久性标语和宣传版面。通过市、县各级教育部门和学校的广泛宣传,《民办教育促进法》和《实施条例》逐步被社会各界所了解和接受,依法办学的意识有所增强。

【规范民办学校办学行为】 各县市区教育行政部门积极争取县乡党政领导的重视支持,主动与工商、公安、物价等部门联合,狠抓民办教育秩序整顿、取缔无证办学,全市共取缔不符合办学条件的无证办学机构46所,限期整改后颁发许可证的47所。从7月开始,对暑期各级各类学校的招生进行了认真的检查,下发了《关于加强民办学校招生管理工作的通知》,要求各县市区严查违反规定,用虚假广告欺骗考生和招生手续不合法而乱招生的行为,重点检查了高校计划外招生情况。从10月起,市教育局委托咸阳大秦会计师事务所对各民办学校的财务进行审计、资产进行评估,并组成专家组对所有学校的法人资格、办学条件、规章制度、依法办学情况进行全面检查,符合条件的准予换证,不符合条件的限期整改,经整改仍不达标的予以注销或撤销。

（王芳坤）

招 生 考 试

【概况】 2004年,市考试管理中心由科级升格为副县级后,完成机构设置并充分履行职能,下设招生科、考试科、综合科、信息考籍科四个科,编制19人。全年承担普通高校招生考试、成人高校招生考试、普通高校在校生专升本考试、高等职业学院和中等学校招生考试、普通高中毕业会考、高等教育自学考试、自学考试实践环节考核、高等教育学历文凭考试、计算机等级考试、计算机应用技术证书考试、英语等级考试、少儿剑桥英语考试等共12类21次,参考考生约39万人,向各类高等院校输送新生41832人,自学考试获证毕业考生2154人,发放各类资格或学历证书7363份。

【普通高校招生考试】 2004年,普通高考国家首次取消本科层次补录,设置三批本科录取批次,专科在成绩公布后填报志愿。2004年,全市普通高考参考考生44208名,达到全省第一批本科院校录取分数线4228人,比上年增加521人,增幅为14.05%,实际录取3347人,比上年增加338人,增幅为11.23%;达到全省二批本科分数线的考生为11709人,首次突破万人大关,比上年增加2232人,增幅为25.23%,实际录取9203人,比上年增加388人,增幅为4.50%;全市录取专科(含专科)以上25228人,录取率为66.4%。其中北京大学录取3人,清华大学录取7人,复旦大学、浙江大学、南京大学、中国科技大学、上海交通大学、西安交通大学、哈尔滨工业大学等7所院校共录取169人,国家"985"工程院校录取588人,国家"211"工程院校录取1556人。录取情况较好的有三原县南郊中学、咸阳市咸阳中学、乾县一中、咸阳市彩虹中学、泾阳县泾干中学、礼泉县一中、武功县普集高中、咸阳市实验中学、三原县北城中学、咸阳市渭城中学等学校。

【初中升学考试】 2004年,市考试管理中心下发了《关于认真组织初中毕业升学报名工作、防止限制考生报考现象发生的通知》,坚持每个学生报考权利不可剥夺的原则,实行属地化和社会化报名相结合解决报名难问题,补报名考生超过万人。针对高职、中专报考率大幅下降的实际,加强宣传,免费发放《中等学校报考指南》83000册,采取正式录取前进行预录和正式录取后滚动式补录等措施。普通中考全市报考总人数为79231人,向各类高职、中专院校输送毕业生10423人,超计划完成招生录取任务。高职院校在全市录取新生4475人,其中师范类录取480人,非师范类录取3995人;普通中专录取5948人,其中本省录取5645人,外省录取303人。2004年,全市中考评卷采取集中管理,在全市聘请业务骨干23名复核把关,报名组考和评卷录取更加规范。初中升学统考情况较好的有三原县龙桥中学、乾县花口初中、礼泉县逸夫中学、渭城区渭城二初中、永寿县监军中学、武功县苏坊初中、泾阳县姚家巷中学、乾县长义初中、武功县大庄初中等学校。

【成人高考 自学考试和其他类考试】 2004年,全市成人高考报考考生8169人,全市录取考生6181人,录取率为75.66%,其中专升本报考3084人,录取2447人,录取率为79.35%;高中起点本科报考1418人,录取929人,录取率65.51%;高职报考3121人,录取2444人,录取率78.31%;"3+1"类报考546人,录取361人,录取率66.11%。全市成人高考首次将小类别考试报名下放到县区,方便考生报考,通过考生跨县区异地考试、考前让考生填写严格保密的资审表内容、计算机打乱编号、下发《关于加强成人高考管理有关问题的通知》、严防手机舞弊、严查代考等手段,使考风考纪明显好转。自学考试2004年全市参考人数19954人,共41300科次,报考本科12605人,专科7349人,办理毕业证2154人,其中专科993人,本科1161人;组织高等教育学历文凭考试2次,参考考生11823人。普通高中会考全年组织2次,参考人数86551人,取得高中毕业证32125人。在社会考试中全市将计算机考试和外语口试作为重点,实行教师异地监考、考生入场登记等措施严格管理,全年组考4类8次,包括计算机等级考试2次,计算机应用技术证书考试2次,英语等级考试2次,少儿剑桥英语考试2次,参考考生17622人,获得各类资格证书5209份。2004年,招飞工作全市录取12人,再次被兰空评为招飞工作先进地市,宣传工作连年被评为省级先进单位。

(王芳坤)

咸阳中五台道观原貌

科 学 技 术

概 述

【概况】 2004年,市科技局全面落实市委、市政府提出的"加速四化进程,构建西部强市"的发展战略,以"生产力促进中心"为龙头,高等院校和科研院所为依托,社会化科技中介服务为媒介,使"科研与经济、科研与社会发展一体化",加快建设西部科技强市,为全市经济建设提供了强有力地科技支撑,极大地促进了科技创新与产业化的进程。

【科技强市战略】 年初,市委书记宋洪武在中共咸阳市第四次代表大会上作了《高举党的旗帜,加速四化进程,为建设西部强市和全面小康咸阳而奋斗》的报告,明确提出建设西部科技强市的战略目标。市长张立勇在咸阳市第五届人民代表大会第一次会议上作了《政府工作报告》,对全市科技工作进行了新的部署,明确提出建设科技强市的奋斗目标和科技工作重点。一是农业产业化、标准化。面向市场、依靠科技、运用工业化的理念和方式开发农业。二是推进工业化的进程。推进企业技术创新,以信息化带动工业化。三是强力推进城镇化进程。重点是抓好咸阳中心城区的科技创新环境建设、科技园区建设,大力支持高新区、化工区进行二次创业。四是推进信息化进程。加快建设"数字咸阳",以信息化领跑产业化、工业化和城镇化。

【民营科技企业】 2004年,市科技局把支持和发展民营科技企业作为科技成果转化的重头戏,积极促进民营科技企业健康发展。按照"抓大育小、整体推进"方针,以增强民营科技企业技术创新、管理创新、制度创新为重点,认真落实《市委、市政府关于促进民营科技企业发展的意见》。贯彻实施民营崛起战略,积极在项目推介、科技招商、资企合作等方面予以支持。先后组织民营科技企业参加第七届北京国际科技博览会、咸阳市第四届产学研洽谈会、西藏自治区第六届科技展示推介会。帮助企业与大专院校、科研院所结合,开展产学研合作,实现产品升级,全年共审核登记民营科技企业和非企业机构37家,协助指导民营科技企业做好省市两级的科学技术奖申报工作。全市申报省级奖13项,市级奖项目41项。积极为民营科技企业搭建平台,促使其做大做强。至年底,全市民营科技企业发展到1700户,其中产值过亿元的9户,过千万元的83户,过百万元的311户,年底技工贸总收入可达到54.25亿元。

【科技园区建设】 科技园区建设是实施重大科技项目产业化的重要载体。利用西安、杨凌及外部发达的科技优势为我所用,是贯彻"东靠西联"战略,发挥"一线两带"科技优势的重要途径。咸阳市加快了清华大学科技园(咸阳园)、咸阳托普软件园、海天医药园、六村堡石化工业城和陕西科技大学科技园的建设,完善了咸阳中心城区的科技创新环境,完成了咸阳高新区资源整合。化工区、渭城民营科技产业基地、秦都医药科技园及清河科技园建设呈现勃勃生机,功效逐渐显现。

【中医药现代化】 中医药保健是咸阳市的特色产业,在经济发展中占有一定份额。市科技局紧紧围绕GMP和GAP认证两个重点,努力提升制药企业生产技术水平和中药材规范化种植水平。继旬邑县之后,永寿县、武功县又被省上认定为中医药现代化示范县,兴平市被省上认定为中药材规范化种植示范园,四个县市积极开展技术培训、技术服务,并与大专院所、龙头企业建立种植基地协作。为企业采用新工艺新技术和开发新品种牵线搭桥,有8个产品通过国家新药审批并投入市场。针对通过GMP认证的22家制药企业普遍存在的技术问题,积极搭建科技服务平台推广共性技术,组织专家进行难题诊断和专题培训。在GAP技术服务方面,旬邑县组织召开了中药现代化种植基地招商会,邀请科研单位和制药企业在该地区建立黄姜、黄花、柴胡、板蓝根、冬花等GAP规范化种植基地。组织专家编印《咸阳市中药材现代化栽培技术》资料,推广无公害栽培技术。

【科技资源调查】 积极开展全市科技资源调查。完成科技部安排的地县科技工作问卷调查和中小企业技术需求专题调研。经过一年的努力工作,已完成近40万字的调研报告,联系企业500多家。反映了咸阳市各个行业、领域在科技发展中的现状和资源优势,为制定科技发展战略提供了科学依据。

(赵广志　刘增用　郭耀军)

科技计划与科研成果转化

【科技计划】 2004年科学技术计划围绕"一线两带"和基地建设,积极实施"项目带动"战略,充分发挥科技先导作用,加强科技创新、加快高新技术产业发展,促进传统产业改造和提升,加强科技创新体系建设,促进科技与经济的紧密结合,为全面建设小康咸阳和西部强市提供有力的科技支撑。①围绕全市经济结构的战略性调整和可持续发展战略,重点支持高新技术领域中自主创新性强、技术含量高、具有竞争力、市场前景看好的研究开发项目,培育一批能够在全市经济结构调整中发挥重要作用的产品群、产业群,加快高新技术产业发展。②围绕农业产业结构调整,突出重点,集中目标,发挥科技优势,加快农业产业化和现代化进程。组织实施一批技术先进,在国内外具有良好发展前景,各县市区有相当科技实力的农业科技行动计划;集中力量发展一批技术成熟、带动性强、产业链长的农业科技产业,引进、消化、吸收和推广一批国际农业先进技术,加大科技扶贫力度,搞好科技示范、技术培训和信息网络建设,发展区域特色产业。③围绕基础和支柱产业发展的重大技术需求,重点攻克一批对产业升级带动作用大,覆盖面广、关联度高的关键技术及其集成配套技术,提高全市信息产业、制造业、基础工业等若干重点产业领域的整体技术水平,增强重点产业的市场竞争力和龙头骨干企业的技术创新能力。④围绕提高人民生活质量,调整经济结构和提高社会发展科技能力等重大问题开展工作,增强可持续发展能力,为社会进步提供技术保障和支持。

【科技产业化】 2004年,咸阳市把实施重大科技项目产业化作为加速科技成果转化,推动经济增长的切入点。围绕全市经济社会发展中的热点和难点,开展科技咨询、人才培训、科技攻关、示范推广,积极筛选收集科技项目,共征集各类科技项目350项。其中,安排市级科技发展计划117项,上报国家和省上科技项目78项,超越离合器等9个项目列入国家火炬计划,金属复合橡胶材料等11个项目被国家科技部等四部委确定为国家重点新产品。锂离子电池、数字化影像牙科设备、新型橡塑助剂、高精度弧面凸轮自动换刀装置、化学合成黄豆苷元、秦优九号油菜、隆玉五号玉米、长武134小麦等科技成果达到国内先进水平。喘泰颗粒等50项科技成果获市科技进步奖,高活性乳酸菌奶粉等9项科技成果获省科学技术奖。已实施的142个重大科技产业化项目涉及电子信息技术、机电一体化、新材料、医药、化工、资源与环境等领域。

【"一线两带"和"星火"项目】 "咸杨农业一体化"在武功建立了十大专家示范基地。年内,随着礼泉县、乾县被省上批准为省级星火密集区,全市星火密集区已经达到5个。其中,秦都区为国家级星火密集区。对星火密集区的建设,市科技局坚持有计划有重点,无论是从立项、政策,还是资金等方面给予倾斜、扶持。全市形成具有较大规模、较高水平、较强竞争力的龙头企业10个,有力地推动了全市农村科技工作的发展。秦都区有30多个项目获得了各级科技进步奖,培育了设施农业、农产品加工、医药保健品等支柱产业,实现年产值47亿元,有力地发展了成效农业。三原、泾阳、礼泉、乾县星火技术密集区已初步形成了城乡一体化,种植、养殖和产品供销相结合的发展模式,通过菜、畜、奶、食用菌、果业、生态农业等主干工程,带动整个密集区,形成农业示范基地,加快农产品加工和设施农业建设的步伐。

【良种研发的产业化项目】 2004年,秦优九号油菜先后通过省级和国家级审定,在黄淮和长江流域推广。秦优十号油菜良种项目通过省级审定。隆玉五号玉米良种也通过省级审定,投入黄淮区域。长武134旱地、多抗、优质小麦被国家评为多项指标第一。三原县、泾阳县成为油菜、小麦育种基地。在良种培育项目上,先后从山东、河南等地引进玉米鲁节981、西杂一号等系列新品种30多个,选育新品种15个,较大地提高了农村良种的覆盖率。同时,培育了种子加工和统繁统供基地等一批龙头企业,进一步形成了良种"育、繁、推"有机体系。

【优果科技示范工程】 实施优果示范工程,投入优果科研经费30余万元。组织300多名科技人员,深入果园进行技术服务,推广果园管理四大关键技术。建示范园约3公顷,对8.67万公顷果园进行了高接换头、果实套袋、整形修剪、病虫害防治等技术改造,使示范园优果率达78%,辐射推广区优果率达到48%以上。

【高效设施农业】 全面推广科学应

用、工厂化育苗、良种推广、科学施肥和节水灌溉等技术。投入科研、培训等经费30余万元。全市已发展设施农业1.33万公顷。其中,日光温室1万公顷,成为农民增收的一条重要途径。年初,组织南部八县科技、园艺和种植大户在泾阳召开了设施农业现场培训和研讨会,邀请了西农著名蔬菜专家对咸阳市蔬菜科技工作者进行培训,并围绕咸阳市蔬菜发展方向进行调研,确定了全市设施农业在发展高、新、特、优、精的同时,还应注重大路菜的反季节种植、规模化经营和蔬菜的深加工、精包装。

【养殖业】 全市在发展奶产业和肉牛(猪)产业方向的基础上,大力推广杂交改良、胚胎移植、快速育肥技术,并针对年初禽流感、五号病等积极开展科技培训,投入科技项目经费近20万元。

【干杂果基地建设】 围绕全市农业产业结构调整和山川秀美工程,引导农民退耕还林,加速营造干杂果林,推广优良品种,推广合理密植、矮化密植、低产园改造、节水灌溉等技术,先后建成柿子、红枣、核桃示范基地10余个,有效地带动了干杂果生产,促进了边远农村的产业结构调整。

【食用菌产业化生产】 在发展食用菌产业上,开展深层次研究,扶持了液体菌种的研究,投入10余万元的经费开发灵芝等珍稀菌种的培育,使全市食用菌产业在城乡经济中长盛不衰,实现年产值2亿元。

【农村科技服务体系】 市上把加强农村科技服务体系建设作为加强农村科技工作的一个重要方面。在咸杨农业产业一体化的大框架内,武功率先与杨凌示范区成功签定了十大专家示范基地合同,并组织实施。礼泉县建立了专家大院,引专家入县进基地。政府搭台,专家唱戏。走政府——目标——专家——企业——基地——市场相结合之路,是产学研在农村科技推广的一种有效途径。基地找到了有力的技术支撑,专家找到了用武之地,企业找到了发展之路。泾阳县、乾县、彬县等地已把建立专家示范基地带动当地科技产业化列入工作日程。

【社会发展科技】 2004年,市科技局坚持全面、协调、可持续发展的科学发展观,部署安排社会协调综合发展相关领域的科学研究工作,一是以提高人民生活质量、生存质量为宗旨,安排了医疗、卫生、计划生育、重大疾病防治等领域科研项目6项。其中,生殖道感染综合干预模式研究,颅内血肿微创术和生化酶治疗高血压的临床研究,高位肛瘘、括约肌无损伤根治术临床研究以及自体脾静脉游离移植肠一腔静脉"Ⅱ"架桥分流联合断流术治疗的静脉高压症研究达国内先进水平,室内装修空气质量监测利用也取得一定的成效。二是加大环境保护和资源综合利用变废为宝的研究,苹果渣综合利用,农作物秸秆利用等项目进展顺利,基本上解决了困扰全市多年的秸秆焚烧污染大气的问题。三是加大建筑新技术、新材料的研发力度,为切实改变建筑灰黑面貌和推广建筑节能材料提供科技支撑,全年共安排相关科技攻关项目三项,其中水泥试水份分散剂已得到应用,建筑用空心砖已基本取代了传统实心砖生产。

【科技培训和宣传】 市科技局组织有关单位和科技企业20多家走上街头展示新技术、新成果、开展了"科技之春"宣传月活动和科技周活动,散发各种资料10万余份、书刊1000余册,为科技扶贫户送去资金5000余元。坚持四下乡活动,组织各类活动300余场次,赶科技大集100余场,接受咨询人数30余万人次。组织专家讲座培训73场,各类培训形式共培训农民技术员3000余名。通过科技培训,使农民掌握了一些实用技术,走上了脱贫致富之路。为了推动全市信息化建设,不断增强领导干部的信息技术应用能力,市科技局联合市委组织部举办了数字化城市发展与信息技术应用报告会,秦都区、渭城区党政领导、市级部门及科级以上和有关事业单位负责同志400多人参加了听讲。会上,南京师范大学孙毅中教授讲授了《城市数字化工程及信息应用》、二零三研究所高级工程师李巧霞讲授了《咸阳市城市地理信息系统总体框架与构想》。围绕企业需求,市科技局还举办了质量认证、实用技术应用、计算机知识、财会软件、CAD技术、创新基金申报、科技计划申报、营销策划等各类培训班20多期,涉及企业300多家,培训人员2000余人次。

(司学义　程怀林　徐　斌)

制造业信息化建设

【信息化项目】 继续实施制造业信息化"12345"工程,用以信息技术为代表的高新技术改造和提升传统产业水平,以机械和电子行业为重点进行典型示范,加大单项技术的推广。示范企业带动作用明显,新技术改造和提升传统产业,成为全市打造先进制造业基地和信息化建设的突破口。市科技局把示范体系建设作为推进制造业信息化工作的重点和重头戏,由行业示范向区域示范延伸,在抓好电子、机械两个重点行业的同时,辐射带动医药、纺织、食品支柱产业技术示范,形成全市制造业信息化的示范带动体系,增强示范性,加强横向联系,上下互动,加快整体推进。12月8日,在陕西省科技厅、省发展改革委员会、省信息产业厅联合召开的表彰大会上,陕西柴油机重工有限公司、陕西风轮纺织股份有限公司、陕西省机械研究院、咸阳西北医疗器械集团有限公司等十家企业被授予陕西省制造业信息化应用示范优秀企业称号;咸阳市生产力促进中心被授予制造业信息化应用国产软件优秀中介服务机构称号。同时,陕西风轮纺织股份有限公司、陕西柴油机重工有限公司分别在大会上进行了经验交流,对咸阳市信息化工作及国产软件的推广应用起到了示范作用。市上还将兴平市、泾阳县、乾县、三原县四县市列为全市首批制造业信息化示范县市区。数字咸阳建设一期26个项目进展顺利,初步建立咸阳市城市地理信息系统基础数据库和信息技术中介服务体系,组织召开了数字城市信息技术报告会和城市地理信息技术应用研讨会,形成了全市构建城市地理信息系统的总体框架方案,为数字咸阳建设持续发展奠定了基础。配合国家完成2003年度制造业信息化指数统计工作。至年底,全市已有66户企业进入省级示范企业,超额完成了国家下达的示范体系建设任务。

【创新体系建设】 市科技局围绕“一线两带”、“西咸一体化”、“咸杨农业产业一体化”,打造区域科技创新服务平台。先后组织召开了科研院所(校)长联席会、食品工业科技研讨会、中小企业技术信息推介会,与建材、机电、医药等行业中小企业技术项目实施对接活动,整合全市的科技资源,激活科技要素,服务经济建设,以加快综合性行业性生产力促进中心建设,推动全市科技创新体系建设。全市11县市区先后建立了生产力促进中心。生产力促进中心将服务政府、服务中小企业、服务“三农”作为推动科技创新体系业务开展的切入点。围绕服务经济发展的总体要求,在科技发展规划、信息化建设及科技资源合理利用等方面为政府科技咨询服务,针对中小企业技术创新需要,开展专题技术推介、难题诊断、产学研合作项目对接,为产业升级和经济结构优化提供科技支撑。7月,市生产力促进中心被国家科技部认定为国家级示范生产力促进中心。9月,又分别获省科技厅创新基金优秀中介服务机构和制造业信息化优秀中介服务机构。市科技局还以战略联盟方式整合社会资源,拓展服务功能,建立了10个支撑服务机构,利用咸阳科技优势,整合社会资源,积极发展行业与县市区生产力促进中心工作站,推动区域科技服务体系建设。与西安、杨凌中心建立良好的合作关系,优势互补,共同发展,形成了为全市中小企业提供技术信息、咨询、中介、培训、孵化等各类服务的综合网络体系。高新产业基地建设以沣河新区医药产业基地和渭城民营科技产业基地建设为重点,积极吸引和培育孵化高新技术项目。

【信息网络服务】 2004年,市科技局把完善科技信息网络、搭建信息服务平台作为提高工作效率、落实“四轮驱动、构建强市”发展战略、加快“数字咸阳”建设,实现科技产业化的加速器、增倍器。以市生产力促进中心为主体,以陕西科技大学、陕西柴油机厂信息化服务中心为依托,以兴平市、三原县、泾阳县、乾县制造业信息化中心为链条,积极构建信息化示范应用体系,为机械制造、造纸行业和中小企业信息化提供技术咨询和技术服务。利用咸阳科技信息网,建立了数字咸阳、中药现代化、农业信息网、制造业信息网和服装纺织产销网5个专业数据资源中心,架设起了企业与县市区联系的桥梁。同时,把电子政务和制造业信息化作为实施信息化的两大重点,推广共性技术。在管理信息技术应用方面,联合金蝶软件、用友软件推广财务管理及ERP软件。其中,宝塔山油漆、陕西康佳、咸阳纺机、生益华电、西北一棉等公司已成功运行,收到良好效益。数字咸阳建设办公室和制造业信息化领导小组办公室设立在市生产力促进中心。承担国家和市上有关信息化方面的项目,积极帮助政府制定“十五”信息化发展规划和具体的实施意见。完成了全市省级高新技术企业认定的初审、年检工作,成功帮助19家企业申报了陕西省制造业信息化示范企业,全市省级示范企业已达6家。

【专利管理】 2004年是第四个“世界知识产权日”,市科技局加大宣传力度,切实保护市场秩序,专利申请工作发展喜人。3月~4月,集中开展了春季宣传月活动。活动中,宣传、介绍知识产权基础知识,提高专利权遭到侵犯时进行维权意识;设立侵权专利投诉电话(8163082);发放陕西省知识产权保护条例、知识产权基础知识、专利申请程序等宣传资料;分别到陕西省机械研究院、陕西科技大学造纸学院、咸阳威迪公司等单位进行了授课及答疑。宣传活动中,共计发放宣传材料800余份,接待咨询人员320多人。

【科技交流与合作】 2004年,市科技局开拓科技交流与合作的新领域、新渠道,多种合作与交流方式取得了显著成绩。全年聘请国外专家45人次,执行合作研究项目25项。邀请中科院理化研究所、新疆吐鲁番地区科技局、德阳市生产力促进中心等到咸阳市签订项目。咸阳市德丰有限公司与他们先后建立技术推广协议,在苹果、葡萄、大棚蔬菜等作物应用领域取得合作。先后引进天津中医药研究院、西安交大天奎生物制药公司、黑龙江中药研究所、春晖药业有限公司、西北农林科技大学等单位与健民制药公司、步长制药公司等企业进行项目合作,有8个产品通过国家新药审批并投入市场。

(张会杰)

表15　2004年咸阳市科技计划项目一览表

项　目　名　称	完成单位及协作单位	归口部门或县(市、区)
奶牛、肉牛良种产业化快速繁育技术体系研究	泾阳县科技局、永寿祥置盛科技公司	咸阳市科技局
苹果绿色果品生产关键技术研究与产业化示范	礼泉县、永寿县科技局	咸阳市科技局
小麦高产优质多抗新品种选育及标准化生产技术示范	咸阳市农科所、长武县农科所、乾县农技中心	
优质玉米生产关键技术集成与产业化开发	三原县科技局、泾阳县科技局	咸阳市科技局
高产、优质油菜杂交种选育及种子产业化	渭城区科技局	咸阳市科技局
畜禽重大疫病防治关键技术研究	兴平星光良种猪繁养殖有限公司	
粮食作物主要病虫害可持续控制体系研究	兴平市植保站	
畜禽规模化养殖关键技术研究与产业化开发	泾阳县畜牧兽医中心、咸阳机械化养鸡厂	
抗污染绿化树种和粉色绿化树种引进驯化与优质牧草的引进与示范推广	兴平市津滋园林苗圃	咸阳市科技局
真空快速置换加热蒸煮工艺及其设备的研究与开发	陕西科技大学、兴平造纸厂	
科技创新孵化器功能建设	咸阳创业服务中心	咸阳市科技局
灾害预警研究	泾阳县地震办公室	咸阳市科技局
二类新药研究	陕西省永寿制药公司	咸阳市科技局
三类新药研究	陕西天鹤制药公司	咸阳市科技局
医疗器械研究	陕西三元现代针灸器械公司	咸阳市科技局
中药材规范化种植生产研究	咸阳步长制药有限公司	咸阳市科技局
陕西省中药现代化科技示范县、中药材规范化种植基地县及示范园建设	永寿县政府、武功县政府、兴平市政府	咸阳市科技局
Ⅱ类新药研究(新注册办法5类)	咸阳步长制药有限公司、咸阳利方医药研究咨询服务有限公司	咸阳市科技局
Ⅲ类新药研制(新注册办法6类)	陕西金城心理精神研究所	咸阳市科技局
共性关键技术研究	咸阳绿世纪生化有限公司、陕西泾阳西泾食药用菌研究所、泾阳农业高新技术研究所	咸阳市科技局
智能型牛奶质量快速检测仪研制	陕西科技大学	
生产力促进中心服务能力建设	咸阳市生产力促进中心	咸阳市科技局
中药新制剂研究开发	陕西中医学院	
非木材纤维自催化乙醇法制浆中试技术	陕西科技大学	
颈椎牵引的临床研究与新型颈椎牵引治疗机的研制开发	陕西中医学院、咸阳国医颈椎病研究所	

表 16　2004 年度咸阳市获陕西省火炬计划项目一览表

项　目　名　称	单　位　名　称
闭路双控教学管理系统	陕西贝特威电子科技有限公司
通用 3D 超声无损探伤系统	咸阳信雷诺电子系统有限公司
工字型减震套	咸阳创新电器配件有限公司
高精度数字温补晶体震荡器	咸阳振峰电子有限公司
装载机减速箱用楔块式大超越离合器	陕西超越离合器有限公司
转炉煤气湿式电除尘器	兴平市长兴纺织机电有限责任公司
金属骨架泡沫橡胶复合密封板	咸阳海龙复合材料有限公司
低密度高性价比聚丙烯/无机粉体复合材料	咸阳秦裕塑胶有限公司

表 17　2004 年度咸阳市获得国家重点新产品计划项目一览表

项　目　名　称	单　位　名　称
龙生蛭胶囊	咸阳步长制药有限公司
复方双花片(片剂 0.62 克/片)	陕西康惠制药有限公司
金属骨架泡沫橡胶复合密封板	咸阳海龙复合材料有限责任公司
MAF－01 型铝基覆铜板	陕西华电材料总公司(国营第七〇四厂)
43 厘米纯平显示器用偏转磁芯 PV4444	陕西金山电气集团有限公司
麦芽糖基－β－环糊精	陕西礼泉化工实业有限公司
HXF－240 环氧粉末包封料	陕西华电材料总公司(国营第七〇四厂)
覆铜板－S3155 无卤型阻燃复合基层压板	陕西生益华电科技有限公司
QH900B 热熔电子粘接剂	咸阳秦河复合材料有限责任公司
汽车动力转向泵粉末冶金定子	咸阳怡博粉末冶金有限公司
物流集散交易平台	陕西环宇易信软件公司

表 18　2004 年度咸阳市获陕西省科学技术进步奖项目一览表

获奖项目名称	获 奖 单 位	获奖等级
64 厘米 CPT 电子枪零件制造工艺技术开发及应用	彩虹彩色显像管总厂	二等奖
高活性乳酸菌奶粉	陕西科技大学、陕西神果股份有限公司	二等奖
非木材纤维自催化乙醇法制浆技术的研究	陕西科技大学	二等奖
关中黑猪杂交利用效果的研究	咸阳市农业局、兴平市种猪示范场、咸阳市秦都区家畜繁育改良工作站	三等奖
钛锶系统电子陶瓷材料	国营第七九五厂	三等奖
特高支高密织物面料	陕西风轮纺织股份有限公司	三等奖
卫星数字化信息在农业生态环境监测中的应用研究	咸阳市气象局	三等奖

表 19　2004 年咸阳市国家星火计划项目一览表

项目名称	单位名称
蜂窝纸板及其制品开发生产	陕西咸阳黄河化工塑料有限责任公司
热塑性丙烯酸涂料开发生产	咸阳圣为科技有限公司
良种猪高效繁育与无公害化养殖基地建设	兴平市星光良种猪繁养殖有限公司
肉牛育肥及加工产业化	陕西礼泉秦牛实业有限责任公司
2—羟丙基—β－环糊精产业化	陕西省礼泉县化工有限实业公司
全汁高档干红干白葡萄酒生产线及基地建设	陕西省泾云实业开发总公司
2000 头奶牛饲养产业化	泾阳银桥乳业有限责任公司
畜牧产业化及肉制品深加工	陕西宴友思股份有限公司
苹果综合深加工产业化高新技术开发与示范	咸阳富安果汁有限公司

咸阳陶瓷研究设计院

【新技术新产品开发】　①卫生瓷(少)空气快速干燥研究项目，2004 年分别获建材行业技术进步和中国建筑材料集团公司技术创新三等奖后，又在苏州、全州、陕西富平进行施工，并已投标于苏州电瓷厂 6 台干燥器项目。根据市场需求，相继开发设计的 ARD—11 型、ARD—20 型系列产品和 ARD—20 型燃煤换热型干燥设备已推广 3 台，性能均达到了技术设计指标，受到用户的好评。②用于纳米材料生产"连续式回转窑"、首次开发的"1700℃高温梭式窑"和"YB3000 型陶瓷泥浆柱塞泵"已推向市场，且产生了较好的经济效益。③"160 吨自动液压压砖机"填补了国内空白，已进行市场推广；用于铝合金制品的低压铸造行业(特别是汽车、摩托车用部件)的低压铸造机上关键部件塞隆结合碳化硅"升液管"正在中试，2005 年可进入市场推广，替代进口产品；"高铝钒土"超细加工适用于耐火材料行业，批量生产已完成，用户已开始使用，推广空间大。④用于陶瓷乳白釉的乳浊和超白砖坯的增白"合成乳浊剂"的研究，试验各项指标达技术要求，可替代进口硅酸锆，市场前景广阔。⑤完成修订的 GB695 国家《卫生陶瓷》标准，技术水平达到了国际先进水平，标准化水平达到了先进国家水平；承担的国家商务部《出口建筑卫生陶瓷及卫洁配件标准指南》项目已完成，对卫生瓷产品出口将起到积极的指导作用；投资近 50 万元对国家建卫瓷质量监督检验中心试验室扩项后，可主要承担淋浴屏、整体浴室、抗静电陶瓷、抗菌试验、冲洗阀、非接触式(电子)给水器具等涉及 11 个标准的产品业务检测，并已初见成效。

【承担各种新项目开发】　①所技术开发研究专项资金项目《陶瓷原料节能高效连续球磨机的研究与开发》，已完成球磨机的设计，正在寻找合作用户，计划 2005 年 3 月结束。②国家经贸委技术创新《透水性生态陶瓷砖新技术示范线》项目已结束，完成了透水砖示范线的建设，生产样品达到项目设计要求，已进入推广阶段。③国家科技部科研究院专项资金《卫生瓷连续组合注浆成型工艺及装备研究开发》项目，正在进行调研工作，计划 2006 年 4 月结束。④省级《大型陶瓷球阀的研制》项目，利用等静压工艺成型制作 20 个球阀坯体并完成毛坯的烧成及精加工，于 2004 年底完成。院列项目两项：《高压注浆成型氧化铝柱塞工艺及装备开发》项目，已成功制作一台柱塞成型试验机，完成了柱塞的树脂模设计制作，该项技术从根本上解决了现用石膏模具注浆法的低效率、高能耗、成型时间长、不能连续生产、产品内在质量差等问题，是柱塞产品生产的一次革命性变革，具有生产效率高、能耗低、成本低、产品内在质量高、成型时间短(原来 48 小时，现 1.5 小时)，结构简单实用，造价低的优势，可用于类似产品成型，易于推广、市场潜力大。《奥塞隆结合碳化硅"升液管"的研究开发》和《高档卫生洁具用釉熔块的研究》项目，已由院学委会专家验收通过。

(黄华荣)

核工业二〇三研究所

【概况】　2004 年，二〇三研究所在职职工 236 人。其中，研究员级高工 10 人，高级工程师 62 人。全年共承担 23 个地质项目及科研项目。其中带钻地质勘查项目 4 项，武器装备预研子专题、核能开发子课题、国家973项目、305科技攻关专题等17个,自立课题2项,按计划完成了任务。在完成地质工作和科研任务的同时,积极从事多种经营工作,全年完成销售收入1000多万元。地质工作和科研工作成果获国防科工委一等奖1项,集团公司奖6项。

(李养生)

西北橡胶塑料研究设计院

【概况】 西北橡胶塑料研究设计院是国家1965年组建的橡胶密封制品专业化研究单位。主要为国防军工项目和国家重点工程配套,开发研究生产各类高技术含量的橡胶密封制品、特种橡胶制品和专用材料。拥有国家橡胶密封制品质量监督检验中心、国家认可的实验室、全国特种橡胶制品信息中心站和全国橡胶密封制品标准化归口单位等。设计院技术力量雄厚,科研、生产设备及检测仪器先进。主要从事橡胶密封制品、特种橡胶制品和专用材料、新型橡胶助剂、塑料制品和聚氨酯产品的开发、研究、生产以及非标工艺装备设计制造等。配合产品的开发研究,还开展橡胶物理测试、化学分析、橡胶材料及制品的自然老化、人工加速老化和贮存期测算等的应用研究;橡胶技术信息、标准及计算机应用研究等。在橡胶老化研究及氟橡胶、硅橡胶、乙丙橡胶、丙烯酸酯橡胶、丁腈橡胶、氯丁橡胶、丁基橡胶等特种橡胶的配合应用等方面均居国内领先水平。为了适应市场经济的要求,西北橡胶塑料研究设计院先后投资6700多万元,进行了三次较大规模的技术改造,从英、美、德、意、法、日、韩等国及台湾引进了具有国际先进水平的密炼机、精密预成型机、微波连续硫化生产线、橡胶注射机、抽真空平板硫化机以及橡胶加工分析仪、无转子流变仪、臭氧试验仪、高低温电子拉力机、投影仪、密封件外观及尺寸自动检测仪、弹性体动态试验机等生产设备和检测仪器,提高了生产能力和检测水平。从原材料采购到产成品发送,建立了完备的质量保证体系和售后服务,在2000年通过了QS-9000/ISO9001两项国际质量体系认证后,2004年,通过国军标GJB9001-2001质量体系认证。现已具备年生产各种混炼胶和塑料粒料7500吨,各种橡胶材料、管材、型材1200吨,橡塑密封件5000万件的能力。设计院占地9.4万平方米,专业技术人员187人,其中教授级高级工程师4人,高级工程师38人,工程师120人。院下属及控股的专业生产公司有橡胶制品、橡塑制品、汽车密封件、聚氨酯制品、工程橡胶、防腐衬里、机械制造等公司,专业生产、加工各类橡胶、塑料制品和配套模具的设计制造。通过多年来为国防军工配套的实践,设计院培养造就了一支较高素质和较高水平的科研队伍,积累了丰富的橡胶密封制品、特种橡胶制品和专用材料的开发、研制、生产经验。设计院研制开发了8大系列民用橡胶制品。DK系列橡胶密封垫已在北京、天津地铁工程、上海地铁2号线及延伸段、明珠线等工程中使用,质量达到国外同类产品水平。PP-R管材适用于上下水管道,使用寿命长,无污染,是一种新型环保管材,在市场上受到好评。根据市场的特殊需求,还研制开发了特种涂料、橡胶助剂等产品,其中可剥性涂料、导电涂料、防腐涂料、防火涂料、硅橡胶热稳定剂等都受到用户的欢迎。2004年产值5056万元,销售收入4659万元,取得了较好的社会效益和经济效益。

(张文辉)

西北机电工程研究所

【概况】 西北机电工程研究所有在职职工1395人,其中研究员级高级工程师27人,高级工程师264人,专业技术人员888人,技术人员占总人数的63%。拥有硕士学位授予权,博士后科研工作站。2004年,四大系列主导民品:彩管生产与检测设备、VFD生产与检测设备、机场地面设备、特种机械共实现销售额3000多万元,为企业的技术进步和产品更新换代做出了积极贡献。产品主要有系列专用拖车及野外生活用车、高压全自动板框式压滤机、全自动配料生产线、系列专用自动焊接机、金属带材纵剪机组、HTD系列电源、楔块式超越离合器、全自动包装码垛机组、各类焊接设备、清洗设备、ZMM-600自动铆接机、ZMC-600自动测试机等。同时,大力推进新产品开发工作,组织有关人员对小型特种焊机、物流系统、铁路机车电气控制系统、锂电池生产设备等项目进行了调研论证。根据市场需求,开发了锂电池行业用的半自动钢珠封口机,电力机车行业用的大电流互感器测试装置,KGD60型智能充电电源,三向逆变电源原理样机,钢号识别原理样机等新项目。机库大门设计制造公司为大连机场设计制作了维修机库大门;工业门的生产与销售呈上升趋势,先后为西安西飞公司、天津钢管厂制做安装了五套工业门,形成了机库大门、工业门两项系列产品。还为深圳机场设计制作了阔幅门,提升了机库大门公司的设计和安装水平。鸿顺机场地面设备公司新研制的航空信息显示系统已交付机场并投入使用,在国内率先开发研制的民航售票显示系统正在银川机场试运行。同时还开发研制了制管行业的称重测长设备、喷印设备、管号识别设备,逐渐形成了登机桥产品系列、信息显示系统系列、称重测长产品系列三条主线。民品工作在巩固国内市场的同时,还积极开拓国际市场,先后与荷兰飞利浦公司,法国汤姆逊公司,日本平田机工进行了合作洽谈,初步建立起合作关系。劳动服务公司全年完成铁柱加工500万件,生产各种橡胶研磨件产品26800

件。国际间的技术与学术交流合作日益扩大，全年共派出17批、36人次赴各国学习、考察和参加国际会议，接待了16批、38人次境外专家来所进行学术交流和洽谈合作事宜。2004年获得国防科学技术奖2项，中国兵器工业集团公司奖3项，陕西省国防科学技术进步奖1项。其中“某武器系统”荣获国防科学技术一等奖，并被推荐申报国家科学技术奖；“某弹道炮”荣获国防科学技术三等奖；由检验处张国栋和李慧义编写的《进货检验技术规范》获陕西省国防科学技术进步三等奖等。

（王晓光）

陕西省地质矿产勘查开发局区域地质矿产研究院

【公益性地质工作】 2004年，矿产研究院承担国家国土资源大调查项目6个（包括续作项目），分别在陕西略阳、新疆麻扎、神仙湾、康西瓦等地区开展了1:25万野外区域地质调查工作，发现了一批化石，取得了多项新认识，在西昆仑地层划分研究方面取得了突破性进展。向国家提交的1:25万宝鸡幅区调项目、1:20万西藏黄羊沟等幅化探项目成果，经国家地调局项目办评审验收，均获得优秀级。按计划完成了西安、宝鸡、渭南等7个1:20万图幅的基础地质数据库建库及维护工作，成果报告已通过初审。

【市场性地质工作】 2004年，续作的新疆西天山地区3个1:5万区域地质调查项目，野外工作已全部结束，经甲方（新疆项目办）评审验收，野外工作质量优良。新承担的1:5万新疆拉配泉幅、西藏黄羊滩、卧龙岗幅区调项目和1:5万新疆吉木乃县一带化探项目分别提交了设计书，完成了部分野外工作。同时各项目在矿产方面均取得了重要进展，发现了两条具有一定规模的锑矿（化）带，30余处多金属矿点、矿化点，其中6处具有一定工业价值。此外年内还承担了部分土地调查和地质工勘施工项目。承担了西安市、咸阳市所属区县的土地变更调查、土地更新调查、地籍调查以及土地开发整理等方面项目，承担完成了略阳、黄陵、安康等高速公路及居民区滑坡治理工程，完成了冀东集团泾阳项目地质灾害危险性评估，完成陕西金泰恒业房地产有限公司地热井可行性论证。2004年总收入1492.1万元，利润总额8.54万元，净利润6.23万元。

（李晓钟）

中国船舶重工集团公司第十二研究所

【科技成果转化】 研究所坚持以军民两个市场需求为导向，以推动船舶热加工行业的整体技术进步为己任，致力于解决影响行业发展的基础性、共性问题，开展了特种铸铁、耐磨铸钢、高强度铝合金、金属基复合材料和特种材料的研究，开展了树脂砂制芯造型技术及其配套辅料、精密锻造成型、特种热处理和激光表面强化、激光光谱标准物质置备等技术的研究，先后承担了多项总装、国防科工委和重工集团公司各类军工科研项目，取得多项科研成果，这些科技成果转化为生产力，不仅促进了船舶行业的技术进步，也为研究所创造了良好的经济效益。作为船舶行业惟一的热加工工艺研究所，在引进船用柴油机和船用辅机的国产化方面发挥了非常重要的作用，曾荣获原船舶总公司国产化工作一等奖。研究所为镇江船用柴油机厂研制的系列缸盖、为江津增压器厂研制的系列压气叶轮及导风轮、为重庆齿轮箱厂研制的各型轴瓦等产品，是研究所国产化工作方面取得的重要成果，成为厂所之间成功合作的标志。

【推动行业热加工技术进步】 作为船舶行业铸锻指导组组长单位，研究所负责组织船舶热加工行业中长远发展规划的组织和编制工作，协助企业进行技术改造和技术创新。建所至今，先后与多家工厂开展技术协作攻关，并取得显著成绩。针对低速柴油机曲轴和中间体的国际发展动向，经过积极调查研究形成的分析报告，为上级机关的正确决策提供了依据。同时，研究所积极与上海重型机器厂联合开展工艺攻关，利用计算机仿真软件进行工艺优化，使国产的第一根曲轴曲拐于2003年6月顺利锻制成功，为该产品的国产化工作奠定了基础；协助四川柴油机厂进行树脂砂生产线的引进技术和改造，开发了呋喃树脂砂技术、TR镦锻等技术，在多家企业得到了推广和应用。研究所主办的《热加工工艺》杂志坚持立足船舶，面向世界，加强技术交流，推动行业进步的办刊方针，在船舶行业和全国热加工行业具有较高的影响力。该杂志被命名为全国科技期刊，并入选中国期刊方阵双百期刊，被EI等四大国际机构收录。

【通过质量体系监督审核】 2004年12月，研究所顺利通过了新时代质量体系认证中心的军民品质量体系转版现场审核。审核组认为十二所领导和全体员工关心产品质量，重视质量管理体系的保持和改进，各项规定在持续有效实施；所配备的人力资源、基础设施和工作环境能满足产品质量和管理的要求，生产过程和服务处于受控状态，产品质量符合合同规定和法规要求，顾客反映较好，用户对服务满意，按规定开展了内审和管理评审，保持了质量管理体系自我改进的能力，具有实现其质量目标和提供满足要求产品的能力。

（郝文昌）

科普活动

【第12届“科技之春”宣传月活动】 2004年,市科协围绕“科普——我们行动,我们受益”这一主题,在全市共组织文化、科技、卫生、法律“四下乡”小分队300个,参与活动的专业技术人员8100人次,受益群众6万多人次;举办各种科技培训班1600多期,参加培训人员28.5万人次;推广新产品、新技术、新成果112项,展出宣传版面2000多块,印发宣传资料95.6万份;组织青少年科技活动43次,参加人员2.1万人次。特别是组织开展了“科普进社区活动”及“科普宣传一条街”等大型综合科普宣传活动,200多个单位、700余名专家和科技工作者进行了法律、环保、保健、消费、农业实用技术等知识宣传,活动共出展板310余块,散发宣传资料10万余份。在秦都区钓台镇等地邀请省仪祉农校专家深入田间地头开展蔬菜栽培等技术培训,现场解决群众生产中遇到的技术难题,受到群众的欢迎。2004年,咸阳市科协被评为全省先进集体。

【农村科普工作】 加强科普示范基地建设,通过检查验收,表彰命名了16个市级科普示范基地。全市农村科普示范基地达到217个,其中市级56个,省级4个。召开了全市农技协建设座谈会,积极引导农村专业技术协会适应市场,朝“公司+协会+农户”或“协会+基地+农户”的方向发展。全市已发展各类农技协组织261个,其中经济实体型和企业带头型分别达到50个和22个,“公司+协会+农户”运作模式的28个。组织农村实用技术讲师团深入三原县陵前镇等地开展蔬菜栽培等实用技术培训,推广实用技术10项,培训农民1000多人。向各县市区及全市扶贫重点村赠发《奶牛常见病防治》、《果品贮藏与加工》等六种实用技术教材2000多套1万多册,同时,继续组织专家编写《露地花卉栽培管理技术》、《食用菌栽培技术》、《盆栽花卉简明生产与应用技术》、《宠物犬饲养与疾病防治》等4种农村科普系列教材。组织各县市区科协积极开展禽流感防治知识宣传,向群众散发宣传海报、报纸、画册等资料50000余份。

【创建全国科普示范县(区)】 2004年,在市科协的支持和指导下,秦都区、永寿县、旬邑县加大创建全国科普示范县的工作力度,健全机制,加大投入,积极改善科普设施条件,顺利通过中国科协验收,并被命名为全国科普示范县(区)。

【“六二九”科普行动日活动】 结合“走进科普周”,以“科学普及——你我共参与”为主题,精心组织安排了形式多样的20项重点宣传活动。彬县、永寿县、三原县等县区举行了干部职工科普知识问卷测试。礼泉县科协举行了干部职工科普知识竞答活动,增强了广大干部的科普意识,提高了科技素质。组织参加了省科协举办的首届老年科技人员科普知识竞赛活动,500余名老科技工作者报名参加。同时抽调人员积极参加全省学习《科普法》和科普知识电视大赛活动,取得了第三名,并被评为优秀组织单位。礼泉县科协被评为全国科普活动日先进单位。

【青少年科技教育活动】 组织青少年积极参加了省第十届科技创新大赛和科幻绘画大赛,征集作品100多件,筛选上报24件参加评选,荣获二等奖1名,三等奖7名,加强了青少年思想道德宣传教育。推荐张函靖、李萌两位同学参加了全国第三届亚太经合组织青年节。

【学会组织建设】 制定出台了《咸阳市科协关于推进所属市级学会改革的意见》,召开了全市市级学会改革座谈会,就学会改革做出了具体安排。依据产业发展实际,新建了咸阳市国际税收研究会,市环保科技学会、反邪教协会正在积极筹建之中。市工程师协会、珠算协会分别被省科协评为三星级和二星级先进学会。

【学术交流活动】 组织开展了以“信息时代的天气、气候和水”等为主题的学术交流及报告会42场次,6800多人参加了活动,撰写各类学术论文920篇,举办各类科技人才培训班284期,培训28万人次。组织开展“学术金秋”,咸阳市税收理论研讨会等12个重点活动。积极组织参加了中国科协2004年学术年会,向大会递交了《谐波分析在旱涝气候预测中的应用》、《以人为本,建立动物防疫工作长效机制》等6篇论文并做了交流。

【厂矿企业科协工作】 2004年,市科协以“讲理想、比贡献”、“厂会协作”、“金桥工程”等活动为重点,鼓励企业科技人员积极开展科技创新,鼓励学会协会与企业合作进行新技术研发。全年共完成技术改造2项,推广新技术、新成果3项,实现经济效益3000万元,促进了企业科技进步。

(苏　蓉)

咸阳市科学技术协会

主　席　刘百顺

副主席　王　斌　祁虎威

防震减灾

【地震事件及现场工作】 2004年9月13日,乾县发生1.8级地震。市境内出现三处前兆异常,即三原县陵前镇双槐村地裂缝、泾阳县云阳中学地裂缝和泾阳县龙泉乡沙沟村地裂缝。经市地震局现场调查后分析认为,均属于地表地质现象,是一种地质灾害,与地震活动关系不大。对其发展变化市地震局将进一步跟踪分析。

【地震监测预报】 市地震局把地震监测预报工作作为整个防震减灾工作的基础,给予高度重视。一是继续实施地下流体地震前兆建设项目。三原东沟深井数字化改造工程,经过进一步检测调试,已并入国家和省地震数字化信息网,步入正常工作阶段。泾阳口镇井的数字化改造项目,进入分步实施阶段。至年底,已完成了土地征用工作,进入工程施工阶段。二是市地震中心监测站技术改造前期调研工作正按计划实施。完成了对监测人员的业务培训和制定项目实施方案工作,完成了干井气氡项目的可研报告,并向市财政提出了经费预算,完成了强震台建设前期土建任务。三是组织召开了10次月震情趋势会商会、1次半年会商会、1次全年会商会,并提交了《2004年下半年震情趋势会商报告》和《2005年度震情趋势研究报告》;落实各种宏观、微观异常10次;参加了晋陕豫和鄂豫陕地震工作联防会,向大会提交了《陕西省关中地区乃至中国大陆2004年下半年震情趋势报告》,会后及时以送阅件的形式向市委、市政府报告了震情会商意见。四是加强对全市县级地震监测骨干站点的科学管理及技术指导。基本杜绝了误报、漏报震情信息情况,工作逐步步入规范化、科学化轨道。五是完善了地震监测电子信息网络系统,为实现信息资源共享,提高地震分析预报水平打下了基础。

【震害防御】 市地震局坚持把地震灾害预防作为防震减灾工作的中心环节。继续认真贯彻《防震减灾法》、《地震安全性评价管理条例》、《陕西省防震减灾条例》、《抗震设防管理规定》等法律法规,严格规范地震安全性评价管理,加强一般建设工程抗震设防要求的监督检查。一是对建筑物工程抗震设防要求及工程场地地震安全性评价进行了依法管理。对重大建设工程项目的抗震设防要求进行了监督检查,对在检查中发现的不按法律规定完成地震安全性评价工作的行为,进行了坚决纠正,截至年底,列入全市重点、重大生命线建设工程基本上都依法完成了工程场地地震安全性评价工作。二是按照国家及省、市人民政府的有关规定,认真做好对地震安全性评价工作的市场管理和对资质单位的市场准入审查登记工作,严把安评质量关,切实消除工程抗震设防方面的技术隐患。三是对一般工业与民用建设执行国家强制性标准情况进行了抽查;在村镇建设抗震设防要求指导方面,向全市13个县市区下发了269套《村镇建筑抗震设防指导图集》,为村镇建筑的抗震设防提供了重要的参考依据。

【地震应急】 按照省地震局的要求,年初,市地震局会同市计委、市经贸委、市民政局等单位,对重点、重要部门的破坏性地震应急预案的制定及应急设施落实情况进行了检查。同时,市地震局还加强了对全市国有大中型企业的破坏性地震应急预案修订工作的指导,年底前完成全市国有大中型企业破坏性地震应急预案的修订工作。市地震应急指挥中心建设项目,正在按计划建设之中。

【防震减灾宣传】 市地震局按照积极、慎重、科学、有效的原则,做好宣传工作,向县市区下发了《关于继续深入开展〈中华人民共和国防震减灾法〉宣传活动的通知》,对宣传活动进行了认真部署安排。2月底,与市委宣传部联合向各县市区下发了《关于第十二届"科技之春"开展防震减灾宣传活动的通知》,对科技之春活动进行了周密安排。3月中旬,市地震局组织了15辆彩车在市区主要街道进行巡回宣传。并设立了"宣传咨询台",摆放展板,散发法律法规等宣传材料,解答群众提出的问题。各县市区地震办(科技局)也在县城进行了不同形式的宣传。3月底,在市区人民广场和凤凰广场设立宣传咨询点,并将中国地震局印发的《城市防震减灾系列挂图》、《防震减灾法施行事例挂图》、《防震减灾法施行新闻挂图片》等制作成14块展板进行宣传。7月初,市地震局下发了《关于纪念唐山地震28周年开展防震减灾宣传活动的通知》,对"九二八"活动进行了周密布置。据不完全统计,整个活动中全市共出动宣传车67辆,悬挂横幅127条,散发资料5760份,摆放展板120块,设立宣传咨询点58个,对防震减灾的法律、法规及科普知识进行宣传。同时,充分利用地震"三网"信息员来自基层、服务基层的特点,号召"三网"信息员进村入户、去车间、下班组,向广大人民群众进行宣传。继续加强对中小学生等易受伤害群体的重点宣传工作,提高弱势群体抗御自然灾害的能力。市地震局先后在武功县代家小学、三原县城关镇小学等4所学校开展了防震减灾知识讲座和应急避险演练,取得了良好的社会效益。

(时　钧　宋永超)

咸阳市地震局

局　长　陈文龙

副局长　姜安宁

气象观测与减灾

【气象观测与预报服务】 2004年,市气象局为市委、市政府编发《气象决策参考》12期,编发《农业信息卫星遥感》7期,各县市气象局为当地政府编发气象服务材料150余份。市气象台发布短期预报730多次，中期预报53期，长期预报12期，墒情、雨情、温情等重要天气报告50多次。8月9日～20日，长武县、礼泉县、泾阳县、乾县、三原县、淳化县、永寿县等7县连续遭受两次暴雨袭击，市气象局组织科技人员认真分析汛情、雨情及暴雨预报情况，多次到市政府进行专题汇报，为防汛抗洪赢得了时间，最大程度减轻了损失。全年地面测报错情率0.2‰，报表错情率为零，报表合格率100%，杜绝了涂改伪造，未出现重大差错。农业气象观测发报错情率为零，无涂改伪造缺(迟)测等重大差错，气象工作者创地面测报、农气观测百班无错情25个。短期降水(定性技巧)预报质量达60%，重大灾害性冰雹、暴雨无漏报，业务质量均超过省定标准。较准确的气象预报和优质的气象服务，为各级领导指挥生产、防灾减灾、战略决策提供了科学依据。咸阳市气象局荣获2004年度陕西省气象局预报服务与目标考评三等奖，荣获咸阳市人民政府创佳评差最佳单位。

【人工影响天气工作】 3月10日，市政府、咸阳军分区组织召开全市人工影响天气安全工作会议。庄长城副市长做了《强化措施，狠抓管理，落实责任，切实做好人工影响天气安全工作》的报告。会议后下发了咸阳市政府《关于加强人影安全工作的通知》，针对咸阳市有西北最大的航空港(西安咸阳国际机场)和一个军用试飞训练机场，航空港路线纵横交错的具体情况，要求各级领导要提高认识，高度重视人影安全工作，尤其要把确保空中飞行安全作为人影安全的重中之重，要切实加大对人影工作的投入力度，加快人影安全基础设施建设进度，各级武装部门和人影办要集中一段时间，加强对人影作业和指挥人员的业务技能培训和军事项目训练，各级人影办严格执行高炮、火箭发射架审验制度、持证上岗制度、弹药保管制度、空域申请制度等一系列安全制度，坚决杜绝责任事故发生。会议强调各级政府要切实加强对人影安全工作的领导，加大检查力度，达不到安全标准的作业点一律不准进行人影作业，要明确安全责任，落实安全措施，逐级签订安全责任合同书，确保人影这项造福广大人民群众的事业快速健康发展。①初春和初夏，全市降水明显偏少，旱情非常严重，市人影办积极组织人工增雨，缓解旱情，最大限度减轻干旱造成的损失。各县市区人影办根据市气象台预报，充分发挥气象卫星、雷达、自动气象站和高速通信网络等现代化技术手段的作用，抓住一切有利时间积极实施地面高炮、火箭增雨作业。增雨作业从2月19日开始到9月14日结束，共组织飞机增雨4次，地面高炮、火箭增雨作业44炮(箭)次，耗"三七"炮弹1625发，耗火箭弹15枚，作业区内增加雨量在10毫米～25毫米左右，为缓解全市旱情，增加水库蓄水，保护生态环境做出了一定的贡献。2月底市政府紧急召开抗旱与春耕生产电视电话会议，要求各地全力做好抗旱工作，市人影办及时下发了《关于做好地面高炮火箭增雨作业的通知》，要求各县市区人影办人工增雨工作要早部署、早安排，增雨高炮、火箭和指挥、作业人员提前进点，切实做到人员、装备、资金、措施四落实，同时积极加强与省人影办联系，积极争取更多架次的飞机增雨作业。2月17日由市气象局领导带队，深入各县检查落实情况，重点对人工增雨准备工作进行全面检查。2月19日，市气象台预报20日将有一次降水过程，市人影办立即通知各县气象局，要求19日下午6时前做好增雨准备工作，根据天气情况，全力以赴实施人工增雨。20日6时至18时，全市共有7个县实施地面高炮、火箭增雨作业，增雨效果非常明显，全区出现小到中雨，南部各县普降中雨，降水量20毫米以上，北部5毫米～10毫米，全市旱象得到明显缓解。在3月上旬、中旬和4月上旬，市人影办还组织了4次大规模的地面高炮、火箭增雨作业，取得明显的社会效益和经济效益。4月23日联系省局飞机人工增雨作业1架次，全市各县降雨普遍在4毫米～5毫米。5月1日实施增雨作业1架次。乾县、兴平增雨作业区和影响区普降小到中雨。5月14日又一次在咸阳市渭北各县成功实施了人工增雨作业，作业区和影响区内普降小到中雨。根据旱情发展，积极实施的人工增雨作业，对冬灌小麦生长发育十分有利，为夺取全年夏粮丰收起到重要作用。②密切监视天气变化，积极实施防雹作业。从6月5日至9月14日共出现雹云日30个，雹日12个，共组织防雹作业228炮(箭)次，耗炮弹12254发、火箭弹38枚，无任何安全责任事故发生，有效保护了农业生产，取得了显著的社会效益和经济效益。5月份是全市冰雹天气的多发期，各县区人影办密切监视天气变化，积极组织做好防雹预警工作。5月10日，旬邑县人影办收到人影预警后，部署各炮点严密监视天气变化，抓住有利时机于16时40分组织境内10余门高炮先后进行防御作业4次，作业持续2个多小时，共耗弹166发。经及时有效的作业后，除未设防的县城区出现短时雨中夹杂软雹外，其余均未受灾，使2004年防雹作业首战告捷。6月5日晚北部各县出现对流性天气，长武县马寨、龙口、枣园、防雹站4个炮点实施防雹作业，耗弹150发，作业后出现雷阵雨；6月6日旬邑县有5个作业点作业，作业1炮次，耗弹119发，无雹出现，降水为1.5毫米；淳化县十里塬、东庄2个炮点作业，共发射炮弹31发，作业后化雹为雨，减轻了雹灾所造成的损失。6月16日午后到晚上，受高空冷平流的影响，陕西省出现了大范围的冰雹天气，此次冰雹的强度和范围是全省入夏以来最严重的一次。市人影办根据天气形势分析,在上午11时向各县人影办发出防雹预警警报,要求各县人影办要积极做好防雹准备。15时10分旬邑县雷达站观测到西南方向有对流云发展,并迅速增强,立即通知周县区注意防御,密切监测云系变化,及时指挥各县防雹作业。下午全市共有5县31个作业点作业,共耗"三七"炮弹1780发,火箭弹10枚。作业后,除长武县芋元乡、相公镇、彭公乡、地掌乡和洪家镇的部分村庄由于冰雹强度过大和高炮点设置过稀等原因,受灾相对比较严重外,其余各县个别地方降了米粒大小软雹,基本无灾情出现,防雹效果非常明显。7月~9月,市人影办充分发挥旬邑雷达和西安新一代天气雷达作用,多次组织防雹作业,有效地遏制了冰雹天气带来的危害,减轻了灾情,有效保护了防御区内的农作物和经济作物。

【气象科技现代化建设】 市气象局树立科学发展观,加快现代化建设,不断提高业务质量和预报准确率,努力提高服务的能力和效益。按照"气象服务一年四季不放松,每次过程不放过"的要求,一是把决策服务放在首位。充分利用各种气象现代化手段,严密监视天气变化,及时有效地为各级政府和领导提供准确的高质量的决策信息,进一步完善《决策气象服务系统》、《综合气象服务系统》、《农业气象服务系统》等科研课题的研究。全面规范气象服务的流程和服务产品,使决策气象服务不断精细化。高度重视气象站网建设,成立了站网管理领导小组以及站网系统建设信息采集、录入技术小组,购买了电子经纬仪,并安排专人、专车深入全市12个县局完成各类照片、仰角图、玫瑰图等的拍摄、测量、制作、上报、校核,并将该项工作列入2004年各县气象局和有关直属单位的目标考核,更好地为社会提供优质服务。二是把"三夏"汛期服务作为核心。建立健全规章制度,结合"促进人员流动"和"定员上岗",进一步强化岗位职责,明确分工,充实调整了汛期气象服务组织管理机构,实行行政首长负责制,成立了汛期气象服务领导小组和预报警报小组,实行了汛期行政领导昼夜值班制,加强督促检查。采取不定期的方式进行查岗,检查各单位领导值班情况,并对昼夜值班情况进行了4次检查通报。三是把为农业服务作为重点。突出以农业服务为中心,制定了《咸阳市气象局加强气象为地方农业经济发展服务的指导意见》,围绕全市农业主导产业、地方特色产业、农业结构调整和西部大开发等领域,开展农业气象服务工作,进一步完善为农业服务平台建设。市遥感中心充分利用卫星遥感技术,作好苗情、火情、干旱、沙尘暴监测和粮食产量预报。小麦预报准确率达90%,秋粮玉米预报准确率98%。各县市区局进一步拓展服务领域,提高为农业服务的水平,有针对性地开展果、棉等经济作物的系列化、专业化气象服务工作,将农气科研所工作进行重新定位,并安排专项经费,开展为农业服务的试验研究。四是高度重视现代化建设。出台了《咸阳市气象局气象业务平台建设实施意见》,规范了业务平台建设,积极推进精细化预报,千方百计提高预报准确率,为地方经济发展和防灾减灾服务。气象台引进了中尺度数值预报模式,增加了客观定量预报方法,提高了预报的精细化程度。完成了旬邑县、乾县、礼泉县、三原县局的自动站建设施工方案设计,值班室、观测场改造工作。建立了手机防灾减灾气象短信服务平台。五是关键季节农业气象服务准备充分,成效显著。

（王斌生）

咸阳市气象局

局　长　李社民

副局长　吴宁强　段昌辉

文化·文博

文学艺术

【概况】 2004年,市文联及协会全年共发展市级会员50多名,省级会员20多名,国家会员3名,并创作出版文艺作品集30余部,其中长篇小说2部,报告文学集1部,秦军西进丛书1套9部;在省级以上报刊发表诗歌散文50多篇(首);创作歌曲20多首。《秦都》文学期刊从内容到形式进行了全面改版,变为双月刊,每期刊登2篇新人新作。

【文艺交流与研讨】 ①1月9日,咸阳市画院与市民营企业家协会、检察学会、仲裁协会、市书协联合举办了"2004春节联谊会",加强各行各业与市书画界的交流。②3月12日,咸阳市画院、咸阳外语学校接待了德国阿尔爱司波哥市民间青少年文化访华交流代表团,市画院院长任杰为他们讲授了中国书法、中国画的基础知识。③3月20日,市作协与省作协联合为张凭的纪实文学《生命燃烧的岁月——著名作家邹志安纪实》举办作品研讨会,省作协副主席晓雷、著名作家京夫等评论家、作家参加研讨会并评点作品。④4月6日,市文联与省作协联合为鲁曦散文集《心雨芳菲》举办作品研讨会。中国散文学会副会长周明、省作协副主席晓雷及京夫、李星等出席。⑤7月,市美协常务副主席文军出访意大利进行文化艺术交流活动。⑥8月23日~9月6日,市文联副主席李春光、市作协主席程海参加陕西省作家访问团,出访意大利、德国、法国等欧洲八国。

【文艺下乡活动】 ①2004年春节前夕,市文联组织20多名书画家、楹联艺术家到秦都区沣东乡、乾县梁山乡等地为群众义写新创作的春联1000多幅,其中有30多幅作品在《中国楹联报》、《三秦都市报》、《华商报》发表。②5月23日,市文联组织音乐、舞蹈工作者到秦都区留印村开展纪念毛泽东在延安文艺座谈会上的讲话发表62周年文艺采风活动,为群众演出了一台贴近时代、贴近生活、贴近群众、喜闻乐见的文艺节目,活跃了群众文化生活,丰富了创作素材,受到了群众和市上领导的好评,取得了良好的社会效果。③9月8日,市文联、《秦都》编辑部组织了11位作家赴淳化县,举行"迎国庆,情系老区,关注三农"作家下乡采风活动,并在刊物开辟专栏,采风作品集中刊登在2004年《秦都》第五期上。④10月,咸阳市摄影家协会、淳化县人民政府联合组织了"金秋看淳化"摄影大赛及采风活动,咸阳市16名摄影家及省摄影协会、西安市摄影协会有关人员参与了这次摄影采风活动。咸阳电视台作了专题报道。

【文艺展演】 ①2月,咸阳市画院在市老年大学举办了迎春画展,共展出作品40多幅。3月中旬,作品又在淳化县巡回展出,这是咸阳市画院恢复后举办的首次画展。②5月初在秦都影剧院举办了祁九鼎个人摄影艺术展,展出作品100幅,省市领导李焕政、张立勇等出席了开幕式并参观了展览。③9月28日,市文联、市影协在咸阳图书馆和中华广场分别举办庆祝建国55周年书画精品展、摄影展。市上领导李三原、哈锐、严宪文等出席。④10月,中共咸阳市委宣传部、市文化局、市文联、市摄影家协会共同举办的庆祝建国55周年《镜头中的咸阳》摄影大赛落幕。共评出一等奖2名,二等奖4名,三等奖6名,优秀奖20名。

【文艺作品获奖情况】 11月,咸阳市作家李春光、魏军创作的报告文学《中国步长》荣获第四届中国世纪大采风活动组委会金奖。徐宗德创作的歌曲《足迹》、《阳光为你闪烁》获陕西省"五个一工程"优秀歌曲奖。毛民海、杨宏德、冯萌献等在《华商报》征联活动中获二、三等奖;出版了"三八妇乐杯"全国征联大奖赛获奖作品集;王卫民、冯萌献、杨焕亭、卢太运、杨波海、杨春轩等人的楹联作品入选《中国对联作品集》;刘公的小说《原来如此》荣获中国微型小说学会年度评比二等奖；苏君良美术作品获全国十届美展优秀奖并被浙江美术馆收藏，同时又入选第三届全国山水风景画展；陈建生作品入选2004年全国中国画展；咸阳市舞蹈协会组织参加第四届"西部杯"国际舞大赛暨首届西北五省国际舞锦标赛获少儿组9个第一、2个第二，成人组获3个第一、2个第二，参加第九届陕西省国际舞大赛暨全国锦标赛获3个第一、1个第二。韩靖获2004年全国剪纸邀请赛银奖。梁澄清荣获陕西省文化厅民族文化保护工作先进工作者称号，并被聘为陕西省民间文化保护工程专家委员会成员。徐宗德创作的《加油畅想曲》（刘克忠曲）获陕西省石油系统创作一等奖，并推荐赴全国参演；《鸟语花香闹古城》获陕西省建设系统建国55周年文艺汇演一等奖；《工商情结》获陕西省工商系统建国55周年文艺汇演二等奖；《的士壮歌》获陕西省建设系统建国55周年文艺汇演二等奖。中共陕西省委外宣办、省政府新闻局举办的《今日陕西》赴南非、法国摄影展中，咸阳市8幅作品入选；陕西省艺术摄影学会两年一度的"学会奖"评选中，9人次10幅作品获优秀奖；咸阳市摄影家协会全年在各类影赛影展中获奖50余幅，并被陕西省摄影家协会评为先进集体。

【举办窦仲化书画展】 9月26日，河南省文联、陕西省文联、咸阳市委宣传部及咸阳市文联、咸阳市书法家协会、咸阳市美术家协会在河南省博物院联合举办窦仲化书画作品展，河南省政协副主席曹策问、中国书协副主席张海、咸阳市委副书记胡志强、咸阳市文联党组书记、副主席赵民哲等300余人到会祝贺。窦仲化，河南沈丘人，1935年生。幼时随父学习传统书画。1963年毕业于西安美术学院国画系。师从罗铭、何海霞、刘文西。擅长山水及书法，笔墨浑朴、意境深邃，书法揉魏、隶、篆于一体，别具特色。曾六次应邀赴日本、美国、法国、澳大利亚举办个人书画展览及讲学，作品多次在国内外出版、获奖或被收藏。被录入《中国当代国画家辞典》、《中国历代书法家辞典》、加拿大《世界书画家辞典》等书。陕西国画院兼职画师，咸阳市美术家协会名誉主席，咸阳市画院名誉院长，郑州大学名誉教授，纽约艺术院特邀院士，中国书法家协会会员，享受政府特殊津贴突出贡献专家。

【举办胡树群书画展】 8月20日，市文联在市图书馆举办咸阳市纪念邓小平诞辰100周年胡树群书画作品展，市文联党组书记、副主席赵民哲主持，省政府决策咨询委员会主任李焕政、市政协主席杨光明、市委副书记胡志强等省市领导出席开幕式并讲话。胡树群，1944年生，陕西省旬邑县人。中国书法家协会会员，陕西书画院名誉院长，陕西省直机关书画家协会副会长，陕西长安书画艺术研究院副院长，东方书画院首席名誉院长，当代书画院名誉院长，西北书画艺术研究院艺术顾问兼客座教授，世界华人书画艺术家联合会副会长，东北书画艺术学院名誉院长兼客座教授，陕西同仁书画协会副会长，中国艺术研究院特聘书画师，泰国曼谷中国画院顾问，香港世界著名书画艺术家联合会名誉会长。其书法以行草见长，善写自作诗词，人称"铁笔胡"。以书法笔意写花鸟，大气磅礴，酣畅淋漓。荣获世界华人艺术大奖、联合国科教文组织世界和平友好国际书画大赛优秀奖、第二届中国书法美术精品展金奖、首届"水浒杯"全国书画大展金奖、全国"人才杯"书画大赛第一名、建国45周年书画大赛银奖。其作品入刻韩国碑林、世界和平碑林等数十处。出版有《胡树群书法艺术》。

【陈云龙连获全国书法大展两个一等奖】 咸阳市书法篆刻家陈云龙以一组四方大印"邓小平"、"邓希贤"、"刘邓大军"、"春天的故事"参加由中国书法家协会主办的纪念邓小平诞辰一百周年书法展获一等奖，又以一幅书法对联参加由中国书法家协会和广东省政府主办的全国书法艺术大赛冼夫人奖再获一等奖。陈云龙现为中国书法家协会会员，陕西省书法家协会会员，终南印社理事，陕西省青年书法家协会及咸阳市书法家协会常务理事。其印宗秦汉，格调高古朴茂，书法涉猎广泛，功底深厚，气息儒雅劲健。

【扶贫帮困活动】 11月中旬到12月中旬，市文联组织市画院、市书协、市美协、市楹协的书画家创作书画作品400幅，12月9日、17日、18日连续举行了三场书画义卖义演活动，义卖收取现金13400元；陕西省第二纺织职工医院在活动中捐献3万元医疗设备。义卖全部现金及物资捐赠贫困山区及困难群众。

【文艺纪事】 ①2月，市画院出版了《咸阳市画院画家作品选》。②为迎"三八"国际妇女节，黄秀芳女士在咸阳图书馆举办画展。③3月27日~31日，李咏兴在咸阳图书馆举办山水画展。④8月8日，西部报告文学研究会成立，省作协党组书记、副主席雷涛，市政协副主席严宪文等出席。魏军当选为会长。⑤8月22日，市文联在图书馆组织举办了纪念邓小平同志百年诞辰楹联诗歌朗诵会，市文艺界人士50多人参加了朗诵会，会议收到楹联书法家作品30余幅，25位作者朗诵了精心创作的楹联、诗歌作品。《中国楹联报》在头版头条作了详细报道。⑥10月，韩靖、马周的剪纸、泥塑和阎玉振夫妇的戏曲脸谱大型刺绣参加陕西省服饰文化节、咸阳市国庆旅游文化节展出。⑦11月28日，西部校园文化研究会成立，峭石当选为会长。⑧市楹协王即之、杨焕亭、卢太运、韩英海、杨春轩五人书画展在咸阳图书馆举办，共展出作品近百幅。⑨徐宗德创作的歌曲《冬瓜和南瓜》、《迈步新世纪》入编全国音乐考级教材。⑩程海的短篇小说《三棵枸杞豆》收入新加坡高中语文课本。史向阳的散文《黄杏》入选语文出版社出版的中学初一《语文》课本。刘公的小说《行长的乡村情结》入选2004年8月甘肃人民出版社出版的《中学语文读本》初二下册。

（李 云）

咸阳市文学艺术界联合会

副主席 赵民哲 李春光

艺文撷英

【《程海文集》】 四卷本。程海著。陕西人民出版社2003年1月第1版第1次印刷，1290千字，印数1000册。收录长篇小说《热爱命运》、《苦难祈祷》、《人格粉碎》三部，另收录中短篇小说和散文、诗歌作品。作品凝聚了作者的人生感受、生命体验和文才诗情。作者程海，1947年生，陕西乾县人，中国作协会员，陕西省作协常务理事，一级作家，享受国务院特殊津贴，陕西省有突出贡献专家，咸阳市作协主席。著有小说集《我的夏娃》、长篇小说《热爱命运》等。

【《命运峡谷》】 长篇小说。文兰著。上海文艺出版社2004年7月第1版第1次印刷，452千字，印数10100册。小说的时间跨度从1958年一直写到“文化大革命”结束，通过一系列人物的政治经历和情感风暴，反映了在极“左”路线盛行的大背景下人们的命运冲突。作品情节曲折跌宕，内涵丰富。作者文兰，陕西咸阳人，中国作协会员，一级作家。著有小说《丝路摇滚》、《攀越死亡线》等。

【《往事如歌》】 长篇小说。杨焕亭著。重庆出版社2004年9月第1版第1次印刷，360千字，印数12000册。是国内第一部以工农兵大学生为题材的长篇小说。小说全景式刻画了某大学首届“工农兵大学生”走向社会后的命运波折，反映了这一特殊群体对人生价值的思考。作品结构宏大，情节生动，形象饱满。作者杨焕亭，陕西户县人，中国楹联学会会员，陕西省作协会员，咸阳市作协副主席。著有散文集《海的梦幻》、《月影人影》等。

【《白蜻蜓》】 “西进丛书”之一。散文随笔集。程海著。陕西旅游出版社2004年2月第1版第1次印刷，207千字，印数2000册。书中有很大一部分是散文诗，文藻华赡，不乏俊语箴言。作者程海，“西进丛书”的发起人。“西进丛书”包括咸阳九位作家的九部作品，由咸阳市作家协会与陕西旅游出版社合作推出，是咸阳作家向社会集体亮相的开端。

【《爱亦爱》】 “西进丛书”之一。小说集。董信义著。陕西旅游出版社2004年2月第1版第1次印刷，172千字，印数2000册。作品以捍卫人的灵魂、尊严以及理想人格为己任，通过对人性的深度倾注，揭示了当代青年的复杂心态。作者董信义，1963年出生，陕西礼泉人，陕西省作协会员，著有散文集《雪也陶人》、《忽生阳光》、诗集《望月听泉》、小说集《悲意的雪》等。

【《一尺月光》】 “西进丛书”之一。诗集。魏栋宇著。陕西旅游出版社2004年2月第1版第1次印刷，202千字，印数2000册。作品苍凉、大气，对生命本真有着较深刻的探索和理解。作者魏栋宇，1961年生，陕西礼泉人，中国诗歌学会会员，陕西省作协会员，著有诗集《星汉与四季》等。

【《黑夜凝望火柱》】 “西进丛书”之一。小说集。卢旻著。陕西旅游出版社2004年2月第1版第1次印刷，310千字，印数2000册。作品关注农民的命运，反映了农村社会生活的贫困和愚昧。作者卢旻，陕西省作协会员。

【《欲望年代的夏天》】 “西进丛书”之一。小说集。王三龙著。陕西旅游出版社2004年2月第1版第1次印刷，165千字，印数2000册。作品以都市生活为背景，表达了大千世界中人的生存困境和生命意义。作者王三龙，陕西省作协会员。

【《古道斜阳》】 “西进丛书”之一。散文集。贾松禅著。陕西旅游出版社2004年2月第1版第1次印刷，147千字，印数3000册。作品以写军旅生活为主，视野开阔，风格劲厉。作者贾松禅，陕西省作协会员。著有《管人软硬奇招》、《跨越人生的误区》等。

【《远行无语》】 “西进丛书”之一。散文、小说集。刘伟著。陕西旅游出版社2004年2月第1版第1次印刷，211千字，印数2000册。作品表现了小女人的纯真情怀及对普通人命运的深切关爱，文笔清新娟丽、真切自然。作者刘伟，女，陕西临潼人，陕西省作协会员。

【《归鸟》】 “西进丛书”之一。诗集。曹斌著。陕西旅游出版社2004年2月第1版第1次印刷，156千字，印数2000册。作品博大沉雄。作者曹斌，陕西彬县人。

【《那年那月那天》】 “西进丛书”之一。散文集。阎可行著。陕西旅游出版社2004年2月第1版第1次印刷，233千字，印数2000册。作品质朴流畅，以情动人。作者阎可行，陕西礼泉人，中国散文学会会员，中国戏曲音乐理论研究会会员。著有《秦腔音乐创作探微》等。

【《走出历史怪圈》】 杂文集。马山前著。中国文化出版社出版，2004年5月第1版第1次印刷，258千字，印数3000册。收集129篇文稿，以言论为主，表现了作者深刻的忧患意识。作者马山前，1947年生，陕西扶风人。咸阳市社科联常务理事、市新闻协会常务理事、陕西省杂文协会会员。

【《生命情结》】 诗集。杨波海著。陕西旅游出版社2004年3月第1版第1次印刷，135千字，印数1000册。作品富抒情意味，有较强的生命感受。作者杨波海，陕西乾县人，陕西省作协会员。出版有散文集《临窗听雨》。

【《八先生蔺志顺传说》】 人物传记。张廉著。中国书籍出版社2004年11月第1版第1次印刷，180千字，印数1000册。作品记述了农民戏剧家蔺志顺的传说故事。作者张廉，陕西礼泉人，中国民间文艺家协会会员，省民协理事。著有剧本《一份发言稿》、《爬坡》、《访亲》和曲艺集《夸家乡》等。

【《坎壈人生》】 长篇小说。梁炜著。内蒙古文化出版社2004年5月第2版第2次印刷，320千字，印数2000册。小说以改革开放前后的历史为背景，描写了主人公在应对社会困厄时，表现出坚韧崇高的人生志向。作者梁炜，陕西彬县人，陕西省作协会员。著有小说集《爱之劫》。

【《阳陵物语》】 咸阳人文掌故丛谈之一。张世民、屈建军著。科学普及出版社2004年10月第1版第1次印刷，120千字，印数1000册。该书从历史学和考古学相结合、学术性和普及性相结合的角度出发，对汉景帝刘启及其阳陵进行了多角度、多方位的考察。有社会现象、历史事件、典章礼仪、人物掌故、意识形态等。作者张世民，陕西泾阳人，咸阳市有突出贡献专家，著有《历史应用学浅论》、《咸阳史话》、《民俗雅话》等。作者屈建军，陕西户县人，曾参与编写《中国革命概论》等。

【《石门风光》】 画册。刘敏卓、第五振东编著。香港银河出版社2004年6月第1版第1次印刷，45千字，印数3000册。画册览石门山风光，展秦直道画卷，表现了石门山风景区的神奇壮美。主编刘敏卓，陕西旬邑人，旬邑县地方志办公室副主任，主编有《旬邑县志》等。

【《秦始皇和他的地下军阵》（英文版）】 根据张涛《秦陵秦俑新发现》中文版翻译，刘道选翻译，澳大利亚籍罗伯特·唐宁审译。陕西旅游出版社出版发行，2005年1月第1版第1次印刷，字数80千字，印数5000册。该书系统讲述了秦始皇的故事，并对秦始皇陵、兵马俑作了介绍。翻译刘道选，咸阳市人，咸阳市政府外事办公室助理调研员，咸阳市翻译协会秘书长，省翻译协会理事。翻译出版的汉译英作品还有：《秦始皇身后安排》（英文）、《秦始皇陵及兵马俑坑》（中英文）、《秦陵秦俑最新发现》（中英日韩四种文字），英译汉作品《大力水手》第8册、第9册。

【《秦陵秦俑百谜》】 张涛著。西安地图出版社2004年5月第1版第1次印刷，字数150千字，印数2万册。该书通过对秦都、秦陵和秦俑坑近百个问题的解答，使读者对此有了进一步了解。作者张涛，咸阳市人，主要作品有《秦陵秦俑新发现》、《秦陵秦俑最新图录》、《秦始皇陵及兵马俑坑》等。

（王永杰　石忙刚）

附：

书画艺术作品作者简介

【窦仲化】 男，1935年生，河南沈丘人。幼时随父学习传统书画。1963年毕业于西安美术学院国画系。师从罗铭、何海霞、刘文西。擅长山水及书法，笔墨浑朴、意境深邃，书法揉魏、隶、篆于一体，别具特色。曾六次应邀赴日本、美国、法国、澳大利亚举办个人书画展览及讲学，作品多次在国内外出版、获奖或被收藏。被录入《中国当代国画家辞典》、《中国历代书法家辞典》、加拿大《世界书画家辞典》等书。陕西国画院兼职画师，咸阳市美术家协会名誉主席，咸阳市画院名誉院长，郑州大学名誉教授，纽约艺术院特邀院士，中国书法家协会会员，享受政府特殊津贴突出贡献专家。

【陈云龙】 男，生于1961年，祖籍江苏扬州，现为中国书法家协会会员，陕西省书法家协会会员，终南印社理事，陕西省青年书法家协会及咸阳市书法家协会常务理事。其印宗秦汉，格调高古朴茂，书法涉猎广泛，功底深厚，气息儒雅劲健。作品多次参加全国性大展，并获2005年全国纪念邓小平诞辰一百周年书法展一等奖，获全国书法艺术大赛冼夫人奖一等奖。

【徐曼娜】 女，1972年出生于陕西乾县。中国书法家协会会员、咸阳市书法家协会理事、咸阳市青年书法家协会常务理事、政协乾县委员会委员。出身于翰墨世家，幼承庭训，以欧楷入手，后转北碑，于《张玄墓志》、《张猛龙碑》用功甚深，转益多师，追求魏晋气息。作品入展由中国书法家协会主办的全国第八届书法篆刻大展、全国第三届妇女书法篆刻展、全国第五届楹联书法展、全国书法艺术大赛“冼夫人奖”、全国第四届正书展等重大展览。

【薛凡】 男，1938年生，陕西兴平人。兴平市文联名誉主席、咸阳市文化收藏交流协会主席、陕西省文史研究馆馆员，陕西省对外友协理事、陕西省政协委员、西安中国画院书法顾问、日本亚洲文化交流会理事、韩国国际教育文化交流院顾问、书法家、历代碑石文字收藏家,兼工右笔、左笔和指书,书法作品遍及海内外,曾被中央电视台、日本东京"每日电视"台及人民日报、香港大公报等数十家新闻媒体采访和拍摄电视专题片。

【刘德伟】 男,1969年生,祖籍河南安阳。专攻工笔花鸟画。现为职业画家。作品被中国艺术研究院、中央美术学院、宁夏画院、甘肃画院、德国、拉脱维亚驻华使馆等单位及个人收藏。在北京、西安、宁夏、兰州、越南河内等地举办个人展和联展。出版有《刘德伟书画作品集》、《刘德伟师生作品选》等。

【介眉】 (卢玉林),男,1945年生于陕西省礼泉。师从康巽,王子武,擅长花鸟古典人物。现为高级美术师、陕美协会员、中国唐史学会会员。多年在唐昭陵博物馆工作,参与发掘唐墓30余座,整理断壁残画千余幅,临摹万余篇,结合传统,古为今用。出版有《介眉唐人壁画集》、《昭陵唐人服饰》。主持长乐公主、韦贵妃两座大型唐墓壁画的复原工程。2001年应邀访韩,其画作在韩国颇有影响。2002年,《千禧盛世图》入选《讲话》发表60周年全国美术作品展,并被毛主席纪念堂收藏。传略入编《中国书画艺术百科全书·当代人物卷》、《陕西美术家》等。

【刘德昌】 男,生于1938年,陕西西安人,字榕青,又字欣坡,号望天楼主。中国中外名人文化研究会终身会员,文化艺术委员会特聘特级书画师,中国书画家协会西北总部高级艺术顾问,咸阳市书法家协会顾问。作品多以篆书发端,深得金文、石鼓意韵,厚密劲雄,受到学界赞誉。1979年全国书法作品征稿评比获三等奖。1986年全国十二明星城市书画巡回展,其作品深受好评。曾被美国、加拿大、日本等国家及香港、台湾地区友好人士收藏。

【任杰】 男,1942年生,陕西淳化人,五十年代承父家学,临书习画,七十年代初,拜著名画家康师尧主研工笔花鸟画,山水书法皆有较高造诣。1988年以来《墨梅图》等近百件书画作品分别被十多个国家及港澳台地区美术馆、博物馆和国际友人收藏;工笔画《和平之春》入编百年《中国工笔画》(1990~1997),巨幅山水画《黄帝陵》被陕西省人民政府收藏。出版有《任杰工笔画选》、《任杰书画》等。其传略和代表作品分别载入《中国当代国画家辞典》、《中国当代美术家辞典》等数部国家级辞书中。现为中国工笔画学会会员;陕西省美协、书协会员;国家高级美术师、陕西咸阳画院院长、咸阳市美协副主席、中外书画家西安联谊会名誉副会长。

【刘智怀】 男,1944年生,国家一级美术家。陕西三原人。现任咸阳美协理事、咸阳书院创研部部长、文化部艺术研究中心特邀一级美术家、陕西盛世西部书画院副院长、中国文化报特级顾问等职。擅长花卉、山水,尤工人物。线条流畅、笔墨生动、形神兼备。人物画注重内在气韵与情感,花卉画艳丽鲜活、清新含韵,自然传神、风骨独具、凝紫滴翠、浓淡相宜。山水画构图严谨、笔墨飘逸,秀美峭拔,颇具静中有动的势态。作品曾获全国书画大奖赛、省职工书画大赛奖等。

【陈天民】 男,1954年生,别署易安庐主,国家一级教练、中国书法家协会会员,咸阳市书法家协会副主席。书法作品获全国第五届新人新作奖,全国首届大学书法艺术展奖,第七届和第八届中国书协教学成果二等奖,中国书协书法培训中心成立十周年展特别奖,《书法报》第三届黄鹤杯书法大赛银奖,全国第八届书法篆刻大展奖、全国第五届楹联书法展奖。有30余篇论文在《中国书法》、《书法导报》等报刊发表。

图　书

【图书馆事业蓬勃发展】 2004年,全市共有公共图书馆12个,其中市级1个,县级11个。全市公共图书馆从业人员266人,总藏书78.3万册,共发放借书证9765个,总流通人次28万人次,全年共举办各种活动45次,吸纳读者15743人次。彬县图书馆被省文化厅评为"创佳评差"最佳单位。

(王新团)

【共享工程开通】 7月26日,咸阳图书馆举办了全国文化资源信息共享工程咸阳图书馆基层中心开通仪式,省图书馆馆长谢林、市委副书记胡志强和有关部门领导出席了仪式。咸阳图书馆从开通之日起至8月30日,每周一至周五上午为广大中小学生免费放映经典影视节目50多部,接待读者500多人次。

【《咸阳地方作家文库》图书展览】 为了展示地方文献建设工作的成就,显示"魅力咸阳"丰厚的文化传承和创作实力,从10月10日开始,咸阳图书馆举办了《咸阳地方作家文库》图书展览活动,并制作了多媒体网页。展览历时20多天,共展出阎纲、雷抒雁、邹志安、杨争光、峭石、张过、梁澄清、程海、文兰等200位本地作家的400余种著作。

【作品研讨】 ①2月13日,著名文学评论家阎纲"文化学术叙谈会"在咸阳图书馆召开,市内文艺界近百人参加。咸阳电视台、《咸阳日报》均做了报道。阎纲,原名阎振纲,当代文艺批评家。陕西礼泉人。先后任《文艺报》、《人民文学》编辑及《中国文化报》副主编等,并筹办《小说选刊》杂志。早年曾从事群众文艺创作。其文艺评论侧重于小说艺术的研究,主要分析小说表现的社会历史内涵,开掘文学作品深藏的崇高美学意义,注重把艺术同社会、时代和群众的审美情趣结合起来进行研讨。后期的评论试验“绝句式”文体,追求简洁、快捷。主要作品有《悲壮的红岩》、《小说创作谈》、《小说论集》、《文坛徜徉录》、《文学八年》、《新时期小说论》、《阎纲短评集》等多部作品。②3月30日,由张凭撰写的《生命燃烧的岁月——著名作家邹志安纪实》作品研讨会在图书馆召开。这次研讨会由陕西省作协、咸阳市作协、咸阳图书馆共同举办,《陕西日报》、《西安日报》、《三秦都市报》、《咸阳日报》、咸阳电视台等多家新闻媒体进行了报道。陈忠实、雷涛、阎纲、峭石等多位文化界名人致信致电表示祝贺。张凭,男,生于1948年12月,陕西礼泉人。先后在省内外发表小说、散文、报告文学等100余万字。著有长篇小说、散文集各1部。③11月20日,兴平市作家张效良长篇小说《是非缘》研讨会在咸阳图书馆举行。④11月28日,西部校园文化艺术节研究会成立大会暨研讨会在图书馆举办。

【馆际交流】 ①3月17日~24日,副馆长刘波等参加了陕西省文化厅举办的第二届馆长培训班,并向全省25个县区图书馆赠送了咸阳地方文献,建立地方文献互赠机制网络。②8月23日~25日,馆长梁澄清等赴天水图书馆进行业务交流,参观了天水图书馆,以及邵力子先生赠予天水图书馆的陕西省、县方志等藏书。③12月22日~31日,馆长梁澄清前往台湾,参加海峡两岸公共图书馆实务研讨会,并参观了台湾地区各级图书馆。

【全市中小学生经典诵读和读书征文大赛】 11月13日~14日,历时6个月的“中国人寿杯”首届全市中小学生中华传统经典诵读暨读书征文大赛圆满结束。活动于6月初由咸阳图书馆策划和承办,市关工委、教育局、文化局、广电局、团市委和中国人寿咸阳分公司等6单位主办。截至10月底,全市有11个县市区、150所学校、3.5万名中小学生参与了这次活动。其中有11个县市区的中小学生参加了读书征文大赛,各县市区经过初评,共选送征文308篇。经评选,有3篇获得一等奖、9篇获得二等奖、18篇获得三等奖。有9个县市区的101个节目、202人上报参加经典诵读决赛,经筛选,有70个节目、145人于11月13日在咸阳参加了决赛,共评出一等奖3个、二等奖7个、三等奖11个。

(赵乐站)

群众文化活动

【群众文化活动丰富多彩】 2004年,全市文化系统共组织开展文化活动1369场次,举办展览946场次,创作作品4653件(幅),参加市以上展览或发表的1765余件,获市以上奖励的547件。春节期间举办了戏曲晚会、社火表演、烟火晚会等活动,为古城增添了浓郁的节日气氛。全年先后举办了纪念毛泽东在延安文艺座谈会上的讲话发表62周年座谈会、“咸阳之夏”广场文化艺术展演、庆国庆歌咏比赛、爱我咸阳书画展等大型文化活动。在全国特色文化广场评比活动中,中华广场获得了全国特色文化广场称号。在第十三届“群星奖”评奖活动中,葛超的楷书获纪念奖。在全国首届群众艺术馆、文化馆评估定级活动中,乾县文化馆被评为一级馆。在西北五省10家媒体举办的秦腔“四大名旦”争霸赛活动中,市人民剧团演员张虹获金奖。在中国戏曲红梅大赛中,市人民剧团演员李小斌获银奖。

【重大节日系列文化活动】 ①元月9日,市文化局自筹资金,组织市直三个剧团举办2004年春节戏曲晚会。春节期间,全市举办了丰富多彩的文化活动,社火表演、文艺节目调演、秦腔大赛,吸引观众近万人。元宵之夜,人如潮、灯如海,市民们载歌载舞,共庆美好佳节。②5月23日,市文化局举办了纪念毛泽东在延安文艺座谈会上的讲话发表62周年座谈会和书法、美术、摄影作品展,组织了一批文艺工作者到国棉一厂采风。③暑期,市文化局与有关部门在人民广场举办“咸阳之夏”广场文艺展演活动,共演出30天,演出节目300多个,参与演员2300多人,观众达到20多万人。同时,与有关部门举办纪念邓小平诞辰100周年文艺晚会,文艺工作者创作演出15个节目,受到了观众的好评。④庆祝建国55周年期间,与有关部门联合举办庆国庆歌咏比赛,市直机关、驻咸企事业单位3000多名干部职工参加了歌咏比赛,同时举办了“镜头中的咸阳”摄影大赛和“爱我咸阳”书画展。⑤市文化局组织市人民剧团、大众剧团积极参加省上举办的庆祝建国55周年和振兴秦腔20周年优秀剧目展演活动。

【文化艺术中心启用】 12月22日,市文化艺术中心启用仪式在文苑大厦举行。省文化厅厅长秦天行,市上领导张立勇、杨光明、胡志强、张秀英、严宪文等参加了启用仪式并为艺术中心剪彩。文化艺术中心是“十五”期间咸阳市重点建设项目之一,工程于2002年6月动工建设,总投资5000万元,建筑面积23000平方米,高11层,由市电影公司与双峰房地产开发公司联合建设,用于文化艺术中心的面积为7000平方米。市电影公司、市群众艺术馆、市中国画院入驻艺术中心并对外办公。该中心集文艺创作、培训、辅导、展览、民间文化保护展示、群众文化活动为一体,是全市规模最大的文化活动场所。

【送文化下乡活动】 元月5日,市文化局组织文艺工作者60多人到乾县梁山乡为当地群众进行了文艺演出。市人民剧团、豫剧团和市上有关文艺工作者不顾天气寒冷和条件艰苦,以饱满的激情,表演了歌舞、戏曲清唱、折子戏等,受到了当地群众的热烈欢迎。各县市区文化局也经常开展送文化下乡活动,武功县、礼泉县、泾阳县、长武县等组织文艺工作者下乡村、入企业、进社区,把欢乐带给千家万户。

【对外文化交流活跃】 2004年,市文化局组织全市民间艺术、文艺演出、文化旅游等14个单位的17个项目,参加了在西安举办的中国东西部合作与投资贸易洽谈文化产业博览会。开幕当天,咸阳展区备受多方关注,省委书记李建国,国家文化部副部长郑欣淼、省委宣传部部长马中平等先后饶有兴趣地参观了咸阳展区,并对咸阳市的工作给予了充分肯定。

(王新团)

文化市场管理

【概况】 2004年,市文化局按照国务院、省、市政府的统一安排,在全市组织开展了网吧专项治理工作,重点查处黑网吧、接纳未成年人、传播有害信息等违法活动。通过开展专项整治活动,网吧存在的突出问题明显改观。同时,开展了音像市场宣传周活动,以尊重知识、拒绝盗版为主题,向广大群众宣传音像市场政策法规,加大对市区文化市场的检查力度,全年共组织市场检查485次,出动检查人员5304人次,车辆378车次,查处违规经营单位123家,取缔非法场所、摊点98个,收缴非法音像制品50074张(盒),并进行了集中销毁活动,净化了出版市场环境,维护了消费者正当权益和社会稳定。

【开展网吧专项整治活动】 2004年,由市文化局牵头,会同工商、公安、教育、财政、法制办、文明办、团市委等8部门在全市范围内开展网吧互联网上网服务营业场所专项整治活动,并集中组织8个成员单位19人分成4个督查组,分别下到全市13个县市区,督促、检查、指导专项整治活动。专项整治工作开展以来,市文化局向社会公布了监督举报电话,聘请了17名社会各界人士为网吧监督员,成立了网吧行业协会,分期对全市260多家网吧经营管理人员和专业技术人员进行了培训,实行了网吧从业资格证上岗制度。组织召开了全市网吧整治工作座谈会,邀请有关部门领导、教师、学生、家长、网吧管理人员代表座谈,市长张立勇、副市长王建国等领导在座谈会上就网吧管理工作提出了具体要求。经过各县市区、各成员单位的共同努力和协调作战,全市网吧专项整治工作取得了比较显著的工作成果。在专项整治期间,全市共组织检查237次,出动检查人员1478人次,受理群众举报95次,查处违法违规网吧72家,停业整顿35家,取缔黑网吧25家,查处传播有害信息案件2件,有力地打击了不法经营行为,有效地规范了网络文化市场的经营秩序。

【未成年人思想道德建设】 2004年,由市文化局、工商局、公安局等10家单位联合主办的加强未成年人思想道德建设,推动网络文明工程启动仪式在市人民广场举行,学生代表和网吧经营者代表分别宣读了致全市未成年人的倡议书和致全市网吧行业的倡议书,家长代表和教师代表也分别发言,市上领导给首批17名市级网吧社会义务监督员颁发了聘书。随后,市上领导、社会各界人士、网吧经营者和学生代表800余人纷纷在加强未成年人思想道德建设、推行网络文明工程长卷上签名。

【"扫黄打非"工作成效显著】 2004年,市文化局认真贯彻第十六次全国全省"扫黄打非"电视电话会议精神,开展了对校园周边环境和对销售非法出版物的游商、地摊进行了集中检查,全市共取缔流动摊点36家,收缴非法出版物13800册,查处一些书商在两所中学兜售非法教辅读物案件,收缴盗版教学辅导材料5000多本,收缴非法音像制品6000余张,有力地净化了出版物市场。

【文化市场执法培训】 2004年,市文化局举办了市区网吧从业人员上岗资格证培训班,来自县市区的268名网吧从业人员参加了培训班。培训班邀请省委党校教授刘旨贤、陕西师大教授吕新学讲授了网吧管理有关政策、法规和网络技术等知识。通过培训,在全市范围内,推行网吧从业人员持证上岗制度,提高网吧从业人员的自身素质和守法经营意识,促进了咸阳网络文化健康有序发展。

(王新团)

文物·博物

【文物安全】 2004年,全市田野文物安全、平稳,馆藏文物实现了第十个安全年。田野文物安全方面,不断加强市、县、乡、村四级文保网络,发挥网络在田野文物保护中的作用;抓好文物执法队伍、专业和业余文保员队伍、文物稽查队伍、群众文保组织队伍等四支队伍建设。坚持定期、不定期的安全巡查和检查,杜绝安全隐患,解决文物保护实际问题。积极配合公安部门,打击文物犯罪活动。市、县两级文物部门积极协助公安部门侦破文物案件,开展打击文物犯罪专项斗争,破获文物案件5起,鉴定文物7次近100余件。对市区20多个文物复仿制品经营单位进行了全面检查,取缔了非法文物经营点,规范了文物监管品市场。馆藏文物安全方面,加强制度建设,不断完善和落实文物安全预案制度;实行安全责任追究制,逐级落实文物安全责任;加大对安全工作的资金投入,不断改善各馆所安、技防条件;坚持经常性的安全检查,发现问题及时整改。

【文物勘探发掘】 市钻探管理处加强基建信息的搜集,成立了外县勘探管理工作站,把文物勘探扩展到外县,确保了基本建设项目全部履行考古勘探程序。市钻探管理处和市考古所配合咸阳天和苑小区、玉泉西路、彩虹集团、国际商贸学院等省市重点建设工程,完成勘探面积102万平方米,发掘古墓葬16座,秦汉壕沟1条,窖藏1处,出土文物120余件,为建设单位排除工程隐患638处。市考古所还对渭城区的周陵、淳化县的云陵、兴平市的侯村遗址进行了考古钻探调查。10月以来,市考古所与重庆市考古所合作,到三峡考古工地进行发掘,至12月底发掘战国、东汉时期古墓葬51余座,出土文物527件组。

【古建维修】 古建筑抢救维修方面,积极争取中、省、市专项资金,加强古建筑的维修保护工作。投资50万元,对渭城区安国寺进行了修缮,于6月15日竣工;投资28万元完成了武功县城隍庙三座大殿维修及主体建筑彩绘;投资40万元完成了彬县大佛寺大势至菩萨像及观世音菩萨像加固维修;投资8万元完成了三原县城隍庙财神殿彩绘及石槽崔古建筑的维修。

【文物集中保管】 按照省文物局要求,市文物局对没有达到文物安全风险等级防范标准的单位坚决实行文物集中代管。8月,将13个县市区三级以上珍贵文物850余件,由市文保中心库房集中代管。投资12万元购置了68个文物专用柜,将近千件珍贵文物入柜保管,建成了咸阳市文物保护中心精品文物库,提高了珍贵文物的保护和管理水平。

【整治唐帝陵保护区】 近年来,唐帝陵保护范围内出现了违法开山采石的情况,极大地危害着唐帝王陵的保护。省政府下发了《关于开展唐帝陵保护范围开山采石专项治理的通知》,开展唐帝陵保护范围开山采石专项治理活动。市政府成立了治理领导小组,治理办公室设在市文物局。分三个阶段进行专项治理工作,10月15日~21日为关停阶段,凡是在唐帝陵保护范围内的开山采石企业,于21日前必须无条件关停;10月23日~11月5日为治理阶段,严格依据省政府治理通知要求,该停的停,该关的关,该迁的迁;11月6日~15日为检查验收阶段,对验收不合格的追究领导责任,并限期整改。全市唐帝陵保护范围内所有违法开山采石企业全部关停,唐帝陵得到了有效保护。

【文物外展】 市文物局积极组织编写新的文物外展方案,向外推介实施。编写了《咸阳历代马文物精华》、《于右任书法展》、《中国汉唐文物精品展》等三部内容翔实、图文并茂的外展资料。与台湾方面协商了于右任书法展的有关事宜,与香港方面协商了咸阳马俑文物展的有关事宜。在法国勒芒市政府访问团来咸考察访问期间,市政府与勒芒市政府签订了咸阳文物精华2005年赴法展出意向书。配合省文物局完成了"上海陕西周秦汉唐文物展"咸阳文物的选调工作,完成了陕港经贸合作周期间陕西文物精品展咸阳参展文物的调集工作。年内,昭陵博物馆的"大唐雄风——唐太宗昭陵宝藏展"在广州市博物馆、中山市博物馆展出,"咸阳文物精品展"在秦兵马俑博物馆展出,都收到了较好的宣传效果。

【重大文物发现】 2003年12月,彬县炭店乡村民李东牛在挖柴时发现一件重约700公斤的唐代大铜钟。2004年5月,武功县游风镇村民罗富社在清理庄基时发现一件先周时期的青铜大鼎,通高80厘米,口径58厘米,重55公斤。8月,旬邑县丈八寺镇农民张龙利等人在本村北崖发现了北魏、唐代文物7件,其中造像碑1件,坐佛1件,六角仰莲座1件、绿釉陶香炉1件、罗汉像3件。9月,武功县大庄镇孟王村村民许航飞打井时,距地面21米~23米发现古象犄角化石,角长130厘米。

【文物保护】 近两年,全市涌现出一批保护文物的先进单位和个人。2003年12月31日晚,礼泉县文物旅游局、昭陵博物馆职工成功遏制了一起盗掘古墓葬行为,抓获4名犯罪嫌疑人,收缴了大量文物及作案工具。安陵文物保护协会自2002年5月成立以来,征收流散文物500余件,上缴文物部门,并多次挫败了犯罪分子企图盗挖安陵地区文物的阴谋,确保了安陵文物的安全。为在全市掀起文物保护热潮,市文物局拿出3万元,对彬县文体局、渭城区安陵文保协会、礼泉县旅游局、昭陵博物馆、武功县文物旅游局、旬邑县文体局等保护文物有功单位和李东牛、罗富社、张龙利等有功人员进行了表彰奖励。

【学术研讨会】 8月,市文物局与市委宣传部、市文化局、陵文化发展协会联合举办了咸阳帝陵文化高层论坛暨咸阳城市形象定位研讨会,来自中国社科院、国家文物局、清华大学、北京大学及省内知名大学和海外的100余位文化、文物、旅游、城建方面的专家学者参加了研讨会,探讨了五陵原帝王陵墓群及相关的历史文化遗存的保护现状、五陵原申报世界文化遗产和咸阳城市形象定位等问题。

(马健君 杨 岗)

新闻·出版

广播·电视

【努力提高舆论引导能力】 2004年,市广电局坚持团结、稳定、鼓劲和以正面宣传为主的方针,注重用栏目的设置和定位,不断强化对广播电视宣传工作的宏观指导,使广播、电视宣传更加贴近实际、贴近群众、贴近生活。围绕贯彻市委工作会议精神,督促指导电视台开办了《加压紧逼,跨越发展》、《沣河综合治理工程》、《建设两河一区》等栏目;围绕招商引资,开办了系列报道《各显神通广招商》、《浙江招商行》、《浙江归来话招商》等栏目;围绕"三农"问题,开办了系列报道《走进旱腰带》、《咸·杨农业产业一体化花红果丰》等栏目;围绕立党为公执政为民、加强党的执政能力的报道,开办了《永不松套的老黄牛》、《醇占原的女儿——巳粉娥》、《让党旗在社区飘扬》等栏目。同时,督促指导广播电台先后开办了13个栏目。通过对广播电视新闻宣传栏目的控制和指导,较好地把握了舆论导向,提高了宣传质量,为推进全市经济社会跨越式发展提供了强大的精神动力和舆论支持。

【对外宣传和节目创优】 不断加大对外宣传力度,努力提高咸阳的知名度。年初咸阳被评为"西部名城"后,又申报参加全国首届"魅力城市"评选工作。全局上下高度重视,从申报前的舆论造势,到申报各个环节的推波助澜;从荣获"魅力城市"后氛围营造到后续报道,前后三个月时间,宣传活动有声有色,精彩纷呈。此外,在中、省台制作《西部大开发》、《辉煌在陕西》、《华夏文明》、《村里村外》等专题片的过程中,积极配合,努力争取,使反映咸阳各方面先进经验和文化底蕴的内容占到较大份额。全年广播电台在省台发稿175条,电视台在省台发片547条,双双位于全省10市第一。不断加大对专题节目的整合力度,实行了节目制片人制,通过竞争上岗,确定栏目制片人,并尝试开设了《法制聚焦、有一说一》、《泾渭涛声》和《百姓视线》3个栏目,增加了信息传播量,形成了明显的个性化、地域化特色。市广播电台先后撤并了9档收听率较低的节目,开办了《交通音乐时空》、《校园时空》、《百姓心声》等5档栏目,使整个广播节目形成了以2个小时为1个单元的时政新闻类、经济服务类、交通音乐类和文化娱乐类四个大版块。局台先后10次召开广播电视节目评审会,对180件广播电视节目进行评奖,并推荐优秀作品,参加省局评奖,13件作品获陕西新闻奖、30多件作品获陕西广播电视奖。

【夯实事业建设基础】 结合"事业建设年"的总体要求,局里组织专门力量,对全市的广播电视盲点区进行了摸底调查和专题论证,对位于富安路的广播电视发射塔覆盖指数进行了选点测试,提出了将该塔迁至五九四台的设想和方案,并制订了2004年至2008年全市自然村"村村通"工程规划,为进一步提高市区和北部山区群众的收视率奠定了坚实的基础。同时,还加强了对槐山转播台的管理,建立了市广播电视台新闻网站,进一步拓宽了群众的收听和收视渠道。积极实施有线电视光缆升级改造工程,新建有线电视杆路147公里,新建光点380多个,敷设光缆215公里,发展用户9065户。

【确保广播电视安全播出】 市广电局为确保安全播出,层层分解工作任务,明确各部门、各个工作岗位的职责,把安全播出工作任务落到实处。一是建立健全了信息反馈机制,确保信息畅通,在全市各广播电视行政部门和播出机构全部实行了24小时值班制度。二是加强检查指导,全年共出动人员1000多人次,对全市13家广播电视台、转播台、13家网络机构、50家电视站、900多家卫星地面接收设施进行多次轮番排查,对近30家存在管理漏洞的单位进行了整改,对13家单位值班脱岗现象进行了通报批评。2月26日国家广电总局社管司副司长罗建辉一行、4 月 23 日省委副秘书长张迈曾一行分别到市广电局检查防范“法轮功”非法插播电视信号工作，对市广电局防范工作给予了充分的肯定。

（王正旺）

咸阳人民广播电台

【加大广播新闻宣传力度】 2004 年，咸阳人民广播电台紧紧围绕市委、市政府中心工作，积极发挥广播媒体的宣传优势，先后在《咸阳新闻》等栏目中，开办了《立党为公，执政为民》、《加压紧逼、跨越发展》等 13 个栏目。有 130 多条消息在省台播发，许多稿件由记者在外地采用新闻链接方式，用手机直接在节目中播报，增强了新闻的时效性和宣传效果。全年在省台新闻广播中发稿 175 条，居全省 10 市之首。在省级评奖中，获陕西广播电视奖和陕西新闻奖各 5 项。

【注重广播悦耳动听】 咸阳人民广播电台按照“新闻综艺频率”的定位，选定了主基调音乐，对呼台、各节目隔断片花进行重新设计、制作，并制作了英语呼台，使咸阳广播更具时代感，更亲切、活泼、清新。从网站调查结果显示，听众对节目包装的满意度，增长了 20 多个百分点。为了将全新的资讯及时传递给听众，所有录播节目做到每天一期，实现了完全意义上的“每日广播”。

【提升咸阳广播的品牌意识】 咸阳人民广播电台不仅在让群众“听得见”上做文章，更注重在“看得见”上下功夫，先后组织了“上街问卷调查”、“在陆军学院开展拓展训练”、“在公交车上喷绘咸阳广播形象广告”、“举办主持人与听众见面会”、“直播移动公司五周年庆典”、“与陕西科技大学联合举办校园原创短信大赛”、与宏大公司举办“宏大杯”形象代言人大赛，并与团市委、市妇联联合开办未成年人教育专题讲座，与《三秦广播电视报（咸阳版）》、《咸阳日报》联手，对各栏目主持人、编辑记者及其作品进行了全方位的推介，有力地扩大了咸阳人民广播电台的影响力。

（王正旺）

咸阳电视台

【新闻宣传高潮迭起】 2004 年，咸阳电视台在新闻宣传上以经济建设为中心，按照市委提出的工作思路，组织了一系列宣传战役。在咸阳新闻中先后开办了《贯彻落实一号文件》、《树立科学发展观、加快建设西部强市》、《优化环境、招商引资》等 37 个栏目。新闻宣传工作高潮迭起，亮点频频。全年市电视台共编发新闻稿件 2632 条；播发各类专题栏目 1640 多期（次）；电视自办节目共播出 482 期，播发各类专题及经济信息 11830 多条（次）；《图文频道》播发各类信息 2470 多条，为构建西部强市营造了良好的舆论氛围。

【“申魅”宣传成效显著】 在年初咸阳被评为西部最具文化底蕴的名城之后，电视台积极筹办“魅力城市”的参评工作。5 月份报名之后，在市委宣传部和市广播电视局的直接领导下，台里对参评工作作了周密安排，就如何宣传展示咸阳进行了认真细致的策划，在确定了“中国第一帝都”的城市定位后，又选定了三件城市瑰宝，并确定把咸阳丰富的历史文化积淀、璀璨夺目的人文资源优势和现代城市风貌，作为宣传展示的重点，集中表现咸阳悠久的历史文化。参评过程中，制作了 30 秒的电视短片《城市名片》，60 秒的电视短片《城市速写》，150 秒的《城市形象宣传片》，整理撰写了精练的魅力大使陈述辞，生动形象地向全国展示了咸阳城市的内涵和人文精神，为咸阳入围“魅力城市”提供了有力的舆论支持。特别是在咸阳获得“魅力城市”荣誉称号以后，电台电视台及时调整宣传思路，把重点转移到如何为永葆城市魅力建言献策上来，咸阳电视台开辟了“我为魅力城市添光彩”专栏，举办了“魅力城市”书法、绘画、文学和文物电视展播，并邀请省市专家学者、各界人士畅谈对“魅力城市”内涵的解读、前景的展望和今后努力的目标，在观众中引起了强烈反响。

【改革创优工作稳步推进】 在认真学习借鉴江苏无锡、山东烟台和潍坊、浙江嘉兴和绍兴等电视台先进经验的基础上，咸阳电视台不断加大对专题类节目的整合力度，实行了节目制片人制，通过竞争上岗确定栏目制片人。及时开设了《法制聚焦、有一说一》、《泾渭涛声》和《百姓视线》三个栏目，这些栏目的开办增加了信息传播数量，形成了明显的个性化、地域化特色。根据市委、市政府关于“大力宣传咸阳”的要求，结合电视宣传工作实际，成立了电视对外宣传部，加强了咸阳外宣工作力度，提高了咸阳的知名度。其中，反映全市广大农民种粮积极性空前高涨的专题片——《来自米粮之乡的新气息》，反映农民转变观念奔小康的《张景林——粘谷如粘金》等报道，在中央台播出后，产生了较大影响。

（王正旺）

咸阳市广播电视台

台　长　朱德旺
副台长　王　民　李闯民

新闻出版管理

【印刷企业统计】 从 2004 年 1 月起，全国实行印刷企业统计制度，对印刷企业的设备、人员及经营状况进行全面统计。市新闻出版局充分发挥社会监管职能,对统计工作作了总体部署,并做好各种统计报表任务的分解下达和组织落实,对各企业统计人员进行了培训,加强对印刷企业统计的业务指导和咨询服务,首次实行网上直报。据统计,到年底,全市共有印刷企业96家。

【印刷企业专项整治】 印刷企业日常管理以规范市场秩序为主导,以维护印刷行业的合法权益和社会公共利益为目标。从2004年开始,市新闻出版局和各印刷企业签订了《印刷行业守法经营责任书》,以加强行业管理和行业自律。10月,市新闻出版局对印刷复制业开展一次专项整治工作,以取缔无证照印刷复制窝点为重点,严厉打击了群众反映强烈、社会影响恶劣的盗版盗印和制假贩假违法犯罪活动。专项整治工作将持续到2005年6月底。

【"扫黄打非"工作】 2004年"扫黄打非"工作仍然以打击游商地摊为清理整顿重点,以学校周边和车站广场为地域重点,以节假日、双休日为时段重点,以查堵政治类非法出版物和非法教材教辅读物为工作重点。市上举办了以坚持"扫黄打非"、维护消费者权益为主题的宣传咨询活动,向广大群众宣传新闻出版法规,盗版出版物识别方法,直接、生动地向广大群众展示了非法出版活动的危害性及反盗版的重要性。开学前夕,在全市开展了非法教材教辅读物的专项治理活动。全年查缴非法盗版书刊13800册,盗版音像制品38500盘(盒),盗版电子出版物1340盘,取缔游商地摊36家。全市还组织了两次声势浩大的集中销毁行动。

【知识产权保护宣传】 2004年,国务院将保护知识产权列为整顿和规范市场经济秩序的专项整治重点之一,市上成立了知识产权保护领导小组,由市委、市政府统一领导,各有关部门通力协作,开展了规模空前的知识产权宣传周活动,以增强全社会的知识产权意识。市新闻出版局分管著作权的宣传和保护工作,重点打击侵权盗版活动,查缴充斥恐怖、淫秽和夹杂色情内容的"口袋本"图书,有害卡通画册及游戏软件产品,坚决打击盗版盗印教材教辅、畅销书和名品牌出版物等非法活动。并从抓党政机关办公软件正版化入手,维护电子出版物的市场秩序。通过各部门的共同努力,知识产权保护工作初见成效,人民群众的知识产权意识明显提高。

(张彦文)

咸阳日报社

【新闻宣传】 2004年,《咸阳日报》首先实现了办报理念上的飞跃,在"党报性质、晚报风格、咸阳特色"的基础上鲜明地加上了"党和政府满意,人民群众爱看"两条,进一步明晰了办报方向和职能定位,从而使新闻宣传实践在牢牢把握正确舆论导向的基础上迸发出鲜活生机和创新活力。在招商引资报道、咸阳市第四次党代会、人大五届一次会议、政协五届一次会议、市委四届三次全会等重大会议报道、"咸阳湖"工程、人民西路扩建工程、三号桥工程等重点工程报道、县区工作报道、"魅力咸阳"报道等市委、市政府中心工作宣传中大力改进文风,以及时快捷、简短灵活、方便易读的内容和形式传递党和政府的声音,推动了市上重点工作的开展;典型宣传报道,不断开拓新局面,通讯《践行生命的誓言》、《庄稼人心中的丰碑》首先报道了长武县植保植检站原站长巨粉娥的先进事迹,引起社会广泛关注,市委做出了向巨粉娥同志学习的决定,在全市兴起了一股学习热潮;围绕产业化、工业化、城镇化、信息化和西咸经济一体化,咸杨农业产业一体化等经济热点,《经济特别报道》栏目新闻调查等深度报道类稿件大量增加,一批重点稿件引起反响;社会新闻栏目《新闻直通车》异军突起,更加自觉地关注社会问题、民生问题,进城务工农民、贫困高考生、居民生活、社区服务等社会发展和市民生活中的急事、难事、烦心事都先后为本报关注,进城务工农民张服务卖桃事件引发城管部门出台新政策;舆论监督能力进一步增强,有关人员粗暴执法,医院药价虚高,出租车司机宰客等行业不正之风经本报披露后对工作有不同程度的促进。

【报业经营】 广告市场有新的拓展,商业广告份额有所增加,年度广告经营目标任务超额完成。全年报纸发行稳定在4.5万份以上。自主发行工作获得实质性进展,从7月开始仅用半年时间就完成了调研论证、网络设置、人员招聘、设备配置等繁重工作,为2005年报纸自主发行奠定了基础;投资500余万元的美印高斯彩印设备供货合同签订,2005年元月底可投入使用,印刷厂技术设备条件将大为改善,为报纸印刷业务的拓展提供技术支撑;积极尝试多种文化传播和企业形象展示活动,由报社主办的首届房地产明星楼盘和十大风云人物评选活动,社会反响积极。

【管理机制】 经过充分深入的调研论证,6月至7月完成了新旧管理机制的转换和过渡,将6部室1厂(办公室、编辑部、通采部、编报部、广告部、发行部、印刷厂)变成11部室1厂(办公室、财务部、总编办、要闻部、政经部、社会新闻部、社会专刊部、文艺部、都市周刊部、广告经营部、发行部、印刷厂),体现了采编经营并重,细分精干高效,强化版面,面向市场的新格局。

(魏向荣)

卫 生·体 育

卫　生

【深化卫生改革】 2004年,全市卫生系统不断深化体制改革。一是第二人民医院产权制度改革开始启动。市二院先后与上海景和投资管理有限公司和上海中国华源生命产业有限公司就合作改制问题进行磋商,初步形成了借用外力、职工参股、做大产业、形成发展链等有利于医院发展、职工待遇改善和群众医疗水平提高的产权制度改革总体思路。二是乡镇卫生院改革步子加快。年初对全市206所乡镇卫生院建设情况进行了调研,将医疗技术力量薄弱、经营困难的一批卫生院转为防保型卫生院,医疗部分采取对外承包、股份合作、兼并等形式搞活。至年底,三原县、彬县、武功县、长武县、泾阳县、秦都区、旬邑县、兴平市、永寿县等9县市区乡镇卫生院已全部上划,淳化县部分上划,乾县、渭城区对乡镇卫生院离退休人员工资实行县财政分级负担,礼泉县仍在争取之中。三是卫生事业单位人事制度改革不断深入。75个县及县以上卫生事业单位人员聘后管理和后续聘任规范化,人员聘用已在乡镇卫生院逐步推开;中层干部实行聘任制,部分县市区卫生单位领导干部实行竞争上岗;各级医疗卫生单位实施绩效工资、岗位工资、年薪、岗位补贴、津贴二次分配等多种分配模式,逐步形成了自主用人岗位管理的新型用人机制和人员动态管理机制。市卫生局和3个基层单位被评为全省卫生事业单位人事制度改革先进集体,市第二人民医院在全国事业单位改革联系点单位座谈会上交流了人事制度改革经验。四是卫生监督体制改革进一步深化。市卫生监督所与市疾病控制中心分设工作顺利完成,实现了人员、业务、经费、资产、债权债务一次划清,两个机构运行良好。长武县、淳化县等6个县成立了独立的卫生监督机构,泾阳县等3个县卫生监督所已挂牌成立。

【卫生事业投入】 一是第二人民医院门诊综合大楼建设进展顺利。至年底,完成投资2329万元,累计6863万元。二是市疾病制控中心实验综合楼破土动工。市政府专题召开协调会落实项目选址,项目于9月22日破土动工,主体设计正在进行。三是国债疾病控制机构项目建设进展顺利。乾县、旬邑县、长武县、淳化县、彬县、兴平市等6个县市疾病控制中心全部竣工,三原县、武功县正在抓紧建设。四是医疗救治体系建设项目正在实施。市区新设立了三个急救分站,形成了市急救中心接诊救治网络,院外急救应急能力进一步提高。五是医疗废物集中处置二期工程正在筹建。该项目总投资1865万元,其中国债资金占到70%,建设规模为日处理医疗垃圾20吨,项目覆盖除长武县、旬邑县外的11个县市区。六是招商引资工作取得新突破。先后筛选了中国健康扶贫工程、市二院产权制度改革、市一院和市二院医疗产业开发、新型农村合作医疗试点、医疗救治体系建设、医疗垃圾处理中心扩建等近10个项目,至年底共到位资金近7000万元。

【农村卫生】 一是继续开展新型农村合作医疗试点工作。彬县新型农村合作医疗试点工作从上年9月运行到2004年9月底,全县共筹集资金823.97万元,共为50844名群众报销医药费用481.92万元,其中个人账户报销43799人,报销医药费290.71万元,患大病103人,报销71.49万元,报销在1万元以上的有25人。全市新型农村合作医疗试点工作以其科学的方案、严格的管理、优质的服务、方便的结算得到了农民群众的欢迎和各级组织的肯定,顺利通过省上和国家检查评估组的验收。同时,积极申报旬邑县作为全国第二批试点县,试点准备工作正在抓紧进行。二是中澳陕西咸阳农村卫生综合项目进展顺利。为项目地区各中心乡卫生院和325个村卫生室配备了计算机、打印机、服务器、扫描仪等设备,价值830多万元。先后组织进行了中心乡卫生院全科医生培训、妇产科医生培训、计算机及其他设备操作培训等各类培训班7期,投入达212万元。在3个县6个村开展了以社区为基础的健康促进试点村工作,以影响和改变当地人民群众的习俗和行为,从而提高其健康水平。11月17日,举办了全国第一届健康促进协作网络会议,来自国内31个省、自治区、直辖市、计划单列市的130余名代表参加了会议,卫生部领导对项目工作予以充分肯定和高度评价。三是推行乡村卫生组织一体化管理。严格准入制度,坚持一村一室,加大对其医疗行为和用药收费的监管力度,按照《乡村医生从业管理条例》,依法加强乡村医生队伍建设与管理,举办乡村医生培训班,组织进行了乡村医生考试发证工作。四是深入开展卫生支农工作。以协议的形式强化了市区12所二级以上医院与基层的对口支援。组织卫生下乡小分队300多支,派出医务人员2000多人,义诊咨询20多万人次,捐赠药品设备近百万元,为基层培训人员400多名,帮助开展新技术、新项目20多项。

【疾病预防控制】 一是成功开展了禽流感防治工作。指定第一人民医院、第二人民医院为市级流感监测医院,第一人民医院南郊分院、第二人民医院东郊分院为市级人禽流感定点收治医院,举办了人禽流感防治培训班,制定下发了《关于进一步加强发热门诊工作的通知》,规定各医院发热门诊在接诊呼吸道感染,特别是流感样病例时,要详细询问病人的流行病学史、职业。卫生、工商、林业、农业、公安等部门,对全市禽类生产企业、经营户、活禽养殖户及各类市场进行严格检查,规范了市场经营秩序,有效地防止了禽流感向人的传播。二是进一步规范了计划免疫工作。在乡镇专门设立防保所,积极推广预防接种规范化门诊建设。全市13个县市区常规免疫冷链运转已全部实现了按月运转目标,全市儿童计划免疫“五苗”接种率分别达到:脊灰疫苗98%,麻苗98%,卡介苗99%,百白破三联苗98%,乙肝疫苗全程接种率91.47%。三是结核病防治工作取得实效。认真实施了世行贷款/英国赠款、日本援助结核病控制项目(简称“卫X项目”)、全球基金结核病控制项目、比利时王国政府无偿援助结核病控制项目,全市DOTS覆盖率以县为单位达到了100%,提前6年实现了规划目标。卫X项目为全市各县市区及市疾控中心配备14台200MAX光机、数码复印机、计算机、传真机、打印机、10辆结核病项目督导专用车及结核病诊断耗材等急需设备,价值近280万元。同时,成功地争取到了世界卫生组织实施的费达力斯项目,为全市结核病防治注入无偿资金120万元。1月~10月份,全市共接待初诊结核病人7783例,发现涂阳肺结核病人1544例,其中初治涂阳1052例,复治涂阳492例。四是积极开展艾滋病和出血热病防治工作。成立了咸阳市预防控制艾滋病工作领导小组,市县两级疾病预防控制机构均成立了高危人群干预工作队。争取到艾滋病防治项目资金42.4万元,用于安全套干预项目和防治艾滋病宣教项目。开展既往献血人群筛查工作,争取到省上专项经费5万元,对泾阳县1995年前后既往献血人群2000多人进行抗体监测,未发现疫情。在公安机关的积极配合下,开展了吸毒人群艾滋病监测。加强了出血热防治工作,及时将省卫生厅资助的1万多支疫苗用于高危人群,以建立免疫屏障。五是地方病防治工作成效显著。举办以科学补碘,预防出生缺陷与智能残疾为主题的第11届防治碘缺乏病日宣传活动,向13个县市区下发宣传手册5000份,宣传单4000份,光盘13张。突出抓好碘缺乏病防治和省级地方病防治综合示范县长武县大骨节病防治工作,全市治疗甲状腺肿大病人4129例,完成大骨节病手术100例,治疗氟骨病人300例,对2名布病患者和26名克山病患者进行了免费治疗,完成病区搬迁3765人,建成防氟改水工程56处,受益人口15.7万人。10月底省地方病考核验收组对全市碘缺乏病防治、长武县地方病防治示范县建设工作进行了考核评估,均通过省级验收,全市13个县市区全部提前一年实现了消除碘缺乏病目标;同时也达到了省地方病防治“十五”实施计划的总体要求。六是妇幼保健工作宣传力度加大。发放医疗保健宣传单1万余份,内、儿、外、妇专家咨询卡各500份,义诊咨询9000人次,利用母婴健康快车接送孕产妇及危重病人36次。积极开展妇女病查治,先后为机关、厂矿的女职工查体560人次,患病率61.80%。至年底,全市住院分娩率87.42%,高危产妇住院分娩率98.84%,孕产妇死亡率下降到17.44/10万。

【加大卫生执法力度】 一是加强了食品卫生市场的经常性监督检查。对食品生产经营企业卫生条件、消毒措施的落实、卫生制度的健全等进行了全面的监督检查。市区内共监督检查各类食品生产经营户3500余户,审验换发卫生许可证2800余个,从业人员健康查体12487人,查出“五病”(病毒性肝炎、痢疾、伤寒、活动性肺结核和皮肤病)患者17人,全部调离了工作岗位。建立了食品卫生工作日常巡回监督检查制度,按照分级管理的原则,秦都区、渭城区卫生局加强监督管理,使集贸市场食品卫生工作时时有人抓,处处有人管,做到了警钟长鸣。二是狠抓了节假日、旅游黄金周和重大活动期间的食品卫生监督工作。设立投诉举报电话,先后5次将监督监测情况通过新闻媒体向社会公布。节日期间全市共检查餐饮业及旅游景区(点)食品生产经营单位2128个,责令改进240个,罚款7500元,责令停止生产经营9户,取缔7户,销毁霉变不合格食品210公斤。

在市党代会、西咸经济一体化、咸·杨农业产业一体化两地领导联席会议以及在陕全国人大代表视察等重大活动期间,食品监督员对有接待任务的宾馆、饭店进行专项排查,确保了与会人员饮食安全。三是开展了奶粉及奶制品专项整治活动。组织力量对全市范围内的奶粉及奶制品生产经营单位进行拉网式监督检查,重点检查了批发市场、农村集贸市场及个体经营奶制品门市、摊点和乳品生产企业。全市共出动监督人员2160人次,检查生产企业21个,商场、超市186个,集贸批发市场53个,经销门点1912个。通过集中整顿,全市流通领域未发现卫生部紧急通知要求查处的55种假劣奶粉及省卫生厅要求查处的7种奶粉。四是集中开展了医疗市场整顿工作。重点对无证行医、办医条件简陋、名称不规范、超范围行医、承包科室办院中院、借义诊之名搞宣传促销、人员资质不全、乱打广告等八个方面的问题进行清理整顿。查处不具备开业条件和资格的非法医疗机构220个,全部责令停业,其中取缔14个,查处违规人员103名,清理外包科室46个,没收非法宣传资料2.3万份,收缴广告牌匾271块,没收药品器械价值6.9万元,罚款3.9万元。

【医疗质量监管和医学教研】 开展医疗质量督查,不断完善医疗质量检查制度。4月,组织医疗、护理、感染、管理等方面专家47人,对全市38家二级以上医院医疗质量进行了交叉检查,对发现的问题限期纠正。加大了对采供血机构的监管。对存在安全隐患的彬县中心血库和设置不合理的泾阳、三原两个中心血库及时做出了停止采血的决定,实现了血液市场市中心血站统一规范管理的目标,血液市场整顿受到了卫生部检查组的充分肯定。无偿献血占到临床用血的80.77%,成份血使用率达到92.3%,市长张立勇荣获全国无偿献血促进奖。全面实施医学继续教育学分登记制度,市卫校顺利通过国家重点中等专业学校和省级文明校园两项验收。学术活动开展有声有色,举办国家级项目11项,省级项目2项,市级项目5项,培训初级卫技人员2000多人。接待法国勒芒市代表团医药组对陕中附院、冯武臣国医馆的考察。

【爱国卫生】 一是开展以防治禽流感为中心的春季爱国卫生运动。市爱卫会2月中旬组织市农业局、卫生局、工商局、规划局、市区各大医院及秦都区、渭城区相关部门共40多家300多人参加上街宣传咨询活动,市区清理野广告1万多条,城乡清运垃圾300多吨,拆除燃煤锅炉50多台,开展明察暗访20多次。二是开展城乡环境卫生综合整治活动。城区以重点改善基础设施、清除垃圾死角、加强城乡结合部、居民区和窗口单位卫生,农村重点清理粪堆、柴堆、垃圾堆等污染源和清除卫生死角,结合"世界卫生日"、"世界无烟日",开展大规模咨询宣传100余次,发放宣传品300万份,召开流动现场会10多次,组织义务劳动80多次。三是积极开展创建国家卫生城市、卫生县城和卫生单位活动。乾县创建国家卫生县城和彬县创建省级卫生县城经过多次督促指导,验收前的准备工作基本就绪,市中心血站等17家单位被评为省级卫生先进单位。四是改厕工作逐步推进。上半年建成沼气池厕所2700户,三格式、双瓮等厕所500多户,农村环境卫生综合整治取得显著成效。五是除害防病工作逐步加强。从3月份起,对全市鼠药经营企业进行了摸底检查,确定了城区鼠药经营定点企业,开展了春季消杀活动,全市以餐馆饭店、粮食食品经营部门、大型超市、公共场所为重点,投放药物1000多公斤。

【行业作风建设】 一是行业纠风工作取得明显成效。组织人员先后两次对市区12家医疗机构进行拉网式暗访,认真纠正医疗服务领域中收受药品回扣、红包、开单提成、乱收费、开大处方等不正之风。第一人民医院等14家市级医疗卫生单位联合向全市各级医疗卫生单位发出拒收红包、回扣和开单提成的倡议书,向社会公开做出8条服务承诺,全市行业作风建设明显改进。二是狠刹药品购销中的不正之风。圆满完成全市第五期集中招标采购工作,中标药品1200余种,采购金额8000余万元,让利患者2000多万元。参加集中招标采购的二级以上公立医疗机构继续保持在100%。在为期半年的全市卫生系统纠正医药购销和医疗服务不正之风专项治理工作中,共退回红包54740元,上交红包5800元,退回回扣8000元,上交回扣36280元,查处乱收费1427元,处理6人次,接受处理各种投诉104件。三是不断加强医德医风和诚信教育。继续开展了创建"放心药房"活动,邀请省卫生厅纠风办领导和省级专家,对全市创建"放心药房"活动进行了检查验收,第二人民医院被授予"放心药房"单位。召开了全省医风医德先进事迹报告团咸阳报告会,从市区和基层医疗卫生单位选调7名医务工作者组成援藏医疗队,赴西藏阿里地区开展为期一年的援藏工作。同时接收阿里地区5名医疗卫生工作者到市第二人民医院和市疾病控制中心进修学习。

(任 军 胡 敏)

体 育

【大力开展全民健身活动】 2004年,为了搞好全民健身活动,成立了咸阳市全民健身活动领导小组,市体育局制定了《咸阳市2004年全民健身活动计划》,把全市的全民健身活动列入了重要的工作内容,做到有组织、有计划、有安排、有活动。各县市区在春节等节日期间分别举行了丰富多彩的文体活动,丰富了全市人民群众的文化体育生活。为了推动全市群众体育的蓬勃发展,市体育局下属的各场、馆在相应的时间都积极向社会开放,并在乒乓球、羽毛球、篮球等活动场地,派专人进行技术指导,提高锻炼质量。此外,还在原有基础上新增了8个有组织的晨、晚练点,开展了形式多样的诸如健身气功、健美操、腰鼓、秧歌舞、太极拳、太极剑、木兰扇、健身球等十多项健身运动。在咸阳大街小巷,晨、晚练点成为古都一景,群众参加体育锻炼的热情倍增。3月,在科技宣传月活动中,市体育局工作人员走上街头,为群众提供体育健身咨询服务,传授科学健身方法,共散发宣传单5000余张,受到了广大市民的好评;承办了中国"足协杯"西安安馨园——深圳健力宝队足球比赛,这是迄今为止在咸阳市举行的最高水平的足球比赛。4月,咸阳市"电信杯"健美操大赛在市体育馆举办,咸阳师范学院、陕西科技大学、雷达健身俱乐部、俏夕阳健身队等12个代表队参加了比赛,通过比赛选出的咸阳师范学院和陕西科技大学两支代表队,代表咸阳市参加了省上举办的健美操大赛,获得第五名。5月,每年一届的陕西省领导干部篮球赛拉开帷幕,咸阳市从市、县级领导中选出队员,坚持每周两练,他们以良好的素养、扎实的基本功和顽强的拼搏精神,博得省上领导的一致赞誉和其他市篮球队的好评。6月,为了纪念毛泽东"发展体育运动,增强人民体质"题词发表52周年,市政府下发了《关于搞好2004年全民健身周活动的通知》,体育局制定了《2004年全民健身周活动实施方案》,市县两级都成立了领导小组,在全市开展了形式多样的群众健身活动。6月12日、13日,市体育局、秦都区文体局、渭城区文体局、咸阳民心健身广场工程有限公司联合在市中心广场举办了2004年全民健身周活动启动仪式及全民健身展示活动,咸阳杨氏太极拳学会等20多个单位的600余人表演了太极剑、功夫扇、健美操等24个节目;6月15日、16日,在彩虹保龄球馆举办了咸阳市首届领导干部乒乓球赛。11月,举办了咸阳市市直机关秋季运动会,400余人参加了乒乓球、钓鱼、射击、羽毛球等比赛,丰富了机关干部职工的业余文体生活。市老体协举办了"三八杯"、"精英杯"等门球赛,共有400余名运动员参加了比赛;10月,在市中心广场举行了中老年全民健身展示大赛,有2000多人参加了活动。在全市评选了35名健康老人,并为这些老同志颁发了证书。

【承办全国足球甲级联赛主场比赛】 为了搞好该项大型比赛,市上成立了由主管副市长王建国为主任的组委会以及相关的办事机构,制定了详细的赛事实施方案,明确了各部门职责。及时与公安、卫生、消防等部门取得联系,认真做好前期准备,制定了《安全保卫方案》、《客队接待工作方案》,保证队员吃好、住好。从6月23日开始,西安安馨园队的9场主场比赛都安全顺利地进行,共有6万多名观众观看了比赛,活跃了群众业余文体生活,也达到了宣传咸阳的目的。

【安装全民健身路径】 年内,在完善和加强全民健身场地设施建设上,按照全市开展"农村体育年"的方案,市体育局及时为永寿县、旬邑县、乾县以及市内的二一〇厂、国棉二厂、中山房管所、秦都区国土局、市第一人民医院安装了8套全民健身路径,使群众能够方便、就近参与健身锻炼。

【备战省第十三届运动会】 2004年,市体育局全力备战省第十三届运动会,积极组织备战队伍,抓紧调整项目结构,完善项目布局,科学确定奋斗目标。完成了田径、足球、篮球、柔道、拳击、国际跤、跆拳道、射击、射箭、游泳、跳水、水上、武术、散打、乒乓球等16个运动队的组队工作。制定了训练计划,按照从难从严从实战出发、大运动量、科学训练的原则,积极组织训练。经过一年的刻苦训练,各运动队成绩均有显著提高。

【参加省上重点项目少儿运动会】 7月,省体育局在西安举办全省重点项目少儿运动会,秦都区、渭城区、兴平市、泾阳县、永寿县、三原县、礼泉县等7个县市区的287名运动员参加了其中7个项目的比赛。在57个县市区参加的比赛中,秦都区、渭城区、兴平市分获第9、10、11名的好成绩,并分获体育后备人才输送奖。

【积极举办赛事】 举办了2004年咸阳市中小学生足球赛。8月,承办了省青少年跆拳道、柔道比赛,整个赛程安排的合理有序,组织严密。组委会领导积极支持,裁判员、工作人员、领队、教练员团结协作,运动员奋力拼搏,赛出了水平和风格,顺利完成了比赛任务,得到了省体育局的表扬。7月底至8月,参加了2004年省青少年年度比赛,取得了较好成绩。12月,举办了2004年咸阳市青少年游泳比赛。通过各种比赛,一方面达到了以赛促训、共同提高的目的,另一方面锻炼了队伍,检验了竞技水平,为全市青少年训练和竞赛工作提供了宝贵的经验。

(杨生锋)

社 会 生 活

人民生活

【城区居民生活】 2004年咸阳市城市居民人均可支配收入8257元，比上年增加671元，增长8.9%。①工薪收入继续攀升，仍为家庭收入的主体。2004年城市居民人均工薪收入为7197元，比上年增长6.8%。影响居民人均收入的原因是：市委、市政府十分重视居民的生活情况，采取多种措施确保职工工资按时足额发放，同时国家再次提高机关公务员、事业单位及离退休人员工资。②个体收入增幅较大。个体经营者净收入人均82元，比上年增长14.2%。由于经济结构调整的不断深化，相应的就业体系也得到进一步的完善和规范，居民劳动就业、择业观念发生了质的变化，择业行为呈现多样化。③城市弱势群体家庭从社会得到的收入增加。城市居民从社会获得的救济收入增长1.1倍，失业保险金收入增长29%，社会保障救助体系逐步加强。④高低收入家庭差距进一步扩大。居民收入差距仍在扩大，收入差距失衡现象依然严重，低于平均收入水平的城镇居民户过半，按人均可支配收入从高到低排列，最高收入户年人均可支配收入达到22547元，最低收入户年人均可支配收入仅为2335元，高低相差9.7倍。2004年，咸阳市城市居民家庭人均消费性支出为6439元，比上年增长6.6%，且消费档次提高，消费结构逐步趋于科学合理，并呈现出以下几个特点：①食品消费习惯改善，品位提高。2004年咸阳市城市居民人均食品支出为2175元，比上年增长18.5%。其中：蔬菜人均消费225元，上升14.2%；肉禽蛋水产品人均消费415元，上升25%；干鲜瓜果类人均消费174元，上升28.4%；奶及奶制品人均消费177元，上升25.5%；调味品人均消费37元，上升10.9%。同时由于居民收入的增加，也为居民改善饮食习惯，提高餐饮品位和质量提供了一定的先决条件。随着生活工作节奏的加快，人们在吃的方面除注意营养外，也开始注重方便快捷了，如今不但婚丧嫁娶、祝寿、升迁的酒宴在饭店，节假日举家外出聚餐的市民也不在少数，2004年全市平均每户居民家庭在外用餐为9.1人次，在外用餐金额人均达到522元，比上年增长13.9%，占食品消费总支出的24%。②耐用消费品档次提升，品种更新。2004年咸阳市城市居民家庭拥有的耐用消费品档次进一步提升。许多新兴的耐用消费品先后进入居民家庭，彩电、冰箱、洗衣机等旧的“三大件”已近饱和，汽车、电脑、成套家具、家庭影院设备等新的“大件”渐成消费新宠，逐渐步入寻常百姓家。至年底，城市百户居民家庭拥有彩电122台、电冰箱85台、洗衣机99台，拥有量基本饱和；拥有家用电脑24台、空调器75台、健身器材5套、普通电话93部、移动电话89部、影碟机55台、组合音响33套、饮水机37台。③交通和通讯消费持续上升。近两年来交通通讯一直是居民消费的热点，特别是通讯消费连续保持较快的增长速度。随着通讯业由于激烈竞争导致价格下跌和居民对通讯工具尤其是移动通讯工具拥有量的饱和，居民在这方面的消费趋于平稳。人均交通和通讯支出576元，比上年增长19.9%。其中，用于交通的支出213元，比上年增长27.8%，通讯方面支出363元，增长15.8%。④社会保障全面拓展，居民保险意识增强。建立健全完善的社会保障体系，已成为平民百姓普遍关心的话题，社保意识逐步深入人心，逐渐为民众所认同。2004年居民人均社会保障支出685元，比上年增长6.5%。其中个人交纳的养老基金比上年增长4.8%；个人交纳的住房公积金比上年增长5.4%；个人交纳的医疗基金比上年增长17.9%；个人交纳的失业基金比上年增长15.4%。各种非储蓄性保险支出比上年增长8.5%，储蓄性保险支出比上年增长24.4%。

【农村居民生活】 2004年，咸阳市农村居民生产、生活环境得到显著改善，农村经济发展较快，农民人均纯收入2100元,增长10%,农村经济进入了新一轮发展期。一是工资性收入的增长是农民收入快速增加的主要原因。2004年全市农村居民人均工资性收入达633.8元,比上年增长103.5元,同比增长19.5%,对农民人均纯收入的贡献率为53%。二是家庭经营性收入继续保持平稳增长。2004年农民家庭经营纯收入达到1213.8元,比上年增加45.6元,增幅3.9%。在家庭经营纯收入中,农民从第一产业得到的收入为979.3元,增长7.2%。其中:农业的收入为852元,增加117.7元,增长16%。农民从事二、三产业的收入为234.5元,同上年相比略有下降。三是其他各种政策性补贴也相应增多。2004年农民财产性和转移性纯收入为252.8元,比上年增加43.1元,增长20.4%。四是农民人均税费出现负增长,大幅度减轻了农民负担,增加了农民收入。2004年全市取消农业特产税和减少农业税一个百分点,农民人均税费支出37.2元,较上年的80.6元减少了43.4元,减幅为53.8%。从农民消费支出看,农民生活质量进一步提高。①居住条件越来越好。2004年农村居民居住质量综合指数为40%,比上年提高2个百分点。人均居住面积33.3平方米,其中钢筋混凝土结构面积17平方米,分别增长6.2%和5.7%。90.5%的农户有卫生厕所,86%的农户冬季使用各种取暖设施,使用清洁能源液化气的农户8%,增长9.2%。②耐用消费品越来越多。农村住户每百户拥有电视机107台,其中彩色电视机普及率81%,提高2个百分点,电话机普及率47%,提高3个百分点。每百户拥有洗衣机62台,增长3.3%;摩托车29辆,增长7.4%;移动电话25部,增长40.7%。③文化娱乐消费越来越热。2004年全市农村居民人均文化娱乐消费287元,增加32元,增长12.6%,占农村居民人均生活消费总支出的19.3%,高于全国平均水平8个百分点。其中书、报、杂志消费人均17.2元,旅游休闲娱乐消费人均5.2元,分别增长6.3%和11.6%。④衣着消费越来越高。2004年人均衣着支出97元,增长5.4%,是近几年来增长较快的一年,特别是购买成衣的支出人均70元,增长18.6%。⑤食品消费越来越精。食品消费在2004年的一大特点是粮食消费量减少,其他高蛋白食品消费量增加。全年人均粮食消费量188公斤,减少7公斤,而菜及菜制品消费量39.7公斤,增加2.2公斤,肉蛋、奶类消费量18公斤,增加6公斤。

(李　宏)

计划生育

【概况】 计划生育年度统计显示,截至2004年9月30日,全市人口出生率下降到8.49‰,比计划11‰低2.51个千分点,自增率为3.57‰,比计划5‰低1.43个千分点,计划生育率达到97.7%,年度目标任务顺利完成。

【计划生育质量管理】 市、县两级坚持狠抓基层基础工作和经常性工作不放松,把开展“三查两清一服务”(即每两个月对已婚育龄妇女进行一次环情、孕情、病情检查,节育措施落实清、计划外怀孕补救清,对查出的妇女病及时诊治服务)工作作为强化计生质量管理工作的根本措施,狠抓督促落实。市上先后采取领导包片、科室包县、定期通报、专项抽查、召开汇报会等措施对每次检查进行全程跟踪指导,及时发现存在问题,提出整改措施,全市“三查两清一服务”工作取得了显著成效。为了进一步稳定低生育水平,加强对全市人口计划执行情况的监督指导,市上于5月及时召开了全市上半年人口形势分析会,5月至8月集中在全市开展了“后进乡镇整治月”活动,7月至9月开展了二孩生育指标规范管理活动,8月以市委、市政府名义先后召开了全市人口与计划生育工作电视电话会、部分人口大县人口与计划生育工作会,抓大抓难,促进工作均衡发展,对全市计生质量管理工作深入开展起到了积极促进作用。

【人口与计划生育信息化建设】 深入开展创建育龄妇女信息系统甲级县活动,把工作基础较好的秦都区、渭城区、旬邑县、武功县四县区纳入创建规划当中,市上投资40万元建成了计生系统广域资源专网市级平台,基本实现了省市的专线专网数据传输。为培训和工作需要,投入12万元对市人口与计生委机关微机室进行了全面改造。全市计生系统配备计算机265台,其中市人口与计生委46台,县市区20台,乡镇办199台。市及13个县市区182个乡镇办都按照《育龄妇女管理信息系统》的要求,建立了已婚育龄妇女数据库。13个县市区大部分已实现了省、市、县、乡四级联网、信息共享,以现代化计算机和网络技术为依托,集人口与计划生育信息采集、存贮、加工、处理、分析和反馈于一体的“三网一库”综合信息网络框架已初步形成。12月1日,在全省信息安全保密工作会上,市人口与计生委被授予全省信息安全保密先进集体称号。

【综合改革】 根据全市工作实际,市人口与计生委把计生技术队伍人事制度改革,推广光荣证管理、落实优惠政策,深化生殖健康优质服务作为人口与计划生育综合改革的指定项目,以市委、市政府两办名义转发了3个项目文本,明确了组织、人事、卫生、扶贫办、财政局等相关部门的职责。于11月14日~15日在永寿县、彬县、长武县召开了3个指定项目推广现场会,推广了这3个县在实施3个项目方面的经验。积极做好了国家人口与计划生育综合改革中期评估验收准备工作，国家人口与计划生育综合改革中期评估组在深入现场考察、听取市县汇报后，对咸阳市综合改革工作给予了高度评价。

【婚育新风进万家关爱女孩行动】 市上成立了由市委书记任组长，市长和市委、市政府分管领导任副组长、26个相关部门负责人为成员的关爱女孩行动领导小组，市委、市政府两办转发了市人口与计生委《关于深入开展“婚育新风进万家，关爱女孩在咸阳行动”的实施意见》，市人口与计生委和市委宣传部等11个部门联合转发了国家11部委《关于综合治理出生人口性别比升高问题的意见》，与市卫生局等3部门联合转发了《关于禁止非医学需要的胎儿性别鉴定和选择性别的人工终止妊娠的规定》，加强了对这项工作的综合治理。5月，全市开展了“婚育新风进万家，关爱女孩在咸阳行动”宣传氛围营造月活动，发出了致广大市民的公开信10万份，在全社会倡导生男生女都一样、女儿也是传后人等新型观念。6月3日，举办了“婚育新风进万家，关爱女孩在咸阳行动”启动仪式。8月底，组织开展了“关爱女孩行动”专项督查。9月29日，开展了以关爱女孩在咸阳为主要内容的全市村级自乐班文艺调演活动。全年共开展集中清理清查活动两次，清查计生技术服务、卫生医疗单位450个，未发现非法鉴定胎儿性别事件发生。清查二孩生育指标12261个，收回作废163个。清查个体、国营医药批发、零售企业1326家，经销终止妊娠药品134家，对涉嫌违规经销、违规使用的4家经销单位予以查处。查出拐卖妇女儿童案件55起，已立案查处51起，结案47起。侵犯妇女儿童合法权益的案件258起，已结案197起，拘留181人，逮捕190人，判刑99人。查处非法抱养案件17起，依法处理4起。12月，省“婚育新风进万家”活动评估组深入咸阳现场检查后，对这项工作给予了高度评价。

【生殖健康优质服务】 市、县两级在全市大力开展了县乡服务站星级动态管理活动，对工作达标的予以命名挂牌，对工作不合格的吊销执照，取消执业资格，极大地调动了县乡服务机构的工作积极性，提升了技术服务机构的管理服务水平。开展了避孕节育知情选择、生殖道感染干预、出生缺陷干预三大工程。全面推行了避孕药具免费发放卡制度，全市知情选择村已达到1351个，服用避孕药具人群持卡率达到90%以上，育龄妇女生殖系统疾病普查率达到80%，出生缺陷发生率下降到10‰以下。为了不断满足群众日益增长的生殖健康需求，开发了县、乡、村电子生殖道三级诊疗A、B、C型系列网络产品，在县站配备了A型机影像工作站，给乡镇配备B型机，C型机直接配备到村服务室，使育龄群众不花钱、不出村就可以得到有效治疗，深受群众欢迎。

【利益导向和社会保障机制】 市、县两级认真落实国家、省上关于建立农村部分计划生育家庭奖励扶助制度有关精神，把推广光荣证、落实优惠政策作为改革的指定项目，以市委、市政府的名义下发了《关于实施光荣证管理落实农村优惠政策指定项目文本》，主要内容包括兑现落实每月不低于5元的独生子女保健费；免去独生子女9年义务教育期间杂费、双女户两个女孩9年义务教育期间一半杂费；对自愿放弃二孩生育指标的计划生育户家庭一次性奖励2000元等。据统计，到2004年，全市共对2195户放弃二胎指标户发放奖励资金439万元，对60周岁以上的计划生育户中1921人落实奖励扶助资金115万元，为独生子女发放保健费10034人次，共计60.2万元。为独生子女户、双女户减免学杂费14560人次，共计72.8万元。

【干部人事制度改革】 针对乡镇计生办和服务站工作交叉的问题，对乡镇计生干部队伍着手进行了改革，建立以实行站长考任制、竞争上岗制、管理目标责任制、分配结构工资制“四制”为主要内容的计生技术队伍人事管理体制。全市共招聘乡镇服务站长171名，竞聘上岗的乡级技术服务人员501人，技术服务队伍结构得到进一步优化，想服务、能服务、会服务的问题得到了初步解决。

【城市和流动人口计划生育】 市县两级加强了对违法行政、弄虚作假等问题的专项查处，从建立宣传教育、行政执法和检查监督三大工作机制入手，制定下发了《关于文明执法进一步落实行政执法责任制的通知》、《咸阳市计划生育依法管理工作规范要求》，规范执法文书，严格执法程序，推行计划生育行政执法公示、过错追究、民主评议、培训、考核等制度，维护了计划生育行政执法的严肃性和公开性。不断加强对流动人口的管理和服务。市计生、公安、工商等部门联合，对全市流动人口进行了集中清理清查，清查出流入育龄人口26829人，持户籍地婚育证明22587人，持证率84.2%；流出育龄人口68005人，办证58003人，持证率为84.1%。加强了信访和干部职工违纪超生查处工作，2004年，全市无一例违纪违法行为发生。市人口与计生委被国家人口和计划生育委员会授予计生系统作风建设先进单位。

【计生经费投入】 市县两级继续加大对人口与计划生育工作的投入。2004年，市本级经费按人均2.52元标准预算，总投入额为1227.24万元，全部列入财政预算；各县市区人均经费3.36元预算，总投入额为1636.32万元，全部纳入财政预算，并实行“专户管理、封闭运行”。加强了农村计划生育免费手术、“三查”费结算管理工作，2004年，全市共为76.2万人次减免“三查”费304.8万元,减免计划生育手术费153.4万元,受到了基层群众的普遍好评。

(李平波　文海鹏　孙永琳)

再就业与下岗职工安置

【概况】 2004年,咸阳市坚持统筹兼顾的工作思路,全面落实中央和省上一系列的再就业方针政策,不断加大就业和再就业工作力度,取得了显著成绩,各项目标任务完成均在全省名列前茅。全市全年城镇新增就业4.8万人,完成省上下达年任务3.1万人的155%;下岗失业人员再就业1.8万人,完成省上下达年任务1.2万人的152%;“四〇五〇”人员再就业5700人,完成省上下达年任务3000人的173%;城镇登记失业率3.7%,低于省上下达4%的目标任务。9月,市再就业工作领导小组办公室被国务院评为全国再就业先进单位。

【落实再就业优惠政策】 2004年,全市采取有力措施,落实再就业优惠政策。一是坚持强化就业和再就业工作责任,加大相关部门的协调配合。充分发挥全市再就业局际联席会议的作用,由劳动保障部门牵头,协调财政、工商、税务、银行等有关部门,解决就业和再就业工作推进中遇到的问题。二是加大政策宣传力度,将9月份定为全市再就业宣传月,大力宣传中、省各项优惠政策和全市通过优惠政策实现再就业的先进典型,激励下岗失业人员实现再就业。三是加大督促检查力度,劳动保障部门由领导带头,深入各县市区督促检查就业和再就业工作,并积极配合国家及省上督查组对全市再就业政策落实情况的检查,推动全市再就业各项政策全面落实到位。全市全年为11420名下岗失业人员发放了《再就业优惠证》,累计发放2.15万本;全市申请小额担保贷款下岗失业人员1233人,劳动保障部门审核1137人,银行办理发放手续822人,发放贷款505.5万元,发放人数一直居全省首位;共为纳入基本生活保障范围的市县两级企业下岗职工代缴养老、失业、医疗三项保险费用898万元,为从事公益性岗位的下岗失业人员代缴社会保障补贴73.8万元,发放岗位补贴125.84万元;免费培训下岗失业人员16860人次,免费职业介绍17297人次。

【完善再就业服务体系】 全市各级劳动力市场积极推进就业服务制度化、社会化、专业化“新三化”建设,完善对下岗职工求职登记、职业介绍、培训鉴定、档案管理和社会保险关系接续等“一站式”服务。充分发挥全市182个街道、乡镇及122个社区基层劳动保障机构促进就业和再就业工作的重要作用,开展“促进就业先进社区”活动,涌现了一批先进所站。通过招商引资培育岗位、发展第三产业增加岗位、开发社会公益岗位和农业就业岗位等方式,多渠道、全方位增加就业容量。以政府出资租赁土地或大棚的方式率先在全省创建了下岗职工大棚蔬菜种植基地,安置下岗职工200名,这一创举受到国家和省上充分肯定,大棚蔬菜种植基地规模正进一步扩大,安置更多的下岗失业人员实现再就业。加大对就业困难群体的帮扶力度,开展了“扶贫帮困送温暖”万人集中就业培训活动,利用相对空闲时间,集中举办200期规模较大、针对性强的培训班,免费培训10000名农村困难群众、城市下岗职工和失地农民,使培训人员熟练掌握1项实用职业技能。

【做好职业技能鉴定工作】 全市认真贯彻国家和省上人才工作会议精神,市委、市政府印发了《关于加快全市高技能人才队伍建设的意见》,促使全市职业技能人才建设再上台阶。全市全年职业技能鉴定12065人,与上年同期鉴定5214人相比增长了131.3%,完成年初省上下达任务5996人的201%,其中秘书、人力资源管理等全国统一鉴定考核的新职业、新工种鉴定1729人,人数名列全省十地市之首。对215名符合技师条件的社会从业人员进行了培训,经过考评,已有115人取得了相应的技师职业资格证书,完成省上年初下达100名技师目标任务的115%。全市民办职业培训机构新增12所,累计达到31所。技工学校招生创历史新高,市属三所技工学校共招生3030名,其中市技工学校招生2239人,在校生已达到5000多名,市劳动和社会保障局招生办被省厅评为2004年度全省技工院校招生工作先进单位。积极申报市技工学校为全国重点技工学校,经省劳动保障厅专家组评估通过,上报劳动保障部审批,为加快筹建咸阳技师学院创造条件。

(荆永宁)

劳务输出

【概况】 2004年,全市按照市委、市政府大力实施劳务输出产业化战略部署,将劳务输出作为发展农村经济的新产业,作为增加农民收入新的增长点,注重劳务输入基地建设,完善劳务输出网络,实现了劳务输出在市场化运作、规模化经营、一体化服务方面的迅猛发展。全年劳务输出51.9万人次,超额完成年任务的173%,在外务工人员达到90万人次,年创收36亿元。

【拓宽劳务输出渠道】 根据市政府《关于进一步做大做强劳务输出产业的实施意见》,劳动保障部门牵头，出台了《关于认真做好新一轮劳务输出工作的紧急通知》等文件，积极协调市直各有关部门，分解劳务输出任务，签订劳务输出目标任务书，并建立劳务输出月报制度，将其作为目标责任考核的重要内容，与其他经济工作一起检查、考核、评比。全市先后在江苏的通州、昆山，浙江的嘉兴、绍兴、杭州、平湖，广东的广州、东莞、深圳、佛山等地设立了12个劳务驻外办事机构，制定下发了《劳务输出驻外机构管理办法》，要求驻外机构对组织输出的劳务人员，从安置入厂到工作、生活、流动、探亲等环节，全程跟踪管理，“一条龙”服务，及时解决劳资纠纷、工伤事故，以及工作之外的交通意外事故。据统计，2004年各驻外机构帮助务工人员解决劳务纠纷213起，工伤事故8起，维护了务工人员的合法权益。

【健全劳务输出网络】 全市抓住东南沿海“民工荒”、“技工荒”的有利时机，进一步加大劳务输出力度。通过狠抓劳动力市场网络、乡镇、街道就业服务组织网络和民间劳务中介网络的建设，形成了横向政府主导与民办促进相结合，纵向市、县、乡、村四级联动，内外主管部门与驻外机构呼应的网络化劳务输出组织机构。构筑了县有劳动力市场、镇有站、村有点、组有联络员的四级服务体系。全市已经形成了以市中心劳动力市场为基础，县市区劳动力市场为依托的劳动力市场体系；建立了辖区劳务输出资源库，形成乡镇、街道就业服务组织网络，开展有针对性的组织培训和输出；扶持发展了90多家民办中介机构，涌现出了一批知名度较高、输出效果较好的民营劳务输出组织，健全了民间劳务中介网络。

【加大劳务培训】 全市依托各类培训机构，做好输出前培训，突出劳务输出品牌建设，着力培养“咸阳足疗”、“电子青工”、“纺织女工”、“果业农工”等劳务品牌，2004年，全市共计培训各类劳务人员12.2万人。针对部分群众经济困难、无力支付劳务输出所需费用的实际，在全省率先设立了劳务输出基金，至年底，劳务输出基金已达400万元，主要用于劳务输出基地建设、输出前培训以及解决家庭困难人员外出务工的车费。为了加强基金的监督与管理，市劳动保障局专门制定下发了《咸阳市劳务输出基金管理办法》，定期进行检查。劳务输出基金在帮助务工人员解决实际困难，促进农村劳动力跨地区就业中的作用越来越明显。据统计，全市各县市区的基金使用率达到了90%以上，享受这一优惠的务工人员达19万人次。

（荆永宁）

社会保障

【概况】 2004年，全市着力推进养老、失业、医疗、工伤、生育五大社会保险的覆盖面，努力健全社会保险各项制度，不断强化服务管理，社会保险体系得到进一步的完善。咸阳市被劳动和社会保障部确定为工伤保险全国重点联系城市、生育保险全国重点联系城市；咸阳市在威海召开的全国工伤保险座谈会上介绍了经验。

【继续巩固“两个确保”】 全市全年共为10.82万名企业离退休人员按时足额社会化市级直发养老金7.02亿元，切实做到“不漏一人，不拖一天，不少一分”的发放承诺；为12107名下岗职工（其中市级以下3133人），按时足额社会化发放了基本生活费，下岗职工基本生活保障向失业保险并轨工作稳步推进，武功县、泾阳县、三原县、淳化县四县的下岗职工2004年已全部退出生活保障范围。

【扩大社会保险覆盖面】 全市继续实行社会保险扩面责任制，突出重点，突破难点，整体推进。①养老保险全年覆盖26.38万人，完成年初计划26万人的102%；认真按照省上《关于规范全省企业职工退休的审批工作意见的通知》，加强了对全市企业职工退休审批工作的管理力度，使其公开、公正、透明，并逐步规范化、制度化；加大了监督检查力度，对离退休人员待遇发放错误和违规办理退休行为予以坚决纠正。全年共审核企业、县市区报送的职工档案5600余份，审批了5389名退休人员，其中正常退休3317人，特殊工种退休1502人，病退（职）579人，军队专业干部退休19人。②失业保险制定了《咸阳市失业保险申领发放办法》、《咸阳市失业保险个人账户管理办法》，强化了对失业保险的管理服务；失业保险全年新增参保5955人，完成省上下达任务2000人的297.75%，涉及40.49万人。③为了贯彻国务院《工伤保险条例》，《咸阳市工伤保险实施办法》正在进一步讨论修改中；大力开展《工伤保险条例》颁布实施一周年大型宣传活动，争取全社会的认同和支持；为了进一步扩大工伤、生育两项参保难度较大的社会保险覆盖面，劳动保障部门专门召集部分未参保企业召开座谈会，现场发放了限期参保通知书，区分企业不同情况规定了不同参保期限。全年工伤保险新增参保1.22万人，覆盖12.63万人，完成省厅下达年覆盖任务12.4万人的102%；生育保险新增参保1.13万人，覆盖8.99万人，完成省厅下达年覆盖任务8万人的112%。

【加大基金征缴力度】 2004年，全市进一步加大了基金征缴力度，不断提高基金支撑能力。劳动保障部门对全市各县市区基金征缴情况按季度通报评比，市政府两次对失业保险基金征缴情况进行了督促通报。通过财政代扣代缴的方式，已经基本解决了县市区事业单位失业保险个人缴费部分征缴问题;认真贯彻《社会保险稽核办法》,加大对缴费基数和缴费人数稽核力度,确保“应收尽收”。全市全年征缴养老保险4.06亿元,完成省上下达年任务3.7亿元的109.7%,其中收欠4900万元,完成省上下达4000万元年任务的122.5%;全市企业退休人员10.52万人,社会化管理10.4万人,完成省上下达10.1万人年任务的103%,社会化管理率达到99%,超出年任务95%的4个百分点,其中社区管理6.66万人,完成省上下达6.06万人年任务的109.9%,社区管理率达到64%,超额完成省上下达60%的年任务;全市征缴失业保险基金5086万元,完成省上下达年任务4640万元的110%,为8756名符合条件的失业人员发放失业救济金1489万元;征缴工伤保险费375万元,征缴率为91%,为193名工伤职工支付工伤待遇106万元;征缴生育保险费355万元,征缴率为90%,为640名女工支付生育费用199万元,收支基本平衡,基金略有节余。

【加强基金监管工作】 咸阳市积极开展全国社会保险基金监督试点城市的试点工作,制定了全市加强基金监管的意见,进一步完善了五大社会保险基金月报制度、社保经办机构的年检制度和缴费单位的稽核制度“三大制度”,初步形成了“经办机构自查与基金监督机构交叉审计相结合,现场监督与资料审查相结合,日常检查与举报查处相结合,重点案件重点查处”的“三结合一查处”基金监督工作机制。

(荆永宁)

医疗保险

【推进医保扩面】 2004年,全市坚持把扩大医疗保险覆盖面作为完善医疗保险制度的基础和关键抓紧抓好。一是由劳动保障部门统一部署,集中整体优势,实行“一体执法”,上门逐户对未参保的企业进行动员和督促;二是实行“抓大放小”,采取有力措施抓各行业龙头企业参保,通过典型示范带动其他企业参保。三是完善政策、扩大医疗保险参保面,使医疗保险突破了所有制的限制,逐步覆盖到了非公有制企业和灵活就业人员。全市全年医疗保险新增参保1.12万人,覆盖35.04万人,完成省厅下达年覆盖任务34万人的103%;企业离休人员医疗保障制度进一步完善,45个单位310名企业离休干部已进入保障范围;征缴医疗保险费12152万元,征缴率为92%,为参保人员及时足额支付医疗费用11356万元,医疗保险基金收支趋于合理,运行平稳。

【加强管理服务】 2004年,全市大力完善医疗保险各项制度,进一步建立了规范有序的定点医药保险机构管理制约机制。制定了《咸阳市城镇职工基本医疗保险定点医疗机构管理暂行办法》和《咸阳市城镇职工基本医疗保险定点零售药店管理暂行办法》、《咸阳市城镇职工基本医疗保险服务违规行为监督举报暂行办法》等一系列规范性文件,严格定点医药服务机构的入选标准,加强社会监督,加大查处力度,并在所有定点服务机构挂牌公示,同时公布了监督举报电话和电子邮箱。对定点医疗服务机构实行劳动保障部门和医保经办机构两位一体,共同实施淘汰退出的动态管理、区别重点的分类管理和及时检查的网上管理“三项管理”。一是进行日常考核和年度综合考核,对病人不满意、服务不规范的定点医疗机构坚决取消资格。二是结合实际情况,将医院按级别、规模等不同情况实行分级分类管理,对于级别较高、规模较大、技术力量较强的医院,重点查处开大处方、滥做大型检查、借证住院等问题,对规模较小的企业职工医院重点检查医疗质量、挂床住院等问题。三是投入大量资金建成了连接13个县市区医疗保险经办机构、各定点医院、定点药店的计算机管理网络。对定点医院和定点药店发生的各项费用、人员类别、支付手段进行网上监控,对于每天发生的治疗和费用结算情况进行比对分析,发现问题及时纠正。全年查处借证住院14人次,挂床住院及套用病种目录住院126人次,分解住院48人次,有效遏制了不合理医疗费用的支出。为了满足医保患者医疗用药需求,全市已审批定点医疗机构159个,定点零售药店37个(市区定点医院58个、定点药店18个,各县市区定点医院102个、定点药店25个),工伤保险定点医院36个(市区10个,县区26个)。积极探索医疗、保健、预防相结合的有效途径,将医疗保险服务向社区延伸,加大了定点医疗机构中社区医疗服务所(站)的比重,促进医疗卫生资源的优化配置,方便参保人员就近就医。市区内较大的社区都有开展基本医疗保险定点服务的医疗服务所,发挥了贴近服务的作用。

(荆永宁)

福利救济

【救灾救济】 2004年,全市先后遭受低温冷冻、大风、暴雨、冰雹、山体滑坡等多种自然灾害,造成直接经济损失1.92亿元。面对严重灾情,各级民政部门把救灾工作作为民政工作的重中之重,及时查灾、核灾,紧急调拨救灾款物,妥善安排灾民生活,有力地支援了灾区的救灾工作。全年共发放救灾款1808万元,救灾粮431万公斤,棉衣被5988床,捐赠衣物17.2万件,保证了灾困群众的基本生活,维护了灾区社会稳定。被市政府列为“2004年为农村和农民办的十件实事”之一的灾民建房工作全面完成，累计下拨建房款1005万元，共修复危房43600间，重建房屋39300间。汛期，部分县市因大风、暴雨造成房屋倒塌损坏严重。市上就灾后重建工作进行了安排部署，为了加快灾民建房工作进程，市上给重灾县市筹措下拨了60万元灾后重建资金。全市灾民建房工作进展顺利，已重建房屋1269间，占需恢复重建的73%。为了妥善安排好冬令期间灾民的生活，市民政局下发了《关于做好冬令灾民生活调查工作的通知》，市县两级组织力量，深入灾区逐村逐户，详细统计了冬令期间需要口粮和衣被救济的人口，建立了规范的《冬令需救济人口台帐》。据统计，全市冬令期间需要救济的6.03万人，需救济粮248万公斤，需救济衣被3.07万件。为了妥善解决这些困难群众的吃穿问题，全市积极筹措资金安排冬令灾民口粮，积极开展扶贫帮困活动。市委、市政府召开了全市“扶贫帮困送温暖”活动电视电话会议，先后下发了《关于开展扶贫帮困月活动的通知》和《关于在全市集中开展“扶贫帮困送温暖”活动的通知》，动员全市各单位、社会各界、广大市民积极捐款捐物，奉献爱心。全市共捐款120.4万元，衣物17.2万件。

【城市低保】 2004年，城市低保工作进一步规范和完善。按照“突出重点，应保尽保”的原则，把下岗职工、困难职工作为保障重点，及时将3000余名下岗工人、改制企业、农垦、森工企业的困难职工和企业军转干部中的困难人员纳入了城市低保范围。全市共保障低保对象35982户90909人，占全市非农业人口总数的9.5%。全市列支低保配套资金1636万元已全部到位。全市累计发放保障金5677万元，13个县市区全部实现了按月社会化发放。为加强规范化管理，确保低保政策的贯彻落实，在全市组织开展了规范化管理大检查活动，县市区主要领导亲自带队，深入企业、居委会、办事处和低保户家中进行核查，取消不符合低保条件的2260户，5928人，有效制止了人情保、关系保和各种不正之风，维护了低保政策的严肃性和公正性。加强监督检查，确保低保金专款专用。对13个县市区低保金的管理使用情况，进行了全面检查，就发现的问题进行了及时纠正，保证了低保金的按时足额发放，杜绝了挪用、挤占低保金的现象。积极开展“分类施保”，妥善解决低保特殊对象的实际困难。按照部、省工作安排，全市集中一个多月时间，深入5000多个低保家庭，对城市低保对象中的“三无人员”、70周岁以上的老年人、重度残疾人、丧失劳动能力的危重病人、非义务教育阶段的学生和单亲家庭，进行了深入调查，建立健全了“分类施保”对象的档案，提高了“分类施保”对象的补助标准，解决了低保对象中特困人员的实际困难。认真贯彻《农村五保供养条例》，积极落实各项五保供养政策，使五保户的基本生活得到有效保障。积极推行农村医疗救助工作，制定出台了《咸阳市农村医疗救助实施办法》，解决了农村特困户、五保户看病难的问题。

【社会福利社会化】 “星光计划”实施成绩显著。积极争取部、省福利金121万元，兴建县级老年服务中心2个，街道办老年活动中心1个，社区老年活动站18个，乡镇敬老院3个。至此，全市有8个县兴建了县级老年服务中心，6个办事处兴建了老年活动中心，77个社区居委会有了老年活动站。启动了“明天计划”工作。确定了市第一人民医院为“明天计划”手术定点医院。对全市社会福利机构中具有手术适应症的孤残儿童进行普查和摸底，共摸查出0至18岁具有手术适应症的残疾孤儿60名，需手术的种类主要为心脏病、唇腭裂、生殖器畸形、腰骶底部脂肪瘤等。省厅下拨先期手术14例，手术费6万余元，已实施先期手术6例。协同国税部门对全市享受税收优惠政策的福利企业依照《国家税务总局关于民政福利企业征流转税问题的通知》要求，在投资主体、民政部门投资比例、安置“四残”人员占企业生产人员的比例、健全的管理制度等方面进行了清理，将36户上报省民政厅、省国税局。局属福利事业单位管理再上新台阶。市社会福利院有收养对象315名，完成涉外送养36人，接收赞助费用88万元，在全省社会福利院达标升级活动中被评为一级社会福利院，并获得15万元医疗保健设备奖励。12个救助管理站认真贯彻执行国务院《城市流浪乞讨人员救助管理办法》，全年共接待求助人员2640人次，按照政策救助2210人次。市社会福利院孤儿服务中心楼已完工，市救助管理楼已完成立项、规划设计工作。有奖募捐工作在销售市场异常波动的情况下，通过加强规范化管理，提高服务水平，加大宣传力度，全年共销售福彩2851万元，比上年增长7%，名列全省第三，为全市筹集公益基金242万元。

（殷　旭）

消费者权益保护

【围绕年主题开展季度分主题活动】 2004年，市消费者协会以“诚信·维权”年主题为中心，先后开展了“诚信·维权与食品生产经营”、“诚信·维权与商品房”、“诚信·维权与旅游”等季度分主题活动，每次活动有安排、有总结，并分季度到各县市区进行监督检查。在开展“诚信·维权与食品生产经营”季度分主题活动过程中，市消协积极与工商、卫生防疫、技术监督、药检等部门加强联系，先后3次参加咸阳市食品药品放心工程办公室组织的座谈会，并提出了多项建设性意见,有些被采纳。利用与工商部门的密切关系,积极参与工商部门组织的“双节”市场整治,加大了对餐饮户、食品生产者、经营者的监督检查力度,让群众吃上放心食品。同时积极参与工商部门组织的商品质量监管关口前移工作,按照“以防为主,防打结合”的方针,督促引导经营者建立健全商品质量准入的一系列制度,选择了家乐购物中心咸阳分店作为联系单位,推行进货查验登记等制度。还参与了国家工商总局委托中国商业联合会食品质量检测中心来咸阳组织的饮料、饮品抽样活动,共抽检饮品20种,并将抽检结果在市消协与《中国消费者报》联办的“三一五专刊咸阳版”上公布,对有关单位发出了限期整改函,对不合格的饮品进行了处理。通过参与工商等执法部门组织的各种食品、饮品的监督检查,丰富了“诚信·维权与食品生产经营”季度分主题活动,扩大了消协的影响。在开展“诚信·维权与商品房”季度分主题活动过程中,市消协指导渭城区消协,联合陕西华宇实业有限公司等5户诚信度较高的房地产开发企业,于6月25日、26日在凤凰广场双峰大厦前举办了“诚信·维权与商品房”宣传咨询活动,现场咨询服务。

【开展“三一五”宣传活动】 市消协牵头会同理事单位,组织丰富多彩的“三一五”的宣传咨询活动。一是市消协会同市工商局、技术监督局、卫生局等理事单位,在市区家乐广场设立声势浩大的“三一五”宣传咨询活动中心会场。会场设拱门一个,挂气球38个,发放各类宣传资料2万余份,10余家消协理事单位和20户知名诚信企业参加了咨询宣传活动。现场受理消费者关于住房、烟草、食用盐、服装、服务、手机等8个行业29类商品投诉,共受理投诉148起,接受各种法律法规政策咨询万余人次。二是邀请副市长在电视台发表了纪念“三一五”讲话。三是以记者访谈方式介绍了2004年开展“诚信·维权”年主题的意义、作用,以及全年消协维权工作的思路。四是与《中国消费者报》联办了“三一五专刊咸阳版”。五是参与了咸阳人民广播电台的近1个小时的消费热线节目。六是加强“三一五”电话值班,保证了“三一五”活动期间电话的畅通,确保了中央电视台“三一五”晚会转办投诉及时处理。各县市区消协都分别在当地开展了形式多样的“三一五”宣传咨询活动。

【受理消费者投诉】 2004年,在受理投诉方面主要做了以下工作:一是加强了直接处理投诉工作的力度,全年直接处理投诉120多起。二是明确了受理投诉的范围。对重大、有影响、跨区域的投诉以及电信、移动、联通等公用企业和大型超市的投诉,一般由市消协直接受理。三是牢固树立群众利益无小事的思想,提出了新的工作思路,使投诉工作力争做到一快、二公、三满意、四有、五一样,即处理投诉快;公平、公正;消费者、经营者、消协自己满意;有登记、有着落、有处理、有回音;生人熟人一样,群众干部一样,大事小事一样,外地本地一样,来人来电一样。四是充分发挥消协分会点多面广的作用,使消费者就近投诉,降低投诉费用,方便群众。全市全年受理投诉2030多起,为消费者挽回经济损失近100万元 。

【清理往年消费者投诉】 按照省、市工商局和省消协关于开展队伍教育整顿活动的安排部署,组织开展了全系统清理消费者投诉工作。2003年元月至2004年6月期间全市消协系统共受理各类投诉2200多件,基本上得到了及时合理、公平、公正的解决,且适用法律准确,资料齐全,手续比较完备。同时针对存在有案无卷、文书使用不规范、分不清投诉和申诉等许多问题,市消协及时提出了整改意见,并建立健全制度,用制度管人管事。先后对《受理消费者投诉范围》、《消协投诉工作职责》、《受理投诉工作程序》、《受理投诉电话文明用语》、《消协秘书长职责》、《消协工作人员守则》、《消协工作制度》等七项制度重新修定,使消协工作有章可循,有据可查,逐步走向规范化、程序化。

【开展诚信单位(店)推荐活动】 积极参与省消协开展的2003年以前“诚信单位”、“诚信店”的年检和2004年度“诚信单位”、“诚信店”的推荐活动。针对以往推荐工作存在的不足,市消协把这次活动作为进一步开展“诚信·维权”年主题,强化社会信用体系建设活动的重要组成部分,严格遵守省消协制定的活动程序,坚决执行参评条件,谁推荐谁负责,按照宁少勿滥的原则,严把评选关口。共年检省级诚信单位(店)30户,向省消协推荐诚信单位(店)43户。

(李安和)

残疾人工作

【市政府为残疾人办十件实事】 投入资金170多万元,全面完成各项任务。一是咸阳市残疾人综合服务中心采取联合开发方式,完成土地使用、三通一平等各项前期准备工作,于12月24日正式开工建设。一座建筑面积6500平方米,集康复、医疗、培训、特殊用品供应、文体活动为一体的残疾人综合服务设施即将为广大残疾人提供服务。县级残疾人服务设施建设积极争取中省支持,采取灵活多样的建设方式,已有11个县区的残疾人综合服务设施建成投入使用。二是为农村250户贫困残疾人实施了危房改造。市县两级落实配套资金75万元。又动员社会各界为建房捐钱、捐物、捐工,

250户贫困残疾人家庭已搬入新房，受益残疾人及亲属近千名。三是对2112名贫困白内障患者实行了救助性康复，对全部0～18周岁青少年白内障患者实施了抢救性康复。四是“三助”行动（助听、助明、助行）效果明显。为北部五县的100名贫困聋儿免费配发了助听器，使有残余听力的适训聋儿全部配备了助听器；为南部八县市区100名聋儿配发助听器，又免费对150对聋儿家长进行了培训；为600名18周岁以下低视力患者配戴了助视器，改善了他们的生活学习状况；配合香港乐善基金会，为71名不能走路的贫困肢残人装配普及型假肢。五是为100名贫困精神类残疾人三年内每人每年免费赠送价值360元的药品。六是扶助残疾少年儿童入学。争取省上“扶残助学”和“中西部盲童入学”项目资金3.87万元，使88名盲童和聋儿顺利接受义务教育；配合市教育部门落实“金钥匙关中示范区”项目，使115名盲童随班就读；协助市教育部门为1260名贫困残疾人少年儿童减免了学杂费。七是通过自立工程提高了残疾人劳动技能。依托各类培训基地，全市共为4472名残疾人提供了包括电脑、维修、盲人按摩、养殖、种植等实用技术培训。市残联直接对101名残疾人进行了盲人按摩和电脑培训。八是扶助残疾人就业。通过加大按比例安排残疾人就业工作力度，全年共征收就业保障金369万元，安置残疾人就业1670名。九是对全市10920名贫困残疾人给予了扶持。十是全面落实城镇贫困残疾人最低生活保障。积极配合有关部门将全市2320户城镇贫困残疾人家庭纳入最低生活保障范畴，实现了应保尽保。并建立了咸阳市残疾人享受最低生活保障基本情况数据库，对残疾人及其亲属实行了动态跟踪管理。

【贫困残疾人帮扶工作】 坚持以政府为主导，将残疾人扶贫工作纳入各级政府扶贫开发计划之中，采取多种方式开展贫困残疾人帮扶工作。一是对9578名残疾人落实了优惠政策，减免各种税费共计52万多元。投入各类财政扶贫资金14万多元，对1000户残疾人给予了资金扶助，为他们解决温饱、脱贫致富创造了条件。二是开展红领巾助残、志愿者扶残、企业家一帮一的扶贫助残活动，对5950名特困残疾人予以生活救助。三是动员1620名科级以上党员干部与贫困残疾人结成帮扶对子，采取“定期看望、适时帮扶”的方式，解决了他们生活、生产中遇到的困难和问题。四是争取专项扶贫资金10万元，扶持农村101户残疾人进行种植、养殖、手工业和家庭副业的生产。五是利用550万元残疾人康复扶贫贷款，通过扶持5户残疾人劳服企业，发挥辐射带动作用，扶持546户残疾人家庭摆脱了贫困。

【全市残疾少年儿童情况调查】 2004年，为了全面掌握全市残疾少年儿童的基本情况，为制定残疾人事业的政策和工作规划提供翔实的数据和资料，市政府决定对全市残疾少年儿童基本情况进行调查。调查主要包括残疾类别、等级、致残年龄、原因、受教育情况、社会参与情况、本人需求等。调查的标准时间点为8月1日零时。各级调查领导小组按照“不留盲区，杜绝盲点”的总体要求，制定了细致的工作方案。对参与入户调查的1600多名调查人员进行了专业培训。调查人员走村入户，严格按照要求开展调查，保质、保量、按期完成了调查任务。此次调查全市共有0至18周岁残疾人少年儿童17716名。他们的基本情况和康复、学习、扶助等项需求数据也已全面掌握。

【残疾人工作宣传】 为扩大社会对残疾人工作的认知面和展示残疾人自强不息的精神面貌，市残联确定2004年为残疾人工作宣传年。一是市残联创办刊物《咸阳残疾人工作》，已编发四期，为宣传残疾人工作、相互学习交流经验提供了平台。二是利用各种新闻媒体，传播残疾人工作知识，宣传残疾人事业取得的成绩。全年共在各级报刊杂志刊登稿件54篇。三是与市电视台、电台拍摄专题片4部和编播专题节目3次。

【全市残疾人文艺汇演】 8月27日，市残联举办了“全市首届残疾人文艺调演”。参加演出的有各县市区选送的优秀残疾人文艺爱好者、市特教学校和市聋儿语训部的学生共计300多人。舞台上激情的表演、优美的舞蹈、动听的演奏，深深地感染了广大观众。市聋儿语训部选送的歌舞《祝福祖国》获优秀节目一等奖。独唱《祈盼》和舞蹈《春到草原》获二等奖。旬邑县、三原县、市语训部、武功县、礼泉县、秦都区获组织奖。

（陈东明）

咸阳市残疾人联合会

理 事 长 赵书学
副理事长 强守祥

老 龄 工 作

【创建老龄工作先进县市区活动】 全市各级老龄办按照创建全国、全省老龄工作先进县市区、老龄工作先进单位的总体要求，制定了创建的目标任务和检查验收标准，从多方面进行了任务分解。通过“创建”活动的开展，有力地促进了基层的老龄工作。秦都区、渭城区、泾阳县荣获“全省老龄工作先进县市区”称号；火电三公司、渭城镇政府、泾阳县老年活动中心、市老龄工作委员会办公室荣获“全省老龄工作先进单位”称号；乾县姜村、礼泉县东关村、秦都区苏家堡村荣获“省级敬老模范村”称号。

【老龄维权工作】 全市共接待上访老人500人次,处理老年人侵权事件80余件,为5200多名老人办理了寿星优待证,为2214名高龄老人发放保健费120余万元,为200多名特困老人进行了救助帮扶,为27名百岁老人进行了免费体检,共有3.5万多老年人享受到了乘车、就医、旅游等社会优待政策。

【庆祝“老年节”】 围绕庆祝“老年节”和开展“陕西省第四届老年联欢节”活动,丰富和活跃了全市老年人的精神文化生活。在“老年节”期间,全市各级老龄办通过各类形式表彰了敬老好儿女、好媳妇共500余人,近100场次的各类文艺演出活动遍布城乡。

(殷　旭)

关心下一代工作

【健全完善组织】 2004年,市关工委就壮大“五老”(老干部、老战士、老专家、老教师、老模范)队伍、发挥“五老”作用问题作了安排。各县市区关工委采取请党政领导出面动员、相关部门协助和双向聘任等形式,进一步健全完善组织,迅速发展壮大队伍。至年底,全市关教组织由上年底的8700个发展到10629个,比上年增加1929个;队伍总数由上年底6.6万多人发展到8.1万多人,比上年增加1.5万人。其中“五老”由3.7万人发展到5.1万人,新增1.4万人。

【开展未成年人思想道德教育活动】 各级关工委充分发挥思想道德宣讲团组的作用,组织老同志深入城乡中小学校开展巡回宣讲。全年关工委系统拥有市县乡思想道德报告团组249个,有2143名报告员,共作“三个代表”、爱国主义和民族精神、20字道德规范等各类报告3439场,受教育青少年158.8万人次。举办农业科技培训班2306期,培训农村青年96万人次。开展“五老”搞“三帮”,参与帮学、帮教、帮富的老同志20489人,结成帮扶对子12527对,多数收效明显,受到社会各界的广泛赞誉。

【在中小学生中广泛开展经典诵读和读书征文活动】 为了弘扬中华优秀传统文化,提高未成年人的综合素质,促进全面发展,由市关工委牵头,与市文化局、市教育局、市广电局、团市委、人寿保险公司于暑假期间在全市范围联合举办“人寿杯”中小学生读书征文及经典诵读活动。全市150所中小学、3.5万名学生参赛。至10月底,9个县市区送来经典诵读篇目101篇,11个县市区送来参赛征文313篇。经评审,读书征文获一、二、三等奖30篇,优秀奖60篇,共90人获奖。传统经典诵读于11月13日、14日在咸阳举行了决赛,获一、二、三等奖21个篇目,优秀奖52个篇目,共73个篇目141人获奖。

【为未成年人健康成长办实事】 各级关工委在对未成年人开展德教、法教、科教、家教和帮教中,还特别注重为他们健康成长办实事。5月26日,市关工委陪同省关工委领导前往泾阳县三渠镇幼儿园看望了180多名小朋友,赠送彩电一台及价值2000多元的玩具。5月27日,市关工委几位驻会老同志会同市计生委领导带着价值4000多元的图书、生活用品,前往三原县东周儿童村看望被代养代教的42名少年儿童,给他们送去温暖和关爱。还慰问了克服重重困难创办泾阳县聋儿语言康复中心、矫治聋哑儿童的年轻教师王鹿茸,送去彩电一台。5月28日,市关工委牵头协调有关方面,由市实验小学组织12名品学兼优的学生,前往永寿县仪井镇王家庄小学参加为期两天的“献爱心、同体验,城乡小朋友结对手拉手”庆“六一”活动。这次活动受到社会各界的大力支持,咸阳电视台制作了专题片,“六一”节前后在电视上连续播放。陕西服装艺术学院为王家庄小学捐赠3800元的书包、篮球等学习文体用品。西北眼镜行为学生检查视力,免费给学生配制60多副价值近5000元的眼镜。福园房地产开发公司为王家庄小学捐资1500元,帮助维修教室门窗。这些活动在当地群众中产生良好反响。更为突出的是,各县市区关工委在高考后迅速组织老同志深入城乡调查确定资助对象,对那些由于家庭经济困难面临失辍学的未成年人千方百计给予资助,保证考上大学的新生按时入学。全年市县关工委共筹集117.25万元,资助考取大学的贫困生284人,资助失辍学中小学生2100多名。许多受资助的学生拿到救济金时,非常感动,纷纷表示决心好好学习,将来报效祖国,服务人民。

(殷志勇)

咸阳市关心下一代工作委员会

名誉主任 张维岳　孙万保　董志孝　张立勇　强　义
顾　　问 苏耀先　马栋元　张友才　赵一沨　李永强　来辉武　王伟章
主　　任 严德儒
副 主 任 上官相(常务)　任义长(常务)　王生龙　卜少杰　哈　锐　朱德旺　高向东　史乐三　刘世民　张恒礼　何彩娥　何新来　张秀英
办公室主任 孙启斌

人物·荣誉

全国三八红旗手

【许淑云】 女,咸阳市第一人民医院眼科主任,主任医师。先后参与或主持开展了同种异体板位角膜移植术、后位型人工晶体植入术、小囊袋内人工晶体植入术、全位角膜移植术、非超乳小切口白内障摘除人工晶体植入术、视网膜脱离复位术、泪腺混合瘤摘除术、抗青术、白内障摘除、人工晶体植入术、三联手术、提上睑肌缩短联合额肌悬吊术等高难度手术,填补了咸阳市的空白。先后获得"优质服务能手"、"三五人才"、"五佳医生"等多项荣誉称号。

【张庚莲】 女,咸阳市田田科技种养殖有限公司经理。原咸阳市旅游公司的下岗职工,后创建了两个种养殖基地,占地20多公顷,拥有优质牧草资源和60多头奶牛。其农场被定为西北农林科技大学实验示范农场、良种示范基地。个人先后被评为陕西省创业带头人和再就业明星、市级劳模、市巾帼创业带头人、陕西省三学三比女能手、全国三学三比女能手。

(石忙刚 郭美娟)

"五一"劳动奖章获得者

【郑军】 男,咸阳移动通信分公司党委书记、总经理,市政协委员。任职期间,移动基站发展到333个,网络覆盖率达96%,创造了咸阳移动的网络领先优势。企业运行收入每年以25%的速度递增,年上缴国家和地方各类税款1500万元,为振兴咸阳经济做出了较大贡献。他热心社会公益事业,3年累计捐款20余万元,衣物3700余件。向长武县中心小学捐赠课桌60套;安置下岗职工和待业青年数百名。公司先后被评为"陕西省职工经济技术创新优胜单位",全省通讯系统"创佳评差"活动"最佳单位",省级文明单位等。他个人连续多年荣获先进工作者和优秀共产党员等称号。

(卢太运)

逝世人物

【库淑兰】 女,旬邑县赤道乡富村人。生于1920年,2004年12月19日逝世。生前系中国民间剪纸研究会理事,省农民画协会理事,1996年被联合国科教文组织授予"民间工艺美术大师"。其剪纸作品构图大胆,人物形象饱满,色彩艳丽,充分表达了中国传统民俗文化的艺术魅力,蜚声中外,被国内外专家学者称为当代的齐白石和中国的毕加索、马蒂斯。其作品于1992年荣获中国民族文化博览会民间美术大展特别奖;1994年荣获文化部颁发的中国民间美术一绝金奖;1995年世妇会期间应邀在中国美院举办个人剪纸展览;1997年台湾汉声杂志社为其出版了大型专集《剪花娘子库淑兰》(上下集);同年应邀赴香港参加了中国民间传统艺术节并做现场剪纸表演;2003年湖北美术出版社为其出版了《剪花娘子库淑兰传奇》专集;其作品被日本、美国、法国、德国、加拿大等多个国家的专业收藏机构和个人收藏。

(石忙刚 郭美娟)

2003年度陕西省有突出贡献专家

【张美云】 女,陕西科技大学副校长,党委委员。陕西省造纸学会理事长,中国造纸学会理事,中国造纸学会涂布加工纸专业委员会委员,中国造纸协会生活用纸专业委员会委员。1997年被陕西省人事厅评为陕西省“跨世纪三五人才”,享受政府津贴,2001 年被授予陕西省“三八红旗手”称号,被国家教育部评为“全国优秀教师”。

【王兴若】 男,陕西兴化集团公司董事长、党委书记。具有丰富的科研、设备管理、企业生产经营方面的工作经验,领导并实施了集团公司多项技术改造,创出了“滚动发展”的成功经验,受到了各方面的关注和好评。在企业管理中,坚持以人为本,实施“现场管理法”,抓管理,练作风,使兴化在全省保持了管理的高水平,成为省内工业企业的一面旗帜。先后主持完成了“Ⅱ期硝铵恢复改造工程”、“油改气工程”等重大技术改造项目,积极推进股份公司规范运作,争取上市。五年来,企业先后有十项科技成果获奖,上交利税年平均增长 11.46%,列省利税大户第五名,企业主导产品硝铵产量、质量两项指标雄居全国第一,为国有老企业的改革、发展创出了一条可行之路,使兴化在建设发展中走上了良性循环的轨道。

（石忙刚　郭美娟）

2003 年度陕西省有突出贡献中青年专家

【吴礼生】 男,西北二棉集团有限公司董事长、党委书记,高级工程师。上任以来,外争政策抓机遇,内抓管理促发展,通过压锭减员增效,实施债转股优化资产结构,实施技改更新增强企业发展后劲,规范严细企业管理提高企业核心竞争力,组建企业集团等一系列措施,使企业步入了良性循环轨道。1998 年被共青团陕西省委、省经贸委等授予“陕西省第五届优秀青年企业家”称号;2000 年,荣获“全国纺织工业劳动模范”称号;2002 年,被中国纺织工业协会授予“质量管理小组活动卓越领导者”;2004 年,被省委省政府授予“陕西省有突出贡献中青年专家”称号,被咸阳市委、市经贸委等授予咸阳市第二届“杰出青年企业家”和“咸阳市青年突击手”称号。

【滕彦进】 男,高级工程师。西北机电工程研究所党委书记。一直从事火炮科学技术研究工作和科研管理工作,在火炮电气控制、电源电站等领域取得了多项科研成果。主管所民品工作后,民品的销售收入从 1000 万元上升到 3000 万元,逐渐形成了“彩管生产与检测设备、VFD 生产与检测设备、机场地面设备、特种机械设备”四大系列主导产品,并且出口欧洲,实现外贸零的突破。1998 年,参与开发的 PSTI 电站性能测试系统获部级科技进步三等奖。2001 年,某牵引高炮火控电站获兵器科技三等奖。1999 年,获“咸阳市第四届新长征突击手”称号。

（石忙刚　郭美娟）

表 20　国家部委表彰先进集体表

单　　位	称　　号	授予单位
咸阳市劳动和社会保障局	全国再就业先进集体	国务院
咸阳市卫生局	全国卫生系统行风建设先进集体	卫生部
咸阳市卫生局	全国卫生系统先进集体	人事部　卫生部　中医药管理局
渭城区	全国电子政务应用优秀区	国家信息产业部
咸阳市公安局交警支队	全国公安机关预防道路交通事故先进集体	公安部
秦都工商分局	全国工商行政管理系统先进集体	人事部　国家工商行政管理总局
咸阳市纪委监察局办公室	全国纪检监察信息工作先进单位	中纪委　监察部
咸阳市勘察测绘院	全国城市勘测先进单位	建设部
咸阳市农机管理中心	跨区机收先进单位	农业部
咸阳市教育局	语言文字工作先进单位	教育部
淳化县	全国绿化模范县	全国绿化委员会
咸阳市卫生局	2004 年度全国健康扶贫工作先进集体	全国健康扶贫工程组委会
咸阳市人口与计划生育委员会	全国人口和计划生育系统作风建设先进单位	国家人口和计生委

续表 20-1

单　　位	称　　号	授予单位
咸阳市人口与计划生育委员会	全国政务信息工作先进单位	国家人口和计生委
咸阳市人口与计划生育委员会	计生系统作风建设先进单位	国家人口和计生委
陕西省烟草公司咸阳分公司	全国第三批守合同重信用企业	国家工商行政管理总局
咸阳市工商局渭城分局民院工商所	全国工商系统先进工商所	国家工商行政管理总局
泾阳县工商局泾干工商所	全国工商系统先进工商所	国家工商行政管理总局
咸阳市地税局渭城分局	全国税务系统信息化建设先进单位	国家税务总局
民革兴平支部	先进支部	民革中央
民进平陵中学支部	民进全国先进基层组织	民进中央
共青团咸阳市委	全国保护母亲河行动先进集体	团中央　全国绿化委　全国人大环境与资源保护委员会　全国政协人口资源环境委员会　水利部　农业部　国家环保总局　国家林业局
共青团咸阳市委	十年全国青年文明号活动优秀组织奖	团中央　国家发改委等 24 个部委
共青团咸阳市委	全国创建青年文明社区组织奖	团中央
共青团咸阳市委	中学生暑期“四个一”社会实践优秀组织奖	团中央
咸阳古建集团	2004 年中国优秀民营科技企业	全国工商联
陕西健民制药有限公司	2004 年中国优秀民营科技企业	全国工商联
农行咸阳市分行女工委	女职工双文明示范岗	农行总行
农行咸阳市分行营业部	青年文明号	农行总行

表 21　省委 省政府表彰先进集体表

单　　位	称　　号	授予单位
中共武功县委	国防教育十佳先进单位	省委　省政府　省军区
兴平市人民武装部	民兵预备役基层建设先进团级单位	省委　省政府　省军区
预备役步兵第一四一师二团	民兵预备役基层建设先进团级单位	省委　省政府　省军区
咸阳市秦都区沣东镇人民武装部	民兵预备役基层建设先进营连级单位	省委　省政府　省军区
乾县城关镇人民武装部	民兵预备役基层建设先进营连级单位	省委　省政府　省军区
咸阳市民兵应急营步兵第二连	民兵预备役基层建设先进营连级单位	省委　省政府　省军区
咸阳市邮政局	全省“创选评”活动最佳单位	省委　省政府
咸阳市地税局	文明行业	省委　省政府
永寿县地税局	文明单位	省委　省政府
咸阳市人口与计划生育委员会	陕西省计划生育工作先进集体	省委　省政府

续表 21－1

单　　位	称　　号	授予单位
泾阳县	陕西省计划生育工作先进集体	省委　省政府
咸阳市人事局	陕西省计划生育工作先进集体	省委　省政府
咸阳市计划生育协会	陕西省计划生育工作先进集体	省委　省政府
长武县计划生育局	陕西省计划生育工作先进集体	省委　省政府
兴平市流动人口计划生育管理办公室	陕西省计划生育工作先进集体	省委　省政府
三原县计划生育服务站	陕西省计划生育工作先进集体	省委　省政府
秦都区沣东镇	陕西省计划生育工作先进集体	省委　省政府
渭城区渭城镇	陕西省计划生育工作先进集体	省委　省政府
礼泉县城关镇东关村	陕西省计划生育工作先进集体	省委　省政府
彬县西坡乡红岩村	陕西省计划生育工作先进集体	省委　省政府
长武县	计划生育综合服务县	省委　省政府
武功县	计划生育综合服务县	省委　省政府
咸阳移动分公司	省级文明单位	省委　省政府
咸阳市公安局秦都分局渭阳西路派出所	人民群众满意的政法单位	省委　省政府
彬县司法局	人民群众满意的政法单位	省委　省政府
乾县	精神文明建设先进县(区)	省委　省政府
长武县电力局	省级文明单位	省委　省政府
陕西省咸阳公路管理局永寿收费站	省级文明单位	省委　省政府
乾县国家税务局	省级文明单位	省委　省政府
西北电力建设第三工程公司	省级文明单位	省委　省政府
中国船舶重工集团公司七六所	省级文明单位	省委　省政府
陕西省咸阳公路管理局淳化公路管理段	省级文明单位	省委　省政府
礼泉县国家税务局	省级文明单位	省委　省政府
武功县国家税务局	省级文明单位	省委　省政府
陕西省烟草公司旬邑县公司	省级文明单位	省委　省政府
咸阳市文汇房管所	省级文明单位	省委　省政府
三原县国家税务局	省级文明单位	省委　省政府
武功县电力局	省级文明单位	省委　省政府
彬县城关镇朱家湾村	省级文明村镇	省委　省政府
咸阳师范学院	省级文明校园	省委　省政府
咸阳市实验小学	省级文明校园	省委　省政府
咸阳市渭城区渭阳街道办事处双泉学校	省级文明校园	省委　省政府

续表 21－1

单　　位	称　　号	授予单位
咸阳市教育局	省级文明机关	省委　省政府
永寿县人民检察院	省级文明机关	省委　省政府
三原县财政局	省级文明机关	省委　省政府
泾阳县人民法院	省级文明机关	省委　省政府
咸阳市公安局交通警察支队	省级文明单位标兵	省委　省政府
陕西中医学院附属医院	省级文明单位标兵	省委　省政府
礼泉县电力局	省级文明单位标兵	省委　省政府
咸阳市农业局	“创佳评差”竞赛活动最佳单位	省委　省政府
咸阳市气象局	“创佳评差”竞赛活动最佳单位	省委　省政府
咸阳市旅游局	“创佳评差”竞赛活动最佳单位	省委　省政府
咸阳市教育局	“创佳评差”竞赛活动最佳单位	省委　省政府
咸阳市卫生局	“创佳评差”竞赛活动最佳单位	省委　省政府
咸阳市水利局	“创佳评差”竞赛活动最佳单位	省委　省政府
彬县公安局交警大队	“创佳评差”竞赛活动最佳单位	省委　省政府
中国工商银行咸阳分行	预防职务犯罪先进单位	省委　省政府
咸阳市秦通木业有限公司离退休职工第一党支部	全省老干部先进集体	省委　省政府
泾阳县王桥镇离退休干部党支部	全省老干部先进集体	省委　省政府
武功县供销联社老干部党支部	全省老干部先进集体	省委　省政府
中共咸阳市委老干部工作局	全省老干部工作先进集体	省委　省政府
咸阳市人大常委会机关离退休人员服务管理办公室	全省老干部工作先进集体	省委　省政府
中共咸阳市秦都区委老干部工作局	全省老干部工作先进集体	省委　省政府
中共永寿县委老干部工作局	全省老干部工作先进集体	省委　省政府
国营七八五厂离退办	全省老干部工作先进集体	省委　省政府
陕西天王兴业集团有限公司	全省老干部工作先进集体	省委　省政府
陕西省烟草公司咸阳分公司	省级守合同重信用企业	省政府
中共咸阳市委统战部	陕西省民族团结进步模范集体	省政府
秦都区	文化先进县	省政府
兴平市	文化先进县	省政府
乾县	文化先进县	省政府
旬邑县	文化先进县	省政府
咸阳市交通局	“创选评”最佳单位	省政府
陕西康佳电子有限公司	外省区市在陕投资优秀企业	省政府
秦都区人民路街道二印社区	全省促进就业示范社区	省政府

续表 21－2

单　　位	称　　号	授予单位
渭城区渭阳街道文科社区	全省促进就业示范社区	省政府
兴平市东城街道西北社区	全省促进就业示范社区	省政府
中国人民解放军第二炮兵工程学院	民族团结进步模范集体	省政府
咸阳市民族宗教事务局	民族团结进步模范集体	省政府
渭城区民政局	民族团结进步模范集体	省政府
中共咸阳市委统战部	民族团结进步模范集体	省政府
秦都区	城市社区建设示范城区	省政府
渭城区	城市社区建设示范城区	省政府
秦都区新兴路街道	城市社区建设示范街道	省政府
渭城区人民路街道	城市社区建设示范街道	省政府
秦都区建设路社区	城市社区建设示范社区	省政府
秦都区文汇东路社区	城市社区建设示范社区	省政府
秦都区文汇西路社区	城市社区建设示范社区	省政府
秦都区珠泉社区	城市社区建设示范社区	省政府
秦都区福园社区	城市社区建设示范社区	省政府
秦都区中华路社区	城市社区建设示范社区	省政府
秦都区惠民路社区	城市社区建设示范社区	省政府
渭城区西宁街社区	城市社区建设示范社区	省政府
渭城区民生路社区	城市社区建设示范社区	省政府
兴平市华兴社区	城市社区建设示范社区	省政府
咸阳市	劳务输入基地建设先进市	省政府
咸阳市	城市环境综合整治先进城市	省政府
咸阳市	基层劳动保障机构建设工作先进市	省政府
旬邑县	城市环境综合整治先进城市	省政府
泾阳县	城市环境综合整治先进城市	省政府
秦都区	基层劳动保障机构建设工作先进县、区	省政府
渭城区	基层劳动保障机构建设工作先进县、区	省政府
长武县	基层劳动保障机构建设工作先进县、区	省政府
秦都区古渡街道劳动保障事务所	基层劳动保障机构建设工作先进劳动保障事务所	省政府
渭城区文汇路街道劳动保障事务所	基层劳动保障机构建设工作先进劳动保障事务所	省政府

续表 21－3

单　　位	称　　号	授予单位
兴平市东城街道劳动保障事务所	基层劳动保障机构建设工作先进劳动保障事务所	省政府
彬县城关镇东街社区劳动保障工作站	基层劳动保障机构建设工作先进劳动保障工作站	省政府
三原县嵯峨乡劳动保障事务所红原工作站	基层劳动保障机构建设工作先进劳动保障工作站	省政府

表 22　国家部委表彰先进个人表

姓名	单　　位	称　　号	授予单位
沈树森		全国老干部先进个人	中组部
王　煜	咸阳市勘察测绘院	全国城市勘测先进个人	建设部
王　敏	网通咸阳市分公司	全国用户满意服务明星	信息产业部
张彦文	咸阳市新闻出版局	全国“扫黄打非”先进个人	中宣部　中央政法委　全国“扫黄打非”工作小组　公安部　文化部　国家广播电影电视总局　新闻出版总署
梁滑清	咸阳图书馆	全国中青年德艺双馨文艺工作者	国家人事部　中国文联
梁澄清	咸阳图书馆	国家社会科学重大项目　艺术科学国家重点项目十部文艺集成志书特殊贡献个人奖	文化部
刘哈平	市第一人民医院	全国卫生系统先进工作者	卫生部
屈孟浩	中共咸阳市纪检委	全国纪检监察信息工作先进个人	中纪委　监察部
邢俊强	咸阳市公安局	全国公安机关预防道路交通事故先进个人	公安部
赵之汉	咸阳市公安局	全国“优秀青少年维权岗”组织工作先进个人	团中央　公安部
宋　燕	咸阳市分公司	全国信息产业系统劳模	信息产业部
王春兰	市计生局	全国计生系统作风建设先进个人	国家人口计生委
王昭祥		全民健身先进个人	国家体育总局
张宏耀	咸阳市地税局	全国税务系统信息化先进个人	国家税务总局
张彦文	咸阳市新闻出版局	全国版权工作先进个人	国家版权局
席景孝	兴平市工商局	优秀工商行政管理人员	国家工商行政管理总局
程兴锋	乾县工商局	优秀工商行政管理人员	国家工商行政管理总局
陈东明	咸阳市残联	全国残疾人信访工作先进个人	国务院残疾人工作协调委员会　中国残疾人联合会

续表 22－1

姓名	单　　位	称　　号	授予单位
崔景华	秦都区科协	全国科教进社区先进个人	中国科协　中央文明办
李二圆	彬县城关镇水帘村	全国"双学双比"女能手	全国妇联
南小芹	兴平市南位镇固显村	全国"双学双比"女能手	全国妇联
张小莉	淳化县南村乡燕子岭村	全国三八绿色奖章获得者	全国妇联
井　伟	农发行咸阳市分行	先进工作者	农发行总行
李成岗	咸阳古建集团	2004 年中国优秀民营科技企业家	全国工商联
郭俊京	陕西健民制药有限公司	2004 年中国优秀民营科技企业家	全国工商联
梁澄清	咸阳图书馆	十部文艺集成志书优秀编审工作奖	全国艺术科学规划领导小组

表 23　省委 省政府表彰先进个人表

姓名	单　　位	称　　号	授予单位
李　烈	咸阳市渭城区国土资源局	国防教育十佳先进个人	省委　省政府　省军区
洪耀东	旬邑县人民武装部	民兵预备役基层建设先进个人	省委　省政府　省军区
关纪民	长武县洪家镇人民武装部	民兵预备役基层建设先进个人	省委　省政府　省军区
程　洪	预备役步兵第一四一师侦察营一连	民兵预备役基层建设先进个人	省委　省政府　省军区
费洪贻	咸阳市人口与计划生育委员会	陕西省先进工作者	省委　省政府
郭耀山	咸阳市地税局秦都分局	十佳公仆	省委　省政府
王忠秉	市实验小学	优秀教育工作者	省委　省政府
张素玲	咸阳供电局	省级十星级文明户标兵	省委　省政府
沈树森		全省老干部先进个人	省委　省政府
严德儒		全省老干部先进个人	省委　省政府
贺正芳		全省老干部先进个人	省委　省政府
乔志全		全省老干部先进个人	省委　省政府
赵俊生		全省老干部先进个人	省委　省政府
杨效义		全省老干部先进个人	省委　省政府
范民强		全省老干部先进个人	省委　省政府
李时珍		全省老干部先进个人	省委　省政府
袁志义		全省老干部先进个人	省委　省政府
程天祥		全省老干部先进个人	省委　省政府
吴秀仓		全省老干部先进个人	省委　省政府
赵景普		全省老干部先进个人	省委　省政府
贺书田		全省老干部工作先进个人	省委　省政府
许新琦		全省老干部工作先进个人	省委　省政府

续表23

姓名	单　位	称　号	授予单位
张旭东		全省老干部工作先进个人	省委　省政府
段俊卿		全省老干部工作先进个人	省委　省政府
台清云		全省老干部工作先进个人	省委　省政府
郭　琦	市公安局	全省老干部工作先进个人	省委　省政府
赵欢歌		全省老干部工作先进个人	省委　省政府
李　烈	咸阳市渭城区国土资源局	廉勤兼优领导干部	省委
赵小鹏	长武县水利局	廉勤兼优领导干部	省委
铁　炜	咸阳市交通局	陕西省民族团结进步模范个人	省政府
武升社	兴平市民政局	陕西省民族团结进步模范个人	省政府

巨粉娥像　剪纸 刘振宇

县市区概况

秦 都 区

【概况】 2004年,全区生产总值达到84.32亿元,同比增长11.1%;地方财政收入完成1.58亿元,同比增长14.7%;城镇居民人均可支配收入达到8369元,同比增长10%;农民人均纯收入达到2890元,同比增长6.5%。经济建设和社会各项事业全面发展,精神文明建设和党风廉政建设全面加强,先后荣获全国科技进步先进区、科普示范城区、电子政务建设综合奖等国家和省市各类奖励18项。

【工业经济稳步增长】 彩虹大屏幕、荣达电子、华远服装等一批项目相继开工建成,新增企业127户,完成了荧光灯粉、升跃机械、海天制药等10户企业技术改造,总投资达到1.4亿元。帮助邓功制药等7户企业通过了国家GMP和质量体系认证,累计为捷达公司等26户企业融资1.4亿元,帮助天洋农业有限公司、咸阳运输集团等企业办理土地流转手续34宗、53.77公顷,为崇光电子、三星电源等企业申报引资项目30个。辖区全部工业完成现价总产值176.5亿元,同比增长7.2%。

【农业产业化步伐加快】 积极贯彻落实中央一号文件精神,率先在全市停征农业税,一次性减轻农民负担783万元,人均减负43.2元,极大地调动了农民群众生产积极性。区委、区政府及时出台了《关于大力发展畜禽业的决定》和《关于实施蔬菜和苗木花卉产业化发展的决定》,极大地促进了农业产业化发展。全区粮食播种面积1.70万公顷,总产达8.48万吨;新增蔬菜133.33公顷,新建和改进日光温室150座,水泥大拱棚1800座,中小拱棚3000座,蔬菜总面积达到6246.67公顷,总产36.6万吨;花卉苗木新增面积133.33公顷,大家畜存栏1.5万头,新建种养基地13个;新阳光农副产品交易中心、东泰制药等3户农业产业化龙头企业建成运营;投资370万元,完成了“三北”四期防护林工程和平原绿化工程,新增林木66.67公顷,改良中低产田866.67公顷。完成农业总产值3.89亿元,与上年基本持平。

【第三产业日益繁荣】 茂源购物、盛世银泰、苏宁电器等商贸中心,荣华世家、碧水茗居等房地产项目,女皇宫、凯德利、嘉年华等休闲健身项目相继建成营业,香港私房菜、大连海鲜城等特色餐饮引进入驻,足疗保健、职业教育、培训等服务业发展态势良好。全年新增个体工商户1047户,同比增长17%,社会消费品零售总额19.42亿元,同比增长13.5%。

【招商引资成绩显著】 实行全员招商,把招商引资作为加快发展的第一要务,并将竞争机制引入招商引资工作之中,采取以会招商、项目招商、叩门招商、优化环境等措施,使招商引资工作取得显著的成绩。积极筹备组团参加贸洽会、农高会,并组团赴浙江、香港等地叩门招商。成功举办厦门·秦都投资环境说明会,秦都·台州投资环境招商项目说明会,陕籍在粤成功人士座谈会等商务活动。成功签约并引进了金丝猴糖厂、微波特电线电缆、长庆油田专用车、西大华特等项目,全年共引进项目239个,合同引进资金45.6亿元,到位资金14.84亿元。美家建材超市、金德农资项目实现了当年引进、当年建成营业。

【重点项目建设进展顺利】 对已签约的重点项目实行区级领导包抓制,特大项目成立项目落实领导小组,区级分管领导亲自抓。先后五次及时召开大型招商活动签约项目落实工作动员大会,整理推出90个项目进行交办包抓,同时成立重点项目包抓落实促进小组,对重点项目落实中出现的问题和困难及时进行协调和解决处理,从而有效地促进了重点项目建设的进展。手机电池原材料、如意机顶盖等8个项目已全面建成;秦隆商业步行街、陕西国际商贸学院南区、田景丰制药厂等10个项目超额完成计划任务;清华科技园(陕西)咸阳园区、福园国际时代广场等3个项目完成了计划任务。区级重点项目完成投资15亿元,同比增长15.6%,固定资产投资完成47.52亿元,同比增长40%。

【城市化进程进一步加快】 全面完成了渭河综合治理工程600米红线的征迁任务,安谷园小区、河南街小区40幢安置住宅楼全部封顶,29幢通过竣工验收。旧城改造成绩显著,吴家堡村、运通小区、枫林花园、华宇御景苑、渭新小区、秦隆步行街等6个旧城改造项目进展顺利,拆迁各类房屋2.1万平方米。配合市级部门完成了人民西路、世纪西路、玉泉路西延段、渭河三号桥、咸通路立交桥等城市主干道路桥建设和改造任务。市区街景整治和美化亮化工作成绩显著,育才中学、彩虹总厂、建委等多家单位拆除实墙建透视墙1000多米,金奎大厦、广电局办公楼、中医学院留学生公寓等60家单位增添了亮化设施,海大制药、安居三村等21个单位建成了花园小区、园林单位,新增绿地2万平方米。

【就业和社会保障体系日趋完善】 全区共组织劳务输出36129人,创经济收入12026万元;城镇新增就业人数5228人;免费培训下岗失业人员5815人,使3085名下岗职工走上了就业岗位,其中安置“四〇五〇”人员1181名。全区机关事业单位共收缴养老基金335.83万元,失业保险扩面587人,累计收缴失业保险金68.71万元;医保参保总数10904人,全年扩面404人,保险金征缴147万元,工伤保险参保总数1531人,全年扩面491人,保金征缴8.66万元,生育保险参保2195人,全年扩面350人,保金征缴10.21万元,全区五项保险参保总数达35562人,保险基金征缴570.41万元。城市低保实行动态审核管理,城市低保面扩大到7974户、20856人,月发保障金113.53万元,基本实现了应保尽保。

【渭河咸阳城区段综合治理工程取得决定性胜利】 受市委、市政府委托,顺利完成秦都区承担的渭河南岸600米堤线内的农民拆迁安置和土地征迁工作。在完成丈量、调查等前期准备工作的基础上,拆迁安置工作于5月开始,抽调8名副县级领导,70多名科级领导,200多名机关干部,组成了300多人的拆迁队伍,成立了由一办两队组成的拆迁指挥部,拉开了拆迁建设的序幕。一是制定完善各种政策,相继出台了留地安置、养老统筹、城镇低保、就业培训、子女上学等10多项配套性政策。二是深入农户,以政策宣传为切入点,用真情实感打开工作局面。5月14日,全线第一户拆迁协议成功签订,至月底共签订协议200份。三是耐心接待群众,正确处理各种矛盾,适时再掀征迁工作新高潮,实施签、搬、迁并举,做到签一户、搬一户、拆一户。8月25日,新胜堡率先完成拆迁任务,伍家堡、陈杨寨、河南街、牛家村等村组相继完成任务。四是以水工建设进度为导向,以搬促签,迅速形成了一个大搬迁、大拆除、大签约的新局面。10月20日导流明渠范围内的60户群众全部拆迁,至此,全线427户拆迁户全部签订了拆迁协议,根据工程进度289户拆迁户全部拆迁到位。五是加快安置住宅小区建设,河南街小区、安谷园小区29幢楼相继竣工验收,小区道路即将完工。六是以确保综合工程顺利实施为中心,加快征地工作进度,10月13日综合工程涉及的6村17组51.77公顷征地任务全面完成,并交付使用,11月22日,工程涉及的5村16组67.08公顷储备征地任务全面告结,交付市土地储备中心。

【扶贫帮困送温暖活动深得民心】 从11月中旬开始,全区集中开展了为期3个月的“扶贫帮困送温暖活动”。这次活动涉及全区9个镇办148个村,其中53个部门包抓117个村,30名区级领导包抓31个村。全区共捐钱款120950元,棉被152床,衣服23655件,面粉5840公斤,大米350公斤,食用油1075公斤,桌凳、家具255套,书籍报刊1619册(份),光碟20盘、牲畜16头,另外捐赠其他物品价值4000多元,累计捐款总价值32万元,同时积极为群众办实事、解难事,共整修道路31条13.67公里,总投资706.2万元,其中通村路7.3公里,修街道6.37公里。新打机井10眼,帮助50户残疾人建起新房。还帮群众新建日光大棚27.27公顷,安置下岗职工及失地人员487人,免费义诊体检10000多人次,举办农业实用技术、司法、卫生知识讲座10期,受训人员达1000人次,排查化解群众矛盾纠纷166件,清运垃圾397车,深受群众称赞。

【高致病性禽流感防治工作卓有成效】 市高致病性禽流感防治工作领导小组第三次会议召开后,秦都区立即行动,周密部署,统筹安排,采取各项防治措施,迅速开展防治工作。一是成立机构,建立防治网络体系。区上成立防治工作指挥部,设立监测、免疫、检疫、督查工作组,各镇办相继组成相应的工作机构。二是落实防治物资,区财政拨款15万元,购消毒药品1.3吨,消毒喷雾器59台,防护服435套,编织袋3000个,H_5、H_9双价病苗17.5万羽。三是落实防治措施,先后对五九四台周围5公里范围内进行了全面消毒,对9922只禽类进行了强制免疫,于2月9日、10日对五九四台区域内所有禽类动物及产品实施捕杀及无害处理,并对周边地区进行了监测和消毒免疫,在主要路段设立98个检疫站,对全区68个养殖场实施限制封锁;对上市禽类及产品进行检疫,限期关闭惠民路、秦宝小区鸟市,取缔禽类宰杀户120户,在13个市场设立20个禽蛋指定销售点。在整个防治过程中,全区家禽强制免疫155543只,避免了疫情的滋生和蔓延。

**【精神文明建设和社会各项事业蓬

勃发展】 积极开展精神文明创建活动,全区累计创建文明单位75个,其中省级3个,市级25个、区级47个。高度重视科教文卫事业,新增民营科技企业8户,有10户企业通过了国家和省级高新技术企业认定;远程教育试点通过省级验收,区职教中心被列为国家级重点职校;群众性文化体育活动广泛开展,培育特色文化团队10支,组织文化下乡义演30场次;卫生改革不断深入,"四苗"覆盖率、单苗接种率达到98%,新生儿乙肝免疫率达到100%;认真落实三项基本国策,计划生育率达到98.62%,人口自然增长率控制在2.83‰以内;开垦整理土地15公顷,查处土地违法案件36起,拆除违规建筑6000平方米,夏季秸杆禁烧率达到99%。

(孙先森　李伍强)

秦都区委、人大常委会、政府、政协领导人名录

区委书记　李文化

副书记　严维佳　刘新余　魏　琦　蒋金友　方韶东　梁　宇

人大常委会主任　梁建勋

副主任　周荣光　朱　同　阎生堪　金保文

区　长　严维佳

副区长　权展文　郑芬莲　白西功　苏存江　刘　健

政协主席　员培衍

副主席　窦彩玲　任民童　张生科　冯　健　赵昌华　田张锋

渭　城　区

【概况】 2004年,全区生产总值完成71.66亿元,占年计划的105.1%,同比增长13.7%。其中第一产业增加值完成3.42亿元;第二产业增加值完成42.94亿元;第三产业增加值完成25.30亿元。乡镇企业总产值完成61.84亿元,占年计划的102.2%,同比增长13%;地方财政收入完成13570万元,占年计划的100.52%,同口径增长10.1%。农业总产值完成5.75亿元,同比增长15.9%。粮食总产达到11.09万吨。工业总产值完成120.87亿元,同比增长21.4%。区级工业总产值完成39.41亿元,同比增长14.6%,其中规模以上工业总产值完成5.09亿元,同比增长25.1%。农民人均纯收入达到2930元,净增130元;城镇居民人均可支配收入达到8257元,同比增长8.8%。计划生育率达到99.7%,人口自然增长率控制在1.68‰。

【综合经济实力进一步增强】 农业经济不断繁荣,产业化步伐明显加快。高度重视"三农"问题,中央一号文件得到有效落实。大力推进农村税费改革,全面取消农业特产税,降低农业税率2个百分点,农民负担进一步减轻。果菜畜三大主导产业不断壮大,建成养殖专业村50个、养殖小区2个。引进了格润面粉、秦龙禽业等一批涉农龙头企业,初步形成了以农户为基础、种养殖基地为依托、加工企业为龙头的农业产业化格局;工业经济稳步发展,园区经济迅速壮大。积极实施工业强区战略,加大了对中省市企业的支持服务力度;坚持"一企一策"原则,完成了13户区属企业改制任务,为企业发展注入了新的活力。民营科技产业基地新签约项目20个,入驻企业达到60多家,年产值突破10亿元;航空港产业基地进入实质性开发阶段,高标准高规格完成了空港路规划设计,项目引进取得重大突破;非公有制经济蓬勃发展,第三产业亮点突出。新增个体工商户1932户,私营企业61户,非公有制经济已占区属经济总量的60%以上。第三产业发展势头强劲,成功引进了牧香园火锅、川渝人家和老百姓大药房等数十家知名企业,全区餐饮娱乐门店累计达到700余家,成功打造出新兴路咸阳美食一条街,形成了渭城餐饮娱乐特色品牌。

【基础设施和项目建设取得重大突破】 全社会固定资产投资完成41.91亿元,占年计划的109.1%,同比增长35.1%。其中区级固定资产投资完成23.94亿元,占年计划的164.4%,同比增长103.7%。道路建设成效显著,完成了抗战北路、文林路、迎宾大道、河堤路改造建设,硬化乡村道路102公里,整修村级道路172公里。农业基础设施建设和农业综合开发工作稳步推进,新打修复机井54眼,新建小型移动抽水站4座,实施节水灌溉面积666.67公顷,恢复改善灌溉面积360公顷。渭河综合治理完成各类投资4000多万元,其中灾后重建工程投资3000万元,对店上、正阳等8处水毁严重的地段进行了修复加固。17个重点项目建设进展顺利,完成投资5.85亿元,占年计划的103%,其中朝阳六路、西部农机汽车商城、西亚大厦等10个项目已经建成,除东郊车场建设因土地置换等客观原因停建外,其余6个项目均达到计划进度。坚持项目带动战略,加大对重大项目的引进扶持力度,先后围绕长庆石化公司500万吨扩建工程、热电厂建设、80万吨乙烯等一批对经济建设有深远影响的重大项目,做了大量富有成效的工作。长庆石化公司扩建项目已经动工建设,预计2005年6月底即可建成投产,其余项目的引进也都有了实质性进展。

【城镇建设和管理迈上新台阶】 先后实施了清泰街西区、东道巷胜利小区、北门口东南角等区域的开发改造,总投资达2.56亿元,涉及拆迁面积3.67公顷。完成了六镇第二轮规划修编和126个村庄规划制

定。集中开展了村级道路整修、村容村貌整治和绿色家园建设三项活动,启动了以净化、亮化、美化为主的市容街景整治活动,投资100多万元实施了新兴南路亮化工程;加大"拆墙透绿"力度,拆除了人民东路、渭阳路等地段临建房屋,城乡面貌进一步改观。成功举办了第二届渭城"环卫工人节",成立了全省首家民营独资的清渭保洁公司,实行垃圾清运管做分离,城市保洁管理工作步入市场化、规范化轨道。

【对外开放进一步扩大】 与浙江永康商会、义乌商会、中华总商会等一批国内外知名企业协会建立了友好往来关系,拉近了渭城与发达地区的距离。始终扭住招商引资不放松,先后组团赴香港、北京、河北等地叩门招商,收到显著成效。全年共引进项目179个,合同利用资金36.86亿元,到位19.05亿元,占年计划的127%,其中114个项目已经建成。引进无偿资金8737万元,占年计划的295%。

【信息化建设成效显著】 渭城门户网站全面改版,65个部门、10个镇办网站全面建成,平均日点击突破6000人次,在咸阳仅次于163电信网列第二位。建成了涵盖区级各部门和六镇四办共580个内网点的渭城党政公务网,在全市率先开通了办公自动化系统,基本实现了区级党政机关办公自动化、管理信息化、传输无纸化、政务透明化,被国家信息产业部评为全国电子政务应用优秀区。

【人民群众生活水平稳步提高】 农民人均纯收入达到了2930元,同比增长4.6%,比上年净增130元。城镇居民人均可支配收入达到了8257元,同比增长8.8%。"两个确保"、"两个保证"和城市低保政策得到有效落实,全年发放低保资金1301万元、下岗职工基本生活保障金41.75万元。高度重视扶贫救济工作,共下拨救灾救济款35.5万元、各种救灾物品1.8万件,困难群众生产生活得到妥善安排。积极开展农民工维权追薪工作,先后清理拖欠农民工工资324万元。就业和再就业工作得到加强,新增就业岗位4380个。大力构筑劳务输出平台,建成了渭城区人才与劳动力市场,在浙江绍兴、嘉兴建立了渭城区驻外劳务输出办事机构,全年劳务输出2.5万人次,其中外地协议工2410人,创收2.3亿元。

【安全生产和社会稳定工作态势平稳】 认真落实安全生产责任制,定期开展专项检查和拉网式检查,及时消除安全隐患,全年未发生一起重特大事故。全面落实信访工作责任制和重大信访案件联席会议制度,加大对重点案件的督办力度,有效化解了矛盾,理顺了群众情绪。深入开展各种严打专项斗争,始终保持了对犯罪分子的高压态势,社会治安状况明显好转,社会大局保持稳定。

【各项社会事业取得新成绩】 广泛开展各类文明创建活动和市民思想道德素质教育活动,社会风气进一步好转。高中标准化建设完成投资300万元,农村中小学远程教育工程通过省级验收,各级教育办学条件不断改善。计划生育工作进一步加强,荣获省级育龄妇女信息库甲级县称号,顺利通过全国计划生育优质服务先进县复查验收和育龄妇女信息库百强县验收,计划生育率达到99.7%。扎实开展治污、扫黑、除尘等专项整治活动,严格控制噪音污染,狠抓机动车辆尾气排放的监测和治理,取缔非法白灰窑41孔,拆除燃煤锅炉113台,环境质量明显改善。疾病防控和动物防疫体系进一步完善,成功抵御了禽流感、口蹄疫的侵袭。深入开展全民健身活动,不断加强基层文化阵地建设,文化体育工作继续保持全市领先地位。

【区政府执政能力进一步加强】 区政府从提高执政能力、完成执政使命的高度出发,着眼于执政为民、造福百姓,立加快发展之志,谋加快发展之策,凝心聚力,真抓实干,突出抓了四个方面的工作,推动全区经济社会发展进入了一个新的阶段。一是不断廓清发展思路。立足于城郊型经济实际,提出了渭城区要在全市实现率先发展的奋斗目标,强调继续坚持"四轮驱动、构建强区"的基本思路,大力实施工业立区、产业兴区和民营崛起战略,加快建设人文渭城、诚信渭城、富足渭城、安全渭城,使加快发展的思路更加明晰,有效地统一了全区上下的思想,调动了方方面面的积极性和创造性,保证了党的路线方针政策和上级重大决策在渭城区的贯彻落实。二是积极破解发展难题。认真应对国家宏观调控政策的新变化,加大了土地资源的整合力度,切实解决新引进项目用地问题。邀请张立勇市长带领三位分管副市长和市级各有关部门来渭城区现场办公,重点研究解决了空港产业基地规划建设、民营科技产业基地企业搬迁、中石化80万吨乙烯项目选址、北大街改造等八大问题,有效消除了一些制约发展的瓶颈因素,为跨越式发展抢占了先机,积蓄了后劲。三是全面加强政府建设。明确提出了"亲民、务实、团结、高效、诚信、廉洁"的十二字政风准则,重新修订了政府工作规则,制定了听证程序、行政许可和接受监督等相关制度。严格执行政府重大事项向区人大及其常委会报告、向政协通报制度,定期听取人大代表、政协委员的意见和建议,按时办结省、市、区人大代表建议和政协委员提案70件,办复率100%。成立了渭城区决策咨询委员会,对区上的重大决策进行科学论证和评估咨询,政府决策更加科学化、民主化。四是强力推动产业发展。坚持把产业发展作为当前和今后一个时期政府工作的主线,建立了产业专班制度,将全区经济工作划分为14个重点产业,按照一个产业、一个规划、一个专班、一套制度、一抓到底的原则,由区政府班子成员牵头包抓,组织相关责任部门制定规划,明确目标,理清思路,落实措施,大力扩张产业规模,不断延伸产业链条,着力提升产业效益,以此推动全区经济实现跨越式发展。

【存在的问题】 一是结构性矛盾仍然突出。第一产业规模小、特色不明显;第二产业基础弱,发展不平衡;第三产业结构单一、档次不高。二是财政形势依然严峻,收支平衡压力较大。三是政府系统部分工作人员思想不够解放、作风不够扎实、工作能力不强,还不能很好适应新形势、新任务的要求。这些问题,都必须引起高度重视,在工作中认真加以解决。

(张　歆　王红梅)

渭城区委、人大常委会、政府、政协领导人名录

区委书记 曾广中

区委副书记 彭新盛　杨晓宇　王　敏　徐南兰　聂文卫

人大常委会主任 郝景民

副主任 康立宪　张俊辉　王世民

代区长 彭新盛

副区长 孙景宏　韩保锋　史宏歧　王满院　郑爱华　焦志鹏

政协主席 孙建彬

副主席 张广林　夏长江　郑　勇　马先登　杜彩玲

兴　平　市

【概况】 2004 年,兴平市生产总值完成 30.17 亿元,增长 13.2%。其中,第一产业增加值完成 7.2 亿元,同比增长 10.8%;第二产业增加值完成 14.60 亿元,同比增长17.8%;第三产业增加值完成 8.23 亿元,同比增长 10%。实现地方财政收入 8058 万元,同口径增长 9.8%,加上上划中央、省各项税收共计完成 12460 万元,同比增长 11.1%。金融机构各项存款余额达 36.69 亿元,同比增长 7.9%。农村经济全面发展,全市农业总产值达 12.64 亿元,同比增长 16.3%。工业经济大幅增长,全部工业总产值完成 41.98 亿元,同比增长 21.9%。人口自然增长率控制在 4.18‰以内。

【农业生产效益稳步提升】 沿西宝高速公路标准地建设了设施蔬菜产业带,全市累计投入 500 多万元,建成蔬菜大棚 572 个。全市蔬菜总面积发展 1.12 万公顷,其中设施蔬菜 1266.67 公顷。生猪大市建设成效显著,养殖小区发展到 19 个。全市猪、鸡、牛、羊存栏分别达到 36 万头、191 万只、4.28 万头、3.9 万只;出栏量分别为 41.78 万头、66.85 万只、1.33 万头、1.88 万只。全市粮食总产达 22.3 万吨,达到历史最高水平。果业总面积发展到 4733.33 公顷,总产达 8.68 万吨。

【农民增收渠道进一步拓宽】 农村二、三产业发展势头良好,全年全市非公经济总产值 58.3 亿元,完成增加值 13.58 亿元,利润 3.07 亿元,分别增长 13%、14.2%、11%。农业产业化龙头企业规模、产值大幅提升,鲁糖、锦丰二期工程建成投产,年消化玉米和小麦的能力分别达到 20 万吨。新发展了市涉农冷藏企业协会、辣蒜协会、养猪协会等 5 个农民专业合作经济组织。劳务产业快速发展,已成为农民增收的重要渠道,全年累计向外输出务工人员 7 万多人次,常年在外务工人员突破 5 万人,年务工总收入实现 3.3 亿元。

【农村基础设施建设进一步加强】 渭河治理工程累计投资 400 万元,加固堤防 5.5 公里,维修加固短坝 118 座;累计完成国家投资 115 万元,实施了兴平市以工代赈项目、兴平市农村小型水利公益设施建设项目、原区机井群富民工程等 3 个工程,新打深井 50 眼;投资 122 万元完成马嵬镇新堡子村、南市镇张西村、阜寨乡南佐村等 3 个重点村的扶贫开发建设项目,新增井灌面积 933.33公顷;投资 310.5 万元,实施了人饮解困和人畜饮水项目建设,解决了 2.45 万人饮水问题;完成投资 468 万元,改造中低产田 866.67 公顷;新修和改造乡村道路 19 公里;完成植树造林 137 万株,防护林 233.33 公顷。

【巩固"三农"工作的基础地位】 全面取消农业特产税,农业税率下调一个百分点。严格兑现各项补贴措施,680 万元的粮食直补资金按时足额兑现到农民手中,农民人均纯收入达到2125 元,人均净增 193 元,同比增长 10%。城镇居民人均可支配收入达到 4850 元,同比增长 8%。城乡居民储蓄余额达到 31.17 亿元,同比增长 11.1%。60 万元大棚建设补助资金按时足额兑现到农民手中,良种统供实施补贴的造册、核实、汇总工作已全面结束。金融机构发放农业贷款 9455 万元。农业科技培训活动全年累计举办上千场次,受益群众超过 10 万人次。积极有效地开展畜禽疫病防治工作,成功地狙击了禽流感等疫病的侵入。"七一七"雹后重建工作及时扎实,灾困群众的生产生活问题得到妥善解决。全面落实减轻农民负担"四项制度",农民土地承包权益得到维护。

【对外开放步伐加快】 坚持把招商引资作为加快发展的第一要务,年初召开了全市招商引资动员大会,制定出台了《兴平市 2004 年招商引资考核奖励办法》、《招商引资单月考核双月讲评实施细则》。同时按照一个项目、一个领导、一套班子、

一套办法的招商引资总体要求，确定了27个重大招商引资项目，由市级领导包抓，承办单位主抓。在投资环境建设方面，一方面加大宣传力度，积极为客商在兴平市投资发展做好全方位服务，另一方面，深入投资商内部，详细了解各职能部门的服务情况，对服务较差的单位，市委、市政府勒令限期整改，广大投资商拍手称快，投资环境得到明显改善。先后组织招商小分队外出宣传兴平市、推介项目达50余次，市上领导带头外出考察学习，叩门招商，随省市团外出五次。4月份组团参加了中国第八届东西部合作与投资贸易洽谈会，9月份组团赴浙江五市开展学习和招商活动，10月初市招商引资小分队赴深圳开展叩门招商活动，10月下旬又赴外招商，11月份参加了陕港经贸活动。全年累计签约招商引资合同91个，合同引进资金13.5亿元，实际到位资金8.73亿元，广东福利龙肥业有限公司投资8600万元的硝基复合肥生产线、深圳蓝凤凰实业有限公司投资6770万元的污水处理厂、陕西宝商集团投资3500万元的佳美家大型超市等一批招商引资项目相继开工建设，部分项目已建成投产并发挥效益。

【基础设施建设成效显著】 全社会固定资产投资完成10.2亿元，同比增长34%。其中，地方投资完成8.39亿元，同比增长36.6%。重点工程建设共完成投资1.3亿元，占年计划的102.3%，投资1515万元，启动实施了104省道城区过境段拓宽改造工程，工程8月29日开工建设，11月20日实现全线贯通。投资155万元，建成了兴包文化广场、政协广场、建材广场。秦岭航空电气公司投资3000万元，建成了咸阳地区最大的音乐喷泉广场。投资650万元完成了兴礼路拓宽改造工程。投资130多万元，对南大街人行道进行了改造。投资500多万元，对东出入口、东环路、兴化路、南关西路、西环路、南大街、南关路等路段和各十字路口的照明设施进行了改造，安装路灯564盏。在市区积极实施净化、亮化、美化、绿化工程。投资180万元，完成了二水厂与城市供水管网对接。投资100万元，完成了陵北路维修改造工程。天然气城市气化工程完成投资1001.9万元，安装管道7.2公里，天然气用户累计发展到12870户。村镇建设累计投资1009.5万元，完成村镇道路升级改造70公里，维修道路15公里，新建供水设施6处。

【全力推进工业化进程】 按照工业立市、工业强市、工业富市的思路，以企业改革为突破口，进一步整合工业资源，打造特色品牌，做大做强做优重点骨干企业。按照重点突破，整体推进的原则，进一步加快公司制改革和股份制改造，鼓励民营经济参与国企改制与重组，推进企业投资主体多元化，宝塔山公司通过引资扩股与广东美涂士公司签订了合作协议。建立了中、省、咸驻兴企业联席会议制度，加强与中、省、咸驻兴企业的联合与协作，整合全市工业的技术、人才等资源优势，围绕食品、化工、机械三大支柱产业，加快建设食品工业基地、化工工业基地和机械制造加工业基地。不断加强对工业经济运行的监测指导，采取重点扶持、宏观监控、跟踪服务的办法，切实帮助企业解决发展中遇到的突出问题，宝塔山公司、鲁糖公司、兴包集团等骨干企业实力明显增强，有力地拉动了工业经济的持续高速增长。全部工业总产值完成41.98亿元，同比增长21.9%。中、省、咸属工业总产值完成20.18亿元，同比增长30.5%；地方工业总产值完成21.80亿元，同比增长15%；地方规模工业总产值完成12.68亿元，同比增长26%。非公经济实现增加值13.58亿元，同比增长12.2%。

【商贸和旅游业】 以将兴平市建设成为西北地区重要的物资集散地为目标，着力发展大贸易，搞活大流通，对商业网点进行高起点嫁接改造，吸引国内外名品、名牌、名店落户兴平市，连锁超市已发展到40多家，海星、晶众家乐等连锁超市逐步向城乡结合部和农村延伸，为城乡市场发展注入了新的活力。制定出台了《专业市场建设远景规划》，完成了农副产品批发市场的招商引资工作，百货二门市改造和金城大厦建设进展顺利，兴平商贸城已开工建设，综合公司家家乐超市和南关综合市场正式启动营业。全市个体工商户新增516户，达到13568户。城乡市场不断活跃，全社会消费品零售总额完成9.2亿元，同比增长12.8%。加快了文物旅游景点综合开发与基础设施建设步伐，完成了茂陵绿化造景工作，印制发行了《兴平市旅游交通图》，全年各旅游景点共接待中外游客40万人次，实现旅游综合收入7200万元。全市外贸进出口供货总值达到1.2亿元，增长9%。规范建设市政府公众信息网站和农业信息网站，发布供求信息790多条，制作网页107个，农副产品实现网上销售收入2300多万元。全市固定电话用户达到8.4万户；小灵通用户1.6万户，成为全省首家小灵通用户过万户的县市；互联网用户3366户，每万人互联网用户数达到60.5户；有线电视用户2.6万户，有线电视覆盖率达17.7%。全市信息服务业收入完成4845万元，电信业、邮政业、广电信息网络业收入分别达到3461万元、1084万元和300万元。

【狠抓财税收入】 坚持以组织收入为中心，不断完善征收责任制和考评激励机制，坚持定期汇总通报，及时奖罚兑现，调动了各级各部门和广大财税干部抓收入的积极性。在着力抓好重点行业和大宗税源征管的同时，加大对零散税的征管、稽查力度，有效地减少了税收中的跑冒滴漏。针对财税征收工作存在的问题,夯实工作责任,明确时限要求,组织专门力量,开展了企业欠税等七项清理清收工作,依法强制追缴拖欠税款,维护了税法的权威。严格落实收支两条线规定,组建了非税收入收费大厅,查缴违规资金共计465万元。狠刹公务用车中的不正之风,对清查出的20辆超编、超标违规车辆,重新进行调配和公开拍卖。制定了《关于进一步加强和规范工资管理、核查清理财政供养人员的紧急通知》,严肃查处各类违纪行为。大力推行会计集中核算制度,不断扩大政府采购范围,严格控制会议数量和规模,节约了有限的财政资金。

【精神文明建设和各项社会事业全面推进】 积极开展文明市民教育,举办了"爱我兴平、讲文明、树新风"万人签名活动,全市共创建咸阳市级以上文明单位(村)6个,市级文明单位(村)16个。高中标准化建设投资1800万元,完成了南郊高中学生公寓楼、西郊高中学生综合实验楼、西郊高中公寓楼建设任务;中小学危漏校舍改造工程投资620万元,新建校舍1.4万平方米。人口自然增长率控制在4.18‰以内。完成土地复垦106.67公顷,实现了耕地动态占补平衡。

【民主法制建设得到加强】 积极组织实施"四五"普法规划和《行政许可法》宣传教育活动,全年共办结人大代表建议和政协委员提案140件,办结率为100%。审计工作共完成各类审计项目72个,查出违纪违规资金962万元。监察机关全年立查案件48起,给予党纪政纪处分46人。清理党政机关单位非税收入1700多万元。清查出党政机关事业单位1404人的工资问题,追回财政资金86.09万元。全年安置下岗失业人员2364人,其中"四〇五〇"人员实现再就业367人。城乡最低生活保障制度稳步推进,全年发放城市低保金418万元,发放失业救济金144万元,发放下岗职工生活费97万元。

【"平安兴平"建设初见成效】 全面落实社会治安综合治理各项措施,积极组织开展各种"严打"战役和专项斗争,全市共破获各类刑事案件329起,刑事案件发案数同比下降10.4%,全年14起新发命案全部告破,命案破案率在咸阳市位于前列。认真落实安全生产责任制,对重大危险源进行造册登记,组织开展了7次安全生产专项大检查活动,发现并整改事故隐患307处,安全生产四项指标保持下降势头。建立了集中处理信访突出问题及群体性事件联席会议制度,解决了一批群众反映强烈的热点难点问题,补发了拖欠的离休干部"两费"和临聘城市清洁工的工资,落实了农村基层计生干部的待遇,将乡镇卫生院离退休干部职工工资收归市管。

(王　甫)

兴平市委、人大常委会、政府、政协领导人名录

市委书记　张文亮
副 书 记　马俊民　张英民　王　毅　金　毅　陈肖坪
人大常委会主任　王　琦
副 主 任　张三计　马耀辉　白兴元　李随明
市　　长　马俊民
副 市 长　杜润民　刘海霞　王满院　雷党社　赵林海　李晓曦
政协主席　陈　勇
副 主 席　宁占平　韩金岭

武　功　县

【概况】 2004年是武功县经济社会发展取得显著成绩的一年。县域经济高速增长,重点工作有声有色,社会大局安定和谐。全县生产总值完成16.15亿元,同比增长13%;地方财政收入完成3508.4万元,同口径增长15.4%;农民人均纯收入达到2058元,较上年净增160元;全县人口自然增长率降低到了4.62‰。

【农村经济快速发展】 武功县认真贯彻落实中央一号文件精神,积极落实减税扶持政策,切实提高农业综合生产能力。坚持城乡统筹和"多予、少取、放活"的方针,认真落实各项支农政策措施,增强农民的自我发展能力。粮食生产喜获丰收,总产和单产均创历史最高记录。种植业结构进一步优化,新发展杂果林253.33公顷,苗木花卉133.33公顷,蔬菜133.33公顷。畜牧大县建设势头强劲,科技推广、资金扶持和疫病防治等服务体系进一步完善。全县新增奶牛8500头,肉牛2750头,"二牛"规模迅速扩张,累计存栏达到40.85万头。同时,鼓励群众创办养殖小区及托牛所,大力发展奶牛专业村,努力提高"二牛"养殖水平。农业综合开发、农田水利等工程进展顺利。全县农业总产值达到3.95亿元,同比增长10%。

【加快杨凌武功经济一体化步伐】 杨凌武功经济一体化加快了武功经济发展的速度,特别是农业的发展,农民的增收势头强劲。武功县坚持以市场为导向,以项目为载体,以科技为先导,大力推行"政府+专家+企业+基地+农户"的新型产业化模式,加快实施"十大"专家示范基地建设项目。依托杨凌专家顾问团和武功农民技术培训学校,培训农民技术人才300多名。与杨凌签订实施了61个产业化项目,完成投资7831万元,建立基地3066.67公顷。同时还抓了1万公顷小麦良种繁育基地建设,确保粮食生产良种化。加快建设西宝高速两侧设施农业带,积极推广名优花卉品种,建设名优苗木花卉基地。重点抓了贞元镇

小麦良种基地、小村镇优质玉米生产基地、戴家奶牛协会、普集镇无公害生猪养殖小区、普集街乡大蒜基地等项目建设。以中药材科技示范县建设为契机，依托生物制药龙头企业，建设万亩适生中药材基地。加大畜禽疫病防治力度，保障了畜牧业健康发展。高产奶牛繁育工程、秸秆综合利用和饲料加工、神果公司性控奶牛繁育、山川集团万头秦川牛繁育中心等项目正在建设之中。

【工业经济增势迅猛】 把振兴县域工业作为增强全县经济实力的第一推动力，坚定不移地走产业集群化和新型工业化道路，坚持四轮驱动，工业为先，制定出台了《关于加快非公经济发展的优惠政策》。全年新增个体工商户 289 户，新发展私营企业 56 户。大力实施“质量兴县”、“名牌兴企”战略，做大做强食品、医药、化工、锅炉等支柱产业，积极培育彩印、生物制药等绿嫁产业，倾力打造新的产业优势。坚持扶优扶强，在资金、政策、项目等方面，支持神果、华龙、功达、农大德力邦等工业企业不断发展壮大，积极推动重阳制药实施 GMP 认证。工业技改项目进展顺利，完成了农大德力邦、东方纸业集团污水处理二期技改等 10 个技改项目，完成投资 5153 万元，为县域工业发展注入新的活力。坚持“真改、深改、快改”的方针，灵活运用股份制改造、出售、买断经营、招商引资嫁接改造、破产等多种形式，加快国有企业改制步伐。坚持一手抓好企业产权置换，对改制企业国有土地实行统一收购、统一规划、统一出让，严防国有资产流失；一手抓好职工安置，确保改制工作稳步推进。加大了企业产权置换力度，县印刷厂等 5 户企业完成了改制任务，改制率达到 82%。围绕锅炉、食品、医药等传统产业，切实加强技术改造，非公经济快速发展，占到县域经济总量的 70% 以上，富县工程势头强劲。全县工业总产值完成23.3 亿元，同比增长17.9%，规模以上工业总产值完成 3.75 亿元，占年计划的 106.7%，同比增长 34%，工业产销率达到 94%，工业经济呈现出高速运行，增势迅猛的良好态势。

【招商引资工作再创佳绩】 武功县紧密结合实际，将招商引资重点放在农产品深加工、国有集体企业资产重组以及旅游、地热资源开发、基础设施改造等项目上。同时对科、教、文、卫及商贸、物流配送等服务项目，精心筛选包装，进一步拓宽了招商领域，扩大了引资规模。认真开展招商引资落实年、建设年、见效年活动，特别对已签约的招商项目，勤催快跑，紧盯不放，签约一个，落实一个，建成投产一个。进一步改善了苏坊工业园、县城经济园和大庄农业科技示范园的基础设施条件，精心打造招商引资平台，吸引更多的企业入园入区发展。坚持把优化投资环境作为招商引资工作的生命线，精心打造“优美、诚信、服务、安全”四大品牌，积极推行重点招商项目领导包抓责任制、客户首问责任制、限时办结制、全程跟踪服务制及责任追究制，全面落实行风评议活动和“平静工作日”制度，不断完善外资企业投诉服务制度，努力营造亲商、安商、富商的良好氛围。积极开展网上招商和小分队招商，招商效率进一步提高。坚持“走出去”与“请进来”相结合，先后吸引西安重阳制药、香港山川集团等 13 户知名企业落户武功，全县共签订招商引资项目合同 73 个，落实到位资金 2.3亿元，到位资金同比增长 33%。

【城镇化建设力度加大】 县委、县政府加大城镇建设步伐，促进县城经济的发展，为人民群众营造一个良好的工作、生活环境。牢固树立“经营城市”新理念，继续坚持“东扩西连，南拓北改”，新区开发与旧城改造并举的思路，加快旧城改造步伐，加大新区开发力度，实施亮化、美化、绿化工程，进一步拉大县城建设框架，鼓励老城区单位按照规划要求，在新区选点搬迁。全年共完成县城建设投资 1360 万元，人民路及后稷西路亮化美化、邰城北路拓宽改造、西关下穿式立交桥建设、县城变电站二期及双回路建设等一批实事工程全面竣工；县城东区排水、汽车站建设等 5 项工程已按计划开工建设，县城的综合功能和辐射带动功能显著增强。投资 240 万元，先后完成了贞元镇、戴家乡的西宝北张过境段拓宽改造工程；投资 80 万元，完成了苏坊镇部分排水、武功镇部分排水及主要街道美化、亮化工程，全县城乡面貌发生了深刻变化。

【固定资产投资高速增长】 注重加大固定资产的投资，进一步改善城乡环境，促进县域经济快速发展。一是抢抓机遇，紧紧围绕国家实施西部大开发和省上实施的“一线两带”核心位置的区位优势，积极实施县城建设东扩西连战略，加快推进杨凌武功经济一体化，着力开发建设西宝北线、西宝中线两条经济带，形成带动全县快速发展的两翼平台，加速产业化、工业化、城镇化和信息化进程。二是加大招商引资力度。先后在北京、山东、西安、杨凌等地召开各界人士座谈会，介绍武功县情、投资环境及招商项目，建立招商工作站 3 个。大力开展园区招商，加快大庄现代农业示范园、苏坊工业园和县城经济园区建设，开展招商引资活动年活动。三是项目带动战略。全县 2004 年确定的 30 个重点项目已基本建成，总体进展良好，成效显著。四是优化投资环境，转变政府职能，提出“管理就是服务，服务就是品牌，服务就是形象，服务就是第一投资环境”的新理念。对投资千万元以上的大型引资项目，实行全程跟踪服务，代办一切手续，提供一流服务。全年全社会固定资产投资完成 4.32 亿元，较上年增长 46.9%。乾武路拓宽改造工程,争取省、市补助资金、国债资金等,共投入1700万元,实现了当年建设、当年竣工通车的目标,改写了武功境内无二级公路的历史。武功镇35千伏变电站、电信大楼、帝辰彩印包装生产线、疾控中心等21个重点投资项目基本建成,神果奶源基地、工行综合楼等7个项目正在加紧建设,全县重点项目建设累计完成投资1.57亿元,是近年来建设规模最大、进展速度最快、建设质量最优的一年。

【城乡人民生活水平稳步提高】 深入推进富民工程,城乡群众收入较快增长,消费指数明显回升。在农村认真落实中央一号文件精神,积极推进农村税费改革,认真落实粮食直补、良种补助等扶持政策,在稳定粮食生产的基础上,努力拓宽农民增收渠道,农业生产创历史最好水平。全县农民直接得到政策性补助及减税789万元。积极推进杨凌武功经济一体化,切实加大政策扶持和行政推动力度,与杨凌签订实施了一批农业产业化项目,为粮食、畜牧、蔬菜、苗木花卉、中药材等产业提质增效注入了强大的活力。同时落实畜牧富民,强化干部包抓、部门包村责任制。农民人均纯收入是近年来增幅最大的一年。城市低保工作大力推进,全县享受最低生活保障对象1988户5006人,占全县非农业人口的12%,实现了应保尽保的目标。就业和再就业工作成绩显著,全县新输出务工人员1.3万人,使在外务工人员突破10万人,年收入超过5亿元,超额完成了年初确定的目标任务。扶贫开发力度加大,12个扶贫重点村的水电路基础设施得到明显改善。深入开展了“扶贫帮困送温暖”活动,建立了各级领导干部与贫困户“一对一”的扶贫帮困工作机制,共发放救灾粮24.875万公斤,救灾款66万元,困难群众的生活得到基本保障。进一步加强财政收支管理,实现了财政收支基本平衡,并略有结余。

【教育事业蓬勃发展】 武功县认真贯彻全国农村基础教育工作会议精神,加大教育改革力度,全面推进素质教育,有力地促进了全县教育事业蓬勃健康发展。全县小学、初中毕业生合格率分别达到99.8%和95.4%,高考成绩连续八年位居咸阳市前列,二本线以上达到1102人,居咸阳市第二。启动新课改重点课题研究方案,采取指令与自选相结合的办法在全县落实重点教研课题18个,促进了全县课程改革的顺利实施。武功镇、大庄镇、戴家乡和贞元镇分别申报了省、市级教育强镇,12月分别通过省、市初验。高中标准化建设步伐加快,年内实施的三项重点工程,投资1860万元,建设面积27400平方米,使高中办学条件得到了明显改善。招生规模由2001年的2100人增加到4290人。危房改造工程和网点调整力度不减,投资608万元,对11所小学进行了危房改造,新建教学楼11栋,建筑面积12539平方米。其中华达小学等5所小学教学楼已投入使用,其余6所小学也即将竣工,213所小学撤并为178所。投资300万元,建成农村中小学现代远程教育工程专用教室,有181个地面卫星接收站,32个计算机、多媒体教室,10月底顺利通过省级现代远程教育检查验收。

【乡村道路建设】 县委、县政府决定用三年时间,全面改善全县乡村道路状况,实现通县公路二级化、通乡公路三级化、通村公路砂石化、农村街道水泥化的目标。3月,县上组织开展了春季乡村道路建设活动,县上领导深入基层,督促检查,协调解决农村道路建设中遇到的各种困难和问题。各包抓部门捐资金、送技术,组织人员义务劳动。各乡镇按照属地管理的原则,组织干部群众筹资筹劳,分段包干,集中实施。至年底,全县累计投资1630万元,新修砂石路73.2公里,整修62.2公里,完成73个行政村62公里的街道水泥硬化,县环北路路基土方工程基本完工,全县乡村道路状况得到有效改善。

【生态建设步伐加大】 积极实施日元贷款植树造林项目和“三北”四期防护林工程,完成日元贷款植树造林项目补植任务353.33公顷,“三北”防护林营造任务333.33公顷,累计植树110万株,并落实了幼树管理责任制,切实提高了造林质量和管理水平。认真开展绿色家园建设活动,小流域治理工程扎实有效,初步形成了农、林、牧协调发展的新格局,生态环境有了极大改善,增强了抗御自然灾害的能力。农业综合开发、扶贫开发及农田水利基本建设顺利开展,农业基础更加稳固。落实了防汛岗位责任制,全面加强水毁工程建设,消除各类不安全隐患,保证了全县安全度汛。

【各项社会事业全面进步】 武功县始终坚持全面协调可持续发展的科学观,高度重视科技、教育、文化、卫生等社会事业的发展,努力为广大群众创造一个良好的生产生活环境。计划生育工作卓有成效,人口自增率控制在3.88‰以内,计生率达到97.7%,顺利通过省级计生综合服务县验收。认真开展土地市场集中整治,严厉查处各类土地违法案件,有效规范了用地秩序,复垦土地86.67公顷。认真实施环保专项行动,查处关停了一批违法排污企业。“双拥”工作再结硕果,被评为全省国防教育“十佳县”。高度重视信访工作,认真落实“属地办理”原则,切实抓好处理信访突出问题及群众性事件,及时化解了矛盾纠纷。安全生产工作进一步加强,同时积极开展社会治安综合治理,严厉打击各类违法犯罪行为,全年刑事案件和治安案件明显减少,特别是及时破获[illegible]持枪杀人案,有力地震慑了犯罪,切实保障了全县社会政治大局的稳定。

(董社昌)

武功县委、人大常委会、政府、政协领导人名录

书　　记　张新民
副 书 记　陈俊锋　闻俊辉
　　　　　薛　岩　田一泓
　　　　　邬　彬
人大常委会主任　薛洪文
副 主 任　黄仪平　狄　青
　　　　　董文玉　唐专科
县　　长　陈俊锋
副 县 长　卫西亭　黄显明
　　　　　姚萌霞　郭立志
　　　　　孟晓明
政协主席　孙胜利
副 主 席　王俊峰　马　骥
　　　　　张普成

乾　　县

【概况】 2004年，乾县县委、县政府以党的十六大精神为指导，围绕建设小康乾县和西部经济强县的宏伟目标，认真落实科学发展观，积极实施“一招四化”战略，加压紧逼，狠抓落实，全面完成了各项工作任务。至年底，全县国内生产总值完成25.14亿元，占年计划的101.2%，较上年增长12%。其中第一产业增加值6.95亿元，较上年增长8.9%；第二产业增加值8.19亿元，较上年增长25.3%；第三产业增加值11.38亿元，较上年增长16.5%；地方财政收入完成5699万元，比上年增长10.4%；全社会固定资产投资完成7.57亿元，社会消费品零售总额达到8.45亿元，分别比上年增长39.4%和12.8%；人口自然增长率控制在4.68‰以内。

【农村经济稳步发展】 深入贯彻落实中央一号文件精神，狠抓各项政策措施的落实，极大调动了农民生产积极性。2004年，全县农业总产值完成7.63亿元，占年计划的103.1%，同比增长7.4%。农民人均纯收入首次突破2000元，达到2046元，比上年净增加170元。粮食生产获全面丰收，总产28.7万吨，创历史最高水平。油菜面积4213.33公顷，总产6952吨，较上年增长6.4%。全年新输出农村剩余劳动力1.7万人，全县外出务工人员总数达到8万人，年实现收入6.4亿元。

【果蔬畜业初具规模】 全县果园面积2.34万公顷，较上年增加1800公顷，完成果树大改形7200公顷，果实套袋1.31万公顷，优果率达到65%。建立各级示范园292个，面积813.07公顷，果品总产38.09万吨，较上年增长8.8%。蔬菜生产突出特色，在抓好露地蔬菜的同时，积极发展大棚菜1540公顷。烤烟种植480公顷，比上年增加80公顷，总产956吨。畜牧养殖业以发展奶牛为重点，狠抓畜牧养殖小区建设和畜禽疫病防治。发展奶牛养殖小区23个，其中新建13个。建成6个大型畜牧养殖场，2个机械化挤奶站。全县大家畜存栏7万多头，其中奶牛存栏4.3万头，肉羊、生猪、家禽养殖等比上年都有较快发展。

【实施五大林业工程】 林业生产实施“五大林业工程”，全年共完成荒山造林1333.33公顷，退耕还林200公顷，实施天然林保护工程，造林233.33公顷，“三北”四期工程造林200公顷，日元贷款工程补栽333.33公顷，“西兰”路绿色通道工程补栽34公里。全年育苗93.33公顷，共计完成造林面积2533.33公顷。同时，兑现以前年度退耕还林政策，兑现面积257.9公顷，发放管护费7.737万元。

【水利建设步伐加快】 全年投入水利事业资金2629.63万元，其中争取国家投资1728.5万元，新打机井10眼，修复配套31眼，衬砌渠道26公里，暗管输水9公里，发展节水灌溉面积1900公顷，解决了1.1万人的饮水困难，治理水土流失面积26平方公里。同时积极实施杨家河除险加固工程、泔惠渠灌区改造工程、县城供水工程、农村饮改水工程、节水灌溉增效示范工程等水利重点工程，改善了农业生产条件。

【扶贫开发力度加大】 农村扶贫开发和农业综合开发工作取得新进展，扶贫开发累计投资689万元，新修砂石路17.6公里、新打机井1眼，建成抽水站1座、水池4座，铺设管网24.7公里、电网改造2个村426户，修缮校舍18间，完成扶贫移民搬迁10个村、210户，1085人。农业综合开发取得新的进展，全年衬砌“U”型渠道44.6公里，新修各类建筑物658座、新打机井21眼，修复配套20眼，埋设输水暗管17公里，新增有效灌溉面积133.33公顷。筑砂石硬化机耕路29.8公里，营造农田防护林186.67公顷，改造中低产田1333.33公顷，改良土壤1333.33公顷。

【工业生产持续增长】 2004年，全县工业总产值完成19.96亿元，占年计划的102.9%，较上年增长18.5%。其中规模以上工业总产值完成4.86亿元，较上年增长27.3%；实现销售产值4.57亿元，较上年增长24.9%。工业产品产销率达到94.04%。企业技术改造步伐加快，全年投资4000万元，对10多户企业进行了技术改造。国有企业改制工作继续推进，完成了织袜厂、制药厂等4户国有企业的改制任务。

【非公有制经济长足发展】 非公有制经济继续保持良好的发展势头，全年新增个体工商户107户，私营企业16户。非公有制经济实现营业收入38亿元，同比增长13.6%；完成产值39亿元，同比增长14.1%；工业总产值完成16.12亿元，同比增长17.3%。非公有制经

济占全县国内生产总值的比重达到57%。外贸出口供货总值完成8000万元,同比增长14.3%。

【招商引资成效显著】 2004年,县委、县政府把招商引资作为经济工作的"牛鼻子"工程来抓,与各乡镇、部门签订了目标任务书,建立了月汇报、信息反馈制、督办通报等制度,制订了《关于进一步优化投资发展环境的规定》等政策,大力开展全民招商活动,积极组团赴外地参加各种形式的经贸洽谈会。全年共签订招商引资合同项目64个,其中1000万元以上项目30个。总投资11.162亿元,累计到位资金7.2亿元,已建成投产项目41个,主要项目有年产600万件电子配件生产线、年产1.5万吨果袋纸生产线,乾县上海客都超市等,正在建设项目16个,主要有山东盛大集团纳米碳酸钙生产线、陕西海升三期工程等。

【投资建设进展顺利】 全年固定资产完成投资7.57亿元,占年计划的106.6%,较上年增长39.4%,连续三年保持高增长态势。其中基本建设完成投资4.66亿元,增长53.1%;更新改造完成投资1.16万元,增长38.5%;房地产开发完成投资3950万元,增长53.1%。以基础设施为主的25个重点建设项目完成投资1.88亿元;占年度计划的88.1%。其中16个项目已竣工或投入使用,这些项目中,高中标准化建设,完成投资2439万元,竣工面积3.034万平方米;乾武公路改建三级公路建设,总里程23.44公里,完成投资1500万元;乾县疾病控制中心综合楼建设,投资150万元,竣工面积1733平方米;咸阳公路段乾县宿办楼建设,投资480万元,竣工面积3000平方米;粮食营业住宅楼建设,投资500万元,竣工面积7000平方米;年产5000吨乳制品生产线建设,累计投资4000万元等。

【商贸流通日趋活跃】 全县社会消费品零售额实现8.45亿元,较上年增长12.8%。其中批零贸易业实现6.68亿元,增长12.8%。受全国消费市场物价上涨因素影响,全县粮食、肉、蛋等生活资料价格平稳上涨,市场消费旺中有升。居民消费价格总指数为102,同比增长1.2个百分点;商品价格零售指数为101.5,增长1个百分点;农业生产资料价格指数103.3,增长3.4个百分点。"上海客都"、"家兴购物广场"、"丰彩服装"等一批超级市场驻入乾县。外贸出口供货总值完成8000万元,出口创汇920万美元。旅游经济呈现恢复性增长,全年共接待国内外游客54.3万人次。旅游综合收入4680万元,分别比上年增长49.5%和29.1%。

【财税金融成效显著】 全县地方财政收入完成5699万元,占预算的101.2%,较上年同口径增长8.1%。全县财政支出1.836亿元,占预算的109.9%,较上年同口径增长10.8%,全县金融机构各项存款余额16.79亿元,比年初增加1.35亿元,其中城乡居民储蓄存款14.89亿元,比年初增加1.61亿元;各项贷款余额10.97亿元,比年初增加1.42亿元,资金投放较上年有大幅增长,促进了地方经济的发展。

【交通事业得到发展】 狠抓交通基础设施建设,开展乾武公路升等改造建设,努力改善城乡道路状况。投资1500万元,完成了总长23.44公里的乾武公路升等改造任务;投资869万元,新修农村道路107公里。全县道路建设开工240处,修建村级油路12公里,水泥路4公里,新修砂石路90公里。组织群众修复了石牛乡何家原断头路、大杨乡南关路、周城乡街道及公路,养护维修了乾姜路、修复了乾关路至永寿仪井断头路等。

【城镇建设继续推进】 城镇建设以改善基础设施为重点,狠抓道路硬化、城市绿化、环境美化工作。县城道路建设投资30万元,对南环路全面进行整修,油路罩面1500米,填坑补槽1.2万平方米;城市绿化工作共投资55万元,更新、改造绿化带和草坪5490多平方米,栽植各种花木3万多棵;城市给水设施投资163万元,安装给水管网5800米;住宅小区建设投资1100万元,完成建筑面积3.05万平方米。城乡集镇建设完成投资2374.8万元,建筑面积6.05万平方米,修建道路7公里,新增绿地面积1.92万平方米。

【教育事业不断发展】 狠抓教育设施建设和教育质量的提高。全县高中标准化建设完成工程项目8个,建筑面积3.034万平方米,完成投资2359万元,正在建设的项目2个,完成投资80万元。中小学危漏校舍改造取得了阶段性成果,共投入资金718万元,新建校舍1.48万平方米,维修改造1.69万平方米。全县远程教育装备建设步伐加快,被教育部确定为农村中小学现代远程教育工程试点县,2004年共投入资金820万元,其中国家投资750万元,为25所初中装备了计算机教室,为275所小学安装了卫星接收系统,17所小学配备了光盘播放系统。2004年,全县高考再次取得好成绩,本科上线人数达到1409人,较上年增加240人,位居全市前列。

【法制建设不断加强】 全面贯彻实施《中华人民共和国行政许可法》,进一步规范政府行为,完善了政府审批事项,充实了政务办公厅。积极开展社会治安防范和严打专项斗争,全年共破获各类刑事案件404起,摧毁贩卖儿童、盗窃等犯罪团伙20个,其中成功解救8名被拐卖儿童和侦破案值共计近百万元的奶牛诈骗案,得到社会各界好评。检察机关经审批准逮捕64案131人,法院共受理各类案件1747件,结案1659件,结案率为94%,县政府办理人大代表建议54件,政协委员提案

95件,受理行政复议案5件,办结5件。

【社会保障能力增强】 不断深化社会保障制度改革,建立和创新保障机制,扩大养老、失业、医疗、女工生育、城镇低保覆盖面,开展扶贫帮困送温暖活动。通过民政系统发放救灾救济资金157.9万元,解决8910户、3.9万人的生产生活困难,城市最低生活保障金发放259万元,保障人数4680人,基本上实现了应保尽保。下岗失业人员基本生活费和企业离退休人员养老金继续保持100%社会化发放。

(苗满秀　王永辉)

乾县县委、人大常委会、政府、政协领导人名录

县委书记　王普藩
副书记　李志坚　孙亚政
　　　　周浩荣　任　杰
人大常委会主任　王普藩
副主任　刘世俊　吴新宇
　　　　吕建堂
县长　李志坚
副县长　苟斌训　任景魁
　　　　王永纯　侯建明
　　　　师曼莉　刘常俊
　　　　王汉琳
政协主席　黄　琦
副主席　侯建忠　师庆璋
　　　　崔维霞　殷更生

礼泉县

【概况】 2004年,礼泉县委、县政府动员和组织全县人民认真学习落实科学发展观,坚持按照"果畜富民、工业强县、旅游活商、强基兴县"的发展思路,齐心协力,迎难而上,苦干实干,全县经济呈现出加快发展的良好势头。全县生产总值完成21.12亿元,增长13%,其中第一产业8.6亿元,增长8.4%;第二产业5.55亿元,增长11.4%;第三产业9.6亿元,增长18%。财政收入完成4984万元,扣除政策性减收因素,较上年增收1400多万元。农民人均纯收入达到2250元,同比增加108元。人口自然增长率控制在4.61‰以内。其他各项经济指标也都完成或超额完成年初计划。

【招商引资再创新高】 2004年,县委、县政府把招商引资作为经济发展的第一要务,积极实施全民招商和叩门招商战略,特别是在国家实施宏观调控政策的情况下,积极采取应对措施,抢抓机遇,不断加大招商引资工作力度,先后组团参加了中西部贸易洽谈会、杨凌农博会、江浙经贸招商、陕港经贸周活动,并由县级部门组成24个招商小分队分赴全国各地叩门招商。对引进的招商引资项目,严格落实"五个一"包抓责任制,积极为项目建设提供优质服务,实现了招商引资工作的新突破。全县共引进合同和续建项目61个,引进资金20.04亿元,其中新签约合同项目42个,资金14.64亿元。已开工建设41个,建成21个,落实到位资金11.27亿元,其中,过亿元项目4个,5000万元以上项目10个,落实到位资金1000万元以上项目19个,北京汇源饮料、通达果汁、烽火国华电子、天马摩托等一批重点招商引资项目先后落户礼泉,大大增强了县域经济的发展活力。

【固定资产投资高位运行】 2004年,对年初安排的10项重点工程,严格实行县级领导和项目部门包抓责任制,夯实包抓责任,定期检查,督促施工进度。同时,积极筹措建设资金,在广泛招商引资的基础上,加大跑部跑省工作力度,共争取上级专项资金8000多万元,有力地保证了重点工程项目的顺利实施。10项重点工程已经建成或完成年度建设任务。其中,北京汇源饮料食品生产线完成投资2.4亿元,5月份正式投产,年产值可达3.5亿元;通达梨桃汁生产线完成投资1.2亿元,年生产浓缩果汁能力达到4.2万吨,消化残次果3亿公斤,帮助群众增收7000万元以上;县城污水处理厂完成投资5000万元,在全市率先建成第一家县城污水处理厂;西北果品交易中心完成投资6200万元,完成主题工程建设任务;礼淳路改造工程完成投资2365万元,改造里程51公里,实现了当年规划、当年建设、当年完工;优果工程、人畜饮水及移民搬迁工程、城东城北工业园区基础设施建设工程、唐昭陵旅游专线工程、高中标准化工程也都较好地完成了建设任务。全县固定资产投资完成8.66亿元,较上年增长37.5%,是近年来投资规模最大的一年。

【农业和农村经济取得新发展】 认真贯彻中央一号文件精神,全面取消农业特产税,降低农业税税率,加大对农业的支持保护力度,农业产业结构调整的进程明显加快。县上把2004年作为果品质量年,采取领导包抓、行政推动、示范带动、服务促动等措施,大力推广普及以大改形为主的四大关键技术,全县完成果树大改形1.33万公顷,新发展优系果品品种及杂果2333.33公顷,建成绿色果品基地6666.67公顷;果类总产75万吨,优果率达到55%以上。加快发展奶畜产业,切实解决群众发展奶畜养殖的资金、牛源和鲜奶销售等问题,奶畜养殖专业村和养殖小区建设取得了新的进展,全县共发放购牛贷款8000多万元,建成百头以上奶牛专业村80个,养殖小区5个,奶站5处,奶牛存栏累计达到20135头。重视加强粮食生产和设施农业的发展,粮油生产取得较好收成,小麦单产创历史新高,设施农业累计发展大棚13300座。同时,以为农村和农民办的十件实事为重点,加强了农业的基础设施建设。山川秀美工程完成人工造林2800公顷,在10个村全面启动实施

了绿色家园活动,栽植各类苗木3.5万株;人畜饮水工程新建人饮工程10处,续建配套13处,其中5000人以上的规模联村供水工程9处,解决和改善了5.4万人的饮水问题;农业综合开发工程新打各类机井34眼,恢复改善灌溉面积1080公顷,治理水土流失面积3平方公里,改造中低产田1333.33公顷;移民搬迁工程建成新村8个,搬迁群众248户1080人;全面完成了农业气象传输网络改造工程和防灾减灾指挥中心项目建设,农业气象硬件设施居全市一流水平。农村劳务输出产业迅速兴起,全年完成劳务输出2.6万人,创收1.2亿元,被评为全省劳务输出先进县。

【工业经济快速增长】 通过招商引资的强力拉动,全县工业经济总量迅速扩张,城北城东工业园区已经成为县域经济增长的新亮点。全县工业产值完成18.3亿元,同比增长18.1%,其中规模以上工业产值7.5亿元,较上年增长47.06%。工业经济对财政的支撑作用日益显现,规模内工业企业上交税金达到1245.7万元,同比增长55.1%。

【第三产业日益繁荣】 旅游开发取得新的进展,旅游基础设施和景点建设得到进一步的加强,通过宣传促销,唐昭陵已经逐步成为全省西线旅游的一个热点;全年累计接待游客15.45万人次,实现旅游综合收入1565万元,分别较上年增长18%和23%。一批专业市场、连锁超市、餐饮服务企业相继建成对外营业,市场消费日趋活跃,全县社会消费品零售总额完成6.85亿元,同比增长63.1%。信息产业加快发展,县公众信息网站建成开通,农业、果业、旅游等信息网络相继开通;广电网络升等改造工程全面完成,开通了数字电视节目;全县微机总量达到1.1万台,发展宽带网用户2100户。非公有制经济继续快速发展,在全县经济总量中的比重达到60%以上。

【财税工作平稳增长】 面对国家实行农业"两税"改革,财政收入规模明显减少的严峻形势,积极采取应对措施,大力挖潜增收,千方百计争取上级转移支付资金,不断深化财政改革,尽最大努力压缩支出,实现了财政收入的平稳增长,保证了干部职工工资的发放。全年财政收入完成4984万元,同口径增长39.7%,增幅位居全市前列。其中,国税系统组织收入3180万元,提前半年完成全年任务,收入增长创历史最高;地税系统完成县级收入1911.1万元,同比增长28%。

【经济社会统筹发展得到加强】 各项社会事业持续健康发展,科技工作实施科技产业项目12个,开展科技培训15万人次;教育工作顺利通过省政府"两基"复查验收,创建省级教育强乡镇3个,改造危漏校舍1.74万平方米,完成高中标准化建设面积2.1万平方米,现代远程教育工程建成启用,教育教学质量进一步提高,高考二本上线人数首次突破千人大关,列全市第四名;卫生监督体制改革不断深化,药品、食品安全监督得到进一步加强;群众性文体活动广泛开展,广播电视节目质量不断提高;《礼泉年鉴》作为县级年鉴率先在全市创刊发行。计划生育综合改革稳步推进,人口计划指标顺利完成,全县计划生育率达到96.8%,人口自然增长率控制在4.61‰以内;环保工作10多项指标达到陕西省国家级生态示范区考核标准;国土工作较好地实现了耕地有增无减目标,为招商引资和经济发展提供了良好的用地服务。城乡困难群众生活得到妥善安排,"两个确保"、"两个保证"基本得到落实,扶贫帮困送温暖活动深入开展,全县累计发放救灾救济款105.6万元,衣物3万余件,救济灾贫群众1.8万人,发放城市低保金329.6万元;为残疾人办的十件实事得到全面落实;就业和再就业工作取得了新进展,全县实现再就业2200人。高度重视维护社会稳定工作,严格落实信访工作联席会议和县级领导包案制度,集中开展处理信访突出问题和群体性事件专项治理活动,下决心解决了一批信访突出问题,全县信访总量较上年下降35.6%;坚持开展严打斗争和破案活动,侦破了一批大案要案,重特大案件发案率较上年下降22.1%,社会治安秩序进一步好转;全县安全生产形势平稳,社会大局保持稳定。

【经济责任审计工作获全国先进】 礼泉县委、县政府坚持把经济责任审计工作作为加强领导干部监督管理和党风廉政建设的重要举措,将经济责任审计工作摆上重要位置,始终与重要工作同安排、同部署。成立了由县政府县长任组长,县纪委书记、组织部长为副组长,纪检、监察、组织、人事、财政等部门负责人为成员的经济责任审计工作领导小组,明确了各部门在经济责任审计工作中的职责。设立了全市第一家经济责任审计办公室,将所需经费列入财政预算,保证了经济责任审计工作的正常开展。领导小组坚持每半年召开一次例会,总结上一阶段工作,安排部署下一阶段经济责任审计工作。县委、县政府主要领导坚持定期听取经济责任审计工作汇报,专题研究解决经济责任审计中存在的困难和问题。相关部门利用联席会议定期进行交流,加强部门协作配合,形成整体工作合力。通过几年的努力,礼泉县在规范经济运行方面发挥了积极的作用,共查处违纪资金3748万元,收缴违纪资金22万元。通过经济责任审计,提高了各级领导干部依法行政的自觉性,使经济运行向良性态势发展。由于工作突出,2004年10月被评为经济责任审计全国先进县。

【精神文明建设】 一是切实加强全县群众的思想道德建设。县上制定印发了《关于加强诚信建设的实施意见》和《礼泉县关于实践"三个代表”重要思想，深入开展“公民道德建设年”活动的安排意见》。按照“横向到边，纵向到底”的模式，进一步完善了信用建设的目标责任制，层层分解任务，落实工作责任制；在一些单位建立健全了用户信用档案，完善了相关制度，继续深化公民道德教育。在全县党政机关，深入开展了诚信教育活动。二是多管齐下，开展未成年人思想道德教育活动。调整了关工委班子，用座谈会等方式交流未成年人教育方面存在的问题及今后工作思路。全县先后组织思想道德教育报告团在7所高中1所初中对青少年进行“三个代表”重要思想宣讲教育8次，受教育学生2300余人。在县委大院、政府大院、新华书店、地税局等机关单位和汤坊小学等中小学校作“明礼诚信”教育报告10余场，受教育青少年3500多人，参加了全省第二届青少年童话创作大赛和“中国人寿杯”全市中小学生经典诵读和暑期读书征文活动，分别向省、市活动组委会选送童话作品90份，征文30篇，有26篇(份)获奖。8月，县上设立“关教基金”，筹集资金23993元，资助贫困大学生5人，高中生7人，初中生31人，小学生91人，捐助资金共计20333元。三是开展城乡环境卫生整治活动。突出抓好以治脏、治乱、治尘为主要内容的专项整治活动，在全县大力开展创建“五百里文明长廊”工程，有效地净化、美化了城乡群众的生活环境。四是精神文明创建活动呈现良好势头。2004年，全县各级党政组织把创建全国精神文明先进县作为新的起点，按照拓宽领域、充实内容、改进方法、提高水平的思路，层层分解任务，狠抓工作落实，先后在全县重点开展了创建文明城市、文明村镇、文明行业、文明机关、文明校园等活动，进一步推动群众性精神文明创建活动的蓬勃发展。

（卢景云）

礼泉县委、人大常委会、政府、政协领导人名录

县委书记　张宗平
副书记　方文旭　刘印生
　　　　习智万　王强民
人大常委会主任　杨忠嘉
副主任　任金升　孙生新
　　　　张增义　成小曼
县长　方文旭
副县长　刘勇锋　杨震
　　　　陈永慧　赵俊德
　　　　康秉陆　梁军民
　　　　张孝平
政协主席　王志强
副主席　卢继忠　上官秀珍
　　　　韩永利

泾阳县

【概况】 2004年，泾阳县委、县政府坚持按照“兴工强农富县，促旅活商开源，推进‘一招四化’，统筹全面发展”的新思路，转变作风，勤政为民，强化服务，狠抓落实，推动了全县经济社会事业的协调快速发展。全年生产总值完成28.27亿元，较上年增长13.2%。工业总产值完成42.02亿元，较上年增长17.1%；农业总产值完成7.89亿元，较上年增长10.2%。财政总收入完成9229万元，其中地方财政收入完成6800万元，比上年增长6.0%。农民人均纯收入2266元，比上年增长7.1%。金融机构存款余额16.79亿元，贷款余额12亿元。人口自增率为3.57‰。

【农村经济全面发展】 认真贯彻落实农村税费改革、粮食直补、良种补贴和旱腰带地区农业税减免政策，广大农民生产积极性空前高涨。全年农业生产总值完成7.89亿元，同比增长10.2%。农民人均纯收入达到2266元，同比增长7.1%。粮食生产喜获丰收。畜菜果三大产业全面增长，新增奶牛1万头，新建大中棚853.33公顷，新栽澳洲青苹和时令鲜果800公顷，农业主导产业的集群效应逐步显现。旱腰带地区扶贫开发实施重点村15个，建设移民新村8个。劳务输出6.8万多人，实现务工收入3.84亿元，工资性收入占到农民现金收入的30%以上。

【工业经济快速增长】 全年工业总产值完成42.02亿元，同比增长17.1%。其中规模工业产值完成6.26亿元，增长31.4%。国有集体企业改革不断深化，产权置换率达到70%。全县工业技改投资完成2.1亿元，声威建材、怡科食品、红旗乳业等项目建成投产，建材、食品两大产业优势进一步凸现。相继建成格林德、泰鑫、圣奥3家大型动物药品生产企业，成为全省最大的动物药业基地。非公有制经济快速发展，新增个体工商户329户，私营企业58户。

【商贸流通日趋活跃】 2004年，全县社会消费品零售总额达到7.68亿元，同比增长12.8%。宝商集团泾阳超市总投资1500万元，建筑面积1804.8平方米，项目于9月1日正式开工建设。上海客都超市泾阳第二分店于12月2日隆重开业。新世纪家具超市建成投入运营。粮食流通领域利用现代网络信息优势，及时把握市场脉搏，提高决策水平，降低经营风险，取得了良好的经济效益和社会效益。

【教科文卫事业全面进步】 2004年，全县高中标准化建设、危漏校舍改造、名校联姻和远程教育工作稳步发展，高考实现历史性突破。文化事业不断繁荣，广电综合大楼投入运营，创建省级文化先进县工作进展顺利。医疗卫生基础设施得到加强，农村卫生工作迈出新步伐。计划生育工作整体水平明显提高。人口自增率为3.57‰。

【基础设施建设成效显著】 2004年,大力加强基础设施建设,不断优化投资环境,城建五大工程相继完成东环路和崇文大街北段改造、东三角岛绿化、208省道延伸段工程。中西花园住宅小区已经开工建设。县城供水工程项目,完成投资265万元,新打深水机井3眼,配套机泵3套,建成井房96平方米,埋设输入管网7057米。泾石口路建设项目,总投资1974万元,全长28公里,完成投资1580万元,新修油路26公里,路基27公里,涵洞41道,11月底建成通车。王白路、高太路和三河路完成改建12公里。农业水利设施建设新打机井65眼,整修渠道1900公里。移动通讯建设新发展固定电话用户1.7万户,移动用户2万户,总户数分别达到6.47万户和7万户。

【招商引资再创新高】 坚持不懈地优化投资发展环境,大力实施叩门招商、贸洽会招商和以商引商,不断提高招商效果。全年先后参加了第八届中国东西部合作与投资贸易洽谈会、杨凌农博会和香港陕西周等几次大的招商活动,并组成招商小分队赴浙江等东南沿海地区叩门招商,取得了丰硕的成果。全年共引进合同项目50个,引进合同资金21.1亿元,累计到位资金12.04亿元。其中合同利用资金3000万元以上项目19个,1000万元以上项目14个。重点引进了文泾水电站、蓝盾奶牛养殖等一批重点项目。截至年底,已有15个项目建成,30个项目正在建设。

【泾阳声威建材有限公司一期工程建成投产】 3月6日,历时9个月,完成投资2.2亿元的泾阳声威建材有限公司一期工程建成点火投产。泾阳声威建材项目是省、市、县重点招商引资项目,总投资11.7亿元,设计年产500万吨高标号水泥,一期工程建成后将形成日产2500吨的水泥熟料生产能力;二期工程建成后生产能力将提高到日产5000吨水泥熟料,成为全省环保型水泥生产重点企业。一期工程于2003年3月28日开工建设。

【文泾水电站开工建设】 10月初,由县政府同浙江省文成县吴坳坑水力发电有限公司合作建设文泾水电站的项目正式开工建设。该项目位于泾河东庄水库坝址下游、泾惠渠水库回水上游,规划总装机容量约5万千瓦,年发电量约2亿千瓦时,计划总投资约2亿元,于2004年4月7日正式签订合同,系省市重点招商引资项目。它的建设,对拉动泾阳北部原区经济发展,促进张家山旅游风景区开发,推动泾河流域综合治理将起到巨大作用。至年底,已勘测进站道路10公里,修建进站道路8公里,完成投资1500万元。

【怡科食品有限公司建成投产】 经过7个月的紧张施工,1月27日,总投资1.5亿元的怡科食品有限公司公司建成投产。该公司前身为杨凌鼎盛(泾阳)有限公司,是杨凌鼎盛果业科技股份有限公司和鼎盛果业(大荔)有限公司共同出资组建的一家果品深加工、高科技、高成长型出口创汇企业。该企业于2002年4月7日同泾阳县政府签订项目合同,2004年由西安经发集团控股后改为怡科食品有限公司。项目原投资0.8亿元,由经发集团控股后新增投资0.7亿元,投资总额达1.5亿元。一期工程投资0.6亿元,占地约6.67公顷,设计生产能力为60吨/小时,年产量4.5万吨,消耗苹果27万吨;二期工程建成后生产能力将达到80吨/小时,年产量过5万吨,消耗苹果35万吨,年创汇可达300万美元以上。

【动物药业基地建设初具规模】 2004年,泾阳县先后引进建成了陕西格林德、陕西圣奥和咸阳泰鑫3家大型动物药业生产企业,以兽药生产为主的动物药业基地建设初具规模。总投资5100万元,占地4.67公顷,建筑面积15300平方米,已建成水针、粉针、粉剂、散剂、消杀剂等13条生产线,生产解热镇痛类、维生素类、抗生素类、抗病毒类等十大类100多个品种兽药。3家公司现有员工280余名,其中专业技术人员40余名。企业均于2004年实现当年签约、当年开工、当年投产。预计全部达产达效后,年可向市场提供水针剂20200万支、消杀剂232万瓶、大输液700万瓶、散剂600吨、固体兽药500吨、粉散剂3300箱,年实现产值11700万元,上缴税金1128万元。

【荣获全国电子政务应用调查服务奖】 11月,在北京举行的2004全国地市电子政务应用调查总结大会暨2004电子政务高峰论坛上,泾阳县被授予全国电子政务应用调查服务奖,并荣获县级政府电子政务应用及建设优秀单位称号。近年来,泾阳县认真贯彻落实国家省市《关于电子政务建设的工作要求》,按照统一规划、突出重点、整合资源、统一标准 、保障安全的原则,积极推进政府上网工程,取得了显著成绩。一是电子政务网络平台初步形成。先后投资35万元,建成了泾阳县政务公众信息网站,并与市电子政务信息网站交换了链接。县电子政务专网、县级部门动态远程维护网站及泾阳电子邮局建设正在进行。二是网站安全得到加强。制定了网络安全管理办法,建立了电子政务网络与信息安全保障及数据灾难备份体系,从硬件、软件两方面保证电子政务网络安全,管理上明确权限,重要内容和资料非管理员不能访问,保证了网络正常安全运行。三是服务功能不断扩大。政府公众信息中心网站开设有泾阳概览、招商引资、泾阳新闻、政务论坛、透视政府、便民服务、在线交流等栏目,内容涉及全县经济社会方方面面。网站开通以来,访问量已近10万人次,收到各类信息千余条,对外发布招商引资、信息交流、产品销售等信息8000余条，使网站真正成了对外宣传、信息交流、联系群众的桥梁，受到社会各界的广泛好评。

【减轻农民负担工作成效显著】 2004年，县委、县政府认真贯彻落实中央一号文件和省市农业、农村工作会议精神，按照陕明电[2004]4号《关于推行农村税费改革、促进农民增收若干工作的意见》要求，认真落实粮食直补、取消农业特产税、降低农业税税率和减免农业税等各项政策措施，严格执行涉农价格和收费公示制、义务教育“一费制”、农村订阅报刊限额制、涉及农民负担案件责任追究等制度，并通过设立农民负担监测网点，发放农民负担监督卡，切实减轻了农民负担，有效维护了农民的合法权益。全县农民人均负担较上年减少18.7元，减幅31.5%。兑现粮补资金372万元，直补面积4.12万公顷。

【移民开发通过省级验收】 2004年，县委、县政府把移民搬迁作为扶贫开发工作的重中之重，通过严格执行政策，完善资金兑付方式，坚持“四个统一”(统一规划设计、统一建房标准、统一采购原料、统一施工建设)，顺利完成了移民搬迁年度任务。共建成文明新村7个，搬迁贫困户225户、970人。4月，顺利通过了省级验收，并得到省验收组的一致好评。通过移民搬迁项目的实施，改善了贫困群众的居住条件，为进一步发展生产、脱贫致富奠定了较好的基础。

【劳务输出成绩突出】 2004年，泾阳县坚持把劳务输出作为落实中央一号文件精神、促进下岗职工再就业和增加农民收入的一件大事来抓，不断强化领导，落实责任，各方配合，齐抓共管，取得了突出的成绩。全年劳务输出人数达68576人，超额完成市上下达的2.8万人的任务。其中省内输出50347人，省外输出18199人，国外输出30人。实现务工收入3.84亿元。务工人员中大中专、技校、职校毕业生2350人，高中毕业7588人，占到总人数的58%。其中有100多人获得了服装、烹饪、家电等国家职业资格证书，650多人通过各类专业培训。外出人员主要输往广东、浙江、北京、上海、西安、咸阳等地，已初步形成了云阳焊工与蔬菜种植、燕王打馍、三渠建筑、妇联家政等一系列输出品牌。

【脂肪酸钙生产被列入农业部推广项目】 脂肪酸钙作为牛用高能饲料添加剂，国外已大量使用，国内属空白。它的使用可极大改善牛产犊后产乳期的负平衡状态，从而使奶牛产奶量明显增加，最高可使日产奶量增加29%，乳脂率提高13%，奶中干物质增加4%。但国内一直靠进口，价格昂贵，养牛户无法接受。泾阳县化工研究所根据市场需求，组织专家经过一年多的研究开发，于2004年7月投资100余万元，建成年生产能力600吨的生产线。项目分别被列入市科技计划项目和国家农业部推广项目，对发展畜牧业将起到积极的推动作用。

【高中标准化建设项目建设顺利】 2004年，泾阳县按照高中标准化建设总体规划及安排，重点抓了泾干中学和云阳中学的标准化建设，累计完成投资2454.8万元，建筑面积32445平方米。泾干中学标准化建设一、二期工程已经完工，三期工程包括学生公寓楼、图书楼、合班教室、体育馆、多功能餐厅及生活区辅助设施等6个项目，计划投资2159万元，建筑面积32957平方米，12月底学生公寓楼工程已开工建设。云阳中学标准化建设一、二期工程也已完工，三期工程包括多功能餐厅和学生公寓，计划投资419万元，建筑面积5900平方米，年底多功能餐厅已开工建设。

【吴宓诞辰110周年纪念会暨第四届吴宓学术讨论会隆重举行】 2004年是著名的国学大师、红学家、诗人、中国比较文学的先驱吴宓诞辰110周年。为了隆重纪念这位治学严谨、学贯中西的一代宗师，12月18日～21日，陕西师范大学、西安外国语学院、咸阳师范学院、陕西省文史研究馆、陕西省比较文学学会、陕西省吴宓研究会、中国社科院文学所比较文学中心等单位，联合在陕西师范大学举行吴宓诞辰110周年纪念大会暨第四届吴宓学术研讨会。会议期间，发表了许多有关吴宓研究的文章。12月20日，与会人员又去吴宓的故乡安吴堡祭扫这位伟大的宗师，追忆其坎坷经历，表达缅怀之情。

【《柳毅传书》特种邮票《泾阳揽胜》个性化邮票发行】 4月，泾阳县举行《柳毅传书》特种邮票、《泾阳揽胜》个性化邮票发行暨文化旅游周活动启动仪式。启动仪式上发行的《柳毅传书》特种邮票，是以发生在泾干镇花池渡村西一个动人故事为素材创作的，全套共4枚，分别为龙女托书、传书动情、骨肉团聚和义重情深。《泾阳揽胜》个性化邮票，是中国邮票发行史上首次涉及的泾阳人文景观。这两种邮票的发行，不仅对弘扬中国传统文化，讴歌中华民族传统美德，丰富人民群众历史知识，提高群众文化品位起到了十分重要的作用，而且也是深入挖掘泾阳悠久历史，充分展示泾阳丰富文化积淀，树立泾阳良好对外形象的一次难得机遇。

【选派40名干部赴南方挂职锻炼】 9月12日，泾阳县选派40名县乡机关青年干部赴沿海经济发达地区挂职锻炼，其中10名是副科级以上干部。这是泾阳县委、县政府赴沿海发达地区招商引资后作出的一项重大决策，目的在于转变干部思想观念，缩短同发达地区的经济差距，建设一支高素质的干部队伍。这次选派出来的40名干部,是由县级机关事业单位的10名副科级以上干部和30名青年干部组成的。其中10名副科级干部分别来自县政府办公室、财政局和永乐镇政府等单位,他们被派往浙江嘉兴平湖市、江苏南通市崇川区等地挂职锻炼3个月。

【全面启动职工互助保险】 为解决职工在医疗体制改革中的后顾之忧,缓解因患重大疾病造成的生活困难,提高广大职工自我保障水平,2004年4月泾阳县召开职工互助保险工作会议,在全县范围内启动了职工互助保险工作。职工互助保险是中国职工保险互助会推出的重大疾病互助合作保险计划,该保险分甲、乙两种,保险期限为三年,主要救治急性心肌梗塞、冠状动脉搭桥术、恶性肿瘤、尿毒症、重要器官移植、白血病、四肢瘫痪病。截至12月底,全县共办理职工互助保险36.88万元,保险额达到200多万元。

【老年福利服务中心暨优抚对象服务中心落成】 5月19日,泾阳县老年福利服务中心暨优抚对象服务中心落成并投入使用。省民政厅厅长张建功、副市长牛继鹏,市政协副主席、市委统战部部长严志祥出席落成典礼。此次落成的老年福利服务中心暨优抚对象服务中心总投资300余万元,占地面积680平方米,整个中心由四个部分组成,内设餐饮部、保健诊所、商店等。中心拥有各类功能房58间,设计床位108张,户外安装有多种健身器材,全方位为老年人提供吃、住、学等一系列服务,是老年人生活、休养的理想乐园。

(李新荣　程建民)

泾阳县委、人大常委会、政府、政协领导人名录

县委书记　秋青山
副 书 记　李晓静　何建军
　　　　　刘爱群　何新春
　　　　　毛小萌
人大常委会主任　马日超
副 主 任　曹保魁　焦志学
　　　　　王佐宏　吕建凡
代 县 长　李晓静
副 县 长　张志荣　史明建
　　　　　张　肃　黄晓农
　　　　　王　江
政协主席　惠玉德
副 主 席　张卫中　澹台永征
　　　　　刘随群　刘志强

三　原　县

【概况】 2004年,三原县委、县政府按照坚持发展主题、抢抓三大机遇、打造区域优势、构建北副中心、加速“四化”进程、建设小康三原的发展思路,深入实施工业立县、全民招商、项目带动三大战略,精心打造“一城四园”五大经济聚集区,全县经济社会保持了良好的发展态势,各项工作均取得了新的成绩。全县生产总值完成26.46亿元,增长13.1%;实现非公经济产值55.3亿元,增长14.95%;全社会固定资产投资完成8.82亿元,增长47%;招商引资到位资金10.3亿元;地方财政收入完成7028万元,剔除政策性减收因素,同口径增长10.2%;全年新输出劳务人员3.87万人次,增长24%;农民人均纯收入2133元,增长10.2%,人均增长198元;城镇居民人均可支配收入6343元,增长13.4%。

【农业产业化经营迈出新步伐】 三原县以建成西咸经济圈北部生活供应基地为目标,坚持用工业化的理念抓农业,加快了农业产业化的步伐。在进一步巩固全国商品粮食基地的同时,加快建设全省油菜制种、精品蔬菜、时令水果生产加工和畜产品生产供应四大基地。全县粮食总产量达21.86万吨,被农业部授予全国粮食生产先进县称号。油菜制种面积达到866.67公顷,以菜、果、畜为主的特色产业发展较快,新发展时令水果面积2140公顷,总面积达到9233.33公顷;建成30个奶牛养殖小区,全县奶牛存栏7246头,肉牛存栏5.8万头;蔬菜面积突破1333.33公顷,其中设施栽培面积达到5000公顷。农业产业化项目进展顺利,通过招商引资,引进香港大禹、台湾裕东等规模以上产业化龙头企业12户,促进宴友思、正大、宏达、麦芽等老牌龙头企业与基地、农户有机对接。全县农业总产值完成15.5亿元,同比增长9.5%。

【招商引资有了新的突破】 坚持把招商引资作为加快县域经济发展的第一要务,大力实施“全民招商”战略,不断优化投资环境,精心打造“一城四园”招商平台。先后赴长三角、珠三角等地叩门招商,一、二、三产业招商队伍四面出击,广泛开展项目推介和洽谈活动,杭州娃哈哈、福建亲亲、香港汇丰、天惠乳业等一批知名企业成功落户。全县招商引资数量增加、规模扩大,质量和效益不断提高。全县新签订各类招商引资项目合同173个,到位资金5.99亿元;上年签约未建、续建项目38个,到位资金2.64亿元;专款和百万元以下项目到位资金1.68亿元。

【工业经济持续增长】 坚持把加快工业经济发展壮大作为强县富民的龙头,财源建设的支柱。以招商引资为抓手,以“国退民进”为方向,以食品、钢铁、医药、建材为主体,发展特色工业,改造传统工业,壮大规模工业,带动第一产业,扩张第三产业。一是精心打造三原清河食品工业园、冶金机械工业园两大特色经济园区,吸纳企业18家,总投资8.66亿元,其中入园动工项目14个,建成投产8个。二是依靠企业改制激活传统产业,加快国企改制步伐。三是大力发展新兴工业,昌

鑫公司、富雄焦化、清源线材等一批新兴冶金企业建成投产，同时白鹿公司、宏达公司、秦桐公司等县内企业规模不断壮大，产销率达98%以上。全年实现工业总产值49.3亿元，同比增长15.3%。其中规模内企业完成产值13.64亿元，同比增长18.5%，占市下达目标任务的105%。20户国有企业退出国有序列。工业企业技改投资累计完成1.5亿元，同比增长82.9%。其中重点骨干企业技改投资完成8000万元，同比增长11%。

【第三产业发展形势喜人】 以建设面向西安等大中城市娱乐休闲消费中心为目标，旅游、商贸、餐饮、娱乐等第三产业的发展步伐加快。全年共接待游客25万人次，实现旅游综合收入2300万元。全县消费市场日趋活跃，实现社会消费品零售总额6.46亿元，同比增长12.9%。围绕建设“数字三原”全方位启动电子政务工程，建成并开通了政府公众信息网、三原党建网、科技信息网、农业网站和全省首家教育专网。实现了宽带网进机关、连乡镇，实现了互联互访，办公自动化、网络化正在形成。完成入网光缆线路593公里，新发展宽带用户2110户，新增固定电话用户500户，新增移动电话6000部、有线电视用户3200户，全年信息服务业收入完成4058万元。

【非公有制经济快速发展】 以发展非公有制经济为主攻方向，按照多轮驱动、多轨运行的方针，坚持政策引导和环境优化双轮驱动，把县城国有经济有序退出和大力发展民营经济作为重点，积极推进非公有制经济向一、二、三产业全面进军。在土地征用、设施配套、税收征管方面给以最大优惠和全力支持，并对各企业纳税大户进行重奖，一批民营工商企业和全国连锁企业相继落户三原，有力地带动了第三产业全面繁荣。全年新增个体工商户617户，私营企业75户。重点非公企业发展良好，白鹿公司宝嫩牌阿斯匹林肠溶片、鑫源公司鑫牌面粉被认定为陕西省名牌产品，宏达公司专利新产品天然气加热炉研制成功。2004年，全县非公有制经济完成产值55.3亿元，同比增长14.95%，实现增加值11.67亿元，非公经济对财政贡献份额达到60%以上。

【重点项目建设成效显著】 固定资产投资结构得到优化，生产性项目比重进一步提高。包括年初确定的20个重点项目在内的全县53个建设项目进展顺利，完成投资4.5亿元。其中昌鑫钢铁一期、天惠乳业、富雄焦化50孔焦炉改造等33个项目竣工投产交付使用，冯村水库除险加固、西安交大康桥房地产开发等8个项目完成了年度计划。农业基础设施建设得到加强，完成水利建设投资3362万元，改造中低产田1333.33公顷，造林1766.66公顷，20个“绿色家园”示范村建设任务顺利完成，扶贫开发、农村饮水改造工程、乡村道路建设等农村十件实事全面完成。

【城镇化进程稳步推进】 坚持扩大规模、提高层次、统筹兼顾、城乡并举的发展思路，以产业聚集为核心，以城市扩张为重点，把“四个园区”纳入城市规划建设的总盘子，拉大城市框架。南关正街道路改造工程竣工，县城主要大街人行道铺设、背街小巷硬化改造等建设工程进展顺利，投资150万元，高标准改造了池阳大街；人行大街、宴友思大街、池阳大街西段等城市道路和城隍庙广场的靓化、绿化、美化工程，增添了一批新的城市景观和城区保洁设备；加强城市规范化建设，坚决取缔了沿街书报亭、电话亭和铁艺加工等占道经营摊点；引清入城补给水源井、标准化公厕等城区实事项目按期竣工；城区供水、天然气、电信、电力、交通等基础设施建设逐步完善，城市保洁力度加大，服务功能全面提升；三独公路改造如期完成；冶金大道、食品工业园商贸街、食品一路、107关中环线过境段等建设工程完成前期准备；加快以西安交大康桥房地产开发为代表的住宅小区建设，建筑面积36000平方米，有效提升了城市品位。城市人口达到10万人，全县非农人口占总人口比重达21%，城镇人均住宅使用面积达17.5平方米，城镇基础设施投资完成1657万元。

【党的建设得到加强】 县委以提高党的执政能力为重点，精心组织全县党员干部深入学习贯彻“三个代表”重要思想和党的十六大、十六届三中、四中全会精神，把党员干部的思想和行动统一到加快发展上来。加强党的基础组织建设，以“三级联创”和“旗帜工程”为载体，深入开展基层工作年活动，全年共整建软弱涣散村级支部班子68个，318个村级阵地建设得到加强。加强非公有制企业和社区党的建设，全县共组建非公有制企业支部10个，社区支部9个，基层组织的凝聚力、战斗力明显增强。加强党员干部队伍建设，深入开展党员先进性教育活动，全县共创建党员示范岗85个，党员科技示范基地166个。选派一期12名优秀青年干部到浙江等发达地区挂职锻炼。强化党员培训，全年共举办各类培训班160期，培训基层党员干部万余人次。成立三原流动党校，教育培训农村党员干部群众2万余人。全县新发展党员359名，其中农民党员156名。对14个乡镇计生办主任、计生站站长进行公开选拔，干部人事制度改革迈出了新的步伐。

【社会事业得到全面发展】 人口与计划生育综合改革进展顺利，人口自增率为1.68‰。土地储备确保了重点项目建设用地需要。环境质量明显改善。教育事业稳步发展，顺利通过省级教育强县验收，高考质量稳居全市之首，教育整体发展水平处于全省领先地位。文化市场管理得到加强,群众性文体活动丰富多彩。疾控中心综合实验楼基本建成,乡镇卫生院设施建设力度加大。再就业优惠政策全面落实,全县2174名下岗失业人员实现了再就业。扶贫帮困送温暖活动进展顺利,"1+6+2"扶贫模式推行有力,10个扶贫重点村建设取得阶段性成效。重点信访案件督办力度加大,安全措施得到加强。"严打"整治活动深入开展,全县社会大局基本稳定。

【劳务输出成效显著】 按照完善网络、扩大规模、狠抓培训、优化服务、保障权益的思路,大力发展劳务产业,有效增加群众收入。全县累计输出各类务工人员44268人次,其中2004年输出27679人次,创经济收入1.98亿元。劳务输出工作初步形成了内连全县14个乡镇劳动保障事务所、334个联系点及10余家中介机构,外接七大输出区18家用人单位的输出网络体系。县劳动部门除充分利用三原电台、《今日三原》等新闻媒体进行宣传外,还及时抓住劳务输出的黄金时期,通过各种形式,加大宣传力度,为劳务输出营造强大的舆论氛围。政府全力扶持培训网络体系,千方百计为培训工作提供方便。全年共培训各类务工人员3200余人次。对有外出愿望而无力承担输出费用的农村困难户,县劳动部门及时予以资助,共为550多名外出务工人员解决资金13.9万元。全县形成了以人才劳动力市场为龙头,乡镇劳动保障事务所所在地为纽带,村组及民间个体输出机构为主体的劳务输出工作格局。

【"1+6+2"包扶模式初显成效】 为动员社会力量参与扶贫开发,增强社会扶贫力量,三原县对扶贫开发重点村推行"1+6+2"包村扶贫及项目捆绑运作模式。即:每个贫困村确定1名县级领导、6个县级包扶部门、2个包扶企业,形成扶贫攻坚合力,力争包扶一年见到成效。这种模式改变了过去专项资金分散使用,扶贫开发效果不明显的弊端。全县各涉农部门、扶贫帮困团队向10个扶贫开发重点村投资430余万元,修筑砂石路40公里,新建和修缮校舍59间,退耕还林306公顷;打深井7眼,配套机井9眼,建蓄水池4座、水塔2座,修复抽水站2处,铺设供水管道5.89公里;衬砌U型渠道10.3公里,埋设暗管30.37公里,栽植绿化带9.5公里。看望贫困户280户,送去现金5400元,面粉3650公斤,大米1240公斤,食油815公斤及棉被、衣物等,解决了贫困户的生产生活困难。

【中/比妇女发展项目取得明显成效】 中国/比利时妇女发展项目涉及全县12个乡镇,154个村。项目扶持200名(户)贫困妇女,资助建造200个蔬菜大棚,补贴105名(户)妇女购买良种羊105只,70名(户)妇女购买粉碎机70台,修建氨化池350个,补贴种草1400公顷。举办农业实用技术培训班76期,培训学员2280人。项目的实施不但经济效益显著,而且取得良好的社会效益。200个大棚蔬菜平均每棚年纯收入4000元左右。其中30%的大棚户盖起了新房,50%的大棚户添置了农用车、摩托车、洗衣机、彩电等,10%的菜农发展了大棚、扩大生产。马额镇康家村扶持的21户贫困妇女大棚蔬菜平均每棚年收入5000多元;鲁桥镇北坡村24户妇女得到项目补贴,发展布尔山羊养殖,纯收入超过20万元,辐射带动了区域经济的发展。

【万名干部与群众结对扶贫】 12月10日,县委办、县科技局等部门的干部,分别和陵前双胜村10户贫困群众签订了扶贫帮困结对子责任书。至此,全县1万名财政供养干部职工,通过"一帮一、结对子"的形式,每人都结上了一个穷"亲戚"。"一帮一、结对子"是保证困难群众有饭吃,有衣穿,有房住的重要举措。全县共有困难群众11370人,其中城镇居民6267人,农村群众5103人。这种帮扶关系确定以后两年不变,不仅号召全县干部为困难群众有钱出钱,有物出物,更重要的是号召他们不拘形式,发挥所长,在帮助贫困户发展生产上下功夫。帮扶干部每人都定有目标和责任,将对贫困群众进行技能帮扶,帮助结对困难群众提高学科技、用科技、靠科技发家致富的本领。

【高考质量连续八年居全市各县市区第一】 三原县教育整体发展水平处于全省领先位置。教育事业稳步发展,高考捷报频传。参加统考的4846名学生中达到全省第一批本科院校录取分数线的考生有595人,第二批本科院校录取分数线的考生有1625人,第三批本科院校录取分数线的考生有3252人,达到全省高职(专科)院校录取分数线的考生有4642人。在全市3类前6名考生中有3名同学位列其中,600分以上考生人数216人。自1997年以来,连续八年稳居全市第一。

【陕西娃哈哈食品有限公司落户三原】 由杭州娃哈哈集团有限公司与法国达能集团有限公司共同投资兴建的中外合资企业——陕西娃哈哈食品有限公司成功落户三原县。公司位于三原清河食品工业园,东临裕原路,南临107省道,占地6.67公顷,计划总投资2000万美元(约1.7亿元人民币)。建设热罐果汁饮料生产线,年产500毫升果蔬及茶饮料12000万瓶,项目年产值3.5亿元,属高科技型农产品加工企业。2004年11月15日动工建设,建设内容包括:主厂房、原材料仓库、办公楼、宿舍、餐厅及动力用房等,总建筑面积17500平方米。计划2005年6月正式投产。世界500强企业——杭州娃哈哈集团陕西娃哈哈有限公司成功落户三原,填补了全市招引特大型企业的空白，也为加快全县农业产业化步伐奠定了基础。

【赴京举办于右任书法真迹展】 由民革中央、全国政协港澳台侨委员会、中央文史研究馆、中国书法家协会、民革陕西省委员会共同主办，西安于右任故居纪念馆、陕西三原于右任纪念馆与台湾陕西同乡会、台湾于右任文教基金会、台湾于右任书法研究会联合承办的纪念于右任先生著名爱国诗作《望大陆》发表40周年暨于右任先生书法真迹展，2004年11月30日在北京中国现代文学馆举行。纪念展期5天。展品包括《望大陆》诗作手迹的影印巨幅照片、于右任先生近百幅书法真迹以及专门征集的海内外华人书法家作品百余幅。县长刘涛带队赴京，参与组织展览活动，通过宣传于右任的家乡，扩大了三原县在外的知名度。

【三原县获全国粮食生产先进县称号】 县委、县政府认真贯彻落实中央一号文件精神和省政府关于加强粮食生产的各项政策措施，坚持用政策调动农民种粮积极性，加大科技和资金扶持力度，为粮食生产创造了新的发展机遇，全县粮食播种面积和总产均实现了恢复性增长，总产量创历史最高水平。全年粮食收获面积4466.67公顷，较上年增加1800公顷，增长4.22%；粮食总产量达21.86万吨，较上年增加4.16万吨，增长19%；每公顷平均产粮4916.1公斤，较上年增加767.7公斤，增产18.5%。被国家农业部授予全国粮食生产先进县荣誉称号。同时又被确定为全国农机具补贴试点县、陕西省粮食生产县和小麦良种统繁统供重点县。

【三原县农村中小学现代远程教育工程试点工作通过国家级验收】 根据国家农村中小学现代远程教育工程试点工作的总体部署和要求，受全国农村中小学现代远程教育工程部协调小组办公室的委托，专家组于2004年12月12日～14日对全县农村中小学现代远程教育工程试点工作进行了国家级验收。三原县在项目实施过程中，共有试点项目132个，设有模式一、模式二115个，模式三17个。试点工程覆盖全县87%的小学和85%的初中。全县中小学共装配计算机5867台，生机比达到12∶1，计算机教室192个，多媒体教室46个，教育卫星系统142个，天地网合一的学校达121所。全县151所中小学信息技术必修课开课率100%，信息技术课专任教师235人。全县远程信息教育已进入教研阶段，实现了国家农村中小学现代远程教育工程试点，并顺利通过国家级验收。

（刘　健　陈奎长）

三原县委、人大常委会、政府、政协领导人名录

县委书记　杨　鑫

副 书 记　刘　涛　上官亚强　唐善武　姚存信　高秀臻

人大常委会主任　巨志忠

副 主 任　张继泽　程晓茹　周文兴

县　　长　刘　涛

副 县 长　来路线　杨金荣　王玺民　张云霞　裴黎明

政协主席　云三可

副 主 席　段元智　张世英

永　寿　县

【概况】 2004年，永寿县委、县政府坚持科学发展观，从改革和发展的实际出发，注重统筹兼顾，搞好引导调控，按照既定的果畜富民、工业强县"一招四推"（招商引资、推动产业化、工业化、城镇化和信息化进程）、跨越发展的思路，经过全县人民团结拼搏，县域经济和各项社会事业保持了良好的发展势头。全县生产总值完成5.72亿元，同比增长12.8%；其中第一产业完成2.13亿元，同比增长11.5%；第二产业完成1.28亿元，同比增长26.8%；第三产业完成1.63亿元，同比增长7.2%。社会固定资产投资完成3.93亿元，同比增长34.5%；地方财政收入完成1919万元，同比增长17.5%；签订招商引资合同项目24个，合同引资8.42亿元，到位资金3.11亿元，到位资金总额同比增长131.1%；农民人均纯收1262元，同比增长14.8%；劳务输出21625人，实现产值1.08亿元；全县计生率达到96.6%，人口出生率控制在4.76‰以内。

【农业和农村工作成效显著】 全县农业总产值完成45553万元，增长25.9%。夏粮喜获丰收，总产6.19万吨，每公顷产4650公斤，创历史最高水平。苹果总产15万吨，优果率提高到58%，被评为全省果品生产绿色基地县。畜牧业初步形成了布尔山羊、红安格斯肉牛和奶牛并举的三元养殖格局。39个村的"绿色家园"建设走在了全市前列。农业综合开发完成中低产田改造466.67公顷，建成蔬菜大棚32个。人饮工程解决了13个乡镇66个村43000人的饮水困难，全县已有118个村实现了自来水入户，入户率达到47%。移民搬迁完成130户582人的搬迁任务。农业龙头企业日益增多，宏达、科元、安德利等12个企业的引进和建设，为农业产业化进程奠定了坚实的基础。

【国家科技部973项目在永寿县开展研究】 6月2日，由中国林业科学研究院林业研究所主持，西北农林科技大学林学院协作完成的泾河流域农林复合土壤水肥耦合规律研究项目，在永寿县渠子乡一处具有典型黄土高原土壤类型的沟坡地带

设点监测。该项目属国家重大基础研究项目——科技部973项目的一个子课题,主要研究不同模式下的土壤水肥变异情况,为优化不同利用空间下的土地资源配置,提高土地生态效益提供科学依据。该项目2004年初在全国范围内正式启动,计划2005年底结束。

【通过抓示范推动果畜大发展】 为了强力推进果畜产业化进程,10月27日,永寿县委、县政府举行了声势浩大的动员大会,选派128名优秀干部深入全县64个果畜产业发展重点村,带领群众全力发展果畜产业。计划经过2年~3年努力,使全县6个市级果业示范园达到市级示范标准,再培育出30个县级示范园和20个兴牧示范村。同时下发了《永寿县下派干部包村抓兴牧工作考核办法》,要求下派干部一要做好群众的教育引导和宣传鼓励工作,通过算账对比,科学分析,鼓励群众积极开展果畜生产。二要抓好对群众的实用技术培训工作。三要在技术服务的各个环节,深入田间地头,手把手教群众干、帮群众干、带群众干。四要做好组织协调工作,主动出面帮助群众邀请专家技术人员,及时解决产业发展过程中的实际问题。集中精力、埋头苦干、扎实工作、使全县果畜主导产业迈向一个新水平,带动农村经济跨越发展。

【上邑乡农业综合开发工作成效明显】 国家农业综合开发项目在永寿县重新实施以来,上邑乡承担着首期项目建设任务。在县农业综合开发办公室的悉心指导下,上邑乡党委、政府坚持以建设精品工程为目标,以改造中低产田、改善农业基本生产条件为重点,圆满完成了项目建设任务,在省市多次检查验收中受到好评。该项目总投资356万元,惠及应村、千家等7个行政村,1342户5654人。经过一年的艰苦奋斗,项目区农业生产条件得到进一步改善,共改良土壤666.67公顷,其中深翻333.33公顷,平衡施肥333.33公顷,修复配套机井15眼,架设高低压线路5公里,建管护房12座,水塔3座,水池3座,高位罐2座,埋设暗管31公里,配输水管3.84公里,新增灌溉面积133.33公顷,新修扩改机耕路16公里,硬化机耕路10公里。营造农田防护林10公里,栽植中槐、刺柏、垂柳1万余株,保护基本农田666.67公顷。项目区基本达到了田成方、林成网、管相连、路相通的农业综合开发示范区标准,一个林茂粮丰,多业并举的生态型农业开发区初显雏形。

【扶贫开发重点村建设工作通过省级验收】 9月23日,陕西省2001年度扶贫开发工作重点村验收组在省扶贫办移民处处长谢浩民的带领下,对永寿县2001年列入扶持计划的扶贫工作重点村——常宁镇西班白村和甘井镇延村进行检查验收。验收组现场检查,按照验收标准逐个检查验收。两个村按照一年打基础、二年变面貌、三年见成效的工作思路,全面完成了重点村建设任务,基础设施条件得到进一步改善,产业结构趋于合理,农民人均纯收入年增幅超过全县平均水平,达到了扶贫工作重点村建设验收标准,顺利通过验收。西班白村是省委副书记袁纯清的包扶点,也是县委书记庞少波的包扶点,全村36.67公顷果园全部大改形,建成了省级示范园,仅苹果一项收入就占农民人均纯收入的60%以上,全村132户群众已从昔日危房旧窑中搬迁到移民新村,学校、医疗站、供水等配套设施齐全。验收组认为西班白村扶贫重点村建设不仅过了关,而且达到优秀水平,要求在全县、全市乃至全省范围内推广西班白村经验。

【中药材种植成为农民增收的新亮点】 永寿县野生中药材资源丰富,品种多、分布广、产量高、质量好,是全省乃至全国少有的中药材适生区。其中在全国中药市场久负盛名的"永柴胡"就出自永寿县甘井镇。县委、县政府把发展中药材作为增加农民收入的一项大事来抓,加大宣传引导和扶持力度,全县初步形成了以柴胡、黄芩、丹皮、甘草、防风、板兰、白荷、荆芥、金银花等品种为主的中药材生产区,拥有人工种植中药材上万亩,建成中药材种植示范村35个。常宁镇中药材示范基地面积达21.33公顷。种植的1.73公顷白芍,两年后采收,预计每公顷产6750公斤左右,产值可达10万元。种植的2公顷柴胡当年可受益,每公顷平均产量1350公斤左右,总收入可达4万多元。在示范基地的带动下,周边一些村民也开始从事中药材种植。

【工业经济运行良好】 2004年,全县工业总产值完成23090万元,较上年增长58.1%,规模以上工业实现产值11059万元,同比增长75.1%,增长速度名列全市第一。年初确定的十件实事及12个重点项目建设进展顺利。其中制药公司完成产值5400万元,比上年增长75.1%。水泥有限责任公司生产水泥9万吨,完成产值1980万元。石桥头、降山、和平3个电站全年发电4350万千瓦时,实现产值1131万元。5户煤炭企业通过招商引资发展较快,碾子沟、毛家沟煤矿的通风、提升、供电、排水、运输五大生产系统的改造取得显著成效,安全生产得到保证,产量大幅度提升。

【招商引资工作再上新台阶】 为了实现永寿工业经济跨越式发展,进一步加大招商引资工作力度,永寿县委、县政府继续把招商引资工作当作第一要务来抓。通过参加各种投资与贸易洽谈会,用永寿的资源、政策、服务和优势项目吸引投资者。全年共签订招商引资项目24个,合同引进资金84256万元,到位资金31136万元,同比分别增长24.3%和131.9%。碾子沟煤矿产权整体转让给山东王晁煤电集团,资产移交后，集团立即投入2818万元进行50万吨扩产改造。毛家沟、兴发等4户煤矿企业产权分别转让给山西、铜川客商，累计到位资金1000万元。制药公司引进咸阳客商投资369万元建设的医药综合大楼已基本完工。投资8000万元的5万吨生活用纸扩产项目已达成合作意向。随着这些项目建成投产，永寿工业经济实力将会迈上一个新的台阶。

【牧草深加工项目签约】 5月18日，陕西长泰科工贸有限公司在永寿投资1500万元的牧草深加工生产线建设项目签约仪式在县电力宾馆隆重举行。根据协议，长泰公司将在渡马乡建设牧草深加工生产线，年加工草粒1万吨，草饼1万吨；在永平乡建立牧草收储总站，年收储牧草10万吨。并向农民承诺订单收购，现金兑付。该项目的实施，对于加快农业产业结构调整、培育壮大牧草产业、促进农民增收将起到重要作用。

【城镇化建设步伐加快】 随着永寿广场的建成开放，县城老街的硬化、亮化，永店路县城入口段的拓宽改造，沿312国道等主要街区的高层建筑的落成，仪井、店头、豆家、甘井、常宁等乡镇小城镇建设的显著变化以及永寿·温州商业步行街的动工建设，标志着永寿县城镇化建设迈出了新的步伐。11月8日，永寿·温州商业步行街开发建设工程奠基仪式隆重举行。商业步行街的开发建设工程是县委、县政府继永寿广场建成之后旧城改造的又一重大举措，是一项造福于民的实事工程，将为改善永寿投资环境和人居环境、提高城市品位、完善城市功能注入活力，为招商引资提供更加广阔的平台。

【信息化建设有突破性进展】 继上年建成和完善政府信息网、移动通讯网、多媒体网、计算机局域网、广播网之后，2004年完成了县人大、政府、政协等47个部门的联网工作，信息平台建设走在全市县区前列。局域网内各单位初步实现了内部办公自动化。通讯网络进一步完善，开通程控电话1.2万门，移动电话1.6万户。103所中小学实现了卫星地面接收，远程教育有了较大突破。11月25日，永寿县教育系统的52个多媒体教室，103所中小学的卫星地面接收系统，80所中小学的远程教育光盘播放点以及正在实施中的教育信息中心网站、二期远程信息技术教育项目通过省市农村中小学现代远程教育工程试点项目联合验收组验收，标志着永寿县信息化建设有了突破性进展。

【商业供销购销活跃】 2004年，商业供销系统围绕县委、县政府的既定目标，结合自身实际，理清工作思路，确定工作重点，齐心协力求发展，各项经济指标及招商引资比上年同期都有较大幅度增长，企业呈现出勃勃生机。商业总公司商品总销售完成658万元，较上年增长1.4%，上缴税金14.3万元，较上年增长2.9%。实现利润同比增长10%。供销社全年销售各类化肥32400吨，农药30.2吨，农地膜160吨，农资经营实现了三个同比增长，销售总值、销售总量、销售利润分别较上年增长30.8%、26.4%、3.6%。商业系统招商引资2935万元，其中投资585万元的家得利超市，投资2300万元的世贸汽车服务中心分别于5月、9月建成并正式运营，投资50万元的商贸城大棚技术改造已交付使用。供销社全年签订招商引资合同5个，合同到位资金450万元。两企业招商引资均创新高，既改变了企业经营服务设施陈旧落后的面貌，又引进了先进的管理方法和灵活的经营机制。

【社会保障体系进一步完善】 2004年，永寿县认真落实中央、省市就业和再就业各项政策措施，进一步加强社会保障体系建设，积极探索建立农村养老、医疗保险和最低生活保障制度，着力解决弱势群体的生产生活困难问题。城镇养老参保人数达到2972人，医疗参保人数7194人，失业保险参保人数5190人，工伤保险参保人数844人，"四〇五〇"人员再就业人数116人。农村救灾、救济工作安排具体，任务明确，责任落实。全县1328户5046人按月供应面粉25万公斤，夏收前发放救灾粮15万公斤，春节前发放救灾粮10万公斤，棉被1300床、棉衣1000套。

【做大劳务输出产业】 2004年，永寿县把劳务输出作为当前农民脱贫致富、促进农民增收的一项支柱产业来抓，制定《关于强力推进劳务输出产业发展的实施意见》，鼓励党政群机关干部带薪留职从事劳务输出工作，扶持民办机构和社会力量开展就业技术培训。全县建立起青年就业服务联系点15个，全年劳务输出21625人，创收1.08亿元，人均增收565.4元，实现了农村剩余劳动力输出数量和技能双提高，达到了外出务工一个人、脱贫致富一家人、引导启迪一帮人、发展带动一村人的目的。

【中日友好永寿绿化基地植树活动开展】 9月6日～8日，陕西省黄河文化经济发展研究会与日本黄河流域文化义务植树团组织中日学生在永寿县永平乡马家山开展中日友好永寿绿化基地植树活动。参加这次活动的有日本法政大学师生65人，西安理工大学师生43人，共栽植侧柏1400多棵。9月7日劳动间隙，日本黄河流域义务植树团探访了马坊镇西何村小学和贫困户李良生一家，与群众和小学生进行了友好交流，并向西何村小学赠送了一台电视机及部分学习用品，向李良生一家赠送了一台电视机及部分生活用品。9月8日下午，中日学生共同参观了槐树林风情度假山庄和永寿2万公顷槐树林。晚上，中日大学生和永寿中学学生代表举行了联欢。

【咸阳市第五届乡村青年文化节启动仪式举行】 5月16日,以兴起新高潮、创造新业绩为主题的咸阳市第五届乡村青年文化节暨青年志愿者“四下乡”服务活动启动仪式在常宁镇隆重举行,市县领导及咸阳市第一人民医院负责人参加了启动仪式。参加志愿者服务的医疗卫生系统、防疫系统、计生系统、农林系统、群众团体系统、政法系统和文化系统等6支服务队130多名志愿者和近万名群众参加了活动,累计发放宣传资料500多份,摆放宣传版面100多幅。健康向上、有趣有为的乡村青年文化活动将党的温暖送到了广大农村青年之中。

【永寿县人民法院荣立全省法院系统集体一等功】 永寿县人民法院以全新的司法理念,不断加强队伍建设,落实便民措施,推动了以审判为中心的各项工作新发展。2003年以来,审结各类案件比前两年同期增加了12%,服判率为98.2%,上诉发还改判率下降了7.3%,调解结案率达到64%以上,实现了刑事、民事、行政审判“零”积案。案件当事人的申诉信访率仅为0.3%。全院无违法违纪审判案件,获得全国人民满意的好法院等荣誉。4月,又荣立全省法院系统集体一等功。

【社会事业全面发展】 科教兴县步伐加快,教育教学质量明显提高,以素质教育为方向的基础教育不断加强,高考上重点线人数首次突破200人大关。教育基础条件和设施明显改善,全县共改造危漏校舍14469平方米,争取社会各界捐资40万元,资助大、中、小学生860名;以科技推动产业发展,建成中药材基地,被省科技厅命名为中药材现代化科技示范县,农业生产实现多元化,农民收入稳步提高;在省内县区率先实行计生人事改革,队伍建设优化强化,人口自增率控制在4.76‰;农村新型合作医疗制度试点工作顺利进行,人民群众就医条件有了较大改善;文化市场不断净化,生态旅游保持了良好发展态势;安全生产常抓不懈,安全形势明显好转;开展领导干部亲自查办信访案件活动,妥善解决了群众反映强烈的热点、难点问题,保证了社会大局的稳定,促进了全县城乡社会全面、协调发展。

【精神文明建设】 2004年,永寿县委、县政府全面开展文明单位、文明行业、文明校园,文明村镇创建和城乡环境卫生综合整治活动,不断加强精神文明建设。积极引导人民群众依法参政议政、大力推进基层民主法制建设,努力建设经济繁荣、社会进步、人民安居乐业的和谐永寿。在全县广大党员、干部、群众中,继续深化公民道德教育,宣传和倡导20字公民道德规范,在不断推进“在社会做个好公民,在单位做个好职工,在家庭做个好成员”主题教育的同时,大力开展道德实践活动,全县共有29个部门54个单位的200多名科技人员上街开展各种形式的宣传咨询服务活动,共展出板面29块,挂图1343张,发放宣传资料26000多册;县医院、妇幼保健站分3个小组,深入13个乡镇开展大型义诊咨询活动,发放资料8000份,义诊人数860名,为1500多人提供了咨询服务;全县共创建“购物放心一条街”,质量价格信得过单位18家,诚信个体经营户205户;县关工委在全县成立了专门从事未成年人教育的4个宣传团、5个委员会,58个基层组织。对未纳入“创选评”部门的21个单位也签订了精神文明建设目标任务书,使全县精神文明建设工作实现了全方位覆盖。

(栗振兴　严建荣)

永寿县委、人大常委会、政府、政协领导人名录

县委书记　庞少波
副 书 记　黄启平　李西安　陈希文　刘冀明　邢步宜
人大常委会主任　刘善堂
副 主 任　吴克兰　余菊兰　翟建民　梁存禄
县　　长　黄启平
副 县 长　陈万锋　吴　起　王伟平　张和平　单　红
政协主席　于建军
副 主 席　王文荣　宋宏斌　马彩云

彬　　县

【概况】 2004年,县委、县政府坚持以科学发展观为指导,依托煤炭资源优势,确立了“煤炭强基、化工做大、三产配套、环境优化”的能源化工发展思路,强力推进“工业强县”步伐,抢抓机遇,团结拚搏,开拓进取,艰苦创业,县域经济和各项社会事业保持了良好的发展势头。先后荣获全国造林绿化百佳县、地方电子政务调查应用奖、西部中小学现代远程教育项目实施先进单位,全省夏季农建先进县、农业综合开发先进县、统计工作先进集体、林业工作先进单位、绿色果品建设先进单位,全市社会治安综合治理先进县、纠风工作先进县、婚育新风进万家活动先进县、农村公路养管“好路杯”金奖等16项荣誉称号;全省果树春管现场会,全市公路环境整治现场会、中小学德育工作现场会、人口与计划生育综合改革项目推广现场会在彬县召开,新型农村合作医疗、安全生产、计划生育等多项工作得到了上级充分肯定。全县生产总值突破10亿元大关,达到10.11亿元,增长13.3%,提前一年实现了“十五”计划目标,实现了全县经济发展的历史性突破;一、二、三产业

分别实现增加值3.3亿元、4.4亿元和2.3亿元，分别增长12%、16.7%和8.6%。全县人口自增率控制在3.01‰。

【农村经济全面发展】 认真贯彻落实中央一号文件精神，大力调整农业产业结构，不断改善农村基础条件，多渠道增加农民收入，有力地促进了农村经济全面发展。农民人均纯收入达到1642元，增长12.7%，增速达到近六年来最高点。全县完成农业总产值5.8亿元，增长12.7%。①粮食总产达到历史次高点。全年种植粮食2.92万公顷，粮食总产10.9万吨，增长24%，是历史上第二个丰收年。②"2015155"工程进展顺利。完成果树大改形4266.67公顷，累计达到633.33公顷，推广强拉枝1万公顷，果实套袋8.2亿只，建设绿色苹果生产基地3333.33公顷，全县果品产量达到19万吨，果品优质率提高到65%，实现收入2.2亿元，农民人均果品收入764元，占到农民人均收入的46.5%；嫁接软枣苗2866.67公顷，部分柿子园已零星挂果；人工种草1133.33公顷，优质牧草面积发展到1.01万公顷；青苹果建园累计达到2866.67公顷。畜牧业稳步发展。成功预防了禽流感等重大动物疫情，有效保护了畜牧业生产安全；全县畜禽饲养总量达到140万头(只)，出栏92万头(只)，实现畜牧业产值8057万元，增长4.7%。③农业基础条件得到改善。造林2266.67公顷，改造中低产田800公顷，新修梯田826.67公顷，治理水土流失面积44.95平方公里；新建沼气池1300口，累计达到2671口；新建小型人饮工程27处，解决了1.82万人的饮水困难；改造了75个村的农村电网，农村电网改造率达到90.7%。④扶贫开发进展良好。投资842.7万元，建设扶贫重点村15个，搬迁贫困人口130户650人。⑤劳务经济快速发展。全县输出劳务人员2.51万人，累计达到4.5万人，创收1.8亿元。

【工业化进程明显加速】 围绕建设工业强县目标，坚持以"四矿十厂"改制改造为重点，加大企业技改力度，狠抓骨干项目建设，进一步推动了工业经济快速增长。全县实现工业总产值6.4亿元，其中规模以上工业产值4.78亿元，分别增长15.7%和18.6%。工业产品产销两旺。生产原煤363万吨，发电2.85亿千瓦时，生产面粉3309吨、炸药857吨、果汁1.7万吨；全县完成工业销售收入6.4亿元，增长11.3%，产销率达到100%；工业企业实现利税6500万元，增长56%。重点技改建设项目进展顺利。下沟煤矿技改工程基本完工，洗煤厂提前投入使用，地下综采设备全部安装到位，正在调试；火石嘴煤矿技改工程完成投资7580万元，改造了地面生产系统，建成了35千伏变电站和75万吨块煤洗煤厂，超额完成了工程年度计划；水帘洞煤矿技改工程完成投资6000万元，井巷掘进3000米，井下煤仓和提升系统正在抓紧建设；大佛寺井田建设工程35千伏变电站已投入使用，井巷掘进正在进行；咸阳秦能公司发电厂1.2万千瓦新增机组顺利投入运行；彬县电力有限责任公司6000千瓦机组技改项目土建工程基本完成，锅炉系统安装工作正在进行；彬县缸瓦厂扩建项目竣工投产，生产规模明显扩大。

【城镇化步伐不断加快】 一区一街开发及城区建设工程顺利推进，完成投资1.78亿元，是彬县城建历史上投资规模最大的一年。公刘街中段开发工程完成投资6000多万元，按期建成通车，构建了县城的交通性干道，进一步拉大了城市框架。西区商贸区土地出让率达到55.5%，开工建设了5处工程，两处已基本竣工。机关建设、住宅安居、商贸开发、文教设施、巷道改造和市容市貌六大城区建设工程进展良好，完成投资9869万元，建筑面积13万平方米，占计划的130%。其中，家福乐购物广场、疾病控制中心、百货建材购物中心扩建等11项工程全面完工，物价局宿办楼、物资综合公司商住楼等6项工程接近完工，残疾人培训中心、商贸公司商住楼等10项工程正在建设。小城镇建设稳步推进，投资870多万元，硬化街道3200米，新建专业市场3个，新增门店540间，繁荣了乡村经济。深入开展城乡环境卫生综合整治活动，集中治理脏、乱、差现象，城乡环境面貌有所改观。

【信息基础设施建设成效显著】 全县信息服务业收入完成1650万元，占全年计划的103%。完成接入网光缆线路8公里，发展宽带网用户420户；新发展有线电视用户608户，有线电视用户发展到6948户；新增固定电话2600部，移动电话2.42万部，累计分别达到2.12万部和6.2万部，全县电话普及率达到了百人26部；投资476.9万元，建成了50个小学卫星教学点、17个中学多媒体计算机教室和156个农村小学光盘播放点，全县中、小学远程教育覆盖率分别达到100%和93.4%；启动实施了电子政务二期工程，实现了与咸阳市电子政务办及全县30多个部门、单位的连通，初步形成了以"三网一库"为基本框架的电子政务系统，有效实现了网络资源共享和资料网上传递目标。

【招商引资卓有成效】 县委、县政府始终坚持把招商引资作为实现跨越发展的加速器，先后组团参加了西洽会、陕港经济合作促进会、农高会、赴浙招商促进会，并组建10个招商小分队赴东南沿海叩门招商，招商引资工作取得了显著成效。全县签订招商引资合同项目29个，合同资金总额23.95亿元，到位资金8.83亿元，增长33.8%，居于全市前列；签订协议、意向项目8个，涉及资金2.37亿元。固定资产投资增势强劲。完成全社会固定资产投资

8.45亿元,增长54%。重点工程建设进展顺利。彬麟三级公路改建和公刘街中段已建成通车,下沟煤矿300万吨技改、疾病控制中心建设和危漏校舍改造基本完工,通达果汁厂二期扩建、缸瓦厂技改和金台御液酒厂建设已竣工投产,大佛寺井田建设、水帘洞煤矿技改等11项工程完成了年度投资计划,彬县第二中学、垃圾卫生填埋场、大佛寺旅游景点开发等工程前期工作基本就绪。

【第三产业健康发展】 城乡市场更加繁荣,商贸流通趋于活跃。继美乐多、海星等多家超市落户彬县后,太平洋服装超市、家福乐购物广场等企业又相继来彬县投资,连锁经营、供货代理等新型流通方式成功引领了全县商流企业的发展。全县社会消费品零售总额3.38亿元,增长10.2%。其中,商贸流通企业完成商品销售总额1.5亿元,上缴税金167万元,分别增长3.3%和8%。非公经济稳步发展,新增非公经济组织314户,累计达到7196户;非公经济实现增加值3.2亿元,占GDP的31.8%;入库税金1458万元,增长17.6%,非公经济成为经济发展的重要力量。

【财税金融运行良好】 大力组织财税征收,全县为各级提供财政收入9048万元,增长23%。其中,地方财政收入4480万元,增长17.1%。煤炭企业维简费征收起步良好,半年征收7项规费1100万元(其中县级收入960万元)。全县财政支出15277万元,增长6.6%。全年发放下岗职工生活费145万元、城镇困难群众基本生活保障金188万元,全县建国前入党的农民党员定额补助全部发放到位,较好地实现了“两个确保”、“两个保证”及“低保”目标。弱势群体得到救助,发放救济款43.5万元、救济粮42.5万公斤、救济衣物2800多件,救济困难群众1.2万人。灾民建房工作成效显著,投入补助资金100多万元,重建房屋6100间。金融市场运行良好,年末全县存款余额13.11亿元,各类贷款余额9.56亿元,支持了县域经济发展。

【社会事业全面发展】 ①教育工作迈上新台阶。投入869万元,改扩建中小学校20所,维修危漏校舍13851平方米,改善了中小学办学条件;高考上线1420人,创历史最好水平。②新型农村合作医疗健康运行。为5.4万名农民报销医疗费用528.8万元,顺利通过了国家评估验收。③计划生育工作成绩显著。全县人口自增率控制在3.01‰,计划生育率达到98.3%。④就业和再就业工作得到加强。全县累计创造就业岗位1800个,安排下岗职工650人,城镇登记失业率3.9%;按照政策公开安置了46名复转军人,并妥善解决了一些单位未上划人员的就业问题。⑤纠风力度不断加大。深入开展了行政执法部门行风评议活动,促进了行业风气的进一步好转。⑥经济秩序更加规范。全面开展市场整顿活动,深入实施食品药品放心工程,有效杜绝了假冒伪劣商品,保证了广大群众身心健康。

【维护稳定工作卓有成效】 深入开展严打专项斗争,打击处理了一批违法犯罪分子,实现了命案必破目标;受理群众来信来访1810件,同比下降29.5%,其中各级立要结果案件189件,查结181件,结案率达95.8%;投入431万元,整改安全隐患549条,安全生产四项指标大幅下降,安全生产形势进一步好转。狠抓各项安全隐患治理措施的落实,杜绝了重特大事故的发生,有力地维护了全县大局稳定。

【地方志工作成绩斐然】 ①《豳州志译注》一书顺利出版。由黄金来编著,将明撰《豳州志》和清修《直隶邠州志》融汇一体,并广收旧志未有而现存的诸种重要史料,详为标点、注释、翻译,为了阅读方便,还撰写了《历代官制》、《历代建制》、《科举制度》、《天文分野》等导读材料。全书分为四卷,40余万字,涉及现彬县、长武、旬邑、淳化四县,是对彬县旧志的抢救性整理,极富有收藏、存史、资政价值。②《彬县煤矿发展史》编辑出版。编委会主任何万盈,主编邰启荣。该书由陕西省人民政府副省长巩德顺作序。全书共40余万字,史料翔实,文字精炼,比较全面、系统、客观地记述了彬县煤矿的发展历程。③《彬县军事志》顺利通过评审。全志共分序言、凡例、概述、后记等共12章45节,约12万字,由任德平任编委会主任,曹剑任主编。该志全面记述了彬县的军事地理、重要战事、政治建设、军事人物、军民关系、战略防空等情况,是了解和研究彬县军事的资料库。④《彬县在外人员名录》内部出版发行。该册共收录有影响的在外彬县人逾百名,是对彬县人文资源和地情资料的进一步挖掘,促进了彬县招商引资和经济社会事业的发展。

【公刘街中段开发建设工程顺利完工】 公刘街中段开发建设工程全长2708.5米,主街道长2004.4米,宽50米,为直线形沥青砼路面,横断面为“三板四带式”。工程总占地面积22公顷,工程建设从2003年8月1日开始至2004年11月8日结束,历时15个月。公刘街的建成,使彬县城区面积由4平方公里扩大到6平方公里,城市功能进一步完善,城市品位进一步提高。

【彬县至麟游三级公路建成通车】 彬县至麟游三级公路全长40.48公里,其中彬县境内33.86公里,工程总投资2954万元,从2003年8月1日开工建设,至2004年8月底建成通车。彬麟公路是国家农村县际公路国债项目,连结了咸阳、宝鸡两市。它的建成,促进了沿线地区经济发展,也是煤果运输的重要通道。

(王耀立 李晓云)

彬县县委、人大常委会、政府、政协领导人名录

县委书记　王惠林
副书记　郭伯权　吴若阳
　　　　张　忠　屈振民
人大常委会主任　张维东
副主任　任俊涛　兰宏民
　　　　罗恩德　张世文
县　长　郭伯权
副县长　王生江　邓丛洲
　　　　蒲　军　王　崎
　　　　惠碧仙　刘兆龙
　　　　燕三全
政协主席　辛科科
副主席　刘忠存　张素娥
　　　　焦庭文

长武县

【概况】 2004年,长武县委、县政府按照"扭住第一要务,实现五个突破"的基本思路,团结带领全县人民,加压紧逼,奋力拼搏,使县域经济得以持续、快速、健康发展。全县生产总值完成4.75亿元,同比增长13.1%;农业总产值完成2.99亿元,同比增长12.4%;工业总产值完成2.1亿元,同比增长19.3%;地方财政收入实现2180万元,同口径增长26.3%;农民人均纯收入达到1420元,同比增长12.9%。

【招商引资成果丰硕】 招商引资实现突破性进展,全县共签约招商引资合同项目39个,涉及工业、农业、第三产业等各个领域,合同引进资金19.4亿元,占年计划10亿元的194%;到位资金4.37亿元,较上年翻了一番。亭南煤矿主副井见煤。通达果汁厂建成投产,千亩生态奶源基地一期工程基本建成,带动了果畜产业的快速发展。朝阳水电站整体出售,县复烤厂租赁经营,实现了国企改革与招商引资的双赢。

【固定资产投资高幅增长】 长宁公路、长武汽车站、移动通讯基站、安华大酒店、农村人饮解困等工程顺利实施,县医院住院楼、疾控中心综合楼、青少年校外活动中心等工程年度建设计划全部完成,经济发展后劲不断增强。全社会固定资产投资完成4.26亿元,同比增长59.6%。

【农村经济发展迅速】 夏秋粮喜获丰收,全年粮食总产达到5.8万吨。农业支柱产业进一步壮大,新栽澳洲青苹1386.67公顷,果园面积累计达到11800公顷。"优果工程"顺利推进,果园管理科学得到全面推广,果实套袋6.3亿只,苹果总产达到9万吨,优果率达到60%以上,产值达到1.1亿元。新栽红地球葡萄246.67公顷,累计发展到666.67公顷以上。栽植烤烟7333.33公顷,实现产值800多万元。特色种植面积不断扩大,万寿菊、地溜菜、中药材等达到666.67公顷。畜牧业健康发展,全县大家畜存栏达到4.5万头,实现畜牧业产值4500万元。农民现金收入稳步增长,全年劳务输出37580人,实现现金收入1.2亿元,农民人均纯收入净增162元。

【生态农业项目建设成绩突出】 林业四项工程、水保世行项目共完成新栽和补植7933.33公顷,退耕还林(草)966.67公顷,飞播造林666.67公顷,封山育林333.33公顷;新建速生杨丰产林86.67公顷、乡村道路绿化工程新栽中槐26000多株。建成赤峪、上成、李家洼等小型水利工程13处,建设农村沼气池1055口,移民搬迁贫困群众149户、596人,农村生态环境明显改善。

【工商企业不断壮大】 规模以上工业完成总产值0.53亿元,同比增长17.4%。企业技改进程不断加快,投资4300多万元的金醇古酒业公司、同康药业公司等企业技改项目顺利完成。金醇古系列白酒产销两旺,精品金醇古获陕西名牌,"醇古娇子"产品上市;同康药业公司片剂车间GMP达标顺利通过验收,惠丰公司芦丁生产线建设全面完成。非公有制经济发展势头良好,全年新增个体工商户135户、私营企业8户。通达铸造厂、方圆建筑公司、美乐多超市、永德宏商场等私营企业成为利税大户。全社会消费品零售总额达到1.1亿元,同比增长10%。

【城镇化水平全面提升】 县城建设有了新进展,投资360多万元,完成了西一路、西二路、炭市街、西关村委会东边巷道硬化改造和醇古街的整修任务;安装了西二路照明设施,西门十字等城区中心地段安装了花灯;完成了以西大街为主的县城绿化任务;环境卫生管理力度进一步加大,设立了环卫局,清运垃圾1.2万吨,取缔店外经营600多处。小城镇建设步伐加快,相公、枣元、巨家等乡镇道路、排污、绿化工程进展顺利,小城镇的聚集效应和承载功能凸显,城乡环境面貌大为改观。

【信息化建设成效显著】 电子政务建设迈出新步伐,改版后的政务公众信息网累计点击人数近4万人。新建农村现代远程教育教学点106个。数字电视开通,新增有线电视用户380户。城乡通讯网络逐步健全,新增固定电话用户1600户、"小灵通"用户1130户,发展宽带数据用户171户,"数字长武"建设开局良好。

【财税工作迈上新台阶】 财税收入稳步增长,支出结构进一步优化。"两个确保"、"两个保证"任务全面落实,县级单位干部职工和教师工资按时足额发放,为372名失业人员发放失业保险金65.2万元。财税改革不断深化,全面取消农业特产税并下调了农业税税率,农民较上年人均减负74.33元;行政事业性收费"收支两条线"管理进一步加

强;实施政府采购309万元,节约资金36万元;核算中心拒付不合理开支72笔,涉及金额74.29万元。村财乡管等新型财务管理制度得到推广,财政管理和服务水平全面提高。

【各项社会事业全面发展】 坚持教育优先发展战略,教师队伍建设得到加强,教学条件不断改善,教育质量稳步提高,高中招生率提高到55%,高考上线率达到93.7%。未成年人思想道德建设和德育工作明显加强,群众性精神文明创建活动蓬勃开展。成功举办了农村文化艺术节、全民健身周等文体活动,县文化中心正式启用。农村医疗网络逐步完善,中澳卫生援建、孕期营养素补充、卫X结核病控制和地方病防治等卫生项目顺利实施,地方病防治示范县建设顺利通过省级验收。县调频广播电台基本建成,电视台节目质量有了新的提高。计生综合服务县创建顺利通过了省政府验收,优质服务三大工程经验在全市得到推广,全县计生率达到98.1%,人口出生率控制在8.73‰以下,人口自然增长率控制在3.37‰以内。

【社会大局保持稳定】 长武县委、县政府高度重视解决弱势群体的生产生活,全年共为883户、2222名“低保”对象发放“低保”金137万元;下拨救灾款106万元,救灾粮37万公斤,帮助7400多户、24000多名受灾和贫困群众度过了难关。社会治安综合治理工作进一步加强,年内共发生各类刑事案件123起,破获108起,破案率87.8%;受理治安案件501起,查结501起,查结率达到100%。建立了处理信访突出问题及群体性事件联席会议制度,受理群众来信来访352件(次),集中处理信访突出问题121件(次)。全面贯彻实施《道路交通安全法》,坚持开展安全生产专项治理,安全生产形势总体平稳,社会大局保持稳定。

【经济工作中存在的困难和问题】

一是农业比重依然偏高,产业化经营水平低,产出效益不够理想,工业支柱不突出,大企业、大项目偏少,规模效益不高,第三产业层次低、发展慢;二是招商引资领域不够宽阔,基础产业、服务业等投资较少,项目建设用地与农田保护矛盾突出;三是国企改革任务艰巨,职工安置十分困难;四是税制改革使地方财政收入在总税收中的利益分配比例及税源项目明显减少,财政债务负担沉重,收支矛盾进一步加剧。

(高宗昌　李玉平　关瑞鹏)

长武县委、人大常委会、政府、政协领导人名录

书　　记　杨宏章
副 书 记　刘双耀　陈永昌
　　　　　刘　军　李福民
人大常委会主任　贾东辉
副 主 任　张兴奎　曹　诚
　　　　　刘恩厚　洪　晓
县　　长　刘双耀
副 县 长　朱爱民　池军旺
　　　　　翟培宗　郭怀玉
　　　　　李　健　张宏立
　　　　　张建伟
政协主席　李中发
副 主 席　宋安民　陈德虎
　　　　　李麦娥　崔拴效

旬　邑　县

【概况】 2004年,旬邑县经济社会步入了新一轮快速发展时期。全年实现生产总值6.58亿元,增长12.5%,地方财政收入2245万元,增收412万元,同口径相比增长21.9%;社会消费品零售总额1.86亿元,增长10.7%。

【农业农村经济快速发展】 2004年,全面贯彻落实中央一号文件精神,农业产业化经营迈出新步伐,农业增效、农民增收、农村经济发展目标顺利实现。粮食地膜化种植取得新突破,全年实现粮食总产9.4万吨,增长5.6%,创历史最好水平;苹果总产21.2万吨,产值3.6亿元。苹果宣传促销工作不断加强,旬邑苹果的知名度进一步提高;兴牧富民工程顺利实施,畜禽防疫、良种引进和养殖小区建设扎实有效。全县畜禽存栏45.5万个羊单位,奶牛养殖400头,实现畜牧业产值9600万元;建成步长蒙芪、春晖膜荚黄芪GAP科研认证和药源基地,订单种植药材1933.33公顷,总面积发展到4000公顷;种植烤烟1066.67公顷,收购烟叶170万公斤,农民收入1300万元;扶贫开发进程加快,完成了20个重点村基础设施建设和3个村、122户、509人的移民搬迁任务。同时,林业生产、水利建设扎实推进,生态旬邑建设取得新进步。

【工业经济高幅增长】 充分发挥资源优势,积极实施工业强县,以原煤生产为重点的工业经济保持了快速增长的良好发展势头。多方筹措技改资金,全面完成台家山、留石村、黑沟、宋家沟煤矿改扩建任务,提高了原煤生产能力和安全水平,全县完成煤炭企业技改投资2.45亿元,全年原煤总产230万吨。通过招商引资,做好了青岗坪、老庄子煤矿建设和洗煤厂、煤矸石发电厂的前期准备工作。加快了化肥、面粉、建材等传统产业嫁接改造步伐,狠抓了药厂达标认证,扶持发展五凌源酒厂、兴远秸秆纸业包装公司;灵活运用股份制、出售、破产等改制形式,使食品公司、五金公司等9户商贸流通企业,招商引资,嫁接改造,盘活资产,焕发活力;对停产半停产的机械厂、木材加工厂、佳美食品厂进行出售或破产重组,实现资产置换、职工身份置换;全年完成工业生产总产值3.22亿元,增长29.1%。其中,规模内工业企业完成生产总值1.26亿元,增长72.2%;全县生产原煤230万吨,实现产值1.27亿元,占

全县工业生产总值的39.4%。乡镇企业完成生产总值4.8亿元,增长4.8%;全县新增个体工商户800个,新发展私营企业21户,实现非公经济产值3.95亿元。

【多措并举加快畜牧业发展】 10月13日,县政府组织召开了有县、乡、村千名干部群众参加的兴牧富民动员大会,研究制定了《关于实施兴牧富民工程,大力发展畜牧业的决定》,提出了以发展奶业为突破口,以发展草食家畜为重点,以家庭养殖为基础,以提高畜产品质量效益为目标,稳定发展猪、鸡生产,大力发展奶牛和肉牛、肉羊生产,积极发展特种养殖,形成以奶畜及肉牛羊和苜蓿为主要品牌,猪、鸡、兔为基础、特种养殖为补充的畜牧业生产格局。

【经济结构进一步优化】 三大产业结构调整到54:21:25。农业经济快速增长,实现农业总产值3.93亿元,增长11.3%。苹果总产21.2万吨,增长24%。粮食总产创历史最高记录,达到9.4万吨。畜牧产值9600万元,增长7.9%。工业经济高幅增长,实现工业总产值3.22亿元,增长29.1%。其中,规模内工业总产值1.27亿元,增长73.7%。全年生产原煤230万吨,增长76.9%。第三产业增加值达1.62亿元,房地产开发、交通运输、商贸流通、金融邮电等都有了新的发展。非公有制经济快速发展,完成总产值3.95亿元,增长29%,占全县生产总值的61.1%。

【经济社会发展条件不断改善】 全年完成固定资产投资3.7亿元,增长35.1%。其中26个实事重点项目完成投资3.02亿元,占计划的108%。农村人畜饮水、电网改造、乡村道路建设、现代远程教育等实事重点项目、基本建设项目以及扶贫重点村建设、移民搬迁工程的实施,极大改善了人民群众的生产生活条件。

【城乡面貌发生可喜变化】 全县城镇建设完成投资9620万元,增长30%。其中县城建设投资2678万元,改造了西大街、翠屏路、泰塔路和南北大街,开辟了街心花园、汃河堤防护等五个广场,建起豳河、东关等四个居民小区,完成了残疾人康复中心、疾病预防控制中心等"十大建筑",提前开工建设了汃河堤综合治理工程和县中心幼儿园工程。镇村建设全面推进,涌现出职田、张洪、湫坡头等示范乡镇和鹏旗、戚家等一批示范新村,改造农村砂石路141公里。咸阳市在旬邑县召开全市城镇建设现场会,推广了旬邑经验。

【信息化建设步伐加快】 2004年,全县累计完成信息化基础建设投资1875.3万元,新建电信、移动、联通、小灵通基站19座,网络覆盖面不断扩大,服务功能日趋完善,发展宽带上网户508户,新增固定电话2024门;政府上网工程实施良好,县级五大家实现了互联网宽带接入,开通了政务信息网。改造广电网络传输线路9公里,新增计算机400多台,建成部分局域网,完成了现代远程教育工程建设任务;各乡镇、各部门信息化基础设施建设力度加大,基本形成了联络畅通的信息网络。

【财政运行健康平稳】 坚持挖掘潜力,强化征管,对重点税源、大宗税收全程监控,全面实施了煤炭计量监督和综合收费,有效保证了地方利益。全年完成地方财政收入2245万元,占预算的109%,同口径相比增长21.9%,增收412万元;全年完成财政支出11763万元,占预算的112%,同比增长12%,增支1263万元。落实了"两个保证"、"两个确保"和"低保"资金,实现了工资按月发放,基本保证了重点项目建设所需。会计集中核算制度逐步完善,政府采购范围进一步扩大,"收支两条线"管理步入规范化轨道。

【招商引资卓有成效】 通过参加东西部经贸洽谈会、赴浙江五市及香港招商活动,举办苹果品尝会,在咸阳、西安召开旅游推介会,广泛宣传旬邑,扩大对外开放。全年签订招商引资合同36个,合同引进资金14.66亿元,实际到位资金5.34亿元,资金到位率位居全市第一。其中合同利用资金1000万元以上的项目24个,已有10个项目开工建设。

【人民生活水平进一步提高】 2004年,全县农民种粮得补贴、务果免征税、栽果供苗木、种地降税率、建房给补助,是得实惠最多的一年。全年给农民种植地膜玉米补贴资金134.1万元,给残疾人危房改造和受灾群众建房补贴资金141万元;免征农业特产税2207万元,人均减负117.7元。农民人均纯收入达到1575元,净增105元。城镇居民人均可支配收入4700元,增长7.8%。城乡居民存款余额6.5亿元,增长37.3%,人均存款达2407元,较上年净增892元。就业再就业工作取得新成绩,累计实现就业再就业1680人(次),城镇登记失业率3.8%。全年新输出劳务2.1万人,累计达5万人,年劳务收入2亿元。

【民主法制建设进一步推进】 政府行政执法水平有了新的提高。政府坚持并完善定期向县人大常委会报告工作,向县政协通报情况。人大代表建议、政协委员提案办结答复率100%。坚持召开各界人士座谈会,支持工会、共青团、妇联等人民团体的工作。廉政建设和反腐败工作进一步加强,部门和行业不正之风得到有效遏制。安全生产监督管理进一步强化,安全基础工作不断加强,社会治安综合治理全面推进,政治安定、社会稳定的大好局面得到巩固和发展。

【各项社会事业全面进步】 公民道德教育和群众性精神文明创建活动

扎实开展,建成市级以上文明乡镇1个,文明单位7个,文明村2个。危漏校舍改造步伐加快,全县改造危漏中小学校舍1.96万平方米。高中标准化建设整体推进,现代远程教育工程建成启用,师资队伍建设得到加强,教育质量大幅提升。2004年高考上线率达到91%,第二批本科上线人数319人,增幅居全市第二。科技推广取得成效,荣获全国科普示范县称号。文化市场进一步繁荣,群众精神文化生活丰富多彩。卫生事业健康发展,预防保健网络日益健全,医药市场监管有力,疾病预防控制工作成效显著。计生综合改革深入开展,质量指标稳步提高,人口自然增长率控制在2.2‰以内。文物保护进一步加强,旅游事业迈出了新步伐。方志档案工作成绩突出,地方志编修室全年先后出版《石门风光》、《红色马栏》、《豳风流芳》三部专著,档案馆升为省一级档案馆。各项事业也都取得了新的成绩。

【"金扫帚"奖】 2004年,旬邑县继在环卫工作中开展评选城市美容师活动之后,又设立"金扫帚"奖,对"金扫帚"奖获得者由县政府组织公费旅游,在全县树立了尊重环卫工人劳动成果、爱我卫生县城的新风尚。首届"金扫帚"奖获得者潘会琴等人于4月21日赴北京参加了7日游活动。

【狂风暴雨和冰雹灾害】 2004年7月20日下午5时35分至8时,旬邑县城关镇、湫坡头镇13个村遭受了狂风暴雨和冰雹袭击,持续时间两个多小时,雹粒直径1厘米~3厘米。灾害来势猛、强度大、持续时间长,给农业生产及群众财产造成严重损失。苹果叶被打落,套袋打烂,果面多处伤痕,玉米叶打成丝条状,烤烟叶全部打穿打落,西瓜枝蔓被打断。据统计,受灾乡镇2个,受灾群众4686户、18959人,受灾作物面积829.47公顷。其中损失3成~5成88.53公顷,损失5成~8成120公顷,绝收117.07公顷;苹果324.67公顷,损失5成~8成111.33公顷,绝收198.67公顷;烤烟107.67公顷,绝收27.33公顷;222户群众房屋院落进水,倒塌房屋11间,造成直接经济损失916万元。其中,农业经济损失913.5万元。

【制约发展的问题和困难】 一是农业综合生产能力不强,果业产业化程度不高,优质绿色苹果品牌缺乏应有的知名度。二是工业产品单一,企业改革任务依然艰巨。三是财政收入有限,支出压力很大。四是城市功能不够完善,城镇管理水平有待提高;文化市场特别是网吧管理不严,未成年人思想道德教育有待加强。五是部分群众的生活还很贫困,因病因灾返贫的问题相当突出。

(李志新)

旬邑县委、人大常委会、政府、政协领导人名录

县委书记	郑光照	
副书记	兰孟偃	许新奇
	赵更昌	樊自斌
人大常委会主任	张文亮	
副主任	刘林喜	井进民
	程民敏	赵晖锋
县长	兰孟偃	
副县长	白秋生	陈先利
	张军涛	安岁民
	赵云峰	樊联社
政协主席	燕满全	
副主席	刘宏发	蒲耕东
	李益瑞	

淳化县

【概况】 2004年,淳化县国民经济和各项社会事业发展呈现良好态势,全县完成生产总值7.23亿元,同比增长12.2%;地方财政收入1928万元,同口径增长15.4%,财政总支出1.05亿元,占年度预算的124.3%,增支1497万元;农民人均收入1515元,增长14.5%;人口自增率控制在3.85‰以内;实现社会消费品零售总额1.82亿元,同比增长9.9%;完成非公有制经济总产值7.82亿元,同比增长27%;完成第三产业增加值1.29亿元,同比增长10.3%。

【农业产业化经营稳步推进】 2004年,全县农业总产值完成8.28亿元,同比增长21.4%。粮油生产喜获特大丰收,全年粮食总产达10.36万吨。苹果专业县建设步伐加快,总面积达到2.47万公顷,总产40万吨。果实套袋、果树大改型等生产技术推广力度进一步加大,苹果促销工作更加扎实,"淳华"苹果知名度进一步提升。奶畜养殖迅猛发展。全年新增奶牛950多头、奶山羊1万多只,各类规模养殖户达2500多户。多种经营全面发展,农民增收渠道进一步拓宽,农业龙头企业进一步发展。果汁加工企业消化残次果17万吨。乳品企业生产奶粉1865吨,销售收入2390万元。

【工业经济高速增长】 全县完成工业总产值3.91亿元,占计划的105.2%,增长26.5%,其中规模以上工业完成产值1.42亿元,占计划的103%,增长28.6%,实现税金221万元,增长51.4%。龙鼎纸箱等企业建成投产,丰源乳业累计完成技改投资3030万元。

【招商引资取得重大突破】 2004年,全县大力实施全民招商战略,充分利用贸易洽谈会招商、小分队招商、网上招商和以商招商等形式,四面出击,叩门招商,并不断完善干部招商引资目标责任制,加压紧逼,充分调动每个干部职工的积极性,严格考核,确保招商引资工作取得实效。全年共签订招商引资项目33

个,资金总额5.6亿元,到位资金3.09亿元,占计划的103%,同比增长281.5%。合同履约率达到82%。

【荣获中国苹果之乡称号】 9月,淳化县被国家命名为“中国苹果之乡”。近年来,淳化县坚持“人有我优”的原则,大力发展绿色无公害果品,坚持长年举办果树技术培训班,下茬推广“四大技术”和果、草、畜、沼气、节水灌溉生态果园管理技术,苹果产量和质量均大幅度提高,所产苹果多次代表陕西省参加全国评奖,主栽品种红富士获“中华名果”称号。先后被评为全国水果百强县,全省苹果十大基地县,获国家绿色无公害苹果认证和原产地保护。

【农民减负工作成效显著】 2004年,淳化县按照减轻、规范、稳定的要求,采取得力措施,精心组织,周密部署,扎实稳妥地深化农村税费改革,在取消农业特产税改征农业税和农业税税率降点工作中,政策到位,工作到位,减负到位,取得了阶段性成果。2004年全县免征农业特产税2700多万元,仅此一项,全县人均减负144元。

【以大改形促进苹果生产二次创业】 苹果是淳化县第一大主导产业,全县现有苹果园2.47万公顷,产年量40万吨,苹果销售收入占到全县总值的52.2%,苹果收入占到农民人均纯收入的70.1%。2004年冬季以来,淳化县围绕建设苹果专业县的目标,紧跟市场变化,大力推广以大改形为核心的“四项”关键技术,努力提高果品质量,千方百计促进农民增收。至年底全县共完成大改形7533.33公顷,占计划完成任务的100%。

【小流域治理取得新成绩】 2004年,淳化县完成新增有效灌溉面积380公顷,占计划的142.5%,建成节水灌溉面积286.67公顷,占计划的215%;治理水土流失面积58.6平方公里,占计划的101%,其中新修“四田”906.67公顷,占计划的105%;解决了2.08万人的饮水困难,占计划的208%;水产品捕捞51吨,占计划的102%,水利经济产值完成1200万元,占计划的109%。先后被评为全省夏季农建先进集体、全省水政监察能力建设和综合执法改革试点工作优秀县(区)。

【荣获全国绿化模范县称号】 3月,淳化县被全国绿化委员会授予全国绿化模范县称号。从上世纪70年代开始,历届淳化县委、县政府把加快生态林建设作为改善全县人民的生存生活环境和经济可持续的基础来抓,曾多次受到部省级奖励。特别是1999年国家实施西部大开发以来,淳化县委、县政府把加快林业发展作为强县富民的根本措施和实现淳化经济社会持续、快速发展的重大举措,不断探索新形势下造林绿化工作的新路子和符合淳化实际的造林绿化新机制。率先在全省做出“封山禁牧,舍饲养畜”的决定,通过广泛宣传,使各项政策法规家喻户晓,人人皆知。全县共组建专职护林防火队(组)21个,落实兼职护林员2187名,严查各类破坏森林资源案件,五年来,共处理放牧事件560余次。通过采取一系列有效措施,使淳化县的造林绿化工作取得显著成效。至年底,全县森林保存面积发展到37828公顷,森林覆盖率达到38.6%,农田防网达到1200公里,县城人均公共绿地达到9.5平方米,初步形成了片、带、网相结合的生态经济型防护林体系。

【旅游业再上新台阶】 2004年,淳化县以建设西咸经济圈绿色生活基地为目标,以建设绿色淳化、发展生态旅游为重点,相继推出绿色淳化一日游、淳化百姓生活游、革命战地游、未成年人教育游、鲜花伴君游、金秋淳化采摘游、绿色购物游等独具淳化特色和黄土高原魅力的主题活动,同时建成了三个各具特色的农家乐(即:石桥咀头田园农家乐、润镇西坡民俗村、胡家庙寇家古朴民俗村),促进了淳化县旅游业的健康发展,全年共接待各类游客6.6万余人次,实现综合收入330余万元。

【扶贫帮困工作扎实深入】 2004年,总投资480万元的17个扶贫开发重点村工程建设任务全面完成;投资304万元,涉及6乡、7村169户、755名贫困人口的移民建房主体全部竣工,共建新房510间,建筑面积9800多平方米。全年共投资小额信贷900万元,扶持了180个重点贫困村3200户贫困户发展奶牛550头,奶山羊6500只,果实套袋3.2亿只,建蔬菜大棚120个。安排救济款13万元,发放衣物5万多件,使3.2万人受到不同程度的帮助,下拨灾民建房款144万元,无偿划拨救灾庄基1100院,完成灾民建房1280户3809间。

【劳务输出卓有成效】 2004年,淳化县把劳务输出作为增加群众收入的支柱产业,按照政府推动、部门主动、利益驱动、社会联动的原则,提出全民总动员,上下齐参战,大干10个月,输出2万人,创收1亿元的奋斗目标。县上成立了劳务输出管理局,15个乡镇设立了劳动保障事务所,370个村设有信息员。设立职介机构10个,办事处4个;成立了西强技术学校、通华针织服装培训基地,根据市场需求,进行针对性培训,提高务工人员素质。至年底,全县已累计输出务工人员37548人次,创收1.47亿元。

【农村公路建设快速发展】 2004年,淳化县把解决农村群众行路难作为增加农民群众收入的突破口,率先在全市作出政府拿钱、交通勘察规划、技术指导、乡镇具体组织实施、在全县开展乡村道路大会战的决定,在财力十分困难的情况下,投资650万元,从5月开始,大干40

天,共铺砂石路 91 条、301 公里,使全县 128 个行政村通上砂石路,为农村经济发展提供了畅通安全的交通条件,受到了省、市政府的肯定和群众的一致好评。

【恒兴果汁厂建成投产】 全市重大招商引资项目——淳化县恒兴果汁厂于 8 月建成并投入生产。该厂年消化苹果 20 万吨,年产浓缩果汁 2.5万吨,产品 98% 出口外销,主要销售地为美国、德国、意大利、澳大利亚等 14 个国家和地区。工厂占地 4 公顷,建筑面积 12000 平方米,总投资 9200 万元。设备引进的瑞典利乐工程有限公司整套全自动浓缩果汁生产线,达到国际领先水平。中心化验室装备达 100 多万元,具有对浓缩苹果汁各项指标的分析及检验能力,至年底,已生产果汁 1.1 万吨,实现产值 6500 万元,增加税收 400 多万元,为农民增收 8000 多万元,增加就业岗位 300 多个。

(张海峰)

淳化县委、人大常委会、政府、政协领导人名录

县委书记 卢力群
副 书 记 钱劳动 戴建强 万旭光 程丽庄 郑富超
县 长 钱劳动
副 县 长 张斌林 王广顺 亚斌健 李素冉 唐 超 刘俊利
人大常委会主任 卢力群
副 主 任 冯学超 强俊明 崔玉峰 张延寿
政协主席 郑禄辉
副 主 席 姚武将 李秋生 张会君

虎象一家 剪纸 刘振宇

文件·政令·题录

文　件

咸阳市人民政府关于印发《咸阳市自然灾害救助应急预案》的通　知

咸政发〔2004〕12 号

各县市区人民政府，市人民政府各工作部门、直属机构：

根据《陕西省自然灾害救助应急预案》，结合我市实际，已制定《咸阳市自然灾害救助应急预案》，现予印发，请遵照执行。

2004 年 4 月 2 日

咸阳市自然灾害救助应急预案

为建立灾害救助应急体系，提高灾害应急反应能力，最大限度地减轻自然灾害造成的损失，确保人民生命财产安全，根据《陕西省自然灾害救助应急预案》，结合我市实际，制定本预案。

一、总则

自然灾害救助应急预案是灾害发生后对受灾群众生活救助的紧急行动方案。

自然灾害救助应急实行人民政府统一领导，分级负责和部门分工负责，统一协调，军队积极参与的原则。

本预案适用于洪涝、干旱、冰雹、地震、滑坡、泥石流、低温冷冻等自然灾害发生后的应急救助反应。

二、灾害救助应急组织机构和主要职责

（一）市人民政府成立灾害救助应急指挥部。其组成人员：

指挥长：市人民政府主管市长

副指挥长：市人民政府主管副秘书长、市民政局局长

成员：市计委、市民政局、市财政局、市粮食局、市经贸委、市水利局、市卫生局、市公安局、市交通局、市城乡建设规划局、市教育局、市农业局、市国土资源局、市地震局、市扶贫办、市气象局、市药品监督管理局、市广播电视局、咸阳供电局、咸阳电信分公司、咸阳移动公司、咸阳联通公司、咸阳军分区司令部、武警咸阳支队、咸阳火车站等部门或单位负责同志。

（二）市灾害救助应急指挥部下设办公室，办公室设在市民政局。

市灾害救助应急指挥部办公室组成及主要任务：

主任：市人民政府主管副秘书长（兼）

副主任：市民政局主管副局长

成员：市人民政府各有关部门和咸阳军分区、市武警支队的联络员。

办公室设综合联络组、灾情信息组和具体工作组。

主要职责：

（1）向各工作组传达灾害救助应急指挥部的工作指令并监督落实；

（2）收集各工作组的工作进展情况，及时向灾害救助应急指挥部汇报工作进度；

（3）负责灾情和救灾工作信息发布；

（4）及时收集、评估灾情，向上级有关部门汇报灾情和救灾工作情况；

（5）协调有关部门做好救灾工作；

（6）负责处理指挥部日常事务，办理救灾指挥部交办的其他事项。

（三）灾害救助应急指挥部成员单位职责：

市计委：安排重大救灾基建项目，协调有关方面落实项目管理建设资金。

市民政局：负责查灾、核灾、报告灾情，申请、管理、分配救灾款并监督使用，妥善安置灾民，保障灾民的基本生活；组织指导救灾捐赠，接收和安排国内外社会各界提供的捐助款物。

市财政局：负责安排市级自然

灾害事业费预算,负责救灾款拨付并对救灾款的使用进行监督检查。

市粮食局:负责救灾粮的调拨和供应的组织协调工作。

市经贸委:负责协调工交、商贸系统的抢险救灾工作,协调救灾食品、药品的储备和调拨。

市水利局:负责提供汛、旱情信息,指导组织防洪工程抢险工作及水利水土保持设施的损毁修复,组织指导抗旱工作。

市卫生局:负责调度卫生技术力量,指导做好医疗救护和抢救伤病员工作;对重大疫情实施紧急处理,监测水源,保证灾民饮水安全,预防控制疫情的发生和蔓延。

市公安局:负责维护灾区社会治安。

市交通局:负责优先运送抢险、救灾、防疫等人员、物资和设备,及时组织因灾损毁公路的修复工作,保障交通运输畅通。负责指导救助打捞工作。

市城乡建设规划局:负责指导灾后城镇、乡村恢复重建的规划编制、选址和勘察设计审查工作,依照建设程序办理建筑施工、竣工验收和监督管理工作。

市教育局:负责指导灾后学校教育、教学以及灾后校舍恢复重建的组织工作。

市农业局:负责农业灾害的核查、汇总和指导灾后农业生产自救工作。

市国土资源局:负责指导地质灾害监测、评价和预报,组织协调重大地质灾害的应急调查,指导当地政府做好灾后恢复重建的供地工作。

市地震局:负责及时提供地震灾害信息,开展地震监测、震情分析及震后趋势判断,组织做好地震灾害的调查和损失评估工作。

市气象局:负责监测天气形势,及时提供天气预报和雨情。

市药品监督管理局:负责对向灾区调拨、损赠药品医疗器械的检验工作。

市广播电视局:负责救灾法规、政策的宣传,及时准确报道灾情的抢险救灾工作。

市扶贫办:负责指导贫困地区灾后恢复重建工作。

咸阳供电局:负责组织抢修因灾损毁各类电力设施,保障救灾指挥用电。

咸阳电信分公司、咸阳移动公司、咸阳联通公司:负责恢复各自因灾害损坏的通信设施,保障救灾通信畅通。

咸阳火车站:负责优先运送抢险、救灾、防疫等人员、物资和设备。

咸阳军分区司令部:负责组织民兵和预备役部队参加抢险救灾工作,协调驻咸部队的抢险救灾工作。

咸阳武警支队:负责组织协调武警部队的抢险救灾工作。

三、灾情预警和灾情报告

(一)灾害预警。气象、水利、地震、国土资源等灾害预报部门及时发出预警,预测灾害将对特定区域内群众生活生命财产造成较大威胁或损失。

(二)灾害报告。自然灾害发生后,当地人民政府必须立即向上一级人民政府和有关部门报告初步灾情并迅速组织有关部门调查核实灾情。发生大灾时,可以越级向上级人民政府或主管部门报告。灾情报告内容主要包括:灾害种类、发生时间、地点、范围、程度、灾害后果、救灾工作和灾民生活安排情况,灾区存在的困难和需求。

各级人民政府及有关部门接到灾情报告后,应立即向人民政府主管领导或主要领导报告,同时向有关部门通报灾情。由各级人民政府根据灾害等级确定灾害救助应急预案的启动时机。

四、灾害等级划分

根据自然灾害危害的程度,一般划分大灾、中灾、小灾三个等级。

(一)一次性灾害过程造成下列后果之一者为大灾:

1. 农作物绝收面积5万公顷以上;

2. 倒塌、损坏民房1万间以上;

3. 因灾死亡20人以上;

4. 因灾需要紧急转移人数达到1万人以上;

5. 6级以上严重破坏性地震(市区和人口密集的城镇发生5.5级以上);

6. 一次性灾害过程直接经济损失达5亿元以上。

(二)一次性灾害过程造成下列后果之一者为中灾:

1. 农作物绝收面积1万~5万公顷;

2. 倒塌、损坏民房0.5万~1万间;

3. 因灾死亡5人~20人;

4. 因灾需紧急转移人数达到0.5万~1万人;

5. 4.0级~5.9级破坏性地震;

6. 一次性灾害过程直接经济损失达2亿元~5亿元。

(三)未达到中灾划分标准的均为小灾。

五、灾害应急救助反应

(一)小灾应急救助反应

小灾发生后,有关县市区人民政府采取应急行动并向市人民政府有关部门报告,有关部门视情况作出应急反应。

1. 县市区人民政府的应急行动

(1)救灾应急指挥部进入工作状态,启动小灾应急救助预案,及时了解灾情,研究确定救灾工作具体事宜。

(2)迅速组织各级人民政府和基层组织按照预案,紧急转移受困灾民,安排好灾民的生活,做好食品、饮水、衣物等救灾物资的调集和发放工作。

(3)根据救灾工作的需要,在本行政区域内动员社会各界开展救灾捐赠活动,民政部门和红十字会分别按有关规定负责管理捐赠款物的接收、分配、运输、发放工作。也可向市人民政府及有关部门提出救援申请。

(4)县市区民政部门在灾后要迅速派出工作组开展查灾工作,了解受灾群众生活困难情况，及时发放救灾款物，妥善安置灾民生活。

2. 市政府的应急反应

(1)市民政局和市级有关部门及时向市人民政府报告灾情，并抄报省民政厅和有关厅局，提出灾害评估意见和应急工作建议。

(2)市人民政府领导根据灾情和救灾工作需要，主持召开有关部门会议，通报灾情，研究部署救灾工作事宜。

(3)市级有关部门要组织工作组赶赴灾区，对灾害损失和群众生活困难情况进行核查，检查指导群众生活安排工作。

(4)市人民政府视情况派工作组赴灾区指导、协调救灾工作，慰问受灾群众。

(二)中灾应急救助反应

1. 县市区人民政府的应急反应

(1)迅速了解灾情，并在第一时间报告市人民市政府及市民政局。

(2)灾害救助应急指挥部进入工作状态，启动灾害救助应急预案，迅速组织各级政府和基层组织按照预定方案，紧急转移受灾困灾民，妥善安置无家可归人员。

(3)根据救灾工作需要，在本行政区域内组织动员社会各界开展救灾捐赠活动，向市人民政府及有关部门提出救援申请。

(4)县市区民政部门在灾后要迅速组织力量，开展查灾救灾工作，核定受灾群众生活困难情况，及时发放救灾物资和救灾款，妥善安置群众生活。

2. 市人民政府的应急反应

(1)市人民政府灾害救助应急指挥部进入工作状态，启动中灾救助应急预案，统一指挥灾区救灾工作。

(2)市救灾工作指挥部立即召开紧急会议，听取灾情汇报，研究救灾工作，向灾区派出救灾工作组，及时向省政府及省级在关部门报告灾情并请求支援。

(3)市救灾工作指挥部各成员单位根据指挥部的要求，依据市上救助应急预案规定的职责立即开展工作。

(三)大灾救助应急反应

(1)县市区人民政府的应急反应

立即启动救助应急预案，紧急投入抢险救灾，迅速转移受困群众，妥善安排灾民生活，最大程度地减轻灾害损失和人员伤亡；收集和汇总灾情，在第一时间向市人民政府和市民政局报告。

(2)市人民政府的应急反应

市人民政府灾害救助应急指挥部进入紧急工作状态，启动市级灾害救助应急预案，召开紧急会议，研究救灾工作，统一指挥灾区的救助应急工作，全力开展人员抢险，组织动员全市社会各界开展救灾捐赠活动，请求省政府进行紧急支援。

六、备灾工作

(一)建立紧急救援队伍。在交通、电力、电信、消防、卫生等部门和驻军建立不同类型的紧急救援队伍。救援队伍平时要有针对性地开展救助演练，灾害发生后及时赶赴灾区实施紧急救援工作，确保灾后紧急救助手段及时到位，受灾群众得到及时救助。驻军及武警在参加抢险救灾时，经请示上级领导机关批准后，可根据需要动用部分人力和车、船、飞机、通信等装备。

(二)完善救灾物资储备制度。县级以上人民政府要建立救灾物资储备仓库，专项储备必要的救灾专用物资，主要包括救灾帐篷、衣被和其它生存性救助所需物资等。食品、饮用水等物资可以采取在平时与当地商业企业签订协议等形式，确保灾后24小时内送达灾区。

(三)加强民政救灾能力建设。各级人民政府要保证救灾工作经费，要加强救灾装备建设，配备专用救灾车辆和通讯工具，确保救灾通信网络畅通。加强灾害管理人员的培训工作，提高其业务素质。

(四)提高公众防灾减灾意识。加强防灾、减灾知识的宣传，结合预案进行演练，增强公众的防灾减灾意识，最大限度地减轻灾害损失。

七、附则

(一)本预案自颁布之日起执行。

(二)市人民政府有关部门和县市区人民政府应参照本预案，制定本部门和本级人民政府自然灾害救助应急预案。

(三)本预案由市民政局负责解释。

咸阳市人民政府关于印发《咸阳市突发性地质灾害应急预案》的通知

咸政发〔2004〕27号

各县市区人民政府，市人民政府各工作部门、直属机构，驻咸各部队：

现将《咸阳市突发性地质灾害应急预案》印发给你们，请认真贯彻执行。

2004年5月20日

咸阳市突发性地质灾害应急预案

为搞好全市地质灾害防治工作，建立和完善地质灾害应急系统，提高突发性地质灾害应急反应能力，保护人民群众生命财产安全，根据国务院《地质灾害防治条例》(国务院第394号令)及《陕西省地质环境管理办法》和《陕西省地质灾害安全管理规定》要求，结合我市实际，特制定本预案。

一、总则

(一)突发性地质灾害应急预案是发生地质灾害或者出现地质灾害险情时，防止灾害发生或灾情扩大的紧急行动方案。

(二)本预案适用于滑坡、崩塌、泥石流、地面塌陷等突发性地质灾害发生或者出现险情时的应急处置反应。

(三)地质灾害灾、险情按照人员伤亡多少、经济损失大小,受威胁的人数及可能造成的经济损失分为四个等级:

特大型:因灾死亡30人以上或者直接经济损失1000万元以上的;受威胁人数在1000人以上或者可能造成的经济损失在1亿元以上的。

大型:因灾死亡10人以上30人以下或者直接经济损失500万元以上1000万元以下的;受威胁人数在500人以上1000人以下的或者可能造成的经济损失在5000万元以上1亿元以下的。

中型:因灾死亡3人以上10人以下或者直接经济损失100万元以上500万元以下的;受威胁人数在100人以上500人以下的或者可能造成的经济损失在500万元以上5000万元以下的。

小型:因灾死亡3人以下或者直接经济损失100万元以下的;受威胁人数在100人以下或者可能造成的经济损失在500万元以下的。

(四)地质灾害应急是指一旦发生地质灾害或者地质灾害隐患点出现临灾状态时,而采取不同于正常工作程序的紧急防灾和抢险救灾行动。

临灾状态:是指岩(土)体在短时间内不断发生位移、变形明显加剧,短期内可能发生地质灾害,并造成人员伤亡或财产损失的危急状态。

地质灾害应急分为临灾应急和灾害应急两类:

临灾应急:地质灾害隐患点出现临灾状态后,即进入临灾应急期,所采取的紧急防灾避险行动称为临灾应急。

灾害应急:地质灾害发生后,即进入灾害应急期,所采取的紧急抢险救灾和防止灾情进一步扩大的行动称为灾害应急。

(五)地质灾害应急实行人民政府统一领导,分级负责和部门分工负责,统一协调,各方积极参与的原则。

二、地质灾害预报、预警和灾(险)情报告

(一)地质灾害预报、预警

地质灾害预报由县级以上国土资源主管部门会同气象主管部门联合发布。预报内容主要包括地质灾害可能发生的时间、地点、成灾范围和影响程度等。任何单位和个人不得擅自向社会发布地质灾害预报。

发生地质灾害时的预警信号,市预警信号以抢险救灾运输工具的警笛信号为准,并配挂专门标志。县市区级预警信号按照地质灾害防治方案中具体规定的信号为准。预警信号由政府部门统一规定和发布,不得擅自使用。

(二)灾(险)情报告

发现地质灾害险情(或灾情)的单位和个人,应当立即向当地人民政府或者国土资源主管部门报告。其他部门或者基层群众自治组织接到报告的,应当立即转报当地人民政府或国土资源部门。当地人民政府或者国土资源主管部门接到报告后,应按照国务院国土资源主管部门关于地质灾害灾情分级报告的规定,立即向上级人民政府和国土资源主管部门报告初步灾情,并迅速组织有关部门开展应急调查。应急调查报告内容主要包括:抢险救灾工作、基本灾情、地质灾害类型和规模、地质灾害成灾原因、发展趋势、已经采取的防范措施、防治工作建议及灾民生活安置情况、灾区存在的问题和需求等。

三、应急机构和职责

(一)应急机构

市人民政府成立突发性地质灾害应急指挥部(以下简称"应急指挥部")。其组成如下:

总指挥长:市人民政府主管副市长

副指挥长:市人民政府主管副秘书长、地质灾害发生县市区人民政府县市区长、市国土资源局局长

成员:市计委、市财政局、市国土资源局、市民政局、市经贸委、市水利局、市卫生局、市公安局、市交通局、市城乡建设规划局、市教育局、市气象局、市农业局、市药品监督管理局、市广播电视局、市粮食局、市扶贫办、咸阳供电局、咸阳电信分公司、咸阳移动公司、咸阳联通公司、咸阳军分区、武警咸阳市支队、咸阳火车站等部门负责同志。

(二)应急指挥部下设办公室,办公室设在市国土资源局。

应急指挥部办公室组成及主要任务:

主任:市国土资源局主管副局长

成员:咸阳军分区、武警咸阳市支队和市人民政府各相关部门联络员

办公室设综合联络组、灾情信息组和具体工作组。

主要职责:

⑴负责收集、分析和报告灾情信息;

⑵向各工作组传达地质灾害应急指挥部的工作指令并监督落实;

⑶收集各工作组的工作进展情况,及时向应急指挥部汇报工作进度;

⑷协调有关部门做好应急工作,组织有关部门和专家会商灾害发生发展趋势,对灾害损失及影响进行评估,制定抢险救灾对策和措施,为应急指挥决策提供依据;

⑸负责灾情信息和抢险工作信息发布;

⑹负责处理应急指挥部日常事务,办理应急指挥部交办的其他事项。

(三)应急指挥部成员单位职责:

市计委:负责重大救灾和应急治理项目计划的协调安排,协调有关方面落实项目资金。

市财政局:负责安排市级突发

性地质灾害救灾应急事业费预算，审查救灾款的分配、投向和效益，负责救灾应急款拨付并对其使用进行监督检查。

市经贸委：负责协调工交、商贸系统的地质灾害抢险救灾工作，协调救灾药品的储备和调拨。

市民政局：负责调查受灾人口、妥善安置受灾群众，保障灾民的基本生活；申请、管理、分配救灾款物并监督使用；组织指导救灾捐款，接受和安排国内外社会各界提供的捐赠款物。

市国土资源局：负责指导地质灾害监测、评价和预报，组织开展应急调查、灾情核查和应急治理项目，指导当地政府做好灾后恢复重建的供地工作。

市城乡建设规划局：负责指导灾后城镇、乡村恢复重建的规划编制、选址和勘察设计审查，依照建设程序办理建筑施工、竣工验收和工程监督管理工作。

市水利局：负责提供汛情信息，指导组织水利工程抢险救灾工作和被毁水利设施的修复。

市交通局：负责优先运送抢险、救灾、防疫人员及物质和设备，指导组织交通沿线地质灾害抢险救灾工作和被毁公路的修复，保障交通运输畅通。

市卫生局：负责调度卫生技术力量，指导做好医疗救护和抢救伤病员工作；对重大疫情实施紧急处理，监测水源，保证灾区饮用水安全，预防控制疫情的发生和蔓延。

市公安局：负责维护灾区社会稳定。

市教育局：负责指导灾后学校教学和被毁校舍的恢复重建工作。

市农业局：负责农业受灾面积及经济损失核查，指导灾后农业生产自救工作。

市气象局：负责提供灾害预警所需的气象资料信息，监测天气形势，及时提供天气预报和雨情信息。

市药品监督管理局：负责对向灾区调拨、捐赠药品、医疗器械的检验工作。

市广播电视局：负责救灾法规、政策的宣传，及时准确报道灾情和抢险救灾工作。

市粮食局：负责救灾粮的调拨和供应的组织协调工作。

市扶贫办：负责指导贫困地区灾后恢复重建工作。

咸阳供电局：负责组织抢修因灾损毁的各类电力设施，保障救灾指挥用电。

咸阳电信分公司、咸阳移动公司及咸阳联通公司：负责组织协调电信运营企业恢复因灾损坏的通信设施，保障应急抢险通讯畅通。

咸阳军分区：负责组织民兵和预备役部队参加抢险救灾工作，协调驻陕部队的抢险救灾工作。

武警咸阳市支队：负责组织协调武警部队的抢险救灾工作。

咸阳火车站：负责优先运送抢险、救灾、防疫等人员、物资和设备，指导组织铁路沿线地质灾害抢险救灾工作和被毁铁路的修复工作，保障交通运输畅通。

四、应急准备

（一）落实部门职责。应急指挥部办公室及各成员单位，按照预案的职责分工，制定具体的应急抢险、调查监测、医疗救助和疾病控制、治安及交通管理、基本生活保障、设施修复和生产自救、应急资金保障、应急通讯保障等应急行动方案，保证抢险救灾应急行动有序进行。

（二）建立应急抢险救灾队伍。地质灾害易发区的当地人民政府要组织建立抢险救灾应急队伍，并与当地同级武警部队建立抢险救灾的协调机制。抢险救灾应急队伍要有针对性地开展应急抢险救灾演练，确保灾后应急救助手段及时到位。

（三）完善救灾物资储备制度。地质灾害易发区的地方人民政府要组织有关部门、单位建立救灾物资储备库，专项用于灾民安置、医疗卫生、生活必需品、交通通讯等必要的抢险救灾物资，保证抢险救灾物资供应。也可采取在平时与当地商家企业签订协议形式，确保灾后24小时以内送达灾区。

（四）加强应急救灾能力建设。地质灾害易发区的地方人民政府要加强救灾装备建设，配备专用越野车辆、无线通讯设备、信息传输工具、应急用品、抢险救灾装备等。

（五）提高公众防灾减灾意识。加强防灾、减灾知识的宣传，结合应急预案进行演练，增强公众的防灾减灾意识。

五、临灾应急

（一）接到地质灾害险情报告的当地人民政府或者县市区级人民政府国土资源主管部门，应当立即派出专业人员（专家组）赶赴现场，进行现场调查，核实险情，提出应急抢险措施建议。必要时可请求上级国土资源主管部门共同进行现场调查。

（二）地质灾害险情确定为临灾状态时，当地人民政府应成立现场临灾应急抢险指挥部，启动“防、抢、撤”方案，转移受威胁的群众，划定危险区，设立警示标志，加强监测预报，有序组织抢险防灾各项工作。

（三）接到特大型或大型地质灾害隐患临灾报告，应急指挥部办公室会同相关部门，迅速组织应急调查专家组赶赴现场，协助和指导现场临灾应急指挥部开展抢险防灾工作。必要时，建议应急指挥部提前启动灾害应急预案。

（四）地质灾害险情得到有效控制时，应解除临灾应急状态，确定撤销或者继续保留有关事项，提出下一步防灾、搬迁避让或工程治理措施，移交地方政府及相关部门组织实施。

六、灾害应急

（一）小型地质灾害应急

1. 县市区人民政府的应急行动

⑴县市区人民政府地质灾害应急指挥部进入工作状态，启动县级地质灾害应急预案，及时了解灾情，研究确定救灾工作事宜。并在第一时间报告市人民政府及市国土资源局。

(2)迅速派出由县级国土资源部门及有关部门组成的应急调查组,赶赴现场开展应急调查,核查灾情。查明灾害类型、规模、成因,预测发展趋势,提出应急防范措施,为抢险救灾工作提供科学依据。并向市国土资源部门上报应急调查报告。

(3)灾害发生现场要成立抢险救灾指挥部,并根据具体需要和部门分工,设立若干应急工作组。各应急工作组在现场指挥部的统一指挥下,开展监测预警,划定危险区和转移受威胁居民,设立特别管制区。在确保抢救人员安全的情况下抢救失踪人员,并安排好灾民生活,做好食品、饮水、衣物等救灾物资的调集、发放和死难者的善后事宜处理等工作。

(4)灾情消除或得到有效控制时,县市区级人民政府应当根据现场抢险救灾指挥部的建议,及时解除灾害应急状态,撤销原划定的地质灾害危险区和抢险救灾特别管制区,并予以公告。

2. 市人民政府的应急行动

市人民政府可视情况派出工作组赴灾害现场指导、协调抢险救灾工作,慰问受灾群众。市国土资源主管部门接到灾情报告后,应及时报告省国土资源厅,并在事后上报灾情应急调查报告。

(二)中型地质灾害应急

1. 县市区人民政府的应急行动

(1)迅速了解灾情,并在第一时间向市人民政府及市国土资源局报告。

(2)县市区人民政府地质灾害应急指挥部进入工作状态,启动县市区级地质灾害应急预案,各应急工作组在指挥部的统一指挥下,根据需要和部门分工,开展监测预警,划定危险区和抢险救灾特别管制区,抢救失踪人员,转移受威胁居民并安排好灾民生活,做好食品、饮水、衣物等救灾物资的调集和发放及死难者的善后事宜等工作。

(3)根据救灾工作需要,在本行政区域内组织动员社会各界开展救灾捐助活动,向市人民政府及有关部门提出救援申请。

(4)灾情消除或得到有效控制时,县市区级人民政府应当根据现场抢险救灾指挥部的建议,及时解除灾害应急,撤销原划定的地质灾害危险区和抢险救灾特别管制区,并予以公告。

2. 市人民政府的应急行动

(1)接到灾情报告后,市人民政府地质灾害应急指挥部进入工作状态,启动市级地质灾害应急预案,统一指挥灾区救灾工作。同时向省人民政府及省国土资源厅报告。

(2)市县国土资源主管部门组成的联合应急分队应会同有关部门,在灾害发生后迅速赶赴现场开展应急调查,核查灾情,查明灾害类型、规模、成因,预测发展趋势,提出应急防范措施,为抢险救灾工作提供科学依据。并将应急调查报告上报省国土资源主管部门。情况紧急时,可请求省级国土资源部门进行紧急支援。

(3)灾情发生现场应成立现场抢险救灾指挥部,并根据需要和部门分工,设立若干应急工作组。各应急工作组在现场指挥部的统一指挥下,开展监测预警,划定危险区和抢险救灾特别交通管制区,抢救失踪人员,转移受威胁居民并安排好灾民生活,做好食品、饮水、衣物等救灾物资的调集和发放及死难者的善后事宜等工作。

(4)根据救灾工作需要,在本行政区域内组织动员社会各界开展救灾捐赠活动。

(三)大型和特大型地质灾害应急

1. 县市区人民政府的应急行动

迅速了解灾情,并在第一时间报告市人民政府及市国土资源局。县市区人民政府地质灾害应急指挥部进入工作状态,启动本级地质灾害应急预案,迅速组织各级人民政府和基层组织按照预案,成立现场抢险救灾指挥部,迅速赶赴现场抢险救灾,妥善安置灾民生活,最大限度地减少人员伤亡和财产损失,防止灾情进一步扩大。

灾情消除或得到有效控制,县市区级人民政府应当根据现场抢险救灾指挥部的建议,及时解除灾害应急,撤销原划定的地质灾害危险区和抢险救灾特别管制区,并予以公告。

2. 市人民政府的应急行动

市人民政府地质灾害应急指挥部进入工作状态,市国土资源局在第一时间向国土资源厅报告,请求省级人民政府应急;同时,启动本级地质灾害应急预案,召开紧急会议,研究救灾工作,统一指挥灾区救助应急工作,全力开展人员抢险,组织全市社会各界开展救灾捐助活动,请求省政府进行紧急支援。

七、附则

(一)本预案自颁布之日起执行。

(二)县市区级人民政府应参照本预案,制定本级人民政府突发性地质灾害应急预案。

(三)本预案由市国土资源局负责解释。

咸阳市人民政府关于印发《西安·咸阳实施经济一体化战略规划纲要》的通知

咸政发〔2004〕42号

各县市区人民政府,市人民政府各工作部门、直属机构:

由西安、咸阳两市共同编制的《西安·咸阳实施经济一体化战略规划纲要》,已经两市政府同意,并经2004年7月12日西安·咸阳经济一体化两市领导联席会议审议通过,现印发给你们,请按照《规划纲要》确定的指导思想和目标任务,尽快制定本地区、本部门的具体实施方案并抓紧落实,确保西咸经济一体化顺利推进。

2004 年 8 月 2 日

西安·咸阳实施经济一体化战略规划纲要

西安市人民政府
咸阳市人民政府

实施西安咸阳经济一体化战略,是基于两市历史发展渊源和顺应市场经济发展规律的战略决策,是落实我省"一线两带"建设的重大举措,也是促进西陇海兰新经济带发展的重要手段,符合区域经济发展趋势和西部大开发的总体部署。对于增强两市国内外市场竞争实力,率先实现跨越式发展,从而在关中地区乃至全省和西北地区发挥核心带动作用,具有重要的现实意义和深远的历史意义。根据省委、省政府《关于加快"一线两带"建设,实现关中率先跨越式发展的意见》精神,按照《西安·咸阳经济一体化协议书》,提出本规划纲要。

一、战略意义和基础

(一)战略意义

1. 西咸经济一体化体现了经济发展规律的内在要求

市场经济的高度发展,必然促成生产要素在更大范围的流动和配置。发展中的京津唐、长江三角洲、珠江三角洲等几个大的地区经济圈,正是这一规律的体现。西安、咸阳同属内陆城市,两市的空间距离和联合发展的基础是国内任何地区都无法比拟的,具有经济一体化建设的绝对优势。所以提前谋划,以行政推动的手段,通过规划协调一致,实现互惠互利发展,是经济发展内在规律的要求,也是社会主义市场经济发展趋势的必然。

2. 西咸经济一体化有利于两市做大做强

城市发展需要空间拓展和内涵提高的相互作用,西咸经济一体化是城市规模扩大和城市集约发展的现实选择。

对西安来讲,西咸经济一体化会迅速拉大城市骨架,将以西安为轴心的 300 平方公里纳入市区范围,形成西接咸阳、东连临潼、北跨渭河、南拓长安的格局,从而在关中形成一个以西安为中心的密度大、网络全、渗透力强的城市群,为西安的集约发展提供外围基础。

对咸阳来讲,西咸经济一体化有利于接受西安城市外溢效应,分散西安的部分城市功能,充分利用西安的人才、技术、信息、金融、科技、文化、基础设施等多方面优势,扩大咸阳城市规模,加快咸阳城市化进程,增强参与国内外交流与合作的实力,提高招商引资的竞争力、吸引力,以及资源开发与利用的能力,使咸阳城市化水平在较短时间进入西部区域经济中心城市平台。

3. 西咸经济一体化有利于加快"一线两带"建设

实施西咸经济一体化是实施"一线两带"建设的重要突破口和载体,其实质是形成西安咸阳大经济圈。通过西咸经济圈,辐射宝鸡、铜川、渭南及周边县市和小城镇,带动整个关中地区经济的全面发展,从而实现西安带动咸阳、咸阳壮大西安、西咸辐射关中、关中带动全省的战略目标。

西安、咸阳是西陇海兰新经济带最具活力的增长极和西部大开发的桥头堡,西咸经济一体化有利于以线串点,以点带面,促进西陇海兰新经济带的形成,将提高西安咸阳、关中经济区乃至全省在更高层次上接纳国际国内先进技术和生产要素的转移,沟通东西、辐射南北,发挥西陇海兰新经济带建设的先导和龙头作用。

(二)战略基础

1. 历史渊源悠长

西安咸阳两市曾是我国周、秦、汉、隋、唐等 13 个王朝的都城或京畿重地,历史悠久,文化积淀深厚,同是驰名中外的历史文化名城和千年古都。两市历史上不分彼此,其关联度之高,在国内实属罕见,在中国城市关系史中是一个极为独特的现象。从古至今,两市经济、科技、教育、文化、艺术等方面的交流与合作从未间断,人们的生活习惯、思维模式、价值观念和民风民俗相同,具有实现一体化的历史渊源和文化基础。

2. 区位优势明显

西安咸阳处于关中平原腹地,地理环境、气候条件一致,是全国衔接东西、连通南北的交通枢纽和地理重心。两市的中心主城相距仅 25 公里,在地缘上有着全国其他城市无可比拟的优势。西安咸阳国际机场、贯穿两市的陇海铁路和密集畅通的国道、省道、市政道路把两市紧紧地连为一体。

3. 经济集聚度高

2002 年,两市生产总值 1074 亿元,占全省的 52.8%。其中第一、二、三产业分别占全省的 33.7%、51.7% 和 61.1%。两市的电子信息业、光电子产业、机电一体化产业、装备制造业、现代生物与新医药产业、纺织业以及旅游业在全省都具有很高的产业聚集度和较强的市场优势,其中电子工业产值占全省的 90% 以上,已经形成全国最大的彩色显像管和偏转线圈生产基地及西北地区重要的软件研发基地,医药、纺织工业总产值占全省的 72.1%。近年来,两市在产业发展中的合作日益紧密,特别是电子、医药、食品等产业领域,正在形成总部和研发基地在西安、生产制造基地在咸阳的格局,为两市经济一体化构建了产业基础。

4. 资源互补性强

西安、咸阳两市在资源需求和互补方面,互相依赖、关系密切。西安人才、技术、科技、教育的资源优势与咸阳工业制造业资源的互补,使两市经济技术合作广泛密切;旅游资源的共性和互补,促其实现市场配置,相得益彰;咸阳机场为西安创造了全省立体交通枢纽的核心;咸阳果畜菜业的发展,成为西安居民的农副产品供应基地;沣河、渭河的水污染、城市生活垃圾及工业空气污染,从行政和市场两个方面迫使两市统筹谋划环保资源的共同利用和整治。两市各类资源的互补,推动了资源的市场配置,密切了两市生产、生活关系,为两个城市的融合奠定了基础。

实施西咸经济一体化战略,符合两市人民群众的共同心愿,意义重大,基础坚实,条件具备,时机成熟,完全可以大有作为。

二、指导思想和战略目标

指导思想:推进西安咸阳经济一体化要以党的十六大和十六届三中全会精神为指导,认真贯彻省十次党代会精神,紧紧抓住二十一世纪头二十年可以大有作为的重要战略机遇期,以推进工业化、信息化、城镇化、现代化和国际化进程为重点,以"一线两带"建设为依托,以基础设施建设为载体,以科教文卫体合作为纽带,统筹规划,重点突破,整体推进,努力构筑西咸经济圈,在西部地区率先实现现代化。

总体思路:坚持优势互补、协调发展、互惠互利和共同发展的原则,做到行政推动与发挥市场在资源配置中的基础作用相结合。在确定经济社会发展战略、编制城市总体规划、安排基础设施建设、布局主导产业等方面,沟通、协商和衔接,按照规划同筹、交通同网、信息同享、市场同体、产业同布、科教同兴、旅游同线、环境同治的基本思路,逐步实现城市一体化、经济一体化、交通一体化和环保一体化。

战略目标和步骤:西咸经济一体化以咸阳的市区和西安的未央区为重点,先期启动,连接两市城区,逐步带动两市周边县区的发展。从2003年开始,用13年的时间,分三个阶段,实施西咸经济一体化战略。

第一阶段,从2003年到2005年,共3年的时间,为打基础阶段。重点围绕"八同",突出抓好基础设施建设、生态环境建设,加快推进城市一体化进程,夯实经济一体化建设的基础。到2005年,两市生产总值年均增长13%以上,达到1600亿元以上,占全省的57%以上;二、三产业占全省的比重由2002年的47.8%增加到53%以上;地方财政收入达到110亿元;农民人均纯收入达到3100元,城镇居民人均可支配收入8640元;城镇人口达到523万人,城市建成区面积达到370平方公里。两市经济综合实力进一步提高,产业布局调整有突破性进展,生态环境小气候初步形成,实现全国环境保护模范城市目标,为一体化建设奠定坚实基础。

第二阶段,从2006年到2010年,共5年时间,为见成效阶段。重点围绕经济一体化目标,突出整合两市优势资源和推进产业结构优化升级,加快高新技术、商贸、旅游和制造业基地等一批重大项目建设步伐。到2010年,两市生产总值达到2800亿元,五年平均增长12%,占全省的60%以上,二、三产业占全省的比重增加到60%以上;地方财政收入达到210亿元;农民人均纯收入达到4100元,城镇居民人均可支配收入11500元;城镇人口达到580万人,城市建成区面积达到500平方公里。经济一体化的市场体制基本形成,产业布局更趋合理,结构优化升级。相邻地域的城市建成区规模扩大,经济载体能力进一步增强。实现城市一体化、经济一体化、交通一体化和环保一体化目标。

第三阶段,从2011年至2015年,共5年时间,为发展提高阶段。在前两个阶段的基础上,再经过5年的奋斗,城市融为一体,经济实力达到发达地区水平,居西部城市首位,经济更加发展,民主更加健全,科技更加进步,文化更加繁荣,社会更加和谐,人民生活更加殷实。

三、战略任务

(一)建设西部区域经济中心城市,实现规划同筹

1.统一划分城市功能区

西安城市规划总体布局要在调整、充实、完善、提高内"九宫"功能区的同时,加快外"九宫"功能布局的规划和发展。按照外"九宫"的总体部局,发展的方向是:向东,结合浐灞河治理,建设低密度高尚居住区和旅游度假区,与临潼衔接;向南,与韦曲衔接,建设西安新城;向西南,拓展高新技术产业开发区,与户县衔接;向西北,与咸阳衔接,在机场区建设以物流、仓储和转口贸易为主的空港区;向西,与咸阳的沣河新区对接,规划建设以高新技术产业、物流、生态休闲旅游、商务、居住为主的新的功能区;向东北,发展高尚住区和旅游休闲区;向北,发展西安经济技术开发区和旅游度假区。在西安中心市区,逐步形成以古城为中心,以交通轴线为导向,以功能组团为实体,以生态林带为间隔的城市空间布局结构,通过外迁行政机构等方式,发展外围新区,降低中心密度,保护古城风貌,建设时代新城。

咸阳城市总体规划布局要在改造、完善带状功能组团格局的同时,着力扩大城市规模,规划发展新的功能区,与西安共同打造"西咸经济圈"的网络型中心城市。西郊电子信息产业园区和东郊化工区,要扩大产业规模,增强城市功能区经济实力;北郊文教区和城市中心区要加快旧城改造步伐,提高城市功能区内涵质量和文化品味。跨河向南,建设沣河新区,同西安的六村堡、纪阳、三桥连片规划,尽快把两市市区联结为一体。上塬向北,联手西安共同规划发展空港产业园区。以南北空间拓展为目标,构建城市发展新格局,与西安共同建设西部现代化都市中心。

跨越行政界限,统筹规划建设。共同确定两市接壤地域的功能定位,实现规划同图。加快接壤地带

土地利用规划的调整和控制修编，加快两个城市对接延伸发展的速度，按照城市新区的要求同步出台详规，同步建设水、电、路、气、热、通信等城市基础设施，尤其对重大项目定点、水源地、公益设施、生态环境保护、土地利用、文物保护、综合交通、排污给水、供气供热等城市建设，要提前介入，预留建设用地，实现生产要素的集约利用，加快两市的融合和共同发展。

2. 规划建设"西咸经济一体化共建区"

在西安未央区和咸阳沣河新区交界处，即皂河以西，西宝南线以北，沣河以东，渭河以南区域内，规划建设西咸经济一体化共建区，规划面积约30平方公里。充分利用共建区地势平坦开阔，用地集中连片，土地开发成本低廉，生产要素聚散便捷，交通便利，电力、电讯设备先进齐全的优势，集中两市资源，加大招商引资力度，加快建设步伐，使之成为西咸经济一体化的试验区、管理模式的创新区、高规格发展的样板区、最具经济活力的增长区。

共建区规划五大功能区：

高新技术产业区：逐步吸纳光电子一体化、现代生物医药等高新技术企业向该共建区转移，重点围绕清华科技园、交大科技园、海天医药园、六村堡石化工业城等项目实施，形成以电子信息、生物医药、石化、智能电器、电动汽车、微电子机械制造等为主的高新技术产业园区。

专业物流区：利用区域内已有的汽车交易市场等，吸引链接相关市场，着力培育富有特色的西部大型的专业性物流区，建设西北地区最大的汽车交易市场、农副产品交易市场。

中央商业区：以Shopping Mall城建设为重点，抓好以餐饮、娱乐、购物等为主的中央商业区建设。

生态观光休闲旅游区：沿渭河、沣河大面积植树造林，扩大植被和湿地面积，重点抓好西安现代农业示范园、咸阳上林苑等项目建设，发展生态观光和休闲旅游业。

生活居住区：在开发适应咸阳中低收入家庭低价商品房及经济适用房的同时，积极开发面向西安中高收入人群的高档商品房，建设高标准的生活居住区。

（二）构筑统一、协调、畅通的交通网络体系，实现交通同网

1. 道路建设

公路交通同步规划，同步建设。到2005年，国省道实现全面高标准对接，县乡公路和城市道路贯通取得阶段性进展，到2010年，城市道路和县乡公路实现全面对接。

2005年以前，西安市重点抓好国道312西咸界至三桥段改建工程；咸阳市重点抓好高渭公路（高陵西三路渭河立交—渭城区）工程。两市共同抓好省道107关中环线、尤火公路（西安市朱宏路尤家村—咸阳秦都上林苑公路火烧寨村）建设。同时，双方应加强协调合作，积极做好省道106线三原至高陵段改建、西安外环一级公路（西安90公里、咸阳10公里）、草沣公路（西安草滩农场—咸阳沣东）、陈秦公路（咸阳秦都区陈杨寨—西安户县秦镇）、兴户公路及渭河大桥建设、陈余公路（咸阳秦都区陈杨寨—西安户县余下）户县段改造、谭黄公路（西安未央区谭家村—咸阳秦都区沣东镇黄家寨村）、高三公路（高陵县城—三原县城）、高泾一路（高陵县城—泾阳县城）、高泾二路（高陵县城—永乐镇）、马修公路（西安泾河开发区马家湾—泾阳修石渡）等11个工程建设项目的前期工作，力争早日开工，投入运营。

2005年~2010年期间，完成建设银武大通道机场西门至G312段接线工程，同时着手机场三期扩建工程准备；GZ45西宝高速公路咸阳城区段南移工程；S106线三原至高陵段公路改建工程；S107武功至周至段改建工程；咸阳市黄家寨至西安六村堡道路扩建工程，咸阳市陈杨寨至西安市长安区马王镇公路咸阳段扩建工程。

2. 轨道交通建设

着眼两市城区互连互通，统一考虑轨道交通建设。目前正在规划的西安地铁一号线项目，东起西安纺织城，西至三桥新西北，要进一步向西延伸至咸阳沣河新区陈杨寨。咸阳要积极做好地铁向西延伸的前期论证和土地预留工作。双方共同研究项目建设的报批、融资、土地开发等相关方面的前期工作。发挥城市轻轨造价较小、带动力好的优势，共同筹划建设两市之间的轨道交通项目。

3. 交通运营

打破部门、行业垄断和地区封锁，互相开放道路运输市场，加快交通运输网络化建设，致力于形成以西安为中心，以两市高速公路、国省干线为骨架，连接乡镇，覆盖农村的交通运输服务体系。扩大两市公交线路，开辟咸阳人民广场——西安北经济开发区、咸阳高新区——西安高新区两条公交线路。开放出租车运营市场，两市出租车在不驻地营运的前提下，可以运送旅客相互进入对方城区，双方在指定地点设立乘车点，以便对方出租车载客返回，不断满足两市居民出行需求。

4. 交通管理信息系统

2005年以前，完成两市机动车、驾驶员计算机信息联网，实现两市机动车、驾驶员的异地办牌、办证、违章处罚、违章记分和联网审验；实现两市交通事故报警系统联动，扩大报警监控范围，提高出警速度；联合建设连接两市的平安大道，实现平安大道的信号系统联网，道路监控系统联网；联合建设公安交警350兆无线通信系统，实现两市警力的统一调度和联合执勤。到2010年两市城市公安交通指挥中心实现报警联动、计算机信息共享、交通图像信息共享、交通流量信息共享、地理信息共享、通信指挥联动。

（三）加快两市信息网络互联互通，实现信息同享

1. 加快两市通信网络建设

打破行政区划建成跨地区的本地电话网。咸阳市要加紧做好电话升位各项前期准备工作,完成投资5000万元的交换设备的升级改造,力争早日完成区号并网运营。

2. 加快两市广播电视网建设

加强两市广播电视交流与合作,重点宣传报道两市新闻时事、财经信息、旅游景点、风土人情等。建立两市"广播电视协作体",增强两市广播信息交流。对重要节目交流互播,共同合作制作大型专题片和电视剧。

3. 加快两市计算机网络建设

突出抓好骨干网高速互通和宽窄带互联网认证、计费一体化。首先要尽快完成西安到咸阳的155ATM项目建设工程,实现两市的公用计算机网络高速互通。其次要加快全省宽带和窄带计费到西安统一计费平台的割接项目建设步伐,为用户提供接入服务、租赁服务、信息服务业务等,并对各种数据网业务提供用户管理、业务管理、认证授权、计费及统计等全功能的支持。第三,咸阳在现有的网络基础上,尽快建设咸阳宽带城域网扩容、第二个2.5G出口汇接节点、咸阳本地宽带网络计费系统、ADSL网、乡镇DDN网等工程,使西咸之间的互联网传输带宽达到5.3G,实现两市公用计算机网络高速互通和整合,共享网络信息与服务。

4. 加快两市政府信息系统建设

电子政务系统。通过硬件建设,链接政务信息,实现两市政务资源和政府公众信息网上直通。建设电子政务网络系统一体化,为两市的县区和部门间网上的信息交流、业务往来等广泛合作提供优质服务。

社会保障信息系统。按照"统一规划,统一标准,网络建设,网络互联,分级使用,分步实施"的原则,建立统一的软件平台和数据库,实现两市社会保障信息系统对接和信息网络一体化。通过网络实现两地离退休人员养老金按居住地就近发放,确保离退休人员待遇异地的委托发放;实现就近进行工伤等级鉴定,待遇支付;使医疗保险参保职工在两市任何一家定点医疗机构就近就诊;实现失业人员失业保险金在两市的任何一发放点领取。

工商企业信息管理系统。加快工商行政管理办公自动化局域网络建设,加快企业信用信息管理和企业登记监管警示管理系统建设,采取有效措施,实现网络链接,为双方查询企业注册情况、登记资料、企业信用信息等提供便利,达到共享登记信息资源。

(四)建立统一开放、竞争有序的现代市场体系,实现市场同体

1. 建设统一的现代物流市场

规划建设三大市场:

三桥汽车物流中心。以西部车城为主,建设西北地区最大的汽车物资展示、交易、储运和流通中心。整合两市机动车旧车交易、配件市场、农用车市场向此集中,形成西部汽车、机电产品及配件产品的最大的储运、营销基地。

副食品批发市场。依托咸阳农副产品生产加工基地,在两市交界处的共建区内,建设以农副产品批发为主的现代化批发市场,形成西北地区果品、蔬菜、乳制品、肉制品等副食品的外销经营中心。

Shopping Mall城。在两市交界处的共建区内,建设以购物、餐饮、娱乐、休闲等多元化服务为一体的Shopping Mall城,增强共建区的中央商业区功能。

2. 建立统一的生产要素市场

对两市相邻地带可开发利用的土地,编制统一的土地利用和储备计划,形成合理土地级差,实施土地储备,控制一级土地市场,对四类经营性(商业、旅游、娱乐、商品房)项目用地进行招标拍卖挂牌出让。对金融、保险、证券等资本市场,实行跨地区合作,尤其是两市国有商业银行在两市间开展跨地区放贷业务,鼓励各类商业性保险、证券机构在两市间互设办事机构。两市间劳动力市场互相开放。建立统一的劳动力市场统计、发布制度,以及供需状况分析报告制度等。到2005年,实现两市劳动力市场相互开放,由两市共同开发就业岗位,共享两市人才资源,把职业介绍、就业培训和指导、托管档案、劳务中介和输出与就业有机结合起来,实现劳动力的无障碍流动。

3. 共建统一的商品流通环境

加强两市质量技术监督工作。实施联合"打假"活动,对产销分别在两地、有较大影响的制售假冒伪劣商品案件,共同组建办案小组,堵源截流,定期交流"打假"信息及情报。建立统一的防伪网络,重点保护两地的名、优、特产品。开放两地的检验、检测市场,对两市市级以上检验检测机构(需经认证认可的法定单位)出具的质检报告、检定证书等质量证明,两市质监部门相互认可。扶持、保护两地的名牌产品、质量先进产品,使其在两地共享市场免检的待遇。每年共同认定两市质量先进产品。在地理环境、种植结构相近地域,共同开展农业标准化的制定工作,成果共享。

加强工商行政管理。建立两市对违法违章案件中的协查通报机制,共同组织开展好对扰乱两市正常经济秩序的制假售假等案件查处工作。共同建立驰(著)名商标保护协作网和驰(著)名商标名录库,定期开展打击侵犯驰(著)名商标专用权的专项执法行动,维护两市知名品牌的声誉;积极探索两市商品准入和退出制度建设,互认流通领域商品抽查检验结果;积极促进两市广告业发展,共同联手依法查处各种虚假和违法广告经营活动。两市工商注册登记部门为对方企业开辟设立登记"绿色通道",加大对来两市企业服务、扶持力度;长年开通两市农副产品绿色通道,消除行政壁垒,共同制定农副产品市场监管统一标准。

在动植物检疫检测方面,两市农产品质量检验检测的结果、无公

害农产品生产基地的认证和无公害农产品的认定彼此认可，不再重新检测、认证和认定，实现农产品贸易自由流通。

（五）加快工业化进程，实现产业同布

1. 依据协调发展和优势互补的原则，优化生产力布局

西安重点发展高新技术产业、航空航天工业、机械装备工业、商贸、旅游等第三产业，对机械、建材、纺织等传统产业，使其退出中心城市，向西转移。努力把西安建成西部地区重要的经济高地、科技高地、人才高地、国际性旅游城市和区域性商贸、金融、信息中心，成为市场配置资源能力较强，具有持续创新能力和发展活力、人居环境优美、各项社会事业比较发达的社会主义外向型城市。

咸阳重点发展电子信息制造、医药保健、食品加工、纺织和能化工业，加快实现由一般加工业向以高新技术为先导的新型制造业转变，积极发展一大批对经济增长有重大带动作用的高新技术制造业，使之成为西安高新技术产业的现代制造业基地、重大装备工业的配套基地、商贸旅游的延伸地和农副产品生产加工供应基地。

2. 整合两市优势资源，重点发展八大支柱产业

电子信息技术产业。由两市共同制定行业规划，建立技术服务体系，完善政策措施，促其协调发展。充分发挥两市科技优势，依托西安国家级高新技术开发区，重点发展国家级西安软件园，并把咸阳托普软件园、西安交大科技园、清华科技园作为分园，加快建设步伐。抓好工业过程控制、管理信息系统、信息服务、金融财税、医疗、教育及多媒体、信息安全保密与病毒防治等八大应用软件。发展技术开发平台、数据库管理、中文信息处理、网络通信等四大类支撑软件。建立软件工程研究中心，使之成为世界知名的软件加工与出口基地。咸阳要以电子信息技术制造业为主，大力发展先进制造业和计算机硬件产品，重点发展以锂电池、片式元器件、光传输设备、光电子器件、敏感元器件、传感器、偏转线圈等新型元器件为主的基础电子产品和通信电子产品，以电视广播发射机、彩色显像管等设备为主的数字视听产品。

机械装备工业。充分发挥两市老工业基地优势，加快行业重组和企业联合，积极推进输变电成套设备、通信装备、大型工业风机、纺织机械设备、制冷设备、缝制设备、通用机床和矿山、冶金、筑路、农业机械及节水灌溉等专用机械装备的技术进步。以汽车及零配件产品、喷气织机、大型载重车、大型系列客车、经济型轿车、改装车、铁路新机车车辆为重点，引进消化先进技术，发展特种车辆制造产业，扩大市场占有率。运用机电一体化技术和电脑集成控制技术，重点发展新型输变电及检测设备、智能化数控机床、自控缝制设备、新型制冷设备、模糊变频、新型数显装置、先进扫描成像系统、高灵敏传感器、电子防暴装置系统、智能化仪器仪表、机器人等产品。

国防科技工业。以西安阎良飞机城为中心，重点研究开发新一代支线飞机，解决航空发动机和机载设备关键技术；在信息综合应用体系技术方面主要开发卫星组网和信息管理技术、信息遥感、处理和分发技术。重点发展新一代支线客机、无人机、新型航空发动机及零部件、自动导航设备、新型运载火箭动力装置、自动控制设备等。咸阳要充分利用军工企业的技术和设备，为西安航空航天工业生产配套产品和零部件，共同打造国内重要的航空航天科技工业基地。

医药工业。整合两市医药工业优势，强强联合。西安重点研发具有自主知识产权的新型生物医药，形成新兴产业。开展基因工程、药物筛选、生物芯片、生物育种、生物制剂等技术的研究开发，在基因工程药物关键技术方面力争有重大突破。咸阳医药工业重点发展现代中成药，加强医药康复保健品和医疗器械的开发生产，重点抓好步长制药公司、505药业公司、摩美德制药公司、西北医疗器械集团、白鹿制药公司等10个制药和医疗设备项目建设，开发生产生化医药、医疗保健品、中成药和医疗器械4大类28个主导产品。形成医药生产基地和科研开发中心，壮大医药工业实力，保持医药工业以20%以上的速度快速发展。

能化工业。以西安石油炼化总厂和咸阳石油助剂厂为基地，重点发展石油化工、天然气化工、精细化工和日用化工，进一步扩大原油处理和系列深加工产品、无铅汽油、航空煤油等产品的生产，研究开发精细化工产品。以咸阳北部彬长煤田的开发为重点，抓好亭南煤矿、燕家河煤矿、火石嘴煤矿、下沟煤矿、大佛寺煤矿的建设，加快亭口水库、彬长电厂、西平铁路的前期准备工作，为彬长煤田的综合开发做好保障。围绕油漆、新型涂料、低污染和无磷系列洗涤用品、高档保健化妆品，重点抓好宝塔山、开米、南风日化、汉港化工等一批龙头企业的产品升级和技术改造，扩大生产规模，不断开发适应不同地区、行业、消费层次需要的新品种。

纺织工业。依托咸阳现有的纺织工业优势，聚合纺织企业优良资产和先进技术，形成优势产业群体和集合优势，使纺织印染和服装加工向多元化、复合型、高档次、深加工、高附加值转化，提高国内外市场竞争能力和出口创汇能力。

食品工业。积极发展啤酒、碳酸饮料、果汁饮料等优势产品，重点发展猕猴桃、苹果、草莓、葡萄等果品深加工，扩大汉斯、蓝马、健力宝、海星、海升、通达等企业产品的市场占有率。抓好宴友思、邦家等企业的产品升级和技术改造。依托畜牧业的发展壮大，抓好银桥、光明、神果等乳制品的开发生产。积极开发

方便食品和休闲营养食品,提高质量和市场覆盖面,壮大食品工业的规模,提高食品工业的效益。

建材工业。充分利用咸阳中部旱腰带地区丰富的石灰石资源优势,按照节能、环保、高效的原则,重点抓好声威、冀东水泥等龙头企业的建设。两市共同抓好新型建筑材料的开发生产,重点抓好西飞铝型材、咸阳偏转铝塑复合管等新型建筑材料的开发生产,扩大生产能力,提高科技含量。

(六)共创开放、互利的科教发展环境,实现科教同兴

1.加强科技交流与合作

加大两市在产学研交流成果应用、重大产业项目与资源开发、国企改革与企业资产重组、企业经营管理等方面的合作与交流。把西安的科技、人才优势和咸阳的产业基础充分结合起来,采取产学研交流会等形式,加大两市在科研成果转化与应用方面的力度,鼓励西安的科研人员在咸阳领办、创办高科技企业,吸收西安的高新技术企业到咸阳进行技术入股,使咸阳成为西安科研成果转化、应用基地和科研人员的创业基地;西安市要积极鼓励各类科技孵化器、大学科技园、中试基地等入驻咸阳,咸阳市要积极创造良好条件,协助做好相关工作。两市的专利管理、技术市场、科技信息所、生产力促进中心等科技中介服务组织要加强对口业务交流与合作。在制造业信息化方面的共性关键技术上,组织开展联合攻关,搭建资源共享的信息化技术中介平台。加强数字化城市方面的合作,推动信息基础设施建设,多方合作,加强交流,形成信息的共享机制。加强两市在应用研究、高新技术产业化和科技成果推广方面的合作,共同开发和推广能够推动产业升级的关键技术和共性技术,对具有共同优势或互补优势的科技产业化项目可联合向国家、省上申请项目,分工协作,共同承担。共同做好高新技术产业的孵化和引导工作,西安国家光电子成果转化产业基地在光电子材料和器件的开发和应用上要加强与咸阳市的合作,在围绕彩虹集团的显示器研发等方面进行攻关。围绕关中星火产业带发展规划,共同做好农村科技工作。在农村科技工作中,互相借鉴经验,取长补短。

2.加强两市教育交流与合作

在高等教育和师范教育方面,两市要按照专业互补的原则制订出相关建设规划,全面推进教师教育、教育科研、招生等方面的合作,鼓励支持高校在两地互设分校或高校园区。在职业教育与成人教育方面,以重点职中为核心,进一步推动职业学校"强强合作"联合办学,促进两市职业教育共同发展。在基础教育方面,保证学生就近入学,实现教育资源优势互补。支持两地名牌高中跨地区设立分校,扩大辐射能力,在咸阳沣河新区引进西安一所重点中学设立分校。充分利用两市特殊教育资源,发挥各自办学优势,实行跨区域招生。广泛开展教育经验交流活动,共同加强教学研发基地建设。充分利用两地公用信息网实现互联互通,共享网络教育资源,共同开展网络远程教育。

3.加强两市医疗卫生交流与合作

建立四大体系,实现一个目标,即建立富于竞争活力的医疗服务体系;建立防治有力、反应快捷的预防保健体系;建立公正、公平、公开的卫生监督执法体系;建立教学、临床、防病、保健、康复"五位一体"的卫生科研体系。提高全民健康素质,努力实现两市社会经济全面发展的目标。加强医疗卫生机构之间的共建、联合,鼓励两市医疗卫生单位的合作,发挥系统整体效益,共享卫生资源。

4.加强两市文化、文物、体育和新闻出版的交流合作

实行创作和艺术人才资源共享,优势互补,共同创新,创建富有特色的都市文化产业体系。在书法美术、群众文化、对外文化、文化市场、文物保护利用及陈列宣传等方面开展全方位多层次的交流与合作,鼓励支持两市国家、集体和个人到对方城市办文化产业,互相交流管理经验,取长补短。两市合作加强文化市场管理,推动书报刊出版发行工作,净化出版物市场,共同严厉打击邪教、封建迷信和黄、赌、毒等违法行为。加强两市在群众体育、竞技体育、体育产业等方面的交流与合作,促进两市体育事业共同发展。大力发展城市社区、学校体育和农村体育,提高全民健康水平。

(七)以"一接四同"为目标,实现旅游同线

1.旅游规划相衔接

突出两市旅游资源的鲜明特色,旅游产品的历史文化内涵,在资源项目、产品、线路、环境等方面形成合理的网络关系。西安市在编制旅游总体规划时,要把咸阳的旅游规划作为整体内容的一部分;咸阳的旅游规划在修改完善中要充分考虑与西安的衔接。要按照两市旅游资源价值的特性编排旅游线路,做到优势互补、资源共享、客源互动。

2.旅游市场同开发

两市在旅游宣传体系上做到互通有无,两市的旅游产品宣传资料要共同编制,在两市电视台、报社互相开设"旅游同线"系列专栏节目。西安在西安咸阳国际机场的旅游咨询点,改由两市共同设立;西安市旅游电话咨询服务台(87630166)增加咸阳市内容,咸阳市旅游电话咨询台(9600106)增加西安市内容;两市共同编制旅游线路,共同开展旅游联合促销活动;共同制定客源互惠优先机制和实施办法;由咸阳市推出一至两条旅游线路作为西安西线一、二日游共享线路,组织实施。

3.旅游产品同体系

两市要共同努力在项目和产品开发上大做文章,综合考虑西安咸阳两市文物古迹、人文旅游资源产品的共同特点,做到同类产品通过组合包装使其价值得到升级,异类产品通过优势互补使其结构得以完

善。由两市共同推出一批旅游项目,带动传统旅游产品的升级改造,使两市主打旅游产品在规模、档次上有大的突破。通过项目带动,形成多样化旅游产品体系相同、规模相近的旅游产品格局,吸引周边城市客源,达到旅游产品同体系。

4.旅游环境同整治

两市要按照中国优秀旅游城市的标准联手开展旅游市场整顿规范工作,共同建造统一开放、竞争有序的旅游市场,建立两市旅游部门联席会议制度,定期召开工作会议,共同制定整顿措施,互通工作情况,进行执法交流培训,协调解决相关问题,共同营造统一开放、竞争有序的旅游市场。

5.旅游服务同网络

两市要尽快实现服务系统的一体化,资源共享,信息互通。两市旅游企业要加强合作,共同建造一体化的网络服务系统。在互联网上设立信息服务、网络对接,饭店预定、旅行社及导游人员计算机网络管理等方面做到信息互通,咸阳市要不断提升和完善旅游接待服务功能网络系统,缩小与西安的差距,西安的旅游服务网路要增加咸阳的内容,扩大服务网络的覆盖面,实现两市的接待服务同网络,提升档次,方便游客。

(八)以建设全国环境保护模范城为目标,实现环境同治

采取联合措施,共同整治沣河、皂河和太平河水质污染,使沿河企业废水达标排放;加强执法,严格执行饮用水源保护条例,切实保护地下水资源;改善两市间的脏、乱、差现状。通过三到四年的整治,使沣河水质监测结果达到地表水Ⅳ类标准,力争达到地表水Ⅲ类标准。皂河、太平河彻底消灭黑、臭现象。

1.控制沿河企业污染

从2003年开始不再审批污染严重的项目和企业。年设计能力在1万吨以下的治理化学制浆的造纸厂和5000吨以下的利用废纸和浆板企业在2003年12月31日前必须淘汰。对现有造纸企业进行整合,建造造纸企业工业园区。实行统一制浆,统一治理废水,坚决按政策关闭零散的造纸企业。

加大对工业企业污染源的管理力度,提升工业污染源达标排放水平;对渭河、沣河、皂河、太平河工业废水排放主要指标,实现排放总量控制制度。2006年前完成皂河、太平河沿线企业排水改为暗管,完成皂河、太平河综合治理。

2.加大两市大气污染治理力度

在主导风向上、居民稠密区和文物保护区内,严禁建设有污染的企业。扩大集中供热覆盖区域,严格机动车尾气污染控制,对两市天然气和集中供热的区域,不再批准新建和改建燃煤锅炉。渭河发电厂等燃煤企业要尽快确定二氧化硫污染治理方案,2005年前达标排放。

3.实现垃圾无害化处理

两市共同清理交界处河道和水源地的垃圾,共同建设无害化垃圾处理工厂。3年~5年内在两市交界处建成现代化大型垃圾处理厂。同时建立城市生活垃圾分类收集清运制度,积极推行垃圾分类放置和袋装垃圾。

4.恢复渭河、沣河湿地生态系统

强化综合管理,控制沿岸土地的非生态开发及河岸附近的采石挖沙行为,大面积植树造林,涵养水源,调节水量,净化水质,改善气候,丰富生物多样化,优化、美化城市生态环境。同时加强沣、皂水源地保护,清理水源地违章建筑和垃圾。渭河生态治理要力争实行统一规划、统一管理,明确沿渭各县(区)的责任和义务,共同努力,齐抓共管,加大污染治理力度,共同建造渭河良好的生态环境。咸阳市要围绕"咸阳湖"的建设,进一步促进工业废水和城市生活污水治理,恢复渭河生态,改善咸阳的饮用水质和局部气候环境,对城区地下水资源进行及时足额的补给,从而有效遏制城区的地面下沉,形成生态景观。

5.加强城市绿化和防护林建设

建设城市多圈层的防护林体系,在城市周围建设环城风景生态林,在西宝高速、西铜高速等主干公路、沿山旅游公路及绕城高速公路两侧建设绿化经济林带,在市区和卫星城镇之间建设针阔叶林混交的沿城镇绿化带。

四、保障措施

(一)以解放思想推进西咸经济一体化

首先要坚持不懈地解放思想,转变观念。高度认识西咸经济一体化在西部大开发战略和关中"一线两带"建设中的重大意义,高度认识西咸经济一体化在促进两市繁荣稳定和经济可持续发展中的重大意义,高度认识西咸经济一体化对于改善两市人民生活条件,给两市人民带来更大实惠的重大意义。冲破传统保守思想、本位思想、小集团利益思想,登高望远,造福未来,以大局为重,树立机遇意识、责任意识、开放意识和竞争意识,把推进西咸经济一体化战略实施作为两市人民的共同目标和自觉行动。其次要保持良好的精神状态,两市广大干部群众要振奋精神,积极投入到西咸经济一体化建设中去,实现在全国的崛起。第三,要创造性地开展工作。要着眼新的实践和新的发展,开拓进取,大胆创新,以创造性的工作推进西咸经济一体化战略实施。

(二)以政策和体制创新推进西咸经济一体化

树立新的发展观,以经济社会的全面、协调和可持续发展为标准,通过体制创新、政策创新、积极营造西咸经济一体化的发展环境。

1.统一政策,避免恶性竞争,形成良好的一体化发展软环境

一是制定区域统一的产业政策,加快两市间产业布局的优化。两市的产业政策都要服从区域产业政策,接受区域产业政策的指导。二是统一所有与产业发展相关的行政法规、管理制度和各种收费。三是进一步协调改革两市户籍制度,

建立开放、畅通的人员流动机制,不断提高城市化水平。四是清理和撤销两市间交通关卡,降低物资和人员流动成本。五是构筑两市统一的产权交易市场、技术市场和科技中介服务体系,加快两市间科技成果的转化。六是建立两市统一的就业和社会保障服务体系。

2.统筹规划,重点突破,大力推进西咸经济一体化共建区的改革和发展

打破行政区域界限,大力推进体制创新,消除共建区内条块之间、条条之间、块块之间互不隶属、各自为政的局面,把创新的体制优势、政策优势和服务优势转化为法律优势。通过建立和完善土地储备制度,运用国有土地使用权招标、拍卖出让等方式,提高共建区建设的市场化程度,并以此吸引区内外各类资金投入,提高建设速度和质量,降低建设成本。两市相关部门都要增强服务意识,自觉搞好协调服务,及时解决共建区建设和一体化整体推进过程中遇到的实际困难和问题,全力以赴加快西咸经济一体化战略实施。

(三)以项目带动战略推进西咸经济一体化

为了保证西咸经济一体化战略目标的实现,首先要启动建设一批对增强两市国民经济发展后劲和提高经济综合实力起支撑作用的重点工程。重点是继续加强两市基础产业、基础设施建设,解决交通运输"瓶颈"制约,使资源优势转化为产业优势;大力支持两市支柱产业和高科技产业的发展,加快国有老企业基地的技术改造,提高电子、机械、纺织、石油化工等加工工业的技术水平和高新技术含量;切实增加投入,把这些重点工程作为一体化建设的战略工程来抓;加快商贸、旅游和房地产开发,建设一批流通市场、旅游设施和居民商住区项目。

当前主要抓好以后围寨立交为代表的一批交通项目建设,以城市污水处理厂为代表的城市基础设施项目,以上林苑开发为代表的一批旅游项目,以沣渭河治理和道路绿化为重点的生态环境建设项目。这些重点工程建成后,两市的经济实力将进一步增强,交通、通讯、生态环境将大为改观,资源开发能力大为提高,支柱产业优势进一步增强,产业结构和区域经济布局进一步优化,地方财力显著提高,投资环境进一步改善,城市综合功能极大提高。

在重大项目的布局上,要按照西咸经济一体化规划中产业布局要求和城市功能定位,合理确定项目布点,避免重复建设和资源浪费。两市联合包装项目,采取多种形式共同对外招商。对于相关重大基础设施项目,两市共同完成项目前期工作,并联合申报,积极争取国家的支持和外国政府、国际金融机构的贷款扶持。

(四)以抓落实推进西咸经济一体化

实施西咸经济一体化,重在落实。实施西咸经济一体化战略是一项长期而又艰巨的伟业,也是一项规模宏大的系统工程。两市各级党委、政府要把推进西咸经济一体化作为关中"一线两带"建设的中心工作,两市各对口部门要联合制定西咸经济一体化专项规划和行业规划,精心组织实施,及时研究实施中的重大问题。要将西咸经济一体化目标任务分解落实到各部门的年度计划中去,纳入两市目标管理责任制体系考核,两市市委、政府督察室要加强对目标任务完成情况的监督检查,确保规划顺利实施。两市各级领导干部要转变作风,深入基层,调查研究,发现新情况,解决新问题,总结新经验。要抓力量部署,抓重点项目,抓关键环节,抓工作落实。要从实际出发,按客观规律办事,因地制宜,采取适应社会主义市场经济发展的新思路、新机制、新办法,有计划、有步骤地推进西咸经济一体化战略实施。

(五)以加强组织保障推进西咸经济一体化

两市分别成立西咸经济一体化领导小组,全面领导一体化战略实施。领导小组在两市计委常设办公室,负责西咸经济一体化战略实施日常工作和规划的编制、实施、监督及今后的发展工作。领导小组办公室的人员列入编制,经费列入年度预算,专项用于规划的编制、实施和两市一体化打捆项目的前期工作。

实施西咸经济一体化战略,对于推动关中"一线两带"建设具有十分重大的意义。两市人民要解放思想,抢抓机遇,团结拼搏,埋头苦干,全力以赴加快西咸经济一体化建设,为全面实现小康社会宏伟目标而努力奋斗!

咸阳市人民政府关于进一步加快发展服务业的实施意见

咸政发〔2004〕44 号

各县市区人民政府,市人民政府各工作部门、直属机构:

为了加快服务业发展,充分发挥服务业吸纳就业、促进消费、调整结构、推动经济增长的重要作用,根据《陕西省人民政府关于进一步加快发展服务业的指导意见》(陕政发〔2003〕41 号)精神,结合我市实际,提出如下实施意见。

一、提高认识,增强加快发展服务业的紧迫性和主动性

(一)服务业是国民经济的重要组成部分,服务业的兴旺发达是现代经济的一个重要特征。加快发展服务业,是提高我市综合实力和国民经济整体素质的有力措施,对缓解就业压力和提高人民生活水平有着十分重要的现实意义。在加快推进经济结构战略性调整,全面建设小康咸阳的重要时期,大力发展服

务业显得尤为重要和迫切。

（二）改革开放以来，我市服务业迅速发展，产业规模不断扩大，内部结构不断改善，就业岗位大幅度增加，服务业在国民经济中所占比重持续提高。但与经济社会发展和人民生活水平提高的需要相比，仍然处于落后状态，供给总量不足、结构落后、发展缓慢的问题仍很突出。其主要原因是我们对发展服务业的重要性认识不足，统筹协调与策划指导不够；对一些重要领域还没有放开，市场准入门槛过高，不利于调动社会各方力量发展服务业的积极性；企事业单位的后勤服务业机构大多数还没有剥离出来，自给自足，资源配置效率低下；许多本来可以产业化经营、商业化运作的服务领域，却被当作公益性、福利性的社会事业来办，导致这些行业过分依赖政府投入，缺乏竞争压力和自我发展的内在动力；不少服务企业改革滞后，尚未建立现代企业制度，管理水平不高，综合素质有待进一步提高；银行、保险、证券、会计、律师、专利等现代服务领域缺乏高层次人才。

（三）在我们进入全面建设小康咸阳、加快推进社会主义现代化步伐的新阶段，城乡居民对服务的需求不断增强，国民经济增长越来越倚重于服务业的带动。各级政府都要切实树立科学的发展观，按照"五个统筹"的要求，充分认识发展服务业在建设西部强市中的重要地位和作用，增强机遇意识和紧迫感，切实将服务业摆到与农业、工业同等重要的位置，及时解决工作中存在的问题，转变职能，改进作风，为服务业快速发展提供强有力的支持。

（四）围绕建设西部强市的总体要求，今后一个时期，我市服务业发展的总体思路和目标是：认真贯彻落实市第四次党代会和五届人大一次会议确定的各项政策措施及目标任务，适应加入 WTO 和"四化"要求，立足产业升级，以扩大总量、促进就业、方便生活、提高效率为目标，以市场化、产业化和社会化为方向，通过政策指导、体制创新、扩大开放、投资引导，使全市服务业增加值年均增长速度适当高于国民经济增长速度，保持在 11% 以上，占国内生产总值的比重提高到 39% 以上，使服务业从业人员占全社会从业人员的比重不断提高。

二、突出重点，构筑咸阳特色服务业发展格局

（五）面向国内外市场，以企业为主体，以资源为依托，以技术进步为支撑，优化产业结构和区域布局，大力发展具有咸阳特色的服务业。

（六）优化行业结构，提高发展层次。用现代经营方式和科学技术改造提升商贸流通、交通运输、餐饮、公用事业、农业服务等传统服务业，大力推进连锁经营、特许经营、物流配送、多式联运、电子商务等组织方式和服务方式的发展，提高传统行业技术水平和经济效益。按照发挥优势和突出特色的原则，面向国内外市场培育壮大旅游业、高教产业、文化产业和软件产业，加强旅游软硬环境建设，加大宣传促销，加速旅游资源优势向产业优势和经济优势转化。围绕推动新型工业化和城镇化，大力发展现代物流、社区服务、信息传输、房地产、中介服务、金融保险等需求潜力大、成长性强的新兴服务业，形成新的经济增长点。重点围绕推进果业和畜牧业产业化，加快发展各类农业产前、产中和产后服务业，建立和完善农村社会化服务体系和农副产品流通体系。

（七）各县市区要从实际出发，发挥比较优势，突出地方特色。要在改组改造传统服务业的同时，大力发展新兴服务业。市区和兴平要围绕城区产业布局、提升城市服务功能，乾县、礼泉、三原、泾阳、武功要深度开发自然旅游资源，完善配套设施，重点发展特色旅游和围绕果、畜、菜业发展农业产业化服务业；北部五县要围绕彬长、旬东煤田开发及果畜产业发展，扬长避短、因地制宜地发展具有地方特色的优势服务产业。

三、拓宽服务领域，扩大服务业就业规模

（八）各县市区、市级各部门都要高度重视服务业在扩大就业中的重要作用，认真落实促进服务业扩大就业的各项政策，进一步挖掘服务业安置就业的巨大潜力，发挥其保持社会稳定的重要作用。

（九）积极支持服务业各行业拓宽服务领域，增加服务品种，开拓新的就业渠道。继续大力发展就业容量大的劳动密集型服务业，营造更加宽松的环境，大张旗鼓地鼓励社区服务、餐饮、商贸流通、旅游等行业的发展，积极完善相关服务基础设施，使这些就业潜力大、创业和就业成本较低的行业尽可能多地增加就业岗位。

（十）鼓励和支持服务业吸纳下岗失业人员。招用下岗失业人员达到一定比例的现有和新建服务业企业、国有大中型企业通过主辅分离和事业单位分流富余人员而兴办的服务型经济实体，可按《中共中央、国务院关于进一步做好下岗失业人员再就业工作的通知》（中发〔2002〕12 号）和财政部、国家税务局财税〔2002〕208 号等文件的规定，享受有关税收优惠、费用减免以及社会保险补贴等方面的扶持政策。

（十一）鼓励和支持下岗失业人员从事个体经营。为下岗失业人员提供自主创业的经营场所，合理布局建设商业步行街、家电商厦、购物广场等。新办商贸市场的经营摊位，要安排一定比例优惠租售给下岗失业人员。全面清理相关的各项收费。下岗失业人员自谋职业，可免收属于管理类、登记类和证照类的所有各项行政事业性收费。各种经营服务性收费，一律按最低标准收取；没有设定最低标准的，按现有标准的 50% 收取，并按照国家有关规定，享受减免税收优惠。要全面建立下岗失业人员贷款担保基金，为下岗失业人员自谋职业、自主创业提供小额贷款服务。鼓励下岗失业人员以非全日制、临时性和弹性工作等灵活形式就业,制定和完善相关的劳动关系、工资支付、社会保险等配套办法。

(十二)加强公共就业服务体系建设。对城镇登记失业人员和国有企业下岗职工,提供一定的免费职业介绍和再就业培训。加快完善劳动力市场及其信息网络。市、县区都要安排一定数量的专项资金用于本地劳动力市场建设。规范发展各类就业培训、职业介绍、职业指导、劳动事务管理等中介机构。鼓励具备资质的社会教育机构,通过招投标方式获取免费定向培训任务,从再就业资金中给予一定补贴。

四、加快企业改革和重组,发挥国有服务经济的引导和带动作用

(十三)进一步深化粮食、石油、农资、烟草、医药、食盐等关系国计民生的国有商贸流通企业以及一般竞争性领域中核心竞争力强、规模较大、成长性强的国有大中型服务企业的公司制改革。通过中外合资、相互参股等形式,逐步改制为多元持股的股份有限公司或有限责任公司。健全公司法人治理结构,实行董事长与总经理分设,逐步建立独立董事制度。

(十四)加快国有经济布局的战略性调整。依托有竞争力的企业,通过兼并、联合、重组、上市等方式,在商贸、文化、娱乐、软件开发、餐饮、咨询、房地产等领域培育壮大一批具有影响的企业集团,建设一批具有咸阳特色的服务品牌,促进服务业集团化、网络化和品牌化经营。

(十五)要鼓励服务企业跨地区发展,并在经营场所、工商登记、劳动用工等方面为其提供方便。对于中小企业联合组建企业集团的,要给予政策优惠。

(十六)继续认真贯彻省、市政府关于放开搞活国有小企业的决定精神,根据不同行业的特点,鼓励采取改组、联合、兼并、租赁、承包经营、出售等多种灵活形式,加快服务业国有中小企业产权制度和经营机制的改革,对长期亏损、资不抵债、扭亏无望的企业,要运用法律、经济等手段,使其尽快退出市场。鼓励和支持非公有制企业通过收购、兼并、参股、承包、租赁等方式参与国有中小企业改革。积极扶持和引导中小服务企业向"专、精、特、新"的方向发展。

五、扩大对外开放,提高服务竞争能力

(十七)抓住我国加入世界贸易组织带来的新机遇,按照国家的统一部署,积极有序地推进服务业对外开放,加快引进现代服务技术和管理方法,促进我市服务业管理体制、企业机制、组织形式、服务品种的创新和比较优势的形成。

(十八)积极吸引外商进入我市金融、电信、外贸、商业、旅游、文化、教育、体育、医疗、会计、审计、资产评估、国际货运代理等服务领域。逐步放宽外商股权比例限制,鼓励外商通过兼并、重组参与我市服务业的投资与经营。进一步扩大商业领域利用外资的比重,吸引跨国公司在我市设立商品采购中心、大型超市和物流配送中心。允许外商在铁路货运、公路货运领域建立独资企业。积极引进有实力的外资银行和保险机构,鼓励外商投资旅游业、中介服务业,开展合资合作旅行社、出租车业和旅游交通业的试点。

(十九)鼓励有条件的企业"走出去"培育和发展服务业跨国公司。文化、旅游、商贸、餐饮、运输等领域有较强实力的企业集团,要积极开拓国际市场,到国外建立营销网络,开展国际合作,积极发展对外劳务合作、设计咨询、医疗保健等国际服务贸易。有关部门要在人才培训、外汇管理、信息服务、出入境管理、金融保险等方面提供便利。积极支持服务业企业与国内外有实力的企业通过合资、合作、兼并重组等方式,进入省外、国外服务贸易市场。

六、打破垄断,依法规范服务业市场准入

(二十)打破行业垄断和所有制限制,实行公平的市场准入政策,鼓励社会投资和非公有制投资进入服务业。对外贸易、公用事业、旅游、文化、卫生、体育、电信、金融等行业,要逐步放开对非公有经济的准入限制。凡允许和鼓励外资进入的领域,均允许和鼓励国内投资者以独资、合资、合作、联营、参股等多种方式进入。鼓励上市公司以资产重组或增发新股方式进入服务业。

(二十一)依法规范政府部门管理行为,改革行政管理方式。要严格依照《中华人民共和国行政许可法》的规定,抓紧对服务业市场准入方面的有关规定进行认真清理,取消和废止不符合市场经济体制和世界贸易组织规则的各项规定。市政府各有关部门要抓紧依法制订服务业市场的准入条件、准入领域、准入程序的具体规定以及管理和监督办法等规范性文件,尽快形成统一、公开、透明的市场准入制度。加快行政审批制度改革,依法清理行政审批事项,对法律规定的行政审批要按照精简、统一、效能、公开透明、管理和监督规范的原则进行改革。

(二十二)加大对社会投资兴办服务业的支持力度。鼓励非公有制经济在更广泛的领域参与服务业的发展。在市场准入、工商登记、土地使用、信贷、税收、上市融资等方面提供便利,实行与国有经济同等待遇。鼓励专业科技人员以个人名义、以技术入股兴办私营企业。

七、实行分类指导,推进部门服务领域的产业化

(二十三)按照政企分开、政事分开、企业与事业分开、营利性机构与非营性机构分开的原则,加快推进适宜产业化经营的服务业的产业化进程,推进应该由企业经营的服务领域实现由政府办向企业办转变。

(二十四)服务业中为提高科学文化水平和居民素质的行业,包括科研、高等教育、文化、广播、影视、卫生、体育等社会事业,要逐步扩大产业化范围。对于适宜产业化的营利性行业,实行企业化经营,政府不再投资和拨付经费。不适宜产业化的,如基础教育、基本医疗、社会福利等作为公益性行业,除政府投资外,鼓励社会力量兴办。公益性行业也要引入竞争机制,面向市场提供服务。

八、培育后勤服务企业,促进后勤服务的社会化

(二十五)大力推广高校后勤服务社会化经验,加快推进医院、企业、事业单位及有条件的机关后勤服务由自我服务为主向服务社会化为主转变,由"自给"为主向"外购"为主转变,形成新的服务企业群体。

(二十六)除法律法规和国家政策另有规定外,学校、医院和企业、事业单位以及党政机关盈利性的后勤服务机构都要改制为独立的法人企业,面向社会服务。后勤服务机构转制为独立的法人后,凡符合国家现行有关税收优惠政策的,可照章享受税收优惠政策。

(二十七)新组建并由国家财政拨款的行政事业单位,原则上不再设立后勤服务机构,所需服务由社会提供。鼓励和引导民间投资兴办面向机关和企事业单位的后勤服务。有关部门要抓紧制订促进并规范后勤服务机构改制的具体规定。

九、多渠道增加投入,增强服务业发展能力

(二十八)坚持以政府投入为导向、社会投入为主体、金融信贷支持的原则,广开投资渠道,多层次、多形式地吸收社会资金。

(二十九)在主要依靠市场机制配置资源的同时,要充分发挥政府投资的引导和带动作用。根据服务业发展的实际情况,各县市区政府要安排一定数量的投资作为加快发展服务业的引导资金,用于国家引导资金的地方配套和国家鼓励的服务业重点建设项目的贴息和补助,以更多地吸引社会资金投入服务业。

(三十)积极增加对服务业的信贷支持。各有关部门要加强与银行沟通,建立政府部门、金融机构、服务企业联席会议制度,积极向银行推荐有效益的项目,引导和促进银行在独立审贷基础上与政府投资相配合,向符合贷款条件的服务业企业及其建设项目发放贷款。建立和完善适合中小服务企业特点的评级、授信制度及贷款担保体系,为中小服务企业提供贷款支持。

(三十一)大力支持符合条件的服务业企业进入资本市场融资,通过股票上市、企业债券、产业投资基金、项目融资、股权置换等方式筹措资金。抓住外商投资进入我国服务业市场的机遇,趋利避害,积极组织开展服务业招商引资活动。鼓励其他产业的闲置资源投入服务业,尤其要鼓励有实力的工业企业和上市公司投入服务业领域。

十、加快实施城镇化战略,拓展服务业发展空间

(三十二)把大力发展服务业与实施城镇化战略结合起来,推进城镇户籍管理制度改革,取消各种限制劳动力流动的政策规定,加快提高城镇化水平,扩大服务业发展空间。

(三十三)加快建立城市土地资源的优化配置和集约利用机制,通过公开招标、拍卖等手段,调整城市市区用地结构,减少工业企业用地比重,提高服务业用地比重。市区要根据城市总体规划,逐步迁出或关闭污染大、占地多等不适应城市功能定位的工业企业。工业企业退出的土地要优先用于服务业。政府要积极采取措施,帮助迁出或关闭企业做好人员安置、资金筹措等工作。鼓励外资投向与"退二进三"相关的城市基础设施及回报率高、成长性好、带动性强的服务项目。

(三十四)加快小城镇建设。在引导乡镇企业向小城镇合理集聚的同时,要更加注重发展小城镇的服务业,完善小城镇住宅服务、公共服务和社区服务功能。加快发展农产品运输、仓储、贸易、信息和技术推广等生产性服务业,积极鼓励和引导农民带资进入小城镇发展商业、交通运输业、餐饮业、旅游业等服务行业,并在住房、经营场地、子女就学、入托等方面提供方便。加快小城镇农产品、畜产品、手工艺品等专业批发市场的形成,带动相关行业发展。

(三十五)老城区改造时,要本着相对集中、有利生产、方便生活的原则做好服务业布局规划,高起点建设中央商业区、文化娱乐中心等服务园区,形成块状发展格局。城市中心区主要规划服务业建设。住宅和新区开发,要搞好服务业各类设施的配套建设。

十一、制定完善行业规范,整顿优化服务业市场秩序

(三十六)加快制定和完善服务业市场主体行为规范和市场秩序的政策措施,逐步形成比较完备的全市服务业规范体系。整顿和规范服务业市场经济秩序,坚决打击制假售假、虚假广告、侵犯商业秘密等各种不正当竞争行为,广泛树立信誉为本的理念和行为规范,建立诚实、守信的社会信用体系。

(三十七)加强行业自律。建立健全服务业行业协会和中介组织,将政府对企业的部分管理和协调职能交给行业协会或中介组织,发挥其在制定技术标准、企业策划、行业规划、协调服务、自律管理和社会监督等方面的作用。强化对中介机构的监管,使其与政府部门脱离关系。

(三十八)加强服务业质量管理,建立和完善确保服务质量的激励机制和监督约束机制。全面贯彻执行服务质量国家标准,对目前尚无国家标准的领域,鼓励采用省级标准或国际标准,开展质量管理、卫生等体系认证,提高服务质量和企业素质。

十二、加快人才培养,提升服务水平

(三十九)加快培养和吸引社会亟需的信息服务、银行、证券、保险、各类中介服务、服务业政策与管理以及熟悉国际服务贸易规则等方面的人才。积极鼓励高校面向市场需要加大学科专业调整和建设力度,有计划地在现有高等学校和中等职业学校增设服务业紧缺的专业,改革教学内容和教学方法,增加紧缺专业招生规模。积极吸引和聘用海外高级人才,建立引进人才绿色通道,从简从速办理引进人才的有关手续。鼓励和支持有条件的企事业单位在市外、省外、国外设立分支机构,充分利用当地人才资源。

(四十)加强岗位职业培训,提高服务业人员的职业道德、质量意识、竞争意识和业务水平。全面推进职业资格证书制度,建立服务业职业资格标准体系,有序扩大实施范围和领域,提高服务业从业人员的职业素质。

(四十一)创新用人机制。推进国有服务业人事制度改革,完善劳动合同制度,全面推行经营管理人员和专业技术人员聘任制,建立健全适合企业特点的经营管理人才选拔任用、激励、监督机制,运用市场机制合理配置人才资源。允许有特殊才能的专业人才和管理人才以其拥有的服务品牌、创作成果和科研技术成果等无形资产占有企业的股份。积极探索在国有服务业企业中实行年薪制。鼓励大中专毕业生、军转干部、机关事业单位分流人员到非国有企业工作,其户口、社会保险、专业职务任职资格评审及专业技术资格、职业资格考试等方面与国有企业职工享受同等待遇。

十三、加强组织领导,促进服务业稳定、健康发展

(四十二)为了加强对服务业发展工作的领导,市政府决定成立咸阳市服务业工作领导小组,就服务业发展的重大问题进行协调和决策。领导小组办公室设在市计委,负责日常工作和引导资金的安排使用。各县市区也要成立相应的领导机构,做好对本地区服务业发展的指导和协调。

(四十三)各部门要各司其职、各负其责、相互配合、通力合作。计划部门要做好服务业总体规划编制、政策制定与协调指导工作。经贸部门要加强对流通体制改革研究的指导。有关行业主管部门要做好相关行业的规划编制、政策制定和组织实施工作。

(四十四)加快服务业的统计制度和统计方法改革,搞好第二次服务业普查,建立和完善服务业的经常性调查制度,加快推进全市季度、半年统计报表制度的实施。统计及行业主管部门要健全服务业的预测和信息发布制度。

(四十五)各县市区、市级各部门要根据本意见抓紧制定落实促进服务业发展的具体政策措施,并确保落到实处。责成市计委对本意见的落实情况进行监督检查,并向市政府报告。

附件

进一步加快发展服务业任务落实分工表

部　门	主 要 任 务
市计委	会同有关部门,编制服务业发展规划。 会同有关部门,依法拟订放宽服务业部门行业有关市场准入规范性文件,汇总并公布各行业的市场准入具体政策。 设立并安排使用服务业发展引导资金。 逐步解决某些服务行业用水、用气、用电价格不合理问题。 衔接平衡服务业各行业的规划与政策。 对落实《意见》的情况进行监督检查。 会同有关部门,提出促进和规范软件产业及信息服务业发展的具体政策。
市经贸委	会同有关部门,提出运用连锁经营等现代商贸流通组织形式和服务方式改组改造商贸流通业的政策措施。
市体改办	提出加快国有服务业大中型企业改革和进一步放开搞活国有服务业中小企业的措施;提出后勤服务社会化改革意见。
市教育局	提出放宽教育市场准入资质条件的措施。 提出学校后勤服务设施面向社会开放和学校后勤服务机构改制为独立法人企业的规定。 提出加快培养服务业所需各类人才、增设服务业紧缺专业和增加紧缺专业招生规模的意见。
市科技局	提出鼓励发展科技服务业的具体政策。
市民政局	提出大力发展社区服务业的具体政策。 提出鼓励和规范服务业的行业协会发展意见。

部　　门	主　要　任　务
市司法局	提出鼓励和规范法律服务业发展的具体政策。
市财政局	提出鼓励和规范会计、审计服务业发展的具体政策。 会同有关部门,提出事业单位划分为营利性或非营利性机构的有关规定。
市劳动和社会保障局	提出鼓励就业中介服务和职业培训发展的具体政策。 会同有关部门,提出鼓励服务业推行非全日制、临时性、弹性工作时间等灵活多样就业形式的具体措施。 会同有关部门,提出建立服务业职业资格标准体系、推行职业资格证书制度的措施。 会同有关部门,提出推行职工带薪休假制度的具体实施办法。
市国土资源局	提出在土地使用方面对国家鼓励发展的服务行业给予方便或优惠的具体政策。
市城乡建设规划局	提出促进和规范房地产、物业管理发展的具体政策。 提出加快公用事业行业管理体制改革的意见。 提出逐步放宽公用事业对非国有经济的准入限制和扩大对外开放的措施。会同有关部门,提出鼓励中心城市"退二进三"的具体措施。
市交通局	提出促进公路行业改组改造、提高技术和服务水平的具体措施。 会同有关部门,提出公路行业参与物流配送、多式联运发展的具体措施。
市农业局	会同有关部门,提出促进农村服务业发展的具体政策。
市外经贸局	会同有关部门,提出服务业有步骤地扩大对外开放的具体政策。 提出逐步放宽对外贸易对非国有经济的准入限制的措施。 会同有关部门,提出鼓励有条件的服务企业实行"走出去"战略的具体措施。
市文化局	提出鼓励文化产业发展的具体政策。 提出逐步放宽文化产业对非国有经济的准入限制和扩大对外开放的政策措施。 提出文化事业单位划分为营利性、非营利性机构的相关政策。 提出鼓励和规范新闻出版业发展的具体政策;提出新闻出版事业单位划分为营利性、非营利性机构的改革意见。
市卫生局	提出鼓励和规范医疗卫生服务发展的具体政策。 提出卫生医疗事业单位划分为营利性、非营利性机构的相关政策。
人民银行咸阳市中心支行	提出鼓励和规范金融服务发展的具体政策。 提出逐步放宽金融业对非国有经济的准入限制和扩大对外开放的政策措施。
市地税局	会同有关部门,提出鼓励下岗职工、乡镇转岗干部和复转军人创办社区服务企业和农村服务企业的税收优惠政策。
市广电局	提出鼓励和规范广播电视事业发展的具体政策。 提出广播电视事业单位划分为营利性、非营利性机构的改革意见。
市体育局	提出鼓励体育产业发展的具体政策。 提出体育事业单位划分为营利性、非营利性机构的改革意见
市统计局	提出改进服务业统计制度和方法,完善经常性调查制度的意见。 按照国家计委、国家统计局《关于加强服务业形势分析工作的通知》要求,按季度提供服务业统计资料,分析发展态势。
市工商局	提出在工商登记方面鼓励服务业发展的具体措施。
市质监局	提出服务业标准。
市旅游局	提出逐步放宽旅游业对非国有经济的准入限制和扩大对外开放的措施。

部门	主要任务
市政府办	提出党政机关后勤服务机构的改制方案;制定促进并规范后勤服务机构转制的具体规定。
市保险同业协会筹备组	提出鼓励和规范保险业发展的具体政策。 提出逐步放宽保险业对非国有经济的准入限制和扩大对外开放的政策措施。

咸阳市人民政府 杨凌示范区管委会 关于印发《咸阳市·杨凌示范区农业产业一体化 2004年~2008年计划》的通知

咸政发〔2004〕69号

咸阳市各县市区人民政府、市人民政府各部门、直属机构,杨凌示范区管委会各部门:

咸阳杨凌农业产业一体化经过一年多的实施,已取得了明显成效。为了进一步有计划、有步骤地推进双方合作,经过反复讨论,吸纳有关领导、专家、部门的意见,双方共同编制了《咸阳市·杨凌示范区农业产业一体化2004年~2008年计划》(草案),并经2004年10月25日双方领导联席会议审议通过,现印发给你们,请遵照执行。

附:《咸阳市·杨凌示范区农业产业一体化2004年~2008年计划》

2004年12月16日

咸阳市·杨凌示范区农业产业一体化 2004年~2008年计划

为了进一步贯彻落实中央关于区域经济协调发展的精神和省委、省政府《关于加快"一线两带"建设,实现关中率先跨越发展的意见》、《以高新技术为先导、实现关中跨越式发展规划》,咸阳市和杨凌示范区以谋求发展、繁荣为宗旨,共同签订了《咸阳市·杨凌示范区农业产业一体化协议书》。为了推进合作深入实施,收到实效,特制定本计划。

一、指导思想

认真贯彻落实党的十六大和十六届三中、四中全会精神,坚持科学的发展观,以关中"一线两带"建设为依托,以推进农业产业一体化为重点,以项目为载体,以市场为导向,以科技推广为纽带,强化行政推动,加强示范带动,拓宽合作渠道,挖掘合作潜力,构建政府牵线搭桥,社会广泛参与的市场运作新机制。共同抓好"三点两线"建设,积极开展"市校合作",大力推进"九个一体化",抓好四大产业开发,加强项目合作,深化科技联结,使杨凌示范区的科技、人才、信息、成果、资金、品牌、龙头企业和先进的经营理念与咸阳市区位、资源、产业、基地、生态有机结合,带动两市区经济特别是农业和农村经济整体推进,全面发展,在陕西乃至西部地区率先实现现代化。

二、奋斗目标

通过实施咸阳杨凌农业产业一体化,到2008年,使杨凌的农业科技成果在咸阳得到最大限度地转化,农业科技成果转化率达到51%以上;咸阳农业经济综合实力进一步提高,农业基础设施较大改善,农业产业结构调整有突破性进展,粮、果、畜、菜四大支柱产业规模壮大;花卉、特种养殖、中药、农业旅游、服务等产业较快发展;农业资源开发利用合理;生态环境明显改观。咸阳与杨凌"九个一体化"基本形成,杨凌示范区在咸阳建成一批高标准示范基地,进一步增强杨凌示范区对外示范带动能力、自身经济增长能力,以此为依托,带动西部地区乃至全国干旱、半干旱地区农业可持续发展。

三、工作重点

咸阳杨凌农业产业一体化,是牵动农业和农村经济方方面面的一项宏大工程,在具体实施过程中,要按照《协议》确定的内容,重点抓好"三点两线"建设、"市校合作"、"九个一体化"建设、四大产业开发、项目合作和科技联结六个方面的工作。

(一)抓好"三点两线"建设。计划在咸阳首批建成彬县小章农业科技综合示范、泾阳奶菜、乾县奶畜果三个专家大院,辐射周边各县市区,推动全市果、畜、奶、菜等优势特色产业的发展。在西宝高速、咸宋公路沿线咸阳段实施带状农业高新科技产业开发,通过招商引资和行政推动,建设高标准的生态农业、观光农业及设施农业示范基地,给杨凌示范区农业专家提供长期发挥效用的大平台。

(二)开展"市校合作"。建立和实施市校合作,以此作为加强和推进咸阳杨凌农业产业一体化合作的主要载体和重要内容。咸阳市、杨凌示范区、杨凌各高校三方要按照"行政推动,市场牵引,科技支撑,项目带动,注重实效"的原则,尽快形成市校合作的具体工作方案。咸阳市在市校合作中,要主动为西北农林科技大学和杨凌职业技术学院提供便捷实效的科研、试验、示范条件,为学校的教学和科研提供必要的便利和支持。西北农林科技大学和杨凌职业技术学院在项目选项、农业科技培训、科研成果产业化等方面优先向咸阳倾斜，使市校合作始终建立在密切、友好、实效、双赢的基础上。

（三）推进“九个一体化”。

1. 规划一体化：两市区在制定经济社会发展战略和中、长期规划时，充分考虑双方的不同特点，坚持优势互补、互惠互利、共同发展的原则，共同编制农业和农村经济发展规划，并互相促进实施。通过五年协作发展，互相促进，实现两地主导产业优势明显，特色鲜明，经济效益突出的发展目标。

2. 资源开发一体化：以咸阳农业资源开发为重点，以杨凌先进的农业科技为手段，加强两地在资源调查、资源开发、资源利用以及可持续发展等多领域、深层次合作。到2008年，两地在土地资源、种植业资源、林业资源、农业气候资源、水资源等五个方面的开发利用实现项目化、企业化。

3. 成果应用一体化：双方开展全方位、多层次的科技合作与交流，加强产学研、农科教结合，形成开放、流动、竞争、互利的科教合作机制；鼓励和支持杨凌的科研院所、农业专家、高新技术企业加强与咸阳的技术合作，把咸阳建成杨凌教学研发的试验基地；深化两地在农业基础研究、应用研究及综合开发方面的合作，共同开发能够推动农业产业升级的关键技术；试验推行适应市场要求的新的农业科技推广、培训体系，在咸阳建设不同类型的专家示范园。在武功县大庄镇建设杨凌示范区大庄示范基地，形成科研、示范、推广、基地一体化。

4. 人才利用一体化：双方建立共用的人才项目库；鼓励和支持两地农业专业人才之间的交流，架设科技成果与应用转化的桥梁；培育一批懂技术、懂市场、通信息的高、中级专业人才；依托杨凌科技示范基地和现有的农业服务体系网络，开展全方位的农民技术培训，每年培训25万人次左右。其中，杨凌示范区在咸阳建立的示范基地每年举办1期~3期成人继续教育培训班，举办6期农业科技骨干和农村致富能手培训班，培训中、初级技术人员5万人次，使辐射区80%的农民接受技术培训；咸阳现有的服务网络体系，配合实施农民科技教育培训“百千万”工程，即：每年市上给各县市区培训百名师资，县市区为乡镇培训千名农业科技骨干，市、县、乡三级培训农民20万人次。从高、中、低三个层面，为农村经济发展提供充裕的建设人才。

5. 项目推广开发一体化：在重大基础设施项目的确定上统筹安排，联合实施；在农业产业化项目建设上，以杨凌为龙头，咸阳作基地，每年联合建设10个~20个重大农业产业化项目；在农业综合开发方面，围绕提高农业综合生产能力，加强农业基础设施建设，组织实施中低产田改造，有重点地扶持一批多种经营龙头企业；在乡镇企业发展方面，围绕资源整合、环境优化和资本聚集，加强两地乡镇企业的合作与交流，重点是农产品加工，到2008年底，引进农副产品深加工及种植和养殖项目30项。

6. 生态建设一体化：加大生态环境建设的协作力度，加强环保关键技术和工艺设备的研究开发，共同制订两地国土资源开发、黄土高原水土流失治理试验示范方案，积极发展环保产业，共同治理环境污染。重点抓好林业生态建设，结合速丰林基地建设总体规划，建设西宝中线公路绿色通道、陇海铁路绿色通道，实施漆水河流域退耕还林工程，引进推广苗木新品种、育苗新技术和抗旱造林技术，发展柿子加工等经济林产业，推动两地生态环境建设迈上新台阶。

7. 交通网络一体化：用五年时间，将咸阳、杨凌公路连接线路全面升等改造，实现两市区道路同网目标。2004年，启动杨凌—临平公路建设，并尽快实施。2003年~2008年，共改造三级公路65.8公里，建设二级公路25公里，主要项目包括：新建杨临二级公路25公里；按三级公路标准改造临杨公路26公里，改造西宝中线兴平—杨凌段39.8公里。同时，完善西安咸阳国际机场周围、陇海铁路沿线、西宝公路沿线的道路网络建设，为两地之间实现大范围、宽领域、全方位的合作交流提供更加便利的交通条件。

8. 旅游开发一体化：加强两地旅游业的深度开发，共同编制旅游发展规划和精品旅游线路，突出现代观光农业特色，共同开展旅游联合促销活动，建立互惠互利的客源疏导机制，共同打造旅游品牌。推出咸阳博物馆、“五〇五”医药标本馆、茂陵博物馆、杨贵妃墓、昭陵博物馆、黄土民俗村、乾陵博物馆、槐树林风情渡假山庄、彬县大佛寺和杨凌生态旅游景点，作为陕西西线一、二日游定点景区（点）和共享旅游线路。在两地设立旅游电话咨询服务台，共同制定客源互惠优先机制和实施办法，开发旅游产品，共同构建一体化网络服务体系。

9. 绿色产品流通一体化：健全统一、开放、竞争、有序的市场秩序。按照国家绿色产品质量标准，加强农产品检疫，协调两地公安、交通、工商等部门开通“绿色通道”，实行咸阳、杨凌两地农产品检疫“一票通”制度，促进两地农产品流通及出口贸易。

（四）搞好四大产业开发。依托杨凌的农业科技优势，围绕咸阳市的农业产业现状，以杨凌高新技术企业为龙头，带动农业主导产业建设，使咸阳成为杨凌科技成果转化和示范的优先辐射基地、杨凌农产品加工企业的第一原料基地，促进杨凌龙头企业发展壮大。同时，使咸阳在农业产业重点领域获得新突破。双方在互惠互利的基础上，重点搞好四个产业建设。

1. 果品产业开发。依托杨凌的科技指导和果业示范园区的产业带动,加快科技创新和推广,大力实施优果工程,不断优化果品生产结构,建设优质果品基地,努力提高果品质量、扩大对外出口量,增加农民收入。到2008年,优质果率达到65%以上。围绕水果生产、包装、贮藏、运销等各个环节,组建专业化和综合性集团公司,建设一批专业市场;依托杨凌恒兴果业、圣桑公司、李华葡萄酒、咸阳海升果汁、富安、通达等果品加工龙头企业,大力建设专用果种植基地,走"公司+基地+农户"的路子,培育壮大果业加工企业,努力扩大企业生产能力,提升企业效益,提高国际竞争力,果品加工量占到总产量的36%以上,实现企业增效和农民增收双赢目标 。

2. 畜牧产业开发。以优化畜牧产品结构为主线,以龙头企业带动为重点,以专业化、规模化和现代化为方向,依托杨凌金坤生物科技股份有限公司、杨凌科元克隆股份有限公司等企业,积极推广胚胎移植等技术,改良现有品种,引进优良品种,健全疫病防治体系,实行科学饲养,扩大养殖规模,提高畜禽产品的品质和数量。大力推广以畜牧养殖小区为重点的集约化经营,使畜牧养殖基地逐步向规模化、产业化方向发展。以杨凌晨光、格润尔、咸阳光明乳业、神果奶粉、宴友思等龙头企业为重点,积极发挥杨凌畜牧科研和畜牧专家的作用,共同搞好畜禽产品精深加工,开发各种肉制品和以畜产品为原料的医药化工产品、皮毛综合加工产品、禽蛋综合加工产品等。以省饲料厂、中富草业等企业为龙头 ,开发草制品,发展草产品加工业,延伸畜牧产业链条,带动咸阳草产业发展。到2008年,咸阳市畜牧业产值达到27亿元。企业经营加工的畜产品占到总产量的60%以上。杨凌示范区畜牧龙头企业达到30个,经营总产值达到2亿元。

3. 蔬菜产业开发。依托杨凌示范区无公害蔬菜生产技术和品牌,按照区域化布局、专业化生产、企业化经营和社会化服务的方向,以优化结构和提高质量为重点,推广优良品种,重点围绕设施蔬菜、无公害蔬菜和反季节精细菜生产,建设蔬菜生产基地,推广设施栽培和标准化生产,扩大优质高效品种生产,实现规模化、企业化和产业化生产经营。完善社会化服务体系建设,启动建设专业蔬菜批发市场,巩固提高市场交易规模。积极推行无公害放心菜市场准入制度,确保消费者身体健康。打"杨凌无公害蔬菜品牌",发挥杨凌新绿公司等蔬菜企业的市场网络优势,面向大、中城市的大型自选商场,开辟蔬菜直销专柜,与大型企业、院校和宾馆签订供货订单,主攻反季节优质精细蔬菜,积极开发净菜、天然特色蔬菜上市,建立长期供求关系。发展连锁经营网点,扩大蔬菜生产的净化、细化、分类、配菜等后序加工,适应消费多样化、优质化需求,实现蔬菜从农田到餐桌的转化增值。到2008年,咸阳市蔬菜面积达到135万亩,其中日光温室大棚15万亩,总产量达到285万吨。

4. 食品工业开发。充分发挥西北农林科技大学的科技优势,以两市区现有食品加工企业为基础,依托建成的粮、果、畜、菜等基地,推广高新技术,研发新优产品,共同开发生产粮油食品、方便食品、功能食品、肉制品、乳制品以及果蔬制品等产品,带动两市区食品加工业向讲究营养、重视保健、力求方便、保证卫生和转化增值、提高效益的方向发展。以宴友思、光明乳业、蓝马啤酒、恒兴果汁、李华葡萄酒、张裕葡萄酒、当代蜂业等系列产品为重点,坚持走集约化、规模化的路子,创建名牌产品,实现食品工业的规模化生产。到2008年,两市区创建全国名牌食品加工企业30个,总产值达到60亿元。

在抓好上述四大产业建设的同时,积极抓好优质专用粮、优质油料、烤烟、花卉、中药材等经济作物的生产,提高经济作物的科技含量和经济效益,促其向规模化、产业化发展。

(五)加强项目合作。要以项目为载体,加强和扩大双方合作,不断提高农业产业一体化推进的速度和层次。重点抓好已签约项目的实施,力促合作双方,加快实施进度,尽快达产达效。按照计划,双方继续加强项目的征集、筛选和洽谈对接工作,进一步开展新的合作。按照咸阳市农业发展的战略布局、战略重点和各县市区的产业特点,发挥杨凌示范区的科技优势和龙头企业的牵动作用,共同积极争取国家农业综合开发世行科技项目和其他科技推广、产业开发项目的立项和投入,在咸阳建设高新农业产业化示范基地。进一步加快武功大庄农业科技示范基地的建设步伐,授予"杨凌示范区大庄示范基地"牌子,同时,支持和引导杨凌更多的企业参与建设。

(六)深化科技联结。为了能更充分、更直接地发挥杨凌专家在咸阳杨凌农业产业一体化合作中的优势和特长,在杨凌科研教学单位挑选部分年轻有为、有农业基地建设指导经验和产业开发项目管理能力的专家教授,到咸阳果、畜、菜、苗木花卉等优势特色产业发展较快的县市区挂职,担任农业产业一体化工作专职副县市区长。此项工作由双方组织部门商西北农林科技大学、杨凌职业技术学院,共同拿出实施意见,报一体化工作领导小组同意后实施;对原咸阳市政府农业顾问组人员进行充实加强,组成新的市政府农业顾问组。试点实施咸阳数字农业入户工程。通过现代信息网络架起杨凌专家与咸阳农业龙头企业和农民之间联系的桥梁,首批先在兴平、彬县进行试点。

四、保障措施

(一)加强领导,搞好服务。咸阳杨凌农业产业一体化,是一项宏伟的系统工程,两市区政府必须加强领导,坚持行政推动、示范带动和市场牵动相结合,不断改进方式方法,通过各种灵活多样的手段,加速两市区农业产业一体化领域的全方位融合。要强化行政推动,充分发挥政府部门在咸阳杨凌农业一体化中的组织、协调和服务职能,切实做好制定规划、牵线搭桥、营造环境的工作,为双方的合作提供有力的组织保证。要强化示范带动,制定更加优惠的扶持政策,加快武功大庄示范基地建设。同时,加快扶持建设一批新的示范基地,发挥辐射带动作用,推动一体化工作的深入实施。要强化市场牵动,坚持以市场为导向,引导两市区的企业和农民建立各类合作组织,扶持发展各类行业协会和农民专业技术协会,运用市场机制手段促进两市区的紧密融合。对咸阳杨凌农业产业一体化合作项目实行挂牌管理,由双方农业产业一体化办公室共同设计出能突出咸阳杨凌农业产业一体化合作特点的统一标志,对考核验收通过的农业产业一体化项目挂牌,加强管理,展示合作成果。

（二）定期交流,形成制度。加强双方的交流与协商,建立全面互访与信息交流制度。双方每季度召开一次联席会议,交流合作情况,分析存在问题,提出对策措施。对双方的合作情况,每半年,由两市区一体化办公室联合进行一次检查,并公布检查结果,年终总结评比,表彰先进,以促进此项工作的顺利实施。

（三）发挥优势,互联互动。充分发挥咸阳和杨凌各自的优势,找准双方合作的结合点,互联互动。咸阳提供一流的产业基地、一流的投资环境和一流的优惠政策,杨凌充分利用大专院校、科研单位和企业的技术、人才、信息、品牌优势,支持帮助咸阳引进技术、引进人才、引进项目,把科技含量高、带动能力强的项目推介给咸阳;同时鼓励支持企业、科研院校及专家教授、学者,以领办、参股、承租、承包等形式,优先在咸阳建立优质农产品生产基地及科技教育培训基地,促进双方的合作形成互联互动的机制。

（四）大胆探索,创新机制。改革完善农技推广体系,加快先进适用技术的推广和应用,鼓励、支持企业和民办农业科技组织参与农业科研和技术推广,引导农民建立各类合作经济组织,扶持发展各类行业协会和农民专业技术协会,建立多渠道、多层次、多形式的农民生产、销售、贮藏及教育培训体系,提高农业组织化程度,推进农业向集约化、产业化经营转变。为了适应农业发展的需要,两地不断探索在政府支持下,建立以大学为主体、以市场为引导、联合各类农业科技推广机构、涉农企业,开展新技术、新成果示范、推广的新型农业推广体制或运作模式。

中共咸阳市委
咸阳市人民政府
关于进一步加强
人才工作的实施意见

咸字〔2004〕8号

（2004年11月19日）

为了大力实施人才强市战略,建设高素质人才队伍,为建设西部强市和全面小康咸阳提供人才保障及智力支持,根据中共中央、国务院《关于进一步加强人才工作的决定》（中发〔2003〕16号）和省委、省政府的《实施意见》（陕发〔2004〕2号）精神,现就进一步加强我市人才工作提出以下实施意见:

一、实施人才强市战略是全市各级党委和政府一项重大而紧迫的任务

1. 人才问题是关系我市经济社会全面发展的关键问题。改革开放以来,我市在人才队伍建设方面取得了明显成效。但是,人才工作的总体状况和管理体制还不能很好适应全市经济社会发展的需要,有的县区、部门和企事业单位对人才工作重视不够,少数领导干部人才意识不强,没有树立起“人才是第一资源”观念;人才工作的管理体制还不够顺畅,存在着多头管理、机制不活、经费不足等问题,有利于人才脱颖而出并充分施展才华的良好环境尚未完全形成;人才总量不足,年龄、知识、专业结构不够合理,发展不平衡,高层次、高技能和复合型人才严重短缺;一些县市区的农业、文化、教育等行业已经出现了人才青黄不接的现象。全市各级党委和政府必须深刻认识人才工作的极端重要性和紧迫性,切实加强和改进对人才工作的领导,抓紧制定有关政策,稳定用好现有人才,积极吸引外地人才,努力使全市人才工作迈上新台阶。

2. 实施人才强市战略的指导思想、根本任务、基本要求和主要目标。指导思想和根本任务是,以邓小平理论和“三个代表”重要思想为指导,贯彻落实党的十六大和十六届四中全会精神,坚持以人为本,坚持党管人才原则,坚持尊重劳动、尊重知识、尊重人才、尊重创造的方针,立足于咸阳经济社会发展的需要,充分开发市内外人才资源,紧紧抓住培养、吸引、使用三个环节,合理配置人才资源,优化人才结构,大力加强以党政人才、企业经营管理人才和专业技术人才为主体的人才队伍建设,努力把各类优秀人才集聚到建设西部强市的宏伟事业中来,为全面建设小康咸阳提供坚强的人才保证和智力支持。

实施人才强市战略的基本要求是,用“三个代表”重要思想统领全市人才工作,把促进发展作为人才工作的根本出发点。坚持科学的人才观,突出能力建设和人才资源的开发,不断加大对人才工作的投入,为各类人才不断涌现和充分发挥作用奠定坚实基础;坚持三支人才队伍一起抓,分类指导,整体推进,带动整个人才队伍建设;按照“五统筹”的要求,推进人才结构调整,发挥人才队伍的整体功能;坚持市场配置人才资源的改革取向,遵循人才资源开发规律,建立充满生机与活力的人才工作机制。

实施人才强市战略的主要目标是,逐步增加人才总量,积极调整人才结构,使人才分布趋于合理,党政领导干部的执政能力明显增强,企业经营管理者和专业技术人员的创新创业能力明显提高,开创人才辈出、人尽其才的新局面,促进经济社会和人的全面发展。全市专业技术人员从现在的11.9万人到2010年达到15万人左右,每年递增5%左右,其中硕士研究生(含)以上学历和副高级(含)以上职称的人才分别由2003年的219人和3890人达到800人和5500人左右,中高级企业经营管理人才达到1万人以上。

二、以能力建设为核心,大力加强人才培养工作

3.能力建设是人才培养的核心。坚持在提高全市人民思想道德素质、科学文化素质和健康素质的基础上,重点培养人的学习能力、思想能力、实践能力,着力提高人的创新能力。改革教育培训的机制、内容和方法,加大教育培训力度。按照《中共咸阳市委关于做好大规模培训干部工作的实施意见》(咸发〔2004〕3号)及《2004年~2008年咸阳市干部教育培训计划》的要求,认真抓好落实。用5年左右时间,将全市党政干部、企业经营管理者和专业技术人员普遍轮训一遍。科级以上党政领导干部和中青年后备干部、企业高级管理人员和高级专业技术人员累计参加各类培训的时间不少于3个月。

4.加快构建终身教育体系,促进学习型社会的形成。在全市进一步树立全民学习、终身学习理念,鼓励人们通过多种形式和渠道参与终身学习,积极推动学习型组织和学习型社区建设。各级党委干部教育委员会要加强终身教育的规划和协调,优化整合各种教育培训资源,综合运用全市区域内的学习资源、文化资源和教育资源,完善广覆盖、多层次的教育培训网络,构建具有我市特色的网络化、开放化的终身教育体系。进一步改革和发展成人教育。加强各类人才的培训和继续教育工作。强化用人单位在人才培训中的主体地位,将职工的非学历学习培训纳入单位发展规划,建立带薪学习制度和经费保障制度,并同上岗、聘任、提拔有机结合起来,激励职工通过各种形式和渠道参加终身学习。各级组织、人事、财政部门要制定鼓励机关干部带薪学习和经费保障的有关制度。各部门要尽快制定科学规范的质量评估和监督办法,提高教育培训成效。

三、坚持改革创新,努力形成科学的人才评价和使用机制

5.建立以能力和业绩为导向、科学的社会化的人才评价机制。坚决改革一切不适应市场经济发展要求的人才管理体制和管理方式,充分发挥市场在人才资源配置中的基础性作用;努力克服人才评价中片面强调学历和资历、轻视能力和业绩的倾向,建立以能力和业绩为导向、科学的社会化的人才评价机制;彻底破除人才政策上的所有制歧视,对所有单位在人才政策上一视同仁;进一步完善人才评价标准,改革人才评价方式和手段,提高人才评价的科学水平。

党政人才的评价重在群众认可。要继续坚持群众公认、注重实绩的原则。进一步完善民主推荐、民主测评、民主评议制度,把群众的意见作为考核评价党政人才的重要尺度。组织人事部门要根据干部管理权限建立科学的干部政绩考核体系,按照中组部、人事部《关于进一步加强和改进党政机关年度考核工作的意见》,制定考核办法,完善定期考核和日常考核制度,改进考核方法,建立考核工作责任制。

企业经营管理人才的评价重在市场和出资人认可。各级组织、经贸、人事、国资等部门,要完善反映经营业绩的财务指标和反映综合管理能力等非财务指标相结合的企业经营管理人才评价体系,积极开发适应不同类型企业经营管理人才的考核测评技术,围绕任期制和任期目标责任制,突出对经营业绩和综合素质的考核。

专业技术人才的评价重在社会和业内认可。人事部门要积极探索资格考试、考核和同行评议相结合的专业技术人才评价方法;组建专业技术人才考核评价中心,作为事业单位,挂靠市人事局,专门负责全市及驻咸企事业单位的专业技术人才的素质测评、任职资格考核及社会推荐等方面的社会化专业技术人才评价工作。

6.建立公开、平等、竞争、择优为导向,有利于优秀人才脱颖而出、充分施展才能的选人用人机制。以扩大民主、加强监督为重点,进一步深化党政干部选拔任用制度改革,不断提高科学化、民主化、制度化水平。组织人事部门要完善选任制,改进委任制,规范考任制,推行聘任制。坚持和完善民主推荐、民主测评、民主评议、考察预告、差额考察、任前公示等制度。实行县市区委、政府领导班子正职的拟任人选和推荐人选,由上一级党委常委会提名并提交全委会无记名投票表决制度;市、县两级党委、政府工作部门和乡镇党政领导班子正职的拟任人选和推荐人选,也逐步做到由上一级党委常委会提名并提交全委会无记名投票表决。对专业性比较强的市级部门、县市区党政部门副职岗位,可面向社会公开选拔。同时,完善竞争上岗制度,市、县两级党委、人大、政府、政协、纪委、法院、检察院机关或工作部门的内设机构领导成员一般采取竞争上岗的办法进行选拔,组织人事部门要认真抓好落实。建立党政干部退出和淘汰机制,逐步推行党政领导干部职务任期制,严格执行领导干部辞职有关规定,加大调整不称职、不胜任现职干部的工作力度,畅通干部能上能下渠道，增强干部队伍活力。

以推进企业经营管理者市场化、职业化为重点，坚持市场配置、组织选拔和依法管理相结合，改革和完善国有企业经营管理人才选拔任用方式。对国有资产出资人代表依法实行派出制或选举制。对经理人推行聘任制，实行契约化管理。改革企业经营管理者管理体制，采取面向社会公开招聘、企业内部民主选举、竞争上岗和直接聘任（委任）的方式，多渠道选拔企业经营管理者。

以推行聘用制和岗位管理制度为重点，深化事业单位人事制度改革。各级人事部门和有关业务主管部门要按照政事职责分开、单位自主用人、个人自主择业、政府依法监管的要求，积极探索试点，尽快建立符合各类事业单位特点的用人制度。推行个人申报、社会评价、单位自主聘任的职称制度，并逐步实行“评聘分开”。对不同事业单位领导人员可实行直接聘任、招标聘任、推选聘任、委任等多种任用形式，积极探索固定岗位与流动岗位、专职与兼职相结合的用人机制。事业单位要深化内部改革，规范按需设岗、竞聘上岗、以岗定酬、合同管理等管理环节，逐步做到人员能进能出，职务能上能下，待遇能高能低。

四、建立和完善人才市场体系，促进人才合理流动

7. 积极培育人才市场。大力发展行业、地区和专业人才市场，努力提高人才市场的服务水平，规范人才市场的运作。市、县两级人事部门直属的人才市场建设经费，作为公益性基本设施建设列入本级财政预算。建立大中专毕业生就业服务体系，开辟多种途径，积极为大中专毕业生提供就业岗位。大力发展各类人才中介组织，充分发挥其服务、沟通、公证和监督作用，努力形成政府部门宏观调控、市场主体公平竞争、行业协会严格自律、中介组织提供服务的运行格局。

8. 促进人才合理流动。进一步消除人才流动中的城乡、区域、部门、行业、身份、所有制等限制，疏通三支队伍之间、公有制与非公有制组织之间、不同地区之间的人才流动渠道。各级组织部门要大胆探索从国有企事业单位、非公有制企业中选拔党政领导干部的途径和方法。要实行“柔性人才政策”，把引进人才与引进智力有机结合起来，以实施“一线两带”、“两河一区”建设为契机，充分利用西咸经济一体化、咸杨农业产业一体化优势，发挥各开发区、产业园区吸纳聚集人才的功能，采取多种方式积极吸引各类优秀人才来咸创业。进一步探索国家、单位、社会筹资共建博士后科研流动工作站的新机制，以咸阳偏转集团博士后科研流动工作站为平台，扩大博士后招收数量，实施倾斜政策，吸引更多的博士后人员来咸或留咸工作。支持国内外人才尤其是留学人员通过兼职、项目合作、考察讲学、学术休假、担任业务顾问等形式，与我市的高（中）等院校、科研院所和企业进行合作。加强学术交流，扩大海外高级人才来咸讲学或科研合作的规模。回国留学人员在咸阳工作，携带配偶的，由人事部门优先安排工作。充分利用每年50万元的市级专项引智资金，及时引进我市急需的国外高层次人才和紧缺人才。允许和鼓励各类人才之间合理有序流动，实行“人才共享”。各级人事部门要抓紧制定人才流动和人才市场管理的政策法规，进一步消除人才流动的体制性障碍，打破人才身份、所有制等限制，完善人事争议仲裁制度。

五、以鼓励劳动和创造为根本目的，加大对人才的有效激励和保障

9. 完善分配激励机制。不断完善公务员工资制度和艰苦边远地区津贴制度。逐步推行国有企业经营管理者年薪制，把企业经营管理者的报酬与经营业绩和企业长远发展紧密结合起来。切实落实对有突出贡献的科技人才奖励股权、期权的有关规定，鼓励专业技术人才以知识、技术、成果、专利、管理等要素在国家没有明确限制的一切领域投资创业和开展多种方式的有偿服务。要将现行的事业单位人员工资由各级财政直接发放办法，改为各级财政拨给单位，由单位按岗位、贡献确定发放的办法。允许事业单位在人事部门核定的工资总额基础上，实行协议工资、岗位工资、项目工资、基本报酬加效益提成和年薪制等多种分配形式。市人事局要制定具体的指导性意见。

10. 建立规范有效的人才奖励制度。市财政每年拿出50万元对为全市经济和社会发展做出杰出贡献的人才给予崇高荣誉和重奖，由市委人才工作领导小组办公室组织实施。各县市区也要每年拿出10万元～30万元作为人才奖励资金。适当增加各级党代会代表、人大代表、政协委员中优秀人才的比例，进一步提高他们的社会地位。切实规范各类人才奖项，继续做好科技进步奖、农村科技进步奖的评选工作；继续做好咸阳市有突出贡献专家的选拔工作，并不断提高专家的津贴标准；继续做好新世纪学术技术带头人的评定工作，落实好津贴待遇；继续做好咸阳市优秀青年科技人才奖、咸阳市十佳科普明星的评选工作；每两年表彰一次“咸阳市人才开发先进单位”和“咸阳市优秀创业人才”。

11. 建立健全人才保障制度。积极推进社会保障制度、户籍制度改革。健全养老、医疗、失业等社会保障体系，把覆盖面扩大到所有学校和科研单位，完善机关、企业、事业单位人才流动中的社会保险衔接办法，从根本上解除专业技术人才的后顾之忧。在城镇逐步实行有合法固定住所、稳定职业或稳定收入为依据的户口申报制度。扩大吸收来咸落户创业的各类人才，对具有中级以上专业技术任职资格的专业技术人员和大学本科以上毕业生，可在全市范围内先落户口，后找工作,一律不得收取城镇增容费或其他类似费用,也不准故意设置障碍。市人事局、市劳动和社会保障局、市公安局要制定《咸阳市引进人才居住证制度暂行规定》。

六、抓住薄弱环节,加强三支人才队伍建设

12. 进一步优化各级党政领导班子的年龄结构、知识结构和专业结构。加大选拔优秀年轻干部工作的力度,调整领导班子成员要优先补充优秀年轻干部。争取用5年时间使县、乡两级党政领导班子成员的文化程度明显提高,并注意选配熟悉经济、金融、法律和城市管理的干部。每年从市直机关选拔一批优秀年轻干部到县乡和企业担任领导职务,选拔部分基层干部到市直党政机关挂职,进一步扩大我市干部到省级机关和东部沿海经济发达地区挂职锻炼的规模。着眼于我市各项事业长远发展的需要,建设一支数量充足、素质优良、门类齐全、结构合理的县处级和科级后备干部队伍。

13. 积极选拔高校大学本科毕业生充实各级党政机关。实行市、县两级分开,计划招考制度。每年有计划地为市、县、乡党政群机关通过参加省、市组织人事部门的统一考试,补充一批具有一定专业知识的优秀青年干部。市本级每年招录50名左右,基本实现一个单位每年新增1人。各县市区也要根据各自的实际情况,确定本县市区每年的招考总数。对招录的应届本科毕业生先安排在基层单位或乡镇锻炼1年~2年,期满经考核合格后调入市、县两级党政机关。同时,积极争取省委组织部选调生名额,并做好接收培养工作。选调生在基层工作1年后,经考核优秀的,可破格提拔为乡镇(街道)领导班子副职。适合从事党政机关工作的,要有计划地补充到县以上党政机关。今后,县级以上党政机关补充工作人员,应优先从选调生中挑选。对其中适合做机关领导工作的,应提拔到机关领导岗位。

14. 加快企业经营管理人才队伍建设。抓紧培养造就创新精神强、经营管理水平高、能适应国内外市场竞争的企业家,重点是加快建立职业经理人队伍,目标是提高我市企业的核心竞争力。抓紧研究制定职业经理人资质认证标准和市场准入规则,在咸阳市人才市场内专设企业经营管理者人才市场,实行企业经营管理人员持证上岗,促进企业经营管理人才合理有序流动。

15. 加强高层次专业技术人才队伍建设。制定出台《关于加强全市高层次专业技术人才队伍建设的意见》。坚持自然科学和社会科学并重,围绕我市发展规划、优势产业和重大项目建设,加快培养一批具有较高水平的专家、拔尖人才、学术技术带头人。要着重培养现有人才,制定培养规划,针对不同特点,实行分类培养。要努力改善工作条件,在科研立项、配备学术梯队、提供启动资金和学术交流机会、实施成果转化、领办创办高新技术企业等方面,向专家、学术技术带头人倾斜,大力营造激发创新活力的良好环境。要适当提高待遇,各用人单位要实行高层次专业技术人才岗位津贴,留住人才,调动其工作积极性。各用人单位要逐步改善高层次人才的住房条件,允许用人单位给予高层次人才住房补助费或为其购置住房。加强在职高层次人才的医疗保健工作,国家和省、市有突出贡献专家按规定每年安排休假疗养和体检。对在职高级专业技术职务人员,由用人单位每年组织1次体检,财政拨款事业单位人员的体检费用由同级财政支付。

16. 加大引进各类高层次人才工作力度,构筑人才高地。坚持以宽阔的视野识才选才,以特殊的政策引才聚才,以灵活的机制用才重才,以优良的环境留才育才,立足于当前急需,着眼于未来发展,面向基层,面向企业,面向科研,引进急需的高层次人才,重点吸纳与生产力发展密切相关的高新技术专业人才,为实现西部强市奋斗目标提供强有力的人才保障。

七、推进人才资源整体开发,实现人才工作协调发展

17. 进一步增加人才资源开发工作的投入。各级财政对人才资源开发所需经费,要列入预算按时足额拨付,并保持逐年有所增加。市财政每年要从新增财力中安排部分资金,专项用于人才工作。积极引导和鼓励社会资金以多种形式加大对人才资源开发的投入,各类用人单位、经营性投资项目也要提取一定比例的资金用于人才培训,疏通多元化人才开发投入渠道。加强管理,合理使用,不断提高资金使用效率,形成以市场为导向的人才投资回报机制,促进人才投资与回报的良性循环。

18. 建立健全人才资源开发的法规体系。加快制定和实施人才流动管理、专业技术人员继续教育、人事争议仲裁等地方性法规,继续清理不适应市场经济发展的有关规定,使人才资源开发走上法制化轨道。加强对人才流动中国家秘密和商业秘密的保护,维护用人单位和各类人才的合法权益。加强和改进国家重要人才安全工作。

19. 进一步做好北部五县的人才工作。制定灵活的用人政策,创造良好的用人机制和环境,稳定和用好现有人才,积极引进急需人才。大力发展北部五县教育事业,强化职业教育,加大培养和培训工作力度,壮大人才队伍。要逐步提高北部五县各类人才的收入水平,制定鼓励人才到北部五县工作,特别是长期工作的优惠政策。坚持产业聚才、项目引才,积极构建吸引各类人才到北部五县建功立业的创业平台。大力支持市级各部门、单位和南部县区专业技术人员到北部五县支援服务。

20. 重视非公有制经济组织和社会组织人才工作。要把新的社会阶层中的各类人才纳入各级党委和政府的工作范围,努力形成与我市经济社会发展相适应的人才观和人才创业机制。要消除体制和政策障碍,在政策上对非公有制经济组织和社会组织人才一视同仁,在政府奖励、职称评定、专家选拔、确定学术技术带头人等人才政策上统一安排,在面向社会的资助、基金、培训项目、人才信息库等公共资源运用上平等开放,在改善创业环境和工作生活条件上积极提供服务。

21. 加强高技能人才和农村乡土人才队伍建设。制定出台《关于加快全市高技能人才队伍建设的意见》。各级劳动和社会保障部门要实施高技能人才培训工程和技能振兴行动,通过学校教育培养、企业岗位培训、个人自学提高等方式,加快工人队伍中的高技能人才培养。充分发挥高(中)等职业院校、市技工学校、各县市区职业教育中心和企业技校的培训基地作用,扩大培训规模,提高培训质量。充分发挥企业在职工培训中的主体作用,强化岗位培训,组织技术革新和攻关,改进技能传授方式,促进岗位成才。国有及国有控股企业职工教育培训经费应达到职工工资总额的2.5%。完善高技能人才的职业资格证书制度,推进技师考评制度改革,进一步提高高技能人才的社会地位,优化高技能人才成长的社会环境。

制定出台《关于加强全市农村乡土人才队伍建设的意见》。各县市区和市人事局、市级涉农部门要根据推动农村经济社会发展和城乡协调发展的需要,大力加强农村科技、教育、文化、卫生和经营管理等农村乡土人才队伍建设。继续实施县、乡、村乡土人才工程和农民教育培训工程。充分发挥农村职业学校、成人文化技术学校、农村远程教育、农业科技网和各种农业技术推广培训机构的作用,加快农业科技示范园区和先进适用技术推广相关基础设施建设,实行农科教相结合,努力提高广大农村劳动者的素质,激励农村乡土人才快速成长。力争3年~5年内每个村民小组增加5名~8名科技致富能手。高度重视农村富余劳动力资源的开发,加强农村劳动力转移就业培训工作,积极开拓省外、国外劳务输出市场,组织大规模的省外、国外劳务输出。加强人才和智力扶贫,建立健全农村乡土人才服务体系。

八、坚持党管人才原则,努力开创人才工作新局面

22. 大力实施人才强市战略,必须坚持党管人才原则。各级党委要坚持总揽全局、协调各方的原则,充分发挥思想政治优势、组织优势和密切联系群众的优势,发挥党委领导核心作用,形成党委统一领导,组织部门牵头抓总,有关部门各司其职、密切配合,社会力量广泛参与的人才工作新格局。市委人才工作领导小组要坚持在市委的领导下,积极履行人才工作的统筹规划、政策研究、宏观指导、综合协调、督促检查等职责。

23. 党管人才主要是管宏观,管政策,管协调,管服务。各级党委要把人才工作摆上重要议事日程,按照管好用活的要求,正确处理党管人才和尊重人才成长规律的关系、党管人才和市场配置人才资源的关系、党管人才和依法管理人才的关系,搞好统筹规划,制定人才工作重大方针政策,明确发展目标,定期听取汇报,及时研究解决存在的问题,切实推进各类人才队伍建设协调发展;注重整合力量,建立统分结合、协调高效的工作机制,充分调动一切积极因素,形成人才工作合力。市委人才工作领导小组要制定议事规则,定期召开会议,协调各有关职能部门落实好人才队伍开发建设的各项政策。市委组织部要切实履行牵头抓总、协调各方、政策研究、宏观指导、督促检查的职责,不定期召开人才工作联席会议,沟通交流重要信息、研究讨论重要政策、协调部署重要工作。要明确市委人才工作领导小组成员单位的职责,把人才工作的各项任务落到实处。市委、市政府其他部门都要把人才工作当作自己的重要任务,切实抓好落实。各县市区也要相应地落实责任,统一协调做好工作。继续完善市县领导干部联系专家、拔尖人才制度,各级领导干部都要选择一些和分管工作联系密切的专业技术人才、经营管理人才作为交朋友和联系对象,经常倾听他们的意见、建议和呼声,诚恳接受他们对工作的批评和监督,并将此作为一项制度坚持下去,切实把全市人才优势转化为知识优势、科技优势和产业优势,使一切劳动、知识、技术、管理和资本的活力竞相迸发,一切创造社会财富的源泉充分涌流。

各县市区和市级有关部门要结合本实施意见,尽快制定相应的具体工作方案和配套措施。

政　　令

咸阳市人民政府令

第26号

《咸阳市人民政府关于老年人权益保障的若干规定》已经市人民政府第七次常务会议研究通过,现予发布,自2005年1月1日起实施。

市长:张立勇

2004年11月15日

咸阳市人民政府关于老年人权益保障的若干规定

第一条　为了保障老年人权

益,促进老年事业的发展,弘扬中华民族尊老爱老的传统美德,使老年人得到全社会的充分尊重,根据《中华人民共和国老年人权益保障法》和《陕西省实施〈中华人民共和国老年人权益保障法〉办法》等规定,结合我市实际,制定本规定。

第二条 本规定所称的老年人是指居住在本市行政辖区内,有常住户口、年龄在60周岁以上(含60周岁)的公民。

第三条 本市行政区域内老年人权益保障工作适用本规定。

第四条 各级人民政府应当把维护老年人合法权益保障工作列入议事日程,有关部门应当按照各自职责,依法做好老年人权益保障工作。

各级老龄工作机构具体负责本级老年人权益保障工作。

第五条 市、县两级人民政府应当将老年事业纳入国民经济和社会发展规划,每年分别按60周岁以上(含60周岁)老年人总数人均1元的标准,将老龄事业经费列入本级财政预算,专项用于老年事业发展。

鼓励社会各界为老年事业提供捐赠,积极支持老年事业发展。

第六条 赡养老年人者应履行以下义务:

(一)赡养人必须依法履行对老年人的经济供养义务,保证老年人的基本生活需要并提供必要的医疗费用。

(二)赡养人应当在精神上给老年人以慰藉,生活上给予照料。对未与赡养人同住的老年人,赡养人应当经常问候、看望、照料。

(三)赡养人有义务耕种老年人承包的土地,照顾老年人的林木和牲畜等,收益归老年人所有。

(四)赡养人有保证老年人居住和改善老年人居住条件的义务。不得强迫老年人迁居条件低劣的房屋;老年人自有的或者承租的公有住房,任何人不得侵占;需要改变产权关系和租赁关系的,房产、土地管理部门应当当面征得老年人同意;需要借用老年人房屋的,经老年人同意到约定期限应当及时归还,不得无故拖延。

(五)法律、法规规定的其他义务。

第七条 赡养人不得以放弃继承权或者其他理由,拒绝履行法定的赡养义务。赡养人不履行赡养义务的,老年人有要求赡养人给付赡养费的权利。赡养人及其家庭成员不得要求老年人承担力不能及或者有损其健康的劳动。

第八条 老年人对自己的合法收入和其他财产,依法享有占有、使用、收益、处分的权利。赡养人或者其他亲属不得非法干涉。

第九条 维护老年人婚姻自由的合法权利。支持单身老年人自由择偶结婚,对再婚老年人,子女或者其他亲属应给予理解和支持,并依法承担赡养义务。

第十条 老年人依法享有的养老金和其他待遇应当得到保障,有关组织应当按时足额支付养老金,不得无故拖欠或挪用。

第十一条 农村有条件的地方,可以将集体未发包的部分土地、山林、果园、荒坡、滩涂等作为养老基地,也可以兴办其他经济实体,收益用于老年人养老。

第十二条 无劳动能力、无生活来源、无赡养人和抚养人,或者其赡养人和抚养人确无赡养能力或者抚养能力的老年人,居住在城镇的,由当地人民政府定期发放救济款;居住在农村的,由县级人民政府负责落实吃、穿、住、医、葬费用并按时发放。家庭特别困难的老年人,民政部门按规定应及时纳入城乡最低生活保障范围,并给予适当照顾。

第十三条 鼓励支持企、事业单位、民营、外资企业和社会各界力量投资兴建老年福利设施。经各级政府审查同意后,凡投资兴建面积在2000平方米和床位在100张以上的老年公寓、托老所、老年活动中心、老年康复中心等,可享受《咸阳市人民政府关于鼓励投资者进行城市开发建设的若干规定》中第七、八条有关优惠政策。但不得弄虚作假,把老年福利设施挪作他用。

第十四条 老年人有继续受教育的权利。各级人民政府对老年教育应当加强领导,统一规划。

鼓励社会办好各类老年学校。

第十五条 老年人依法享有的医疗待遇必须得到保障。机关、团体、企业、事业单位,应当按照有关规定积极为老年人办理医疗保险。

医疗卫生机构应当实行老年人优先就医制度,为老年人就诊、治疗、缴费、取药等提供优先待遇。需住院时,医院应优先安排床位,提供更多的方便服务。

社区卫生服务机构要为老年人提供健康教育、疾病预防、康复等服务项目,为行动不便的老年人设立家庭病床等便利服务。

第十六条 市内公共汽车和市县区长途客运班车应设寿星专座,寿星老人乘车时由司务人员优先安排座位。各候车室均需设立老年人专座。

司务人员应及时提醒乘客给老年人优先让座。

第十七条 本市老年人凭老年优待证、寿星证享受下列优惠待遇:

(一)本行政辖区内,年满60周岁以上(含60周岁)的老年人,可凭身份证在市老龄委办公室申请办理老年优待证;老年人凭老年优待证可在八时前免费进入市、县区所属公园晨练;半价游览茂陵、昭陵、咸阳博物馆及市、县所属其他旅游景点。

(二)年满70周岁以上(含70周岁)的老年人,可凭身份证在市老龄委办公室申请办理寿星证。凭寿星证免费进入本市行政辖区内各公园;免费到茂陵、昭陵、咸阳博物馆及市县所属的其他旅游景点参观游览;免费参观本市(含各县市区)举办的各种文物、书画、摄影、花鸟、灯会、民间工艺、改革开放成果展览;免费进入市区及县城公厕;免费到市县区各影剧院观看电影、演出；半价到体育场观看各类比赛、演出；免费乘坐市内1路、11路、14路、15路、18路、21路公共汽车；免费在非机动停车场存放自行车；免费办理图书借阅证；在市县区各医院看病免缴挂号费，在专家门诊挂号享受半价；免费到律师事务所进行自身事务的法律咨询；免缴关系本人切身利益特别是有关赡养问题的纠纷案件诉讼费并给予优先立案、优先受理。

70周岁以上（含70周岁）独居老人安装有线电视，工料费按50%优惠。

（三）70周岁以上（含70周岁）的老年人安装住宅电话工料费按标准优惠50%，百岁以上老人免费安装住宅电话；免收寿星老人移动通信（手机）月租费和来电显示费；同时享受寿星老人通讯优惠套餐。

（四）90周岁以上（含90周岁）老年人每人每月发给50元保健费，其中30元由市财政负担，市老龄委办公室负责发放，20元由当地政府财政负担，由当地政府老龄部门负责发放。

（五）百岁以上（含百岁）的老年人，每人每月发给100元长寿补贴金，其中70元由省老年基金会拨付，30元由市财政负担，由市老龄委办公室负责统一发放。百岁老人所在地政府的医疗机构每年免费为其提供常规体检一次。

（六）结婚50周年以上的金婚老人可凭户籍证明及市老龄委办公室出具证明到指定照相馆免费照单张金婚照和全家福照。

各级政府应实行“部门帮扶、社会认养、财政补贴”的特困老人助养制度，从物质救济、生活照料、精神慰藉等多方面解决特困老人的实际问题。

第十八条 外地市来咸阳旅游、探亲的老人，凭原居住地优待证享受本规定第十七条第（一）、（二）项的优待服务政策。

第十九条 各涉老服务单位应悬挂优先、优待服务标示牌，由市老龄委统一颁发，各涉老服务单位公开挂牌。

第二十条 赡养人违反本规定不履行赡养义务的，由有关部门责令其改正。对老年人合法权益构成民事侵权或犯罪的，由司法机关依法处理。老年人依法诉讼需要律师帮助，且无力支付法律服务费用的，法律援助机构应予帮助。

第二十一条 本规定由市、县两级老龄工作机构牵头负责，有关部门和单位参与定期督促检查。对尊老爱老的好人好事应通过多种宣传方式积极表扬；对违反本规定的，由老龄部门视其情节轻重、危害程度，给予批评教育、通报批评、直至建议政府追究有关部门领导行政责任。

第二十二条 本规定由市老龄工作委员会办公室负责解释。

第二十三条 本规定自2005年1月1日起实施。2000年1月29日发布的《咸阳市人民政府关于老年人社会优待服务的若干规定》同时废止。

题　　录

表24　2004年咸阳市调查研究和学术论文题目选录

标　　题	作　者	登载刊号
解放思想 负重加压 努力推进全市扶贫开发工作上台阶	市扶贫办	《决策参考》第1期
关于我市发展文化旅游的思考与建议	贺国华	《决策参考》第2期
树立科学发展观　努力提高农民收入	王惠林	《决策参考》第3期
关于我市应对宏观调控政策的几点思考	罗升强 张军红 胡　波	《决策参考》第4期
市企业小分队赴浙江学习考察招商引资情况报告	田晓东 刘　通	《决策参考》第5期
树立工业强市理念　推进经济跨越发展	许双会	《决策参考》第6期
关于我市部门预算改革情况的调查报告	连玉仓	《决策参考》第7期
关于赴日本学习考察农业产业化情况的报告	张新民	《决策参考》第8期
坚持工业为先　加快工业化进程	田晓东	《决策参考》第9期

续表 24-1

标　　题	作　者	登载刊号
强化投资拉动　推进跨越发展	岳生锋	《决策参考》第 10 期
关于全市今后五年经济社会发展战略的调研报告	宋洪武 郑文宗	《咸阳调研》第 1 期
实现贫困地区县域经济的跨越式发展	聂东周	《咸阳调研》第 2 期
对果业大县取消农业特产税后的思考	万旭光	《咸阳调研》第 3 期
又见中央一号文	刘景旭	《咸阳调研》第 4 期
加快咸阳新型种业体系建设的思考	林英旺 杨忠贤	《咸阳调研》第 5 期
搭建我市制造企业信息化服务平台探讨	陈　桦 张璞波	《咸阳调研》第 6 期
山东淄博市淄川发展经验及启示	师曼莉	《咸阳调研》第 7 期
乾县非公有制经济快速发展根源	杜俊霞	《咸阳调研》第 8 期
武功县开展人大代表述职活动调查	薛洪文	《咸阳调研》第 9 期
坚持农村体制创新是农民增收的根本保证	李兴文	《咸阳调研》第 10 期
咸阳房地产业之我见	张转社	《咸阳调研》第 11 期
建立优化经济发展环境的长效机制	张转社 卢国栋	《咸阳调研》第 12 期
2004 年中央一号文件解读	中共咸阳市委农工部	《咸阳调研》第 13 期
经营城市就是经营环境	许忠信	《咸阳调研》第 14 期
正确处理经济社会发展中的几个关系	马志科	《咸阳调研》第 15 期
加快发展特色农业　促进农民收入增长	商高锁	《咸阳调研》第 16 期
关于我市青年农民科技培训情况的调查	陈志军	《咸阳调研》第 17 期
关于底庙镇区域经济发展情况的调查	中共旬邑县委农工部	《咸阳调研》第 18 期
挖掘农业内部潜力　促进农民收入增长	中共彬县县委农工部	《咸阳调研》第 19 期
对贫困山区县域经济发展新特点的浅析	王振龙	《咸阳调研》第 20 期
深化产权制度改革　加快创新发展步伐	王汉琳	《咸阳调研》第 21 期
改善投资软环境　做好招商引资工作	李买利	《咸阳调研》第 22 期
我市非农建设用地情况的调查与思考	李　军	《咸阳调研》第 23 期
充分发挥乡镇企业在发展农村经济中的作用	马文玉　步晓辉	《咸阳调研》第 24 期
脱贫:从找原因开始——关于农村贫困类型的思考	苏社昌	《咸阳调研》第 25 期
彬县发展成中等城市的构想	吴若阳	《咸阳调研》第 26 期
建立和发展农村可持续发展的资源基地　科学快速发展县域经济	谭明义 郭　辉	《咸阳调研》第 27 期
农信双赢赖诚信	李兴文 马登云	《咸阳调研》第 28 期
正确认识 GDP 与经济发展的关系	傅保民	《咸阳调研》第 29 期
我市农民增收途径初探	李　军	《咸阳调研》第 30 期
我市农资经营市场的喜与忧	王振龙	《咸阳调研》第 31 期
千方百计减轻农民负担　想方设法增加农民收入	唐艺萍	《咸阳调研》第 32 期
乡镇改革势在必行	李兴文	《咸阳调研》第 33 期
关于我市农机产业化发展现状的调查与思考	李　军	《咸阳调研》第 34 期

续表 24－2

标　　题	作　者	登载刊号
努力开创安全生产工作新局面	牛继鹏	《咸阳调研》第 35 期
对彬县新型农村合作医疗试点工作的调查	程　刚 史建荣	《咸阳调研》第 36 期
对乾县旅游产业化的思考	王汉琳 黎　明 王仲孝	《咸阳调研》第 37 期
规范行政执法　预防职务犯罪	秦都区检察院	《咸阳调研》第 38 期
泾阳县发展蔬菜产业的调查与思考	毛小萌	《咸阳调研》第 39 期
提高农民素质是促进农民增收的根本	王　纲	《咸阳调研》第 40 期
对我市城镇化建设的思考	马志科	《咸阳调研》第 41 期
适时引导　全力推进　用品牌打造强势产业	孙军平	《咸阳调研》第 42 期
探讨咸阳农民增收的突破口	杨美乐	《咸阳调研》第 43 期
助农增收要解决好几个问题	刘新余	《咸阳调研》第 44 期
着眼乡情切实转变作风　真抓实干力促农民增收	任　杰	《咸阳调研》第 45 期
解放思想是做好本职工作的前提	牛建英	《咸阳调研》第 46 期
赴浙江招商引资和学习考察归来之感	田晓东 刘　通 张绍武	《咸阳调研》第 47 期
关于静安区与我市招商引资工作比较与思考	万晓林	《咸阳调研》第 48 期
用科学发展观指导我市信息化建设工作	王振龙	《咸阳调研》第 49 期
对我区失地农民产业转移的调查与思考	魏　琦	《咸阳调研》第 50 期
男女平等基本国策落实	杜俊霞	《咸阳调研》第 51 期
苹果销售与思考	李兴润 赵世峰 赵俊科	《咸阳调研》第 52 期
乾县纺织业调查与思考	师曼莉	《咸阳调研》第 52 期
做大做好劳务输出产业	解晓霖	《咸阳调研》第 53 期
走进农户看增收	傅保民	《咸阳调研》第 53 期
充分发挥城市规划对我市房地产业发展的指导作用	冯望云	《咸阳调研》第 54 期
培育产业集群　壮大我市县域经济	张转社 时晓东 李　军	《咸阳调研》第 54 期
成效　障碍　对策	中共咸阳市委研究室	《咸阳调研》第 55 期
我市农业资金投入情况调查	陈志军	《咸阳调研》第 55 期
对我市工业发展的新思考	田晓东 张绍武	《咸阳调研》第 56 期
影响我市非公经济发展的主要问题及对策	窦　斌 韩彦霄	《咸阳调研》第 56 期
关于我市县域经济的调查与思考	上官吉庆 罗奕凯 马登云	《咸阳调研》第 57 期
对加强乡镇干部队伍建设的思考	康　瑞 贾辉峰	《咸阳调研》第 58 期
北部五县农民增收缓慢成因分析及对策建议	孙军平 李长春	《咸阳调研》第 58 期
两加两减一调优　多予少取促增收	严维佳	《咸阳调研》第 59 期
咸阳市固定资产投资快速增长解析	岳生峰	《咸阳调研》第 59 期

表25　获市委2000年～2004年调研成果奖名单

调研成果名称	作者	奖　次
关于建设彬长旬经济开发区的初步研究	任　涛	一等奖
影响我市非公经济发展的主要问题及对策	窦　斌　韩彦霄	一等奖
养猪业合作社连接小生产与大市场的桥梁 ——武功县养猪业合作社的调查	中共武功县委研究室	一等奖
农村税费改革后我县基层政权运转情况的调查	李　永	一等奖
新时期农村基层党建工作面临的现实问题与对策	万旭光	一等奖
把淳化建成西咸经济圈的绿色生活基地	卢力群	二等奖
化解乡镇债务势在必行	钱劳动	二等奖
实施大企业大集团战略　加快建设西部经济强市进程	杨美乐	二等奖
走产业化发展之路　做大做强奶畜产业	何新春	二等奖
咸阳市现阶段犯罪问题研究	雷裕人　李西社　孟若飞	二等奖
咸阳市实施中药材规范化种植生产(GAP)的现状及对策	朱爱华　邢玉瑞 李晓云　张红梅	二等奖
西安咸阳区域一体化规划建设问题探讨	赵斌正	二等奖
关于构建咸阳市北部县区生态农业体系的调研报告	张岳峰　张斌崇	二等奖
建设企业集群　打造西部纺织“航母”	师曼莉	二等奖
新的实践　新的成果	薛洪文	二等奖
对我区失地农民产业转移的调查与思考	魏　琦	三等奖
化解乡村债务的一剂良药(礼泉乡村债务防范与化解)	王宁献　王明海	三等奖
咸阳市乡镇企业转移农村劳动力情况调查	严　涛	三等奖
礼泉县果品营销组织和队伍的调查	李建源	三等奖
走新型工业化道路　建设西部工业强市	杨劝林	三等奖
地热:西部大开发中一个新的经济增长点	赵素萍　张克冰	三等奖
关于加快咸阳新型种业体系建设的思考	杨忠贤　林英望	三等奖
贫困地区县域经济发展的思考	黄启平	三等奖
彬县农业产业结构调整的研究与思考	屈振民	三等奖
从农户着眼做好农村工作	张永亮	三等奖
依托乾陵　强化大旅游意识　构筑乾县旅游新格局	王汉琳	三等奖
努力做大做强劳务输出产业 ——礼泉县农村劳务输出情况调查	解晓林　张　炬　李国宁	三等奖
以创新精神构建社区党建工作新格局	穆　娟　杨新军 王新海　崔玺堂	三等奖
关于赴日本学习考察农业产业化情况的报告	张新民	三等奖
强化服务意识　转变乡镇职能	毛小萌	三等奖
如何建立农民减负增收的长效机制	郭宝彦　吴　超　闫泽勇	三等奖
在农村开展以“三个代表”重要思想为主要内容的党员先进性教育的调查与思考	吴　鑫　苟争座	三等奖
聚焦乡镇职能转变	王微波　刘　勇	三等奖
实现跨越式发展　建设西部经济强市	荆玉良　边　谦	三等奖
没有草业就没有现代畜牧业	王伟平	三等奖

统计资料

表26 咸阳市生产总值

指标名称	计量单位	2004年	2003年	2004年比2003年增长%	构成	
					2004年	2003年
一、咸阳市生产总值(当年价)	亿元	338.56	287.64	–	100.00	100.00
第一产业	亿元	74.88	60.43	–	22.12	21.01
第二产业	亿元	147.40	123.23	–	43.54	42.84
#工业	亿元	115.21	97.25	–	34.03	33.81
第三产业	亿元	116.28	103.99	–	34.34	36.15
年平均人口	万人	486.87	482.62	–	–	–
人均生产总值	元/人	6954	5960	–	–	–
二、咸阳市生产总值(可比价)	亿元	326.11	288.34	13.1	–	–
第一产业	亿元	63.91	57.80	10.6	–	–
第二产业	亿元	152.76	129.88	17.6	–	–
#工业	亿元	124.63	105.97	17.6	–	–
第三产业	亿元	109.45	100.67	8.7	–	–

表27　年末总户数 总人口

县市区	总户数(万户)	总人口(万人)			非农业人口(万人)
		总计	男	女	
咸阳市	130.4	489.8	255.2	234.5	101.9
秦都区	12.8	45.1	23.3	21.8	27.5
渭城区	11.7	39.8	20.3	19.5	24.5
兴平市	14.8	56.2	29.4	26.8	11.7
武功县	9.7	41.5	22.1	19.4	4.3
乾　县	14	55.8	29.1	26.8	4.8
礼泉县	12.9	45.8	23.9	21.9	5.3
泾阳县	12.5	49.8	25.5	24.4	5.2
三原县	12.1	40.4	20.9	19.5	7.4
永寿县	4.9	18.8	9.9	8.9	1.8
彬　县	8.3	32.5	16.9	15.6	3.2
长武县	4.5	17.3	9.2	8.1	1.6
旬邑县	6.8	27.1	14.5	12.5	2.2
淳化县	5.3	19.7	10.3	9.4	2.3

表28　分县市区生产总值

计量单位:亿元

县市区	国内生产总值	
	现行价格	增长%
秦都区	84.32	11.1
渭城区	71.66	13.7
兴平市	30.17	13.2
武功县	16.15	13.1
乾　县	25.14	12.0
礼泉县	21.12	13.0
泾阳县	28.27	13.2
三原县	26.46	13.1
永寿县	5.72	12.8
彬　县	10.11	13.3
长武县	4.80	13.1
旬邑县	6.58	12.5
淳化县	7.23	12.2

表 29　分县市区招商引资完成情况

县市区	计量单位	累计	到位资金任务完成率(%)
咸阳市	亿元	113.27	113.3
秦都区	亿元	14.84	137.3
渭城区	亿元	14.65	135.5
兴平市	亿元	7.22	100.2
武功县	亿元	4.57	126.9
乾　县	亿元	7.21	100.1
礼泉县	亿元	8.47	117.6
泾阳县	亿元	8.41	116.7
三原县	亿元	9.80	136.0
永寿县	亿元	2.93	135.3
彬　县	亿元	8.16	113.2
长武县	亿元	4.36	120.9
旬邑县	亿元	5.00	138.7
淳化县	亿元	2.75	127.1

表 30　全市农业概况

指　标　名　称	计量单位	2004 年	2003 年	2004 年比 2003 年增长%
一、农村基层组织				
乡政府	个	60	62	-3.2
镇政府	个	99	97	2.1
村民委员会	个	3290	3660	-10.1
乡村户数	万户	94.4	93.3	1.2
乡村人口	万人	388.6	387.6	0.3
乡村从业人员数	万人	213.8	211.0	1.3
其中:女从业人员	万人	100	99.3	0.7
二、年末耕地总资源	万公顷	38	38.2	-0.5
其中常用耕地面积	万公顷	37	37.0	0
年内增加耕地资源	万公顷	0.3	0.3	0
年内减少耕地资源	万公顷	0.5	1.8	-72.2
1. 退耕改果面积	公顷	3654	3251	12.4
2. 退耕还林还草占地	公顷	1188	13133	-91
3. 退耕改牧面积	公顷	30	32	-6.3
4. 国家基建占地	公顷	248	333	-25.5
5. 乡村基建占地	公顷	46	32	43.8
6. 农民个人建房占地	公顷	151	107	41.1

续表 30

指　标　名　称	计量单位	2004 年	2003 年	2004 年比 2003 年增长%
7. 因灾废弃耕地	公顷	41	265	-84.5
8. 其他	公顷	136	539	-74.8
三、农村社会总产值	亿元	501.4	447.8	12
1. 农业	亿元	123.8	96.9	27.8
2. 农村工业	亿元	248.6	227.1	9.2
3. 农村建筑业	亿元	48.1	42.1	14.3
4. 农村运输业	亿元	34	31.1	9.3
5. 商饮业	亿元	46.9	50.6	-7.3
四、水果面积	万公顷	18	17.3	4.1
水果产量	万吨	265	223.8	18.4
五、猪肉产量	万吨	10.5	9.6	9.4
六、牛羊肉产量	万吨	2.0	1.7	17.7
七、牛奶产量	万吨	28.1	20.6	36.4
八、禽蛋产量	万吨	8.5	8.3	2.4

注:镇政府中不包括县城所在的城关镇

表 31　分县市区农业总产值(一)

单位:万元

	农林牧渔业		农　业	
	总产值	比 2003 年 ±%	产值	比 2003 年 ±%
合　计	1216632	11.04	927244	12.65
秦都区	94700	0.15	80789	2.84
渭城区	54620	7.14	40251	0.86
兴平市	107195	11.7	78199	22.31
武功县	87625	11.61	56609	10.18
乾　县	114808	7.33	89928	5.06
礼泉县	114205	26.24	100968	25.22
泾阳县	212538	10.36	142827	10.16
三原县	152443	7.75	121133	6.47
永寿县	45810	16.86	33445	19.35
彬　县	55796	12.05	46776	14.74
长武县	29941	10.55	22293	12.51
旬邑县	63922	11.04	49742	13.19
淳化县	83029	10.71	64284	11.50

表31 分县市区农业总产值(二)

单位:万元

	林业		牧业		渔业	
	产值	比2003年±%	产值	比2003年±%	产值	比2003年±%
合　计	12290	-19.19	270431	7.65	6667	13.24
秦都区	523	-21.63	12874	-13.06	514	1.77
渭城区	215	-13.88	13739	20.14	415	-1.78
兴平市	413	-33.14	26343	-4.53	2240	3.40
武功县	376	54.87	29367	13.18	1273	12.91
乾　县	591	-3.88	23708	25.79	581	0.99
礼泉县	1158	-18.14	11555	64.59	524	30.64
泾阳县	1116	2.71	68158	10.95	437	4.17
三原县	868	38.20	29908	10.81	534	-6.87
永寿县	1806	33.98	10534	-6.76	25	17.64
彬　县	931	-52.62	8057	8.58	32	-33.33
长武县	860	-28.2	6759	8.24	29	33.34
旬邑县	875	-45.93	13287	8.41	18	-10
淳化县	2558	-34.33	16142	13.42	45	0

表32 分县市区农民人均纯收入

单位:元

县市区	2004年	2003年	2004年比2003年增长%
咸阳市	2100	1908	10.0
秦都区	2890	2714	6.5
渭城区	2930	2800	4.7
兴平市	2125	1932	10.0
武功县	2058	1898	8.4
乾　县	2046	1876	9.1
礼泉县	2250	2142	5.1
泾阳县	2266	2116	7.1
三原县	2133	1935	10.2
永寿县	1262	1099	14.8
彬　县	1642	1457	12.7
长武县	1420	1258	12.9
旬邑县	1575	1470	7.2
淳化县	1515	1323	14.5

表 33　全市农作物播种面积和产量

指标名称	播种面积(万公顷)	公顷产(公斤)	总产(吨)
一、粮食作物	442473	450	1999799
夏粮	243314	4419	1075182
#小麦	241236	4426	1067721
秋粮	199159	4643	924617
#玉米	169961	4991	848241
二、经济作物			
棉花	1273	615	783
油料	30338	1574	47761
#油菜籽	25087	1617	40572
蔬菜	62544	34997	2188850

表 34　全市工业概况

指 标 名 称	计量单位	2004 年	2003 年	增长%
一、规模以上工业企业数	个	319		
1. 国有经济	个	122		
2. 集体经济	个	23		
3. 其他经济	个	174		
二、规模工业总产值	亿元	291.1		18.2
按经济类型分组				
1. 国有经济	亿元	91.1		17.0
2. 集体经济	亿元	9.1		6.3
3. 其他经济	亿元	190.9		19.4
按隶属关系分组				
1. 中省企业	亿元	152.9		11.4
2. 地方企业	亿元	138.2		26.7
其中:县区属企业	亿元	68.2		27.9
三、在规模工业总产值中				
1. 轻工业	亿元	82.5		10.8
2. 重工业	亿元	208.6		21.4
按工业行业分类				
1. 能化工业	亿元	95.5		27.6
2. 电子工业	亿元	87.9		5.7
3. 食品工业	亿元	27.4		20.2
4. 纺织工业	亿元	19.8		9.1
5. 医药工业	亿元	12.2		22.3
6. 建材工业	亿元	7.6		16.1
四、市及以下工业企业数	个	258		

续表 34

指标名称	计量单位	2004 年	2003 年	增长%
1. 国有经济	个	79		
2. 集体经济	个	22		
3. 其他经济	个	157		
五、市及以下规模工业产值	亿元	138.2		26.7
1. 国有经济	亿元	20.6		9.1
2. 集体经济	亿元	9.0		6.8
3. 其他经济	亿元	108.6		32.8
六、主要工业产品产量				
1. 原煤	万吨	587.8	470.4	25.0
2. 发电量	亿千瓦时	85.8	73.3	17.1
3. 小麦粉	万吨	7.7	7.9	-2.5
4. 浓缩饲料	吨	2595	1338	93.9
5. 配混合饲料	万吨	6.8	5.3	28.3
6. 乳制品	万吨	4.6	3.7	24.3
7. 软饮料	万吨	9.2	5.3	73.6
8. 纱	万米	4.9	5.0	-3.5
9. 布	万米	25227.7	25778.8	-2.1
10. 印染布	万米	4617.5	3535.8	30.6
11. 机制纸	万吨	12.8	10.9	17.4
12. 纸制品	万吨	2.7	1.0	170
13. 原油加工量	万吨	172.1	150.0	14.7
#汽油	万吨	54.8	42.6	28.6
柴油	万吨	76.6	69.3	10.5
14. 焦炭	万吨	10.9	12.3	-11.4
15. 合成氨	万吨	19.3	16.9	13.8
16. 化肥总计	万吨	2.2	1.3	74.1
17. 油漆	万吨	1.8	2.2	-18.2
18. 中成药	吨	929.3	861.9	7.8
19. 水泥	万吨	124.7	94.3	32.2
20. 金属 机床	台	531	430	23.5
21. 内燃机	万千瓦	18.9	8.6	119.8
22. 平板玻璃	万重箱	40.6	141.1	-71.2
23. 塑料制品	吨	3022	3161	-4.4
24. 彩色显像管	万只	1363.7	1116.9	22.1
25. 彩色电视机	万部	150	130.5	14.9

表35　分县市区规模工业总产值

计量单位:亿元

县市区	企业个数	总产值	国有企业	集体企业	其他经济类型	轻工业	重工业
全　市	319	291.1	91.1	9.1	190.9	82.5	208.6
秦都区	86	120.7	48.2	2.3	70.2	33.8	86.9
渭城区	38	86.6	12.0	0.5	74.1	10.0	76.6
兴平市	35	32.9	14.8	4.3	13.8	11.3	21.6
武功县	7	6.4	2.7	0.8	2.9	3.8	2.6
乾　县	21	5.5	0.7	0.4	4.4	4.3	1.2
礼泉县	10	4.2	1.0	0.2	3.0	3.5	0.7
泾阳县	26	8.1	1.4	0.3	6.4	2.9	5.2
三原县	41	17.5	7.7	0.3	9.5	10.6	6.9
永寿县	12	1.1	0.2		0.9	0.6	0.5
彬　县	11	5.0	0.1		4.9	0.7	4.3
长武县	9	0.5	0.4		0.1	0.4	0.1
旬邑县	9	1.3	1.3			0.1	1.2
淳化县	14	1.4	0.7		0.7	0.6	0.8

表36　交　通　邮　电

指标名称	计量单位	2004年	2003年	增长%
一、交通				
公路客运量	亿人	0.42	0.4	5.7
公路旅客周转量	亿人公里	26.1	24.83	5.4
公路货运量	万吨	2226	2151	3.5
公路货运周转量	亿吨公里	27.6	26.15	5.9
二、邮电				
邮电业务总量	亿元	10.5	10.26	8.9
#邮政	亿元	1.6	1.55	3.4
电讯	亿元	8.9	8.71	9.9

表37　固定资产投资

指　标　名　称	计量单位	2004年	2003年	增长%
一、全社会固定资产	亿元	161.67	117.3	37.8
(一)按经济类型分				
1.国有经济	亿元	58.18	47.61	22.2
2.集体经济	亿元	1.32	3.32	-60.2
3.其他经济	亿元	102.17	66.37	53.9
(二)按隶属关系分				
1.中央	亿元	12.19	12.21	-0.002
2.省属	亿元	10.57	17.54	-39.7
3.市县区属	亿元	124.45	58.02	114.5
4.其他	亿元	14.5	29.53	-50.9
(三)按报表种类分				
1.基本建设	亿元	100.8	73.06	38
2.更新改造	亿元	26.37	17.78	48.3
3.其他投资	亿元	3.48	1.78	95.5
4.房地产开发	亿元	16.56	11.59	42.9
5.农村集体投资	亿元	2.25	1.9	18.4
6.城镇私人建房	亿元	4.51	3.75	20.3
7.农村私人建房	亿元	7.58	7.46	1.6
8.农村50万元以上项目投资	亿元	0.14	0	
二、本年新增固定资产	亿元	82.99	90.65	-8.5
三、房屋建筑面积				
1.本年施工房屋面积	万平方米	745.73	997.09	-25.2
2.本年竣工房屋面积	万平方米	345.3	688.6	-49.9

表38　分县市区城镇50万元以上固定资产投资

单位:亿元

	2004年	2003年	增长%
全　市	147.2	104.2	41.3
秦都区	46.7	33.3	40.5
渭城区	42	30	40
兴平市	7.7	5.9	30.1
武功县	3.1	2	54.7
乾　县	6.2	4	54.4
礼泉县	7.9	4.9	59.5
泾阳县	9.3	6.7	38.7
三原县	7.4	4.3	72.5
永寿县	3.3	2.3	47.7
彬　县	7.7	4.9	56.8
长武县	3.5	1.9	80.7
旬邑县	2.8	2.2	28.6
淳化县	1.8	1.7	9.7

表39 国 内 贸 易 业

指 标 名 称	计量单位	2004年	增幅(%)
社会消费品零售总额	万元	902833	12.58
一、按销售单位所在地分组			
1.市	万元	431045	12.55
2.县	万元	242187	13.30
3.县以下	万元	229601	11.90
二、按行业及规模分组			
1.批发零售贸易业	万元	659262	8.10
2.餐饮业	万元	230321	28.07
3.其他	万元	13250	8.19
重点商品交易市场成交额	万元	20347	-1.07

表40 分县市区社会消费品零售总额

单位:亿元

指标名称	2004年累计	同比增长(%)
咸阳市	90.28	12.6
秦都区	19.42	13.5
渭城区	16.92	12.9
兴平市	9.21	12.9
武功县	5.89	11.9
乾　县	8.45	12.8
礼泉县	6.85	12.5
泾阳县	7.68	12.8
三原县	6.46	12.9
永寿县	1.24	8.8
彬　县	3.38	10.2
长武县	1.10	10.0
旬邑县	1.86	10.7
淳化县	1.82	9.9

表41　2004年全市财政收入执行情况

单位:万元

预　算　科　目	本年累计执行数	较上年执行数±%
1.工商税收类	71556	12.27
增值税	14850	10.63
营业税	32679	15.92
城市维护建设税	12213	10.64
城镇土地使用税	1656	2.29
其他各税	10158	7.32
2.农牧业税和耕地占用税	16606	29.45
3.企业收入小计	7928	5.16
(1)企业所得税	5502	22.62
(2)国有资产经营收益	2426	-20.51
一般预算收入合计	118277	14.32
基金预算收入合计	7851	60.22
收入合计	126128	16.40

表42　分县市区财政收入

指标名称	计量单位	累计	增长(%)
咸阳市	亿元	12.61	16.4
秦都区	亿元	1.58	14.7
渭城区	亿元	1.36	10.1
兴平市	亿元	0.81	9.8
武功县	亿元	0.35	15.4
乾　县	亿元	0.57	10.4
礼泉县	亿元	0.50	39.7
泾阳县	亿元	0.68	6.0
三原县	亿元	0.70	10.2
永寿县	亿元	0.19	17.5
彬　县	亿元	0.45	20.1
长武县	亿元	0.22	26.3
旬邑县	亿元	0.22	21.9
淳化县	亿元	0.19	15.4

表 43　2004 年全市财政支出执行情况

单位:万元

预　算　科　目	本年累计执行数	较上年执行数±%
1. 农林水气支出类	20712	12.81
2. 工业交通、流通部门事业费	10119	28.71
3. 城市维护费	13854	7.96
4. 文教科学事业费	85361	12.98
其中:教育支出	72853	12.98
5. 医疗卫生支出	13036	18.96
6. 其他部门的事业费	12231	8.35
7. 抚恤、社救及社保支出	11695	6.85
8. 行政管理费	48715	6.64
9. 公检法司支出	19187	10.48
10. 行政事业单位离退休支出	12496	10.92
一般预算支出合计	259860	11.18
基金预算支出合计	8721	96.91
支出合计	268581	12.77

表 44　全市金融机构人民币信贷收支表(一)

单位:万元

来源项目名称	年末余额	比年初增加额
一、各项存款	4028159	391160
1. 企业存款	773602	14343
2. 财政存款	30553	16188
3. 机关团体存款	78320	-7712
4. 储蓄存款	3041826	361448
5. 农业存款	59213	6339
6. 委托存款	137	28
7. 其他存款	44508	526
二、金融债券	-39388	-39020
三、应付及暂收款	45182	-3122
四、同业往来	19528	-3217
五、各项准备	18373	6456
六、所有者权益	19333	40960
七、其他	-1497197	-346284
资金来源总计	2593990	46933

表44 全市金融机构人民币信贷收支表(二)

单位:万元

运用项目名称	年末余额	比年初增加额
一、各项贷款	2386456	53233
1. 短期贷款	1503037	58564
(1)工业贷款	525254	4185
(2)商业贷款	388699	-2959
(3)建筑业贷款	4995	-9986
(4)农业贷款	323677	61641
(5)乡镇企业贷款	113227	-7953
(6)私营企业及个体贷款	9683	6351
(7)其他短期贷款	136833	9453
2. 中期流动资金贷款	56506	-91843
3. 中长期贷款	736573	52926
二、有价证券及投资	44740	6601
三、应收及预付款	48699	-9307
四、固定资产	92610	-7275
五、库存现金	17840	3735
资金运用总计	2593990	46933

表45 劳 动 工 资

指 标 名 称	计量单位	2004年	2003年	增长%
一、全部从业人员	万人	39.5	38.4	2.78
全部在岗职工	万人	38.5	37.5	2.59
1. 国有经济单位	万人	29.9	28.8	3.68
2. 集体经济单位	万人	2.11	2.2	-4.27
3. 其他经济单位	万人	6.5	6.5	0
二、全部从业人员劳动报酬	亿元	41.5	37.8	8.91
全部在岗职工工资总额	亿元	41	37.2	9.27
1. 国有经济单位在岗职工工资总额	亿元	31.5	28.7	8.9
2. 集体经济单位在岗职工工资总额	亿元	1.4	1.3	7.14
3. 其他经济单位在岗职工工资总额	亿元	8.1	7.2	11.1
三、在岗职工人均年工资	元	10832	10011	7.58

表46 教育 文化 卫生

指 标 名 称	单位	2004年	2003年	增长(%)
一、教育				
1.学校数	个	3072	3067	0.16
普通中学	个	348	337	3.16
小学	个	2668	2730	-2.23
2.专任教师数	万人	5.4	4.8	11.1
普通中学	万人	2.1	2.1	0
小学	万人	2.8	2.7	3.57
3.在校学生数	万人	109.1	101	7.42
普通中学	万人	43.2	42.5	1.62
小学	万人	55.4	58.5	-5.6
二、文化				
公共图书馆个数	个	13	13	0
公共图书馆藏书	万册	70	69.7	0.43
三、卫生				
医院、卫生院数	个	300	277	7.7
医院、卫生院床位数	万张	1.3	1.1	15.38
医生数	万人	0.7	0.6	14.29

表47 人 民 生 活

指 标 名 称	计量	2004年	2003年	增长%
一、城区居民人均可支配收入	元	8257.31	7585.87	8.9
城区居民人均消费性支出	元	6438.65	6040.09	6.6
#食品支出	元	2178.10	1835.04	18.7
衣着支出	元	744.96	684.56	8.8
二、县城居民人均可支配收入	元	5522.81	4877.51	13.2
县城居民人均消费性支出	元	4250.12	3473.71	22.4
#食品支出	元	1513.35	1244.91	21.6
衣着支出	元	462.23	483.87	-4.5
三、县城每百户居民拥有彩色电视机	台	114	106	7.5
县城每百户居民拥有电冰箱	台	53	45	1.8
四、城区每百户居民拥有彩色电视机	台	122	119	2.5
城区每百户居民拥有电冰箱	台	85	85	
五、物价指数				
1.商品零售物价总指数	%	103.4	101.4	
城 市	%	103.3	101.6	
农 村	%	103.5	101.2	
2.居民消费价格总指数	%	103.4	102.1	
城 市	%	102.4	100.5	
农 村	%	103.8	102.8	
食品类价格指数	%	107.9	104.6	
#鲜 菜	%	86.5	133.3	
肉禽蛋	%	122.9	105.3	
3.农业生产资料价格指数	%	112.9	103.5	

附　录

市民生活便览

咸阳市公交营运线路站点一览表

1路: 火车西站　彩虹桥　火电三公司　烟草公司　防洪渠　陶瓷厂　国棉二厂　七厂十字　工农兵　华联大厦　渭城中学　市二院　铁一局　火车站

4路: 防洪渠　烟草公司　火电三公司　彩虹桥　火车西站　西橡　陕广　茂陵路口　高渡　西吴王家　高店　大阜　化建　兴平

7路: 抗战南路　滨河路　南阳街口　博物馆　渭城区政府　乐育路口　西门口　红旗商场　团结路口　七厂十字　玉泉路口　酿造厂　古渡中学　新纺三路　苏家堡　石斗村　永安堡　魏家泉　魏家泉西　大泉　马泉中心小学　三号路口　安家　查田村　赵家　马泉镇(茂陵)

9路: 火车站　铁一局　市二院　渭城中学　红旗商场　工农兵　七厂十字　玉泉路口　酿造厂　财校　氮肥厂　北上照　庞刘双照　西城　南田　骏马

11路: 中华苑　七〇四厂　四三九〇厂　冯武臣国医馆　邮电分局　偏转集团　汇通商厦　中华广场　陕中附院　民生　省二纺医院　体育场十字　市政府　乐育路口　红旗商场　渭城中学　市二院　民生路十字　民院十字　铁四局十字　二〇二所　华星厂　塔尔坡　化纤路口　奥力化纤公司

12路: 火车路　铁一局　市二院　渭城中学　红旗商场　工农兵　七厂十字　玉泉路　酿造厂　财校　氮肥厂　北上召　粮店　大王　小寨　五九四电台　陈村　赵北　定周　南位

13路: 抗战南路　铁一局　市二院　渭城中学　红旗商场　工农兵　七厂十字　国棉二厂　陶瓷厂　防洪渠　烟草公司　火电三公司　彩虹桥　火车西站　地税局　西转盘　西橡　陕广　茂陵路口　马泉镇(茂陵)

14路: 北上召　南上召　高干渠　苏家寨　氮肥厂　财校　酿造厂　玉泉路口　七厂十字　工农兵　红旗商场　渭城中学　市二院　铁一局　古渡公园　古渡公园东门　计生委　省水电医院　水电机械厂　十一建构件厂　朝阳四路　加油站　电力技校　邮讯运输公司

15路: 一八五扶贫学校　迎宾路　师院东门　铁二十局医院　文林路　新兴北路十字　联盟一路　陕工职院　市一院　联盟三路　中研所　吴家堡　酿造厂　勤俭路口　七厂十

字　公交公司　体育场十字　中医肿瘤医院　陈杨寨　三中　李家庄　国际商贸学院

16 路:中华小区东门　地矿院　富安南路　咸通南路　沈兴南路　沈家小区　体育场十字　市政府　乐育南路　红旗商场　二棉　民生西路　纺织器材厂　新兴路口　火车站　民生东路　文汇路　甘肃二级站　朝阳一路　塔尔坡　李家堡　碱滩　康复中心　三五三〇　龚西村　二分院　玻璃厂　九冶公司　渭城镇政府

18 路:中华苑　中华小区　偏转二区　中华十字　富安路口　陕中附院　二一五医院　省二纺医院　体育场十字　市政府　市委　工农兵　红旗商场　二棉　乐育路口　纺校　联盟一路　民院十字　民院　华星厂

19 路:公安干校　天然气公司　支队家属院　古渡街道办　三二三医院　新纺路口　玉泉东路　勤俭路　联盟三路　文汇西路　联盟二路　乐育路口　二棉　红旗商场　西门口　乐育南路　博物馆　南阳街口　滨河路　抗战南路

20 路:文林路十字　铁三处医院　能源学校　邮校　财院　文林路口　氮肥厂　酿造厂　玉泉路口　七厂十字　二厂　陶瓷厂　防洪渠　七里铺　陕中附院　中华广场　汇通商厦　偏转集团　邮电分局　雨茂医院　二水厂　阳光小区　文物局　西橡东门　南二街　渭滨镇政府　高新区(耐火厂)　粮库　成家庄　留印村

21 路:邮政局　天然气公司　交警支队　古渡镇政府　三二三医院　新纺路口　玉泉东路　七厂十字　公交公司　体育场十字　中医肿瘤医院　陈杨寨转盘路东　路桥公司　大堡子村　围墙子路　牛家村五水厂　河南路　沣河桥　西咸阳肿瘤医院　黄家寨　新农路　沣东中学　七里铺　火烧寨

23 路:新阳光农产品市场　三号桥　高科花园　西阳村十字　邮电分局　偏转集团　咸阳报社　中华广场　陕中附院　沈兴北路　建设路　自来水公司　思源北路　七厂十字　团结路口　红旗商场　二棉　乐育北路　联盟二路　盐业公司　市一院

59 路:火车站　铁一局　市二院　渭城中学　红旗商场　工农兵　七厂十字　体育场十字　陈杨寨　路桥公司　围墙子路　河南路　肿瘤医院　新农路　七里铺　西咸交界(火烧寨)　新店　三桥　未央路

表 48　咸阳长途汽车站发车时刻表

发往站	发车时间														
余下	6:00	6:30	7:00	7:30	8:00	8:30	9:00	9:30	10:00	10:30	11:00	11:30	12:00	12:30	13:00
	13:30	14:00	14:30	15:00	15:30	16:00	16:30	17:00	17:30	18:00					
户县	6:15	6:45	7:15	7:45	8:15	8:45	9:15	9:45	10:15	10:45	11:15	11:45	12:15	12:45	13:15
	13:45	14:15	14:45	15:15	15:45	16:15	16:45	17:15	17:45	18:15					
周至	6:00	6:30	7:00	7:30	8:10	8:50	9:30	10:00	10:40	11:20	12:00	12:40	13:20	14:00	14:30
	15:00	15:30	16:30	17:00	17:30										
铜川市	7:50	8:20	8:50	9:20	10:00	11:20		东坡	11:50		店头	14:30		商州	8:00
富平	8:50	9:30	10:00	10:30	11:00	12:30	15:00	15:30							
阎良	7:20	8:00	8:30	9:40	10:10	10:40	11:10	11:40	12:10	12:40	13:10	13:20	13:50	14:50	15:30
	16:00	16:30	17:00	17:30	18:00										
旬邑	8:00	8:30		蓝田	7:30	10:30	13:30	16:30			渭南	9:00	12:00	13:00	14:20
高陵	7:30	9:30	10:30	11:30	14:00	15:30	16:30	17:30			蒲城	7:00	12:50	14:30	
澄城	7:50	14:00		眉县	7:10	9:00	11:40	13:40	15:40						
白水	8:40	13:40		泾河	9:30	13:30	17:30		大荔	7:00	13:30				
马家湾	7:00	8:00	10:30	12:30	14:30	16:30			洛川	7:20					
延安	6:30	8:20		汉中	7:30	9:00			正宁	6:30			韩城	14:00	
临潼	7:00	8:00	9:00	10:00	11:00	12:00	13:00	14:00	15:00	16:00	17:00	18:00			

表 49　咸阳火车站旅客列车时刻表

2005 年 7 月 1 日实行

方向	区段	车次	西安开	本站到开	终到时刻	方向	区段	车次	本站到开	西安到	终到时刻
西去	上海 - 银川	K361	17:47	18:05/08	次日 8:08	东去	兰州 - 汉口	2030	19.12/16	19:34	次日 9:20
	西安 - 库尔勒	1067	18:10	18:28/31	3 日 15:05		宝鸡 - 太原	2536	19:38/41	19:59	次日 8:22
	安康 - 宝鸡	N375	19:51	20:12/14	22:00		宝鸡 - 汉口	4708	20:07/11	20:29	次日 12:23
	西安 - 奎屯	1043	18:35	18:53/56	3 日 13:07		宝鸡 - 北京西	T56	20:44/46	21:02	次日 10:09
	西安 - 汉中	N355	20:05	20:23/26	次日 6:51		宝鸡 - 新乡	4702	21:49/51	22:09	次日 8:25
	沈阳北 - 成都	K385	21:29	21:47/49	次日 13:50		西宁/兰州 - 青岛	K174	23:41/44	0:02	次日 20:41
	郑州 - 兰州/西宁	2009	21:58	22:16/18	次日兰 6:45 宁 11:56		西宁/兰州 - 郑州	2010	1:26/28	1:46	9:19
	西安 - 昆明	K165	22:10	23:28/31	3 日 11:20		昆明 - 西安	K166	5:19/22	5:40	/
	西安 - 兰州	K119	22:32	22:50/53	次日 7:13		神木 - 安康	4770	5:52/6:16	6:38	11:35
	广州 - 兰州	K227	22:59	23:17/20	次日 7:35		兰州 - 西安	K120	5:53/56	6:14	/
	太原 - 成都	1485	2:32	2:50/53	19:18		兰州 - 广州	K228	6:36/40	6:58	次日 9:16
	重庆 - 乌鲁木齐	1083	4:13	4:31/34	3 日 20:08		银川 - 西安	2586	7:10/13	7:30	/
	* 上海 - 西宁	K377	4:44	5:02/14	17:46		* 乌鲁木齐 - 连云港东/济南	1086	7:18/21	7:39	次日连 22:12 济 22:53
	* 济南/连云港东 - 乌鲁木齐	1085	5:25	5:43/45	3 日 20:38		成都 - 西安	2120	7:51/53	8:11	/
	青岛 - 兰州 - 西宁	K173	5:38	5:56/59	兰 14:29 宁 18:50		成都 - 沈阳北	K386	8:49/53	9:11	次日 11:38
	连云港 - 宝鸡	2261	5:51	6:09/11	8:24		宝鸡 - 安康	N376	9:04/9:06		13:47
	太原 - 宝鸡	2535	6:40	6:58/7:01	8:53		汉中 - 西安	N356	9:41/43	10:01	/
	安阳 - 宝鸡	4701	7:08	7:26/41	9:48		* 西宁 - 上海	K378	10:01/04	10:22	次日 6:09
	汉口 - 宝鸡	4707	7:44	8:02/16	10:13		银川 - 上海	K362	10:09/13	10:31	次日 6:02
	汉口 - 兰州	2029	8:32	8:50/53	17:28		成都 - 郑州	2098	11:11/13	11:31	18:35
	西安 - 宝鸡	N387	9:30	9:48/50	11:23		宝鸡 - 杭州	2306	11:21/23	11:41	次日 11:44
	西安 - 成都	K5	13:10	13:28/13:32	次日 6:01		库尔勒 - 西安	1068	11:38/41	11:59	/
	* 上海 - 成都	1353	13:47	14:05/07	次日 6:12		前河镇 - 西安	57546	11:40/55	12:15	/
	西安 - 宝鸡	T499	14:30	14:46/48	16:23		成都 - 西安	K6	11:45/48	12:06	/
	* 北京西 - 成都	1363	14:42	15:00/04	次日 7:06		韩城 - 西安	7542	12:19/36	12:56	/
	杭州 - 宝鸡	2305	14:56	15:14/16	17:14		乌鲁木齐 - 重庆	1084	13:03/0.6	13:24	次日 5:06
	* 南京西/合肥 - 成都	1433	15:18	15:35/38	次日 7:55		乌鲁木齐 - 郑州	1046	13:14/16	13:34	20:31
	西安 - 成都	2119	16:59	17:17/20	次日 9:14		奎屯 - 西安	1044	13:26/29	13:47	/
	西安 - 银川	2585	16:16	16:34/16:45	次日 6:39		* 成都 - 上海	1354	13:39/42	14:00	次日 11:05
	郑州 - 成都	2097	17:10	17:28/31	次日 9:43		宝鸡 - 西安	N388	15:46/49	16:07	/
							* 成都 - 南京西/合肥	1434	14:52/55	15:13	次日南 10:50 合 7:05
北去	西安 - 前河镇	57545	12:42	13:03/15	18:47		成都 - 太原	1486	15:59/16:03	16:20	次日 5:01
	西安 - 韩城	7541	13:18	13:38/52	20:28		宝鸡 - 连云港	2262	16:33/36	16:54	次日 9:29
	安康 - 神木	4769	22:40	23:01/13	次日 12:08		宝鸡 - 济南东	2516	16:58/17:00	17:18	次日 10:43

说明：带“*”标记的列车暂不售票。

表50　西安火车站中转列车时刻表

2005年7月1日执行

方向	区　段	车　次	到　点	方向	区　段	车　次	开　点
西去	北京西－西安	Z19	7:58	东去	西安－北京西	Z20	19:23
	北京西－成都	T7	5:08		成都－北京西	T8	23:24
	北京西－西安	T41	6:50		西安－北京西	T42	18:02
	上海－乌鲁木齐	T53	12:46		乌鲁木齐－上海	T54	23:07
	北京西－西安	T55	6:12		乌鲁木齐－北京西	T70	22:28
	北京西－乌鲁木齐	T69	8:15		兰州－北京西	T76	3:38
	北京西－兰州	T75	7:50		兰州－南京西	T114	3:25
	南京－兰州	T113	6:04		兰州－上海	T118	20:51
	上海－兰州	T117	8:51		西安－上海	T140	18:44
	上海－西安	T139	9:03		西宁－北京西	T152	23:46
	北京西－西宁	T151	3:25		乌鲁木齐－汉口	T194	21:56
	汉口－乌鲁木齐	T193	4:47		乌鲁木齐－郑州	T198	2:15
	郑州－乌鲁木齐	T197	1:35		西安－北京西	T232	17:31
	北京西－西安	T231	6:40		西安－扬州	K60	16:24
	济南－重庆	K15	23:48		西安－广州	K84	9:03
	扬州－西安	K59	14:18		攀枝花－北京西	K118	14:24
	广州－西安	K83	19:38		西安－长春	K126	15:59
	北京西－攀枝花	K117	2:50		西安－天津	K214	11:20
	长春－西安	K125	14:07		西安－厦门	K242	15:48
	天津－西安	K213	7:42		成都－上海	K292	11:11
	厦门－西安	K241	5:56		西安－南宁	K318	20:29
	上海－成都	K291	4:28		银川－上海	K362	10:37
	南宁－西安	K317	21:13		西安－开封	N352	11:01
	上海－银川	K361	17:40		西安－武昌	N360	14:50
	开封－西安	N351	18:49		西安－宜昌	N364	18:10
	武昌－西安	N359	7:15		西安－包头	1676	14:32
	宜昌－西安	N363	9:14		重庆－太原	2024	9:38
	郑州－乌鲁木齐	1045	23:20		西安－烟台	2132	13:59
	包头－西安	1675	9:51		西安－南昌	2204	16:40
	太原－重庆	2023	20:06		西安－贵阳	2334	16:58
	烟台－西安	2131	19:05		西安－神木	4762	22:10
	南昌－西安	2203	15:39		西安－韩城	4764	7:15
	韩城－西安	4763	18:33		西安－韩城	4766	17:22
	韩城－西安	4765	13:08		西安－安康	4774	16:48
	神木－西安	4761	6:23		西安－汉中	4778	12:56
	安康－西安	4773	12:16		西安－榆林	7552	8:22
	汉中－西安	4777	16:08		西安－渭南	7634	17:50
	榆林－西安	7551	21:10		西安－商南	57548	16:15

表51　西安咸阳国际机场航班时刻表

西安始发							到达西安			
到达站	航　班	机　型	离站时间	到达时间	班　期	备　注	航　班	始发站	离站时间	到达时间
泰国曼谷	MU281	A320	2240	0240	2 6			泰国曼谷		
		A320			3 7		MU282	泰国曼谷	0340	0740
韩国汉城	MU283	A300/A320	0130	0420	2 6			韩国汉城		
		A300/A320			1 5		MU284	韩国汉城	2100	0010
日本东京	MU271	A300－600	1200	1800	1234567	经停北京	MU272	日本东京	0955	1610
日本福冈	MU289	A320	0850	1255	23 6	经停青岛	MU290	日本福冈	1355	1830
日本广岛	MU293	A320	0800	1310	1234567	经停上海浦东	MU294	日本广岛	1410	2010
日本名古屋	MU291	A320－600	0800	1320	1234567	经停上海浦东	MU292	日本名古屋	1420	2010
澳　门	MU769	A320	1440	1830	1234567	经停桂林	MU770	澳　门	1910	2250
香　港	MU203	A320	1430	1700	1234567		MU204	香　港	1800	2015

续表 51 - 1

西安始发							到达西安			
到达站	航　班	机　型	离站时间	到达时间	班　期	备　　注	航　班	始发站	离站时间	到达时间
北　京	CA120	B737 - 300	0735	0915	1234567		CA120	北　京	1950	2130
	MU212	A320/A300	0820	0955	1234567		MU212	北　京	1055	1240
	HU758	DON328	0835	1055	1 3 5	经停延安	HU758	北　京	1150	1440
	CZ693	B737/B757	0900	1040	1234567		CZ6936	北　京	1140	1325
	HU713	B737/B767	1035	1155	1234567		HU713	北　京	0810	0955
	MU210	A320/A300	1055	1235	1234567		WH211	北　京	1330	1520
	MU271	A300 - 600	1200	1340	1234567	前往东京	MU272	北　京	0955	1330
	CA121	B737 - 300	1300	1440	1234567		CA120	北　京	1010	1200
	MU212	A320/A300	1400	1540	1234567		MU212	北　京	1635	1810
	CA122	B737 - 300	1430	1615	1234567	30/6 前执行	CA122	北　京	1205	1350
	MU210	A320/A300	1440	1615	1234567		MU210	北　京	1710	1840
		B737 - 300			1234567		CA122	北　京	1525	1715
	CA120	B737 - 800	1620	1800	1234567		CA120	北　京	0730	0915
	MU212	A320/A300	1620	1805	1234567		MU213	北　京	1905	2035
	CA120	B767 - 300	1705	1845	1234567		CA120	北　京	1405	1600
	HU788	B737 - 800	1755	1935	1234567		HU788	北　京	1705	1830
	MU210	A320/A300	1940	2110	1234567		MU210	北　京	0820	1000
	CA123	B757 - 300	1905	2045	1 34567	周 1 从 1/7 起执行	CA123	北　京	1625	1810
	CA123	B757 - 300	1905	2100	2		CA123	北　京	1625	1810
	HU758	DON328	2000	2300	2 4 6	经停延安	HU758	北　京	0650	0950
	HU723	B737 - 800	2200	2340	1234567		HU723	北　京	0650	0835
长　春	HU756	DON328	0920	1330	2 4 6	经停天津	HU757	长　春	1400	1810
长　沙	MU232	A320/A300	0900	1030	2 4 7		MU232	长　沙	1125	1310
	HU789	B737 - 400	0845	1020	1 3 5	前往海口	HU789	长　沙	1600	1730
	HU755	DON328	0855	1040	1234567		HU755	长　沙	1800	2000
	CZ379	B737 - 700	1205	1325	2 4 7	前往珠海	CZ3793	长　沙	0945	1120
	MU236	B146/A320	1355	1525	1 3 56		MU236	长　沙	1125	1315
	CZ322	B737/A320	1945	2120	2 4 6		CZ3223	长　沙	1730	1900
成　都	HU786	B737 - 800	0650	0750	1234567	1/6 起执行	HU786	成　都	0650	0750
	MU234	A300/A320	0800	0855	1234567		MU234	成　都	0950	1100
	3U8802	A320	1005	1115	1234567		3U8801	成　都	0805	0915
	CA142	B737 - 300	1035	1135	1 34 6		CA142	成　都	1240	1410
	HU785	B737 - 400	1410	1530	1234567		HU785	成　都	1615	1700
	CA420	A319	1600	1710	1234567		CA420	成　都	1420	1515
	3U8804	A320	1710	1810	1234567		3U8803	成　都	1520	1620
	MU234	A320/A300	1900	2000	1234567		MU234	成　都	2100	2200
	CZ692	B737/B757	2055	2205	1234567		CZ6928	成　都	2245	2345
重　庆	HU758	B737/DON	0820	0930	1 3 5	前往南宁	HU758	重　庆	1910	2030
	HU758	DON/B737	0855	1010	2 4 6	前往南宁	HU758	重　庆	1510	1630
	MU226	A320/A300	0900	1000	1234567	周 2、6 为 1/7 起执行	MU252	重　庆	1700	1800
	MU226	A320/A300	1330	1430	23467		MU226	重　庆	1525	1625
	MU226	A320/A300	1600	1700	1 5		MU226	重　庆	1800	1900
	3U8806	A320	1730	1830	1234567	1/7 起执行	3U8805	重　庆	1540	1640
	MU262	B737 - 300	1935	2035	1 3 5 7	前往泉州	MU262	重　庆	1745	1850
	CA424	B737 - 300	2235	2320	1234567		CA424	重　庆	2105	2150

续表51－2

西安始发							到达西安			
到达站	航　班	机　型	离站时间	到达时间	班　期	备　注	航　班	始发站	离站时间	到达时间
大　连	HU789	DON328	0800	1050	1234567	1/10起执行	HU789	大　连	1200	1350
	HU757	DH8/DON	1500	1810	1 5	经停天津	HU757	大　连	1840	2150
	MU236	B146/A320	1520	1755	1 3 5 7	30/6前执行	MU236	大　连	1835	2100
	CZ642	A319/A300	1840	2030	3 7		CZ6423	大　连	1040	1240
	MU216	A320/A300	1900	2040	1234567		MU216	大　连	2140	2340
敦　煌	MU223	A320/A300	0730	0945	2 6	1/7起执行	MU223	敦　煌	2150	2340
	MU220	A320/A300	0800	1010	1234567	1/7起执行	MU220	敦　煌	1500	1700
		A320/A300			1234567	30/6前执行	MU222	敦　煌	0750	0950
	HU753	DON328	0930	1300	1234567	经停银川	HU754	敦　煌	1740	2100
	CZ689	B737/AT7	1315	1540	1234567	1/7起执行	CZ6895	敦　煌	1010	1230
	HU753	DON328	1655	2040	1234567	经停兰州、前往乌鲁木齐	HU753	敦　煌	1220	1600
	MU215	A320/A300	1900	2100	1234567	1/7起执行	MU215	敦　煌	1030	1225
福　州	HU782	B737－800	1000	1220	2 4 6		HU782	福　州	1300	1520
	MU235	B146/A320	1405	1640	2 6	兰州始发	MU235	福　州	1725	2005
	MF821	B737/B757	1715	2040	2 4 67	经停宁波	MF821	福　州	1220	1625
	MF820	B737/B757	1930	2150	12356		MF820	福　州	1610	1840
	MF822	B737－700	2000	2145	1 3 5	经停武夷山	MF821	福　州	1600	1905
格尔木	SC4605	CRJ－200	1045	1340	13467	1/5起执行	SC4606	格尔木	1415	1700
广　州	MU230	A320/A300	0940	1200	1234567		MU230	广　州	1300	1520
	HU784	B737－800	0950	1155	1234567		HU784	广　州	1300	1530
	CZ320	A320/B757	1240	1455	1234567		CZ3203	广　州	0930	1145
	MU230	A320/A300	1450	1700	1234567		MU230	广　州	1800	2015
	ZH963	B737－700	1750	1955	1234567		ZH963	广　州	1500	1710
	CZ321	A320	1540	1755	1234567		CZ3211	广　州	1215	1440
	CZ320	A320/B757	1925	2130	1234567		CZ3201	广　州	1605	1835
	HU783	B737－800	1940	2200	1234567		HU783	广　州	0830	1100
桂　林	MU232	A320/A300	0840	1030	1234567		MU233	桂　林	1125	1315
	MU769	A320	1440	1650	1234567	前往澳门	MU770	桂　林	2050	1315
	HU782	B737－400	1700	1840	1234567		HU783	桂　林	1920	2100
	MU2307	A320/A300	1720	1900	1234567		MU2308	桂　林	1955	2140
	CA1227	B737－300	1800	1950	1234567			桂　林		
贵　阳	HU7853	B737－400	0820	1000	2 4 6	前往海口	HU7854	贵　阳	1440	1620
	MU2765	A320	1020	1150	1234567	15/5起执行	MU2766	贵　阳	1230	1355
	HU7563	DHC8－400	1150	1340	2 4 6	1/6起执行	HU7564	贵　阳	1735	1900
	MU2243	A320/A300	1400	1530	1 3 5 7	30/6前执行	MU2244	贵　阳	1620	1750
	HU7563	DH8/B737	1500	1640	1 3 5 7		HU7564	贵　阳	1900	2100
	HU7549	DON328	1500	1810	2 4 6	前往南宁	HU7550	贵　阳	1900	2100
	CZ3678	B737－300	2050	2210	2 6		CZ3677	贵　阳	1850	2010
海　口	HU7853	B737－400	0820	1200	2 4 6	经停贵阳	HU7854	海　口	1240	1620
	MU2317	A300/A320	1730	2000	1234567	30/6前执行	WH2318	海　口	2120	2350
	HU7895	B737－400	0845	1250	1 3 5	经停长沙	HU7896	海　口	1330	1730
	CZ3218	B757－200	2055	2340	1234567		CZ3217	海　口	1740	2010
	HU7868	B737－800	2105	2350	1234567		HU7867	海　口	0815	1150

续表 51－3

西安始发							到达西安			
到达站	航 班	机 型	离站时间	到达时间	班 期	备 注	航 班	始发站	离站时间	到达时间
杭 州	MU2265	A320/A300	0800	0940	1234567		MU2266	杭 州	1035	1230
	HU7861	B737－800	0900	1040	1 3 5 7		HU7862	杭 州	1120	1330
	HU7887	DHC8－400	1250	1600	1 3 5 7	经停合肥	HU7558	杭 州	1630	1950
	CZ6931	B757/B737	1350	1550	1 3 5 7	1/7 起执行	CZ6932	杭 州	1645	1845
	HU7861	B737－800	1500	1650	2 4 6		HU7862	杭 州	1730	1950
	CA1776	A320	2145	2335	1234567	1/7 起执行	CA1775	杭 州	1850	2050
汉 中	HU7521	DON328	1155	1240	1234567		HU7522	汉 中	1310	1400
	HU7523	DON328	1510	1550	1234567		HU7524	汉 中	1620	1700
哈尔滨	HU7875	B737－400	1000	1240	2 4 6	1/6 起执行	HU7876	哈尔滨	1320	1620
	HU7885	B737－800	1155	1540	1 3 5 7	经停太原	HU7886	哈尔滨	1620	2025
合 肥	HU7557	DHC8－400	1250	1430	1 3 5 7	前往杭州	HU7558	合 肥	1800	1950
	HU7559	DHC8－400	1250	1430	2 4 6	前往温州	HU7560	合 肥	1900	2040
呼和浩特	HU7893	DON328	0800	0930	1 5	1/10 起执行	HU7894	呼和浩特	1330	1450
	HU7887	B737－400	1155	1330	2 4 6	前往沈阳	HU7888	呼和浩特	1850	2020
嘉峪关	HU7535	DON328	1420	1730	1234567	经停兰州	HU7536	嘉峪关	1800	2100
	FM9207	B737/CR2	2000	2200	2 7		FM9208	嘉峪关	1710	1910
济 南	SC4908	B737/CR2	1015	1140	1234567		SC4907	济 南	0800	0940
	CZ6929	B737/B757	1350	1525	2 4 6		CZ6930	济 南	1615	1755
	HU7555	DON328	1545	1710	1234567		HU7556	济 南	1745	1910
九 寨	HU7823	B737－800	1050	1150	1234567		HU7824	九 寨	1230	1350
	3U8836	A320	1200	1255	1234567	1/7 起执行	3U8835	九 寨	1015	1115
昆 明	HU7849	B737－800	0600	0755	1234567		HU7850	昆 明	0855	1055
	MU5726	B767/B737	1055	1240	1234567		MU5725	昆 明	0805	0955
	MU2349	A320/A300	1905	2100	1234567		MU2350	昆 明	2200	2350
兰 州	MU2205	A320/A300	0800	0900	1 4	前往乌鲁木齐	MU2206	兰 州	1600	1805
	HU7537	DON/B737	0905	1015	1234567		HU7538	兰 州	1045	1155
	HU7535	DON328	1420	1530	1234567	前往嘉峪关	HU7536	兰 州	2000	2100
	HU7813	B737/DON	1540	1640	1234567		HU7814	兰 州	0810	0910
		A320			1 5		MU2421	兰 州	2000	2100
		A320			2		MU2421	兰 州	2100	2200
	HU7531	DON328	1655	1810	1234567	前往敦煌、乌鲁木齐	HU7532	兰 州	1450	1600
	MU2422	A320	1920	2020	23 6					
	MU2358	B146/A320	2050	2150	2 6		MU2357	兰 州	1215	1315
	MU2360	B146/A320	2100	2200	1 45	30/6 前执行	MU2359	兰 州	1340	1440
	MU2207	A320/A300	2130	2230	5		MU2208	兰 州	0750	0850
	MU2362	B146/A320	2140	2240	3 7	30/6 前执行	MU2361	兰 州	1340	1440
拉 萨	CA4214	A319	1305	1545	1 34 6		CA4213	拉 萨	1000	1220
	CA1216	B757－800	1620	2040	1234567	经停西安	CA1215	拉 萨	0600	0915
南 昌	HU7573	DON328	0850	1030	1 3 5 7	前往温州	HU7574	南 昌	1750	1940
	MF8208	B737/B757	1155	1335	1234567		MF8207	南 昌	0935	1105
	HU7554	DON328	1650	1840	2 4 6	前往宁波	HU7553	南 昌	1740	1930

续表51－4

西安始发							到达西安			
到达站	航班	机型	离站时间	到达时间	班期	备注	航班	始发站	离站时间	到达时间
南京	MU2241	A320/A300	0830	1020	1 3 5	30/6 前执行	MU2242	南京	1110	1300
	HU7821	B737－400	0930	1110	2 4 6		HU7822	南京	1150	1340
	MU2709	A320	1440	1620	1234567	15/5 起执行	MU2710	南京	0800	0940
	HU7821	B737－400	1500	1640	1 3 5 7		HU7822	南京	1720	1920
南宁	HU7581	B737/DON	0820	1140	1 3 5 7	经停重庆	HU7582	南宁	1710	2030
	HU7581	DON/B737	0855	1220	2 4 6	经停重庆	HU7582	南宁	1300	1630
	HU7549	DON328	1500	1810	2 4 6	经停贵阳	HU7550	南宁	1730	2100
宁波	MF8214	B737－B757	1245	1420	1 3 5	前往厦门	MF8213	宁波	0930	1155
	HU7554	DON328	1650	2010	2 4 6	经停南昌	HU7553	宁波	1600	1930
	HU7565	DON328	1700	2010	1 3 5	经停郑州	HU7566	宁波	1600	1930
	MF8218	B737/B757	1715	1905	2 4 67	前往福州	MF8217	宁波	1355	1625
青岛	MU289	A320	0850	1030	23 6	前往日本福冈	MU290	青岛	1650	1830
	HU7819	B737－400	1150	1340	2 4 6		HU7820	青岛	1420	1550
	MU2267	A320/A300	1350	1530	2 4 6	1/7 起执行	MU2268	青岛	1620	1800
	MU2359	B146/A320	1520	1720	1 45	30/6 前执行	MU2360	青岛	1800	2010
	SC4606	CRJ－200	1735	1920	1 34 67	1/5 起执行	SC4605	青岛	0810	1010
	MU2267	A320/A300	1900	2040	7	1/7 起执行	MU2268	青岛	2130	2310
泉州	MU2628	B737－300	1935	2320	1 3 5	经停重庆	MU2627	泉州	1500	1850
三亚	HU7840	B737－800	0855	1205	1234567	1/5 起执行	HU7839	三亚	1250	1550
上海虹桥	MU2157	A320/A300	0600	0755	1234567	1/7 起执行	MU2158	上海虹桥	2120	2330
	MU2155	A320/A300	0935	1120	1234567		MU2156	上海虹桥	1220	1430
	CA1215	B757－800	1010	1205	1234567		CA1216	上海虹桥	1305	1525
	FM9204	B737/B767	1130	1320	1234567		FM9203	上海虹桥	0825	1040
	HU7845	B737－400	1420	1615	1234567		HU7846	上海虹桥	1700	1920
	MU2151	A320/A300	1500	1655	1234567	西宁始发	MU2152	上海虹桥	0800	1010
	FM9202	B757/B737	1700	1905	1234567		FM9201	上海虹桥	1400	1610
	FM9208	B737/CR2	2010	2210	2 7		FM9209	上海虹桥	1705	1855
	FM9210	B737/B757	2010	2210	1 3456		FM9209	上海虹桥	1705	1855
	MU2159	A320/A300	2055	2245	1234567		MU2160	上海虹桥	1745	2000
	MU215	A320/A300	2100	2300	1234567	1/7 起执行	MU2154	上海虹桥	0600	0800
	MU225	A320/A300	2100	2300	1234567	30/6 前执行	MU2154	上海虹桥	0600	0800
上海浦东	MU 29	A300/A320	0800	0950	1234567	前往日本名古屋	MU 292	上海浦东	1750	2010
	MU 29	A320	0800	0950	1234567	前往日本广岛	MU 294	上海浦东	1750	2010
沈阳	MU216	A320/A300	0800	1000	2 4 6	30/6 前执行	MU2164	沈阳	1050	1250
	HU7831	B737－400	0850	1200	2 4 6	经停太原	HU7832	沈阳	1240	1550
	HU7857	B737－400	1040	1250	1 3 5 7	1/6 起执行	HU7858	沈阳	1350	1620
	HU7887	B737－800	1150	1540	2 4 6	经停呼和浩特	HU7888	沈阳	1620	2020
	HU7567	DON328	1355	1720	1 3 5 7		HU7568	沈阳	1800	2120
	CZ6470	MD90/A300	1900	2155	2 4 6	经停太原	CZ6469	沈阳	1420	1805
	CZ6468	MD90/A300	1920	2220	1 3 5 7	经停天津	CZ6467	沈阳	1530	1840

续表 51－5

西安始发							到达西安			
到达站	航　班	机　型	离站时间	到达时间	班　期	备　　注	航　班	始发站	离站时间	到达时间
深　圳	MU232	A320/A300	0810	1030	1234567		MU2326	深　圳	1125	1345
	HU7871	B737－400	0940	1150	1234567		HU7872	深　圳	1255	1515
	CZ3216	A320	1150	1355	1234567		CZ3257	深　圳	0825	1055
	ZH9836	B737－800	1545	1755	1234567		ZH9835	深　圳	1230	1455
	CZ3214	A320	1750	2015	1234567		CZ3213	深　圳	1440	1700
	CZ3226	A320	2010	2235	2 4 6 7		CZ3225	深　圳	1655	1920
石家庄	HU7567	DON328	1355	1510	1 3 5 7		HU7568	石家庄	2010	2120
太　原	HU7687	DON328	0800	0855	1234567		HU7688	太　原	1800	1900
	HU7831	B737－400	0850	0950	2 4 6	前往沈阳	HU7832	太　原	1450	1550
	HU7885	B737－800	1155	1300	1 3 5 7		HU7886	太　原	1920	2025
	CZ6470	MD90/A300	1900	1945	2 4 6	前往沈阳	CZ6469	太　原	1640	1805
天　津	HU7569	DON328	0920	1110	2 4 6	前往长春	HU7570	天　津	1620	1820
	CA1212	B737－300	1455	1645	1 34 6		CA1211	天　津	0810	0950
	HU7571	DH8/DON	1500	1650	1 3 5 7	前往大连	HU7572	天　津	2000	2150
	CZ6468	MD90/A300	1920	2040	1 3 5 7	前往沈阳	CZ6467	天　津	1710	1840
乌鲁木齐	MU220	A320/A300	0740	1050	2 3 5 7	1/7 起执行	MU2204	乌鲁木齐	1140	1420
	MU220	A320/A300	0800	1205	2 6	30/6 前执行	MU2206	乌鲁木齐	1255	1700
	MU220	A320/A300	0800	1205	1 4	30/6 前执行	MU2206	乌鲁木齐	1255	1805
	HU7817	B737－800	0930	1230	1 3 5 7		HU7818	乌鲁木齐	1745	2105
	HU7897	B737－400	1200	1520	1234567		HU7898	乌鲁木齐	1600	1900
	CZ6896	B737/AT7	1315	1845	1234567	1/7 起执行	CZ6895	乌鲁木齐	0815	1230
	CZ6922	B757/B737	1325	1700	2 4 6	20/6 起执行	CZ6921	乌鲁木齐	0920	1230
	CZ6924	B757/B737	1350	1710	1 3 5 7		CZ6927	乌鲁木齐	0940	1250
	HU7531	DON328	1655	2240	1234567	经停兰州、敦煌	HU7532	乌鲁木齐	1020	1600
	MU220	A300/A320	1700	2000	1234567	1/7 起执行	MU2202	乌鲁木齐	2050	2340
	CZ6922	B757/B737	1755	2120	1 3 5 7		CZ6921	乌鲁木齐	0920	1230
	CZ6924	B757/B737	1850	2220	2 4 6		CZ6923	乌鲁木齐	0940	1300
	CZ6926	B757/B737	1920	2250	2 4 6		CZ6925	乌鲁木齐	1520	1825
	CZ6926	B757/B737	1950	2320	1 3 5 7		CZ6925	乌鲁木齐	1545	1900
	HU7827	B737－800	2000	2320	1234567		HU7828	乌鲁木齐	0945	1245
温　州	HU7573	DON328	0850	1200	1 3 5 7	经停南昌	HU7574	温　州	1620	1940
	MU226	A320/A300	0900	1310	1234567	周 2、6 为 1/7 起执行	MU2522	温　州	1415	1815
	HU7559	DHC8－400	1250	1630	2 4 6	经停合肥	HU7560	温　州	1700	2040
	MF8232	B737/B757	1800	1945	1 3 5 7		MF8231	温　州	1420	1710
武　汉	HU7561	DON328	0810	0930	1234567		HU7562	武　汉	1310	1430
	HU7841	B737/DH8	1320	1440	1234567		HU7842	武　汉	1530	1650
	CZ6939	B757/B737	1330	1445	1 3 5 7		CZ6940	武　汉	1540	1645
	CZ3220	B737－800	1340	1445	3 5 7		CZ3219	武　汉	1145	1300
	MU247	B737－800	1450	1610	1 3 5		MU2469	武　汉	1240	1355
	CZ3220	B737－800	1610	1715	1 2 4 6		CZ3219	武　汉	1355	1510
	MU247	B737－800	2210	2330	2 4 6 7		MU2469	武　汉	2020	2130

续表51-6

西安始发							到达西安			
到达站	航班	机型	离站时间	到达时间	班期	备注	航班	始发站	离站时间	到达时间
武夷山	MF8220	B737-700	2000	2145	1 3 5		MF8219	武夷山	1715	1950
厦门	HU7851	B737/B757	1000	1220	1 3 5 7		HU7852	厦门	1300	1520
	MF8208	B737/B757	1155	1520	1234567	经停南昌	MU8207	厦门	0745	1105
	MF8214	B737/B757	1245	1610	1 3 5	经停宁波	MF8213	厦门	0740	1155
	MF8232	B737/B757	1800	2120	1 3 5 7		MF8231	厦门	1240	1710
西宁	HU7527	DON328	0850	1010	1234567		HU7528	西宁	1040	1150
	SC4605	CRJ-200	1045	1200	1 3 4 67	1/5起执行	SC4606	西宁	1550	1700
	MU215	A320/A300	1100	1210	1234567	上海虹桥始发	MU2151	西宁	1300	1400
	HU7811	B737/DON	1600	1710	1234567		HU7812	西宁	0800	0900
	CA1216	B757-800	1620	1740	1234567	前往拉萨	CA1215	西宁	0815	0900
	HU7529	DON328	1850	2010	1234567		HU7530	西宁	1710	1820
延安	HU7585	DON/B737	2000	2055	2 4 6	前往北京	HU7586	延安	0900	0950
宜昌	HU7597	DON328	0850	1000	1234567		HUI757	宜昌	1030	1140
银川	HU7539	DON328	0930	1030	1234567	前往敦煌	HU7540	银川	2010	2100
	HU7541	DON328	1230	1330	1234567		HU7542	银川	1240	1340
	MU215	A320/A300	1525	1620	1234567		MU2155	银川	0745	0940
	HU7815	B737/DON	1610	1705	1234567		HU7816	银川	0800	0850
	HU7543	DON328	1750	1850	1234567		HU7544	银川	1630	1720
	MU230	A320/A300	2110	2210	1234567		MU2301	银川	1255	1355
榆林	HU7511	DON328	0920	1010	1234567		HU7512	榆林	1040	1130
	HU7513	DON328	0950	1040	1234567		HU7514	榆林	1110	1200
	HU7515	DON328	1230	1320	1234567		HU7516	榆林	1350	1440
	HU7519	DON328	1410	1500	1234567		HU7520	榆林	1530	1620
	HU7517	DON328	1510	1600	1234567		HU7518	榆林	1630	1720
郑州	HU7565	DON328	1700	1750	1 3 5	前往宁波	HU7566	郑州	1830	1930
张家界	MU232	A320/A300	1600	1700	2 5 7		MU2322	张家界	1800	1900
	HU7579	B737/DH8	1845	2015	1234567		HU7580	张家界	2045	2210
	CZ6983	B757/B737	2010	2115	1234567		CZ6984	张家界	2010	2115
	HU7869	B737-800	2040	2140	2 4 6		HU7870	张家界	2220	2320
	MU232	S320/A300	2100	2220	1 3 4 6		MU2322	张家界	2300	2345
珠海	CZ3794	B737-700	1205	1505	2 4 7	经停长沙	CZ3793	珠海	0800	1120
	MU236	B146/A320	1355	1725	1 3 56		MU2365	珠海	0920	1315

表 52　咸阳市外商投资涉及主要机构一览表

单　位　名　称	单　位　地　址	电话	邮编
咸阳市政务大厅	咸阳市体育场十字	3276429	712000
咸阳市招商局	咸阳市胜利街 5 号	3280639	712000
咸阳市对外开放办公室	咸阳市乐育北路 5 号	3215545	712000
咸阳市对外贸易经济合作局	咸阳市乐育北路 5 号	3215475	712000
咸阳市计划委员会	咸阳市渭阳西路	3313690	712000
咸阳市经济贸易委员会	咸阳市渭阳中路 6 号	3210400	712000
咸阳市工商行政管理局	咸阳市玉泉路 4 号	3542116	712000
咸阳市国税局涉外分局	咸阳市渭阳西路中段	3573216	712000
咸阳市地方税务局	咸阳市渭阳西路副 62 号	3310352	712000
咸阳市财政局	咸阳市渭阳西路 3 号	3213484	712000
国家外汇管理局咸阳市支局	咸阳市人民西路 85 号	3337820	712000
咸阳市土地管理局	咸阳市玉泉路西	3549450	712000
咸阳市人民政府外事办公室	咸阳市渭阳中路 6 号	3210443	712000
咸阳市对台事务办公室	咸阳市渭阳中路 6 号	3210547	712000
咸阳市旅游局	咸阳市渭阳中路 6 号	3210444	712000
咸阳市环境保护局	咸阳市渭阳西路 59 号	3576604	712000
咸阳市城乡建设规划局	咸阳市渭阳西路 59 号	3571119	712000
咸阳市外商投资服务中心	咸阳市乐育北路 5 号	3215545	712000
咸阳市外商投资企业协会	咸阳市乐育北路 5 号	3215545	712000
陕西贸促会咸阳支会	咸阳市乐育北路 5 号	3213450	712000
中国银行咸阳分行	咸阳市胜利街 6 号	3215386	712000
建行咸阳分行国际业务部	咸阳市渭阳西路 6 号	3571572	712000
农行咸阳分行国际业务部	咸阳市渭阳西路 2 号	3233041	712000
工行咸阳分行国际业务部	咸阳市人民中路	3259252	712000
中国人民财产保险公司咸阳分公司	咸阳市体育场十字	3276429	712000

表53　咸阳市政务大厅基本成员单位服务事项总表

单位名称	服务项目	服务性质
计委	1. 项目建议书审批;	承诺件
	2. 项目可行性研究报告;	承诺件
	3. 项目初步设计方案审批;	承诺件
	4. 项日开工报告审批;	承诺件
外经贸局	5. 审批合资、合作、外商投资企业的合同、章程;	承诺件
	6. 审批外商独资企业的设立和章程;	承诺件
	7. 核发外商投资企业批准证书;	承诺件
	8. 办理外商在咸代表机构设立的初审和转报;	承诺件
	9. 经济类出国任务件及确认件的初审和转报;	承诺件
工商局	10. 企业法人登记注册;	承诺件
	11. 非企业法人登记注册;	承诺件
	12. 公司名称预先核准;	承诺件
	13. 有限责任公司及其分公司的设立登记;	承诺件
	14. 外商投资企业名称预先核准;	承诺件
	15. 外商投资企业登记注册;	承诺件
	16. 企业法人及非法人变更登记;	承诺件
	17. 外商投资企业变更登记;	承诺件
	18. 有限责任公司及其分公司的变更登记;	承诺件
	19. 企业法人及非法人注销登记;	承诺件
	20. 有限责任公司及其分公司注销登记;	承诺件
	21. 外商投资企业注销登记;	承诺件
	22. 开办市场经营资格核准登记;	承诺件
	23. 企业办照代理服务;	承诺件
城乡建设规划局	24. 房地产开发企业的资质初审;	承诺件
	25. 设计单位资质初审;	承诺件
	26. 外地房地产开发企业注册;	承诺件
	27. 办理建设工程报建;	承诺件
	28. 颁发建设工程施工许可证;	承诺件
	29. 新建工程抗震设计审查;	承诺件
	30. 核发建设项目选址意见书;	承诺件
	31. 核发建设用地许可证;	承诺件
	32. 核发建设用地规划许可证;	承诺件
	33. 户外装饰工程审批;	承诺件

续表53－1

单位名称	服　务　项　目	服务性质
交通局	34. 汽车租赁、汽车货运、危险货物运输企业和道路商品汽车发送企业设立；	承诺件
	35. 一类汽车维修企业、汽车综合性能检测站和中外合资（含外商独资）企业设立；	承诺件
	36. 出租汽车客运企业、集装箱汽车运输、中外合资（含独资道路货物运输企业设立和外省籍车辆经营者在本市从事道路货物运输；	承诺件
	37. 道路运输服务业户、零担货物运输企业、道路大型物件运输企业设立；	承诺件
	38. 汽车驾驶员培训学校（班）设立；	承诺件
	39. 零担快捷货运企业设立；	承诺件
	40. 汽车站（场）设立；	承诺件
	41. 道路货运企业（含中外合资外商独资企业）设立；	承诺件
环保局	42. 核发排污许可证；	即办件
	43. 建设项目环保审批；	承诺件
国税局	44. 新办企业的税务登记；	即办件
地税局	45. 市工商局办理的营业执照户及中外合资企业税务登记证的办理；	即办件
	46. 市直属分局管理户和中外合资户变更税务登记；	即办件
质量技术监督局	47. 办理机关、企业、事业单位及社会团体代码证书；	承诺件
	48. 办理锅炉使用证；	承诺件
	49. 办理压力容器使用证；	承诺件
	50. 办理起重机械准用证；	承诺件
国土资源局	51. 征用集体土地和乡村企业农用地转用审核、审批；	承诺件
	52. 国有存量土地转让审批；	承诺件
	53. 国有土地使用权抵押登记；	承诺件
	54. 初始、变更土地登记发证；	承诺件
公安局	55. 服务场所《安全许可证》办理；	承诺件
	56. 星级以上宾馆、饭店《特种行业许可证》办理；	即办件
	57.《边境通行证》办理；	即办件
	58. 办理控制迁入市区人员标卡；	即办件
消防支队	59. 办理新建、改建、扩建工程项目建筑设计防火审批手续；	承诺件
	60. 办理装饰、装修项目建筑设计防火审批手续；	承诺件
	61. 办理公共娱乐场所消防审批手续；	承诺件
卫生局	62.《食品卫生许可证》办理；	
收费处	63. 办理行政性收费资金的收缴、划转；	即办件
	64. 办理事业性收费资金的收缴、划转；	即办件
咸阳德利信会计师事务所	65. 企业工商登记注册验资；	即办件
	66. 年度会计报表审计；	承诺件
	67. 财务收支审计；	承诺件
	68. 厂长（经理）离任审计；	承诺件
	69. 经济案件（纠纷）审计鉴定；	承诺件
	70. 工程造价咨询、概算、预算、结算、决算审计；	承诺件
	71. 招投标标底、投标报价编制；	承诺件
	72. 基本建设财务决算编制及审核；	承诺件
	73. 流动资产、固定资产、无形资产、整体资产等各类资产的评估；	承诺件

续表 53－2

单位名称	服　务　项　目	服务性质
文化局	74. 娱乐场所设立(歌舞、舞厅、卡拉 OK 厅、夜总会、迪吧、保龄球、桌球)审批;	承诺件
	75. 营业性演出单位(表演团体、演出场所)设立;	承诺件
	76. 网吧设立;	承诺件
	77. 印刷企业设立;	承诺件
药监局	78. 药品经营许可证(零售);	承诺件
	79. 医疗器械经营企业许可证(备案表);	承诺件
	80. 医疗器械生产企业许可证(备案表);	承诺件
	81. 药品生产许可证;	承诺件
城建局	82. 建设项目绿化工程设计方案审批。	承诺件

注:进驻政务大厅 17 个单位、82 项服务事项,设立窗口 32 个(含德利信会计师事务所及工商银行收费窗口),工作人员 75 名(含德利信会计师事务所及工商银行收费窗口)。

表 54　咸阳市高等院校和中专学校一览表

学校名称	地　址	邮　编	电　话
陕西科技大学	咸阳市人民西路	712081	3579500
陕西中医学院	咸阳市世纪大道	712046	8185000
咸阳师范学院	咸阳市文林路	712000	3722158
西藏民族学院	咸阳市文汇路	712082	3755015
陕西工业职业技术学院	咸阳市文汇西路	712000	3152190
陕西能源职业技术学院	咸阳市文林路	712000	8103777
陕西财经职业技术学院	咸阳市文林路	712000	3732000
陕西国际商贸职业学院	咸阳市九子滩工业开发区	712000	3814517
陕西服装艺术职业学院	咸阳市南郊开发区	712046	8114111
陕西省纺织工业公司职工大学	咸阳市文汇西路	712000	3215335
505 大学	咸阳市阳光东路	712000	3812319
陕西托普信息技术专修学院	渭河二号桥南	712000	3817611
咸阳人才培训学院	咸阳市空压路	712000	3687790
陕西邮电职业技术学院	咸阳市文林路	712000	3732239
陕西省咸阳纺织工业学校	咸阳市文汇西路	712000	3288012
陕西省机电工程学校	咸阳市珠泉西路	712000	3612751
咸阳市卫生学校	咸阳市毕原路西段	712000	3166638
咸阳高等职业技术学院	咸阳市沣河新区大学园区	712000	3328127
陕西西北工业学校	兴平市兴化路	713100	8823270

表 55　咸阳市完全中学一览表

学　校　名　称	地　　址	邮　　编	电　　话
彩虹中学	咸阳市彩虹路	712201	3332739
八方中学	咸阳市人民东路	712000	3257662
咸阳师范学院附属中学	咸阳市文林路	712000	3722105
水电中学	咸阳市金旭路	712000	3417666
风轮中学	咸阳市人民东路	712000	3213960－2219
陕西科技大学附属中学	咸阳市人民西路	712081	3579573
国棉二厂中学	咸阳市人民西路	712000	3263659
华星中学	咸阳市文汇东路	712099	3786324
天王中学	咸阳市安定路	712000	3257115
西橡中学	咸阳市西华路	712023	3324050
道北铁中	咸阳市毕原路中段	712000	3778107
西藏民族学院附属中学	咸阳市文汇东路	712082	3751920
车站铁中	咸阳市民生东路	712000	2871139
咸阳市实验中学	咸阳市沈兴南路	712000	3573719
咸阳秦宝中学	咸阳市滨河路	712000	3374255
兴平西吴高级中学	兴平市西吴镇	713100	8418007
兴平赵村高级中学	兴平市赵村镇	713100	8577227
兴化子校	兴平市南关东路	713100	8838261
陕建十一公司兴平子校	兴平市金城路	713100	8823190
秦岭中学	兴平市西城区秦岭一路	713100	8621826
华兴中学	兴平市西城区	713100	8610910
陕西玻璃总厂子校	兴平市友谊南路	713100	8361034
兴平博华中学	兴平市县门东路	713100	8818691
武功县长宁完全中学	武功县长宁镇镇西村	712200	7430034
五七〇二中学	武功县小村镇	712200	7406043
渭源子校	武功县武功镇	712200	7584097
三原铁建中学	三原县池阳路中段	713800	2281775
红原子校	三原县嵯峨乡	713800	2420021
三原铁路中学	三原县城关镇	713800	2282649
泾阳泾华中学	泾阳县城东枣树段村	713700	6499069
礼泉强华中学	礼泉县城	713200	5611671
乾县晨光中学	乾县城西兰大街北段	713300	5522135 5533290
彬县新民中学	彬县新民镇	713504	4861266
彬县北极中学	彬县北极镇	713507	4711049

表 56 咸阳市高级中学一览表

学校名称	地址	邮编	电话
秦都区育才中学	咸阳市安定路	712000	3212301
秦都区南郊综合高级中学	咸阳市陈杨寨	712000	3689794
咸阳如意高级中学	咸阳市咸兴路	712099	3615728
咸阳私立志英高级中学	咸阳市思源北路	712000	3226103
咸阳民盟高级中学	咸阳市乐育北路二棉子校内	712000	3276658
咸阳百灵高级中学	咸阳市滨河路	712000	3335637
505 高级中学	咸阳市乐育路	712000	3224268
铁干院附属高级中学	咸阳市西兰路	712000	13325303302
咸阳育辉艺术高级中学	咸阳市滨河路	712000	3375598
咸阳毕原高级中学	咸阳市吴家堡四段路	712000	3552143
咸阳梦园高中补习学校	咸阳市西兰路	712000	3555879
咸阳中学	咸阳市东风路	712000	3763020
渭城中学	咸阳市人民东路	712000	3279673
周陵中学	渭城区周陵镇	712000	3119192
咸阳新星英文高级中学	三五三〇厂子校内	712000	3432253
咸阳佳联国际合作学校	咸阳市东风路	712000	3754533
兴平市南郊高级中学	兴平市南郊	713100	8822036
兴平市西郊高级中学	兴平市西郊	713100	8822030
武功县风安高级中学	武功县苏坊镇凤北村	712200	7496203
武功县普集高级中学	武功县普集镇	712200	7292245
武功县绿野高级中学	武功县武功镇	712200	7584025
武功县薛固综合高级中学	武功县小村镇下雷村	712200	7552029
武功县综合高级中学	武功县普集镇	712200	7389381
乾县第一中学	乾县陈家巷	713300	5521617
乾县第二中学	乾县西大街	713300	5521401
乾县第三中学	乾县工业区	713300	5519183
乾县薛录中学	乾县薛录镇	713302	5476363
乾县临平中学	乾县临平镇	713304	5251329
乾县杨汉中学	乾县大杨乡杨安村	713300	5330359
乾县阳洪中学	乾县阳洪镇	713301	5461007
礼泉县第一中学	礼泉县育才路	713200	5621271
礼泉县第二中学	礼泉县中山街东段	713200	5621250
礼泉县史德中学	礼泉县史德镇北村	713200	5770040
礼泉县赵镇中学	礼泉县赵镇石鼓村	713200	5850064
礼泉县阡东中学	礼泉县阡东镇	713200	5757008
泾阳县泾干中学	泾阳县泾干镇	713700	6222225
泾阳县云阳中学	泾阳县云阳镇	713703	6482355
泾阳县永乐中学	泾阳县永乐镇	713702	6381524
泾阳县石桥中学	泾阳县桥底镇	713706	6583763

续表56

学 校 名 称	地 址	邮 编	电 话
泾阳树人高级中学	泾阳县永乐镇省农干校内	713702	6381440
三原县南郊中学	三原县南环路中段	713800	2282568
三原县北城中学	三原县北城	713800	2282140
三原县东郊中学	三原县东三路北段	713800	2250350
三原县安乐中学	三原县安乐镇	713812	2530061
三原县西阳中学	三原县西阳镇	713800	2591048
三原县育才中学	三原县山西街(卫校院内)	713800	2310122
永寿中学	永寿县西街南段	713400	7663557
彬县中学	彬县西大街王家巷	713500	4922781
长武中学	长武县城关镇	713600	4201264
旬邑中学	旬邑县城关镇	711300	4422347
旬邑县职教中心	旬邑县城关镇东	711300	4422107
淳化中学	淳化县城正街	711200	2772546

表57　咸阳市城区公安机构一览表

单 位 名 称	地 址	电 话
咸阳市公安局	咸阳市安定路	3880000
咸阳市公安局110指挥中心	咸阳市安定路	110
咸阳市公安局巡警支队	咸阳市安定路	3262188
咸阳市公安局治安支队	咸阳市沈兴路口	3572270
咸阳市公安局刑警支队	咸阳市沈兴路口	3572384
咸阳市公安局交警支队	咸阳市秦跃路	3556001
咸阳市公安局交警支队秦都大队	咸阳市富安路	3330044
咸阳市公安局交警支队渭城大队	咸阳市金旭路	3728001
咸阳市公安局秦都分局	咸阳市长虹路	3323570
秦都分局广场派出所	咸阳市团结路中段	3252110
秦都分局西兰路派出所	咸阳市西兰路中段	3215168
秦都分局吴家堡派出所	咸阳市吴家堡坡头	3215829
秦都分局渭阳西路派出所	咸阳市渭阳西路西段	3331782
秦都分局刑警大队	咸阳市吴家堡	3564761
咸阳市公安局渭城分局	咸阳市中山街	3213568
渭城分局城内派出所	咸阳市仪凤东街	3212057
渭城分局新兴路派出所	咸阳市民生东路	3213148
渭城分局文汇路派出所	咸阳市新兴北路	3765137
渭城分局东风路派出所	咸阳市东风路	3772754
渭城分局文林路派出所	咸阳市文林路	3752996
渭城分局化工区派出所	咸阳市金旭路	3412525
渭城分局刑警大队	咸阳市中山街	3212420

表58　咸阳市主要影剧院 文化宫 艺术馆 书店一览表

名　　称	地　　址	电　话
咸阳市电影公司	咸阳市渭阳中路	3233971
咸阳电影院	咸阳市乐育南路	3211366　3215164
咸阳市艺术学校	咸阳市中山街	3239327
咸阳市艺术创作研究室	咸阳市西兰路	3212070
咸阳市古建筑艺术公司	咸阳市火车西站	3313207
咸阳大剧院	咸阳市人民西路	3168408
咸阳市秦都区电影院	咸阳市乐育南路	3215164
咸阳市大众剧团	咸阳市中山街	3212105
咸阳市人民剧团	咸阳市中山街	3214060
咸阳市人民剧院	咸阳市中山街	3215276
咸阳市豫剧团	咸阳市新兴南路	3214458
咸阳市工人文化宫	咸阳市人民路	3213226
咸阳市渭城区文化馆	咸阳市中山街	3215353
咸阳市群众艺术馆	咸阳市人民东路	3212973
咸阳西部艺术中心	咸阳市渭阳西路	3579498
咸阳图书馆	咸阳市渭阳西路	3574895
咸阳市新华书店	咸阳市人民路	3214437
文缘图书城	咸阳市七厂十字凌云楼一楼	3238815
咸阳风入松文化用品有限公司	咸阳七厂一生活区西门南10米	3220006
咸阳邮政书店	咸阳市人民中路	3232249
咸阳市渭城区七彩桥书店	咸阳市人民路	3216619　3270807
咸阳市渭城新潮图书音像	咸阳市人民东路	13992033468
秦都区子夜标书印务部	咸阳市西兰路	3156761

表59　咸阳市公用事业系统服务网络一览表

项　目	单　位	电　话
天然气公司购气点	建行玉泉西路储蓄所	3560006
	建行东郊支行	3771533
	建行西郊支行	3344112
	建行渭阳东路储蓄所	3233627
	建行文汇路储蓄所	3221897
	建行西兰办专柜	3250993
	建行彩虹新区储蓄所	3314834
	建行彩虹分理处	
	建行彩虹北区储蓄所	3314837
	建行人民路储蓄所	3234910
	建行人民路第二储蓄所	3277760
天然气公司IC卡制卡点	天然气公司营业所	3560007
	建行东郊支行	3771533
	建行营业所	3234910
	建行西郊营业部	3334412
自来水维修服务点	自来水公司营业所	3212905
	西郊给水工程筹建处客户服务部	3330837
	西郊给水工程筹建处中华小区便民服务点	3363444
供热服务点	沈家小区供热站	3575984
	政府供热站	3213433
	中华小区供热站	3364303
	检察院供热站	3363121
	一干所供热站	3576834
	北区供热公司	3553087
液化气供应点	沈家供气站	3313812
	玉泉路供气站	3549266
	文汇西路供气点	3760273
	中山街供气点	3215925
	毕原路供气点	3769452
	储配站窗口	3313682

表60　咸阳市城区主要医院一览表

医　院　名　称	地　址	值班电话	急救电话
咸阳市第一人民医院	咸阳市毕原路	3288218	96991
咸阳市第二人民医院	咸阳市人民路	3213667 转	120
陕西中医学院附属医院	咸阳市渭阳西路	3313266	3339999
核工业二一五医院	咸阳市渭阳西路	3577189 转	3577777 3579699
陕西省第二纺织职工医院	咸阳市渭阳西路	3572720	3579191
铁道部第一工程局中心医院	咸阳市新兴北路	3777194	3777190
彩虹医院	咸阳市彩虹路	3332563	3333120
陕西省水电职工医院	咸阳市金旭路	3411702	3414067
西藏民族学院附属医院	咸阳市文汇东路	3755453	3755452
铁道部第一工程局三处医院	咸阳市文林路	3768824	3779489
铁道部第二十工程局同景医院	咸阳市文林路	3784522	3766666
咸阳步长医院	咸阳市玉泉路	3545012	

表61　咸阳市医保定点医疗机构(药店)一览表

类别	医 院（药 店）名 称	地　址	电　话	医院等级
定点医院	陕西中医学院附属医院	咸阳市渭阳西路	3313266 转	三甲
	咸阳市第二人民医院	咸阳市人民路	3288643 转	三乙
	咸阳市第一人民医院	咸阳市毕原路	3288214	二甲
	核工业二一五医院	咸阳市渭阳西路	3576413 转	二甲
	铁道部第二十工程局同景医院	咸阳市文林路	3784319	二甲
	五七〇二厂职工医院	武功县小村镇	7407629 转	二甲
	陕西省第二纺织职工医院	咸阳市渭阳西路	3572720 转	二甲
	铁道部第一工程局中心医院	咸阳市新兴北路	3777122	二甲
	彩虹医院	咸阳市彩虹路	3333045	二甲
	铁道部第一工程局三处职工医院	咸阳市文林路	3777873	二乙
	西藏民族学院附属医院	咸阳市文汇东路	3755462	二乙
	二〇二所职工医院	咸阳市毕原东路	3787865	一甲
	铁道部第一工程局四处职工医院	咸阳市渭阳西路	3777427	一甲
	西北橡胶厂职工医院	咸阳市西华路	3623106	一甲
	华星职工医院	咸阳市毕原路	3786331	
	陕西广播电视设备厂职工医院	咸阳市咸兴路	3611047	
	西北二棉有限责任公司职工医院	咸阳市人民西路	3263660	
	咸阳方圆医院	咸阳市人民西路	2899226	
	陕西中医学院附属医院二门诊	咸阳市胜利街	3313776	三甲
	礼泉精神病院	礼泉县 312 国道旁	5634498	
	秦纺精神病院	咸阳市周陵镇	3733106	
	西北橡胶研究院卫生所	咸阳市西华路	3620423	

续表 61－1

	医院（药店）名称	地　址	电　话	医院等级
定点医院	陕西康佳电子有限公司卫生所	咸阳市咸兴路	3611252	
	咸阳市公交公司卫生所	咸阳市西兰路	3268969	
	宇通公司卫生所	咸阳市新纺路	3540213	
	咸阳偏转集团卫生所	咸阳市渭阳西路	3628094	
	陕西工业职业技术学院卫生所	咸阳市文汇路	3152115	
	陕西科技大学卫生所	咸阳市人民西路	3579819	
	咸阳石油钢管钢绳厂卫生所	咸阳市东风路	3725885	
	良友集团卫生所	咸阳市乐育北路	3216448	
	咸阳市第一人民医院二门诊	咸阳市安定路	3271185	
	市委机关卫生所	咸阳市安定路	3210127	
	三五三〇厂卫生所	咸阳市三五三〇厂内	3431067	
	咸阳耀华医院	咸阳市人民中路	3212990 转	
	陕西二棉职工医院	咸阳市乐育北路	3215778 转	
	市第二人民医院社区服务站	咸阳市中华小区	3364061	
	三普协作医院	咸阳市毕原东路	3753085	
	陕西二针职工医院	茂陵二针院内	3611408	
	金山电气职工医院	咸阳市金华路	3379014	
	西北医疗器械厂卫生所	医疗器械厂院内	3289071	
	长城电工厂卫生所	渭城区窑店镇	3719121	
	陕西玻璃厂卫生所	渭城区石桥镇	3412425	一甲
	彩虹社区服务站	彩虹新区	3332998	
	市一院建设小区服务站	建设小区	3570665	
	陕西省仪祉农校卫生所	泾阳县永乐镇北	6381344	
	咸阳造纸厂卫生所	咸阳市人民西路造纸厂内	3572317	
	秦都区中医院	咸阳市茂陵	3612739	
	咸阳市疾病控制中心门诊部	咸阳市渭阳中路	3237949	
	咸阳市妇幼保健院	咸阳市世纪大道	3698289	二甲
	市印刷厂卫生所	咸阳市乐育北路	3238296	
	纺织器材厂职工医院	咸阳市人民路	3261809	
	市二院癫痫精神病专科	咸阳市中华路中华小区北门	3346205	
	风轮医院	咸阳市人民路国棉一厂院内	3213723 转 8311	一甲
	天王纺织印染机械制造公司卫生所	咸阳市人民路		
	朝阳医院	咸阳市世纪大道		
	陕西二印厂职工医院			
	陕西中医学院金秋门诊部			
	天王职工医院		3172641	
	秦都区第一人民医院		3540080	
	省建六公司职工医院		3241482	

续表61－2

医院（药店）名称		地　址	电　话	医院等级
定点药店	咸阳市医药销售公司	咸阳市人民东路	3214790	
	咸阳市医药总公司咸阳大药房	咸阳市新兴路	3217046	
	咸阳市药品公司	咸阳市人民东路	3226288	
	国一大药房塔尔坡分店	咸阳市塔尔坡		
	咸阳市天天乐医药有限公司	咸阳市人民中路	3227209	
	市药品公司珠泉经销部	咸阳市珠泉路		
	仁和大药房	咸阳市乐育北路	3280883	
	民生大药房	咸阳市渭阳西路民生二楼	3579398	
	冯武臣大药房	咸阳市渭城区学道门仿古街	3218668	
	百姓乐大药房	咸阳市渭阳西路	3347109	
	丽彩大药房	咸阳市宝泉路	3365684	
	国力医药化玻经销部	咸阳市人民中路	3255504	
	秦渭医药经营部	咸阳市乐育南路	3222525	
	陈杨寨医药经销部	咸阳市陈杨寨转盘北	3689439	
	咸阳百姓乐大药房有限公司	咸阳市世纪大道	3220535	
	咸通医药经销部			
	咸阳怡康医药有限公司	咸阳市人民东路	3220226	

表62　咸阳市主要足疗店一览表

单　位	地　址	电　话
咸阳足疗保健中心	咸阳市渭阳东路55号	6810079
咸阳丽都足疗保健休闲广场	咸阳市长征南路中华中区东门	13609102019
红草堂洗浴足道中心	咸阳市团结路招待所二楼	13909101962
咸阳崇英足疗中心	咸阳市中华路十字西侧	13060351176
锦华足疗室	咸阳市体育馆内东侧	13060362265
千之春浴足中心	咸阳市中华十字西	13772561083
腾飞娱乐浴足城	咸阳市东风路26号	13060345840
天使之吻足疗中心	咸阳市新纺二路22号	13991029678
神龙堂足道中心	咸阳市铁二十局半坡十字北	13891005193
真草堂足道中心	咸阳市人民东路古渡公园东	13891052222
美苑健康沙龙	咸阳市毕原路(七九五厂对门)	6834461
秦都妇联足疗中心	咸阳市虹桥市场14号	3373570
咸阳市秦都区梦得漫浴足城	咸阳市中华十字西	13571061672
黄金海岸	咸阳市滨河西路8号	13571080777
古道芳足浴保健中心	咸阳市古渡花园小区	13571078180
一点红	咸阳市毕原路	6883570
吉港369	咸阳市滨河路5号	13772558882
绿波纹	咸阳市咸通路六公司院内	6896661
会君足疗中心	咸阳市渭阳西路35号	6829409
隆足圣玉	咸阳市东风路二中对面	13992092888
超英足疗	咸阳市联盟三路南口	13892080761

表 63　咸阳市邮政电信机构一览表

单位名称	地　　址	联系电话	客户服务电话
咸阳市邮政局	咸阳市玉泉路	3568000	185
中国电信集团陕西省电信公司咸阳市分公司	咸阳市乐育北路	3246241	10000
陕西移动通信有限责任公司咸阳分公司	咸阳市人民西路	3228333	1860
中国联合通信有限公司咸阳分公司	咸阳市富安路	3337222 转	1001
中国网通集团西北通信公司咸阳市分公司	咸阳市西兰路	8100006	10060

表 64　咸阳市金融证券保险机构一览表

机构名称	地　　址	联系电话	客户服务专线
中国人民银行咸阳市中心支行	咸阳市人民西路 85 号	3366001	
中国农业发展银行咸阳市分行	咸阳市渭阳西路 60 号	3327280	
中国工商银行咸阳分行	咸阳市人民路中段	3327280	95588
中国农业银行咸阳分行	咸阳市渭阳西路 60 号	3259085	95599
中国银行咸阳分行	咸阳市胜利街 6 号	3215386	95566
中国建设银行咸阳分行	咸阳市西兰路 4 号	3250912	95533
咸阳市商业银行	咸阳市渭阳西路 16 号	3578888 转	
咸阳市农村信用联社	咸阳市渭阳西路 15 号	3227974	
西部证券咸阳西兰路证券营业部	咸阳市西兰路 30 号	3247207	3248884
西部证券咸阳渭阳西路证券营业部	咸阳市渭阳西路 63 号	3316872	3341001
中国人民财产保险股份有限公司咸阳市分公司	咸阳市体育场十字北	3239348	95518
中国人寿保险股份有限公司咸阳市分公司	咸阳市体育场十字北	3215208	95519
中国太平洋财产保险股份有限公司咸阳中心支公司	咸阳市咸通北路 8 号	3551608	3551515
中国太平洋人寿保险股份有限公司咸阳中心支公司	咸阳市人民西路 4 号	3287872	3287916
中国平安财产保险股份有限公司咸阳中心支公司	咸阳市渭阳西路中华大厦 6 层	3373881	3373880
中国平安保险股份有限公司咸阳中心支公司	咸阳市乐育南路 3 号	3286957	3223110
永安财产保险股份有限公司咸阳中心支公司	咸阳市人民东路 71 号	3259993	3551003
新华保险股份有限公司咸阳市公司	咸阳市人民西路 49 号	3150795	3150796（95567）
泰康保险股份有限公司咸阳市公司	咸阳市人民东路 12 号	3229486	95522

表65　咸阳市主要大型购物商场一览表

店　　名	地　　址	电　话
家乐超市	咸阳市人民中路33号	3279300
爱家超市	咸阳市宝泉路1号	3346732
民生商厦	咸阳市渭阳西路中段	3571839
宝安商厦	咸阳市人民中路6号	3236288
红旗商场	咸阳市乐育南路22号	3252055
人民商场	咸阳市乐育南路21号	3219341
华联商厦	咸阳市人民中路	3213675
国美电器商城	咸阳市宝泉路3号	3363502
嘉惠商城	咸阳市胜利街14号	3257360
中宏时代广场	咸阳市人民中路16号	3259162
人人乐咸阳购物广场	咸阳市玉泉路	3350506
晶众家乐咸阳店	咸阳市新兴路	3283891

表66　咸阳市文明交易市场一览表

市　场　名　称	地　　址	类型	批准时间	备　注
西藏民族学院综合市场	咸阳市文汇东路	消费品	1996年	国家级
三原蔬菜批发市场	三原县宴友思大街	蔬菜	1996年	国家级
礼泉综合贸易市场	礼泉县泾干镇	工业品	1996年	国家级
嘉惠商场	咸阳市嘉惠堡	工业品	2001年	省级
秦都菜市场	咸阳市陈杨寨	蔬菜	2001年	省级
咸阳招商市场	咸阳市嘉惠堡	工业品	2001年	省级
南郊建材市场	咸阳市陈杨寨	工业品	2001年	省级
恭惠市场	咸阳市工人文化宫	工业品	2001年	省级
苏家寨农机市场	咸阳市苏家寨村	农机	2001年	省级
咸阳经济贸易中心	咸阳市人民路	消费品	2001年	省级
兴平农贸市场	兴平市城关东路	农副产品	2001年	省级
兴平装饰建材市场	兴平市兴化路	综合	2001年	省级
三原东关批发市场	三原县政府街	消费品	2001年	省级
礼泉果品包装材料市场	礼泉县西兰路	消费品	2001年	省级
乾县三眼桥大市场	乾县三眼桥	消费品	2001年	省级
永寿新世纪综合市场	永寿县城南街	消费品	2001年	省级
彬县中山街副食品批发市场	彬县中山街	消费品	2001年	省级
淳化梨园市场	淳化县百货公司院内	工业品	2001年	省级
长武南街综合贸易市场	长武县南大街	消费品	2001年	省级
泾阳县工业品市场	泾阳县县城	消费品	2001年	省级
咸阳陶瓷厂建筑装饰材料市场	咸阳市人民西路	工业品	2002年	市级
咸阳西郊消费品综合市场	咸阳市咸兴路	消费品	2002年	市级
咸阳建筑装饰材料批发市场	咸阳市人民东路	工业品	2002年	市级

续表66

市场名称	地址	类型	批准时间	备注
咸阳东风路钢材建材市场	咸阳市东风路	生产资料	2002年	市级
咸阳新世纪装饰建材市场	咸阳市东风路	工业品	2002年	市级
咸阳市渭城区底张镇农贸市场	咸阳市渭城区底张镇	综合	2002年	市级
咸阳西兰路利民建材市场	咸阳市西兰路	工业品	2002年	市级
咸阳火车站综合市场	咸阳市抗战路	综合	2002年	市级
咸阳轻工批发市场	咸阳市新兴南路	工业品	2002年	市级
兴平市兴玻综合市场	兴平市陕玻厂生活区内	消费品	2002年	市级
乾县百货公司连锁商城	乾县东大街	工业品	2002年	市级
乾县薛录镇集贸市场	乾县薛录镇	综合	2002年	市级
乾县临平镇集贸市场	乾县临平镇	综合	2002年	市级
乾县乾武商城	乾县上家巷	工业品	2002年	市级
乾县金利来商城	乾县东大街	工业品	2002年	市级
三原县秦原综合市场	三原县池阳街	综合	2002年	市级
三原县化纤市场	三原县东环路	工业品	2002年	市级
三原东关综合批发市场	三原县政府街	工业品	2002年	市级
武功县百货公司商场	武功县人民路	工业品	2002年	市级
彬县北极综合贸易市场	彬县北极镇	消费品	2002年	市级
彬县龙高综合贸易市场	彬县龙高镇	消费品	2002年	市级
长武县相公综合贸易市场	长武县相公乡	综合	2002年	市级
长武县日用品批发市场	长武县北中街	消费品	2002年	市级
长武县巨家综合贸易市场	长武县巨家镇	综合	2002年	市级
泾阳县西关综合市场	泾阳县北环路	消费品	2002年	市级
泾阳县王桥综合市场	泾阳县王桥镇	工业品	2002年	市级
淳化县方里综合市场	淳化县方里镇	消费品	2002年	市级
旬邑县土桥综贸市场	旬邑县土桥镇	综合	2002年	市级
旬邑县张洪综贸市场	旬邑县张洪镇	综合	2002年	市级

旅　游　指　南

咸阳旅游精品线路

一、北京、西安、咸阳、桂林、上海8日游：

D1：飞抵咸阳　住咸阳

D2：游东线：咸阳、兵马俑、华清池、西安钟楼、陕西历史博物馆　住咸阳

D3：游西线：咸阳博物馆、茂陵、乾陵、法门寺　住咸阳

二、咸阳、西安、曲阜、泰山、济南、青岛、北京10日游：

D1：咸阳接机（接站）游咸阳博物馆、茂陵、乾陵　住咸阳

D2：游西安东线：咸阳、兵马俑、华清池

三、咸阳文物古迹游：

西线2日游：咸阳博物馆、昭陵、乾陵、法门寺、武

功教稼台、杨贵妃墓、茂陵

东线1日游:咸阳博物馆、汉阳陵、临潼兵马俑、华清池

四、咸阳康复保健1日游:

医史博物馆、505保健品厂、雨茂医院、“神脉”诊病、“神刀”手术表演、癌症专家现场讲座、沙河古桥风情园

五、咸阳民俗风情2日游:

咸阳、乾县弥陀寺、黄土民俗村、旬邑唐家民俗馆、三原孟店民宅

六、咸阳农业生态观光2日游:

咸阳、礼泉万亩果园、永寿槐树林度假山庄、彬县大佛寺

七、咸阳历史文化(北线)2日游:

咸阳博物馆、周陵、汉阳陵、秦郑国渠首遗址、三原城隍庙、于右任纪念馆、中国大地原点、崇文塔、秦宫遗址博物馆

八、古城西安1日游:

咸阳、西安古城墙、钟鼓楼、碑林、大雁塔、历史博物馆、阿房宫、咸阳

九、咸阳、黄帝陵、延安、壶口瀑布3日游;

十、咸阳、五岳之险华山2日游;

十一、咸阳、太白山森林公园3日游;

十二、咸阳、银川、中卫、沙湖4日游。

表67 咸阳旅游景点一览表

旅游点	地址	电话	级别
乾陵博物馆	乾县乾陵	5510222	4A
懿德太子墓博物馆	乾县乾陵	5526111	
乾陵黄土民俗村	乾县乾陵	5510223	
乾陵武娶园	乾县乾陵	5521950	
乾陵仿唐地宫	乾县乾陵	5521216	
咸阳博物馆	咸阳市中山街	3213015	3A
昭陵博物馆	礼泉县烟霞乡	5767009	3A
泾阳博物馆	泾阳县泾干镇	6222384	
茂陵博物馆	兴平市符家桥北	8456438	4A
于右任纪念馆	三原县县城	2280575	
杨贵妃墓	兴平市马嵬镇	8240024	2A
三原博物馆	三原县县城	2282524	3A
彬县大佛寺	彬县城关镇	4791330	3A
长武昭仁寺	长武县昭仁镇	4202637	
陕西医史博物馆	咸阳市渭阳东路	3166148	
汉阳陵博物馆	渭城区正阳镇	3715302	
郑国渠渠首遗址	泾阳县王桥镇		
秦遗址博物馆	渭城区窑店镇	3719669	
505中药标本馆	咸阳市乐育路	3213392	
秦都博物苑	咸阳市渭阳西路	3570898	
沙河古桥风情园	秦都区钓台镇王道村	3818111	

表 68　咸阳旅行社一览表

名　　称	地　　址	类型	电　　话
咸阳国际旅行社	咸阳市渭阳西路	国际	3576011
咸阳春秋旅行社	咸阳市乐育南路	国内	3235215
咸阳彩虹旅行社	咸阳市彩虹路	国内	3332967
咸阳西部旅行社	咸阳市宝泉路中段	国内	3364466
咸阳四海旅行社	咸阳市渭阳西路 35 号	国内	3572666　3572688
咸阳新世纪旅行社	咸阳市人民中路 13 号	国内	3263600
咸阳西航旅行社	咸阳市渭阳西路	国内	3575271
咸阳虹桥旅行社	咸阳市渭阳西路 1 号	国内	3288888　3282222
咸阳中华旅行社	咸阳市人民东路	国内	3246060
咸阳神舟旅行社	咸阳市渭阳西路 53 号	国内	3575288
咸阳凤凰旅行社	咸阳市团结路北口	国内	3166488
兴平阳光旅行社	兴平市体育场对面	国内	8832886
咸阳职工旅行社	咸阳市渭阳中路	国内	3156959
咸阳东方旅行社	咸阳市彩虹路	国内	3347121
咸阳方圆旅行社	咸阳市渭阳西路	国内	2834928
咸阳华夏旅行社	咸阳市渭阳中路副 6 号	国内	3228077
咸阳游四方旅行社	咸阳市渭阳中路 6 号副 11 号	国内	3268855
咸阳九洲旅行社	咸阳渭阳西路 59 号	国内	
咸阳秦龙兴旅行社	咸阳市秦都国贸大厦	国内	

表 69　咸阳旅游饭店一览表

单　　位	地　　址	电　话	备　注
财苑宾馆	咸阳市渭阳西路	3166666	四星级
秦宝宾馆	咸阳市渭阳西路	3313368	三星级
彩虹宾馆	咸阳市彩虹路	3332666	三星级
机场航空大酒店	西安咸阳国际机场	(029)88797000	三星级
茂林大酒店	兴平市南关西路	8811180	三星级
荷李活宾馆	咸阳市咸兴路	3611013	三星级
新好望角大酒店	咸阳市民生路	3241528	三星级
云锦园宾馆	咸阳市人民路中段	3289999	三星级
天一酒店	咸阳市玉泉西路	3560101	三星级
女皇大酒店	咸阳市文汇西路	3257888	三星级
长安海航之星宾馆	咸阳国际机场	(029)86539530	三星级
秦苑宾馆	咸阳市毕原东路	3725899	二星级
宴友思宾馆	三原县县城	2252729	二星级
昭陵饭店	礼泉县 312 国道旁	5633829	三星级
机场宾馆	西安咸阳国际机场	(029)88798681	三星级
铁原宾馆	咸阳市新兴路	3784619	二星级
聚龙苑大酒店	礼泉县县城	5627002	二星级
乾陵大酒店	乾县县城	5521420	二星级

续表 69

单　　位	地　　址	电　话	备　注
新世纪大酒店	咸阳市抗战路	3151838	二星级
兴平华兴宾馆	兴平市五一四厂内	8249219	涉外饭店
泾阳宾馆	泾阳县县城	6222557	二星级
伊兰宾馆(老王家)	咸阳市民生路	3151061	二星级
东方宾馆	咸阳市渭阳西路	3578888	三星级
怡梦园宾馆	咸阳市人民东路	2831119	三星级
皇都酒店	咸阳市乐育路	3276666	三星级
燕原宾馆	咸阳市毕原路	3787884	二星级
金谷大酒店	兴平市槐里路	8826135	二星级

表 70　咸阳市涉外定点商店一览表

名　　称	地　　址	电　话
茂陵博物馆商店	兴平市符家桥北	8418040
咸阳博物馆商店	咸阳市中山街	3218597
乾陵博物馆商店	乾县乾陵	5521852
武功金属工艺厂	武功县	7292946
华港西线购物中心	兴平市店张镇	8311415

表 71　咸阳市涉外旅游餐馆一览表

单　　位	地　　址	电　话
秦岭宾馆	兴平市秦岭公司一一五厂	8613464
裕华宾馆	乾县县城	5528312
好望角大酒店	咸阳市中华路	3321159
天运大酒店	咸阳市建设路	3575980
电力宾馆	咸阳市人民中路	3265582
凯达宾馆	兴平市城西	8820842
吉友宾馆	泾阳吉元工业区	6222805
秦原宾馆	三原县池阳街	3789340
机场丝路餐厅	咸阳国际机场候机楼	3219214 转
机场民航中餐厅	咸阳国际机场候机楼	3219214 转
乾陵博物馆餐厅	乾县乾陵博物馆	5510062
懿德墓博物馆餐厅	乾县乾陵懿德太子墓博物馆	5526111
机场同利美食城	咸阳国际机场宾馆	3219214 转 8039
秦风楼	咸阳市渭阳中路	3215297
秦岭饭店	乾县县城东关	5521393
大金元饭店	乾县县城大市场南	5530863
荔枝湾大酒店	咸阳市西兰路	3155666
锦绣中华大酒店	咸阳市中华路	3376699
三原红原宾馆	三原县红原厂内	2421197
天和大酒店	永寿县城	7669071
建行大厦	咸阳市西兰路	3250991
三原秦宴厅	三原县池阳街	2272838

表 72　咸阳市涉外定点医院一览表

单　　位	地　　址	负责人	电　　话
咸阳市肿瘤医院	咸阳市世纪大道	李去病	3811106
咸阳市中医肿瘤医院	咸阳市西兰路	田景丰	3246998
咸阳市人体衰老增生中医研究所	咸阳市渭阳西路	冯武臣	3313723
雨茂医院	咸阳市渭阳西路	杜雨茂	3312010
朝阳医院	咸阳市世纪大道	张朝堂	3689873
咸阳市程氏点穴康复研究所	咸阳市富安路	程相臣	3330538
二一五医院	咸阳市渭阳西路	王正华	3577189

办　事　指　南

表 73　咸阳市公证处一览表

单　　位	地　　址	负责人	电　　话
咸阳市公证处	咸阳市渭阳西路	王铁民	3570706
秦都区公证处	咸阳市人民中路	吴　焱	3239481
渭城区公证处	咸阳市中山街	杨建华	3212286
兴平市公证处	兴平市县门街	胡广华	8825424
武功县公证处	武功县五一路中段	郭卫国	7297148
礼泉县公证处	礼泉县北大街北段	李万平	
乾县公证处	乾县文前街	成朝晖	5523124
三原县公证处	三原县池阳大街中段	商雅文	2284780
泾阳县公证处	泾阳县泾干镇	费志强	6223213
永寿县公证处	永寿县新永街	董惠民	7670008
彬县公证处	彬县东大街	武宏润	4922395
长武县公证处	长武县昭仁镇东街	赫志宏	4201304
旬邑县公证处	旬邑县西大街	赵新奇	4422707
淳化县公证处	淳化县县城	王志英	2773262

表74 咸阳市会计师事务所一览表

单位	地址	负责人	电话
德利信会计师事务所	咸阳市西兰路	王连平	3259892
新元会计师事务所	咸阳市渭阳西路	朱文郁	3571039
大秦会计师事务所	咸阳市西兰路	时玉萍	3162262
天诚会计师事务所	兴平市南大街	翟团社	8832355
天信会计师事务所	咸阳市渭阳东路	弓志民	3272900
德信会计师事务所	彬县西大街	魏爱霞	4922933
笃信会计师事务所	乾县南大街	刘纯玉	5522683
正华会计师事务所	三原县政府街	杨　萌	2289567
信德诚会计师事务所	泾阳县县城	李天德	6224146
赤淳联合会计师事务所	淳化县正街	杨菊琴	2773530
大洋资产评估公司	咸阳市渭阳西路	靳开放	3577692

表75 咸阳市律师事务所一览表

单位	地址	负责人	电话
培爱律师事务所	咸阳市渭阳西路	王　驰	3571340
秦瀚律师事务所	咸阳市渭阳西路	荣建生	3576245
秦直道律师事务所	咸阳市人民中路	陈永仁	3214090
渭民律师事务所	咸阳市中山街	黄　平	
三一律师事务所	咸阳市人民中路	王勇佳	3227825
世创律师事务所	咸阳市乐育北路	高双庆	3234461
渭阳律师事务所	咸阳市乐育北路	李焕民	3271767
普惠律师事务所	兴平市县门街	薛成武	8822461
秦龙律师事务所	兴平市县门街	符铁权	8822925
法鉴律师事务所	礼泉县北大街	李　冰	5621698
为民律师事务所	礼泉县北大街	陈　燕	5622591
奉天律师事务所	乾县东新街	李　锋	5523124
池阳律师事务所	三原县法院大街	田宽厚	2284389
五功律师事务所	武功县五一西路	李守民	7296533
万兴律师事务所	泾阳县司法局院内	张万星	6222970
鼎源律师事务所	淳化县法院街	杨军涛	2772558
宜禄律师事务所	长武县东街	赵　锋	4202745
秦邑律师事务所	旬邑县西关	肖世本	4422658
彬州律师事务所	彬县东大街	张宝社	4922257
太柏律师事务所	泾阳县泾干路	张振清	6229406
天之骄律师事务所	咸阳市咸通南路	魏树新	3343809
咸通律师事务所	咸阳市渭阳西路	侯晓英	3574649

表 76　咸阳市人才市场一览表

机构名称	地　　址	邮编	电话
咸阳市人才交流服务中心	咸阳市渭阳中路	712000	3210430
咸阳市人才市场	咸阳市团结路	712000	3271392
秦都区人才市场	咸阳市人民路中段	712000	3229119
渭城区人才市场	咸阳市新兴路	712000	3170166
泾阳县人才市场	泾阳县粮集路	713700	6226320
兴平市人才市场	兴平市金城路	713100	8822161
旬邑县人才市场	旬邑县中心街	711300	4422269
三原县人才市场	三原县城隍庙广场	713800	2282422
武功县人才市场	武功县政府院内	712200	7298138
乾　县人才市场	乾县高庙巷	713300	5521179
礼泉县人才市场	礼泉县劳动路	713200	5621323
长武县人才市场	长武县车站街	713600	4202383
彬　县人才市场	彬县政府院内	713500	4921401
永寿县人才市场	永寿县新永路西段	713400	7663432
淳化县人才市场	淳化县政府北侧	711200	2775969

表 77　咸阳市劳动就业服务机构一览表

机　构　名　称	地　　址	电　　话
咸阳市再就业领导小组办公室	咸阳市渭阳中路	3210474
咸阳市劳动就业服务处	咸阳市玉泉路	8161882
咸阳市中心劳动力市场	咸阳市玉泉路	3552140
秦都区再就业服务中心	咸阳市人民中路	3213517
渭城区劳动服务公司	咸阳市中山街	3220845
兴平市劳动就业管理处	兴平市市区	8822443
三原县劳动服务中心	三原县丰原路	2282816
泾阳县劳动就业服务中心	泾阳县北极宫街	6225202
礼泉县劳动服务管理处	礼泉县五七路	5611485
乾县劳动就业管理服务中心	乾县高庙巷	5535835
武功县劳动服务局	武功县后稷西路	7293681
永寿县劳动就业管理处	永寿县新永路	7663364
彬县劳动就业服务中心	彬县县城	4922987
长武县就业服务管理中心	长武县车站街	4202507
旬邑县劳动服务中心	旬邑县东大街	4422832
淳化县劳动服务中心	淳化县城正街	2775969

紧急　常用及特种电话

专线电话

市委书记专线办	3210462
市人大主任专线办	3210494
市长专线办	3210420
市委办公室总值班室	3210105
市政府办公室总值班室	3210222
市纪委、监察局举报电话	3214026

紧急电话

火警	119
匪警	110
交通事故报警台	122
秦都交通事故肇事组	3544858
渭城交通事故肇事组	3212429
供电急救、事故抢修、停电查询	3214016
供电局服务热线	95598

常用电话

天气预报	121
人工信息服务台	160
消费者投诉台	12315
法律服务专线	148
市物价局投诉电话	12358
环保热线电话	12369
咸阳市公证处服务热线	3575383
咸阳市旅游投诉	3210445
市法律事务中心	3573537
市出租车投诉	3544000
市公交公司投诉电话	3544000
物业管理投诉	3230199
天然气公司应急电话	3768800
自来水公司应急电话	3213187
天然气维修	96777
热力公司应急电话	3213433
公用事业应急服务指挥中心电话	3571101
咸阳日报新闻热线	96555
市电视台观众热线	3313413
市有线电视维修	3541244
有线电视特别投诉	96766
咸阳市火车站问事处	3213528
咸阳市汽车站问事处	3213335
咸阳机场售票处	3283088
文化市场举报电话	12318

病伤急救电话

病伤急救台	120
市一院急救中心	96991
市二院急救中心	120
陕中附院急救中心	3339999
	3313269
二一五医院急救中心	3575555
	3577777
	3579699
省二纺医院	3579191
市红十字中心血库	3687816

邮电业务电话

市话障碍申告台	112
市内电话查号台	114
报时台	117
天气问询	12121
固定话费查询台	170(免费)、816822222
中国电信移动话费查询台	1860(免费)、816829999
中国联通话费查询台	1001(免费)
用户投诉服务台	180
市话业务受理台	189
特快专递查询台	185
报刊查询电话	3214228
IC 卡话机报修电话	3212450
公用电话投诉	3218200

咸阳市房产管理局

（咸阳市住房制度改革委员会办公室）

咸阳市副市长李永民（右二）、市房产管理局局长强守宏（右四）参观第五届房地产交易会

咸阳市第五届房地产交易会

咸阳房产诚信承诺联合宣言

房地产开发建设

陕西京创房地产开发有限公司

陕西京创房地产开发有限公司是中铁建设集团有限公司和北京中铁建工物资有限公司投资成立的房地产开发企业，于2003年10月30日由咸阳市工商行政管理局正式批准成立，中铁建设集团有限公司是国家特大型企业，隶属于国有资产监督管理委员会，属于中央在京企业。曾获得“建筑业50强”、“全国最佳施工企业”、“全国用户满意施工企业”、“全国质量效益型先进企业”、“五一劳动奖状”、AAA级信用单位，连续十年获北京市“重合同、守信用”企业等荣誉称号。公司立足于中铁建设集团有限公司成功而辉煌的历史，本着“改善居住环境，造福咸阳人民”的宗旨，积淀、培育形成了独特、浓重而又先进的企业文化。现有职工26人，其中具有职称的人员21人，占总人数的80%，拥有建筑、结构、财务、房地产及有关经济各类管理人才，人才结构合理，年龄适中，是一支从事房地产开发等业务的专业精干队伍。公司开发建设的文林小区是文林路上一家成熟的大型社区，配套设施齐全，健身广场、中心花园一应俱全，小区设有大型地下停车场。其10号楼一、二楼商铺更是文林路上唯一适合的大型集中商业区，紧邻交通主干道、国道、省道、文林路，独立门面，大开间、大进深全框架结构，自由组合，灵活多动，超市、网吧、银行、美发、餐饮已入主商业区，商业气氛浓郁。宝泉花园是公司开发的集住宅、商业为一体的群楼工程，是咸阳西郊品质高、配套齐全、房型适中的园区。宝泉花园的地理位置十分优越，南临宝泉路，是4、13、20、39号公交车的必经之地，东临西环路，北至玉泉路，附近医院、学校、邮局、超市一应俱全。园区占地1.8公顷，由3栋商住楼和6栋住宅楼组成，绿化率为30%以上，有中心花园、健身广场等。社区严格按ISO9002国际质量认证标准和ISO14000国际环境质量标准，24小时保安、保洁、绿化、维修、家政，为住房提供高水准的物业服务。

电话：3346666 3340000 3760416

总经理 张谦

中铁建设集团陕西京创房地产开发有限公司领导班子成员

开发建设的宝泉花园小区

咸阳市交通局

局长 罗志勇

市上领导检查交通工作

咸阳市交通局是主管全市公路、水路交通的行政职能部门。近年来，该局按照加压紧逼、跨越发展的总体要求，紧扣发展不放松，牢固树立“以人为本，以车为本，服务群众，奉献社会”的行业新理念，加快推进交通跨越式发展步伐，各项交通事业取得了蜚人业绩。截至2004年底，全市公路通车里程4297公里，公路密度42.1公里／百平方公里，先后完成了211国道三旬路、208省道泾三路、104省道咸茂兴旅游路、209省道乾法路、机场高速路等干线路和咸户路、五陵原旅游路、渭城河堤路及兴礼路、彬旬路等8条县际国债公路等一批地方道路的改造任务。全市基本形成了以市区为中心，以国省道为骨架，以农村公路为分支的比较畅通公路交通网。近年来，该局先后受到省、市有关部门表彰奖励20多次，2004年，分别被省委、省政府，市委、市政府和省交通厅评为“创选评”最佳单位。

咸阳市交通工作会议

咸阳段咸阳至高陵县际公路

旬邑县农村沙石路

咸阳供电局

咸阳供电局是陕西省电力公司直属的国家大型一类供电企业，担负着咸阳市两区、一市、十个农电趸售县和杨凌农业高新技术产业示范区工农业生产及城乡居民生活用电任务。2004年，全局完成售电量42.46亿千瓦时，全面完成2004年年度安全奋斗目标。实现连续安全生产1235天，超越了建局32年来767天和7个百日的历史最高纪录。先后受到中华全国总工会，国家电网公司，西北电网有限公司，陕西省电力公司，陕西省委、省政府，咸阳市委、市政府等多方表彰和奖励。 咸阳供电局将认真贯彻国网公司、省公司工作会议精神，按照省公司的战略部署和工作方针，树立科学的发展观和政绩观，瞄准建设“一强三优”咸阳电力的宏伟目标，围绕“三抓一创”的工作思路，深入开展“规范化管理年”活动，全面落实业绩考核责任制，开创全局各项工作新局面，实现咸阳电力的快速健康发展。

“一口对外”的客户服务营业大厅

电力建设服务地方经济发展

承办“鲁能杯”咸阳赛区中国乒乓球赛

局长周军义喜获“全国五一劳动奖状”

咸阳市盐务管理局(盐业公司)

党组书记、局长 杨俊礼

咸阳市盐务管理局为市政府直属机构，于1998年11月正式成立，行使盐业行政管理职能。主要贯彻执行国家、省、市政府有关盐业生产、批发、供应及管理的政策法规；负责全市盐业年度计划的分配、调拨、销售等指令性计划的编报、实施和完成；管理盐业市场，依法行政，查处盐业违法案件，指导各县市区盐务局开展盐政管理工作；向市政府提出全市盐业经营及盐政管理的决策建议。咸阳市盐业公司的基本职能是依照盐行业计划管理、分级经营、专营监督、宏观调控的管理模式，负责全市的加碘食盐及各类工业用盐的调拨供应及全市成品盐的分装、批发、供应。全市年销售盐品约3.05万吨。按照均衡调拨、合理储备库存的原则，保障全市盐业市场的有效供应。基于盐业专营特点，市盐务局与盐业公司合署办公，内部管理实行政企分开。行政编制17人，业务经营、计划结算归属省盐业公司。市盐务局（公司）内部现设秘书科、盐政科（盐政稽查支队）、财务科、计划业务科、质量检测站；下属市区盐业公司、冰凌包装有限公司。

领导班子：局长杨俊礼（中）、副局长徐耀兴（右二）、副局长张党建（左二）、纪检组长张小玲（右一）、助理调研员陈富禄（左一）

省盐务局局长丁义安（左一）来咸视察盐品储备情况

全市盐业工作会议

完善的设施设备，优良的检测技术，确保全市人民食用放心合格的加碘加硒食盐

长武县扶贫开发领导小组办公室

2004年，长武县扶贫开发工作取得了显著成绩。全年共为贫困乡村争取各类扶贫资金4942万元，建成扶贫开发工作重点村20个；移民搬迁贫困群众149户755人，涉及6个乡镇7个行政村；新建科技扶贫示范基地1个，占地7.33公顷，现场培训贫困群众1.2万人（次）；争取各类信贷扶贫资金3110万元，其中农副产品加工业项目贷款910万元，扶持建设了雍和牧业公司和咸阳宇丰公司等9个龙头企业，有力支持了贫困地区产业的发展和群众增收；同时，国家科技扶贫示范项目高产奶牛胚胎移植及红地球葡萄栽植项目建设起步良好，进展顺利，得到了省市领导的充分肯定。县扶贫办高元虎主任被评为2004年省级扶贫工作先进个人，县扶贫办被县委、县政府评为目标管理优秀单位。

长武县扶贫办主任 高元虎

长武县扶贫办领导班子集体研究工作

长武县冉店乡二厂扶贫移民搬迁新村

省市扶贫办在长武县开展科技扶贫下乡培训

长武县引进培植的新的扶贫增收项目——枣园乡万寿菊种植基地

淳化县扶贫办主任 张新玉

淳化县扶贫开发领导小组办公室

2004年，淳化县扶贫开发工作取得了显著成效，县扶贫办被省上再次评为全省扶贫开发工作先进单位。全年全县共建设扶贫开发重点村17个，总投资479.5万元，新修村级砂石路41000米，打机井2眼，建高位水塔2座，蓄水池3座，减压池1座，铺设输水管道17600米，修缮校舍103间3296平方米。移民搬迁共投资304万元，搬迁了6乡7村169户755名贫困人口。全年共投放小额信贷900万元，扶持了180个重点贫困村发展奶牛550头，奶山羊0.65万只，果实套袋3.2亿只，建蔬菜大棚120个。全年举办果树、大棚菜、畜牧养殖技术培训班23期，培训贫困人口1.4万人次，组织410名贫困户子女参加省市扶贫职业技能培训。争取中、省、市包扶单位的扶持资金129.17万元，捐款0.87万元，捐物折款13.56万元。同时积极争取韩国国际协力团志愿者技术援助项目落户卜家乡卜家村，填补了全市外资扶贫工作的空白。

2004年新建成的扶贫重点村工程——铁王乡寇家村小学

淳化县卜家乡卜家移民新村

淳化县扶贫开发重点村产业开发项目——卜家乡卜家村大棚菜

扶贫重点村建设工程——秦河乡桃渠河村砂石路

礼泉县扶贫开发领导小组办公室

2004年，礼泉县扶贫开发工作在重点村建设、移民搬迁、劳务输出、社会扶贫等方面实现了新的突破。在重点村建设上，共投资680万元，新修了33.5公里道路，解决了18个村17653名贫困群众的行路难问题，新建修复人饮工程8处，新打深机井3眼，解决了8个村8763名贫困群众，965头大家畜的饮水困难，新建村级小学2所，解决了713名学生的入学问题，美化整治了4个村的村容村貌。在移民搬迁上，共投资793万元，建成房屋1389间、23750平方米，从根本上解决了13个行政村，23个自然村，478户、2230名贫困群众的居住困难。同时大力组织贫困群众开展劳务输出，先后输出劳动力4.96万人，加快了贫困地区群众脱贫致富的步伐。积极组织动员34个市级"两联一包"扶贫单位和县级99个部门及28名县级领导开展包村扶贫工作，社会各界共向贫困乡村捐资引资320万元，有力促进了贫困乡村经济社会的发展。

扶贫办领导班子集中学习

重点村建设项目——石潭镇董家村道路建设工程

礼泉县南坊镇郑家岭扶贫移民新村

重点村建设项目——建陵镇凉马村完全小学

重点村建设项目——建陵镇凉西人饮工程

旬邑县扶贫开发领导小组办公室

主任王佰胜（中）、副主任王旭洲（左一）和纪检组长万东民研究工作

县委、县政府召开会议安排部署扶贫开发工作

旬邑是国家扶贫开发工作重点县。2004年，旬邑县扶贫开发领导小组办公室以改善贫困群众生产生活条件、加快贫困群众脱贫致富为目标，全力实施扶贫开发重点项目，取得了显著的成效。全县共投资620万元，建设扶贫开发重点村20个，新修维修人畜饮水工程7处，铺设输水管网23575米，解决了9895人的饮水困难；改造低压线路3.2公里，解决1970人的生产生活用电问题；铺筑砂石路21.74公里，柏油路2.6公里；维修校舍264间，购置课桌凳60套，改善了8个村的教学条件。投资238万元，移民搬迁贫困群众122户。争取投入扶贫信贷资金900万元，信用社财政贴息资金1130万元，扶持贫困群众种植地膜玉米、小麦4466.67公顷，烤烟866.67公顷，中药材1133.33公顷，果树3200公顷，饲草800公顷，发展大家畜2800头,养猪1700头,养羊1215只，建成畜牧养殖村6个，养殖户130户，有力促进了贫困地区产业开发和群众增收。同时，把劳务输出作为增加贫困群众收入的主要产业来抓，全年共输出贫困户劳动力1500人，创收600多万元。通过动员社会力量向贫困乡村捐资引资106.6万元，建成人畜饮水工程3处，修建学校3所、桥梁1座，为贫困户捐赠衣物1539件，棉被27条，面粉、食油1860公斤，教学器材367件，有力促进了贫困地区经济社会的发展。

旬邑县太村镇中药材基地示范园

旬邑县排厦乡戚家村移民新村

旬邑县职田镇青村重点村青村完全小学建设教学楼全貌

NCL 新华人寿保险公司咸阳中心支公司

经理 武天斌

新华人寿保险股份有限公司是经国务院同意、中国人民银行总行批准，于1996年8月成立的全国性、股份制专业寿险公司，经营范围包括各类人寿保险、健康保险和人身意外伤害保险业务。公司于2000年成功地吸收外资参股，实现了资本国际化。公司现注册资本12亿元，现有股东16家，其中资股东12家，包括大型国有企业和股份制企业；4家外资股东为：瑞士苏黎世保险公司、国际金融公司、日本明治生命保险公司、荷兰金融发展公司。截至2004年8月底，新华保险年度保费收入达到了117.93亿元，新开业5家分公司，至此，新华人寿在全国开设了省级分公司34家、中心支公司150家、营销服务部562家，全面完成了机构网络布局。新华人寿内外勤员工达14万人。新华公司在快速发展的同时，坚持以效益为中心，2003年，实现税前利润2.19亿元，连续八年保持盈利。

- **健康天使重大疾病保险**
- **锦绣年华养老年金保险（B款）（分红型）**
- **福如东海终身寿险（B款）（分红型）**
- **成长无忧少儿重大疾病保险**
- **成长绿荫定期寿险**

新华人寿咸阳中心支公司新产品推介会

新华人寿总裁孙兵（中）来咸阳中心支公司

县级营销服务部开业庆典

县委书记张新民、县长陈俊锋陪同咸阳市委书记宋洪武、市长张立勇在武功视察。

中共武功县委、武功县人民政府

解放思想　加压紧逼
强势推进县域经济跨越发展

中共武功县委书记 张新民　武功县人民政府县长 陈俊锋

武功是后稷教民稼穑之地，也是传统的农业大县、工业小县、财政穷县。在新的历史时期，面对各地千帆竞发、百舸争流的惊人发展态势，如何实现武功经济社会"跨越发展，后来居上"目标，是摆在全县广大干部面前的一道重大而艰巨的课题。

借鉴外地先进经验，结合武功实际，我们认为：要尽快改变落后面貌，早日实现经济强县和全面小康武功的宏伟目标，就必须坚定不移地按照"解放思想，求实创新，加压紧逼，跨越发展"的总体要求，以更加开放的思维，更加灵活的策略，更加超凡的胆略，团结带领全县干部群众唱响"一个主旋律"，强力推进"四大战略"，加压紧逼，真抓实干，努力促进武功经济实现跨越发展。

一要开启解放思想的总阀门，努力唱响跨越发展的主旋律。要采取多种形式，教育广大干部群众特别是各级领导干部不断解放思想，勇于打破各种条条框框和陈旧观念的束缚，树立强烈的机遇意识、发展意识和敢冒风险、敢成大事的雄心壮志，积极唱响"大干快上，后来居上"的主旋律，以大气魄、大手笔，想大事、干大事、成大事，奋力谋求县域经济大发展、大跨越，同时要善于抓住任何一个稍纵即逝的机遇，开阔思路，锐意创新，树立"不禁止，即合法"的观念，学会打擦边球，敢于并善于创造性地执行国家政策和法律；要在政策和法律许可的范围内，敢为人先，敢为人所不能，以高昂的进取精神和创业激情带领全县人民和衷共济，团结奋进，加快建设小康武功。

蓬勃发展的奶牛养殖业

二要依托优势，强势推进"武杨一体化"战略。要充分发挥毗邻杨凌农业高新技术产业示范区的优势，积极培育农业特色，创立品牌，走产业化、组织化、标准化、品牌化的现代农业发展路子，倾力打造武功特色农业新格局。一是立足科技推广，在巩固抓好"十大专家示范基地"项目的同时，继续加强与杨凌的联系沟通，力争再争取一批大型农业高科技推广项目在我县落户。二是依托神果集团和山川万头秦川牛繁育中心，积极实施优势高效奶牛饲养，高产奶牛胚胎移殖、瘦肉型无公害安全猪基地等项目建设，努力扩张畜牧养殖规模，加速畜牧大县建设进程。三是加快建设西宝高速两侧设施农业产业带，在资金、项目、技术等方面加大倾斜、扶持力度，发动引导群众发展设施农业，拓宽致富渠道。四是以建设"中药现代科技示范县"为契机，依托西安重阳、台湾天义等龙头企业，积极引导贞元、代家、苏坊、游风、大庄等乡镇群众发展中药材产业，努力建设中药材大县。

新扩建的后稷路

三要轻重并举，强势推进"工业强县"战略。要牢固树立"工业强县"在发展壮大县域经济中的核心战略地位，积极采取超常规的工作措施，在巩固原有工业企业的基础上，积极培植大型工业企业，发展高科技工业产业集群，建立体系完备、充满活力、能够强势拉动县域经济增长的大工业格局。一是强支柱。要在资金、政策、项目等各个方面，不遗余力地扶持神果、华龙、功达、帝辰、天义等企业进一步做大做强，巩固食品、医药、化工等传统工业。二是抓招商。要下大气力优化投资发展环境，营造"重商、亲商、便商、富商"的良好氛围，全方位、多层次、宽领域地扩大对外开放，千方百计引项目、引资金、引技术、引人才，力求在外向型经济和重工业发展上实现新突破。三是重创新。要积极运用高新技术和先进科技改造传统产业，开发能源、环保等新兴产业，加快工业更新换代步伐。要引导企业全面建立现代企业管理制度，加快科技队伍建设，着力培育一支善经营、精管理、敢创新、懂规则的现代企业队伍，为壮大县域经济提供人才保障。

四是高点定位，强势推进"城镇带动"战略。城镇化水平的高低是一个地区综合经济实力和社会发展水平的集中体现。因此，要紧紧围绕"东扩西连，拉大城市框架；南拓北改，搭建武功四大门；增绿地、设广场，提高城市品位；抓乡镇，加快城镇化步伐"的总体思路，按照"以开发建设带动旧城改造，以市场化运作实现滚动发展"的方针，高标准定位，负高压运作，下硬手推进，超常规发展。一是狠抓城市总体规划。要本着科学性、前瞻性的原则，高点定位，超前思维，坚持"富规划、穷建设"的思路，做到规划一次到位，建设分步实施，对县城的性质及发展方向、城市规模、总体定位、功能分区给予重新界定，确保发展建设有章可循，有据可依。同时要抓紧制定或修编各乡镇小城镇规划，全面提高全县小城镇建设水平。二是积极拓宽筹资渠道。要创新思维，树立"办多少事，筹多少钱"的理念，把城市当作资源来开发，当作资本来运营，当作资金来经营，坚持以城兴城、以城养城，采取"以城聚财、八方借力、多管齐下、市场化运作"的办法，破解资金难题。三是加快城镇开发建设。要全面启动普小路、长青路和北环路、贞普路南仁段三线开发建设，并围绕建设关中"明星城市"和全省"文明县城"目标，突出后稷人文特色，本着"一街一景"、"一路一灯"的原则，增设广场，增加绿地，全面实施亮化绿化美化工程，努力扩张规模，进一步提高城市文化品位。

多媒体教学

五要开阔思路，强势推进"三产活县"战略。要充分发挥交通便利、区位适中的优势，以建立大流通、大服务、大辐射的商贸体系为目标，放手发展搞活第三产业。一要加快发展商贸流通业。重点发挥人民路、后稷路两侧商业聚集、综合服务功能比较完善的优势，积极吸引省内外知名的诸如国美、家世界、肯得基、麦当劳等大型物流、餐饮企业入驻武功，进一步促进我县连锁经营、物流配送、文化休闲等产业发展壮大。要高标准扩建西关批发市场。二要加快县城房地产开发步伐。要在重点抓好"绿怡园"、"锦辉花园"、"皇嘉花园"等三个住宅小区的同时，尽快制定部城北路两侧商住小区开发详细规划，广泛吸纳社会资金，力争年内动工建设，进一步激活县城房地产开发市场。三要围绕创立"后稷"品牌，聘请省内外有关专家高规格制定《全县旅游资源开发规划》，并积极向外宣传推介，广泛吸纳海内外各界人士的捐助资金，加快姜嫄墓、教稼台、报本塔、城隍庙等历史人文资源开发，全力打造武功旅游精品线路。

新扩建的普乾二级公路(底图)

中共秦都区委 秦都区人民政府

加压紧逼 率先发展 奋力推进秦都经济社会新跨越

中共秦都区委书记 李文化 秦都区政府区长 严维佳

书记 李文化

区长 严维佳

“加压紧逼、跨越发展”是市委坚持战略思维、构建西部强市的战略决策，也为我们加快发展指明了方向。咸阳要发展，秦都当率先。新的一年，我们将认真贯彻市委四届三次全会精神，抓好第一要务，恪守第一责任，以前所未有的勇气、前所未有的胆识、前所未有的力度推进区域经济率先发展。主要预期目标是：全区生产总值达到94.86亿元，增长12.5%；固定资产投资达到60亿元，增长26.6%；财政收入达到1.63亿元，增长14.2%；城镇居民人均可支配收入达到9206元，增长10%；农民人均纯收3121元，增长8%。重点抓好以下几个方面工作：

一是抓招商。招商的力度决定发展的速度，引资的数量决定发展的质量。我们将始终把招商引资作为加快发展的第一要务，紧紧抓住东部沿海地区和台商投资西移的有利时机，不怕跑断腿、不怕磨破嘴、不怕丢脸面，用狠劲、钻劲和韧劲把项目引回来。全力推进招商引资工作创新，最大限度地挖掘招商潜力，最大限度地降低入驻门槛，最大限度地优化投资环境，努力打造“尊商、亲商、富商、安商”的服务品牌。坚持大招商、招大商，组建专职招商队伍，主攻投资亿元以上的产业项目。成立专门机构，抓好现代纺织、高新医药、珠泉路西延线和西咸共建区四大招商平台建设，解决好“项目落户难”的问题，全面提升招商引资的规模和效益，确保实现到位资金18亿元的目标。

二是抓工作。工业是秦都经济的主体、经济的脊梁。我们将始终把工业作为区域经济的主攻方向，全面振兴支柱产业、全力以赴发展工业。坚持外延扩量抓项目，围绕电子信息、医药保健、现代纺织等支柱产业，着力引进一批带动力强、辐射面广、具有核心竞争力的大企业、大集团，培育壮大支柱工业集群。坚持内涵提质抓技改，积极动员辖区骨干企业，加快技术改造步伐，进一步拓展发展空间，坚持“真改、快改、深改”，大力推进国有集体企业改革，力争年内实现国有资产全部有序退出，最大限度地挖掘潜力，盘活存量。坚持扶优扶强的原则，选择一批符合国家产业导向、有发展潜力的优秀企业，通过政策扶持服务倾斜等措施，使之迅速成长为行业中的“小巨人”。

三是抓农业。今年，我们加强“三农”的决心不动摇，扶持“三农”的力度不减弱，强化“三农”的工作不松懈。认真贯彻两个1号文件，力争实现三大突破，切实提高农业综合生产能力，多渠道促进农民增收。瞄准西安、咸阳的消费需求，狠抓两个“决定”的落实工作，打破镇域界限，强化协调指导，在蔬菜、苗木花卉和畜禽三大产业基地建设上谋求新突破。坚持扶持与引进并举，在扶持好现有企业的基础上，主动加强与国内强势龙头企业的联系，在龙头企业发展上谋求新突破。以秦都农业信息中心为平台，加速构建农业服务网络，疏通农产品生产、流通瓶颈，在产前、产中、产后服务上谋求新突破，确保农民人均纯收入突破3000元大关。

四是抓商贸旅游。加快组建专门的政府机构和商业协会，超前谋划，合理布局，构建富有秦都特色的商业体系，着力培育“无烟工厂”，壮大第三产业。立足区位优势，重点抓好人民中路精品一条街、团结路餐饮洗浴一条街、秦隆商业步行街和滨河路吧街建设，打造秦都商贸新亮点。依托现有闲置楼盘，对外加强交流，对内加强协作，盘活存量资产，探索“二次招商”新路子，大力发展楼宇经济。依托即将建成的“咸阳湖”，抓好两河四岸景区开发工作，重点抓好旅游、娱乐项目引进工作，挖掘旅游潜力，培育壮大旅游产业。

五是抓“三创”。着眼全市“三创”工作大局，扎扎实实地在全区集中开展城市卫生整治、生态环境治理和精神文明建设三大会战，即向脏、乱、差宣战，向环境污染叫停，向不文明行为说不，确保“三创”任务的圆满完成。以三德教育和诚信教育为突破口，以五大创建活动为载体，加强公民素质建设、提升全区文明水平。广泛发动城市主干道企事业单位，深入开展城市亮化美化和街景整治，做好“天蓝、水清、地绿、路畅、夜亮”五篇文章，努力建设干净整洁的城市环境、蓝天碧水的生态环境、文明和谐的社会环境，全力打造“生态秦都”、“魅力秦都”、“活力秦都”，使秦都真正成为居住者自豪、旅游者羡慕、投资者向往的湖边水岸园林城市。

六是抓稳定。坚持稳定压倒一切的方针，牢固树立“发展是硬道理，稳定也是硬任务”，“发展是政绩，维护稳定也是政绩”的观念，逐级夯实维稳的第一责任。高度重视信访工作，以土地征用、城镇拆迁、企业改制问题为重点，抓好基层矛盾排查和调处工作，积极预防和妥善处理群体性事件，努力把问题解决在基层、解决在萌芽状态。时刻绷紧安全生产这根弦，进一步落实安全生产责任制和各种防范措施，扎扎实实开展安全生产大检查，消除隐患，堵塞漏洞。实施社会治安“天网”工程，打防结合、预防为主，建立经常性的“严打”机制，加强社会治安综合治理，为人民群众提供安全的生产生活环境，全力创造“安全秦都”。坚持以民为本、以民为先、以民为重，高度关注弱势群体。以失地农民、失房农民、失业职工和城乡贫困户为重点，健全完善社会保障体系，以人畜饮水、农村新型合作医疗等10件大事实事为抓手，切实改善人民群众的生产生活条件，全力构建秦都和谐社会新框架。

市委书记宋洪武（前左三）在区委书记李文化(左二)、步长集团董事长赵步长（左一）陪同下视察步长公司

市长张立勇（左二）来秦都区检查渭河综合治理失地农民安置工程 左一副市长李永民 右二区长严维佳 右一区委副书记魏琦 右三区人大常委会副主任阎生堪

市委书记宋洪武（前中）来秦都区调研企业改制工作 左一为区委书记李文化，右一为咸阳彩联包装有限公司经理王克勤

陕西中医学院教学大楼

市上领导参观由新疆大湾房地产公司在秦都区投资兴建的西北最大的咸阳新阳光农副产品市场

市委副书记徐新荣（左）来秦都区检查指导工作 中为区委书记李文化、右为区长严维佳

中共三原县委、三原县人民政府

全力打造中国西部工业强县

中共三原县委书记 杨鑫 三原县人民政府县长 刘涛

近年来，三原县委、县政府始终坚持“工业为先”的战略思想，坚定不移地把发展工业经济作为实现跨越发展的突破口和总抓手，深入实施工业立县、全民招商、项目带动三大战略，以“一城五园”六大经济聚居区为重点加快工业化进程，全力打造中国西部工业强县。2004年，全县工业总产值完成48.2亿元，其中规模工业总产值17.5亿元，居咸阳市前列；第二产业比重占到全县GDP的40%，对财政增长和农民增收的贡献份额显著增长。

科学决策，坚持工业立县战略不动摇。无农不稳，无工不富。多年来，历届县委、县政府紧紧围绕财政增长、农民增收两大目标，经济探索破解“三农”问题的新途径。1998年，县十三次党代会做出了“工业立县”的战略决策，为全县经济社会发展指明了方向。7年来，历届县委、县政府班子始终坚持“工业立县”战略不动摇，一任接着一任干，不达目的不罢休。2003年，县十四次党代会提出了把三原建成西安咸阳经济圈生产加工基地的目标定位，进一步理清了全县工业发展的思路。今年，县委、县政府又制定下发了《关于进一步加快工业化进程的决定》，提出要用3至5年时间，把三原建成中国西部的工业大县、工业强县，到2010年全县工业产值突破100亿元，规模工业产值突破60亿元，规模工业年均增速达到21%以上，工业增加值平均增速保持在23%以上。

高点定位，规划建设三大工业园区。增强城市综合服务功能，创造良好的人居环境；规划工业园，建设经济聚居区是发达地区加快发展的成功经验。近年来，县委、县政府高标准编修城市总体规划，不断拉大城市框架，将清河食品工业园、重化工业园和西部家具工业园作为“三原城市新区”规划建设，新建和完善了一批城市基础设施，实施了湖要街点的绿化、美化、亮化工程，城市面积已发展到12平方公里，综合服务功能不断增强。清河食品工业园（咸阳台资食品工业园）是三原依托“全国食品工业强县”优势精心构建的招商引资平台之一，园区规划面积4平方公里，建成后可吸纳资金总量50亿元，现已引进企业12个，合同引进资金7.68亿元；重化工业园是三原抢抓我国已进入重化工时代的重大发展机遇，精心规划建设的新型工业园，园区规划面积7平方公里，年产100万吨建筑钢、40万吨冶金焦、15万吨异型材等24户工业企业已投产运营，总投资近5亿元；三原县与陕西省家具协会联合，正在规划建设西部家具工业园。目前，已成功引进投资2.6亿元的香港中瑞集团，预计年产值可达5亿元。截至目前，全县已形成了北打食品家具“牌”，南建重化工业“城”的新型园区工业发展格局，三大工业园已成为拉动县域经济快速发展的主动力和总引擎。

诚信招商，以项目支撑工业、加快发展。三原县坚持把招商引资作为打造中国西部工业强县的总抓手，把发展环境作为招商引资的生命线，努力建设一言九鼎、说话算数、说到做到的诚信政府，以诚信招客商，以诚信引资金，以诚信聚人气，以诚信促发展。近年来，先后十余次组团赴珠三角、长三角等地推介项目，寻求合作。从2002年起，三原县主要领导历时两年两个月，赴杭州以锲而不舍的决心和一腔热诚，做出了一个承诺——投资三原县，啥事都好办！最终使杭州娃哈哈成功落户三原清河食品工业园，填补了三原乃至咸阳市招引世界500强企业的空白。“一花开后春满园”，一时间，“娃哈哈效应”纷至沓来。今年，县委、县政府抢抓“东企西进”，特别是西安行政和铁路运输中心北移、西安二环企业外迁三大机遇，跳出县域，借力发展，使工业化进程在招商引资的成果积累中实现新跨越。

坚实的经济基础，深厚的文化底蕴，丰富的自然资源，优美的生态环境，使三原成为投资者青睐的风水宝地和创业乐园。真诚友善、热情好客的三原人民诚邀海内外有识之士莅临三原考察投资，共图大业。

县委书记杨鑫、县长刘涛

娃哈哈灌装车间一角

昌鑫钢铁一角

养牛小区一角

城隍庙广场一角

三原县宴友思大街

池阳湖

上海客都超市

三原县教育局

近年来，三原县认真实施“科教兴县”战略，紧紧围绕“改革、建设、管理、质量”的发展思路，坚持以创强为重点，深化改革，开拓创新，教育事业持续、健康、快速发展。全县累计投资1.59亿元改善中小学办学条件，添置电化教学设施7000余部（台），体、音、美、卫等器材5.8万套，图书91.4万册，购置维修课桌凳子及办公设备5.6万套（件）。中心小学以上学校教学仪器、设备、图书全部达到省颁Ⅰ类标准，完全小学达省颁Ⅱ类标准。教育信息化位于全省前列，有教育强镇5个，省级重点高中2所，全县小学、初中、高中专任教师学历合格率分别达100%、91.8%、81.2%，远远高于全省平均水平。高考质量连年攀升，连续8年位居全省第一，被咸阳市政府授予“发展高中教育突出贡献奖”。先后被授予全国幼儿教育先进县、全国科技工作先进县，被确立为全国农村中小学现代远程教育项目试点县，全国实验性、示范性以校为本教研制度建设基地，国家素质教育理论实践基地，陕西省素质教育实验县。全县教育获国家、省、市级奖励30余项，县教育局连续3年荣获省教育厅“创佳评差”最佳单位，连续4年获市教育局“创选评”最佳单位。2004年3月，三原县高标准、高质量通过省政府教育强县验收，成为咸阳市第一家、陕西省第二家教育强县。

三原县教育局局长 祝北京

团结奋进的县教育局领导班子

国家六部委检查验收中小学远程教育工作

国家级农村中学生英语学习成果策略与误区研究教研课题授牌仪式

美国友人和县幼儿园小朋友在一起

南郊中学科教馆

北城中学实验大楼

省级示范化职业学校三原县职教中心

高标准信息技术教室

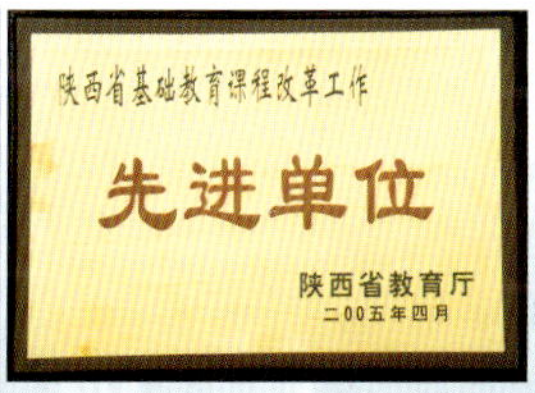

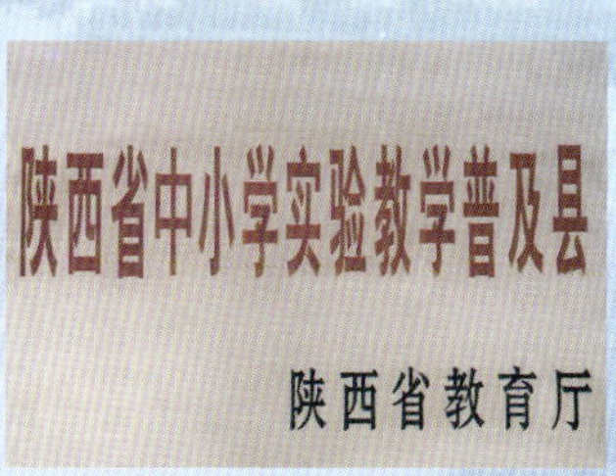

中共彬县县委、彬县人民政府

树立和落实科学发展观　开创彬县经济社会发展新局面

中共彬县县委书记　王惠林　彬县人民政府县长　郭伯权

2004年彬县地方生产总值首次突破10亿元大关，实现了经济社会发展的历史性突破，为今后快速发展打下了良好的基础。2005年，我们将紧紧抓住国家西部大开发战略深入实施、彬长煤田开发步伐加快等历史性机遇，认真贯彻落实市委四届三次全会精神，以科学发展观统领经济社会发展全局，按照加压紧逼、跨越发展的总要求，再接再厉，奋发图强，强力推进工业化、农业产业化、城镇化进程，全方位开展招商引资，统筹发展各项社会事业，奋力开创彬县发展的新局面。

一、强化工业立县意识，加速建设工业强县。彬县是一个煤炭资源大县，发展工业具有得天独厚的条件。我们将牢固树立"工业立县"的思想，把加速推进工业化作为实现跨越发展的突破口。一是进一步加大资源开发力度，在抓好300万吨下沟煤矿达产达效的基础上，继续加快300万吨火石咀煤矿、45万吨水帘洞煤矿和彬县电力有限责任公司技术改造步伐，力争年内竣工投产。同时，积极创造条件，力争开工建设百子沟6号井、蒋家河煤矿、2×5万千瓦煤矸石电厂、彬县化工厂5000吨乳化炸药生产线和炭店乡万吨油母页岩厂，做强做大支柱产业，确保年内生产原煤450万吨，力争达到500万吨，发电量3.5亿度，完成工业产值7.68亿元，增长20%。二是以股权多元化为方向，按照"真改、深改、快改"的要求，因企施策，全力推进企业改革，进一步增强企业发展活力。三是大力发展民营经济，精心打造新民、永乐、城关3个非公经济示范小区，继续　实行县级领导和乡镇主要负责人联系和包抓民营企业制度，帮助企业解决融资、技术、人才、环境等方面的实际问题，力争年内非公产值达到8.6亿元，增速达到13%以上。

二、推进农业产业化，努力增加农民收入。产业化经营是农业发展的主导方向。年内我们将精管好1.33万公顷水果，抓好1万公顷干杂果管护，补植人工草场1333.33万公顷，青苹果建园466.67公顷，全面完成以1.33万公顷优质水果基地、1万公顷干杂果生产基地、1万公顷优质牧草基地和3333.33公顷加工专用果为主要内容的"2015155"工程建设任务。同时，要切实抓好畜牧、烤烟、蔬菜、中药材等短、平、快项目，力争年内全县畜禽饲养总量达到143万头（只），种植烤烟1000公顷，发展蔬菜1333.33公顷，种植中药材666.67公顷。要全力抓好农业示范点建设，年内建成一批科技含量高，辐射带动强的农业示范点，带动全县农业产业化发展，促进全县农民增收。进一步加强农村基础设施建设，年内新修"四田"800公顷，改造中低产田1000公顷，造林400公顷，治理水土流失面积30平方公里，建设沼气池1000座，改造硬化乡村道路160公里。大力发展劳务产业，年内输出劳务人员1.2万名，使全县在外劳务人员达到5.7万人，创收2.3亿元，逐渐将劳务输出培育成农民增收的又一重要途径。

三、加强城镇基础设施建设，为撤县设市奠定基础。城区建设年内计划投资1.5亿元，使建筑面积达到15万平方米，重点抓好西区和公刘街商贸区开发建设、原312国道城区段和姜女原　街路面补强及滨河、馨园和东关住宅小区等6项工程建设，不断扩大城市区域，健全公共服务功能，创造更加良好的人居环境。要牢固树立经营城市理念，多渠道筹措城市建设资金，盘活城镇基础公用设施和国有土地存量，促进城市资产由公益性资产向经营性资产转变，城市建设由公益事业向资本运营方向的转变。切实加强信息基础设施建设，重点抓好宽带传输网、电信通信网、广播电视网和电子政务三期工程建设，不断提高信息化发展水平。运用现代经营方式和服务技术，改造商贸流通、交通运输、住房、旅游等服务业，带动相关产业发展，提升商贸流通业经营水平。

四、加大招商引资力度，促进重点工程建设。坚持把招商引资作为加快发展的第一要务，落实招商引资工作责任制，充分调动各方面积极因素，拓宽招商引资渠道，坚持上争、外引、内联，积极叩门招商，力争全年招商引资到位资金突破10亿元。下大力气改善投资环境，教育引导广大干部群众树立人人、事事、处处都是投资环境的观念，营造亲商、尊商、富商、安商的社会氛围，严厉打击破坏投资环境的人和事，着力打造"诚信彬县"。继续实施项目带动战略，集中精力抓好太峪河供水、农业综合开发土地治理项目、易地扶贫搬迁等19个重点项目建设，年内完成全社会固定资产投资10亿元，较上年增长20%以上。

五、统筹发展社会事业，积极构建和谐社会。坚持以人为本，为民谋利是科学发展观的根本要求。我们将继续抓好新型农村合作医疗试点工作，稳定参保人数，不断扩大受益面。积极实施青少年校外活动中心、彬县第二中学、彬县中学学生公寓楼、危漏校舍改造、乡镇卫生院改造等项目，全面完成国家生态示范县、省级卫生县城及"安全彬县"创建任务。认真实施移民搬迁、易地扶贫搬迁等项目，高标准完成17个重点村基础设施建设和10个村474户1978人移民搬迁任务，加快移民新村水、电、路、学校以及产业开发等配套建设，从根本上改变贫困群众生产生活条件。重视和关心社会弱势群体，推进和实施养老、失业、医疗、工伤和女工生育五大保险，切实做好就业和再就业，落实城市居民最低生活保障制度，继续搞好民政救济，妥善解决农村困难群众的生计问题。严格执行《安全生产法》，加大隐患整改力度，努力减少一般性事故，坚决杜绝重特大事故。深入开展县级领导信访接待日和干部下访活动，加大信访案件查办力度，着力解决群众反映的热点、难点问题。不断加强社会治安综合治理，健全社会治安基层网络，持续开展"严打"斗争，严厉打击违法犯罪行为，为全县经济社会发展保驾护航。

县委书记 王惠林

县长 郭伯权

彬县公刘街

彬县秦郎酒厂

家福乐彬县购物广场

彬县通达果汁厂

彬县移动通讯大楼

彬县下沟煤矿

咸阳秦能发电厂

蓬勃发展的彬县大棚蔬菜

彬县县城全貌

局长 王炳印

长武县计划生育局

领导班子成员

长武县计划生育局是全县主管计生工作的县政府职能部门，负责贯彻执行党和国家以及省市人口与计划生育工作方针政策、法规；制定全县人口与计划生育长期规划和年度规划，负责人口与计划生育统计分析工作；组织实施人口与计划生育科学研究的总体规划，开展宣传教育和技术服务；负责全县计划生育系统干部队伍管理和教育培训，协调有关部门做好流动人口计划生育管理。现有干部职工18名，大专学历以上12人，局内设办公室、统计、宣传、科技、流动人口管理等5个股室，下设计宣站、城区办、协会三个科级事业单位。1996年实现计划生育“三为主”，2001年建成市级计划生育综合管理服务站。

宣传人口与计划生育法

国家计生委主任张维庆来长武县视察工作

长武县水利局

局长 赵晓鹏

领导班子

长武县水利局是县政府主管全县水利工作的职能部门，位于县城北街。下属企事业单位15个，总人数426人，其中水保站、水工队、水管站、防汛办、水资办、水产站均在局机关办公，水电物资库、马坊水库管理处、七里水库管理处、李王电灌站、礼村抽水站、丰头供水站、朝阳电站、抗旱服务队、城乡供水总公司等9个单位按照其业务职能，保障全县水行政工作的运转。1994年10月，获省水利厅夏季农田基建先进单位称号。1997年长武县水土保持综合治理试验示范获省政府农业科技推广二等奖，获省水利厅农业科技进步一等奖。1998年，抗旱服务队成为国家级达标示范队。1999年，县水利局获咸阳市卫生先进单位称号。2000年3月，获1999年度全市扶贫攻坚工作先进单位称号。1998年至2001年连续4年获市农田基建指挥部夏季农田基建一等奖，省农田基建指挥部先进单位。2002年3月获全市水利局全市抗旱先进单位称号。

长武县车家河水厂

旬邑县财政局

党组书记、局长 第五节正

旬邑县财政局在县委、县政府的正确领导下，在上级业务部门的指导下，坚持以"三个代表"重要思想为指导，充分发挥财政职能，积极支持了县域经济发展，财政工作取得了令人可喜的成绩。局机关先后被陕西省委、省政府授予省级文明单位、省级爱国卫生运动先进单位、省级档案管理先进单位，被咸阳市委、市政府评为全市“创选评”优秀单位，人民满意的公务员集体，岗位目标管理先进单位，党风廉政建设先进单位，多项业务工作受到了市财政局表彰，各项工作在全县考核评比中一直名列前茅。现有干部职工187人,局机关内设10个股室,7个下属事业单位,辖14个乡镇财政所。

局长第五节正,自1995年任现职后，面对“农业财政”、“吃饭财政”的困境，他把抓班子、带队伍作为打开局面的第一缺口，在班子内部，推行“一岗双责”；在局机关推行“四制管理”；在财政系统，率先推行了干部竞争上岗；在咸阳市首家推行了工资统发、政府采购、收费统管、会计集中核算等项改革。自1995年后，地方财政收入以不低于8%的速度递增，财政赤字逐年递减，保工资、保稳定的战略任务得到落实。旬邑县财政局党风廉政建设、精神文明建设、干部队伍建设都取得了丰硕成果。他在抓好本职工作的同时，时刻把关心、支持人民群众的生产生活问题作为己任，曾经包抓马栏镇后掌村肉兔养殖，底庙镇东牛村苹果“四项新技术”推广。在抓丈八寺镇太慈村奶牛养殖过程中，千方百计为50户困难群众联系扶贫贴息贷款38.5万元，指派专人带上养殖户一次从山西购回奶牛71头，使该村奶牛存栏达到210头，成为全县畜牧生产的一面旗帜。在扶贫帮困送温暖活动中，他主动帮扶特困户、下岗职工，为他们解决生产、生活困难，受到人民群众的称赞。他是中共咸阳市第十四届党代会代表，财政系统先进工作者，并被评为咸阳市“十佳公仆”。

局长第五节正帮扶贫困户

局长第五节正带领干部开展畜牧富民活动

深入基层调研，开展为农服务

检查财源建设项目

签订目标任务书，确保财政收入完成

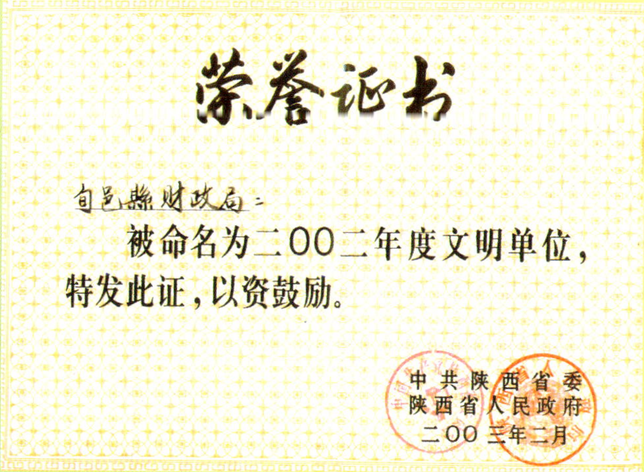

荣誉证书

旬邑县财政局：

被命名为二00二年度文明单位，特发此证，以资鼓励。

中共陕西省委
陕西省人民政府
二00三年二月

中共淳化县委、淳化县人民政府

加压提速 跨越发展
全力推进绿色淳化和全面小康淳化建设进程

中共淳化县委书记 卢力群 淳化县人民政府县长 钱劳动

2005年,在市委、市政府的正确领导下，淳化县各级党政组织及广大干部群众将按照市委四届三次全体会议提出的加压紧逼，跨越发展的总体要求，以建设绿色淳化和全面小康淳化为目标，加压提速，跨越发展。2005年，全县生产总值达到8.17亿元，同比增长13.0%；全社会固定资产投资3.42亿元，同比增长9%；社会消费品零售总额2亿元，同比增长9.5%，招商引资到位资金3.5亿元；地方财政收入1278亿元，同口径增长14%；农民人均纯收入1606元，同比增长6%；人口自增率控制在千分之四以内。要努力实现五个突破，全力抓好六项工作。

实现“五个突破”：（一）以解决农民群众广泛关注的热点难点问题为核心，努力在提高城乡基础设施上实现突破。全社会固定资产投资规模，较上年增长9%。其中新开工项目17项，续建项目3项。突出抓好12件实事和一批重点工程，努力提高农业综合生产能力，着力改善群众的生产生活条件。（二）以生产绿色果品为目标，以加大优果工程实施力度为核心，努力在提高苹果优质率上实现突破。加大优果工程实施力度，以市场为导向，强力淘汰残败果园，发展适销对路的名优新特品种。强力推行四项关键技术和果实套袋技术，完成8亿只果实套袋和733.33公顷果树强拉枝任务，建设“果、畜、草、沼、窖”五配套生态果园，建成绿色果品基地1万公顷，出口苹果示范基地66.67公顷。（三）以增加农民群众收入为核心，努力在提升劳务输出质量和层次上实现突破。落实劳务输出奖励政策，调动各方面工作积极性。开展订单培训、定向培训，抓紧培训市场紧缺的技能型务工人员，大胆探索在中学毕业班开展劳务输出技能培训，缓解毕业声就业压力。加大劳务市场的开拓力度，努力在35岁以上富余劳动力和赴国外务工上取得新进展。（四）以建设特色专业村为核心，努力在调整优化产业布局结构、培育新的增收产业上实现突破。以建成的特色专业村为样板，按照“一乡一业、一村一品”的思路，选择一些重点村，结合项目建设，建成一批大棚蔬菜、红提葡萄、奶牛养殖、土鸡饲养、农家乐旅游、大路蔬菜等专业村，培育一批布局合理、特色鲜明的农村强势产业，实实在在增加农民收入。（五）以加强教育教学管理为核心，努力在提高教学质量上实现突破。建立县级领导联系学校制度，坚持每季度走访二至三个学校，解决一两个实际问题。严格校长教师队伍选拔任用机制，严格落实“能者上，平者下，庸者下”用人机制，重奖教育功臣，加强教师培训，加强学校常规管理，加强教学督导，家教育基础设施改造与建设，通过标本兼治，综合管理，努力提高教育教学质量。

抓好六项工作：一是狠抓关键环节，努力提高招商引资效益。以引进建设劳动密集型工业企业为方向，围绕资源开发和延长产业链为重点，努力在矿产、旅游、农产品等资源开发上取得突破。坚持主要领导挂帅，主管领导出征，提高招商引资成功率。建立县级领导包抓重点引资项目责任制，实行“保姆式”跟踪服务。二是加快奶畜扩繁步伐，努力提高奶畜业生产水平。围绕“扩大奶畜规模，壮大饲草基础，严把防疫关口”三个重点，加快奶山羊自繁自育步伐，使莎能奶山羊饲养量达10万只。加大信贷支农力度，扶持群众发展奶牛1000头，使全县饲养量达4000头。大力推广家畜、家禽养殖，年内各类畜禽存栏量达50万只。积极推广饲草青贮饲草2万吨，种植粮饲兼用型玉米等牧草1333.33公顷。全面推行强制免疫，确保畜牧业的健康稳步推进。三是完善旅游基础设施，扩大绿色产品生产，制作民间工艺品和旅游纪念品，满足游客的购物需求和愿望，努力提高旅游业综合收入。四是加快农业产业化进程，全面提升农业生产综合效益。压缩小麦面积，扩大地膜玉米种植面积，全面提高农业综合经济效益。种植玉米、小麦、油菜等作物30万亩，粮食总产9.35万吨。围绕粮果草畜加龙头企业的产业化格局。五是加快工业化进程，努力扩张工商经济总量。完成工业总产值4.83亿元，较上年增长23.5%。加快对重点龙头企业的支持力度。鼓励和吸引外来资本参与龙头企业技术改造，年内突出抓好姜家河煤矿、1000万套纸箱生产线、丰源乳品厂扩建、恒兴万吨果渣饲料、聚丰空压机装配、1300吨仙人掌酒等重点项目建设。六是坚持以人为本，统筹协调发展，积极构建和谐社会。大力开展精神文明建设，切实加强全社会公德建设，突出抓好未成年人思想道德建设。加快推进依法治县进程。高度重视农民教育问题，引导农民学习先进实用技术，增强致富能力。努力做好城乡卫生防疫工作，加强人口与计划生育、管理与服务，开展县域经济社会发展现状调查。完成“十一五”规划编制，强化环保执法，提高环境质量，实现人与自然社会的和谐发展。

市县领导检查职业教育暨劳务输出培训基地

书记卢力群（左）、县长钱劳动（右）检查指导果业生产

秦川牛养殖

莎能奶山羊养殖

笼养鸡

大棚菜

恒星果汁

丰源乳业

中国建设银行咸阳分行

雄伟壮观的现代化办公大楼

支持建设的西安咸阳国际机场新候机楼

支持建设的浙江声威建材有限责任公司

西兰办储蓄专柜一角

支持建设的渭河发电有限公司

参加咸阳金融系统庆祝建国55周年歌咏比赛

秦都区残疾人联合会

理事长 李振中

副理事长 吴焱

秦都区残疾人联合会2004年在区委、区政府的正确领导和市残联的精心指导下，求真务实，开拓创新，圆满完成了各项工作任务。其中残疾儿童基本情况调查、残疾人文艺汇演、残疾人法律维权、农村贫困残疾人住房建设、保障金征收、公民道德建设、精神文明创建等工作，受到中、省、市残联、市委市政府、区委区政府、区人大的充分肯定。2004年，被市残工委评为残疾人工作先进区，被区委评为公民道德建设先进集体，被区政府评为目标管理优秀单位。同时，还荣获了市残联“残疾人文艺调演组织奖”。

原省委副书记张保庆在秦都区渭兴牧业有限公司看望慰问残疾人，并为公司题词“兴牧助残，共奔小康”

区委书记李文化检查双照镇残疾人住房建设

区长严维佳检查农村贫困残疾人建房工作

区残联理事长李振中（左）陪同中残联听力语言康复中心副主任陈振升（右）、市残联理事长赵书学（中）检查指导聋儿语训工作

帮扶钓台镇东张村贫困残疾人朱胜利建设住房

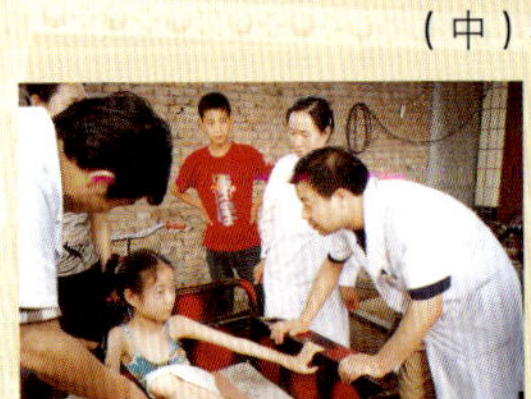
残联请医务人员为残疾儿童进行义诊

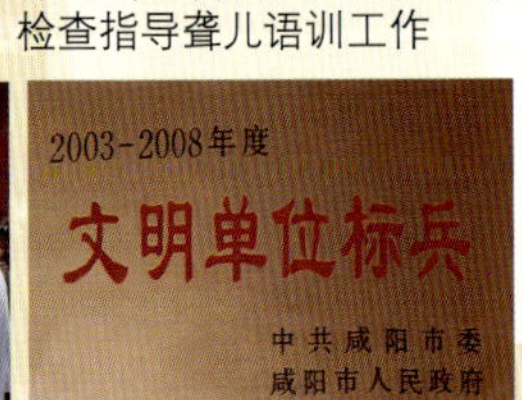

荣获市委、市政府所颁“文明单位标兵”称号

咸阳市区图

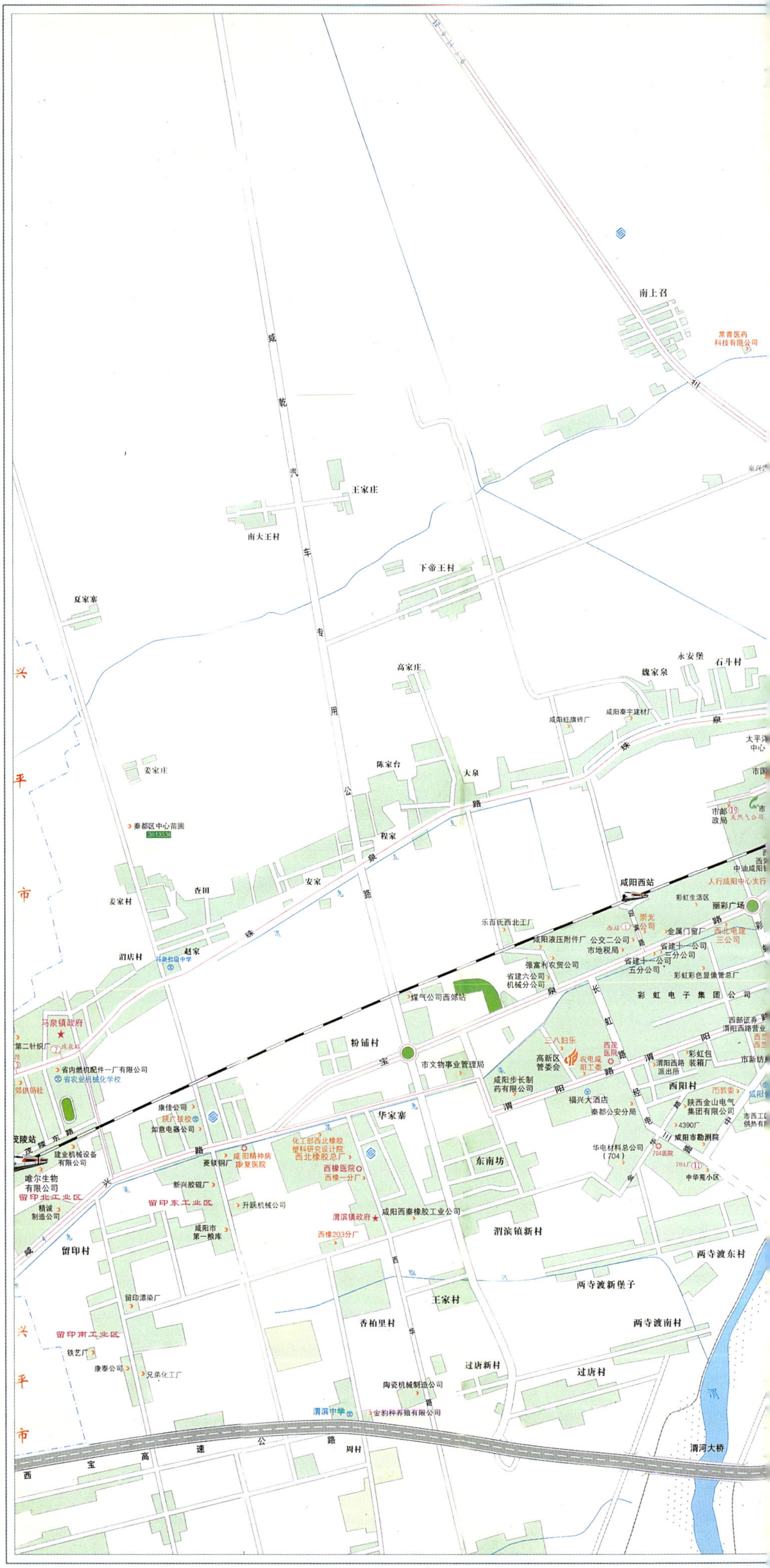
南上召
王家庄
南大王村
下帝王村
夏家寨
高家庄
魏家泉
永安堡
石斗村
姜家庄
陈家台
大泉
程家
安家
查田
姜家村
赵家
渭店村
咸阳西站
彩虹生活区
丽彩广场
马泉镇政府
粉铺村
华家寨
东南坊
渭滨镇新村
留印村
王家村
香柏里村
两寺渡东村
两寺渡新堡子
两寺渡南村
过店新村
过店村
渭滨中学
西宝高速公路
渭河大桥
留印北工业区
留印东工业区
留印南工业区
彩虹电子集团公司
西阳村
中华苑小区
咸阳市勘测院
福兴大酒店
三八妇乐
煤气公司西郊站
市文物事业管理局
西橡医院
渭滨镇政府
咸阳西秦橡胶工业公司
陶瓷机械制造公司
金豹种养殖有限公司
周村
咸乾汽车专用公路
兴平市